Entwerfen und Darstellen

Roland Knauer

Entwerfen und Darstellen

Die Zeichnung als Mittel des architektonischen Entwurfs

Ernst & Sohn

Roland Knauer
Prof. Dipl.-Ing.
Fachhochschule für Gestaltung
Schwäbisch Gmünd

Graphische Mitarbeit:
Wolfgang Mezger, Ulrich Schwarz,
Kornelia Erlewein, Gunhild Eder,
Bernd Pfoh, Wilfried Schröder,
Erich Schöls, Alfred Marzell,
Roland Straub und Bernd Zinnau

Redaktionelle Mitarbeit:
Elke Ditschuneit

Beratung:
Roland Ostertag,
Gerd Lejeune-Dirichlet

Gestaltung:
Bertron & Schwarz
Schwäbisch Gmünd

ISBN 3-433-02228-3

Satz:
Ditta Ahmadi, Berlin
Reproduktionen:
Manfred R. Spönemann, Berlin,
und Reprogesellschaft L. Wahl mbH, Berlin
Druck:
Alphabet KG, Berlin
Bindearbeiten:
Bruno Helm, Berlin

Verlagsredaktion:
Regine Lassen und Brigitte Weitbrecht

Lektorat:
Dorothea A. Duwe
Herstellerische Betreuung:
Fred Willer

Zum Thema

Man könnte einen Satz Kleists abwandeln und von der allmählichen Verfertigung der Gedanken beim Zeichnen sprechen. Zeichnungen geben in bildmäßigen oder technischen Kodierungen Auskunft über Denkvorstellungen, und sie nehmen in dem Maße an Deutlichkeit zu, wie dieser Bedeutungskomplex in ein gestalterisches Repertoire umgesetzt wird. Dabei bleibt ungewiß, wieweit die Darstellungsqualität – die Fähigkeit zum Darstellen – in das Entwerfen selbst hineinwirkt, die Architekturauffassung mitprägt oder im ungünstigen Fall gar bestimmt.
Aus Elementen, ihren Verknüpfungen zu Verbänden, ihrer Zuordnung von Funktion und Inhalt gehen architektonische Strukturen hervor. Die Erfahrung oder die Intuition zeigen, daß für diese Operationen einige Methoden und Techniken besser geeignet sind als andere, daß mit diesem Mittel die Umsetzung besser gelingt als mit jenem. Das erklärt allerdings noch nicht hinreichend die Bedeutung und Vielzahl der Methoden und Techniken für das Entwerfen und Darstellen. Es ist auffallend, daß die unterschiedlichen Konzepte und Entwürfe in der Moderne – und ausgesprochen vielgestaltig in der Postmoderne – von einer Konzeption der Pluralität getragen sind. Sie tritt hervor in der divergierenden Gestaltung der Lebensentwürfe, der planerischen Konzeptionen, der ästhetischen Repertoires, und sie artikuliert sich nicht weniger signifikant in der Art der Instrumentierung der Entwürfe. Dieser gegenwärtig herrschende Pluralismus in nahezu allen kulturellen Äußerungen könnte auch von einem Dekret zur Einheitssprache nicht zurückgedreht werden; es wäre ein vergeblicher Versuch zur Vereinheitlichung des Vielfältigen. So repräsentieren die hier zusammengestellten Konzepte, Methoden und Techniken auch die Instrumentierungstypen dieser Pluralität.
Wie wird Denkarbeit sichtbar, wie wird sie wirksam? Bauplanung ist wie jede andere Planung an Mitteilung, an Kommunikation, an die Übermittlung von Zeichen gebunden. Die Kommunikationsqualität ist davon abhängig, wie die gewählten Zeichen in Information, Appellation, Reaktion übersetzt, wie sie übermittelt, verstanden und bewertet werden.
Entwerfen und Darstellen beginnt bereits mit der Verschlüsselung der im Bewußtsein befindlichen Nachricht, indem der Nachricht gewisse Zeichen zugeordnet werden. Zunächst ist die Zeichnung noch ohne wesentliche ästhetische Funktion, ihre ästhetische Eigenart ist noch gering, sie ist lediglich unentbehrliches Medium der Mitteilung und ein ziemlich direktes Ergebnis des Bauprogramms und des Entwurfsgedankens.
Die Individualität des Gezeichneten ist hier noch am größten; im weiteren Entwurfsverlauf, bis hin zur Werk- und Detailzeichnung, nimmt sie ab, zugleich wächst die Präzision wie die Zahl der Adressaten der gezeichneten Information. Dem folgt ein Anwachsen des Methodenrepertoires, da die Probleminterpretation parallel dem Zuwachs an Komplexität ein differenziertes methodisches und graphisches Instrumentarium erfordert. Was – Warum – Wem – Wie: Diese grundlegende funktionelle Bindung gilt für den Entwurfs- wie für den Darstellungsprozeß.
Entwerfen und Darstellen sind zu ihren Zielen gelangt, wenn die Informationen des Senders in die geplanten Reaktionen und Handlungen umgesetzt, der Entwurfsgedanke, das Planungskonzept, das Bauwerk in allen Vorgaben deutlich gemacht sind und von den Empfängern dieser Nachrichten in die vorgesehenen Aktionen umgesetzt werden können.
Wie die Umsetzung der Denkvorstellungen in die spezifischen Zeichnungstypen für die Adressaten von Planung und Entwurf Gestalt annimmt, wie diese Mittel sich geschichtlich entwickelten, welche Anwendungen sich daraus erschließen, das machen die Beispiele aus Geschichte und Gegenwart deutlich. Sowohl die Kenntnis dieser Entwicklung als auch ihre in diesem Buch oft recht enge räumliche Nachbarschaft können die eigene Arbeit anregen; sie können Hinweise geben für den praktischen Gebrauch und für die theoretische Vertiefung.

Anmerkungen zum Kommunikations- und Wahrnehmungsprozeß

Kommunikationstheoretische Grundlagen

Der Kommunikationsvorgang

Die Bauplanung ist wie jede andere Planung ein Kommunikationsprozeß und damit an Mitteilungen und Handlungen, an Kommunikation gebunden. »Kommunikation ist überall dort, wo Mitteilungen ausgetauscht werden, wo Botschaften oder Nachrichten übermittelt werden, wo Informationen, wo Neuigkeiten gesendet und empfangen werden.«[1]
Informationen über Planungsziele werden dann ausgetauscht, wenn der Planende nicht für sich selbst plant (was nicht typisch ist) und seine Planungen nicht selbst ausführt (was selten geschieht), sondern ausführen läßt.
Der Informationsaustausch ist somit an Regeln und Zeichen gebunden, die kommunikationstheoretisch nach ihren Zeichensystemen klassifizierbar sind.
Die zur Kommunikation nötigen Elemente sind: Sender, Empfänger, Kanal, Medium, Sprache.

Sprachen; Objektsprache – Metasprache

Zu unterscheiden sind natürliche, historische Sprachen und künstliche, konstruierte Sprachen, wobei der Sprachcharakter gleichgesetzt wird mit dem Zeichencharakter, was ebenso für die gebaute Umwelt – »Architektur als Zeichensystem« – wie für den kommunikativen, also den Zeichencharakter graphischer Mitteilungen zutrifft.
Umgangssprachen sind natürliche Sprachen, ihre Abgrenzung ist jedoch fließend. So verwenden auch abbildende (deskriptive) graphische Darstellungen Elemente oder Ausdrücke der natürlichen Sprachen, und ebenso verwendet die Metasprache Termini der Objektsprache. Vielfältige Ausdrücke und feinste Differenzierungen sind die Vorzüge der Umgangssprache, der Nachteil wechselnde oder begrifflich weite Wort- und Zeichenbedeutungen. Dagegen verhilft die geordnete, definierte Terminologie der Fachsprache zu kurzer, exakter Formulierung. Die Gesamtheit aller Fachausdrücke einer Wissenschaft, in der die Beziehungen der Termini untereinander geregelt sind, heißt Terminologie dieser Wissenschaft.
Die linguistische Unterteilung in Hoch- und Umgangssprache trifft auch auf architektonische Mitteilungen zu, ebenso auf die Vielsprachigkeit graphischer Darstellungen, die sich von der groben Skizze bis zu Diagrammen erstreckt und beim kenntnislosen Kommunikationspartner Verständigungs-, also Sprachbarrieren aufbaut.
Allgemein besteht der Vorzug konstruierter Sprachen darin, daß man, ohne die inhaltliche Bedeutung der Zeichen zu kennen, allein unter Beachtung der Regeln weitere Operationen und Formeln ableiten kann.
Objektsprachen und Metasprachen unterscheiden sich durch ihre Aussageebene. In der deskriptiven Objektsprache wird über die Objekte einer Theorie oder über die alltägliche Realität gesprochen, mit der methodologischen oder semantischen Metasprache über eine andere Sprache. Macht man beispielsweise in deutscher Sprache eine Aussage über die deutsche Sprache, so fungiert die deutsche Sprache als Metasprache; verwendet man sie für Aussagen über die englische Sprache, ist die englische Sprache Objektsprache, die deutsche wiederum Metasprache. Zeichnet man nach den Regeln der technischen Zeichnung den Grundriß oder die Ansicht eines Objekts, ist diese Zeichnung Objektsprache; wird mit Hilfe von Zeichnungen der kommunikative Aspekt des Gebauten analysiert, so sind die Zeichnungen der Analyse metasprachlich eingesetzt, da die Zeichnungen dafür verwendet werden, über Architektur zu reflektieren, sie zu systematisieren und zu kritisieren.
Die metasprachliche Zeichnung kann die Aufgabe haben, das Funktionieren des Kommunikationsgeschehens als Hintergrund einer Architekturtheorie zu erklären.
Somit ist zu unterscheiden zwischen der Sprache, die Objekte beschreibt, und derjenigen, in der über diese Sprache gesprochen wird.

Der Kanal zur Übermittlung von Informationen

Der Kanal ist das materielle Medium, das eine Nachricht vom Sender zum Empfänger befördert. Auditive Medien wie Radio und Telephon geben akustische Signale, die durch den natürlichen Kanal des »Hörens« aufgenommen werden. Seiner physikalischen Struktur nach übermittelt das zweidimensionale Medium, die Zeichnung, die Dreidimensionalität des geplanten Objekts. Diese Informationen wenden sich an den natürlichen Kanal des Sehens. Die Zeichnung erfüllt alle Forderungen, nach denen ein Kommunikationsmedium aus Elementen bestehen soll, die unterscheidbar, selektierbar und transportierbar sind, was sich für die Eigenarten der visuellen Variablen bestätigt. Die Elemente, die Zeichen werden durch das Medium der visuellen Kommunikation verfügbar und zur Übermittlung von Informationen eingesetzt und organisiert. Den so entstehenden graphischen Gebilden werden Bedeutungen zugeordnet, die beim Empfänger die beabsichtigten Reaktionen hervorrufen. Um kommunizieren zu können, ist eine Übereinkunft über die Bedeutung von Zeichen zwischen den Partnern Voraussetzung. Nicht nur die Elemente, sondern auch ihre Verknüpfungsregeln für bestimmte Sachverhalte und Problemstellungen müssen bekannt sein. Das Medium der Zeichnung fordert, die Informationen über Planung und Entwurf dem Kommunikationskanal anzugleichen, sie also in die geeigneten graphischen Zeichen zu codieren, die vom Empfänger begrifflich rückübersetzt werden. Im Idealfall entsprechen sie ohne Verzerrung oder Substanzverlust der Information, die ausgesendet wurde. Um die übermittelte Nachricht nicht nur der Interpretation, dem zufälligen Wissen oder Wohlwollen des Empfängers zu überlassen, werden vor allem bei unkonventionellen, neuartigen Zeichnungen Zuordnungsvorschriften, Zeichenschlüssel beigefügt. Sie regeln im Bereich der Bauplanung die Zuordnungen einzelner Zeichen zu den Zeichen eines anderen Zeichenrepertoires. Bei kartographischen Darstellungen erklärt die Legende die verwendeten Signaturen. Auch bei einer technischen Zeichnung sind es graphische Zeichen und Elemente wie Schraffuren, Linienstärken, Farbe usw., die oft erst von der beigefügten Legende erläutert werden, soweit ihre Verwendung durch Normung nicht bereits geklärt ist. So hat der Sender der Nachricht, also der Darstellende, die Codierung, die graphisch günstige Abfassung der Zeichnung ebenso zu berücksichtigen wie die Fähigkeiten des Empfängers, die ihm zugestellte Zeichnung zu decodieren und damit richtig zu lesen. Das betrifft den angemessenen Einsatz graphischer Elemente unter Berücksichtigung der Eigengesetzlichkeit von Darstellungsmethoden und -mitteln ebenso wie die Zustellung der Zeichnung zu dem ihr zugedachten Adressaten. Wie Informationen mitgeteilt – visuell, akustisch, haptisch, gestisch – und in welcher kommunikativen Situation sie gegeben werden, bleibt nicht ohne Konsequenz. Es sind sechs Kommunikationssituationen zu nennen:

- privat – geringe Menge von Empfängern,
- öffentlich – große Menge von Empfängern,
- direkt – persönlicher Kontakt möglich,
- indirekt – Überbrückung durch Medien, beispielsweise Zeichnungen notwendig,
- versammelt – die Empfänger sind anwesend,
- nicht versammelt – die Empfänger sind nicht anwesend.

Ebenso gliedern die Entstehungsphasen die Zeichnung, mit ihnen wechseln die Informationen, die Adressaten und die zeichnerische Codierung:
- Konzeptfindung: Skizzierung für den internen Gebrauch,
- Vorentwurf: probeweise zeichnerische Lösung,
- Entwurf: endgültige zeichnerische Lösung,
- Bauvorlage: Eingabepläne zur behördlichen Prüfung,
- Werkzeichnungen: technische Zeichnungen als Anweisungen für die Ausführenden,
- Detailzeichnung: hierzu ergänzende Zeichnungen größter technischer Genauigkeit und Vollständigkeit.

1.1 Unilaterale und bilaterale Kommunikation.

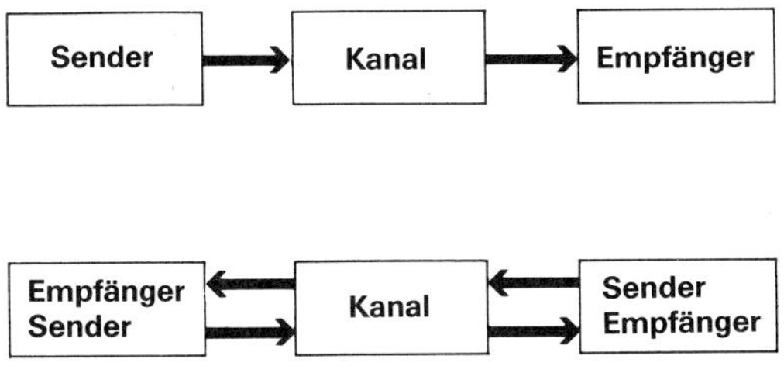

Die Nachrichtenübertragung in der Bauplanung

Wie jede gesellschaftlich integrierte Planung ist die Bau- und Stadtplanung auf die Veränderung der Praxis, auf die Verbesserung der Umwelt gerichtet. Die Zeichnung als materielles Medium hat die Kommunikationskette, die Verständigung zwischen den Planungsbeteiligten herzustellen. Sie gibt Mitteilungen, Botschaften über funktionale, technologische, konstruktive und politische Entscheidungen, soweit diese zur planerischen Festsetzung, zur Realisierung von Planungs- und Bauvorhaben erforderlich sind. Die Adressaten sind die am Planungs- und Ausführungsprozeß Beteiligten. Sie unterscheiden sich durch die Art der Beteiligung, der Betroffenheit und der Kompetenz. Es sind:

- der Auftraggeber, dem das Projekt zur Entscheidung vorzulegen ist,
- Behörden, die das Planungs- oder Bauvorhaben prüfen,
- Fachleute, die zur Mitarbeit herangezogen werden, wie Geologen, Verkehrsplaner, Fachingenieure usw.
- ausführende Firmen verschiedener technischer Leistungen,
- Planungsbetroffene, die über Zielsetzungen und Auswirkungen zu informieren sind.

Für die Informationsvermittlung über das Medium Zeichnung ist nicht nur die unterschiedliche Kompetenz der Adressaten signifikant, sondern auch die räumliche und zeitliche Distanz, die den Sender vom Empfänger trennt. In der öffentlichen Versammlung, beispielsweise vor einem politischen Gremium, tritt meist zur zeichnerischen Präsentation die verbale Erklärung des Vortragenden und eine bilaterale Vermittlung durch Rückfragen hinzu. Dagegen setzt die Informationsübermittlung über eine räumliche Distanz beim Empfänger Kompetenz voraus oder einen didaktischen Aufbau der zu übermittelnden Informationen. Diese wendet sich an den zunächst kenntnislosen Empfänger und informiert ihn über die Zielsetzungen.
Besonders die im Rahmen einer Stadtsanierung erwünschten Informationen für die Sanierungsbetroffenen legen anschauliche Darstellungen nahe, die didaktisch aufbereitet werden. Die soziale Betroffenheit dort schafft allerdings auch die Chance zum Aufheben der unilateralen Übermittlung, wenn Argumente und Reaktionen der Zustimmung oder Ablehnung zum Sender zurückfließen, sei es durch direkte Aussprache in einer öffentlichen Versammlung, sei es durch schriftliche Stellungnahmen.

Die Wirkung einer Nachricht setzt nach ihrer Übermittlung ein, wenn sie beginnt die Reaktionsmuster des Empfängers, seine kognitive Organisation zu beeinflussen. Die Verhaltens- und die Wahrnehmungspsychologie haben die Wirkungsweise dieses Kommunikationsprozesses aufgezeigt.
Die Auswahl der graphischen Zeichen und ihre Verknüpfung nach Aufgaben und Vorstellungseigenheiten des Darstellenden auf der einen Seite und nach Kompetenz und Interessenlage der zu informierenden Gruppe auf der anderen bestimmt den Zeichnungstyp. Bei den Auftraggebern, den Behörden, der Fachöffentlichkeit oder der Laienöffentlichkeit hat sich die Zeichnung als Instrument der Durchsetzung, bei den mit der Realisierung beauftragten Firmen als Instrument der Durchführung zu bewähren. Das gegenständliche Interesse zwischen Sender und Empfänger leitet den formbildenden Anspruch hin zur zeichnerischen Form: Sie erstreckt sich von der unbildlichen, wissenschaftlich ermittelten Datensammlung über die zuverlässige Information der technischen Zeichnung bis zu einer im Ästhetischen gründenden Poetik. Zwischen Datengraphik und »zeichnerischer Kunst« vollzieht sich der Auswahlvorgang, die Bestimmung von Zeichentyp, Maßstab, Darstellungsmethode und -technik.
Die Palette zeichnerischer Nachrichten umfaßt sowohl spekulative Äußerungen einer malerisch aufgetragenen Skizze als auch explizit formulierte technische Anweisungen. Ein Problem erfordert oft mehrere zeichnerische Untersuchungen; denn was im horizontalen Schnitt grundrißlich nicht erscheint, muß im vertikalen Schnitt aufgesucht werden, und was an Räumlichem nicht klar sichtbar ist, bedarf der räumlich wirkenden Darstellung. Oft erläutert erst eine Matrix oder ein Beziehungsdiagramm die funktionalen Qualitäten der Organisation. Im allgemeinen ist ein Planungs- oder ein Entwurfsproblem zu komplex, als daß es mit einer Darstellungsmethode gelöst werden könnte; dazu bedarf es aufeinander bezogener Schritte.
Das zeichnerische Repertoire weist in zwei Richtungen: Es enthält die Bedeutungszuweisungen in einer vom Sender ausgewählten, doch auch dem Empfänger meist bekannten konventionellen Sprache, die dieser ihrer Bedeutung entsprechend übersetzt und auf seine kognitive Organisation einwirken läßt. Das Darstellen setzt sich aus zweckbestimmten Operationen zusammen, die realitätserzeugend oder realitätsabbildend wirken. Funktionelle Codes bestimmen den Zeichnungstypus; sie haben die Aufgabe, zum »Schauplatz des Entwerfens« zu führen oder von intentionalen zu mittel-

1.2 Modell der Nachrichtenübermittlung: Was – Wie – Wem.

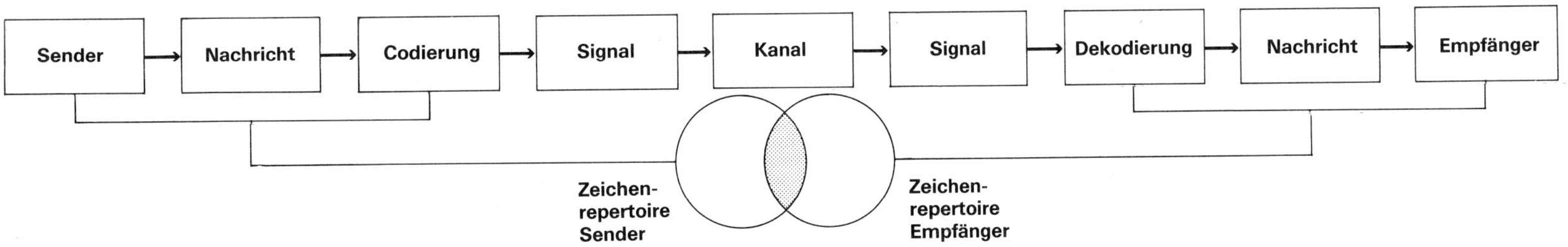

baren, konkret formulierten Aussagen mit Anweisungen an dritte zu verweisen.
Jeder Kommunikationsprozeß ist ein Instruktionsprozeß; er erstreckt sich von der umgangssprachlichen Formulierung bis zu Problemen, die der Spezialsprache, der Spezialsymbolik bedürfen. Die Codierung einer Mitteilung transformiert den Zeichenvorrat durch den Einsatz bestimmter Regeln von einer Darstellungsform in eine andere. Wieweit aber die abgegebene Information mit der vom Empfänger aufgenommenen übereinstimmt, muß jeweils kontrolliert werden.
Der kommunikative Aspekt des Darstellens zum Zwecke des Übermittelns von Nachrichten läßt sich mittels der von Lasswell aufgestellten Formel wiedergeben: »Wer sagt was mit welchen Mitteln zu wem mit welcher Wirkung?«[2]
Das Klassifikationsschema der Darstellungsmethoden und -techniken gibt einen entsprechenden Überblick. Es enthält vorwiegend Darstellungscodes, die bereits konventionalisiert, also weitgehend irrtumsfrei zu lesen oder dem assoziativen Denken zugänglich sind, aber auch nicht vollständig konventionalisierte Zeichen und Darstellungsmethoden, die in ihrer Gestaltung oder Anwendung noch nicht sicher feststehen.

Semiotische Grundbegriffe

Kommunikation ist an den Austausch von Informationen, von Zeichen gebunden; auch Architektur, als Zeichensprache verstanden, ist auf das Austauschen und Verstehen architektonischer Zeichen angewiesen.
Nach de Saussure, dem Begründer der strukturalen Sprachwissenschaft, ist die Sprache »ein System von Zeichen, die Ideen ausdrücken«. Die Zeichentheorie – Semiotik – gibt Bezeichnungs- und Begriffskategorien, die für Analyse, Darstellung und Neuformulierung bedeutsam sind, und dies gilt für die Architektur als Zeichensystem und für Zeichnungen, mit denen die Inhalte der Bauplanung visualisiert werden.

Syntaktik, Semantik, Pragmatik

Nach Charles S. Peirce[3] ist das Gebiet der Semiotik in drei Zweige unterteilt: reine Grammatik, eigentliche Logik, reine Rhetorik. Dieser semiotischen Gliederung folgend, schafft die Grammatik die Grundlagen, worauf die Logik aufbaut, und die Rhetorik bezieht sich auf beide. Die heute übliche Gliederung nach Charles W. Morris' umfaßt Syntaktik, Semantik, Pragmatik.
Die Syntaktik untersucht die Zeichen nur im Mittelbezug und schließt jeden Objekt- und Interpretenbezug aus.
Die Semantik untersucht die Beziehungen von Zeichen zu ihren Objekten, ihre »Bezeichnungsfunktion«, und setzt darin die Syntaktik voraus. Die Pragmatik setzt beide voraus und behandelt den Interpretantenbezug, die Beziehung von Zeichen zu ihren Interpretanten, nach Max Bense die »Bedeutungsfunktion« der Zeichen.[4] Die Funktionsweise der Zeichen ist somit in drei Stufen gegliedert und vom realen Kommunikationsprozeß abstrahiert:
Syntaktische Zeichenfunktion: Beziehung zwischen Zeichen und Zeichen; ein Zeichen muß sich auf andere Zeichen beziehen.
Semantische Zeichenfunktion: Beziehungen zwischen Zeichen und Bedeutungen; ein Zeichen muß etwas bedeuten.
Pragmatische Zeichenfunktion: Beziehungen zwischen Zeichen und Benutzern; ein Zeichen muß wirken.

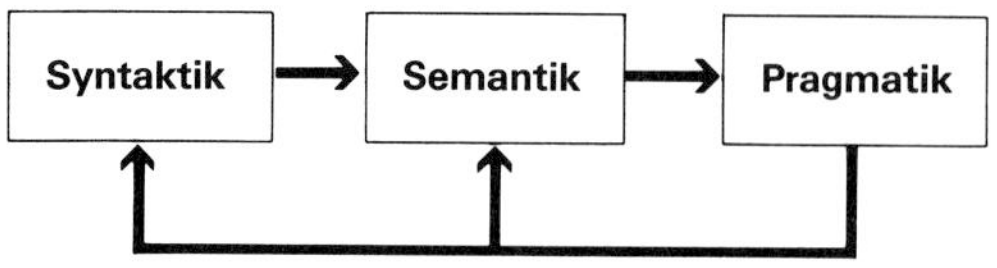

1.3 Die Verflechtung der semiotischen Stufen.

Signal und Zeichen

Das Repertoire eines Mediums besteht aus Elementen (Signalen). Ordnet man ihnen bei der Nachrichtenübermittlung Bedeutungen zu, werden sie zu Zeichen. Die Bedeutung von Signalen ist willkürlich durch Übereinkunft, durch kommunikative und codierende Bezüge festgelegt. Das Signal ist der Zeichenträger, nach Bense »der materiell-energetische Träger jedes Zeichens«, und ein Zeichen besteht immer aus dem physikalischen Zeichenträger und dem eigentlichen phänomenologischen Zeichen. Zeichen tragen Bedeutung, Zeichenträger nicht. Daher wirken unverstandene Zeichen lediglich als Signale, da diese dann im Bewußtsein nur als physikalische Ereignisse existieren.
Die Trennung in Signal und Zeichen ist für den Kommunikationsprozeß bedeutsam, denn dieser besteht lediglich aus der Übermittlung von Zeichenträgern über Kanäle, die im Bewußtsein von Sender und Empfänger bestimmte Gedanken, Reaktionen hervorrufen. Zeichenträger sind gesprochene Laute in der verbalen Kommunikation, Bleistift, Tusche, Farbe, Bildschirmzeichen usw. für graphisch übermittelte Nachrichten in der visuellen Kommunikation. Der Buchstabe A ist ein Zeichen, das an verschiedene Zeichenträger geknüpft sein kann, an gedruckte, geschriebene oder gebaute Figuren. Ein Zeichen ist ein Zeichen nur in dem Maße, wie es ein Zeichensystem gibt, etwa ein architektonisches Zeichensystem, das den kommunikativen Aspekt des Gebauten regelt, oder ein graphisches Zeichensystem, das Darstellungsmittel Darstellungszwecken zuordnet und damit den Kommunikationsvorgang gezeichneter Informationen regelt. Ein Zeichen lebt von seinen Oppositionen, von Abgrenzungen und Zusammenfassungen, wie es der Farbwechsel einer Verkehrsampel zeigt, der im Zusammenwirken der Farben den Wechsel vom Signal zum Zeichen vollzieht, wenn seine Bedeutungen bekannt sind.
Zeichen bilden die Grundlage jeder Kommunikation; ihr Zustandekommen, ihre Perzipierbarkeit ist an Bedingungen geknüpft. Zeichen, die außerhalb des Bewußtseins oder der Konvention liegen, bleiben unverständlich und haben dann lediglich Signalcharakter.

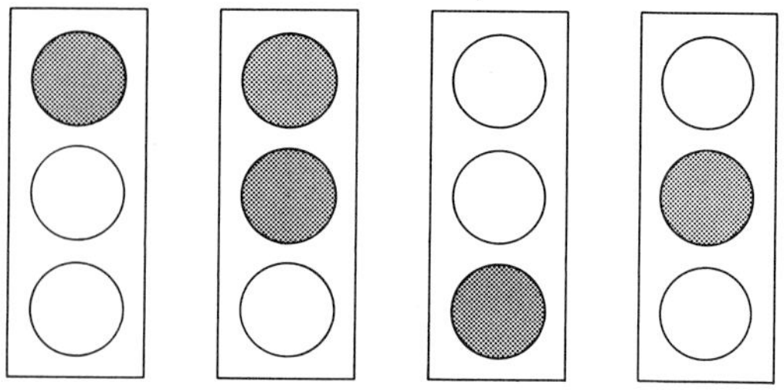

1.4 Ohne Kenntnis der Bedeutung ist das Rot der Ampel ein Signal. Ist die Bedeutung bekannt, Rot = Halten, so wird das Signal zum Zeichen.

Zeichenbedingungen
Die kommunikativen Wirkungen und Funktionen von Zeichen behandelt die Semiotik nach den Grundlegungen von Peirce, Morris und den Erweiterungen von Bense. »Ein Zeichen ist, was zum Zeichen erklärt wird.«[5] Das verweist darauf, daß es in der physikalischen Realität an sich keine Zeichen gibt, sondern nur Objekte, die durch Operation und Absicht zu Zeichen erklärt werden können. Das Zeichen ist kein Objekt, sondern ein Mittel zur Herstellung einer Beziehung, eingesetzt als »Repräsentations- und Vermittlungsschema«[6]. Die Erklärung, was ein Zeichen ist, unterliegt semiotischen Bezügen, die nach Peirce in einer »triadischen Relation« stehen.[7] Diese umfaßt die Relationen der materiellen »Mittel« – syntaktischer Bezug –, die Relationen zu einem Objekt, das es bezeichnet – semantischer Bezug – und die Relationen zu einem Interpreten und dessen Interpretationen des Zeichens – Interpretantenbezug. Danach ist ein Zeichen dann ein Zeichen im Sinn der Peirceschen Semiotik, wenn ein dreifacher Zeichenzusammenhang – als Mittelbezug, Objektbezug und Interpretantenbezug – besteht.[8]
Elemente oder Elementkomplexe in der Sprache eines Mediums dienen dazu, über einen Kommunikationskanal zwischen Sender und Empfänger Informationen als Zeichen zu übermitteln.

Dies trifft auf die Kommunikationsvorgänge der gebauten Umwelt – »Architektur als Zeichensystem« – ebenso zu wie auf die Zeichnungen, die den gesamten Kommunikationsvorgang des Planens, Entwerfens und Realisierens begleiten, ja erst ermöglichen.

– Ein Zeichen hat eine bestimmte Funktion, es teilt mit, es hat eine Bedeutung. Ein Zeichen ist etwas, das für ein anderes steht.
– »aliquod stat pro aliquo«. Es erschöpft sich nicht darin, nur es selbst zu sein, sondern verweist auf eine andere Realitätsebene, auf Kommunikation.
– Zeichen stehen in einer Beziehung zum Bezeichneten.
– Zeichen dienen zur Übermittlung von Informationen.
– Zeichen müssen sich in einem bestimmten Medium realisieren lassen. Zeichen sind nicht einzelne, isolierte Phänomene, sie sind Bestandteile eines Zeichensystems.
– Zeichenbeziehungen müssen nach Peirce dreifach, in den Korrelaten Mittel, Objekt, Interpretant, bestehen. Diese triadische Relation erst vermag zwischen Zeichen und Bewußtsein zu vermitteln.[9]

1.5 Die triadische Zeichenrelation.

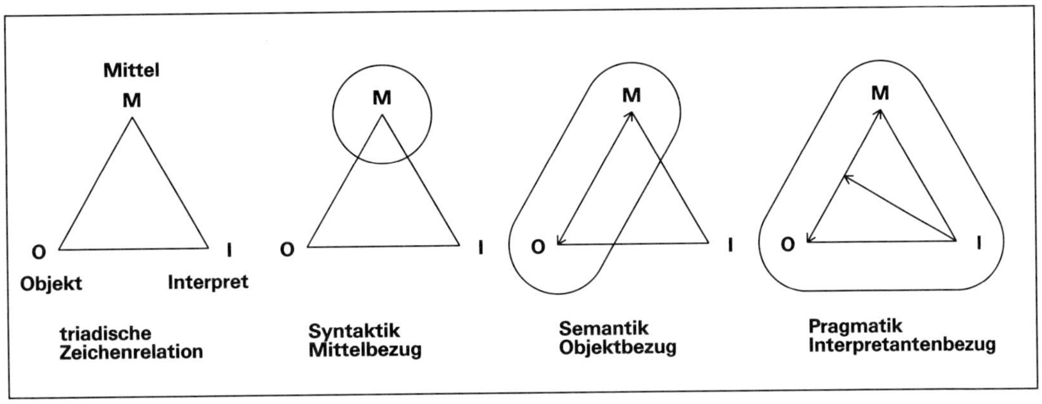

Syntax
Syntaktische Regeln stellen das logische Gerüst für den Gebrauch lexikalischer Elemente, der Zeichen, zur Verfügung. Somit besteht die Syntax eines Zeichensystems aus einer bestimmten Menge von Zeichen und aus der Systematik, die die Verwendung und Verknüpfung dieser Zeichen zu gültigen, zulässigen Aussagen regelt und Begriffe für syntaktische Operationen gibt, indem sie darlegt, wie Zeichen mit anderen Zeichen – etwa durch Transformationsregeln – zu komplexen Ausdrücken aufzubauen sind.
Die Syntax einer formalen Sprache setzt sich aus Klassen von Zeichen und Regeln zusammen, die den Gebrauch der noch nicht mit Bedeutungen besetzten Zeichen klären, die also ohne Bezeichnungsfunktion, ohne semantischen und pragmatischen Bezug sind. Die Syntax ordnet die formalen Beziehungen zwischen den Zeichen einer Sprache. Sie behandelt Regeln der Verknüpfung, An- und Zuordnungsregeln, Kontrastbildungen, Modulationen und Gliederungen.
Gegenüber den Sprachen im linguistischen Sinn kennt die Syntax der gestalterischen Tätigkeitsfelder weniger strenge Vorschriften, sondern vielmehr Gesetzmäßigkeiten, die als Substrat historischer Prozesse, als Erfahrungsgrundsätze gelten, denen man weitere aufgefundene Regeln und neue ästhetische Einsichten über ihre Wirkung zur Seite stellt. Das ist auch das Feld der »Grundlehre« oder der »gestalterischen Grundlagenvermittlung«, wo die Elemente, Methoden und Mittel der Gestaltung disziplinär oder interdisziplinär an elementaren und mitunter auch komplexen Modellen methodisch eingeübt werden, und zwar als vorangestellter, intellektuell und sinnlich fundierter Teil des Entwerfens und Darstellens. Dem schließen sich Methoden des Neustrukturierens, des Transformierens an, um das propädeutisch Erreichte in semiotisch erweiterte, ästhetische Zustände, in Architektur etwa, zu überführen. Beispiele einfacher Operationen sind: von Ziffern zu Zahlen; von Wörtern zu Sätzen; von Linien zu geometrischen Netzen; von Stäben zu dreidimensionalen Gittern; von Flächen zu Räumen. Allgemeinere Arten der Verknüpfung syntaktischer Zeichen sind klassifizierbar nach den Beziehungen und nach folgenden Gesichtspunkten:
– die Formen der Elemente – quadratisch, rund, amorph ...
– die Dimensionen der Elemente – groß, klein ...
– die Lage der Elemente – parallel, schräg, sich berührend ...
– die Anordnung der Elemente – in der Ebene, im Raum ...
– die Beschaffenheit der Elemente – glatt, rauh, farbig ...
Die Beziehungen eines Zeichenverbands ändern sich mit der Veränderung einer Form-, Dimensions- oder Lagebeziehung, und die Frage nach der Beziehung der Zeichen untereinander im Zwei- und Dreidimensionalen stößt auf begriffliche Schwierigkeiten, wie es sich bei der Analyse gebauter Objekte zeigt.

Zeichenbezüge

Sprache ist nicht nur verbale Kommunikation. Sprache, auf nichtverbale Kommunikation erweitert, ist im semiotischen Sinn nach Morris jedes zusammenhängende Zeichensystem, dessen Gebrauch von syntaktischen, semantischen und pragmatischen Regeln der triadischen Relation der Zeichen bestimmt ist.

Syntaktischer Zeichenbezug

Die Funktion des Mittelbezugs der Elemente, die Zeichenfunktionen übernehmen können, besteht in der Relation der syntaktischen Mittel zueinander, in den rein formalen Beziehungen der Zeichen. Hier hat das Zeichen nur die Funktion des Mittels.
Die syntaktischen Elemente sind Linie, Fläche, Körper, Raum, Farbe, Textur. Durch syntaktische Operationen wie der Adjunktion, der Iterisation, der Superisation und weiterer mathematischer Techniken nach konventionellen originären Regeln entstehen beispielsweise aus Linien Netz-Beziehungen, aus Stäben dreidimensionale Gitter, aus Flächen körperhafte oder räumliche Packungen. Es ist die Repertoirebereitstellung gestalterischer Methoden und Mittel, die als Grundlagenmaterial und -erkenntnis der Zuordnung, der Übertragung in die nachfolgende semantische Zeichenfunktion bedürfen. Wo dies nicht erfolgt, sind sie Darstellungsmittel ästhetischer oder künstlerischer Programme.

Semantischer Zeichenbezug

Die semantische Zeichenfunktion ZR (M, O) besteht in der Zuordnung von Zeichen zu Bedeutungen. Die Bedeutungsbeziehungen werden vertreten durch die Beziehungen der ihnen zugeordneten Zeichen, ZR (M, O). Dies geschieht durch die Auswahl und Zusammensetzung der Mittel (M) zum Objekt (O), wodurch auf der Objektebene der Bauplanung ein Gebäude im typologischen Code als Wohnhaus oder Bürohaus charakterisiert wird, während die Elemente der syntaktischen Stufe architektonische Eigenschaften erhalten, so daß beispielsweise aus geometrischen Netzen die ästhetische und geometrische Maß- und Ordnungsbeziehung für Fassade- oder Raumgestaltung wird, aus Gittern Fachwerke, aus ebenen Flächen Wände eines typologisch bestimmten Raumes, aus gefalteter Fläche eine Treppe, aus gekrümmten Flächen weitgespannte Schalen. Ein typologischer Code sagt, wie ein Wohnhaus oder ein Krankenhaus gebaut sein müssen, um ganz diesem Typ zu entsprechen.

Pragmatischer Zeichenbezug

Der Interpretantenbezug ZR (M, O, I) erfolgt durch die Zuordnung von Mitteln (M) zu einem Objekt (O) durch einen Interpretanten (I) derart, daß die Wirkung dieser Zeichen unter konkreten Kommunikationsbedingungen bei bestimmten Perzipienten dazu führt, daß sie das Beabsichtigte erkennen und ein funktionales Objekt als solches benutzen. Die Pragmatik untersucht die Beziehung zwischen Zeichen und Benutzer und deren Verhalten in der Realität. Die pragmatischen Beziehungen zwischen Zeichen und ihren Benutzern in einem jeweilig gegebenen sozio-kulturellen Umfeld bestimmen den Zeichengebrauch, das Zeichenverständnis für die konkrete Gebrauchssituation, d. h. für ein verfügbares Repertoire rhetorischer Regeln mit Indikatoren (ich, du, heute, morgen, hier, dort, stehen, sitzen). Denn wie Zeichen verstanden werden, hängt nicht wenig vom Interesse, von der Aufmerksamkeit des Empfängers ab, was unter Umständen das angestrebte Verhalten – die Wirkung der Aufforderung »hier gehen, hier sitzen« – relativiert oder auch in kritischer Situation den Benutzer zu alternativen Handlungen provoziert und ihn vielleicht zur Veränderung eines Raumes, zur Ablehnung einer für ihn vorgesehenen Gebrauchsfunktion veranlaßt; dies wirft ein Licht auf die Qualität von Planung und Ausführung.

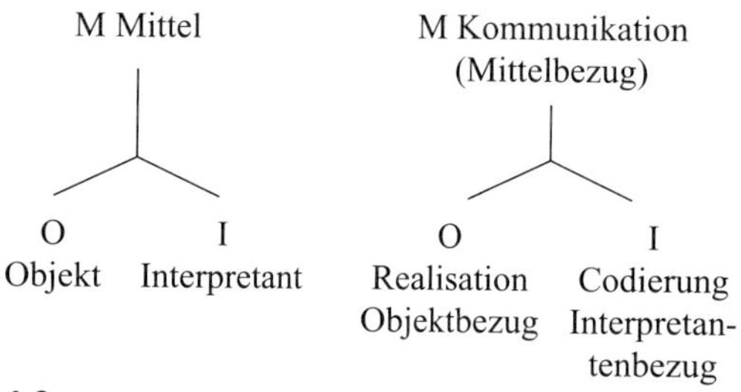

1.6

Zeichenvorrat

Der Zeichenvorrat ist die geordnete Menge von Zeichen. A, B, C sind Zeichen des Alphabets, wie es die Noten in der Musik und die Linien und Farben eines graphischen Alphabets sind. Der Zeichenvorrat und die syntaktischen Regeln machen das Repertoire einer Sprache aus.
Ein lexikalisches Verzeichnis formaler Zeichenelemente umfaßt die Basiselemente, geordnet nach Größe, Helligkeit, Muster, Farbe, Richtung und Form. Sie lassen sich als visuelle Variable klassifizieren.

Die Zeichenklassen

Syntaktische Zeichen

Auf jeden der drei Zeichenbezüge wirken verschiedene Zeichenklassen. Auf der syntaktischen Ebene sind es Qualizeichen, Sinzeichen und Legizeichen. Jede zeichenhafte qualitative Erscheinung ist ein Qualizeichen; es ist die notwendige, variable, materielle, sinnlich wahrnehmbare Erscheinung eines Zeichens, wie Bleistift, Tusche, Farbe, Bildschirmzeichen usw. »Da ein Zeichen mit dem bezeichneten Ding nicht indentisch ist, muß es selbstverständlich einige Merkmale besitzen, die an sich zu ihm gehören und nichts mit seiner repräsentativen Funktion zu tun haben.«[10]
Ein Sinzeichen oder singuläres Zeichen ist jedes individuelle Objekt oder Ereignis, das ein Zeichen ist. Es beruht auf realisierten Qualizeichen und ist singulär, orts- und zeitabhängig.
Das Legizeichen bezeichnet eine zeichenhafte Gesetzmäßigkeit. Es stellt ein gesetzmäßig verwendetes Zeichen dar, das in jeder Realisierung als dasselbe erscheint. Das Wort »Haus«, ob geschrieben, gedruckt, gesprochen, ist, unabhängig vom Auftreten, immer dasselbe Legizeichen. Jeder generelle Typ oder jedes Gesetz, das ein Zeichen ist, ist ein Legizeichen.[11] Es geht die systematische Verwendung voraus. Buchstaben, Linienzüge, Signaturen, geometrische Figuren in konventionellem Einsatz sind Legizeichen.

Semantische Zeichen

Das Ikon
Ein ikonisches Zeichen ist eines, das irgendein Objekt denotiert, das eine gewisse Anzahl von Eigenschaften aufweist, die es selbst hat (Morris). Einen ikonischen Objektbezug stellen Bilder, Modelle, Strukturen, Schemata, Eigenschaften und Klassifikationen dar.[12] Ein Ikon hat »konstruierte« Gemeinsamkeiten mit dem Objekt, das es anschaulicher oder stärker abstrahiert, mittelbar oder unmittelbar vertritt. Hierzu gehören Karten, Pläne, Zeichnungen, auch die sprechenden Signaturen in kartographischen Darstellungen. Es ist offensichtlich, daß der ikonische Zeichenbezug fließende Übergänge zu anderen Zeichenbezügen hat und daher feiner gestuft werden muß. Eine Aufrißzeichnung ist beispielsweise ikonischer als eine Beziehungsmatrix, ein Katasterplan ikonischer als ein topographischer Übersichtsplan.

Index
Ein Index ist ein Zeichen, das reale direkte Beziehungen zu seinem Objekt hat oder auf dieses verweist, wie ein Eigenname, eine Ordinalzahl, eine Perspektive usw. Hinweise, Wegweiser, Indices haben stets Hinweischarakter. Pfeile, Richtungs- und Wertangaben sind Indices, da sie einen realen, durch Beobachtung oder Messung gewonnenen Ereigniszusammenhang präsentieren.

Symbol
Ein Symbol ist ein Zeichen, »das sein Objekt unabhängig von formalen Übereinstimmungen und realen Beziehungen interpretiert. Es hängt an Konvention oder Brauch oder an der natürlichen Disposition seines Interpretanten oder Interpretantenfeldes.«[13] Das Symbol ist daher nicht vom Objekt her bestimmt, sondern von Konvention und Übereinkunft. Der Gebrauch von Symbolen setzt die Erklärung der Bedeutungen voraus, auf die die Symbole verweisen. Symbolische Zeichensysteme führen weg vom direkten Umgang mit den realen Dingen und hin zum Operieren mit Symbolen. Dadurch ergibt sich die Möglichkeit, mit geringerem Aufwand Ergebnisse schneller zu erzielen, weil nicht das gesamte Problemfeld mitgeführt und abgebildet werden muß. »Wissenschaftliche Systeme von Symbolen vergrößern unsere Macht über die Wirklichkeit.«[14]

Pragmatische Zeichen

Auch der Interpretantenbezug ist nach Peirce gegliedert: das Rhema, das Dicent, das Argument.[15] Erst durch den Interpretantenbezug ist die Zeichenrelation vollständig = ZR (M, O, I), erst dadurch kann die Bedeutung eines Zeichens in einer Kommunikationssituation realisiert werden. Das Rhema ist ein offenes Zeichen, das »emotionellen Interpreten« mehrere qualitative Varianten zur Deutung seines Objekts anbietet.
Das Dicent ist ein Zeichen, das Bedeutungen als Behauptungen zu interpretieren zuläßt, das zu Urteil oder Handlung drängt. Das Argument ist ein Zeichen, das für den Interpretanten auf den gesetzmäßigen Charakter eines Objekts verweist und diesen als Element eines Zeichensystems repräsentiert.

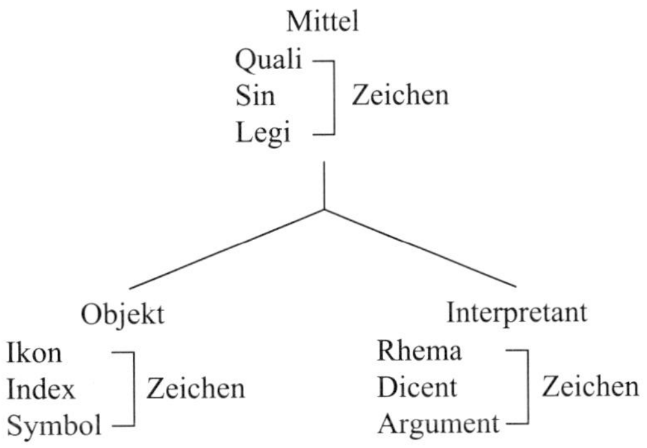

1.7

1.8 Der Verlauf der Superisation, dargestellt in vier Stufen an einem Bauvorgang und im Naturraum.

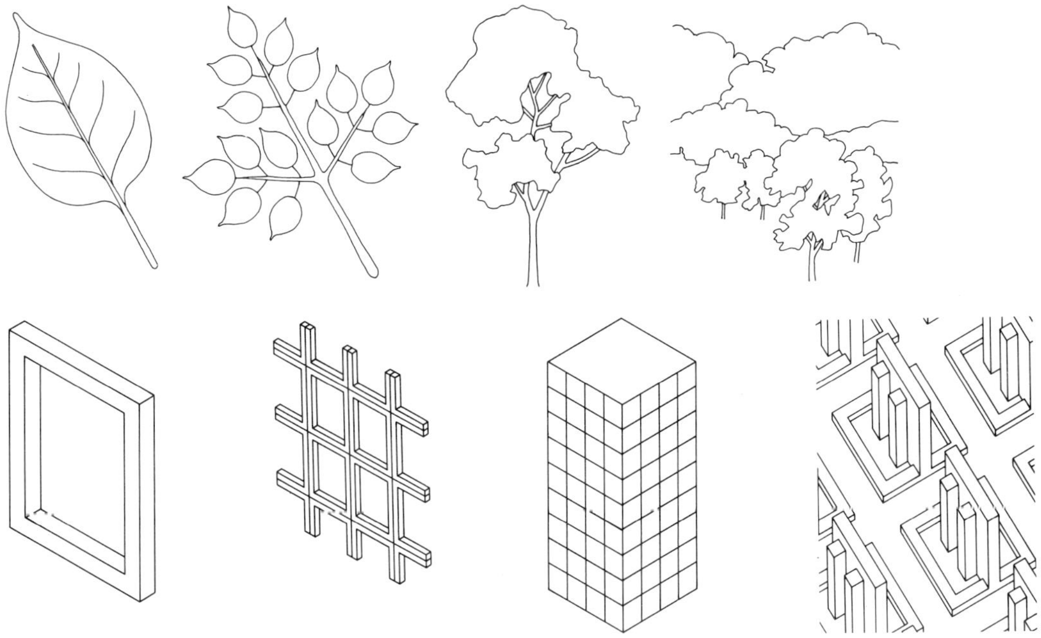

Syntaktische Zeichenoperationen

Mit Hilfe bestimmter Operationen lassen sich Zeichen zu größeren formalen Zusammenhängen aufbauen. Drei Zeichenoperationen sind grundlegend:
– Die Adjunktion: Verknüpfung von Zeichen zu Zeichenreihen von summativen, reihenden Ergebnissen;
– Die Iteration: Vollständige und systematisch abgeschlossene Zeichenverbände;
– Die Superisation: Zeichen größerer Zeichenverbände, die sich überlagern und zu hierarchischen Ordnungen zusammengefaßt werden.
Superzeichen sind im Wahrnehmungs- und Lernprozeß bedeutsam, denn sie lassen sich im allgemeinen schnell perzipieren, obgleich die Superisierung nicht bei jedem Perzipienten eindeutig verläuft, was von der Zeichenkomplexität und den sozio-kulturellen Bedingungen abhängt.

Architektur und die gebaute Umwelt als Zeichensystem aufzufassen, heißt, den Systemcharakter der Zeichen für ihre kontrollierte semiotische Wirkung einzusetzen. Eine schwierige und verpflichtende Arbeit, soll das Gebaute im städtischen Kontext zu einem funktionierenden Kommunikationssystem anwachsen. Eine »Architekturwissenschaft«, die sich mit dem Funktionieren des architektonischen Zeichensystems befaßt, muß nicht weniger als das Planen und Entwerfen die Darstellung selbst analytisch behandeln und dieses Zeichensystem in den gesellschaftlichen Kontext einbringen. Die dargelegten Zeichenbedingungen nach der semiotischen Klassifikation ZR (M, O, I) auf die darstellungstheoretischen Zeichenbezüge zu erweitern, setzt lediglich voraus, die syntaktischen Mittel als Darstellungsmittel M, das Objekt O als das dargestellte Objekt oder den dargestellten Sachverhalt und den Interpretanten I als den Interpretierenden einzusetzen. Aus der Relation folgt:

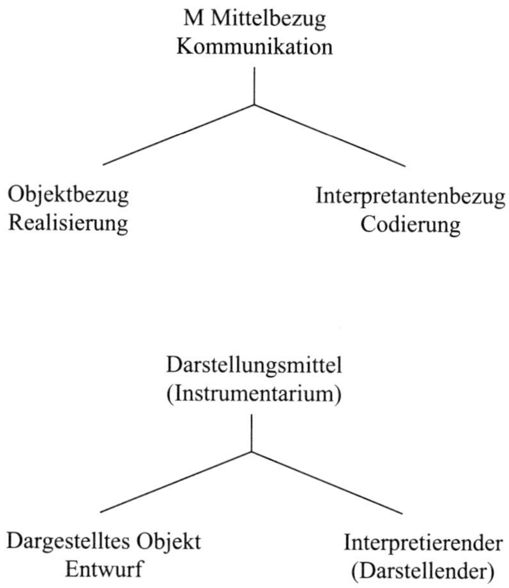

1.9 Die triadische Zeichenrelation, auf Entwerfen und Darstellen bezogen.

Darstellungsmittel
Die Funktion des Mittelbezugs ist gegeben durch Auswahl und Verknüpfung der Mittel des graphischen Systems (Auswahl von substantiellen graphischen Darstellungstechniken und graphischen Darstellungsmethoden). Die Darstellungsmittel bestehen in den Beziehungen des Darstellenden I zum Dargestellten O und den vom Darstellenden ausgewählten Mitteln M. Sie haben insgesamt alle Zeichenfunktionen der Quali-, Sin- und Legizeichen.

Darstellungscode
Der Objektbezug ist gewahrt durch die Relation der Darstellungsmittel und -methoden zu einem Objekt, durch den zeichnerischen Ausdruck, die Wahl semantischer Zeichenfunktionen. Sie bezeichnen den Abstraktionsgrad eines Zeichenmodells. Ein Code ist die Zuordnungsvorschrift eines Repertoires zu den Zeichen eines anderen; eine Codierung ist die Transformation einer Sprache in eine andere oder die Zuordnung einer Zeichenmenge zu einer anderen Zeichenmenge, wobei ein Objekt selbst als eine Zeichenmenge aufgefaßt wird.
Die Informationstheorie hat die verschiedenen Aufgaben der Codes im Rahmen der Informationsverarbeitung erklärt.
Die Zuordnung von Darstellungsmitteln M zu einem Objekt O durch einen probleminterpretierenden Darsteller I muß im Schema der triadischen Relation erfolgen, sollen die ausgewählten Zeichen ein Objekt oder einen geplanten Sachverhalt eindeutig für den Empfänger bezeichnen. Die Darstellungsstruktur ist nicht von den syntaktischen Mitteln (M) oder vom Objekt (O) allein bestimmt, sondern von deren semiotischer Relation (M, O). Zeichen haben unterschiedliche Relationen zum dargestellten Objekt und lösen unterschiedliche kognitive Reaktionen des Empfängers aus. Das Problem besteht darin, die entsprechenden Darstellungsmittel und -methoden den Entwurfszielen und -inhalten so zuzuordnen, daß die übermittelten Zeichen Reaktionen und Handlungen beim Empfänger auslösen.

Darstellungszweck
Der Interpretantenbezug fordert vom probleminterpretierenden Darstellenden I, die Mittel M dem Objekt O so zuzuordnen, wie es die Objektbedeutung und die kommunikative Situation vorgeben. Die Gebrauchsfunktion der darstellungstheoretischen Zeichenrelationen ist somit von kommunikativen, realisierenden und codierenden Beziehungen geregelt. Damit sind Darstellungsmittel ausgeschlossen, die keinen Objektbezug haben, außerhalb der Konvention liegen und zur Übermittlung der »Bezeichnungsfunktion« des Objekts nur bedingt geeignet sind, die also den Darstellungszweck nicht erfüllen. Der Darstellende sollte die Relationen zwischen Mitteln und Objekt so abwägen, daß die Darstellung dem Empfänger die Planungsziele deutlich macht. Aus dieser Bindung sollten die Auswahlkriterien der graphischen Mittel, der Darstellungsmethoden und der Codierung – trotz oft unvermeidlich subjektiver Färbung – erfolgen.
Zeichnungen der Bau- und Stadtplanung transportieren fachliche Informationen technisch-wissenschaftlicher Herkunft, oder sie sind anschauliche Darlegungen für die Laienöffentlichkeit und somit ikonische Abbildungen mit indexikalischen oder symbolischen Angaben. Der Ikonizitätsgrad nimmt mit der Ähnlichkeit zum dargestellten Objekt zu, der Lernaufwand ist beim Empfänger geringer als bei stärker abstrahierter, also geringerer Ikonizität. Der Abstraktionsgrad führt vom Ikon zum Index und von diesem zum Symbol. Eine technische Zeichnung enthält beispielsweise abbildende Zeichen (Ikon), kennzeichnende Zeichen (Indices) und sinnbildliche Zeichen (Symbole), und sie bedient sich als Mittel der Quali- und Legizeichen und wendet sich meist mit Dicent-Argument-Zeichen an den Empfänger.[16]

Informationsästhetische Grundlagen

Die Ordnung der Zeichenelemente

Zeichenelemente lassen sich nach dem Grad ihrer Ordnung in gestaltete oder ungestaltete, wenig oder stark geordnete Zustände unterteilen. Die ästhetische Wahrnehmung verläuft hierarchisch; sie orientiert sich am wertmäßig Wichtigsten. Nach G. D. Birkhoff soll jeder ästhetische Gegenstand die ästhetische Wahrnehmung hierarchisch zum Wichtigsten hinführen, was ein Prinzip oder eine Struktur voraussetzt. Geometrische Ordnungsvorstellungen zugrunde legend, kann nach Bense unterteilt werden in die chaogene Ordnung – Chaos; die reguläre Ordnung – Struktur; die irreguläre Ordnung – Gestalt.[17]
Chaogene Ordnung liegt bei maximaler Mischung vor, reguläre, wenn ein Gesetz, etwa eine Syntax, zugrunde liegt, um zu einem Netz mit konstituierenden Regeln zu werden; irreguläre Ordnung, wenn unter bedingten Anordnungen und integrierenden Gesetzlichkeiten größere und abgeschlossene Zusammenhänge entstehen, beispielsweise Superisationen, bei denen die Information sich zum auffälligen gestalthaften Gefüge verdichtet. Gestalt setzt jedoch auch einen Bezug, einen Index voraus und weist auf Bedeutung hin.
Kommunikationstheoretisch ist das Entwerfen gebauter Objekte ein vielfaches Superieren und Desuperieren, das so lange währt, bis Zeichenelemente zu einem funktionsfähigen, realisierbaren Gebilde organisiert sind, das in einem semiotischen Ordnungsbezug steht.

Originalität und Redundanz

Jeder Ordnungszustand schafft Redundanz (Weitschweifigkeit), und diese mindert die Neuheit und Überraschung einer Information. Redundanz liegt vor, »wenn durch die Verwendung eines geeigneten Codes eine Kürzung der Information (etwa einer Zeichenfolge) möglich ist, ohne daß ein Informationsverlust erfolgt«.[18] Redundanz ist an Ordnung gebunden; je stärker die Ordnung, desto größer die Redundanz, desto geringer die Information, desto geringer auch ihre Störanfälligkeit. Neue, Unsicherheit und Überraschung auslösende Informationen haben gegenüber Bekanntem hohen Informationswert. Was an einer Information bekannt und damit überflüssig ist, sichert die Verständlichkeit, bildet Redundanz. Doch kann Neues ohne Bekanntes nicht gelernt oder verstanden werden. Erst Redundanz, Weitschweifigkeit, Überfluß schaffen im Bewußtsein die Verbindung zum schon Bekannten. Mit zunehmender Redundanz einer Information wächst ihre Verständlichkeit.
Maximale Information entsteht, wenn alle verwendeten Zeichen innerhalb einer Zeichengruppe gleich wahrscheinlich auftreten, Maximum $H_{max}(Z) = \text{ld}\, n$, wenn sie ein Maximum an Wahlmöglichkeiten der Zeichenanordnungen offenlassen, was nach Bense einer »maximalen Entropie« entspricht.[19] Ästhetische Information und Redundanz stehen in engem Zusammenhang, mathematische Techniken der Informationstheorie geben die Grundlagen zu ihrer Berechnung:

$H_{max}(Z)$ = maximaler Informationsbetrag;
die absolute Redundanz errechnet sich aus:
$H_{max}(Z) - H(Z)$; $H(Z)$ = Maß der Unsicherheit;

$$\text{Redundanz} = R = \frac{H_{max}(Z) - H(Z)}{H_{max}(Z)}$$

Eine Zeichenfolge ist redundant, wenn ein Teil der Zeichen aus den übrigen abgeleitet werden kann, weil zwischen den Zeichen statistische Gesetzmäßigkeiten bestehen. Ist der innovative Informationsanteil sehr hoch, so daß er die gespeicherten Informationen des Bewußtseins übertrifft, kann die Verarbeitung erst über einen Lernprozeß erfolgen, der die Unkenntnis ab- und die Kapazität des Bewußtseins aufbaut. Damit wird das Verständnis der Nachricht eingeleitet. Die Redundanz einer Nachricht gibt an, welcher Zeichenanteil bei optimaler Codierung eingespart werden kann. Optimal codierte Nachrichten enthalten lediglich die unbedingt notwendige Zeichenmenge, daher sind sie anfällig für Übermittlungsstörungen.
Harmonisch anmutende ästhetische Zustände bestehen in einem optimalen Verhältnis der Gegensätze Gliederung/Dispersion, denn zufällige, ungeordnete Erscheinungen geben ebenso geringe Informationen wie deren maximales Gegenteil. Moles definiert Originalität als maximale Unregelmäßigkeit und Banalität als maximale Gesetzmäßigkeit und leitet daraus folgende Skala ab.
Allgemein kann der ästhetisch befriedigende Zustand einer Zeichenmenge als ein Zustand von hoher Ordnung und hohem Informationswert bezeichnet werden, denn eine Zeichenmenge mit wenig Ordnungsbeziehungen mag originell wirken, ist jedoch gestalterisch selten relevant. Auch die Harmonie steht in der Auseinandersetzung zwischen Originalität und Banalität, zwischen Regelmäßigkeit und Unregelmäßigkeit, zwischen Seltenheit und Häufigkeit.
Die gebaute Umwelt als organisiertes Zeichensystem, als Zeichenträger möglicher Bedeutungen fordert dazu auf, ihren kommunikativen Wert durch einen genügend strukturierten Zeichencharakter von Bedeutungsträger und Bedeutung auszudrükken; dabei sollten konventionelle Interpretationscodes nicht unberücksichtigt bleiben. An dem Grad der »Zeichenwahrscheinlichkeit« mag man erkennen, wieviel Redundanz für eine Nachricht aufzuwenden ist. Oftmals ist ihr Informationsgehalt im Verhältnis zum entsprechenden Sachverhalt zu gering. Wie bei allen Wahrnehmungs- und Lernprozessen ist die Bildung subjektiver Redundanz abhängig von sozio-kulturellen Faktoren. Das zeigt sich u. a. in der Fähigkeit, Regeln hinter der Erscheinung der Dinge zu erkennen. Je häufiger gewisse Formen auftreten, desto stärker nimmt durch Lernen und Informationsspeicherung die subjektive Information für den Betrachter ab.

Ordnung und Komplexität

Ordnung, Ordnungsbeziehungen sind Redundanzverhältnisse, weil sie die Zeichenverteilung, die Verknüpfungen und Anordnungen regeln. Die numerische Ästhetik liefert quantitative Aussagen über die ästhetische Beschaffenheit von Zeichenmengen nach der Menge der bestimmbaren und vergleichbaren Merkmale, gemessen am Verhältnis der vorliegenden Ordnung und dem materialen Aufwand. Als Aufwand gelten Variationen von Elementen, ihre Permutationen und Kombinationen, die zum Aufbau von Zeichenfolgen eingesetzt werden.
Die mathematisch-logische Quantifizierung nach Birkhoff ist:

$$M = \frac{O}{C}$$

Zur Feststellung der Verhältnisse Ordnung O und der Komplexität C werden die Summen ästhetischer Eigenschaften in Relation gesetzt zum Maß der Komplexität und der Anzahl der untersuchten Elementemengen anderer analysierter, vergleichbarer Zeichenmengen. Die Komplexität C steht für den Reichtum einer Form, sie ist die Summe aller bestimmbaren und vergleichbaren Merkmale, die einen Zeichenverband ausmachen. Die Ordnung O umfaßt die Anzahl der Ordnungselemente, die in einem Zeichenverband erkennbar sind. Das ästhetische Maß M aus Ordnung und Komplexität verweist darauf, daß die Komplexität zunimmt, wenn die Ordnung abnimmt. Umgekehrt nimmt sie proportional zur abnehmenden Komplexität zu.

1.10 Drei grundlegende ästhetische Zustände.

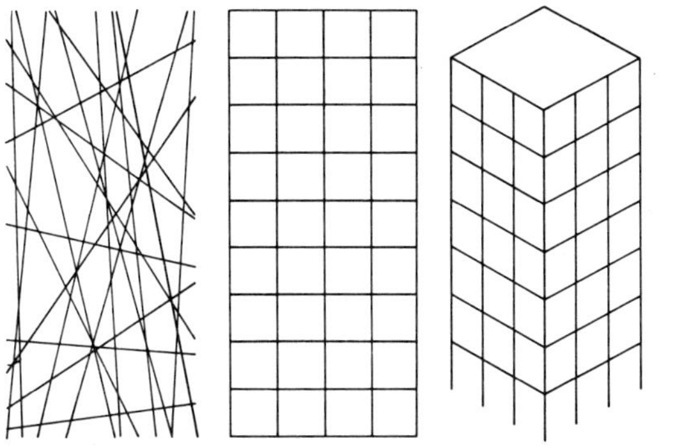

Chaos maximale Mischung/ Unordnung | **Struktur Gesetz, z. B. Syntax** | **Gestalt abgeschlossener Zusammenhang, z. B. Superisation**

1.11 Georg Ness. Von der Ordnung zum Chaos.

1.12 Moles/Alsleben. Originalitäts-Banalitätsskala.

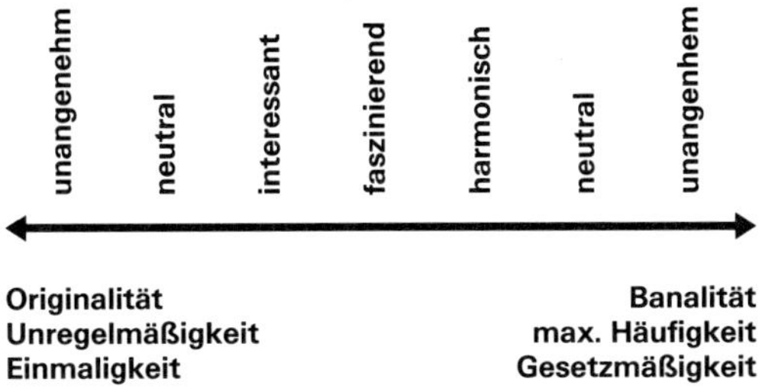

Wahrnehmungspsychologische Grundlagen

Der Sehvorgang

Die visuelle Wahrnehmung ist eine wesentliche Voraussetzung für die Teilnahme am Kommunikationsgeschehen. Informationstheoretisch läßt sich der Wahrnehmungsvorgang als Reiz-Reaktionsschema fassen. Er erstreckt sich über vier Bereiche: den der Optik, der Dioptrik, der Physiologie und der Psychologie.
Als Aufnahmevorrichtung ist das Auge in gewisser Weise der photographischen Kamera ähnlich. Die Wahrnehmung wird über die Sehnerven ins Großhirn geleitet. Dabei sind Schaltvorgänge des Nervensystems beteiligt wie die Regelung der Pupillenweite und der Akkomodation, eine durch die Adaptation erreichte Anpassung an wechselnde Lichtstärken, Farben und Kontrasterscheinungen. Dazu gehören das ein- und zweiäugige Tiefensehen, das statische und das dynamische Sehen. Das Sehen wird zwar durch Linse und Netzhaut ermöglicht, doch daß wir sehen, setzt das Zusammenwirken zentraler Nervenstellen voraus und ist an optische, dioptrische und physiologische Voraussetzungen gebunden.
Die Kurven der Netzhaut, die Linsen, die Nervenbahnen sind Quellen zahlreicher Wahrnehmungstäuschungen, erstaunlicher Abweichungen des Wahrgenommenen gegenüber der Dingwelt. Es ist ein Irrtum anzunehmen, Nerven und Sinne müßten übereinstimmen. Das Zusammenwirken von Realität und Abbild, Schein und Täuschung erfolgt als physiologischer Ablauf, in den auch die externe Struktur der Wahrnehmungsfelder, der Sinnesqualitäten selbst als Feld möglicher ästhetischer Gestaltung hineinwirkt.
Die Wahrnehmung tendiert allgemein zum Erkennen von Ganzheiten; beispielsweise wird anstelle einer lückenhaften eine lückenlose Figur wahrgenommen (wenn die Wahrnehmungssituation dies zuläßt), eine unregelmäßige Figur erscheint regelmäßiger. Meist ist der Eindruck geschlossener, prägnanter als die optischen Reize selbst. Die Wahrnehmung neigt dazu, schon aus Einzelelementen Gebilde zusammenzusetzen, die nach Christian v. Ehrenfels, einem der Begründer der Wahrnehmungslehre, »Gestaltqualitäten« haben.
Diese Gestaltqualitäten haben »ihren Ursprung in der Gruppierung und Anordnung der Teile zu größeren Zusammenhängen, in der Form oder Gestalt dieser Bereiche selbst und gehören zu ihrem eigentlichen Wesen«,[20] eine Erkenntnis, die sich in den »Gestaltgesetzen« der Gestaltpsychologie niedergeschlagen hat.

Die Gestaltgesetze

Aus den Untersuchungen von Max Wertheimer und Christian v. Ehrenfels hier einige Gesetzmäßigkeiten für die Wahrnehmung und für die Gestaltung selbst:
– Das Gesetz der Geschlossenheit. Die Wahrnehmung neigt zum Schließen von Punkt- oder Linienelementen, auch wenn dabei offene zu geschlossenen Umrissen werden.
– Das Gesetz der Gleichheit. Sind formal verschiedene Elemente gegeben, so neigt die Wahrnehmung dazu, die jeweils gleichartigen als zusammengehörige Figur aufzufassen.
– Das Gesetz der zusammenfassenden Nähe. Benachbarte Elemente, die den geringsten Abstand haben, werden zu einer Gruppe oder einer Figur zusammengefaßt.
Gebilde mit Prägnanztendenz, also mit schnell wahrnehmbarem, gesetzmäßigem Zusammenhang, haben Gestaltqualität. Als prägnant gilt das Markante, genau Umrissene und Knappe im Ausdruck, was seine Vorzüge bei der Orientierung, bei der Wahrnehmung von Figur und Grund, bei der räumlichen Tiefenstaffelung im visuellen Feld wie auch bei der gezeichneten Abbildung und bei der Bewegungswahrnehmung hat. So wird ein Baum als ein Ganzes, als Gestalt gesehen und weniger als eine komplizierte Anhäufung von Ästen und Blättern.
Als Prägnanztendenz gilt das Bestreben zum Erkennen notwendiger statt lediglich zufälliger Verteilungen, was nach Wolfgang Metzger das »Gesetz der guten Gestalt« genannt wird.[21] Ein nach Anzahl und Lage der Elemente einfacher Aufbau gilt als prägnant gegenüber einem komplizierten; geometrische und symmetrische Gebilde sind die bevorzugten, denn oft genügt es zur Erfassung der Formstruktur, einen Teil wahrzunehmen; der Rest wird vom Bewußtsein hinzugefügt.
Die Prägnanztendenz wird nach Metzger durch weitere Gesetzmäßigkeiten des Sehens ergänzt:
– Das Gesetz der Gleichartigkeit, wonach sich Grenzen zwischen Figuren bevorzugt an Qualitätssprüngen entlang bilden.
– Das Gesetz der zusammenfassenden Nähe, wonach die Zusammenfassung von Teilen zur Figur erfolgt, weil Nähe und Geschlossenheit bei kleineren Abständen zusammenziehend wirken.
– Das Gesetz der Geschlossenheit, wonach geschlossene Figuren gegenüber anderen Teilen, die nicht geschlossen sind oder weniger eindeutig verlaufen, stets dominieren.
– Das Gesetz von Figur und Grund, wonach beide in Konkurrenz miteinander stehen; das Auffallende wird jedoch stets als Figur gesehen.[22]

1.13 Vereinfachter Schnitt durch das Auge.

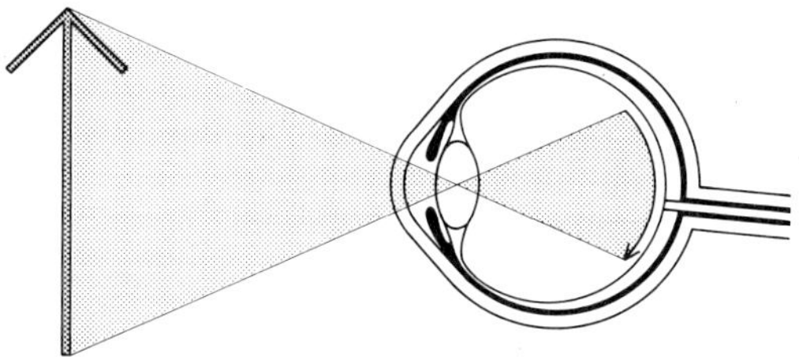

1.14 Die Sehbahn, nach Bing, vereinfacht.

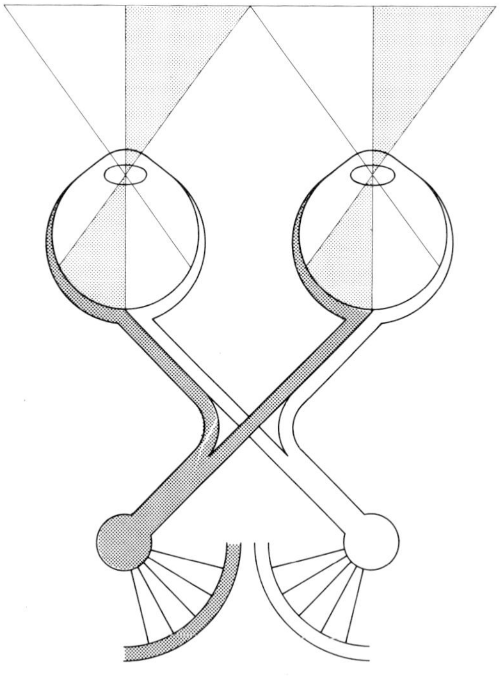

Hell-Dunkelgliederung läßt die Verfolgung der beiden Hälften des Gesichtsfeldes und ihre Zusammenfassung in der Sehnervenkreuzung zu. Man kann sehen, wie Licht, Farbe und Bewegung als optische Erregung die Sehwände des Großhirns erreichen.

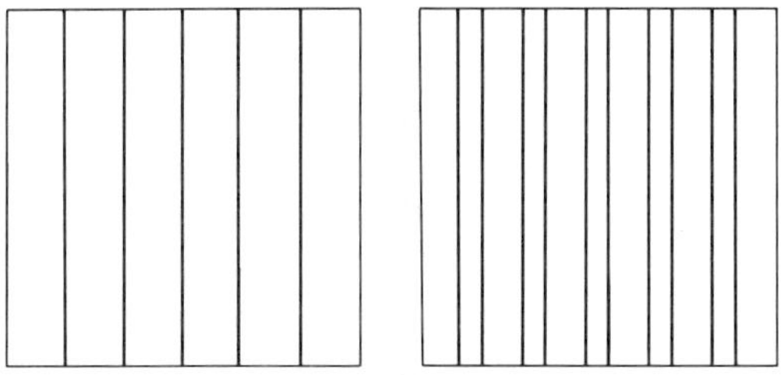

1.15 Das Gesetz der zusammenfassenden Nähe: Die nahen Linien ziehen sich zusammen.

1.16 Die nahen Figuren schließen sich zusammen. Die gleichartige Verteilung von Figur und Grund schafft gleichwertige Beziehungen.

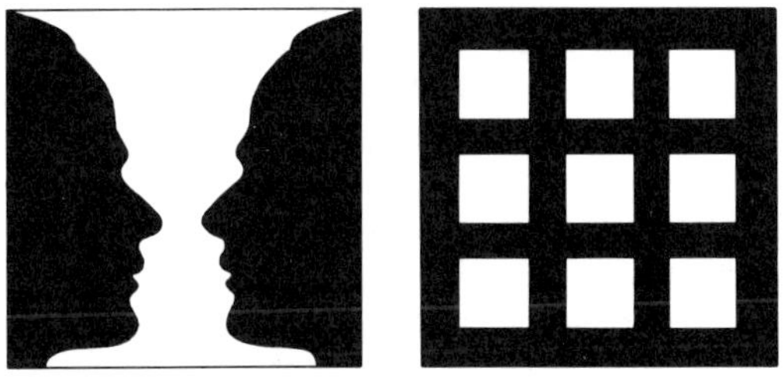

1.17 Figur und Grund. Rubinsche Vase. Schwarze Vase auf weißem Grund oder zwei Köpfe auf schwarzem Grund?

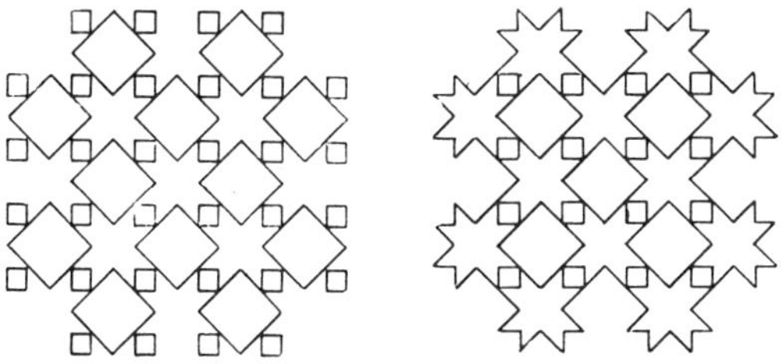

1.18 Wolfgang Metzger. Quadrate und Sterne.

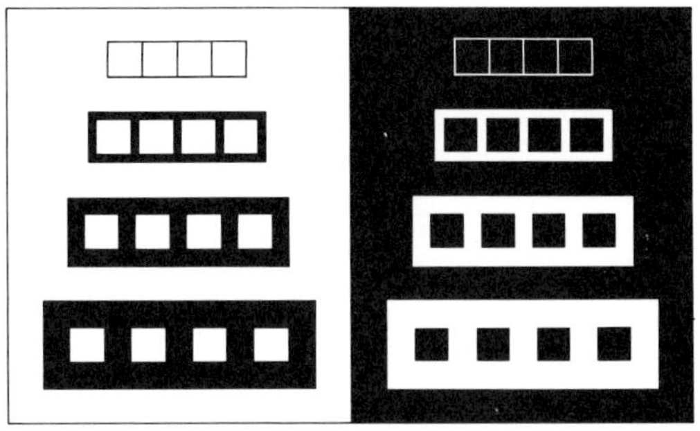

1.19 Figur und Grund mit jeweils zunehmenden bzw. abnehmenden Hell-Dunkel-Anteilen.

1.20 Die syntaktische Reduktion der gezeichneten Mitteilung: Unvollständige Umrisse können unter günstigen Wahrnehmungsbedingungen ergänzt werden.

Eine Figur hebt sich von der Umgebung ab, tritt hervor, fällt auf gegenüber anderen Teilen, die nicht gleichwertig sind oder eine Eigenschaft haben, die sie sekundär erscheinen lassen. Allgemein werden kleine Flächen eher als Figur, große eher als Grund aufgefaßt. Dunkle Flächen sieht man leichter als Grund, die hellen als Figur. Ist das visuelle Gewicht der Teile nicht eindeutig, so entstehen vieldeutige, bzw. umschlagende Muster, die man wechselnd als Figur oder als Grund lesen kann, was die sogenannte »Rubinsche Vase« eindrucksvoll beweist.
Als bedeutungstragend gilt im allgemeinen die Figur; Figur und Grund sind meist nicht gleichzeitig wahrnehmbar. Manchmal ist dies dennoch der Fall. Dann läßt sich eine irritierende Wirkung nicht vermeiden, die man sich jedoch gestalterisch zunutze machen kann.
Das Figur-Grund-Problem ist beim Objekt und in der Darstellung gegeben: Bei kleinen und wenigen Öffnungen in großer Fläche erscheint die Öffnung als Figur, die Fläche als Grund. Die traditionelle Rahmung des Fensters beispielsweise verstärkt diese Wirkung absichtsvoll; die Unterteilung durch Sprossen verringert den Gegensatz von Leere und Tiefe, bis die kleingegliederte Öffnung als ein Teil der Wand erscheint, wie es bei Charles Rennie Mackintosh früh zu beobachten war und heute wieder verbreitet ist. Weniger klar sind Vorhangfassaden nach dem Figur-Grund-Schema einzuordnen, weil die Wahrnehmungssituation weniger eindeutig die Figur-Grund-Relationen erkennen läßt und die Färbung wechselnde Bedeutungen haben kann. Was als Figur und was als Grund wirkt, ist eine Frage der quantitativen Hell-Dunkelanteile, eine Frage von Abstand und Nähe.
Die Gestaltwahrnehmung ist nicht unabhängig vom Betrachter, und die Erwartung, etwas Bestimmtes zu sehen, fördert die Entstehung von Illusionen, ebenso die Fähigkeit, Formen als Figur oder Grund wahrzunehmen oder unvollständige Bilder unbewußt zu ergänzen, wenn eine gewisse Redundanz der Zeichen gegeben ist. Man kann sich das beim Darstellen willkommener Vereinfachungen zunutze machen, weil Linien oder Kanten von Elementen in der Zeichnung sich zuweilen im dunklen Grund ihres Hellanteils ohnehin genügend abheben oder Formen nach dem »Gesetz der Geschlossenheit«, nach ihrer augenfälligen Zusammengehörigkeit wahrgenommen werden, im Gegensatz zu Formen, die keine Geschlossenheit aufweisen. Wie helle und dunkle Flächen verteilt sind, ist also nicht gleichgültig. Im allgemeinen ist die Figur hell, sie ist strukturiert und hat eine Bedeutung; die größere und geringer strukturierte Fläche wird leichter als Grund wahrgenommen.

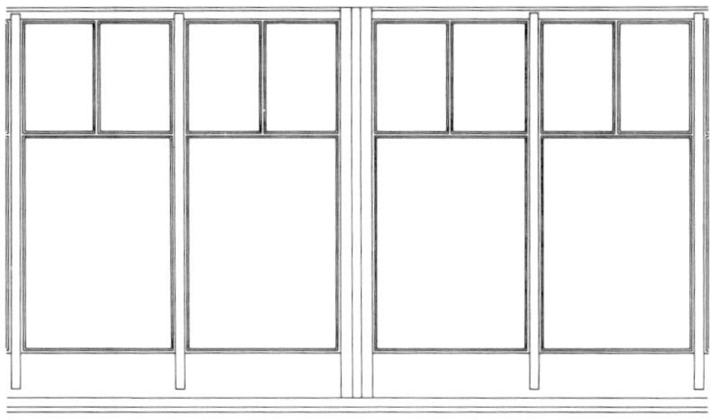

1.21 Konturzeichnung auf weißem Grund: Umrißmäßige Erfassung aller Bauelemente.

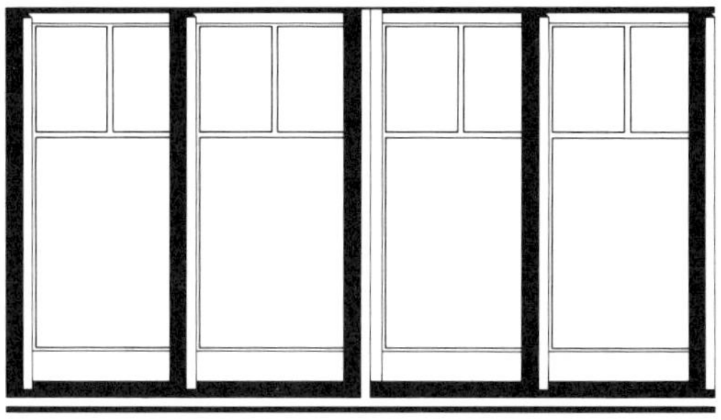

1.22 Konturzeichnung mit Schlagschatten führt zur plastischen Wirkung.

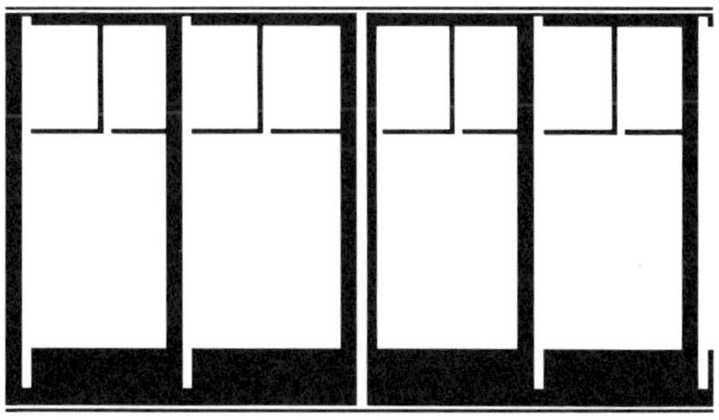

1.23 Die Reduzierung des Linienanteils führt zu einer Figur-Grund-Beziehung. Unvollständige Figuren werden zu einer plastisch wirkenden Form ergänzt.

1.24, 1.25 Vereinfacht man die Form, erhält man eine reine Figur-Grund-Beziehung. Es ist nur noch der Hell-Dunkel-Aspekt opaker und transparenter Flächen und die Proportionalität der Formate gegeben.

1.21–1.25 Ludwig Mies van der Rohe. School of Social Service. Illinois Institute of Technology. Chicago. Figur-Grund-Beziehungen.

Die Kontrasterscheinungen

Kontrastwirkungen sind Vorgänge des Nervensystems. Sie werden von verschiedenen Reizzuständen real gegebener Helligkeits- und Farbunterschiede und weiteren Qualitätsunterschieden wie Minimal- und Maximaldifferenzen hervorgerufen. Im unbunten Helligkeits- oder Simultankontrast werden Helligkeiten jeweils relativ zur Helligkeit des benachbarten Feldes wahrgenommen. Deshalb erscheint ein graues Papier auf weißem Grund heller als auf schwarzem. Die Wahrnehmung dunkler Zonen wird von einem dunklen Umfeld begünstigt, das Unterscheidungsvermögen heller Zonen in dunklem Umfeld dagegen benachteiligt. Auch Farbtöne wirken je nach der Umgebung heller oder dunkler bzw. wärmer oder kälter, und ihre Wirkung erscheint harmonisch oder unharmonisch, je nach ihrer Farbumgebung. Auch der bunte Simultankontrast verändert die Farbqualität eines bestimmten Farbfelds durch den Einfluß der Umfeldfarben. Starke Helligkeitsunterschiede zwischen Flächen lassen die Konturen scharf hervortreten.
Sind Kontraste innerhalb einer Fläche selbst gegeben, erscheinen sie unter gewissen Umständen wie die Modellierung dieser Fläche, was man sich bei dreidimensional wirkenden Darstellungen, besonders bei Krümmungsdarstellungen, zunutze macht.
Der Randkontrast ist die Folge einer gewissen Randunschärfe verschieden heller Felder im Gesichtsfeld, die einen Übergang bilden; umgekehrt ist unter gewissen Bedingungen das Sehen scharfer Grenzen trotz unscharfer Abbildung bekannt. Bei unscharfen Randbegrenzungen bildet die Kontrastminderung Übergänge, kontinuierlich oder diskontinuierlich gestufte Verbindungen zwischen verschiedenen ästhetischen Qualitäten.

1.26 Unbunter Simultankontrast. Quantitativer Helligkeitskontrast.

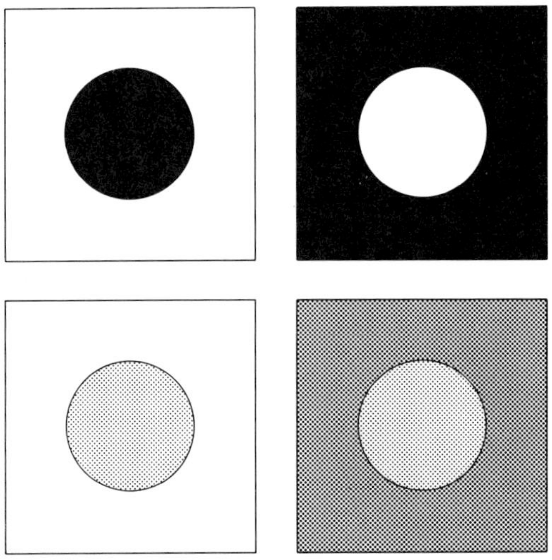

Hier ist zu erkennen, inwieweit sich die Helligkeitswerte in der Wahrnehmung durch Kontraste der Umgebung beeinflussen lassen. Obgleich alle Infelder von identischer Helligkeit sind, erscheinen sie verschieden – je dunkler das Umfeld, desto heller erscheint das Infeld. Auch die Quantität von Umgebung und Infeld beeinflußt die Helligkeitswirkung. Je größer der Schwarzanteil, desto heller das Weiß.

Scharf umgrenzte Felder erscheinen dunkler als dieselben mit weichem Randübergang, da sich der Kontrast an scharfen Grenzen verstärkt und bei weichen Übergängen ausgleicht.
Allgemein schafft die visuelle Koppelung verschiedener oder gegensätzlicher Relationen Kontraste.
Einige Beispiele:

Helligkeit:	hell – dunkel
Form:	eckig – rund
Muster:	grob – fein
Farbe:	kalt – warm
Richtung:	parallel – nicht parallel
Material:	transparent – opak
Bewegung:	periodisch – aleatorisch

Ihre grundlegende Bedeutung haben die Kontrasterscheinungen in der Darstellungspraxis u. a. bei den Helligkeitsfarbabstufungen und bei der Wahl scharfer und unscharfer Flächenbegrenzungen.

Die geometrisch-optischen Täuschungen
Form- und Größentäuschungen sowohl in der Zeichnung als auch am realisierten dreidimensionalen Gegenstand sind jedem bekannt. Sie haben ihre Ursache in Wahrnehmungsvorgängen durch den Gesichtssinn, die von der Erscheinung der wirklichen Dinge ablenken.
Die Wahrnehmung neigt dazu, die wirkliche Höhe einer Senkrechten zu überschätzen. So wirkt ein Gebäude bei einer horizontalen Schichtung stets niedriger als in vertikaler Gliederung. Eine gegliederte Strecke oder Fläche erscheint länger bzw. größer als eine ungegliederte, eine schraffierte Fläche größer als eine unschraffierte. Verläuft eine Linie durch eine Schraffur, wirkt sie verzerrt. Geraden werden von winklig zu ihnen verlaufenden oder gekrümmten Linien in ihrer Richtung abgelenkt oder deformiert und spitze Winkel überschätzt. Die Irradiation (Überstrahlung) hat zur Folge, daß helle Gegenstände auf dunklem Grund größer erscheinen, als sie in Wirklichkeit sind. Dieser Effekt war schon Vitruv bekannt, denn er bemerkte, daß beim Zusammenwirken von Hell und Dunkel »das Licht das Dunkle aufzehre«. Die Ursache der Irradiation ist die Ausbreitung und Erregung der Sehzellen der vom Licht gereizten Netzhaut; dies bewirkt eine subjektive Vergrößerung der hellen Flecken durch die Überstrahlung des dunklen Umfelds.
Goethe vermerkte in seiner Farbenlehre: »Ein dunkler Gegenstand erscheint kleiner als ein heller von derselben Größe. Man sehe zugleich eine weiße Rundung auf schwarzem, eine schwarze auf weißem Grunde, welche nach einerlei Zirkelschlag ausgeschnitten sind, in einiger Entfernung an, und wir werden die letztere etwa um ein Fünftel kleiner als die erste halten. Man mache das schwarze Bild um soviel größer, und sie werden gleich erscheinen.«[23]
Die vollständige Klassifikation geometrisch-optischer Täuschungen steht noch aus. Doch ist es sicher, daß bei wahrgenommenen Figuren Länge, Winkel, Richtung und Volumen erstaunlich oft von der realen Wirklichkeit abweichen. Nahezu täglich kann man weitere derartige Größen-, Winkel-, Richtungs-, Form- oder Maßtäuschungen entdekken. Vielleicht ist so die Tatsache zu erklären, daß eine ausgeführte dreidimensionale Form, die Einflüssen ausgesetzt ist, von denen während der Entwurfs- und Darstellungsphase noch nichts zu bemerken war, nicht immer der Vorstellung des Entwerfers entspricht.

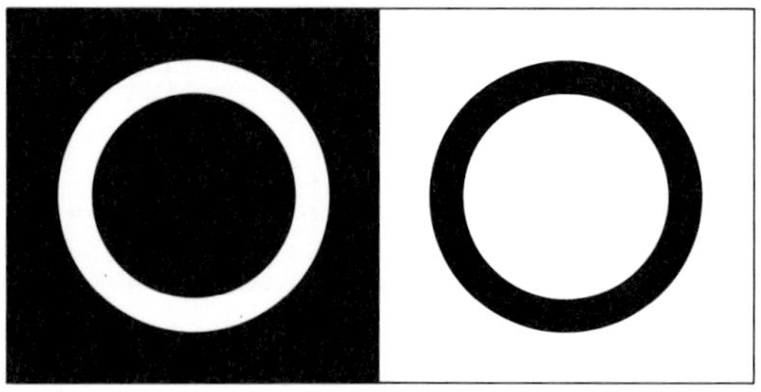

1.27 Die Irradiation läßt Gegenstände auf dunklem Grund größer erscheinen, als sie in Wirklichkeit sind.

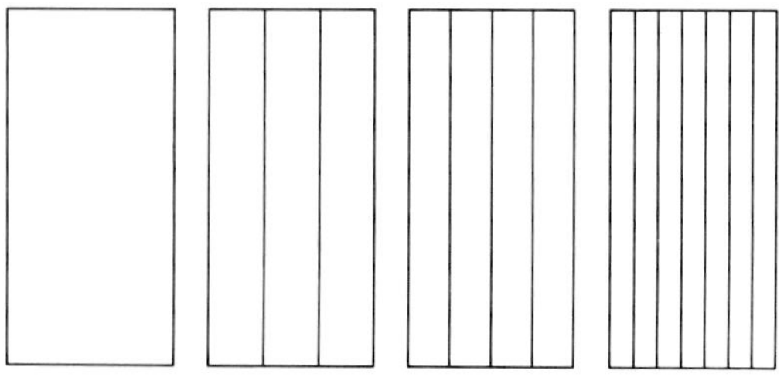

1.28 Die Bottische Täuschung, die Überschätzung der geteilten Strecke. Ein unterteiltes Rechteck erscheint gegenüber nicht unterteilten Rechtecken breiter, wenn die Teilungen zu den längeren Seiten parallel sind.

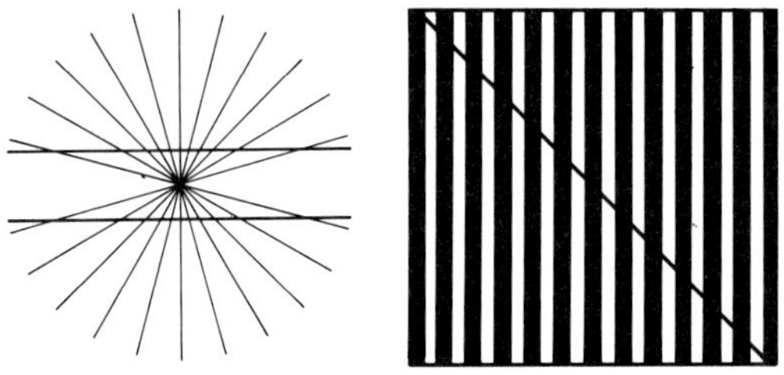

1.29 Höflersche Täuschung. Linienkrümmung infolge eines Strahlenbündels. Die beiden parallelen Geraden sowie die sich schneidenden Geraden scheinen sich vom Strahlenzentrum wegzukrümmen.

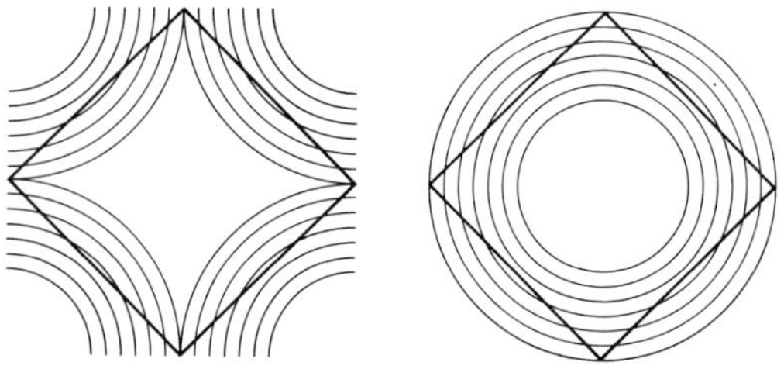

1.30 Konzentrische Kreise deformieren das Quadrat, nach Ehrenstein.

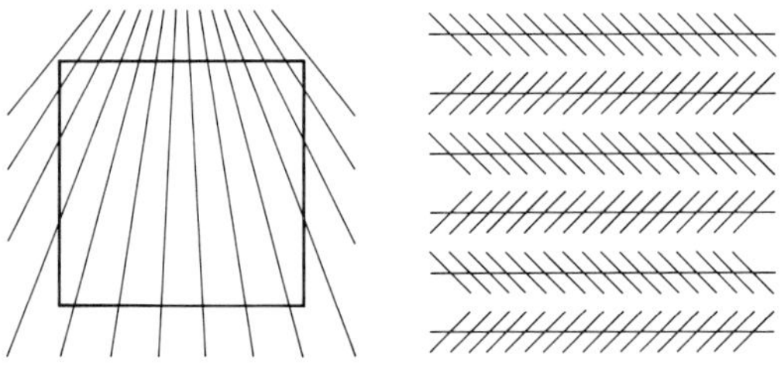

1.31 Ein perspektivisches Strahlenbündel deformiert ein Quadrat zu trapezartiger Form; nach Ehrenstein. Zöllnersche Täuschung. Die an sich parallelen Geraden neigen sich zur Schraffur gegensinnig.

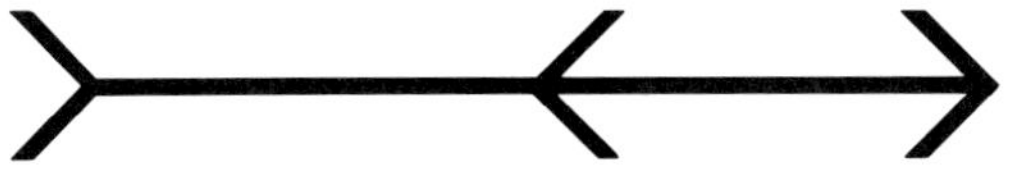

1.32 Die Müller-Lyersche Täuschung: Die eingeschlossene Länge erscheint kürzer als dieselbe mit offenen Winkeln.

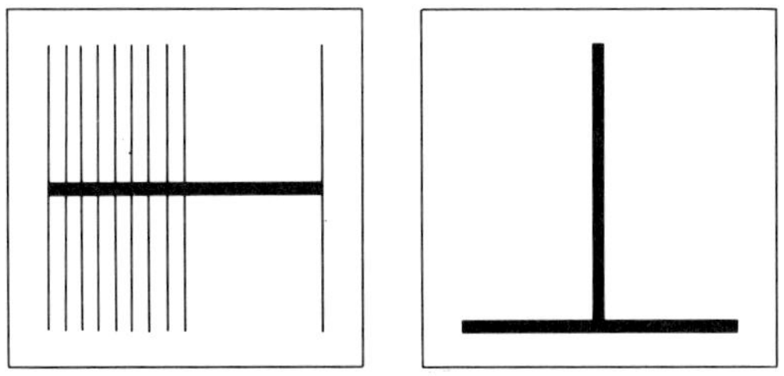

1.33 Eine gegliederte Strecke oder Fläche erscheint oft länger bzw. größer als eine ungegliederte.

Die räumliche Dimension
in der Zweidimensionalität der Zeichnung

An welche Bedingungen ist das Phänomen geknüpft, daß bestimmte Zeichnungen räumlich wirken, andere aber nicht? Ein scheinräumlicher Eindruck in der Zeichnung entsteht, wenn der Gesichtssinn mittels Vergleichen mit Erfahrungen aus dem visuellen Erleben und den wirklichen Dingen in der Zeichnung wesentliche Übereinstimmungen erkennt und daher als Abbildungen räumlicher Erscheinungen deutet, obgleich drei Dimensionen in einer Zeichnung nicht enthalten sind. Die Transformation dreidimensionaler Objekte in die Scheinräumlichkeit der Zeichnung ist an Gesetzmäßigkeiten gebunden, die mit den Wahrnehmungsvorgängen des realen Erlebens aufs engste zusammenhängen und die für die anschauliche, räumlich wirkende Zeichnung absichtsvoll genutzt werden.
Wenn eine Zeichnung räumliche Tiefe anzeigt, so ist dies unter anderem eine Folge von Verzerrungen und Verkürzungen, die sich aus der gewählten Position des Objekts zur Zeichenfläche ergeben. Eine Zeichnung wird dann räumlich gedeutet, wenn die Deutung zu größerer Information über das betreffende Objekt führt als die flächige. Oft begünstigt die bildparallele Lage die flächige Wirkung, weil sie bei einem geometrischen Körper wesentliche Teile verdeckt. Meist wirken symmetrische, regelmäßige Zeichnungen weniger räumlich als solche in schräger Lage.
Die Abbildung eines Oktaeders in sechs Projektionsrichtungen zeigt, daß die regelmäßigste Figur die geringste Tiefenwirkung besitzt. Erst die Figur mit der größten Kantenanzahl erscheint eindeutig und räumlich. Bei den Würfelabbildungen erkennen wir das gleiche Prinzip. Die erste Figur kann als ebenes Sechseckmuster aufgefaßt werden oder als isometrische Projektion eines Würfels, und erst die weiteren Projektionen nehmen allmählich eine räumliche Gestalt an.
Jedoch können die Abbildungen dreidimensionaler Objekte nur dann räumlich wahrgenommen werden, wenn der Betrachter bereits eine Vorstellung von der wahren Form bzw. Räumlichkeit besitzt.

Die Bildparallele
und die schräge Lage des Objekts
Die Neigung des realen Objekts oder die Auswahl der Projektionsrichtung in der Darstellung erzeugt unterschiedliche räumliche Qualitäten: Der Aufriß von Zylinder und Würfel reicht nicht zur Erfassung von Körpermerkmalen aus, erst die Zuordnung von Aufriß und Draufsicht und ihre Ergänzung mit schräger Seitenansicht schafft die räumlich eindeutige Aussage.
Auch die symmetrische Figur bringt nur eine geringe Tiefenwirkung der Raumdarstellung hervor. Sie hat zudem eine Neigung zur räumlichen Inversion; die Asymmetrie verbessert die Tiefenwirkung.

Die Umkehrtäuschungen
Die Abbildung des Objekts in der günstigsten Stellung ist auch deshalb nötig, weil die bildparallele Position nicht nur eine flächige, also räumlich oft undeutliche Wirkung an sich hat, sondern, bei gewisser formaler Beschaffenheit der Figur zur räumlichen Inversion, zur Umkehrtäuschung führt. Sie tritt dann auf, wenn in der Zeichnung Hinweise zur sicheren Entfernungseinschätzung fehlen. Was vorn und hinten, oben und unten ist, muß benannt werden. Umkehrtäuschungen sind meist an die axonometrische Projektion gebunden, weil sie, anders als die Linearperspektive, konvergierende Winkel nicht kennt, daher alle Parallelen parallel abbildet und zur Erzielung räumlicher Wirkung einige Winkel verzerrt. Die Inversion tritt vorwiegend bei geometrisch regelmäßigem Figur- und Zeichnungsaufbau auf oder bei unsicheren Konvex-/Konkavverhältnissen, wenn aus Erhebungen visuell Vertiefungen zu machen sind.

1.34 Einige Umkehrtäuschungen mit ungewissen Tiefen-, Lage- und Krümmungsverhältnissen, nach Schröder, Ebbinghaus u. a.

1.35 Aus der Lage des Objekts folgt die räumliche Qualität, nach Metzger.

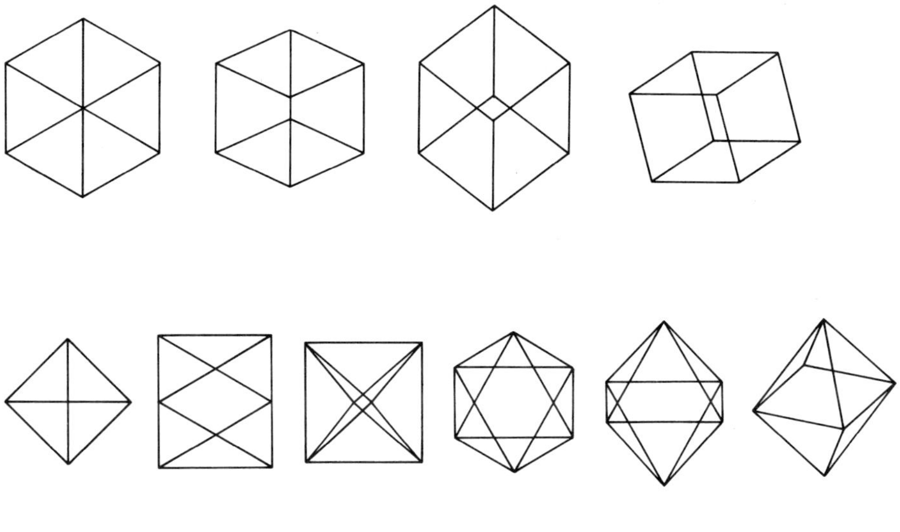

Die einfachste Abbildung eines Gegenstandes ist nicht immer die anschaulichste. Das erkennt man hier an den ersteren Figuren, die nach Metzger »unwirksame« Abbildungen eines Körpers darstellen.

Die Farbkonstanz

Der Farbkonstanzvorgang im Gehirn reguliert die konstante Farbwahrnehmung von Objekten unter verschiedenen Lichtverhältnissen, denn sonst würde man eine blaue Fläche bei Sonnenuntergang und unter dem Licht einer Glühbirne nicht gleichermaßen als blau erkennen.

Die Größenkonstanz

Gleich große Gegenstände in gleicher Entfernung haben für das Auge dieselbe Größe. Gleich große Gegenstände in verschiedener Entfernung geben verschieden große Netzhautbilder, werden jedoch als gleich groß erkannt. Umgekehrt nimmt man Gegenstände verschiedener Größe, die gleich große Netzhautbilder geben, als verschieden groß wahr. Dieses Vermögen der Unterscheidung von Größe und Entfernung, auch bei gleichartigen Netzhautbildern, beruht auf der Größenkonstanz. Ist eine Entfernungseinschätzung eindeutig, befindet sich eine Figur demnach in einer gewissen Entfernung und erscheint dennoch genau so groß wie die nahe Figur, so nimmt man an, daß sie größer ist als diese. Dieses Unterscheidungsvermögen geht auf gespeicherte Informationen über den Gegenstand bzw. über die Raumsituation zurück, der Gesichtssinn korrigiert das Netzhautbild und vergleicht es mit den früheren Erfahrungen.

Zeigt eine Perspektive an, daß ein Gegenstand weit entfernt ist, wird dieser Gegenstand vom Gesichtssinn vergrößert, und zwar im Verhältnis zu seinem Abstand. Die Flächen sind wegen der umgebenden Merkmale scheinbar zunehmend weiter entfernt und werden deshalb vergrößert.

Die drei Quadratflächen in der Abbildung sind gleich groß, scheinen jedoch mit der Tiefe des gezeichneten Raumes stetig größer zu werden, da die konvergierenden Linien des Raumes diesen eindeutigen Entfernungseindruck herstellen und diese Einschätzung nahelegen.

Die Formkonstanz

Das Netzhautbild Ellipse wird beim räumlichen Sehen als Kreis gedeutet, ein Trapez als ein Rechteck, weil diese Annahme die einfachere ist, wenn die Wahrnehmungssituation dies nahelegt. Die Formkonstanz ordnet den Gegenständen auch unter verschiedenen Blickwinkeln von der Erfahrung her eine konstante, unveränderliche Form zu, die innerhalb der Wahrnehmungssituation als die beste aller möglichen Formen mit der geringsten Informationsaufnahme erscheint. Die Netzhautbilder Ellipse oder Trapez werden mit der gespeicherten Erfahrung verglichen, als Kreis oder Rechteck erkannt, da der Gesichtssinn diesen Erscheinungen die geometrisch einfachere Form zuschreibt.

Die Tiefenstaffelung

Ein weiteres Moment räumlicher Wirkung ist die Tiefenstaffelung. Entferntere Gegenstände werden als die kleineren eingeschätzt, auch dann, wenn die Gegenstände selbst undurchsichtig sind und bei ihrer perspektivischen Größenabnahme sich teilweise verdecken. Gerade die Überschneidung wirkt als ein Merkmal der Entfernungsdistanz, und die überschneidende oder vollständige Form wird meist als nähere eingeschätzt.

Beim Tiefeneindruck einer Abbildung wirken auch die gewählten Eigenarten der Perspektive mit.

Die perspektivbedingte, abnehmende Verzerrung verringert bei zunehmender Entfernung des Objekts von der Bildebene die Tiefenwirkung; umgekehrt wächst die Tiefenwirkung und die Verzerrung des Objekts bei abnehmender Entfernung zur Bildebene.

Wenn zwei kontrastierende Flächen sich überlappen, so ist man in der Einschätzung von vorn und hinten unsicher. Ähnliches geschieht, wenn sich ein opakes Teil vor einem transparenten befindet. Seltsamerweise ist eine räumliche Vertauschung dann nicht selten, und gleichzeitig erscheint das undurchsichtige Teil transparent. Nach dem Petter-

1.36 Die Größenkonstanz.
Durch Staffelung entsteht eine tiefenräumliche Wirkung.
Wegen der schiefen Winkel lassen sich die Figuren hier besser erkennen.

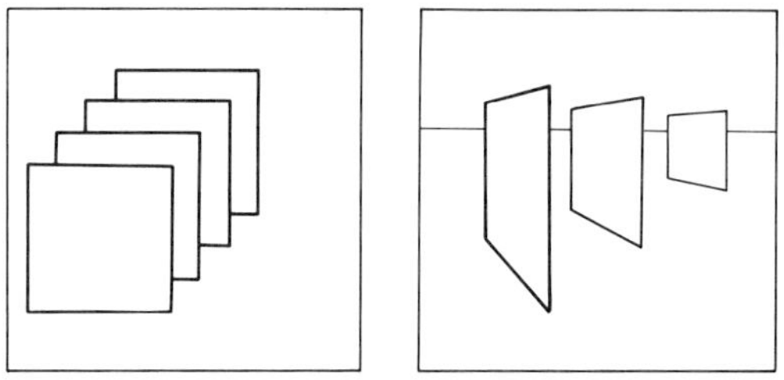

1.37 Figuren mit Tiefenwirkung.
Auch diese Zeichnung wird als räumlich wahrgenommen. Allein die Verschiebung und gleichzeitige Verdoppelung reicht aus, um vier Senkrechte und die durchsichtige Überschneidung als räumliche Figur zu erkennen. Der Tiefeneindruck dieser Figur folgt aus der Verschiebung und gleichzeitigen Verdoppelung und besteht auch dann, wenn beide Figuren nicht miteinander verbunden sind.

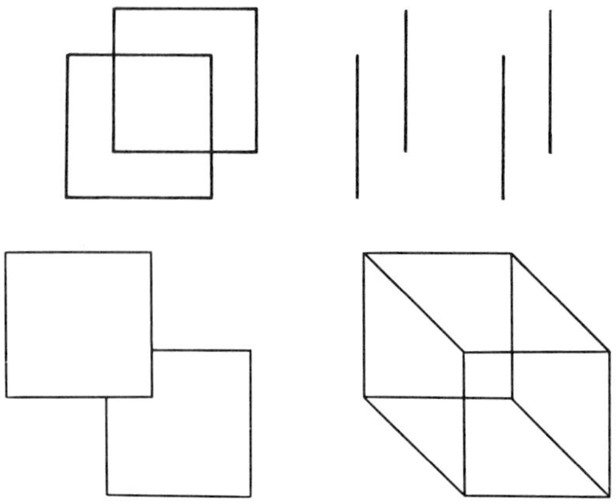

1.38 Daß die dritte Figur der oberen Reihe nicht einen Kreiszylinder, sondern einen elliptischen Zylinder abbildet, ist zwar möglich, jedoch unwahrscheinlich. Die Ellipse wird deshalb meist als verzerrtes Abbild eines Kreises gedeutet.

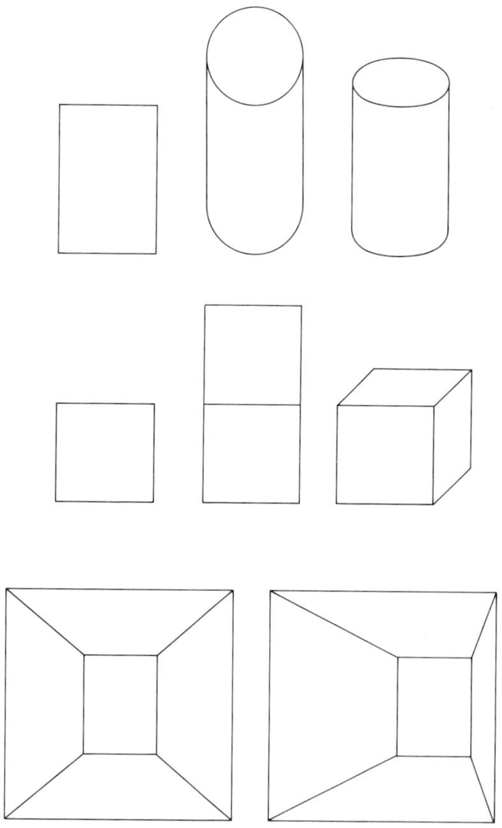

1.39 Perspektivische Verzerrung schafft Tiefenwirkung.

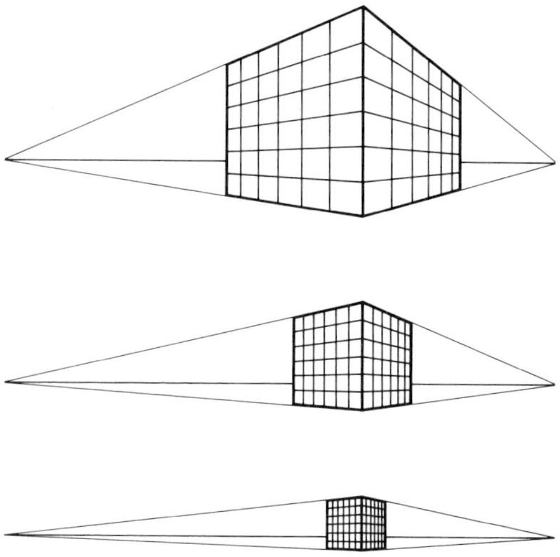

schen Gesetz gilt auch, daß formal einfache, breite und größere Elemente überwiegend als vorn befindlich eingeschätzt werden, schmale, dünne Elemente dagegen als hinten, weiter entfernt liegende, auch dann, wenn dies gegen die alltägliche Erfahrung und bildnerische Logik spricht.[24]

Größe- und Dichtegradienten

Der stärkste Tiefeneindruck wird von geneigten, sich verkürzenden Flächen erzeugt, besonders wenn sie ein regelmäßiges und dichtes Muster graphischer Elemente, nach Gibson einen Gradienten enthalten.[25] Es entsteht der Eindruck einer regelmäßigen Textur oder eines graphischen Musters, wenn sich die Flächen frontal zur Sicht- bzw. Darstellungsebene befinden. Sind sie mit dem Gradienten schräg geneigt, ergibt sich eine vom Nahen zum Fernen bzw. vom Großen zum Kleinen verlaufende Charakteristik. Die gleichmäßige Verteilung eines Musters bei frontaler Stellung führt zum Eindruck der frontalen, nichträumlichen Draufsicht ohne Größengefälle; die gleichmäßige Größenabnahme der Musterabstände von unten nach oben gibt den zwingenden Tiefeneindruck einer Fläche bzw. den Eindruck eines zurückweichenden Raumes. Ein gleichmäßiges oder gleichabständiges Muster ist ohne jede Tiefenwirkung. Der Eindruck räumlicher Tiefenwirkung entsteht jedoch bereits, wenn die Abstände abnehmen und die Dichte des Musters zur Mitte hin zunimmt oder die Linien einer schräg geneigten Fläche zusammenlaufen. Das ist auf die Wirkung der Linearperspektive zurückzuführen.
Das Größengefälle ist bei einigermaßen gleichmäßiger Verteilung für die Distanzeinschätzung zuverlässig zu bestimmen. Nach Gibson sind zwei beliebige Tiefenabstände anschaulich gleich, wenn die Anzahl der von ihnen eingeschlossenen, gleichmäßig verteilten Einheiten des Gefälles entlang einer Achse gleich ist.[26]
Nach der Größenkonstanz ist das Wissen von der konstanten Größe des Musters trotz der Entfernung gewahrt, wenn die Entfernungseinschätzung sich auf die Äquidistanz des Musters verlassen kann. Die Änderung der Oberfläche modifiziert den Tiefeneindruck, oder sie gibt Hinweise auf mögliche Veränderungen der Flächenform. Die Veränderung des Größengefälles ruft den Eindruck eines Knicks in der Fläche hervor. Durch den Sprung zwischen zwei Größengefällen entsteht eine Kante. Hängende und stehende Kurven vermitteln den Tiefeneindruck gekrümmter Flächen. Der Gradientenverlauf ist das Bezugssystem bei der Darstellung bestimmter, geometrisch geordneter bis naturhafter Elemente, der Texturperspektive. Er dient auch der Darstellung des Helligkeits- und Größengefälles verschiedener Bewuchsformen. Darstellungsmethodisch wird die Ebene nach den Prinzipien der Linearperspektive in Grundeinheiten gegliedert, deren Texturmenge sich in Relation zur Entfernung und dem flacher oder steiler gewählten Sichtwinkel verändert. Das Helligkeitsgefälle korrespondiert mit dem Größengefälle; es ist eine Folge des Sichtwinkels. Bei größeren Distanzen kommen die Einflüsse der Lufttrübung hinzu.

1.40 Scheinräumlichkeit und Tiefenwirkung.

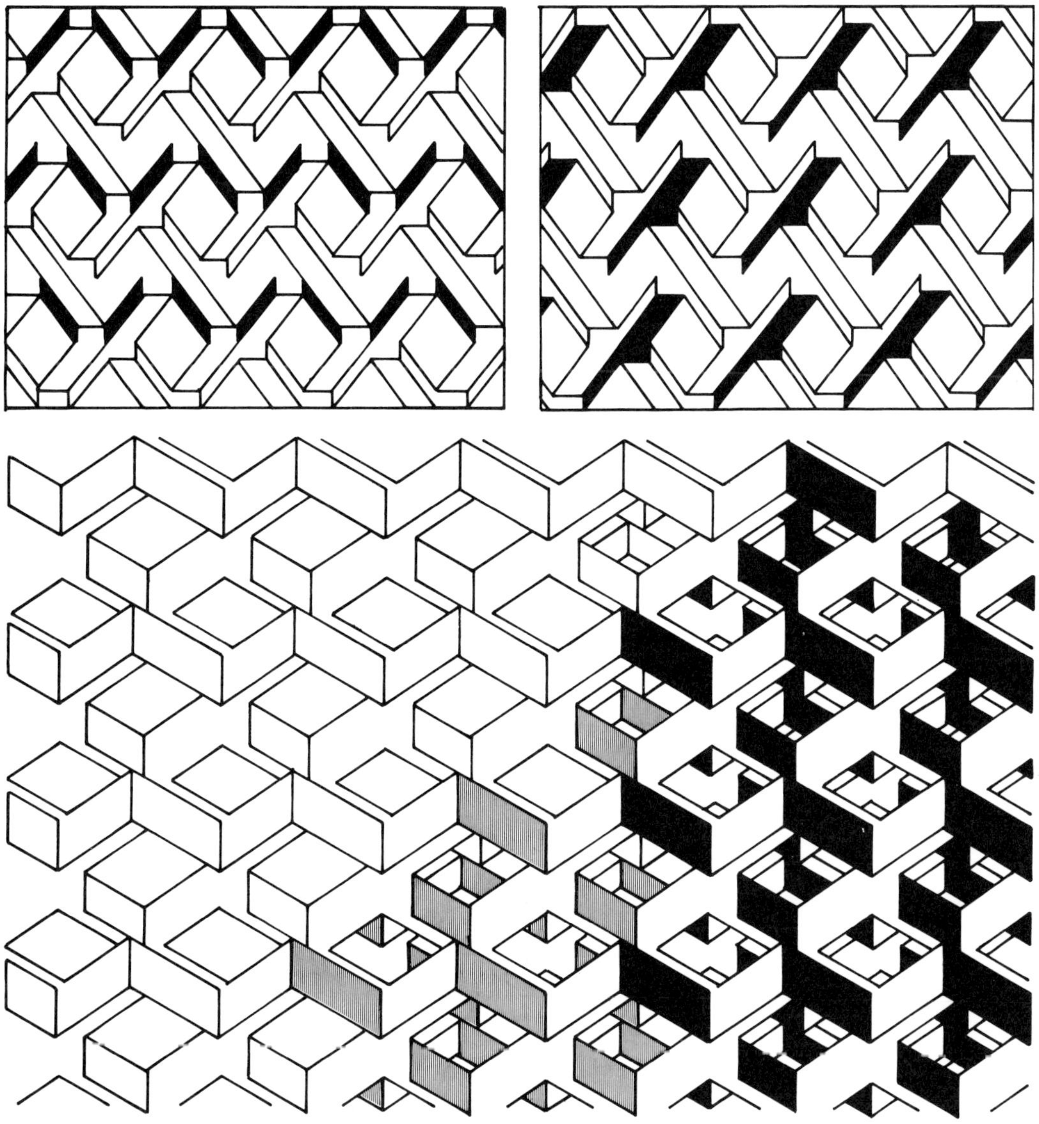

Karin Titzek. Fachhochschule für Gestaltung. Schwäbisch Gmünd. Syntaxübung. Studienprojekt. Leitung: Roland Knauer.

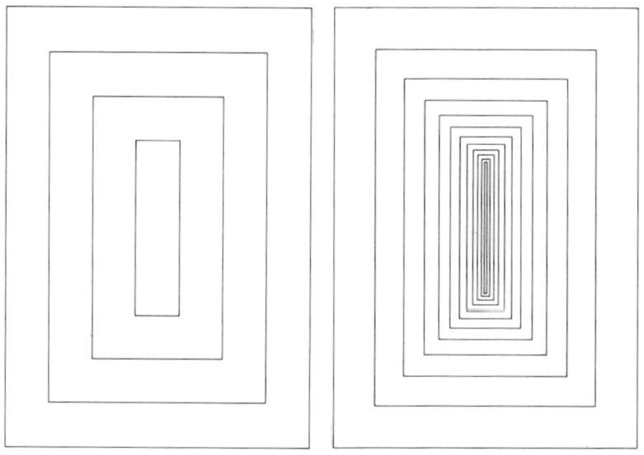

1.41 (1) Die Wirkung eines Breitengradienten. Der Gradientenverlauf gibt durch Änderung der Formkonstanz den Hinweis auf Flächenveränderungen, nach Gibson.

(2) Gleichabständiges, horizontal-vertikales Muster mit dem Gradienten O. Es ist die Darstellung eines Oberflächentyps mit gleichmäßiger Verteilung visueller Elemente in frontaler Position. Die progressive Abstandsänderung erzeugt den Eindruck der Tiefe zur Mitte hin.

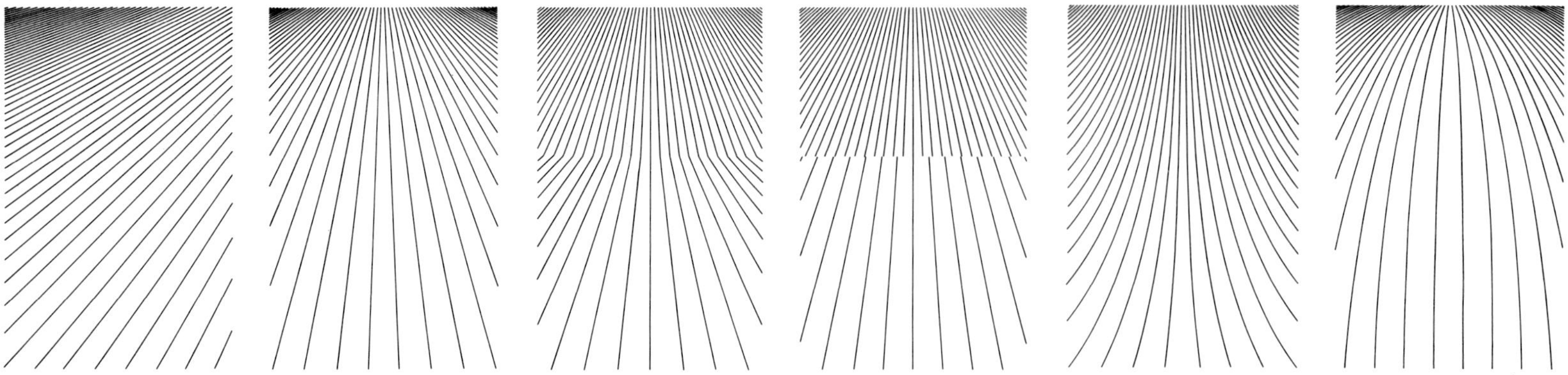

1.42 Hängende und stehende Kurven vermitteln den Tiefeneindruck gekrümmter Flächen, nach Gibson.

1.43 Gradienten in geometrischer Relation und ihre Wirkung im Naturraum.

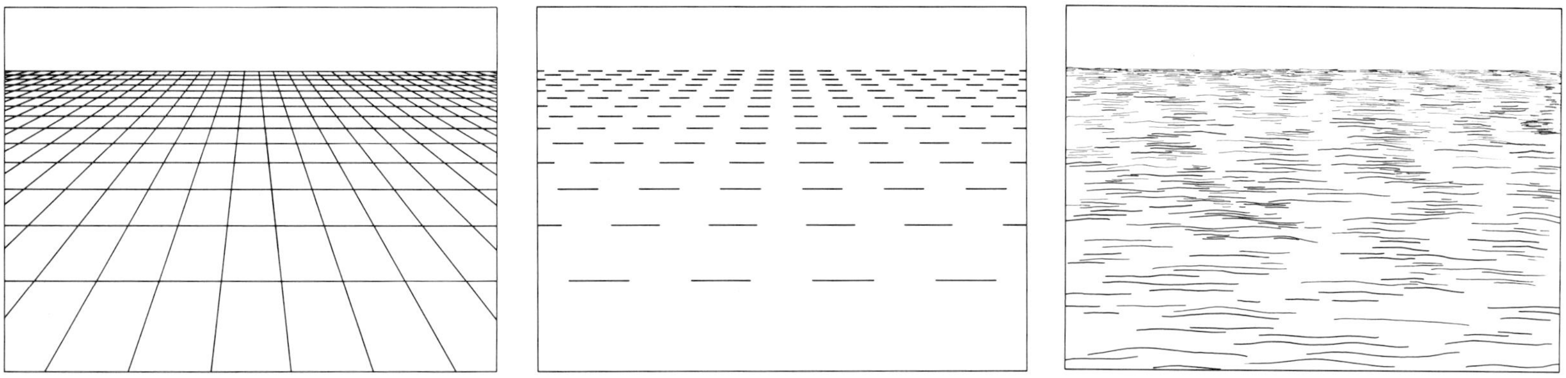

1.44 (1) Nach oben konvergierende Linien erzeugen den perspektivischen Tiefeneindruck einer schräg geneigten Fläche. Es ist das Prinzip der Linearperspektive, die Kanten von Gegenständen abbildet.

(2) Die gleichmäßige Größenabnahme der graphischen Elemente erzeugt den Tiefeneindruck einer geneigten Fläche, was sich als Prinzip bei der Darstellung »natürlicher« Oberflächen, den Texturperspektiven, bestätigt.

(3) Texturperspektiven zeigen im Gegensatz zur Linearperspektive die Oberflächenbeschaffenheit von Flächen in perspektivischer Verteilung von nah zu fern.

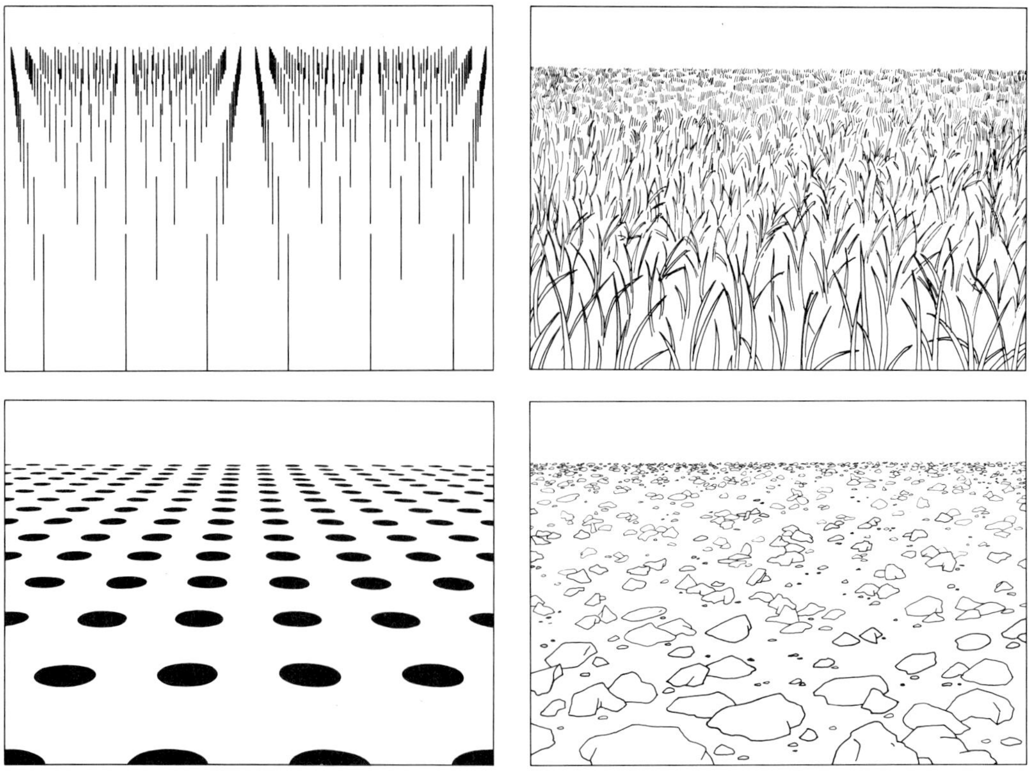

Die Bewegungsperspektive

Das visuelle Erleben eines Fußgängers, der seine Umwelt bewußt wahrnimmt, ist voller Bewegung. Eine gezeichnete Darstellung kann das allenfalls durch aufeinander bezogene, statische Bildfolgen wiedergeben – und damit ohne jene Eigentümlichkeit des bewegten Raumerlebens –, die von der Wahrnehmung des visuellen Feldes herrühren: die Konturverwischung, die Verformung und die Unschärfe besonders der näheren Zonen, die sich infolge der Geschwindigkeit im Gesichtsfeld entgegen der Bewegungsrichtung einstellen. Gegenstände in der nahen Zone ändern ihren Richtungswinkel und ziehen schneller vorüber als fern am Horizont liegende Gegenstände; der Einfluß der Bewegung ist dort unmerklich, fast Null. Für die Entfernungseinschätzung ist die Bewegung der Gegenstände im Gesichtsfeld ein untrüglicher Indikator; er ist umgekehrt proportional zu ihrer wahren Entfernung, »so daß aus der Geschwindigkeit der scheinbaren Bewegung sichere Schlüsse auf die wahre Entfernung gemacht werden können«.[27] Daraus folgt nicht nur eine Ortsveränderung, sondern auch eine kontinuierliche Oberflächenverformung, eine perspektivische Veränderung der Texturdichte. Nicht nur Konturen von Objekten, sondern auch Oberflächen und die Erscheinungsweise der Landschaft erfahren durch Richtung und Geschwindigkeit visuelle Verzerrungen im Vorbeifließen der Landschaft. Die geometrischen Beziehungen des sich an der Landschaft vorbeibewegenden Betrachters lassen sich nach Gibson[28] in Geschwindigkeits- und Bewegungsgradienten ausdrücken, die angeben, wie sich die Oberflächen perspektivisch nach Richtung und Geschwindigkeit im Terrain verformen.

Die Luftperspektive

Die Linearperspektive orientiert sich allein an den Kanten von Objekten und stellt sie in ihrer räumlichen Tiefenentwicklung dar. Die Texturperspektive orientiert sich an den materialen Oberflächen von Dingen und stellt den Dichte- oder Helligkeitsverlauf dar, indem sie der Tiefenentwicklung folgt. Im visuellen Erleben ist der Verlauf der Helligkeit oder der Dichte an sich selbst ein Entfernungskriterium, und oft erscheint ein Gegenstand bei wachsender Entfernung zunehmend heller bzw. dunkler als die näheren Areale, wenn atmosphärische Einflüsse diesen Vorgang nicht verhindern. Beim visuellen Erleben großer und größerer Entfernungen sind verschiedene Perspektiven beteiligt: die Linearperspektive für den Größenverlauf, die Texturperspektive für Oberflächenqualitäten und Helligkeitsverlauf und Luftperspektive. Die Luftperspektive, auch Unschärfeperspektive genannt, deren Gesetzmäßigkeiten von Leonardo da Vinci entdeckt wurden, läßt mit zunehmender Entfernung als Folge der Lufttrübung die Gegenstände unschärfer erscheinen. Sie bewirkt:

– Konturenschwund: Gegenstände erscheinen mit zunehmender Entfernung unscharf, und bei geringer Binnengliederung erscheinen sie größer als die stark kontrastierenden Objekte.

– Schattenminderung: Formmodulierende Wirkungen von Licht und Schatten fehlen oft oder sind zu unzuverlässig für die Einschätzung von Formbeschaffenheit und Entfernung, weil dann die beleuchteten und unbeleuchteten Bereiche der Gegenstände fehlen.

– Kontrastschwund: Helligkeiten, Textur, Muster, Detail; aus der Nahsicht vertraute und formgliedernde Merkmale gebauter und natürlicher Dinge wirken zunehmend fahl oder fehlen ganz. So erscheint ein Gebäude mit Balkonen und Öffnungen wie eine fahle, flache Scheibe; auch Krümmungshinweise einer Form gehen unter diesen Einflüssen ganz verloren.

– Räumlichkeitsschwund: Helligkeitsunterschiede, die sonst anschauliche Entfernungen hervorrufen, sind schwach; lediglich Objekte der näheren Umgebung sind stark kontrastierend, entferntere sind konturenunscharf und schwach kontrastierend. Sie heben sich wenig von Umgebung und Atmosphäre ab, während stark kontrastierende Objekte in den Vordergrund drängen.

– Vergrauung bzw. Verblauung: Die Farbveränderung ist ohne sichere geometrische Beziehung zur Entfernungseinschätzung und daher von den atmosphärischen Ereignissen abhängig. Allgemein herrscht eine Dunstigkeit mit zunehmender Farbverschiebung zu Blau hin. Ob ein Objekt unten heller oder dunkler erscheint, ist auch von der Horizontlage abhängig und von der Ausrichtung zur Lichtquelle, also davon, ob die Strahlenbündel des Lichts größere oder kleinere Strecken durch die Dunstschicht der Atmosphäre zurückzulegen haben. Bei der visuellen Wahrnehmung des Naturraums erlebt man die Tiefenwirkung aller Blautöne, während Gelb- und Rottöne nach vorn drängen. Das war bereits den englischen Landschaftsmalern William Turner und James Abbot McNeill Whistler bekannt, später auch den Impressionisten und Surrealisten. In Monets Bildern der Kathedrale von Rouen erkennt man, wie sich die Gegenstände im Raum durch das sie umgebende Licht, das die Luft erfüllt und von ihnen reflektiert wird, infolge der verschiedenen Lichtverhältnisse stetig verändern. Dreißig Jahre später wurde dieses Phänomen von Hugh Ferris in seinen Darstellungen zu der New Yorker »Zoning Resolution« genutzt. Auch die Helligkeitsabstufungen verweisen auf die Einflüsse der Luftperspektive.

Die Einflüsse der Luftperspektive entziehen sich noch einer weiteren Klassifizierung, denn die Luftperspektive ist, obwohl von anschaulicher Tiefenwirkung, ohne geometrische Gesetzmäßigkeit und unbeständig; es sind allein die atmosphärischen Ereignisse, die sich von Tag zu Tag, oft stündlich verändern und mit ihnen die Erscheinung der Dinge in großer Distanz, während die nahen Sichtzonen, durch den Dunst- und Schmutzanteil der Atmosphäre weniger getrübt, klare Kontraste erkennen lassen.

1.45 Bewegungsperspektive.

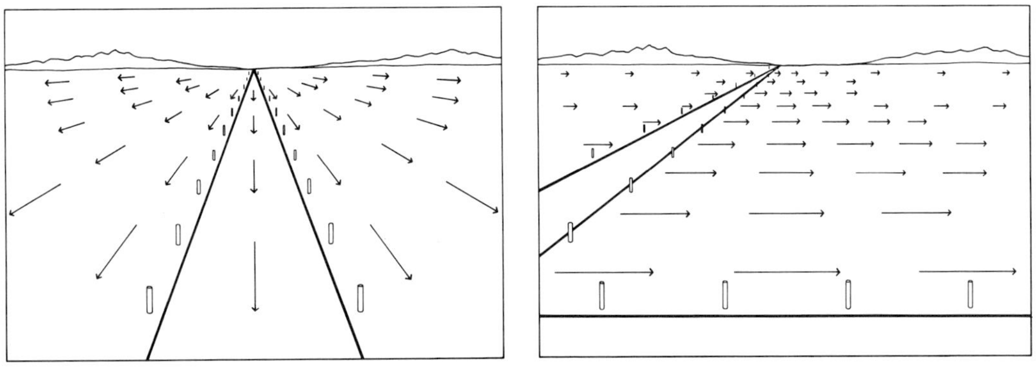

(1) Bewegungsperspektive durch Eigenbewegung des Betrachters mit Blick nach vorn, nach Gibson. Aus der Sicht eines Autofahrers liegt der zentrale Zielpunkt aller Verformungen auf dem Horizont.

(2) Bewegungsperspektive beim Blick nach rechts, nach Gibson. Den Zielpunkt der Verformungen bilden hier die Länge und die Richtung der Geschwindigkeitsgradienten, die sich vorne lang, d. h. schnell, zum Horizont hin langsam verformen.

1.46 Schema der Luftperspektive im Naturraum. Vergrauung: Entferntere dunklere Zonen erscheinen heller, entferntere helle Zonen erscheinen dunkler.

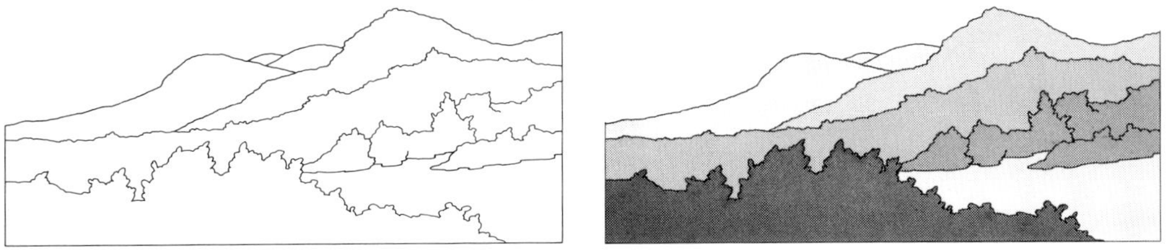

Die Mittel des graphischen Systems

Die geometrischen Elemente Punkt, Linie, Fläche, Körper, Raum und der Zeitfaktor der Bewegung lassen sich nach dem Grad ihrer Wahrnehmbarkeit systematisch gliedern. Nach Jacques Bertin[29] verfügt das graphische System über sechs Variablen, mit denen auch ein einzelner Fleck graphisch zu variieren ist: nach Form, Größe, Helligkeitsstufe der Fläche, Muster der Fläche, Farbe, Richtung oder Lage seiner Ausdehnung.

Zeichenelemente
Dimensional geordnet: Punkt, Linie, Fläche, Körper, Raum.

Punkt (nulldimensional)
Der Punkt ist auch bei anwachsender Punktgröße ein syntaktisches Element ohne Flächeninhalt. Additionen führen zu Punktrastern, Punktmustern und Punkteschwellrastern in gleichmäßiger oder progressiver Organisation. Geometrisch sind sie wie Liniennetze organisiert. Man gliedert sie nach den visuellen Variablen der Form, der Richtung, der Farbe, der Muster, der Helligkeitsstufe, der Größe.

Linie (eindimensional)
Linien sind das grundlegende Zeichenelement. Mit Linien sind nahezu alle Phänomene der sichtbaren Welt in der Zeichnung darstellbar.
Linien sind von meßbarer Länge ohne Flächeninhalt; der Übergang zur Fläche bei wachsender Breite bleibt im allgemeinen unberücksichtigt. Formale Zustände sind: gerade, geknickt, gebogen; gleichmäßige, progressive, modulierte Linienstärke. Die visuellen Variablen sind: Form (gerade, geknickt, gekrümmt); Richtung (links, rechts); Farbe (rot, blau); Muster (quer-, längsgebündelt); Helligkeitsstufe (weiß, schwarz); Größe (dick, dünn).

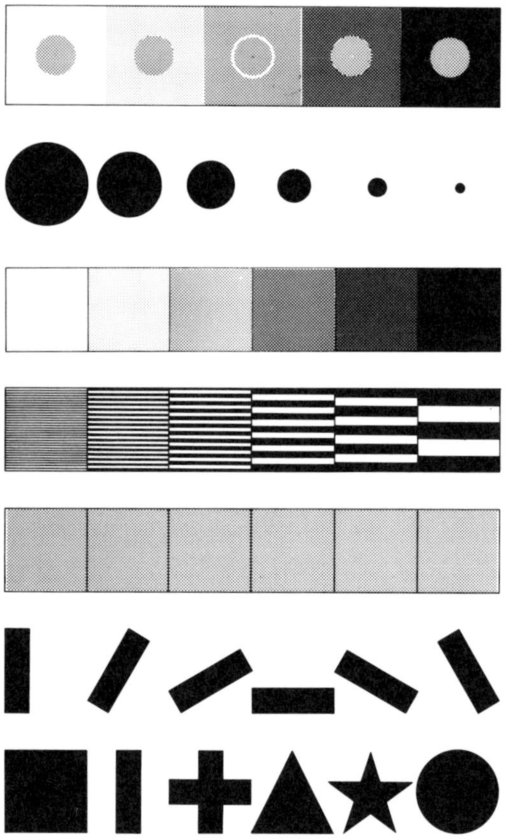

1.47 Die visuellen Variablen nach Bertin: Größe, Helligkeit, Muster, Farbe, Richtung, Form. Aus technischen Gründen ist die Farbe als mittleres Grau angegeben. Von links nach rechts ist gemeint: violett, blau, grün, gelb, orange, rot, rotviolett.

1.48 Systematik: Punktstrukturen, geordnet nach Richtung und Größe in zwei Helligkeitsstufen.

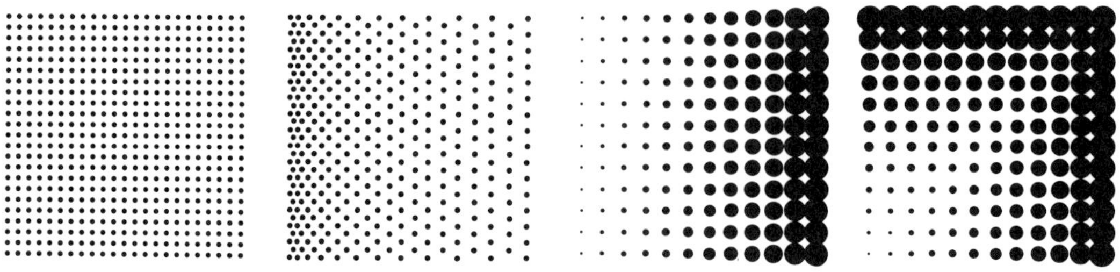

1.49 Die systematische Produktion von Linienstrukturen. Element, Linien, Zustandsform: gerade, gekrümmt. Variiert: Lage, Abstand, Stärke. Fachhochschule für Gestaltung Schwäbisch Gmünd. Studienprojekt. Leitung: Harald Stetzer.

Fläche (zweidimensional)
Flächen haben einen meßbaren Flächeninhalt; sie sind begrenzt durch Länge und Breite. Flächen sind eben, einfach oder doppelt, synklastisch oder antiklastisch gekrümmt. Ihre Begrenzungen sind: Geraden, Kurven oder irregulär verlaufende Geraden oder Kurven. Aus Flächenform und Flächenbegrenzung folgt der Flächenzustand: z. B. eben und kurvig begrenzt; einfach gekrümmt und irregulär begrenzt usw.
Zu den beiden Relationen kommen hinzu:
– Muster: »Das Muster besteht aus der Menge (Anzahl) unterscheidbarer Flecken innerhalb einer Einheitsfläche bei konstantem Helligkeitswert.«[30]
– Größe: Die Variation des Flächeninhalts ergibt die Größenvariation.
– Helligkeit: Die Variation der Helligkeit vermittelt den Eindruck hervor- und zurücktretender Flächen und beeinflußt die Wahrnehmbarkeit von Mustern und Farben auf Flächen.
– Farbe: Die Variation der Farbe schließt weitgehend die anderen visuellen Variablen ein; die visuelle Wahrnehmung der Farbe ist an die Flächengröße gebunden; je kleiner die Flächen, desto schlechter sind die Farben voneinander zu unterscheiden, desto unwirksamer ist das Flächenmuster.
– Richtung: Die Richtungen folgen aus den Lagerelationen horizontal, vertikal, hinten, vorn, rechts, links usw.

1.50 Lagerelationen von Flächen. Fachhochschule für Gestaltung Schwäbisch Gmünd. Syntaxübung. Leitung: Roland Knauer.

1. Ebene Flächen: gerade begrenzt; kurvig begrenzt; irregulär begrenzt.
2. Gefaltete Flächen: prismatische Faltung; antiprismatische Faltung; Begrenzung wie unter 1.
3. Einfach gekrümmte Flächen und Mischform (Konoid); Begrenzungen wie unter 1.
4. Zweifach gekrümmte Flächen, synklastische und antiklastische Krümmungen; Begrenzungen wie unter 1.
5. Ebene Flächen, gleicher Abstand.
6. Ebene Flächen, progressiver Abstand.
7. Ebene Fläche, progressiv: Abstand und Höhe.
8. Ebene Fläche, progressiv: Abstand, Höhe und Länge.
9. Prismatisch gefaltete Flächen, vertikal 90° geordnet.

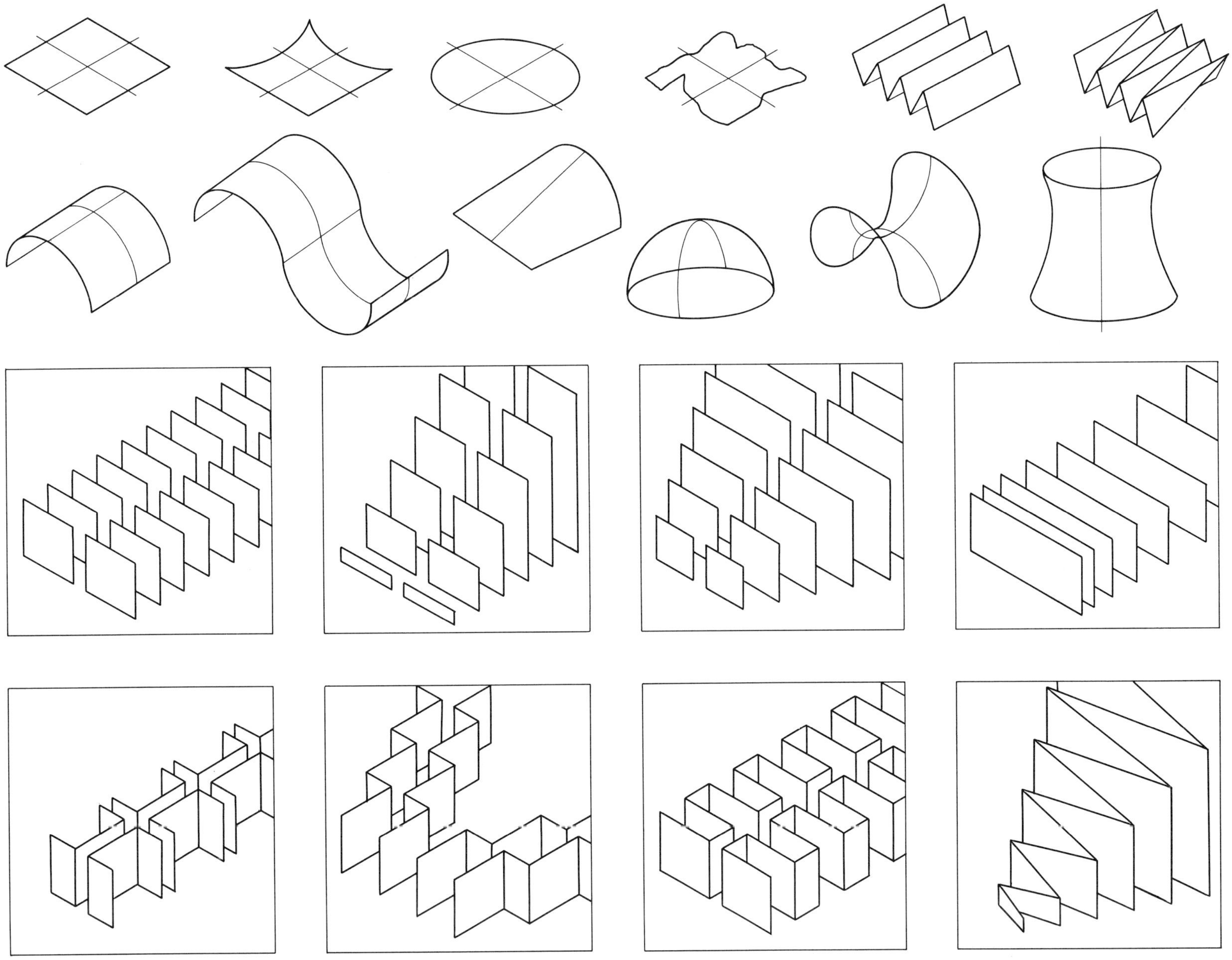

10. Gefaltete Flächen, 45° geordnet.
11. Progressiv: Höhe und Länge.
12. Gefaltete Flächen, horizontal-vertikal geordnet.
13. Gekrümmte Flächen, gerade begrenzt in progressiver Breite, Höhe, Durchmesser.

Körper

Körper sind von gerade oder gekurvt begrenzten, ebenen oder gekrümmten Flächen begrenzt. Nach Flächenanzahl, Winkel und Kanten sind reguläre, halbreguläre und irreguläre Körper zu nennen, nach den Lagerelationen der Flächen konvexe und konkave Körper. Die dreizehn halbregulären folgen aus den sechs regulären Körpern.

Die Beziehung von Körperecken e, Körperkanten k und Körperflächen f ist im Polyedersatz von Euler gegeben: $e + f = k + 2$

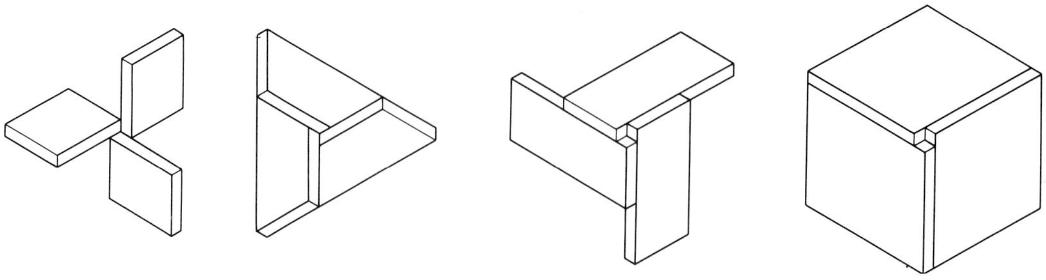

1.51 Flächen in zentrierter Raumlage.

1.52 Reguläre und halbreguläre Körper.

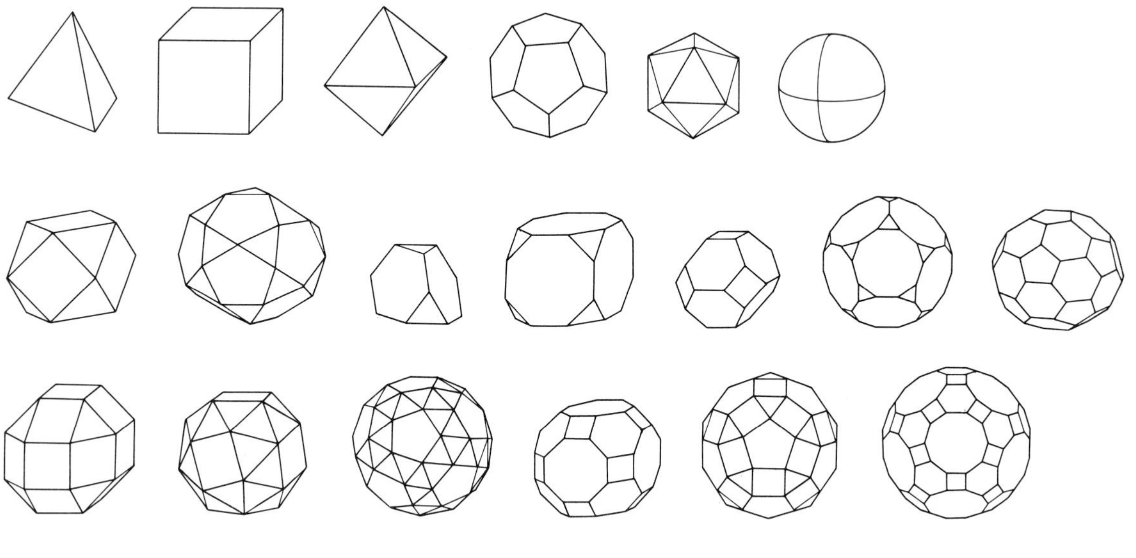

1.53 Transformierte konkav-konvexe Körper.

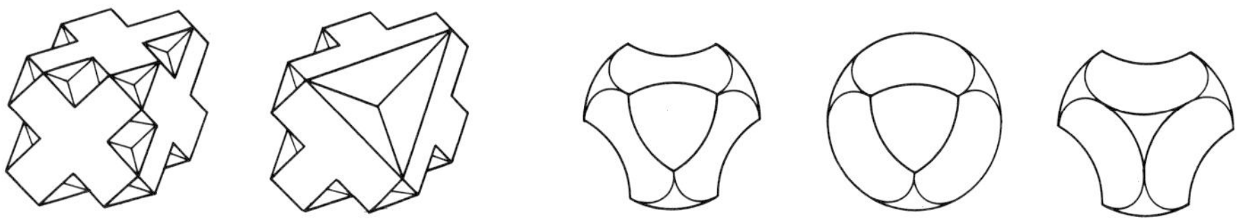

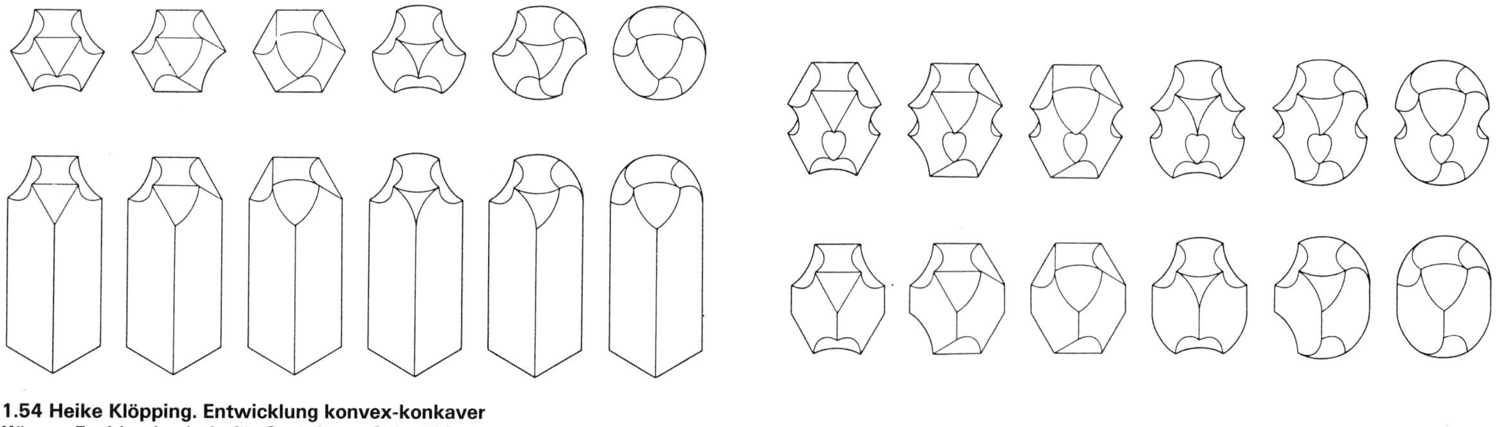

1.54 Heike Klöpping. Entwicklung konvex-konkaver Körper. Fachhochschule für Gestaltung Schwäbisch Gmünd. Studienprojekt. Leitung: Roland Knauer.

1.55 Offene und dichte Packungen.

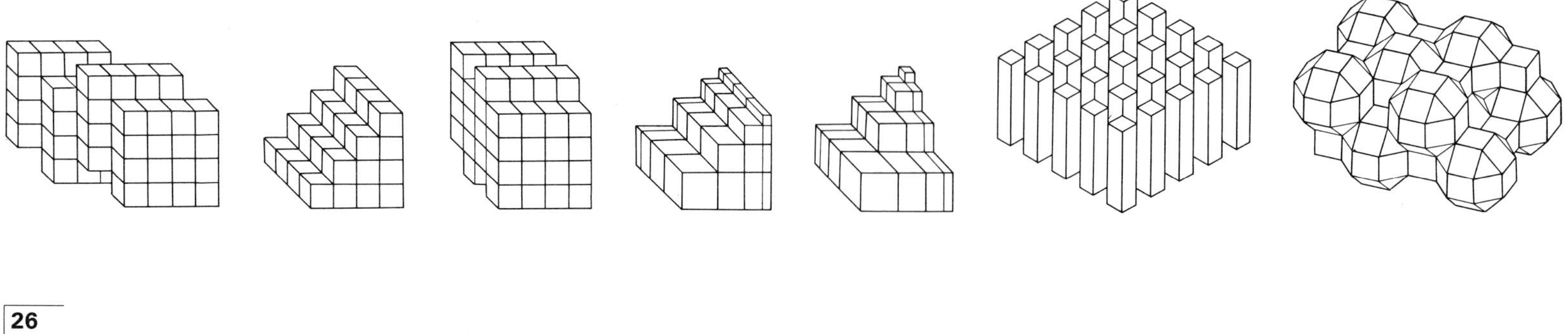

Raum

Gebaute Räume sind begrenzt von linearen, flächigen, körperhaften Elementen. Der Raum ist primär wahrnehmbar durch seine Begrenzungen, aber er ist mit diesen nicht identisch. Die Lagerelationen der dicht oder weniger dicht begrenzenden Elemente schaffen Bezugssysteme, die der Ortsbezeichnung, der Typologie und der Konkretisierung des Raumes dienen. Das geometrische Ordnungssystem im dreidimensionalen Gitter aus Punkten als Orts- und aus Strecken als Beziehungsbezeichnungen ist Grundlage für Raumproduktion, Raumbeschreibung, Raumdarstellung. Die Koordinatensysteme regeln die Lage und die Achsenwinkel.

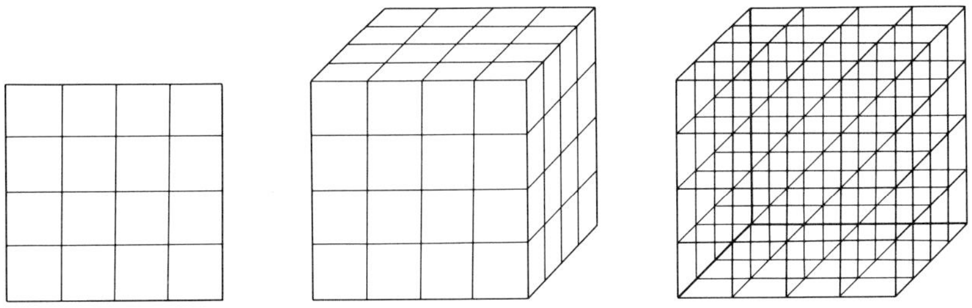

1.56 Geometrische Lagerelationen der Ebene, des Körpers, des Raumes.

1.57 Variationen der Raumzentrierung:
1. links – mittig
2. links – hinten
3. rechts – oben – mittig
4. unten – mittig
5. raumzentriert

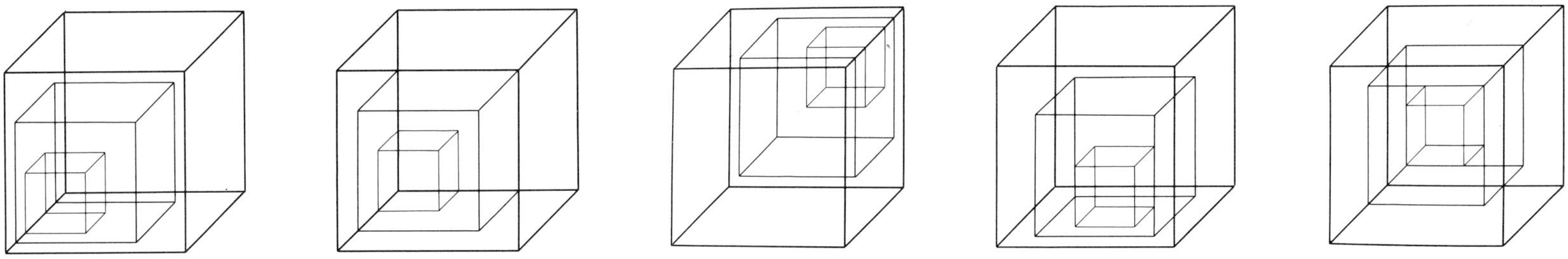

1.58 Lagerelationen linearer Elemente im kubischen Gitter.

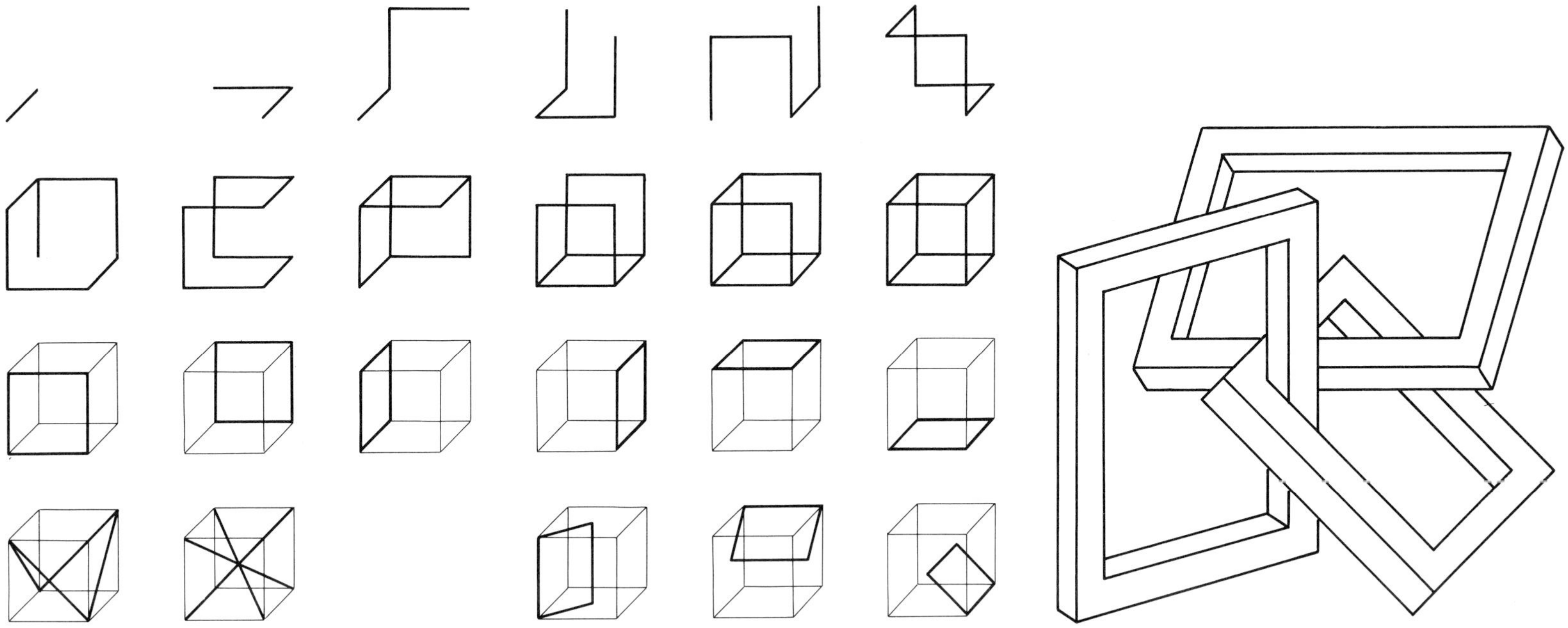

1.59 Raumlage linearer Elemente.

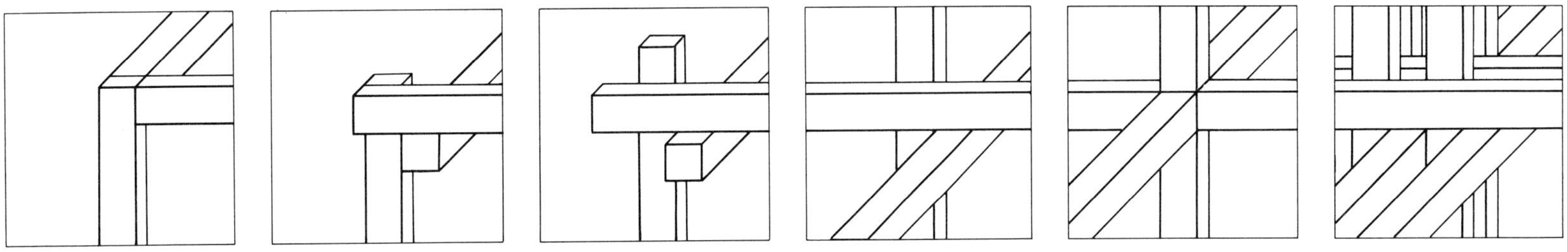

1.60 Brigitte Fräßle. Entwicklung modularer Elemente und ihre Anordnung zu größeren Elementeverbänden. Fachhochschule für Gestaltung Schwäbisch Gmünd. Syntaxübung. Leitung: Roland Knauer.

Ordnungsbeziehungen und Ähnlichkeitsklassen

Entscheidungen über Entwurfs- oder Darstellungsschritte basieren auf Alternativ- und Maximenbildung. Sie gehen aus der Verkettung von Transformationen oder aus Teillösungen zu Gesamtlösungen hervor, ebenso aus der Umformung eines zeichnerischen Zustands in einen anderen, aus Veränderungen von Beziehungen, aus Nachbarschaften und Verknüpfungen. Die Bewertung erzielter Veränderungen, sei es Präzisions- oder Abstraktionszuwachs, ist an die Auflistung funktioneller oder figurativer Matrizes gebunden, und ihre operationale Bedeutung liegt in der Problemstrukturierung. Beziehungen, Zusammenhänge, Ähnlichkeiten sind in verschiedenen anschaulichen oder abstrahierenden Schreibweisen darstellbar. Die Graphendarstellung abstrahiert beispielsweise von der Erscheinung der Sachverhalte zugunsten der präzisen Ermittlung qualitativer Merkmale; ein Blockdiagramm bildet die Zusammenhänge von Ereignissen und Handlungen ab, eine Matrixdarstellung die möglichen Beziehungen zwischen zwei Mengen, Elementen oder Klassen. Formale Beziehungen auf der syntaktischen Ebene sind durch die Vergleiche der inneren Relation, des Verhältnisses von Aufbau, Struktur, Dimension und Farbe geregelt. Diese sind nach den symmetrischen Beziehungen, nach äußeren Relationen, beispielsweise nach Arten und Menge der Nachbarschaftsbeziehungen, klassifizierbar.

Eine Klassifizierung der Ähnlichkeitsgrade formaler Zustände nach dem Grad ihrer Übereinstimmung hinsichtlich ihrer qualitativen Eigenschaften erstreckt sich über folgende Zustände:

– Amorph: Ein amorpher Zustand ist ohne erkennbare, gestalterisch relevante Ordnungsbeziehungen, daher ohne benennbare Eigenschaften oder Merkmale.

– Automorph: Ein automorpher Zustand ist ideell, doch nicht existentiell gegeben und entzieht sich der Beurteilung in dieser Klassifikation.

– Isomorph: Zeichenverbände sind bei identischen Elementen, Mengen und Ordnungsrelationen, Dimensionen oder Farben isomorph, also ununterscheidbar. Das trifft auch auf die graphischen Operationen der Spiegelung, Rotation, Translation zu, die operativ zur Varietätserzeugung von systemhaften Anordnungen eingesetzt werden.

– Homöomorph: ein Ähnlichkeitsgrad wird als homöomorph bezeichnet, wenn er auf der Wiederholung stets gleicher Änderungen basiert, beispielsweise durch die Streckung mit einem Faktor entlang einer Achse, etwa bei der Entwicklung geometrisch geordneter Strukturen wie bei Symmetrieoperationen.

– Syngenomorph: Diese Gestaltverwandtschaft basiert auf der begrenzten Transformation innerer Relationen wie Winkel-, Längen-, Dimensions-, Krümmungsänderung, der Änderung einer Helligkeits- oder Sättigungsstufe der Farbe.

– Katamorph: Ein katamorpher Zustand ist bei geringer Übereinstimmung der bestimmenden gestalterischen Merkmale gegeben.

– Heteromorph: Hiermit wird die Gestaltverschiedenheit bei Fehlen vergleichbarer Beziehungen oder Ordnungen bezeichnet.[31]

1.61 Die Ähnlichkeitsgrade, dargestellt auf der Basis stereometrischer Körper, nach Wolf und Wolff.
isomorph – Gestaltgleichheit
homöomorph – Gestaltähnlichkeit
syngenomorph – gestaltverwandt
katamorph – gestaltbezogen
heteromorph – gestaltverschieden

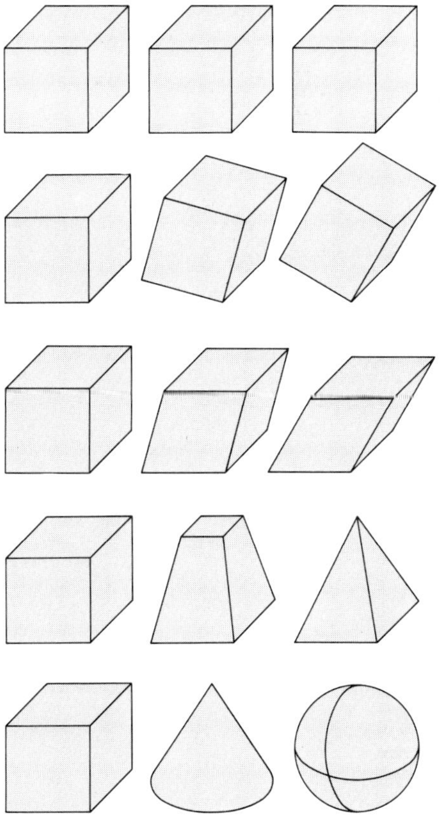

Die Proportionslehren – das menschliche Maß als Grundlage der Architektur

Vorbemerkung

Hier erstreckt sich ein weites Feld der Kulturgeschichte, das unterschiedliche Aspekte berührt; doch letztlich geht es um eines: die menschliche Gestalt, soweit diese in früheren Zeiten die Grundlage des bildnerischen Schaffens und der Architektur im besonderen war. Zunächst ein summarischer Abriß, um die Proportionslehren zu umreißen. Die Ausführungen folgen der historischen Entwicklung: Im Mittelpunkt stehen die Theorien von der Antike bis zur Renaissance. Sie enden mit den anthropometrisch zu nennenden Untersuchungen Albrecht Dürers. Die antike Vorstellungswelt wirkt bis in das 19. Jahrhundert hinein. Was zuvor nach Motiv, harmonischen Regeln, Systematik der Vermessungen und zahllosen Experimenten zur Aufdeckung einer naturgegebenen morphologischen Gesetzmäßigkeit angelegt und während der Renaissance Credo des philosophischen und künstlerischen Schaffens war, wird von kunstwissenschaftlichen Außenseitern, von Moessel, Zeising und anderen wiederentdeckt. Eine allgemeine Anerkennung bleibt indessen aus.

Im 19. Jahrhundert erfahren die Proportionslehren nach Bestimmung und Systematik von harmonischer Gliederung und Proportionierung des menschlichen Körpers eine Wende. Mit der Erforschung des Kanonischen in der Kunst wechselt die Disziplin: Kunstregeln, Proportionskanon, Maß- und Konstruktionsschemata interessieren den Schaffenden kaum noch – sieht man von Le Corbusier ab –, sie beschäftigen als Wiederentdeckung den analysierenden Kunstwissenschaftler. »Die Welt der Erscheinungen mit der Welt des Geistes zu konsolidieren«, wie es noch in der Renaissance unter Alberti und Leonardo der Fall war, ist neben dieser kunstwissenschaftlichen Disziplin in der Gegenwart zur naturwissenschaftlichen Anthropometrie transformiert; doch die Gebäudegestaltung aus Proportionen des menschlichen Körpers abzuleiten, aus dem Wissen um äußere, körperliche Maße geistige Erkenntnisse zu gewinnen, ist nicht wieder zur Gestaltungsgrundlage des Bauens gemacht worden.

Es genügt daher, die Darstellung des menschlichen Körpers auf die heutigen graphischen Techniken zu beschränken. Ihnen kommt die Bedeutung zu, der Zeichnung Maßstabklärendes, Kontextuelles hinzuzufügen und sie zu erläutern. Es ist ein Vorgehen, das ohne begriffliche Anstrengung zur semantischen Interpretation, etwa symbolisch verschlüsselter Werte, auskommt. Im günstigsten Fall ist die menschliche Figur ein Bestandteil der Zeichnung, und sie enthält dann jene graphischen Eigenarten, die bereits in der Auffassung der ganzen Zeichnung enthalten sind.

Versuche, Bau und Gliederung der menschlichen Gestalt zur Grundlage von Kunst und Architektur zu erklären, gab es seit Vitruv immer wieder. Dem auf Metaphysisches gerichteten Geist früherer Zeitalter fiel es nicht schwer, eine fundamentale Einheit zwischen Mensch und Welt, Mikro- und Makrokosmos herzustellen und eine grundlegende Analogie zwischen den Gliedern des menschlichen Körpers und denen eines Gebäudes zu begründen, die Körpermaße in Proportionssysteme zu kleiden, um dann diese geometrisch oder arithmetisch ermittelten Werte auf die Gliederung des Bauwerks zu übertragen. Vielleicht ist gerade von dieser Suche der mathematisch-geometrische Charakter der frühen Architektur gestiftet, von der heute noch am ehesten die Architekturtheorie einigen Glanz bezieht.

Von den heute seltenen Untersuchungen zum Goldenen Schnitt abgesehen, in denen wiederum der menschliche Körper eine Rolle spielt, ist es in der Gegenwart vor allem die Ergonomie, die sich mit der Vermessung des Menschen befaßt. Nur sie, nicht mehr die Architekturtheorie, setzt diese lange Ahnenreihe mit wissenschaftlichen Methoden fort, und zwar in arbeitsmedizinischen Messungen des arbeitenden, ruhenden und sporttreibenden Menschen. Heute ist die quantifizierbare Variabilität bei der Bemessung des industriellen Produkts gesucht – beispielsweise Kleidung, Gerät, Arbeitsplatz. Dazu braucht man nicht das »interpolierte Mittelmaß«, sondern fein differenzierte Meßdaten, die selbst Abweichungen in Schuh- und Kleidergrößen berücksichtigen. Hier schafft man sich nicht mehr, wie so lange zuvor, den »klassischen« Menschen, sondern sucht nach den Maßgrundlagen für eine bessere Abstimmung des Industrieprodukts auf die Bedürfnisse des modernen Menschen.

2.1 Die menschliche Figur – ergonomisch.

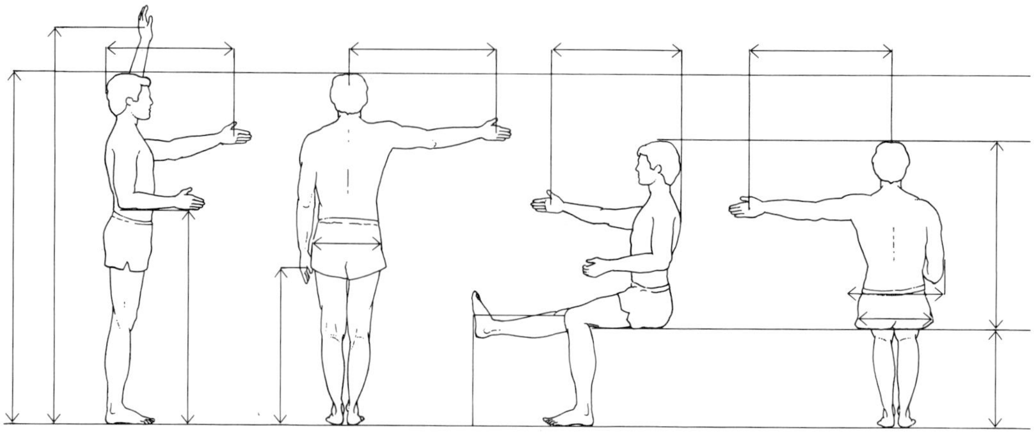

Die menschlichen Maße

Eine Proportionslehre geht der Frage nach, wie ungleiche Größenverhältnisse einzelner Glieder sich zum ganzen Körper verhalten. Sie werden durch diese Gliederung als harmonisch/schön oder als unharmonisch/häßlich angesehen. Daher sind sie unmittelbares Thema des Entwurfs und gelten dem Versuch, aus der Gliederung des menschlichen Körpers ein für die künstlerische Praxis grundlegendes harmonisches Gesetz zu ermitteln, das der Darstellung körperlicher Schönheit selbst dient oder als ein Regelwerk, ein Kanon verstanden werden kann, dessen Gesetzmäßigkeit für die Erzeugung des Harmonischen »maßgebend« ist. Im ersten Fall ist es gewissermaßen die Ableitung der in den Proportionierungen des menschlichen Körpers gefundenen Harmonie in das Abzubildende, aus deren Kenntnis des Proportional-Gesetzmäßigen das planvolle Bilden und Konstruieren der Gestalt gelingt; im zweiten ist das eigentliche Thema nicht die Darstellung des Körpers, sondern wie aus der Verschiedenheit der Teile und der harmonischen Erscheinung des Ganzen ein allgemein harmonisches Proportionsgerüst zu begründen ist. Jeder Versuch, darüber Kunstregeln aufzustellen, mußte sich mit der Frage der Beziehungen maßlich ungleicher Teile auseinanderzusetzen, was ohne Proportionsgesetz nicht möglich ist.

Antike Kunstregeln enthalten Konstruktionsanleitungen in einfachen Zahlen, geeignet, den Kompositionen das »rechte« Maß zu verleihen. Statt der Gleichheit der Teile die Gleichartigkeit der Teile, gegeben von einem Proportionsverhältnis, das zwischen den Teilen und dem Ganzen das gleiche ist wie zwischen den Teilen selbst: Harmonie als Gleichgewicht von Gegensätzen.

Der ägyptische Kanon

Den Anfang bildet der ganz auf das Konstruktive gerichtete Proportionskanon der Ägypter. Er besteht aus objektiven Maßen und Proportionen. Der Kanon regelt beides: sowohl die Proportionen der darzustellenden Figur als auch die Darstellung selbst.

Mit dem ägyptischen Kanon in Reliefs, Wandmalereien und Statuen beginnt die Proportionslehre, und mit ihr ein streng geformtes und statisch konstruiertes Bild des Menschen, dem die Gestalten von Menschen und Göttern nachgebildet wurden.

Das ägyptische Maß, die Elle, steht am Anfang des aus Hand- und Armlänge abgeleiteten Maßsystems: vier Finger breit ist eine Handbreite, vom ausgestreckten Daumen bis zum Ellbogen sind es sechs Handbreiten, und diese Einheiten werden vervielfältigt, größere und kleinere Einheiten addiert oder in Brüche geteilt. Die Größenverhältnisse führen zu einer typischen Standardisierung der Körperteile, doch haben sie keinen anthropometrischen Charakter; sie gelten ausschließlich der »objektivierten« Darstellung der Figur, der Bestimmung der Proportionen des menschlichen Körpers. Die mehrfach gedrehte Figur steht in Aufrißprojektion in einem Quadratnetz von 24 Einheiten und ist mit Hilfe der Finger-Einheiten oder Handbreiten leicht zu unterteilen, eine Gliederung, die sich auch bei den bewegten Figuren durch einfache »mechanische« Lageänderungen in der Anordnung und Darstellung der Körperteile bewährt. Die Figur ist standardisiert; stehend ist sie sechs Fuß hoch, denn ein Fuß mißt drei Faustbreiten, die Faustbreite 1 1/3 Handbreite gleich 5 1/3 Fingerbreite. Daraus folgt ein Quadratnetz von zunächst 18 Einheiten, das später auf 24 Einheiten vergrößert wird. Zur Hebung des Ausdrucks bestimmter Körperglieder oder des Kopfes ist es nochmals in feinere Einheiten unterteilt. In orthogonaler Projektion ist die Figur in das regelmäßige Netz eingezeichnet, aber nicht nur eingezeichnet: Die Netzlininen und ihre Schnittpunkte liefern der standardisierten Figur die konstruktiven Meßpunkte. Die regulären Netze nehmen auf die in sie eingetragenen Figuren, auf die sinnvolle Überdeckung von Schnittpunkten des Netzes mit wichtigen Körperzonen lange Zeit keine Rücksicht. Das Netzsystem ordnet nicht nur die Teile arithmetisch untereinander; es erleichtert ebenso die Übertragung vom Papyrusblatt auf die Steinplatte; es gibt Sicherheit in der Linienführung und strafft, da es meist sichtbar bleibt, die Wirkung der rechnerisch ermittelten und konstruierten Komposition. Die Figur wurde ebenso in das Netz eingezeichnet, wie man sie umgekehrt aus den Einheiten, aus den Meßpunkten des Netzes zusammenfügen konnte. Im letzteren Fall gewinnt das Netz eine noch größere konstruktive Bedeutung, denn die »ausgezeichneten« Körperstellen sind an festgelegten, also namentlich bekannten Schnittpunkten des Netzes wiederzufinden. Für Komposition und Ausführung von Stand- und Sitzfiguren sind Dimension und Lage von vornherein bekannt: die Fuß-

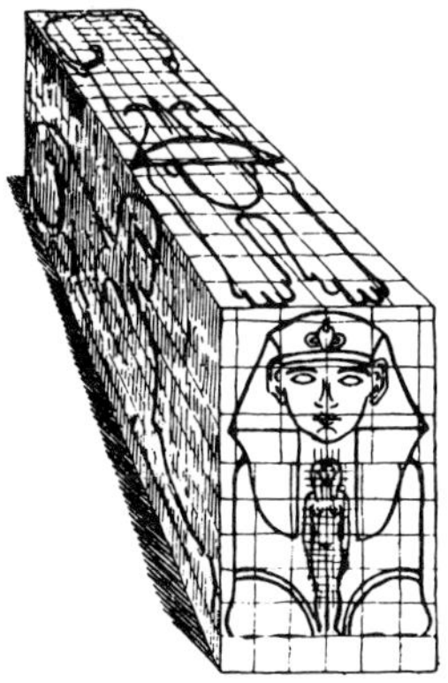

2.2 Die Übertragung von einem Papyrusblatt auf einen Steinblock.

knöchel waren auf die erste horizontale Linie zu legen, die Knie auf die sechste, die Schultern auf die sechzehnte usf. So war es nach dem Bericht Diodors den Ägyptern möglich, an verschiedenen Orten die Teile einer Skulptur anzufertigen, die dann beim Zusammenfügen nahtlos genau paßten.[1]

2.3 Der ältere Proportionskanon, nach Lepsius.

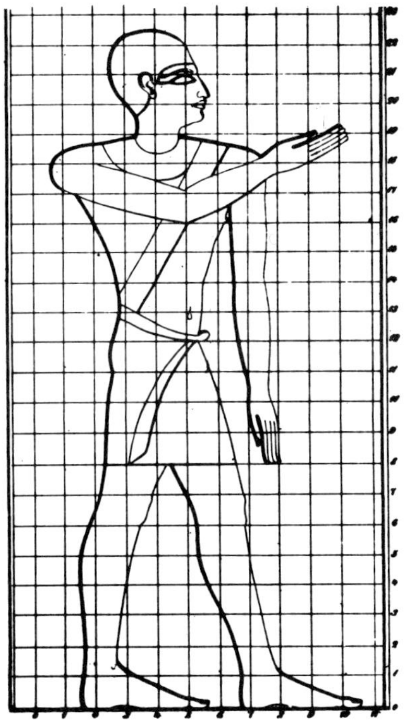

2.4 Reihenbild aus dem Grab des Perneb aus Sakkara, um 2350 v. Chr.

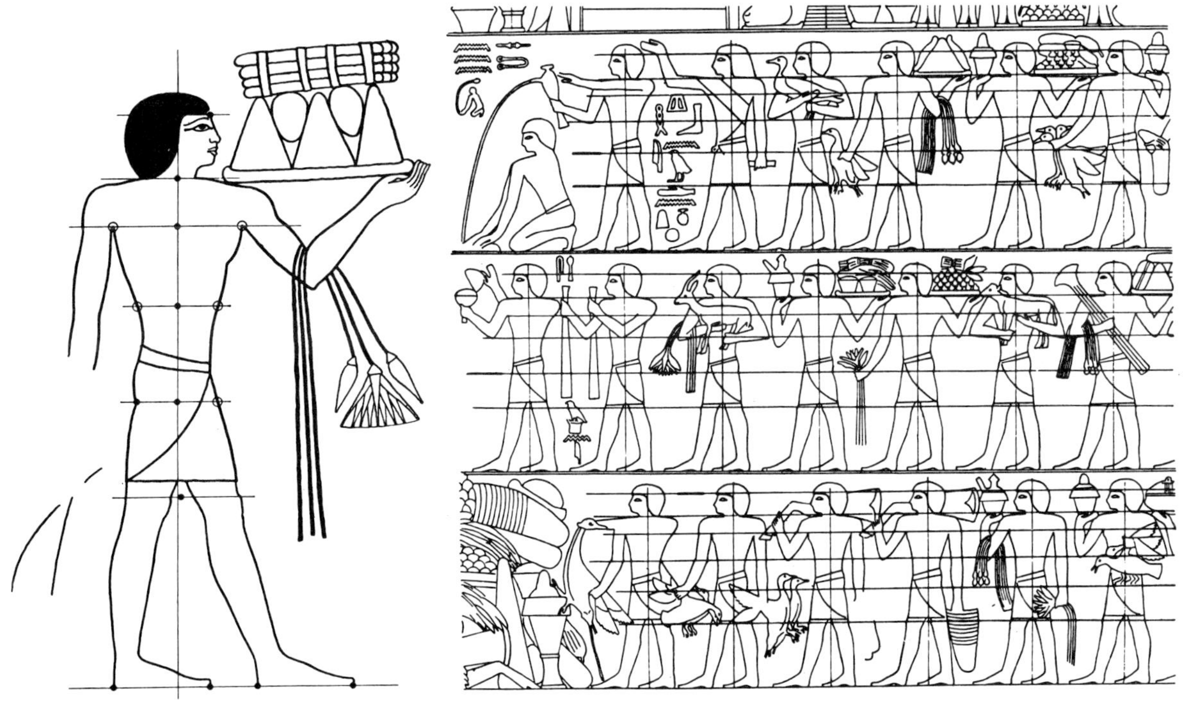

Der Ausdruck der Gesamtform, die Dimensionen und die Anzahl der Teile ist der ägyptischen Kunst wichtiger als die anatomisch richtigen oder sich aus den Bewegungen ergebenden zahllosen Formen. Der ägyptische Kanon ist nicht allein aus arithmetischen Vorschriften hervorgegangen; Plastiken, Reliefs und Wandbilder sind zwar nach dem menschlichen Bild gestaltet, sie sind aber geradezu normativ geregelte Bilder eines Diesseits und Jenseits.
Im geometrischen Raster, der nicht allein dem genauen Aufriß dient, erstreckt sich die orthogonale Profildarstellung, die räumliche Überschneidungen oder Tiefenwirkungen vermeidet. Der Kopf als

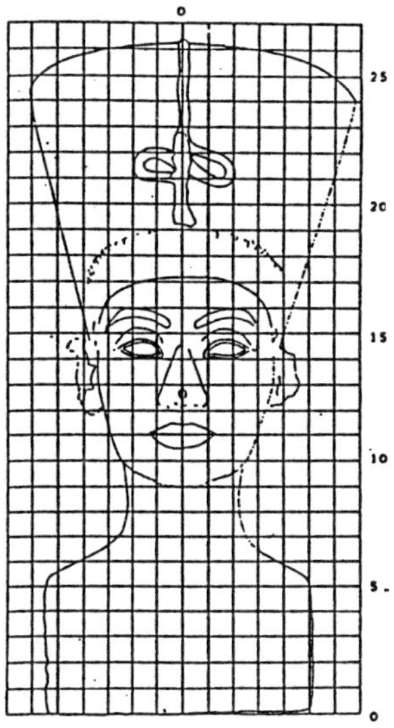

2.5 Der Darstellung der Nofretete liegt keine Porträtähnlichkeit, sondern ein mathematischer Proportionskanon zugrunde. Zeichnung nach Rolf Krauss. Neueste Forschungen bestätigen, daß auch den Porträtdarstellungen der mathematische Proportionskanon zugrunde gelegt wurde.

Profil in der Seitenansicht, der Oberkörper frontal, die unteren Körperteile wiederum seitlich abgebildet, in Links- und Rechtsprofil – ohne die in einer räumlichen Darstellung sonst unvermeidlichen Überschneidungen ist jeder Körperteil so geordnet, daß seine vollständige Abbildung gewissermaßen in wahrer Größe, in Aufrißprojektion im Flachbild möglich ist. Die Beine sind so gestaffelt, daß sie trotz der Seitenrißdarstellung sichtbar im Flachbild abzubilden sind. Dieses Schema bewährt sich in Stand- und Sitzbildern, in überlebensgroßen Skulpturen wie in den Vielfiguren-Streifenbildern. Und was an unmittelbarer Messung am menschlichen Körper gewonnen ist, führt in seiner Wirkung über die ägyptische Kunst hinaus, beeinflußt die griechisch-archaische Kunst, trotz aller Unterschiede der Stilentwicklung.
Der ägyptische Proportionskanon enthält zwei sich widersprechende Grundsätze; zum einen das anthropometrische Wissen um die menschliche Gestalt; zum anderen die Absicht, den bildnerischen Ausdruck über die »Richtigkeit« der anatomischen Lehre zu stellen. Die ägyptische Kunst konnte in dieser Antinomie bestehen, da sie durchdrungen ist von einer Wahrheit, die Irdisches nach dem Bild göttlicher Ordnung formt; sie war nicht auf die »Symbolisierung der lebensvollen Gegenwart, sondern auf die Erfassung einer zeitlosen Gegenwart gerichtet«.[2]

Der griechische Proportionskanon

Die Vorstellung von der richtigen, gesetzmäßigen Fügung der Teile zum harmonischen Ganzen beherrscht die antike Ästhetik und wirkt noch über die Renaissance hinaus. Die Schönheit des menschlichen Körpers schildert Polyklet, Bildhauer und Zeitgenosse des Phidias, in seiner Schrift *Regel*: »Die körperliche Schönheit ergibt sich nur aus symmetrischen, wohlausgewogenen, wechselseitig harmonischen Maßverhältnissen der verschiedenen Teile zueinander und zum Ganzen.«[3] »Das Gelingen kommt durch viele Zahlenverhältnisse zustande, wobei Kleinstes den Ausschlag gibt.«[4] Schon bei Polyklet und später bei Alberti bedeutet Symmetrie die Ausgewogenheit durch abgestimmte Zahlenverhältnisse. Verläßlicher sind die ermittelten Proportionen, die auf die Existenz eines klassischen Proportionskanons der griechischen Antike weisen, d. h. einer einzigen Einheit, die Polyklet kannte und verwendete.[5] Wo den Ägyptern ein Proportionssystem genügt, das zu errechneten, standardisierten Ergebnissen führt, die gerade deshalb Konstanz und Dauer erhalten, herrscht im griechischen Schaffen eine künstlerische Freiheit, die nicht nur Regeln kennt, sondern auch Individualität – läßt man die archaische, vororganisch geprägte Phase außer acht. Noch nicht völlig vom Ägyptischen gelöst sind archaische Statuen; von kanonischen Regeln geprägt, sind sie objektivierten Maßbeziehungen unterworfen. In der hellenistischen Kunst gilt seit dem 3. Jahrhundert v. Chr. die individuelle, erlebte Formkraft; sie stellt dem Denken in geregelten Maßeinheiten eine freiere Auseinandersetzung entgegen: Die Fragen nach dem »rechten« Maß werden ergänzt von denen der Komposition, des Ausdrucks, wie sie sich bei der Darstellung einer schreitenden oder kämpfenden Figur ergeben, die in einem festgelegten kompositorischen Verhältnis zum Bauwerk oder zum Betrachter steht. War der Kanon zuvor das Ziel, so ist er nun eher anthropometrisches Mittel, das die exakten Maße und Proportionen sichert. Ein Kopf darf kleiner sein (kleiner als ein Zehntel der Gesamthöhe), wenn die Figur hierdurch größer, höher, oder wenn sie durch andere kompositorische Maßnahmen straffer, männlicher, weiblicher, kurz: charakteristischer wirkt.
Polyklets Versuch, allgemeingültige Gesetze für die Proportionen der menschlichen Figur aufzustellen, die kanonisch geregelte Schönheit über die der gewöhnlichen Natur hinauszuheben, galt den Nachfolgenden als Regel. Wie Polyklet fand Vitruv die Proportionen durch Teilen der Einheit, womit die gesamte Körperhöhe gemeint ist. Die Schriften Polyklets sind bis auf einige verloren gegangen. Seine Statuen »Kanon«, »Doryphoros« und »Amazone« sind jedoch erhalten und gelten als Zeugnisse einer Gestaltung, die die Regeln der Harmonie streng befolgt. Bei Polyklet ist der Kanon nicht mehr auf abstrakte, übergeordnete Einheiten aufgebaut. Diese sind aus der organischen Gliederung der Körperteile selbst gefunden. Die Maße des Doryphoros sind verschiedentlich interpretiert worden, nach Forschungen von Hans von Steuben scheint ein Modul von 2,29 cm die kleinste Maßeinheit zu sein.[6] Einige der von Steuben angefertigten Zeichnungen, die auch die proportionalen Gliederungen zeigen, stehen stellvertretend für die antiken Originale. Die archaischen Statuen unterliegen noch dem ägyptischen Einfluß.
Von Alberti ist lediglich eine Zeichnung aus der Leonardo-Schule überliefert. Das griechische Proportionssystem gilt für das Bild, ganz gleich, ob es frei steht oder Bestandteil einer tektonischen Ordnung ist, ebenso für überlebensgroße Reliefs, Statuen oder kleine Schnitzereien. Unabhängig von den Maßstäben der Ausführung weist die Geometrie dem bildnerischen Aufbau für Maß und Proportion den Weg. Sie ist nicht mehr bestimmend, sondern wird zum Handwerksmittel, sie liefert Maßvorschriften, aber nicht die Komposition.

2.6 Zeichnung nach dem Doryphoros von links, vorn und hinten, mit Maßangaben nach Hans von Steuben.

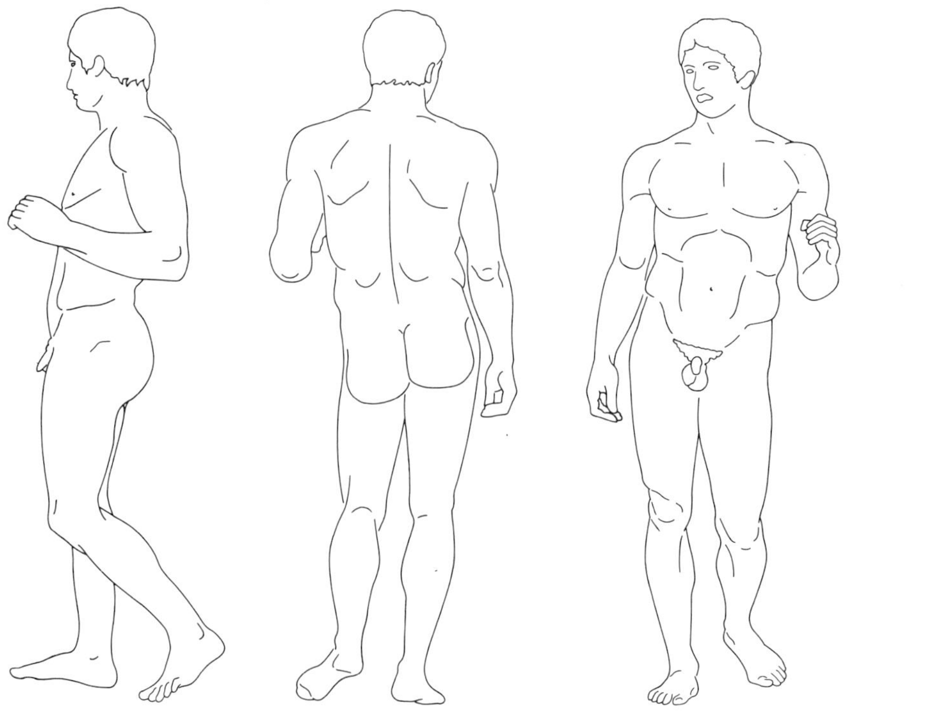

Ursprünglich ist das Maßsystem geometrisch. In der Renaissance wird daraus eine abstrakte arithmetische Regel. Noch in der ägyptischen Figur ist die Fußlänge in der Gesamthöhe sechsmal enthalten, die Gesichtsmaße vom Kinn bis zum Haaransatz betragen ein Zehntel der Gesamthöhe, und die Länge des Arms ist gleich einer halben Rumpflänge. Aber dabei bleibt es nicht. Die organisch differenzierte Gestaltung der menschlichen Bildnisse bedeutet nicht, daß ein jeder beim Entwurf ein System selbstgefertigter Verhältnisse zugrunde legen kann; in der gesamten antiken Ästhetik gilt das Dogma, nach dem die Maßverhältnisse den Gesetzen einer höheren Ordnung zu entsprechen haben und deshalb mathematisch geordnet sein müssen, aber nicht ausschließlich wie noch bei den Ägyptern. Es kommt etwas Neues hinzu: das ästhetische Gesetz, das Abwandlungen nach neu zu formulierenden ästhetischen Leitbildern erlaubt.

Kanonisches bei Vitruv und Alberti

Die Gesetzmäßigkeit des menschlichen Körpers ist von Vitruv mit der tektonischen Ordnung in einen proportionalen und spirituellen Zusammenhang gestellt worden; Vorbild für eine theoretische Grundlegung der Architektur ist die menschliche Gestalt. Die menschlichen Proportionen liegen den Maßverhältnissen von Gebäuden zugrunde. Harmonien und Zahlenverhältnisse, die nach diesen Denkvorstellungen die Weltordnung bestimmen, sind nicht weniger der Gestalt des menschlichen Körpers immanent; sie sind Grundlage für eigene Schöpfungen und dort unerläßlich, wo es vorrangig um Schönheit und Vollkommenheit geht: beim Bau von Tempeln.

2.9 Homo ad circulum. Cesare Cesariano, Vitruv-Ausgabe.

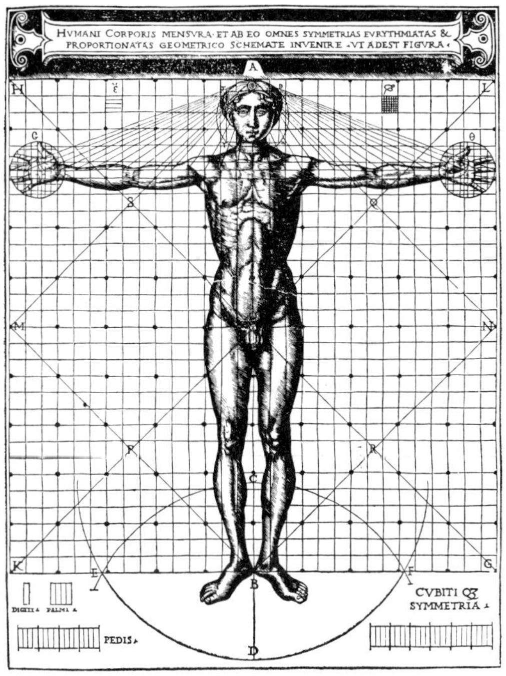

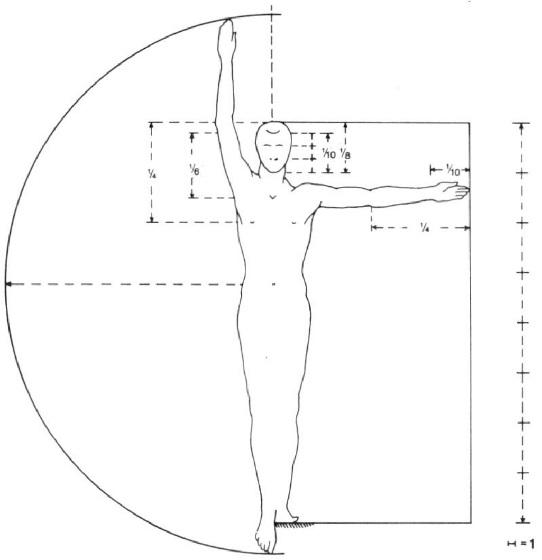

2.7 Vitruv commensus quadrati cum corpore humano, Verhältnis des menschlichen Körpers zum Quadrat, wobei a, imus alvus, das Ende des Unterleibes, die Mitte bildet.

2.8 Vitruv. Verhältnis des menschlichen Körpers zum Quadrat und zum Kreis.

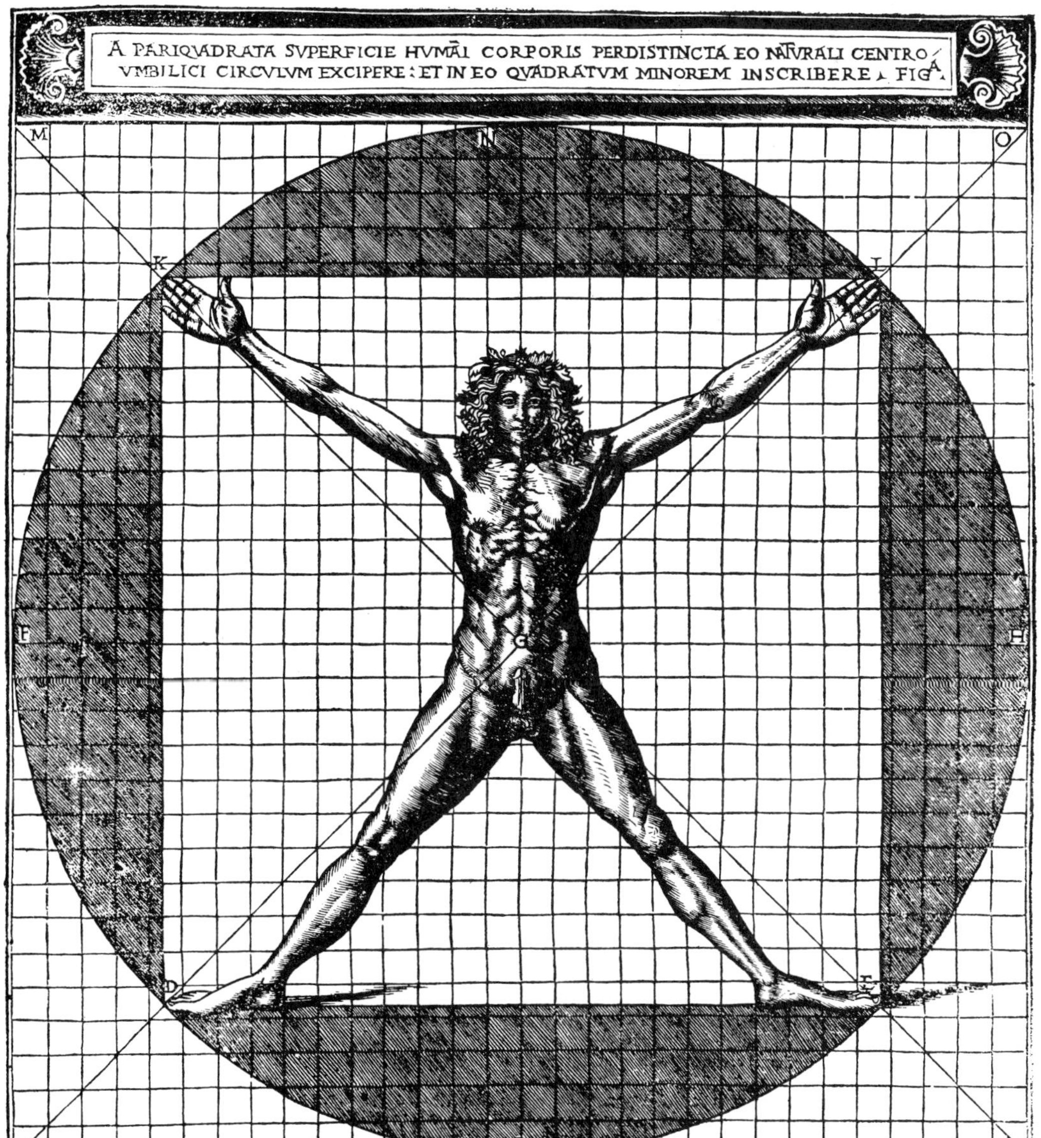

2.10 Homo ad quadratum. Cesare Cesariano, Vitruv-Ausgabe.

Für die Schönheit von Gebäuden gilt: »Denn es kann kein Tempel ohne Symmetrie und Proportion in seinen Anlagen gerechtfertigt werden, wenn er nicht, einem wohlgebildeten Menschen ähnlich, ein genau durchgeführtes Gliederungsgesetz in sich trägt.«[7] Die Gesamthöhe des Menschen gibt er mit sechs Fuß an, diese unterteilt er in Teile mit den Brüchen 1/3, 1/4, 1/6, 1/10. Der Fuß von 1/6 h und das Gesicht von 1/10 h entsprechen dem polykletischen Kanon; die Brustbreite mit ausgestreckten Armen ist 1/4 h.

Als Mittelpunkt des Körpers gilt der Nabel. Liegt ein Mensch mit gespreizten Armen und Beinen auf dem Rücken, und setzt man die Zirkelspitze an der Stelle des Nabels an, um dann einen Kreis zu schlagen, so werden davon die Fingerspitzen beider Hände und die Zehenspitzen berührt. Ebenso kann auch die Figur des Quadrates gefunden werden.

Indessen ist bekannt, daß der Nabel den Oberkörper vom Unterkörper im Verhältnis des Goldenen Schnitts trennt. Dem Nabel den Mittelpunkt der zeichnerischen Fassung eines Proportionsgesetzes zugrunde zu legen ist eine – wie Leonardos Zeichnung bewies – eindrucksvolle, aber auch konstruierte Signifikanz.

Die eigentliche Inauguration eines proportionalen Systems in einem, wenn auch groben Zeichenschema stammt von Vitruv. Es handelt sich um die Figur, die sich mit ausgestreckten Armen in der Quadratkonstruktion befindet und um die andere, deren gespreizte Arme und Beine von einem Kreis umschlossen werden.

Vitruvs Credo, sein Proportionskanon, der in wesentlichen Teilen noch Polyklets Kanon folgt, wenn auch auf vereinfachter, vergröberter Grundlage, wird durch die Forschungen Albertis und später von Leonardo und Dürer zu einer empirischen Wissenschaft erweitert. In Albertis Buch *De statua*, gedruckt 1568, wird die von Vitruv überlieferte Lehre zum umfassenden Maßsystem vor Dürer. Alberti hat es in abstrahierte Einheiten, in Dezimalzahlen gegliedert.

Im symmetrischen, harmonischen Aufbau des Menschen, in der gesetzmäßigen Übereinstimmung aller Teile sieht auch Alberti eine fundamentale Gesetzmäßigkeit der Schönheit.

Die Körperhöhe, Breite und Tiefe unterteilt er in Fußlängen, unterteilt in 10 Grad, und diese wiederum in 10 Minuten. Die Totalhöhe des Körpers beträgt 6 Fuß.

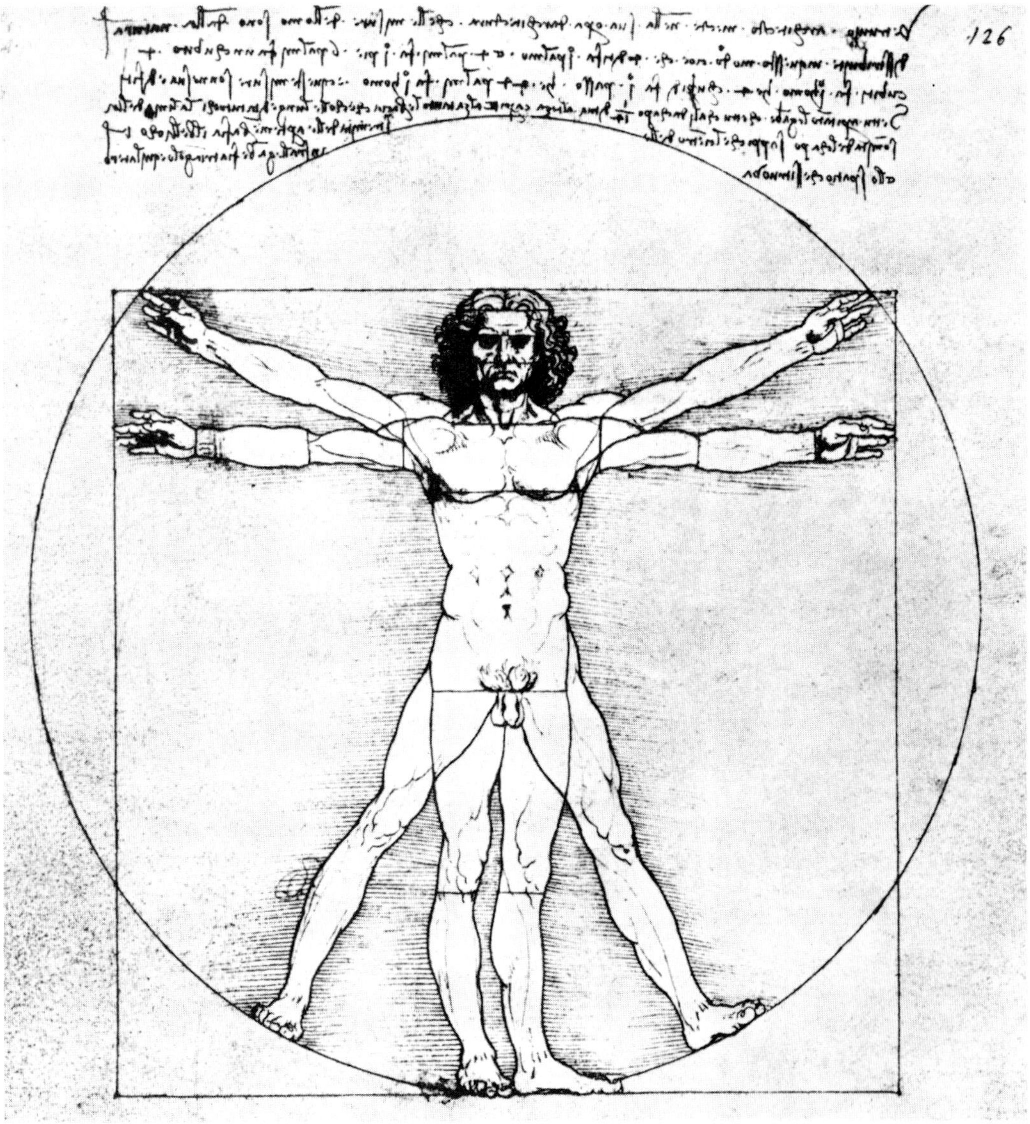

2.11 Leonardo da Vinci. Proportionsfigur nach Vitruvs Schema, als Grundlage des Bauens.

Leonardo da Vincis Untersuchungen

Von Leonardo da Vinci sind vor allem die Zeichnungen zu den Studien des menschlichen Körpers erhalten. Seine Messungen sind nahezu unbekannt; lediglich in seinem *Trattato della pittura*, neu herausgegeben von Du Fresne, Bologna 1786, findet sich darüber einiges. Demnach gewinnt Leonardo die Maßeinheit aus der Kopflänge; er teilt den Kopf in 12 gradi, jeden Grad in 12 punti, diese in 12 minuti usw. Außerdem stellt Leonardo fest, daß der Mensch, ausgewachsen und wohlproportioniert, zehn Gesichtslängen hoch und zwei breit sei. Trotz Kenntnis der Schriften Vitruvs beginnt er, unterstützt von dem Anatomen Marcantonio della Torre, mit eigenen anatomischen Messungen und versucht zunächst, auch in ungleichen Körperteilen mittels »Analogien« (gleichnamige Zeichnungen) ein harmonisches Gesetz zu erkennen. Die Proportionierung der menschlichen Gestalt sucht er später mittels einfacher Verhältniszahlen oder alphabetisch ausgedrückt zu finden, z. B. a : b = b : c = d : e. Die Beziehungen der Proportionen sind nun schon ein Problem des individuellen Suchens; später, im 18. Jahrhundert, werden sie aus der künstlerischen Freiheit heraus zum Problem individueller ästhetischer Wirkungen.

Für Leonardo ist die Ergänzung der bisher ruhend und aufrecht stehenden Figur mit ihrem durch Bewegungen hervorgerufenen Aktionsraum entscheidend; er fügt die von Vitruv bekannten Figuren, homo ad quadratum und homo ad circulum, zum suggestiv beherrschenden Bildnis der ganzen Kunstperiode zusammen und bildet mit anderen, verfeinerten Zeichnungen das grundlegende Schema der menschlichen Proportionen, und er liefert einen der Schlüssel für die Architektur des humanistischen Zeitalters.

Aus dem Kreis Leonardos sind weitere Zeichnungen hervorgegangen, die den sich bewegenden Menschen genauer erfassen. Die Bewegungsbahnen der menschlichen Glieder schlagen sich in kreisförmigen Kurven nieder; was in Leonardos vom Kreis umfaßten Bildnis bereits angelegt war, kommt zu seinem ergographischen Ausdruck; antike Kunstregeln, das Maß- und Konstruktionsschema Vitruvs, ergänzt von anthropometrischen Messungen an dem sich bewegenden Menschen, finden so zu einer Synthese. So erfährt im *Codex Huygens* der Leonardo-Schule die sich bewegende menschliche Gestalt eine weitere Deutung. Die klassische Konzeption vom aufrecht stehenden Menschen, begrenzt auf die Bewegungen der Extremitäten, erscheint in den Abwandlungen des sich im Raum bewegenden Menschen.

Eine ausführliche und genaue Beschreibung der sich biegenden, schreitenden, drehenden Gestalt ist noch nicht das Thema, eine erschöpfende Darstellung von einem Augpunkt nicht möglich ohne räumlich wirkende Darstellungsmethode; die Figur würde jeweils ihr Aussehen mit dem Standort wechseln, von dem aus gezeichnet wird, ohne Verläßliches über die proportionale Beschaffenheit zu vermitteln, und ihre Resultate wären dem Aktzeichnen zuzuordnen mit der ganz anderen Absicht der kompositorischen und naturalistischen Wiedergabe. Ihre Ergebnisse wären nicht rational und für die Übertragung in die Architektur nicht zu gebrauchen.

Seit dem Manierismus ist die Darstellung der menschlichen Gestalt Gegenstand einer vielleicht zielgehemmt-begehrlichen, sicherlich aber subjektiven Kunstausübung und oft nicht ohne erotische Motive.

Albertis Forderung, »man zeichne den Menschen nackt und dann umgebe man ihn mit Gewandung«, hatte natürlich ganz andere Ziele. Für die bildende Kunst ist der nackte Körper Übungsfeld für Ausdruck, Gestik, Anatomie, Bewegungsstudie; er ist mythologisches, religiöses Symbol; für einen Proportionskanon aber ist er unübertreffliches System harmonischer Beziehungen. Die Zeichnungen der Leonardo-Schule haben bei ihrer Kunstferne nichts mit der Aktzeichnung gemeinsam; die Eckpunkte und die Kreisbahnen der Zeichnungen markieren den Raumbedarf, geben eine Vorstellung vom »Aktionsraum«, erweitern das alte Schema der Proportionslehre zur Bewegungslehre, die objektive Maße ebenso sucht wie die schwieriger zu ermittelnden des sich bewegenden Menschen.

Die Bewegungsbahnen interessieren noch aus einer anderen Sicht: Mit der Kenntnis der als kreisförmig verlaufenden angenommenen Bahnen erhalten diese eine weitere, kosmologische Bedeutung. Nach der Vorstellung, daß die Welt einem mathematisch-harmonischen Gesetz folge, gelten Kreis und Quadrat mit ihren Unterteilungen als Sinnbild für die Gestalt des Kosmos. Die geometrische Bestimmung des Göttlichen hatte bereits Plato im *Timaios* vorweggenommen; die Mystiker des Mittelalters waren zur Vermischung platonischer und christlicher Vorstellungen in Philosophie und Theologie bereit, wie auch Keplers Darlegungen zur Beschaffenheit des Kosmos und seine Erläuterungen der platonischen Körper auf die Einheit von Mensch, Natur und Kosmos weisen.[8]

Zuvor hatte Alberti bewiesen, daß jede reguläre Figur aus Kreis und Quadrat zu konstruieren war. Für die Architekten der Renaissance liegt es nahe, in Kreis und Kuppel ein Symbol für die Rundungen des Universums zu erkennen. Die Renaissance-Kirche vergegenwärtigt und verknüpft die Vorstellung des Kreises sichtbar in sphärischen Formen von Kuppeln, im älteren Typus der Basilika über dem lateinischen Kreuz oder in gewandelter Form über dem Zentralbau. Nach der Auffassung von Wittkower läßt sich Leonardos Proportionsfigur nach dem Schema von Vitruv mit ausgestreckten Armen und Beinen, Quadrat und Kreis füllend, leicht als gekreuzigter Christus deuten, der sich über die Gestalt des Kosmos erstreckt.[9]

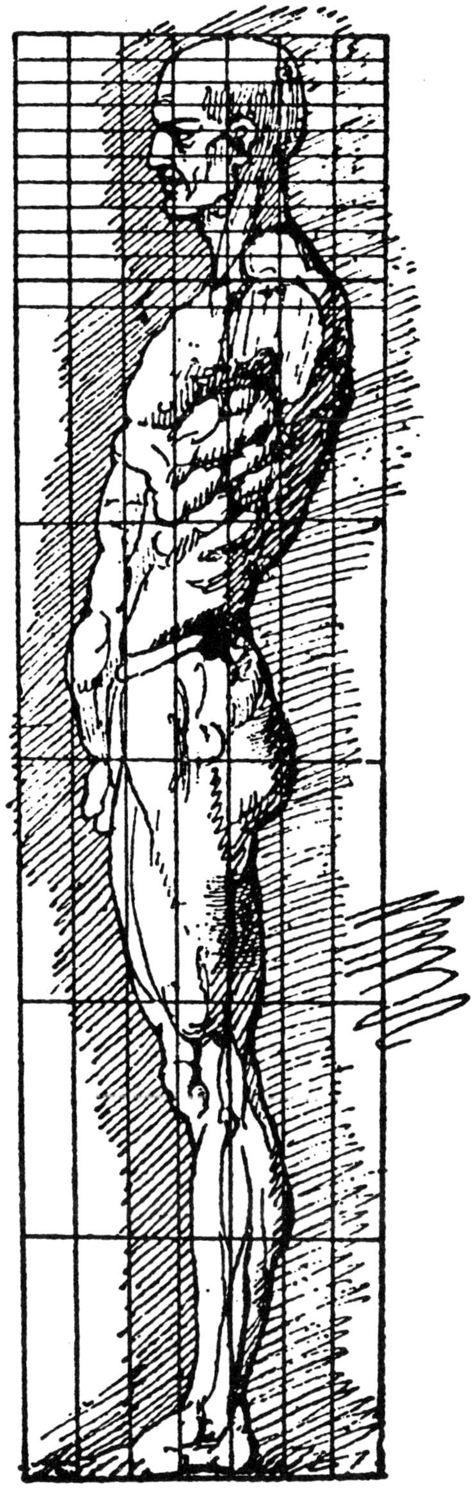

2.12 Proportionsfigur nach Albertis »Exempeda«. Zeichnung aus der Leonardo-Schule. (Die obenliegenden, feineren Unterteilungen stammen von Erwin Panofsky.)

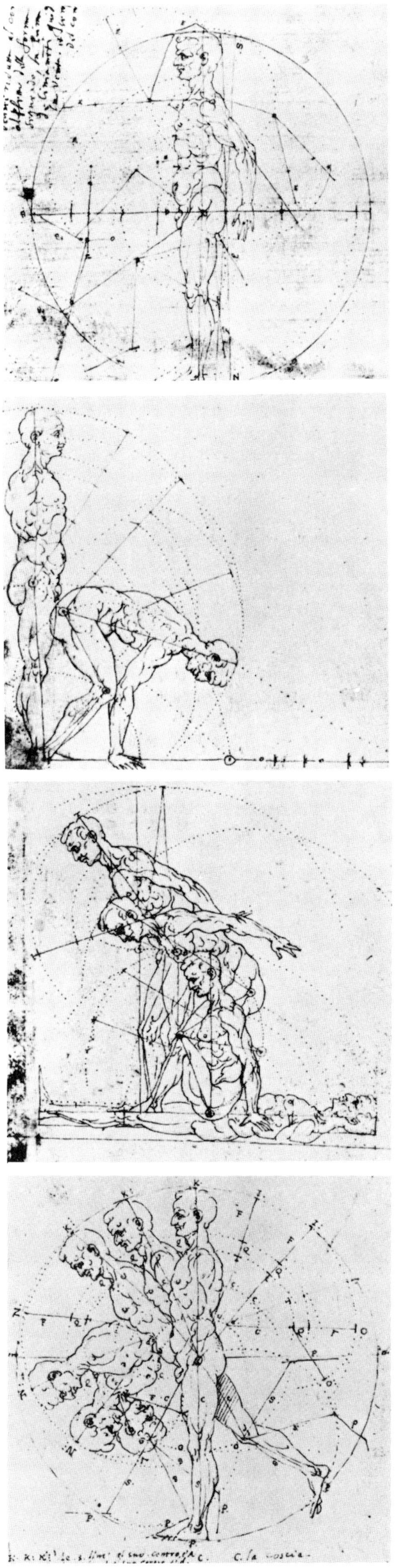

2.13 Codex Huygens, um 1570. Der Mensch und die Kreisbahnen seiner Bewegungen.

Architektonische Symbolik, aus der menschlichen Gestalt gewonnen

Nach Vitruv sollte für die Architektur, für Maß, Proportion und Gestaltung der menschliche Körper Vorbild und Grundlage sein. Nur ein auf den menschlichen Körper bezogenes und aus seinen Maßen gewonnenes Proportionssystem könne den Werken der bildenden Kunst zum rechten Maß verhelfen, dem kirchlichen Bauwerk erst die rechte Würde verleihen. In seiner von pythagoräischer Geometrie durchsetzten Schrift *Timaios* erklärte Plato, daß man sich den Kosmos als nach göttlichem Urbild geschaffen vorzustellen habe, daß die Welt ein harmonisches und mathematisch fixiertes Gebilde sei, darin der Mensch seinem Schöpfer in Gestalt und Wesen verwandt sei und ihm deshalb Vorrang vor jedem anderen Lebewesen zukomme. Daraus folge, daß die Harmonie der Welt im harmonischen Zusammenwirken des menschlichen Mikrokosmos mit dem Makrokosmos des Weltalls gründe, nicht weniger in der umfassenden Harmonie der Zahlenverhältnisse, da nach diesen die Welt wie auch die menschliche Gestalt mathematisch geordnet sei.

Der symbolische Charakter der christlichen Kunst ist evident; dieser religiösen Symbolik ist die dramatische Steigerung mit der metaphorischen Übertragung der Christusfigur auf den Kirchengrundriß nicht fern; der Glaube eines innigen Verhältnisses zwischen Mensch und Kosmos findet hier seinen sinnfälligen, wenn auch baugeschichtlich und zeitlich begrenzten Ausdruck. Darin wirken antike Vorstellungen nach, wonach die Welt in harmonischen Zahlenverhältnissen erbaut ist, die analog den Bau und die Gliederung des menschlichen Körpers bestimmen.

In den Zeichnungen kirchlicher Grundrisse, Fassaden und Detailformen des Francesco di Giorgio Martini ist aus der Vitruvschen Lehre und dem christlichen Glauben eine radikale Ordnung geworden: Theorie wird zur Praxis. Die menschliche Figur ist nicht mehr Proportionssystem, sondern gibt den Grundrissen und Fassaden in kühnen Bildern Proportion und Gestalt. Die Formen des menschlichen Körpers finden sich hier in den von der Renaissance vorgegebenen Rastern, doch unter den substantiell anderen Bedingungen einer monumentalen Theologie. Ihr folgen scheinbar natürlich die Formen der Bauteile und Baukörper.

Säulen und Kapitelle werden als ästhetische Phänomene nach ihren möglichen Entsprechungen zu menschlichen Gliedern untersucht, in analogen Formen festgehalten, wird die Säule zur menschlichen Figur transzendiert. Das hat sich für eine Erweiterung religiöser Symbolik theologisch und intellektuell als unbefriedigend erwiesen. Im italienischen Quattrocento blieb es bei dem, was Alberti, Leonardo und die Platonische Lehre der Architekturtheorie als metaphysischen, kosmologisch durchdrungenen Irrationalismus nahegebracht hatten.

2.14 Francesco die Giorgio. Proportionsstudien aus Trattati d'architettura.

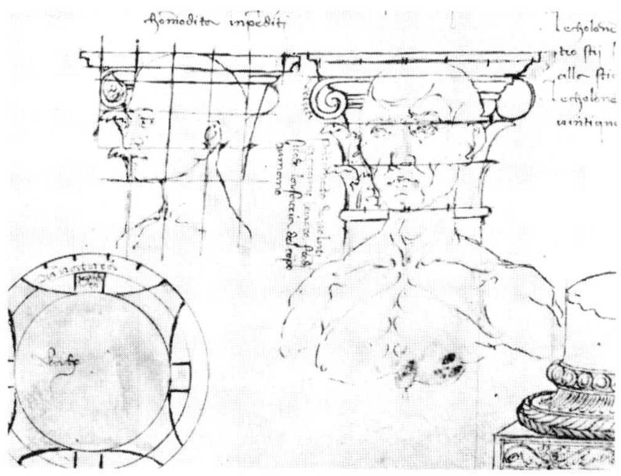

Gotische Proportionslehren

Spärlicher sind die Quellen aus romanischer und gotischer Zeit, bedeutend die Fragmente aus dem Skizzenbuch von Villard de Honnecourt. Sie vermitteln gotische Vorstellungen von geometrisch geregelten Proportionen. Die Skizzen zeigen einfache geometrische Schemata, darin eingetragen die Figuren von Menschen und Tieren. Sie sind fast ausschließlich planimetrisch dem flächigen Aufriß zugewandt, in Front- oder Seitenansicht gezeichnet. Man darf darin Kompositionshilfen sehen, mit denen man die Beziehungen der Teile wie auch die des gestalterischen Zusammenhanges ordnen konnte. Das Proportionsschema, die menschliche Gestalt, ist in ein starres Liniengerüst gesetzt. Die genaueren Proportionen und die Messungen sind außer acht gelassen, zugunsten einer Verwirklichung dessen, was der Gotik im kosmologischen Stil hinter den sichtbaren Erscheinungen als Wahrheit erscheinen mußte.

Die Ordnung der Welt, soweit sie sich in ihrer Beziehung zur geometrischen Ordnung hinter den Erscheinungen lokalisieren läßt, scheint der metaphysisch inspirierte Auftrag der drahtartigen Figurenschemata des Villard de Honnecourt zu sein. Schon sind wichtige und typische Bewegungen der Extremitäten markiert. Hier, wie oft in den gotischen Figurenkompositionen wiederzufinden, beherrschen geometrische Liniennetze, wie sie aus Kreis- und Quadratteilungen sich zu komplizierten Gebilden fügen lassen, die Komposition von Figur und Fläche. Anders als die Renaissance-Ästhetik bildet der gotische Stil des 12. und 13. Jahrhunderts aus pythagoreischer Geometrie, Platonischer Philosophie, mit Triangulatur und Quadratur einen Kanon der menschlichen Figur, der im Gegensatz zur arithme-

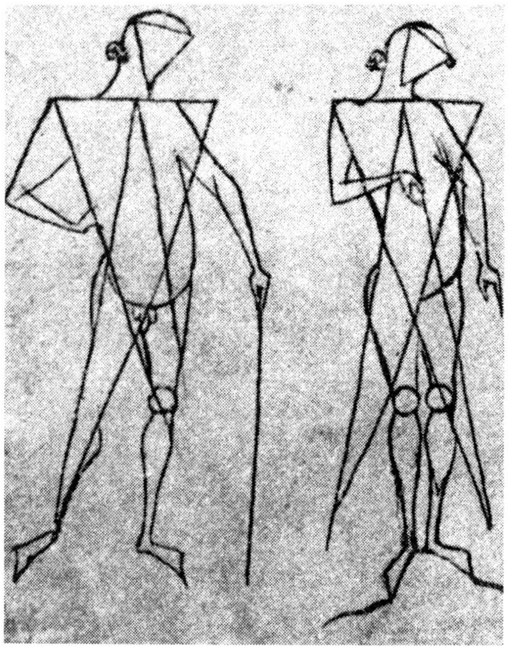

2.15 Villard de Honnecourt. Aus seinem Skizzenbuch.

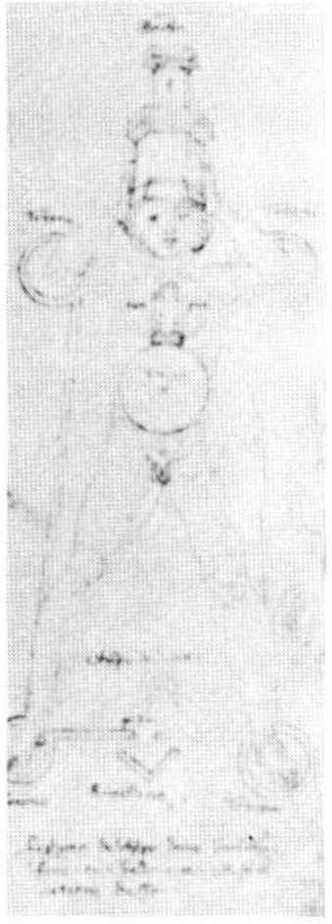

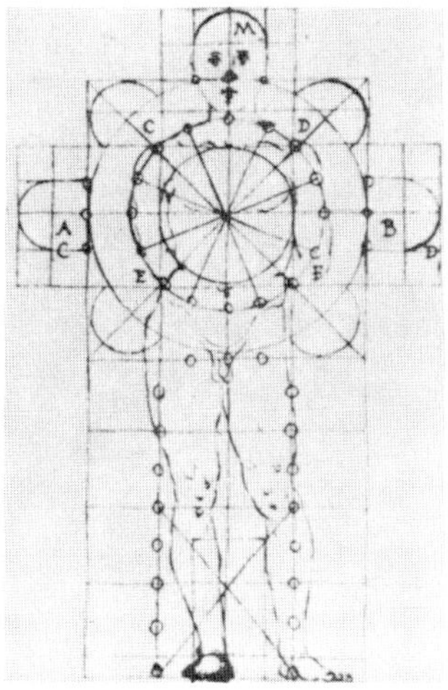

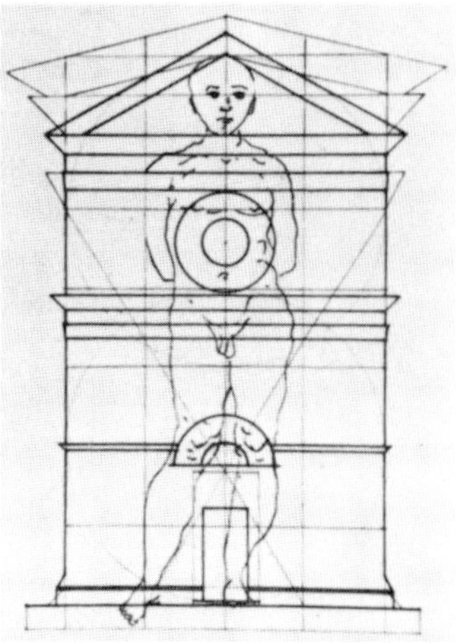

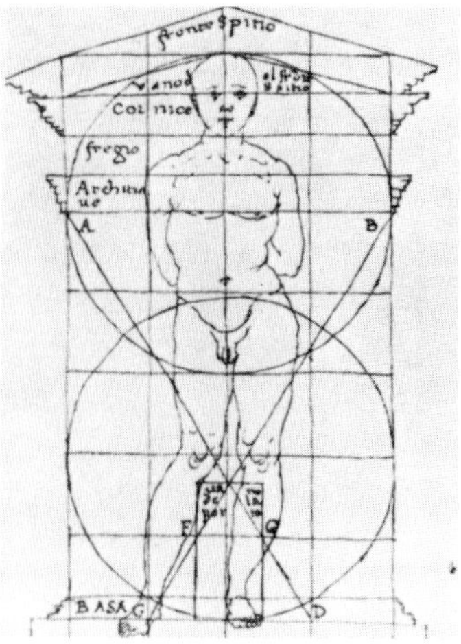

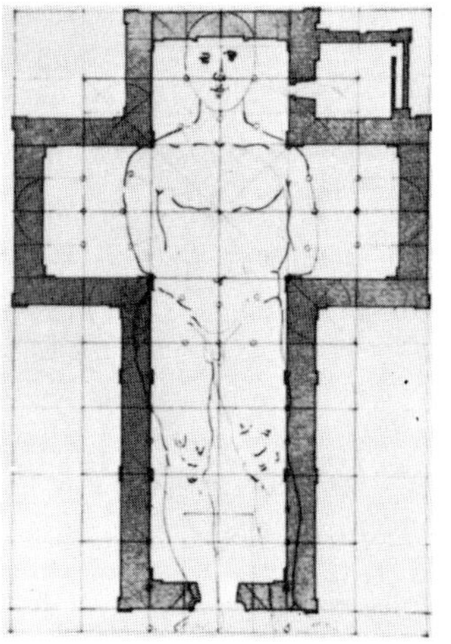

tischen, anatomisch genau vermessenen der Renaissance mit groben, schematisierten Beziehungen auskommt. Wie in der Renaissance ergeben sich bei der harmonisch gestalteten Form zwei Probleme: die geometrische Normung als instrumentelle Grundlage der Ästhetik anzusehen und die Vorstellung von der Weltentstehung in geordnete Bilder zu fassen.

2.16 Villard de Honnecourt.
Aus seinem Skizzenbuch.

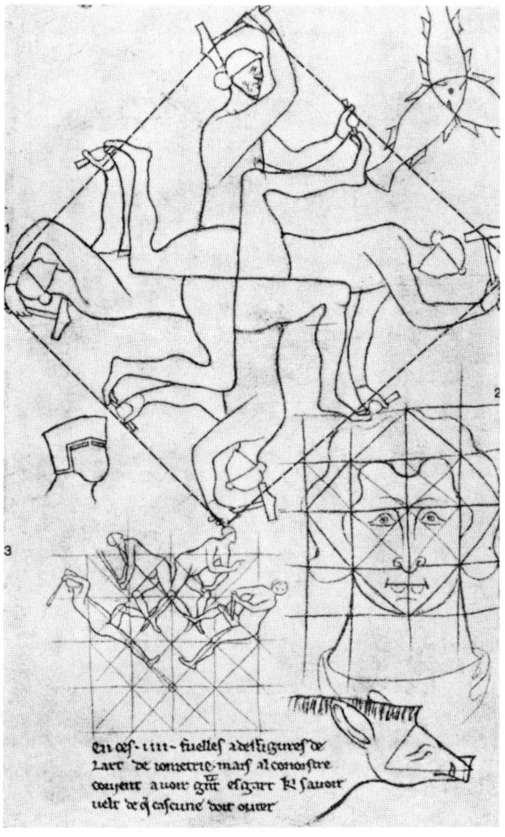

Die Proportionslehre bei Albrecht Dürer

Genauer als von Alberti oder Leonardo oder von einem anderen nach ihnen ist von Albrecht Dürer die Suche nach einem proportionalen Grundgesetz erfolgt. Die menschliche Figur ist von ihm vermessen, und Körperbautypus, Geschlecht, in einem Fall das Alter berücksichtigend, sind zu einer gewissen »objektiven« Maßnorm ausgestaltet worden. In seinen vier Büchern *Von menschlicher Proportion*, Nürnberg 1529, gibt er die bis dahin genauesten anthropometrischen Maße an. Nach eigenen Worten wurden sie an »zwei- oder dreihundert lebenden Personen« ermittelt. Die Aufmessung beginnt er mit einer senkrechten Linie der Gesamtlänge und fügt dieser immer weitere Längenangaben, die Hälfte, das Drittel, das Viertel usw. hinzu. Er stellt also neben jedes Maß ein kleineres und vergleicht, welche Längen miteinander korrespondieren, um zu errechnen, der wievielte Teil der Gesamtlänge die Länge eines Körperteils ausmacht. Wo früher, im mittelalterlichen Kanon, die geometrische Proportion für Schönheit bürgt, sind es bei Dürer zahllose, arithmetisch ermittelte Einheiten. Die in Brüchen notierten Verhältnisse decken sich in wichtigen Teilen mit denen Vitruvs. So ist die Breite des Gesichts beim unteren Nasenende 1/12, die Gesichts- und die Handlänge beträgt 1/10, die Kopflänge 1/8, die Fußlänge 1/6, die Ellbogenlänge 1/4, die Breite der Hüfte bei Frauen 1/5 etc. der Gesamthöhe. An der Länge der Maßlinien erkennt man die proportionalen Verhältnisse; später sind es zusammenfassende Bögen und Maßlinien, die die Zusammengehörigkeiten kleiner mit größeren Teilen anzeigen. Andere Versuche führen ihn wie Leonardo zu »analogen« Maßbeziehungen, auch stellt er die menschlichen Formen in geometrisch einfache Flächen, reduziert also die zuvor gefundenen Beziehungen in den betreffenden Darstellungen auf die wesentlichen Konturen. Im vierten Buch stellt er die Figuren, die bisher Aufrisse waren, in einen perspektivischen Zusammenhang: »Nachfolgend will ich ein wenig weiter sehen, wie ich die Bilder krümmen, schieben, wenden, winden, strecken und kröpfen möge ...«;[10] er konstruiert stereometrische Blöcke, worin sich abschnittsweise die Körperteile erstrecken, und bringt diese Blöcke in bis dahin ungewöhnliche Positionen.[11] Im Kern seiner sich über dreißig Jahre erstreckenden Untersuchungen steht immer weniger das Problem der idealisierten Schönheit eines Typus – wenngleich auch er die körperliche Schönheit in idealisierte Formen kleidet; das messende und zeichnende Suchen gilt dem morphologischen Bildungsgesetz. Dürer konnte trotz unermüdlicher Arbeit nicht die ganz »kommensurablen« Maße finden, wie sie Alberti forderte: »... eine zuverlässige und gleichförmige Erfassung von Quantitäten, durch welche ebensoviel Kenntnis von der Beziehung einzelner Teile eines Körpers zueinander wie von ihrer Beziehung zum Ganzen des Körpers gewonnen wird, daß sie alle untereinander in Beziehung stehen, so daß man mit jedem beliebigen einzelnen Teile allein alle anderen messen kann.«[12] Kommensurabilität setzt die mathematische Vergleichbarkeit verschiedener Größen voraus; irrationale Maße, wie beispielsweise $\sqrt{2}$, π, sind ausgeschlossen. Zu »kommensurablen« Maßen gelangte Dürer auch dann nicht, als er Albertis kleinste Maßeinheit, 1/600 der Gesamthöhe des Körpers, mit der von ihm genannten Maßeinheit »Trümlein« noch unterschritt und diese bis auf weniger als einen Millimeter verkleinerte – eine für die Praxis nicht mehr anwendbare Methode. Dürer beschränkt sich zuletzt auf Grundsätzliches zur Harmonie des Körpers, ohne dies in eine konkretisierte Formel zu fassen, denn er mußte erkennen, daß jedem Körpertypus die ihm eigene spezifische Proportionalität zukommt.

Sein Wissen, auf der Suche nach »dem« Schönheitskanon erworben, befähigt ihn, auch umgekehrt zu verfahren, die Meßlinien des menschlichen Profils zu verrücken oder sie den perspektivischen Wirkungen auszusetzen. Zuletzt gibt er Handwerkern und Malern Anleitung in der Vergrößerung und Verkleinerung der Darstellungen und zeigt ihnen, wie sie stereometrisch vereinfachend zu zeichnen sind. Er gab es schließlich auf, die gestalterische Gesetzmäßigkeit des menschlichen Körpers aufzuklären; die Figur ist auf prismatische Formeinheiten zurückgenommen, sie ersetzen kompliziertere Formen. Statt auf Detailgenauigkeit wird auf das stereometrische Schema verwiesen, das sich für den perspektivischen und bewegten Körper eignet; die Darstellung der menschlichen Gestalt hat eine ungeahnte Vereinfachung erfahren. Wie Leonardo sucht auch Dürer die sich bewegende Figur in vitaler Existenz, wenn er hier auch weniger weit vordringt als die Leonardo-Schule. Mit Dürers Messungen beginnt die wissenschaftliche Anthropometrie, die sich bis heute, wenn auch unter anderer Zielsetzung, mit der Gesetzmäßigkeit und Proportionalität des menschlichen Körpers auseinandersetzt.

2.17 Albrecht Dürer.
Typus F mit 1/4 Gesichtslänge der Gesamthöhe.

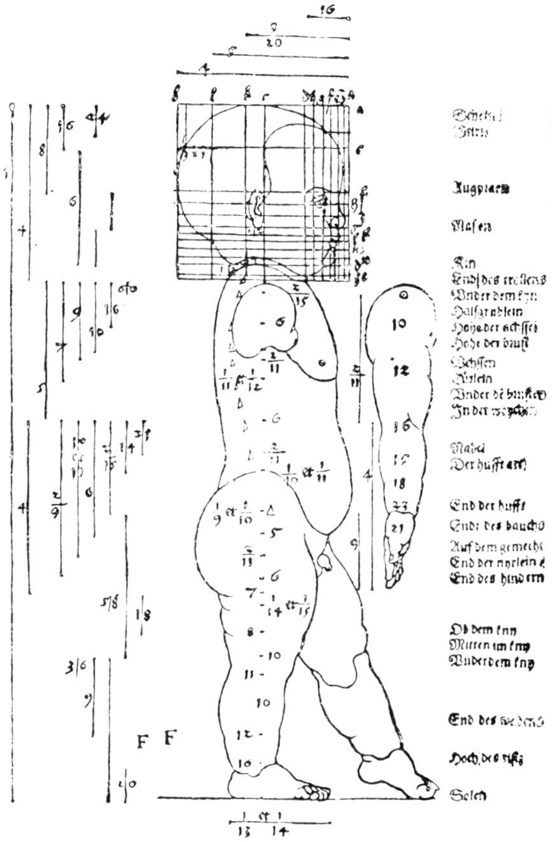

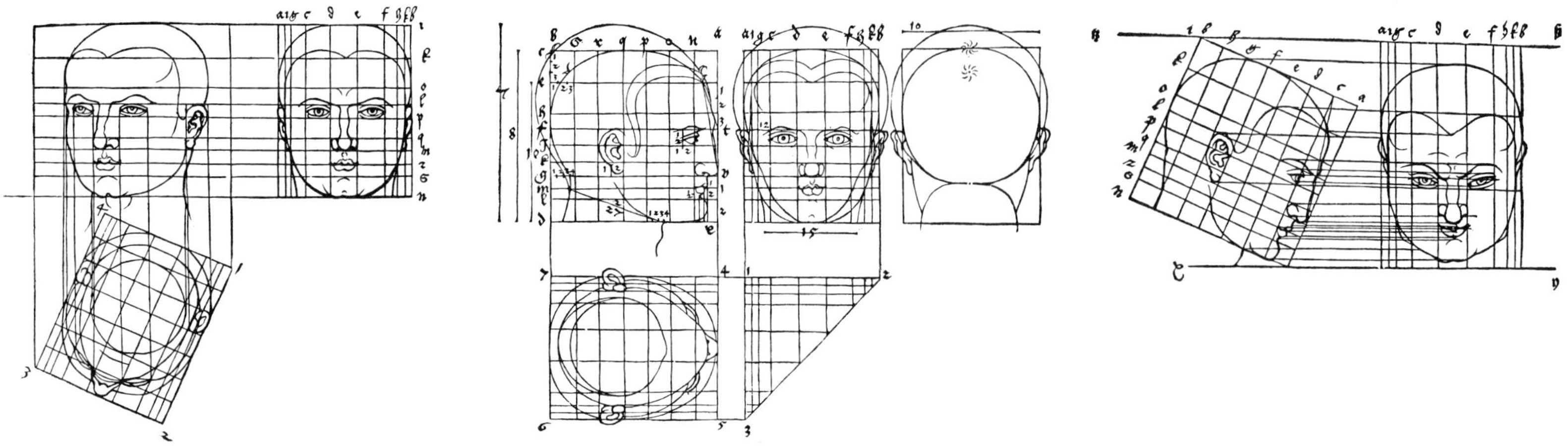

2.18 Albrecht Dürer.
Köpfe in verschiedenen Projektionen.

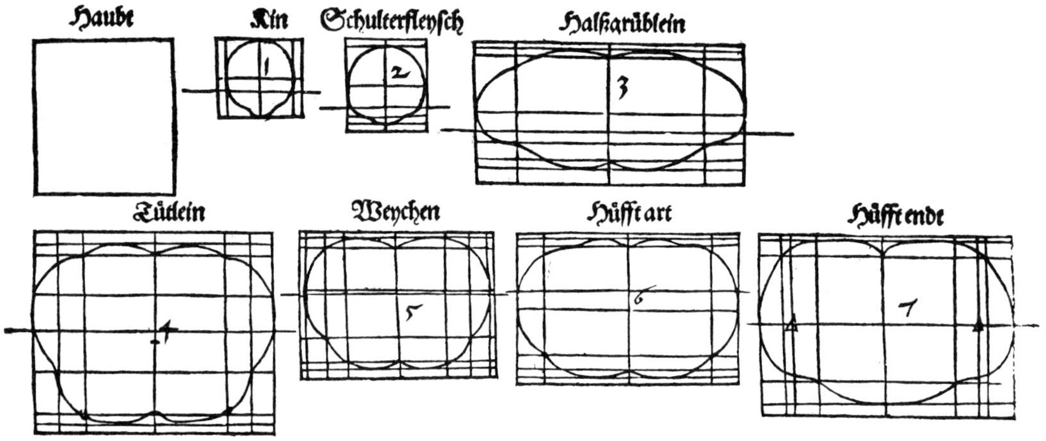

2.19 Albrecht Dürer.
Studie zu den menschlichen Proportionen.

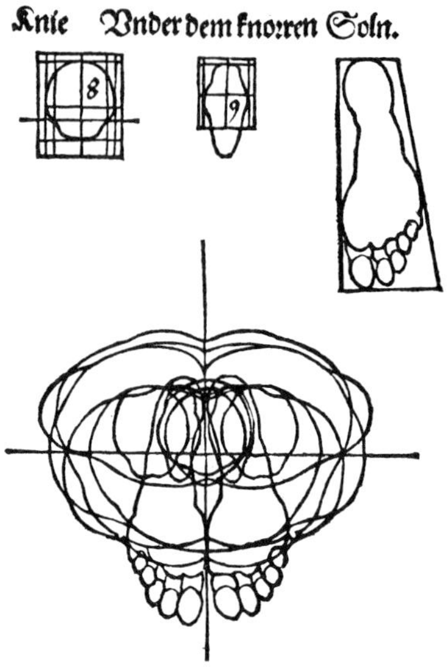

2.20 Albrecht Dürer. Körperschnitte.

2.21 Albrecht Dürer. Typus A mit 1/7 Gesichtslänge der Gesamthöhe.

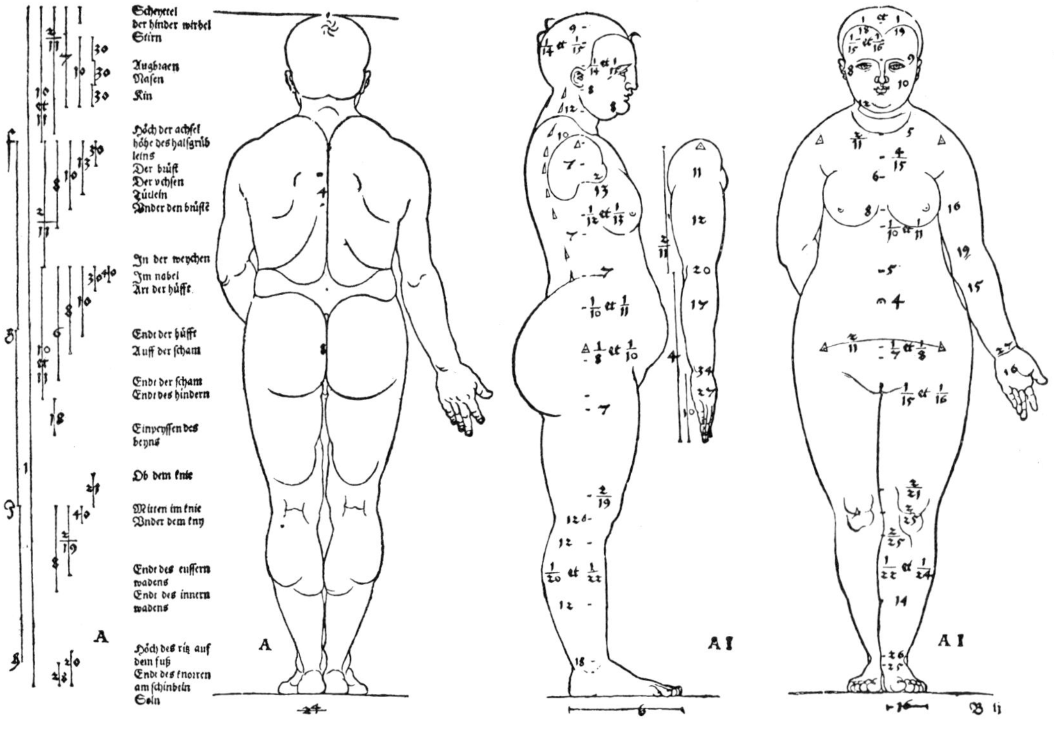

2.22 Albrecht Dürer. Typus N mit 1/9 Gesichtslänge der Gesamthöhe.

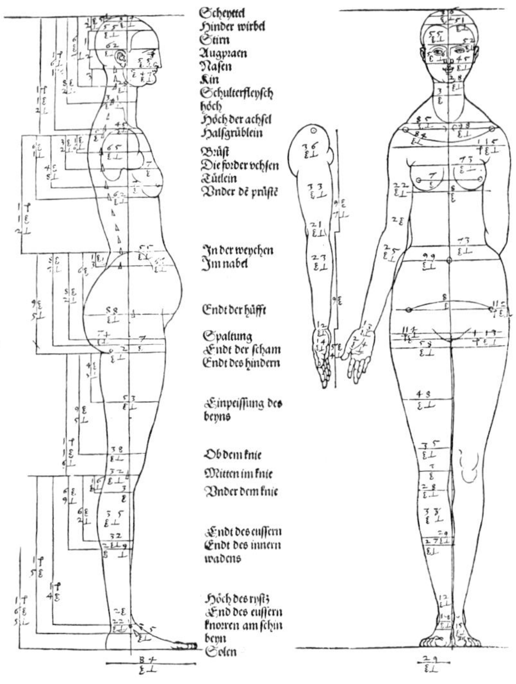

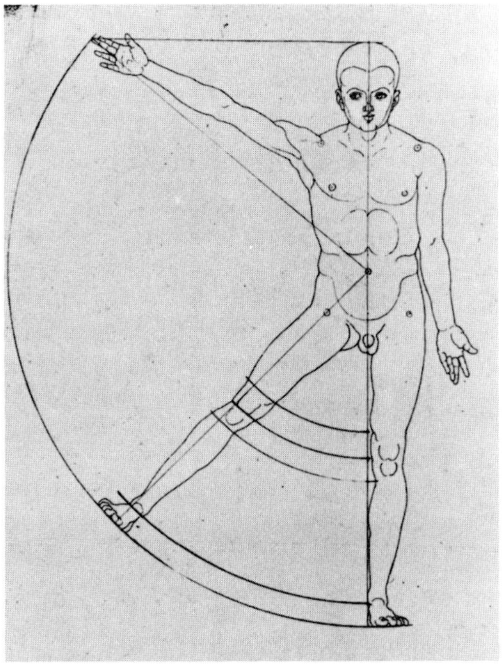

2.23 Albrecht Dürer. Bewegungsstudie.

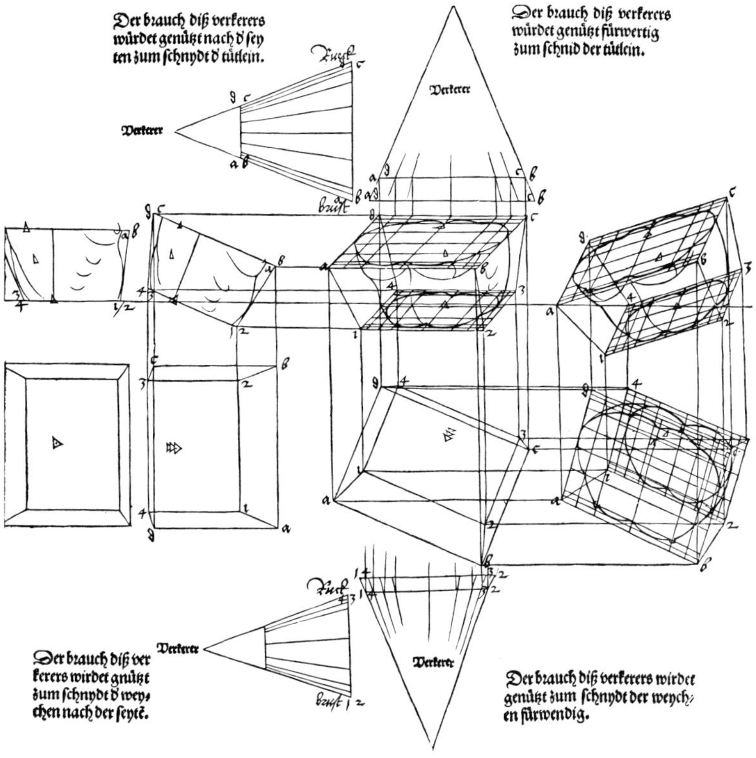

2.24 Albrecht Dürer. Geschnittene Körperteile in verschiedenen Projektionen.

2.25 Albrecht Dürer.
Stereometrisches Körperschema.

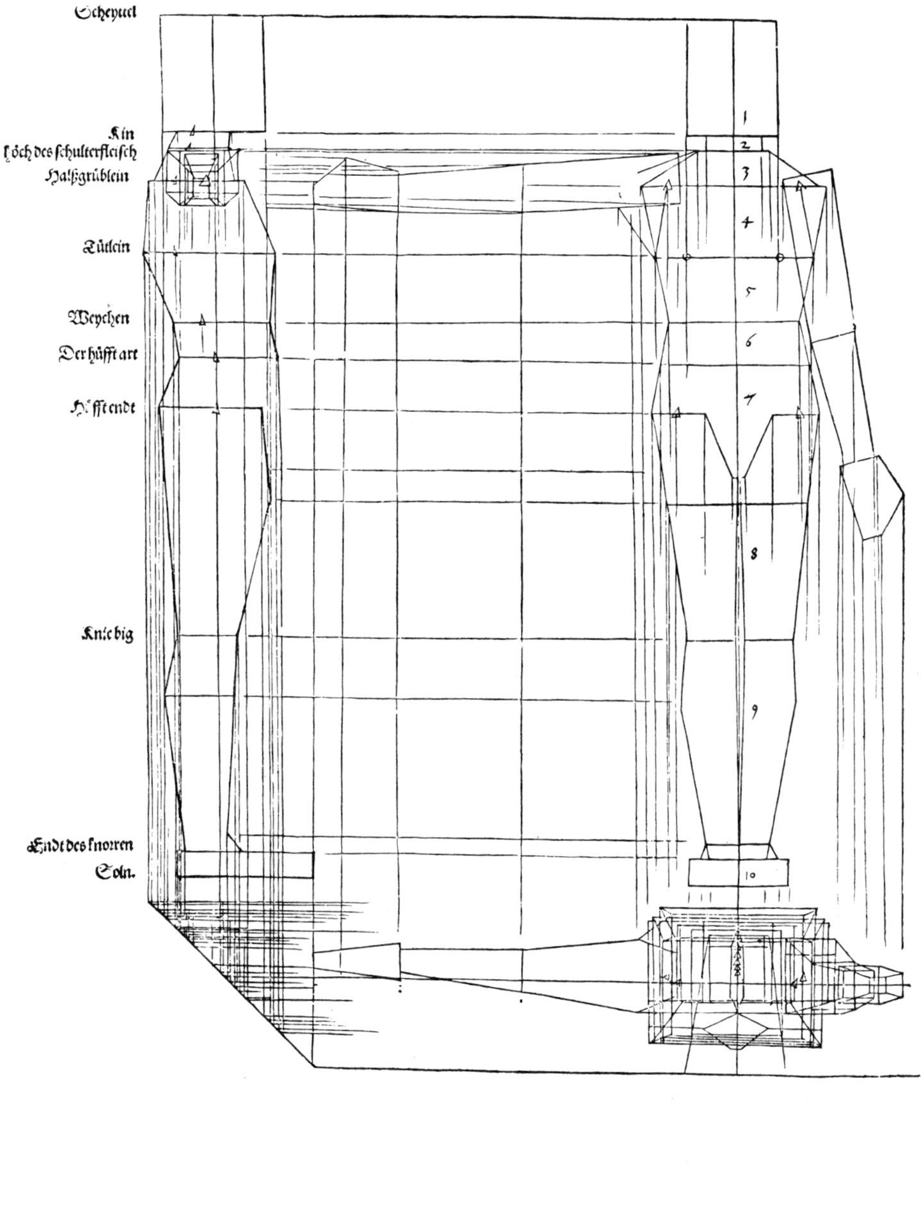

2.26 Ehard Schön. Dürer-Schule. Figurenschema.

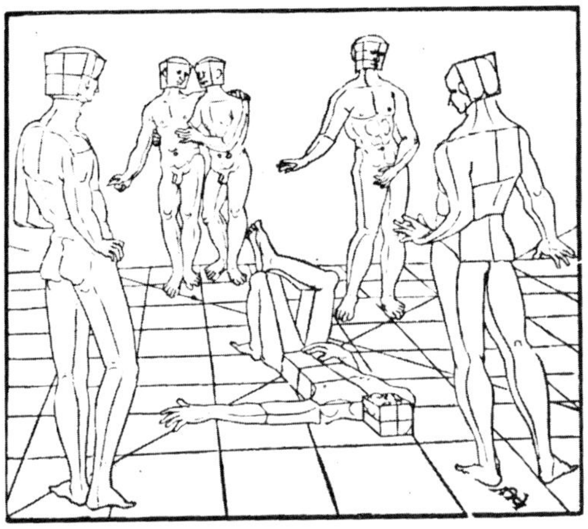

Proportionslehren aus geometrisch-musikalischen Harmonien gewonnen

Die Renaissance findet im 16. Jahrhundert zu Proportionslehren, denen nicht nur die Harmonien des menschlichen Körpers zugrunde liegen. Die alten Traditionen, nach denen die musikalischen Harmonien auch die sichtbaren Erscheinungen bestimmen, gewinnen an Überzeugung. Die Proportionen des menschlichen Körpers werden in musikalischen Termini ausgedrückt. Pomponius Gauricus fragt: »Was muß das für ein Geometer, was für ein Musiker gewesen sein, der des Menschen Leib so gebildet hat!«[13] Sie sind herzuleiten aus Platos *Timaios*, aus pythagoreischen Theorien. Pythagoras' Zahlentheorie beweist, daß durch planmäßiges Verkürzen der Länge einer Saite sich Tonintervalle in Oktave, Quinte, Quarte ergeben, die auch in Zahlenreihen 1 : 2 : 3 : 4 usf. auszudrücken sind. Alberti und nach ihm Palladio nennen Pythagoras als Quelle. Alberti erkennt: »Die Zahlen, vermittels welcher die Harmonie von Tönen unser Ohr entzückt, sind dieselben, welche unser Auge und unseren Verstand ergötzen«,[14] und: »Wir werden daher alle unsere Regeln für harmonische Beziehungen von den Musikern entlehnen, denen diese Zahlen ausnehmend wohl bekannt sind, und von jenen besonderen Dingen, in denen die Natur selbst sich vortrefflich und vollkommen zeigt.«[15]

Bei Palladio findet das von der pythagoreischen Theorie gelegte Fundament Gewißheit und Bestätigung. In den *Quattro libri* gibt er Anleitungen für die Anwendung harmonischer Proportionen, in der Villa Godi in Lonedo sind es einfachere Verhältnisse, kompliziertere in der Villa Malcontenta. Baumassen, Fassaden und Grundrisse sind gegliedert nach Verhältnissen, die, auf Zahlentheorien beruhend, den harmonischen Intervallbeziehungen entstammen. Das bedeutet keinen Bruch mit den früheren Theorien, die das Proportionssystem aus der menschlichen Gestalt ableiten, denn die pythagoreische Philosophie erklärt die Parallelität von Maß- und Tonharmonie aus einem einzigen Prinzip: der mathematisch harmonischen Struktur der ganzen Schöpfung. Das Thema der Proportionen ist nicht verloren, denn wie Leibniz bemerkte, »ist die Musik eine Übung in geheimnisvoller Mathematik, und wer sich ihr hingibt, weiß nicht, daß er Zahlen handhabt«.[16] Wie es zuvor das Studium des menschlichen Körpers gewesen war, ist es nun zusätzlich das Studium der Musiktheorien, die grundlegend sind für die Suche nach Analogien zwischen der Harmonie des architektonischen Objekts und der Harmonie der Welt. Die Architekturtheorie wendet sich der mathematischen »Kunst« der Musik, den Konsonanzen und Dissonanzen zu und findet daraus harmonische Progressionen, was wegen der gemeinsamen mathematischen Wurzel von Geometrie und Musik kein großer Schritt ist: Die Allgemeingültigkeit eines einzigen harmonischen Prinzips ist der Renaissance eine sichere Vorstellung.

Die Proportionslehre war grundlegender Teil der Architekturtheorie. In den nachfolgenden Jahrhunderten verliert sie an Bedeutung. Die ästhetische Wirkung eines Bauwerks ist stärker dem subjektiven Urteil ausgesetzt, an die Stelle absoluter Harmonie der auf objektiven Werten basierenden klassischen Ästhetik tritt eine auf das Gefühls- und Empfindungsvermögen bezogene Relativität des Schönen. Es ist keine Rede mehr von einem tieferen Verhältnis zwischen Bau und Harmonie des menschlichen Körpers und der eines Gebäudes.

Dem Aufstieg der Proportionslehre zum beherrschenden Instrument, zur leitenden Theorie, die jeden gestalterisch Tätigen zur Befolgung auffordert, folgt nach der Renaissance der Abstieg zu einer kunstwissenschaftlichen Beschäftigung. Damit verliert der Kanon seinen Anspruch auf absolute Gültigkeit.

Die Proportionslehre in der Gegenwart

Die klassischen Proportionslehren sind in der Gegenwart eine selbständige, naturwissenschaftliche Anthropometrie, die unter Gesichtspunkten der industriellen Produktion präzise Daten über den Bau des menschlichen Körpers ermittelt.

Eine Proportionslehre, auf dem Goldenen Schnitt und den Proportionen des menschlichen Körpers basierend, entwickelte – wohl in der Nachfolgeschaft von Adolf Zeising – Le Corbusier. Die metrische Abstraktion ist durch eine Skala von Proportionen ersetzt, die aus den stetigen Teilungen des Goldenen Schnitts hervorgehen und andererseits die menschlichen Maße berücksichtigen. Wie Le Corbusier erklärte, ist der Modulor geeignet, den Entwürfen die Dimensionen zu verleihen, welche die täglich wiederkehrenden und natürlichen Lebensgewohnheiten der Menschen ausdrücken.[17] Doch konnte er die allgemeine Anwendbarkeit seines modularen Systems über das Bauen hinaus nicht nachweisen, obwohl er dessen weitergehende Eignung für den Entwurf von Flugzeugen, Schiffen, Autos, die er ebenfalls zur Architektur zählt, betont.

Ein (überdurchschnittlich großer) Mensch mit erhobenem Arm gibt die Hauptpunkte in diesem vom Goldenen Schnitt geregelten Maßsystem – Fuß, Nabel, Kopf, Fingerspitze des erhobenen Arms. Seine Gesamtgröße beträgt 183 cm. Liegt der Minor oben, so trifft er sich mit der Nabelhöhe von 113 cm, und die Fingerspitzen des erhobenen Arms erreichen eine Höhe von 226 cm.

Le Corbusier findet – wie im vorigen Jahrhundert schon Zeising – eine proportionale, harmonische Gliederung der menschlichen Figur nach dem Goldenen Schnitt: Der Schnittpunkt von Major und Minor liegt auf der Höhe des Nabels. Wie aus den Untersuchungen von Zeising bekannt, sind derart stetige Teilungen zu gewinnen, die den unterschiedlich langen Körpergliedern zugeordnet werden können. So bildet vom Ellbogen bis zum Handgelenk der Major die Strecke wie der Minor von der ganzen Hand bis zur Fingerspitze. Le Corbusier findet in drei Intervallen – Fuß, Nabel, Kopf, Fingerspitze des erhobenen Arms – die Fixpunkte für die Bildung einer Reihe von Goldenen Schnit-

2.27 Le Corbusier. Proportionierung nach dem Goldenen Schnitt. Rote und blaue Reihe.

2.28 Le Corbusier. Die Modulor-Maße.

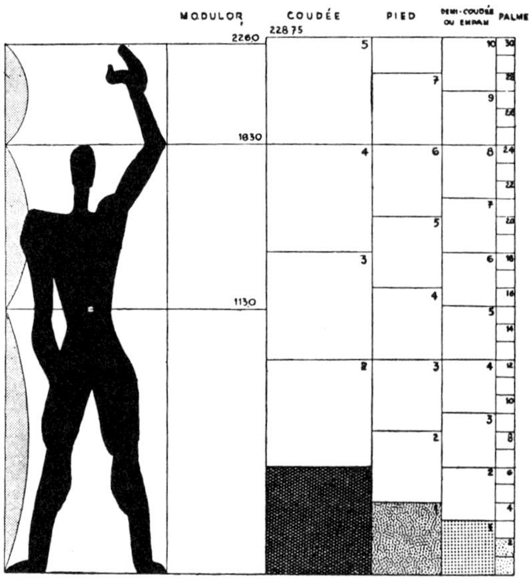

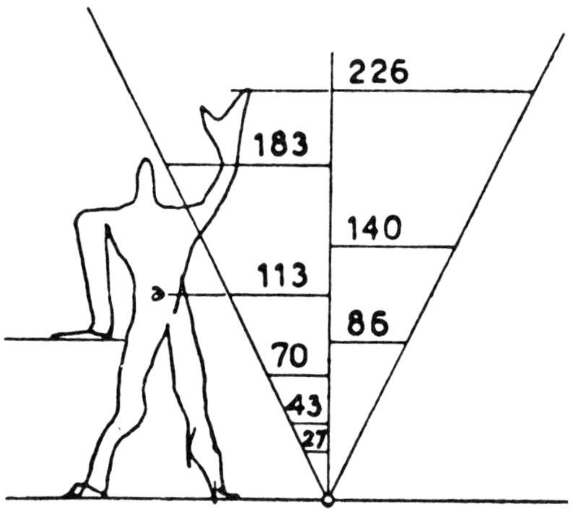

ten. Für geringere Distanzen konstruierte er, durch die Umkehrung von Major und Minor auf das Maß der Nabelhöhe von 113 cm bezogen, eine zweite Reihe stetiger Teilungen. Bei der zugrunde gelegten Körpergröße von 183 cm ergeben sich bei Addition und Subtraktion folgende harmonische Maße: 113, 70, 43; 43 + 70 = 113; 113 – 70 = 43; 113 + 70 = 183; 113 + 70 + 43 = 226. Die Grundzahlen der blauen Reihe sind: 2, 3, 5, 7, 13, 20, 33, 53, 86, 140, 226 … cm. Die später hinzugekommene »rote« Reihe gibt die kleineren Werte: 1,5, 2, 4, 6, 10, 17, 27, 43, 70, 113, 183 … Die Zahlenwerte beider Reihen lassen sich miteinander mischen.

Die Konstruktion folgt aus zwei übereinandergestellten Quadraten von jeweils 113 cm Seitenlänge, der Ort des rechten Winkels, im Teilungsverhältnis des Goldenen Schnitts ermittelt, liefert das eingeschriebene dritte Quadrat, das die menschliche Figur umschließt. Die Strahlen des rechten Winkels liefern zwei Schnittpunkte, diese, mit der Senkrechten mittels einer schrägen Geraden verbunden, geben die Intervalle der wachsenden Reihe.

Le Corbusier beabsichtigte, mit dem Modulor die Dimensionierung von Räumen und Einrichtungsgegenständen nach den menschlichen Maßen – hierin der Bewegungslehre der Leonardo-Schule ähnlich – zu regeln, denn »… es handelt sich darum, für die Gesten eines stehenden, sitzenden oder liegenden Menschen die richtige Umgebung zu schaffen«.[18] Der Modulor ist ein Maßsystem, das von den Maßen und Proportionen des Menschen wie von mathematischen Regeln ausgeht. Darin findet sich die alte Forderung Vitruvs wieder, wonach die Maße des Menschen die Grundlage für die mathematisch-harmonische Struktur des Gebäudes bilden. Doch die Bezugnahme auf die klassischen Proportionssysteme konnte dem Modulor den Anspruch eines »in Architektur und Technik allgemein anwendbaren harmonischen Maßes im menschlichen Maßstab« nicht verschaffen. Der Modulor hat nicht zu jenen architektonischen Neuschöpfungen geführt, die Le Corbusier in Aussicht stellte. Die Gründe liegen in den für eine Maßstandardisierung zu ungenauen, willkürlich auf- und abgerundeten Zahlenwerten der Fibbonacci-Reihen. Würde man sich in der Praxis an Proportionssystemen orientieren, müßte man die Arbeit zunächst in kleinste Einheiten zerlegen, bis schließlich über zahlreiche Zwischenstufen ein Entwurf des Gesamtobjekts entstanden ist. Wohl deshalb haben Proportionssysteme für die tägliche Arbeit wenig Bedeutung erlangt.

2.29 Le Corbusier.
Die Anwendung der Modulor-Maße.

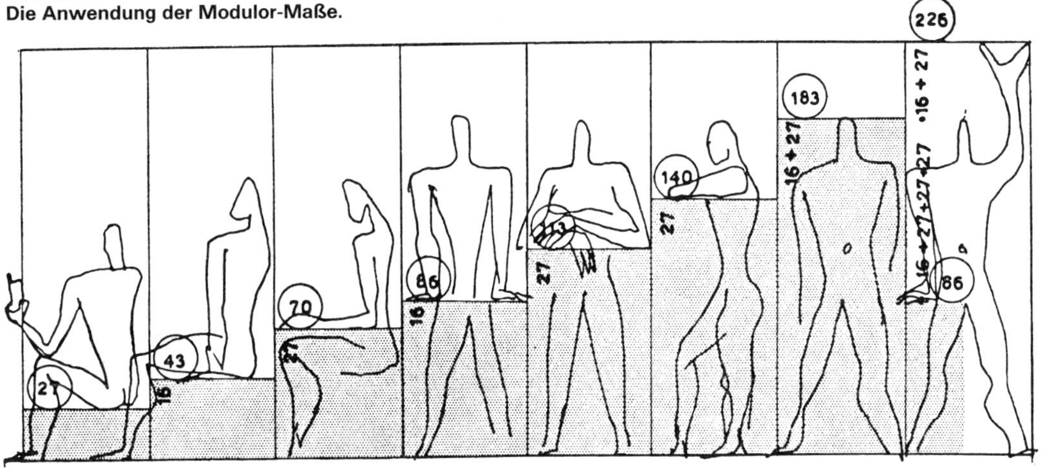

2.30 Le Corbusier.
Die Anwendung der Modulor-Maße.

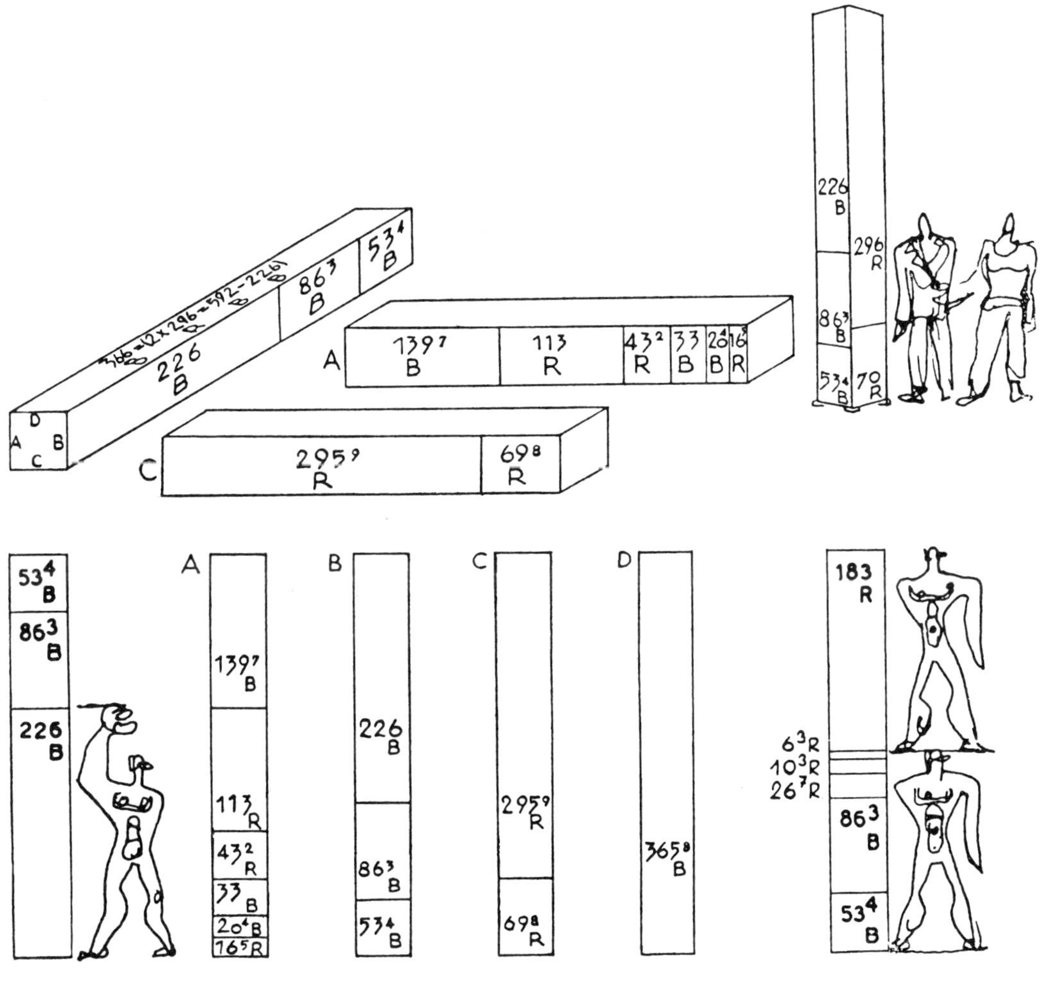

2.31 Le Corbusier. Der Modulor-Riß.

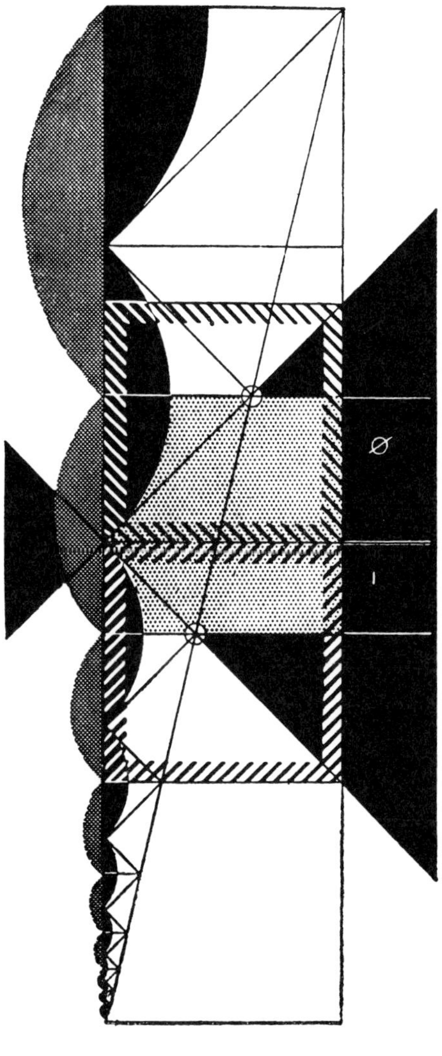

Proportionierung nach dem Goldenen Schnitt

Proportionssysteme des menschlichen Körpers, die sich morphologisch in stetige Teilungen gliedern lassen, sind aus den Forschungen des 19. Jahrhunderts, vor allem von Adolf Zeising, bekannt.[19] Die Aufmessungen klassischer Objekte hatten ergeben, daß diesen im allgemeinen Proportionen unterliegen, wie man sie auch beim Aufmessen am lebenden Körper findet. Auch nach Zeising ist der Nabel für eine proportionale Teilung bedeutend, denn es verhält sich der kürzere Oberkörper bis zum Nabel zum längeren Unterkörper wie dieser zur ganzen Körperlänge.

Legt man für die Gesamthöhe eine Strecke von der Länge 100 zugrunde, so teilt sich diese nach den Proportionen in Abschnitte von etwa 61,8 für den Unterkörper und 38,1 für den Oberkörper. Die Einteilung entspricht den Verhältnissen des Goldenen Schnitts. Ähnlich deutlich erscheinen Zeising die Verhältnisse der Gliederung des Kopfes. Die Teilung der Strecke von der Halsmitte bis zu den Augenbrauen – wo der Kopf zugleich am breitesten ist – und von dort zum Scheitel läßt sich wiederum mit den Proportionen des Goldenen Schnitts ausdrücken, ebenso die kleineren nachfolgenden Unterteilungen des Gesichts. Die Höhe der oberen Kopfpartie – vom Scheitel bis zu den Augenbrauen (Orbitalrand) – verhält sich zur unteren Kopfpartie von den Augenbrauen bis zum Kehlkopf wie diese zur ganzen Kopflänge. Was sich beim Aufbau des Kopfes zeigt, läßt sich als morphologisches Grundgesetz beim Aufbau des ganzen menschlichen Körpers nachweisen.

Die Ermittlungen Zeisings brachte Ernst Neuffert auf eine konkrete Formel. Die Maßverhältnisse des Menschen erklären sich in seiner bekannten Darstellung als stets proportionale Verhältnisse von Major M und Minor m nach den Teilungsverhältnissen des Goldenen Schnitts. Ebenso finden sich bei Neuffert die durchschnittlichen Körpermaße des liegenden, knienden, sitzenden, stehenden Menschen als Maßgrundlagen des Bauens.[20]

Frühe und allgemein verbreitete Anwendungen der Regeln des Goldenen Schnitts fand Zeising in klassischen Bauwerken. Die Proportionen des Bauwerks wie alle seine sichtbaren Teile zeigen harmonische Gliederungen auf geometrischer Basis. So verhält sich am Parthenon in Athen »die gesamte Höhe bis zur Spitze des Giebels zur Länge des Architravs wie diese zur Summe beider, so daß die Höhe als der dem Major senkrecht aufgesetzte Minor zu betrachten ist«.[21] Zu vergleichbaren geometrischen Proportionen gelangt Zeising bei der Untersuchung gotischer Bauwerke; demnach stehen auch byzantinische mit diesem proportionalen Gesetz im Einklang, während andere Forscher Dreiecksfiguren aus Kreisteilungen oder aber regelmäßige Flächen und ihre Zusammensetzung zu Platonischen Körpern als Entschlüsselung der den alten Bauwerken zugrunde liegenden Harmoniegesetze nennen. Die Suche nach einem alles durchdringenden Gesetz ist nicht zu Ende. Le Corbusier: »Ich halte es für normal, daß ein Werk der menschlichen Schöpfungskraft von einem inneren Gesetz beseelt ist. Ich beziehe mich auf die nächstliegenden Begriffsbestimmungen des Lexikons: Regel : lenken; Prinzip : Gesetz; Disziplin : Ordnung ...«[22]

Die menschliche Gestalt und mit ihr eine kanonische Ästhetik kann für das Entwerfen heute kaum ein produktionsästhetisches Bezugssystem sein. Heute ist die ästhetische Praxis vor allem funktional orientiertes Entwerfen. In seltenen Höhepunkten hebt sie die Differenz zwischen Kunst und Leben auf. Sie muß sich in einer Medienkultur den Forderungen einer Wirklichkeit stellen, die den ehemals kanonischen Normen »Schönheit, Wahrheit, Dauer« Begriffe wie Markt, Mode, Trend entgegenhält und Gestaltungsarbeit vorzugsweise zu gesellschaftlicher Symbolisierung und Legitimation einsetzt.

Das heißt Platonische Ideenlehre versus Produktionsästhetik nach Programm, Gebrauch, Nutzen: Für den prozessualen Charakter der Wirklichkeit ist aus dem Gebrauch des historischen, ja archaischen Wissens der Hochkunst nicht mehr viel abzuleiten.

2.32 Ernst Neuffert.
Die Maßverhältnisse des Menschen.

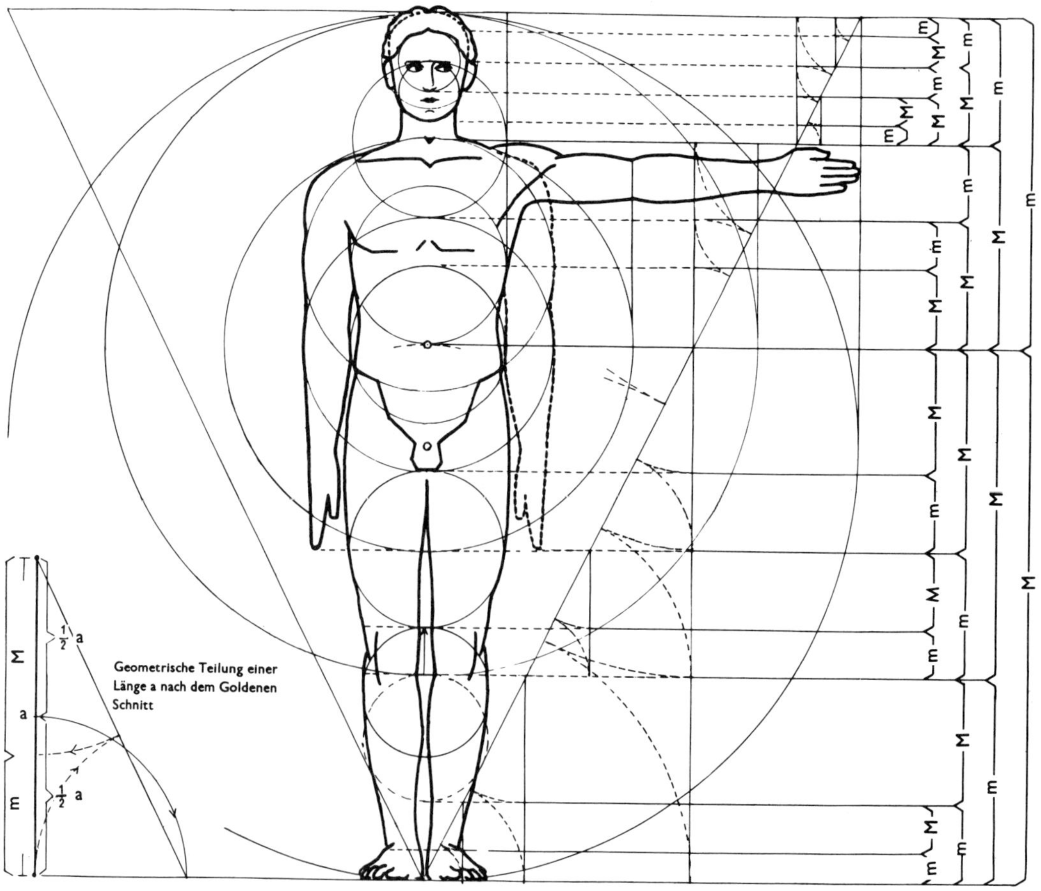

Kanonisches heute

Wenn es im 20. Jahrhundert einen geschichtlichen Druck gegen das autonome Kunstwerk gibt, so ist auch unter dem heute eingeschränkten Anspruch die kanonische Regulierung für die Darstellung des menschlichen Körpers grundlegend. Mit dem Kanon, auf ein einfaches Proportionsschema reduziert, lassen sich die Proportionen der Körpertypen, des Geschlechts, des Alters abstimmen und mit einfachen Maßeinheiten in Beziehung setzen.
Für das Proportionsschema ist die Kopfhöhe bestimmend, ihr entspricht auch etwa die Handlänge, die, in der Höhe addiert, zur Gesamthöhe der menschlichen Figur führt, während sich die Breite dieser Figur aus der Breite zweier Köpfe ergibt.
– Der Kanon der siebeneinhalbfachen Kopfes:
Schon Polyklet verwendete diese Proportionen; seine Anwendung zeigt eine etwa 165–170 cm hohe Figur von etwas untersetztem Körperbau. Der Kopf wirkt im Vergleich zu den Teilen des Körpers etwas groß.
– Der Kanon des achtfachen Kopfes:
Die Anwendung dieser Proportionen zeigt einen nach heutiger Auffassung idealen Körper von etwa 185 cm Höhe mit ausgewogenen Proportionen.
– Der Kanon des achteinhalb- oder neunfachen Kopfes:
Dieser Kanon ist für die Architektenzeichnung kaum von Bedeutung. Er dient der stilisierten Überhöhung der menschlichen Figur, wie sie etwa aus Comic-Zeichnungen geläufig ist.
Der Kanon des weiblichen Körpers entspricht ebenfalls acht Köpfen in der Höhe. Der weibliche Kopf ist etwas kleiner, demzufolge ist die weibliche Figur etwas kleiner, die Schultern sind proportional schmaler, die Hüften proportional breiter, der Wuchs ist insgesamt feingliedriger.

Der Körperbau von Kindern und Jugendlichen

Vom Kanon des erwachsenen Menschen ist dieser Körperbau ganz abweichend. Der kindliche Kopf entspricht bis zum zweiten Lebensjahr einem Viertel bis einem Fünftel der Körpergröße, der Brustkorb ist flach, die Muskeln sind unentwickelt, die Formen rund und faltig, die Beine sind kurz, bis der Wuchs – etwa im 25. Lebensjahr – dem Kanon des achtfachen Kopfes entspricht.

Die Proportionen des sitzenden Menschen

Die Figur des sitzenden Menschen läßt sich in sechs Kopfhöhen einteilen; die auf dem Boden sitzende Figur ist vier Kopfhöhen groß.

2.33 Der Kanon vom Kind bis zum Erwachsenen in fünf Stufen.

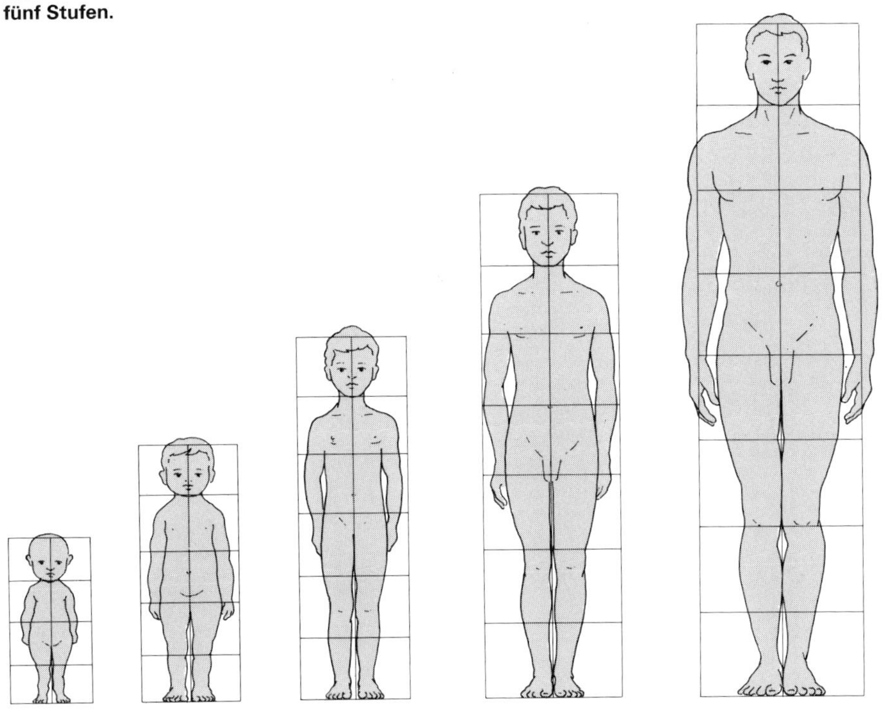

2.34 Die Proportionen von Mann und Frau.

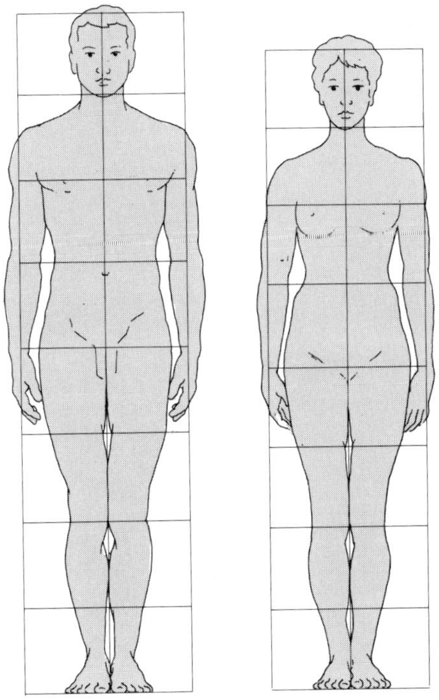

2.35 Der Kanon des siebeneinhalb-, achtfachen und achteinhalbfachen Kopfes.

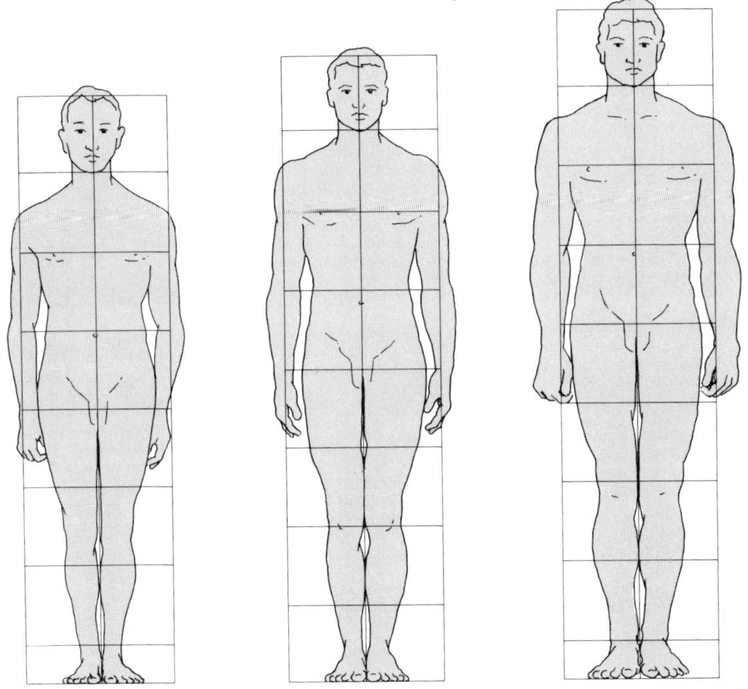

Die menschliche Figur in Bewegung

Der Mensch ist aktiv, er steht, sitzt, liegt, er gestikuliert, er geht, er steigt Treppen. Die zuvor genannten Gliederungen sind auch hier zu verwenden, wenn man sie auf die wechselnden Haltungen des sich bewegenden Menschen in veränderten Positionen des Oberkörpers, des Beckens, der Beine überträgt.

Die bekleidete Figur

Die Darstellung der menschlichen Figur kann aus dem Gedächtnis hervorgehen oder auf dem Proportionskanon basieren, doch sollte die Zeichnung die vertikale Symmetrie berücksichtigen. Generell kann die Regel gelten: Ist eine menschliche Figur nach der Natur zu zeichnen, so ist sie von außen nach innen aufzubauen; ist die Figur aus dem Gedächtnis zu zeichnen, so arbeitet man von innen nach außen; in diesem Fall kann die schematische Strichfigur fortschreitend zeichnerisch ausgebaut werden.

Was an Kleidung, Accessoires, Physiognomie hinzukommen soll, ist abhängig vom Maßstab und auch davon, wie die Darstellungstechnik der Zeichnung fortgesetzt oder kontrastiert werden soll.

2.36 Sitzende Körperhaltungen hat der amerikanische Anthropologe Gordon W. Hewes zusammengestellt.

2.37 Ikonizitätsstufen der Darstellung als Funktion der Figurgröße.

2.38 Übersicht über die systematische Reduzierung ikonischer Eigenschaften der Figur: Die Detailmenge nimmt proportional mit der Figurgröße ab.

2.39 Ergonomiestudie. Studienprojekt Fachhochschule für Gestaltung Schwäbisch Gmünd. Leitung: Dietmar Böhm, Michael Englisch.

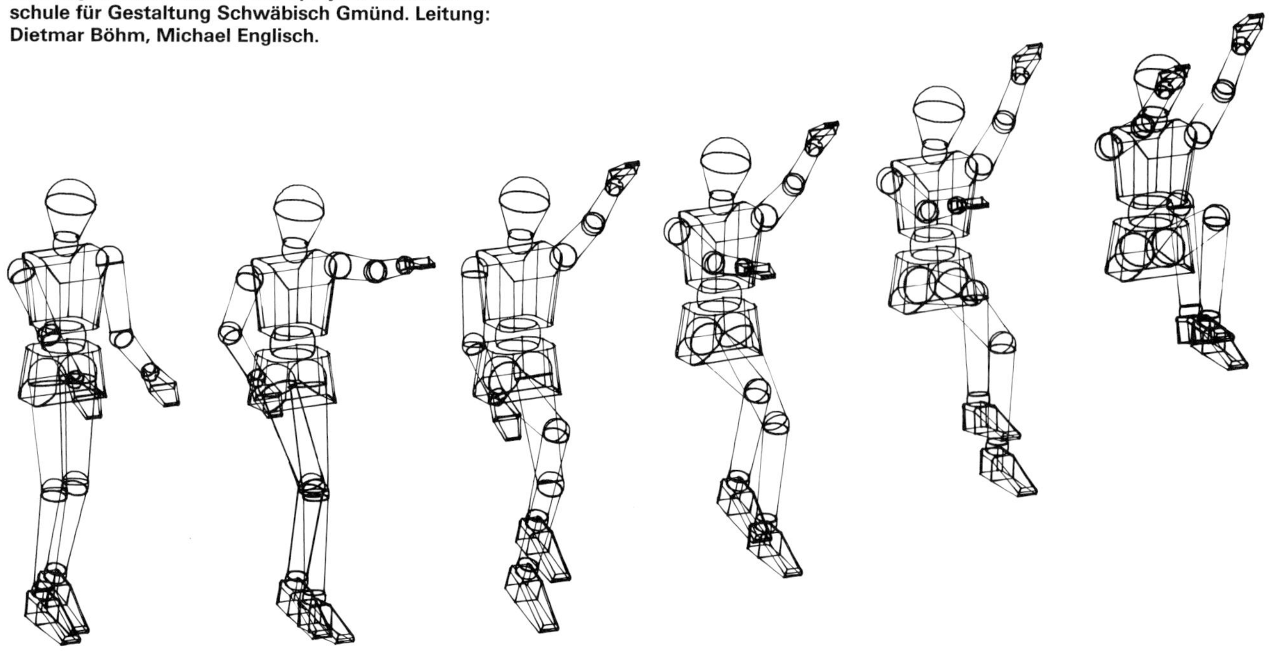

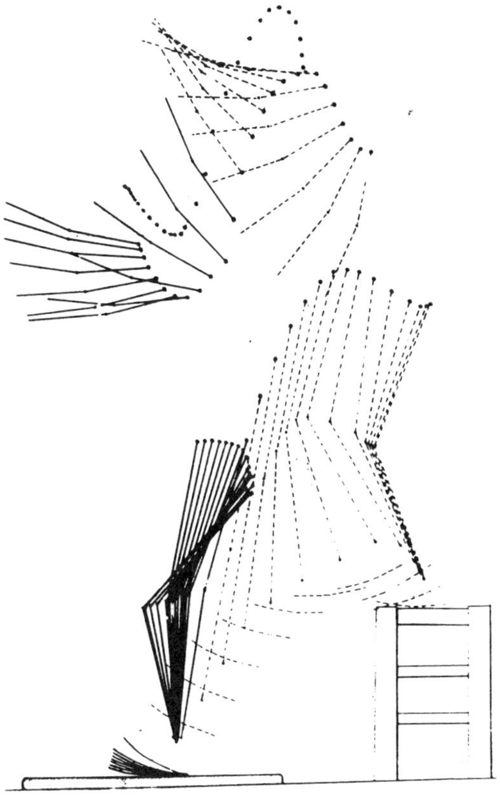

2.40 Etienne Jules Marey. Studie der menschlichen Bewegung. 1895.

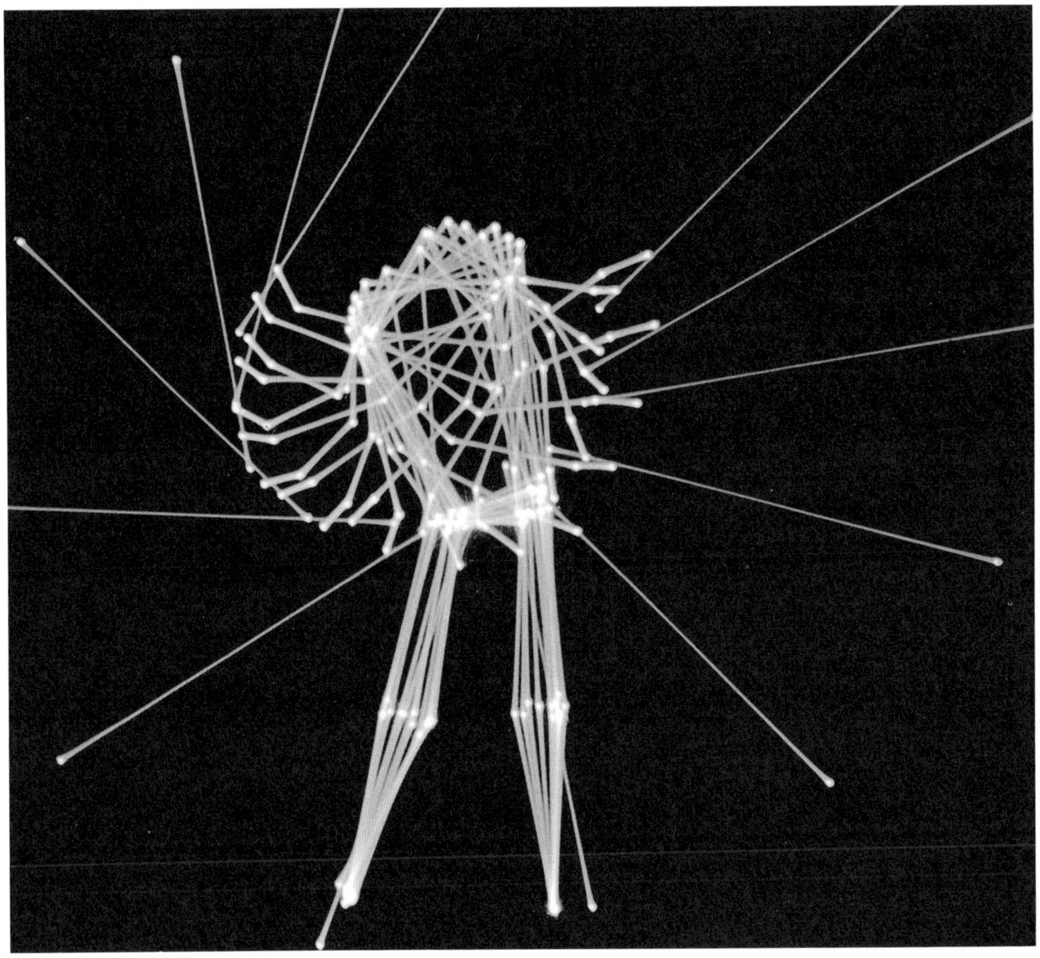

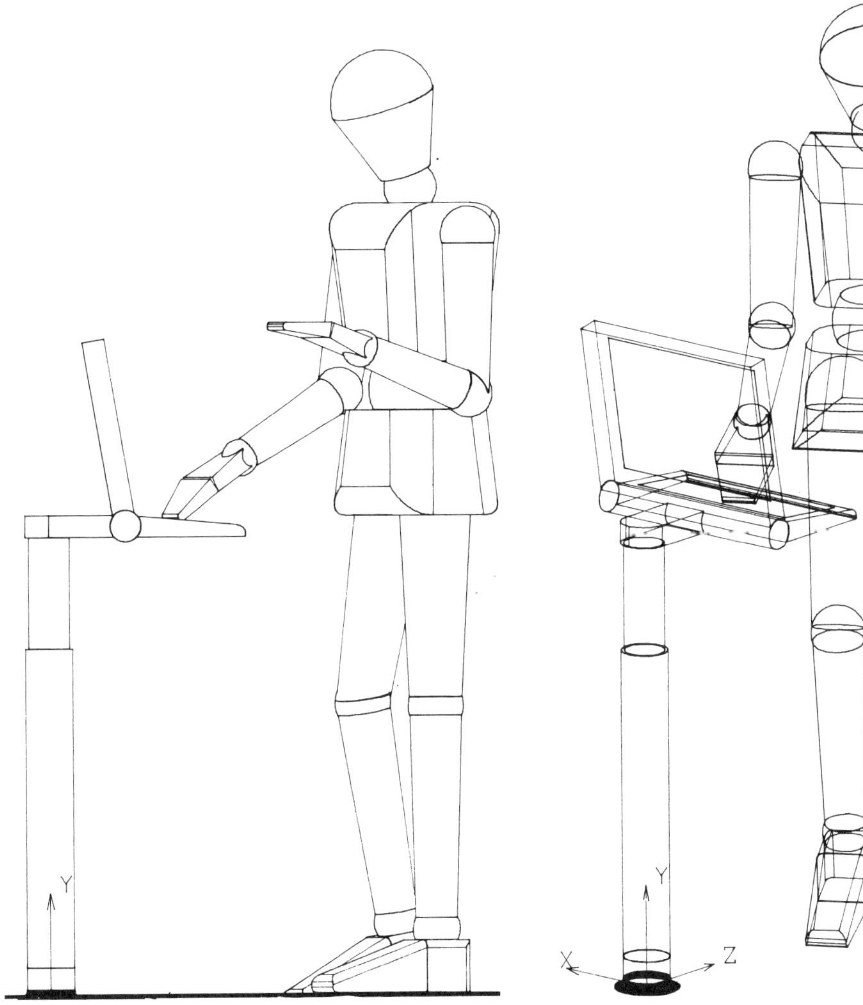

2.41 Bewegungsstudie eines Golfspielers. Die sequentielle Aufzeichnung erzeugte dieses faszinierende Abbild der menschlichen Bewegung beim Golfspiel. Der Computer registrierte gewisse Informationsreaktionen, die auf dem Bildschirm Formen und Farben erzeugen. Punkte und Strecken ersetzten die realistische Abbildung des menschlichen Körpers zum Studium der Koordination von Muskeln und Gelenken, der Effizienz der Bewegung, des Stils beim Spiel.

2.42 Otl Aicher. Läufer. Konturzeichnung mit intensiver Durchbildung der Bekleidung.

Die menschliche Gestalt in der heutigen Architektenzeichnung

In der Architektenzeichnung spielt die Darstellung der menschlichen Figur eine wichtige Rolle. Die Figur ist zur Beurteilung des Maßstäblichen das eigentliche Kontrollmittel, das den Rückschluß und Größenvergleich auch dem Ungeübten erlaubt und aufklärendes und kritisches Hinblicken auf die im Entwurf geschaffenen Größenverhältnisse fördert. Oft erkennt man erst an den menschlichen Figuren der Zeichnung, daß dem Entwurf ein menschlicher Maßstabsbezug zugrunde liegt. Ein verfälschter Größeneindruck entsteht dann, wenn man einer Raumdarstellung Figuren verschiedener Größe hinzufügt: Große Figuren machen den Raum zur engen Kammer, kleine machen ihn zum weiten Saal.
In der perspektivischen Raumdarstellung kann man die räumliche Illusion verstärken, wenn die divergierenden Linien des Raumes mit dem Größenverlust der Figuren parallel verlaufen. Der graphische Ausdruck sollte vom architektonischen Objekt selbst ausgehen; die Wahl der Mittel und Techniken ist sekundär und nur eine Folge der Entscheidungen, die man für die Darstellung des geplanten Objekts bereits getroffen hat. Ist eine regellose Illustration vorherrschend, die zudem mit Gebrauch und Nutzung des Geplanten wenig übereinstimmt,

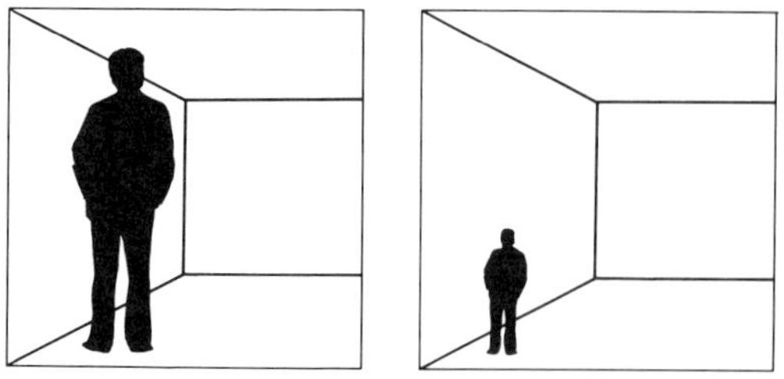

2.43 Die menschliche Figur als Relation zur Raumgröße.

2.44 Archigram. Photomontage.

2.45 Ikonizitätsstufen der Darstellung.

Aufzeichnung einer städtischen Straßenszene. Die sich bewegenden menschlichen Figuren sind perspektivisch aus gleichbleibend hohem Standpunkt gesehen.

so liegt der Verdacht nahe, daß man Ungünstiges verdecken will. Was im Entworfenen an Objektivem gewonnen wird, schleicht sich oft durch gefälliges Zierat des Figurativen wieder ein. Die Zeichnung erhält sich ihr Ziel, objektiv zu informieren, wenn sie frei ist von allen denkbaren, in Tätigkeiten begriffenen menschlichen Gestalten. Die Aktualität möglichst lebendiger Szenen isoliert das Objekt, obgleich doch ihm die Konzentration gelten sollte; leicht übertrifft die phantasievolle Szene den projektiven Wert des Geplanten, und die geschickte Staffage läßt mitunter ein bescheidenes Bauvorhaben zur randvollen Bühne des Lebens aufsteigen. Dieser Konflikt hat seine Wurzeln in der Arbeit des Entwerfers und in der Eigenart des Entwurfs: Die objektivierten Werte des architektonischen Plans stehen gegen die hinweisenden der Illustration. Auf der einen Seite ist es die aus vielen Details konstruierte Darstellung, die Entfaltung der Idee und auf der anderen die subjektiv bleibende Ausdeutung der dort zu erwartenden Lebensvorgänge. Im allgemeinen ist die figurative Ausgestaltung zureichend, wenn das Inszenarium den Schauplatz künftiger Handlungen und Wahrnehmungen mit der Gebäudestruktur verwebt oder der spätere Benutzer anhand der vor ihm ausgebreiteten Szenen sein eigenes Tätigkeitsfeld erkennt.

2.46 Studio Works. Photomontage.

2.47 Arata Isozaki. Photomontage.

Die drei Formen des Raumes

Trotz der beständigen Gegenwart des natürlichen Raumes und der jedermann vertrauten räumlichen Wahrnehmung ist der Naturraum ohne methodische Schwierigkeiten nicht zu klassifizieren. Auch Raumvorstellungen der Mathematik und Physik sind für diesen Rahmen wenig hilfreich, ebenso steht es um geographische oder wirtschaftsräumliche Definitionen.
Geht man von der Annahme aus, der natürliche Raum sei auf visuell wahrnehmbare Grenzen beschränkt – der Erdoberfläche, dem Wasser, den Pflanzen und den Wolken –, so liegt hier jene Auffassung zugrunde, die auch für den gebauten Raum gilt. Ohne die Spekulationen des absoluten und unendlichen Raums zu berücksichtigen, behandelt sie unmittelbar das räumlich Sichtbare. So erstreckt sich der Naturraum zwischen wahrnehmbaren oder sonstwie bekannten Orten, und der Ort ist in einer ebenso einfachen wie grundlegenden Behandlung von Albert Einstein bezeichnet worden »als ein mit einem Namen bezeichneter (kleiner) Teil der Erdoberfläche. Das Ding, über dessen ›Ort‹ ausgesagt wird, ist ›ein körperliches Objekt‹. Der ›Ort‹ erweist sich bei simpler Analyse ebenfalls als eine Gruppe körperlicher Objekte.«[23]
Die raumgliedernden und -bildenden Phänomene des Naturraums sind das topographische Relief mit seinen Teilen wie Hügel, Tal, Berg und Fluß, ferner die Vegetationsformen, soweit sie eine raumgliedernde Bedeutung haben.

Der Naturraum

Die Elemente des Naturraumes
Der Naturraum gibt den »Rahmen«, die Begrenzungen für die Landschaften in ihm: flache, hügelige, weite, enge, kahle und bewachsenen Landschaften. Ebene, Tal, Berg, Schlucht, Gipfel u. a. charakterisieren namentlich die topographischen Formen, geben eine Vorstellung von Lage und Ausdehnung. Die Topographie und ihre Vegetation bringen den Landschaftscharakter hervor, und die Orte in der Landschaft erscheinen näher oder ferner, je nachdem ob die Vegetation heller oder dunkler ist. Die sich mit den Jahreszeiten verändernden Vegetationsformen sind dem Naturraum eigentümlich. Was unbelaubt wie ein »Raumfeld« von geringer visueller Dichte wirkte, wird, von Laub gefüllt, zum geschlossenen »Raumbehälter«. Wasserflächen, scharf in die Landschaft eingeschnitten oder ruhig ausgebreitet, sind meist ihre natürlichen Mittelpunkte, die den Naturraum weiter, stiller, freier oder dramatischer erscheinen lassen.[24]
Anderen, dauerhaften Elementen des Naturraumes kommt wegen ihrer Unvergänglichkeit archetypische oder kosmische Bedeutung zu, wie dies von Steinfindlingen, pittoresken Felsgruppen überliefert ist, besonders wenn sie der eigentlichen Lebenswelt fern sind. Auch Wegmarkierungen und Einfriedungen, selbst kurzlebige Elemente wie Holz- und Heuhaufen haben durchaus eine raumgliedernde oder raumbegrenzende Wirkung. Die substantiellen Veränderungen von belaubt zu unbelaubt oder der Wechsel der Farbe lassen den gleichen Landschaftsraum weiter und größer erscheinen. Die visuell begrenzende Wirkung des Atmosphärischen, von Wolken und Regen ist geringer in kleiner, bewegter und vegetativ reicher Landschaft, die intensiver geformt und daher kleinräumiger wirkt. In weiten und ebenen Landschaften dominiert die abschließende, begrenzende Wirkung des Atmosphärischen, dort ist sie raumbeherrschend; die Form der Landschaft ist oft nur ferne Silhouette.

2.48 Schema des Naturraumes.

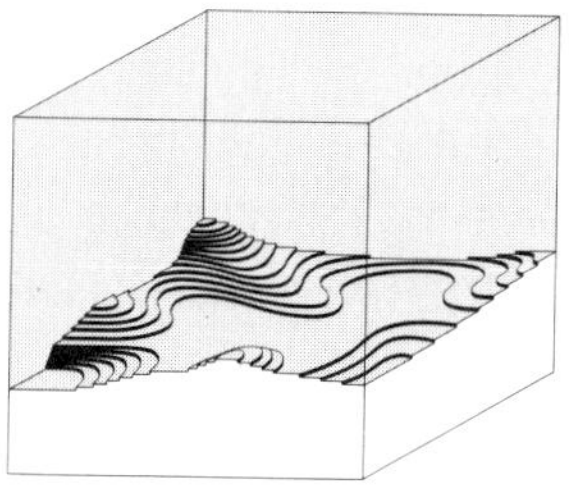

2.49 Hermann Fürst von Pückler-Muskau. Prinzenbrücke im Park Muskau. Um 1830.

2.50 Gegebene Raumformen im Naturraum.

Alpin
Grand Canyon
Mittelgebirge

Flußlandschaft hügelig
Vulkanische Landschaft

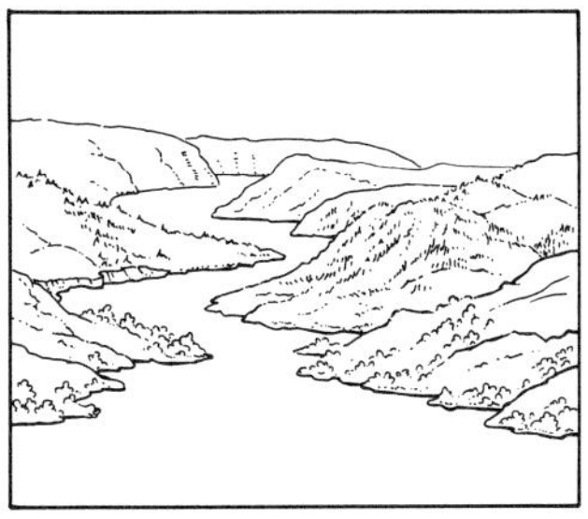

Wasserfall im Grand Canyon
Gegliederter Naturraum
Aufgerichtete Steinquader

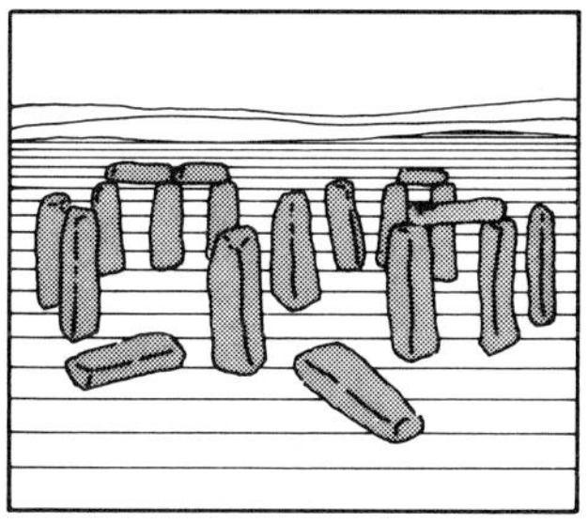

2.51 Raumbildungen mittels Bäumen.

Allee, zylinderförmige Bäume
Platz, kugelförmige Bäume
Transparente Baumgruppe in der Landschaft

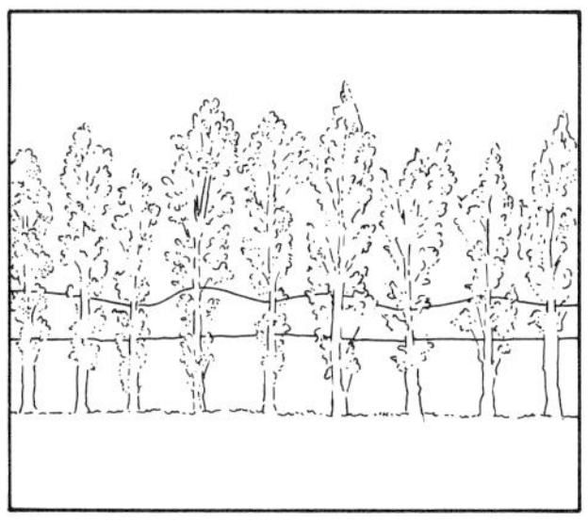

Allee, kegelförmige Bäume
Pinselförmige Bäume, Straßenbepflanzung

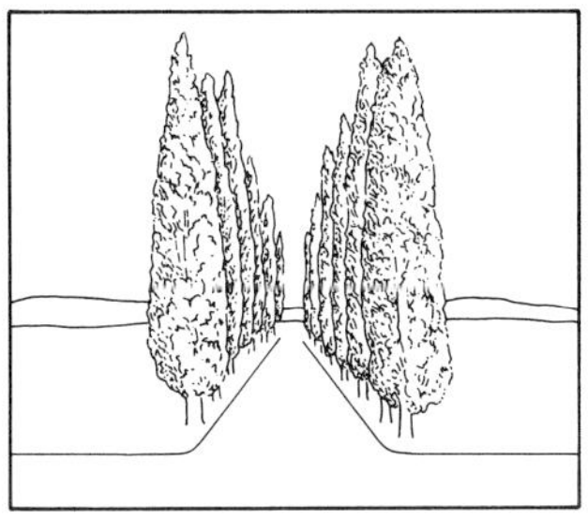

Waldlichtung
Unter Bäumen

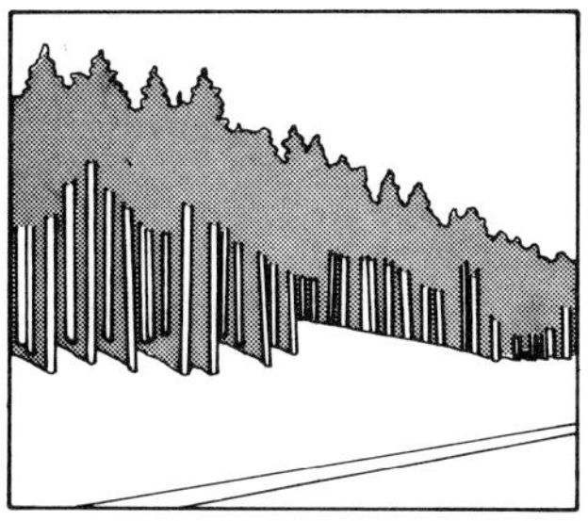

Die visuellen Grenzen der Atmosphäre
Die Grenze nach vorn

Die unbestimmte Weite, die offene Landschaft wird durch den Horizont begrenzt. Er ist nur dort, wo der Mensch den Raum der Wahrnehmung entstehen läßt und damit eine Bedingung des Menschen, nicht des Raumes. Ohne ihn gäbe es die für den Menschen wahrscheinlich unerträgliche Weite und Ferne des Raumes.
Der Horizont ist weder eine geometrische Grenze der Erde noch der Atmosphäre, denn er ist trotz aller Anstrengung nicht verrückbar, und obgleich man sich nähert oder entfernt, bewegt sich diese Grenze ständig mit. Denn sie ist keine Grenze des Naturraumes, sondern des Wahrnehmungsraumes, an der sich Himmelsgewölbe und Erde scheinbar berühren. Sie hat keinen festen Ort im Raum und keine geometrische Dimension.
Mehr noch prägt das Himmelsgewölbe die Wahrnehmung und die Raumvorstellung. Es wird vom Horizont in eine teilweise sichtbare obere und eine unsichtbare untere Halbkugel zerlegt und eingeteilt von gedachten Linien, den Kreisen und Kardinalpunkten. Senkrecht über dem Beobachter liegt der Scheitelpunkt, entgegengesetzt der Fußpunkt, und die durch sie hindurchführenden Kreise sind Höhen- und Vertikalkreise.
Die klimatischen Elemente Luft, Strahlung, Temperatur, Luftdruck, Wind und Wolken lassen den unendlichen Raum begrenzt erscheinen. Eine Welt ohne Horizont ist kaum vorstellbar und würde in ihrer unerträglichen Weite ängstigen. Eine Welt, die sich nicht gegen die Unendlichkeit mit dem Gewölbe des Himmels abgrenzt, was uns als ferne ätherische Bläue, Wolkenformationen oder als Nebel, Regen, Schnee und schließlich als raumauslöschende Nacht erscheint, wäre nicht nur aus physikalischen Gründen unerträglich.
So sind es der nur in der Wahrnehmung existierende Horizont und die flüchtigen sich wandelnden Elemente der Atmosphäre, die mit ihren wechselnden Formen auf den Naturraum und auf das menschliche Dasein einwirken. Es liegt nahe, sie wegen ihrer raumbildenden Bedeutung in die bildhafte Darstellung der Architektur miteinzubeziehen, weil sie den unendlichen Raum visuell begrenzt.
Der wolkenlose Himmel, ohne Grenzen und Konturen, gehört zu den wenigen sichtbaren Erscheinungen, die man nicht durch Linien darstellen kann. Möchte man dennoch etwas vom wolkenlosen Himmel in die Zeichnung bringen, so ist das durch Farbe möglich und zeichnerisch durch den vielfältig wechselnden und in der Höhenentwicklung gestuften Aufbau der Wolken. Sie sind darstellerisch das Mittel der Wahl, soll Ferneres und Näheres gegenüber der Landschaft dargestellt oder ganz einfach, der »Luftraum« der Zeichnung nicht leer bleiben. Im folgenden ist eine für diese Absichten gekürzte metereologische Klassifikation der atmosphärischen Erscheinungen gegeben.

Die obere Grenze des Naturraumes

Die Schwierigkeit liegt in der erscheinungsmäßigen, dimensionalen und substantiellen Verschiedenheit der raumbegrenzenden Elemente. Die obere Grenze wird von einer Schicht stets wechselnder Dichte gebildet, die sich bei hellem, wolkenlosen Himmel bald verflüchtigt. Der Naturraum ist dann plötzlich ohne erfahrbare obere Raumbegrenzung, er ist für die Wahrnehmung nach oben »offen« und von unbestimmter und ungewisser Ausdehnung. Die Wolken schaffen unstete, wechselhafte räumliche Gebilde. Dennoch sind sie nach Wahrnehmung und Vorstellung die eigentliche Grenze des Naturraumes und zählen trotz ihres temporären Charakters zu seinen Grundkategorien. Man spricht von der Wolkenwand, dem Himmelsgewölbe und weist damit auf ihre grundlegende existentielle Bedeutung hin. Doch auch die Befindlichkeit ist nicht unabhängig von den Formen des Räumlichen: Die grenzenlos erscheinende Ausdehnung des Himmels über weiter Landschaft und die wolkenschwere Überwölbung schaffen wechselnde Stimmungen und Eindrücke von der Struktur des Naturraumes.
Die Raumwahrnehmung ist meist blind gegenüber der Höhenbegrenzung des Naturraumes. In Architekturdarstellungen, die einen größeren Raumausschnitt erfassen, ist dennoch ein gewisser »Luftraumanteil« unvermeidlich. Im allgemeinen liefert er visuelles Material zur Hintergrundbehandlung und ist attraktive oder dramatisch anmutende Szenerie. Noch mehr als den topographischen Formen fehlt es den flüchtigen Erscheinungen der Atmosphäre an sicheren Daten, und sie bleiben zeichnerisch meist unbehandelt.

Wolken

Die Meteorologie unterscheidet vier Wolkenfamilien und unterteilt diese nach Gattungen, Arten, Unterarten und Sonderformen. Im folgenden werden prägnante atmosphärische Erscheinungen über einer schematisierten Topographie in anschaulichen Projektionen mit wechselnden Techniken dargestellt. Ein Sonderfall ist die wolken- und konturlose Atmosphäre. Dabei handelt es sich um ein in der visuellen Welt seltenes Phänomen, das sich der zeichnerischen Darstellungsmöglichkeit entzieht. Die »Leere«, d.h. die Abwesenheit konturhafter Phänomene hat hier dennoch Konturen: die Kondensstreifen von Flugzeugen.

2.52 Wolkenlose Atmosphäre, »blauer Himmel« genannt.

Die Konturen sind Kondensstreifen von Flugzeugen. Eine Darstellungsform, die das Problem der Darstellung des Atmosphärischen umgeht. Lediglich die Gradienten der Erdoberfläche und die Umrisse ferner Hügel sind die sichtbaren Grenzen des Naturraumes.

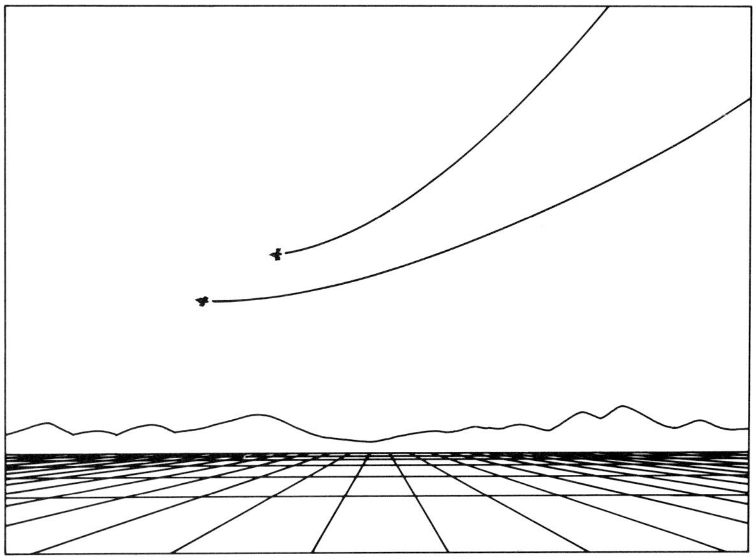

2.53 Punktraster zur Darstellung von Atmosphäre und Wolkenformation.

2.54 Die obere Grenze des Naturraumes – Wolkengattungen.

Cumulus, Haufen- oder Schönwetterwolke, die sich blumenkohlartig auftürmt. Die Technik der Punktierung bringt in weichen Modulationen den luftig-leichten Eindruck der hellen oberen und dunkleren unteren Begrenzungen hervor. Die wolkenlose Atmosphäre könnte dunkler behandelt sein, was jedoch die Zeichnung visuell schwerer erscheinen ließe.

Cumulus, Haufen- oder Schönwetterwolke. Konturzeichnung wesentlicher Umrisse. Punktraster für die wolkenlose Atmosphäre.

Ähnlicher Wolkenaufbau wie zuvor, jedoch von höherer Abstraktion. Filzstift, nachträglich mit Deckweiß gehöht.

Hohe, schnell ziehende Cirruswolken von federartigem Aussehen oder in Büscheln u.ä. geformt. Bleistifttechnik.

Cirruswolken und Stratocumulus, Haufenschichtwolken, in grauen und weißen Feldern kontrastierend. Bleistifttechnik.

Stratus, ausgebreitete und zerfetzte Schichtwolken und tiefhängende Cumulonimbus, Gewitter- oder Schauerwolken. Aquarell.

Der städtische Raum

Der Mensch lebt unentwegt im Raum; im städtischen Raum, im Raum des Dorfes und der Siedlung. Diese Raumformen sind gegenüber dem Raum des Hauses offener, von geringerer Geborgenheit, jedoch von größerer Handlungsfreiheit. Der städtische Raum ist dagegen ein Außenraum, außen, weil vom Inneren des Hauses abgewandt, doch nicht eigentlich außen, sondern gleichermaßen im »Raum«, von dem es kein Innen oder Außen geben kann, denn es gibt nichts außerhalb des Raumes.
Wie die Bindungen der Bewohner an »ihre Stadt« zeigen, vermag auch der städtische Raum das Leben außerhalb des Hauses zu prägen, an die Orte dort zu binden und einem Geflecht aus Haus, Straße und Platz zugehörig zu machen. Alberti über den Einfluß der Topographie auf die Stadtgestalt: »Es ist sicher, daß die Form der Stadt und die Anordnung ihrer Teile je nach der Verschiedenheit des Ortes verschieden sein muß; wir sehen ja, daß es unmöglich ist, auf einem Hügel mit jener Leichtigkeit, mit der es in einer offenen Ebene geschieht, einen runden oder quadratischen Platz anzulegen.«[25]
Die Topographie ist oft Bestandteil der Stadt, wie zahllose Bergsiedlungen zeigen. Für den Stadtraum ist der Landschaftsbezug Fatum und Chance.
Individualität, Rationalität, Phantastisches, wie es der gebaute Raum immer hervorbrachte, ist in reduzierter Form im Stadtraum, in historischen Stadtanlagen zu finden, in denen verschiedene Zeitalter ihr Weltbild in Stein faßten. Der städtische Raum folgt wie der gebaute Raum den Aktions- und Handlungsrichtungen, er kanalisiert die Geschehnisse in Straßen und Plätzen, und die Zuordnung der Areale ist den Erschließungen und Zonungen des gebauten Raumes analog. So liegt der Vergleich einiger neuerer städtebaulicher Projekte nahe, deren architektonische Gliederungen als eine implodierte Stadt angesehen werden können, die städtebaulichen Projekte aber als explodierte Architekturformen.[26] Auch Beschreibungen wie Quartier, Ränder, Berandung, Formabschlüsse usw., Termini, die zuerst Kevin Lynch aufgestellt hat, verweisen auf Eigenschaften, wie sie für die Funktions- und Raumgliederung des gebauten Raumes seit langem gebräuchlich sind.[27]
Der moderne Stadtraum ist zwar noch immer »Behälter« der körperhaften Objekte, vermittelt aber nicht mehr das Gefühl, »drinnen« in einem begrenztem Raum zu sein, denn er ist meist ohne konkrete Begrenzung oder sinnvoll begründete Dichte.

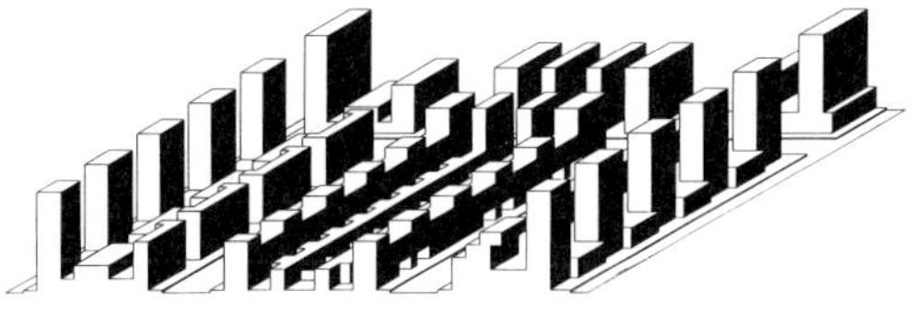

2.55 Schema des städtischen Raumes.

2.56 Avenue de L'Opera. Paris. 1869.

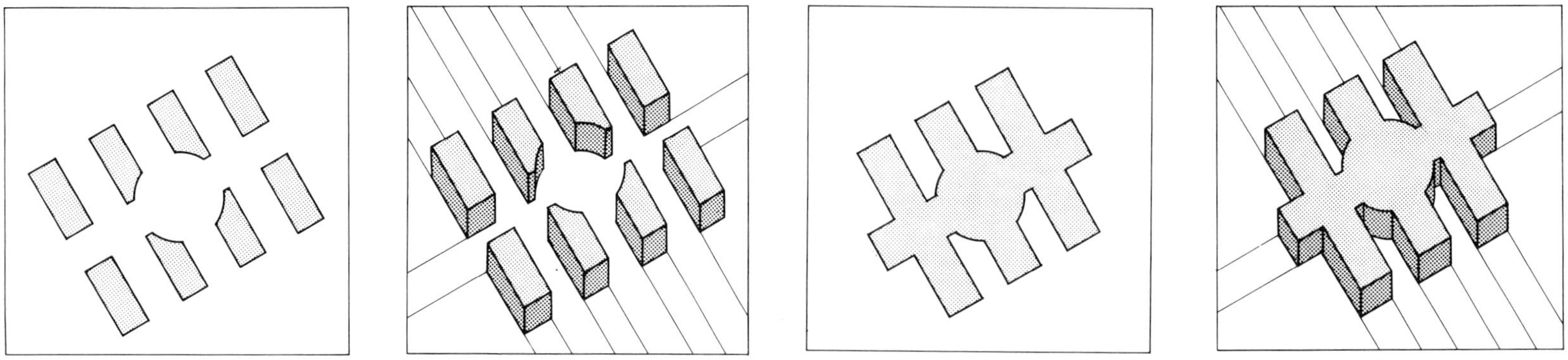

2.57 Schema des städtischen Raumes: Positiv – Negativ als Innen und Außen des städtischen Raumes.

2.58 Ludwig Hilberseimer. Hochhausstadt. 1924.

2.59 Ludwig Hilberseimer. Zentrum von Berlin. 1929. Projekt.

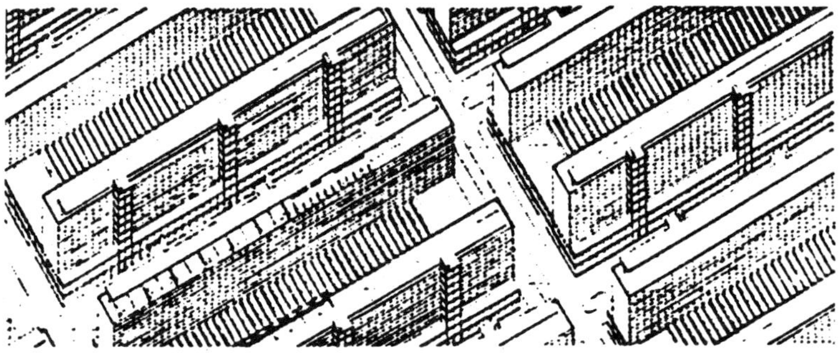

2.60 Rob Krier. Typologie städtischer Plätze.

2.61 Kevin Lynch. Das Stadtbild und einige seiner Elemente.

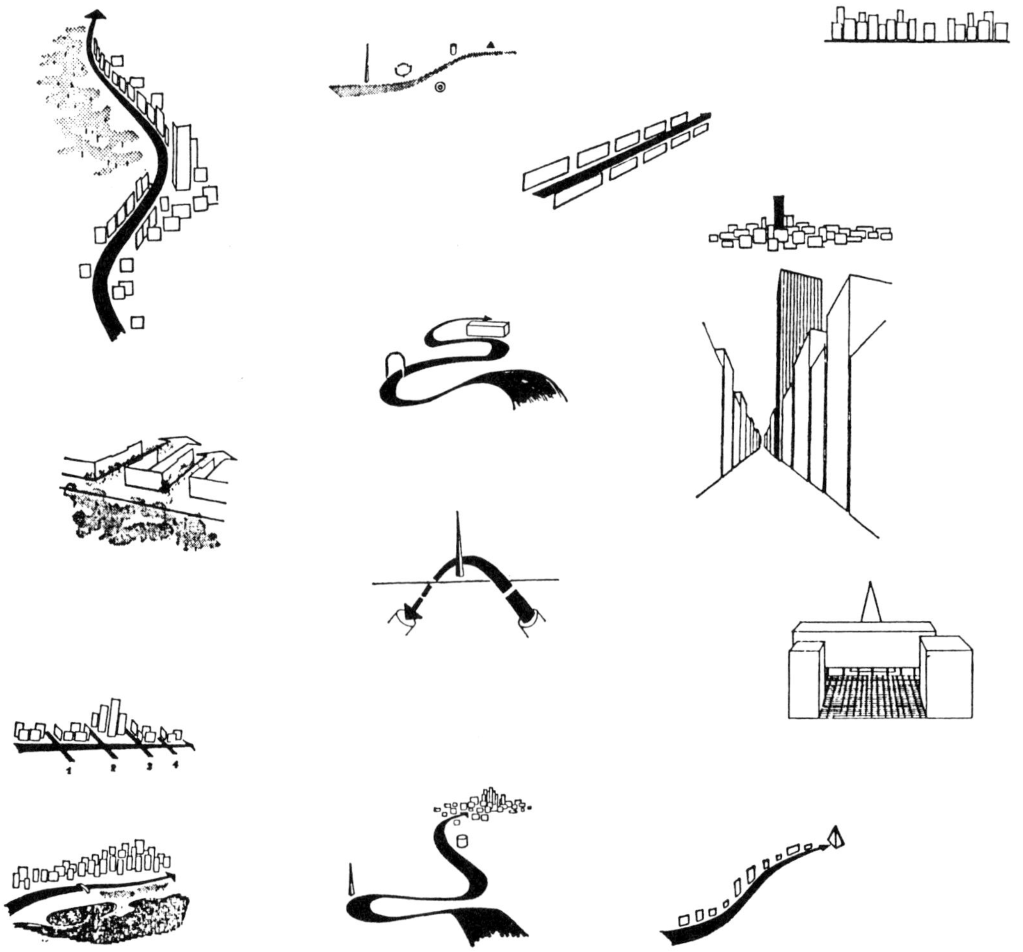

Der gebaute Raum der Architektur

Der Ursinn des Bauens liegt darin, den bergenden Wohnraum zu errichten. Darin lebend, empfindet der Bewohner diesen als einen »Innenraum«, der ihn vom »Außenraum« trennt. Man wohnt und lebt darin, und je nach der Gestimmtheit empfindet man das »Drinnen« als bergend oder beengend, das »Draußen vor der Tür« als etwas davon Abgetrenntes, Bedrohliches, Bedeutungsloses oder Vertrautes. Das Raumerlebnis ist wesentlich von dem bestimmt, was sich der visuellen Wahrnehmung an Begrenzung bietet: der Raum selbst ist von substanzloser Leere, wahrnehmbar sind darin die Raumbegrenzungen, die körperhaften Dinge und das Licht. Spricht man phänomenologisch vom gebauten bzw. architektonischen Raum, so ist weniger der Raum gemeint als die Arten seiner Begrenzungen; sie geben primär die physischen Signale für das Bild der räumlichen Umwelt. Für die Explikation ist auch entscheidend, ob die Aneignung des gebauten Raumes, die vorwiegend über die visuelle Wahrnehmung erfolgt, geplant ist oder ob es um die Bedingungen der Raumproduktion oder Raumdarstellung geht, etwa durch die Aufzählung der Elemente und ihrer Verknüpfungen zu semiotischen Raumstrukturen.

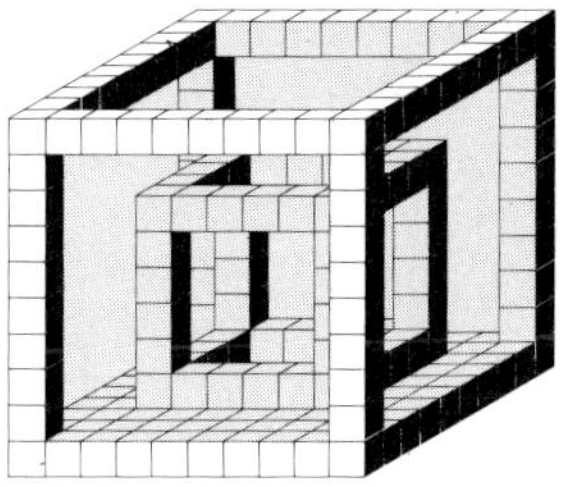

2.62 Schema des gebauten Raumes.

Was ist der Raum?
Er ist in seinen Wirkungen nicht unabhängig von seinen Begrenzungen; sie wirken in den Raum hinein – geschlossen oder transparent. Er kann von Licht erhellt, düster, klein oder von weiter Leere sein; Raumgrenzen sind mehr als nur Umbauungen und Abgrenzungen. Wand, Boden, Decke, Stütze, Balken und andere Elemente trennen und fügen zusammen; sie trennen den »gebauten« Raum vom »allgemeinen« oder absoluten Raum, sie begrenzen auf formal und technisch unterschiedlichste Arten, und diese Begrenzungen können die eigentlichen »Orte der Wahrnehmung«[28] genannt werden. Der Dualismus des leeren Raumes und der begrenzenden körperhaften, nicht eigentlich raumschaffenden, sondern raumabgrenzenden Bauelemente schafft das Wahrnehmungs- und Problemfeld für die Raumproduktion, die Raumwahrnehmung und die Raumdarstellung. Historisch gesehen war es weniger der Raumbegriff als vielmehr die Formen und Arten der Begrenzungen, die den »Stil« prägten. Und was die Raumgrenzen einschließt, fand, auch ikonologisch in seinem Kunstcharakter, meist größere Beachtung, war ikonographisch öfter Körper- denn Raumarchitektur, war ästhetisch mehr nach außen hin repräsentativ, als Säule, Balken, Decke, Gewölbe, Giebel, Treppe u.a. postuliert. Für den Raum aber ist die Leere kein Fehlen, sondern Hervorbringen seiner Wesenheit; die Leere ist das Kennzeichen des Raumes – der Raum ist kein Objekt. Die Bauelemente schaffen nach Lage, Anordnungen, Menge und Nachbarschaften die Raumbegrenzungen und diese den architektonischen Raum, der selbst lediglich ein Ausschnitt oder Abschnitt des allgemeinen bzw. absoluten Raumes ist. In Grenzfällen wird er zum metaphysischen Gleichnis des Himmelsgewölbes wie etwa im Pantheon, in der gotischen Kathedrale und in der islamischen Kuppel.
»Wenn ein Raum Kunst ist, so wird er ein Hauch der Ewigkeit …, er transzendiert das Bedürfnis …«,[29] bemerkte Louis Kahn; er wird in vollkommener Gestalt zum Gleichnis von Welt und Kosmos, und die psychischen Totalisationen sind in ihm angesprochen. Der gebaute Raum kann in gewissen organhaften Ausformungen selbst zum »Organ« des Lebens werden, wie Hugo Häring postulierte, und zwar unter der Voraussetzung, daß der Raum nicht der Geometrie und ihren Gesetzen, sondern den Lebensvorgängen selbst folge, sie bauend in Bewegung und Ausdruck nachbilde: »… der Lehrgang der Geometrie wechselt zu den Geheimnissen einer lebendigen Welt.«[30]

Das Wesen des Raumes ist zunächst die Wirkung seiner Begrenzungen, dann seiner Gliederung nach innen. In seiner Gestaltung treten die Raumvorstellungen zutage – der Raum als verdinglichter Behälter, als Resultat aus Ordnung und Funktion; als Organform des Lebendigen, als kosmisches Gleichnis.

2.63 Lagerelationen raumkonstituierender Flächen.

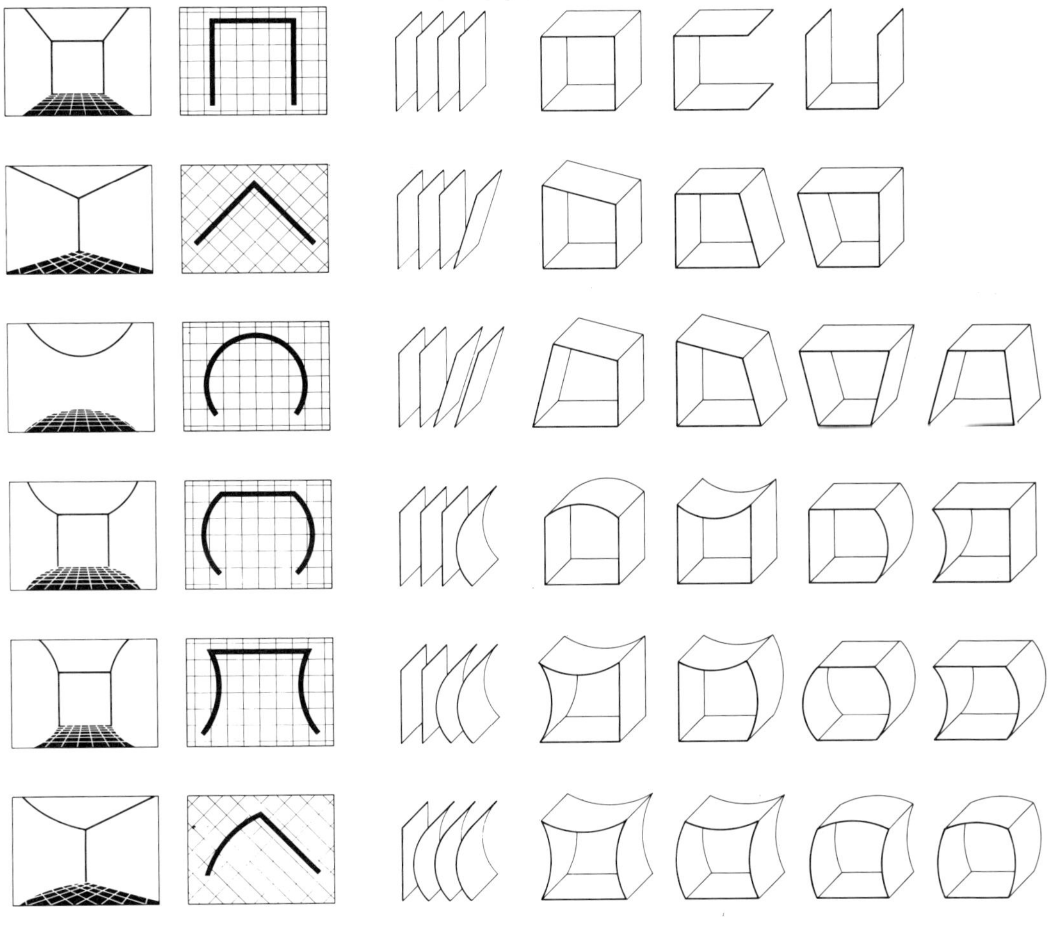

2.64 Lagerelationen raumkonstituierender Stäbe.

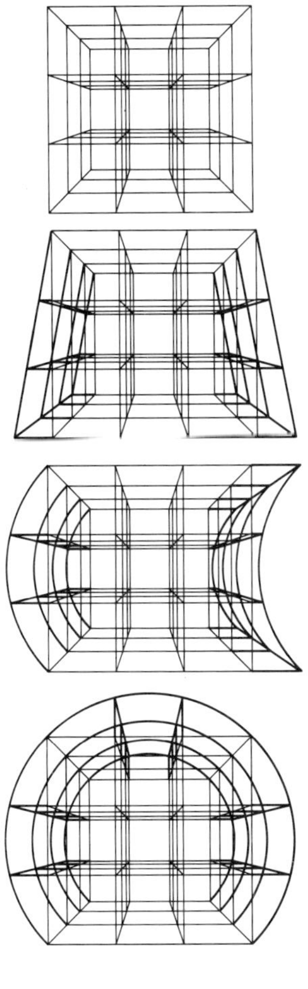

Der geometrische Raum

Der geometrische Raum ist der abstrakte, unanschauliche Raum geometrischer Beziehungen. Die sinnliche Erfahrung ist hier ausgeschlossen. Doch ist nach Descartes nur das Gedachte, nicht das sinnlich Erfahrene gewiß. Der geometrische Raum ist eine von Substanz und Materie unabhängige Leere, er vermittelt keine Sinnesempfindungen und er ist unabhängig von der äußeren Objektwelt. Dieser Raum ist kontinuierlich, isotrop, endlich oder unendlich ausdehnbar; er ist aus geometrischen Gesetzmäßigkeiten entstanden.
In der jüngeren Vergangenheit des technisch orientierten Bauens wurden Bausysteme entwickelt, die auf der Euklidischen Geometrie beruhen und daraus ihre Grammatik bezogen. Ihr isotroper oder periodisch sich fortsetzender Aufbau sichert eine breite Verwendung, ihr Gitteraufbau die wirtschaftliche Produktion. Punkte, Strecken und ihre Verbindungen im koordinierten Raum bringen bis heute vielfältige modulare Raumstrukturen hervor, die gitterartig oder zu Körperpackungen geordnet, die industrielle Fertigung aller Elemente ermöglichen.

Der Euklidische Raum
Der Euklidische Raum wird von drei sich schneidenden Geraden bestimmt. Die Bedeutung der euklidischen Geometrie wurde von der nichteuklidischen Geometrie erweitert; ihre Postulate unterscheiden sich wesentlich in einem Punkt, dem Parallelenaxiom. Durch einen Punkt kann man nur eine Gerade legen, die zu einer gegebenen Gerade parallel ist. In der von Lobatschewski, Bolyai und Gauß postulierten Geometrie, wonach man durch einen Punkt mehrere Parallelen zu einer gegebenen Geraden ziehen kann, ergibt sich eine erweiterte geometrische Logik, und die Bedeutung der Geraden und Ebenen wird von Kreisen und Kugeln übernommen: Geraden und Ebenen gelten als Kreise und Kugeln von unendlichem Durchmesser, die durch einen unendlich fernen Punkt gehen. In den von Lobatschewski gegebenen Sätzen ist beispielsweise die Winkelsumme in jedem Dreieck kleiner als 180°. Die Abweichung ist um so größer, je größer die Fläche des Dreiecks ist. Der hyperbolische Raum oder allgemein die Geometrie mit negativem Krümmungsmaß wurde von Riemann durch den Raum mit konstanter positiver Krümmung (sphärischer oder elliptischer Raum) erweitert. Eine nicht-euklidische Ebene heißt elliptisch oder hyperbolisch, je nachdem ob jede ihrer Geraden keinen oder zwei unendlich ferne Punkte hat. Der nichteuklidische Raum war der Interpretation des gebauten Raumes oder Produktion neuartiger Räume bis jetzt nicht hilfreich.
Der Euklidische Raum ist isotrop, er erstreckt sich nach allen Seiten unendlich weit, kein Punkt ist vor dem anderen ausgezeichnet, keine Richtung hat Vorrang vor einer anderen, er ist ohne natürlichen Mittelpunkt, und jeder Punkt dieses Raumes kann als Koordinatenmittelpunkt dienen. Als Raum- und Anschauungsmodell ist der geometrische Raum konträr zum semantischen Raum, denn aus diesem gehen die räumlichen Zusammenhänge aus Bedeutungen hervor, und ihrer Kausalität folgt die räumliche Organisation. Der semantische Raum ist der Raum sozialer Beziehungen und Bedeutungen; der geometrische Raum ist homogen und indifferent strukturiert. Er ist frei von Bedeutungen und unerschöpflich in seinen geometrischen Beziehungen. Der euklidische Raum abstrahiert von jeder Raumerfahrung. Der phänomenale, der Wahrnehmung zugängliche Raum ist nicht euklidisch geprägt, denn die Parallelität zweier Geraden, die sich in der Unendlichkeit schneiden, ist denkbar, doch der Wahrnehmung nicht zugänglich.

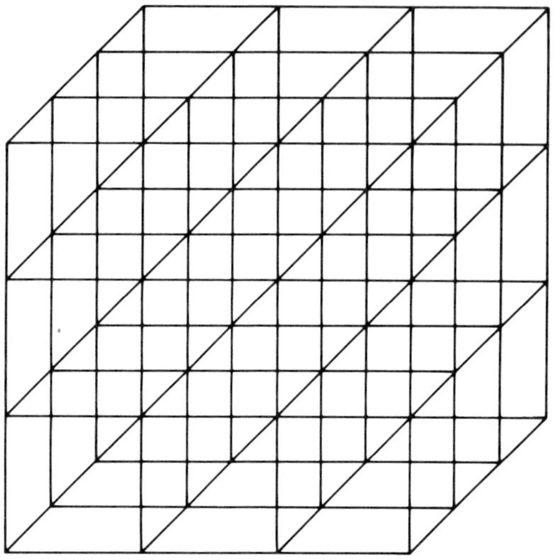

2.65 Der geometrische Raum.

2.66 Der erlebte Raum.

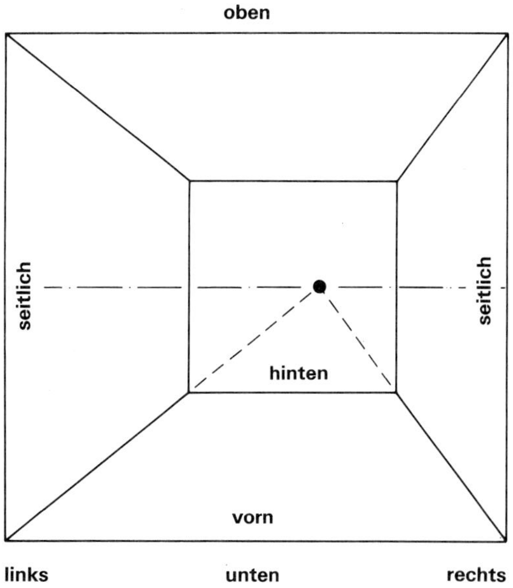

Der erlebte Raum

Die gegensätzliche Struktur des erlebten Raumes der Gegenstandswelt gegenüber dem abstrakten mathematisch-physikalischen Raum ist evident: Die raumkonstituierenden Elemente sind auf die Lebensvorgänge bezogen. Die Dinge im Raum, ihre Lage und Dimension sind auf ihre Nutzung angelegt – daraus folgen Raumbereiche, Raummilieu, Raumqualität. Konkret ist der Raum in der räumlichen Anordnung der Dinge, die in ihm anwesend und benennbar sind: Fenster vorn, Stützen und Wände links und rechts, die Treppe, die Tür, die in benachbarte Räume führt. Die Lagebeziehungen,

2.67 Oskar Schlemmer. Illustrationen zu »Mensch und Kunstfigur«. 1925.

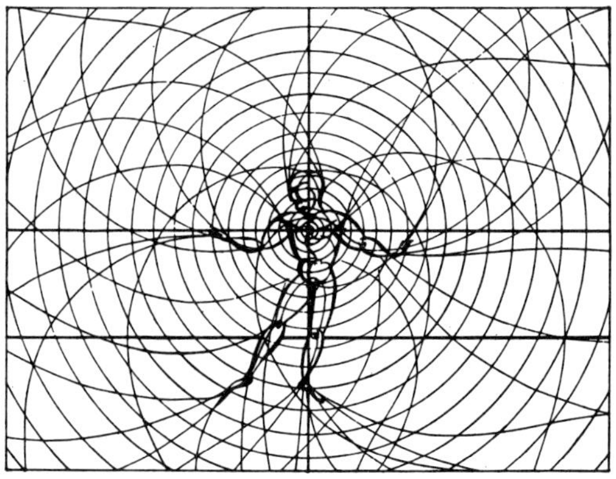

2.68 M. C. Escher. Relativität. 1953.

Elemente und die Gestaltung des Raumes zeigen, daß sie nicht beliebig, sondern ganz auf die menschliche Lebensweise ausgerichtet sind, das macht u. a. ihre virtuose Vertauschung, die Relativierung von oben und unten deutlich. In den entsprechenden Arbeiten von M.C. Escher kommt noch die Aufhebung der Schwerkraft hinzu.
Die Verflechtung der menschlichen Handlungen mit dem sie umgebenden Nahraum hat Oskar Schlemmer geschildert; die Wirkungslinien, aus Handlungen hervorgegangen, setzen sich im Raum fort.

Die Raumwirkung setzt sich aus den vielfältigen Beziehungen der raumkonstituierenden Elemente und ihrem Gefüge zusammen. Oft genügt schon die ausschnittsartige Wahrnehmung des Zusammentreffens von Decke, Wand, Boden, die Staffelung der Wände, der Blick von einem Raum in den benachbarten, um sich eine Vorstellung vom gesamten Raum machen zu können.

Skizzenhaft festgehalten und dennoch vollständig erfaßt ist die Alltagswelt, die den gebauten Raum erfüllt; sie versammelt die täglichen Dinge, die auf ein beabsichtigtes einfaches Leben hinweisen, das seine Behaglichkeit aus dem sinnlichen Beisammensein der Gegenstände im Raum bezieht. Diese Auszüge aus dem Skizzenbuch Le Corbusiers zeigen, daß Le Corbusier es nie aufgegeben hat, sinnlich zu argumentieren, daß seine architektonischen Vorstellungen an sich soziale Orientierungen legitimieren, daß diese Raumbildung ohne soziale Täuschung auskommt.

2.69 Le Corbusier. Auszüge aus seinem Skizzenbuch. Der erlebte Raum.

2.70 Einige Formen des erlebten Raumes.

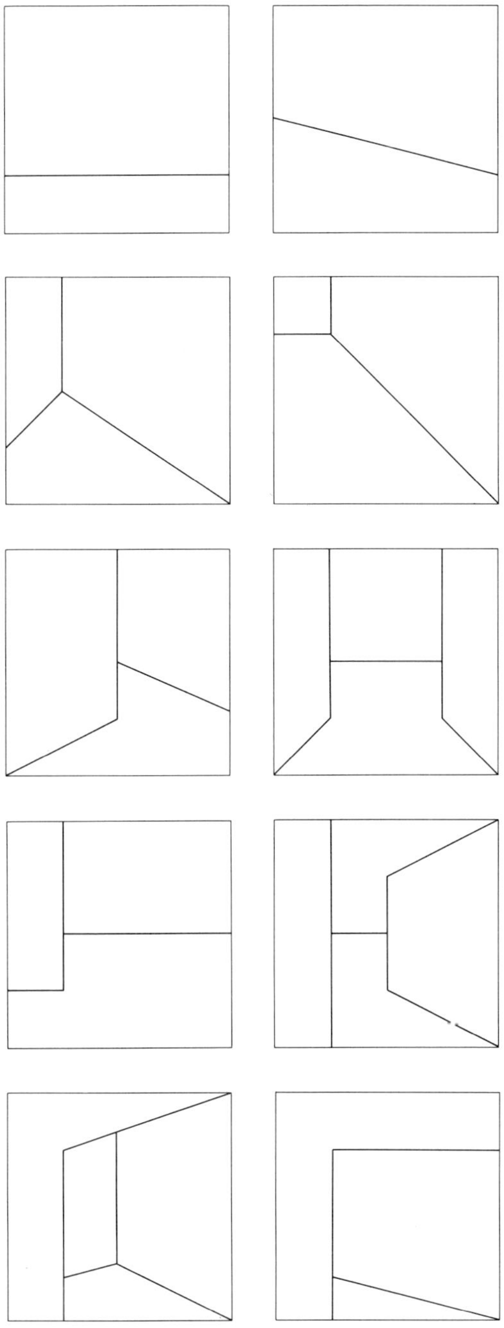

Der perspektivische Raum

Der mittels der Linearperspektive konstruierte Raum ist seiner Entstehung nach auf eine gewisse ausgewählte Wirkung, vor allem auf den Schnittpunkt der konvergierenden Linien hin organisiert, er wird primär von der Gesetzmäßigkeit der Perspektive beherrscht. Wie jede Wissenschaft von den methodischen Bindungen der von ihr erforschten Untersuchungen bestimmt ist, so fließt in die Gestaltung derartiger Räume ebenso die Eigenart, die Grundverfassung der Darstellungsmethode mit ein. Vom perspektivischen Raum kann gesprochen werden, wenn der Entwurf nachträglich nicht perspektivisch überprüft wird, sondern wenn der Raum selbst aus dieser Methode hervorgeht. Die Raumgliederung ist hier einem rationalen, faszinierenden, doch auch beschränkenden Werkzeug ausgesetzt, und der psychophysiologisch differenzierte Raum ist im so erzeugten Raum nicht hinreichend enthalten; das Hilfsmittel der perspektivischen Konstruktion ist nicht mehr nur Mittel, sondern Gegenstand der Raumanschauung, und es ist immer ein abstrahierter Sehraum, der auf eine mathematisierte, verzerrte und verkürzte Ansicht gebracht ist, die lediglich der einäugigen Raumwahrnehmung entspricht. Im perspektivisch strukturierten Raum herrscht deshalb die Tendenz vor, den Raum nach dem Eindruck zu beurteilen, der sich in der zweidimensionalen Projektion zeigt. Das bedeutet, daß das hinten Liegende, oft Verdeckte dem vorne Liegenden, Sichtbaren angeglichen wird. Damit erhält die Raumerscheinung eine scheinbar schlüssige Gestalt, die dann enttäuscht, wenn später die verschiedenen Blickwinkel nicht den erhofften Zuwachs an visueller Komplexität bringen. Die Folgen sind Räume und räumliche Strukturen, für deren Rezeption wenige Blickwinkel genügen, deren Formen und Beziehungen sich allzu schnell erschließen. Die Redundanz dieser räumlichen Beziehungen läßt nicht selten ein Gefühl der Dürre aufkommen, da die Anordnung der Raumelemente

2.71 Friedrich Weinbrenner. Lange Straße. Karlsruhe.

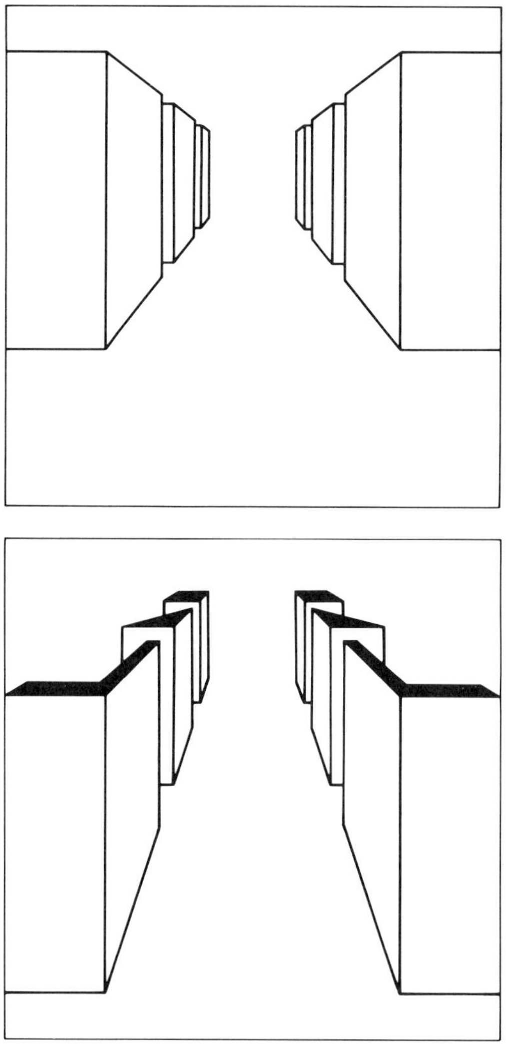

2.72 Schema der perspektivischen Raumwirkung.

2.73 Antonio Sant 'Elia. Città Nuova. 1913/14. Projekt.

meist wenig Überraschung und Neuheit bietet und die Perspektive Formen zusammenrückt oder zur Überschneidung bringt, die von anderen Standorten aus visuell wenig miteinander zu tun haben. Die real selbständigen Werte der Proportionen von Flächen und Körpern im Raum fallen den perspektivischen Gesetzen anheim; der Raum ist nach den Worten von El Lissitzky »begrenzt, endlich gemacht, abgeschlossen«, er ist nach der Anschauung der euklidischen Geometrie »als starre Dreidimensionalität erfaßt«.[31] Die perspektivische Konstruktion des Raumes verzerrt die wahren Größen, zieht die Formen mehr oder weniger zu einem Masseneffekt zusammen, von dem man weiß, daß er von der objektiv gegebenen Form allenfalls Teilwirkungen wiedergibt, jedoch die Dinge selten so hervortreten läßt, wie sie beschaffen sind.

2.74 James Stirling. Forschungs- und Entwicklungszentrum der Siemens AG in München. 1969. Projekt.

Ein in der neueren Architektur seltenes Beispiel, das perspektivische Wirkungen als Entwurfsgrundlage berücksichtigt, ist mit dem Entwurf zur Schule von Montagnola entstanden. Die geschwungene Wand ist perspektivisch auf eine Gesamtwirkung ausgerichtet, die sich zur Erzielung einer symmetrischen Wirkung der Platzanlage der perspektivischen Illusion bedient. Die Entwerfer erklären: »Der wellenförmige Wandverlauf ist gerichtet: durch sukzessive Kontraktionen seiner Ondulierungen, von Wandpfeiler zu Wandpfeiler, knüpft er an die ›Zweckform‹ des Portico an. Dennoch: für den, der vom Platz aus die Perspektive der Bäume erlebt, fügt sich die Fassade des Mehrzweckraumes mit Außentreppe und Eingang zu einem symmetrischen Bild zusammen. Und dies, weil die Fassade nach dem Prinzip eines Vexierbildes aufgebaut und perspektivisch korrigiert worden ist.«[32]

2.75 Marie-Claude Béatrix, Eraldo. Consolascio, Bruno Reichlin und Fabio Reinhart. Schulhaus in Montagnola. 1977.

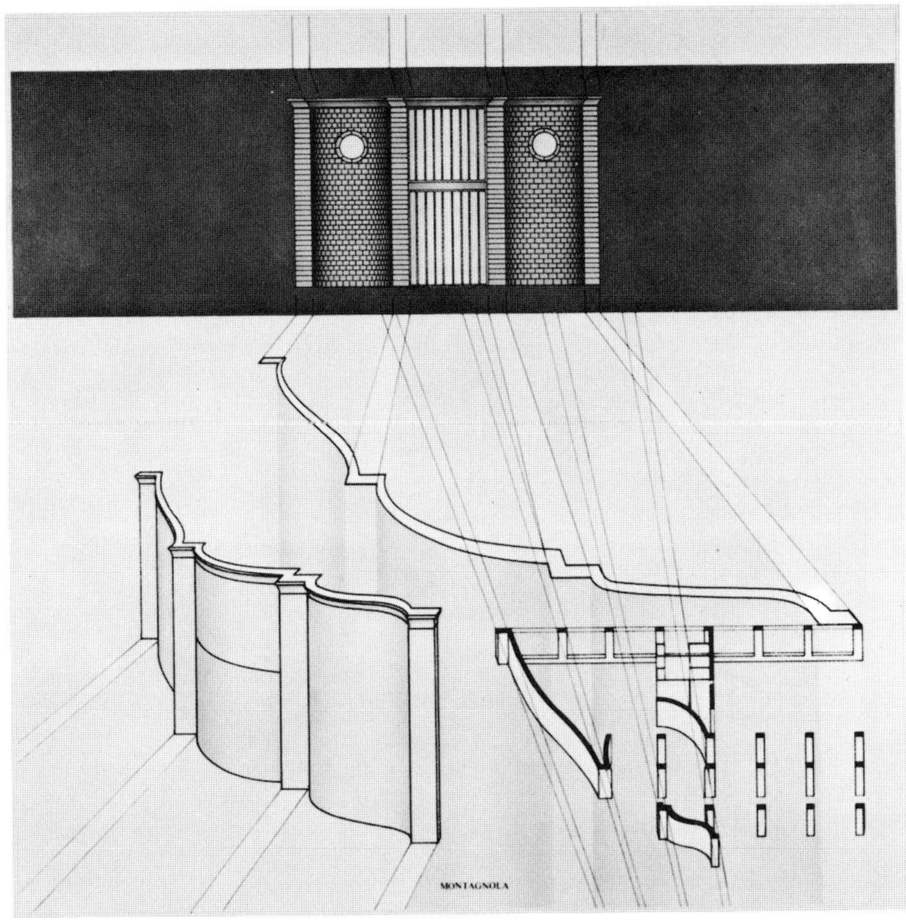

Der anonyme oder neutrale Raum

Im bedeutungsfrei gehaltenen Raum entfällt jede ausgewogene Ordnung, die das rationale Produkt einer planvollen Ausrichtung im Raum sein könnte. Von keinem Standort aus ist eine beabsichtigte Qualität oder eine sonstwie gebundene Ordnung zu erkennen, die diese stets wechselnden doch immer bruchstückartigen Eindrücke zusammenhalten könnte. An die Stelle der perspektivisch – hierarchischen oder semantisch geordneten – Raumstrukturen von einprägsamer Gliederung ist der Raum als »quantitatives Faktum« getreten, die Vorherrschaft gewisser Ordnungen ist verdrängt von der Anonymität des Ausdrucks, der Richtungslosigkeit und der Negation erkennbarer Beziehungen, auch dann, wenn Funktionales unterlegt ist. Der im tradierten Sinn geschlossene und definierte Raum ist hinfällig. Am treffendsten ist der Begriff des Umfeldes: Wahrnehmungsfelder, Tätigkeitsfelder, Interaktionsfelder. Am Funktionieren, an der durchgesetzten Zweckrationalität hat diese Raumvorstellung das Maß ihres Gelingens. Der Zweck, das Funktionale ist für diese Raumvorstellung bestimmend. Der Entwerfer ist mehr Organisator als Gestalter des Raumes. Diese Zersplitterung des vordem visuell zusammenhängenden Raumes ist deutlich am Stadtraum: wo zusammenhängende Komplexe fehlen, ist der Stadtraum als Fragment oder als banale Unordnung zu erleben, es herrscht die hinreichend bekannte Realität: die Stadt als Wüste der Häßlichkeit. Der Gegensatz von räumlich ausgerichteter Stadtstruktur einerseits und der räumlich unentschiedenen, anonymen Raumgliederung andererseits, die in Wahrheit lediglich eine Raumnutzung ist, erwächst vorrangig aus dem Interesse an der Verfügbarkeit der freien Bebauungsfläche. Oft ist die Höhe der Baukörper noch aufsehenerregende Repräsentation, die einen Rest von Bedeutung vermittelt.

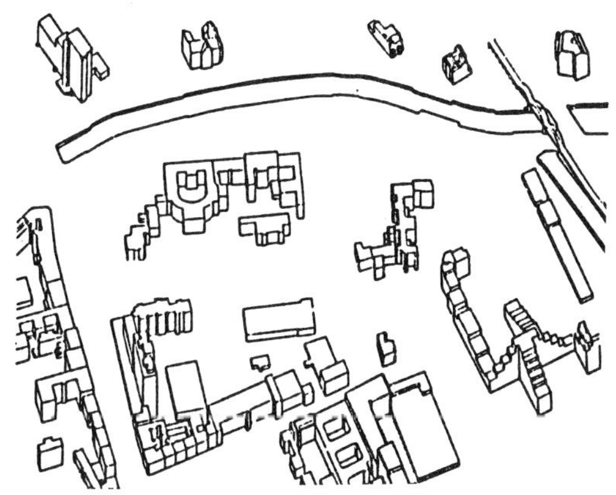

2.76 Der anonyme oder neutrale Raum.

Der symbolische Raum – das Symbolische im Raum

Das Hauptmotiv ist darauf ausgerichtet, den Raum stilvoll in den Dienst der Kontemplation zu stellen. Die Gestaltung versucht den symbolischen, auch ins Transzendente führenden Anlaß in eine sinnvermittelnde Form zu bringen und die Deutungsversuche der Rezipienten durch Affirmation zu lenken. Derartige ideen- und sinntransportierende Räume stehen in der Aura sinntiefer Reflexion und sind selten offen für Interpretationen. Der Raum soll seine Wirkung nicht nur aus den gegenwärtigen und wahrnehmbaren Qualitäten beziehen, sondern mittels einer spekulativen These, einem idealistischen Konstrukt sinnlich Abwesendes zur Anschauung bringen.
Dieses Ziel ist nicht nur eine abstrakte Größe, sondern geht in Erfüllung, wenn die Komposition des Raumes, intuitiv nachvollzogen, gerade jene Vorstellungen nahelegt, die er denotiert: Architektur als Inszenierung der Geschichte, der Macht des Glaubens. Und damit nur eindrucksvolle Perspektiven zur besten Wirkung gelangen, ist die Gestaltung auf eine »architeture parlante« konzentriert, die Inszenierung soll euphorische Räume formen, sie soll überreden, dem Rezipienten eine Zeit- oder Glaubensgemeinschaft offerieren. Die Essenz des symbolhaften Raumes liegt mehr als bei den anderen Erscheinungsweisen des Räumlichen in seiner Aura, in gefühlsmäßigen Motiven und darin, wie sich diese durch ihre Distanz zur alltäglichen Gegenwart in der Umformung und Überhöhung zur architektonischen Form auswirken. Diese intentionale Prägung bleibt als Bezugsrahmen ein idealistisches Konstrukt.

2.77 Karl Friedrich Schinkel. Rotunde des Museums im Tiergarten. Berlin. 1822–1828.

Orte, Orthaftigkeit

Natürliche oder artifizielle Orte sind nicht an feste Umgrenzungen, nicht an Substanz gebunden. Die Konstitutionierung eines Ortes ist auch nicht auf gebaute Orte beschränkt, obgleich gerade »das Bauen Orte schafft«.[33] Zahllos sind die Ortsbestimmungen und -konkretionen im täglichen Leben und als Schauplatz der Geschichte. »Ich bin an einem Ort«, oder »die Dinge sind an ihrem Ort«, das verweist darauf, wie die menschliche Existenz und nicht weniger die Dinge selbst »ihren Ort« haben, wo sie »hingehören«, an ein bestimmtes Hier und Dort. Sind sie nicht an »ihrem« Ort, so verlieren die meisten von ihnen ihre mitgegebene Identität; das surreale Bild eines Regenschirmes auf dem Operationstisch bereitet als absurde Ortsvertauschung der Identität dieser Gegenstände ein makabres Ende. Die menschliche Existenz – noch mehr die der Tiere und Pflanzen, die meist auf die nächste Umwelt, auf ihren »Ort« bezogen leben – ist auf das engste mit Orten verknüpftt; das zeigt sich ebenso im täglichen und räumlichen Umgang mit den Dingen, die nur an »ihrem« Ort funktionieren können, wie an der Verflechtung mit dem Alltag, an Begriffen wie Ortssinn, Ortsbestimmung, Ortschaft, ortsansässig und -fremd usw. Für die Lebenswelt sind Orte bestimmte, herausragende, ausgezeichnete Stellen innerhalb eines bedeutungsgeringeren Umfeldes; für Heidegger ist der Ort die Mitte einer Gegend, der »Ort öffnet jeweils eine Gegend, indem er die Dinge auf das Zusammengehören in ihr versammelt«.[34] Dem Ort kommt an Bedeutung das zu, was der Mensch ihm verleiht. Nach Albert Einstein ist er lediglich eine gewisse Anordnung körperlicher Objekte: »Was nun den Raumbegriff angeht, so scheint es, daß ihm der Begriff Ort vorausgegangen ist als der psychologisch einfachere. Ort ist zunächst ein meist mit einem Namen bezeichneter (kleiner) Teil der Erdoberfläche. Das Ding, dessen Ort ausgesagt wird, ist ein körperliches Objekt. Der Ort erweist sich bei simpler Analyse ebenfalls als eine Gruppe körperlicher Objekte. Hat das Wort Ort unabhängig davon einen Sinn (beziehungsweise kann man ihm einen Sinn geben)? Wenn man hierauf keine Antwort geben kann, wird man zu der Auffassung, daß Raum (beziehungsweise Ort) eine Art Ordnung körperlicher Dinge sei und nichts als eine Art Ordnung körperlicher Objekte«.[35]
Nahe, ferne Orte, Ortschaften und gebaute Orte – Orte überall. Nah ist mir der Ort des eigenen Hierseins, was wiederum einem anderen, von ihm aus gesehen, weit entfernt erscheint. Daher sind nahe und ferne Orte mehr am »raumzentrierenden Ich« orientiert als an den Materialien der Erscheinungswelt. Orte werden nicht von ihrer Größe, eher von ihrer Bedeutung bestimmt; sie sind empirisch gegebene Realität anstelle des allgemeinen Raumes,[36] der in seiner unanschaulichen und abstrakten Beschaffenheit kaum vorstellbar ist. Oben und unten, links und rechts sind Orte und Ortsbestimmungen im erlebten Raum. Zahllos sind die Orte in Stadt und Landschaft. So ist die Wand der Ort des Übergangs und der Vermittlung von innen und außen, das Fenster der Ort des Hinausschauens, die Orientierung zu anderen Orten, die Tür – oft noch über die Schwelle führend – der Ort des Hindurchgehens zu den Orten im Inneren des Hauses. Heimat geht aus der Verflechtung von Orten im Raum hervor, an die sich der Mensch emotional gebunden fühlt; von hier aus macht er sich auf den Weg zu ferneren Orten. Der geometrische Raum kennt derart beschaffene Orte nicht, denn in ihm gibt es keine Sinneserfahrung; er ist ohne den Mittelpunkt des erlebenden Menschen, von dessen Stimmungen und Handlungen erst etwas seinen Ort erhält, und zwar in dem Maße, wie sich »das Leben abspielt im räumlichen Umgang mit den Dingen«.[37]
Heimat ist eine Folge ausgezeichneter Orte, die herausragen aus der allgemeineren und weiteren Umgebung; dorthin kehrt man immer wieder zurück, Heimatlosigkeit aber bedeutet: »Kein Ort. Nirgends.«[38] Geht man in Richtung Heimat, geht man zu jenem Ort, an dem man wohnt, und Wohnen bedeutet mehr als nur eine Unterkunft zu haben, nämlich nicht an einem beliebigen, zufälligen Ort zu sein; es bedeutet, zu einem Ort zu gehören. Dem wohnlichen Ort folgt das Wohnen, das – nach Heidegger – aus dem Zufriedensein, zum Frieden gebracht, in ihm bleiben, hervorgeht. Man muß einen Raum haben, dem man sich verbunden fühlt. Für das Bauen genügt es nicht, bauend Orte zu errichten und sie räumlich zu überformen, wenn der Geist, der an einem Ort herrscht, der »Genius loci«,[39] in den mit ihm errichteten Räumen sich wiederfinden soll, bei der Gestaltung unverwechselbarer Orte. Die archetypischen Handlungen anläßlich früher Stadtgründungen sind Spiegelbilder der ortbildenden Kraft des Bauens; »das Bauen errichtet Orte«.[40] Heidegger bemerkt auch: »Das Bauen gestaltet niemals den Raum, weder unmittelbar noch mittelbar. Gleichwohl ist das Bauen, weil es die Dinge als Orte hervorbringt, dem Wesen der Räume und der Wesensherkunft ›des‹ Raumes näher als alle Geometrie und Mathematik.«[41] Ist der Ort im Raum? Das erfordert die Besitzergreifung des Ortes durch das Bauwerk und für dieses: das Bildhafte des Ortes als Substrat und Form; dem Ort verpflichtet sein, dem »Genius loci«, denn »die Räume empfangen ihr Wesen aus Orten und nicht aus dem Raum«.[41]

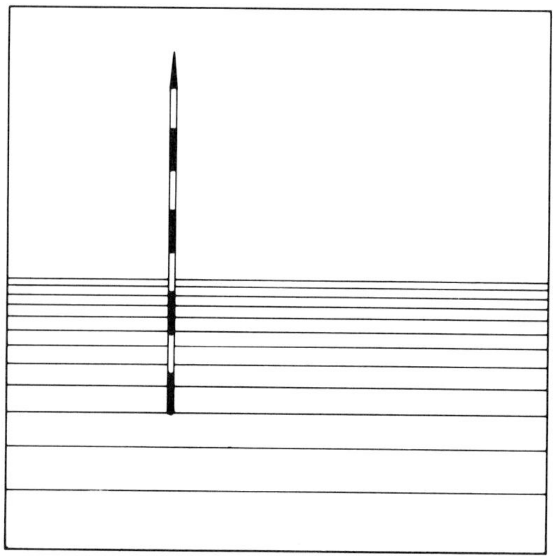

2.78 Ein Ort.

Die Natur als Kunstwerk

Der Umgang mit der Natur – sei er schützend, ausbeutend, gestaltend – führt zu wachsender gesellschaftlicher Kontrolle und bringt immer weitere Einteilungen hervor: Kulturlandschaft, freie Landschaft, urbane Landschaft, agrarische Landschaft; die Kontrolle schafft Einteilungen in Zweckdienliches und Zweckfreies, Mythisches und Wirkliches, benennt die Zonen der geringeren und größeren Nützlichkeit und produziert Landschaft, Grünfläche, Garten, Park. Noch immer wirken in den Vorstellungen des Naturschönen, in Natur- und Heimatgefühl harmonische Bilder der Natur als der unverwüstlichen Domäne des An-sich-Schönen. Wo ist die Landschaft, die Form des landschaftlichen Inhalts, die Physiognomie der Natur nicht längst vom Naturzustand zum Muster gesellschaftlicher Kräfte transformiert? Und wo wandelte sich die Landschaft nicht zwangsläufig trotz aller Proklamationen zeitgleich wie die gesellschaftlichen Vorstellungen und Ansprüche an sie, wie es in der Zeichnung von Max Peintner, »Das 20. Jahrhundert«, zum Ausdruck kommt?

2.79 Max Peintner. Das 20. Jahrhundert. 1972.

Die unverfälschte Natur ist Richtschnur für das ästhetische Handeln in der Garten- und Landschaftsgestaltung. Und sie wird in jeder gärtnerischen Arbeit erneut gesucht; diese wird nach jenem Anblick beurteilt, den die Natur einst zu gewähren schien. Jeder gärtnerischen Anlage ist es schmeichelnd, in der Vielfalt und der Fülle der Pflanzen, der Farben, auch in den topographischen Formen zu Wirkungen zu gelangen, die man nur der Natur unvoreingenommen selbst zuschreibt, obgleich zivilisatorisches und natürliches Material schon seit einiger Zeit austauschbare Qualitäten sind. Die Landschaftsmalerei hat seit dem 15. Jahrhundert in theatralischen Überhöhungen als Paradiesersatz sich dieser Sehnsucht so erfolgreich angenommen, daß man sich bald angewöhnte, die Natur nach jenem Kunsterlebnis zu beurteilen.

Nach Rousseaus Vorstellung konnte der Mensch nur in der unberührten Natur zu den Formen der reinen Existenz zurückfinden. Dabei ist die Landschaft von kathartischem Effekt, kein amorphes Gebilde, sondern deutlich strukturiert. Für eine Parkanlage schlug er »illusionsstiftende Elemente« vor, die der unberührten Natur entliehen sind. Die Landschaft sei so zu komponieren, daß sie den Eindruck eines ruhigen Lebens widerspiegele; die drei Reiche – das der Pflanzen, des Wassers und der Vogelstimmen – sollen miteinander harmonieren, denn der Anblick der wahren Landschaft erst versetze den Betrachter in Träumerei, löse ihn aus dem Unbehagen des Alltags, tröste empfindsame Seelen.[42] Seither sind in einer europäischen Parkanlage die Wege, Bäume, Wasserläufe, Büsche und Pflanzen kunstvoll unregelmäßig arrangiert. Im Vergleich zum Barockgarten ist sie stilistisch »neutral«, also weitgehend von jenem Charakter, den die Natur selbst zeigt; d. h. die Gartengestaltung hat sich die romantische Fiktion zur Aufgabe gemacht, Natur und Menschenwerk zur Übereinstimmung zu bringen.

Die landschaftliche Natur ist das Medium zur Gefühlsaussprache des Menschen, und sie ist emotional inspirierende Quelle. Sie ist der Gefühlswelt ferne Silhouette, ruhige Insel, grünes Exil. Die Schönheit der Landschaft fungiert als Innerlichkeitsersatz, sie tröstet den denkenden und fühlenden Menschen. Diese kontemplative Naturbeziehung ist nicht auf die Gestaltung von Parkanlagen beschränkt; sie hatte ihr Medium in einer Landschaftsmalerei mit doppeltem Boden, und die Natur war verklärtes ästhetisches Ideal. So findet sich die Natur bald in der Rolle des Konstrukts, an dem sie selbst gemessen wird und wo das Verständnis für sie scheinbar seine tiefsten Wurzeln hat.

2.80 Der Garten von Herrenhausen, nach 1680.

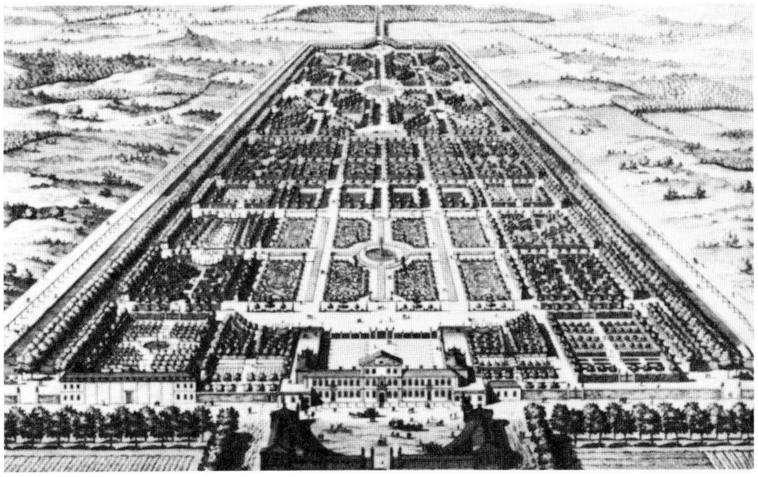

2.81 Le Nôtre. Plan der Anlage von Versailles. 1661–1690.

Natürlichkeit war für Rousseau nur in der Natur selbst zu finden; für den zeitgenössischen Geschmack waren es eher die Gartenidyllen – Schäferszenen von Boucher oder Greuze –, die romantische Gefühle durch die Annäherung der Natur an die Kunst hervorriefen. Nicht erstaunlich, denn zuvor hatten die idealisierten Landschaftsbilder von Claude Lorrain und Nicolas Poussin dazu verführt, mit dem sogenannten »Claude-Glas«, einem golden gefärbten Glas vor dem Auge, die Landschaft nach jenen verklärten Wirkungen zu durchforschen, die von der Malerei her vertraut waren, sich aber in der Natur so schwer wiederfinden ließen. Gemalte, stimmungsvolle Landschaften hatten eine doppelte ästhetische Funktion: ihren Genuß selbst, doch auch die Natur nach ihrem Vorbild zu formen. Die Erscheinung der Natur war Kunstgegenstand, sie zu gestalten eine Kunstgattung, und lange Zeit stand Kunstverständnis vor dem Naturverständnis.

Die Nachahmung der Natur in Parkanlagen hatte bei Rousseaus pathetischem »Zurück zur Natur« einen sozialen Apekt, der den gesellschaftlichen Riß zur Natur revolutionär überbrücken sollte. Der französische Park war ihm als »Denkmal der Eitelkeit«, als Prestigegehabe, als Usurpator der Natur erschienen.

Aber wo war die wahre Natur? War sie in bestimmten landschaftlichen Erscheinungen zu Hause, oder repräsentierte nicht erst der Artefakt die Vielfalt der Natur, gestützt auf eine Theorie, die Ästhetik, Psychologie und Natur zusammenhängend thematisierte? Rousseau empfiehlt thematische Abwechslung bei der Anordnung von Pflanzen, Bäumen, Wasserläufen, was etwa zeitgleich auch der englische Landschaftsgarten will: unerwartet neue Anblicke, überraschender Fernblick wechselnd mit abgrenzenden, malerisch gruppierten Bäumen.

Der Schöpfer des englischen »Landschaftsgartens«, eines »Gartens der Natur«, William Kent, suchte den Reiz unberührter Landschaft mit dem Eindruck von Ruhe und Ausgeglichenheit zu verbinden. Pflanzen gewährte man nun ihre ursprünglichen Wuchsformen; beschnittene Formen von Hecken und Bäumen, geometrisch organisierte Beziehungen des naturverfremdenden »Französischen Gartens« lösten sich auf in eine nur noch leicht stilisierte Natur, die noch natürlicher und stimmungsanregender sein sollte als die Natur selbst.

2.82 Residenz Würzburg. Rokokogarten.

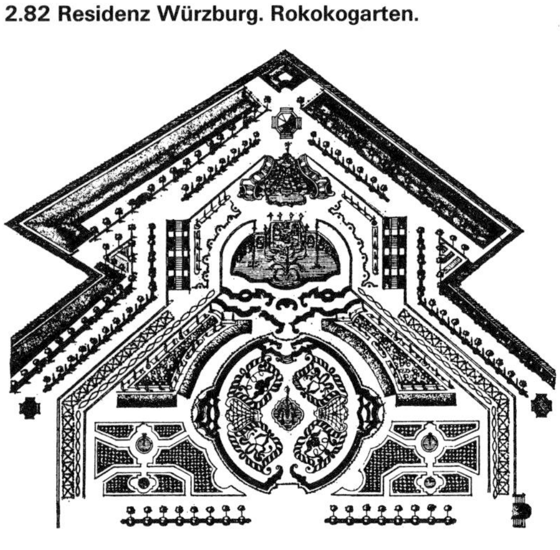

Anders der »architektonische« Renaissance- und Barockgarten: Alles ist in eine geometrische Ordnung gezwungen, die Flächen und Wege, Terrassen und Treppen, die Wasserspiele und Blumenparterres. Hecken und Bäume sind formbildend geschnitten; außen sind es Wassergräben und Gitter, die scharf von der Landschaft abgrenzen.

Der englische Landschaftsgarten des 18. Jahrhunderts ist seinem Wesen nach nicht nur eine emotionale Abkehr von jener absolutistischen und verfremdeten Naturauffassung; der artifiziell arrangierte Wildwuchs des englischen Gartens als nicht minder künstliche Ausdrucksform wird im Verlauf des 18. Jahrhunderts auch zum Zeichen bürgerlicher Emanzipation, obgleich schon durch den Naturgenuß des englischen Adels und bereits zwei Jahrhunderte zuvor von Francis Bacon, dem Begründer des modernen Empirismus, empfohlen wurde, daß der Natur auch in der Gartenanlage freier Lauf zu gewähren sei.

Die Landschaft, d. h. die Garten- und die Parkanlage, ist nach einem subjektiven Zeichenrepertoire geformt. Die Physiognomie der Natur soll ein Abbild der menschlichen Phantasie und des Gefühlslebens sein.

Der englische Landschaftsgarten ist im Vergleich zu seinen Vorgängern antiformal. Er berücksichtigt das heimische Klima und heimische Pflanzen meidet das Zuviel an Motiven, Materialien und visuellen Wirkungen; er gibt sich so, als habe die freie Natur mühelos ihren Lauf genommen.

Das ist die Absicht der pittoresken Ästhetik, die analog den Stilformen aus Literatur und Malerei des 18. Jahrhunderts das Sehen hinlenkt zu unregelmäßig phantasievollen Gruppierungen der Baukörper in landschaftlicher Umgebung und diese »nachbarocke Zwanglosigkeit« auch in der Landschaft zu erleben und zu gestalten wünschte. Eine natürlich erscheinende Gliederung der Baumassen und ihre pittoreske Einfügung in die Landschaft, das zieht die Ausdehnung des ästhetischen Systems auf die Gartenkunst nach sich. Sie ist nicht bloß effektvolles Anhängsel. Endlich ist die Idealform von Naturverbundenheit und Stil in der Symbiose von Kunst und Natur geglückt – oder nur eine geschicktere, weil modernere Unterwerfung der Natur unter menschlichen Willen begonnen.

Das Gefühlsleben der Romantik hatte durch Planung und Gestaltung die Natur zu einem neuen Muster gesellschaftlicher Einwirkung geformt, einem Muster von pittoresker, behaglicher Anmutung mit inspirierender Wirkung, mit sicheren Stimmungswerten und sorgfältig bestimmten An- und Ausblicken. Dazu Montesquieu: »Die Kunst kommt uns zu Hilfe und enthüllt uns die Natur, die sich selbst verbirgt. Wir lieben die Kunst, und wir lieben sie mehr als die Natur, d. h. als die unseren Blicken entzogene Natur.«[43]

Hermann von Pückler-Muskau nennt als das höchste Ziel der Gartenkunst »die hinreichende Verschleierung der Schönheit, um der Einbildungskraft ihren nöthigen Spielraum zu lassen«.[44]

Das Zeichensystem des Landschaftsgartens verweist nicht nur auf die landschaftliche Natur. Aus der Durchdringung von Natur und Kultur resultiert die Synopse der Kulturlandschaft, die Garten- und

2.83 Richard Boyle und William Kent. Chiswick House. London. Plan des Parks, begonnen 1725.

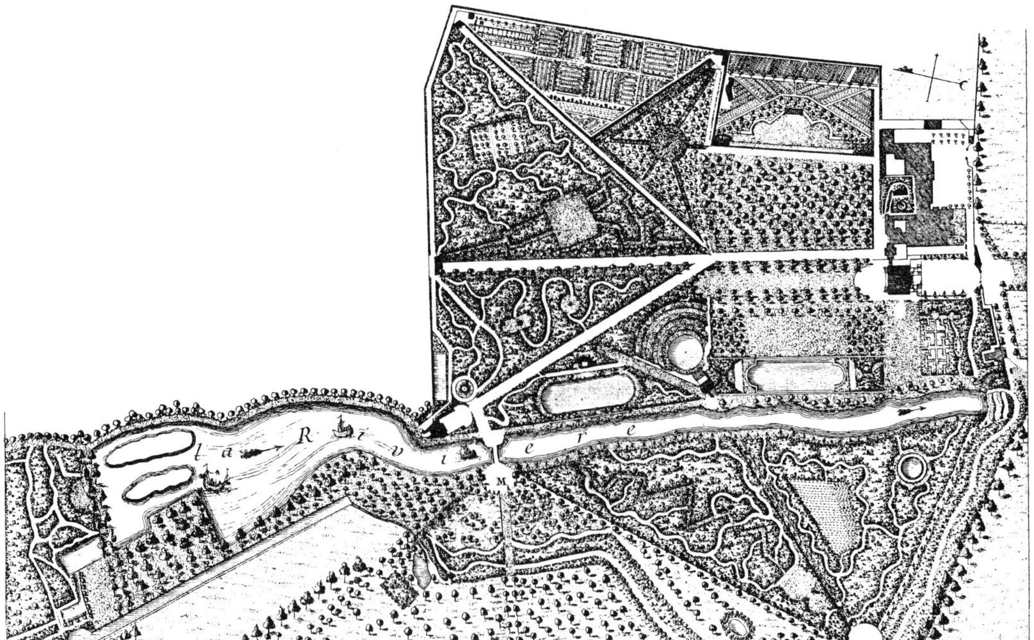

Parklandschaft, und sie enthält in materieller Form Arrangements der »geschönten« Natur, um gewisse Konnotationen des Betrachters auszulösen. Kunst und Natur stehen nicht in Opposition zueinander. Die englische Gartenkunst näherte die Natur der Kunst und die Kunst der Natur weitgehend an, wie es die Pioniere – Addison und Pope – gepriesen hatten, auch mit der Folge, daß die Landschaft nach dem Begriffsinventar der bildenden Künste gestaltet wurde. Das wahre Wesen der Natur konnte nur die Kunst enthüllen. Usedale Price, die Autorität des Pittoresken, forderte gelegentlich, der Gartengestalter solle hierzu Gemälde kopieren.

Idee und Bild der Garten- und Landschaftsgestaltung

Über die Wandlungen der Natur hinweg entwickelt sich ein Repertoire von hoher semantischer Kapazität, das konnotiert, was in den Erwartungen des Betrachters bereits vorbereitet ist. Die Garten- und Parklandschaft als Zeichensystem hat wie die Architektur ihre Gestaltungsthemen; das gestalterische Hervorbringen naturhafter Erscheinungen ist zur künstlichen, der Mischung fähigen Zeichensprache entwickelt: Blumen, Rasen, Buschwerk, Bäume und Wasser sind die Elemente, das Medium ist die Natur – die wahre Natur ist das Artefakt. Damit bringt es auch die Gartenkunst zu einer Systematik in der typologischen, struktiven und dekorativen Ordnung. Die Entwurfstechnik des Gartengestalters gleicht der des Architekten, denn auch im Garten soll aus den Programmforderungen eine visuelle Einheit entstehen, trotz der – für das ungeübte Auge – scheinbar planlosen Anlage von Blumen, Buschwerk, Bäumen, Wasserläufen. Sie sind in Wahrheit codierte Mitteilungen, und wenden sich an konnotative Lexika, die in den zumeist romantischen Erwartungen des Betrachters bereits angelegt sind. Sie geben ihm in einer Folge von Naturbildern jene Gemütsbewegung, die er von der Natur als Erlebnis erwartet. Weltschmerz und Weltentrücktheit schaffen sich Inseln der Melancholie inmitten der Natur – menschenfern.

Die Natur ist auch heute Modell und Rohstoff für den Gartengestalter; das den Menschen moralisch formende Naturerlebnis – wie es Rousseau erhofft hatte – führt in die zeitlosen Träume des harmonischen Lebens mit der Natur.

Der Gartengestalter läßt sich von der Natur führen, und es gehört zu den höchsten Qualitäten der Gartenkunst, die Kunst natürlicher erscheinen zu lassen, die Natur aber durch den Kunstgriff verdichtet zurückzugewinnen. Der Gartengestalter vertritt wie der Architekt für das Gebäude die visuelle Vorstellungskraft, das Wissen um die Wirkung der Pflanzen, Farben, der Texturen, der Raumbildung, Gliederung, der Erscheinung in Licht und Gegenlicht.

Die Gartengestaltung mit den Zielen der Architektur gleichzusetzen, fällt so schwer wie umgekehrt von der funktionalistischen Auffassung der Gebäudeplanung auf die Gestaltabsichten des Garten- und Landschaftsbildes schließen zu wollen: Den schmucklosen Garten gibt es nicht. Stadtplanerisch ist mindestens seit der Gartenstadtbewegung das korrespondierende Verhältnis von Gebäude und Naturraum das Ziel. Technisch ist die gärtnerische Anlage ein vergleichsweise einfaches Bauwerk. Die seit dem 18. Jahrhundert verlorene Einheitlichkeit von Gebäude und Garten wird selten wiederhergestellt. Oft wird eine signifikante Gegensätzlichkeit gesucht, die sich thematisch aus der Größe, der Funktion, vielleicht dem Geist des Bauwerks eine naturhafte Fortsetzung schafft. Was Humphrey Repton 1806 als den Zweck der Gartenkunst formulierte, »eine reinere, harmonischere und ausdrucksvollere Szenerie zu erschaffen, als sie in der Natur selbst zu finden ist«,[45] kann heute noch gelten.

Sträucher und Bäume sind sichtverstellend, sichtöffnend unregelmäßig verteilt, importierte Exotik schafft neue schwärmerische Ideale, Exklusivität, Monotonie oder falsches Pathos. Darin ist die Arbeit des Gartengestalters der des Architekten verwandt: die gestalterische und räumliche Zusammenfassung der Ansprüche und Vorstellungen unter ein allgemeines Thema bei thematischer Vielfalt der Motive, des Maßstabs, der Proportion und Perspektive.

2.84 Friedrich Ludwig von Sckell. Plan für den Englischen Garten in München, nach 1792.

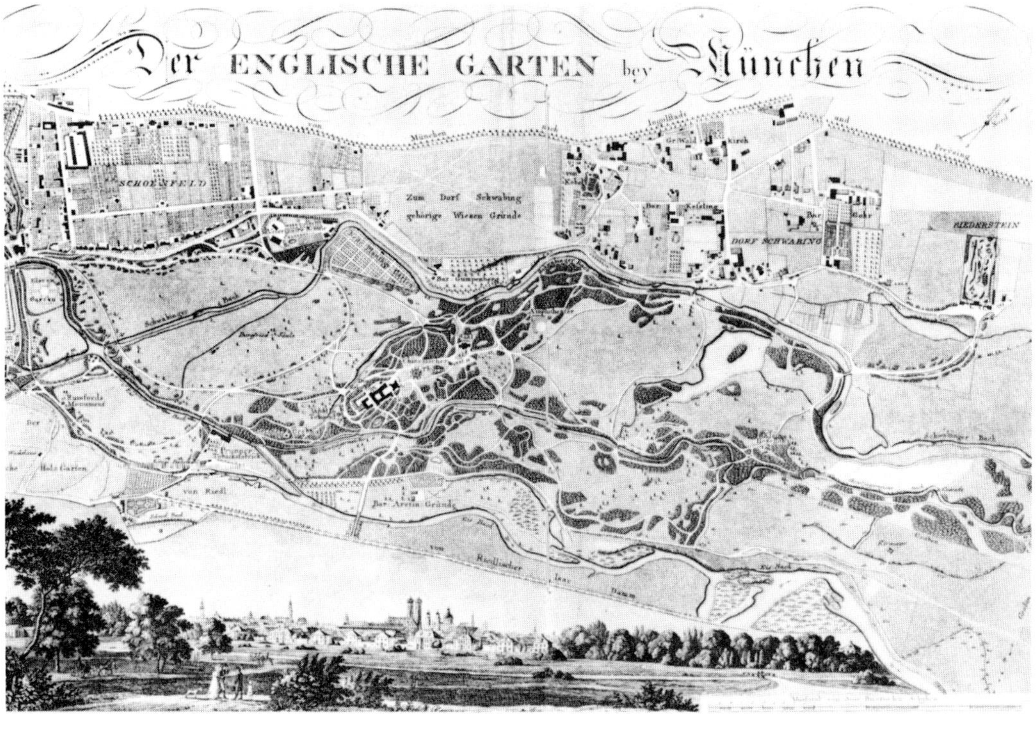

2.85 Arnold Böcklin. Die Toteninsel. 1880.

Anmerkungen zum japanischen Garten

Die gegenüber dem Renaissance- und Barockgarten freiere Ästhetik des englischen Landschaftsgartens ist trotz thematischer Unterschiede nicht frei von formalen Anleihen beim japanischen Garten. Auch dieser hat kräftige Farben und die Palette von Frühjahr bis Herbst in sorgfältig abgewogenen Pflanzungen, und die Biegungen der Wege führen zu den schönsten An- und Ausblicken, zu Hügeln, Wasserläufen, Wasserfällen und Inseln, zu sorgfältig komponierten Steinsetzungen, zu ruhigen oder auch bizarr geformten Busch- und Baumgruppen oder moosbedeckten Flächen.

Anders als der englische Landschaftsgarten und die in dieser Tradition stehenden Garten- und Grünanlagen, wo man versucht, die Natur kopierend zurückzugewinnen, sie gärtnerisch wiederherzustellen, ist der japanische Garten vom 7. Jahrhundert bis in die Gegenwart ikonographisch bestimmt. Er ist auf die Einordnung des Menschen in die Natur gerichtet. Wie der chinesische Garten verwendet er Bestandteile der natürlichen Landschaft. Eher symbolisch ist das Wesen der Natur ausgedrückt, karg in den Zen-Steingärten, üppig in Paradiesgärten, und es herrscht im japanischen Landschaftsgarten, wie in der japanischen Ästhetik allgemein, eine Ökonomie der Mittel. Der oft verkleinernde Maßstab der Elemente und auch des Gartens komprimiert die Wirkung, verstärkt die nach innen gerichtete Tendenz.

Trotz der anderen, den Menschen integrierenden Naturauffassung und trotz ikonographisch festgelegter Gestaltungsmotive hat der japanische Garten in westliche Vorstellungen in dem Maße hineingewirkt, wie die europäische Gartentradition ihre naturbeherrschende Rolle zugunsten einer landschaftsgestaltenden aufgab.

2.86 Konchi-in-Garten. Kyoto. 17. Jahrhundert.

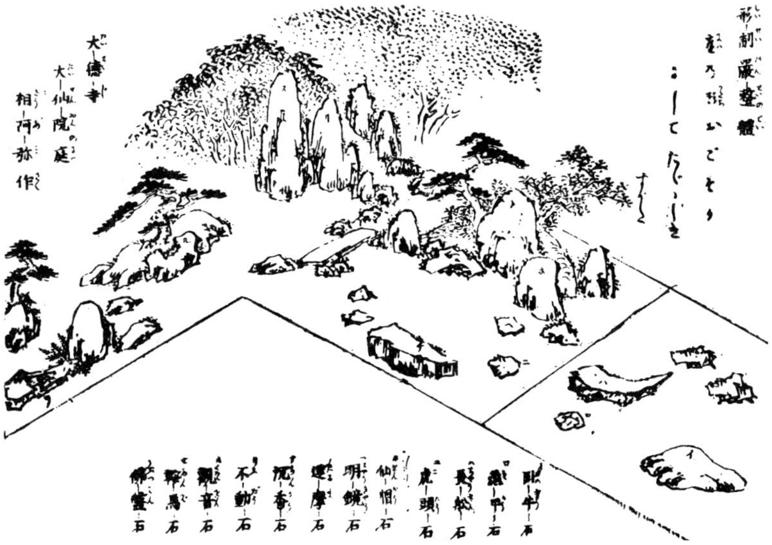

2.87 Ryonan-ji-Garten. Kyoto. 15. Jahrhundert. Darstellung von 1799.

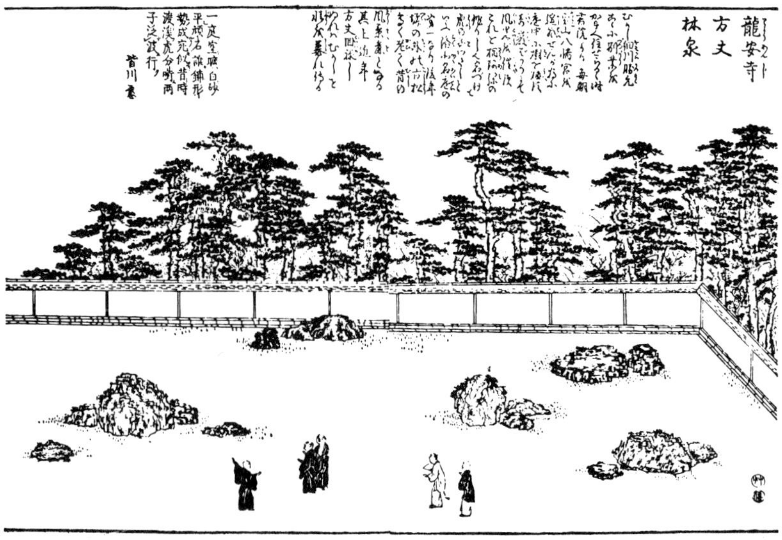

2.88 Daisen-in-Garten. Kyoto. 16. Jahrhundert.

Die Topographie
in frühen Landschaftsdarstellungen

In Karten des Mittelalters findet sich die grundrißtreue Objekteintragung mit der anschaulichen Schrägsicht kombiniert. Danach bringt die flachere Projektion und Hinzunahme der Horizontlinie die erste Landschaftsübersicht bei noch beibehaltener Schrägsicht der Objekte. Es ist eine Mischung aus grundrißlichem Kartengefüge, in das die betreffenden Objektansichten, die Anschaulichkeit ergänzend, eingetragen sind, was sichttote Räume zur Folge hat und einen Widerspruch in sich birgt, der sich aus der Eigenart von Bildwirkung und Grundrißcharakter ergibt. Im 16. und 17. Jahrhundert wird die grundrißliche Projektionsebene schräg gestellt, was zum Schrägplan mit Scheinhorizont und leichter Draufsicht führt.
Erst die Vedute vereint die topographisch und orttreue Aufnahme mit der perspektivischen Bildkonstruktion. Naturtreue und Objekttreue gelten der Topogaphie, der Vegetation und den Bauobjekten, doch unter den Wirkungen der Zentralperspektive, die in der weiträumigen Darstellung zur Objektivierung des Naturraumausschnitts beitrug. Das war nicht allzu schwierig. Denn die geometrisch exakte Wiedergabe ist dort schwerlich beim »bloßen Sehen« zu überprüfen, weshalb die Landschaftsdarstellung auch heute geometrisch weniger an die Konstruktion gebunden ist als die Architekturdarstellung, die den konstruierten oder gebauten Gegenstand aufzeigt. Allgemein ist je nach Maßstab oder szenischer Absicht mal die Höhe infolge tiefgelegtem Augpunkt, doch meist die Tiefe infolge von Horizontverschiebung betont, wie es für einen Darstellungsmodus oder eine Raumvorstellung, die sich am Malerischen orientiert, naheliegt.
Für die Vegetation wurde meist eine zeichnerische Fassung gewählt, die sich an die reale Erscheinung hält und hinsichtlich der naturalistischen Wirkung und der technischen Durchführbarkeit einen Kompromiß sucht.

Die Naturtreue in früheren Zeichnungen

Naturtreue ist keine Forderung an die Zeichnung; sie kann sich mit der signifikanten Erfassung auch einzelner botanischer Teile begnügen oder bei der Farbdarstellung mit der Wiedergabe typischer Farbstellungen. Bis in das vorige Jahrhundert hinein suchte die Landschaftsmalerei wenn nicht die Naturtreue, so doch eine Naturseligkeit und -verklärung, weil das Bild dem Gemüt als ein Stimmungsträger »die beseelte Widerspiegelung der Natur« aufzuzeigen hatte, einer Natur, wie man sie gemeinhin nicht sieht, eher wie man sie sich erträumt. Seit dem 15. Jahrhundert verstand man es, gefühlsbetonte Neigungen zum Landschaftsschönen zu verbreiten; ihre künstlerische Qualität war bald der geltende Maßstab des in der Natur gesuchten Ausdrucks. Die malerische Massenproduktion bis in den Anfang dieses Jahrhunderts zeigt die Landschaft jenseits der Alltagserfahrung in verklärter Schönheit: tranformiertes Abbild hatte sich zum

2.89 Grundrißliches Kartengefüge mit Schrägansicht. Umgebung von Berchtesgaden, nach Ph. Bienewitz, genannt Apianus.

2.90 Leone Battista Alberti. Landschaftszeichnung.

2.91 Wilhelm Krause. Südliche Ideallandschaft. 1830.

unerreichbaren Ideal gewandelt, nach dem man urteilte. Dem Naturwirklichen wurde der Spiegel künstlerischer Ideallandschaften vorgehalten, nach dem die lebende Natur sich zu formen hatte, wie es zuvor Lorrain und Poussin in scheinbar objektiver Naturtreue an romantischer Stimmung von Naturszene und Landschaft malerisch vorgegeben hatten und wie es der realen Natur doch immer unerreichbar oder fremd geblieben ist.

Weniger wichtig als eine gewisse Naturtreue waren der Landschaftsmalerei die Architekturobjekte selbst; sie waren eher Versatzstücke, um die malerische Stimmung zu durchsetzen, vor allem um die perspektivische Bildkonstruktion raumgliedernd zu unterstreichen. Die perspektivische Ordnung beherrschte den Landschaftsraum der Malerei, um vom ausgesuchten Standort die künstlerische Sicht in die Außenwelt zu bringen.

Schinkels Entwurf für das Schloß Orianda auf der Krim vereint den Idealentwurf des Bauwerks mit dem idealisierten Bild der unberührten Landschaft, die beherrscht ist vom Schloßkomplex, der den Berg im Vordergrund säumt.

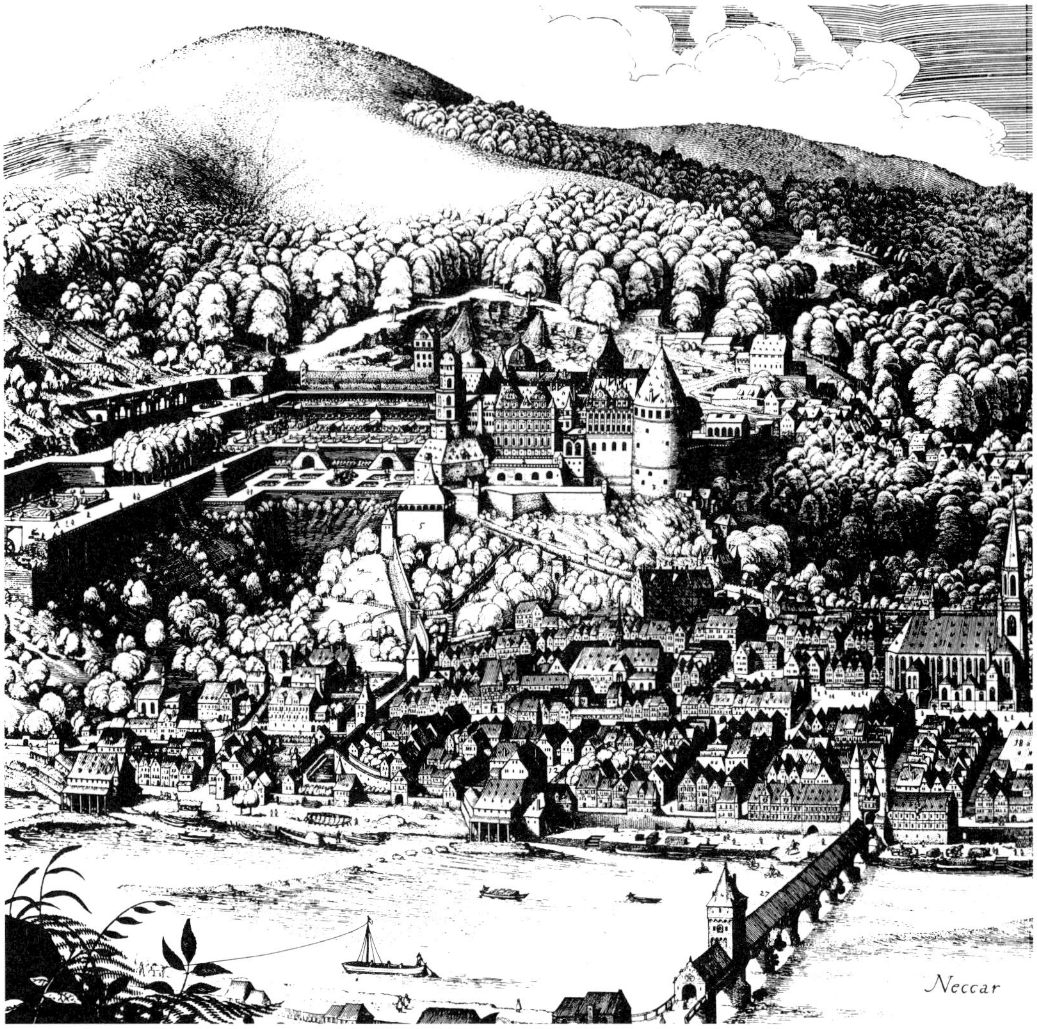

2.93 Heidelberg. Stich von M. Merian. 1620. Ausschnitt.

2.92 Karl Friedrich Schinkel. Entwurf für Schloß Orianda auf der Krim. 1838.

Methoden zur Erzeugung systemhafter Ordnungen

Die grundlegende Bedeutung von Netzen

Grundlegend für zahllose Entwurfshandlungen sind Raster oder Netze. Sie dienen der zeichnerisch-geometrischen Gliederung der Ebene und, darauf aufbauend, des Raumes. Der Umgang mit Rastern und Netzen ist jenes Arbeitsfeld, in dem sich Entwerfen und Darstellen völlig durchdringen. Jede geordnet ablaufende Entwurfsoperation basiert auf der Gliederung, der Teilung und dem Verfügbarmachen der Ebene. Die räumlichen Werte ergeben sich aus den Punkt- und Streckenbeziehungen und aus den Gliederungen der Ebene und des Raumes. So entstehen aus der kongruenten oder nichtkongruenten Lage von Netzen oder ihrer orthogonalen Stellung räumliche Figuren, wie sie allgemein und grundlegend von der Polyestergeometrie und von Entwurfsoperationen der Bauplanung behandelt werden.
Als Hilfsmittel des Entwerfens sind Netze sowie die daraus hervorgehenden Figuren zunächst bedeutungsfrei. Sie sind ein syntaktisches Mittel für die Bildung visueller Muster.
Netze unterscheiden sich von Rastern nach ihrer Bedeutung; das Raster geht aus sich schneidenden Linien hervor, die als Koordinations- oder Maßsystem die Grundlage von Planung und Entwurf bilden; Netze sind ihrer Geometrie nach das Produkt meist mehrerer symmetrischer Teile, der n-Ecke, die sich regulär, halbregulär oder irregulär geordnet, lückenlos in der Ebene zusammenschließen. Ein Netz kann sein:
– ein graphisches Phänomen;
– eine geometrische Methode zur Gewinnung geometrisch geordneter ästhetischer Beziehungen;
– ein Beziehungssystem der Ebene als Entwurfsgrundlage für systemhafte Anordnungen;
– ein Maß- und Beziehungssystem für geometrische Ordnungen des Raumes.
Netze haben grundlegenden Charakter für zahllose Entwurfsoperationen. Sie entstehen aus der geordneten Überdeckung der Euklidischen Ebene mit Polygonen. In der Folge entstehen Symmetrien der Ebene, auch Ebenensymmetrien, Flächenmuster, Flächenornamente oder ebene Kongruenzen genannt. Nach der Art der eingesetzten Polygone und der geometrischen Ordnungsbeziehungen sind reguläre, halbreguläre und irreguläre Netze unterscheidbar. Eine Ebenenunterteilung, d. h. ein Netz, wird regelmäßig oder platonisch genannt, wenn es aus regulären Polygonen besteht und die Eckfigur an jeder Ecke regelmäßig ist.

Reguläre Netze

Ein reguläres Netz besteht aus einem Muster kongruenter regulärer Polygone, die die Ebene gleichmäßig und dicht überdecken. Es lassen sich drei reguläre Netze aus den drei regulären Polygonen bilden: mit dem gleichseitigen Dreieck, dem Quadrat, dem gleichseitigen Sechseck.
Für die Bildung ebener Kongruenzen gilt: Die Winkelsumme der an einem Netzknoten zusammentreffenden Polygone muß 360° betragen. So bilden beispielsweise sechs Dreieckflächen die Flächenwinkelsumme von 360°; ebenso überdecken 4 Quadrate $\times 90° = 360°$ die Ebene. Das Fünfeck mit 108° ist nicht ganzzahlig in 360° enthalten. Es ist für die ebene Kongruenz ungeeignet. Das Sechseck zerlegt 360° in drei Teile von je 120°.
Nur die Polygone mit 60°, 90°, 120° sind geeignet, die Ebene lückenlos zu überdecken. Kepler nannte diese Kongruenzen in seiner Schrift »*Harmonices Mundi Libri V*« die »vollkommensten«.

Die Anordnungsbeziehungen und die Zahl der Polygonkanten gibt man numerisch in zyklischer Reihenfolge an, beispielsweise 4, 4, 4, 4 = 4 Vierecke; 6, 6, 6 = 3 Sechsecke etc.

Halbreguläre Netze

Die »vollkommensten« Kongruenzen werden von den »vollkommenen« erweitert: Die Flächenwinkelsumme von 360° wird an den Netzknoten von mehreren Polygonarten dividiert, z. B. Dreieck, Quadrat und Sechseck usf. Halbreguläre, auch archimedische Netze genannt, haben mehrere Vielecksarten mit inkongruenten, regulären Flächen und äquivalenten Ecken. Die daraus möglichen Kombinationen und ihre neuerlichen Transformationen zu gespiegelten, gedrehten, geschobenen Anordnungen, die jede die unendliche Ebene überdecken, sind zahllos:

Die Anordnung von drei Polygonen:
Beispiel: 1 Quadrat und 2 Achtecke
$1 \times 90° + 2 \times 135° = 360°$

Die Anordnung von vier Polygonen:
Beispiel: 2 Dreiecke und 2 Sechsecke
$2 \times 60° + 2 \times 120° = 360°$

Irreguläre Netze

Verzichtet man darauf, die Ebene mit einer Polygonklasse unendlich und lückenlos zu überdecken, entsteht eine komplexe Klasse irregulärer Netze. Die Regelhaftigkeit der Ebenensymmetrien ist zumindest teilweise aufgehoben und läßt dem »Entwerfen« Raum, wenn Sektoren, die mit Polygonen nicht überdeckbar sind, frei bleiben und graphisch markiert werden.
Die unendliche Ausdehnung ist hier aufgehoben, weil nicht alle Netzknoten äquivalent sind und die Anordnungen aus variierten Folgen von Polygonen bzw. durch verschiedene Symmetrieoperationen erzeugt werden. Sie unterscheiden sich von der objektiven Regelhaftigkeit der »vollkommenen« Symmetrien.

Die geometrischen Ordnungen der Ebene

Freies geometrisches Verknüpfen erzeugt Formenmuster von gewissem kompositorischem Charakter. Ihre Gliederungen wecken Assoziationen gebauter Formen auf systemhaften Anordnungsmustern, die bei der Anwendung in der Gebäudeplanung den Nutzungsanforderungen näherstehen als einfacher strukturierte Zentralsymmetrien.
Ein Sonderfall innerhalb der systemhaften Anordnungen sind fortlaufende Transformationen von Polygonen, wenn Flächenwinkel, Streckenlängen und Seitenverhältnisse sich stetig verändern, die geometrischen Verhältnisse somit variabel sind. Ein Studienprojekt der HfG Ulm zeigt, wie »Spielraum« trotz geometrischer Bindungen entsteht und Symmetrien nicht notwendigerweise in der Würde echter oder falscher Axialität daherkommen müssen.

Symmetrie, griech.: »Gleichmäßigkeit«, ist allgemein jede Regelmäßigkeit innerhalb einer Erscheinung, eines Sachverhalts.
Objektive Regelmäßigkeit wird definiert als mathematisch-geometrische Ordnung eines architektonischen Objekts; als subjektive Regelmäßigkeit gilt dagegen eine äußere Erscheinung, die vom Perzipienten als regelmäßig geordnet empfunden wird. Alberti definierte das lateinische »concinnitas«, griechisch »Symmetria«, als kunstgerechtes Zusammenfügen, als eine »bestimmte, gesetzmäßige Übereinstimmung aller Teile einer beliebigen Sache. Man könne weder etwas hinzufügen noch hinwegnehmen oder verändern, ohne ihre symmetrische Gefälligkeit zu zerstören«.
Als symmetrisch bezeichnet man auch ein geordnetes Verhältnis gleicher, sich wiederholender oder sich verändernder Elemente. Für viele gestalterische und technische Entwicklungen sind Symmetrieoperationen die Methode zur Erzeugung gesetzmäßiger oder ästhetischer Zustände oder dienen der Analyse gesetzmäßiger Erscheinungen. So besitzt eine Kugel sowohl eine Zentralsymmetrie als auch eine Spiegelsymmetrie, eine achsiale Symmetrie und eine Rotationssymmetrie. Symmetrieebene ist jede Ebene durch einen Großkreis, Symmetrieachse ist jeder Kugeldurchmesser.

Netze, auch Gitter sind auf das engste mit Symmetrien verknüpft; zu ihrer Bildung sind fortgesetzt Symmetrieoperationen nötig, und jedes geometrische Netz besteht aus Ebenensymmetrien. Ihre Teile sind untereinander beliebig austauschbar. Die systematisch gebildeten Werte stellen die Basis für sämtliche Operationen dar, die die gesamte Formstruktur bilden. Zudem erlauben sie auch Transformationen, Progressionen, Überlagerungen usf. und sichern die Flexibilität des Systems für Anwendun-

2.94–2.97 Netze.

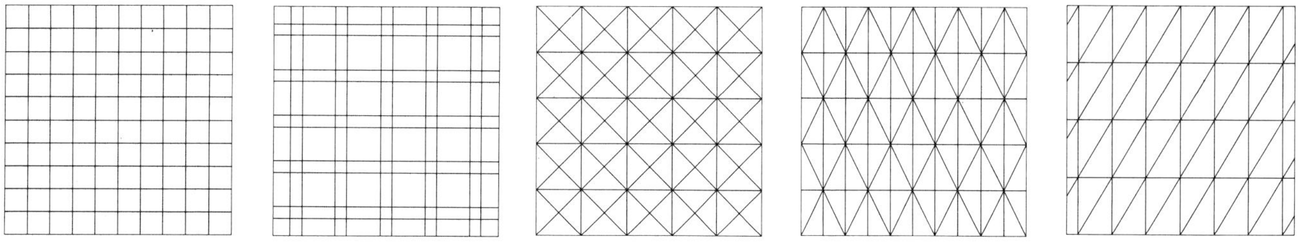

2.95 Reguläre Netze.

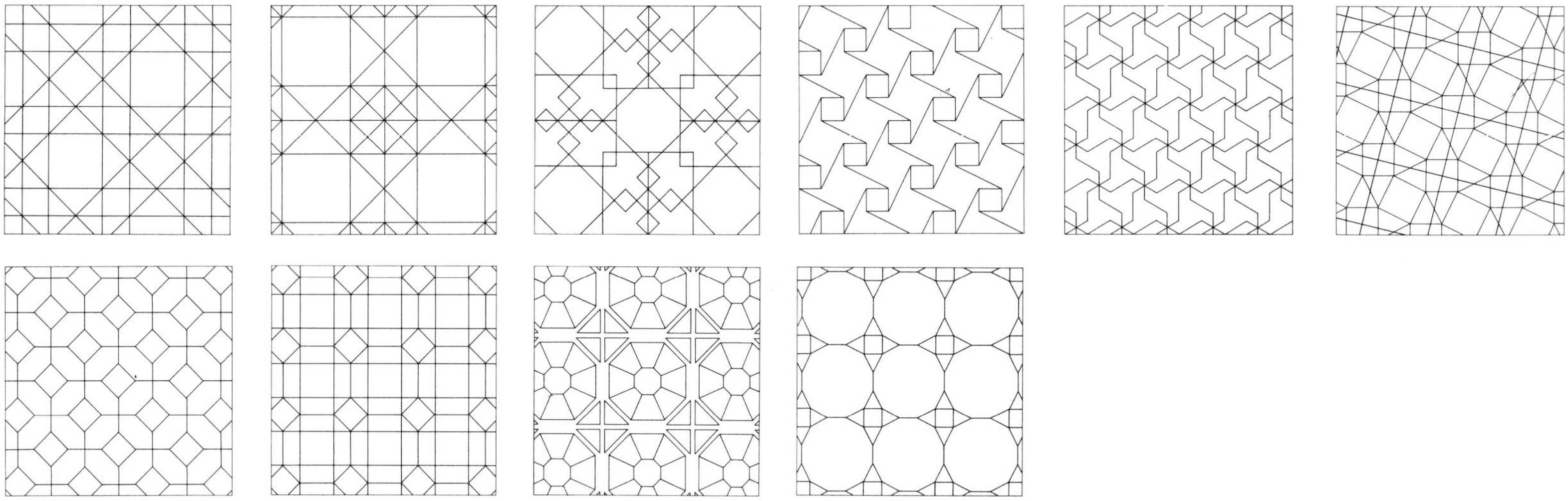

2.96 Halbreguläre Netze.

2.97 Netztransformation. Studienprojekt, Hochschule für Gestaltung Ulm. Leitung: William S. Huff.

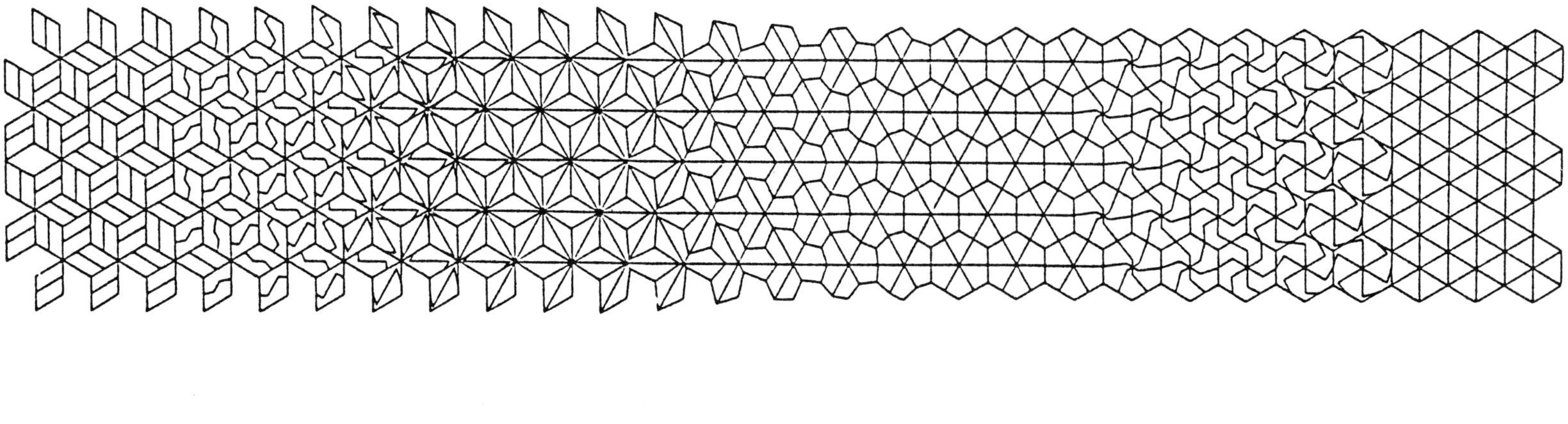

gen. Aus der scheinbaren Kombinations- und Entwicklungsbeschränktheit kann eine Vielfalt hervorgehen, wie sie analog zu den Zellen und Kristallen der anorganischen und organischen Natur angelegt ist. Netze sind aus Symmetrieoperationen aufgebaut, und Symmetrien bestehen in der gesetzmäßigen Beziehung zwischen allen Größen eines Systems; somit ist die allgemeine Vorstellung über Symmetrien auf bilaterale, translative, rotative, ornamentale und kristallographische Symmetrien zu erweitern.

Symmetrieoperationen

Translation
Translation oder Verschiebung nennt man die Streckenverschiebung einer Figur in einer bestimmten Richtung, im allgemeinen entlang einer Geraden um den Betrag t. Die Größe der Translation ist eindeutig durch den Vektor A–B bestimmt.

Rotation
Geht durch Drehung um eine Achse um den Winkel α eine Form in sich selbst über, spricht man von der Rotation oder Drehung. Die Anzahl der Drehungen, die bis zur ursprünglichen Lage der Figur nötig sind, bestimmt die Zähligkeit der Drehachse.

Spiegelung
Eine der wichtigsten Symmetrieoperation ist die Spiegelung, die durch Umklappung einer Figur um eine Spiegelebene entsteht. Sie wird auch bilaterale Symmetrie oder seitenvertauschende Abbildung genannt.

Streckung
Die Streckung ist die Vervielfältigung einer Figur von einem Streckpunkt aus, während die Figur sich ähnlich bleibt. Alle eigentlichen Drehungen in der Ebene sind Translationen oder Drehungen. So führt beispielsweise die Streckung einer Drehung in der Ebene zur logarithmischen Spirale, wie sie von gewachsenen Naturformen, etwa der Sonnenblume, bekannt ist; eine derartige Operation im Raum, eine logarithmische Spirale, verwandte Frank Lloyd Wright beim Entwurf des Guggenheim Museums in New York.

Gleitspiegelung
Die Gleitspiegelung, auch Durchspiegelung genannt, besteht aus der kombinierten Operation von Translation und Spiegelung entlang einer Gleitspiegelachse. Auf den Buchstaben p bezogen, ergibt sich daraus die Gruppe pb.

Schraubung
Eine Gleitdrehung bzw. eine Bewegung aus der Translation t und der Drehung d um eine Schraubachse nennt man Schraubung.

Gleitstreckung
Aus der Koppelung von Translation und Streckung an einer Gleitstreckachse geht die Gleitstreckung hervor. Dabei wächst das betreffende Element bzw. die Figur um den Streckbetrag.

Streckschraubung
Streckt und dreht man ein Element oder eine Figur entlang einer Schraubachse, entsteht eine Streckschraubung.

Streckspiegelung
Die Streckspiegelung entsteht aus der Streckung einer Figur entlang einer Spiegelachse oder in einer anderen Spiegelungsreihenfolge.

2.98 Symmetrieoperationen.

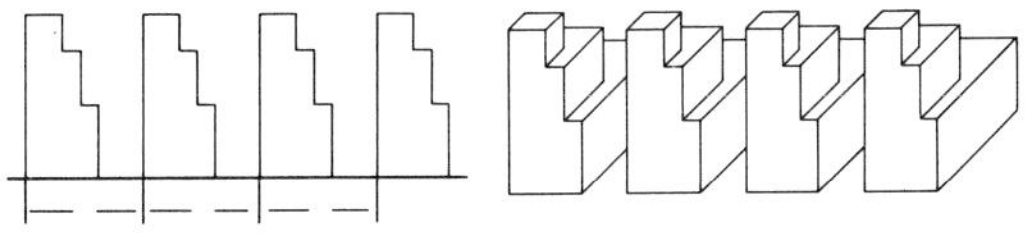

Translation

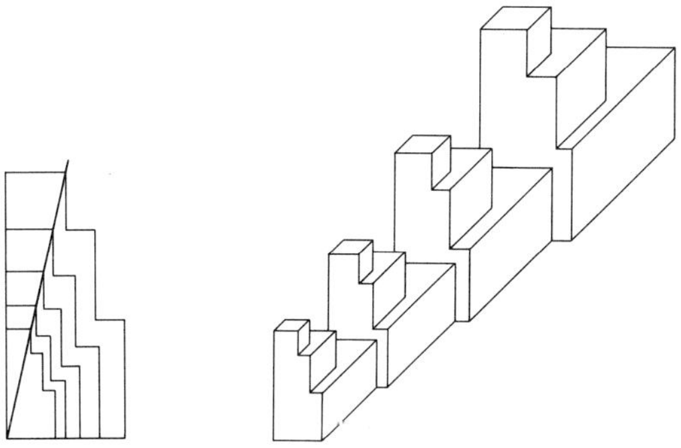

Streckung

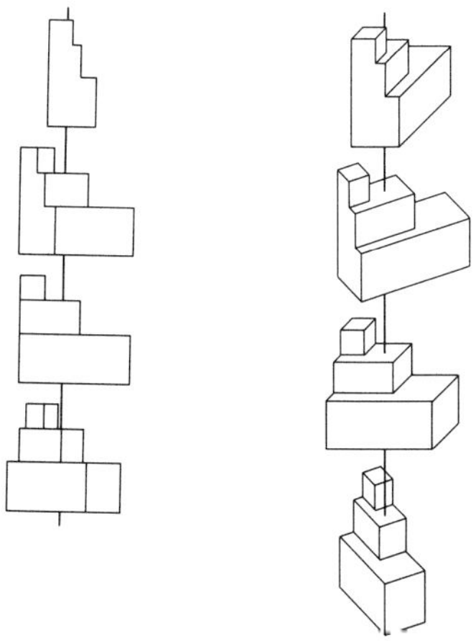

Rotation

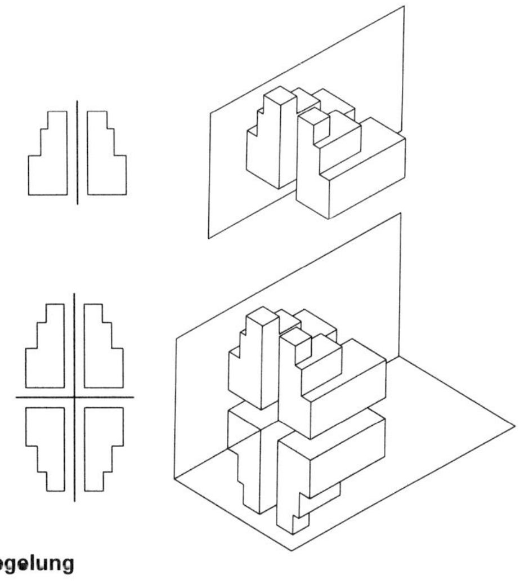

Spiegelung

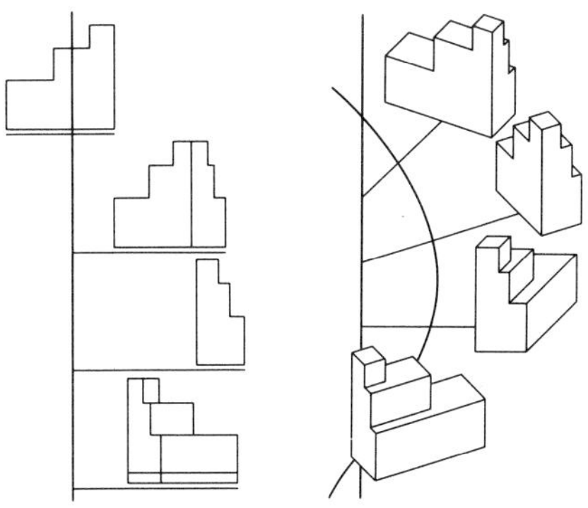

Schraubung

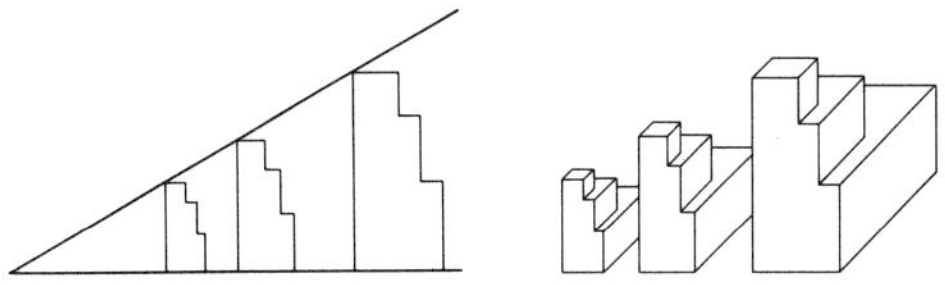

Gleitstreckung

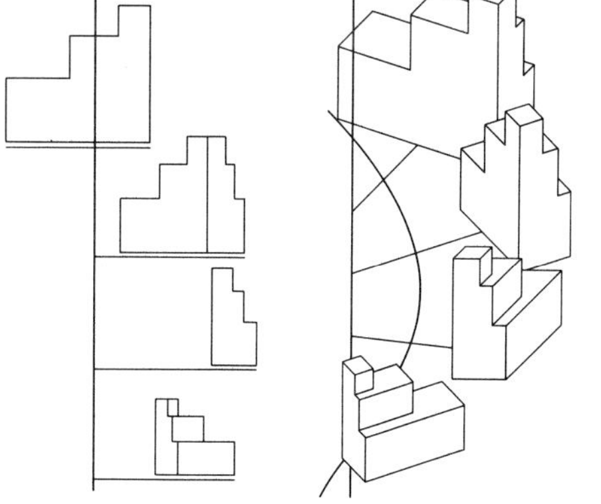

Streckschraubung

Reguläre Figuren des Raumes

Eine Systematik zur Produktion räumlicher Netzwerke bildet die Grundlage jeder raumgeometrischen Untersuchung und modularen Gliederung des Raumes. Die Verwandtschaft der räumlichen Netzwerke zu den dichten Körperpackungen ist evident; sie unterliegen den gleichen raumbildenden und raumgliedernden Ordnungsprinzipien und unterscheiden sich lediglich durch den Modus ihrer materialen Realisierung: Die linearen Elemente stehen für die Polyederkanten und -ecken; die Reduzierung der Polyederflächen auf Ecken und Kanten führt umgekehrt zu den ausgezeichneten Punkten im Raum, und ihre Verbindungen ergeben räumliche Netzwerke, denen man wiederum – in methodischer Fortsetzung – entsprechende Flächen zuordnen kann. Gitter sind dreidimensionale Bezugssysteme aus Punkten und Strecken innerhalb eines Koordinatensystems. Die Punkte sind Ortsbezeichnungen zwischen den gesetzten Punkten. Die Symmetrieoperationen der Rotation, Spiegelung und Schraubungen führen zu insgesamt 230 Gruppen räumlicher Figuren.

Die Produktion eines Gitters

Denkt man sich einen Punkt P_0 und verschiebt diesen entlang einer Geraden um eine bestimmte Strecke a_0, a_1, a_2, a_n, so entstehen die Punkte P_1, P_2, P_3, P_n. Diese Punktreihe ist periodisch, denn die Punkte wiederholen sich in gleichem Abstand. Diese Parallelverschiebung stellt einen Vektor dar, auch Translation genannt; das Ergebnis ist eine Punktreihe mit identischen Punkten. Wird der Punkt P_0 mit einer Translation b_0 kombiniert, deren Richtung von a_0 verschieden ist, so entsteht ein Punktnetz, eine Netzebene. Fügt man eine weitere Translation c_0 in einer bestimmten Richtung – beispielsweise senkrecht zur Netzebene – hinzu, so ist das Produkt ein dreidimensionales Punkt- oder Raumgitter. In einem derartigen Raumgitter liegt reelle Homogenität vor, da alle geometrischen Orte des Gitters durch identische Punkte bezeichnet werden. Im Gitter vereinigen sich 3 Translationen zur Translationsgruppe, darin läßt sich ein Parallelepiped oder eine Elementarzelle einschreiben. Größe und Form der Elementarzelle sind von der Richtung der Kanten x, y, z, den Koordinatenachsen, welche die Winkel α, β, γ einschließen, und den Parametern a_0, b_0, c_0 gegeben; a_0, b_0, c_0 und die Winkel α, β, γ sind die Gitterkonstanten. Ein Parallelepiped ist ein Prisma, dessen Grundflächen Parallelogramme sind. Es besteht aus sechs Parallelogrammen; gegenüberliegende Flächen sind paarweise gleich und parallel.

Die Koordinatensysteme

Die gebaute Umwelt ist nahezu ausschließlich das Produkt eines auf das kubische Koordinatensystem bezogenen Denkens. Es ist die selbstverständlich gewordene geometrische Grundlage zur Errichtung des gebauten Raumes. Weitgehend unberücksichtigt sind die anderen Koordinatensysteme geblieben, von denen bisher lediglich die Kristallographie zur Strukturierung der Materie Gebrauch macht.

Triklines System: Sämtliche Achsen sind ungleich lang und schneiden sich unter schiefen Winkeln, die im allgemeinen auch ungleich sind.

Monoklines System: Alle Koordinatenachsen sind verschieden lang und schneiden sich unter einem rechten und schiefen Winkel.

Rhombisches System: Die 3 Koordinatenachsen stehen senkrecht aufeinander, sind aber verschieden lang, beispielsweise die Koordinatenachsen einer Zündholzschachtel. Die geometrischen Konstanten sind gegeben durch das Verhältnis der Achsenlängen und der Winkel.

Hexagonales System: Die 3 gleich langen Koordinatenachsen schneiden sich unter einem Winkel von 120°.

Rhomboedrisches System: Das rhomboedrische System ist ein Subsystem; sämtliche Winkel sind gleich, aber $\neq 90°$. Ein Rhomboeder entspricht einem Würfel, der in Richtung seiner dreizähligen Achse deformiert ist.

Tetragonales System: Die Koordinatenachsen schneiden sich unter rechten Winkeln, zwei davon sind vertauschbar und von der dritten, der C-Achse, verschieden (prismatisch).

Kubisches System: auch reguläres System genannt. Sämtliche Koordinatenachsen sind im kubischen System vertauschbar gleich und stehen senkrecht aufeinander.

In der gebauten Umwelt ist immer das kubische Achsensystem vorherrschend; andere Koordinatensysteme sind weitgehend unbeachtet geblieben.

Aus den 7 Koordinatensystemen gehen insgesamt 14 Elementarparallelepipede (kristallographische

2.99 1. Triklines Achsensystem
$a_0 \neq b_0 \neq c_0 \neq a_0$ $a \neq b \neq g \neq a, a, b, g \neq 90°$
2. Monoklines Achsensystem
$a_0 \neq b_0 \neq c_0 \neq a_0$ $a = g = 90°, b \neq 90°$

2.100 3. Rhombisches Achsensystem
$a_0 \neq b_0 \neq c_0 \neq a_0$ $a = b = g = 90°$
4. Hexagonales Achsensystem
$a_0 = b_0 \neq c_0$ $a = b = 90°, g = 120°$
5. Rhomboedrisches Achsensystem
$a_0 = b_0 = c_0$ $a = b = g \neq 90°$

2.101 6. Tetragonales Achsensystem
$a_0 = b_0 \neq c_0$ $a = b = g = 90°$
7. Kubisches Achsensystem
$a_0 = b_0 = c_0$ $a = b = g = 90°$

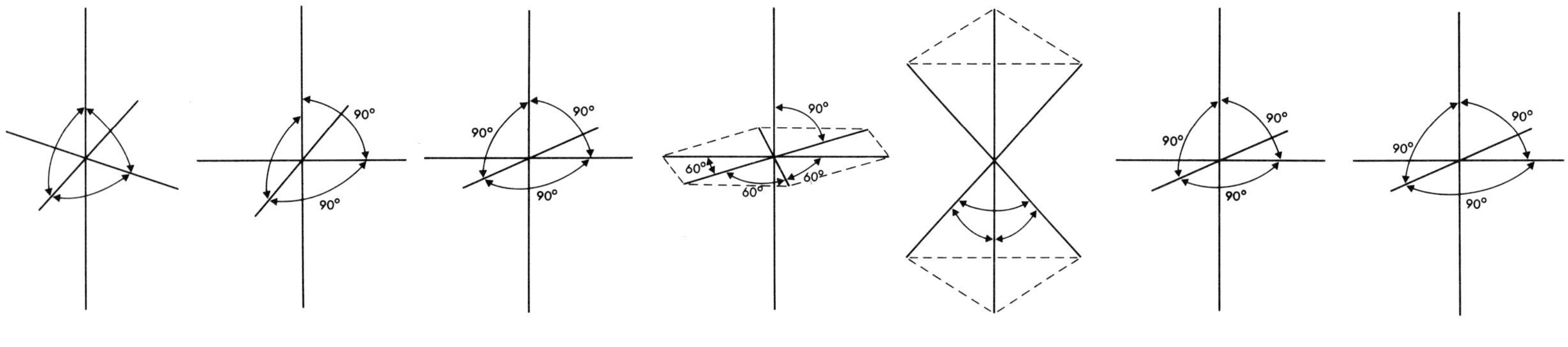

2.102 Die vierzehn Bravais-Gitter:

1. triklin
2. monoklin – primitiv
3. monoklin – basiszentriert
4. rhombisch – primitiv
5. rhombisch – basiszentriert
6. rhombisch – flächenzentriert
7. rhombisch – innenzentriert
8. tetragonal – primitiv
9. tetragonal – innenzentriert
10. rhomboedrisch
11. hexagonal
12. kubisch – primitiv
13. kubisch – flächenzentriert
14. kubisch – innenzentriert

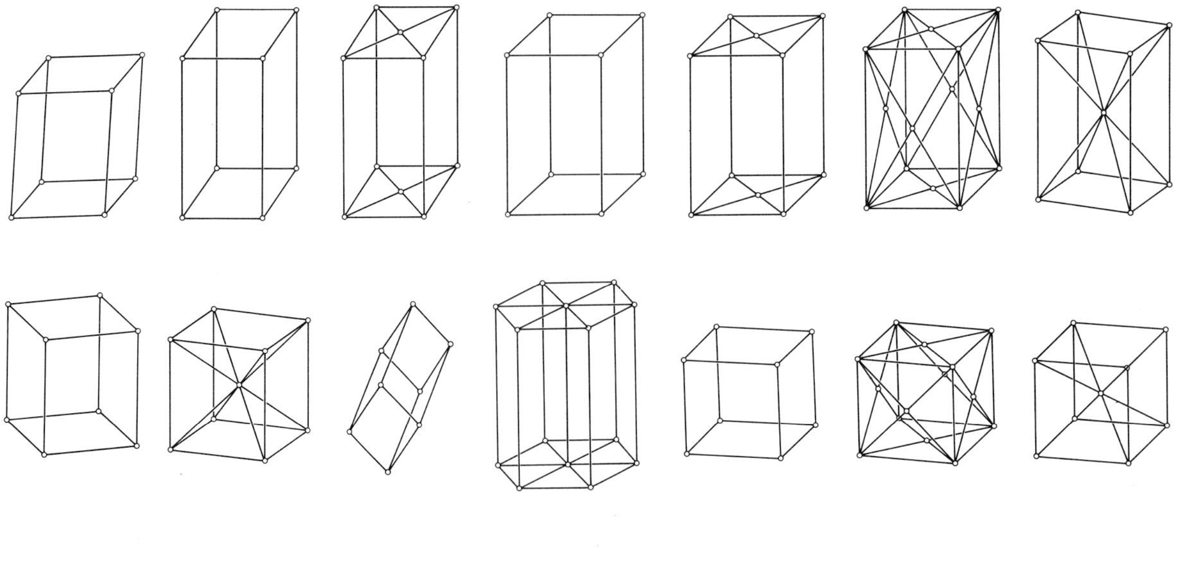

Bravais-Gitter) hervor. Ihre Beschaffenheit ist zur Beschreibung von Gitterstrukturen geeignet.
Einfache Gitter, bei denen nur die Eckpunkte der EP besetzt sind, sind einfach primitiv.

Sind auch die Flächenmitten mit einem Gitterpunkt besetzt, so ist dies ein allseitig flächenzentriertes Gitter.
Sitzt im Mittelpunkt einer Elementarzelle ein Gitterpunkt, so wird sie als innen- oder raumzentriert bezeichnet.
Damit sind die geometrischen Vorgänge nicht erschöpft. Systematisches Teilen und Reihen von Werten führt wiederum zu neuen Gittergliederungen; ebenso sind durch die Annahme realer und irrationaler Strecken neue Parallelepipede zu gewinnen.
Das regelmäßige Gitter als Bezugs- und Maßsystem für die Entwicklung von Parallelepipeden, Polyedern und weiteren dreidimensionalen Moduln ist auf rationalen oder irrationalen Strecken aufgebaut.

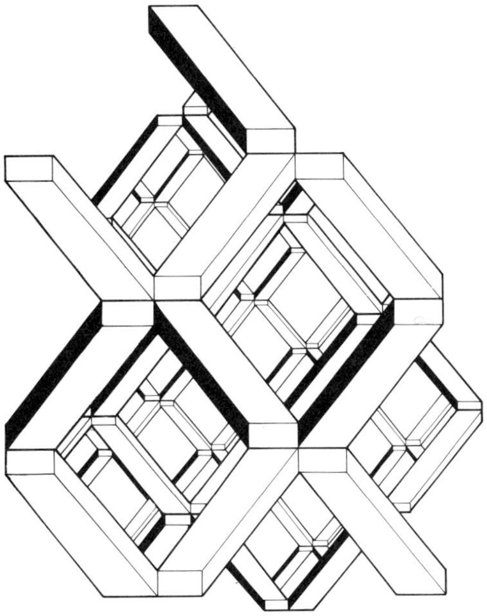

2.103 Gitter-Lagevariation.

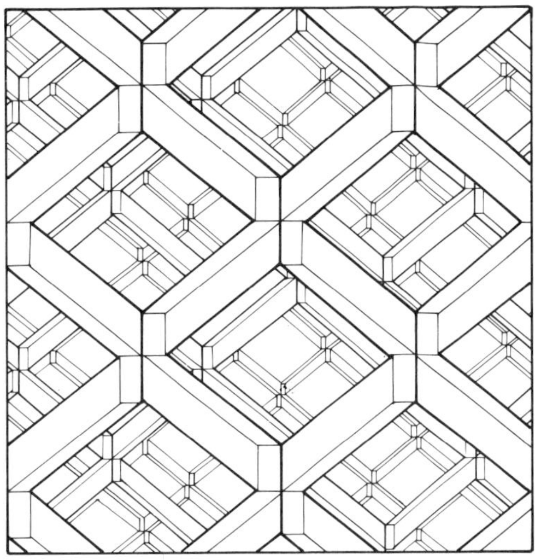

2.104 Karin Fitzek. Gitter. Syntaxübung. Fachhochschule für Gestaltung Schwäbisch Gmünd. Leitung: Roland Knauer.

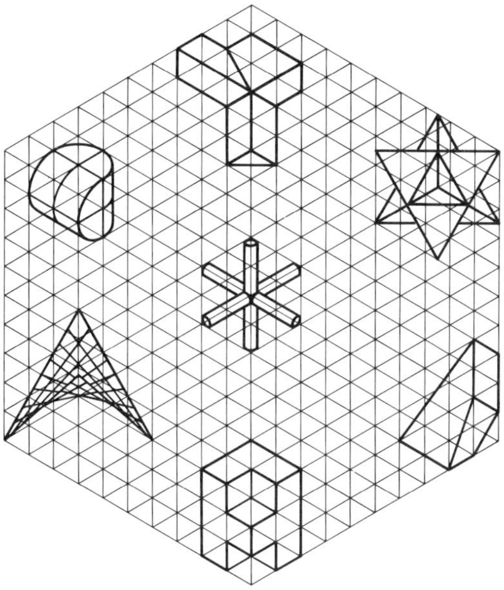

2.105 Das regelmäßige Gitter als Bezugs- und Maßsystem.

2.106 Konrad Wachsmann. Gitterstudie.

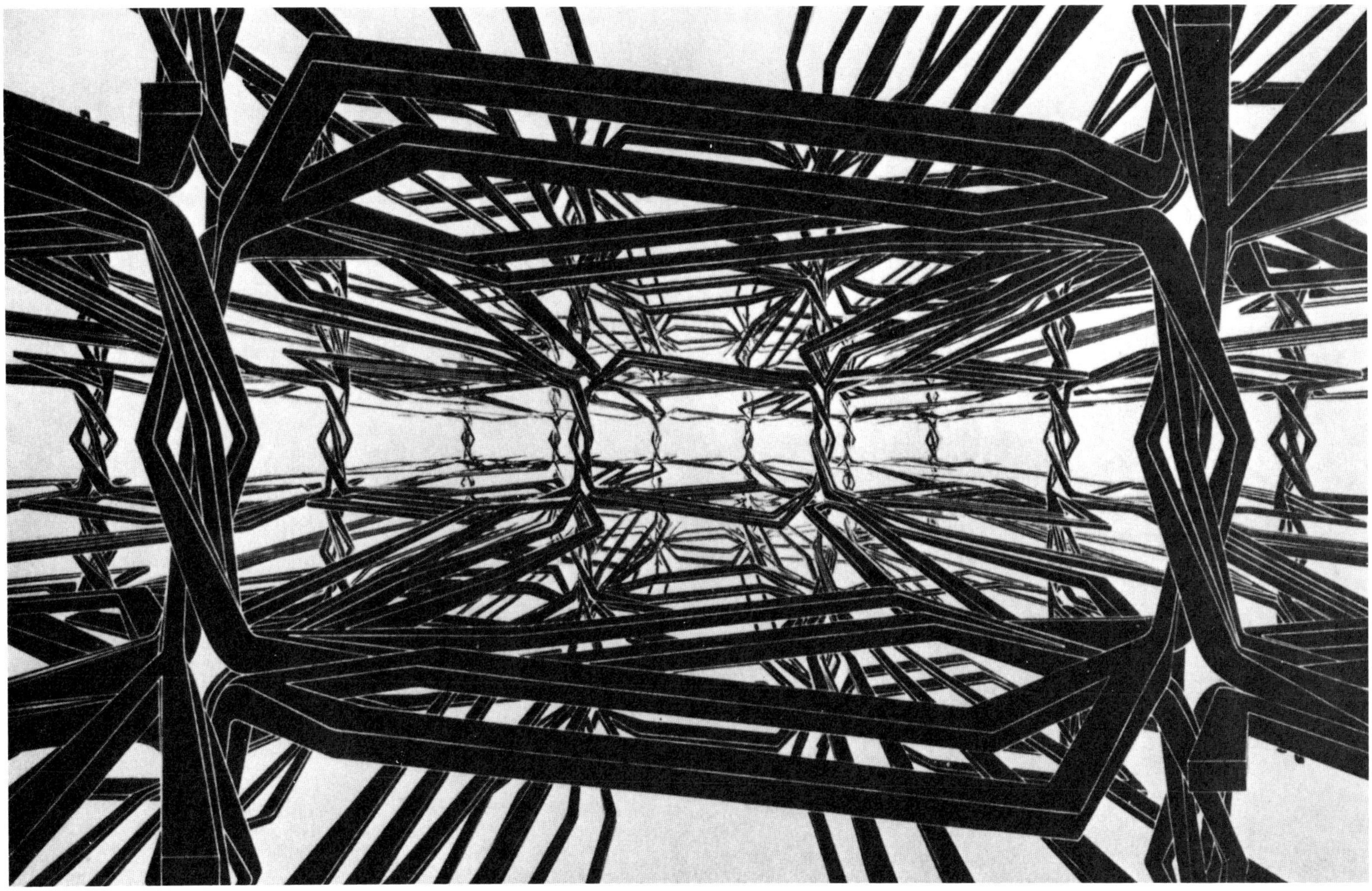

Polyeder

Vergleichbar zu den Ordnungen der Ebene ist die periodische Gliederung des Raumes; den regulären und halbregulären Figuren der Ebene entsprechen die 5 regulären (platonischen) und 13 halbregulären (archimedischen) Körper. Regelmäßig sind die Körper, die aus nur einer regelmäßigen Polygonart gebaut sind, halbregulär diejenigen, die zwei oder mehrere Polygonarten haben.
Regulärer Polyeder heißt ein konvexer Körper, dessen Kanten, Kantenwinkel und Flächenwinkel gleich sind. Aus der Gleichheit der Kanten und der Kantenwinkel folgt, daß die Seitenflächen des regulären Polyeders aus kongruenten regulären Polygonen bestehen; aus der Gleichheit der Kantenwinkel und der Flächenwinkel folgt, daß die Ecken des regulären Polyeders kongruente regelmäßige Ecken sind, also sämtlich gleich viele Kanten besitzen.
Allgemein bekannt sind die regulären Körper Tetraeder, Hexaeder (Kubus), Oktaeder, Dodekaeder, Ikosaeder; ihre Transformation infolge ihrer allseitigen Entkantung oder Enteckung führt zu den halbregulären Körpern; ihre Benennung ist griechischen Ursprungs und bezieht sich auf die Flächenzahl.
Die Flächenanzahl reicht vom 4-Flächner – Tetraeder – bis zum 92-Flächner, dem Dodekaeder simum.

Den mathematischen Zusammenhang zwischen der Anzahl e der Ecken, der Anzahl f der Flächen und der Anzahl k der Kanten eines konvexen Körpers hat Leonhard Euler behandelt. Der nach ihm benannte Polyedersatz lautet:
$e + f = k + 2$.
Dieser Satz gilt für jedes einfache Polyeder.

Dichte Körperpackungen

Reguläre Körper füllen den Raum lückenlos – wenn man sie lagerichtig bzw. mit komplementären Körpern aneinanderfügt. Die Kombinationen aus Oktaeder und Tetraeder, der Oktaederstumpf mit dem Kuboktaeder und dem Tetraederstumpf, der Kuboktaederrhombus mit dem Kuboktaeder und dem Kubus usf. führen zu dichten Packungen. Eine raumfüllende Sonderklasse bilden die Dreieck-, Sechseck- und Achteckprismen.
Vielgestaltig sind hier die Anordnungen und Packungen aus segmentierten Körpern und jenen, die aus realen und irrationalen Werten gewonnen werden. Gerade sie führen als Maß- und Formbeziehungen zu neuartigen Kombinationen. Das Gebiet der räumlichen Symmetrien erstreckt sich auf die euklidische und die nichteuklidische Geometrie.

Eine Kubuspackung ist alternierend in Körper und Raum, in besetzte und nichtbesetzte Stellen auf jeder Ebene geordnet, jeder Körper hat mit dem ihm nächstliegenden Kantenkontakt. Eine Folge von Kubusschnitten führt zu modularen Einheiten, die sich für den Aufbau verschiedener Gitter eignen.
Die Zusammenstellungen von modularen isomorphen und homöomorphen Elementen in vorwiegend alternierenden Anordnungen, Spiegelungen, Rotationen usw. verändern die Position der Elemente und führen zu symmetrisch geordneten Verbänden.
Die Varietätserzeugung innerhalb systemhafter Anordnungen modularer Einheiten basiert, wie viele andere geordnete ästhetische Zustände, auf Symmetrieoperationen. Dies gilt sowohl bei der Entwicklung der Moduln als auch bei ihrem Aufbau zum dreidimensionalen Verband. Derartige Operationen führen zu neuartigen, komplexen Lösungen großer Varietät, die Rückschlüsse auf die qualitativen Merkmale der Teillösungen wie auch des Grundmoduls zulassen. Ihre Transformationen provozieren im Prozeß des Umplanens neue Anordnungen oder dienen als Kriterien für Alternativen.

2.107 Drei reguläre Gliederungen der Würfeloberflächen.

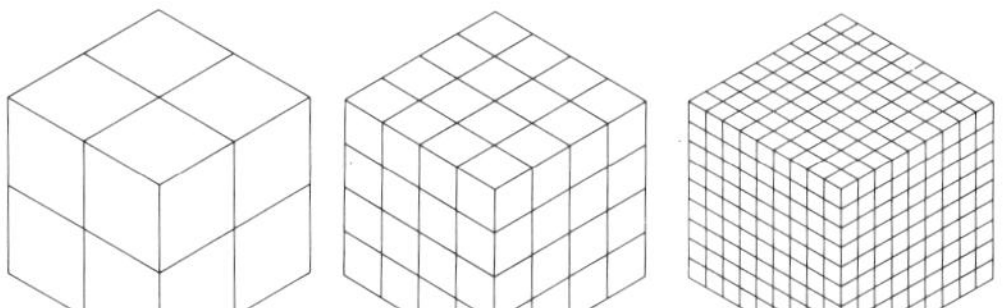

2.108 Alternierende Körperpackungen.

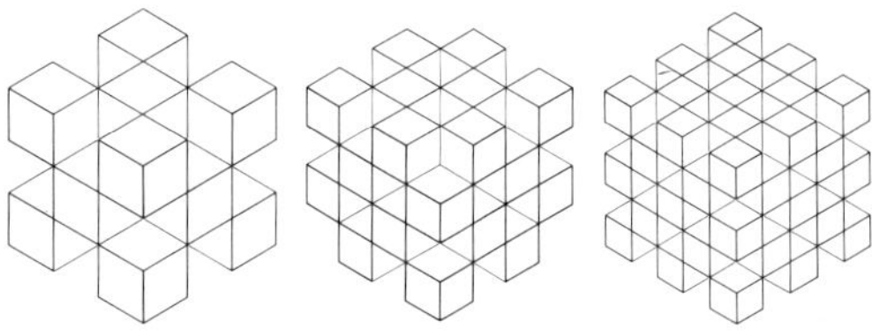

2.109 Die Gliederung einer geometrischen Reihe auf der Würfeloberfläche.

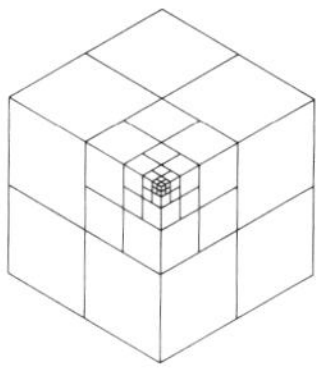

2.110 Wolfgang Seitz. Translationen. Als Folge der Translationen kann auch eine Stabsymmetrie entstehen. Auf der Grundlage von Zylinderschnitten ist ein Modul entwickelt, der geteilt und gereiht zum komplexen Verband führt. Syntaxübung. Fachhochschule für Gestaltung Schwäbisch Gmünd. Leitung: Roland Knauer.

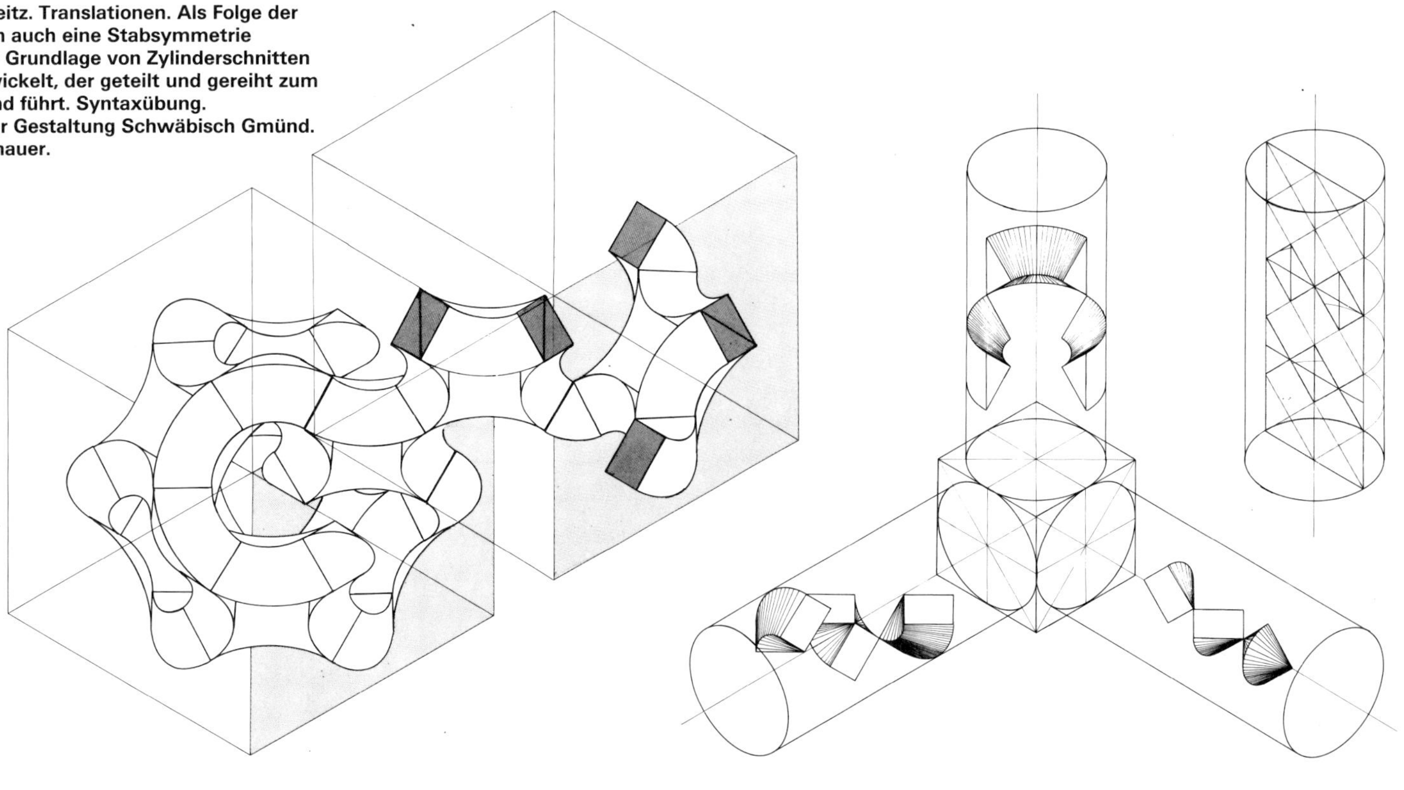

Die Explosionszeichnung zeigt eine geometrische Reihe von dreidimensionalen Elementen, die in den Intervallen der Kubusschnitte eine stetige Verdoppelung der Moduln erkennen lassen, z. B. 1 M, 2 M, 4 M, 8 M.

Modulare Elemente

Moduln sind nach Form, Größe, Lagebeziehungen und Anordnung abgestimmte Funktionseinheiten zum Aufbau und zur Koordination von Ordnungen von Bausystemen, Bauelementen, Bauwerkteilen und Bauwerken.
Der Modul ist für den Bereich der DIN-Normung in DIN 18000 definiert als eine Größeneinheit im Bezugssystem. »Die Abstimmung der Bauteile untereinander und ihrer Abmessungen erfolgt nicht unmittelbar, sondern auf das ›Bezugssystem‹: das zu planende Bauwerk wird generell mit einem Raumraster überlagert, wobei nutzungs- und konstruktionsbedingte Maße des Bauwerks mit den Rastermaßen abgestimmt werden.«[46] Der Grundmodul M beträgt: 1 M = 100 mm = 10 cm.

Der geteilte Modul ist der Submodul, beispielsweise 1/100 M = 1 mm; der vielfache Wert des Grundmoduls ist der Multimodul, z. B. 3 M = 300 mm; 6 M = 600 mm usw.; es ist nur ein Vielfaches des Grundmoduls zugelassen. Als modularer Raumraster wird ein dreidimensionales, rechtwinkliges System von Ebenen definiert, zwischen denen Grundmoduln oder Multimoduln eingebracht sind. Das Koordinationssystem besteht aus den Koordinationsebenen, auf die sich die Bausysteme beziehen. Der sich daraus bildende Raum ist durch die Koordinationsebenen begrenzt. Er dient dazu, die Bauteile unter Berücksichtigung der Fugen und Toleranzen aufzunehmen. Eine modulare Ordnung ist ein Mittel zur Ein- und Zuordnung bestimmter Bauteile in einen Raster.

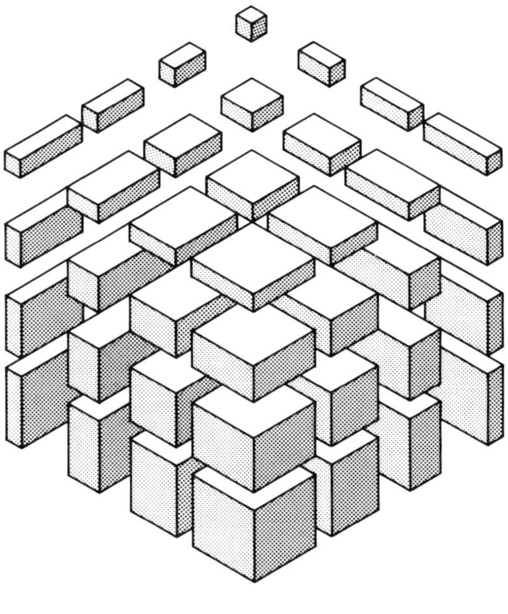

2.111 Stetige Schnitte geviertelter Würfelflächen ergeben eine Folge von 64 modularen Einheiten.

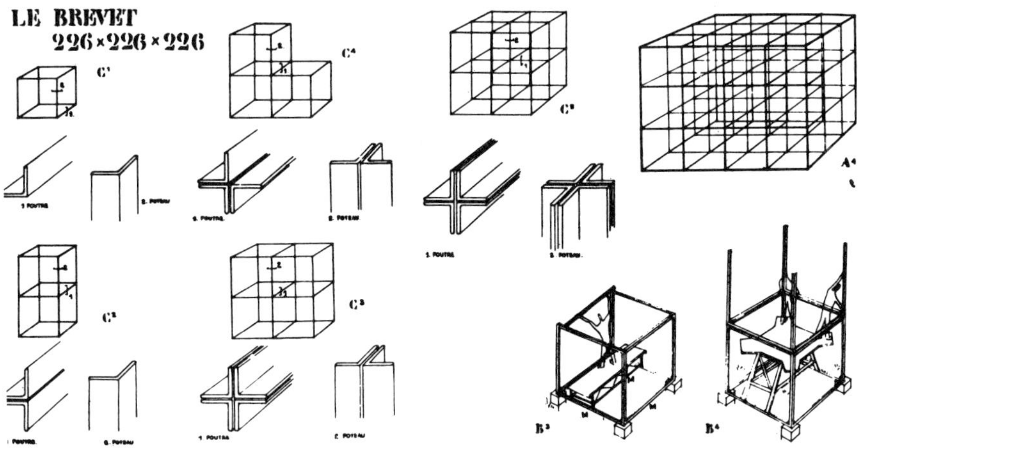

2.112 Le Corbusier. Le Brevet. 226 x 226 x 226 cm.

2.113 Reinhilde Wurst. Körperpackungen. Syntaxübung. Fachhochschule für Gestaltung Schwäbisch Gmünd. Leitung: Roland Knauer.

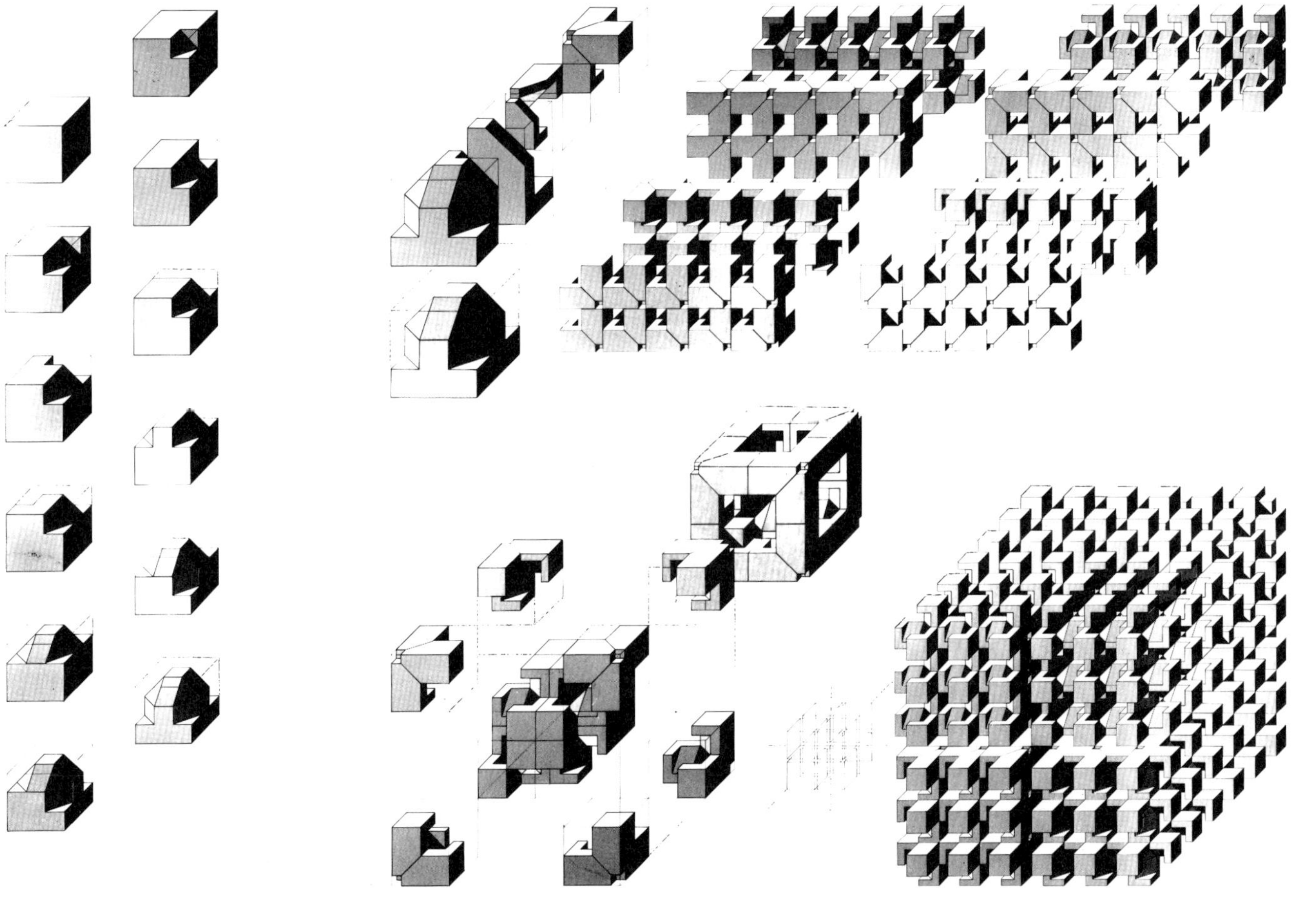

Die Festlegungen der DIN 18000 basieren auf Arbeitsergebnissen der Internationalen Organisation für Normung (ISO). Sie sind die Grundlage für eine vom Mauergestein unabhängige Systemplanung.
Modulare Systeme erstrecken sich nicht nur auf rechtwinklige Koordinatensysteme und ebene Flächen, sie können ebenso auf die Ordnungsbeziehungen von Punkten, Linien, Flächen, Körpern und Räumen angewendet werden.
Die maßliche Koordination entspricht wirtschaftlichen Interessen, denn sie ist eine der Voraussetzungen zur industrialisierten Herstellung von nichtprojektgebundenen Bauelementen.
»Alles ist nach Zahlen geordnet.«[47] Mit diesem, Pythagoras zugeschriebenen Ausspruch begann die Suche nach der besten Proportion, nach Zahlenverhältnissen, die zwischen Welt und Bewußtsein vermitteln, nach Theorien des Schönen und ihren zahllosen Spekulationen.

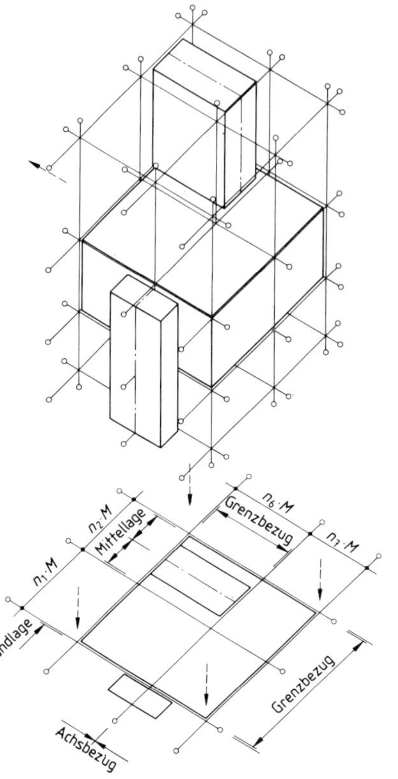

2.114 Auszüge aus der DIN Norm 18 000.

2.115 Die Abbildungen sind mit einem CAD-System generiert. Über ein Grundmodul erfolgt der geometrisch geordnete Aufbau, dem zur visuellen Erprobung verschiedene Positionierungen folgen. Einführung in CAD-Programme. Fachhochschule für Gestaltung Schwäbisch Gmünd. Studienprojekt. Leitung: Tobias Henzler.

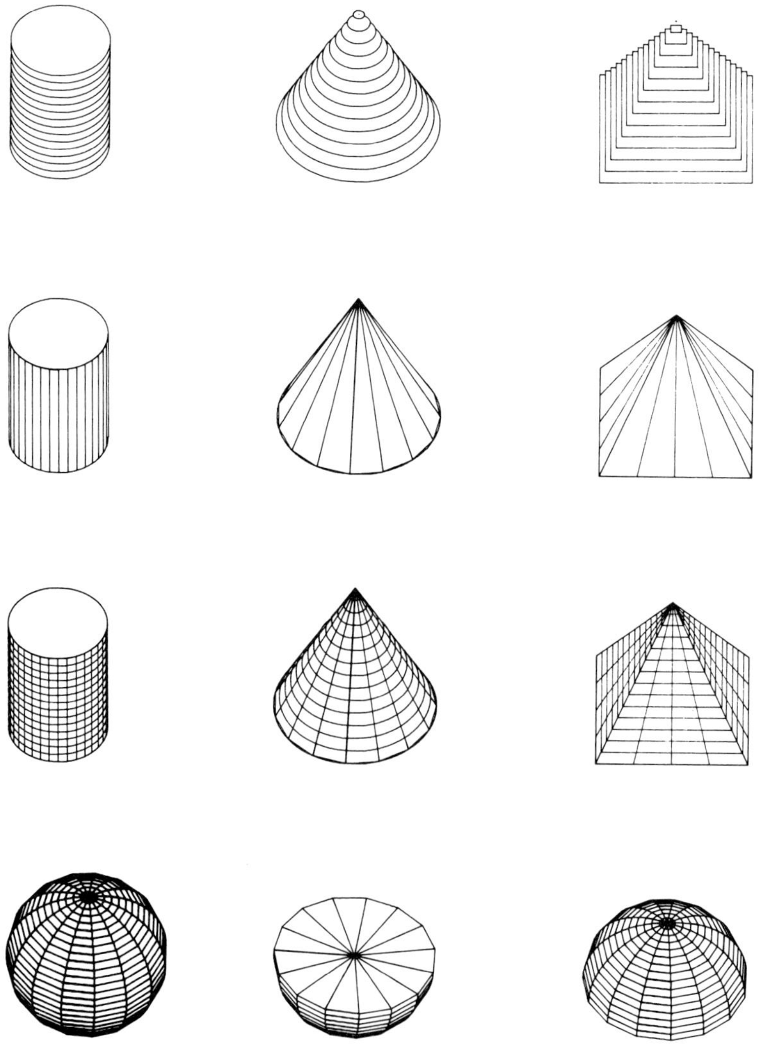

Proportionale Beziehungen zwei- und dreidimensionaler Elemente sind durch rechnerische Methoden zu ermitteln; hier einige Grundoperationen:

Arithmetische Folge
Eine arithmetische Folge erster Ordnung ist eine Zahlenfolge $a_1, a_2 \ldots a_n$, bei der die Differenz d aufeinanderfolgender Glieder konstant ist:

$a_1 = a, a_2 = a + d, a_3 = a + 2d, \ldots$
Beispiel: $d = 2; a_1 = 2, a_2 = 4, a_3 = 6, \ldots$
a_1 = Anfangsglied
a_n = allgemeines Glied

Jedes Glied ist das arithmetische Mittel seiner Nachbarglieder:

$$a_n = \frac{1}{2}(a_{n-1} + a_{n+1})$$

Arithmetische Reihe
Verbindet man die Glieder einer arithmetischen Folge durch Pluszeichen, so entsteht die arithmetische Reihe:

$a_1 + a_2 + \ldots + a_n + \ldots$
n = Anzahl der Glieder
S_n = Summe der arithmetischen Reihe

$$S_n = \frac{n}{2}(a_1 + a_n)$$

Geometrische Folge
Eine Zahlenfolge $a_1, a_2, a_3, \ldots$ ist eine geometrische Folge, wenn durch die Division eines Gliedes mit seinem vorhergehenden Glied immer der gleiche Quotient entsteht. Eine geometrische Folge ist durch das Anfangsglied und den Quotienten q bestimmt. Ist der Quotient $q = 2$, so lautet die geometrische Reihe: 1, 2, 4, 8, 16, ... Ist $q = 1$, so sind alle Glieder der Folge gleich, z. B. 2, 2, 2, ...

Geometrische Reihe
Eine geometrische Reihe ist die Summe einer geometrischen Folge; ihre Formel bei endlich vielen Gliedern ist:

$$S_n = a + aq + aq^2 + aq^3 \ldots + aq^{n-1} = a\frac{1-q^n}{1-q}$$

Stetige Teilungen

Eine Strecke AB ist in C stetig geteilt, wenn AB : AC = AC : CB ist. Diese Teilung heißt auch der Goldene Schnitt. Sie kann – als Vergrößerung oder Verkleinerung – stetig fortgeführt werden.
Die folgende Abbildungen wurden mit einem Autocad-Programm erzeugt.
– Die Kreisfläche wird als geschlossene Fläche angenommen;
– die Grundfläche wird generiert und in Z-Richtung geschlossen;
– Schichtung über die Kreisfläche mittels beliebig vieler Schnitte;
– Kombination aus den zuvor erfolgten Schritten;
– Variation der Schichtung infolge Größenabnahme;
– Variation wie zuvor, jedoch mittels Gerader ausgeführt;
3-D-Fläche; Einsatz zur Generierung von 3-d-Körpern;
– die Facettierung ist beliebig wählbar. Verdeckte Linien wurden berechnet, entfielen jedoch in der Darstellung;
– Kombination aus den vorigen Entwicklungsschritten;
– die Kugel wurde als kugelartiger Vielflächner zugrunde gelegt. Das CAD-Programm erfaßte den Vielflächner frontal; mittels der Silhouette wurden der Durchmesser, der Mittelpunkt und die Facettierung festgelegt. Es entstanden zwei Halbkugeln.
Proportionale Reihungen, die auf dem Goldenen Schnitt basieren, sind neben den zeichnerischen Verfahren auch rechnerisch zu ermitteln:

Die Berechnung des Major:
$x^2 + x = 1$
$x = -1/2 \pm \sqrt{1/4 + 1}$
$x = -1/2(1 - \sqrt{5})$
$x = 0{,}61803\ldots$

Ebenso führt die Teilung der Zahl 1 zum Minor $= 0{,}38197\ldots$
Die dem Goldenen Schnitt zugehörige Verhältniszahl 0,61 803 ... wird vergrößert oder verkleinert:
Z. B. die Division 1 : 0,61 803 ... ergibt 1,61 803, was eine Vergrößerung des Goldenen Schnittes ist.
Die Addition dieser Werte ergibt die Laméssche Reihung, die wiederum der stetigen Teilung nahekommt. Für 1,61 803 ... wird »G« eingesetzt, die Gleichung lautet: $G^2 = G + 1$

$G^1 = G = 1$
$G^2 = 1 + G = 2$
$G^3 = G^1 + G^2 = 1 + 2G = 3$
$G^4 = G^2 + G^3 = 2 + 3G = 5$
$G^5 = G^3 + G^4 = 3 + 5G = 8$
$G^6 = G^4 + G^5 = 5 + 8G = 13$
usw.

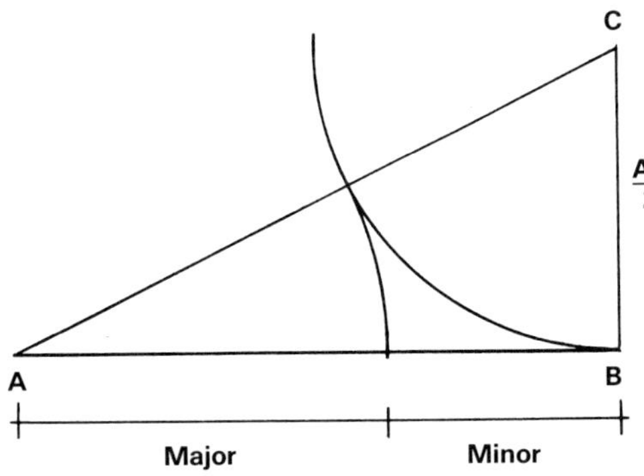

2.116 Heute übliche Konstruktion des Goldenen Schnittes.

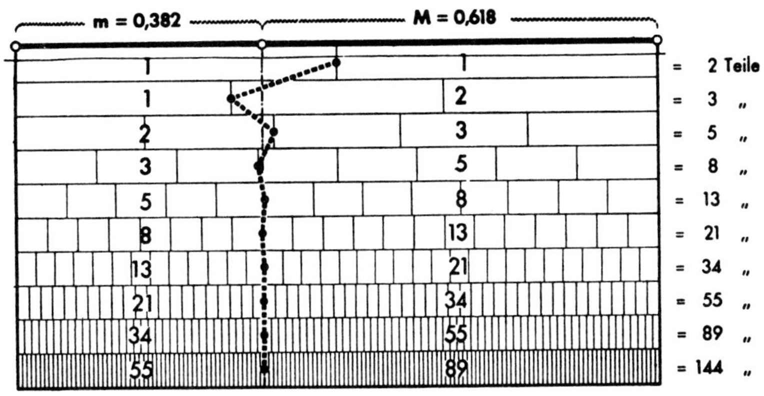

2.117 Darstellung der Laméschen Reihe, nach E. Neuffert.

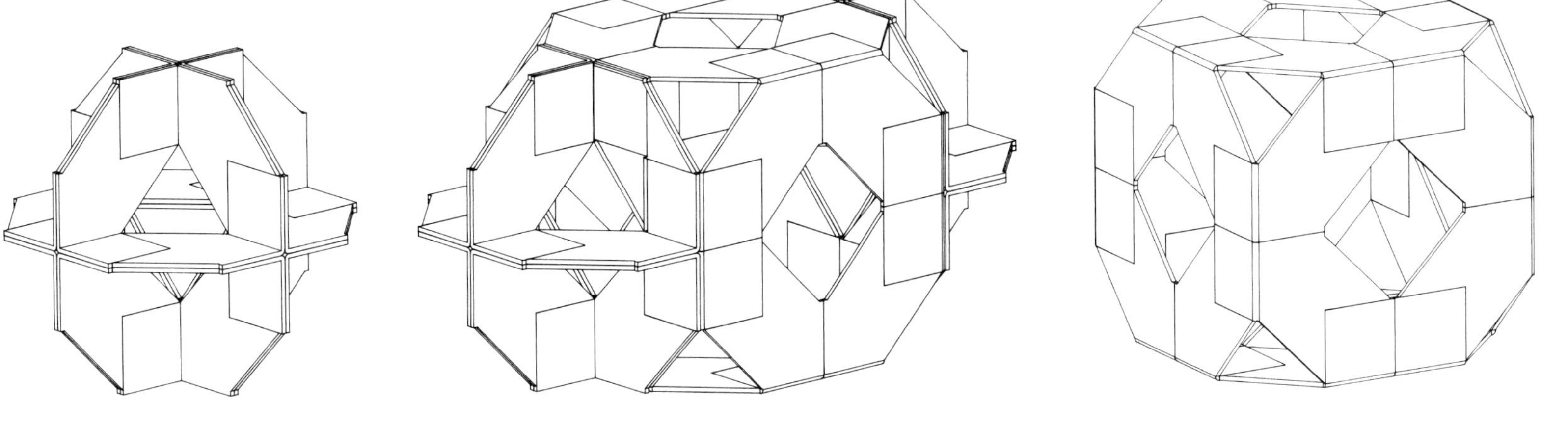

2.118 Modularer Prozeß eines Würfelaufbaus. Studienprojekt, Fachhochschule für Gestaltung Schwäbisch Gmünd. Tom Wanner. Leitung: Dietmar Böhm, Michael Englisch.

Anordnungsmethoden, geordnete Auswahlen

Das Entwerfen von gesetzmäßigen Anordnungen syntaktischer und semantisch codierter Elemente kann sich zur Varietätserzeugung kombinatorischer Prozesse bedienen. Im folgenden einige Grundoperationen zur Ermittlung von Anordnungslösungen.

Permutationen

Das lateinische Wort permutare bedeutet vertauschen. Permutationen sind Platzvertauschungen einer Anzahl von Elementen bei konstanter Anzahl von Elementen und Plätzen. Jede Anordnung von Elementen, die entsteht, indem man sämtliche Elemente in irgendeiner Reihenfolge nebeneinander setzt, ist eine Permutation dieser Elemente. Die Anordnungen unterscheiden sich nur in der Stellung der Elemente. Die Anzahl der möglichen Anordnungen von n verschiedenen Elementen wird mit P(n) bezeichnet. n Elemente lassen sich stets n-mal so oft permutieren wie n – 1 Elemente, denn P(1) hat nur den Wert 1, für ein einziges Element gibt es nur eine (1) Anordnung.

$P(n) = n \times P(n-1)$
$P(n) = n \times P(n-1) = n(n-1)$
$P(2) = 2 \times P(2-1) = 2 \times 1$
$P(3) = 3 \times P(3-1) = 3 \times 2 \times 1$
$P(4) = 4 \times P(3) \quad = 4 \times 3 \times 2 \times 1$

Für das Produkt der natürlichen Zahlen von 1 bis n gilt die Bezeichnung n! (Fakultät)

$P(1) = 1! = 1$
$P(2) = 2! = 1 \times 2 = 2$
$P(3) = 3! = 1 \times 2 \times 3 = 6$
$P(4) = 4! = 1 \times 2 \times 3 \times 4 = 24$
$P(5) = 5! = 1 \times 2 \times 3 \times 4 \times 5 = 120$

Die Anzahl P(n) der Permutationen von n-Elementen ist dem Produkt aller natürlichen Zahlen von

1 – n gleich; P(n) = n!
P = n!
P = Anzahl der möglichen Permutationen
n = Anzahl der Elemente
n! = Multiplikation aller Zahlen bis n
Beispiel: Die Buchstaben a b c lassen sich auf 6 folgende Permutationen anordnen: $3! = 1 \times 2 \times 3 = 6$, nämlich abc; acb; bca; bac; cab; cba.

Der Verlauf der Zahlen bis 10 lautet:

K	0	1	2	3	4	5	6	7	8	9	10
K!	1	1	2	6	24	120	720	5 040	40 320	362 880	3 628 800

Diese Funktion ist aus der Menge der nicht negativen Zahlen definiert. Die Berechnung der Fakultät für große Mengen von n erfolgt nach der Formel von Stirling:

$$n! = \sqrt{2}\pi n \cdot \left(\frac{n}{e}\right),$$

wobei e die Basis der natürlichen Logarithmen ist, e = 2,71828 …

Variationen ohne Wiederholung

Wählt man aus m verschiedenen Elementen eine Gruppe von n-Elementen aus und ordnet diese auf unterschiedliche Weise an, so entsteht eine Variation von n-Elementen ohne Wiederholung.
Die Anzahl der möglichen Variationen errechnet sich aus:

$$V = \frac{n!}{(n-p)!}$$

V = Anzahl der möglichen Variationen
n = Anzahl der Elemente
p = Anzahl der Plätze in der Zusammenstellung,

Beispiel:

$$V = \frac{4!}{(4-2)!} = \frac{4!}{2} = \frac{4 \times 3 \times 2 \times 1}{2 \times 1} = \frac{24}{2} = 12$$

	(a)	(b)	(c)	(d)
a)	_	ba	ca	da
b)	ab	–	cb	db
c)	ac	bc	–	dc
d)	ad	bd	cd	–

Variationen mit Wiederholung

Wenn sich unter m Elementen m_1 gleiche einer Art befinden, m_2 gleiche einer zweiten Art usw., und will man alle m Elemente auf alle möglichen Arten anordnen, so beträgt die Anzahl der Variationen

$$V = \frac{m!}{m_1!\, m_2! \ldots m_k!}$$

Beispiel: Bestimmung der Anzahl der verschiedenen Variationen mit Wiederholung der Elemente aus den Buchstaben aaa bb cc. Das Vertauschen der vorderen Elemente ergibt keine neue Variation. Erst die Anordnungen abaabcc; caaabcb; baaaccb usf. sind neu. Die Anzahl der untereinander verschiedenen Variationen ist, wenn $m_1 = 3$, $m_2 = 2$, $m_3 = 2$. $m = m_1 + m_2 + m_3 = 7$

$$\frac{7!}{3!\,2!\,2!} = \frac{2 \times 3 \times 4 \times 5 \times 6 \times 7}{2 \times 3 \times 2 \times 2} = 210$$

Kombinationen

Zusammenstellungen von n-Elementen aus r Verschiedenen werden Kombinationen genannt; es wird also aus einer größeren Menge von Elementen eine kleinere Anzahl ausgewählt und zusammengestellt.

Kombinationen ohne Wiederholung

Darf jedes Element nur einmal vorkommen, so errechnet sich die Zahl der möglichen Kombinationen:

$$K = \frac{n!}{(n-p)! \times p!}$$

K = Anzahl möglicher Kombinationen
n = Anzahl der Elemente
p = Anzahl der Plätze der Zusammenstellungen

Beispiel: Es ist ein Repertoire aus n = 4 = (a, b, c, d) gegeben. Die Kombinationen zur 2. Klasse ohne Wiederholung sind:

$$K = \frac{4!}{(4-3)! \times 3!} = \frac{4 \times 3 \times 2 \times 1}{1 \times 3 \times 2 \times 1} = \frac{24}{6} = 4$$

	(a)	(b)	(c)	(d)
a)	–	–	–	–
b)	ab	–	–	–
c)	ac	bc	–	–
d)	ad	bd	cd	–

Kombinationen mit Wiederholung

Ein Element darf in einer Anordnung mehrmals vorkommen, z. B. aa, bb, cc, dd.

$$K' = \frac{(n+p-1)!}{(n-1)! \times p!}$$

Beispiel: n = 4; r = 2; r ist die Zahl der Wiederholungen:

a, b, c, d;	aa	ab	ac	ad
		bb	bc	bd
			cc	cd
				dd

Permutationsmatrix

Die Permutationsmatrix ist eine Anordnungskombination. Mögliche Vertauschungen zwischen Bauelementen und ihren paarweisen Anordnungen könne durch sie dargestellt werden.
Eine Telefonzelle läßt Permutationen hinsichtlich der Ausführung und der Stellung zu: Eine Wand enthält die Installationen, zwei Wände sind verglast, eine Wand ist als Tür ausgebildet und links oder rechts angeschlagen. Nur hängende Türanordnungen sind zulässig, so ergeben sich aus den 90°-Drehungen der Anordnung, der Veränderung der Türanschläge und der Stellung der Installationswand 12 Anordnungen aus vier Gruppen zu je drei Stellungen. Sie werden in Vektorform dargestellt:
b = [i t w w]

Mit der Permutationsmatrix ermittelte Bruce Martin die möglichen Kombinationen von je zwei Telefonzellen zu einem Paar. Die Kombination dieser Glieder läßt $12 \times 12 = 144$ Anordnungen zu, die wegen der Gleichheit von Indexmenge und Zeilenmenge symmetrisch sind, so daß sich ohne Wiederholung 72 paarweise Anordnungen ergeben.
Im Gegensatz zur Zahlenmatrix, wie sie beispielsweise zur Entfernungsangabe zwischen Städten bekannt ist, sind bei der Permutationsmatrix bauliche Elemente eingetragen, um ihre Beziehungen tabellarisch zu ermitteln. Die Matrix zeigt Permutationen aus den vier Bauelementen und den 90°-Drehungen. Eine Anordnungsmatrix enthält die Menge der Elemente, deren Beziehungen gesucht sind; eine Matrix, deren Glieder Zahlen sind, wird Zahlenmatrix genannt, sie läßt Addition und Multiplikation zu. Wenn die Beziehung der Elemente ohne eindeutige Reihenfolge ist, ergibt ihre Eintragung eine Nominalskala. Eine Ordinalskala enthält Elemente, die sich in eine eindeutige Reihenfolge setzen lassen; eine Intervallskala enthält Elemente, die als geordnete Maßeinheiten eine Reihenfolge angeben.
Die Permutation wurde von Sol Lewitt zum Entwurf eines Environment eingesetzt. Drei kubische Elemente sind vertikal platzvertauscht; siebenundvierzig Plätze sind besetzt.

Die Erzeugung von Ähnlichkeiten mittels transformatorischer Operationen

Der Entwurfs- oder Gestaltungsprozeß kann als fortgesetztes Transformieren verstanden werden, der Transformationsvorgang kann mathematisch klassifiziert werden: Eine eineindeutige Transformation ist gegeben, wenn die Menge oder die Art der Verknüpfungen von Elementen oder Eigenschaften eindeutig umkehrbar sind, also die Abbildung T in die Abbildung T' eindeutig überführbar ist und das Transformationsergebnis mit dem vorigen Zustand übereinstimmt.

Ein-mehrdeutige Transformation liegt vor, wenn eine Eigenschaft auf mehrere Eigenschaften abgebildet, also differenziert wird, so daß die transformierte Abbildung T' mehr Eigenschaften als die Abbildung T aufweist bzw. mehrere Transformationsergebnisse möglich sind.
Die mehr-eindeutige Transformation enthält umgekehrt eine geringere Menge von Eigenschaften als im Basiszustand gegeben sind, da infolge der Transformationsregel nun mehreren Eigenschaften eine geringere Anzahl oder nur eine bestimmte Transformationseigenschaft zugeordnet ist, so daß der Transformationsprozeß in Richtung einer Abstraktion verläuft.

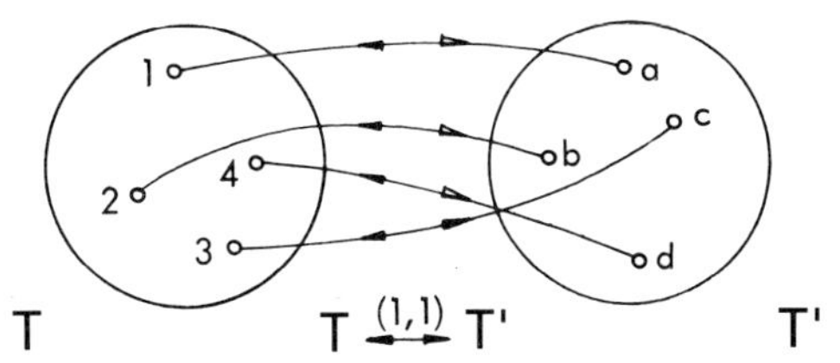

Schema einer ein-eindeutigen Transformation.

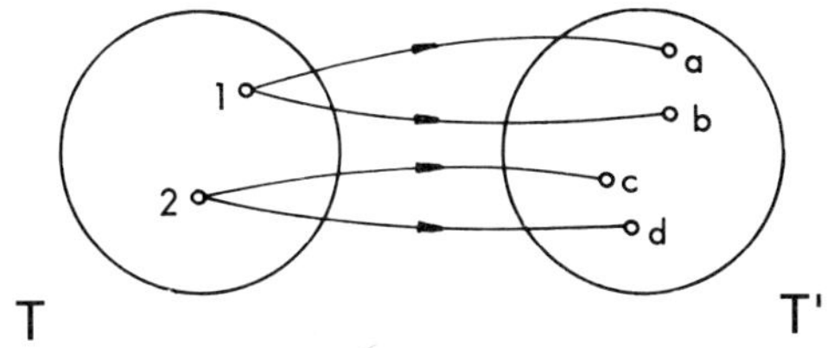

Schema einer ein-mehrdeutigen Transformation.

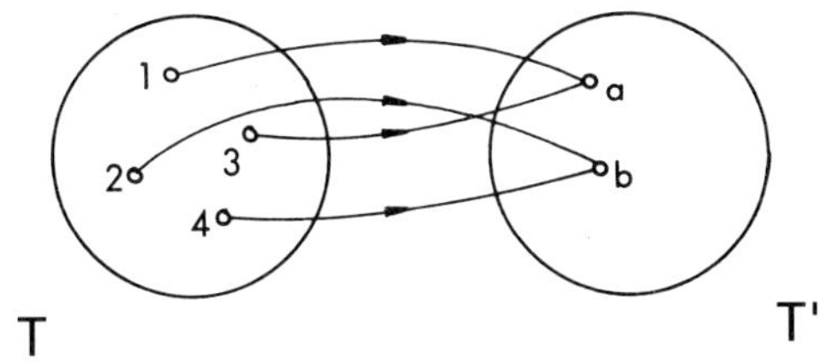

Schema einer mehr-eindeutigen Transformation.

2.120 Transformationen.

2.119 Kurt Hahn. Permutierte Würfelschnitte. Fachhochschule für Gestaltung Schwäbisch Gmünd. Syntaxübung. Leitung: Roland Knauer.

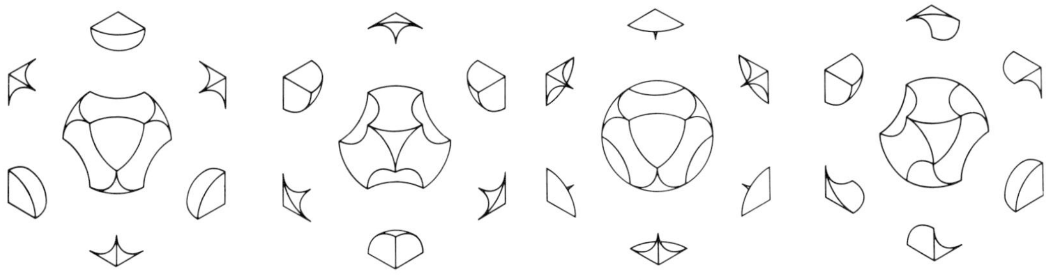

2.121 Bruce Martin. Die Entwicklung der neuen Mark 8 Telephonbox. Permutationsmatrix.

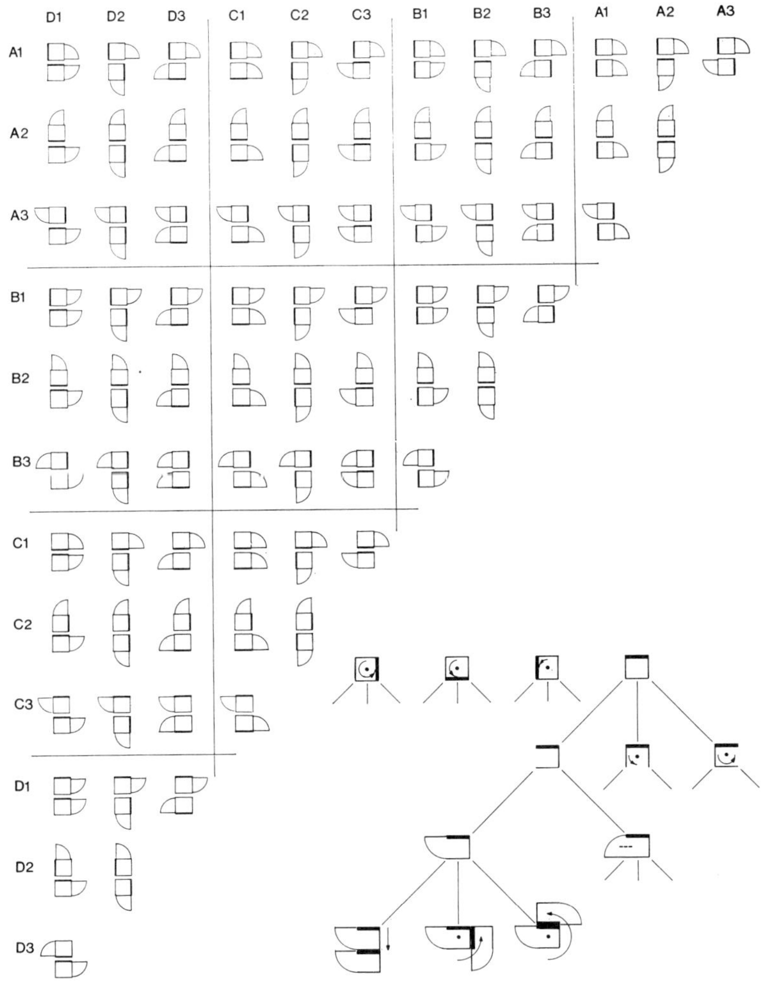

2.122 Sol Lewitt. Entwurf eines Environments.

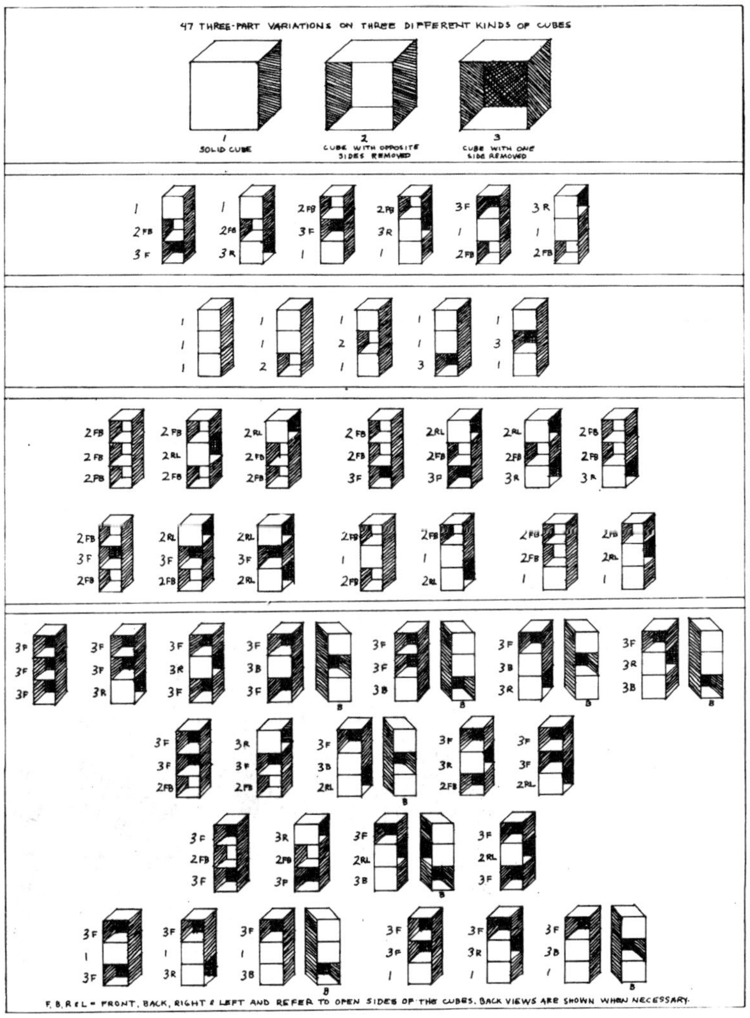

Lionel March und Philip Steadman haben sechs homöomorphe Transformationsbeziehungen dargestellt, die auf dem Entwurf für ein Minimalhaus von Le Corbusier basieren:
a) Eine Identitätstransformation ist nur in der Idee gegeben.
b) Die isometrische Transformation behält alle metrischen Beziehungen, beispielsweise die Längen, bei, Lagevertauschungen durch Symmetrieoperationen sind erlaubt.
c) Die Ähnlichkeitstransformation läßt die Beziehungen von Winkeln, Parallelität und die Nachbarschaftsbeziehungen unverändert, variabel sind Längen und Positionen.
d) Für Affinitätstransformationen gilt die Parallelität der Strecken, der Längen und der Nachbarschaftsbeziehungen. Die affine Transformation entspricht einer isometrischen Axonometrie, diese ist jedoch ein Sonderfall der affinen Transformation, da für sie nur die Parallelität der Strecken, aber nicht auch der Längen gilt. Eine Figur ist affinsymmetrisch, wenn zu ihr in gleicher Ebene eine Gerade als Achse gezeichnet werden kann, so daß durch eine affine Spiegelung der eine Teil der Figur in den auf der anderen Seite gelegenen Teil übergeht.
e) Die Perspektivtransformation verändert Winkel und Längen.
f) Die topologische Transformation läßt unter den geometrischen Eigenschaften nur die Nachbarschaftsbeziehungen invariant. Winkel, Längen, beispielsweise »gekrümmt« oder »gerade«, sind keine topologischen Eigenschaften. Für sie gilt die Stetigkeit der Abbildungen, die geeignet sind, die Nachbarschaftsbeziehungen zu erhalten. Die Topologie kann man grob definiert als »Gummituchgeometrie« bezeichnen, da die topologische Äquivalenz voraussetzt, daß mittels einer elastischen Bewegung eine Figur in eine andere überführt werden kann.

2.123 Lionel March und Philip Steadman. Sechs Beispiele für homöomorphe Transformationen.

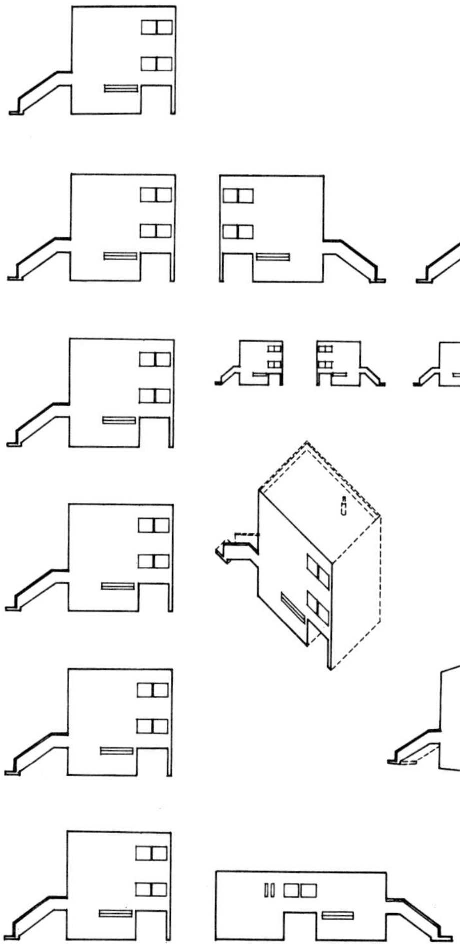

2.124 Lionel March und Philip Steadman. Fünf Beispiele für Symmetrieoperationen anhand von Grundrissen von Le Corbusier.

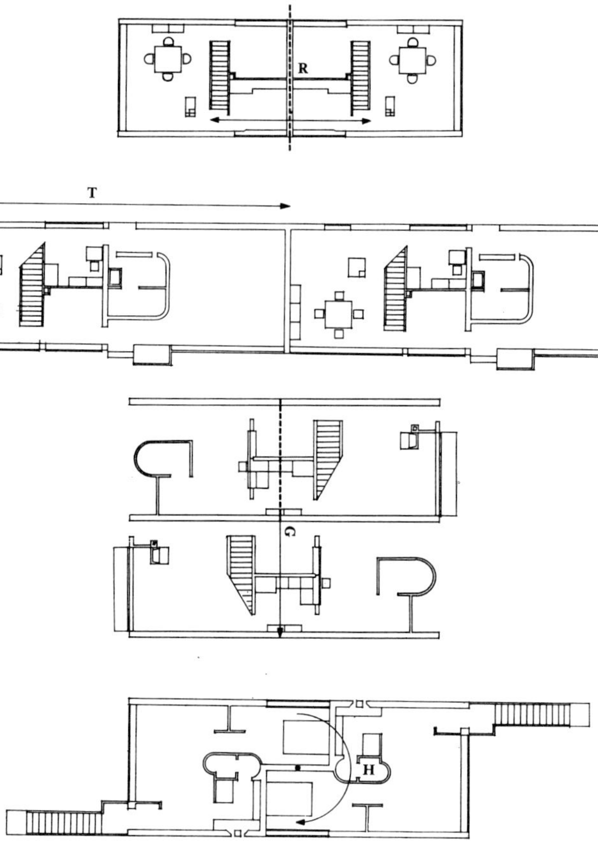

2.125 Lionel March und Philip Steadman. Symmetrieoperationen zur Grundrißerzeugung. St. Marks Tower von Frank Lloyd Wright.

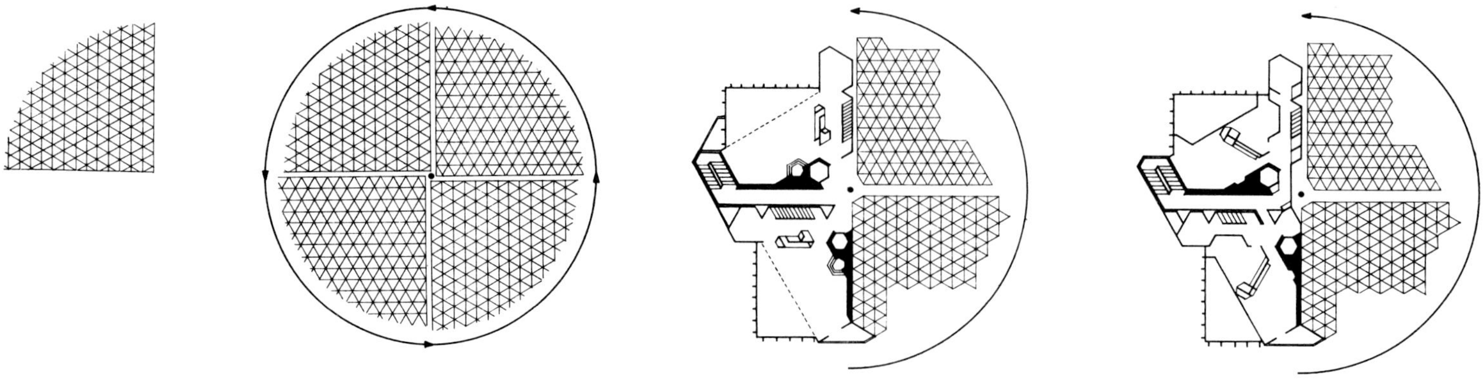

Symmetrieoperationen zur
Erzeugung systemhafter Grundrisse

Symmetrieoperationen zur Erzeugung systemhafter Grundrisse bzw. ihrer geplanten Verknüpfung zu größeren Verbänden sind als Entwurfsmethodik nicht so selten, wie die Grundrißanalysen von Lionel March und Philip Steadman anhand einiger Projekte von Le Corbusier und von Frank Lloyd Wright zeigen.[48]
Spiegelung: Die Spiegelung um die Achse R zeigt die Links-Rechts-Verdoppelung des Grundrisses, auch bilaterale Symmetrie genannt, ohne Veränderung der Einzelelemente.
Translation: Um den Streckenbetrag T ist ein anderer Grundriß von Le Corbusier verschoben.

Spiegelung und Rotation
Die Spiegelung um die Achse G und die anschließende Translation des Grundrisses führen bereits zu einer neuartigen Grundrißanordnung.
Rotation: Auch das relativ seltene Beispiel einer »Grundrißmutation« stammt von Le Corbusier: Die Rotation um den Grundrißmittelpunkt, vom Brandmauer-Vorsprung begünstigt, führt zum Typus des freistehenden Gebäudes.
Rotation und Translation zur Grundrißerzeugung und ihrer Anordnung entlang der vertikalen Erschließungs- und Installationsschächte verwendete F. L. Wright beim Entwurf des Apartmenthauses St. Marks Tower.
Die Grundrisse sind aus zwei um 30° verdrehten Quadraten gebildet, die Haupt- und Galeriegeschoß enthalten. Jedes der Quadrate ist in vier gegeneinander versetzte Abschnitte unterteilt. Die Rotation erfolgt in vier Perioden zu 90°, 180° und 270° um einen Achspunkt, der geringfügig aus dem Gebäudemittelpunkt gerückt ist.Aus diesen Operationen ergeben sich die alternierenden Grundrißfolgen und die Beziehungen der primären Bauteile.
Die generative Entwurfsmethodik der Zusammenfügung geometrischer Grundrißstrukturen zu größeren Verbänden ist von Wright später wiederholt worden: für das St. Mark's-in-the-Bouwerie Apartmenthaus, beim Entwurf der Chicago-Apartmenthäuser und der Crystal Heights Hotel- und Apartmenthäuser. Immer sind es basishafte Grundrisse oder Teile, die mittels Translation, Spiegelung und Rotation zu Agglomerationen verknüpft wurden, dargestellt in der Reihenfolge: Teillösung – Symmetrieoperationen – Agglomeration.

Symbolische Darstellungscodes

Ein Darstellungscode ist eine Methode zur Substitution von Zeichen in andere Zeichen. Eine Qualität wird als Zeichenmenge untersucht und mittels einer logischen Verknüpfung zu einem zweidimensionalen Beschreibungsmodell transformiert. Der Darstellungscode besteht aus den Mitteln, mit denen über das darzustellende Phänomen ausgesagt wird. Der elaborierte, hochentwickelte, differenzierte Code ist von restringierten, individuellen und eingeschränkten Codes zu unterscheiden. Die Codierung ist für den Darstellenden (Expedienten) wesentlich, die Decodierung für den Empfänger (Perzepienten), denn die symbolisch codierte Nachricht muß von ihm in ihre begrifflichen Elemente zurückübersetzt werden. »Für eine eindeutige Decodierung beim Empfänger ist die notwendige Voraussetzung, daß die Zuordnungsdefinitionen beim Expedienten zwischen dem Repertoire der Nachrichtenquelle und dem Repertoire der Signale reversibel, also eindeutig umkehrbar sind.«[49]
Ist die Übereinstimmung zwischen dem Darstellungscode und den Objektmerkmalen groß, so ist der Abstraktionsgrad gering; wird dagegen von vielen Objektmerkmalen abgesehen – abstrahiert –, ist der Abstraktionsgrad hoch. Symbolische Codierungen sind Darstellungen von hoher Abstraktion. Symbolische Zeichen repräsentieren mittels unabhängiger, aber nicht willkürlicher Zeichenzuordnung ein Objekt oder einen Sachverhalt. Ein Symbol ist ein Zeichen, das sein Objekt weder abbildet noch anzeigt, sondern unabhängig vom Objekt gesetzt wird, das Objekt also relativ willkürlich repräsentiert. Symbole sind daher nicht vom Objekt, sondern von Konventionen abhängig.
Die Bedeutung derartiger Darstellungscodes gründet in dem Vorzug, den Umgang mit real gegebenen Objekten durch den Umgang mit Zeichen, Begriffen, Symbolen zu erleichtern und zu ersetzen. An die Stelle von Elementen treten Zeichen und ihre Operationen. Sie sind für den unmittelbaren Zugriff offen und bieten die Chance, zu neuen Erkenntnissen über die Objektstruktur oder gar zu neuen Anordnungslösungen zu gelangen. Sie sind geeignet, die explizit formulierbare Entwicklung, wie hier am Beispiel eines Gitters so darzustellen, daß die dreidimensionale Qualität von einem zweidimensionalen diskursiven Ordnungsmodell substituiert wird. Diese umfaßt sowohl die Merkmale der Struktur – Formaufbau, Berandung, Begrenzungen – wie auch den Feinaufbau, und zwar ohne die Komplikationen, die präsentisch abbildenden Codes im allgemeinen anhaften.
Die Nachricht über die Objektstruktur wird über graphische/nichtgraphische Kommunikationkanäle aufgrund intersubjektiver Operationen und ohne Transportverluste durch alle Phasen der Codierung vermittelt.
Innerhalb einer Codierung können unterschiedliche Codes, beispielsweise bei der Transformation eines Codes analog zur Veränderung der Darstellungsebene eingesetzt werden, oder Subcodes, die bestimmte Eigenschaften hervorheben.
Die Methodik der Codierung gehört dem Problem der Varietätserzeugung und -einschränkungen an. Im allgemeinen verläuft der Codierungsprozeß von geringerer zu größerer Abstraktion, von großer Übereinstimmung der Codierung/Objektmerkmale zu geringerer. Auch hier gilt der methodische Grundsatz: Die Problemlösung ist stets von der zugänglichsten Seite her zu beginnen. Diese Arbeit gleicht einer Werkanalyse, indem man relevante Beziehungen explizit darlegt und die materialen Elemente durch Zeichen ersetzt.

2.126 Lionel March und Philip Steadman. Symmetrieoperationen zur Erzeugung von Agglomerationen. Crystal Heights Hotel- und Apartmenthäuser, von Frank Lloyd Wright.

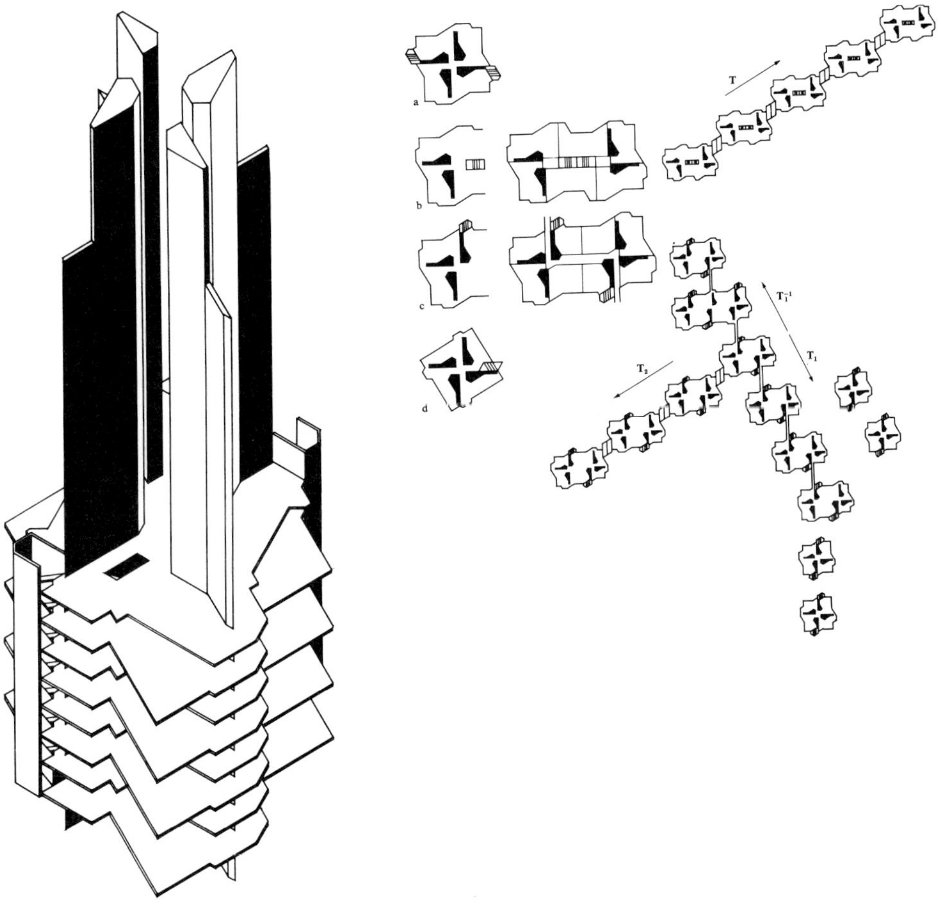

Alphanumerisches Beschreibungsmodell für ein Oktaeder-Gitter

Die am Gitteraufbau beteiligten linearen Elemente, ihre Strecken- und Winkelbeziehungen weden über Netzen entwickelt, in einer Elementliste zusammengefaßt und in ein karthesisches Koordinatensystem eingesetzt. Die Füllelemente f und F nehmen räumliche Positionen ein, die mit den drei Koordinaten identisch sind.

Räumliche Schnitte

Nach der Definition der räumlichen Elementpositionen ist die Lage der daraus entwickelbaren Gitter im Raum eindeutig. Die Gitter können nun in einer der drei Richtungen der karthesischen Koordinaten geschnitten werden. Die entstehenden Schnittflächen werden als Ebenen aufgefaßt, die ebenfalls durch die Koordinaten begrenzt sind. Die Schnitte liegen in der räumlichen Mitte der Elemente, die sich in der jeweiligen Ebene befinden. Für die Elemente f und F wird die Schnittebene jeweils durch das Zentrum der Verbindung mit den sie umgebenden Elementen gelegt. Die Schnitte erfolgen hier in y-Richtung von oben nach unten; sie müssen vollständig ausgeführt werden.

Die ikonisch-präsentische Darstellung kann nun durch eine alphanumerische Codierung ersetzt werden. Jede Schnittebene wird als eine Matrix $M = (x_{i,k})$ dargestellt, wobei $x_{i,k}$ die Plätze der Elemente sind ($i,k = 1, 2, 3 \ldots$). Die Plätze der übereinander liegenden Matrizen müssen deckungsgleich sein. Zur Beschreibung unendlicher Gitter ist die Beschränkung auf eine periodisch wiederkehrende Substruktur sinnvoll. Die ausgeführten und damit endlichen (obwohl periodisch erweiterbaren) Gitterstrukturen lassen sich nach dieser Methode vollständig beschreiben, wurden hier jedoch nur in prinzipiell wichtigen Darstellungen abgebildet. Die Anzahl der Zeilen und Spalten räumlich geordneter Matrizen richtet sich nach den extremen Positionen der Elemente.

2.127 (1) Wolfgang Mezger. Alphanumerisches Beschreibungsmodell für ein Oktaedergitter. Fachhochschule Schwäbisch Gmünd. Syntaxübung. Leitung: Roland Knauer.

(2) Gitter mit den Elementen a und F.

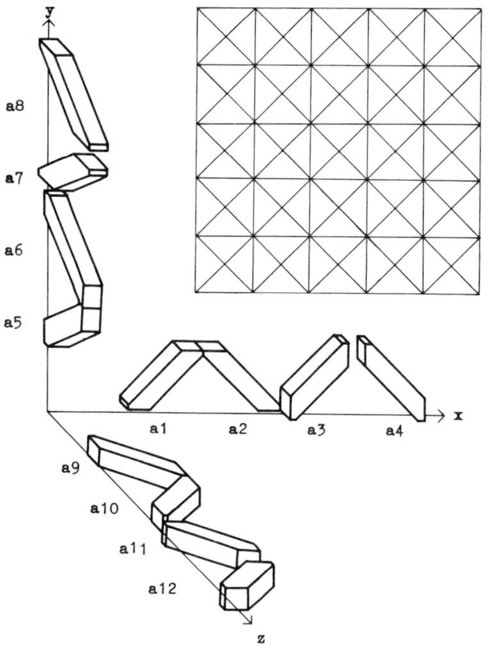

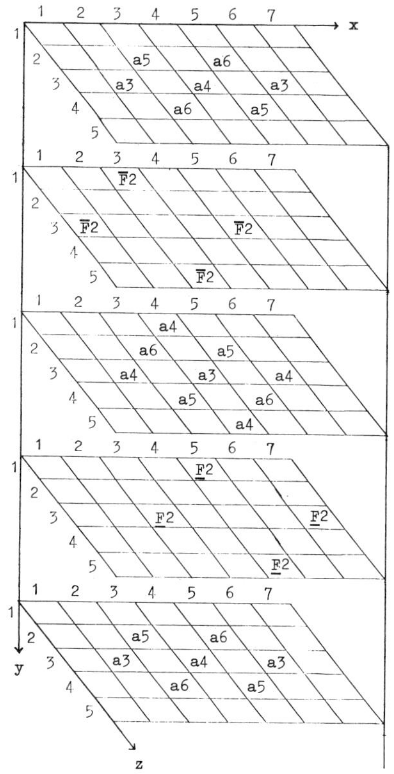

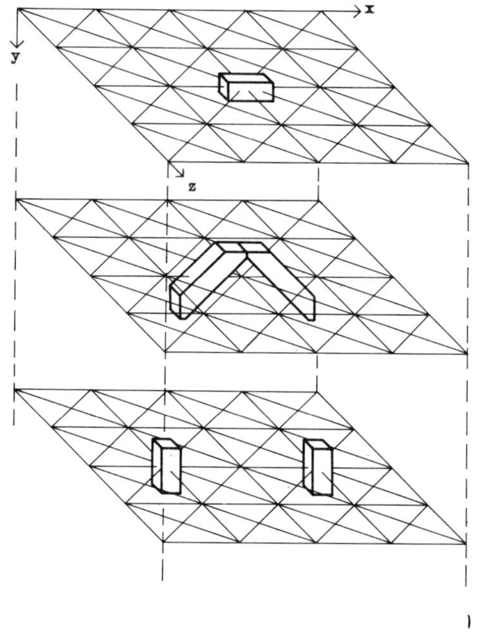

Dieses Verfahren zur Repertoireerzeugung – eine graphische Entwurfsmethode zur Klärung möglicher Lösungen, die über die Darstellung erfolgt – ist nicht erst seit der Moderne bekannt. Die Agglomerationen des Mittelmeerraumes und des Vorderen Orients lassen vermuten, daß es sich um artverwandte Bauweisen handelt, die die Grundlage der frühesten Siedlungsformen bildeten.
Auffälligstes Merkmal dieser Agglomerationen ist die endlose Variation, das beständige Abweichen vom Basistyp, so daß im prinzipiell unendlichen Muster stets individuelle Einzellösungen bzw. Anordnungen entstehen. Allgemein als additive Bauweise bezeichnet – doch darunter würden auch einfache Reihungen fallen –, müßte vielmehr – nach E. Heinrich, Berlin – das mehr oder weniger deutlich aus Zellen gebildete Gebäude mit unregelmäßigem Grundriß und Umriß als »agglutinierende Bauweise« bezeichnet werden; regelmäßige Verhältnisse wären »reguliertes Agglutinat« zu nennen und »rezente Agglutinate« diejenigen Gebäude, die noch heute bewohnt werden, aber in der alten Tradition stehen; »moderne Agglutinate« heißen dagegen solche, die dieser historischen Bauweise nachfolgen.
Darstellungen zur Erzeugung systemhafter Anordnungen sind Teil der generativen Entwurfsmethode, die definierte Elemente zu größeren und komplexeren Verbänden zusammenfügt. Verbreitet sind horizontale Ausbreitungen, seltener vertikale, wie sie F. L. Wright für das St. Mark's Apartmenthaus einsetzte. Es liegt nahe, isomorphe bzw. homöomorphe Teile dort zu verwenden, wo entwerferischer Impetus, deduktive Arbeitsweise und der Nutzungscharakter den Einsatz geometrisch definierter Elemente nahelegen. Diese Methode bringt überschaubare – was nicht voraussehbar bedeutet – Resultate hervor, denn die Agglomerationen sind mit den Basiselementen wenn nicht formal, so doch strukturell eng verwandt.
Die Transformationsmethode wird fortgesetzt von einer Arbeitsweise, auf die D'Arcy Thomson hinwies und die er Koordinatenmethode nannte: Auch sie beruht auf der mathematischen Theorie der Transformationen.[50]
Eine in ein reguläres Netz eingetragene Figur verändert sich zum Netz analog, wenn die ursprünglichen Werte an Abszisse oder Koordinate vergrößert, verkleinert, verzerrt werden. Deformiert man das Koordinatennetz nach bestimmten Regeln, so erfährt die eingetragene Figur als Funktion von x und y eine Abweichung vom ursprünglichen Typus, eine systematische Transformation. Die Transformationen beziehen sich auf biologische oder physikalische Sachverhalte, doch ist die Methode für jegliche Umwandlung gleichförmiger Figuren oder Körper von morphologischer Variabilität, etwa für Wachstumsgesetze geeignet, die mit typischen Merkmalen des Phänomens korrelieren.
Die Zeichnungen Albrecht Dürers aus seinen *Abhandlungen über Proportionen* dienten zur Veränderung des Gesichtsausdrucks, der durch eine geringe Verschiebung der Netzverhältnisse erreicht wurde.[51] Von D'Arcy Thomson auf die morphologische Forschung ausgeweitet, führt die Punkteverbindung des menschlichen Schädels mit Schnittpunkten des Schimpansenschädels zu einem Koordinatensystem sanfter Krümmungen von annähernd logarithmischer Progression. Derartige Transformationen zeigen, daß es sich nicht um bloße Modifikationen, sondern um stetige, ununterbrochene Veränderungen eines einheitlichen Prozesses des gesamten Formsystems – eine topologische Transformation – handelt.[52]
Diese Beispiele beschränken sich auf biologische Problematiken: Es liegt nahe, sie auf Phänomene der räumlichen Geometrie auszudehnen, um auch dort Zusammenhänge über invariante/variante Gestaltgesetzlichkeiten aufzufinden.

2.128 D'Arcy Thomson. Transformationen.

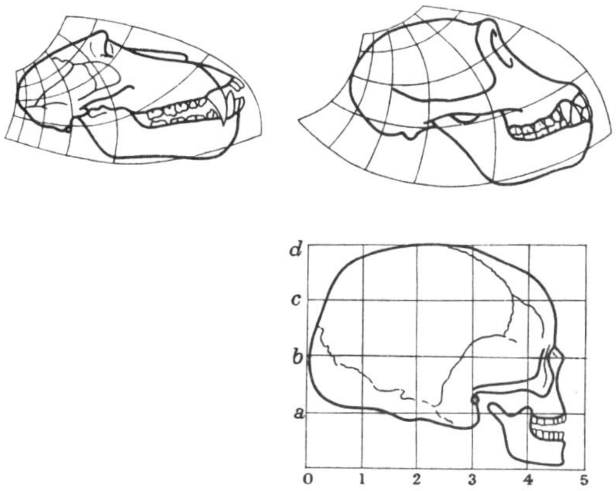

2.129 M. C. Escher. Gemäldegalerie.

2.130 M. C. Escher. Gekrümmtes Netz als geometrische Grundlage.

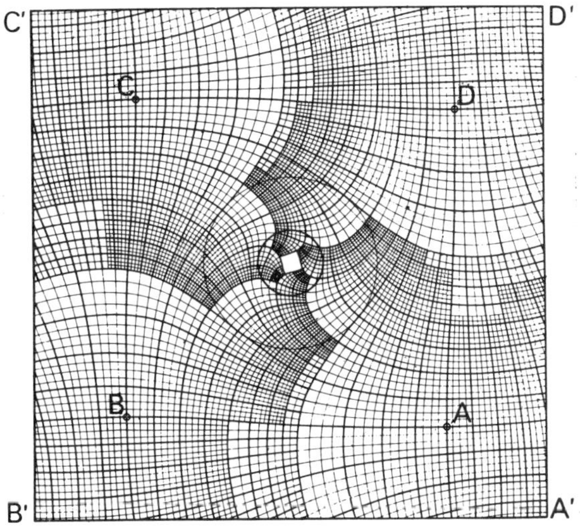

2.131 M. C. Escher. Kubische Raumfüllung mit gekrümmten Linien.

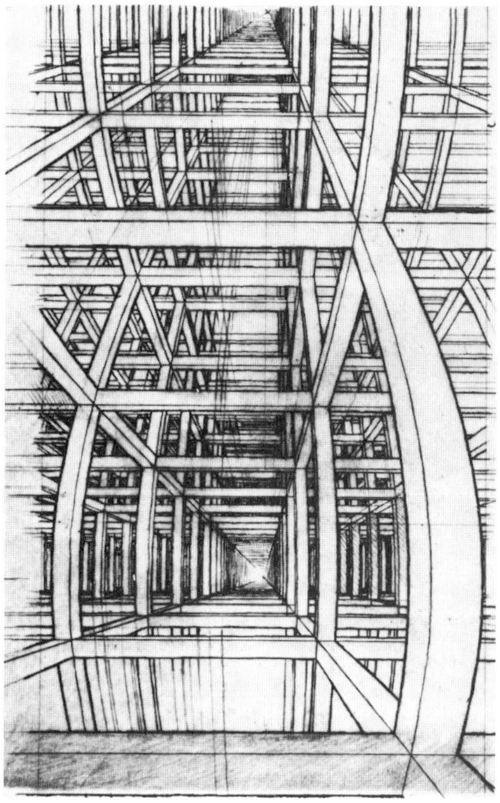

Methoden und Techniken der Architekturdarstellung

Die Darstellungsmethoden: Planimetrie, Axonometrie, Linearperspektive

Der Abbildungsbegriff

Der mathematische Abbildungsbegriff besagt, daß eine Figur die Abbildung einer anderen ist, wenn eine Menge A von Punkten einer Menge B von Punkten umkehrbar eindeutig zugeordnet ist. Der Begriff der Abbildung ist hier auf die Methoden Planimetrie, Axonometrie und Linearperspektive erweitert. Diese Methoden sind grundlegend für die Darstellungsprobleme der Bau- und Stadtplanung und für die meisten konstruktiven Tätigkeiten. Sie umfassen sowohl Darstellungen mit geringem Präzisionsgrad, die topographisch weit gefaßt und von großer Dimension sind, als auch quantitative und qualitative Umsetzungen von Daten, etwa im Konstruktionsbereich. Die Resultate daraus sind abstrahierte oder anschauliche Abbildungen von entworfenen oder realen Gegenständen.

Die Parallelprojektionen

Die rechtwinklige Parallelprojektion ist die Methode, um ein Objekt in wahrer Größe darzustellen. Dabei verliert die Abbildung die für bestimmte Aussagen wichtige Anschaulichkeit. Dagegen läßt sich mit der schrägen Parallelprojektion eine anschauliche, räumlich geordnete Bildwirkung – bei reduzierter Maßgenauigkeit – erzielen. So liegt es nahe, die Projektionsart von den Darstellungszwekken abhängig zu machen, denn Anschaulichkeit kostet Maßgerechtigkeit, während Maßgerechtigkeit Unanschaulichkeit bedeutet.
In der Parallelprojektion verlaufen alle Projektionsstrahlen parallel, das Zentrum 0 der Projektion wird als Fernpunkt angenommen. Parallelprojektionen unterscheiden sich nach dem Winkel, in dem die Projektionsstrahlen auf die Bildebene treffen; dies sind: die orthogonale oder senkrechte Projektion und die schräge oder schiefe Parallelprojektion.
Ein Bild ist nach der schrägen Parallelprojektion einfach zu zeichnen, wenn eine Koordinatenebene parallel zu einer Bildebene liegt. Bei einfacher Konstruktion führt diese Methode zu hoher Abbildungsgenauigkeit; dabei ist folgendes zu beachten:
– die Parallelentreue – parallele Gerade bildet sich wieder als parallele Gerade ab;
– die Teilverhältnistreue – das Teilverhältnis von Punkten deckt sich mit dem Teilverhältnis ihrer Bildpunkte. Parallele Strecken werden im gleichen Verhältnis verzerrt.

Die Eintafelprojektion

Ein Raumpunkt P ist durch seinen Grundriß P' und durch seine z-Koordinate eindeutig in einer Zeichenebene festgelegt, die horizontal im Raum liegt. Bei der senkrechten Eintafelprojektion haben die Punkte in der Zeichenebene die Höhe Null, die darüberliegenden positive, die darunterliegenden negative Werte. Die Höhe h ist eine Maßzahl, auch Kote genannt; das Abbildungsverfahren wird daher auch als kotierte Projektion bezeichnet. In einem wählbaren und für alle Punkte geltenden Maßstab wird die Höhe neben dem Projektionspunkt eingetragen, wie dies vorzugsweise in Landkarten und bei Geländekonstruktionen, etwa zur Ermittlung von Längs- und Querprofilen, Abböschungen u. ä., geschieht. Das erspart die Errichtung einer zweiten Bildebene. Die kotierte Projektion findet im Tiefbau, im Maschinenbau und im Industrial Design Verwendung. Maschinengehäuse, Karosserie- und andere Formteile mit komplizierten Krümmungsverläufen gewinnen an Anschaulichkeit, legt man charakteristische parallele, ebene Schnitte durch die gekrümmten Flächen.

Die Zweitafelprojektion

Die Zweitafelprojektion besteht aus der Kombination einer Grundriß- und einer Aufrißebene und wird daher auch Grundriß-Aufrißverfahren genannt. Der Höhenmaßstab der Eintafelprojektion ist hier von der Aufrißebene ersetzt, auf der die angenäherte Zeichnung eines Objektes durch gleichabständige, parallele und waagerechte Schnittlinien aufgerissen wird. Zu jedem Punkt der Grundrißebene läßt sich ein Raumpunkt auf der Aufrißebene finden, Geländeflächen u.ä. sind so durch viele ebene Schnitte hinreichend genau darzustellen. Eine derartig idealisierte Geländefläche, die wegen der Unregelmäßigkeiten an sich keine Fläche im geometrischen Sinne ist, wird auf der Grundrißebene mittels äquidistanter Schnittlinien mit waagerechten Hauptschichtenebenen abgebildet. Die zwischen den Schichtenlinien verlaufenden Flächen sind, zumindest bei Darstellungen des Geländereliefs, nicht völlig geometrisch bestimmt. Doch ist jeder Schichtenplan ohnehin eine durch viele Interpolationen entstandene Zeichnung, so daß diese Ungenauigkeiten nicht bedeutsam sind, denn die dazwischen verbleibenden Flächen werden als konform angenommen. Bei kleinerem Abstand der Schichtenlinien nimmt die Genauigkeit zu.
Mit der Zweitafelprojektion lassen sich Maschinen, Formteile und Designobjekte anschaulich darstellen, wenn die Krümmungen nicht bereits von einer einfachen mathematischen Gesetzlichkeit gekennzeichnet sind.
Diese Vernetzungen – auch graphische Flächen genannt – sind von den Schnitten jeweils nur näherungsweise bestimmt. Die Genauigkeit wächst mit abnehmender Netzgröße, doch ist das Verfahren für die meisten dieser Darstellungszwecke – anschauliche Darstellungen gekrümmtflächig beschaffener Objekte – ausreichend genau. Gekrümmte Flächen werden von einem Schichtenplan nicht vollkommen bestimmt; denn mit den Koten und den Schichtenlinien werden lediglich ausgewählte und, bei ausreichender Erfahrung, charakteristische Stellen der Fläche herausgegriffen. Die zwischen dem Netz liegenden Punkte und Flächen werden nicht behandelt. Weitere Darstellungen enthält das Kapitel Darstellung gekrümmter Flächen.

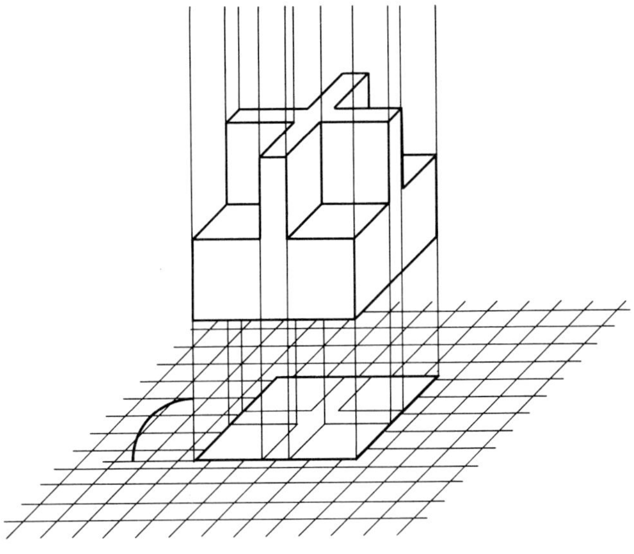

3.1 Orthogonale oder senkrechte Parallelprojektion.

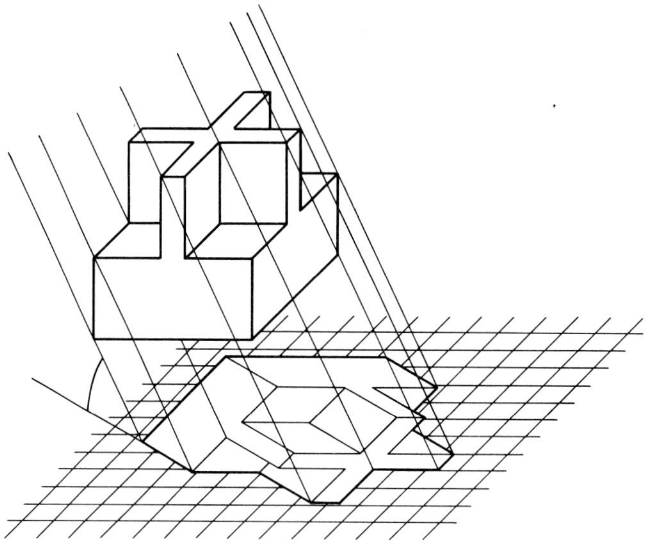

3.2 Schräge oder schiefe Parallelprojektion.

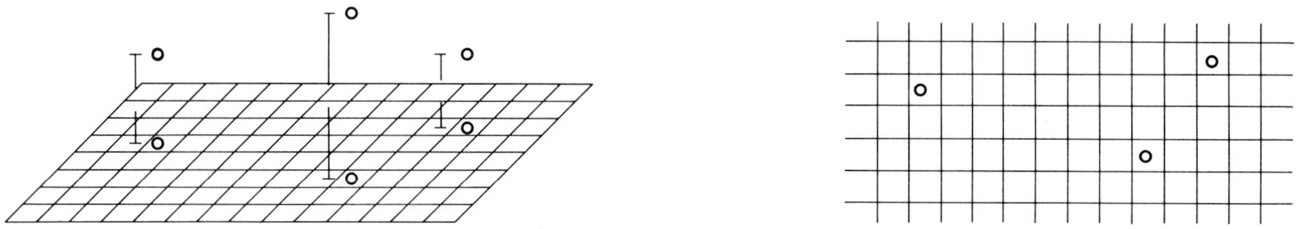

3.3 Eintafelprojektion.

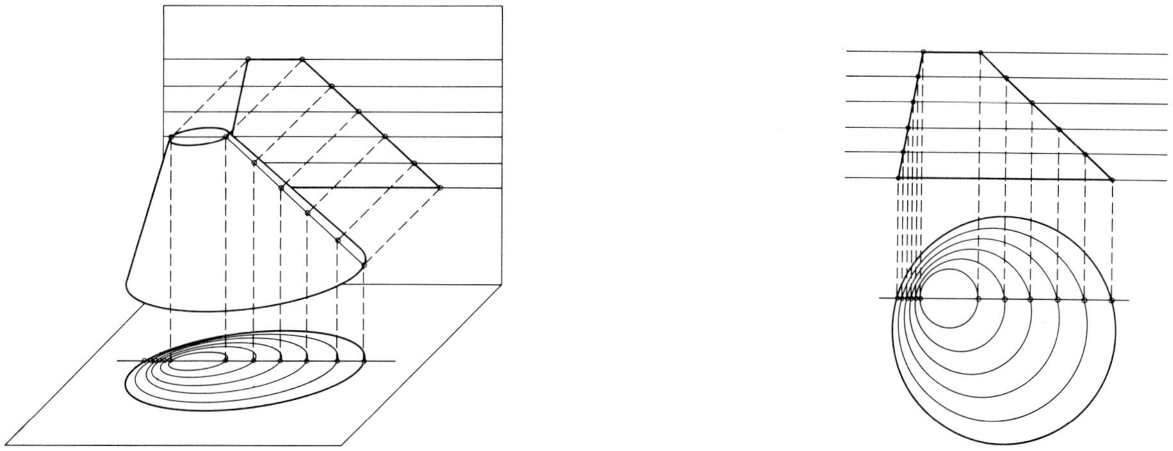

3.4 Zweitafelprojektion.

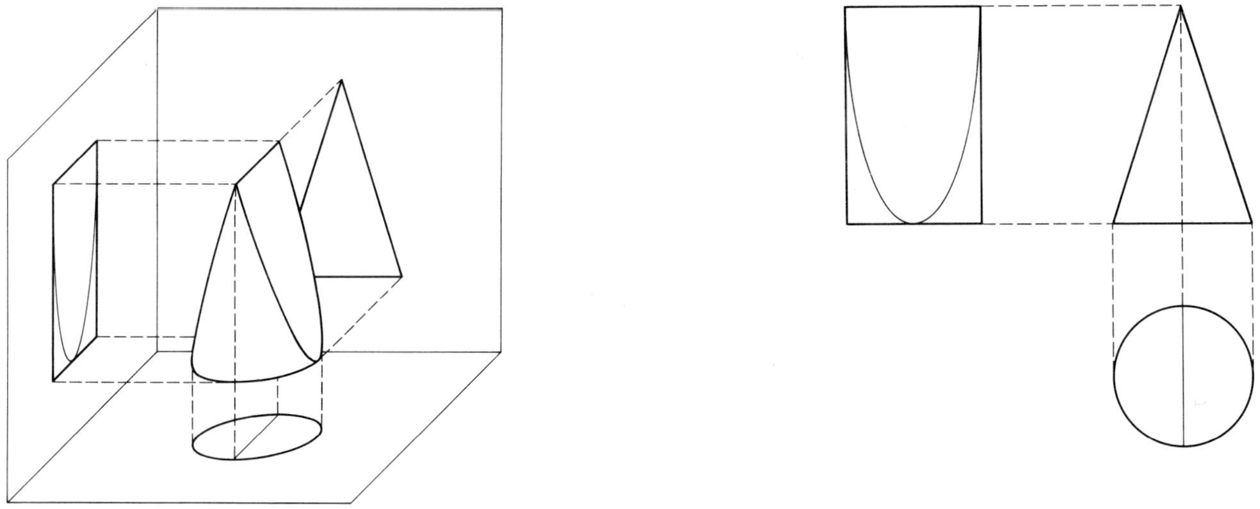

3.5 Dreitafelprojektion.

Die Parallelprojektion auf drei Ebenen

Verlaufen die Projektionsstrahlen parallel und treffen senkrecht (normal) auf die Bildebene auf, so entsteht eine senkrechte oder orthogonale Parallelprojektion. Diese Projektionsart wird für alle technischen Zeichnungen verwendet, die im allgemeinen drei Projektionsebenen haben: Draufsicht bzw. Grundriß, wenn Schnittebenen durch den Körper gelegt sind; Aufriß oder Ansicht, auch Seitenriß oder Seitenansicht genannt. Die in Europa übliche Anordnung sieht Projektionsebenen unter, hinter und neben dem Objekt vor, d.h. die Ansicht erscheint über dem Grundriß, die Seitensicht links oder rechts von der Vorderansicht.

Nach der amerikanischen Zeichennorm werden die Projektionsebenen über, vor und neben das Objekt geordnet, d. h. der Grundriß liegt über der Ansicht und die Seitenansichten links oder rechts von der Vorderansicht.

Schräge Parallelprojektionen

Die Winkel der schrägen Parallelprojektion – sie werden auch als Schrägbildverfahren bezeichnet – verlaufen im Gegensatz zur senkrechten Projektion nicht rechtwinklig, sondern unter einem Winkel α geneigt zur Bildebene. Parallele Geraden verlaufen auch in der Abbildung parallel; gleich lange Strecken haben gleiche Längen und erscheinen in wahrer Größe, wenn sie zur Bildebene parallel sind. Das Prinzip der schrägen Parallelprojektion findet bei Axonometrien und bei Schattenkonstruktionen bei paralleler Beleuchtung Anwendung. Nicht jedes axonometrische Bild eines Gegenstandes ist anschaulich. Man kann die Anschaulichkeit durch Ermittlung der günstigen Lagen der x-, y-, z-Achsen und bestimmte Verkürzungsverhältnisse – am besten am Einheitswürfel erprobt – herausfinden. Für schnelles Zeichnen sind einfache Verhältnisse, beispielsweise 1:1; 1:2; 2:3, üblich; feinere und bessere Wirkungen sollten wegen der unter schiedlichen Objekteigenschaften stets neu erprobt werden. Denn die Verzerrungswirkungen sind nicht

3.6 Europäische Zeichennorm.

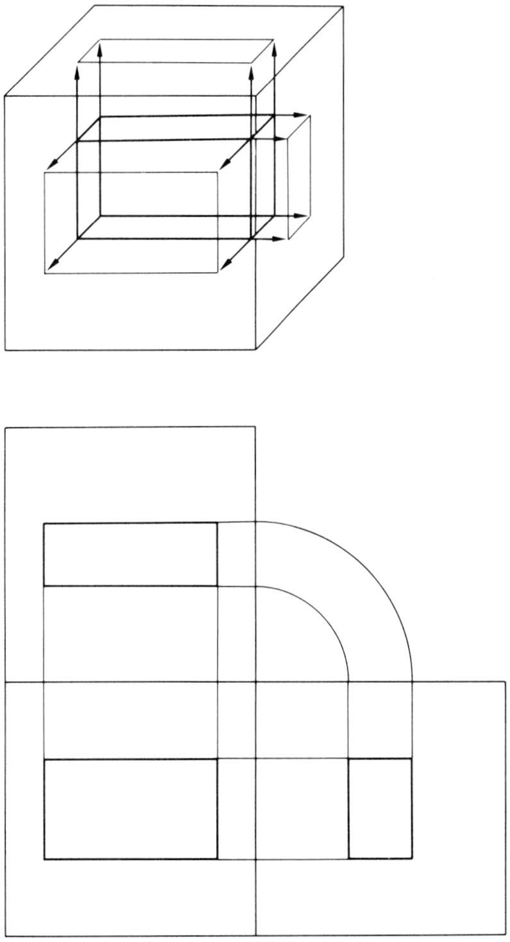

3.7 Amerikanische Zeichennorm.

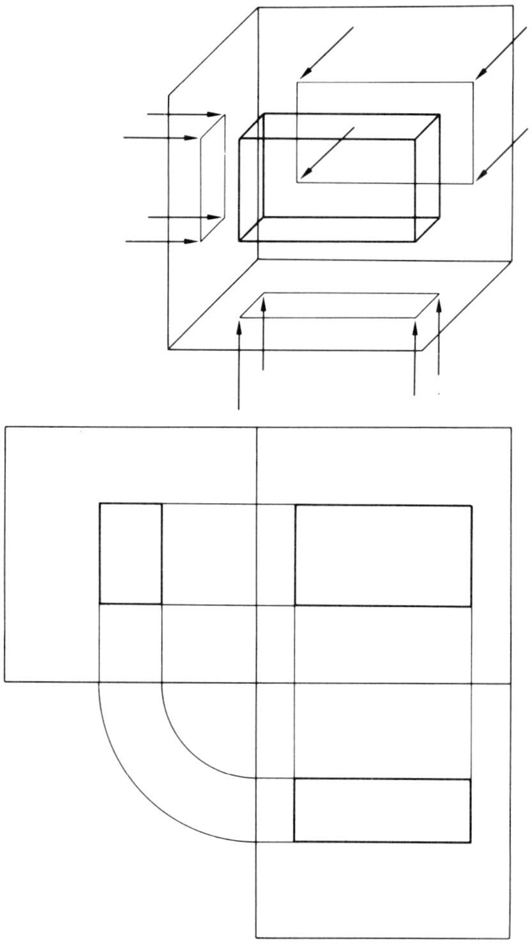

**3.8 Kavalieraxonometrie.
Achsenverhältnis 1:1; 1:1; 1:1; Winkel α 45°.**

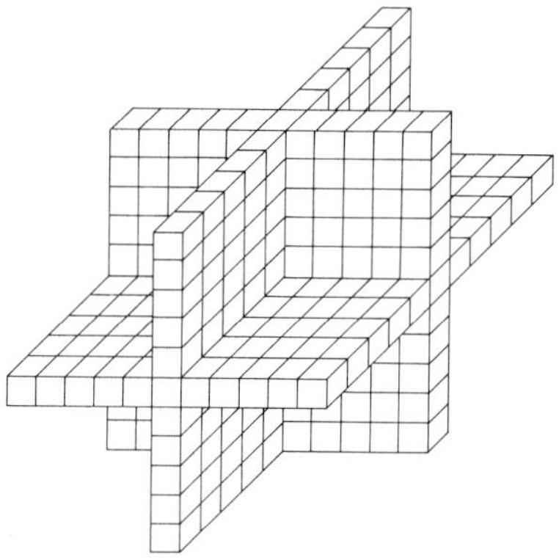

**3.9 Militäraxonometrie,
Achsenverhältnis 1:1; 1:1; 1:1.**

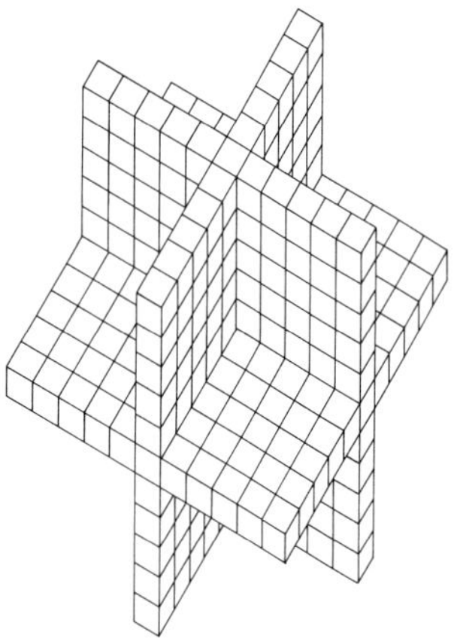

**3.10 Militäraxonometrie,
Achsenverhältnis 1:1; 1:1; 1:3.**

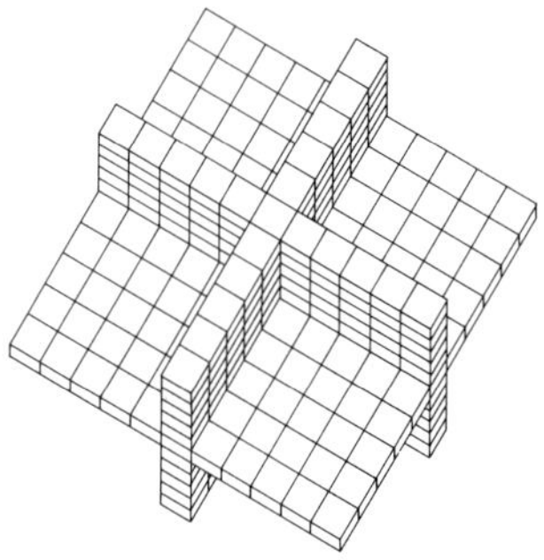

unbeträchtlich. Erprobt man die Bildwirkung einer Axonometrie am Würfel, so zeigt sich, daß die Beziehungen zwischen den Koordinaten und ihren Verkürzungsverhältnissen für die Erscheinung des axonometrisch projizierten Abbildes entscheidend sind. Aus dem Spurendreieck lassen sich mittels Klappen der projizierenden Ebene der Koordinatenachsen mit Hilfe des Thaleskreises der Achsennullpunkt, die Verkürzungswinkel und die Verkürzungsmaßstäbe ermitteln. Die Konstruktion des Spurendreiecks legt den Achsennullpunkt und die Richtungen der drei Achsenbilder fest; jedes Spurendreieck läßt sich durch Parallelverschiebung vergrößern oder verkleinern.

In der Praxis werden vorzugsweise drei Spezialfälle der allgemeinen Axonometrie verwendet, die Kavalier- und Militärprojektion, die isometrische Projektion und die dimetrische Projektion. Bei diesen Projektionen sind die Richtungen der Achsen und die Winkel zwischen ihnen bereits festgelegt.

Die Kavalieraxonometrie

Ein zeichnerisch einfaches Abbild eines räumlichen Gegenstandes liefert die Kavalierprojektion. Die y–z Ebene verläuft parallel zur Zeichenebene, der Aufriß und aufrißparallele Figuren werden in wahrer Größe unverzerrt abgebildet. Als Zeichenregel für die Breite (y-Richtung), Tiefe (x-Richtung), Höhe (z-Richtung) am Einheitswürfel kann gelten: Breiten und Höhen werden in wahrer Größe, die Tiefe unter einem Winkel α mit einem zu wählenden Verkürzungsfaktor aufgetragen. Günstige Verkürzungsverhältnisse der x-Achse sind: bei einem Winkel α von 30° bis 45°, Verkürzung 1:2; bei einem Winkel α von 45° bis 60°, Verkürzungsverhältnis 1:2; 2:3. Bei der Kavalierprojektion bleibt der Aufriß unverändert; die Kavalierprojektion wird vorzugsweise bei aufrißparalleler Lage des Objektes verwendet. Die Bildwirkung ist bestimmt von der Richtung der x-Achse und ihrem Verkürzungsverhältnis. Winkel $x^s z^s = 90°$; Winkel $x^s y^s$ frei wählbar; $e_x = 1$; e_y frei wählbar; $e_z = 1$.

3.11 Achsenbild und Winkel sind frei wählbar. Winkel $z^s y^s$, Winkel $z^s y^s$, frei wählbar, e_x, e_z, e_y frei wählbar.

Die Erscheinung eines Würfelgitters als Funktion der Koordinatenwinkel und ihrer Längsverhältnisse.

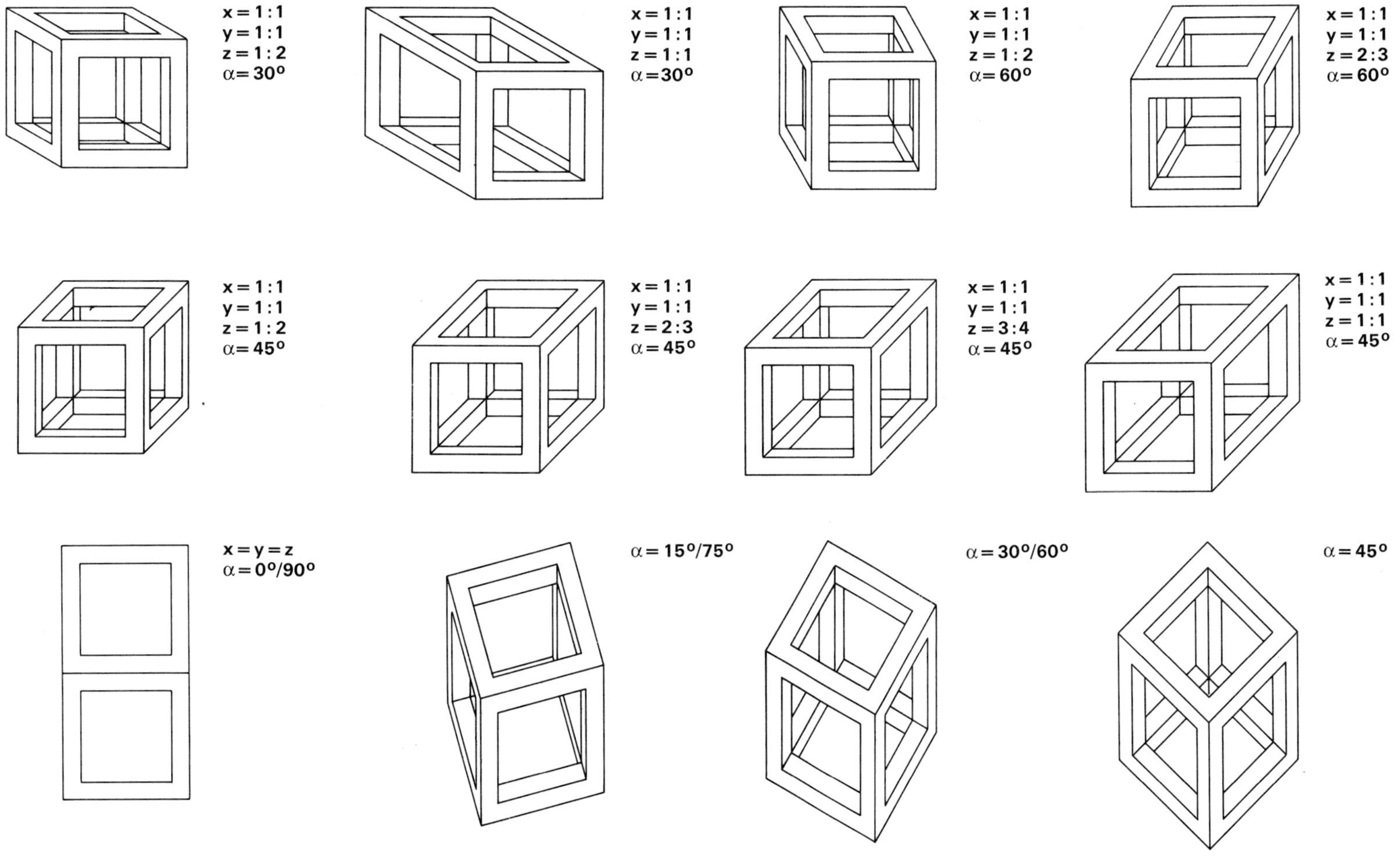

3.12 Kavalieraxonometrie. Achsenverhältnis 1:1; 1:1; 1:1; Winkel $\alpha = 30°$.

3.13 Kavalieraxonometrie. Achsenverhältnis 1:1; 2:3; 1:1; Winkel $\alpha = 45°$.

3.14 Kavalieraxonometrie. Achsenverhältnis 1:1; 1:1; 1:2; Winkel $\alpha = 30°$.

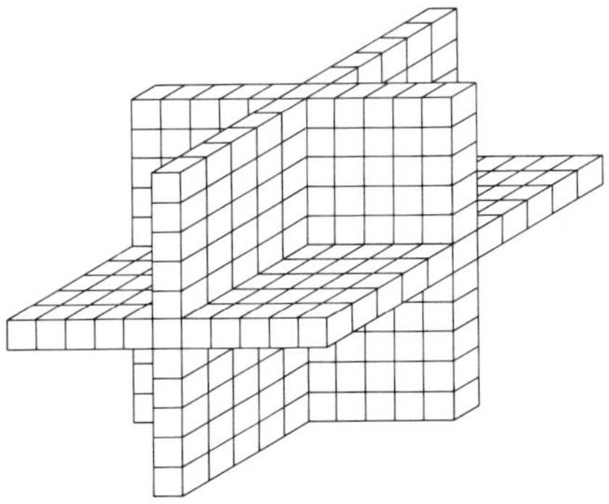

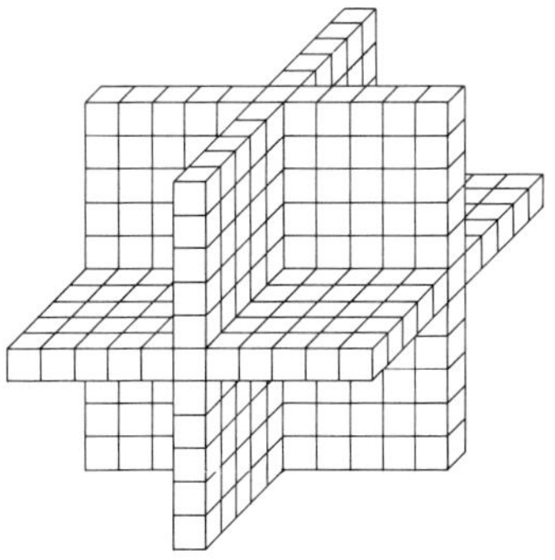

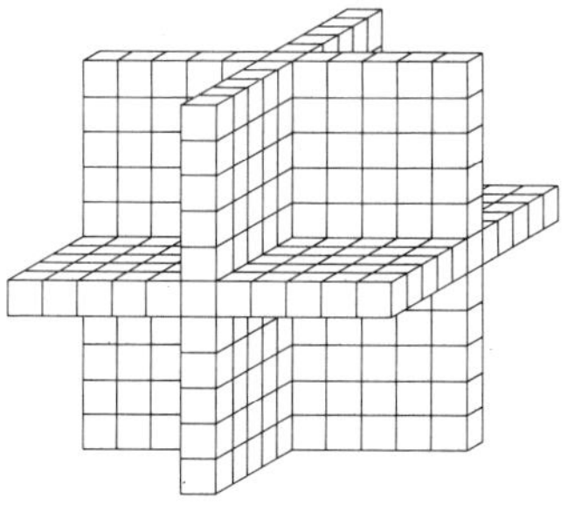

Die Militäraxonometrie

Hier bleibt der Grundriß unverändert. Die x–y-Ebene liegt oft parallel zur Zeichenebene, die z-Achse ist meist senkrecht. Daraus folgt, daß alle Figuren, die auf der x–y-Ebene liegen, in wahrer Größe unverzerrt abgebildet werden. Die Militäraxonometrie wird über dem Grundriß aufgebaut. Die Höhe ist in wahrer Größe, öfter mit einem Verkürzungsfaktor aufgetragen. Das wirkt dem Eindruck übertriebener Höhe entgegen und verbessert oft die zeichnerische Wirkung. Eine Militäraxonometrie zu wählen, liegt dann nahe, wenn der Einblick bzw. Überblick über das grundrißlich geordnete Gefüge vorrangig ist.

Winkel $z^s x^s$ frei wählbar

Winkel $x^s y^s = 90°$

$e_x = 1$ $e_y = 1$

e_z frei wählbar

Die dimetrische Axonometrie

Die dimetrische Projektion mit dem Neigungswinkel α 7° 10" β 41° 25" gegen eine Bildebene zeigt Wesentliches bereits in einem Bild. Häufiges Verkürzungsverhältnis = 1 : 1 : 1/2. Im Vergleich zur Isometrie entstehen durch die dimetrische Projektion deutlich unterschiedliche Bilder der drei Koordinatenebenen bei gleichzeitig höherem Arbeitsaufwand.

Die Isometrie

Als Sonderfall kann die Isometrie gelten, da die drei Seiten eines Einheitswürfels mit demselben Verzerrungswinkel der x-, y-, z-Achse erscheinen (isometrische Annahme $\lambda = \mu = \nu = 1$). Ihr Vorzug ist die einfache und ökonomische Konstruktion mit der Eigenart vieler Überschneidungen vorn und hinten liegender Kanten und Linien; das Resultat ist ein Abbild von oft räumlich wenig befriedigender Wirkung bzw. eines, das sich diese spezifische räumliche Dichte in graphischer Konsequenz absichtlich schafft.

Axonometrische Abbildungen der Kugel

Schräge Parallelprojektionen der Kugel wirken als Folge des meist elliptischen Umrisses mehr oder weniger stark verzerrt. In der Kavalieraxonometrie wird der Kugelumriß zu einer liegenden Ellipse, und die Kugelform erscheint abgeplattet. Die Militäraxonometrie verändert auch hier die Höhenachse, der Kugeldurchmesser wird zu einer Ellipse mit vertikal gelegenen Brennpunkten verzerrt. Für die Parallelprojektion der Kugel gilt allgemein, daß die Endpunkte des zur Bildebene normalen Kugeldurchmessers die Brennpunkte der Umrißellipse er-

3.15 Das axonometrische Achsenbild ist frei wählbar. (Satz nach Pohlke)

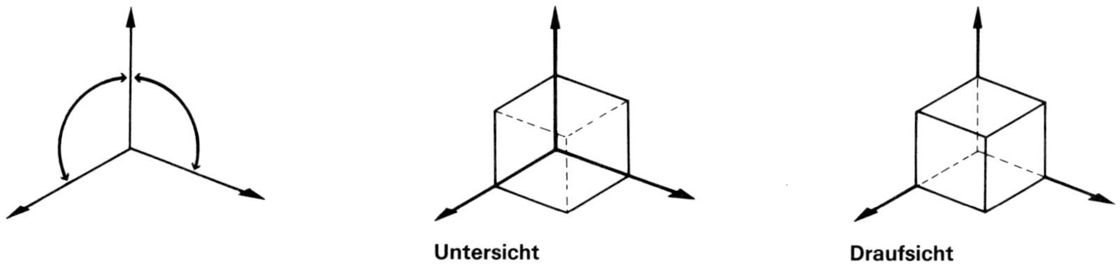

3.16 Kavalieraxonometrie.

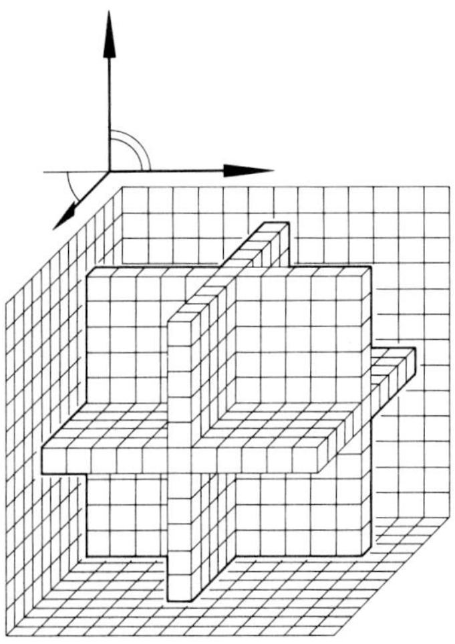

3.17 Militäraxonometrie.

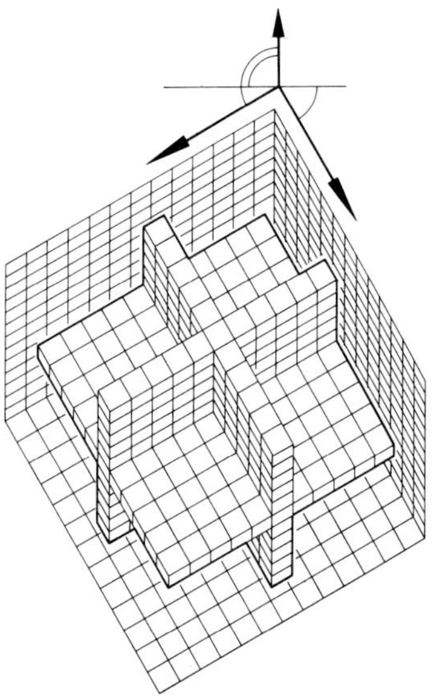

3.18 Dimetrische Axonometrie.

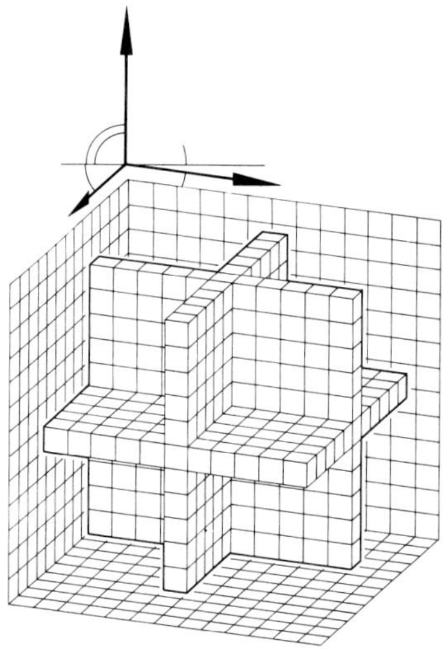

3.19 Isometrie.

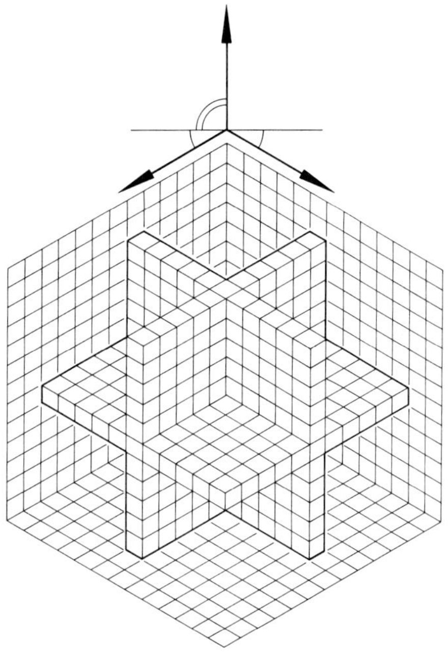

3.20 Kavalieraxonometrie der Kugel.

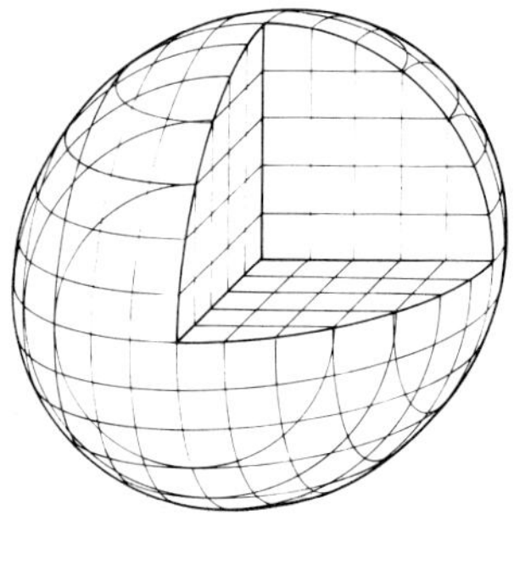

3.21 Militäraxonometrie der Kugel.

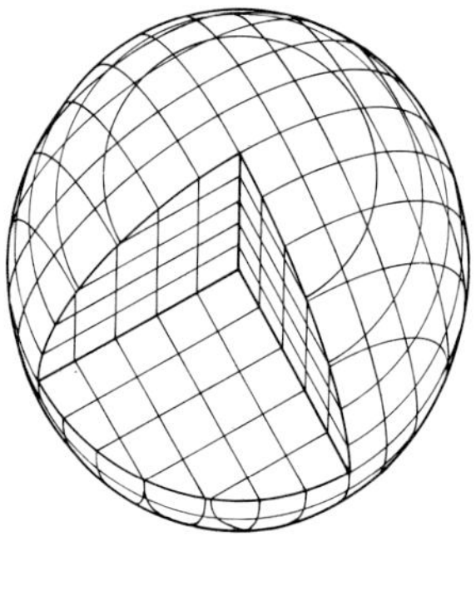

3.22 Dimetrische Axonometrie der Kugel.

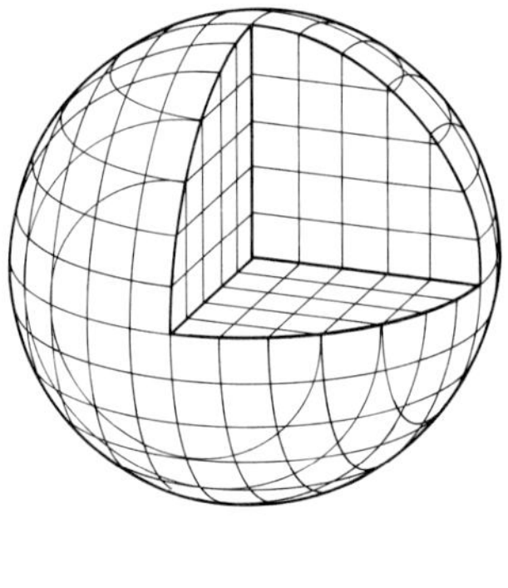

3.23 Isometrie der Kugel.

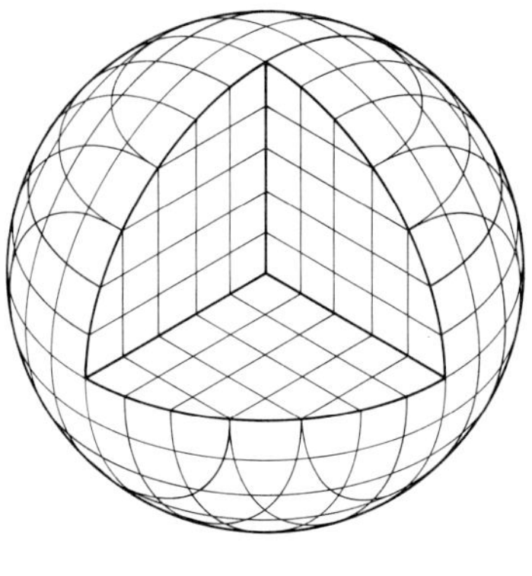

geben; die Nebenachse ist gleich dem Kugeldurchmesser. Schrägprojektionen führen immer zu einem scheinbaren elliptischen Umriß, dagegen liefert die Isometrie Kugelbilder mit kreisförmigem Umriß.

Die durch axonometrische Projektion dargestellten Formen stehen stellvertretend für die Vielfalt der eben- und gekrümmtflächigen Körper und Objekte; an diesen elementaren Formen läßt sich die Wirkung axonometrischer Verfahren generell verfolgen.

Neben den am meisten verbreiteten Axonometrien – ihre Verzerrungsverhältnisse sind bereits bekannt und gut zu gebrauchen – müssen in Abhängigkeit zum abzubildenden Gegenstand die geeigneten Verkürzungsverhältnisse der x-, y-, z-Achsen erst ermittelt werden. Unendlich viele axonometrische Abbildungen von Figuren sind möglich, und zwar sowohl durch die Dehnung der Koordinatensysteme zur Bildebene π als auch durch die frei wählbaren Verzerrungsverhältnisse des Koordinatensystems nach dem Lehrsatz von Pohlke: »Jedes ebene Dreibein ist eine Projektion eines kartesianischen Rechtssystems; dessen Einheitsstrecke ist durch das ebene Dreibein bestimmt.«[1] Das bedeutet, daß das ebene Dreibein einer Axonometrie in den Richtungen der Koordinaten und der Verzerrungsverhältnisse frei gewählt werden kann.

Es ist zweckmäßig, die aus dieser Wahl folgenden Verzerrungsverhältnisse an Koordinaten, bzw. am Einheitswürfel zu überprüfen, um die Wirkungen der verzerrten Winkel oder Strecken zu testen. Man wählt die Koordinaten so, daß bereits das Bild des Einheitswürfels günstig wirkt.

Draufsicht, Untersicht

Eine Draufsicht ist dann gegeben, wenn die Deckfläche sichtbar ist, also der Blick auf die xy-Ebene. Eine Untersicht ergibt sich durch die Drehung der x^s-Achse in die positive y^s-Achse.

Überraschende Bildwirkungen, wie sie auch die Vertauschung von Drauf- und Untersicht mit sich bringt, erzielt man je nach Gewöhnung mit der links- oder rechtsweisenden Achsenrichtung. Die folgende Abbildung zeigt eine Würfelform in 36 konstanten Drehungen in frontaler Axonometrie. Sie ergeben sich als Folge einer Koordinatentransformation in jeweils sechs Drehphasen pro Koordinate bei konstanter Rotation des Würfels. Die Darstellung enthält weder ästhetische Auswahlprinzipien noch kompositorische Absichten, sondern verweist lediglich auf die Vielfalt möglicher Wirkungen von Axonometrien als Folge der parallelen oder nichtparallelen Lage der Koordinatenebene zur Bildebene. Wenn man – bei Bauobjekten – von der senkrechten Stellung der z-Achse oder der parallelen Lage einer Koordinatenebene ausgeht, so sind visuell ergiebigere, weniger geometrisch starre Bildwirkungen zu erzielen. Die Möglichkeiten der Axonometrie, die meist auf die bekannten Koordinatenverhältnisse begrenzt ist, sind dort nicht erschöpft, denn auch sie ist ein variierbares zeichnerisches Ausdrucksmittel.

Die visuellen Wirkungen des Schattenwurfes

Die räumliche Wirkung eines Objekts entsteht u. a. durch die Wirkung von Licht und Schatten. Wird ein abzubildendes Objekt mit parallelem Licht beleuchtet, liegt der lichtabgewandte Teil im Eigenschatten, während die Linie zwischen dem beleuchteten und unbeleuchteten Teil die Eigenschattengrenze bildet. Dieser Schatten wird durch das vorbeifließende Licht, dem Lichtzylinder und der Bildebene begrenzt. Er fällt auf Teile des Objektes selbst, vielleicht auch auf andere Körper, die er verschattet, oder auf die Bildebene. Für die Schattengrenze lotrechter Kanten gilt: Die Schatten senkrechter Kanten verlaufen parallel zur senkrechten Projektion der Lichtrichtung auf die Bildebene. Bei der schrägen Parallelprojektion einer Kugel bilden die Projektionsstrahlen einen Zylinder, sein Durchmesser ist gleich dem Großkreis einer Kugel; bei senkrechter Projektion bildet der Schattenwurf auf der Bildebene einen Kreis, bei schräger Projektion eine Ellipse, deren Nebenachse gleich dem Kugeldurchmesser ist. Die Schlagschatten der Kugel auf die Bildebene bilden Ellipsen; ihre Brennpunkte ergeben sich aus den Kugelpunkten, die zur Bildebene am nächsten und am entferntesten liegen.

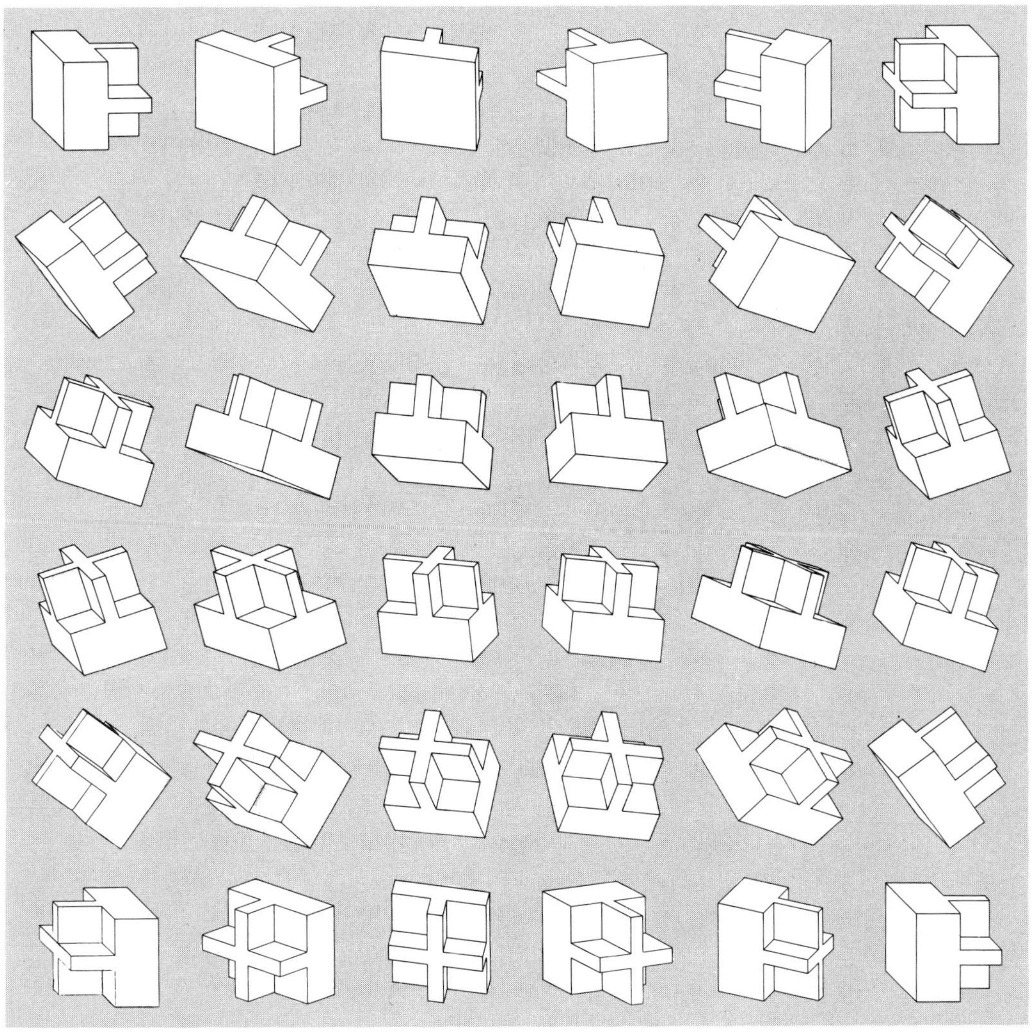

3.24 Variierte Lagen der Koordinatenebenen. 36 konstante Drehungen einer Würfelform in frontaler Axonometrie. Sie resultieren aus der Koordinatentransformation in jeweils 6 Drehphasen pro Koordinate.

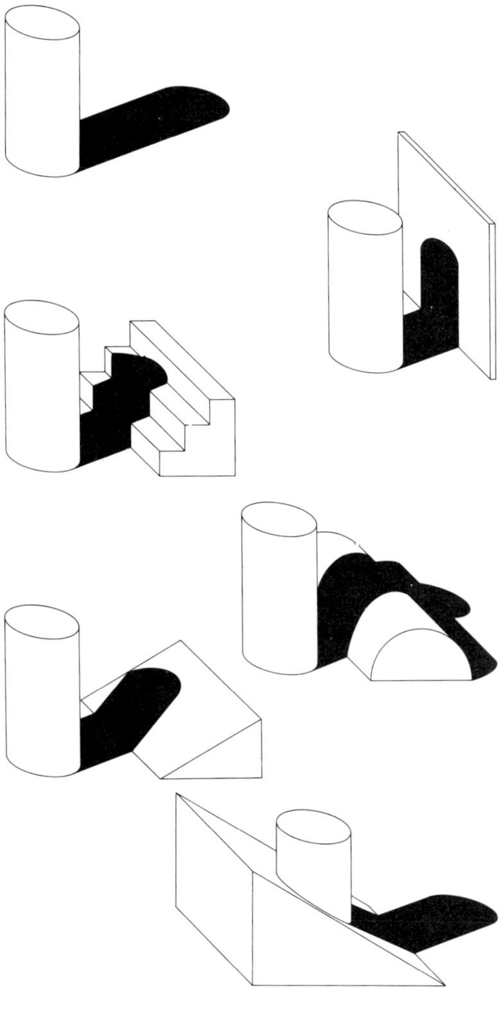

3.25 Der Schattenwurf primär geometrischer Formen auf verschieden geformte Flächen. Fachhochschule für Gestaltung Schwäbisch Gmünd. Studienprojekt. Leitung: Dietmar Böhm.

Anmerkungen zur visuellen Qualität der Axonometrie und ihrer heutigen Wertschätzung

Nach einer Periode der »objektiven«, am normativen Credo der Moderne orientierten Entwurfsauffassung erlebt die Axonometrie zur Zeit eine zweite Blüte. Sie verläuft parallel zur gleichzeitig einsetzenden Renaissance der architektonischen Schöpfung selbst. Das erfordert, den Entwurf in seinen Phasen auf die visuelle Wirksamkeit hin mit räumlicher Vorstellungskraft zu überprüfen. Nicht nur die architektonische Syntax, auch die Sicht auf den in der Zeichnung behandelten Gegenstand selbst ist verändert. Der Wille zur ästhetischen Aufwertung des architektonischen Entwurfes ist auch auf die Zeichnung ausgedehnt, in der Hoffnung, daß der Entwerfer in Bild und Abbild eine Idee der Realität erhält. Gleichzeitig wird die Perspektive wegen ihres oft kunstfertigen Einsatzes, ihrer stimmungsmäßig betonten Art von »konstruierter Natürlichkeit« angezweifelt. Zuerst zweifelten die Wegbereiter der Moderne, Theo van Doesburg, Alberto Sartoris, El Lissitzky u.a. an ihrer Eignung, den Raum zu interpretieren; und auch heute erscheint sie nicht mehr ausschließlich und allein geeignet, den visuellen Charakter des entworfenen Objektes adäquat zu präsentieren.
Die Perspektive ist eher ein Attribut zur Vermittlung an das Publikum als Methode, nicht nur den Entwurf, sondern auch schon den Prozeß des Entstehens selbst zu erfassen – eine Erklärung, weshalb die axonometrische Darstellung dem Entwerfer näher und nahe ist, die Perspektive hingegen dem Publikum. Mit der Werteinschätzung der Axonometrie scheint eine Abkehr von der publikumswirksameren Perspektive verbunden zu sein. Statt wie bisher nur dynamische Perspektiven zu präsentieren, folgt der routinierte Darsteller nunmehr der Gepflogenheit der axonometrischen Darstellung, wenn auch, nach Meinung des Publikums, mit einer »unmöglichen« Sicht auf das Objekt. Doch ist nur durch diese rationale Eigenschaft der Axonometrie eine visuelle »Integration« von Objekt und Betrachter in der Zeichnung zu erreichen. Hier muß er nicht vor der Bildebene verweilen, sondern gehört dem Raum des Objekts selbst an. Er ist nicht gezwungen, in diesen wie in eine Guckkastenbühne hineinzuschauen, obwohl die schräge Parallelprojektion mitunter zu befremdlichen Wirkungen führt, die das Publikum häufig überfordern.
Die Prinzipien der Moderne postulieren nachdrücklich die ästhetische Reinheit aller Formen. Es ist naheliegend, auch die Zeichnung diesem Anspruch zu unterwerfen. Die – indes tradierten – Dogmen der Moderne fordern die puristische Formbehandlung, die rationale Ästhetik will die Verbannung jeder Zufälligkeit aus dem ästhetischen Credo. Wohl daher mußte die Perspektive als inadäquate Methode erscheinen, da sie eine gewisse Zufälligkeit des Standortes, der Aughöhe, der Stellung und Lage der Bildebene stets in sich trägt. Der neue Stil wollte sich mit den Symbolen und bildnerischen Mitteln der früheren nicht mehr zufriedengeben und setzte sich mittels moderner Methodologie auch darstellungstheoretisch vom Vorherigen ab. Erwin Panofsky bemerkt: »Allein wenn Perspektive kein Wertmoment ist, so ist sie doch ein Stilmoment, ja, mehr noch: sie darf, um Ernst Cassirers glücklich geprägten Terminus auch für die Kunstgeschichte nutzbar zu machen, als eine jener ›symbolischen Formen‹ bezeichnet werden, durch die ›ein geistiger Bedeutungsinhalt an ein konkretes sinnliches Zeichen geknüpft ist und diesem Zeichen innerlich zugeneigt wird‹; und es ist in diesem Sinne für die einzelnen Kunstepochen und Kunstgebiete bedeutsam, nicht nur ob sie Perspektive haben, sondern auch welche Perspektive sie haben.«[2]
Das reduzierte ästhetische Repertoire als scharfe Gegenwendung zu den historischen Stilen – Beschränkung auf Konkretes und Reales – zieht reduzierte graphische Mittel nach sich, was sich in einem geringeren manuellen Aufwand wie in der anspruchsloseren Methode der axonometrischen Zeichnung auswirkt. Nicht selten ist das Gebäude nur als Körperform in ausschließlich geometrischen Bezügen wiedergegeben, kurz gefaßt und entschlossen, ohne weitere topographische Daten, ohne Umweltbezug. Doch mit welcher anderen Methode könnte die kubische Sprache dieser klaren und strengen Entwürfe besser zur Geltung kommen?
Diese ästhetischen Setzungen gewannen über den Kreis der Pioniere hinaus Verbreitung als weiteres Diktum der verfochtenen Formprinzipien. Den Entwürfen der »Ratio und Objektivität« folgen konkrete und objektive Zeichnungen; ja, es scheint, daß den Zeichnungen van Doesburgs, El Lissitzkys und anderer die axonometrische Figur als »Stilmoment« eigen ist und die in diesen Entwürfen konstruktiv erzeugte Ästhetik nur so zum angemesse-

3.26 El Lissitzky. Proun 1E »Die Stadt«.

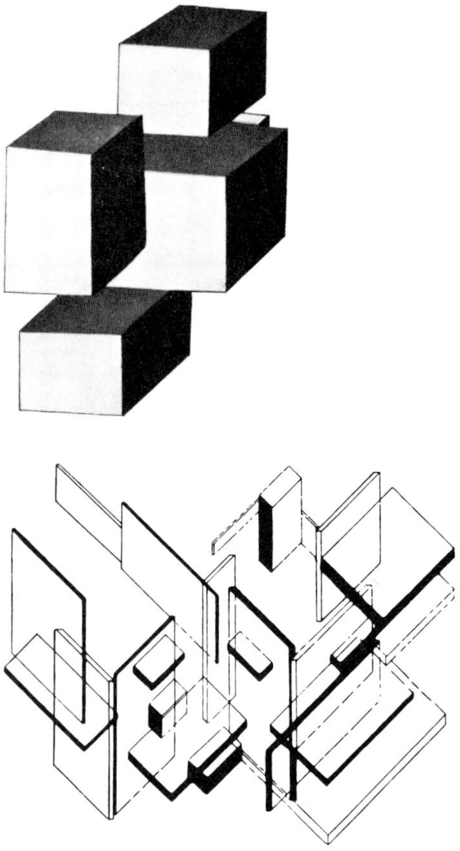
3.27 Theo van Doesburg. Die elementaren Ausdrucksmittel der Architektur.

nen bildnerischen Ausdruck, zur architektonischen Kultur verhilft – in Zeichnungen, die ebenso wie die dreidimensionalen Formen und der Raum gleichwertig nach allen Richtungen ausgeführt werden können. Mit diesen Entwürfen ist die Darstellungsmethode vom künstlerischen Wertbegriff zum Funktionsbegriff der exakten Ästhetik hin verschoben: Oft würde die Perspektive ein inadäquates Abbild dieser kubischen Massen erzeugen, die keine eigentliche Fassade mehr haben, und die zahllose visuelle Bezüge und Standorte in sich tragen. »Der Suprematismus hat die Spitze der endlichen Sehpyramide der Perspektive in die Unendlichkeit versetzt. Er hat den ›blauen Lampenschirm des Himmels‹ durchbrochen. Für die Farbe des Raumes hat er nicht den einzigen blauen Strahl des Spektrums genommen, sondern die ganze Einheit – das Weiß. Der suprematische Raum läßt sich sowohl nach vorn zu, vor der Fläche, als auch in die Tiefe hinein gestalten.«[3]

Es ist folgerichtig, daß diese Ästhetik des geometrisch-homogenen Sehraums der Fortsetzung in der Zeichnung bedarf, die selbst nur gleichwertige und klare Beziehungen im Hervor- und Zurücktreten der Teile kennt, anstatt der stetig deformierenden, nah und fern unterscheidenden Sicht und Darstellungsweise der Perspektive – obgleich sie beim De Stijl nicht verschwand, sondern nur in den Hintergrund trat.

Van Doesburg erklärte, daß das Publikum von Raum und Gestaltung andere Vorstellungen habe als der Künstler selbst, und daß ihm daher »eine räumlich vertiefte körperliche Form perspektivisch dargestellt vermittelt wird, in derselben Art, wie sie bei Künstlern vergangener Epochen in Gebrauch war«.[4] Für den modernen Gestalter ist der Raum keine meßbare begrenzte Oberfläche, sondern vielmehr Ausbreitung, die durch das Verhältnis eines Gestaltungsmittels (etwa Linie, Farbe) zu einem anderen (etwa der Bildfläche) entsteht. Mit dem Wort Gestaltung verbindet er das Sichtbarmachen des Verhältnisses einer Form (oder Farbe) zum Raum und zu anderen Formen oder Farben.[5]

Ein weiterer Vorzug der Axonometrie ist, daß die Gefahr der zeichnerischen Routine sich nicht so schnell einstellt. Weil das Entwurfsproblem darin besteht, die potentiell unendlich wandelbaren Wirkungen eines Gebäudes oder eines Objektes in ihrer Dreidimensionalität konzeptionell im voraus zu erfassen, ist auch klar, daß kaum ein Gebäude dafür konzipiert wurde, von einem, zwei oder drei Standorten aus gesehen zu werden – ein Widerspruch, in der sich perspektivische Zeichnungen notwendigerweise befinden: Die Eigenbewegung des Betrachters durch Ortswechsel bringt neue und wechselhafte Folgen visueller Beziehungen hervor, außerdem bleiben Gesichtsfeld, Sehschärfe und andere psycho-physiologische Bedingungen in der Zeichnung außer acht. Im strengen Sinne widerspricht das statische deformierende Perspektivbild dem Wissen um diese Wahrnehmungszusammenhänge und nicht zuletzt der modernen Raumauffassung, wie El Lissitzky formulierte: »Die Perspektive hat den Raum begrenzt, unendlich gemacht, abgeschlossen.«[6] Vielleicht folgen historische Gebäude eher jener Wahrnehmungsstruktur als moderne Gebäude, da sie zur aufeinanderbezogenen Wahrnehmung auffordern. Wenn auch die Perspektive ihre Bedeutung in der anschaulichen Entwurfsdarstellung behält, so ist sicher, daß ihre Wirkung weder auf der objektiven Abbildung von Formen im Raum beruht noch mit den dort herrschenden Wahrnehmungsmodalitäten übereinstimmen kann. Doch versucht sie sich die physiologischen Tatsachen zunutze zu machen, während die Axonometrie, nicht weniger geometrisch konstruierter künstlicher Anschauungsraum, dies nicht tut. Sie verharrt in strenger, synthetischer Rationalität und ist darin der modernen Formensprache verwandt. Die Perspektivkonstruktion basiert auf zwei wesentlichen Voraussetzungen. Die eine ist das einäugige Sehen von einem Standort aus, die andere die Annahme, daß die Sehpyramide und ihre Projektion mit den psychophysiologischen Bedingungen des Sehens übereinstimmt. Doch macht die abstrahierende Perspektive wenig Unterschied zwischen vorn–hinten und links–rechts. Sie berücksichtigt nur die Lagebeziehungen des räumlichen Aufbaus, obwohl der homogene Raum der Geometrie mit dem Wahrnehmungsraum nicht gleichzusetzen ist. Denn »die Struktur eines unendlichen, stetigen und homogenen, kurz mathematischen Raumes ist derjenigen des psycho-physiologischen geradezu entgegengesetzt. Die Wahrnehmung kennt den Begriff des Unendlichen nicht: Sie ist vielmehr von vornherein an bestimmte Grenzen der Wahrnehmungsfähigkeit und somit an ein bestimmtes abgegrenztes Gebiet des Räumlichen gebunden«.[7]

3.28 Theo van Doesburg. Circulation City. 1929.

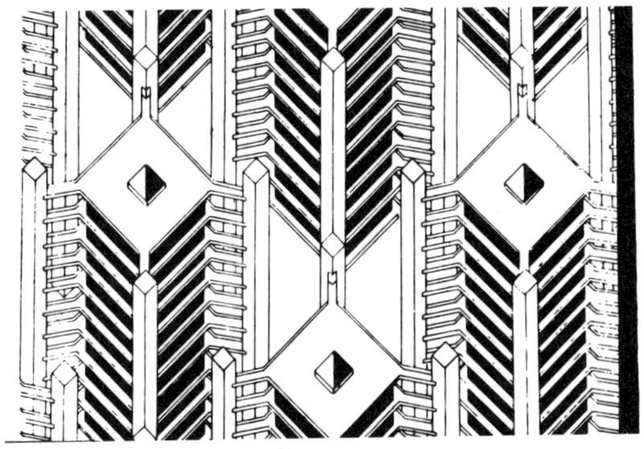

3.29 Walter Gropius. Büro des Bauhausdirektors in Weimar. 1923.

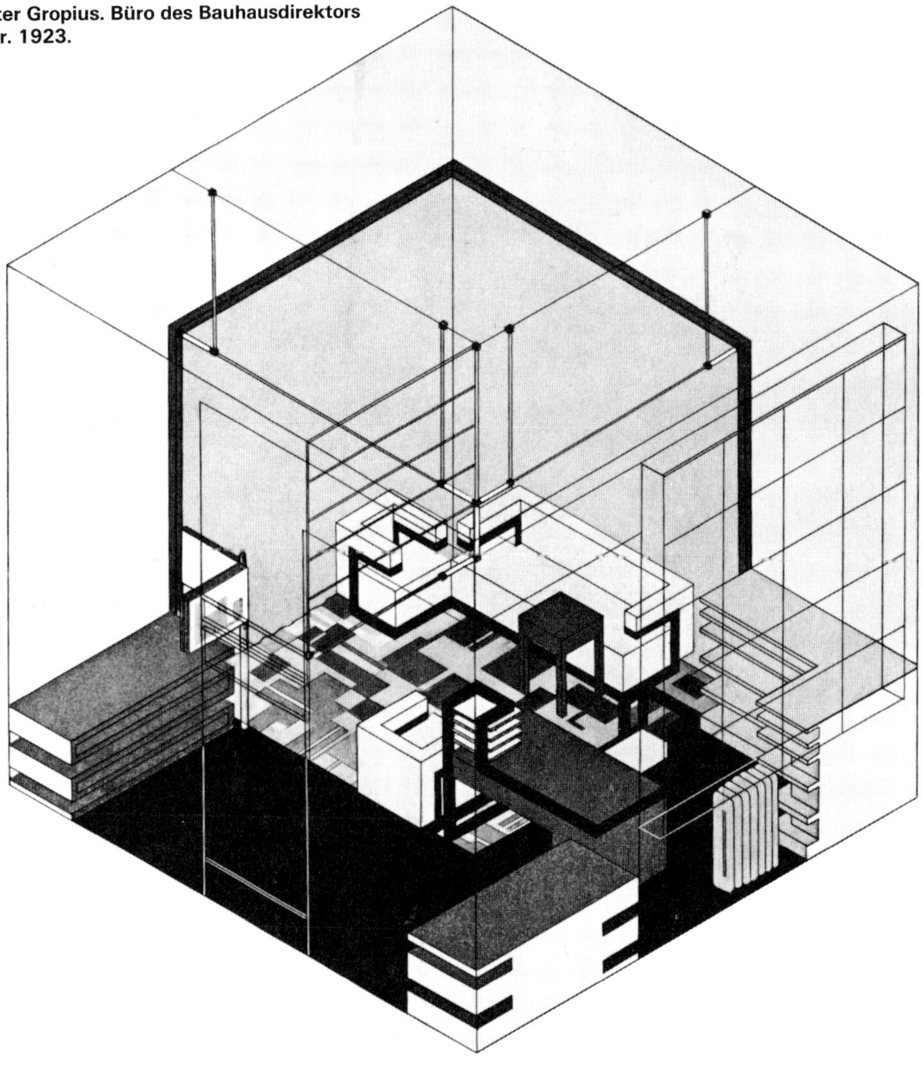

3.30 Theo van Doesburg und Cor van Esteren. Privathaus. 1920. Projekt.

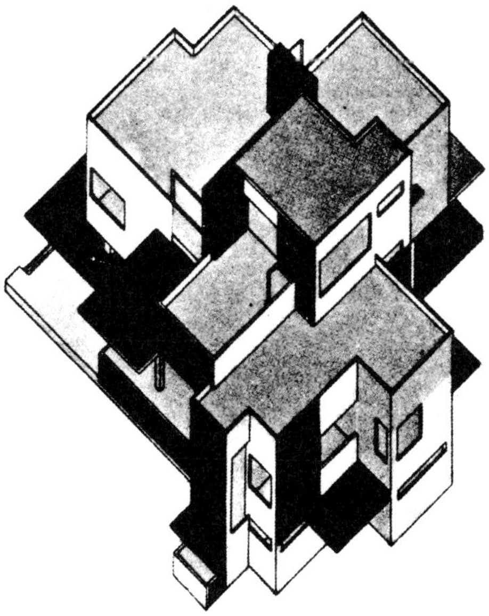

So steht der durch die Perspektive erzeugte, geometrische Raum in scharfem Gegensatz zum Wahrnehmungsraum, der seiner Natur nach anisotrop und inhomogen ist, denn die Beziehungen und Wahrnehmungen des Betrachters zu den Richtungen und Punkten des Raumes sind willkürlich, d.h. von Bedeutungen und Aktivitäten bestimmt. Hinzu kommt die zeitliche Abfolge der Raumwahrnehmung, die eine Eigenart des subjektiven Wahrnehmungsraumes ist. »Von der Struktur des psycho-physiologischen Raumes abstrahiert die exakt-perspektivische Konstruktion grundsätzlich: Es ist nicht nur ihr Ergebnis, sondern geradezu ihre Bestimmung, jene Homogenität und Unendlichkeit, von der das unmittelbare Erlebnis des Raumes nichts weiß, in der Darstellung desselben zu verwirklichen – den psycho-physiologischen Raum gleichsam in den mathematischen umzuwandeln.«[8]
Diese Ausführungen betreffen die Perspektive allgemein betreffen, zu der auch die Axonometrie als Parallelperspektive gehört. Doch steht sie ihres abstrakten Charakters wegen, von vornherein weniger im Verdacht, den Gewohnheiten des empirischen Sehraums folgen zu wollen.
El Lissitzky erkennt: »Die Perspektive hat den Raum nach der Anschauung der Euklidischen Geometrie als starre Dreidimensionalität erfaßt. Sie hat die Welt in einen Würfel eingebaut und ihn so transformiert, daß er in der Fläche als Pyramide erscheint. Die Spitze dieser Sehpyramide liegt entweder in unserem Auge, also vor dem Gegenstand, oder wir projizieren sie auf den Horizont – hinter den Gegenstand. Das erste hat der Osten gewählt, das zweite der Westen.«[9]
Der zunächst natürlichen, dem Seheindruck folgenden Erscheinung des perspektivisch konstruierten Bildes steht auch die Diskrepanz zwischen der geometrisch konstruierten Logik und dem Netzhautbild selbst entgegen: Gerade Linien erfahren auf der (gekrümmten) Netzhaut eine Krümmung, was in der allgemeinen Linearperspektive unberücksichtigt bleibt. Mit den Randverzerrungen nimmt, als Folge der Netzhautkrümmung, auch die Sehschärfe in dem Verhältnis ab, wie die Entfernung zur Bildebene geringer wird. »Gerades wird nicht immer als Gerades wahrgenommen, und daß Rechtecke oder zylindrische Türme, aus der Ferne betrachtet, rund wie Zylinder aussehen, und umgekehrt ein Kreisbogen unter gewissen Bedingungen zur geraden Linie wird«, lehrte schon Euklid; und Vitruv regte konvexe Stylobatkurven an, die den Sehkurven entgegenwirken.[10] Bereits Plato verurteilte die damals noch in bescheidenen Anfängen stehende Perspektive, weil sie die »wahren Maße« der Dinge verzerre und subjektiven Schein und Willkür an die Stelle der Wirklichkeit setze. Auf die möglichen Vorzüge einer im Seheindruck den Kurven der Netzhaut folgenden Kurvenperspektive sei verwiesen; vollständige Perspektivkonstruktionen mit diesen Eigenschaften hat Willy A. Bärtschi entwickelt.[11]

3.31 El Lissitzky. Perspektiven in Ost und West.

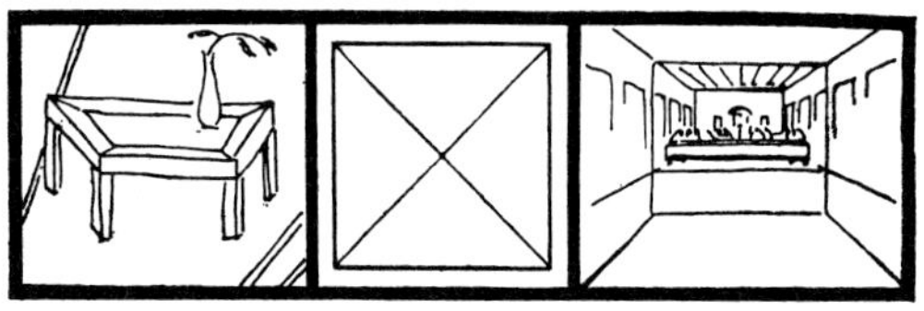

Chinesisch | **Das ist die perspektivische Darstellung einer Pyramide, Wo liegt die Spitze? In der Tiefe, oder vorne?** | **Lionardo**

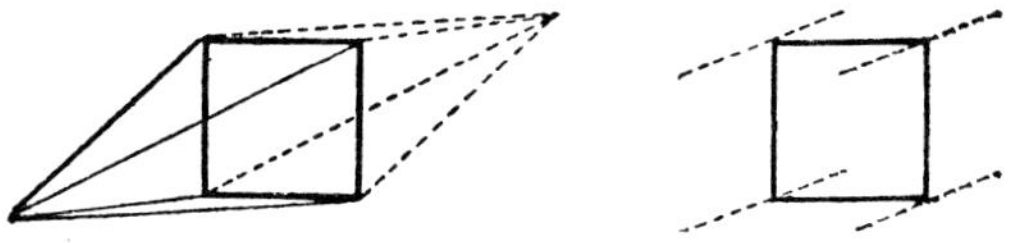

3.32 El Lissitzky. Perspektiven.

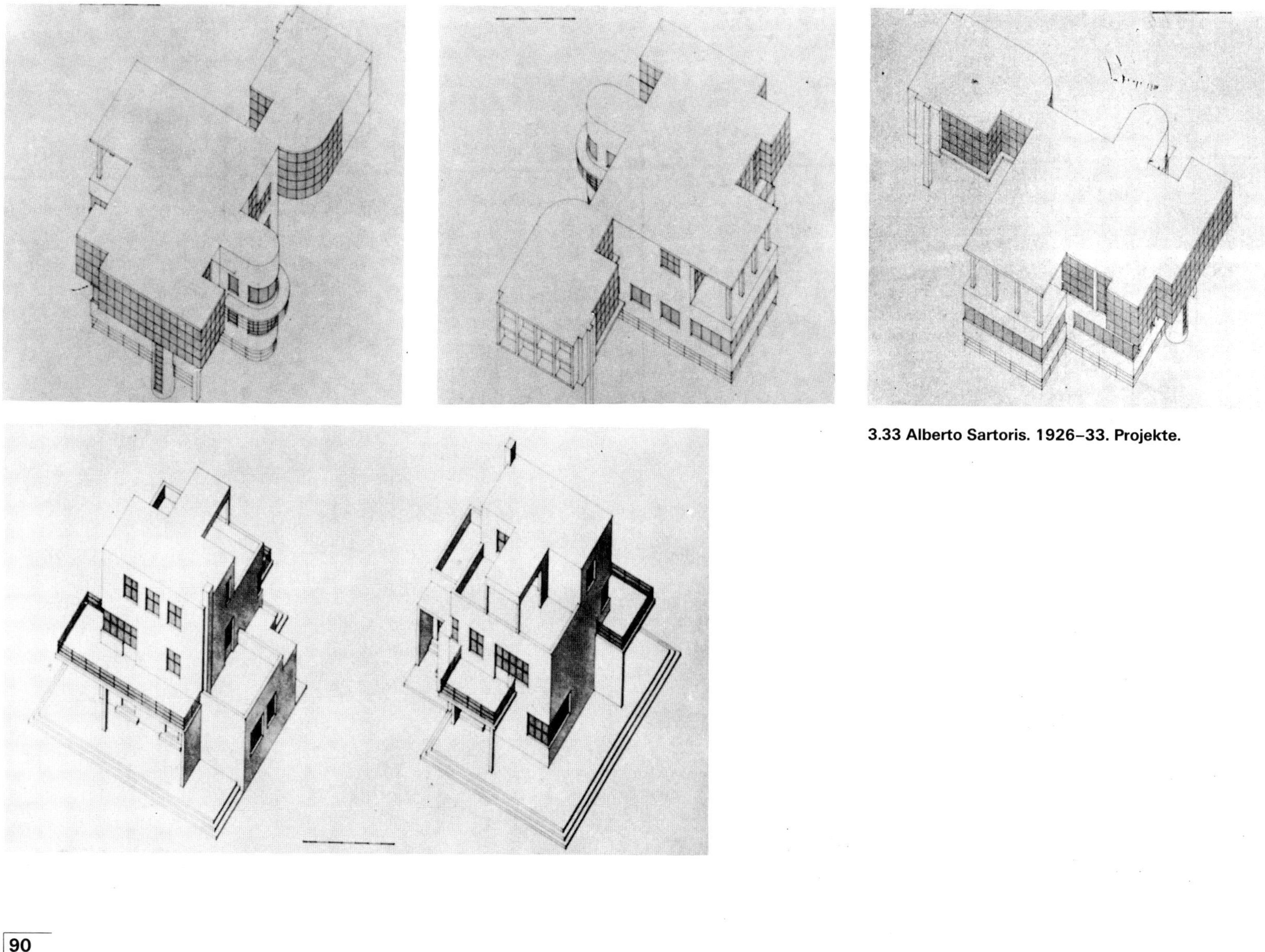

3.33 Alberto Sartoris. 1926–33. Projekte.

Eigenschaften sowie einige Vorzüge der Axonometrie

Günstig für die Zeichenarbeit ist der im Vergleich zur Linearperspektive konstruktive und manuelle Aufwand der Axonometrie. In dieser Reduktion ist keine Beeinträchtigung, sondern eher ein Vorzug zu sehen: Weder die Abstraktionsbefähigung, die man zur planimetrischen Zerlegung haben muß, noch die Inszenierungskünste der Perspektive sind erforderlich, um Genauigkeit und Anschaulichkeit zu erreichen. Das ist leicht gemacht: Grundriß oder Aufriß sind unverzerrt und maßhaltig und beide in die Zeichnung integriert; die isometrische Annahme hat gemeinsame Verzerrungen, auf die man sich einrichten kann – und von jedem ebenen Dreibein ist ein Räumliches schnell gezeichnet. Die Parallelen geben den Formen visuelles Gleichgewicht, sie sind fast so genau wie eine Bauzeichnung. Der perspektivische Sehraum erfährt eine neue Deutung: Statt den Betrachter vor die Bildebene zu stellen, ist er ohne Trennendes unmittelbar einbezogen, und zwar ohne die fragwürdige Position des »günstigen Standortes«, was eine Folge der räumlich gleichwertigen Erschließung mit den Nachteilen der Orientierung und des auf den Laien synthetisch wirkenden Bildeindrucks ist. Dieser Vorzug kann von der Wahl allzu künstlicher, dem gewohnten Blick befremdlich schräger Stellungen der axonometrischen Zeichnung verspielt werden, weil eine übermäßig schräg angelegte Zeichnung schwer zu verstehen ist. Wo die Perspektive eher den bildnerisch anspruchsvollen Rahmen für ihre Wirkung benötigt, ist die Axonometrie bereits als Skizzenform für Studien gut eingesetzt. Hierin ist sie der Entstehung der Formen im Entwurfsprozeß so nahe wie die Perspektive der Präsentationsform. Sie ist dann eigentliches Medium des Entwerfers, wenn sie gestalterische Eigenschaften genauer mitteilt, allerdings ohne die gefälligere, »natürlichere« Wirkung der Perspektive. Während diese dem Betrachter »seinen« Standort und damit sein für ihn ausgewähltes visuelles Erlebnis zuweist, läßt die Axonometrie nur eine allgemeine, doch geometrisch exaktere Sicht zum Objekt zu. Dort wo die Perspektive die wahren Verhältnisse, Winkel und Maße dem Verlauf der Sehstrahlen nach ständig transformieren muß, enthält die Axonometrie meßbare Verhältnisse von Linien, Flächen und Körpern. Legenden über Verzerrung und Verkürzung der Koordinaten benennen die axonometrische Methode. Damit ist jede Axonometrie leicht rekonstruierbar, die Dimensionen sind meßbar. Die axonometrische Zeichnung kann selbst als Bauzeichnung noch eingesetzt werden, obwohl sie ihrem synthetischen Charakter nach eher zum Entwurfsprozeß gehört. Sie ist als Teil der intellektuellen Entwicklung, nicht zur Produktion des Objektes gedacht; sie ist ein Instrument des bildnerisch autonomen Ausdrucks, nicht technischer Plan, und sie ist den Metasprachen zuzurechnen, mit denen über Konzeptuelles gesprochen werden kann.

3.34 Alberto Sartoris. Haus in Chexbres Schweiz. 1927.

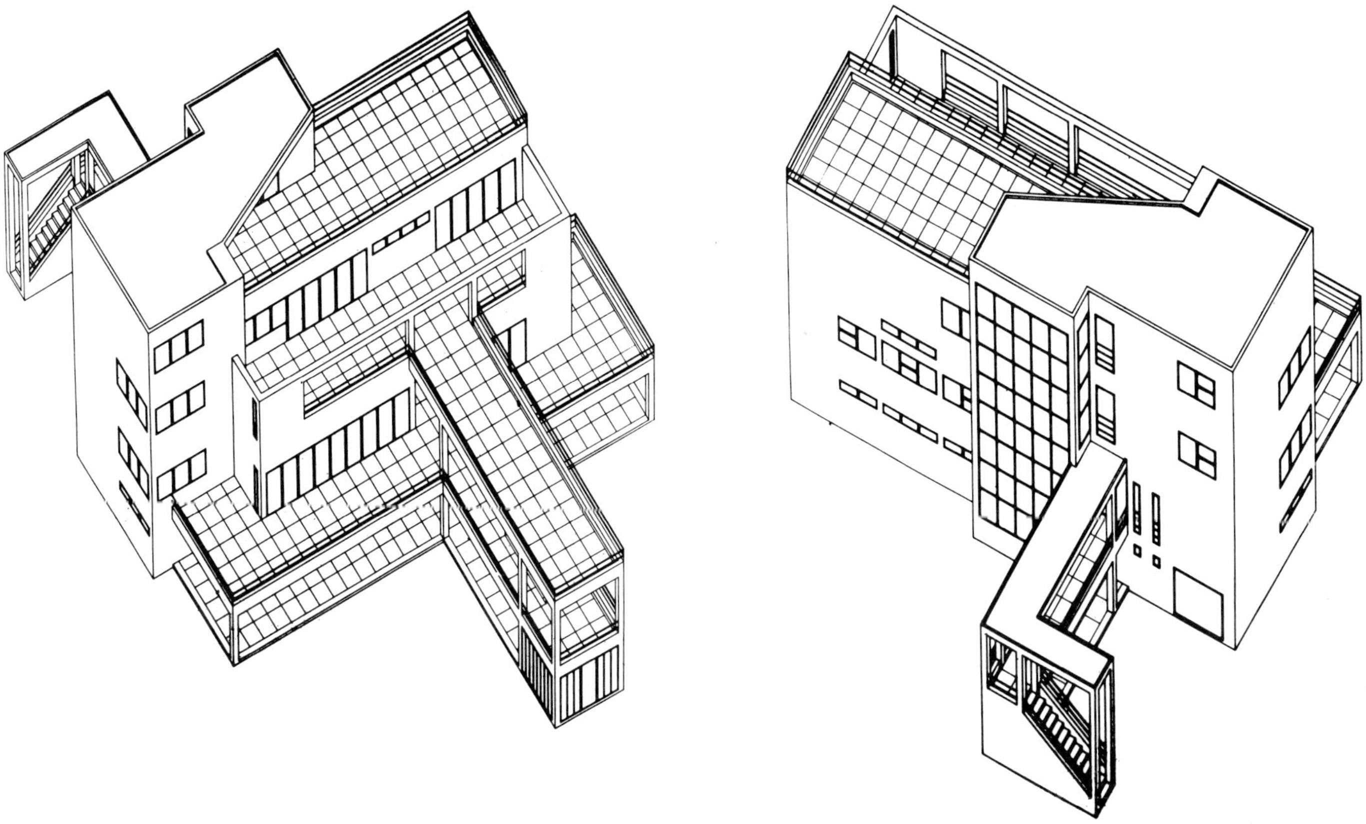

Frühe axonometrische Darstellungen und ihre nachfolgende Verbreitung

Aus der akademischen Tradition der Beaux-Arts stammen die Darstellungen Auguste Choisys, die der Erforschung historischer Architekturen galten. In sorgfältigen Drucken ist das konstruktive Gefüge historischer Gebäude herausgearbeitet. Es sind Axonometrien in damals ungewöhnlichen Kippungen der abgehobenen oder abgelösten Bauteile. Sie führen den Blick hinein in das konstruktive Gefüge. In einigen Darstellungen sind die vorderen Teile des Bauwerks abgeschnitten, um den Blick in sonst Verdecktes freizugeben. Auf diese Weise erscheinen die Formen des Raumes, der Kuppeln, Gewölbe, Balken und Säulen, ja des ganzen Gefüges der Mauerwerksarchitektur für das tiefere, vorrangig konstruktive Verständnis übersichtlich aufbereitet. Die Bauwerke sind ohne Umgebung und historischen Kontext dargestellt, was bei Choisys Interessenlage nicht wundert und uns heute entgegenkommt, weil weniger die Idee des Stils interessiert als die Eigenheiten, die ihn auszeichnen. Diese in Gravurtechnik ausgeführten Illustrationen dienen der Erforschung historischer Architekturen, ihrer exakten Rekonstruktion und sind ein Mittel zu ihrer Wiederbelebung in der Gegenwart. Wenn sich heute wieder das Interesse auf historische Architekturen richtet, so eher in der Erwartung, aus der Geschichte ein Bewußtsein von der Vergangenheit zu erhalten, um in der Gegenwart auf traditionelle Elemente zurückgreifen zu können.

In den Axonometrien Auguste Choisys[12] findet die Lehre der Ecole des Beaux-Arts mit ihrem rationalen Interesse an der Struktur, dem kompositorischen Einsatz ihrer Elemente einen bis in unsere Gegenwart wirkenden Ausdruck. Sie beruht auf Grundsätzen die Colqueoun definierte, und zwar als »Prinzipien der Plangestaltung und Formkomposition, deren Grundlagen auf Theorien der psychologischen Reaktion im 18. Jahrhundert zurückgehen und auf die Wiederkehr der neuplatonischen Lehre, die in den Akademien als Heiligtum verwahrt gewesen war«.[13]

Von verschiedener Seite wurde auf den Einfluß der Beaux-Arts Tradition und der Illustrationen Choisys in seinem Buch *Histoire de l'Architecture* auf

3.35 Auguste Choisy. Kirche des Heiligen Georg von Saloniki.

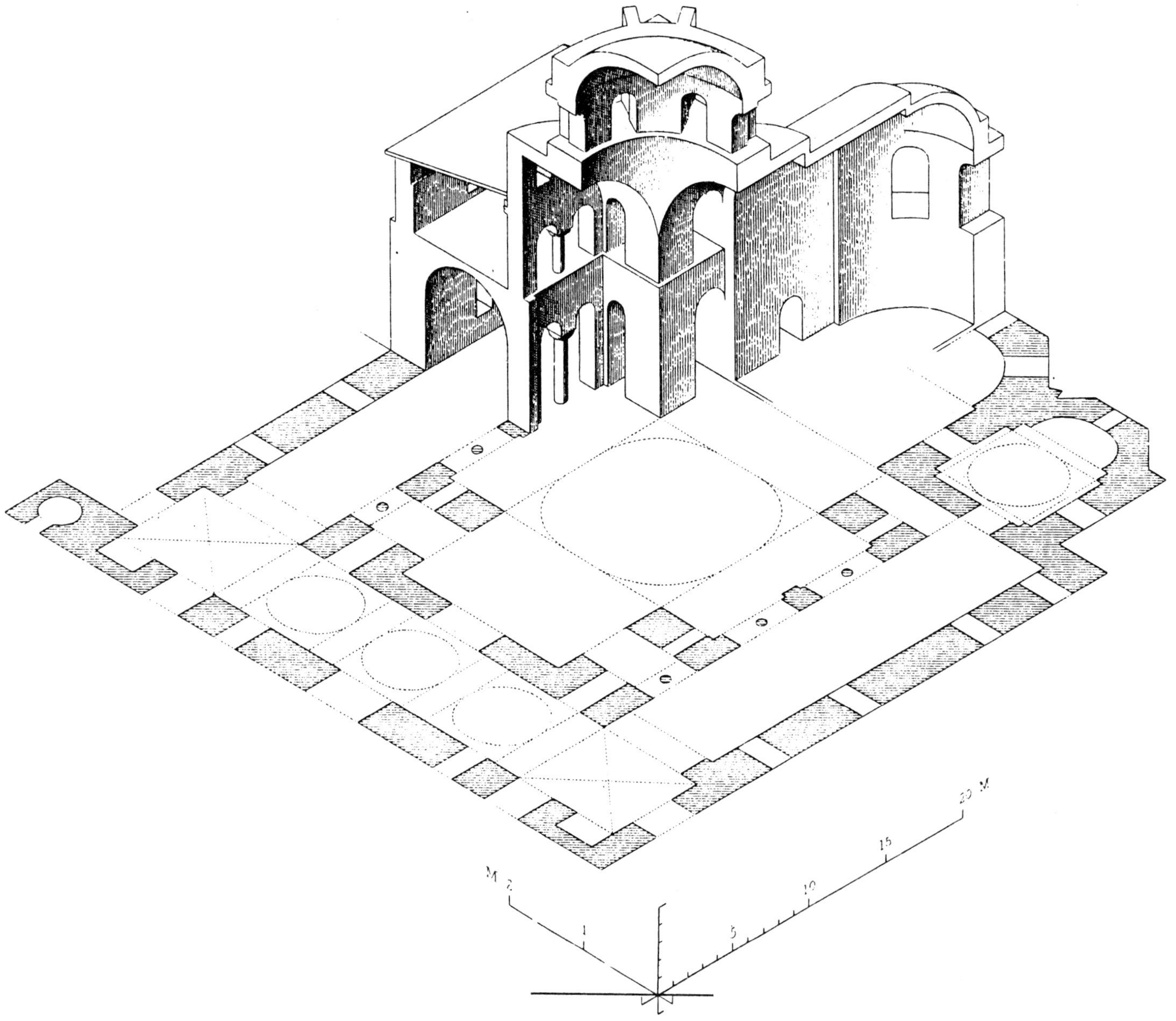

Louis Kahn hingewiesen, was nicht nur die ästhetische, aufklärende Seite dieser Darstellungen betrifft. Kahn schuf eine Architektur, in der sowohl ästhetische als auch konstruktive Aspekte zum Ausdruck kommen. Damit überbrückte er die Kluft zwischen der akademisch-klassischen Tradition und der rationalistischen Idee. Bei anderen, wie etwa James Stirling, ist diese Beeinflussung auf die von Choisy gepflegte Darstellungsweise – überraschende Raumschritte mit Kippungen und Drehungen verbunden – beschränkt; wo eine Beeinflussung – wie es scheint – nahegelegen hätte, fehlt sie ganz: bei Le Corbusier. Heute ist sie eine von jeder inhaltlichen Prägung losgelöste Darstellungsmethode, geeignet zur Untersuchung wie zur Präsentation des Entwurfs.

Choisy stellt Bauten verschiedener Kulturen vor. Die Abbildungen geben Aufschluß über konstruktiv-strukturelle Verhältnisse; andere Aspekte treten zurück. Seinen Darstellungen ist der Verzicht auf überflüssige Informationen gemeinsam, und sie sind alle mit größter graphischer Präzision ausgeführt. Die horizontalen und vertikalen Schnitte führen – in Kenntnis des Gesamtzusammenhanges – immer durch signifikante Gebäudezonen, vordere oder seitliche Teile sind abgelöst, es entstehen Abbildungen, in denen die äußeren Teile des Gebäudes, wie die Wand und die Fassade, mit dem räumlichen Gefüge der Gewölbe, Säulen usw. kontrastieren. Einige Illustrationen zeigen Körperschatten, so daß räumliche Qualitäten schärfer hervortreten. Die jeweils zugrunde liegende axonometrische Methode ist den Zeichnungen durch Achsenkreuze beigegeben. Die Koordinatenebenen sind so gelegt, daß sich eine schwebend wirkende Untersicht ergibt – eine Blickrichtung, die unter dem Primat des Konstruktiven zu den besten Ergebnissen führt.
In dieser Tradition stehen auch die auf Choisy folgenden axonometrischen Darstellungen der Gegenwart, wenn auch mit verschiedener Gewichtung des Konstruktiven und des Räumlichen.

3.36 Auguste Choisy. Kuppel über der großen Moschee von Damaskus.

3.37 Auguste Choisy.
Studie über die ursprüngliche Anordnung und die anschließende Umwandlung der Strebepfeiler der Hagia Sophia in Konstantinopel.

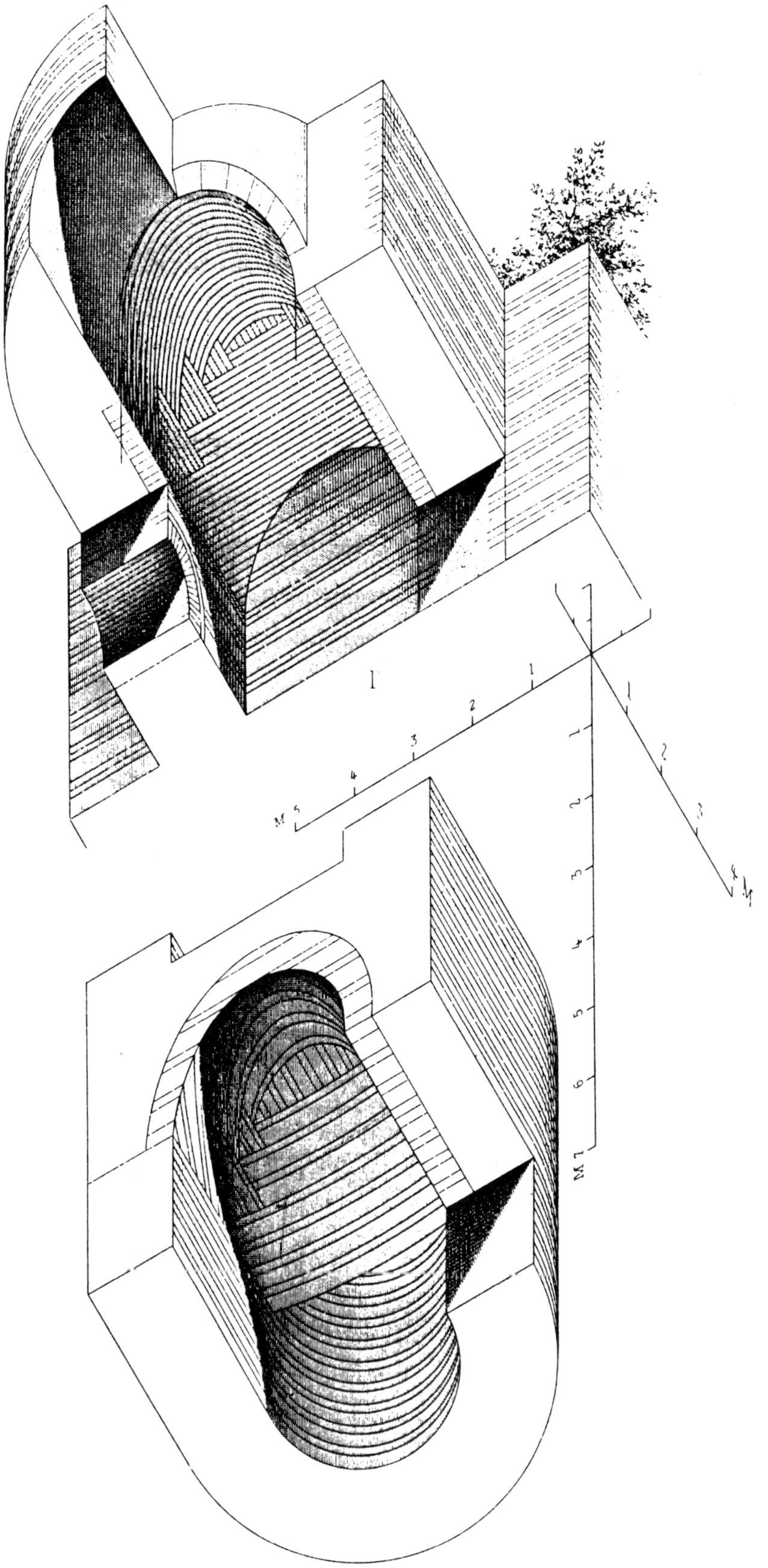

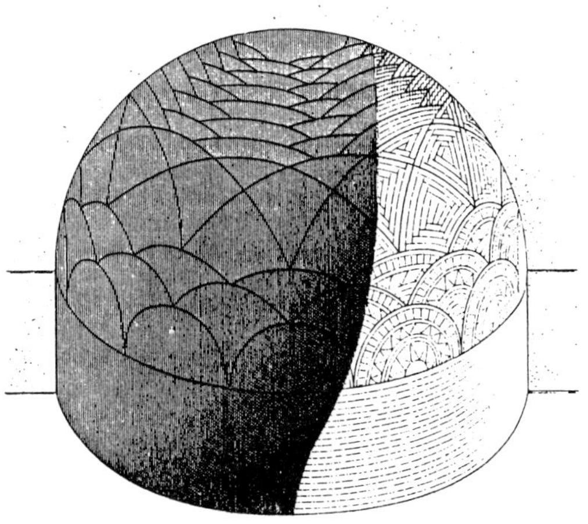

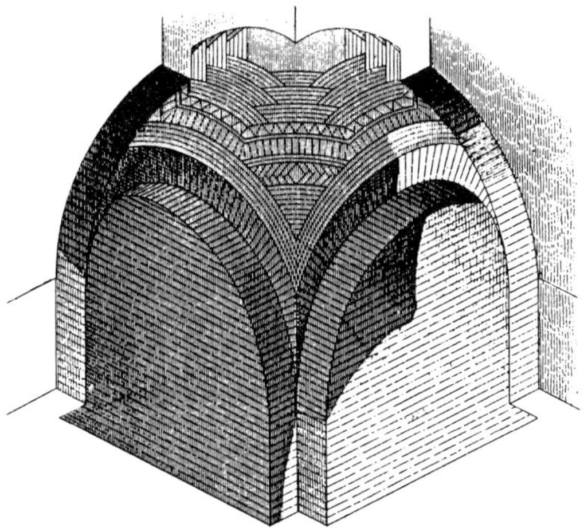

3.38 Auguste Choisy. Abgestufte Kuppel aus Trompen zusammengesetzt; runder Tempel in Spalatro, im Grab des heiligen Dimitrius von Saloniki.

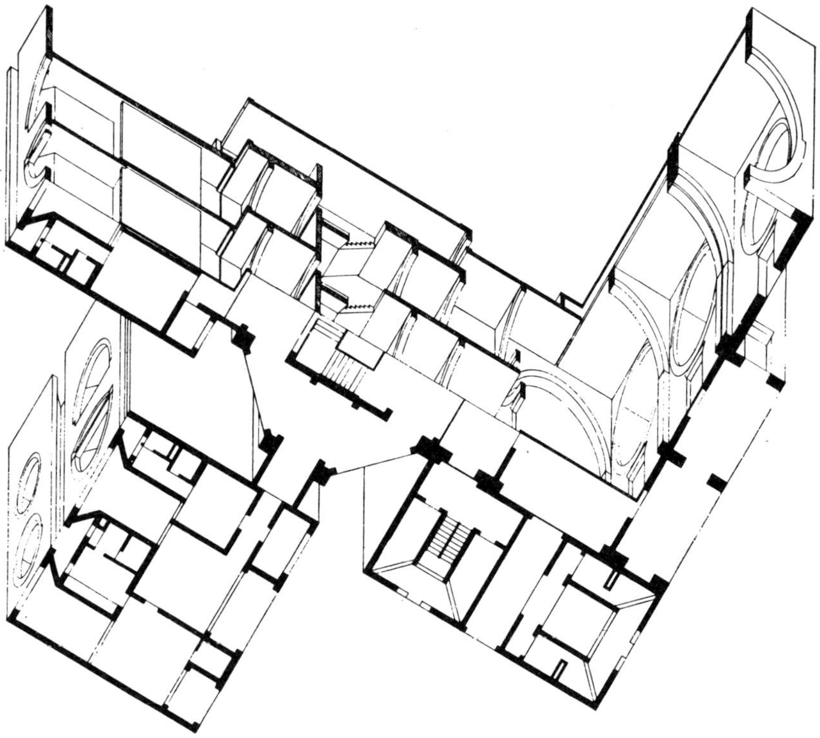

3.39 Louis Kahn. Indian Institute of Management.
Ahmedabad. 1962–1967.

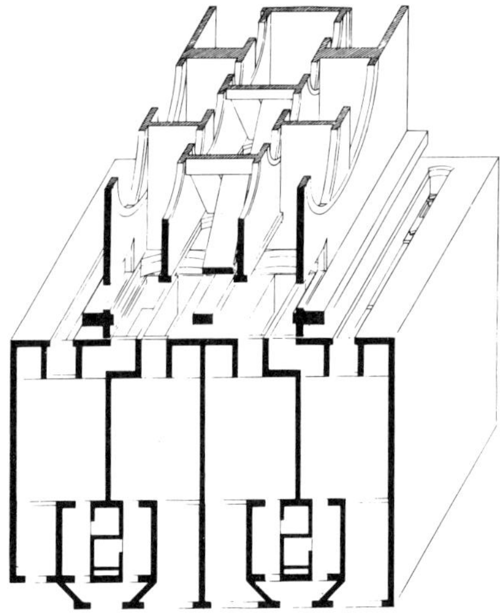

3.41 Louis Kahn. Indian Institute of Management.
Ahmedabad. 1962–1967.

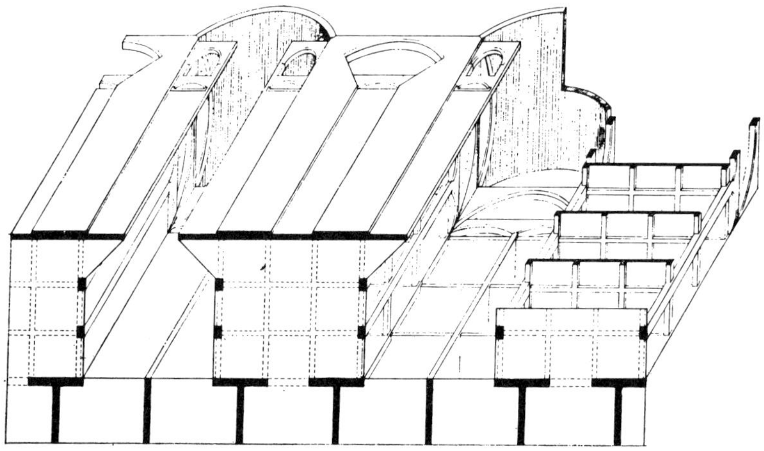

3.40 Louis Kahn. Indian Institute of Management.
Ahmedabad. 1962–1967.

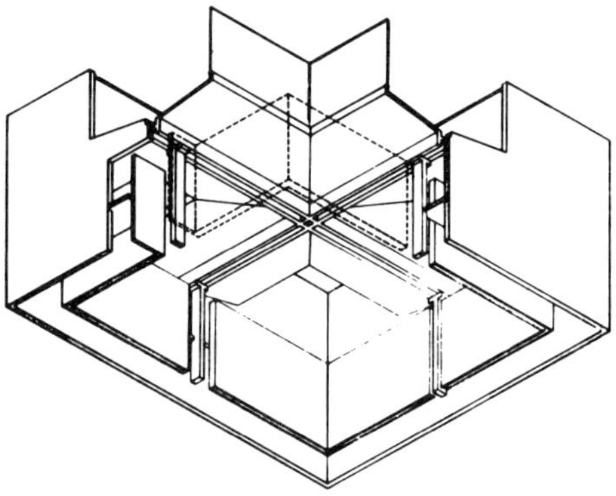

3.42 Louis Kahn. Unitarian Church in Rochester.
New York. 1959–1967.

3.43 James Stirling. Landesgalerie Nordrhein-Westfalen. Düsseldorf. 1975. Projekt.

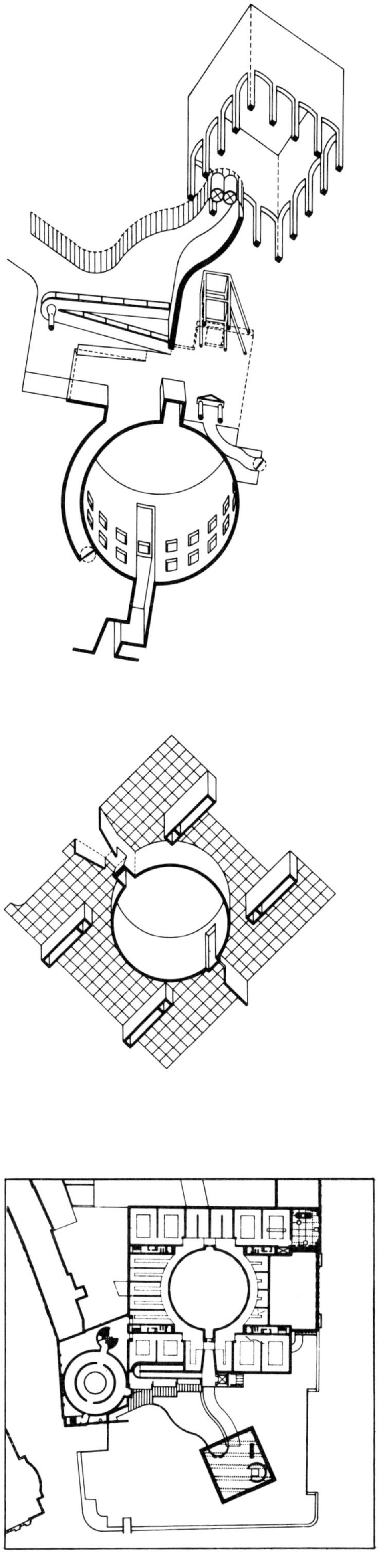

3.44 James Stirling. Wallraf-Richartz-Museum. Köln. Projekt.

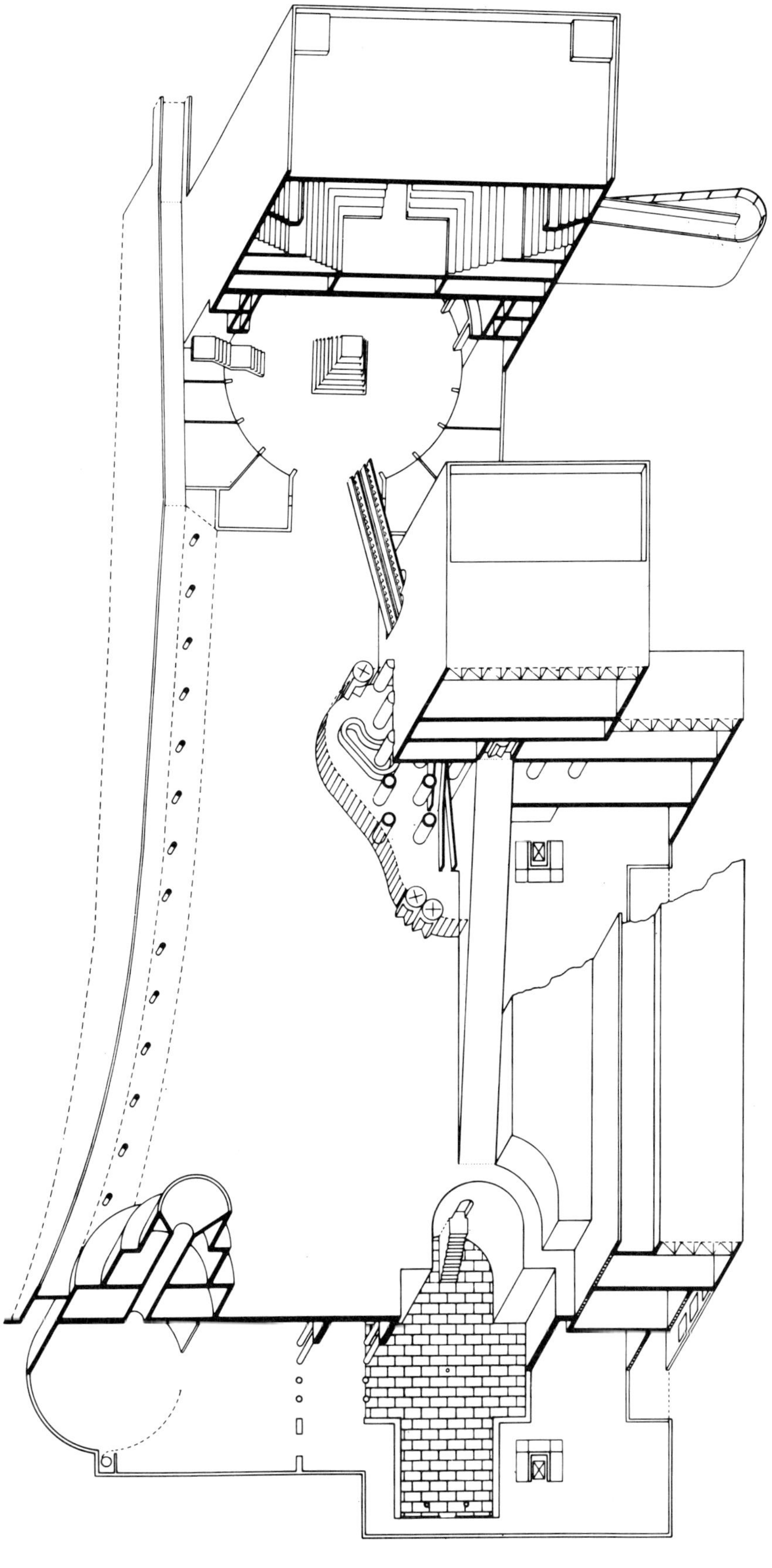

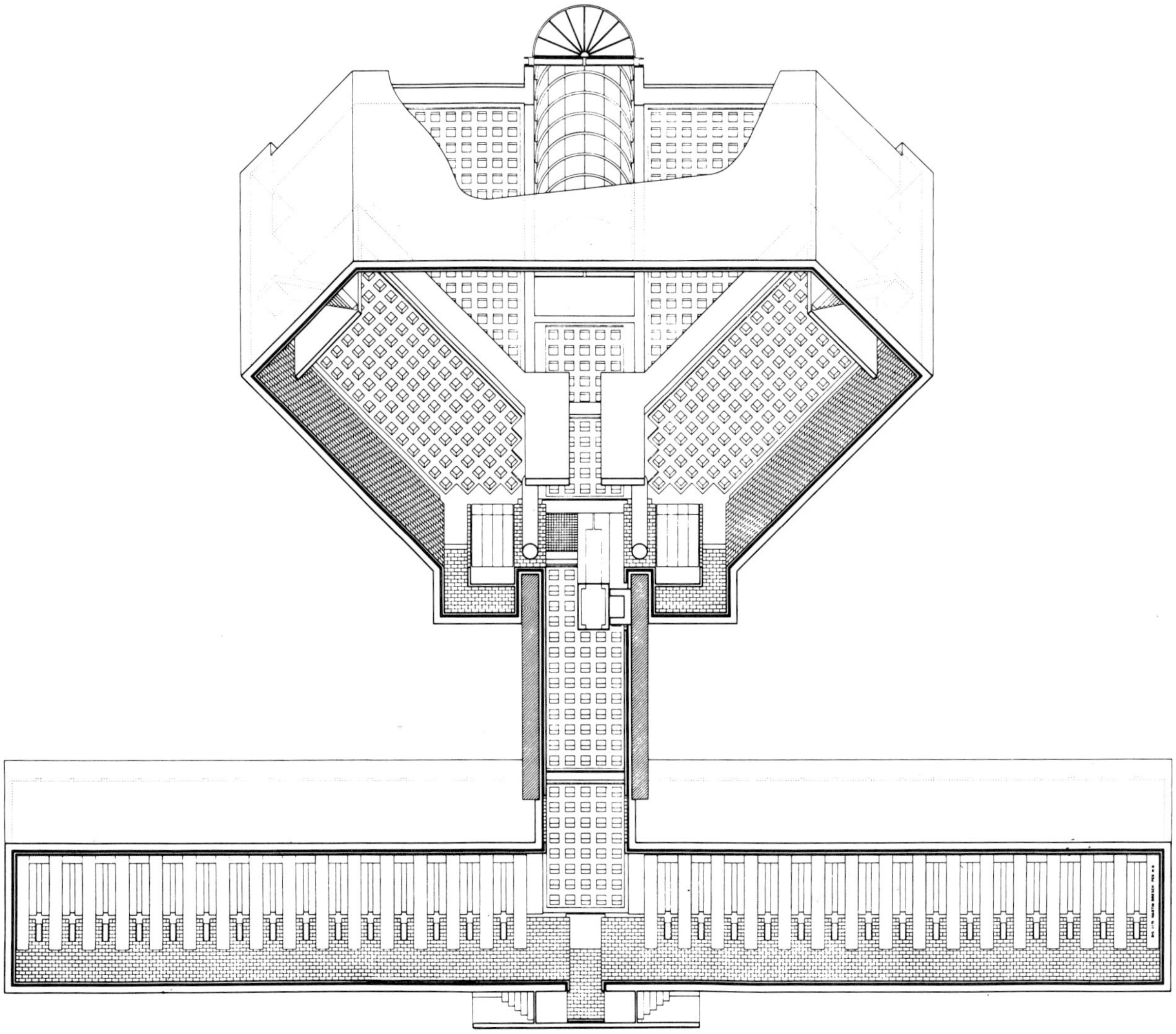

3.45 Mario Botta. Bibliothek der Kapuziner. Lugano.

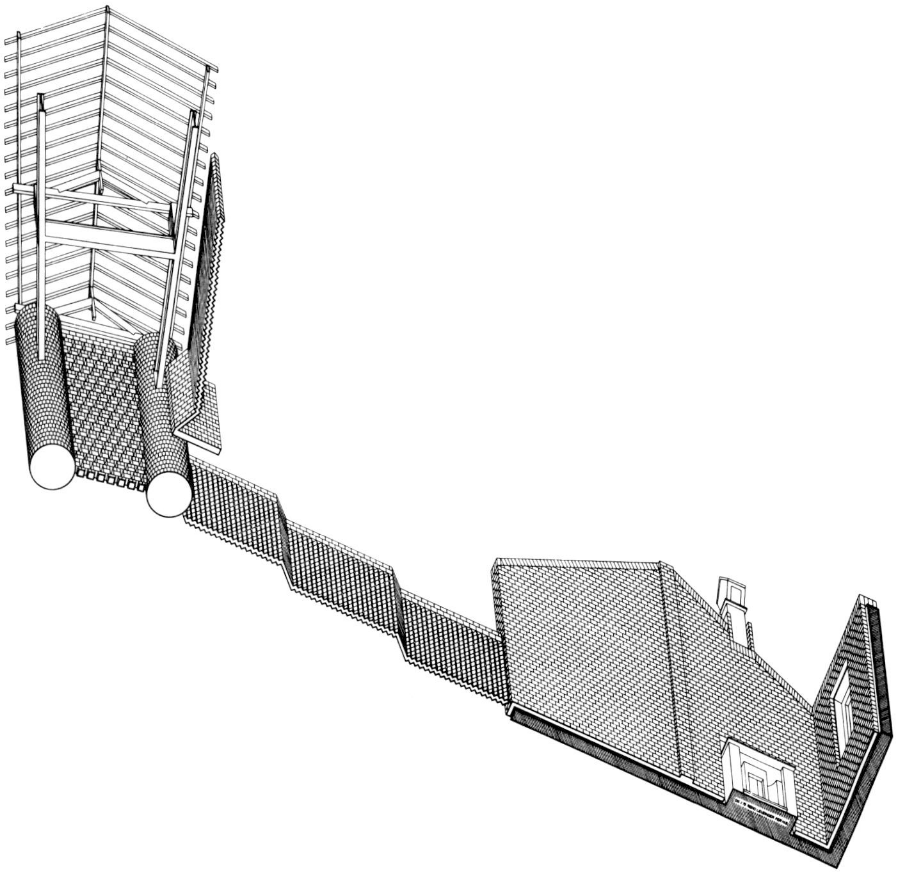

3.46 Mario Botta. Umbau eines Bauernhauses in Ligrignano.

Die Linearperspektive

Den Raum in geeignete Darstellungen zu reproduzieren, war lange ein gleichermaßen wissenschaftliches und künstlerisches Vorhaben. Die Raumvorstellungen wurden begleitet von philosophischen und künstlerischen Intentionen. Nach der mathematisch gelösten Konstruktionsmethode war die Raumvorstellung und -darstellung primär ein Problem der Ausdrucksbedeutung und der Ausrichtung auf bildnerische Vorstellungen.

Zur Geschichte

Das visuell-sinnliche Erleben war seit dem 15. Jahrhundert für mindestens vier Jahrhunderte von der Linearperspektive geprägt, und diese beruhte auf Erfahrungen, die bis zu der Erfindung von Gérard Desargues, dem Wegbereiter der projektiven Geometrie, keine Veränderung erfahren hatten. In der Folge entsprach die perspektivische Raumanschauung ganz dem rationalen Verfahren der Konstruktion. Man versuchte den gezeichneten Raum dem Schema des Wahrnehmungsraumes anzugleichen, wenn auch weitgehend abstrahierend. Die perspektivische Konstruktion ordnet nicht nur den Bildraum. Sie ist auch eine Ordnung der visuellen Erscheinungen an sich, der imaginär vorgestellten und der wahrgenommenen Dinge. Die Wirkung des perspektivisch organisierten Raumes wird – gegenüber dem Raum des Mittelalters, der noch ohne mathematische Bindung war – von der Linearperspektive regiert, von der Dominanz des Auges. Die mittelalterliche Darstellung hatte noch die Freiheit, größere und kleinere Figuren ihrer Bedeutung nach, nicht den perspektivischen Verkürzungen entsprechend, darzustellen.
Die einer Darstellung zugrunde liegende Bedeutung wird von der Größe der Figuren sowie die Relationen der räumlichen Elemente geregelt; mit Recht spricht man von der »Bedeutungsperspektive«; Vergleichbares kannte schon die Antike. Vorn und hinten, groß und klein waren innere Notwendigkeiten; die Raumanschauung und folglich die Raumdarstellung unterlagen noch nicht dem Richtungs- und Entfernungszwang der Linearperspektive. Sie waren mehr künstlerisches, subjektives Problem ohne die Festlegung auf mathematisch strenge Regeln. Diese bestimmten in der Renaissance und danach die visuelle Erscheinung der Dinge und ihre realistisch-bildhafte Wiedergabe in der räumlichen Anlage nach den Lage- und Entfernungsrelationen der Perspektive.

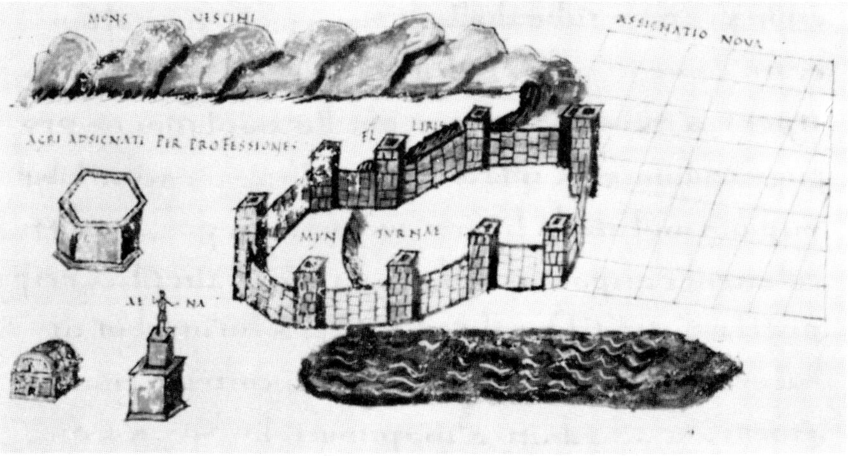

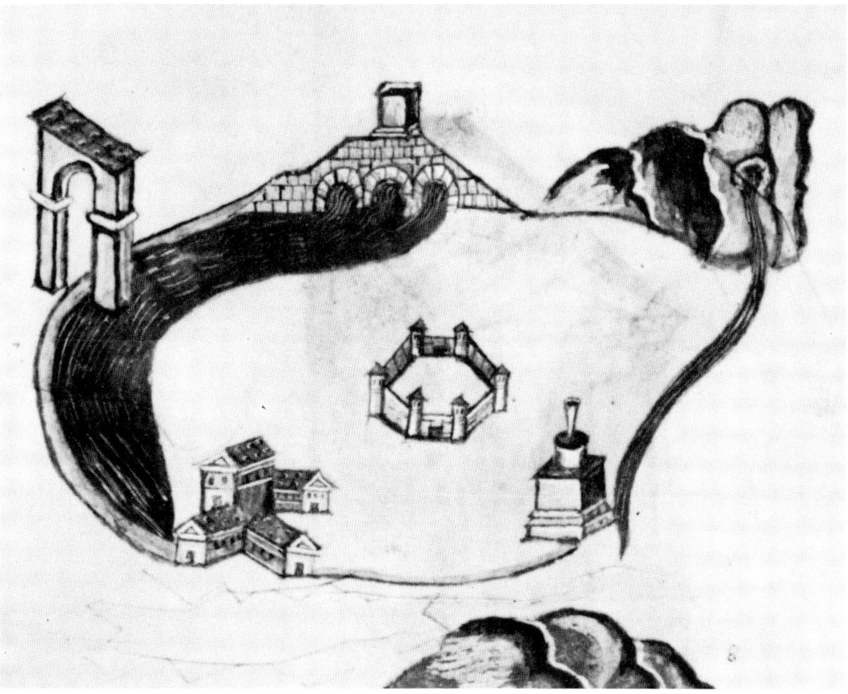

3.47 Stadt mit Andeutungen der Landschaft in Darstellungen der Gromatici, der römischen Feldmesser.

3.48 Verona. Ansicht aus der »Rateriana-Ikonographia«. 9. Jahrhundert.

3.49 Glastafelverfahren.

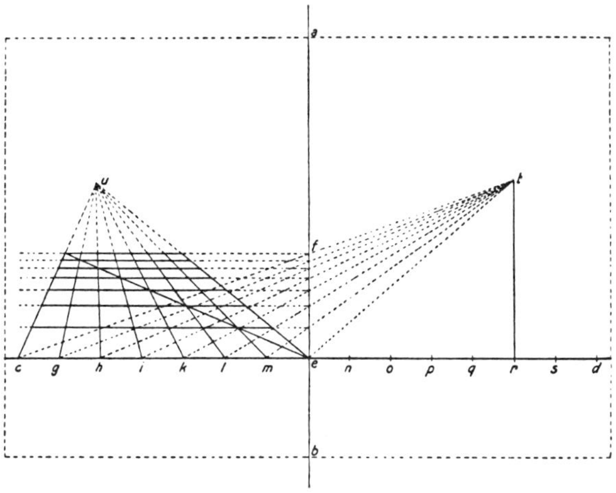

3.50 Leonbattista Alberti. Perspektivische Konstruktion der quadratisch eingeteilten Grundebene. Aufriß der Sehpyramide, daraus Ermittlung der Transversalen. Die Eintragung der ermittelten Transversalen gibt die Tiefenabstände im Bildraum (nach Panofsky).

Schon Leonardo da Vinci, der wesentliche Untersuchungen zur Gesetzmäßigkeit des perspektivischen Verfahrens durchführte, gab den Rat, die Perspektive solle nur Kompaß, nicht Dogma für die Arbeit an künstlerischen Problemen sein. Doch hat sie – nach dem Glastafelverfahren als einfachster Herleitung eines perspektivischen Bildes – den fest begrenzten Raum hervorgebracht. Er erscheint wie eine gläserne, nicht mehr zu trennende Ebene, und man fühlt sich gleichsam in ihn hinein versetzt.
Die Systematisierung des zunächst als künstlerisches Verfahren für Figuren- und Raumkomposition von Malern wie Giotto und Ducio entwickelten Prinzips der Linearperspektive geht nach der Schilderung Giorgio Vasaris auf Filippo Brunelleschi (1377–1446) zurück, der erstmals Grundriß und Aufriß zur exakten Konstruktion des perspektivischen Bildes einsetzte und sie danach zur empirischen Klärung räumlicher Wirkungen seiner Bauten selbst verwandte. Von nun an fordert die Perspektive eine Baukunst die ihren Gesetzen folgt: zentral fluchtende Blickrichtungen, auf Durch- und Weitsicht angelegte Platzgestaltungen wie Michelangelos Kapitolsplatz und Gianlorenzo Berninis St. Petersplatz in Rom oder die Scala Regia, die sogar divergierende Wände als Mittel der Scheinräumlichkeit inszeniert, Abmessungen verkürzt und räumliche Tiefe suggeriert.

Die Perspektive wird nun immer öfter zur Entwicklung des gebauten Raumes eingesetzt. In den Scheinräumen der Architekturmalerei führt sie ein Eigenleben. Als konstruktiv ermittelte Durchdringung sei Balthasar Neumanns Abteikirche Neresheim mit der Architekturmalerei von Michael Knoller genannt: ein konstruierter Raum von malerisch-illusionistischem Doppelcharakter.
Die endlich verfügbar gemachte exakte perspektivische Raumkonstruktion ist Leonbattista Alberti zu verdanken, der seine Perspektivmethode aus Grund- und Aufrißverfahren ableitete und zur perspektivisch korrekten Ermittlung der sich stetig verkürzenden Quadrate im liegenden Netz gelangt. So entstand ein Verfahren, das regelmäßige, ebene Flächen und – noch bedeutsamer – räumliche Gebilde in ein vereinheitlichtes System von Tiefenabständen bringt, was einfacher ist als jede zuvor gekannte Methode. Alberti charakterisiert diese mit

3.51 Gianlorenzo Bernini. Scala Regia. Vatikan. Rom. 1663–1666.

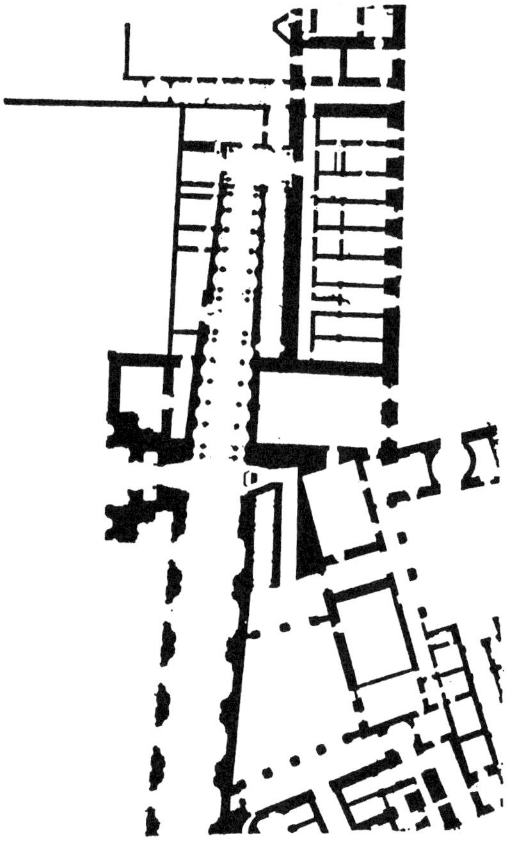

3.52 Petau. Stich des Klosters Saint-Riquier-Centula. 1612.

dem Satz: »Das Bild ist ein ebener Durchschnitt durch die Sehpyramide.«[14]

Die Perspektivmethode gewinnt im folgenden direkten Anteil am Zusammenwirken der visuellen Raumelemente; sie bewirkt eine strenge Hierarchie und eine ganz auf die Wahrnehmung ausgerichtete Ordnung sowohl in der Malerei als auch im Raum der Architektur, beim Möbelobjekt und im Stadtraum: Gliederungen und Proportionen folgen der rationalen Logik der Perspektive. Die früher unermüdlich variierten Ordnungen sind zurückgenommen auf ihren Wert innerhalb einer Komposition, die sich nun ganz auf die visuelle Wirkung konzentriert.

Bei Giacomo Barozzi da Vignolas erfährt der Betrachter im Suchen nach den Wahrnehmungsgesetzen die neue Möglichkeit, ein körperliches Objekt von einem Raumpunkt aus zu sehen und diese Wahrnehmung perspektivisch auf die Bildebene zu projizieren. Dem freieren Gestaltungswillen des Mittelalters ist das Abbild einer Welt gegenübergestellt, die stets einen Mittelpunkt hat. Die Linien drängen sich dramatisch zum Fluchtpunkt hin. Der früheren Darstellungsweise, einen Gegenstand gedanklich und bildnerisch allseitig zu erfassen, ist eine strenge, rationale Aufteilung des zentrierten Raumes entgegengestellt, die ein Vorn und Hinten sowie seitlich untergeordnete Zonen fordert. Die Tiefenwirkung – besonders später bei der exakten Konstruktion der Tiefenabstände nach Alberti, die alle in einem Fluchtpunkt konvergieren – vermag das Abbild dem Eindruck der physischen Wirklichkeit anzunähern. Widersprüche lassen sich durch die räumliche Klärung der Entwürfe oder durch ihre Annäherung an die neue visuelle, perspektivisch geordnete Erfahrung angleichen: Das Subjektive ist in die Darstellung so weit rational einbezogen, bis die »Objektivität des Subjektiven« schließlich erreicht wird.

Die Perspektivkonstruktion bringt als neue Erfahrung drei Faktoren hervor: den Konvergenzwinkel, die Entfernung von Objekt und Bildebene und den wählbaren Ausschnitt. Je näher das Objekt der Bildebene ist, desto stärker sind die Größenunterschiede an ihm – die perspektivische Verzerrung bringt die gesuchte Tiefenwirkung –; und je näher das Objekt dem Fluchtpunkt ist, desto verkürzter erscheinen die fluchtenden Teile. In »vorperspektivischer« Zeit waren die Dinge im Raum noch intuitiv zu einer zusammenhängenden und wechselhaften Ordnung gefügt, die Elemente hatten engen Kontakt, waren zur Veränderung und zum Wachstum fähig; nun geht der Gestaltungsantrieb mehr von der ordnenden, systematisierenden und verfestigenden Wirkung der Perspektive aus, die über andere Ordnungen und Erfahrungen triumphiert. Hatte Plato noch gemeint, vor der deformierenden Wirkung der Perspektive warnen zu müssen, so war bald nach Albertis grundlegend vereinfachender Konstruktion aus dem wissenschaftlichen Problem ein künstlerisches geworden, in dem Maße, wie die Perspektive als verfügbares technisches Rüstzeug die Klärung des Entworfenen in der Zeichnung, die Raumgestaltung, die Vorstellung über die Wirklichkeit und die Erfahrungswelt lenkte und damit die Konstruktion des Bildraumes, den Gegenstand und den Raum selbst beherrschte.

3.53 Leonbattista Alberti. Perspektivstudie.

3.54 Jacques Androuet Du Cerceau. Perspektivstudie.

Die perspektivisch-hierarchische Raumorganisation mußte nach über vier Jahrhunderten dem modernen Raumverständnis weichen, das keine bevorzugten Standorte kennt und sie als Parameter des Entwurfsprogramms auch selten gelten läßt. Diese sind weniger aus dem Raumprogramm abgeleitet, mehr aus dem empirisch-perspektivischen Sehraum, der seine Wirkungen im voraus kennt, anstatt das zu gestaltende Objekt aus dem Zusammenhang seiner Funktionalität heraus zu strukturieren. Dem steht eine Räumlichkeit gegenüber, die, von der konstruierten Ordnung der Perspektive abgelöst, Objekte im Raum hervorbringt, die vom Vorgang der Perspektivbildung nicht entscheidend berührt sind. Der aperspektivische Raum der mittelalterlichen Stadt war selten Teil eines größeren Zusammenhangs. Anders ist es bei der barocken Stadt. So entwickelte sich in Karlsruhe der Stadtraum vom Zentrum ausgehend strahlenförmig und erreichte damit einen Höhepunkt monarchischer Machtrepräsentation.
Die Dinge im Raum wirken ohne perspektivischen Bezug zunächst wie eine »abstrakte« Raumkomposition von »offener« Gliederung. Sie erscheinen unklar und zersplittert. Der aperspektivisch »entorganisierte« Raum ist eine vielgestaltige Figuration, die keiner a priori bevorzugten Richtung folgt; kein Standpunkt hat mehr Vorrang vor einem anderen. Er ist unabhängig gegenüber Bedeutungen und vorgegebenen visuellen Beziehungen. Seine Raummotive sind raumzeitliche Abfolgen, Prinzipien von Verdichtung, Schichtung, Überlagerung, von Raumcollagen und anderen Konzepten einer aperspektivischen Raumgestaltung. Die Raumstruktur ist einfacher oder dichter, kalkulierte mehrdeutige Beziehungen sind selten. Sie entsprechen im ungünstigen Fall der zerstreuten Bebauung in zersiedelter Landschaft und sind damit Teil eines Zerstörungswerkes, das heute jedem gegenwärtig ist. Wie der Stadtraum ist der Architekturraum offen für das freie Spiel funktionaler und ästhetischer Beziehungen in ihrem Dasein autonomer Gegenständlichkeit; aus dem semantisch neutralen Raum folgt das Grundmuster autonomer Gestaltung. Lange wurde der Architekturraum von technischer Funktionalität bestimmt. Die finale Zielsetzung der Architektur aber ist anthropozentrisch, sie gerät dabei in außerarchitektonische Abhängigkeiten, obwohl ihr mit »dem humanen Architekturzweck«, wie Ernst Bloch es formulierte, die »Einschwingung in den Kosmos« gelingt.
Die damit vollzogene Transformation in Syntax und räumliches Denken hat in der Entwurfspraxis nicht den Verzicht, nicht die Abschaffung der Linearperspektive als einer der weiterhin möglichen Darstellungsmethoden zur Folge gehabt. Obwohl die perspektivische Raumorganisation für die Moderne eher atypisch ist – sieht man von neueren Tendenzen ab –, schätzt die Postmoderne die Perspektive, vielleicht wegen der ihr eigenen Rhetorik, vielleicht auch als rational anmutendes Werkzeug.
Die Perspektive ist heute ohne wertende Stellungnahme – sie ist lediglich Methode und Errungenschaft. Die moderne Raumauffassung gibt primär der Diskontinuität Ausdruck, der Allseitigkeit und Gleichwertigkeit. Die Verwendung einer Darstellungsmethode liegt nahe, die dazu geeignet ist, die allseitige Qualität des Objekts in der Zeichnung niederzulegen. Im programmatischen Sinn hatte die Avantgarde bereits danach gehandelt: Sie bevorzugte die Parallelperspektive, die Axonometrie. Daher konnte El Lissitzky im Jahr 1925 verkünden: »Der Suprematismus hat die Spitze der endlichen Sehpyramide der Perspektive in die Unendlichkeit versetzt.«[15] Theo van Doesburg, El Lissitzky, Alberto Sartoris und andere wandten sich der Axonometrie zu, weil sie von jeder Blickrichtung abstrahiert und räumlich gleichwertig ist.
Die Syntax der Moderne spiegelt die Wende wider, die sich mit der »Richtungs- und Entfernungsindifferenz des modernen Denkraums« vollzogen hat. Das ist darstellungsmethodisch wiederzufinden im gleichmäßig sich erstreckenden Koordinatendreibein, als einem verwandten Zeichen. Es vermag Formgesetze der neuen funktionalistischen Ästhetik als ihr nahes Medium besser zu entwickeln. Von dorther ist der Perspektive eine untergeordnete Rolle zugewiesen. Als Vermittlerin zwischen Entwerfer und Publikum hat sie jedoch wenig an Bedeutung verloren. Ihre Rolle als Stimulans für die Formgesetzlichkeit und für die Raumorganisation ist vom Anspruch des autonomen, funktionellen Bauwerks aufgehoben, obgleich nicht zu übersehen ist, daß Architekturen immer wieder zentral fluchtenden Blicklinien folgen, die weiten Durchblick bieten.
Was ist die Perspektive heute und was kann sie sein? Werkzeug und Methode, und zwar ohne Me-

3.55 Andrea Pozzo. Perspektivstudie. 1642–1709.

3.56 Karl Weinbrenner. Planung für Schloß und Stadt Karlsruhe. 1739. Vogelperspektive. Stich.

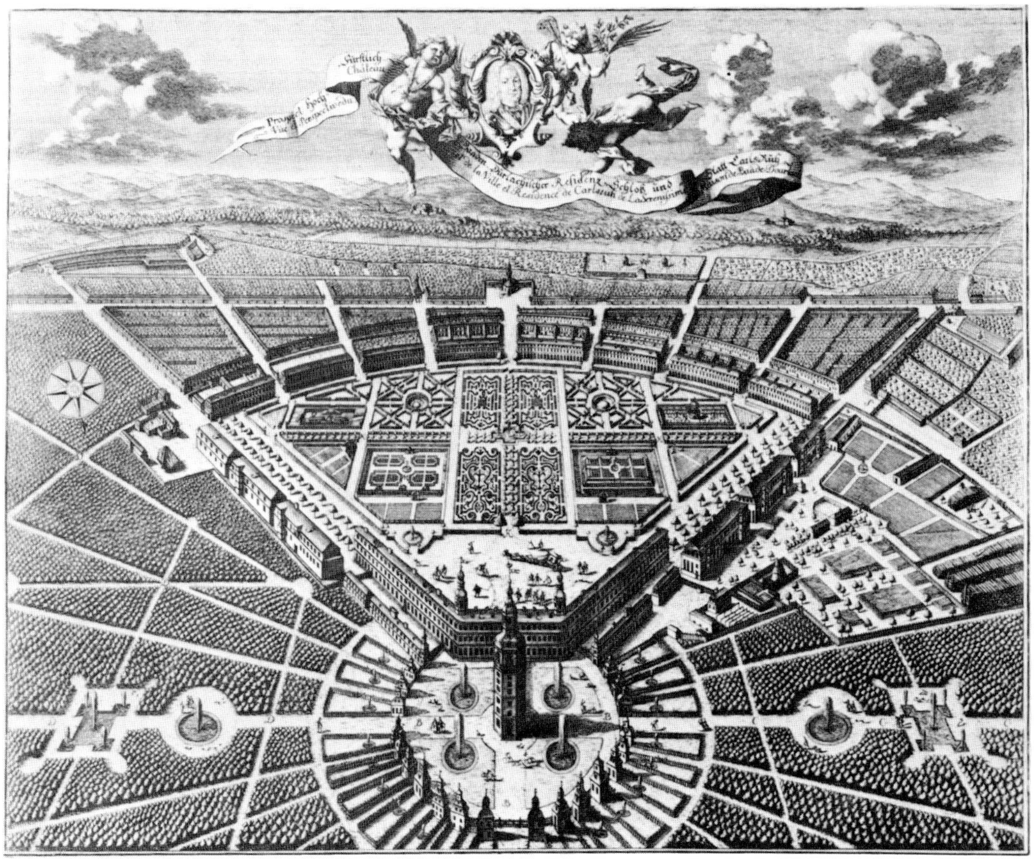

taphorik. Sie ist sinnvoll eingesetzt, wenn sie sich über die mutmaßlichen Wirkungen des Entworfenen hinaus in bildhaft anschaulicher Weise an das Publikum wendet. In welchem Maße diese Vorzüge – in den Augen der Laienöffentlichkeit – mit den unvermeidlichen Deformierungen verbunden sind, von den objektiven Eigenschaften des Objekts wegführen, sie geradezu in einen formal labilen Zustand versetzen, ist dem bekannt, der Perspektiven konstruiert.

Die Linearperspektive ist seit langem weder ein mathematisches noch ein künstlerisches Problem, noch eine an weltanschauliche Vorstellungen geknüpfte Methode, und für ihre Verbreitung und ihren praktischen Gebrauch ist an jeder Schule gesorgt. Anwendung und Einsatz sind daher keine Frage der Erfahrungswelt, auch nicht – wie zu Beginn der Moderne – eine Frage ideologischer Bestimmung, die gewisse Raumwerte und Formgesetzlichkeiten entscheidend berührt. Sie muß folglich weder bekämpft noch verteidigt werden. Wenn heute der Standpunkt pro oder kontra selten diskutiert wird, so ist diese Gleichgültigkeit auch auf den nicht eindeutig festgelegten Charakter der Perspektive als Darstellungsmethode selbst zurückzuführen: Sie gibt zwar Methoden und Regeln zur abstrahierten Wiedergabe eines Wirklichkeitsausschnitts, überläßt jedoch die daraus folgende bildnerische Wirkung dem Gefühl des richtigen Blickpunkts und der Erfahrung. Oft steht der Gesetzmäßigkeit des entworfenen Objekts die subjektive Wahl der Strahlenrichtung oder des Ausschnitts entgegen. Ohne Zweifel ist die Perspektivzeichnung geeignet, dem Publikum die zukünftige Wirkung des Gebauten nahezubringen.

Die Relativität der Perspektivzeichnung

Jede anschauliche Zeichnung enthält den Widerspruch zwischen dem Objektcharakter und den subjektiven Wirkungen der Zeichnung. Dieser Widerspruch wird größer, wenn – den graphischen Verlockungen folgend – ein Bild des gebauten Gegenstandes vorbereitet wird, das versucht, den Ersatzcharakter der Zeichnung zu überdecken. Anders als die objektive Rißzeichnung schafft die Perspektive immer in Abhängigkeit mit den gewählten Konstruktionspunkten das Erscheinungsbild. Von den wahren geometrischen Verhältnissen der Rißzeichnung ist die Perspektivzeichnung weit entfernt. Wenn die Formen des Objekts stark verfremdet wiedergegeben werden, hängt das nicht wenig vom Vermögen des Zeichnenden ab und davon, wie er die Objekteigenschaften mit den Bedingungen der Perspektivkonstruktion abzustimmen vermag, ohne die hier fragwürdige Autonomie der künstlerischen Illustration.

Die Perspektivzeichnungen auf der nächsten Seite, die man infolge von perspektivischen Verzerrungen als Transformationsreihe bezeichnen könnte, sind das Resultat des jeweils variierten Standorts, der Aughöhe sowie der Ein-, Zwei- und Dreifluchtpunkt-Konstruktionen.

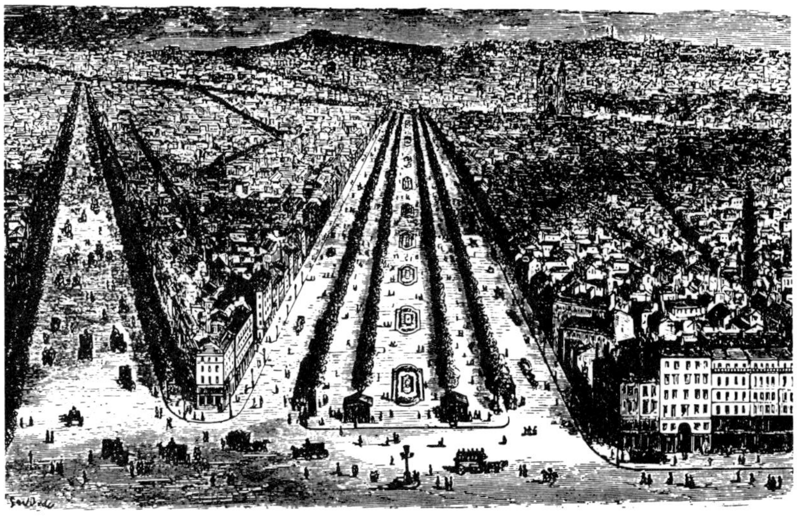

3.57 Georges-Eugène Haussmann. Die Umgestaltung von Paris. 1863–1869.

3.58 Giorgio Grassi und Antonio Monestiroli. Studentenwohnheim in Chieti. 1976.

Variierte Einfluchtpunktperspektiven.

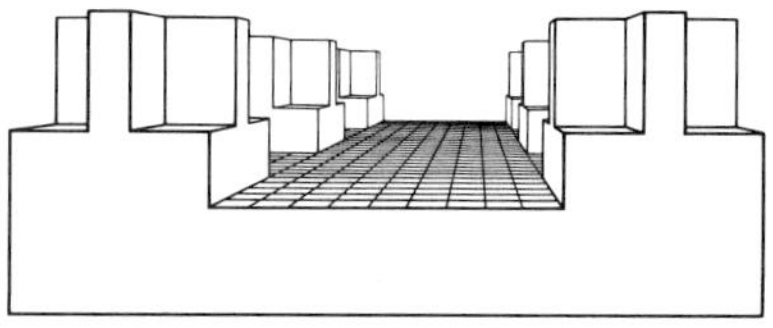

3.59 Bildwirkung bei etwa normal gewählter Höhe des Augpunktes.

3.60 Höherer Augpunkt vor dem Objekt und schräge Blickrichtung nach unten geben eine bereits gute Aufsicht.

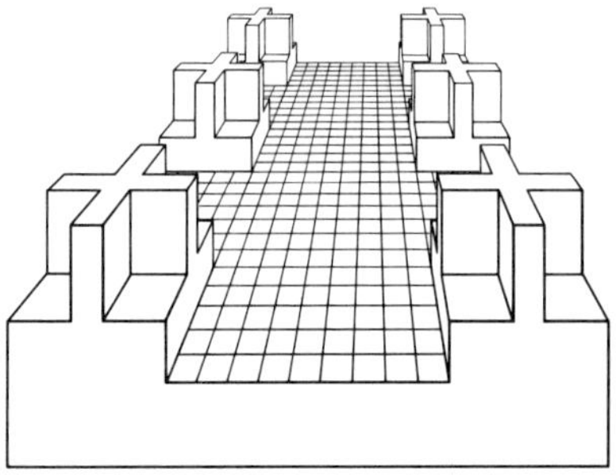

3.61 Hoher Augpunkt vor dem Objekt, schräge Blickrichtung nach unten führen zur guten Aufsicht bei Längendehnung des Objekts.

3.62 Übereck-Zweifluchtpunktperspektiven. Variationen der Horizontlage: Die variierte Behandlung der Horizontlage zeigt ihre Bedeutung für die Bildwirkung.

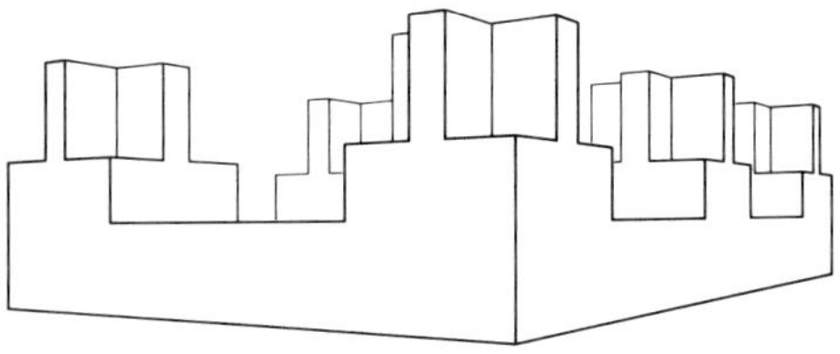

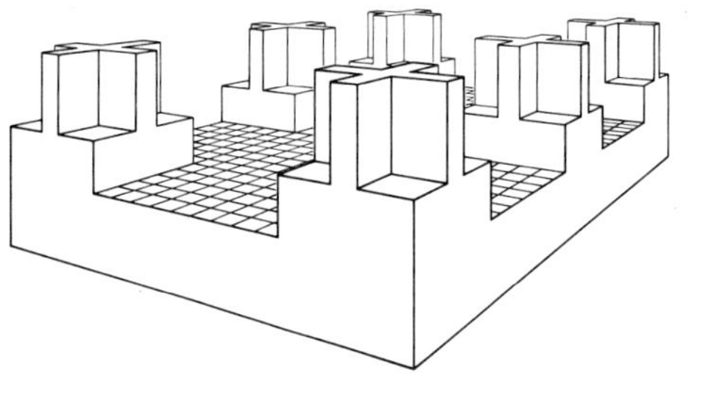

3.63 Dreifluchtpunktperspektiven. Perspektive nach oben. Drei Variationen des Abstandes von Standpunkt und Augpunkt.

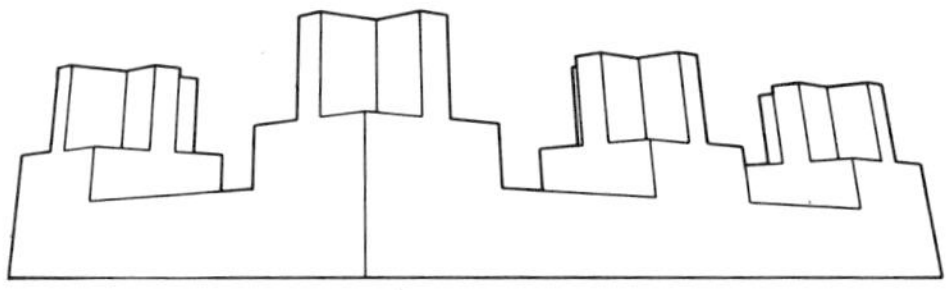

(1) Weit auseinanderliegende Fluchtpunkte bewirken den großen Abstand vom Standort zum Objekt bei geringer Verzerrung in der Tiefe und an den Rändern, aber starker Neigung der Vertikalen infolge des steilen Blickwinkels nach oben. Der Horizont bildet mit der unteren Objektkante eine gemeinsame Linie.

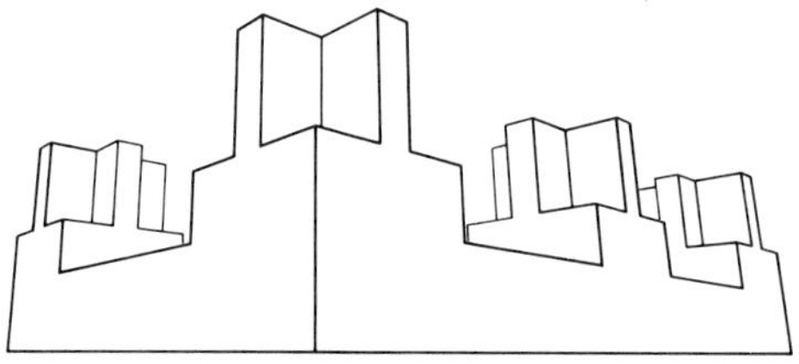

(2) Die Wahl eines geringeren Abstandes vom Standort zum Objekt führt zur typischen Bildwirkung der Froschperspektive. Der stürzende Verlauf der Senkrechten ist etwas geringer als im vorigen Beispiel.

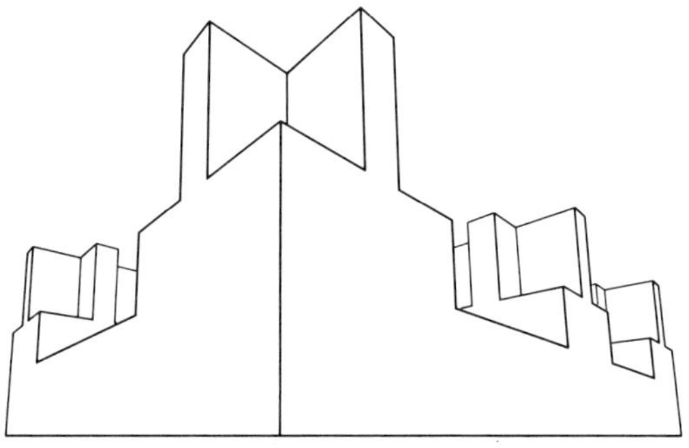

(3) Die Wahl eines kleinen Abstandes vom Standort zum Objekt führt zur dramatischen Bildwirkung infolge der starken Überhöhung der vorderen Vertikalen. Die Entfernung des vertikalen Fluchtpunktes zum Objekt bestimmt den stürzenden Verlauf der Senkrechten.

3.64 Dreifluchtpunktperspektiven. Perspektive nach unten. Die Wirkung der Vogelperspektive wird vom hoch liegenden Blickwinkel beherrscht. Der steile Blickwinkel gibt den gewünschten weiten Überblick, doch bei stark verkürzter Wirkung aller Vertikalen und mitunter störenden Verzerrungen.

(1) Das Projektionszentrum liegt nur wenig unterhalb der obersten Objektkante. Geringe Verzerrungen, wenig stürzende Senkrechte. Im Ganzen eine typische Wirkung einer Übereck-Dreifluchtpunktperspektive.

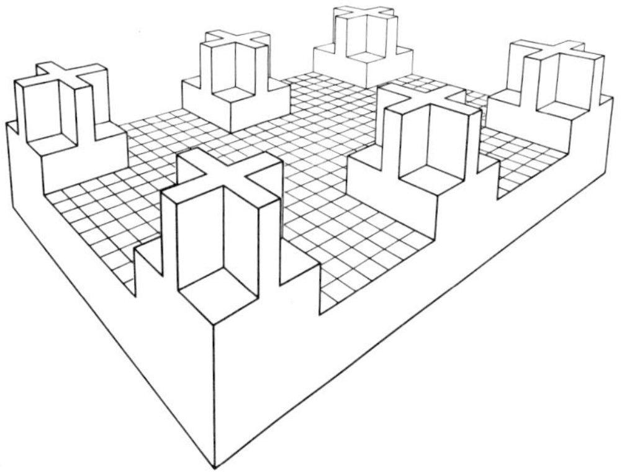

(2) Der etwas höher gewählte Blickwinkel führt bereits zu einer günstigen Bildwirkung mit geringer Verzerrung.

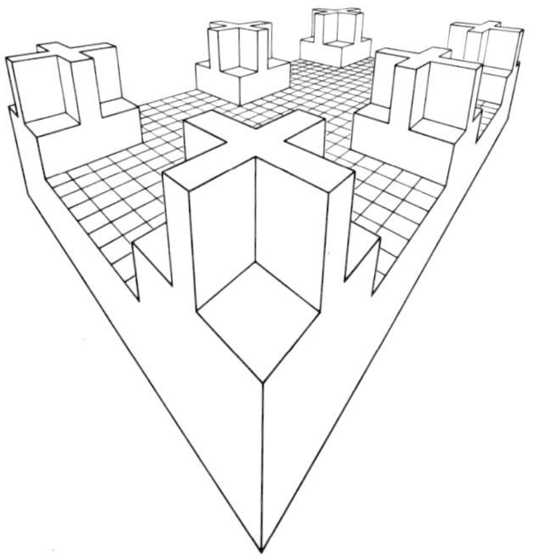

(3) Die stark nach unten geneigte Bildebene, d. h. der steil nach unten gerichtete Blick bei nur geringem Abstand zum Objekt führt ähnlich wie in der Perspektive nach oben infolge der Verzerrungen aller Dimensionen zur dramatischen Bildwirkung. Der verzerrte, vordere Objektteil würde beim normalen Sehvorgang bereits außerhalb des Sehfeldes liegen.

Perspektive und Photographie

Die Anschaulichkeit einer perspektivischen Zeichnung kommt der einer Photographie nahe, denn in wesentlichen optisch-physiologischen Zügen folgt sie dem einäugigen Sehprozeß. Da sie ähnlichen Gesetzen unterliegt wie die Photographie, sind perspektivische und photographische Abbilder kombinierbar. Eine Photographie kann zeichnerisch weiterbearbeitet werden, indem man in die photographische Aufnahme der Gebäudenachbarschaft den Entwurf einträgt und so in der Gesamtansicht die Prüfung der Gebäudewirkung im Ensemble erleichtert. In ein Modellphoto eine zeichnerische Perspektive zu transplantieren, eine photographisch reproduzierte Baumgruppe dem gezeichneten Baukörper zuzuordnen oder Gruppen menschlicher Figuren photographisch festzuhalten, störende Umweltbezüge abzudecken und sie in die gezeichnete Perspektive zu montieren, sind einige der vielfältigen Möglichkeiten.
Sie werden künftig ergänzt von den faszinierenden Möglichkeiten der elektronischen Bildverarbeitungsanlagen EBV. Die Grenzen zwischen Photo und Zeichnung werden mit elektronischen Mitteln aufgehoben. Zeichnung und Photo werden von Scannern abgetastet und in Computer eingelesen. Folglich lassen sich Einzelheiten korrigieren, ergänzen oder löschen, der Lichteinfall kann geändert, Perspektiven verzerrt, die Umgebung geschönt, der Bildhintergrund dramatisch oder illustrativ behandelt werden.

3.65 Ludwig Mies van der Rohe. Convention Hall. Chicago. 1953. Photomontage – Zeichnung.

3.66 Aldo Rossi. Platz und Denkmal für die Partisanen in Segrate. Mailand. 1965. Perspektivzeichnung mit Montage einer historischen Baumzeichnung.

3.67 Aldo Rossi. Haus in Borgo Ticino. 1974. Montierte Perspektivzeichnung vor historischem Hintergrund.

Andere, nicht linearperspektivische Darstellungsmethoden

Im folgenden einige andere Perspektiven; auch sie beziehen sich auf die Gebilde der Ebene und des Raumes:
– die Texturperspektive, die geometrisch, wie die Linearperspektive an räumliche Erscheinungen gebunden ist und über die allmähliche Zunahme oder Abnahme der Dichte von Oberflächenqualitäten – von Modellierung, Formen, Zwischenräumen, Mustern, Lücken, Spalten, insgesamt von texturalen Elementen –, über Reize der visuellen Wahrnehmung und der komplexen Beziehung zwischen visueller Textur und Raum aussagt (vgl. Kapitel Texturdarstellung);
– die Bewegungsperspektive, bei der sich durch Bewegungen im visuellen Feld der Wahrnehmung die visuelle Szene in ihren Konturen, Texturen und Farben unter dem Einfluß der Geschwindigkeit verändert (vgl. Kapitel Grundlagen);
– die Bedeutungsperspektive, die im Mittelalter gebräuchliche, räumlich wirkende Darstellung. Sie ist weder auf die Projektion noch auf das in der Renaissance aufgestellte Postulat der »Durchsicht« gerichtet; bei ihr sind die Formen auf die Bildfläche aufgetragen, wenig und nicht raumeinheitlich, intuitiv, nicht exakt konstruiert und, der Bedeutung des Bildzusammenhanges folgend, in größere, wichtigere und kleinere Figuren gegliedert, wie es Gewicht und Inhalt im Bildraum erfordern;
– die Luftperspektive, die sich bei größerer und großer Entfernung zwischen dem Wahrnehmenden und den Dingen im Raum infolge der Lufttrübung mit Staubpartikeln durch eine Abnahme der Kontraste, der Schärfe und der Farbintensität mit zunehmender Entfernung immer stärker bemerkbar macht.

Anmerkungen zur Konstruktion der Linearperspektive und ihr Einfluß auf die Bildwirkung.

Die Grundebene
Im Normalfall wird die Grundebene als flach und eben angenommen. Sie erstreckt sich vom Standort bzw. Augpunkt bis zur Horizontlinie. Auf der Horizontlinie liegen alle Fluchtpunkte jener Linien, die parallel zur Grundebene verlaufen und im beliebigen Winkel auf die Bildebene stoßen. Mit dem Wechsel der Aughöhe ändert sich der Anteil der abgebildeten Fläche; je höher der Augpunkt, desto größer und weiter die Grundebene. Die Horizontlinie der Perspektive ist mit dem Horizont des Naturraums nicht identisch. Sie deckt sich mit ihm nur bei weiträumiger, ebener Ausdehnung. Der Horizont der Perspektivkonstruktion ist eine durch den Augpunkt gelegte Waagerechte.

Die Bildebene
Zwischen Betrachter und Objekt ist eine imaginäre, zur Grundebene im allgemeinen senkrechte, ebene Bildebene errichtet, durch die alle Geraden eines Punktes an einem festen Bildpunkt gehen. (Auf die Konsequenzen bei nicht senkrechter Bildebene ist im Kapitel Kartographie verwiesen.) Aus der Entfernung zwischen Augpunkt und Objekt resultiert die Bildgröße: Wächst die Entfernung der Bildebene zum Augpunkt durch die Verschiebung zum Objekt hin, so wächst gleichermaßen der Sehkegel und mit ihm die Abbildungsgröße; ebenso wächst auch die Verzerrung (vgl. Kapitel Grundlagen). Aus dem Prinzip der Zentralprojektion folgt: Die Abbildungsgröße wechselt mit dem Abstand des abzubildenden Objekts zur Bildebene. Die hinter ihr liegenden Dinge erscheinen kleiner, die davor liegenden größer, was in der Bildebene liegt, erscheint im Maßstab des Objekts.

Der Sehwinkel
Lage und Winkel des Sehkegels beeinflussen die Anschaulichkeit der Darstellung. Ein Sehkegel von etwa 30° entspricht dem Bereich, der vom einäugigen Sehen scharf wahrzunehmen ist. Diese Sehwinkelbeschränkung wird oft zu wenig beachtet. Ein günstiger Abstand mit akzeptablen Verzerrungen liegt innerhalb des Sehkreises; ein Winkelvergleich läßt sich auch am Grundriß vornehmen. Bei einer Raumdarstellung beträgt er im günstigen Fall etwa 45°, maximal 60°, bei konvexen Objekten liegt er bei 30 bis 45°. Je geringer der Abstand zum Objekt, desto größer die Verzerrung, desto unnatürlicher die Bildwirkung. Die Verzerrung entspricht dem Tangensquadrat der Winkelabweichung vom Hauptstrahl:
Winkel 45° Verzerrung 100%
Winkel 30° Verzerrung 33,3%
Winkel 15° Verzerrung 7,2%.

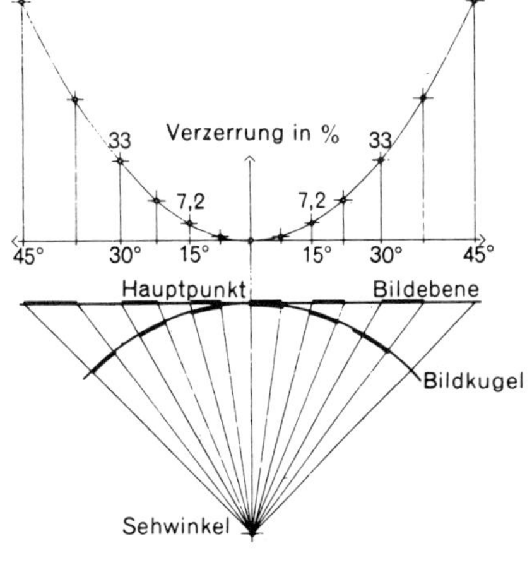

3.68 Georg Schaarwächter. Relation von Sehwinkel und Verzerrung.

Hauptmeßort und Bildgröße
Die Entfernung des Objekts zur Bildebene bestimmt die Größe der Abbildung. Wird die Bildebene vom Hauptmeßort geschnitten, so kann diese Kante direkt im Maßstab des Grundrisses und der Aughöhe angetragen werden. Liegt eine Kante des projizierenden Grundrisses auf der Bildebene, wird diese zum Hauptmeßort und erscheint in wahrer Größe; das gleiche gilt für den Abstand von Grundebene und Horizont. Kanten, die nicht parallel zur Bildebene liegen, werden verzerrt wiedergegeben.

Der Augpunkt
Entscheidend für die Bildwirkung ist die Richtung des Sehstrahlenkegels vom Augpunkt bzw. von der Lage des Horizonts zum Objekt. Ist der Abstand der Grundebene zum Horizont kleiner als der höchste Punkt des Objekts, so entsteht eine Frontalperspektive; ist der Abstand zwischen der Grundebene und dem Horizont größer als der Abstand vom Standpunkt zum höchsten Punkte des Objekts, so entsteht eine Vogel- oder Bodenperspektive und umgekehrt eine Frosch- oder Deckenperspektive, wenn der Horizont unterhalb der Grundebene liegt. Der Horizont ist die Schnittlinie der Grundebene mit der Bildebene in Aughöhe. Im allgemeinen sollte man die Lage des Horizonts, auf dem die Fluchtpunkte der waagerechten Linien liegen, so wählen, wie es der normalen Seherfahrung entspricht oder die Funktion des Objekts nahelegt.
In der Zentralperspektive schneiden sich die Sehstrahlen in einem im Endlichen liegenden Fluchtpunkt; die Fluchtpunkte waagerechter Geraden liegen auf dem Horizont. Die Zentralperspektive ist eine Einflucht-Perspektive, in der das Objekt der Bildebene frontal zugekehrt ist. Eine selbst geringe Verschiebung des Augpunkts aus der Bildmitte ergibt im allgemeinen die bessere Tiefenwirkung; aus diesem Grund kann man den Fluchtpunkt auch außerhalb eines Raumes, den man darstellen will, wählen. Die Übereckstellung erfordert jedoch immer eine Zwei- oder Dreifluchtpunktperspektive.
Die Vogelperspektive, meist mit senkrechter Bildebene, verhilft zu großer Übersicht. Der Standpunkt mit bestem Blickwinkel liegt selten frontal; Übereckperspektiven sind im allgemeinen vorteilhafter.
Die Übereckstellung eines Objekts erfordert die Zwei- oder Dreifluchtpunkt-Perspektive. Günstig für die Übereckstellung sind Winkel zwischen 30° bis 45°; kleinere Winkel geben eine geringere Übersicht, größere störende Verzerrungen. Bei der Dreifluchtpunkt-Perspektive erhalten auch die senkrechten Objektlinien einen Fluchtpunkt, der unter oder über dem Horizont liegt.

Schatten in der Perspektivzeichnung

Auch in einer Perspektivzeichnung lassen erst die günstig gewählten Schatten die Plastizität der Formen, die Raumwirkung deutlich hervortreten. Ohne Schatten bleibt die Perspektive oft hinter dem gesuchten Wahrnehmungs- und Wirkungsbezug zurück; sie ist ohne Schatten zwar dynamisch, besitzt aber keine plastische Dichte.
Die Funktion des Schattenwurfes liegt in der Objektivierung, nicht in der Komplizierung der Objekteigenschaften. Das Herausarbeiten der Entwurfsziele vermeidet den objektiven Schein dekorativer Schatteneffekte und sucht ohne Schwächung der Objekterscheinung helle und dunkle Zonen in den visuellen Gesamtrahmen einzuordnen. Einer Schattenkonstruktion legt man zunächst eine ungefähre Charakterisierung der Lichtausbreitung zugrunde. Die Lichtquelle einer künstlichen Beleuchtung wird als ein Punkt angenommen; befindet sich dieser im Unendlichen, so verlaufen die Strahlen parallel, liegt er näher, so handelt es sich um eine Zentralbeleuchtung. Sonnenstrahlen werden stets als parallel angenommen. Nach dem Richtungsverlauf der Lichtstrahlen, die als Gerade von einem festen Punkt, dem Lichtstrahlenfluchtpunkt, ausgehen, sind folgende Arten des Schattenwurfes unterscheidbar:
Gegenlicht – Sonne von vorn; Seitenlicht – Sonne parallel zur Bildebene; Rückenlicht – Sonne vor der Bildebene; bei Punktbeleuchtung: Lichtquelle vorn, seitlich, hinten.
Steht ein Objekt im Licht, so sind die lichtzugewandten Teile beleuchtet, die der Lichtquelle abgewandten Teile liegen im Schatten – im Selbstschatten. Bei Zentralbeleuchtung bilden die Lichtstrahlen einen Strahlenkegel, bei Parallelbeleuchtung einen Lichtzylinder. Die Selbstschattengrenze trennt die beleuchteten und verschatteten Zonen. Schattenpunkte sind die Schnittpunkte von Lichtrichtung und Lichteinfallswinkel. Die Fluchtlinien der Lichtstrahlen haben ihren Fluchtpunkt über oder unterhalb der Horizontlinie, und ihre Richtung ist von der Lichtrichtung, ihre Länge vom Lichteinfallswinkel bestimmt. Die Höhe des Sonnenstandes bzw. der Lichtquelle ist beliebig, wenn nicht in der Zeichnung bereits die Verschattung eines Objekts oder dessen Schattenwurf, beispielsweise nach Winkel oder Jahreszeit, erprobt werden soll. Bildnerisch entscheidend ist jeweils die Höhe der Lichtquelle, die Lichtrichtung und die Ausrichtung des Objekts zum Licht. Liegt der Lichtpunkt nur wenig über dem Horizont, so fällt der Schatten flach; steht der Lichtpunkt hoch, so ist der Schattenwurf als Abbild des Lichtstrahls kurz.

Licht von vorn – Gegenlicht

Die Lichtquelle steht vor dem Betrachter und fällt vom Lichtfluchtpunkt FL über dem Horizont stehend durch die Bildebene, alle Schatten weisen vom Horizont weg. Senkrecht unter der Lichtquelle, dem Lichtfluchtpunkt FL, liegt auf dem Horizont der Fluchtpunkt FR für die Lichtrichtung. Die Schattenpunkte werden von Schnittpunkten FL und FR und dem Lichtstrahl von FL aus, zu einer Objektkante zur Bildebene hin verlaufend, gebildet.

Licht von hinten – Rückenlicht

Steht das Licht im Rücken des Betrachters, also vor der Bildebene, so fluchten die Schatten in Richtung des Horizontes. Die Sonne bzw. der Ort der Lichtquelle steht damit außerhalb des Bildes; daher kann nicht ihre Höhe, aber ihr Einfallswinkel zur Grundebene in Richtung Horizont gemessen werden. Der Fluchtpunkt der Sonnenstrahlen FS liegt unter dem Horizont, verläuft durch die höchste Objektkante und den Endpunkt der Schatten zum Sonnenfußpunkt S, der senkrecht unter FS liegt.

Licht von der Seite – parallel zur Bildebene.

Verlaufen die Lichtstrahlen parallel zur Bildebene, so sind Lichtrichtung und Lichtneigung zueinander parallel, Gerade und ihre Schatten sind parallel, ihre Schnittpunkte ergeben den Schatten.

Die Sequenzdarstellung

Ein dreidimensionales Objekt ist von einem einzigen Ort aus nicht befriedigend wahrzunehmen. Bewegt sich der Betrachter, so führt er eine Folge von auf- und abwärts und zur Seite gleitenden Bewegungen in einem fließenden visuellen Feld aus. Ständig geht er andere visuelle Beziehungen ein. Zur Aufzeichnung zusammenhängender Umweltereignisse, der visuellen Erscheinungen ständiger Fortbewegungen im gebauten, städtischen oder landschaftlichen Raum ist die Sequenznotierung mehr als jede präsentische Darstellungsmethode geeignet. Sie dient der fortlaufenden Notierung einzelner Merkmale im zeitlichen Hintereinander, der Aufzeichnung von Verfolgungsbewegungen der Augen und des Beobachters, ebenso der Simulation von Stadtbilderlebnissen, die durch Raum und Fortbewegung ausgelöst werden. Die vorhandenen Notierungssysteme unterscheiden sich wenig voneinander; gemeinsam ist ihnen die räumlich-perspektivische Verbindung zusammenhängender, sonst getrennter Darstellungen. »Diskursiv« ist diese Methode, da man nicht von einem Ort der Wahrnehmung aus notiert, sondern – die Bilder verknüpfend – den Erscheinungsqualitäten etwa entlang einer Straße folgt, von einer Aufzeichnung zur anderen fortschreitet. So fügen sich in Phasen des visuellen Abtastens und Musterns der räumlichen Umwelt Schritt für Schritt Straßenelemente, Straßenprofile, Gebäude, Verkehrs- und Werbezeichen, und die Topographie als Komponenten zu einer als zusammenhängend erlebten und notierten Räumlichkeit. Der Wechsel von raumbegrenzenden und -differenzierenden Elementen, Texturen, Hell und Dunkel und anderen visuell dominanten Qualitäten kann mittels der Sequenzaufzeichnung notiert werden. Die Aufzeichnung der Erscheinungsqualitäten von Bereichen, Grenzen, Merkzeichen usw., ebenso die Stadtbildplanung und ihre Analyse erfordern Notationsmethoden, die sich von ikonischen bis zu realistischen Aufzeichnungen erstrecken. Die graphischen Zeichenqualitäten stehen derzeit noch hinter der Bedeutung der Sequenznotierung für Planung und Analyse zurück.

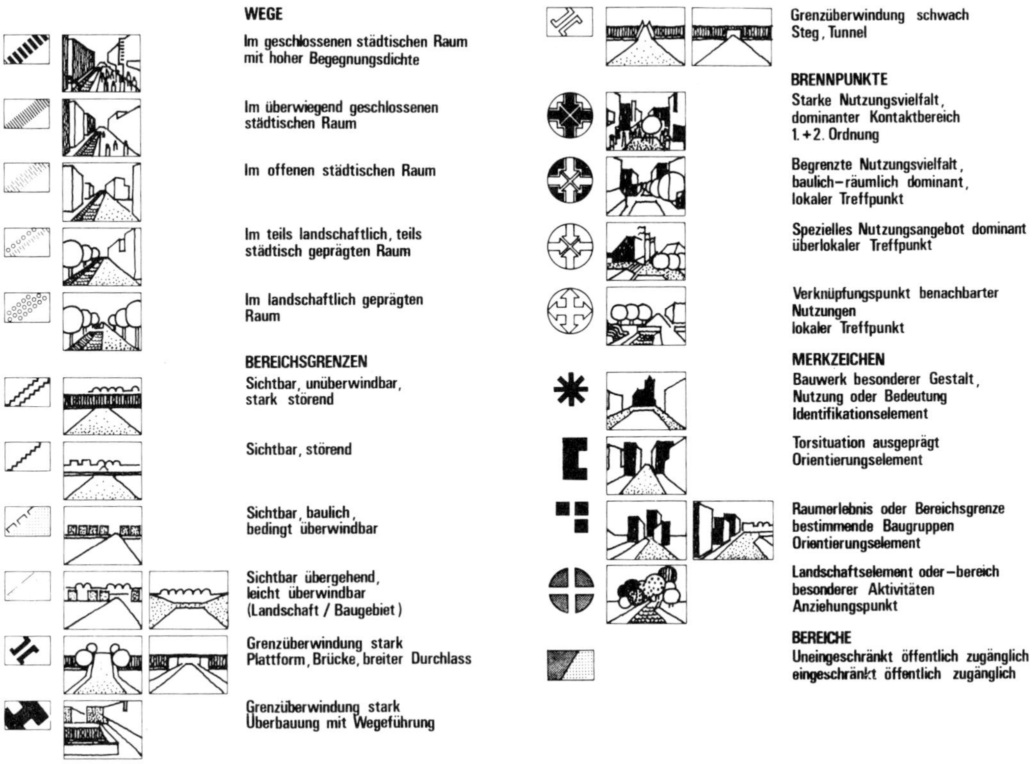

3.69 Freie Planungsgruppe Berlin. Sequenznotation für Stadtgestaltung. Stadtteil Hamburg-Allermöhe. Entwurf.

Frühes Beispiel einer diskursiven Notierung. Die Verfolgungsbewegungen entlang einer Straßenachse sind zu sukzessiven Bildern zusammengefaßt. Wie eine Melodie aus der Folge auditiver Rhythmen erstellt ist, so bildet sich aus der Totalen, Halbnah- und Großaufnahme eine Zeit- oder Verlaufsgestalt. Die Sequenz aus der Serie der zeichnerischen bzw. photographischen Aufnahmen macht die Spannweite, die Dramatik der Sequenznotierung aus.

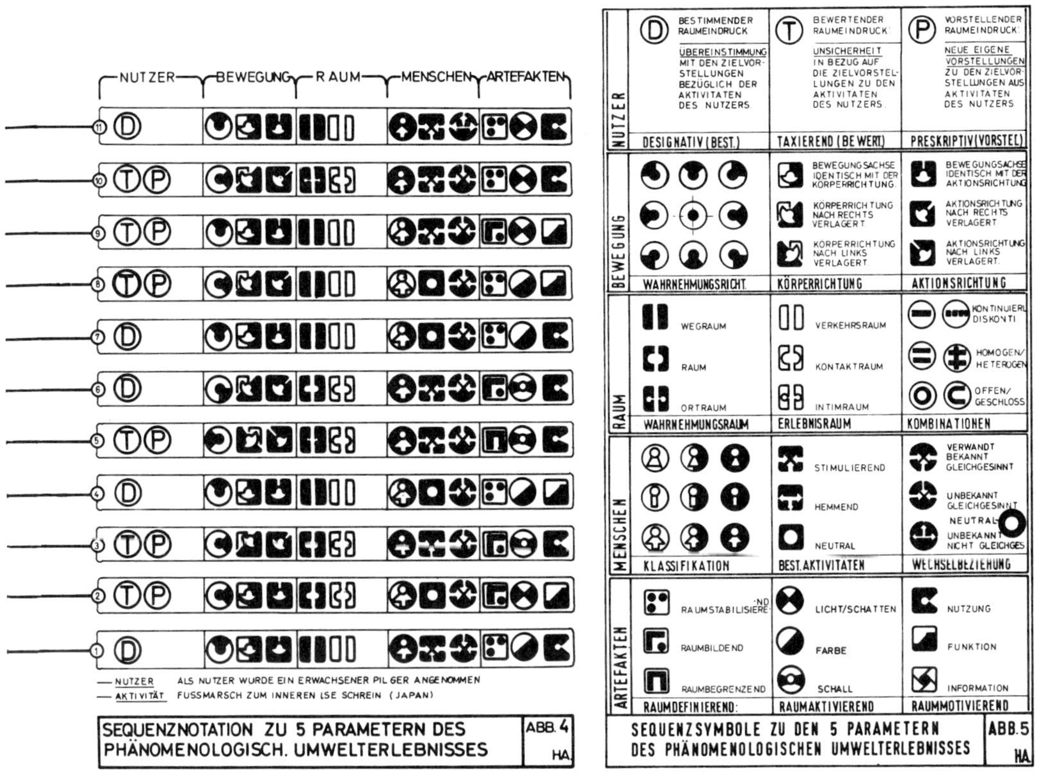

3.70 Thomas F. Hansen. Sequenzsymbole.

Eine sequentielle Notation, die sich auch auf photographische Aufnahmen einer städtischen Szene stützt, läßt sich in Sequenzsymbole transformieren, die ihren perspektivisch-anschaulichen Charakter zugunsten einer abstrahierten Zeichensprache aufgegeben haben und sich infolgedessen zur unmittelbaren Notierung eignen. Die Serie der Eindrücke ist im konkreten Zeitablauf in einer sukzessiven Ordnung festgehalten. Sie ist geeignet, eine simultane Wahrnehmung der stadträumlichen Ereignisse zu vermitteln. Die Abstraktion auf der Darstellungsseite – Figur und Grund – setzt sie keineswegs auf der Erlebnis- und Verhaltensseite voraus.

Die Darstellung gekrümmter Flächen

Geometrische Grundlagen

Mehr oder weniger bewußt setzt der Entwerfende mathematische Ordnungsbegriffe ein: gerade, gekrümmt, eben, flächig, räumlich, symmetrisch usw. Hier wird die zeichnerische Arbeitsweise mit dem Ziel behandelt, über die geometrische Aufgabe hinausführend, die räumlichen Gebilde anschaulich darzustellen. Gerade bei Gebilden mit räumlich gekrümmten Flächen wird die darstellerische Fähigkeit auf eine harte Probe gestellt, doch erweist sich die anschauliche, räumliche Darstellung als Stütze des Entwerfers.
Zunächst ist ein Überblick dessen gegeben, was eben und was gekrümmt ist. Es folgen Hinweise zur Erzeugung und Klassifikation gekrümmter Flächen, dann eine Phänomenologie analytisch gegebener gekrümmter Flächen, die stellvertretend für jegliche weiteren, unendlich vielgestaltigen, Formen stehen, die geometrisch bekannt und für das Bauwesen bedeutsam sind. Doch ist keine konstruktive, eher eine ästhetische Matrix gemeint, die über die üblichen Zwecksetzungen hinaus, gekrümmte Flächen als ein ästhetisches Faktum jenseits mathematischer oder konstruktiver Problematik auf die formale Dimension beschränkt. Daher schien es richtig, die gekrümmten Flächen ohne die für die Aufzeichnung notwendigen Konstruktionen darzustellen, um den Blick primär auf die Form zu richten. Ausgelassen ist jede semantische Erörterung, obgleich sich hier, wie Antonio Gaudí meinte, ein weites Feld der Architektursemiotik ergäbe. So erblickte er im hyperbolischen Paraboloid ein anthropomorphes Symbol der heiligen Dreieinigkeit: Die zwei geraden Leitlinien symbolisieren Vater und Sohn, die dritte erzeugende Gerade, die über die beiden anderen Leitlinien gleitet und so die Fläche aufspannt, das Walten des Heiligen Geistes.

3.71 Systematik gekrümmter Flächen.

Es scheint, daß auch Felix Candela und die verschiedenen mit ihm kooperierenden Architekten über das Konstruktive der fortschrittlichen Technologie hinaus mitunter ein metaphysischer Bezug suchen, der Metaphern in Formen gekrümmter Flächen und expressiver Gestalt denotiert.

Einige geometrische Definitionen

Ebene Kurve:
Ist die Windung einer Kurve an jeder ihrer Stellen Null, so handelt es sich um eine ebene Kurve.

Räumliche Kurve:
Raumkurven sind von zwei Krümmungen bestimmt, von der Krümmungskurve für den Grundriß und der Windungskurve, die den Aufriß festlegt. Eine Raumkurve ist zweifach gebogen, sie krümmt und windet sich. Um sie aufzuspannen, benötigt man eine Tangente, eine Hauptnormale und eine Binormale, in die man den Krümmungs- und Windungskreis einträgt. Die bekannteste Raumkurve ist die Schraublinie mit konstanter Krümmung und konstanter Windung.

Einfach gekrümmte Flächen:
Die einfach gekrümmten Flächen des Zylinders, seltener aus dem Kegel entwickelt, finden als Tonne, in segmentierter Form als Klostergewölbe, Kreuzgewölbe usw. die meiste Verwendung. Ein Zylinder entsteht, wenn in paralleler Lage eine Gerade auf einer – meist kreisförmigen – Leitkurve geführt wird. Die Leitkurve kann auch jede andere beliebige Form haben. Sind alle Erzeugenden, die sich in einem Fernpunkt treffen, parallel, so entsteht ein Zylinder; gehen die Geraden der Mantellinie durch einen festen Punkt, so entsteht ein Kegel. Umgekehrt kann man die Zylinderfläche als Sonderfall einer Kegelfläche auffassen, deren Spitze im Unendlichen liegt. Einfach gekrümmte Flächen sind abwickelbar, was ihre relative Instabilität erklärt. Zweifach gekrümmte Flächen sind ihnen an Tragfähigkeit überlegen. Der Umgang mit Zylindern und Zylindersegmenten ist relativ einfach, was Entwurf und Darstellung betrifft.

Zweifach gekrümmte Flächen:
Nach der Flächenproduktion sind Rotations- und Translationsflächen, nach der Art der Krümmung synklastische – gleichsinnige – und antiklastische – gegensinnige – Krümmungen zu unterscheiden. Bei synklastischen oder elliptischen Flächen verlaufen die beiden Hauptkrümmungen in die gleiche Richtung (Beispiel: Kugel); bei antiklastischen oder hyperbolischen Flächen führen sie in entgegengesetzte Richtungen (Beispiel: Sattelfläche).

Rotationsflächen:
Rotiert eine ebene oder gekrümmte Kurve der Erzeugenden e um eine gerade Drehachse a, so entsteht eine Rotationsfläche. Jede Rotationsfläche ist aus zwei ausgezeichneten Kurvenscharen gebildet, den Breitenkreisen (ebene Schnitte normal zur Achse) und den Meridianen (ebene Schnitte einer durch die Achse gelegten Ebene). Bei nichtkugeligen Flächen werden die kleinsten Breitenkreise Kehlkreise genannt, der größte Breitenkreis Äquatorkreis und Plattkreise diejenigen, die in jedem Kreispunkt Tangentenebenen der Rotationsfläche sind. Meridiane und Breitenkreise überziehen die Rotationsfläche mit einem orthogonalen Kurvennetz.
Ein Kreiszylinder entsteht, wenn die Meridiane achsenparallele Geraden sind; die Rotation eines kreisförmigen Meridians läßt die Kugel entstehen; die Drehung einer Hyperbel bringt das einmantelige bzw. das zweimantelige Rotationshyperboloid hervor. Diese Fläche entsteht auch, wenn eine zur Drehachse windschiefe Gerade rotiert. Diese Rotationsfläche ist mit dem einmanteligen Rotationshyperboloid identisch; der Produktion nach ist sie dann zu den Regelflächen zu zählen. Ist der Meridian eine Parabel, so entsteht das Rotationsparaboloid. Es ist typisch für Rotationsflächen, daß Schnitte senkrecht zur Drehachse stets Kreise ergeben und Schnitte parallel zur Drehachse dem erzeugenden Meridianprofil entsprechen.

Schiebflächen mit synklastischen und antiklastischen Hauptkrümmungen:
Eine Schiebfläche, auch Translationsfläche genannt, entsteht durch die parallele Führung einer erzeugenden Profilkurve auf einer Leitkurve. Durch die Verschiebung der Profilkurve längs der Leitkurve oder in umgekehrter Reihenfolge entsteht die Schiebfläche von meist rechtwinkliger Grundfläche, die sich besonders zum Überspannen geradlinig begrenzter rechtwinkliger Grundrisse eignet. Haben Profil- und Leitkurve gleichgerichtete Krümmungen, so entstehen synklastische Schiebflächen, wie etwa die doppelgekrümmte Wellenfläche; sind Profilkurve und Leitkurve von entgegengesetzter Krümmung, so entsteht das hyperbolische Paraboloid. Meist ist die Profilkurve eine stehende, die Leitkurve eine hängende Parabel.

Strahlflächen:
Unter den gekrümmten Flächen zeichnet sich die Gruppe der Strahlflächen aus. Strahlflächen oder Regelflächen entstehen durch die Bewegung einer erzeugenden Geraden entlang von zwei Leitkurven. Dazu zählen die Zylinder- und Kegelflächen, diese mit nur einer Leitkurve, das einschalige Hyperboloid, das hyperbolische Paraboloid, ferner die Tangentenflächen von Raumkurven, die sogenannten Torsen. Eine krumme Regelfläche ist im allgemeinen durch zwei Raumkurven bestimmt, deren gemeinsame Treffgerade die Strahlfläche erzeugen. Für die technischen Anwendungen im Bauwesen sind die konoidalen Regelflächen, die aus nur einer Schar gerader Erzeugender bestehen – wie das Konoid –, sowie das hyperbolische Paraboloid, das durch die Überstreichung zweier zueinander windschief stehender erzeugender Geraden entsteht, wichtig, da es sich um jene doppelt gekrümmten Flächen handelt, die sich durch Gerade erzeugen und daher mit den üblichen Schalbrettern realisieren lassen. Das hyperbolische Paraboloid läßt sich einfach und praktisch bauen, besonders dann, wenn es von geraden Rändern begrenzt ist.

Schraubenflächen:
Eine Schraubung entsteht aus der Drehung einer starren Raumkurve um eine Schraubachse und einer dazu proportionalen Schiebung längs dieser Achse. Der Bewegungsvorgang ist somit bestimmt von der Schraubachse, dem Schraubungsparameter und dem Schraubsinn – links oder rechts drehend. Der Schraubungsparameter ist konstant, die Krümmung an jedem Punkt der Schraublinie gleich groß, daher läßt sich eine Schraublinie wie die Gerade und der Kreis in sich verschieben. Aus der Verschraubung der geometrischen Elemente Punkt, Linie und Fläche werden Schraubgebilde erzeugt. Aus ihrer Verschraubung entstehen folgende Gruppen:

Element	Schraubgebilde
Punkt	Schraublinie,
Linie – Gerade, Kreis	Schraubfläche,
	Strahlschraubfläche
Fläche – Ebene, Kugel	Hüllschraubfläche,
	Schraubtorse,
	Schraubrohrfläche

Schraubenflächen, die sich durch Verschraubung von Kreisflächen oder einer Schar von Kugeln erzeugen lassen, sind zyklische Schraubenflächen.
Schraubenregelflächen entstehen durch Verschraubung einer Geraden. Wenn die Erzeugenden die Schraubenachse schneiden, handelt es sich um eine geschlossene Schraubenregelfläche (Korkenzieherfläche); offene Schraubenregelflächen entstehen durch Verschraubung einer zur Achse windschiefen Geraden.

Schraubentorsen, Tangentenflächen einer Schraubenlinie, sind abwickelbare Flächen.
Die Ebenen sind nach der geometrischen Logik und der visuellen Wirkung der gestalteten Form getrennt. Es gehört zu den unglücklichen Folgen der beruflichen Spezialisierung, die eine oder andere Seite – in meist zu schlichten Antithesen – zu vertreten, ohne die notwendige Synthese von logisch-konstruktivem und ästhetisch-gestalterischem Denken zu vollziehen. Gekrümmte Flächen werden allgemein als Konstruktionsform, seltener als Element der architektonischen Syntax klassifiziert. Die Entwicklung einer Syntax müßte die ästhetische Qualität gekrümmtflächiger Objekte auf ihre Eignung zur Übermittlung von Informationen berücksichtigen, in die ihre Ästhetik integriert, nicht appliziert ist, und zwar in populären wie in elitären Codes.

3.72 Morphologische Klassifikation gekrümmter Flächen.

1. Einfach gekrümmt
– Zylinder;
– Kegel;
– Konoid;

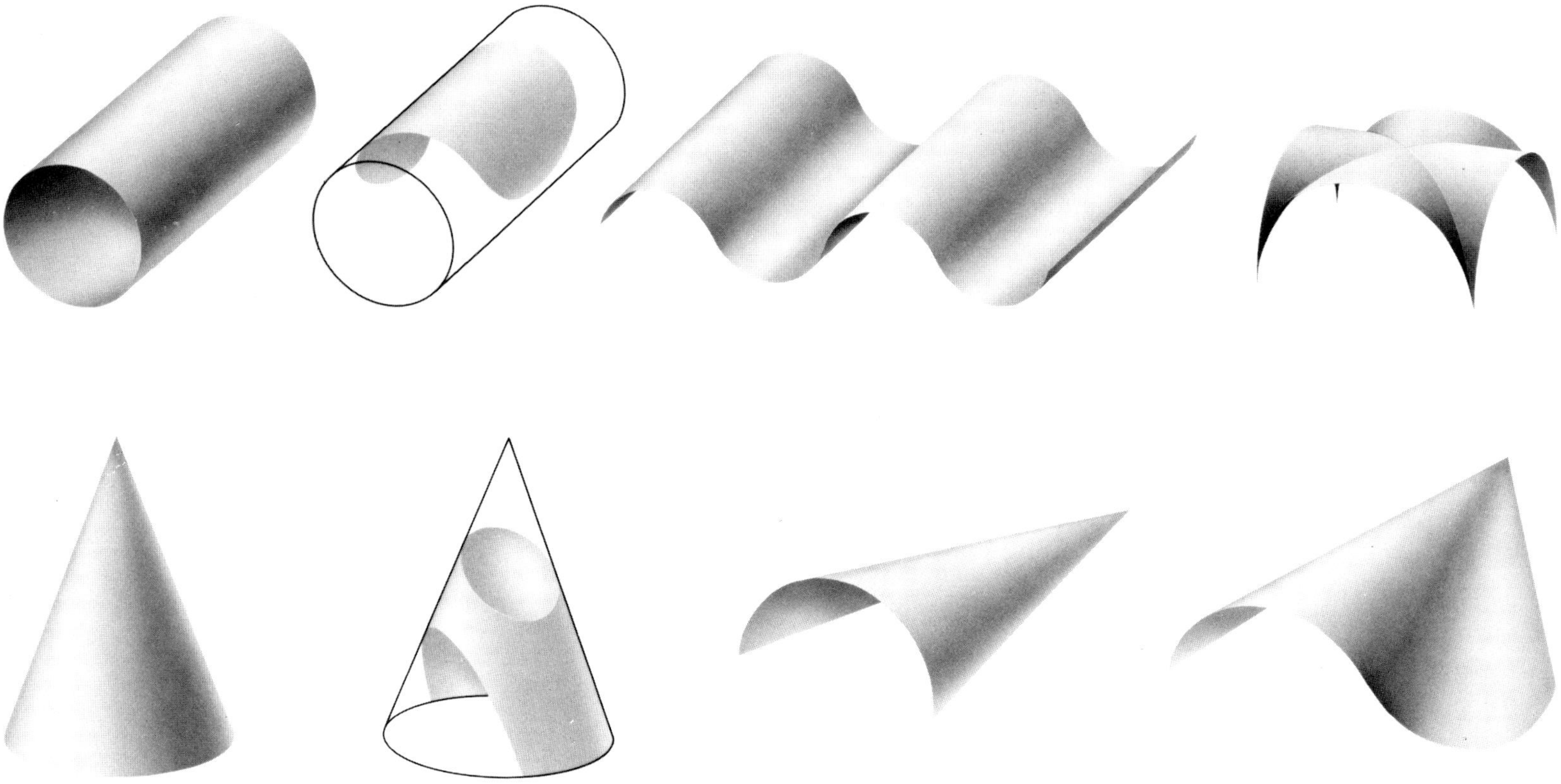

2. Doppelt gekrümmt, synklastisch
– Kugel;
– Paraboloid;

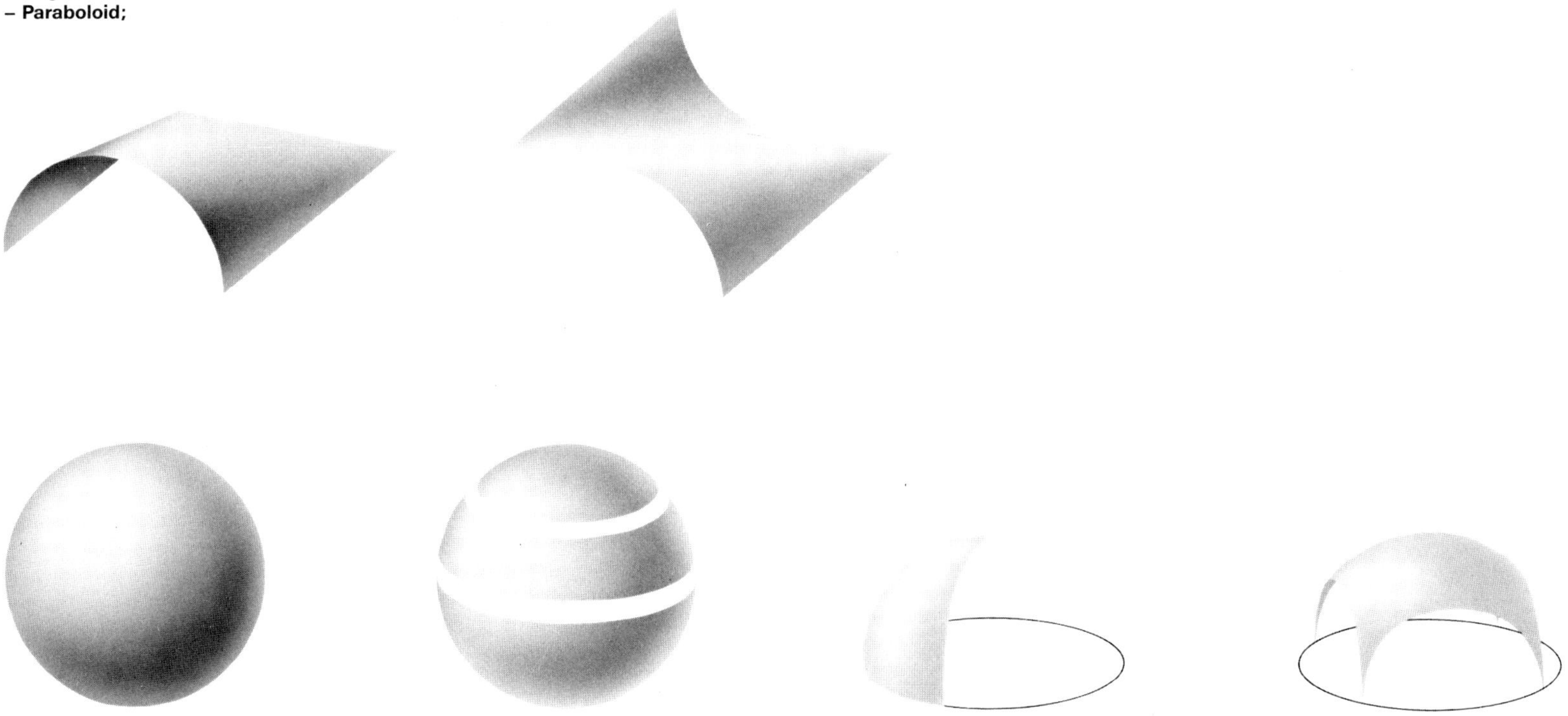

3. Doppelt gekrümmt, synklastisch und antiklastisch
– einschaliges Hyperboloid;
– hyperbolisches Paraboloid;

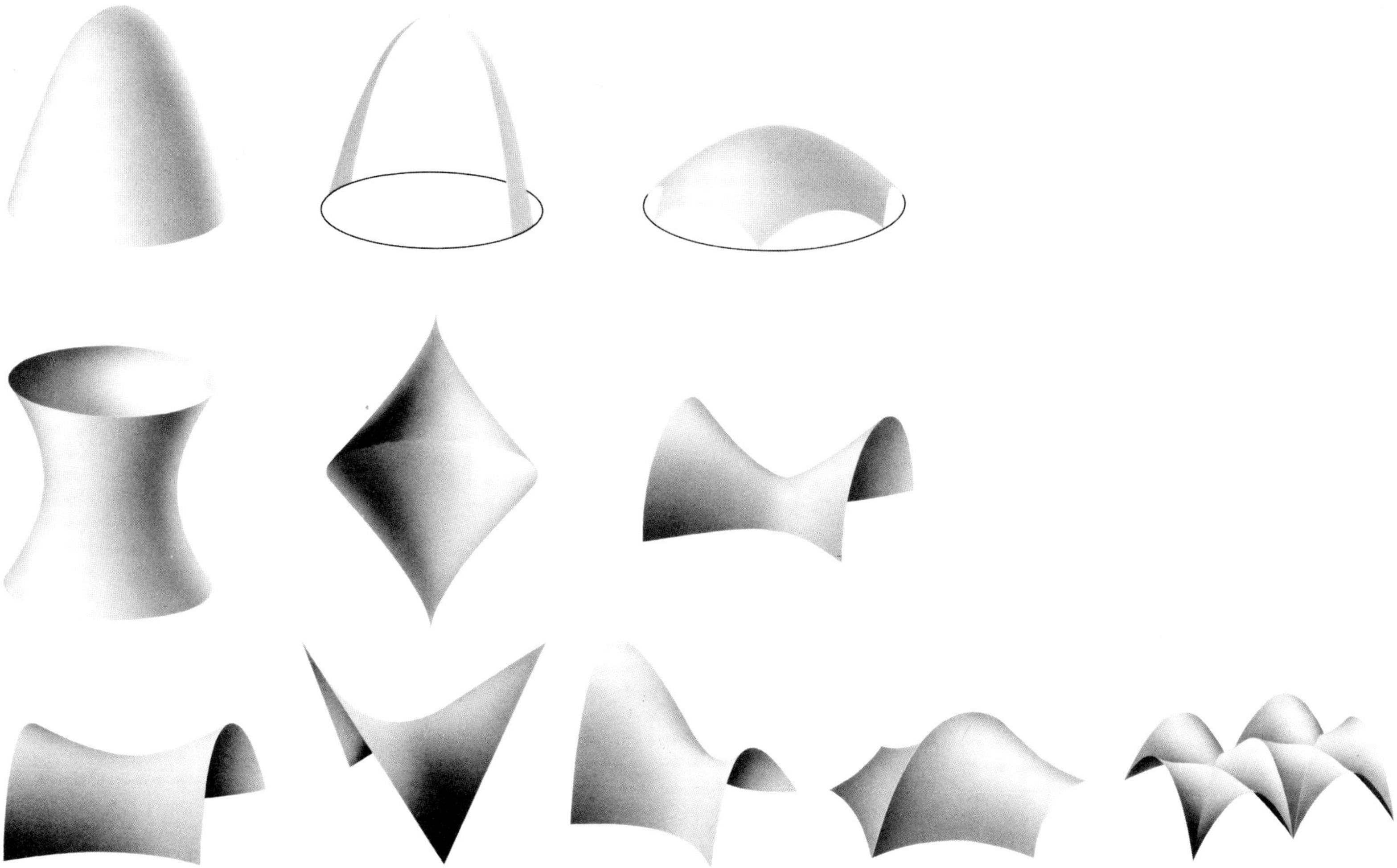

4. Doppelt gekrümmt, synklastisch und antiklastisch
– Torus

5. Wendefläche

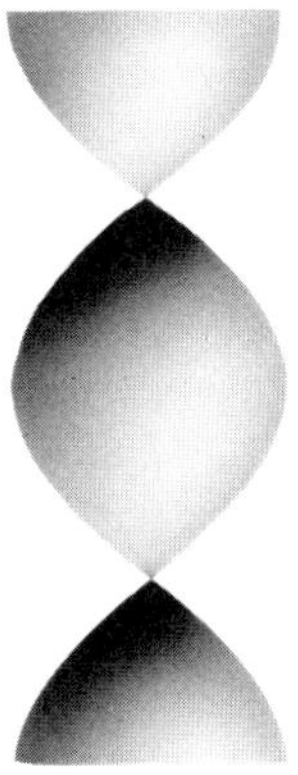

6. Schraubfläche

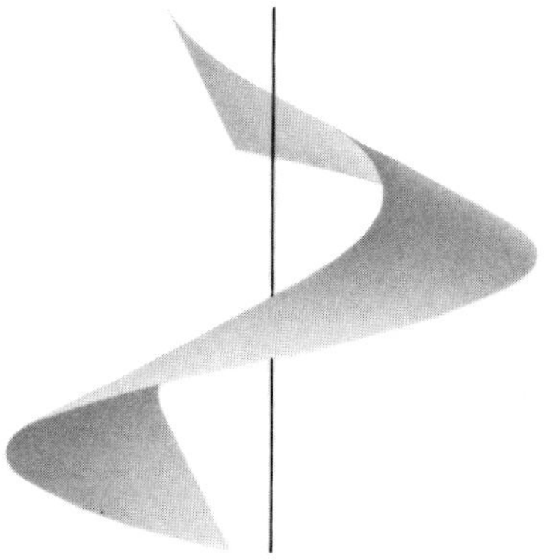

7. Schraubfläche

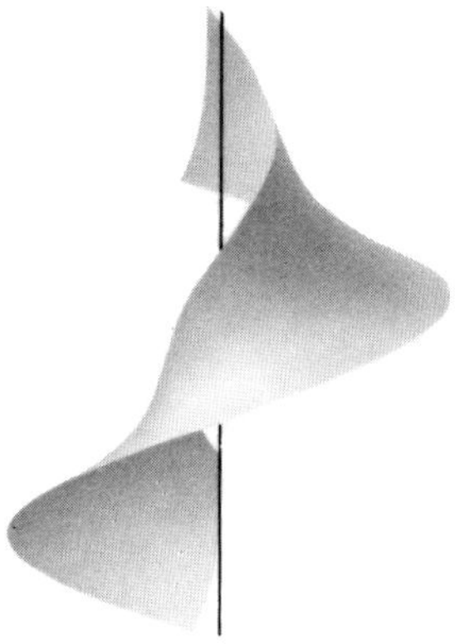

8. Strahlschraubfläche

Darstellungstechniken

Die Klassifikation relevanter Darstellungstechniken ist aus technischen Gründen auf Zylinder und Kugeln beschränkt; sie sind stellvertretend für die unendlich große Anzahl einfach und doppelt gekrümmter Flächen und ihrer An- und Zuordnungen. Die für diese Klassifikation einheitlich in isometrischer Projektion gezeichneten Zylinder und Kugeln zeigen einige grundlegende Darstellungstechniken. Gegenüber ebenflächigen Phänomenen, für deren Darstellung sämtliche visuelle Variable in Frage kommen, ist hier nur ihre eingeschränkte Verwendung sinnvoll.

1. Konturdarstellung.
Beim Zylinder sind es Leitkurve und Mantellinien, bei der Kugel Drehachse, Meridian und Breitenkreise.

2. Variation der Helligkeit
Diese Technik steht neben der Konturdarstellung und der Vernetzung, wobei zwei Varianten zu unterscheiden sind: Der gewählte Helligkeitswert ist für die gesamte Fläche konstant, jedoch, um eine ebene, flache Wirkung zu verhindern, von Reflexzonen aufgehellt. Die andere Technik ist die Variation der Helligkeit, die in kontinuierlichem Übergang dem Krümmungsverlauf der Fläche folgt.

Die Variation der Helligkeitsverhältnisse auf gekrümmten Flächen ist nicht allein der Abstufung von z. B. Weiß–Grau–Schwarz, deckend aufgetragen, vorbehalten. Außerdem stehen die visuellen Variablen: Muster, Farbe, Richtung, Form, Größe und Helligkeit zur Verfügung. Wählt man beispielsweise einen Raster zur Darstellung der Krummfläche, so ist er dieser Gliederung entsprechend variabel, und zwar im Hinblick auf das Muster –, den Punkt- oder Strichraster –, die Farbe – rot oder grün –, den Richtungsverlauf der Punkte – horizontal oder diagonal –, die Größe der Punkte – konstant oder mit Größenverlauf, – die Helligkeit, den Helligkeitsverlauf (Schwellraster) und auf die

3.73 Darstellungstechniken für gekrümmte Flächen.

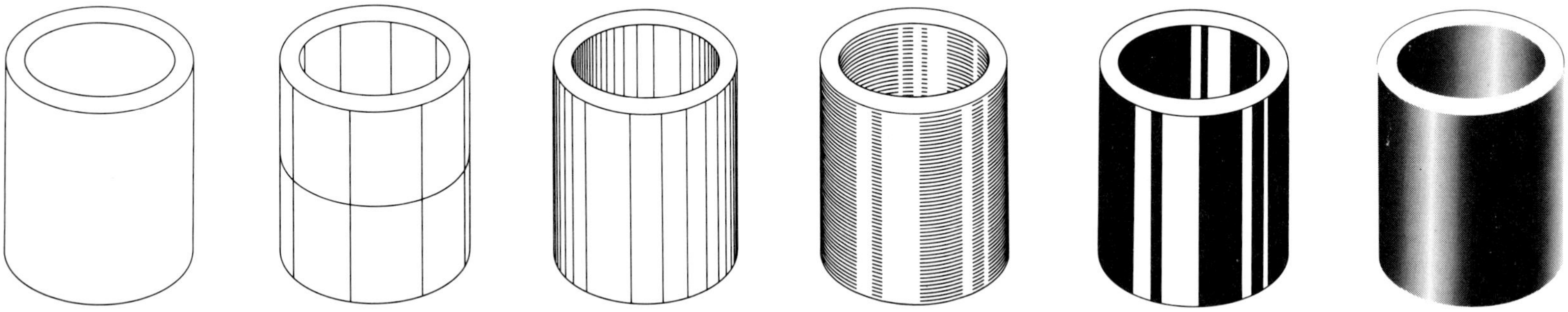

(1) Zylinderrohr. Konturdarstellung.

(2) Zylinderrohr. Erzeugende Geraden und Leitkurve.

(3) Zylinderrohr. Erzeugende Geraden auf der äußeren und inneren Mantelfläche.

(4) Zylinderrohr. Enge Scharen der Leitkurve, von Reflexzonen unterbrochen.

(5) Zylinderrohr. Schwarze Mantelflächen, von Reflexzonen gegliedert.

(6) Zylinderrohr. Punktraster mit Schwellverlauf.

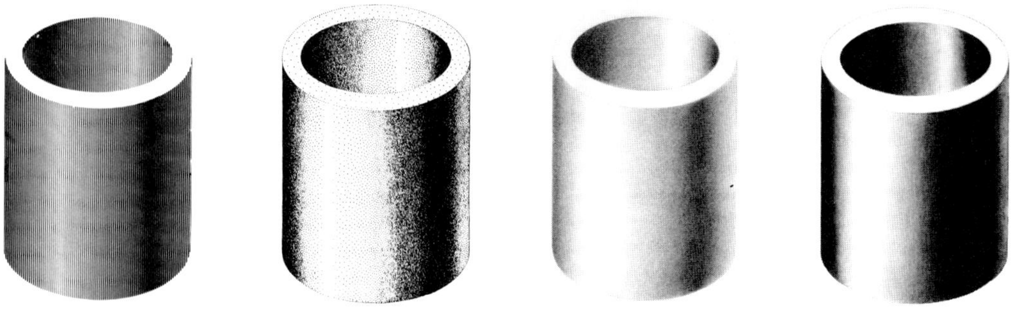

(7) Zylinderrohr. Vertikales und horizontales Strichraster mit Schwellverlauf.

(8) Zylinderrohr. Kontinuierlicher Helligkeitsverlauf. Punktiertechnik.

(9) Zylinderrohr. Kontinuierlich verlaufender Helligkeitsverlauf. Bleistift.

(10) Zylinderrohr. Kontinuierlich verlaufender Helligkeitsverlauf. Filzstift.

3.74 Kugeln. Die dunkle Fläche wird räumlich wahrgenommen, wegen der Reflexzone, deren Begrenzung aus der vernetzten Kugeloberfläche ermittelt wurde.

(1) Kugel. Die Wölbung der Oberfläche wird von drei sich kreuzenden Großkreisen angezeigt.

(2) Kugel. Vernetzung der Kugeloberfläche durch ein orthogonales Netz von Meridian- und Breitenkreisen mit konstanter Maschengröße.

(3) Kugel mit Lichtreflex.

(4) Kugel. Gliederung in drei Beleuchtungszonen. Punktetechnik.

(5) Kugel. Schattierung in drei Beleuchtungszonen. Bleistift.

(6) Kugel. Gliederung in drei Beleuchtungszonen. Filzstift.

Kombinationen der visuellen Variablen. Grundlegend für die räumlich wirkende Darstellung ist hier wiederum die der Krümmung folgende Verteilung von Licht und Schatten. Am Beispiel der Kugel sei die Bedeutung des Helligkeitsverlaufes erläutert: Eine gleichmäßig helle Kreisfläche wird solange nicht als Abbild einer dreidimensionalen Form wahrgenommen, wie die Modellierung in helle, im Licht stehende, und dunkle, abgewandte Zonen fehlt. Während die Fläche von der Kontur begrenzt und definiert wird, ist die Formangabe gekrümmter Flächen an den Schattierungsgradienten gebunden – sieht man von der Technik der Flächenvernetzung ab. Es genügt nicht, eine gekrümmte Fläche in Hell und Dunkel einzuteilen, ohne zuvor einen lokalen Helligkeitswert zu bestimmen, der in Korrespondenz mit der Krümmung, der Lichtquelle und der Helligkeitsstufe des Hintergrundes steht. Wählt man die Beleuchtungsquelle wie üblich von oben links auftreffend, so folgt der hellen Zone eine allmählich vom Körperschatten verdunkelte, der zur Silhouette hin wiederum eine schmale aufgehellte Zone folgen sollte. Gering konstrastierende Helligkeitsstufen geben geringe räumliche Wirkungen; hohe Kontraste verändern unter Umständen die plastisch geschlossene Form.

Zusammenstellung einiger Techniken für die Darstellung gekrümmter Formen.

Die für die Demonstration gewählten Zylinder und Kugeln sind einheitlich in isometrischer Projektion gezeichnet.

Gesetzmäßige Flächen kann man einfach darstellen, so beispielsweise den Kreiszylinder (Ort aller Geraden, die einen Kreis treffen) oder die Kugel (Ort aller Raumpunkte, die von einem festen Punkt einen festen Abstand haben). Bei senkrechter Lage der Drehachse zur Bildebene liegen auf allen Rotationsflächen Kreisscharen, die in kotierter Projektion, in Verbindung mit dem Meridianprofil, die

3.75(1) Richard Buckminster-Fuller.
Projektion von 31 Großkreisen im Ikosaedersystem.

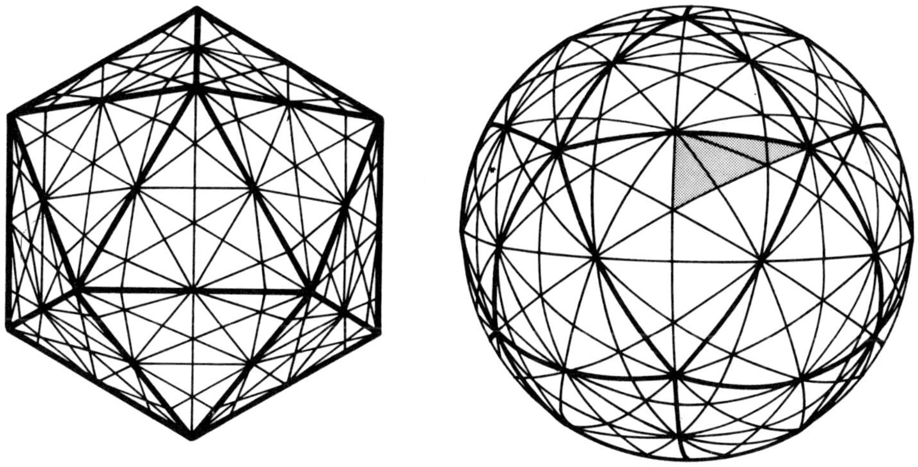

(2) Tetraedische Messung, anwendbar auf Kugeln.

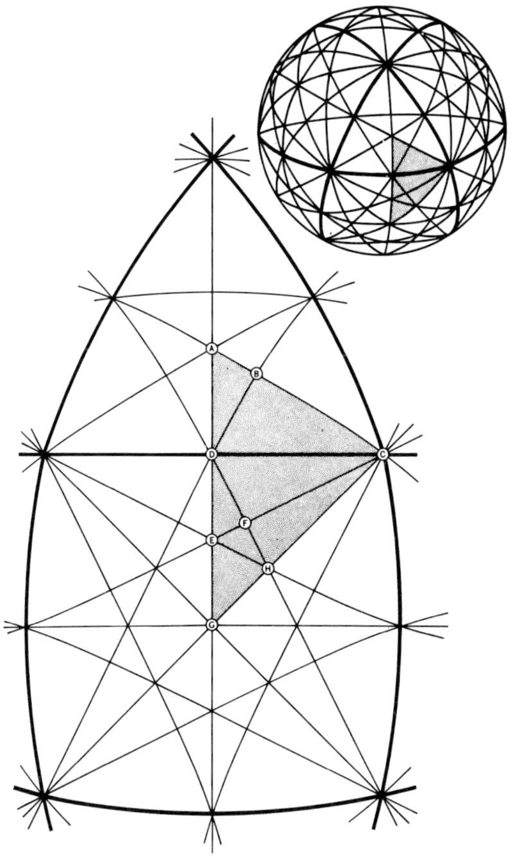

3.76 Richard Buckminster-Fuller.
Energetische und synergetische Geometrie
Geometrische Entwicklung der Geodäten.
A – Kugel; B – Tetraeder; C – Oktaeder; D – Ikosaeder; E – Ikosaeder auf die Kugel übertragen; F – Geodätisches Netz.

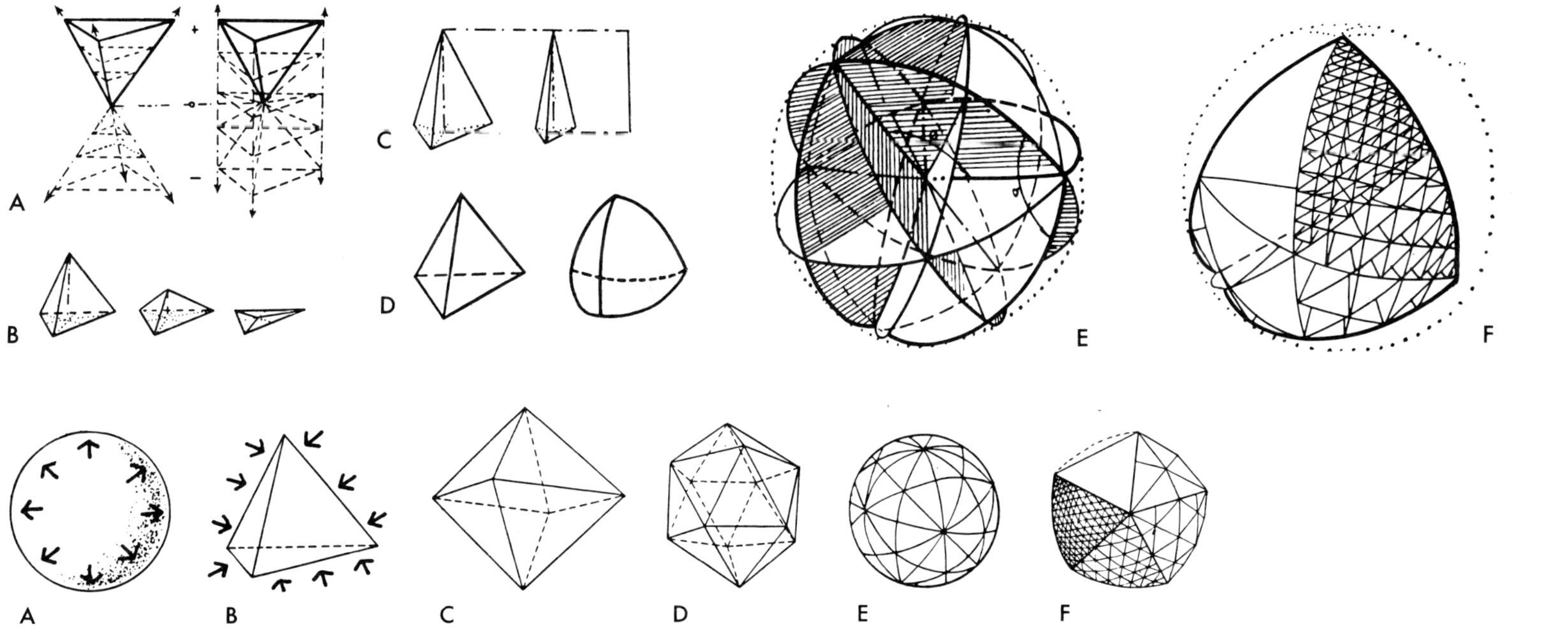

genaue, wenn auch nicht anschauliche Abbildung geben. Nach diesem Verfahren sind ebenso die verschiedenen Schraubflä-chen darstellbar.

Für die Aufteilung der Kugeloberfläche sind verschiedene Methoden bekannt; sie unterscheiden sich durch ihre Zweckbestimmung.

Bei der Konstruktion beispielsweise pneumatisch stabilisierter Kugelflächen stehen wirtschaftliche Faktoren im Vordergrund: der günstige Zuschnitt der Kugelflächenabschnitte, die Nahtlängen, die Gewebeeigenschaften und die biegeweiche oder mehr harte Konsistenz.

Mit Blick auf das modulare Bauen mit weitgehend identischen Bauelementen entwickelte Richard Buckminster-Fuller geodätische Aufteilungen der Kugeloberfläche mittels der Projektion von Polyedernetzen auf die Kugeloberfläche; die daraus folgenden Körper nennt er: sphärischer Kubus, sphärischer Oktaeder usw. Für die Realisierung seiner geodätischen Kuppeln wurden Dodekaeder- und Ikosaederfrequenzen bevorzugt, die je nach Spannweite und Konstruktionstypus nochmals, z. B. als geodätische Gitter unterteilt sind. Nach dieser Methode sind auch andere Polyedernetze projizierbar, doch ist aus technischen Gründen der Einsatz noch größerer Frequenzen unterblieben.[16]

Die geodätischen Linien sind die geraden und kürzesten auf einer gekrümmten Fläche. Sie sind wie die Gerade in der Ebene fundamental für die Geometrie der gekrümmten Flächen. Die Großkreise auf der Kugel und die Meridiane auf dem Ellipsoid sind geodätische Linien; die Breitenkreise sind es nicht, da sie die Flächennormale nicht enthalten.

Die geometrische Vernetzung der Kugel macht es möglich, Vorstellungen modularer Bauweisen auch auf die Kugel zu übertragen. Was zuvor schwierige geometrische Arbeit war oder sich auf Annäherungen an die stereographische oder gnomonische Projektion beschränkte, gründet nun in der Gesetzmäßigkeit regulärer oder halbregulärer Polyeder. Aus der Kugelfläche sind baugleiche Elemente zu gewinnen, seien es stabförmige für sphärische Gitter

3.77 Richard Buckminster-Fuller. Tetraeder, Ikosaeder, Oktaeder und ihre Projektion auf die Kugeloberfläche.

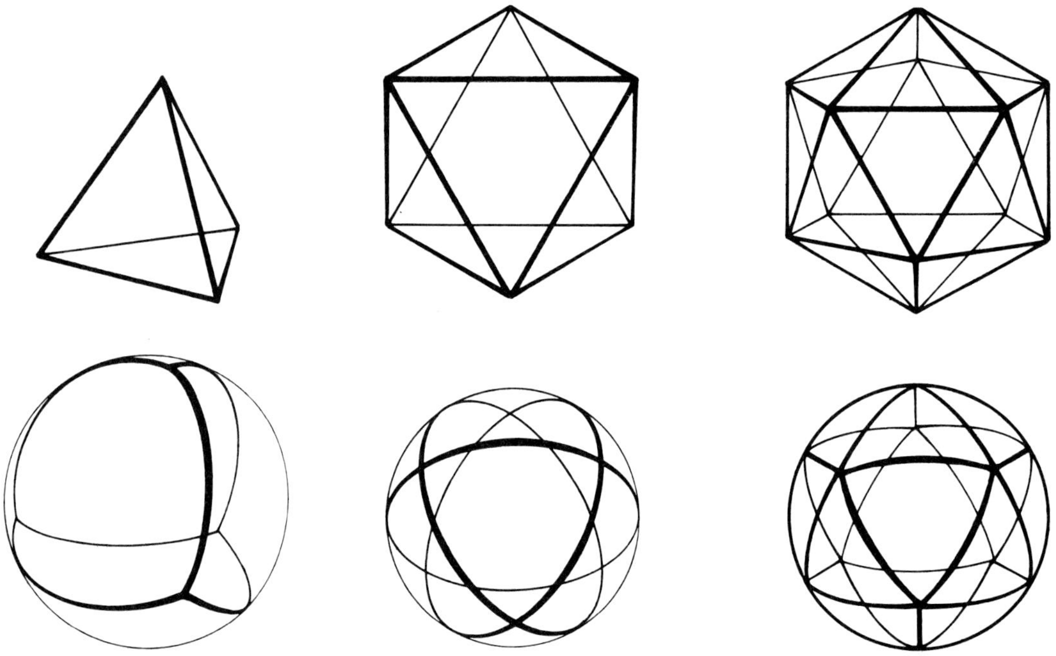

3.78 Die zwölf Großkreise des Vector Equilibrium, konstruiert durch zwölf gefaltete Einheiten.

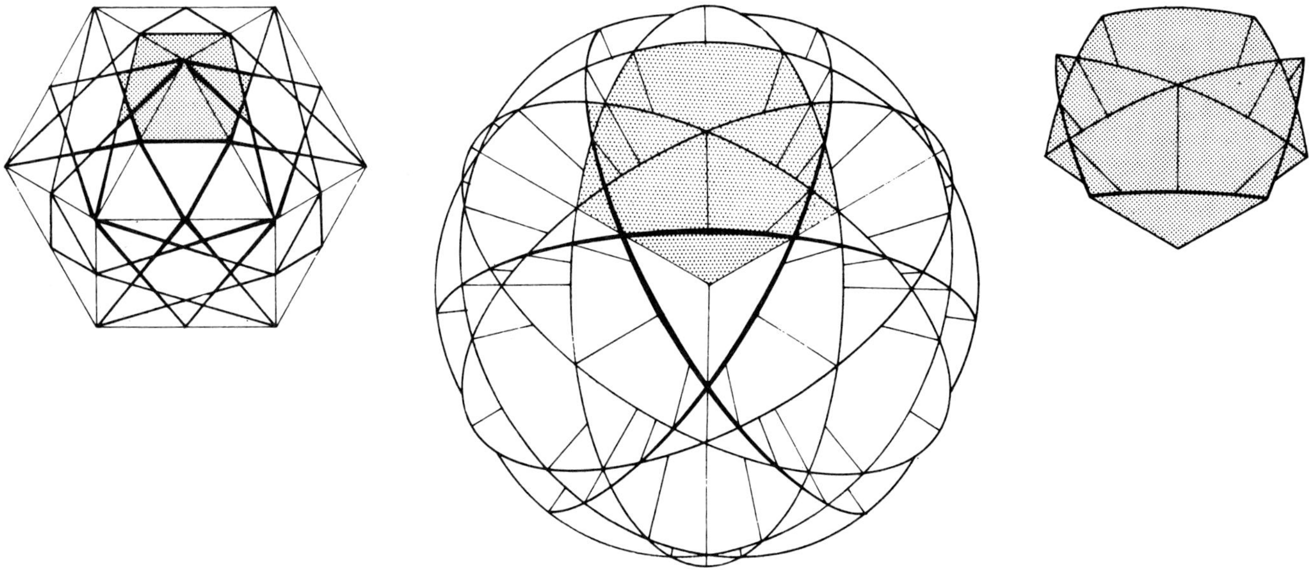

oder synklastisch gekrümmte Flächen. Geodätische Netze sind veränderlich, wie es die Netze der Polyeder sind, wenn man ihre Frequenzen – Winkel, Anordnung und Knotenanzahl – systematisch in kleinere oder größere Einheiten unterteilt.

Regelflächen, auf denen Geraden verlaufen, wie die Flächen von Zylindern und Kegeln des Rotationshyperboloids und ähnlicher Flächen, kann man unter Verwendung der erzeugenden Geraden, der Leitkurven und der Flächenbegrenzungen zeichnen. Die charakteristischen Kurvenscharen der Fläche sind Kurven zweiter Ordnung; sie sind die Höhenlinien des hyperbolischen Paraboloids. Die kotierten Bilder der Höhenlinien, in die x-y-Ebene proji-

3.79 Jürgen Joedicke. Grundriß, Aufriß und Perspektive eines hyperbolischen Paraboloides. Die Schnittebenen sind so gelegt, daß sie entlang der geraden Erzeugenden verlaufen. Die Ränder des hyperbolischen Paraboloides 1–2, 2–3, 3–4 und 4–1 sind Geraden.

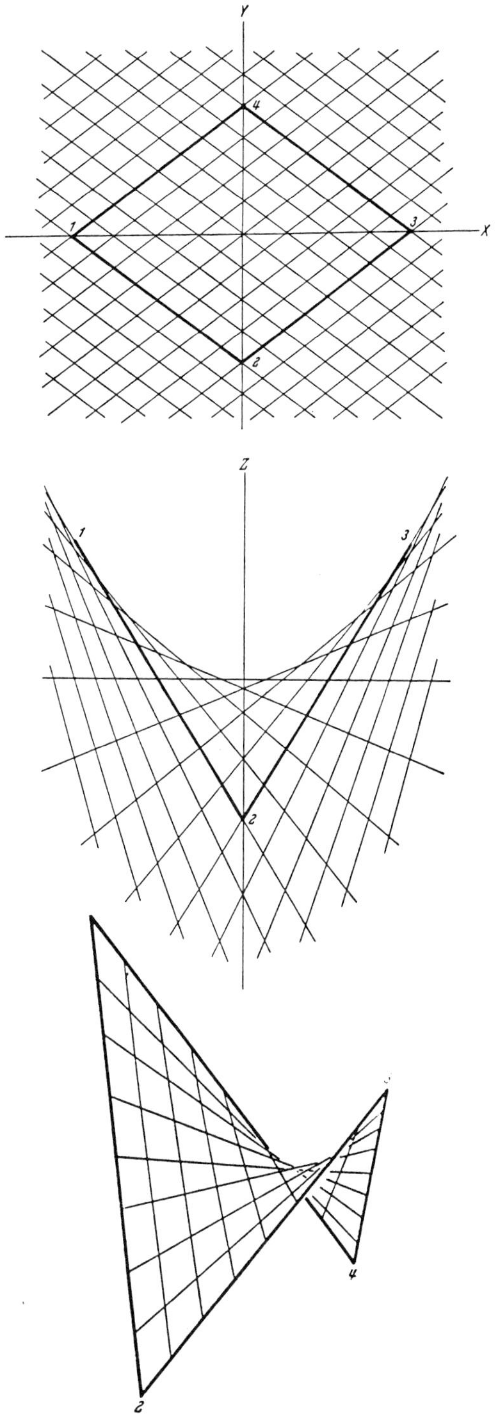

3.80 Otl Aicher. Vernetzung der Kugeloberfläche durch Projektion von Polyederkanten. Vernetzung der Kugeloberfläche am Beispiel heute gebräuchlicher Bälle.

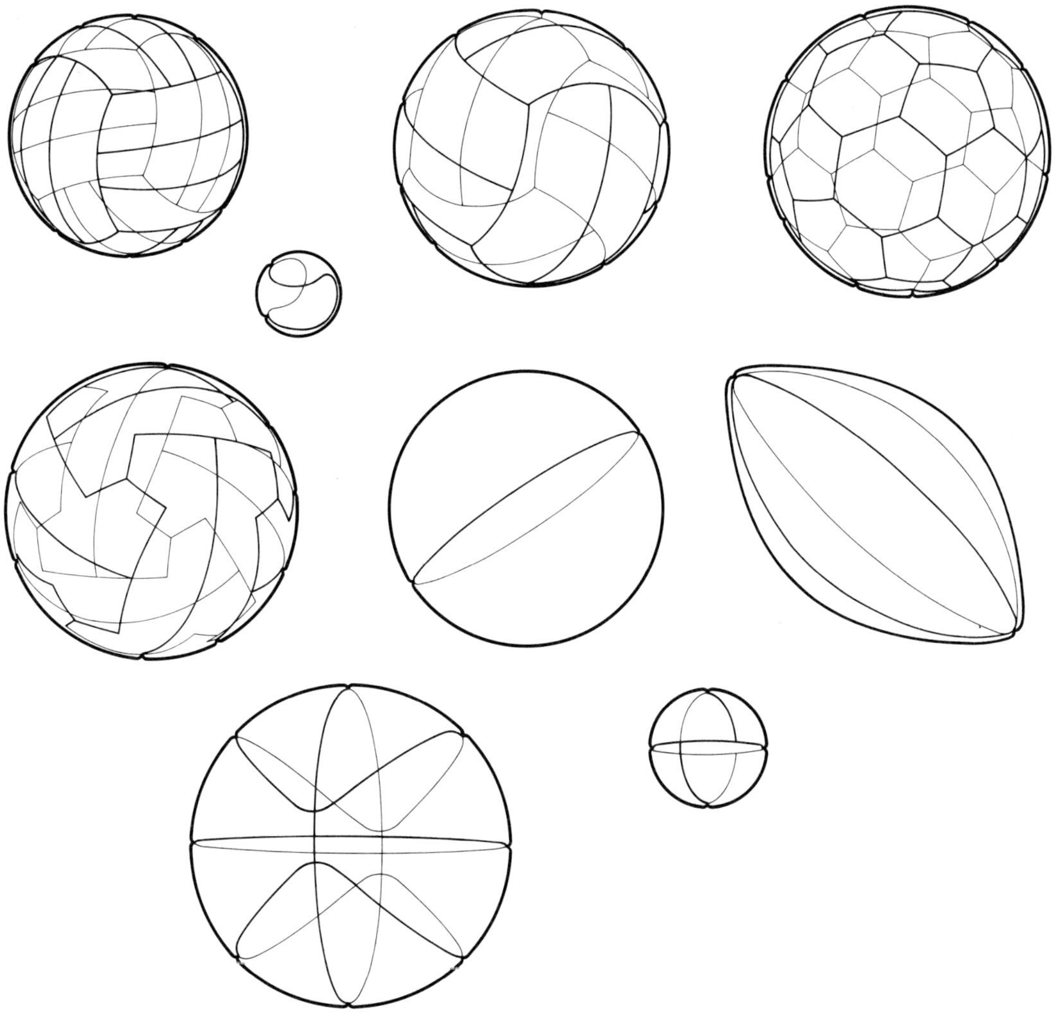

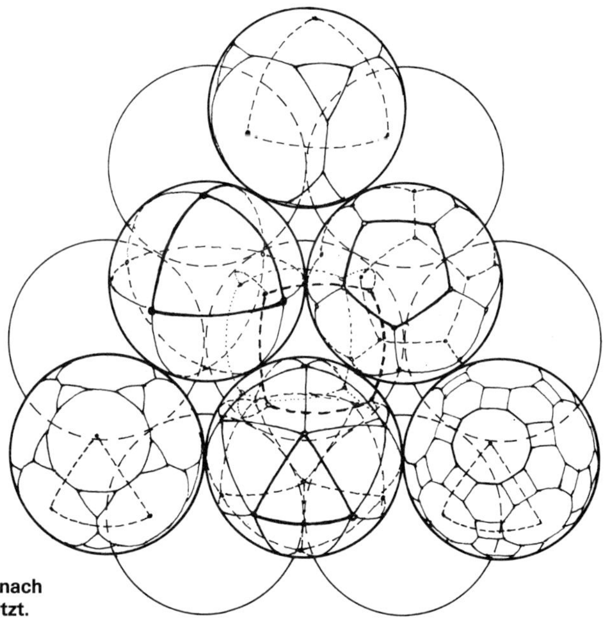

3.81 Keith Critchlow. Kugelpackung, Kugeln nach regulären und halbregulären Polyedern vernetzt.

ziert, sind Hyperbeln. Das hyperbolische Paraboloid besteht aus zwei Parabelscharen; sie schneiden sich gegenseitig in einem Punkt der Fläche. Horizontale Schnitte ergeben Hyperbeln.
Flächen, die nicht einer geometrischen Formel oder einem einfachen analytischen Gesetz entsprechen,werden graphische Flächen genannt. Für diese wendet man dieselbe Methode an wie bei topographischen Flächen, die durch Schichtenlinien in waagerechten und äquidistanten Ebenen geometrisch erfaßt werden. Diese Methode wird auch verwendet zur Entwicklung und zur Kontrolle luft- und wasserschlüpfiger Formen – Kfz-Karosserien, Schiffsrümpfe, Schiffschrauben usw. Eine ausreichende Anzahl formcharakteristischer Schichtlinien wird zeichnerisch durch viele ebene horizontale und vertikale Schnitte ermittelt. Reicht die Genauigkeit graphischer Methoden nicht aus, setzt man numerische, eventuell computergestützte Verfahren ein und faßt die Ergebnisse in einem anschaulichen Netzplan zusammen.[17]
Die Schnittebenen sind Parallelenebenen oder auch Ebenen durch eine ausgezeichnete Gerade; dabei ergeben mehrere Scharen ebener Schnitte ein zuverlässigeres Bild des glatten Krümmungsverlaufs der Fläche als der Einsatz nur eines Schichtenplans. Die Genauigkeit der Vernetzung in Höhen- oder Schichtenlinien wächst mit der Feinheit des Netzes. Ihren Abstand wählt man so, daß die zwischen den Schnittlinien liegende Fläche als eben angenommen werden kann und, wenn erforderlich, Tangenten und Tangentenebenen konstruierbar sind. Diejenigen Flächenpunkte, die von Höhenlinien erfaßt werden, sind definiert; die damit erzielte Genauigkeit ist meist ausreichend, besonders, wenn man zwischen größeren Linienabständen nach der Erfahrung gewonnene passende Interpolationen vornimmt.

3.82 Paolo Ucello. Vernetzung. 1397–1475. Zur Gewinnung von Kurvenpunkten ist die Rotationsform polygonal vernetzt.

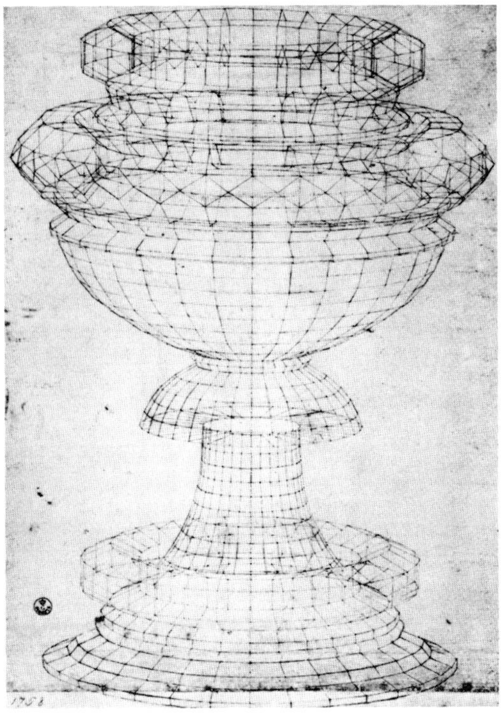

3.83 Alfa Romeo. Karosserie Alfa GT. Werksentwurf. Die Methode der Vernetzung wurde relativ früh mit dem System DACAR von Alfa Romeo zur Karosserieentwicklung eingesetzt.

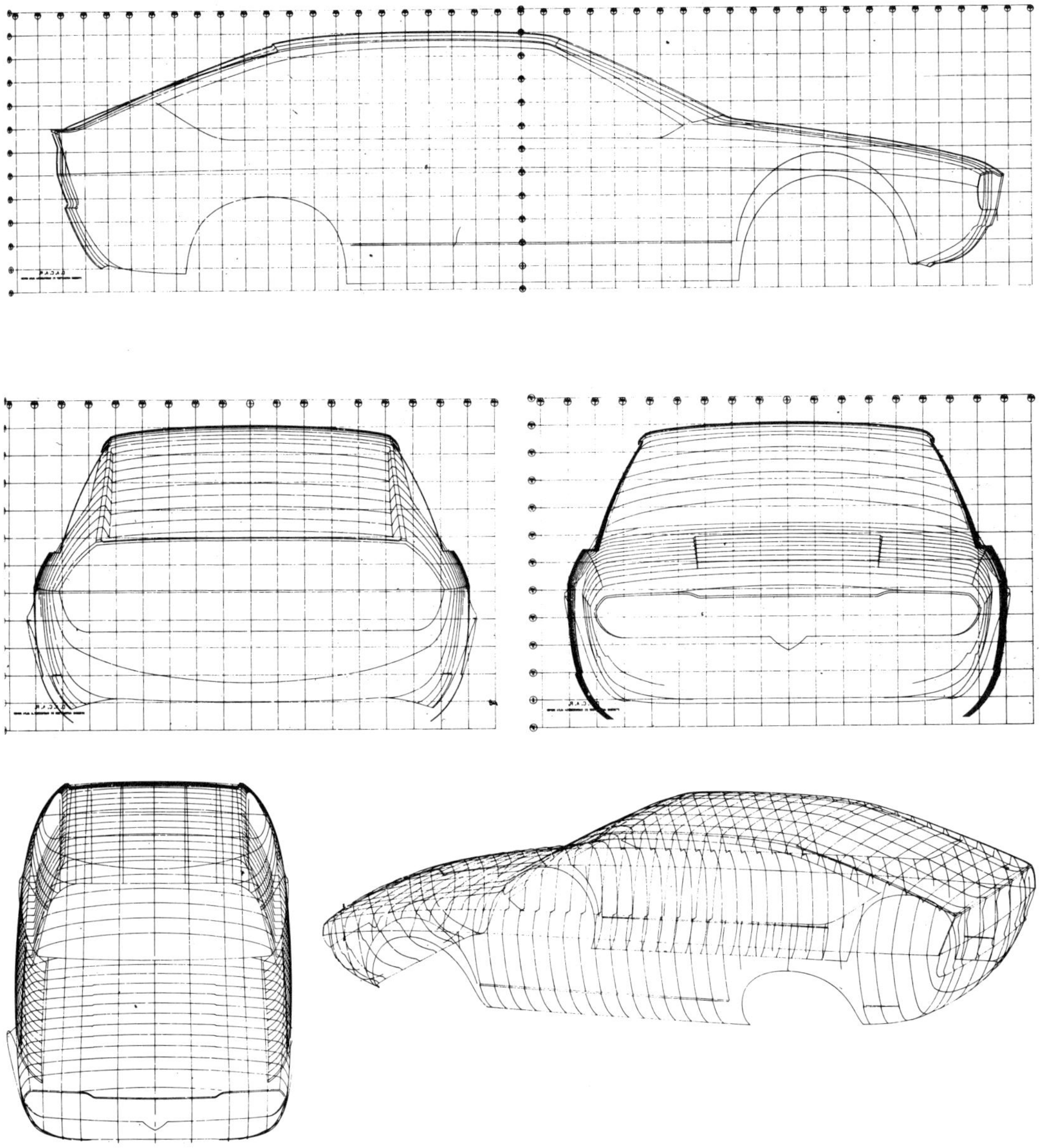

Für die rationelle Lösung wiederholt auftretender Aufgaben bietet sich die »Nomographie« an, die durch die Einführung der Funktionsleiter, in Netz- und Fluchtlinientafeln dargestellt, die gesetzmäßigen Zusammenhänge zwischen verschiedenen Variablen in bildlicher Darstellung liefert. Zur Ermittlung nicht nur von Kurvenwerten, sondern auch anderer funktionaler Zusammenhänge zwischen drei oder mehr Veränderlichen ist diese graphische Methode einsetzbar.[18]

3.84 (1) Transformation von Würfelkanten mittels paralleler und wachsender Radien. Dargestellt durch Scharen von Geraden und Kreisbögen.

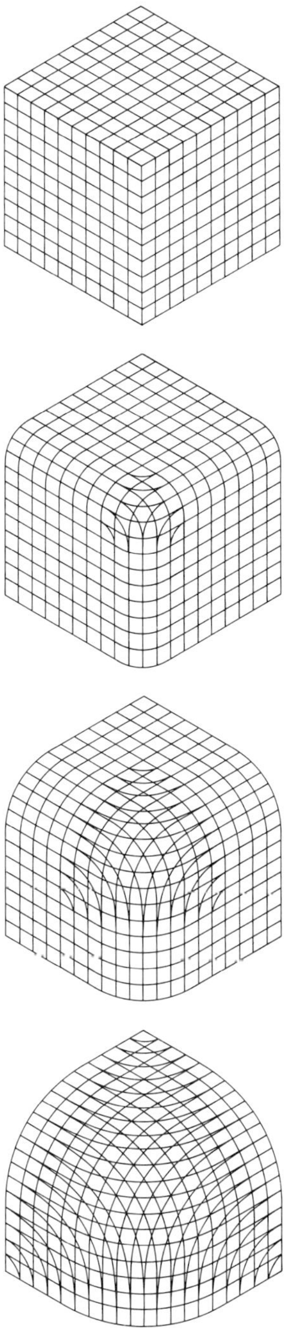

(2) Darstellung einer Volumenentwicklung mittels Kurvenscharen in drei Ebenen. Fachhochschule für Gestaltung Schwäbisch Gmünd. Studienprojekt. Leitung: Roland Knauer.

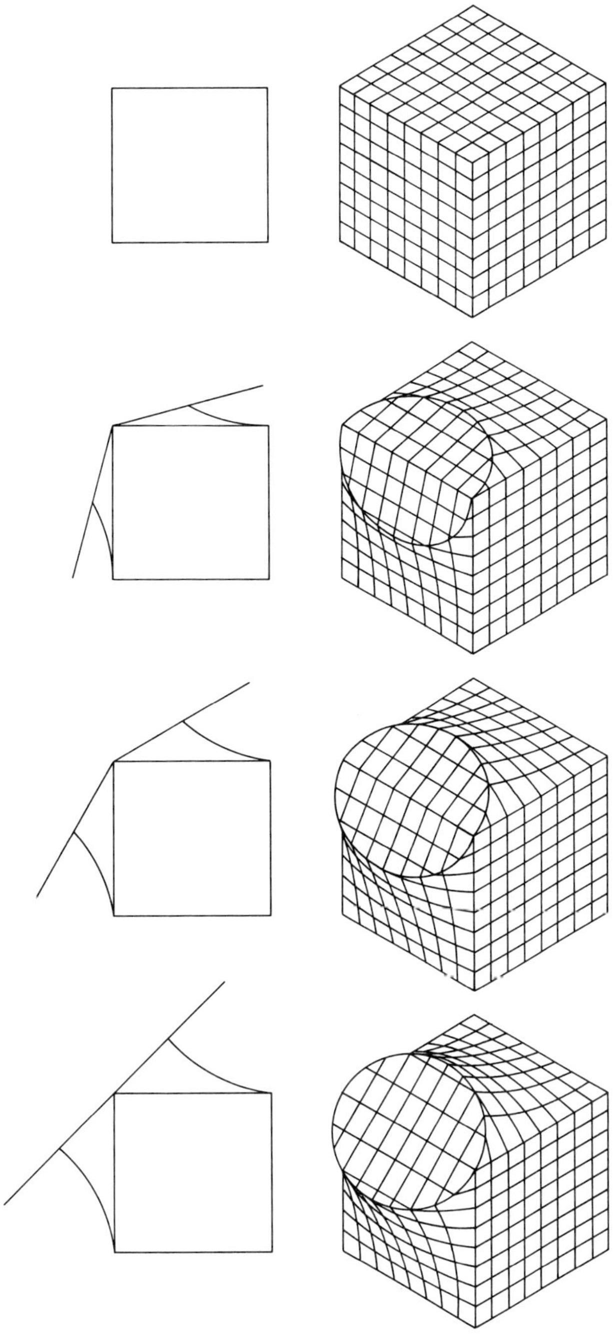

(3) Transformation kugelig gekrümmter Flächen in vier Phasen infolge Lageveränderung einer Kugel, dargestellt durch zwei Scharen vertikaler Höhenlinien.

Computer Graphik

Bereits seit den sechziger Jahren werden Computer für die Konstruktion komplizierter Kurven, Flächen und dreidimensionaler Gebilde eingesetzt. Die in Computer Graphics angewandten Flächenarten lassen sich unterteilen:

– Analytische, formelmäßig gegebene Flächen wie etwa hyperbolische Paraboloide u.a., deren Parameterlinien Kegelschnitte sind. Die graphisch analytische Datenverarbeitung vom Zahlenwert zur Abbildung sowie von der Abbildung zum Zahlenwert ist in der Anwendung weit vielfältiger und keineswegs auf diese Fälle beschränkt.

Es sind weitere Methoden zu nennen:

– die Flächenerzeugung, bei der vorgegebene Punkte, bzw. Daten bestimmte Eigenschaften über die xy-Ebene beschreiben, aufbereitet und regelmäßig oder unregelmäßig vernetzt werden;

– die Flächenverfeinerung, um die erzeugten Flächen durch Errechnung von Zwischenwerten zu glätten;

– die Flächenanalyse; sie führt die in der Abbildung dargestellten Werte xy zurück zu Daten, Meßwerten, Punkten, wobei die Abbildung auch interaktiven Operationen dient und bei der Optimierung oder der Ersatzdarstellung Verwendung findet.

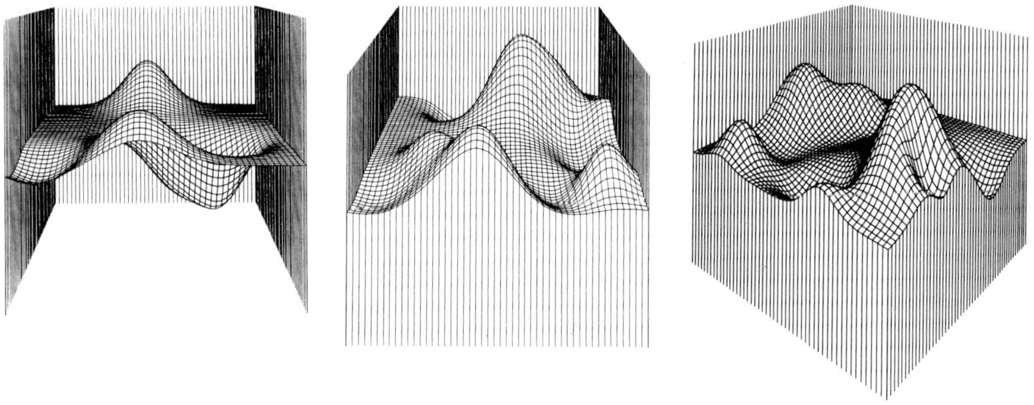

3.85 Melvin L. Prueitt. Gekrümmte Flächen. CAD-Studie. Die bivariable normale Verteilung bezieht sich auf Positionen, Tiefen und Weiten, die beliebig ausgewählt wurden. Die Superposition von bivariabler normaler Verteilung beruht auf Positionen, Stellungen, Tiefen und Amplituden, die beliebig gewählt sind. Der Computer arrangierte das Layout der Funktionen, indem er beliebige Zahlen hervorbrachte, die die Positionen und die Größen der wesentlichen Merkmale angeben.

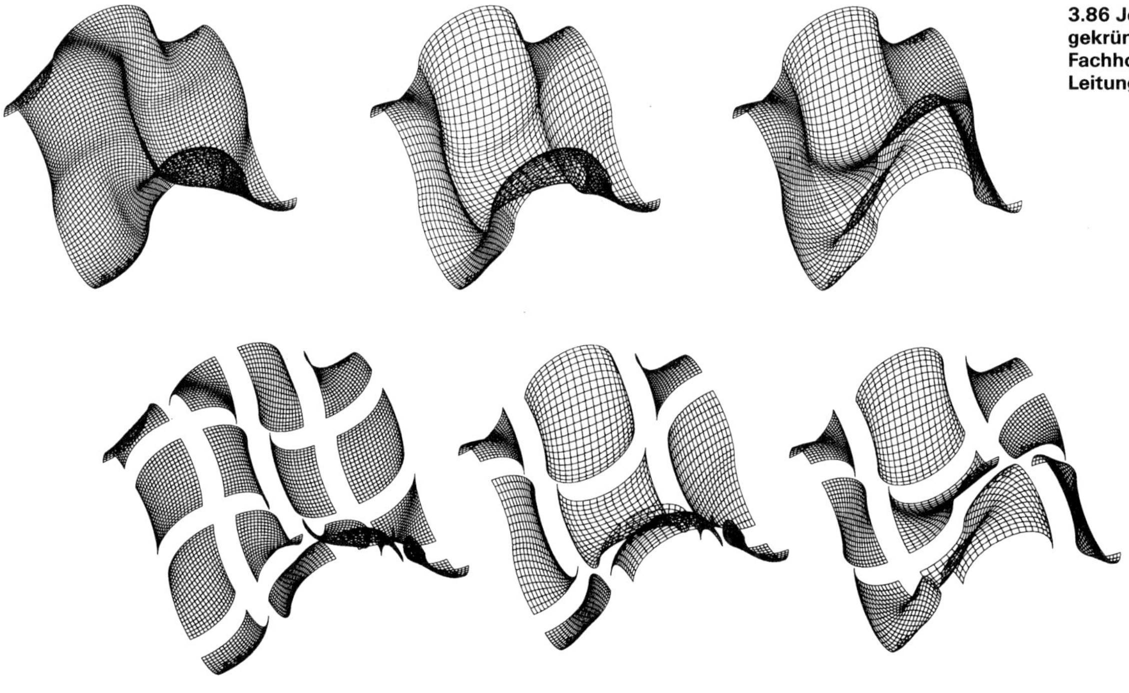

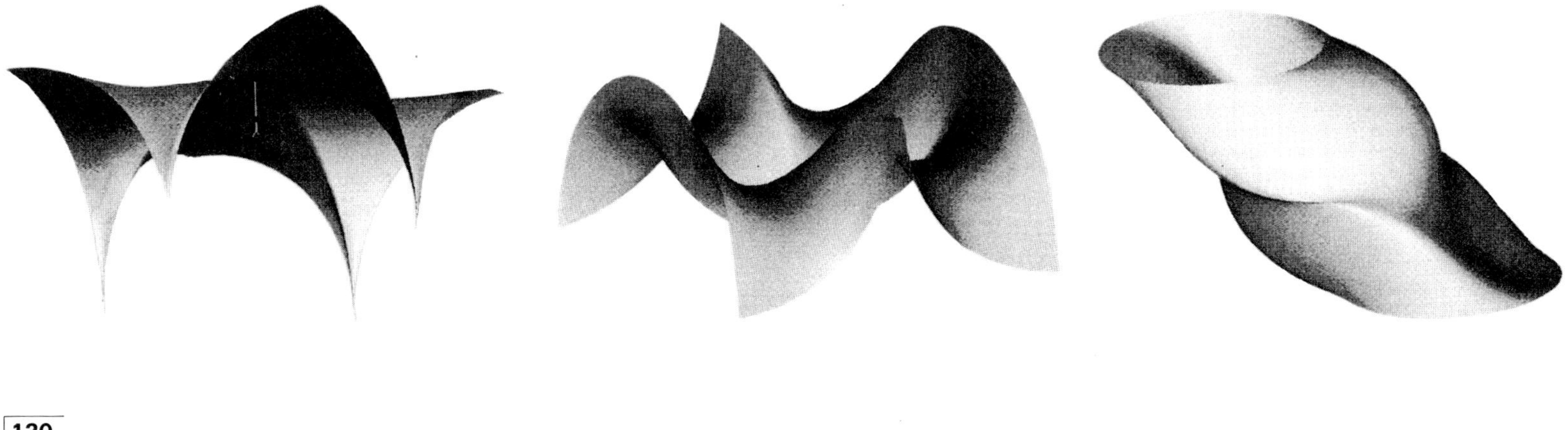

3.86 Jess Märtterer. Syn- und antiklastische, gekrümmte CAD-generierte Flächen. Fachhochschule für Gestaltung Schwäbisch Gmünd. Leitung: Roland Knauer und Michael Englisch.

Exkurs: Computergestütztes Entwerfen und Darstellen

Dem neuen Medium begegnete man zunächst mit Vorbehalten. Doch schafft die nicht zu übersehende Wirtschaftlichkeit des Computereinsatzes zunehmende Akzeptanz. Bereits in den 60er Jahren diskutierten Architekten die Idee einer »Architekturmaschine« und bewiesen damit Weitsicht. Gegenwärtig konzentrieren sich die Diskussionen noch auf die Frage der »Computerisierbarkeit« der Architektentätigkeiten, vor allem des Entwurfs. Die ältere Generation befürchtet eine Kontrolle durch die Maschine, eine Beeinflussung der Entwurfstätigkeit und eine Gefährdung der Kreativität. Es beginnt sich ein Generationenkonflikt abzuzeichnen, der die Jüngeren als die Fähigeren, die Älteren als die schwerfällig Zweifelnden erscheinen läßt. Vielleicht handelt es sich auch um eine irrationale Hemmschwelle, die Architekten vor dem Schritt in das computergestützte Entwerfen und Darstellen, CAD, zurückhält und die Abkoppelung von dieser galoppierenden Entwicklung bis hin zur Wettbewerbsunfähigkeit riskieren läßt. Dieses Verhalten steht im scharfen Gegensatz zu den seit längerem selbstverständlichen und zahllosen Anwendungen der EDV in Wissenschaft und Technik, in Verwaltung und Handwerk. Das Berufsbild des Architekten wird zweifellos auch künftig von technisch-rationalen und ökonomischen Entwicklungen geprägt, auch wenn verschiedene antirationale und berufsständische Debatten das Gegenteil glauben machen wollen.

Die Vorzüge des Computereinsatzes sind nicht nur bei technischen und organisatorischen Tätigkeiten offensichtlich. Noch überwiegt die Meinung, die Vorteile der EDV lägen nicht im Entwurf, sondern nur in den nachfolgenden Tätigkeiten. Wenn die zentrale Arbeit des Architekten davon meist ausgenommen wird, so ist dies, zumindest auf den ersten Blick, verständlich, da die Entwicklung von Vorstellungsbildern unvermeidlich – und je nach Temperament bereits früh oder relativ spät – mit dem Skizzieren beginnt, und im Verlauf dieser Tätigkeit zur zunehmenden Komplexität, zur Konkretion fortschreitet. Wie aber am Computer skizzieren? Dies ist über den Bildschirm durchaus und frühzeitig möglich. Doch wer es gewohnt ist, mit Hilfe zahlloser Skizzen, Teillösungen und Teileigenschaften zu arbeiten, diese gedanklich in Schnitte, Grundrisse, Ansichten zerlegt und sie in wechselnder Zuordnung erprobt, verschiedene Formen versucht, Regelmäßiges neben Unregelmäßiges stellt, spontan noch etwas hinzufügt, früher Skizziertes flott überdeckt, sich nicht allzu früh mit feinem Strich festlegen kann, Regelmaß wie Phantasie, auch Gegensätzliches einzubringen versucht, über ein sinnliches Erwägen an die Lösung sich heranarbeitet, die Skizze als Spiegelbild der Psyche hochschätzt – also über ein allmähliches Verfertigen der Gedanken sich beim Zeichnen versucht –, der wird begreiflicherweise ungern den Zeichenstift mit Taste und Cursor für immaterielle Simulationen am Bildschirm vertauschen.

Andere sprechen von der unvermeidlichen Reduzierung des Architektonischen auf eine bloße Permatorik und demzufolge von einer dominierenden modularen Bauweise, von endloser und ermüdender Kombinatorik. Sie übersehen dabei, daß das Entwerfen und Bauen mit Standardkomponenten der Weltbühne schon zahllose architektonische Paradiese schenkte. Man sollte den Bildschirm als kreativen Dialogpartner sehen und nicht als stumpfes Instrument eines rigiden, logozentrischen Systems, das nur einer blinden Bauökonomik gehorcht.

Die Vorteile der EDV beginnen mit der Zeichenarbeit, bei der sich in jedem Stadium Änderungen kurzfristig durchführen lassen. Sich wiederholende Tätigkeiten können nach und nach durch den Rationalisierungseffekt entfallen. Schnelles Vergrößern und Verkleinern von Zeichnungen, das Vermaßen, und der stets gegebene Überblick über Flächen- und Massenentwicklung erspart Routinearbeit. Zwischenberechnungen über die Kosten- und Zeitentwicklung sind leicht möglich, wiederkehrende Standards sind aus Bibliotheken abrufbar, und Neuerungen lassen sich ohne gesamte Planänderungen einfügen. Bereits jetzt ist die Tendenz erkennbar, daß verlorene Teilbereiche wie Statik, Haustechnik usw. mittels Software in vereinfachter Form wieder zu Tätigkeiten des Architekten werden, und dieser, wenn überhaupt, so zu seiner ehemals zentralen Rolle im Baugeschehen zurückkehren könnte. Konstruieren und Berechnen waren von früh an die Arbeitsfelder, die sich der EDV bedienten. Der Rationalisierungseffekt wird sich fortsetzen, wenn Fachingenieure und Architekten im Datenverbund, über CAD direkt kommunizieren, und sich die ausführenden Firmen anschließen, was dem gestiegenen Anspruch an vorbereitenden und kontrollierenden Tätigkeiten entsprechen würde. Das Entwerfen erhält eine neue Dimension, sobald müheloser als je Varianten erzeugt und in dynamischen Ansichten visuell erprobt werden können. Die Animation gibt zeitlich Komprimiertes wieder und gestattet, mit geänderten Einflußgrößen neu zu starten, zu korrigieren, dann wieder zu optimieren. Das Computerbild kann auch nach seiner Generierung in Größe, Form, Hell- und Dunkelwerten, Farbe, Glätte und Faserigkeit, in der Hintergrundbehandlung wie in der Positionierung immer wieder neu gehandelt werden. Gerade die Hintergrundbehandlung geht weit über die zeichnerisch üblichen Arten des Landschaftsbezugs, aber auch über die Collagetechniken hinaus: Interaktive Computerbilder ermöglichen realistisch erscheinende Stadt- und Landschaftsbezüge, somit visuell neuartige Perspektiven.

In überraschender Weise erfährt die Entwurfsmethodik eine ungeahnte Aufwertung. Auch die Darstellende Geometrie beginnt wieder eine unentbehrliche Voraussetzung zu werden. Die graphischen Möglichkeiten sind eindrucksvoll: Zeichnungserstellung über verschiedene Drucker, Hardcopy, direkt vom Bildschirm abgenommene Dias, die vitale Gestik der Animation. Nicht wenige erreichen die zuvor utopische Form kinetischer Veränderbarkeit der organisch anmutenden Bewegungsfähigkeit des Projektierten. Es wird zu den Konsequenzen dieser neuen visuellen Erlebnisse gehören, daß sich aus dem formalen Abbild Neues formt.

Daraus folgt eine anwachsende Bedeutung der Darstellungsmethoden und -techniken. Die Verfügbarkeit über eine große Zahl von Graphikvarianten wird zwar die Gefahr mit sich bringen, die schnell generierte Graphikfläche als schnell austauschbaren dekorativen Schmuck einzusetzen. Das mindert jedoch nicht die zunehmende Bedeutung, die der graphischen Behandlung der Zeichnung zukommt. Synchron zu der schnell erzielten Entwurfsvariante folgt die Graphikvariante, der nun nicht mehr die technisch-manuelle Schwierigkeit anhaftet. Doch ist der visuell günstigen, dem architektonischen Ausdruck angemessenen Systematik im Aufbau der Architekturzeichnung die methodische Schwierigkeit nicht genommen. Auch weiterhin steht die Zeichnung in einem primären Vorstellungszusammenhang mit dem Projektierten, und die Regeln der Architektur sind nach wie vor mit der abstrahierenden oder bildmäßigen Abbildung des Entwurfs zur Deckung zu bringen. Erfindungsschwache Schemata werden auch künftig keine höhere Geltung haben als konserviertes Schulgut. Weder wird derart das reiche architektonische Formenarsenal reduziert oder vernachlässigt, noch werden über den schnellen Ausdruck wesentliche architektonische Ideen transportiert. An den Äußerungsformen der architektonischen Zeichnung, an der Konsolidierung flächiger, plastischer und räumlicher Vorstellungen wird sich weiterhin Qualität und Eigenart des Entworfenen visuell erkennen lassen. Wie ein Formmotiv vom Architekten verwendet oder überboten wird, das ist einmal bloße Übernahme oder tiefempfundene Verwandtschaft im Formwillen. An der Variation und der Einordnung des vorgefundenen Motivs erweist sich die Originalität des Architektonischen, und dies trifft auch für das graphische Repertoire zu. Die Zeichnung regelt unabhängig vom Einsatz des Mediums die Beziehung zwischen dem Vorstellungsbild des Architekten und der Realität. Die elektronisch generierte Architekturzeichnung wird auch weiterhin die »gezeichnete« Auffassung von Architektur enthalten, doch künftig nicht nur vom Architekturdiskurs bestimmt sein, denn umgekehrt ist das elektronische Medium immer schneller imstande, auch auf Eigenarten und Erwartungen der Architekten einzugehen. In einem nicht vorherzusagenden Ausmaß wird schwer von der Entwicklung der EDV beeinflußt werden. Denn es wäre historisch einzigartig, würde ein Werkzeug, ein Medium, das aus ihm hervorgehende Produkt nicht auch beeinflussen.

Die Darstellung substantieller Merkmale

Die Darstellungsproblematik

Eine Zeichnung kann verschiedene Wirkungen haben, je nach dem in welcher Technik die Ausführung erfolgt. Der Darstellung fällt die Aufgabe zu, die Erscheinung des darzustellenden Gegenstandes im voraus einzufangen, damit Abbild und Objekt sich trotz der Verschiedenheit der Bedeutungsebenen ähnlich werden. Es kann vorteilhaft sein, bei konstanter Form mit wechselnden Techniken zu arbeiten, einmal eine skizzenhafte, dann eine präzise, eine abstrahierende oder eine realistisch erscheinende Ausführung zu erproben. Während bei der Konturzeichnung begrifflich abstrahiert wird – eine geometrisch scharf umrissene Form bezeichnet beispielsweise eine Glasfläche – versucht eine Darstellung, ergänzt von geeigneten Techniken, die Glasfläche durch Farbe, Glanz und Reflexe zu interpretieren, ihrer realen Erscheinung nahezukommen – sie somit darzustellen. Die Zeichen der Konturzeichnung sind für das allgemeine Verständnis oft zu knapp, weil sich die derart abgebildeten Gegenstände nicht auf die allgemeine visuelle Erfahrung beziehen; die vollständige und rationale Interpretation eines gegebenen Sachverhaltes bedarf mehr zur visuellen Erschließung – Licht und Schatten, Materialitätsangaben, räumliche Lage, den Entfernungsandeutungen, damit die Funktion und Bedeutung des Dargestellten erfaßt werden.
Zwei Darstellungsarten räumlicher Formen sind unterscheidbar: Erstens die einfache Wiedergabe durch die Konturzeichnung; sie ist ohne Licht und Schatten, ohne Hintergrundbehandlung. Diese Darstellungstechnik orientiert sich ausschließlich an den Objektkanten, Oberflächenqualitäten bleiben unberücksichtigt. Die exakte Wiedergabe aller sichtbaren Kanten ist das visuelle Kontrollmittel, worauf diese Technik beschränkt ist. Die technisch einfache Konturzeichnung ist am wenigsten »Darstellung«, am meisten »Bezeichnung«. Zweitens die anschaulich-gegenständliche Darstellung, die auf der Konturzeichnung basierend, Hell-Dunkel-Kontraste in Abstimmung mit der räumlichen Ausrichtung einbezieht. Die Helligkeitsdifferenzierung ist mehr als eine subtile Zugabe; sie erweitert das abstrakt anmutende Liniengerüst der Konturzeichnung auf »gegenständliche« Merkmale, auf orttreue, bzw. objekttreue Wiedergaben von Hellem und Dunklem, Näherem und Fernerem, so, wie es die modulierende Wirkung von Licht und Schatten hervorbringt.
Wie im realen Erleben die visuelle Wahrnehmung auf die Schattierung, auf die Beleuchtung lichtzugewandter und lichtabgewandter Seiten von Objekten angewiesen ist, so benötigt die räumlich wirkende Darstellung Hinweise zur räumlichen Ausrichtung, zur Lichtquelle. Oberflächen sind dann sichtbar, wenn sie beleuchtet sind. Die dem Licht zugewandte Fläche ist heller als die lichtabgewandte oder die im Körperschatten liegende.
In der anschaulichen Darstellung haben Körper mindestens zwei sichtbare Flächen, diese sind eben, geknickt oder gekrümmt, die Lichtverteilung auf ihnen ist konstant oder allmählich zu- oder abnehmend, was eine gekrümmte Fläche anzeigt, sei sie erhöht, konvex, oder vertieft, konkav. Der Krümmungsverlauf der Fläche entscheidet über den projizierten Anteil von Licht und Schatten, und bei einer gleichmäßig gekrümmten Oberfläche verläuft die Helligkeitszone beleuchtet zu verschattet weich und moduliert, bei geknickten Flächen scharf entlang der Kanten.

Material – Materialanordnungen
Substantielle Objektmerkmale sind an die stofflichen Eigenschaften des Objekts gebunden. Oft stehen sie in einem spezifischen Objekt-Material-Verhältnis und beeinflussen mit den stofflichen Wirkungen die Objekteigenschaften.
Gebaute Objekte sind oft in konventioneller Objekt-Material-Zuordnung konzipiert, und ihre Wirkung, von der Materialwahl ausgehend, erzielt die angestrebten Reaktionen. Variierte Materialien, vermögen andere Reaktionen auszulösen, weil die Quantität eines Stoffes gewisse ästhetische Vorstellungen entweder bestätigt oder verwirft. Davon ist auch die Fähigkeit betroffen, durch Formen gewisse Funktionen zu denotieren.

Anmutungsqualität
Die Anmutung eines Objekts konstituiert sich aus der Mischung von Zeichen, Form, Farbe und Materialität. Als Anmutung gilt die Wirkung eines wahrgenommenen Gegenstandes auf den Wahrnehmenden, dessen emotionale Gestimmtheit von der Erscheinung des Gegenstandes beeinflußt wird. Für diese Wirkungen auf die Befindlichkeit werden Adjektive genannt wie: erheiternd, bedrückend, festlich, bedrohlich u. a.

Objekt	Objektebene
Zeichen, Form, Farbe, Materialien	Gestaltungsebene

Die Anmutungsqualitäten umfassen mehr als die unmittelbar zu beobachtenden Merkmale; aus der psychischen Reaktion auf die Nutzungsqualitäten, die aus der funktionellen Beschaffenheit herrührt, resultieren zahlreiche und deutliche Reaktionen. Wie sich bestimmte Formen funktional auf bestimmte Forderungen des Bauprogramms beziehen, so bezeichnen und beeinflussen Materialien Positionierung, Form, Farbe und Dimension den semiotischen Stellenwert eines Objekts in seinem Umfeld. Der Kommunikationswert der Materialwirkung dient auch der semantischen Dechiffrierung der gebauten Umwelt.
Für die gezeichnete Untersuchung von Materialwirkungen im Entwurfsprozeß liegt der methodische Ansatz in der Vorwegnahme der Erscheinungs- und Wirkungsqualitäten, resultierend aus der Materialanordnung, der Materialzuordnung und der Materialkombinationen.

3.87 Darstellungstechniken. Fachhochschule für Gestaltung Schwäbisch Gmünd. Studienprojekt. Leitung: Alfred Lutz.

Was ist eine Textur?
Das Gewebe, die Fassung von Materialien, das, was im Licht sichtbar ist, wird als Textur bezeichnet. Das jedem Material eigene stoffliche Gefüge reflektiert das Licht auf eine für den Stoff eigentümliche Weise, woraus sich eine für diesen typische Erscheinung bildet, vorausgesetzt, der Betrachter befindet sich in nicht zu großer Distanz zur betreffenden Fläche. Texturen, die aus größerer Distanz wahrgenommen werden, sind dann für einen bestimmten Stoff nicht mehr signifikant; durch die zunehmende Unschärfe der Dichte – bzw. der Texturgradienten sind sie zu einer gewissen Helligkeitsstufe ohne stoffliche Prägnanz transformiert.
Die Darstellung von Texturen ist im allgemeinen an die Konturzeichnung gebunden; so verstanden, geben Texturdarstellungen ergänzende Informationen zur Beschaffenheit von Oberflächen, Konturzeichnungen dagegen von Umriß und Form. Man könnte von der primären Technik (Konturzeichnung) und der sekundären Technik (Texturdarstellung) sprechen.
Die Texturdarstellung ist komplexer als die Konturzeichnung. Während dreidimensionale Objekte immer von scharf umrissenen Flächen begrenzt sind, ist die Verteilung heller und dunkler stofflicher Substanzen auf der Oberfläche von Materialien vielfältig und innerhalb eines Stoffes oft nochmals differenziert; zudem verändern sich die Stoffe mit den Lichtverhältnissen sowie nach ihrer Lage zur Beleuchtung, dem Projektionswinkel und dem Entfernungseindruck.
Die Textur eines Materials ist durch die Verteilung des stofflichen Gefüges nach Größe, Form, Helligkeit und Farbe in Relation zum umgebenden Gefüge des Materials gegeben. Die Verteilung ist nicht beliebig; sie ist für die meisten Materialien charakteristisch. So ist die Verteilung heller und dunkler Teile an der Oberfläche von Holz trotz der Vielfalt der Holzarten nicht mit der des Marmors gleichzusetzen. Die meisten Materialien können aufgrund ihrer Textur visuell klassifiziert werden. Für ihre Abbildungen ist es entscheidend, aus welchem Winkel und aus welcher Entfernung die Texturen wahrgenommen werden und wie sie dem Lage- und Entfernungseindruck nach dargestellt werden sollten. Gleichgültig, ob es sich bei den stofflichen Erscheinungen um »Flecken«, »Maserungen oder Einschlüsse« handelt, ergeben sich daraus die für die Materialien typischen und meist unverwechselbaren Helligkeitsdifferenzen. Diese Verteilung von hellen und dunklen Partikeln ist in sich beständig, sie wirkt jedoch in verschatteten Zonen kontrastärmer.
Ihrer visuellen Natur nach den Texturen zuzurechnen sind Helligkeitsdifferenzen, die entstehen, wenn man Stoffe bearbeitet. So ist etwa die Erscheinung von Natursteinen oft primär von der Art ihrer Bearbeitung – bruchrauh, bossiert, gespitzt, scharriert, gesägt, gefräst, geschliffen, poliert usw. – geprägt, mehr als von ihrer physikalischen Beschaffenheit.
Sichtbare Erscheinungen sind an Farbe und Helligkeit, an Licht und Schatten, somit an Oberflächen gebunden. Luft reflektiert im allgemeinen kein Licht, sondern läßt es durch, bis es auf Begrenzungen, auf Oberflächen trifft, die das Licht reflektieren. Ohne raumbegrenzende Oberflächen verlaufen die Lichtstrahlen ungebrochen weit und gleichmäßig. Aus der physikalischen und chemischen Zusammensetzung des Materials resultiert die optische und die haptische Textur. Je nach der Lichtreflexion, die sich aus den Oberflächen verschiedener Neigungen, verschiedener Pigmente, verschiedener Bearbeitungen und Behandlungen ergibt, werden Lichtanteile reflektiert, die als Helligkeit und Farbe erscheinen und glatt, rauh, glänzend, stumpf, dunkel, hell usw. wirken. Die Inhomogenität der Oberfläche, die Textur des Stoffes, schafft verschiedenste Einfallswinkel des Lichtes.

Glanz, Reflexe
Oberflächen haben je nach ihrer materialen Struktur viel, weniger oder keinen Glanz. Glas, Metalle, Kunststoffe usw. glänzen. Glanz entsteht durch Helligkeitsdifferenzen auf Oberflächen; es ist der Helligkeitsüberschuß, der nicht zur eigenen Helligkeitsstufe des Materials gehört und reflektiert wird. Der Begriff Reflex – lat.: »Zurückbeugung« – bezeichnet den Lichtanteil, der aufgrund der Oberflächenbeschaffenheit eines Stoffes zurückfällt. Stark reflektierende Stoffe werden auch »helle« Stoffe genannt; absorbierende Stoffe sind dagegen solche, die einen großen Anteil des auftreffenden Lichts in sich aufnehmen. Es sind die sogenannten »schwarzen« Stoffe, wie beispielsweise Beton, Asphalt u.ä. Wirft eine Oberfläche alle Lichtstrahlen zurück, so ist sie weiß; sie ist farbig, wenn sie nur bestimmte Lichtwellen zurücksendet, andere jedoch absorbiert werden. Erst durch die Lichtreflexion wird ein Gegenstand sichtbar. Daher kann es sinnvoll sein, die Materialien für Darstellungszwecke nach ihren visuellen Eigenschaften zu klassifizieren, denn an Glanz, Textur und Farbe sind die Stoffe zu erkennen, die hellen glänzenden wie die dunklen matten, die konsistenten wie die inkonsistenten. Stoffe mit glatten bis spiegelnden Oberflächen reflektieren das Licht gleichmäßig. Diffuse Reflexion entsteht, wenn die Rauhigkeit der Oberfläche die Lichtstrahlen in alle Richtungen verteilt.
Das Reflexionsgesetz lautet:
Einfallwinkel α = Ausfallwinkel β.
Die Einteilung nach der Lichttreflexion:
– Stoffe hoher Lichtreflexion: Glas, Chrom, Lackflächen u.a.;
– Stoffe mittlerer Lichtreflexion: Metalle, Kunststoffe u.a.;
– Stoffe geringer Lichtreflexion: Gewebe, Holz, Beton u.a.

Die folgenden Darstellungen sind in axonometrischer Projektion bei senkrechter Lage der Hauptfläche ausgeführt. Der Eindruck der Texturdichte verändert sich durch Zu- oder Abnahme des Texturgradienten bereits bei geneigten Flächen. Oberflächenerscheinungen werden aus der Nähe anders wahrgenommen als aus größerer Distanz. Der Textur- oder Dichtegradient regelt in Abhängigkeit zur räumlichen Lage und zur Lichtquelle die Größenzunahme bzw. Abnahme des Oberflächenmusters.
Bei leichten, unsteten, beweglichen Materialien kann die Lichtreflexion als Glitzern bezeichnet werden; sie ist unbeständig und schnell wechselnd.
Das Absorptionsvermögen der Stoffe ändert sich bei feuchter oder nasser Oberfläche. Selbst eine Asphaltfläche, die bei Trockenheit Licht und Schatten absorbiert, reflektiert bei Nässe einen relativ hohen Lichtanteil, wie es bei Regenwetter auf jeder Straße zu beobachten ist. Auf spiegelnd nasser Asphaltfläche sind selbst bei diffusem Licht Reflexe und Schattenflächen sichtbar, die es bei Trockenheit nicht gibt.
Den vom Weiß überdeckten Teil einer Oberfläche nennt man Reflexfläche oder -zone. Bei Reflexen ist nicht nur die Textur, sondern auch die Lage der Flächen wichtig. Je nach Lage erscheinen die Flächen heller oder dunkler. Dabei kommt es darauf an, ob sie der Beleuchtung zu- oder von ihr abgewandt sind, ob sie Kanten oder stetige Krümmungen haben, konvex oder konkav sind. Die hell im Licht stehenden Flächen reflektieren relativ viel Licht, die dem Licht abgewandten weniger, denn sie sind verschattet. Verschattete Flächen zeigen ebenfalls noch ihre Textur, jedoch um den Grad der geringeren Lichtmenge dunkler. Im diffusen Licht ist die Differenz zwischen lichtzugewandter und abgewandter Helligkeit geringer, die Textur erscheint nun ebenfalls flacher und trüber.
Mit den Oberflächenqualitäten – rauh – glatt – ändern sich diese Reflexionsgrade; die rauhe Oberfläche zerstreut die Lichtstrahlen in verschiedenste Richtungen, man spricht dann von diffuser Reflexion. Der Glanz oder Schimmer einer Oberfläche nimmt ebenso zu, wie der Anteil des Streulichts abnimmt; fehlt die Streuung ganz, so ist die Oberfläche spiegelnd, und die Textur tritt hinter die Reflexionen zurück. Das ist bei Glas und Spiegeln der Fall, weshalb ihre Texturdarstellung so schwer gelingt.
Texturen, die nicht homogen beschaffen sind, lassen sich technisch einfacher darstellen als jene, die homogen und glatt sind und daher stark reflektieren, wie etwa Glas. Homogenes, glattes Glas läßt sich lediglich durch Reflexzonen, die sich auf der Glasoberfläche bei Lichteinfall bilden, abbilden. Die Reflexzonen sind die opaken, nicht durchsichtigen Flächenanteile. Daher ist die Darstellung von glattem Glas ein Grenzfall: seine Texturdarstellung ist nur soweit möglich, wie man sich auf die Reflexe konzentriert, die seine Textur spiegelnd überdecken, d.h. glattes Glas ist ohne Textur, es ist durchsichtig, an reflektierenden Stellen erscheint es jedoch undurchsichtig, spiegelnd. Dieser Flächenanteil steht für die Darstellung zur Verfügung, wenn man die Helligkeit bzw. die Farbe des Glases außer acht läßt.

Die frontale Texturdarstellung

Die Textur verhält sich in einer planimetrischen Zeichnung nach denselben geometrischen Gesetzen wie die Zeichnung selbst; die Ausdehnung und die Verteilung heller und dunkler Anteile der Textur werden in rechtwinkliger, frontaler Projektion wie der Gegenstand selbst in wahrer Größe, bzw. maßstäblich dargestellt. Die erscheinungsmäßige Größe bekannter Texturtypen kann als Kriterium der Entfernung gelten.

In frontaler, unräumlicher Projektion sind verschiedene Baumaterialien dargestellt.

Diesen Darstellungen ist die konstante Größenverteilung der Flecken und Muster gemeinsam. Die Texturdichte ist bei dieser Projektion ohne Zu- oder Abnahme, da die Flächen eben und senkrecht zur Projektionsebene sind. Das Entfernungskriterium orientiert sich allein an der Abbildungsgröße der Zeichnung. Für die Marmorierung wurde ein Abstand von etwa 1 m angenommen; eine kleinere Distanz würde eine weniger abstrakte Darstellungstechnik nahelegen, umgekehrt würde eine größere Distanz das Texturtypische unscharf erscheinen lassen, und es gäbe dann nicht viel mehr darzustellen als Fugen, die Helligkeitsstufe oder die Materialfarbe der Flächen.

In einer axonometrischen Zeichnung gilt entsprechendes; die Parallelität der Kanten verbietet die Veränderung der Texturgradienten zur Erzeugung des Tiefeneindrucks, die Textur ist hier ohne Verlauf, jedoch differenziert nach lichtzugewandter und lichtabgewandter Seite.

Weder die Texturdichte, noch eine verläßliche Beleuchtungsstufe zur Form – oder Entfernungseinschätzung kann bei der Darstellung von Glas als physikalische Grundlage herangezogen werden. Glattes Glas mit ebener Oberfläche und chemischer Homogenität reflektiert das Licht meist nicht vollständig. Wie vom wolkenlosen Himmel können zeichnerisch keine Abbilder hergestellt werden, es sei denn, Knicke, begrenzende Kanten oder Reflexe heben die transparente Oberfläche partiell auf. Strukturiertes Glas mit Einschlüssen erhabener und vertiefter Stellen oder Schlifformen ist einfacher darzustellen, weil die verschiedenen Reflexionseigenschaften als Variationen der Helligkeit herangezogen werden können. So bleiben für die Darstellung des Glases: die Kanten, die Glanzlichter und die Eigenfarbe.

Auch keramische Fliesen reflektieren das Licht bei glatter Oberfläche gleichmäßig, wenn auch in geringerem Maße als Glas, denn ihre Oberfläche ist stumpfer, bei unglasierter Ausführung ist ihre Absorption wie die von metallischen Oberflächen. Was für Fliesen charakteristisch ist, nämlich ihre Verfugungen, kommt der Darstellungstechnik entgegen. Das geometrische Muster der Verfugungen ist für »Fliesen« signifikant genug, so daß man ohne die Texturdarstellung auskommen kann. Keramische Fliesen aus einem Abstand von 30 bis 40 cm wahrgenommen, sind bei normaler Beleuchtung ohne materialkennzeichnende Eigenschaften. Die Oberflächen sind eben, von homogener Beschaffenheit, daher gleichmäßig reflektierend. Meist sind die Fugen verschattet und an den Fliesenkanten entstehen Glanzlichter. Der Sichtwinkel läßt die Fugen breit oder schmal erscheinen. Sie können auch ganz verschwinden, wie es jede verfugte größere Wandfläche zeigt. Die Nachbarschaft gefliester Flächen ist bei ausreichender Beleuchtung gespiegelt, doch sind die Fliesenoberflächen physikalisch weniger glatt oder eben als die des Glases. Deshalb ist die Spiegelung trüber.

Die Helligkeitsvariationen auf ebenen Holzflächen sind lediglich Konturen der gewachsenen weicheren und härteren Zonen, und diese sind für die meisten Hölzer signifikant. Diese Helligkeitsdifferenzen zeigen nicht die Modellierung, sondern lediglich den Texturtyp des betreffenden Holzes an. Daneben sind Hölzer bekannt, wie etwa die Eiche, die lediglich aus geringer Entfernung eine typische Maserung aufweisen, die aus größerer Entfernung kaum noch wahrnehmbar ist. Dann bleiben für die Darstellung die typische Farbe und die Wachstumsrichtung.

Leder ist von unterschiedlicher Farbe, Helligkeit und Gerbung und geringer visueller Konstanz. Nähte, Keder u. ä. verweisen auf das stoffartig Weiche, ein für die Darstellung signifikantes Merkmal, wie die Fugen des Mauerwerks oder die Maserung des Holzes.

3.88 Frontale und longitudinale Projektion einer Fläche.

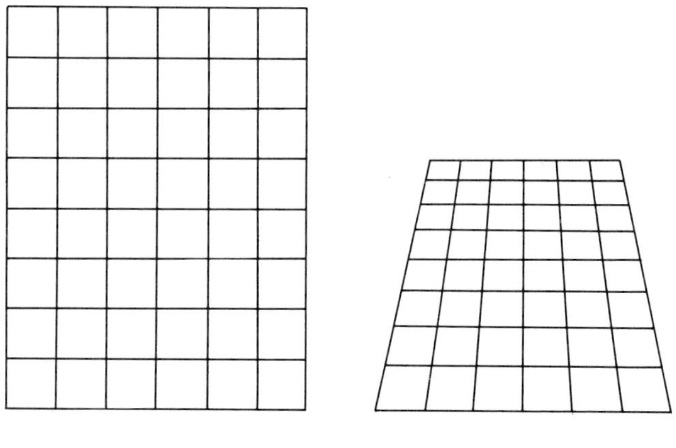

3.89 Frontale Texturdarstellung: Putz, Kalksandstein, Beton, Holz, Marmor.

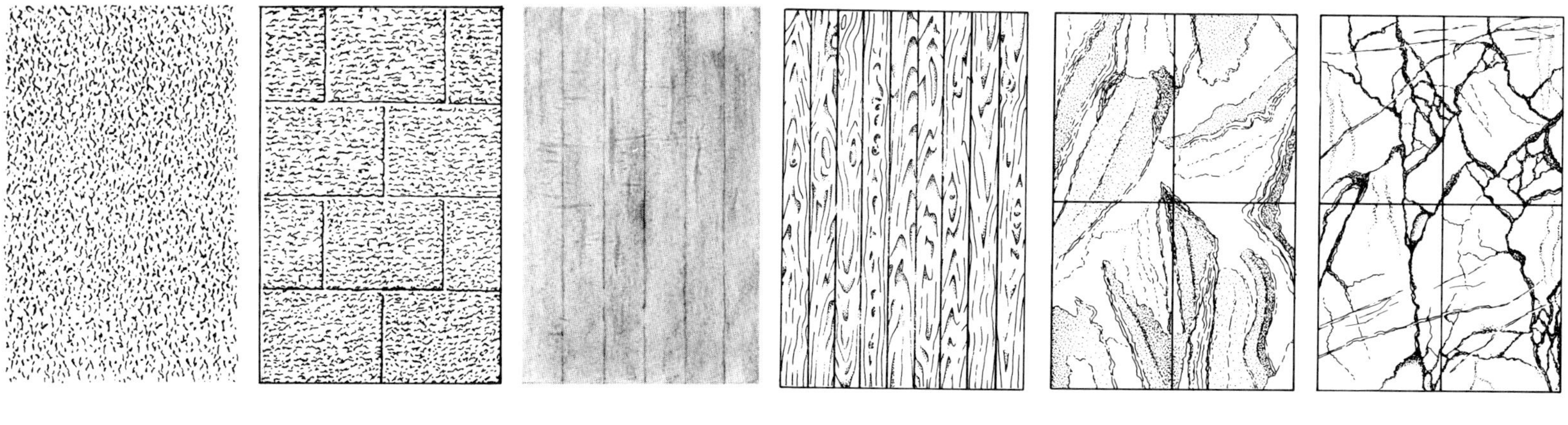

3.90 Glas. Bleistift. Ebenes, glattes Glas ist ohne Textur. Es läßt sich jedoch durch Reflexzonen, die sich meist auf der Glasoberfläche bilden, darstellen.

3.91 Chrom mattglänzend. Spritztechnik. Die Oberflächenwirkung von mattglänzendem Chrom ist in Spritztechnik ausgeführt. Dem Zylinder folgend, nimmt die Beleuchtung als Funktion der gewölbten Form zur Lichtquelle hin zu oder ab. So entstehen drei Helligkeitsstufen mit fließenden Übergängen. Harte Kontraste würden als Hinweis auf geknickte Formen aufgefaßt werden. Der allmähliche Übergang von Licht und Schatten hingegen ist stets ein Anzeichen für eine konvex oder konkav kontinuierlich gekrümmte Form. Die Abbildung hat eine weitere Funktion. Sie soll auch die Texturdichte der chromatisierten Oberfläche erfassen. Die erste Forderung betrifft die Schattierungsgradienten, die eine gewölbte Fläche anzeigen, die zweite die Texturgradienten, die den Reiz der Textur hervorbringen sollen, ganz gleich ob diese stumpf oder glänzend ist.

3.92 Holz. Bleistift mit der für Weichholz typischen ausdrucksvollen Maserung.

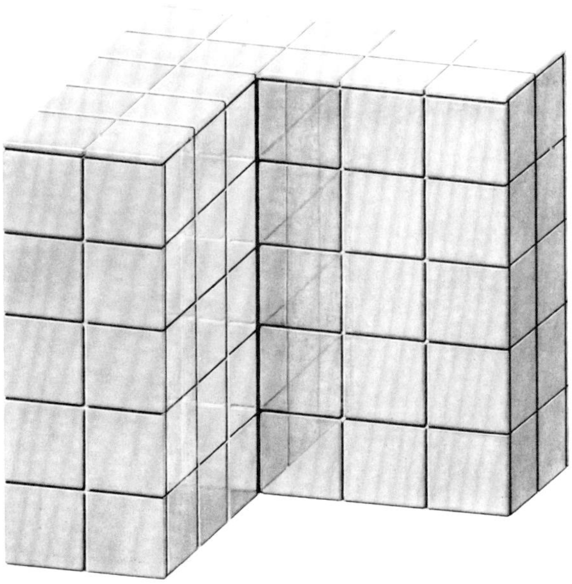

3.93 Mauerwerk, hell gefugt. Spritztechnik. Die Fugen wurden mit Tempera nachgearbeitet. Der Rauhheit nach ist eine gemauerte Fläche dem Texturtyp »Beton« ähnlich. Vereinfachend kommen signifikante Mauerwerksfugen hinzu. Das hilft in jenen Fällen, wo die Textur selbst nicht deutlich genug darzustellen ist, oder wegen der Tiefendistanz unscharf oder perspektivisch verdeckt ist.

3.94 Beton, schalungsrauh. Bleistift. Die Grate, Furchen und Abdrücke eines schalungsrauhen Betons machen darstellerisch wenig Schwierigkeiten, weil sie typisch für die Herstellung und Erscheinung sind und sich gut in Variationen der Helligkeit umsetzen lassen. Die Rauhheit dieses Texturtyps ist in Bleistift angelegt und anschließend verwischt.

3.95 Keramische Fliesen, Bleistift; Fugen Tempera. Die keramischen Fliesen haben eine Beleuchtungsstufe für die frontalen Flächen, die anderen Flächen sind dem Licht zu- oder abgewandt. Die Fugen sind etwas verschattet, die Fliesenkante ist gekrümmt und gibt ein Glanzlicht wieder. Die Spiegelung der gegenüberliegenden Flächen ist helligkeitvertauscht.

3.96 Haken mit Feder, Tempera. Studienprojekt, Fachhochschule für Gestaltung Schwäbisch Gmünd. Leitung: Jürgen Wirth.

3.97 Ventil. Spritztechnik. Studienprojekt, Fachhochschule für Gestaltung Schwäbisch Gmünd. Leitung: Jürgen Wirth.

3.98 Kunststeine verschiedener Farbe und Textur, Glasscheibe spiegelnd.

3.99(1) Marmor; Bleistift. Für dieses Marmorstück sind neben dem Herausarbeiten der Marmorierung und der Flecken auch die Glanzlichter entlang der Kanten wichtig. Ihre Reflexion zeigt die scharfen Kanten und die Härte des Gesteins. Drei Helligkeitsstufen betonen die Plastizität des Körpers.

3.99(2) Marmor; Farbstift. In einer vergleichbaren Technik wie zuvor, sind hier auch noch mineralische Einschlüsse wahrzunehmen, ein Indiz für einen gewählten Sehabstand von etwa 30 cm. Aus größerer Entfernung dargestellt, wäre dieser Marmorblock weder heller noch dunkler, sondern unschärfer, mit undeutlichen Marmorierungen oder nur ein roter Würfel.

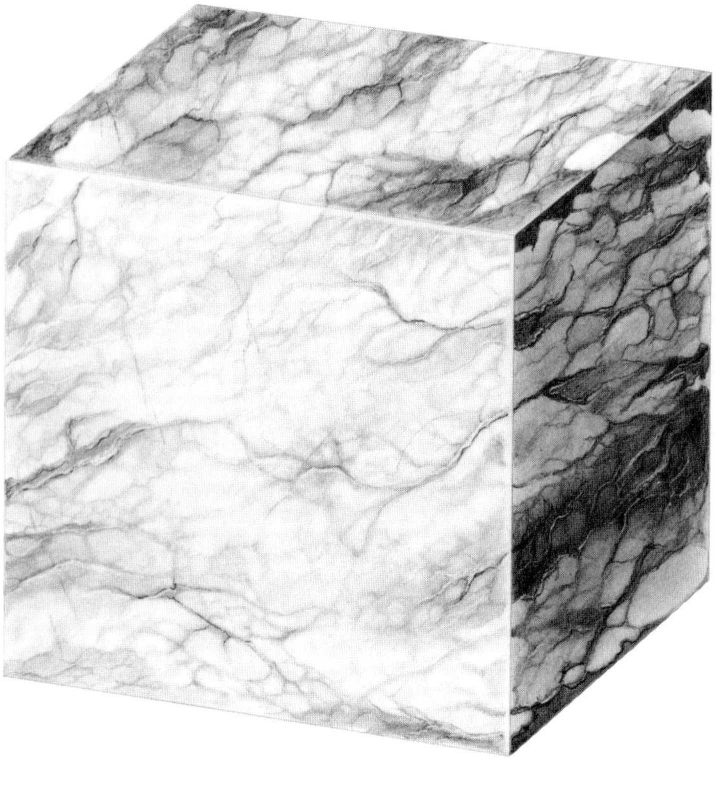

3.100 Walter Gropius. Türklinke. 1922.

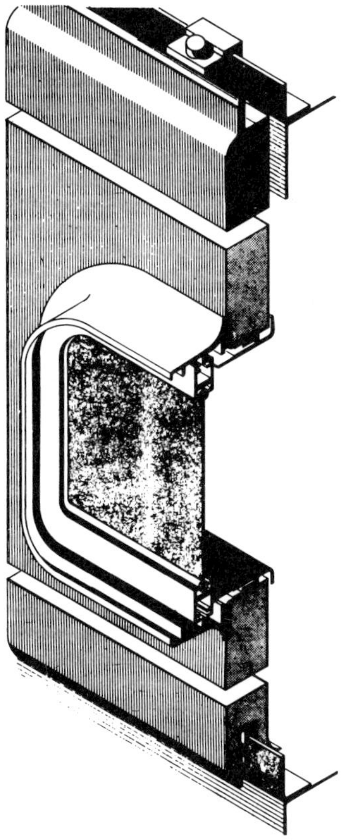

3.101 Jean Prouvé. Präfabriziertes Fassadenelement. Folientechnik.

3.102 Gilbert Frey. Le Corbusiers Ledersessel L.C.2. Tuschezeichnung.

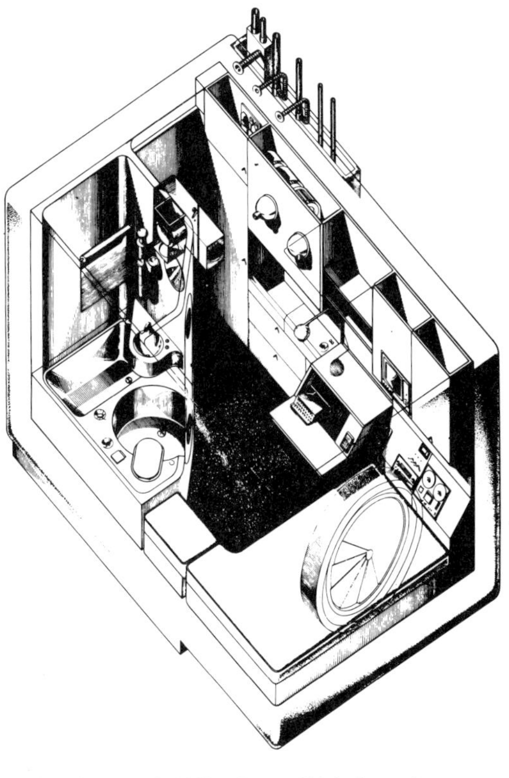

3.103 Kisho Noriaki Kurokawa. Wohnkapsel. Expo Osaka. 1970.

3.104 Granit, Aquarell. Der Granitzylinder ist glatt, glänzend, chemisch nicht homogen, denn er ist aus verschiedenen Substanzen zusammengesetzt und hat daher verschiedene Reflektionseigenschaften, die Reflexion ist gering. Die Fleckenverteilung dieser Textur läßt sich auch konturierend oder monochrom darstellen, denn die hellen und dunklen Flecken auf der Oberfläche sind für Granit so typisch wie die Maserungen für das Holz.

3.105 BMW Isetta. Spritztechnik.

3.106 Lambretta Innocenti. Tusche. 1949.

3.107 Volkswagen, Limousine. Spritztechnik.

Die Darstellungsproblematik

Die gestalterischen Vorstellungen über Anlagen von Grünzonen, Straßengrün und Gartenanlagen werden zeichnerisch in grundrißliche Projektionen und einfügbare Signaturen umgesetzt. Selten sind realistische Darstellungen. Die Bepflanzungen sind meist schematisiert den Plänen in Legenden beigegeben. Man geht dabei von einer typisierten Erscheinung aus; der jahreszeitliche Wechsel des Laubes wird zeichnerisch nur selten festgehalten. Hierin sind die Zeichnungen Joseph Maria Olbrichs zur Bebauung der Mathildenhöhe in Darmstadt eine frühe und heute noch seltene Ausnahme. Zur Erleichterung der darstellerischen Arbeit generalisiert man die Formen der typischen Bestandteile einer Zeichnung. Das ist beispielsweise bei der Darstellung von Ästen, Blättern, Fruchtständen und Silhouetten der Fall. Die zeichnerische Form beschränkt sich auf Grundtypen, ohne Sonderbildungen zu berücksichtigen. Exakt ist der Pflanzen- und Gartenplan nur in der grundrißlichen oder axonometrischen Projektion. Im allgemeinen fehlt es an ebenen Flächen, an sicher zu konstruierenden räumlichen Wirkungen, so daß oft ein routinehaftes Umreißen der Form-, Farb- und Raumvorstellung die Folge ist. Das Gewebe der botanischen Formen, das dem Nichtgärtner oft regellos erscheint, soll zeichnerisch in signifikante Merkmale der Einzelformen, der Gruppen, in Nah und Fern anzeigende Füllungen gegliedert werden. Pflanzen, prägnanter noch Gehölze, haben zwar Plastizität und einen typischen Umriß, doch die Vegetation als verwandlungsreiches Naturelement fordert das zeichnerische Herausarbeiten signifikanter Merkmale. So ist etwa die Charakteristik des Hängewuchses zeichnerisch wichtiger als dessen Blattform, die Silhouette bedeutsamer als das Gerüst der Äste und der formalen Binnengliederung.

Die Naturtreue der Zeichnung heute

Auch hier gibt es verschiedene Möglichkeiten, Pflanzen, Gehölze und Bäume darzustellen. Man kann sowohl die rationale Fassung der Architektenzeichnung wählen als auch die der freien Naturstudie. Nach den technischen Möglichkeiten ist sowohl eine kürzelhafte Notierung des Formenschemas, das der botanischen Form entspricht, denkbar, als auch die ausgearbeitete formsichere Zeichnung, die sich an den Natureindruck hält.
Die eigentlichen Darstellungsschwierigkeiten bereitet das Blattwerk. In dem Maße, wie es gelingt, durch konturierende und vereinfachende Linien das Blattwerk zu erfassen, wird sich der Eindruck großer Dichte, undurchschaubarer Tiefe oder unzähliger Blätter erzielen lassen. Dies setzt die Kenntnis botanisch signifikanter Merkmale voraus. Überwiegen botanische Merkmale gegenüber dem zeichnerischen Vermögen, so verliert sich die Zeichnung leicht an einen Natureindruck, der im Ganzen blaß oder ungelöst bleibt. Oder man verfällt in altmeisterliche Allüren. Vielleicht auch wird man zurückgeführt in die Steifheit oder Verträumtheit einer Zeichnung, wie sie der Tradition des 18. und 19. Jahrhunderts entspricht. Über Naturstudien wurde das Bild der Natur andachtsvoll aufgenommen, in eine idealisierte Landschaftsform gebracht und in anspruchsvoller Technik gemeistert.

Stufen der Ikonizität

Die zeichnerische Wiedergabe einer großen botanischen Form mit wahrscheinlich Millionen von Blättern und unzähligen Ästen erfordert in allen Maßstäben die stete Reduktion des real Gegenwärtigen. Die Wuchsrichtung der Äste, Blätter oder Nadeln sollen zu einer für die Botanik charakteristischen Form zusammengefaßt werden, die anzeigt: Buche, Eiche, Birke usw.
Im allgemeinen führt jede Abstraktion über die Abkürzung, Raffung, Reduzierung des im Realen Vorgefundenen, zur Neuformulierung der formanzeigenden Linien oder Helligkeiten von Blättern und Ästen. Was sich zeichnerisch vom Duktus her für die kleine Einzelform wie für die Gesamtform bewährt, ist gesucht. Die Gefährdung liegt im Abwägen zwischen der zeichnerisch unsicheren Verflüchtigung oder Überfrachtung der Naturform oder in zu weit geführter Abstraktion, die dann in ihrer Eigenexistenz den Anschluß an die Naturform verliert.

3.108 Friedrich Preller d. Ä. Olivengruppe. Bleistift. 1860.

Die bewachsene Fläche
Auch hier gibt die Perspektive dem Naturraum die zeichnerische Raumtiefe oder setzt sie vom Architekturobjekt her zeichnerisch fort. Das vegetative Gefüge einer ebenen waagerechten Fläche fordert ein regelhaftes Vorgehen. Das führt technisch von der linear-perspektivischen Wirkung der Kanten zur Texturperspektive der Vegetation, denn ein gleichmäßiges Muster ist ohne eine sich regelhaft verändernde Tiefenwirkung (vgl. Kapitel Grundlagen).

Realitätsstufen der Zeichnung
Zunächst ist offen, wie die Dreidimensionalität, die Plastizität des Baumes, die Modellierung der Oberfläche zeichnerisch umgesetzt wird. Mehrere Möglichkeiten stehen zur Verfügung: Veränderung der Einzelformen, d.h. Veränderung der Abstraktion; Helligkeitsveränderung; Übergänge von Licht und Schatten u.a.
Nebenstehende Zeichnungen verfolgen in vier Stufen eine zunehmende Naturnähe, beginnend bei einer charakteristischen Kontur, ergänzt von leichter Binnengliederung. Der folgende zeichnerisch größere Aufwand führt zunehmend zur plastischen und realistätsnäheren Zeichnung.

3.109 Texturperspektive bewachsener Flächen. Zeichnerische Behandlung von vier botanisch verschiedenen Flächen.

3.110 Ikonizität einer Baumgruppe in vier Stufen dargestellt.

Bäume, belaubt und unbelaubt gezeichnet
Einige dieser Darstellungen basieren auf Brenda Colvin: *Trees for Town an Country*, London 1972.

3.111 Zeichnerische Darstellungen von Bäumen, belaubt und unbelaubt.

Libanonzeder

Gemeine Kiefer

Omonikafichte

Trauerweide

Sommerlinde

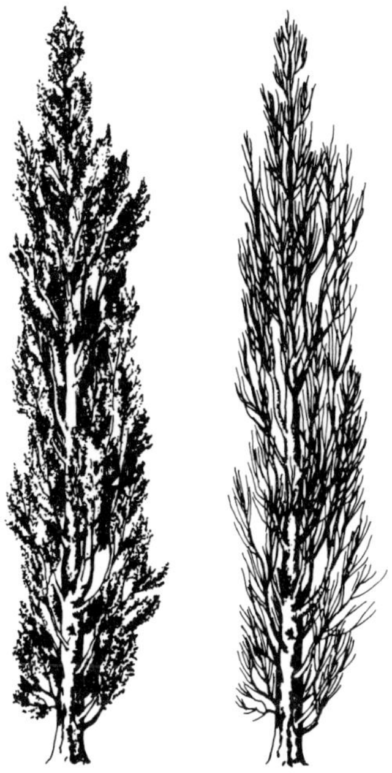

Pyramidenpappel

Rotbuche

Stileiche

Weißbirke

Bäume photographisch:
In den folgenden Abbildungen wurden Solitäre und Gruppen belaubt und unbelaubt photographiert: die Physiognomie verschiedener Laubbäume im Wechsel der Jahreszeiten, photographiert und manuell nachbehandelt.

3.112 Bäume photographiert, unbelaubt.

3.113 Bäume photographiert, belaubt.

Bäume

Eigentlich schwierig ist die zeichnerische Behandlung der Gehölze. Die Zeichnung hat die typologischen Merkmale, den Habitus, eventuell auch die individuelle Wuchsform, die Farbe von belaubtem und unbelaubtem Baum und Strauch wiederzugeben. Das setzt botanische Kenntnisse voraus. Verzweigungen, Wuchsrichtungen, Blattformen und die Baumgestalt sollte man beobachtet haben, ehe man unter Einhaltung einer gewissen Regelhaftigkeit des Volumen- oder Formstrichs, unter Vernachlässigung kleinerer Formen das Grundthema herausarbeitet. Auch hier zwingt die Entfernung von Gegenstand und Bildebene zur Abwandlung des graphischen Typs, so daß signifikante Merkmale erhalten bleiben, wenn man den Gegenstand aus unterschiedlicher Distanz erkennen soll. Um mehr als die Silhouette zu geben, wird die Form in vorn und hinten, in lichtzugewandte und lichtabgewandte Seite gestuft. Eine genaue Darstellung der Tiefenentwicklung gelingt selten, es sei denn, das Volumen wäre auf ein geometrisches Schema reduziert.

Die Zeichnung eines Baumes ist ein ikonisches Zeichen, das auf den Baum verweist, indem es Wesentliches von ihm zeigt.

Schraffur, Strichvariation, Schattenlavierung, Folien u. ä. sind die Techniken zur plastisch wirkenden Zeichnung. Standortrücksichten sind selten, der Aufrißcharakter überwiegt, die bildmäßige Behandlung beschränkt sich meist auf den Habitus bei schematisierter Bearbeitung des Plastisch-Räumlichen.

3.114 Junger Ahornbaum, dargestellt in verschiedenen Techniken.

Bäume in der Draufsicht

Die orthogonale Projektion nach unten zeigt Busch und Baum als geometrisches Schema eines Kreises in unbelaubtem oder belaubtem Zustand oder in vereinfachtem Umriß, etwa mit gekräuselter Linie, die den bewegten Umriß des einzelnen Baumes darstellt oder die Baumgruppe als Geflecht zeigt. Die graphischen Regeln von Grundriß, Aufsicht, Lageplan setzen sich im allgemeinen hier fort.

Es liegt nahe, die Erscheinungsvielfalt der Gehölze auf geometrische Grundformen und die Baumcharaktere auf sechs bis acht Grundformen zu reduzieren. Sie sind mehr als nur verschieden geformte plastische Erscheinungen. Die botanischen Typ- und Formbildungen sind weder die Folge von Indifferenz noch freier Mannigfaltigkeit der Naturmotive. »Wie die Häuser der Menschen, die in ihrem äußeren Habitus sogleich ihren Standort verraten – denn je nachdem, ob Schnee, Regen, Sturm oder Sonnenbrand das Haus bedrohen, müssen die Dächer und Fenster anders gebaut werden –, ebenso zeigen die Pflanzen in ihrer Gestalt ohne weiteres an, ob sie sich gegen Trockenheit oder Wasser, gegen Lichtüberfülle oder Lichtmangel zu wehren haben«.[19]

Bäume axonometrisch

Die Reduktion der Baumgestalt auf geometrische Umrisse und axonometrischer Projektion, z. B. auf der Basis von Netzen, vermeidet zeichnerische Schwierigkeiten. Der für die Gehölze nötige Lebensraum geht daraus nicht hervor. Einzeln stehende Bäume benötigen für ihre günstige Wirkung einen Pflanzenabstand, der größer ist als der Durchmesser ihrer Krone.

3.115 Unbelaubte Baumgruppe in senkrechter Projektion.

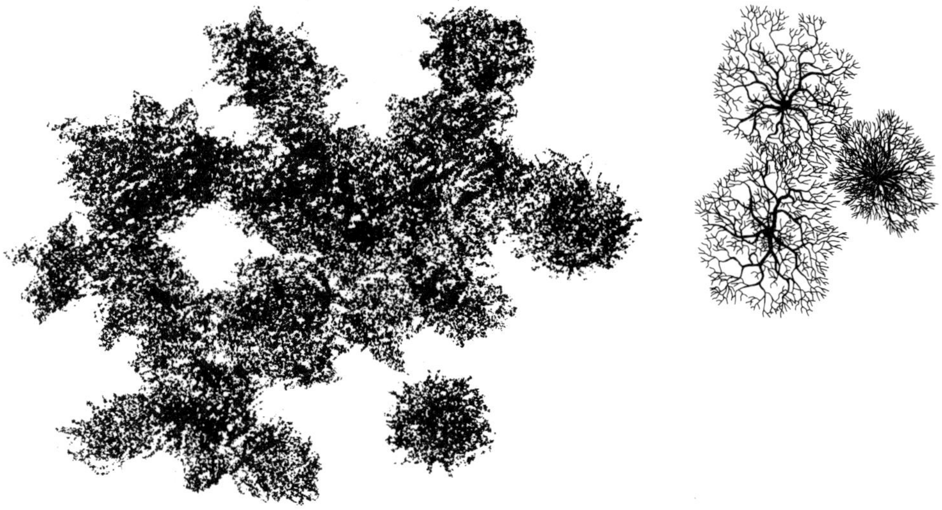

3.116 Ludwig Mies van der Rohe. Farnsworth House. Grundriß und Umgebung.

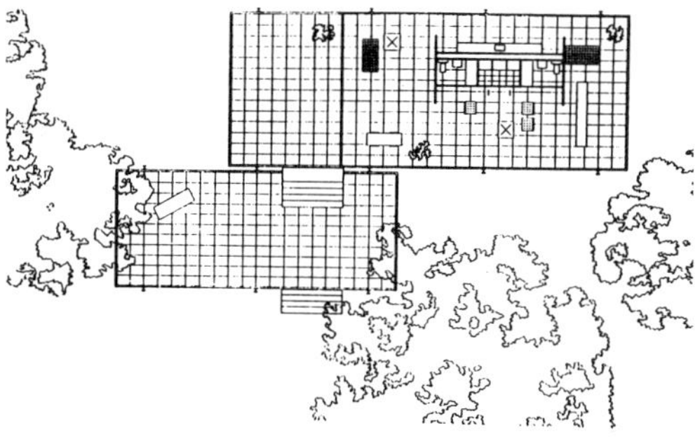

Die technisch anspruchslose Kräusellinie fand in den Zeichnungen Mies van der Rohes ihre schönste Form. Mit scharfliniger Exaktheit führt sie in der botanischen Form das zeichnerisch angelegte architektonische Formstreben weiter.

3.117 Die dichte Baumreihung als geometrisch-abstrahierte Körperpackung; Schwellraster verbessern die plastische Wirkung.

3.118 Klassifikation von Bäumen nach ihren Silhouetten.

Die Klassifikation von Bäumen nach ihren Silhouetten:
säulenförmige bis kegelförmige Arten;
turm- oder eiförmige Arten, die bei hohem Wuchs zur Krone hin verjüngt wachsen;
die kugelförmigen Arten;
die pittoresken Arten, die im Alter zu einer schirmförmigen und offenen Krone neigen;
die Hängeform, die weniger bei den Nadelbäumen, häufiger bei den Laubbäumen vertreten ist;
die schirm- oder schopfförmigen Arten, die über einem schlanken, unverzweigten Einzelstamm eine buschige Krone aus meist langen Blättern tragen.

Blätter
Größe, Form und Menge der Blätter bestimmen weitgehend die Baumphysiognomie und den Schattenwurf des Baumes. Die amerikanische Ahornart »Acer macrophyllum« hat eine Blattgröße von etwa 30 cm, die japanische Roßkastanie »Aesculus turbinata« eine Blattbreite von etwa 90 cm. Die Weidenblätter dagegen sind nur wenige Zentimeter groß.
Der Baum folgt einem Naturplan; im Herbst verwandelt er sich in eine Trockenpflanze. Auch die Blätter immergrüner Laubgehölze werden zyklisch, meist in mehrjährigen Intervallen abgeworfen und erneuert.

Variantenreich sind auch die Blattränder; sie sind ganzrandig, gesägt, gewimpert, gezähnt usw. Aus den vielfältigen Blattmustern sind die wichtigsten herausgegriffen.

3.119 Die am meisten verbreiteten Blattformen:

- **die »gefiederte« Blattform wie bei der Esche;**
- **die »fingerförmig« geteilte Blattform wie bei der Roßkastanie;**
- **die handförmig gelappte Blattform wie bei den Ahornarten;**
- **die gesägte Blattform wie bei der Ulme;**
- **die nadelförmigen Blätter der Koniferen.**

Rinden

Einige Gehölze bringen ausdrucksvolle Rindenzeichnungen oder -färbungen hervor. Von fast ornamentaler Beschaffenheit ist die Rinde der ahornblättrigen Platane. Auch die Rinden der Kirschbäume, die man an den waagerechten Rindenbändern erkennt, sind ästhetisch auffallend. Farbige Rinden kommen besonders dann zur Geltung, wenn die Pflanzenwelt noch unbelaubt ist.

Baum und Strauch

Als Baum gilt ein »größeres freitragendes Holzgewächs«. Für die mittlere Breitenzone bis zum Mittelgebirge wird eine Mindesthöhe von etwa 5 m vorausgesetzt. Freitragend ist jeder Baum; er unterscheidet sich hierin von Hängegewächsen. Ein Baum wächst im allgemeinen mit einem Stamm; darin unterscheidet er sich von Sträuchern. Trotz der weitgehenden botanischen Übereinstimmung von Strauch und Baum ist entscheidend, daß sich Sträucher vom Wurzelstock an mehrstämmig verzweigen.

3.120 Die Rinden einiger Gehölze:

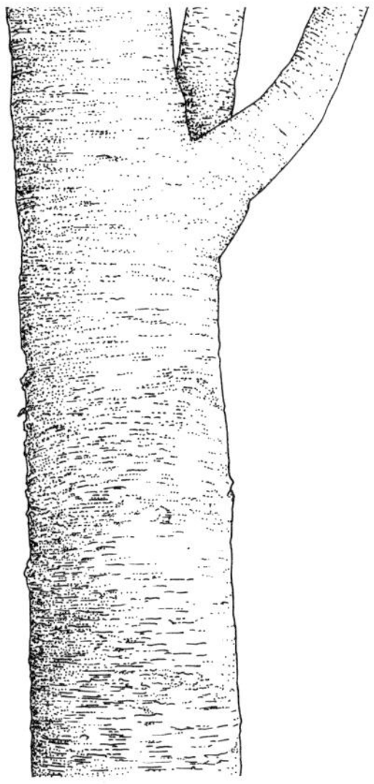

Vogelkirsche

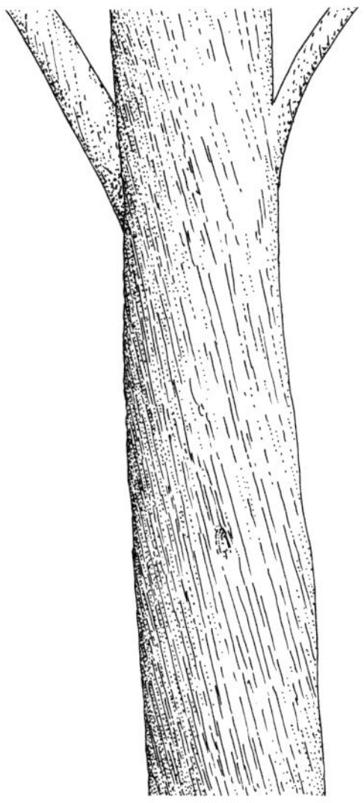

Zypresse

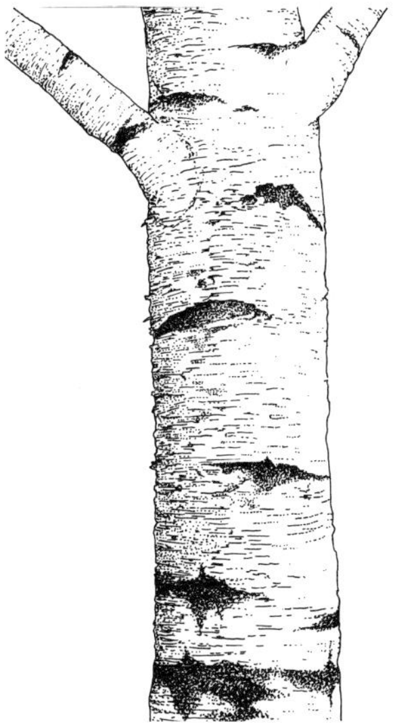

Birke

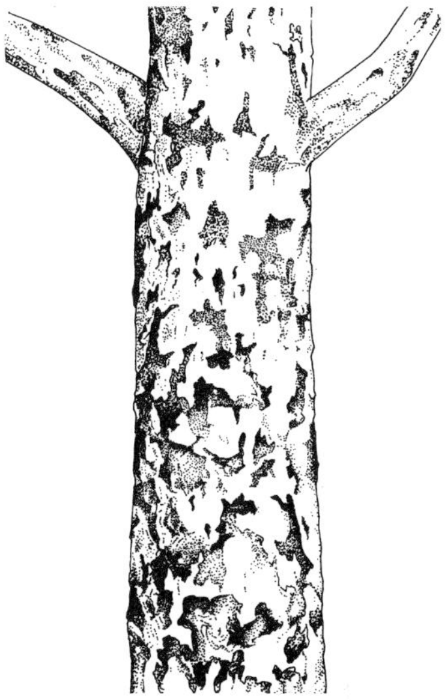

Platane

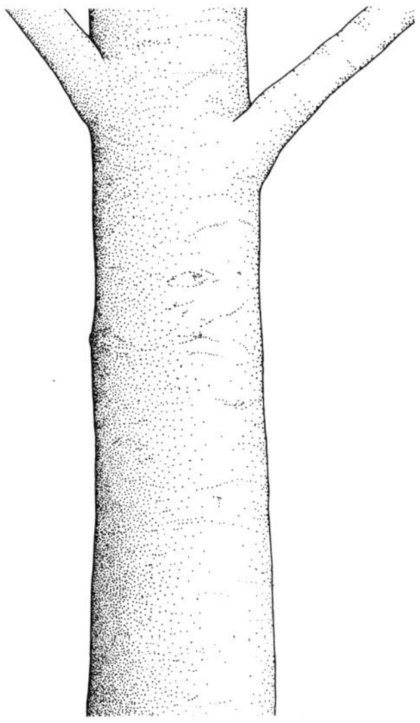

Buche

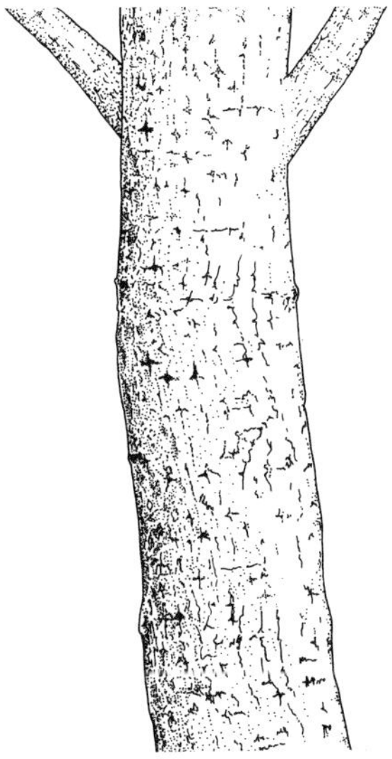

Salweide

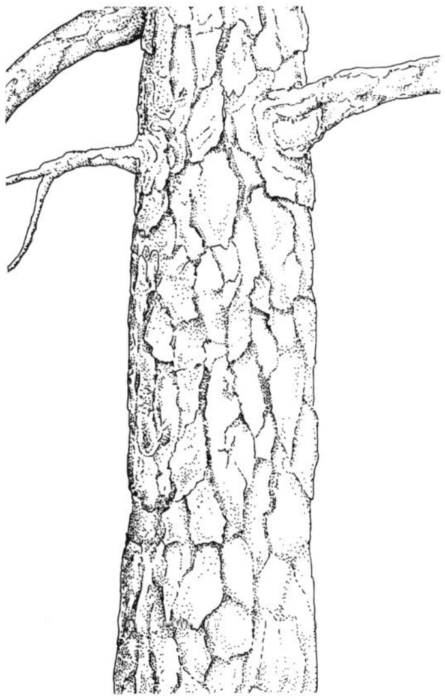

Kiefer

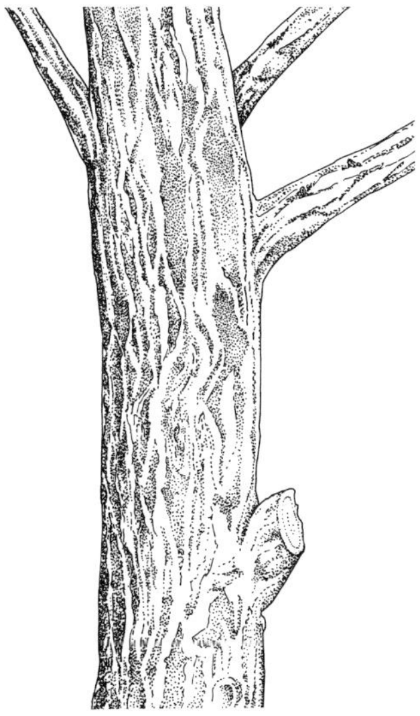

Silberweide.

Pflanzen zur Begrünung von Gebäuden

Schling- und Kletterpflanzen wachsen an Mauern, Zäunen, Pergolen und Lauben entlang. Bei geringem technischem Aufwand bieten sie gestalterisch zahlreiche Möglichkeiten. An Fassaden hochgezogen, verbessern sie die Wärmedämmung und -speicherung, den Wind- und Schallschutz des Gebäudes. Schling- und Kletterpflanzen sind nach ihren Kletterorganen klassifizierbar: die Schlingpflanze, die sich um Drähte o.ä. windet, wie Geißblatt, Knöterich und Hopfen; der Wurzelkletterer Efeu, wilder Wein, die sich mit ihren Haftwurzeln an Wand oder Rinde, d.h. an nicht zu glatten Oberflächen festhalten; die Rankenpflanzen, die mit Sprossen oder zu Ranken umgebildeten Blättern Drähte und Zweige umklammern; die Spreizklimmer wie Kletterrose und Kletterbrombeere, die sich mit dünnen Sprossen festhalten. Die meisten dieser Arten benötigen Klettergerüste.

Heckenformen

Hecken sind Elemente der Gartengestaltung; sie umschließen Gärten und Grundstücke, sie gliedern den gärtnerischen Raum, geben Schatten, begrenzen die Sicht, dienen als Lärm- und Windschutz besonders dann, wenn sie aus Koniferen gepflanzt sind. Unterscheidbar sind niedrige Hecken bis etwa 0,5 m Höhe, mittlere Hecken mit einer Wuchshöhe bis 1,5 m, die den Blick noch nicht völlig begrenzen, und hohe Hecken von über 2,0 m Höhe, wie sie von historischen Gärten bekannt sind. Unbeschnittene, freiwachsende Hecken, zu mehrreihigen, gestaffelten und gemischten Pflanzungen eingesetzt, sind die großzügige Alternative. Eine formal schöne Sonderform sind die meist halbkugelig geschnittenen Büsche (Karikomi) des japanischen Gartens.

3.121 (1) Beschnittene Hecke, Hänge- und Kletterpflanzen. Verschiedene Techniken.

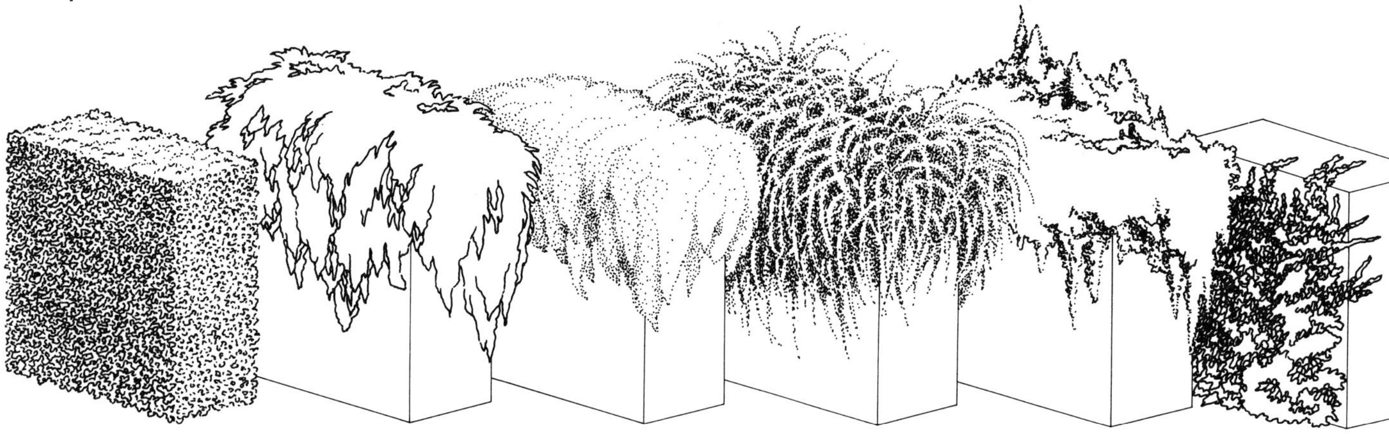

(2) Bodendeckendes Gehölz, Hänge- und Klettergewächse.

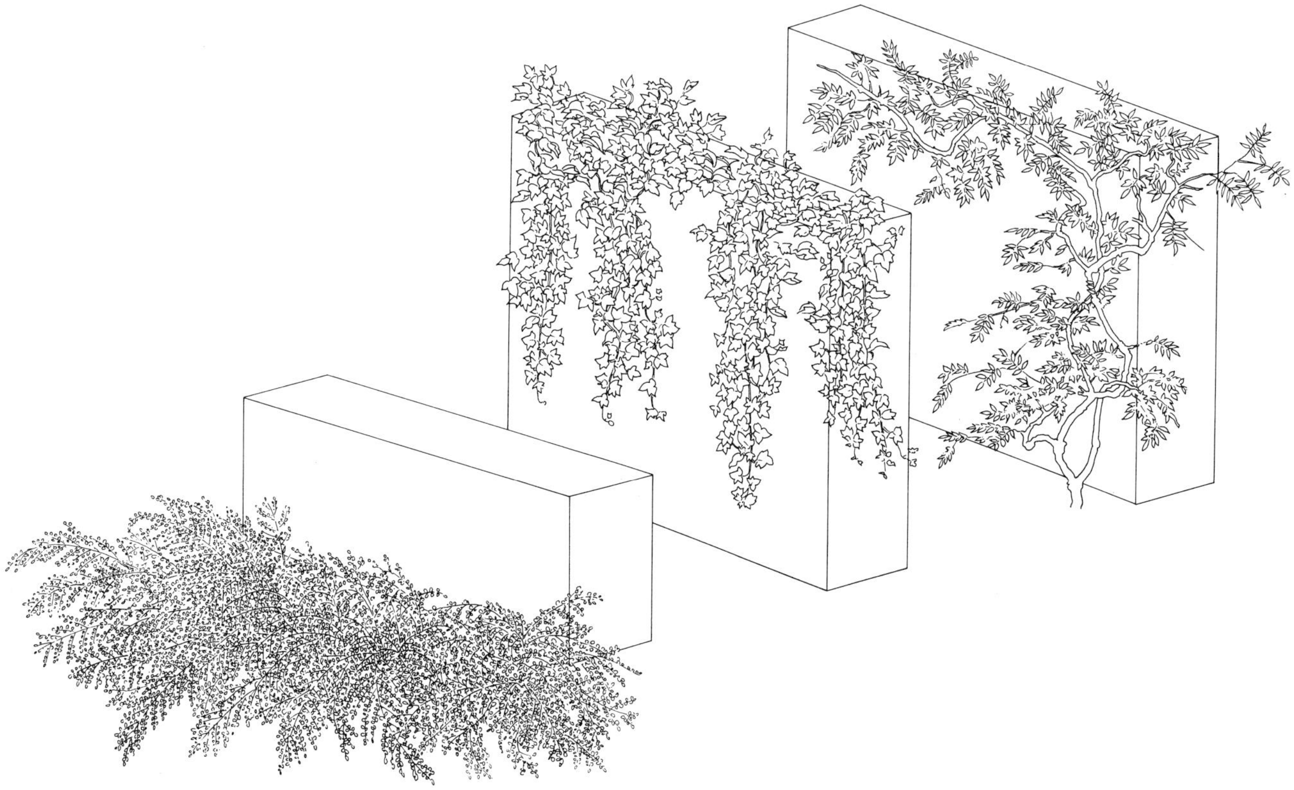

Bodendecker

Bodendeckende Gehölze sind für unwirtliche Stellen, für Hänge und Böschungen zunehmend zum Rasenersatz geworden. Sie gedeihen auch unter Bäumen, wo Gehölze anderer Gattung nicht wachsen können. Niedrige Bodendecker erheben sich nur einige Zentimeter über den Boden; andere wachsen dichtgedrängt oder in überhängenden Zweigen.

Baumgruppierungen

Eine natürlich wirkende Gruppierung von Büschen und Bäumen zu erreichen, gehört zu den schwierigsten Aufgaben der Gartengestaltung. Grundrißliche Zeichnungen bzw. die Draufsicht in orthogonaler Projektion, von Netzen ergänzt, geben vermeßbare Verhältnisse.

Mit der perspektivischen Darstellung, die sich zugleich mit dem grundrißlichen Gefüge der Baumgruppe verbindet, erreicht man eine gute Übersicht.

Transparenz und Dichte

Auch bei der Gliederung des Naturraums im Zusammenwirken mit Gebäuden sind Gehölze bedeutsame gestalterische Mittel. Gehölze können die ungünstige Wirkung eines Gebäudes verdecken, die Aufmerksamkeit darauf lenken oder räumliche Beziehungen nach außen hin fortsetzen. Daraus können sich Ansprüche auf eine plastisch-geschlossene Form oder auf eine durchsichtige, leichte Wirkung des Gehölzes ergeben. Entweder ist die Tiefenwirkung gesucht, die Gruppierung mit dem Gebäude erstrebt, oder es soll dessen plastische Wucht gemildert werden.

Auch hier schafft die Zeichnung die Möglichkeit, Freiheit und Bindung zeichnerisch zu erproben und erst dann zu pflanzen.

3.122 Beschnittene und unbeschnittene Heckenformen.

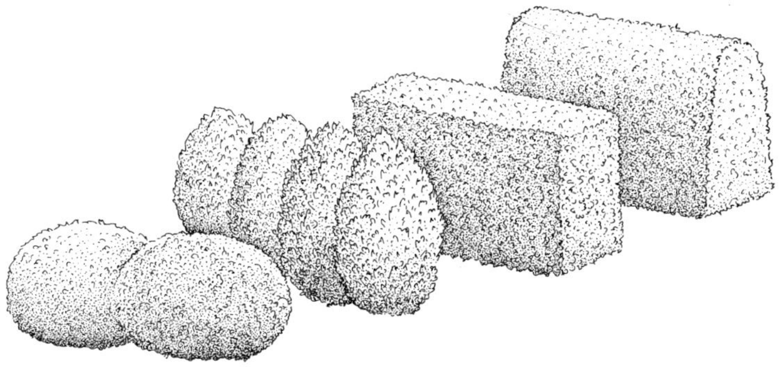

3.123 Baum und Strauch.

3.124 Gruppierung von Bäumen auf der Basis von Netzen in zwei Techniken.

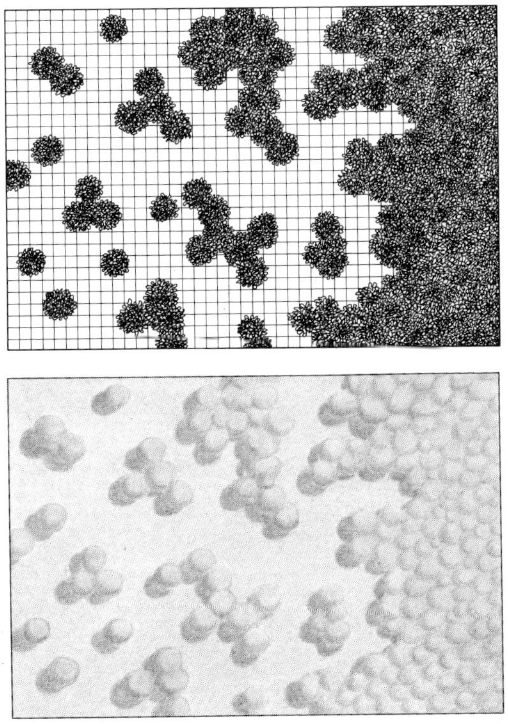

3.125 Transparenz und Dichte am Beispiel von Scheinzypresse und Birke.

Gärtnerische Motive

Mit seinem eigenen Park in Muskau, später in Branitz gibt von Pückler-Muskau eine Darstellung über Wasserregulierungen, Geländeaufschüttungen, Pflanzungen und Raumdisposition seines gärtnerischen Idealplans. Die Buschpflanzungen im Vordergrund der unteren Darstellung führen den Blick zur schattigen Uferpflanzung. Weiter entfernt liegende, kugelförmige Baumgruppen eines weiteren Parkquartiers kontrastieren mit säulenförmigen. Noch im Nachdruck des Kupferstichs ist die Harmonie dieser Gartenbaukunst nachvollziehbar.

Die Ausbildung der gärtnerischen Motive umfaßt bei von Pückler-Muskau auch die sorgfältig geplante Führung der Wasserflächen samt Ufern, Inseln und Befestigungen. Die Außenlinien der Wasserfläche und der Lauf des Wassers sind als architektonische Motive nicht so sehr fertiger Stil. Künftige Veränderungen und Umbildungen werden vorausgesetzt. Es war ihm bekannt, daß in die Gestaltung des Gartens und der Außenwelt »Regelmäßiges und Bizarres, Entsprechungen und Gegensätze einbezogen werden müssen, ebenso Zufälligkeiten, die Abwechslung ins Bild bringen, eine große Ordnung in den Einzelheiten, im Ganzen aber Verwirrung, Durcheinander, Tumult«,[20] wie es Laugier forderte.

Bäume, Baumgruppen im Naturraum

Die Form des einzelnen Baumes, wie wichtig sie auch für seine Physiognomie, sein Volumen, seine Gattung usw. ist, verliert im Landschaftsraum mit zunehmender Entfernung an Ausdruck, wird immer weniger spezifisch für den Gegenstand. Die Anteile von Licht und Schatten, die Dichtegradienten, die Formeinzelheiten treten zurück, auch die plastische Gegenständlichkeit nimmt ab. Ein Grund dafür, daß der Gegenstand weniger als bei kürzerer Entfernung von seiner Umgebung isoliert ist, daß er zur Silhouette verflacht. Trotz dieses Verlustes bleibt der Wahrnehmung ein sicheres Entfernungskriterium: Konturlinien; bei Baumgruppen sind es ver-

3.126 Hermann Fürst von Pückler-Muskau. Beispiel und Gegenbeispiel der Führung von Wasserläufen.

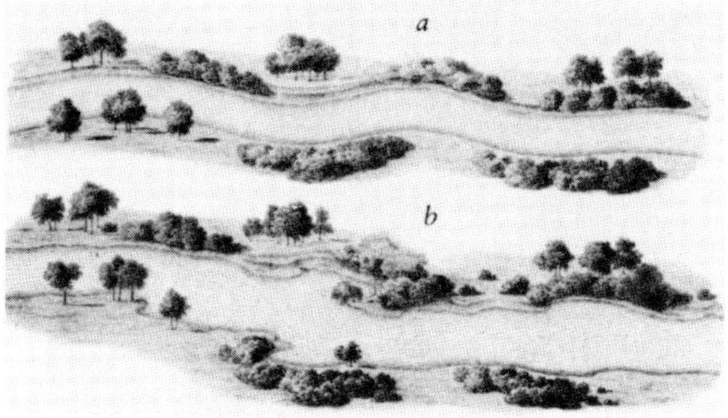

3.127 Hermann Fürst von Pückler-Muskau. Gezwungen gepflanzte Baumgruppe. Natürlich gepflanzte Baumgruppe.

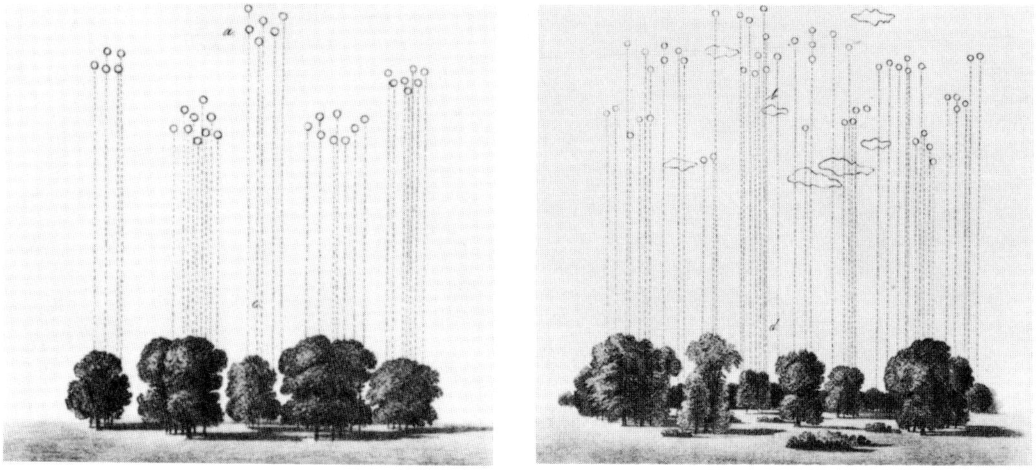

3.128 Hermann Fürst von Pückler-Muskau. Park zu Muskau. Aussicht vom Herrengarten. 1834.

kettete Linien. Bis zur Sichtbarkeitsgrenze in weiter Ferne lassen sich die Konturlinien der Gehölze verfolgen; sie sind der Wahrnehmung die eigentlich ordnenden und entfernungsstufenden Linien. Aus geringer Distanz noch formenreich gegliedert, sind sie in der Ferne den topographischen Linien ähnlich und folgen dem typographischen Relief. In einer Zeichnung, die diese entfernungsstufenden Wirkungen der Konturlinien enthält, wird zunächst nichts »dargestellt«, wohl aber werden durch die Linien die tiefenräumlichen Bezie-hungen im Aufbau des Landschaftsgefüges geregelt. Daß noch die helligkeitsstufende Wirkung der Luftperspektive hinzu kommen kann, wurde bereits erwähnt.

Wasserflächen

Im Wasser sich spiegelnde Gebäude, Bäume und Wolken werden im allgemeinen kontrastärmer und etwas dunkel wiedergegeben, beispielsweise mit Hilfe von Schraffuren. Wasser, das der Wind leicht bewegt, kann mit vielen kurzen und längeren parallelen Kräusellinien dargestellt werden. Auf Wasserflächen in senkrechter Projektion wird im Kapitel »Kartographische Elemente« hingewiesen.

3.129 Robert Venturi. Wasserfläche vor dem Sozialwissenschaftlichen Institut der State University of New York.

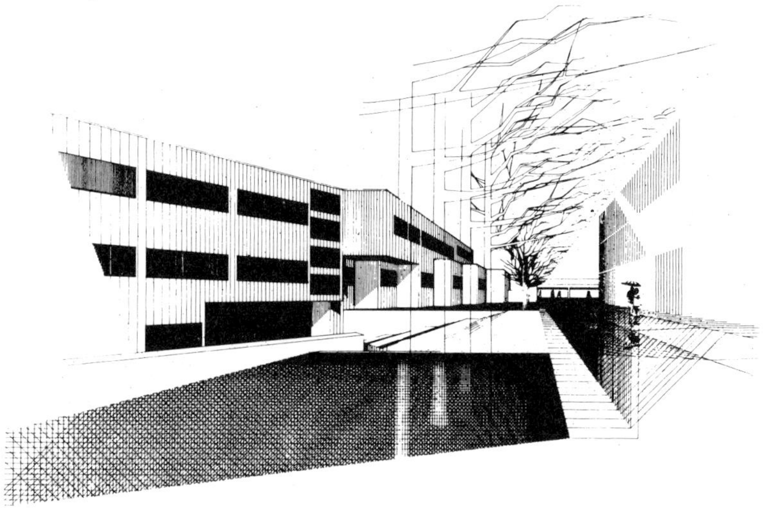

3.130 Paul Rudolph. Wohnzentrum Stafford Harbor und Umgebung. Ausschnitt.

3.131 Cesar Pelli und A. J. Lumsden. Urban Nuccleus. Sunset Montain Park. Die Wirkung tiefenräumlich gestufter Konturlinien. Die Konturlinien zeigen auf diese Distanz vorwiegend das topographische Relief.

In der Nähe ist die Erscheinung des Naturraumes oft von den vegetativen Formen der Gehölze bestimmt. In der Ferne verliert sich dieser Eindruck zunehmend. Dann entspricht der Bewuchs weitgehend dem topographischen Relief.

Natur und Landschaft in Reiseskizzen

Die Kompositionen von Karl Friedrich Schinkel zeigen das Bauwerk und die weite, stimmungsschwere Landschaft oft in romantischer Verklärung. Die Reise nach Italien 1803 bis 1805, die zweite 1824, die Tagebücher und die ihnen folgenden Skizzen verweisen auf seine innere Entwicklung, auf die Vorbereitung zu uneingeschränkteren Phantasien.

Die idealische Landschaft der Romantik ist nach den Weisungen des Gefühls gestaltet. Ebenso sind bei Schinkel Park und Landschaft angelegt. Die Motive dazu entstanden während seiner Studienjahre in Italien, in denen ihn die farbenreiche italienische Landschaft mehr inspirierte, als es das rauhe Klima und die Eintönigkeit seiner brandenburgischen Heimat je vermocht hatten.

3.132 Karl Friedrich Schinkel. Blick auf Tivoli. 1824.

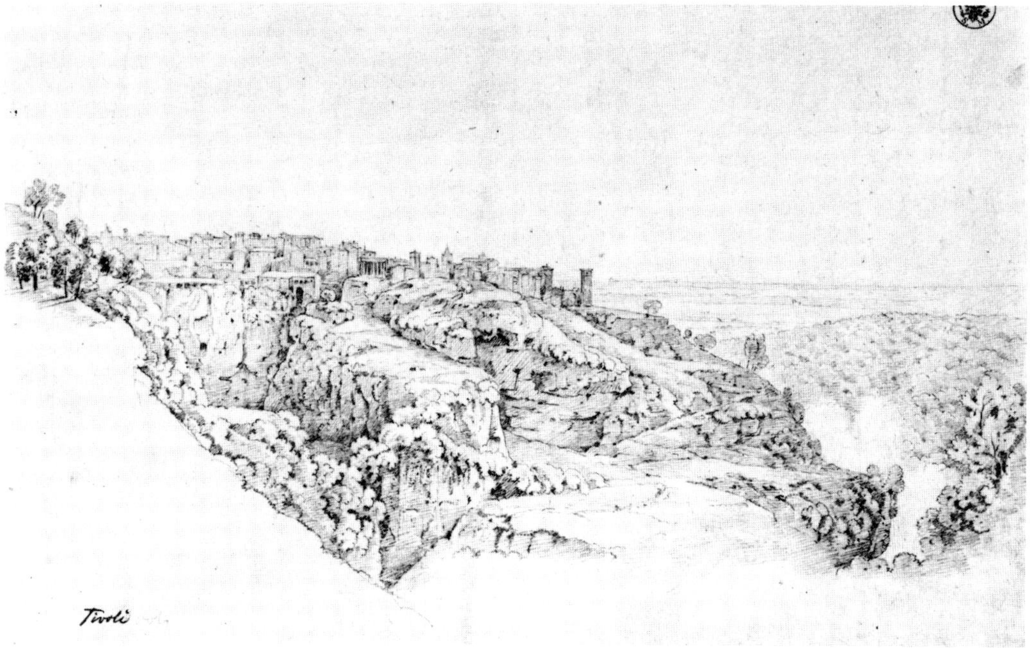

3.133 Karl Friedrich Schinkel. Landschaftszeichnungen 1800.

Die Darstellung der Vegetation bei
Frank Lloyd Wright

Schon die frühe Schaffensphase von Frank Lloyd Wright ist ohne die zeichnerische Darlegung der substantiellen Qualität seiner Zielsetzungen nicht denkbar. Bei Wright heißt das: Leben mit der Natur, der Kult um die Natur, wie er von Whitman bekannt ist, die Natur, die Abgeschiedenheit oder Schutz bietet. Dies ist schon früh in zahllosen Darstellungen angelegt. Auch bescheidenere Gebäude schieben sich hinter oder unter Baumgruppen, und der Rhythmus der Natur findet sich in der Architektur wieder bei mehreren weit überstehenden Dächern und weit in den Garten greifenden Gebäudeflügeln. Das organische Bauen ist ausgedehnt auf die Beziehung zur naturhaften Umgebung. Bäume und Erdboden sind immer nah und schützend. Nicht weniger sind die substantiellen Eigenarten von Garten und Landschaft zeichnerisch erfaßt; denn es genügt Wright nicht, allein planerisch das Aufeinanderangewiesen-Sein von naturhafter Umgebung und Gebäude zu belegen. Organische Architektur ist für ihn jene Architektur, »die lebt und mit der man leben kann, denn niemals kann sie ein bloßer Stil werden«. Er baut substantiell und zeichnet ebenso: die behagliche Wirkung der Materialien, die bergende und schützende Natur, sich öffnende und sich schließende Büsche und Baumgruppen, ausgreifende, nicht nur kompakte Baukörper zwischen Hügeln oder an sie angelehnt, aber durchaus immer räumlich mit der Umgebung verwoben. Für die Zeichnung ist oft ein tiefer Standort gewählt, der suggestiv zu mächtigen Stämmen und schönem Astwerk führt und schon im voraus den Genuß vorbereitet, wenn das Gestaltete mit dem Erlebten in einer Weise zusammenkommt, die eine nur rationale Aufschlüsselung verweigert. Gebäude und Umgebung, Kultur und Natur haben für ihn nicht nur ästhetische Qualitäten. Sie waren ihm soziale Kriterien, wichtig für die Architektur, obgleich sein sozialer Impetus außerhalb der Entwurfsarbeit so gut wie keine Bedeutung hatte.

3.134 Frank Lloyd Wright. Mc Cormick House. Lake Forest. Illinois. 1907. Projekt.

3.135 Frank Lloyd Wright. George Madison Millard House. Highland Park. Illinois. 1906.

3.136 Frank Lloyd Wright. Sherman M. Booth House. Glencoe. Illinois. 1911.

3.137 Frank Lloyd Wright. Hillside Buildings.

Die Darstellung der Vegetation bei Heinrich Tessenow

Im Vergleich zur expressiven Wucht der Wrightschen Gebäude und der dort üppigen Natur wirken Tessenows Zeichnungen zart, lyrisch, fast wie eine ästhetische Fiktion, wenn nicht ihre sorgfältige Zuordnung auf die abgewogen komponierte gärtnerische Anlage verweisen würde. Bei Wright ist es die Landschaft, die bis in die Räume hineinreicht, und umgekehrt das Gebäude, das sich ohne das Ziel der kompakten Form in die Landschaft erstreckt. Das Naturhafte als nächste Umgebung ist auch bei Heinrich Tessenow eine Voraussetzung, Bestandteil einer besseren Welt, in der für den Bewohner in Haus und Siedlung die Natur jederzeit erreichbar ist. Allerdings ist sie in kleineren, bescheideneren Portionen und asketischer hergerichtet als bei Wright. Auch bei diesem ist die Bedeutung des Vegetativen an die Ablehnung des anonymen, kollektiven Charakters der Großstadt gebunden. Er setzt dagegen – wie Wright – das kleine, bürgerliche, handwerklich sorgfältig ausgeführte Haus, alleinstehend oder in eine Siedlungsstruktur eingebunden.

In seiner Entwurfsarbeit ist immer das handwerkliche Ideal zu spüren, es ist auch an den Zeichnungen zu sehen. Er gestaltet in elementaren und ernsten Formen; künstlerische Qualität hat hier ihr soziologisches Äquivalent, allerdings von deutlich bürgerlichem, zuweilen kleinbürgerlichem Zuschnitt. Schön berankte Lauben, Pergolen, hängend überwachsene Mauern, Büsche in Vorgärten, dann Bäume, zwischen deren lichten Stämmen der Blick zu den Gebäuden dahinter führt. Tessenows feine, sorgfältige Federzeichnungen sind wohl deshalb so eindrucksvoll, weil neben seiner unbestreitbaren graphischen Meisterschaft Pflanzen, Bäume und das Haus in ein Licht getaucht sind, das man zu kennen meint und das dennoch die Alltäglichkeit atmosphärisch transformiert. Die Natur ist nicht nur Staffage, die das Bauwerk oder die Architekturzeichnung »rahmt«. Der Naturanteil in der Zeichnung ist nicht der Phantasie überlassen; es sind Pläne, die ihre Rolle, ihre Wirkung umreißen, wenn sie es auch wie die Gebäude lediglich in reduzierter Weise tun dürfen. Ohne dekorative Spannung ist dem Liniengerüst der Baumformen das feine Gespinst des Blattwerks durch andeutende kurze Formstriche beigegeben. Die Pflanzen stehen bei sparsamer Verteilung wohlplaziert am Bauwerk, das selbst nicht mit Reißschienenlinien, sondern ebenso in bewegteren Federstrichen gesetzt ist. Auf den Bauwerken und den Pflanzen ruht ein stilles, nicht zu helles Licht, das der Zeichnung eine ruhige Ausgeglichenheit und dünnlinige Exaktheit verleiht. Tessenows Zeichnungen unterscheiden sich nicht nur in der Manier von denen anderer Architekten; leichter, feiner sind die Pflanzen vor ihm von einem Architekten kaum gezeichnet worden. Aus Entwurf und graphischer Arbeit spricht das Wissen um das Wesentliche, das sich zur »formalen Regelmäßigkeit« durch »die Klarheit des Denkens ordnet«, wie er selbst forderte, und sich von jedem Anschein eines beliebigen oder gefälligen Formalismus abwendet. Früh findet er zu einer Grammatik, die sozial neue Inhalte in irgendwie schon bekannte, alte Formen faßt, und wohl daher drücken seine Zeichnungen die Transzendierung der alltäglichen Dinge aus, wie Julius Posener feststellt.[21]

Tessenow bereitet Gegensätze zu einem ästhetisch subjektiven Genuß auf. Er setzt in Zeichnung und Planung dagegen »eine Ehrlichkeit, die auf logischehrlichem Wege wieder in die Architektur gekommen ist«.[22] Garten und Haus sind nicht nur hinsichtlich der technischen und formalen Mittel reduziert, und es schließen sich künstlerische Qualität und sozial-kritische Funktion nicht aus. Ihr Einsatz in Zeichnung und Realisation zeigt ihre Vermittlung oder Objektivierung des Gesellschaftlichen in gestalteter Form. Sie sind nicht nur empirisch bearbeitet, denn das Gebaute ist so in die Vegetation gesetzt, daß diese mehr ist als die manipulierte Natur- oder Zuchtform. Die Zeichnungen klären darüber auf, wo und wie Vegetatives vorkommt; sie könnten der Planung und der Überwachung gedient haben. Sie verraten denselben Elan und dieselbe Sorgfalt wie die Entwurfsarbeit am Haus und vermitteln wie alle seine Zeichnungen in der feinen Durchbildung eine Harmonie, die Tessenows Arbeiten allgemein auszeichnen. Wie die Architekten des Werkbundes suchte auch Tessenow nach den Möglichkeiten der Typisierung, von deren Notwendigkeit er überzeugt war. »In einem gesunden oder starken Arbeiten sind die Feinheiten nie das zuerst Wichtige, und so sind sie es auch nicht in bezug auf die Wahl unserer Arbeitsmittel . . .«,[23] obgleich doch die zeichnerischen Feinheiten es sind, die, vermutlich über langwierige Naturstudien erworben, auch dort Tessenows Anerkennung sichern, wo der Entwerfer Tessenow ganz hinter die handwerkliche Durcharbeitung tritt.

Aus einer seiner Forderungen ergibt sich: »Je mehr wir für unsere Arbeiten die Uniform (die Typisierung, Anm. d. Verf.) anerkennen, oder je weniger wir fordern, daß unsere Arbeiten als Ganzes neu seien, um so feiner müssen sie in ihrer Durchbildung sein.«[24] In den Zeichnungen Tessenows finden wir eine Arbeitsweise, die Bauten in eine Landschaft stellt, wo sie »ihren« Ort gefunden haben, und wir sehen umgekehrt eine feine und wissende Behandlung des Vegetativen, das in der kompositorischen und graphischen Durchbildung dem Gebäude nicht nachsteht.

3.138 Heinrich Tessenow. Entwurf für ein Seebad auf Rügen.

3.139 Heinrich Tessenow. Perspektivische Skizze zum Entwurf einer Musikhochschule in Berlin. 1929.

3.140 Heinrich Tessenow. Landhauskolonie Neu-Dölau bei Halle. 1905.

Die Darstellung der Vegetation bei Le Corbusier

Skizzenhafte Auffassungen als durchgehaltener »Stil«, als ästhetischer Charakter sind auch bei flüchtigem Strich imstande, Gefühl oder Vorstellungskraft des Betrachters zu erreichen, oft nicht weniger nachdrücklich, als es ein Mehr an Realitätsgehalt vermag. Le Corbusiers Skizzen für die Umgebung des Völkerbundpalastes, auch für den städtebaulichen Plan »Une Ville Contemporaine« sind solche Beispiele, denn sie haben trotz flackerndem Strich, der das Blattwerk flächig zusammenzieht, eine enge Beziehung zur Naturform.

3.141 Le Corbusier. Projekt für Buenos Aires. 1929.

3.142 Le Corbusier. Völkerbundpalast. Genf. 1927. Projekt.

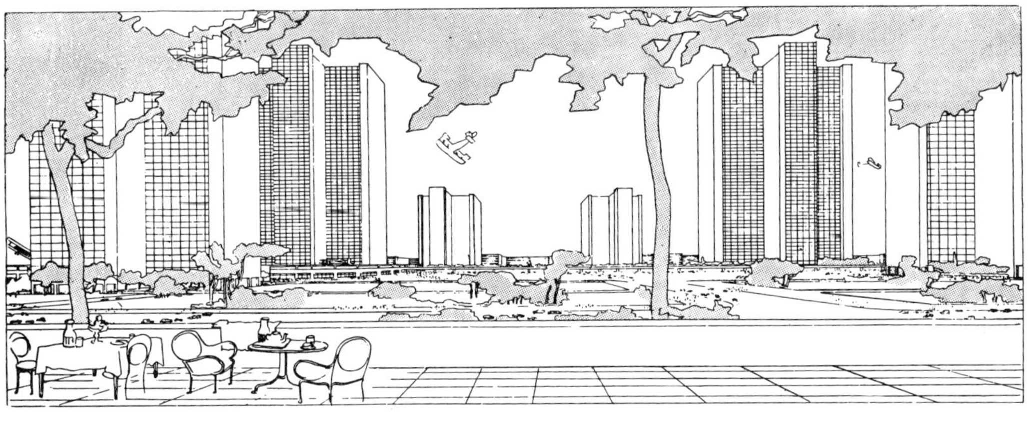

3.143 Le Corbusier. Une Ville contemporaine. 1922. Projekt.

3.144 Paul Rudolph. Verwaltungszentrum Orange County und Umgebung. Die Aufzeichnung des projektierten Orange County führt den Blick durch lockere Baumgruppen zum projektierten Gebäude. Reduziertes Astwerk, Blätter als Punktehäufungen, der Rasen in gereihten Kurzstrichen dargestellt, feine Licht- und Schattenzonen charakterisieren diese Zeichnung.

3.145 Craig Ellwood Associates. Art Center College of Design in Pasadena. 1970–1975. In hügeliges, karstiges Gelände, das fast nur Koniferen noch Lebensraum gibt, hat Craig Ellwood das Art Center College of Design gesetzt. Die klassische Stahlskelettkonstruktion beschreibt eine dunkle Horizontale in weiter Landschaft, knorrige Koniferen und kriechendes Gehölz geben wenig Kontraste.

**3.146 Kevin Roche, John Dinkeloo and Associates. Kleine Orangerie. 1968. Projekt.
In impressionistischer Manier – kurze, kontrastierende Pinselstriche – zeigt die Darstellung eine blühende Allee, die zu einer kleinen Orangerie hinführt.**

**3.147 C. F. Murphy Associates.
Skil Fabrik und gärtnerisch gestaltete Umgebung.
Die Kräusellinie wurde zur Darstellung von Bodendeckern und Bäumen gewählt.**

Methoden der kartographischen Geländedarstellung

Die Kartentechnik

Kartographische Methoden werden bei der Stadtplanung verwendet. Vom gegebenem Kartenmaterial ausgehend, werden spezielle Kartenauszüge oder Reliefbilder, Schräg- und Aufsichtsdarstellungen oder Geländeansichten angefertigt. Geländeaufnahmen von Bodenstandpunkten, Originalkartierungen, Techniken der Luftaufnahmen oder die Gewinnung von Meßdaten und ihre kartographische Umsetzung sind in diesem Rahmen die seltenen Ausnahmen.

Die Karte enthält sowohl verkleinerte Abbildungen der Erdoberfläche in vereinfachter, zusammengefaßter Form als auch nur Eintragungen, die sich auf feste Objekte und Erscheinungen beziehen. Sie basiert auf einem Netz, das die geographischen Beziehungen regelt. Die Elemente des kartographischen Zeichensystems sind Punkte, Linien, Flächen und Farben, die von typographischen Eintragungen ergänzt werden. Sie sind die eigentlichen Träger der graphischen Information. Die dritte Dimension, Erhebungen und Vertiefungen der Erdoberfläche, wird von verschiedenen graphischen Abstraktionen wie Linienzügen, Schattierungen und Farbstufen vertreten. Das graphische System der Karten liefert verkleinerte und vereinfachte Aufsichtsbilder der Erdoberfläche, die jedoch wegen der geomorphologischen Komplexität nur annähernd genau sein können. Zur näheren Definition sind jeder Karte Inhaltsangaben beigegeben wie: Straßenkarte, Gewässerkarte, Reliefkarte, Stadtkarte bzw. -plan; diese Angaben werden von Legenden ergänzt, die das Zeichensystem der Punkte, Linien, Flächen, Farben und Signaturen erklären. Verschiedene Ausstattungen und graphische Codierungen verweisen auf die thematischen Bezüge, die unterschiedlichen Grade der Verallgemeinerung, auf kleinere oder größere Maßstäbe.

Kartenverwandte Darstellungen werden auf der Grundlage von Karten mit nichtkartographischen Methoden kombiniert. Sie dienen der anschaulichen Darstellung. Zu ihnen gehören: Kartogramme, Kartodiagramme, Reliefbilder, Vogelschaukarten und Blockbilder. Sie werden kartenverwandt genannt, weil ihnen die primären Merkmale der Karte fehlen: mit geometrischer Genauigkeit die Lage und die Höhenentwicklung des Geländes darzustellen. Kartenverwandte Darstellungen verzichten darauf zugunsten der Anschaulichkeit.

Historische Karten hatten gegenüber heutigen kartographischen Darstellungen den Vorzug einer »sprechenden« Anschaulichkeit meist durch charakteristische, zur Seitenansicht geklappte und realistisch abgebildete Formen von Bergen, Tälern, Flüssen und Städten. Die geometrische Lagegenauigkeit ist allerdings gering und ohne quantitative Kennzeichnung des Geländes, der Oberflächenbeschaffenheit und der Bebauung. Die Profildarstellung von Geländeformen, wie Maulwurfshügeln, Sägezahnformen, Bergfiguren u. a., führt zwangsläufig zu nicht einsehbaren, von Profilen oder Figuren verdeckten »toten« Räumen des Geländes.

In frühen Karten verlief die Geländedarstellung im flachen Winkel von ca. 15°, danach war sie der Vogelperspektive von ca. 45° angeglichen und wurde später von der senkrechten Projektion, der ersten kartographisch objektiven Geländedarstellung ersetzt.

Kartenmaßstäbe

Zusammenstellung gebräuchlichster Maßstäbe in metrischen und Fuß- und Zoll-Maßen:

metrische Maße	Fuß- und Zoll-Maße		
1:10000	1″	= 1000′	(1:12000)
1:5000	1″	= 500″	(1:6000)
1:2500	1″	= 200″	(1:2400)
1:1000	1/64″	= 1′–0″	(1:768)
1:1000	1/64″	= 1′–0″	(1:768)
1:500	1/32″	= 1′–0″	(1:384)
1:200	1/16″	= 1′–0″	(1:192)
1:200	1/16″	= 1′–0″	(1:192)
1:100	1/8″	= 1′–0″	(1:96)
1:50	1/4″	= 1′–0″	(1:48)
1:20	3/4″	= 1′–0″	(1:16)
1:10	1 1/2″	= 1′–0″[1]	(1:8)
1:5	3″	= 1′–0″[2]	(1:4)
1:1	12″	= 1′–0″[3]	(1:1)

Der Kartenmaßstab

Der Maßstab ist das Verkleinerungsverhältnis zwischen der linearen Ausdehnung der Karte und der Strecke der Natur; zugleich ist er ein Merkmal für den Inhalt und den Kartencharakter. Die gebräuchlichsten Kartenmaßstäbe in der Regional-, Stadt- und Bauplanung erstrecken sich (im Bereich der metrischen Maßordnung) von kleinen Maßstäben 1:50000, 1:20000 über die Stadtplanungskarten der Maßstäbe 1:5000 beziehungsweise 1:4000, 1:2500, 1:1000 bis zu den Katasterkarten 1:500; diese bilden die Grundlage des Bebauungsplans oder des Lageplans. Die Maßstabsangabe in Bruchform ist für ungeübte Kartenbenutzern nicht anschaulich. Die Maßstabsleiste ergänzt diese Aussage; bei ungebräuchlichen großen und kleinen Maßstäben sind oft Vergleichskarten beigefügt, die einen besseren Größenvergleich ermöglichen.

Im allgemeinen gilt der Maßstab für die gesamte Karte; Ausnahmen bilden Spezialkarten mit hyperbolischer Netzprojektion, die für Stadtkarten interessant sind, denn ihre gedehnte Maßstäblichkeit bewährt sich in den Bereichen hoher Eintragungsdichte, wie etwa im Innenstadtbereich.

Im Maßstab 1:10000 entspricht 1 mm auf der Karte 10 m; im Maßstab 1:25000 entspricht 1 mm 25 m. Umgekehrt läßt sich aus dem Kartenmaßstab und der gemessenen Kartenstrecke die wahre Länge ermitteln: beispielsweise Maßstab 1:25000, Kartenstrecke 100 mm; $25000 \times 100 = 2500000$ mm = 2,5 km Kartenlänge : Naturlänge = 1 : Maßstab

$1:L = 1:M;\ L = 1 \times M;\ 1 = L / M$

Maßstabsverhältnisse

Der Maßstab 1:1000 ist kartographisch gesehen groß im Vergleich zum Maßstab 1:100000; eine Karte in einem großen Maßstab stellt ein kleines Gebiet groß dar. Große Maßstäbe haben kleine Maßstabszahlen; kleine Maßstäbe haben große. Nach der gebräuchlichen Regelung werden Karten in einem kleinen, Pläne in einem großen Maßstab gezeichnet; die Grenze ist nicht einheitlich, sie liegt etwa bei 1:5000 und 1:10000. Treffend wäre die Bezeichnung topographische Plankarte bei grundrißtreuen Darstellungen, deren Maßstab größer als 1:10000 ist. Dieser Maßstab ist zur Wiedergabe topographischer Kleinformen in Metergröße geeignet.

Maßstab	Strecke 1 cm auf der Karte	Strecke 1 km in der Natur
1: 1000	10 m	1 m
1: 2000	20 m	50 cm
1: 5000	50 m	20 cm
1:10000	100 m	10 cm
1:25000	250 m	4 cm

4.1 Mittelschweiz nach Ägidius Tschudi. 1538. Originalmaßstab 1:355000.

4.2 Historische Geländedarstellungsmethoden, zusammengestellt von Arnberger und Kretschmer.

a) in der Ebene geklappte Profile; b) Bogen, Wellen- und Ornamentformen; c) Sägezahnform; d) Backenzahn- und e) Schollenmanier; f) Bänder- und Wulstformen; g) Steinwall-, Platten- und Tafelformen; h) Fischschuppenformen; i) Bergfigurenformen.

Die kartographischen Elemente

Die kartographischen Elemente sind Punkt, Linie, Fläche, Farbe und die Kartentypographie.
Das graphische System besteht aus den visuellen Variablen, aus Größe, Helligkeit, Muster, Farbe, Richtung und Form.[1]

Punkte
Kartographisch eingesetzt, gelten Punkte als graphische Elemente ohne Größe und Flächeninhalt. Der Mindestdurchmesser graphischer Punkte sollte 0,3 mm nicht unterschreiten. Bei einem linearen Gefüge werden sie als trigonometrische Punkte eingesetzt, als Hervorhebungen der Schnittpunkte von Linien, als Knotenpunkte von Netzen, ferner als punktierte Grenzlinien. Einzelne Punkte in Karten geben die Lage bestimmter Objekte an, d.h. ein Punkt stellt jeweils ein Objekt dar. Die Varianten dieses Elements sind Größenvariation und Farbvariation. Punktraster zählen kartographisch zu den flächenhaften Signaturen. Punkthäufungen repräsentieren eine bestimmte Objektmenge und gehören zu den quantitativen Darstellungen. Der Mengenwert dieser Punkte benötigt die Erklärung durch eine Legende: 1. Jeder Punkt repräsentiert jeweils ein einziges Objekt. 2. Ein Punkt repräsentiert eine Häufung artgleicher Objekte.
In topographischen Karten dient der trigonometrische Punkt zur Lageangabe der Meßpunkte des Geländereliefs. Der Zahlenwert wird beigeschrieben.

Linien
Die Linie ist als Gerade, als Kurve und als Verbindung von Punkten das vielseitigste, wichtigste graphische Element. Sie dient meist als Abgrenzung von Grundstücken, Gebäuden, Gebieten und als lineare Verflechtung bei Verkehrsnetzen, Gewässernetzen sowie bei Netzen politischer Areale. Durchlaufende Linien geben die Lageangabe von Sachverhalten mit linearem Gefüge an, beispielsweise bei Verkehrsnetzen und Gewässernetzen. Durchbrochene Linien und ihre Varianten dienen den eher abstrakten, fiktiven Sachverhalten, wie Grenzverläufen, Baulinien und Baugrenzen. Auch die Isoliniendarstellung ist innerhalb linearer Darstellungen eine Ausnahme, da sie als Verbindung von Meßpunkten des Geländereliefs flächige bzw. räumliche Zustände der Kontinua abbildet, die aber selbst nicht linearer Natur sind.

Flächen
Die in den Karten dargestellten qualitativen und quantitativen Flächen bestehen aus real gegebenen Flächen, wie Waldflächen, Gebäudeflächen und zusammengefaßten, kleinteilig bebauten Flächen. Man stellt auch fiktive Flächen dar, die die Eigentumsverhältnisse des Grundstückes wiedergeben oder für bestimmte Nutzungen planerisch ausgewiesen sind, etwa die Flächen eines räumlichen Geltungsbereiches, eines Baugebietes, wie Wohngebiet, Mischgebiet, Kerngebiet usw. Im allgemeinen handelt es sich um Vollflächen, diese sind in ihrer Ausdehnung nach Farbton und Tonwert konstant dargestellt. Auch flächige Punktraster und Schraffuren zählen zu den flächenhaften Darstellungen. Flächenraster geben mittels Punkt- oder Linienfolgen den Eindruck gleichmäßiger oder kontinuierlicher Verteilungen auf der damit bedeckten Fläche. Flächenmuster entstehen durch Anordnungen geometrischer Zeichen oder durch die Abstraktion einer realen Erscheinung, etwa eines Nadelbaums, eines Mischwaldes, eines Turms usw.
Die kombinatorischen Möglichkeiten in der Zuordnung punkthafter, linearer und flächenhafter Muster untersuchte Jacques Bertin[2]. Die Anordnungen unterscheiden sich durch die Variationen der Richtung, durch Richtung und Form, durch Richtung, Form und Helligkeit und durch Richtung, Form, Helligkeit und Größe der Muster. Damit lassen sich ohne Wiederholung aus zwei Mustern dreiundsechzig Kombinationen bilden.

4.3 Punktsignaturen.

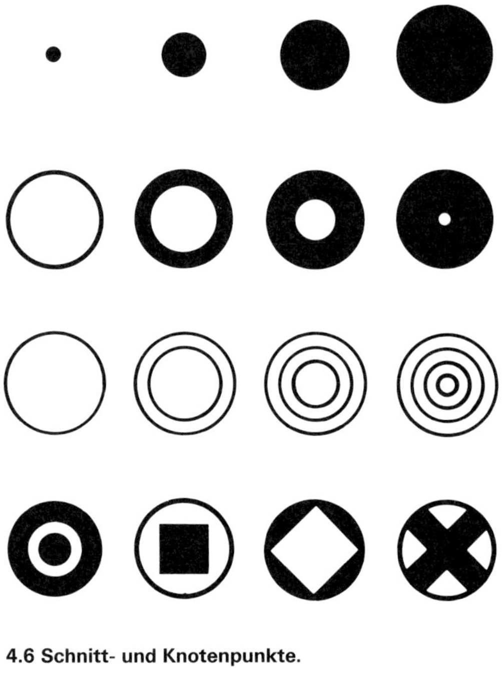

4.6 Schnitt- und Knotenpunkte.

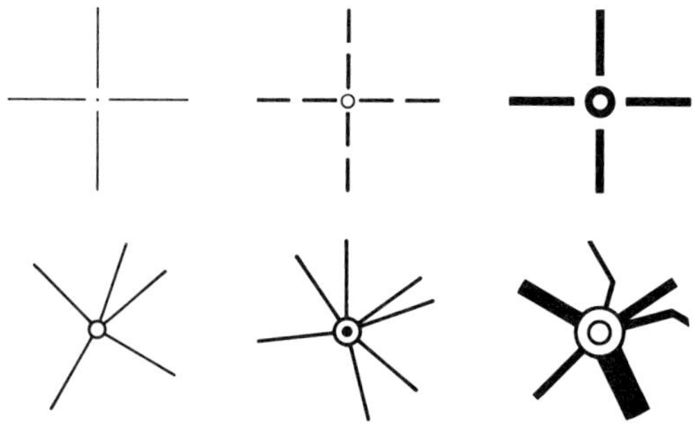

4.4 Qualitative Punktsignaturen, zusammengestellt von Werner Witt. Feld 1: Strichzeicheneinheitliche Richtung; Feld 2: variierte Quadrat- und Kreuzform; Feld 3: Variationen von Kreis, Unrund, Dreieck, Raute, Quadrat; Feld 4: Kombinationen verschiedener Zeichen mit unterschiedlichen Füllungen; Feld 5 und 6: Kombinationen verschiedener Zeichen unterschiedlicher Füllungen.

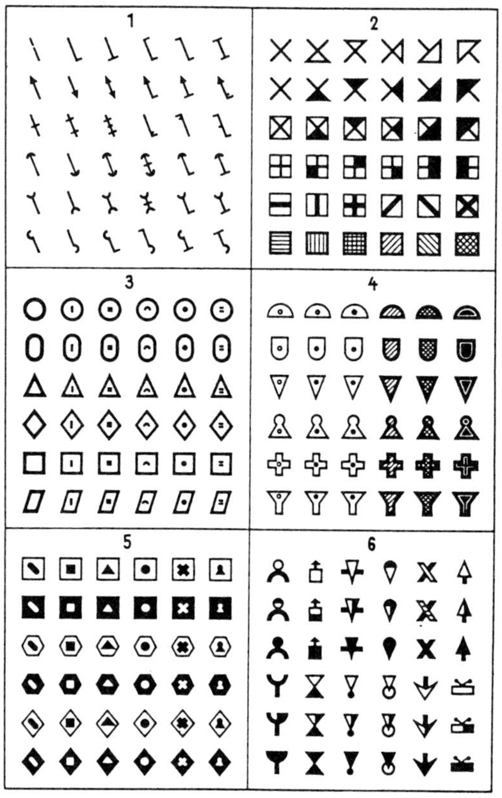

4.5 Jacques Bertin. Fünf kombinatorische Möglichkeiten in der An- und Zuordnung von graphischen Variablen.

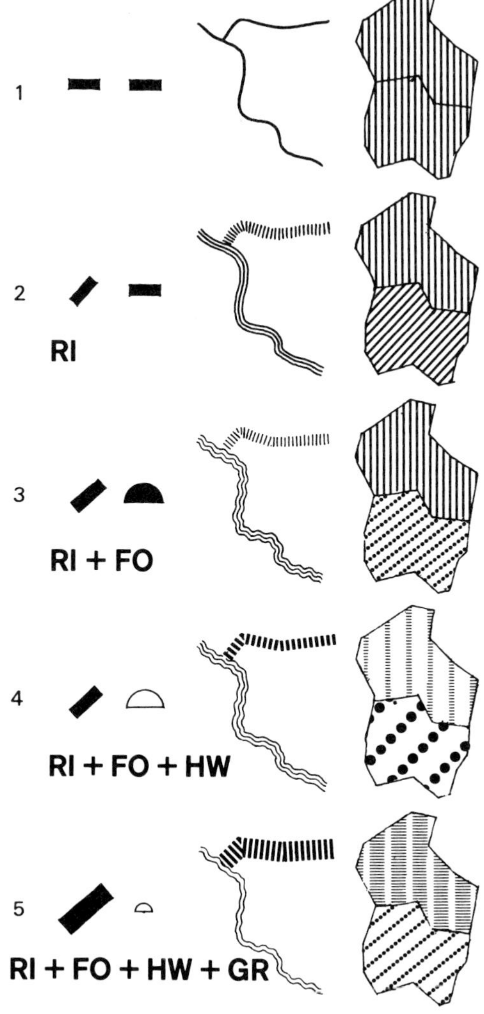

Die Schraffur von Gebäudegrundrissen setzt in der Regel die Konturbegrenzung voraus. Fehlt sie, so wirkt der geometrische Umriß ungenau und zerfließend, es sei denn, die Schraffur ist ganz feinabständig ausgeführt. Die Schraffurrichtung sollte mit den Gebäudeachsen nicht parallel laufen. Als »sprechende« Signaturen bezeichnet, eignen sie sich besonders zur qualitativen Kennzeichnung von Flächen. Zu dieser Kategorie zählen auch die als Strukturraster bezeichneten flächendeckenden Signaturraster thematischer Karten der Regional- und Stadtplanung, die man zur Kennzeichnung von Grünflächen, Bebauungsflächen usw. verwendet.

Ist die Anwendung der Flächenraster und -muster nicht festgelegt, sollte sich die Auswahl an der Kontrastwirkung orientieren; zu geringe Kontraste werden leicht übersehen, große Hell-Dunkel-Sprünge sind visuell selten befriedigend und sprengen den Gesamteindruck der Darstellung.

Flächendarstellungen gestatten folgende Aussagen:

Qualitative Kennzeichnung: die Lage und Qualität flächenhafter Diskreta mittels Form, Ausdehnung und Kontur der Fläche, darunter fallen alle Objekte von flächenhafter Ausdehnung; qualitative Abgrenzungen durch Tonwert- oder Farbtonvariation, wie sie beispielsweise in den Darstellungen der Bebauungsdichte von Stadtgebieten oder in den Darstellungen der Verkehrsdichte auftreten.

Quantitative Kennzeichnung: die Angabe flächenbezogener quantitativer Merkmale durch die Variation des Tonwertes, welche die auf diese Flächen bezogenen unterschiedlichen Werte bezeichnen.

Die Mittel der flächendeckenden Darstellung sind: Flächenraster – gleichabständige Punkt- oder Linienfolgen; Flächenmuster – geometrische oder bildhafte (sprechende) Schemata; Strukturraster – Flächenmuster mit inhaltlicher Kennzeichnung; Farbflächen und ihre Abtönungen.

Quantitative Merkmale sind absolute oder relative Zahlenwerte statistischer Herkunft; absolute Werte sind Summen und Mengen einer Gattung oder eines Themas, bezogen auf einzelne Flächen.

Relative Angaben, beispielsweise die Bevölkerungsdichte, bestehen aus den Quotienten der Personenanzahl und der von ihnen bewohnten Flächen. Die Zahlenwerte sind innerhalb der Bezugsflächen nicht exakt festzulegen, sie sind eher Mittelwerte, Abstraktionen, keine Naturbilder der Bevölkerungsverteilung. Flächenbezogene quantitative Darstellungen sind daher lediglich raumtreu, denn in flächenhafter Verbreitung wird dargestellt, was in der Realität nicht gleichmäßig vorhanden ist; solche Darstellungen geben nur ein allgemeines Bild beispielsweise der Bevölkerungsverteilung wieder und müssen von Fall zu Fall von großmaßstäblichen statistischen Einzeldarstellungen ergänzt werden. Flächenbezogene Quantitäten werden weiter in ungegliederte und gegliederte Quantitäten unterteilt. Ungegliederte quantitative Darstellungen sind Kartogramme, die einen bestimmten Sachverhalt durch einen Zahlenwert in Relation zur Bezugsfläche darstellen; gegliederte quantitative Flächendarstellungen sind Kartendiagramme, die jeden Zahlenwert nach einzelnen Merkmalen zur Bezugsfläche aufgliedern; sie sind somit statistische Diagramme, errichtet über Karten.

4.7 Liniensignaturen.
Eine Zusammenstellung linearer Elemente , wie sie für die Begrenzungen von Flächen notwendig sind, die nicht schraffiert oder gefärbt wurden. Variiert wurden die Strichbreite, Strichrichtung, Helligkeit, Größe, darüber hinaus ist die Variantbreite außerordentlich groß. Im allgemeinen übersieht man bei der Anwendung die Linienbreite, da sie immer nur die Länge angibt; ihre Breite ist graphische Qualität ohne Flächeninhalt.

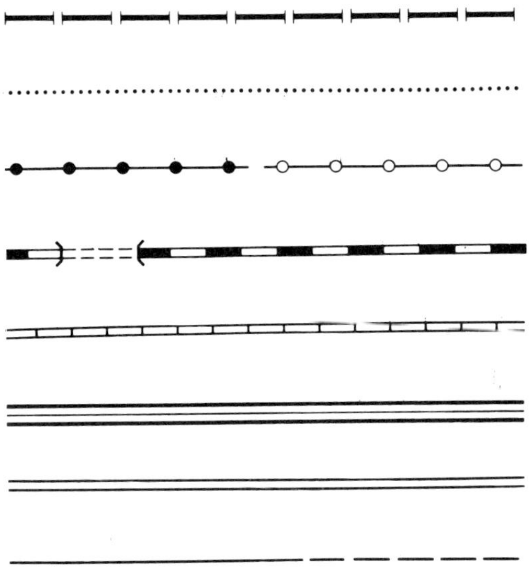

4.8 Geometrische Flächensignaturen.

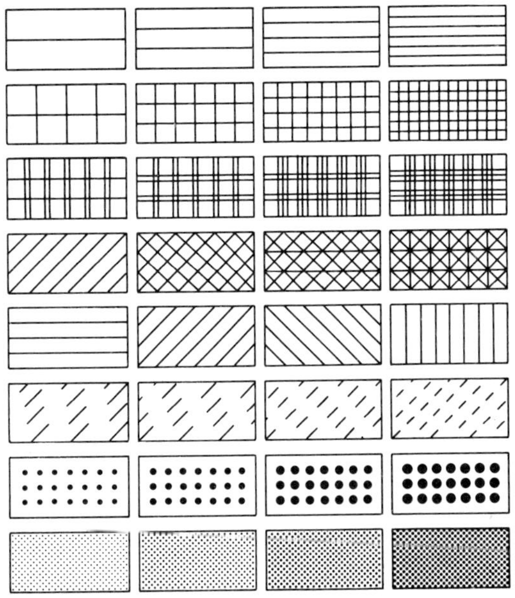

4.9 Ikonische Flächensignaturen.

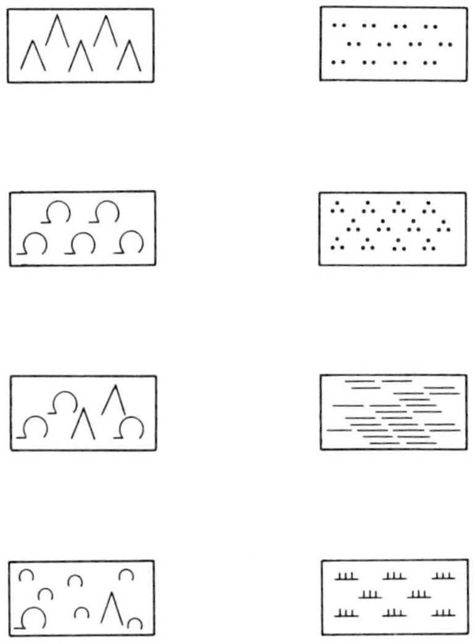

Schraffierte Flächen

Eine Schraffur ist ein gleichabständig geordnetes Strichgefüge. Raster bestehen aus regelmäßigen, netzartigen, seltener aus unregelmäßigen Anordnungen von Punkten bzw. Linien gleicher oder variierter Größe sowie von gleicher oder verschiedener Abständigkeit. Es entstehen punkthafte oder gereihte Gebilde, die man als Punktfelder oder Punktraster bezeichnet. Dagegen werden Flächenmuster geometrische oder bildhafte, periodisch wiederkehrende Formen genannt. Sie werden am häufigsten eingesetzt, wenn Aussagen über die Verbreitung von Bewuchsformen, über die Bodenbedeckungen usw. gemacht werden sollen.

Die Grundformen dieser Darstellungsart bestehen aus der einfach gerichteten und der gekreuzten Schraffur. Variabel sind: Linienstärke, Linienrichtung und Linienabstände.

Horizontale Schraffen werden selten angewendet; auch vertikal stehende wirken oft wie Aufzählungen oder Reihungen, weniger wie die graphische Behandlung von Flächen.

Unregelmäßige Schraffuren dienen meist zur Kennzeichnung naturhafter Zustände, wie sie für die Geländeoberfläche oder für die Wiedergabe von Texturen erforderlich sind. Regelmäßige, flächenhaft wirkende Schraffuren finden in der Stadtplanung ihre Anwendung. Sie kennzeichnen grundrißlich scharf begrenzte Objekte und Gebiete, die bei der erwähnten Variantbreite von Linienstärke, Linienabständen, Linienrichtung einen großen Gestaltungsspielraum für die unterschiedlichsten Darstellungszwecke und -ziele zulassen.

Grenzen und Grenzsäume

Grenzen sind Trennungslinien zwischen Staaten, Gebieten, Arealen, Vegetationsformen, Klimazonen, Bebauungen usw. Natürliche Grenzen in scharfen Linien sind selten. Häufiger sind Grenzräume und allmähliche Übergänge. Sie werden Saum oder Streifen genannt und dem Grenzverlauf entlang eingetragen. Grenzsäume sind gewissermaßen die auf einen Streifen reduzierten Reste graphischer Flächen, die man zur Kartenentlastung oder zur Arbeitserleichterung nur partiell darstellt. Im allgemeinen treten in kartographischen Darstellungen Grenzsäume zusammen mit der Grenzlinie auf. Seltener sind ineinander übergehende modulierte Darstellungen, wie sie bei unscharfem Grenzverlauf benachbarter Areale entstehen können.

Graphische Varianten und die Lage des Grenzstreifens sind für graphische Wirkungen von Bedeutung, denn die Anordnung des Grenzsaumes läßt die damit besetzte Fläche jeweils kleiner erscheinen, die davon freibleibende dagegen größer. Diese Bezeichnung der realen Verhältnisse ist bei einfach gegliederten Darstellungen weniger gewichtig als bei kleinteiliger Flächengliederung.

4.10 Schraffuren. Variation der Lage, der Linienabstände und der Linienstärken.

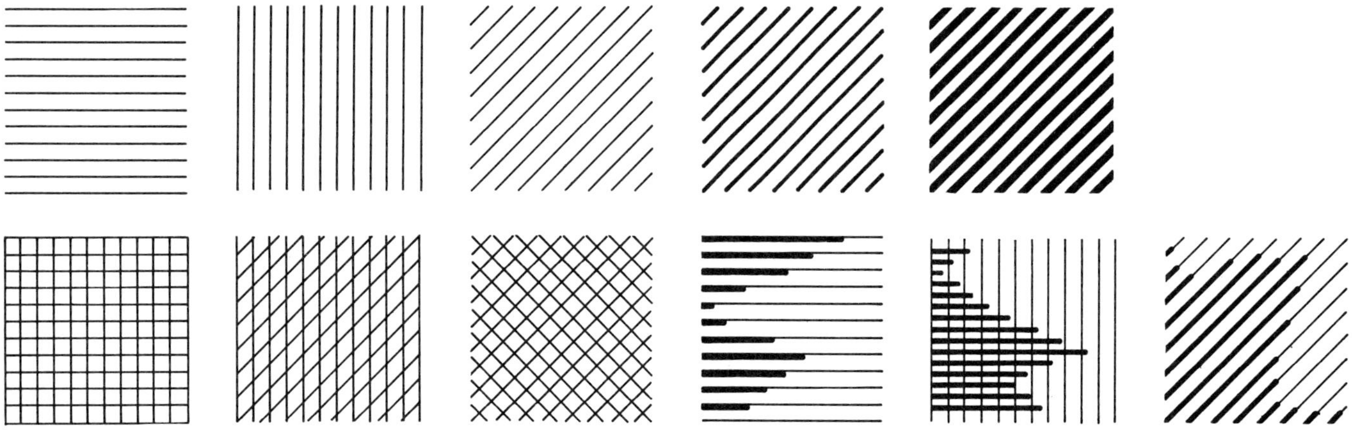

4.11 Drei graphische Varianten des Saumes.

Signaturen

Punkt, Linie, Fläche, daneben auch Farbe sind die Elemente des kartographischen Systems. Übermitteln sie qualitative oder quantitative Werte, so fungieren sie als Zeichen, als Signatur.
Signaturen sind ihrem Zeichencharakter nach mehr oder weniger genormte Figuren. Sogenannte »sprechende« Signaturen, die einen konkreten Bezug, eine vereinfachte Abbildung des dargestellten Sachverhaltes wiedergeben, sind bereits stärker genormt als »geometrische« Signaturformen. Diese lassen sich aus punkt-, flächen- und linienförmigen Elementen zusammensetzen und haben daher eine größere Additions- und Kombinationsfähigkeit als sprechende Signaturen. Dem steht als Nachteil die geringere Anschaulichkeit gegenüber. Sprechende Signaturen sind vorwiegend Aufrißbilder und eignen sich naturgemäß auch nur für prägnante, im Aufriß abbildbare Sachverhalte.
Nach Arnberger[3] sind drei Signaturkategorien zu unterscheiden:
1. Punktartige oder Figurensignaturen zur adäquaten Darstellung ortsgebundener Objekte.
2. Linienartige Signaturen zur adäquaten Wiedergabe linienhaft reduzierter oder streckenbezogener Objekte.
3. Flächenhafte Signaturen zur adäquaten Darstellung raumfüllender oder flächenbezogener Objekte.

Ziffern- und Buchstabensignaturen

Ziffern- und Buchstabensignaturen werden als Lokalsignaturen eingesetzt, wenn sie unmittelbarer als geometrische Zeichen die Inhalte anschaulich machen; ihre Verwendung als Zusatzsignatur zu anderen Zeichen eröffnet weitere Kombinationen, wie sie etwa in den Planzeichen der Bebauungspläne, in Form der Nutzungsschablonen für Art und Maß der baulichen Nutzung üblich sind. Eine derartige Signatur enthält die wesentlichen planungsrechtlichen Festsetzungen eines Bebauungsplanes:

Baugebiet	Zahl der Vollgeschosse	WR	II
Grundflächenzahl	Geschoßflächenzahl	0,4	0,8
Baumassenzahl	Bauweise	–	g
ggf. Höchstzahl der Wohnungen		2,2 a	

Körperhafte Signaturen

Flächenhafte Signaturen zeigen die Quantität durch ihre Flächengröße, körperhafte Signaturen zeigen sie durch ihr Volumen. Daher wachsen körperhaft wirkende Signaturen im Vergleich zu flächenhaften Signaturen langsamer. Das macht man sich durch das Einsetzen dreidimensionaler Zeichen, etwa dem Würfel und der Kugel zunutze, auch dann, wenn die Größenverhältnisse oder die schnell zunehmenden Werte oder Mengen großmaßstäbliche Zeichen oder Zeichengruppen erfordern würden und damit ein wesentlicher Vorzug des Kartogramms, die »geographisch-räumliche Information auf einen Blick«, verloren ginge. Bei orts- und bei gebietsbezogenen Darstellungen wählt man daher für Objekte mit schnell wachsenden Werten variable Quadratflächen, Kreisflächen, Kuben und Kugeln. Für die Wahl des Signaturenmaßstabes stehen zur Verfügung: 1. absolut kontinuierliche, 2. relativ kontinuierliche, 3. absolut gestufte, 4. relativ gestufte Maßstäbe. Die Figuren wachsen linear, wenn die lineare Größe der Signatur proportional der Quadratwurzel ist. Wenn F = Flächengröße und a = Länge der Quadratseite ist, ergibt sich daraus $a = \sqrt{F}$.
Auf die gleichmäßig unterteilte Länge der Größenskala werden senkrecht die Maßstäbe der Signaturen aufgetragen, die den Quadratwurzeln der entsprechenden Werte proportional sind und die man mit einer Kurve verbindet. Stetiges Wachstum folgt aus der Konstruktion, indem man die Signaturen zwischen zwei unter spitzem Winkel zusammenlaufenden Geraden einzeichnet und die Basis der Skala in Abschnitte einteilt, die der Quadratwurzel aus den entsprechenden Werten proportional sind.

4.12 Lokale geometrische Signaturen. (Ortssignaturen)
Lokale bildhafte Signaturen
Grundrißbilder
Geometrische Signaturen linear
Geometrische Signatur flächenhaft
Sprechende Signatur flächenhaft
Ziffern- und Buchstabensignatur

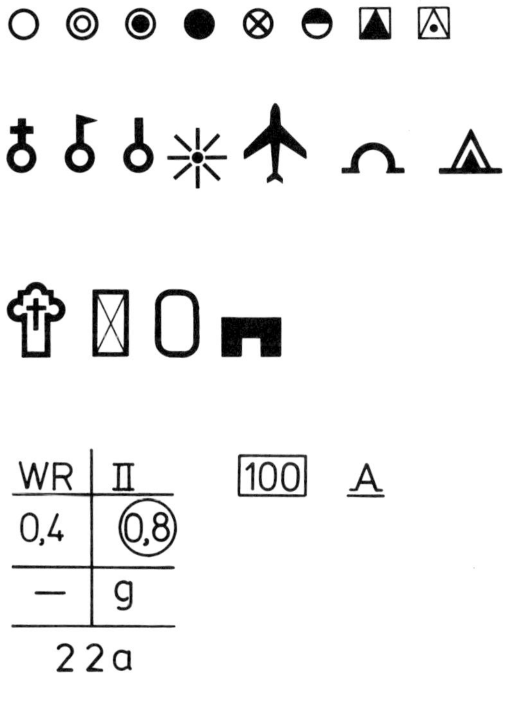

4.13 Gleitender Signaturenschlüssel für Kreisflächen, Kugelinhalt und gleichseitige Dreiecke, nach Arnberger und Kretschmer.

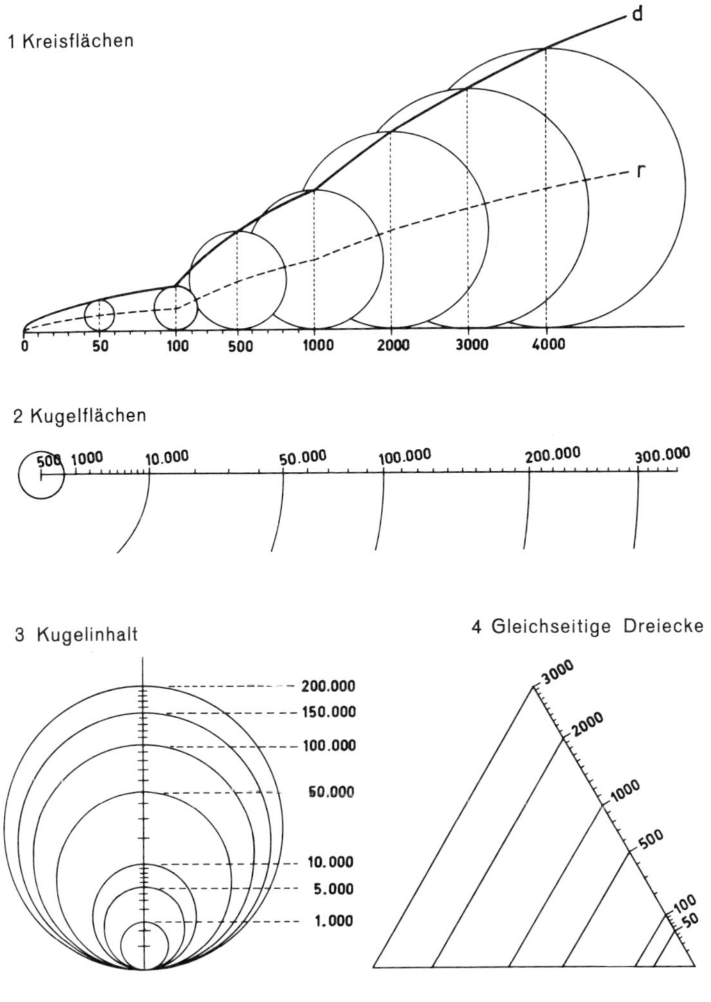

Karten

Karten sind allgemein in topographische Karten und thematische Karten unterteilt, doch bestehen viele aus einer Kombination beider Arten. Karten sind verkleinerte, vereinfachte und erläuterte Grundrißbilder der Erdoberfläche. Sie enthalten je nach Auswahl und Zweck der Karte die Verteilungen und die Zusammenhänge der natürlichen und gesellschaftlichen Erscheinungen der Erdoberfläche.

Topographische Karten

Sie stellen die Erdoberfläche dar, ihre Höhenverhältnisse, ihre Oberflächenbeschaffenheit, ihre Geländereliefs ihre Bewuchsformen, ihre Gewässer, die Verkehrswege und die Besiedlung. Das Kartenmaterial ist nach Maßstäben unterteilt. Topographische Pläne reichen von etwa M: 1:500 bis etwa 1:20000; topographische Übersichts- und Detailkarten bis etwa M: 1:200000 und Übersichtskarten sind oft im M: 1:1000000 gezeichnet.

Thematische Karten

Sie enthalten jene Sachverhalte, die mit der Topographie in einer bestimmten Beziehung stehen, der kartenmäßigen Darstellung bedürfen und einen bestimmten thematischen Bezug haben.
Mischformen beider Kartensysteme sind nicht selten, daher werden diese Abgrenzungen von der Kartographie nicht einheitlich definiert. Topographische und thematische Informationen enthalten beispielsweise Planungskarten, Wanderkarten, Autostraßenkarten, Stadtorientierungskarten usw. Die topographische Karte ist immer das Gerüst der thematischen Karte. Sie ist über dem grundrißlichen Gefüge der topographisch-geographischen Karte, auch Grundkarte genannt, errichtet. Für die Zwecke der Stadt- und Regionalplanung sind zunächst die großmaßstäblichen Karten oder Pläne interessant, sie enthalten das Siedlungsgefüge. Die Inhalte thematischer Karten sind beispielsweise naturräumliche Gliederungen, Gliederungen der Geländereliefs, Bodenverhältnisse, Bodenschätze, Klima, Wetter-, Wind- und Vegetationsverhältnisse, Landschaftsgliederung, Bevölkerungsverhältnisse, Siedlungsformen, Wohnungswesen, Stadtentwicklung und -sanierung usw. Thematische Karten stellen die auf der Erdoberfläche verbreiteten Erscheinungen im Grundriß dar. Sie informieren über die räumlichen Verteilungen von geographisch verbreiteten Sachverhalten und Erscheinungen.
Bei der Ausarbeitung von Plänen werden topographische Karten kleinerer Maßstäbe herangezogen. Meist stellt man von ihnen Vergrößerungen oder Verkleinerungen her, überzeichnet sie und verwendet sie dann als vereinfachte Kartenauszüge.

4.14 Böschungsschraffe. Maßstab 1:25000.

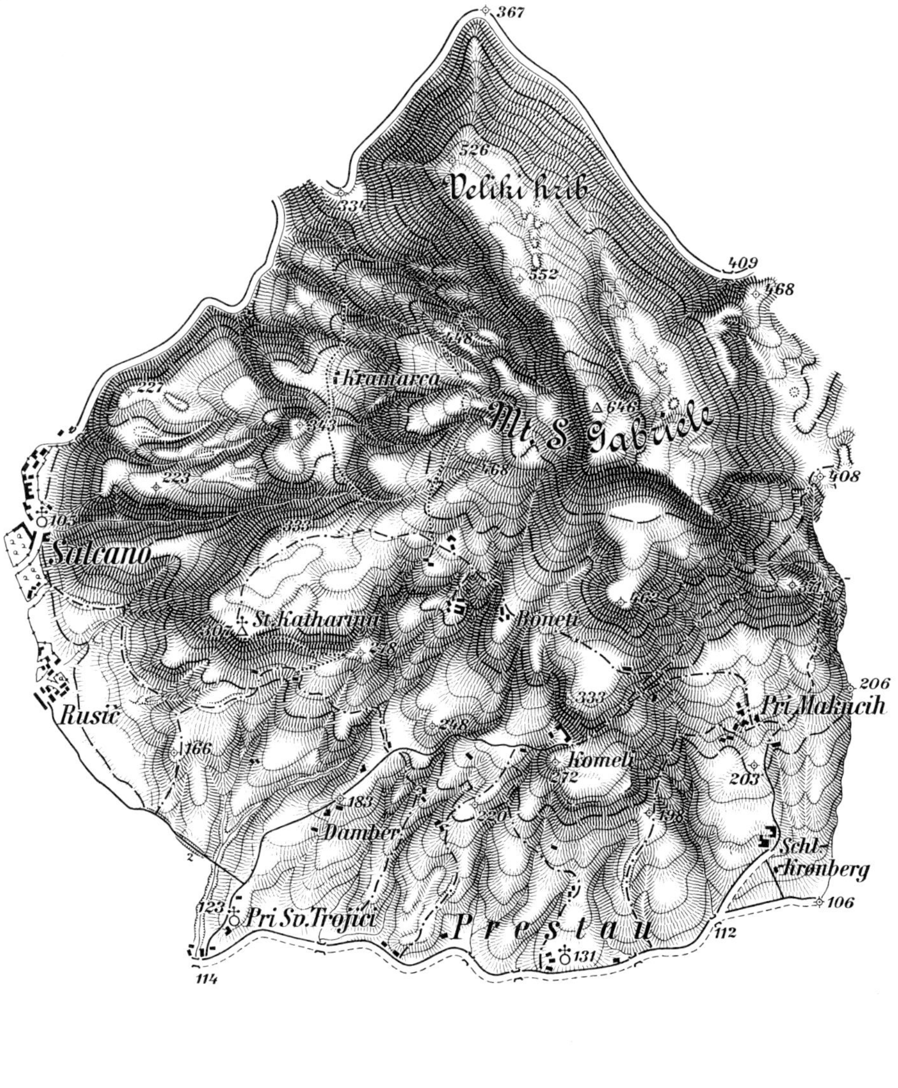

Qualitative und quantitative Karten

Kartographische Ausdrucksformen sind weiter nach ihrer qualitativen und quantitativen Aussage unterteilt: Die ältere Darstellung ist die qualitative Karte, die an einen Wert, an eine Gattung gebunden ist; die quantitative Karte, die Werte und Mengen darstellt, die räumlich für das Gebiet der Karte gelten, wird oft auch als Kartogramm bezeichnet.

Die Geländedarstellung

Die Methoden der Reliefdarstellung: Das Interesse gilt von jeher der anschaulich wirkenden Darstellung der Erdoberfläche. Schon historische Karten bemühten sich um Anforderungen, die auch heute jede Reliefdarstellung erfüllen muß:
– anschauliche plastische Darstellung, die den Reliefcharakter und feinere Gliederungen berücksichtigt;
– dem Kartenmaßstab entsprechende Genauigkeit, die nach Möglichkeit Geländepunkte von Gipfel, Sattel, Tallinie usw. enthält und auch Hangrichtung und -neigung aufzeigt;
– genaue Darstellung der Lage und der Reliefformen.

Karten, in denen das Geländerelief durch Isolinien, Höhenschichtenfarben oder Schummerung dargestellt ist, entsprechen diesen Forderungen. Die historischen Methoden der Böschungs- und Schattenschraffen führen zu graphisch eindrucksvollen, jedoch arbeitsaufwendigen Darstellungen, die zwar des plastischen Effekts wegen die Reliefformen gut erkennen lassen, deren Genauigkeit jedoch gering ist.

Schraffuren

Schraffuren, auch Schraffen und Bergstriche genannt, erfüllen die Forderungen nach Anschaulichkeit und Lagegenauigkeit relativ gut, sind jedoch technisch schwierig auszuführen. Böschungsschraffen folgen den Strichreihungen stets in Richtung des abfließenden Wassers und verlaufen daher immer in Richtung des stärksten Gefälles. Es gilt das Prinzip: je steiler, desto dunkler, d. h. die Neigungsverhältnisse werden durch Schraffen unterschiedlicher Stärke dargestellt. Eine ebene Fläche ohne Neigung bleibt unbehandelt weiß, denn sie wird vom Lichteinfall voll getroffen. Eine senkrechte Fläche erhält dagegen kein Licht und wird schwarz dargestellt.
Dieser Methode liegt das 1799 von Lehmann erfundene Prinzip zugrunde, nach dem die Lichtmenge, die auf eine Fläche fällt, proportional ist dem Cosinus des Neigungswinkels ($\cos 0° = 1, 90° = 0$). Die Neigungsfläche von 0° bis 45° ist in eine Böschungsskala von 9 Stufen von jeweils 5 Grad unterteilt, jeder Streifen entspricht einer Schraffendicke. Beträgt der Böschungswinkel 10°, so sind 2 Streifen schwarz und 7 Streifen weiß; bei 40° sind bereits 8 Streifen schwarz, 1 Streifen weiß. Diese Darstellungsmethode erweist sich wegen schnell wachsender Verdunklung für steile Geländeformen als ungünstig. Technische Voraussetzung für Verlauf und Längenbestimmung der Schraffen ist eine Karte mit Isolinien.

Zusammenfassung der Schraffenmethoden
Isolinien und Fallinien: Auf der Basis von Isolinien folgen die Schraffen den Fallinien. Die Isolinien geben den Verlauf und die Länge der Schraffen an. Die Isolinien können in der Zeichnung verbleiben oder werden, weil sie Hilfslinien sind, aus der Karte wieder entfernt.
Böschungsschraffe: Die Böschungsschraffe erfordert die Abstufung der Strichstärken. Sie geben gestufte Helligkeitswerte, die einen plastischen Eindruck hervorrufen.

Schattenschraffen
Böschungsschraffen mit schrägem Licht kombiniert, führen methodisch zur Schattenschraffe. Die im Licht stehenden Formen werden fein, die verschatteten Formen stark schraffiert; manchmal kommen noch variierte Strichstärken und -abstände hinzu. Der anschaulich plastischen Wirkung steht die Verzerrung der objektiven Böschungsverhältnisse gegenüber, denn die Lichtseiten wirken flacher, die Schattenzonen hingegen steiler. Die Gefällerichtung wird zwar dargestellt, der Höhenverlauf aber nicht: eine plastisch wirkende Darstellung ohne exakte Meßbarkeit.

4.15 Eduard Imhof. Böschungs- und Schattenschraffen.

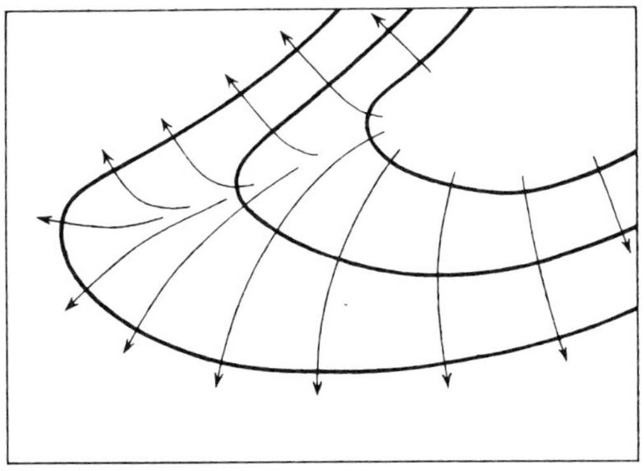

(1) Höhenkurven und Fallinien.

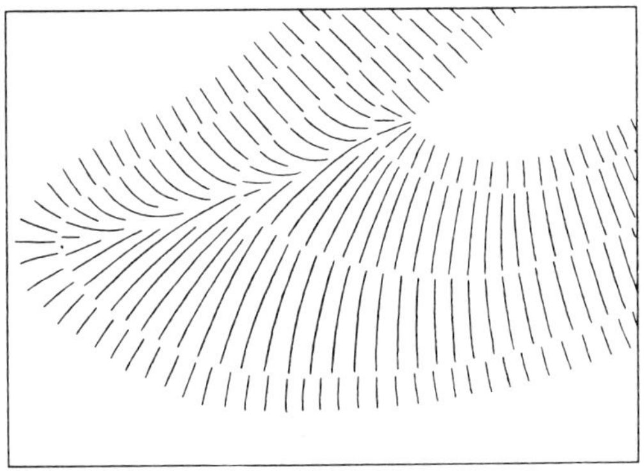

(2) Böschungsschraffen. Die Strichstärken sind gestuft nach den Böschungswinkeln bzw. nach den Schraffenlängen.

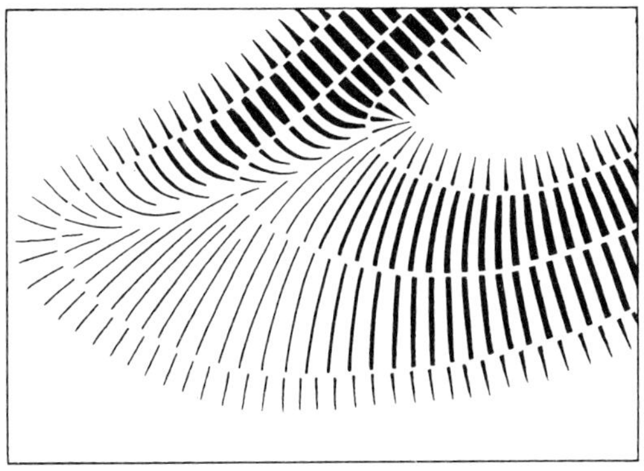

(3) Schattenschraffen. Bei Annahme einer Beleuchtung von links oben sind die Schraffen an den Lichthängen fein, an den Schattierungen kräftig.

4.16 Eduard Imhof. Schattenschraffen. Maßstab 1:50000.

Isolinien

Isolinien, auch Isohypsen, Höhenkurven, Niveaulinien genannt, sind fiktive Linien. Sie finden ihre Fortsetzung in den Tiefenlinien (Isobathen) zur Darstellung der Meerestiefe. Die Isolinienmethode ist ein Verfahren, das geometrisch genaue Wiedergaben des Geländereliefs ermöglicht – mit Ausnahme von felsigem oder sehr steilem Gelände. Aus Meßbildern mit kotierten Geländepunkten, den trigonometrischen Punkten, gewinnt man oft erst durch die Interpolation der Werte die Isolinienkonstruktion. Die charakteristischen, stets geschlossenen Kurven bilden sich als Folge fiktiver horizontaler Schnitte von gleicher absoluter Höhe und gleicher Dicke bzw. gleichem Abstand durch das Geländerelief. Dieser lotrechte Abstand der Isolinien, die Äquidistanz (lat. aequus = eben, gleich), gibt den senkrechten Abstand der Schnittebenen an. Das Abzählen der Isolinien wird von eingetragenen Knotenpunkten erleichtert.
Die Äquidistanz ist abhängig vom Kartenmaßstab, dem maximalen Böschungswinkel, dem Formverlauf und der Vermessungsgenauigkeit. Eine geringe Äquidistanz führt zu engem, dichtem Linienabstand, große Äquidistanzen zu lichten und weiten Abständen. Bei großen Maßstäben sind Äquidistanzen bis ca. 10 cm technisch möglich, im Maßstab von 1:5000 solche von 5 bis 10 m, im Maßstab von 1:25000 betragen die Höhensprünge bereits 10 bis 20 m, und in topographischen Übersichtskarten, im Maßstab 1:100000 bis 1:500000 gezeichnet, sind Sprünge bis 200 m üblich.
Horizontale Linien kommen in einem Geländerelief selten vor; daher sind Isoliniendarstellungen trotz ihrer geometrischen Genauigkeit wenig naturähnlich. Geländeformen verlaufen immer der Schwerkraft folgend mit Rippen, Gräben, Zerklüftungen, mit Bergen und Tälern in Richtung des stärksten Gefälles. Einzelne komplizierte, kleinteilige Formen und die Gefällerichtung treten in der Darstellung nicht immer ausreichend hervor, daher wird der Eindruck der Böschungsplastik erst bei dichter und

4.17 Jacques Bertin. Konstruktion von Isolinien.

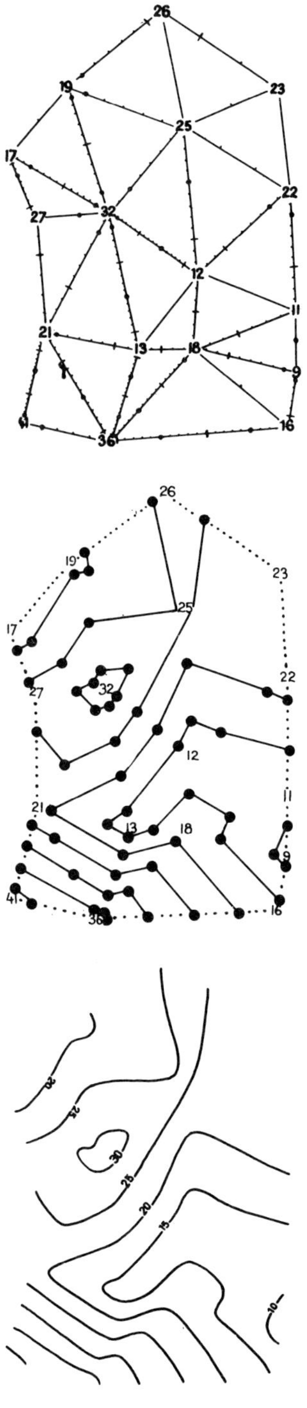

4.18 Paul Rudolph. Kartenausschnitt des Planungsgebietes von Stafford Harbour. Virginia. 1966. Projekt. Isolinien und Isobathen.

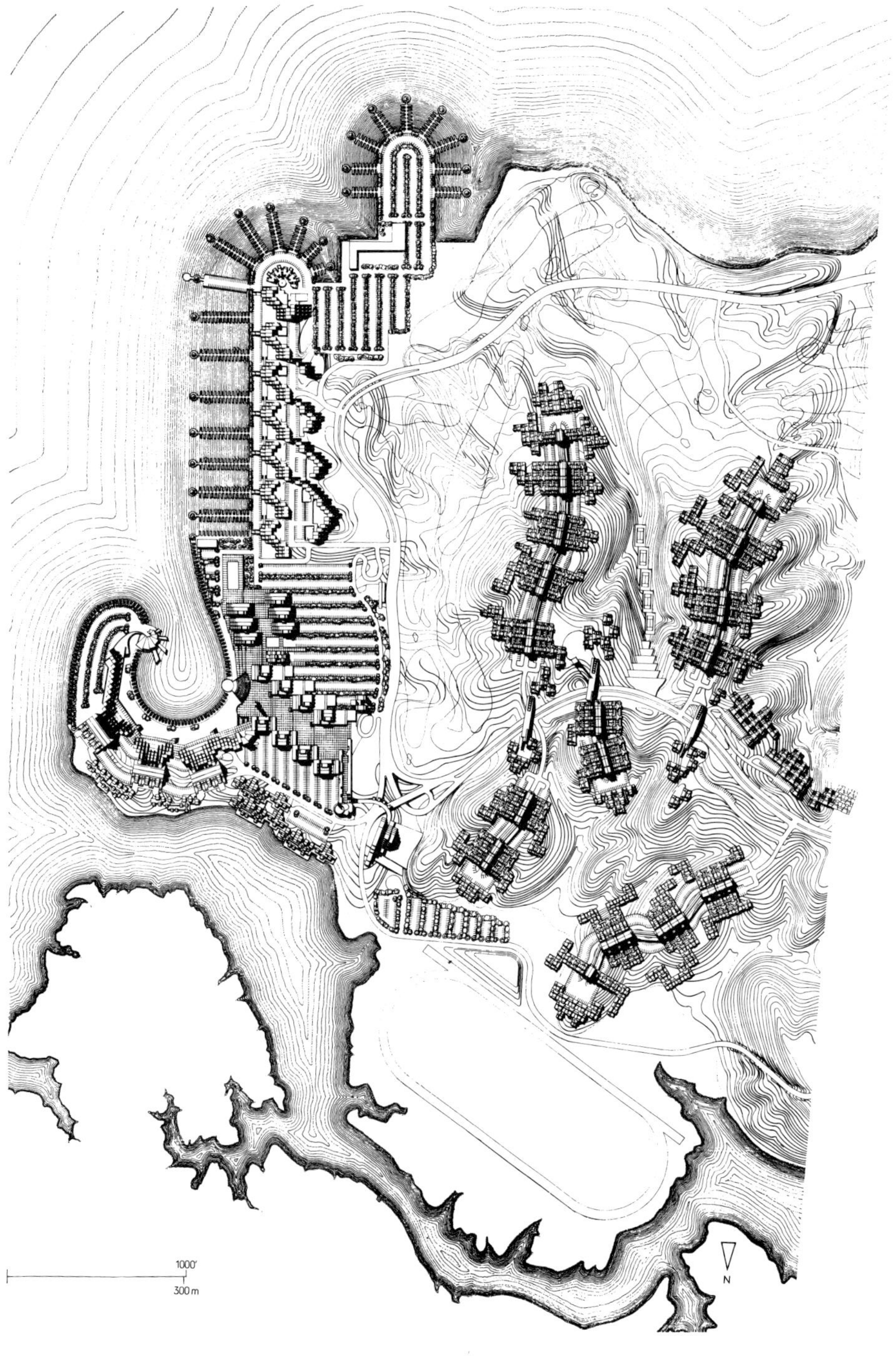

dunkler Linienscharung erreicht. Bei schwierigen topographischen Verhältnissen kann eine deutliche Darstellung des Geländes erst durch das Zusammenwirken von Kurvenverlauf und Knoten erzielt werden.

Der Nachteil dieser Methode besteht darin, daß die Höhe und der Verlauf des Reliefs erst durch Vergleiche mit morphologisch bekannten Geländeformen sicher zu beurteilen sind. Daher sind kombinierte Darstellungen von Isolinien mit plastisch wirkenden Darstellungen vorzuziehen.

Die morphologische Wiedergabe kann um so detaillierter erfolgen, je geringere Äquidistanzen zugrunde gelegt werden. Nach Imhof[4] sind für die folgenden Maßstäbe folgende Äquidistanzen üblich:

Maßstab	Flachland	Mittelgebirge	Hochgebirge
1:5000	1	2	5
1:10000	2	5	10
1:25000	2,5	10	20
1:50000	5	20	20–30
1:100000	5–10	25	50

Zur besseren Darstellung verwendet man außerdem Halb- und Zusatzhöhenlinien oder gemischte Äquidistanzen. Allgemein gilt: Je steiler das Gelände, desto größer die Äquidistanz; je kleiner der Maßstab, desto größer die Äquidistanz; je dichter die Scharung der Isolinien, desto besser erkennt man die Geländeformen. Ferner:

Bei größer werdender Äquidistanz und bei geringer verlaufender Hangneigung wird die morphologische Aussage über sie immer unsicherer. Die Koten werden am besten hangaufwärts und zum Leser orientiert in gleichmäßiger Anordnung eingetragen; mitunter ist es günstig, diejenigen Isolinien, die mit einer Kote versehen sind, graphisch hervorzuheben.

Schattenplastische Isolinien

Die Methode der schattenplastischen Isolinien verbessert die plastische Wirkung der Isoliniendarstellung. Die Darstellung der Isolinien mit dicken und dünneren Strichstärken, differenziert nach Licht- und Schattenhängen – im Sinne eines schräg beleuchteten Schichtstufenmodells – bewirkt Anschaulichkeit. Wie allgemein bei Schattendarstellungen wird das Licht von oben links, von Nordwesten auftreffend, angenommen. Der Winkel gilt für die gesamte Zeichnung, denn eine Winkelvariation ergäbe verschiedene visuelle Eindrücke. Die Verdrehung der Zeichenachse um 180° führt unter Umständen zu einer völligen Umkehrung der realen konvex-konkaven Verhältnisse des Geländes, eine Problematik, auf die bereits bei der Behandlung der konvex-konkaven Darstellungen hingewiesen wurde.

Auf einem grauen Zeichnungsgrund verstärkt sich die plastische Wirkung, wenn auf der beleuchteten Seite weiße Isolinien, auf der verschatteten schwarze Linien gezeichnet sind.

Ein Resultat nach der Methode der schattenplastischen Isolinien auf dunklem Grund ist in einer Darstellung von Kitirô Tanaka zu erkennen, in der ein Kreiskegel Licht von Nordwesten erhält. Die Halbierung in weiße und schwarze Linien ergibt eine schattenplastische Wirkung; entsprechend wird diese Technik bei Geländeformen angewendet.

Schattenplastische Höhenlinien mit abgedunkeltem Zeichnungsgrund veranschaulichen die Höhe der Geländeformen, allerdings mit dem Nachteil, daß das Aussehen eines aus horizontalen Schichten gefertigten Reliefs auf die Karte übertragen wird; außerdem ist die graphische Herstellung zeitraubend.

Ein davon abgeleitetes Verfahren, das Kitirô Tanaka im Jahr 1931 entwickelte, besteht aus Grundrissen paralleler, jedoch schräger Geländeschnitte – Tanaka-Linien genannt. Jede schräge Schnittebene ist durch gleichabständige, horizontale und parallele Linien dargestellt; die schrägen, unter 45° geneigten Schnittebenen, lassen schnell ein plastisch wirkendes Bild entstehen, obgleich es sich um die senkrechte Projektion einer Karte handelt. Dieser Schnittvorgang wiederholt sich mit jeder nächsthöheren Geländekurve; dabei verschieben sich die Schnittebenen leicht in der Schnittrichtung vom Betrachter weg oder zu ihm hin, was jedoch nur geringe Kotenverschiebungen zur Folge hat.

4.19 Isolinien, Äquidistanz 10 m.

Schattenplastische Isolinien mit dunkler Wassersignatur.

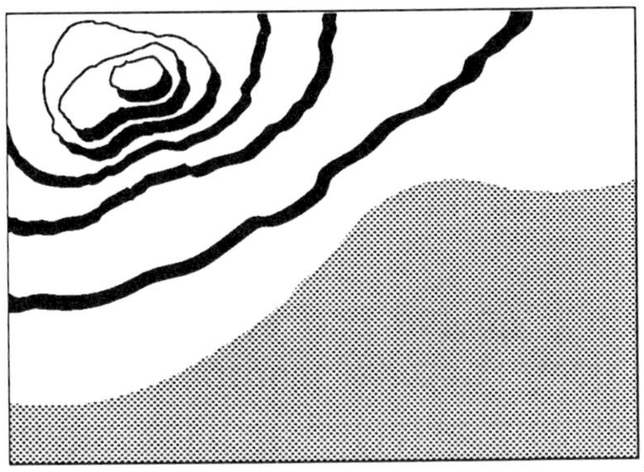

Schattenplastische Isolinien mit Isobathen und gestufter Helligkeit.

4.20 Kitirô Tanaka. Schattenplastische Isolinien auf dunklem Zeichnungsgrund.

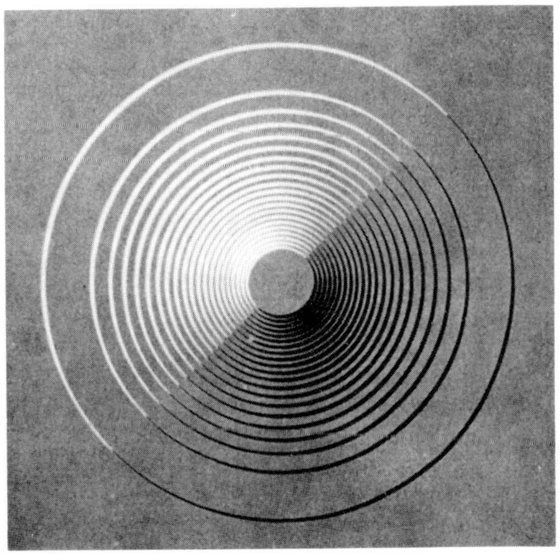

Die Methode der gereihten Profile kann auch zur anschaulichen Gefügezeichnung der geomorphologischen Formen ausgeweitet werden. Auf der Karte sind Höheneintragungen und Scharen paralleler Geraden aufgereiht, die dem Kartengrundriß folgen. Ihre Schnittlinien entsprechen den oberen Kurven der Geländeprofile. Auf einer genordeten Karte verschieben sich gegenüber der grundrißlichen Kartenposition alle höhergelegenen Punkte nach Norden, tieferliegende nach Süden. Bei geringen Höhenunterschieden und Darstellungen in kleinerem Maßstab sind dies unbedeutende Lageverschiebungen, so daß diese Methode zu den kartenverwandten Darstellungen mit horizontaler Bildebene zu zählen ist. Obgleich solche Darstellungen wegen ihrer guten Übersicht einen flachen Schrägblick vortäuschen, sind sie im wesentlichen grundrißtreu, die Profillinien sind Geländerisse.

Regelmäßige, äquidistante Horizontalschnitte, von einer Isolinienkarte abgeleitet, lassen das Bild der horizontalen Schichtung des Geländereliefs anschaulich entstehen.

Die Methode der seltenen äquidistanten Vertikalschnitte bringt zur vorigen Methode vergleichbare Bilder hervor, doch sind die Generalisierungsmaßnahmen schwieriger. Denn die Höhenentwicklung des Geländes wird von Werten der wichtigsten Höhenkoten in gewählten horizontalen Abstufungen vermittelt. Es entsteht das stark abstrahierte Bild eines von Vertikalschnitten gegliederten Reliefs, dessen Regelmäßigkeit noch weniger als bei den horizontalen Äquidistanzen nicht eine naturhaft abbildende, sondern eine von der geometrischen Abstraktion bestimmte ist.

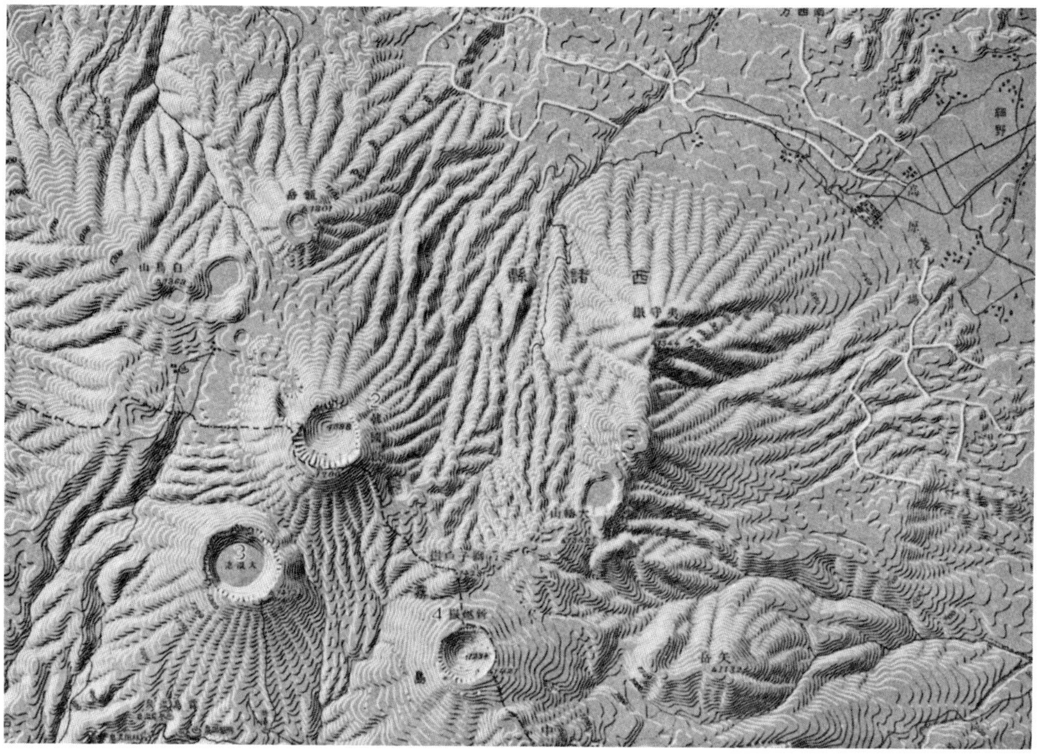

4.21 Kitirô Tanaka, Schattenplastische Isolinien am Beispiel einer Vulkanlandschaft in Japan. M 1 : 100 000, Äquidistanz 20 m.

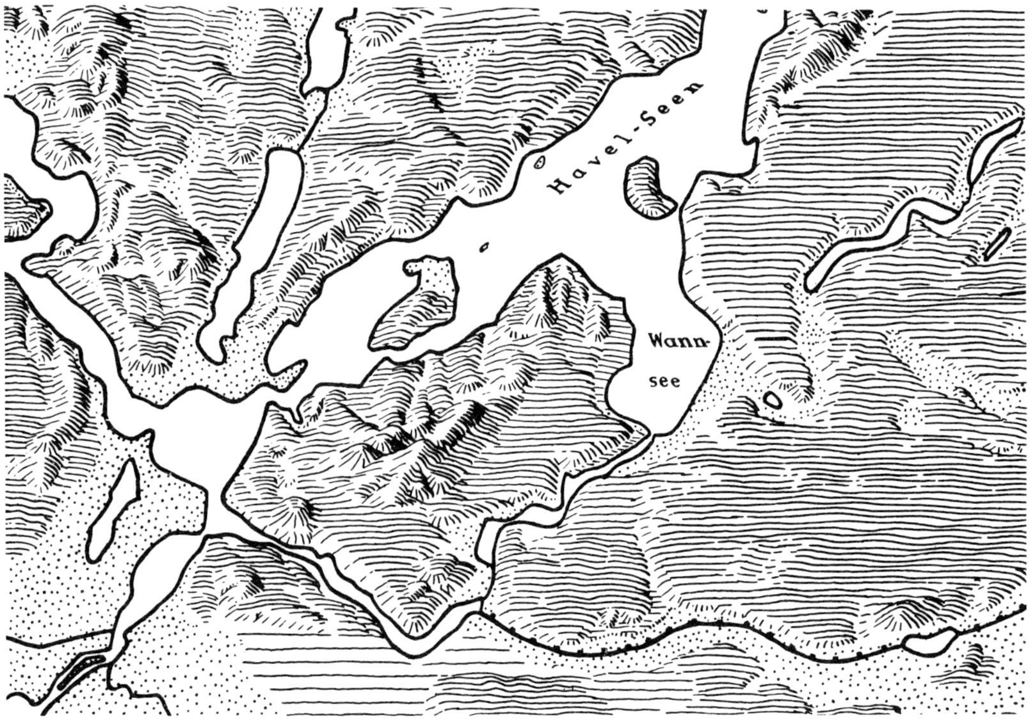

4.22 F. Hölzel. Methode der umgeklappten Profile. Atlas von Berlin. »Relief«, M 1 : 100 000.
4.23 Eduard Imhof. Schattenplastische Schräglichtschummerung. M 1 : 100 000.

Die Schummerung

Die Böschungsschummerung oder Schattentönung führt zum plastisch wirkenden Kartenbild, das die großen geomorphologischen Formen klar hervortreten läßt. Nach Eduard Imhof[5] bezeichnet man mit Schummer oder Schummerung eine in der Regel monochrome, nach irgendeinem Prinzip hell-dunkel variierte, der Geländedarstellung in Karten dienende Flächentönung. Davon abweichend führt die Methode der Schattierung zu anschaulicher Geländeplastik, wenn durch eine geeignete Beleuchtung die Geländeformen in Licht- und Schattenzonen gegliedert werden. Drei verschiedene Schummerungen sind zu unterscheiden: die Böschungsschummerung bei senkrechter Beleuchtung, deren Tonabstufungen nach dem Prinzip »je steiler, desto dunkler« erfolgen; die Schräglichtschummerung, die bei schrägem Lichteinfall Lichthänge und Schattenzonen zur Gliederung heranzieht. Auch hier gilt das Prinzip: je steiler, desto dunkler. Bei der kombinierten Schummerung sind die Effekte beider Methoden zu besonders plastisch wirkenden Abbildungen kombiniert. Sie unterscheidet sich von der Schräglichtschummerung durch die nach oben hin heller werdenden Lichthänge; die Ebenen sind leicht getönt.

Eine plastisch wirkende Geländedarstellung läßt sich mit Schattentönen technisch leichter und geometrisch objektiver darstellen als durch Schraffen. Die Schattentöne reichen von einem mittleren Grau der ebenen Flächen, Talsohlen und flachen Bergrücken nach dem Prinzip »je steiler, desto dunkler« bis zum dunklen Grau für steile Böschungen. Lichthänge sind hell, Schattenhalden dunkel. Im allgemeinen fällt das Licht von Nordwesten unter einem Winkel von 45°; spezielle Schattierungsverfahren basieren auf einer fiktiven, ständig gedrehten Beleuchtung, um Verschattungszonen zu umgehen. Die Schräglichtschummerung eignet sich für die Wiedergabe alpiner Formen wie für flaches Hügelland, wenn Licht- und Schattenverteilung das Relief visuell deutlich hervortreten lassen. Der Nachteil der Schummerung liegt im unsicheren Erkennen von Höhenentwicklung und Gefällerichtung; erst ihre Kombination mit Isolinien führt zur genauen und anschaulichen kartographischen Geländedarstellung, wie sie heute allgemein verbreitet ist.

Farbige Höhenschichten

Die Isolinien werden von farbigen Höhenschichten ergänzt. Sie verbessern den Eindruck der Höhenentwicklung. Die Farbstufungen sind nicht einheitlich geregelt und werden auch nach Maßstab und Thematik unterschiedlich gehandhabt. Es gelten die Höhenstufenfarben und kontrastierende Farbfolgen nach dem Prinzip »je höher, desto heller« wie auch »je höher, desto dunkler«. Zu erwähnen sind die luftperspektivische und die konventionelle Farbstufung. Für erstere gilt das Prinzip der Lufttrübung, denn infolge der Diffusion gehen mit wachsender Entfernung die Farben in helles Graublau bis Blau über. Nah und Fern gilt sinngemäß für unten und oben im Gelände. Nach dem Grundsatz »je höher, desto farbensatter« gilt für die farbige Höhenschichtung: graues Grünblau, Blaugrün, Grün, Gelbgrün, Gelb, rötliches Gelb. Diese Farbstufung folgt weitgehend der visuellen Erfahrung. Berücksichtigt man die Bodenbedeckung und arbeitet in großem Maßstab, so kann man die Farbstufung mit grünähnlichem Blau, über Blau nach Gelb, abgestuftem Grün, danach grünlichem und rötlichem Gelb bis Rosa aufbauen. Die konventionelle, die Spektralfarbenskala berücksichtigende Farbschichtung verwendet in fester Reihenfolge von niedrig zu hoch: Blaugrün, Gelbgrün, Gelb, Gelborange, Hellbraun, Braun, Rotbraun, Braunrot.

Blau wird nur als Gewässerfarbe verwendet; die Abstufung folgt in der Blausättigung der Gewässertiefe und erstreckt sich von Hellblau für stehendes und fließendes Gewässer bis zu mittlerem Blau. Die Koten werden wiederum neben dem Meßpunkt eingetragen; sie sind bei mittlerem Wasserstand auf Kartennull bezogen.

4.23 Eduard Imhof. Schattenplastische Schräglichtschummerung. M 1:100000.

4.24 Kombinierte Schummerung. Ausschnitt aus der österreichischen Karte. M 1:50000.

Einige Methoden der Generalisierung

Darstellungen von Karten umfassen unterschiedliche Maßstäbe, wie die im großen Maßstab gezeichneten Katasterpläne im Maßstab 1:500 und die im kleinsten Maßstab gezeichneten und erdumfassenden Karten. Parallel hierzu ändern sich die Relationen zwischen Zeichen und Bezeichnetem und die Darstellungsmethoden. Bedeutungen gehören zur Zeichenwelt. In welchem Verhältnis von der konkreten Erscheinung der Landschaft, des Geländereliefs und den Bebauungsformen abstrahiert werden kann, welche maßstabs- und zweckmäßigen Formen der Vereinfachung jeweils richtig sind, unterliegt den Methoden der kartographischen Generalisierung.

Allgemein ist die kartographische Darstellung mehr an der Wiedergabe der Formen als an Oberflächen interessiert, und die unterschiedlichen Maßstäbe machen fortwährend Generalisierungen nötig, denn jeder Maßstab, auch der größte, zwingt zur selektiven und generalisierenden Arbeitsmethode. Die Generalisierung, ein Vorgang der Vereinfachung und der Verallgemeinerung, klärt durch Selektion, welche Anteile einer Information in die Darstellung aufgenommen werden und welche entfallen, weil sie innerhalb dieser Aussage entbehrlich sind. Nach Arnberger ist die Generalisierung »eine maßstabs- und sachgebundene graphische und inhaltliche Vereinfachung einer kartographischen Ausdrucksform im Wege der Objektauslese, der qualitativen und quantitativen Zusammenfassung und einer repräsentativen Formvereinfachung«.[6] Aus Gründen der Lesbarkeit, des Verkleinerungsverhältnisses und der thematischen Bestimmung umfaßt die Generalisierung 1. die Objektauswahl – »nicht alles, was existiert, wird auch dargestellt« –; 2. die Formvereinfachung, die mit kleiner werdenden Maßstäben ständig zunimmt (so enthält etwa eine Karte des Maßstabes 1:200000 nur Verkehrslinien, Ortssignaturen, Grenzen, Gewässer, doch keine Angabe über Oberflächenbeschaffenheit und Vegetation); danach folgt die Zusammenfassung einzelner Formen zu vereinfachten Großformen mit dem damit verbundenen Qualitätsumschlag und der Formenverdrängung. Die Generalisierung ist bei der Darstellung natürlicher Kleinformen, noch mehr bei gebauten Formen und bei der Darstellung des Siedlungsgefüges relevant. 1. Die Selektion: Aus mehreren Erscheinungen werden stellvertretend die wichtigsten in die Darstellung aufgenommen; welche Objekte – eine Anzahl von Gebäuden, Bäumen, Böschung – sind unentbehrlich? Welche können entfallen, ohne daß der Eindruck der realen Verteilung und der Größenverhältnisse verändert wird?

2. Die Formvereinfachung: Sie richtet sich primär nach der Kartenbestimmung und gestalterisch nach der Frage, wie eine Überlastung und andererseits eine Verarmung der Karte zugunsten einer ausgewogenen Darstellung zu vermeiden ist. Die Formvereinfachung wird noch unterteilt in: maßstabsgerechte, maßgebundene Generalisierung und in die Flächenverhältnisse wahrende Generalisierung, die jeweils die selektierten, ausgeschiedenen Flächen vergrößert.

Zur Formvereinfachung zählt auch die Zusammenfassung mehrerer benachbarter Gebäude zu einem gemeinsamen Umriß, sie ist eine graphisch durchgeführte Transformation zum Zwecke der qualitativen Zusammenfassung von Begriffen zu Oberbegriffen, wie sie auch in der Zusammenfassung von Nadelwald und Laubwald zu »Wald« vorkommt. Formvereinfachungen durch Ausscheiden kleiner Einzelheiten führen zu quantitativen Veränderungen der Objekte, so beispielsweise wenn ein offen gegliederter Stadtgrundriß nunmehr als dicht zusammengefügte, homogene Baustruktur dargestellt ist.

Das maßstabsgebundene Generalisieren für kleine Maßstäbe verwandelt infolge der Flächenreduktion ein kartographisches grundrißliches Zeichen in eine Signatur; dennoch wird allgemein maßstabsgebunden generalisiert und die typische Form beibehalten. Erst bei noch kleineren Maßstäben ist das freie Generalisieren vertretbar. Die Grenze der geometrisch exakten Darstellung topographischer Kleinformen in Metergröße liegt bei etwa 1:10000; darüber hinaus beginnt die Auswahl und Generalisierung der Kleinformen unter 5 m Größe und nimmt in den kleineren Maßstäben ständig zu, bis nur noch repräsentative Objekte und Formtypen bei gleichzeitig wachsender geometrischer Ungenauigkeit zurückbleiben.

Die Erkenntnisse über die Relativität jeder Generalisierungsmaßnahmen werden durch neueste Aussagen aus dem Gebiet der Fraktalen Geometrie unterstützt.[7] Sie erklärt, weshalb beispielsweise die Messung von Küstenlinien oder Flußläufen in jedem

4.25 Grundrißliche Signaturen.
Die Generalisierung des Siedlungsgefüges im Maßstab 1:10000 für die Maßstäbe 1:25000, 1:50000 und 1:100000, nach Eduard Imhof.
Straße und einzelstehendes Gebäude. ✶
Einzelhöfe, Streusiedlung. △
Aufgelockerte Gebäudegruppe, Dorf. □
Dichte Gebäudegruppe, alter Stadtkern. ○

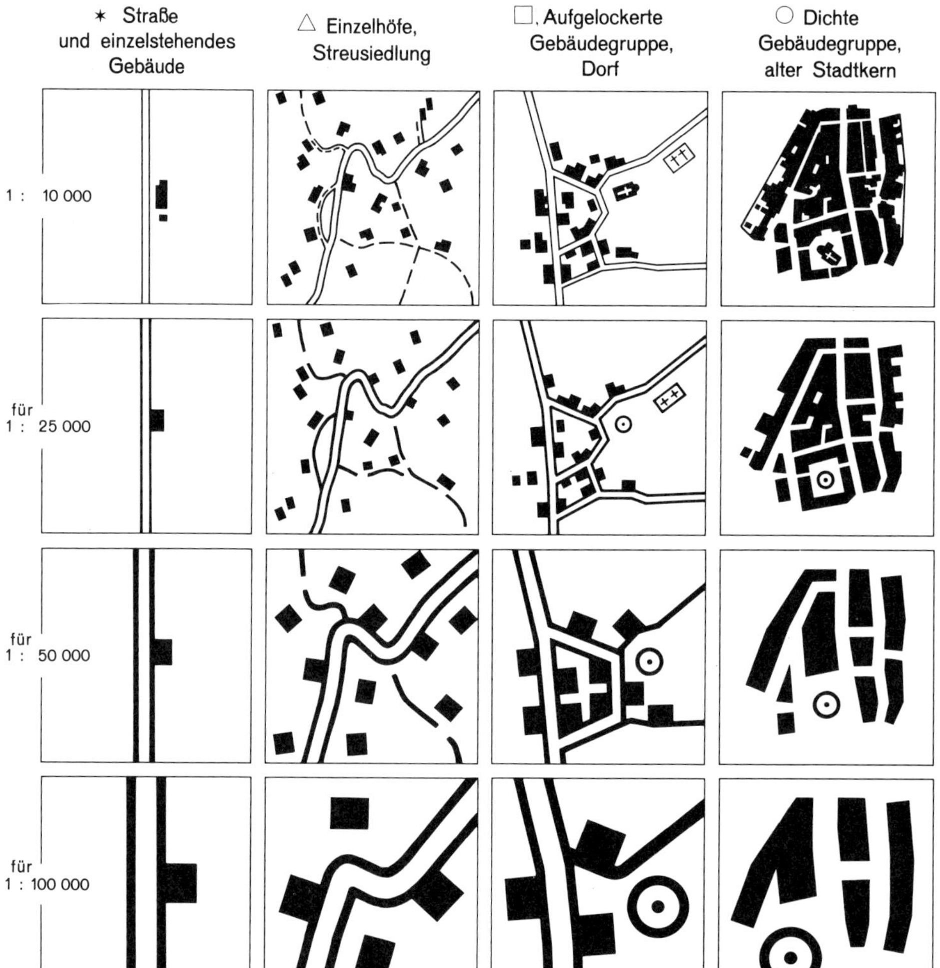

Maßstab unterschiedlich ausfallen muß. Für Benoid Mandelbrot war es auffallend, daß die gemessene Linie um so länger wird, je größer der Maßstab ist. Diese Erkenntnis bestätigte sich indessen auch an anderen unregelmäßigen und ungeordnet erscheinenden Naturphänomenen, die sich im kontinentalen Maßstab wie im atomaren Aufbau der Stoffe wiederfindet. Die Ursache dieses Phänomens liegt in der von Mandelbrot gefundenen Gesetzmäßigkeit, nach der fraktale (gebrochene) Muster ohne Größenordnung sind und sich in »Selbstähnlichkeit«, als sich selbst reproduzierendes Kontinuum erweisen.

Grundrißsignaturen

Grundrißsignaturen umfassen mit einer Konturlinie die realen Umrisse des Objektes. Die Signatur kann verändert werden; die gewandelte Bedeutung kann sich mit der Füllung des Zeichens ausdrücken oder mit Schraffuren, Raster, Farbe und Schwärzung; in einem anderen Fall erhält es eine schriftliche ergänzende bzw. symbolisierende Kennzeichnung.

Grundrißliche Signaturen

Linienhafte Objekte wie Verkehrsnetze und Flußläufe erfahren bei der Linienglättung eine Formvereinfachung. Ebenso verläuft die Behandlung des Siedlungsgefüges. Vielgestaltige Umrisse, Vor- und Rücksprünge werden so lange begradigt und reduziert, bis ein signifikanter Umriß zurückbleibt, der einem Grundrißmittelwert entspricht. Der untere Teil der Abb. enthält die in betreffenden Maßstäben gezeichneten Figuren; sie sind zur besseren Beurteilung der Formveränderungen einheitlich auf den Maßstab 1:10000 vergrößert. Einzelne Gebäude wurden zusammengefaßt, an die Straße gerückt und zu signifikanten Umrissen vergrößert; die Häusergruppe des Dorfes stufenweise vereinfacht, lediglich die Kirche bleibt als signifikantes Objekt bestehen. In den kleineren Maßstäben wiederholt sich dieser Vorgang nochmals. Der Übergang vom Stadtgrundriß zur Signatur führt zur gestaltneutralen, lediglich geometrischen Objektkennzeichnung. Ähnlich wirken sich die Zunahmen der Strichstärken von Straßensignaturen aus, die an sich einer Grundrißvergrößerung entsprechen und auf benachbarte Objekte eine Verdrängung oder – soweit möglich – eine Verschiebung des Grundrißgefüges bewirken. Die Signaturen wachsen in kleinen Maßstäben selbst zu einer flächendeckenden Breite an, der zufolge normale Straßen annähernd 100 m breit wären, doch nimmt man die geringere Lagegenauigkeit zugunsten der besseren Lesbarkeit hin. Ohne generalisierte Darstellungen wäre jede Karte visuell überladen. Die Grundrißsignatur kleiner Objekte darf, um lesbar zu bleiben, eine Mindestgröße nicht unterschreiten; ist dies nicht möglich, so werden benachbarte Objekte aus der Karte verdrängt. Generalisierungsmaßnahmen in Relation zum Maßstab:
1:50000: stark generalisierte Darstellung der Gebäudegrundrisse in übertrieben groß dimensionierten Gebäudegrundrissen, daher Verdrängung von Freiräumen und Straßen, Formzusammenfassung repräsentativer Objekte mit starker Auslese kleinerer und unwichtiger Gebäude.
1:25000: Formzusammenfassung benachbarter Gebäude zu Gebäudekomplexen, kleinere Gebäude ohne repräsentative Bedeutung entfallen. Ab einer Grundrißtiefe von ca. 9 m ist die grundrißtreue Darstellung von Gebäuden möglich.
1:10000: Generalisierung der Gebäudedetails, Eliminierung von Vor- und Rücksprüngen; grundrißtreue Darstellung größerer Gebäude.
1:5000: Grundrißtreue Darstellung auch kleiner Gebäude. Differenzierte Behandlung, beispielsweise durch Schraffierungen und Vollflächen zur funktionalen Kennzeichnung üblich.
In den größeren Maßstäben entfallen in der Gebäude- und Siedlungsdarstellung weitere Generalisierungsmaßnahmen.

Die Darstellung von Kleinformen
Nicht jede Geländeform ist aureichend durch die vorgenannten Methoden darzustellen; Kleinformen und verschiedene Bodenbedeckungen sind oft charakteristisch und landschaftsprägend, so daß man ihre Beschaffenheit nicht übergehen kann. Ein kleiner Maßstab führt zu Kleinformsignaturen, die grundrißtreu bzw. -ähnlich oder lagetreu den jeweiligen Formtyp ohne die individuelle Beschreibung generalisieren. Die kartographischen Elemente sind Keilschraffen, Punktierungen mit Isolinien und Formstriche. In den größeren Maßstäben haben Bodenbedeckungen mehr Bedeutung.

4.26 Friedrich Töpfer. Generalisierungsmaßnahmen an einem Fluß und einer Bergstraße vom Maßstab 1:25000 für 1:50000, 1:100000 und 1:200000, starke Streckenverkürzung bei Maßstäben kleiner als 1:25000.

4.27 Eduard Imhof. Signaturdarstellung von Kleinformen. Ausschnitt.

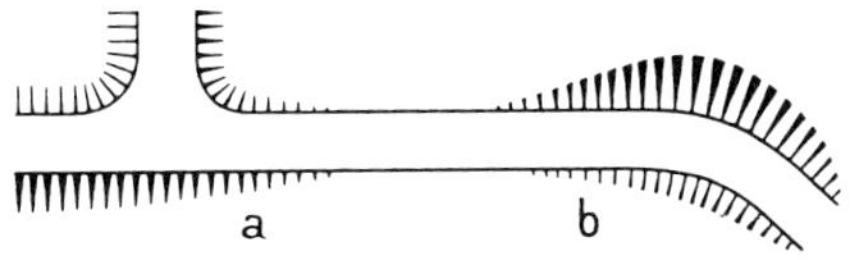

Künstliche Böschungen; a = Damm, b = Einschnitt

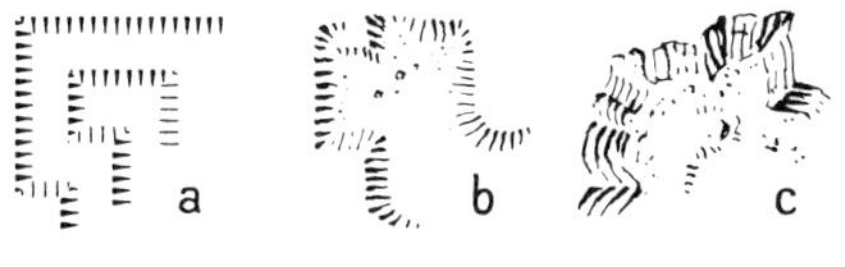

a = Lehmgrube
b = Kiesgrube
c = Steinbruch

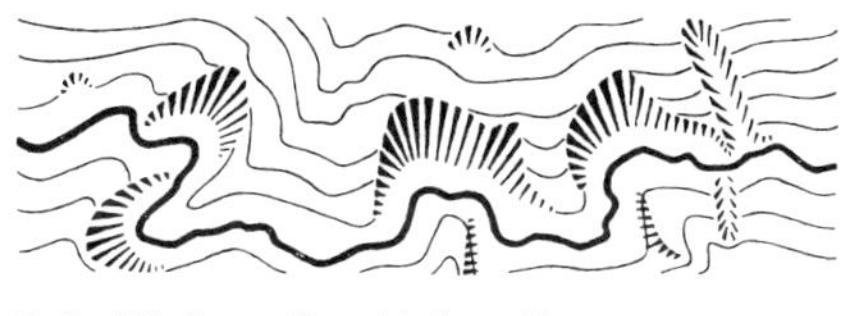

Erdschlipfe, erdige Abrisse, Runsen

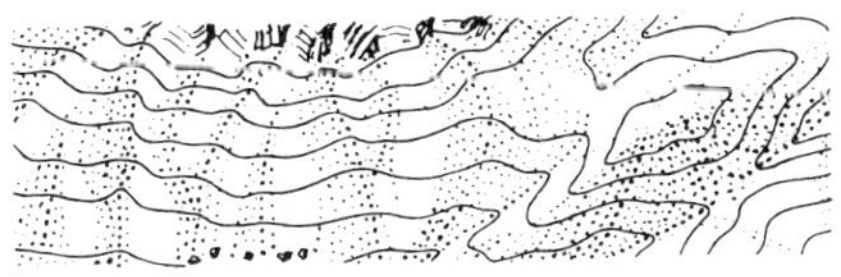

Geröllhalden und Schutthügel
Vulkanische Kleinformen; a = Krater, b = Lavastrom

Die grundrißliche Darstellung der Stadtfläche

Den Stadtgrundriß unter wechselnden Aspekten zu beschreiben, ist das Ziel stadtgeographischer und stadtplanerischer Darstellungen. Die auf dem Stadtgrundriß errichtete qualitative Karte ist Grundlage jeder stadtplanerischen Arbeit. Sie enthält räumliche Erscheinungen nach funktionalen oder morphologischen Merkmalen, wie das grundrißliche Gefüge, die historische Entwicklung, die Stadt-Umlandbeziehungen, die Flächennutzungen, die Bevölkerungsdichte, die Verteilung typologischer Gebäudeformen usw. Sie ist aus den großmaßstäblichen topographischen Karten abgeleitet und wird mit wechselnden Maßstäben, Signaturen und mit unterschiedlichen Zielsetzungen weiterbearbeitet. Diese Aussagen werden ergänzt von der quantitativen Karte, mit der bestimmte meßbare Eigenschaften wie Größen, Mengen, Werte, Zeitdauer einer Entwicklung absolut oder relativ zu anderen Sachverhalten dargestellt werden können.

Stadtpläne und -karten
Pläne und Karten von Stadtgebieten in den Maßstäben von etwa 1:500 bis zu etwa 1:50000 werden von den Vermessungsämtern hergestellt. Da diese Pläne und Karten die Grundlage jeder planerischen Aktivität sind, hier kurz ihre signifikanten Merkmale:

Flächensignaturen:
Gebäude nach Funktion, Geschoßzahl, private oder öffentliche Besitzverhältnisse, historische Bauten, Verkehrsflächen und Plätze, Sport-, Messe- und Vergnügungsgelände, Park- und Gartenanlagen, Kleingärten, Friedhöfe, botanische Anlagen, Baumpflanzungen, Wald, Wiesen, Wasserflächen, landwirtschaftliche Flächen.

Liniensignaturen:
Verkehrslinien, Straßen und Wege, Grenzlinien von Arealen, Bezirken.

Punktsignaturen:
Standorte besonderer Einrichtungen wie Bahnhof, Postamt, Krankenhaus, Feuerwehr, Polizeistation, Botschaft, Konsulat, Schule, Hotel usw.

Namentliche Bezeichnung, Beschriftung:
Straßen, Plätze, Hausnummern, Angabe der Verkehrslinien, Gebäudenamen und funktionelle Bezeichnung, Bezirks- und Gebietsnamen, Gewässernamen.

Die administrative Grundkarte
Die administrative Gliederung des Stadtgebietes ist die Grundlage für weitere thematische Karten. So umfaßt beispielsweise eine administrative Grundkarte von Berlin, M: 1:100000, von der mittelalterlichen Stadtgründung bis in die Gegenwart die für die Stadtentwicklung wesentlichen Phasen. Vom Stadtkern aus breitet sich das nachfolgende Stadtgebiet – gelb und orange – über die Stadtgebiete des 19. Jahrhunderts – grüne Flächen – bis in die Gegenwart – graue Flächen – aus. Die Gemeinde- bzw. Ortsgrenzen sind, mitunter ergänzt von Grenzschraffuren, eingetragen; die Stadtgebietsgrenzen sind mit dicker, punktierter Linie und Grenzschraffur angezeigt. Die Karte enthält daneben die Stadtgebietsnamen mit dem Gründungsjahr und dem Jahr der Eingemeindung, ebenso die wichtigsten Wasser- und Grünflächen und die Straßen und Eisenbahnlinien. Der relativ unbehandelte Kartengrund ohne topographische oder siedlungsgeographische Angaben ist daher über die kommunale Gliederung hinaus für weitere Darstellungen und thematische Eintragungen geeignet.

Die Generalkarte
Reichhaltiger als die administrative Grundkarte, die vorwiegend die Stadtgebietsgliederung zeigt, enthält die Generalkarte bereits die funktionale Gliederung der Stadt, Gebiete hoher Bebauungsdichte, Wohnviertel, Grün- und Verkehrsanlagen, Straßennetze usw. Die Darstellungsmittel: Flächenfärbung, Schraffur und Raster.

4.28 Berlin. M: 1:25000. Ausschnitt.

4.29 Administrative Grundkarte. Berlin. Kommunale Entwicklung. M: 1:100000. Ausschnitt.

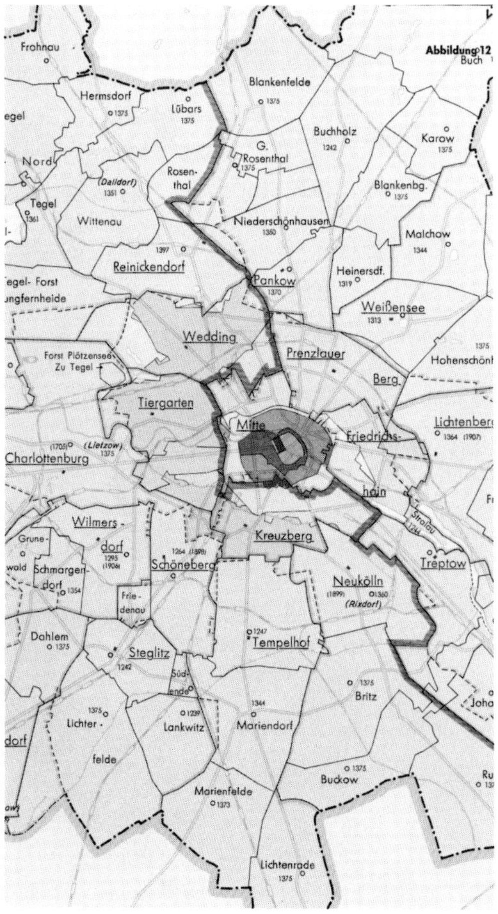

4.30 Generalkarte. Berlin. M: 1:200000. Ausschnitt.

Die Stadtkarte

Als Beispiel der Kartengestaltung hier die Stadtkarte von Stuttgart. Die Flächennutzung nach funktionaler Gliederung ist nach Baublöcken eingeteilt, graphisch hervorgehoben ist der Bereich der Geschäfts- und Verwaltungsbauten, peripher die angrenzenden Gebiete mit überwiegender Wohnbebauung. Größere Maßstäbe gestatten die differenzierte Ausweisung der funktionalen Gebäudenutzungen, kleinere Maßstäbe nur die der statistischen Flächeneinheiten nach Blöcken.

Katasterpläne

Diese grundriß- und lagetreuen Darstellungen zur Unterscheidung der grundrißähnlichen Karten der kleineren Maßstäbe, besser Pläne genannt, enthalten Angaben über die Eigentumsverhältnisse, das Straßennetz, die Bebauung und die Grundstücksverhältnisse, diese meist mit Hinweisen auf die Gebäudehöhe, das Gebäudealter und die Bebauungsweise. Die Angaben sind durch verschiedene Schraffuren oder Färbungen kenntlich gemacht.

Katasterpläne liegen je nach den Eigenarten der Länder in den Maßstäben von 1:500 bis zu 1:4000 vor. Sie enthalten nur die wesentlichen örtlich-topographischen Merkmale. Katasterpläne sind die Grundlage für die Bebauungsplanung und die meisten stadtplanerischen Arbeiten.

Der Maßstabsvergleich zeigt die unterschiedlichen Planinhalte: Der Maßstab 1:1000 gibt bereits detaillierte Aussagen über die Bebauung, wie auch maßstäbliche Eintragungen der Verkehrsflächen und Teilen des unterirdischen Verkehrsnetzes usw.

Die im Original farbige Differenzierung – Gebäudeflächen farbig, schwarzweiße Schraffur – zeigt neben den durch Diagonal- und Kreuzschraffur dargestellten Gebäudehöhen auch die Gebäudenutzungen; öffentliche Gebäude sind beispielsweise rot.

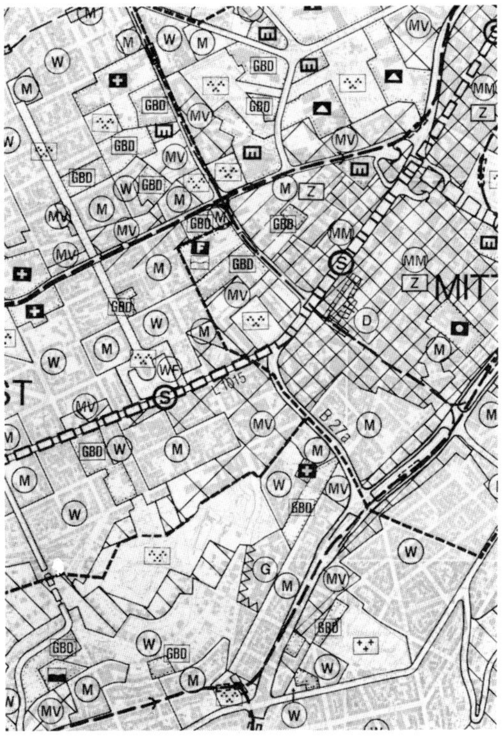

4.31 Innenstadt von Stuttgart. Funktionale Flächengliederung.

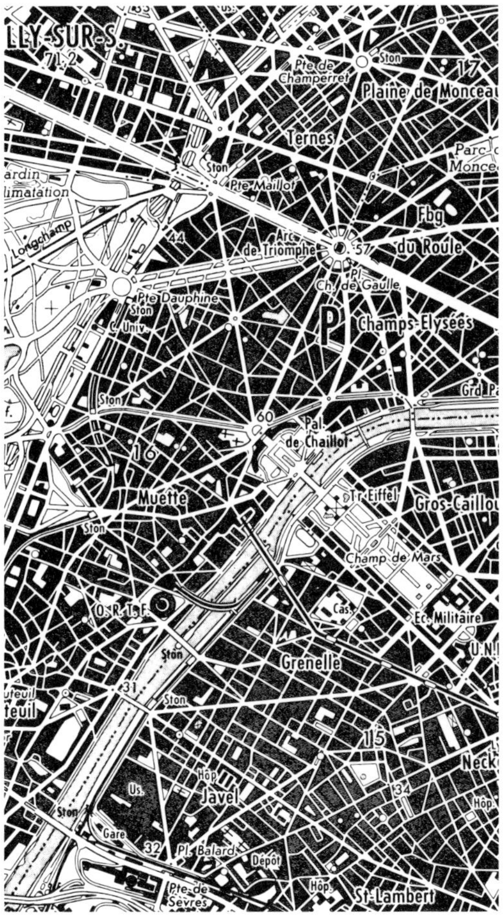

4.32 Stadtplan von Paris.

4.33 Karte Berlin. M: 1:10000.

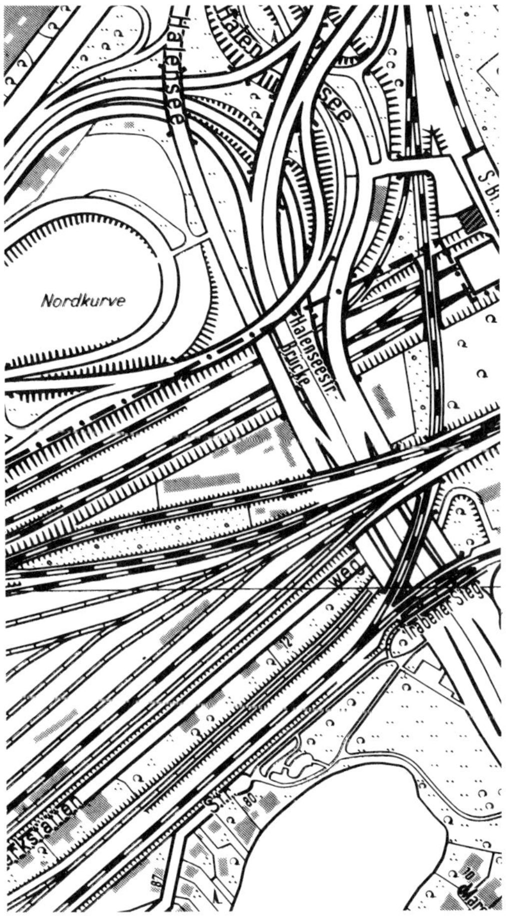

4.34 Katasterplan Berlin. 1976. M: 1:4000.

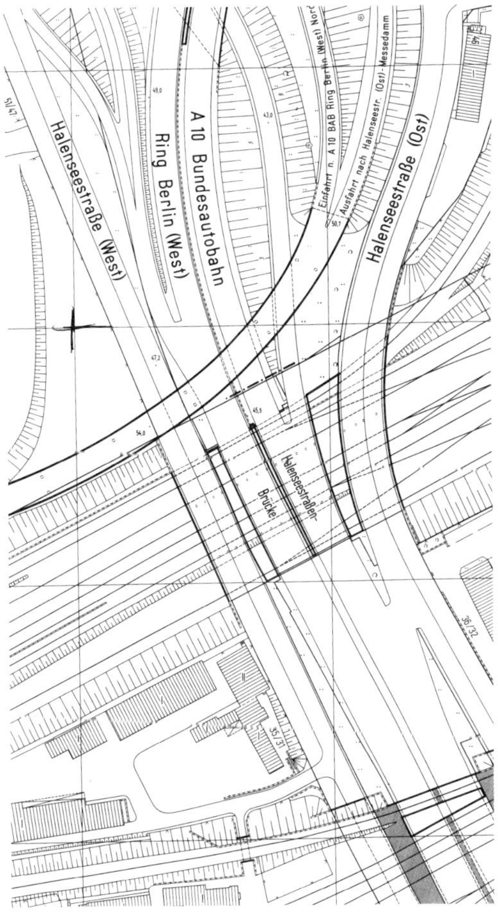

4.35 Katasterplan Berlin. 1977. M: 1:1000.

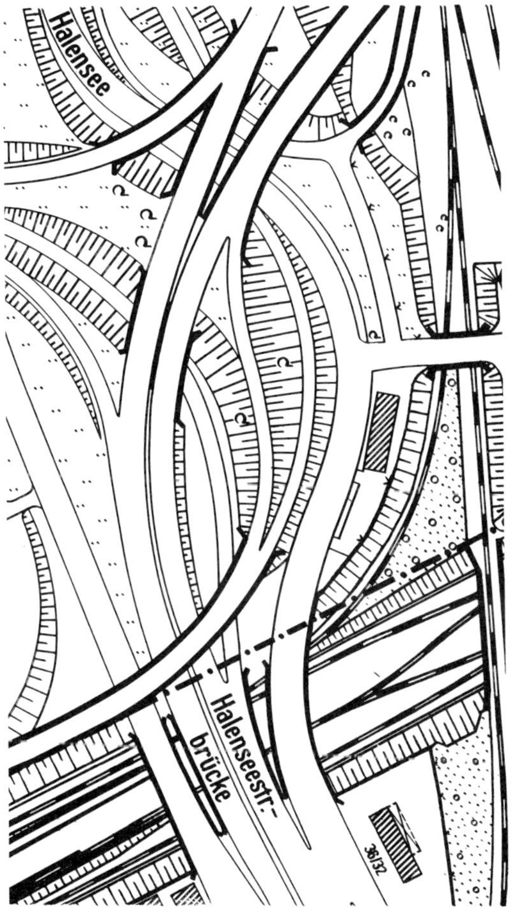

Geschoßzahl und Schraffur

In Katasterplänen der Maßstäbe 1:500 bis etwa 1:5000 sind die Geschoßzahlen oft durch eine differenzierte Darstellung hervorgehoben, beispielsweise durch die unterschiedliche Umrandung der Gebäudegrundrisse, durch enge oder weite Diagonalschraffuren, Kreuzschraffuren oder Schwarzfärbungen. Die Angabe der Geschoßzahl wird meist von niedrigen zu hohen Gebäuden durch zunehmende, dunkler wirkende Schraffuren angezeigt:

weite Diagonalschraffur	1–2 Geschosse,
enge Diagonalschraffur	3–4 Geschosse,
weite Kreuzschraffur	5–6 Geschosse,
enge Kreuzschraffur	mehr als 6 Geschosse.

Ergänzend kommt oft noch die farbige Kennzeichnung der Gebäudenutzung hinzu, wie z. B. öffentliches Gebäude, Gewerbe- und Industriegebäude usw.

Ortssignaturen

Grundrißliche Flächen und ihre Generalisierung

Die parallele Projektion auf eine horizontale Bildebene gibt den Grundriß real gegebener Objekte. Was davon in die Darstellung eingeht, regelt der gewählte Maßstab oder die Methode der Generalisierung. In den Darstellungen größerer Maßstäbe besteht noch die Notwendigkeit zur Generalisierung, erst in den Darstellungen großer Maßstäbe, wie etwa den Bebauungsplänen, regelt der Maßstab die Darstellungsform. Die Wahrnehmungsfähigkeit fordert die Beschränkung und Vereinfachung der gezeichneten Form auf eine Informationsmenge, die bei der gegebenen Zeichnungsgröße technisch möglich ist. Trotz Reduzierung sollten visuelle

4.36 Bebauungsarten in Berlin.
Darstellung der Geschoßzahl durch Schraffuren.

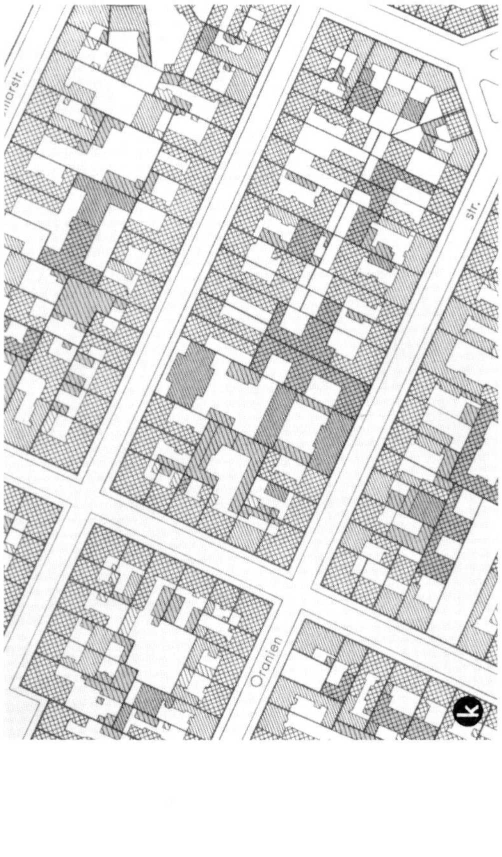

Invarianten nicht entfallen, denn dies würde die Prägnanz der Form einschränken. Wie die Wahrnehmungspsychologie zeigt, ist nicht die in Einzelheiten abgebildete Figur die Voraussetzung zur visuellen Erfassung, sondern solche Darstellungen, die für das Verständnis wesentliche, wenn auch eingeschränkte Informationen bieten. Eine Darstellungsmethodik muß unter Zwang zur Kategorisierung die ständig wechselnden Grade der Ikonizität als eine Folge von Transformationen behandeln.

Die Generalisierung städtebaulicher Strukturen ist vorwiegend den Bedingungen der form- und lagetreuen Verkleinerung gebauter Objekte unterworfen; ihre geometrische Beschaffenheit erleichtert die Generalisierung.

Generalisierungsmethoden

Vier Generalisierungsmethoden sind unterscheidbar:

1. Die grundrißtreue Darstellung

Die grundriß- bzw. maßstabstreue Darstellung setzt den großen Maßstab voraus. Bis zu einem Maßstab 1:5000 lassen sich die wesentlichen Gebäudeformen maßstäblich gut darstellen. Setzt man voraus, daß erfahrungsgemäß das kleinste kartographische Element, das zeichnerisch möglich und noch wahrzunehmen ist, ein Punkt von der Größe 0,3 mm ist, so beträgt das kleinste Objekt in diesem Maßstab 0,3 mm × 5000 = 1500 mm = 1,5 m reale Größe als kartographische Minimaldefinition eines Objektes. Gebäudevorsprünge und -rücksprünge dieser Größe sind noch befriedigend darstellbar.

Auch der Maßstab 1:10000 gestattet noch die grundrißtreue Darstellung; Detailformen der Gebäude unter 3 m sind jedoch nicht mehr darstellbar; bei kleineren Maßstäben muß die Generalisierung einsetzen. In der grundrißtreuen Darstellung werden linerare und flächenhafte Objekte durch ihre Begrenzungslinien, Gelände durch Isolinien, maßstäblich exakt wiedergegeben.

2. Die grundrißähnliche Darstellung

Die mittleren Maßstäbe der Stadtpläne erfordern eine generalisierende Darstellung von Gebäuden und Siedlungsflächen. Dies beginnt mit der vereinfachenden Darstellung der Gebäudeumrisse bzw. der Bebauungsflächen. Vor- und Rücksprünge werden begradigt, kleinere Objekte verschwinden aus der Darstellung, signifikante Merkmale sind so lange wie möglich beibehalten, oft unmaßstäblich betont, einzelne Straßen, auch das Verkehrsnetz in Stadtplänen sind nahezu immer vergrößert, vor allem verbreitert. Das zeigt sich probeweise an Kartenvergrößerungen, wo eine Straßenbreite von 10 m oft eine Breite von 100 m auf der Karte einnimmt und die Linienstärke selbst umgerechnet, eine Breite von 1–2 m auf der Karte beansprucht. Das Verdrängen kleinerer Objekte ist die Folge unmaßstäblicher Vergrößerungen; kleinere Objekte und Bebauungen entfallen oder werden zu zusammenhängenden Flächen – unter Verlust an Grundrißtreue – zusammengefaßt. Dies ist erforderlich, wenn beispielsweise Gebäude- bzw. Straßenabstände für die Einzeldarstellung zu gering sind und die grundrißliche Darstellung von Flächen notwendigerweise von Signaturen ersetzt werden muß. Generalisierungsmaßnahmen können sich nicht ausschließlich an Maßstabsproblemen orientieren; wichtiger sind Gebäudemerkmale, die Bebauungsart und das Siedlungsgefüge. Die Generalisierung der Siedlungsflächen kleinerer Orte kann man anhand der Kartenmaßstäbe schrittweise reduzieren, während man die charakteristischen Umrisse so lang wie möglich beibehält. Verdichtete Zonen sind in den Maßstäben ab 1:50000 bereits als geschlossene, voll überbaute Flächen dargestellt; bei kleineren Orten und einem Maßstab von etwa 1:250000 tritt die zentrierte Ortssignatur an die Stelle der Siedlungsfläche, d. h. die Signatur ersetzt dann die grundrißähnliche Darstellungsweise.

3. Die lagetreue Darstellung

In Karten mittlerer und kleinerer Maßstäbe ist eine weitere Schematisierung notwendig, wenn der flächenhafte Grundriß des Ortes der Signatur gewichen ist und lediglich die Position, aber nicht die Größe des Ortes bzw. Objektes markiert wird. Dies gilt ebenso bei linearem Kartengefüge, wenn eine Mittellinie weitere Linien stellvertretend vertritt.

4. Die raumtreue Darstellung

Diese Darstellungsweise in kleineren Maßstäben enthält nur noch die Ortssignatur und ihre ungefähre geographische Lage.

Bei flächenhaften, quantitativen Darstellungen, beispielsweise bei Darstellungen der Bevölkerungsdichte, verzichtet man oft zugunsten der quantitativen Aussage auf die genaue Flächenbegrenzung. Diese Darstellungen zählen zu den Kartogrammen, denn die schematisierten geographischen Ausdehnungen gelten als Bezugsfläche für Wert- oder Mengenaussagen.

Generalisierungsmaßnahmen richten sich nach dem Thema der Darstellung und der Wirkung des graphischen Gefüges. Denn in den Darstellungen zur Bebauungsdichte usw. gliedern die verschiedenen Schraffuren oder Färbungen den Gesamtkomplex; Wohn- und Industriegebäude, Ortskerne oder periphere Lagen heben sich im allgemeinen durch unterschiedliche Schraffuren oder Signaturen voneinander ab; in der Folge bilden sich Flächenmosaike mit Durchdringungen, Überlagerungen und Mischungen. Um die Karte graphisch zu entlasten, kann man die Areale auf einfache Umrisse reduzieren, oder man setzt starke Grenzlinien bzw. Bandierungen ein, die ihrerseits wegen der technischen Ausführung eigene schematisierte Begrenzungen, also themenbedingte Generalisierungen erfordern.

Zeichen und Zeichengrund

Der Stadtgrundriß ist die objektive Planungsunterlage für Vervielfältigungen und bildet die Zwischenstufe für nachfolgende Planungsschritte unter den wechselnden Aspekten der Stadtplanung, der Stadtanalyse oder der Stadtsanierung usw. Die zeichnerische Überarbeitung ist eine fast immer anfallende Tätigkeit. Einige Anmerkungen über ihre Bedingungen:

Die Lesbarkeit der kartographischen Elemente und ihre Verteilung auf dem Zeichengrund ist abhängig von den kleinsten, noch gut sichtbaren Zeichen und von ihrer Gesamtmenge an Schwarz auf weißem Grund. Nach Bertin[8] ist eine optimale Lesbarkeit gegeben, wenn die Gesamtmenge von Schwarz 5–10 % der Darstellungsfläche ausmacht. Doch ist damit noch nicht die Beeinflussung berücksichtigt, die sich aus der Mischung, Überlagerung und der Auffälligkeit von Zeichen und ihrer selektiven Wirkung ergibt. Diese sollte man für jede anspruchsvollere Darstellung erproben. Die Umkehrung von Bebauungsflächen und Straßennetz, von Figur und Grund also, hat eine eigentümliche Wirkung zur Folge: Die Interpretation des Stadtgefüges verschiebt sich auf die sonst weniger beachtete Negativstruktur der offenen, nicht überbauten Flächen. Die Individualität der Gebäudeformen tritt zurück, die topographische und geometrische Struktur des Stadtraumes tritt in visuell anderer Gewichtung hervor. Die morphologische Untersuchung der Grundrisse ausgewählter Städte, die Le Corbusier schon früh vorgenommen hat, zeigt, wie vergleichsweise gering die grundrißlichen Veränderungen der Stadtstruktur gegenüber der ständig wechselnden Dichte, Höhe und architektonischen Erscheinung der Gebäude sind. Während die Gebäudestruktur fortwährenden und relativ kurzfristigen formalen und funktionalen Veränderungen unterworfen ist, zeigt die städtische Raumstruktur relativ lange noch historische Raummerkmale. Die oft konträre Disposition des Räumlichen zwischen den begrenzenden raumdefinierenden Körpern und der Leere des Raumes ist im Stadtplan von Rom von Giovanni Battista Nolli zum dichten architektonisch-städtischen Gewebe zusammengefaßt: Mittelalterliches wurde auf dem Boden des klassisch strengen Rom errichtet und von der Kraft des Barock monumental neu geordnet. Wo sonst Gegensätzliches oder höchstens Differenzierung den Außenraum oder den gebauten inneren Raum bestimmt, ist aus den dunklen Blöcken der Gebäude und dem hellen Grund der Stadträume ein dicht verwobenes Formengefüge entstanden, das aus dem Inneren der Häuser Raumenergie auf Straßen und Plätze holt und umgekehrt diese für die architektonische Ordnung aus der Leere des Stadtraumes bezieht. Die Grenze zwischen Innen und Außen, Gebäude und Stadt – oder Figur und Grund – ist keine bloß technisch abgegrenzte. Denn ohne Schwanken zwischen den beiden Formen des Räumlichen – Baukörper (dunkel) und Raum (hell) – setzt das Gebäudeinnere das schon außen Angelegte fort, so daß Straßen und Plätze wie die nach außen getragene Fortsetzung des Inneren wirken. Nollis Stadtplan aus dem Jahr 1748 ist vom Konzept einer Stadtgestaltung getragen, das den Raum als ein aufeinander abgestimmtes Gefüge versteht, das durch architektonische Disziplin Getrenntes vereint. Mit dieser Darstellungsweise, die räumlich Unwichtiges beiseite läßt, sind die Bedingungen des Raumes besser erfaßt als in vergleichbaren Darstellungen.

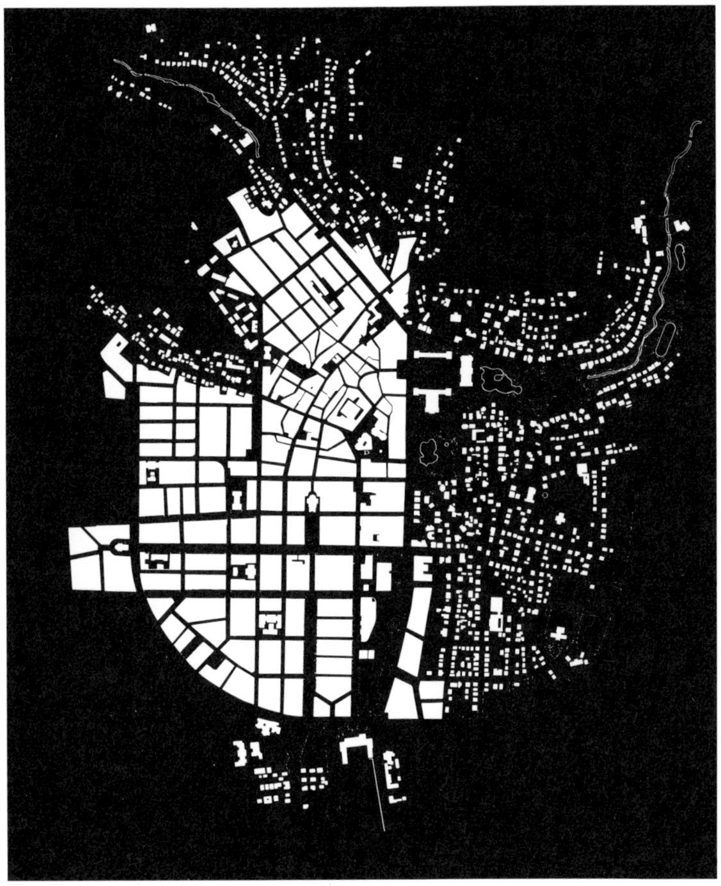

4.37 Wiesbaden um 1900. Figur-Grund-Plan mit gegensätzlicher urbaner Struktur.

4.38 Raumstruktur einer antiken Stadt; Raumstruktur einer mittelalterlichen Stadt.

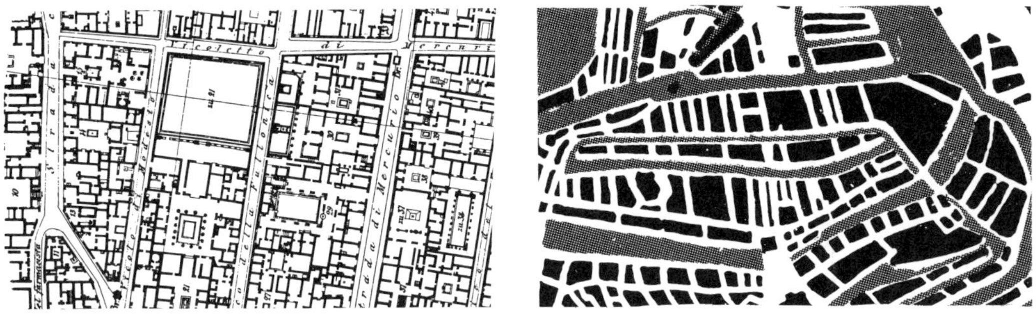

4.39 Le Corbusier. Untersuchung des Grundrißgefüges am Beispiel Paris, New York und Buenos Aires.

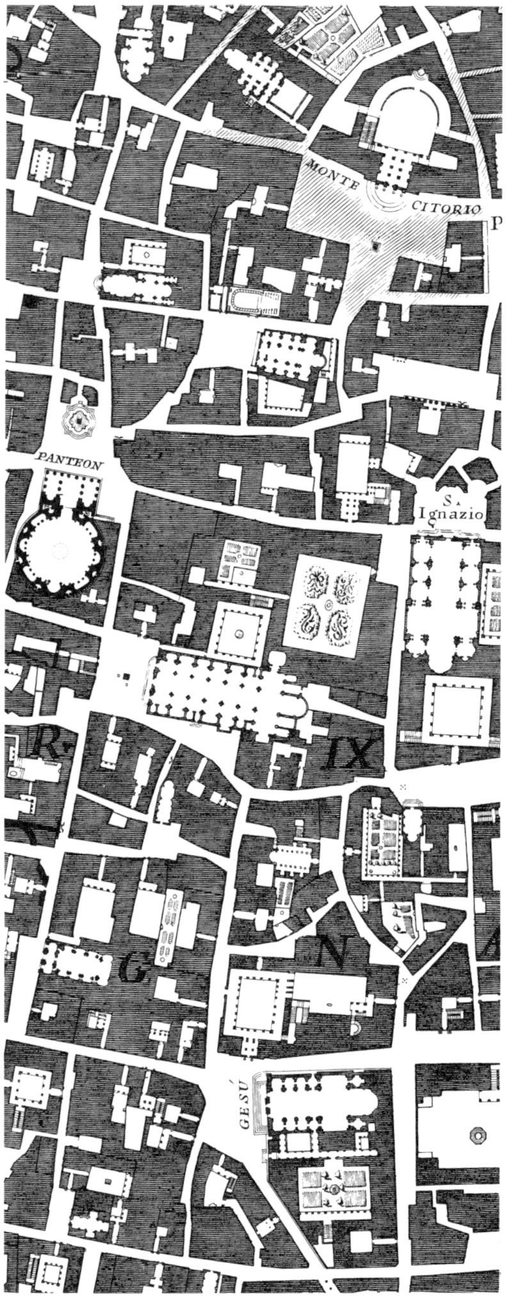

4.40 Giovanni Battista Nolli.
Stadtplan für Rom. 1748.

4.41 Franzensbad. Stadtgrundriß. Ausschnitt.
Das Straßen- und Wegenetz ist schwarz dargestellt.

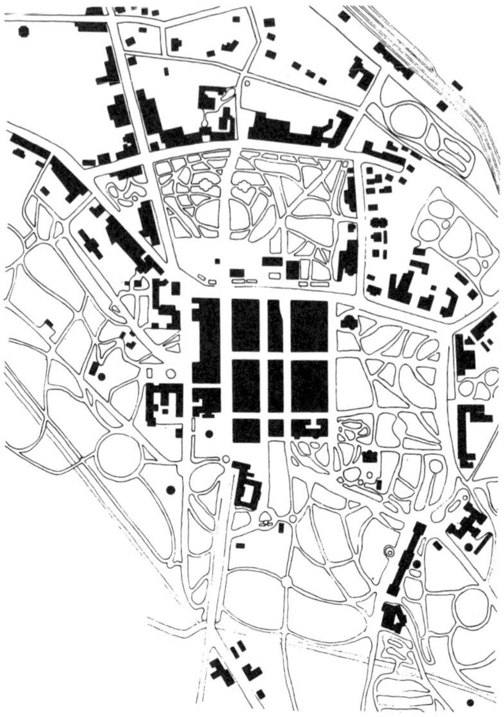

4.42 Franzensbad. Stadtgrundriß. Ausschnitt.
Bebaute Flächen sind schwarz dargestellt.

4.43 Stadtplan Venedig.
Darstellung der Verkehrsflächen.
Das Geflecht der Verkehrswege besteht aus den
Plateaus zwischen den Gebäuden.

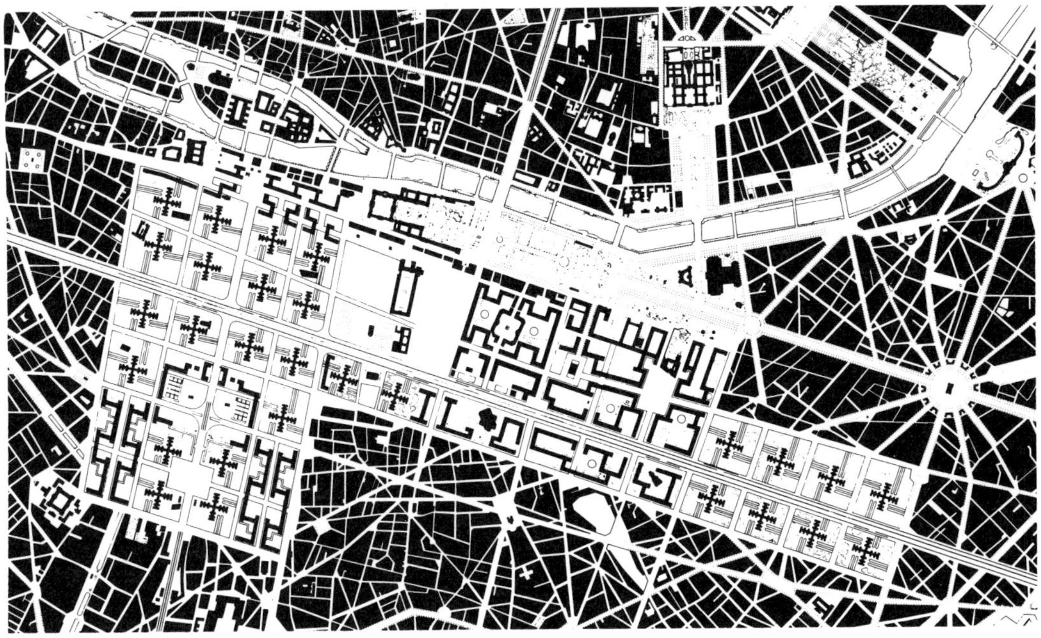

4.44 Le Corbusier. Plan Voisin für Paris. 1922.
Figur-Grund-Plan. Zeichnung: C. Rowe, F. Koetter.

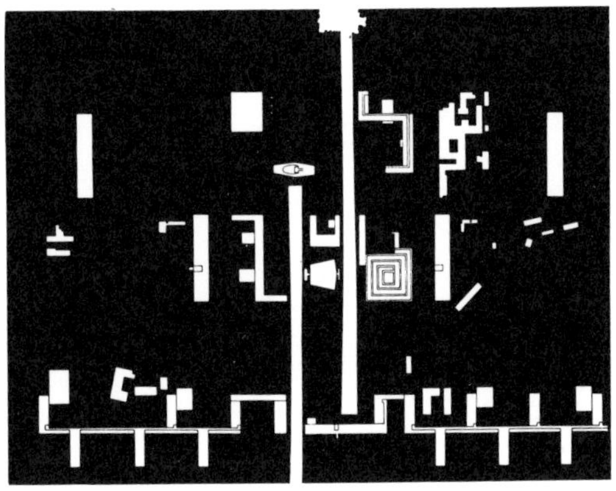

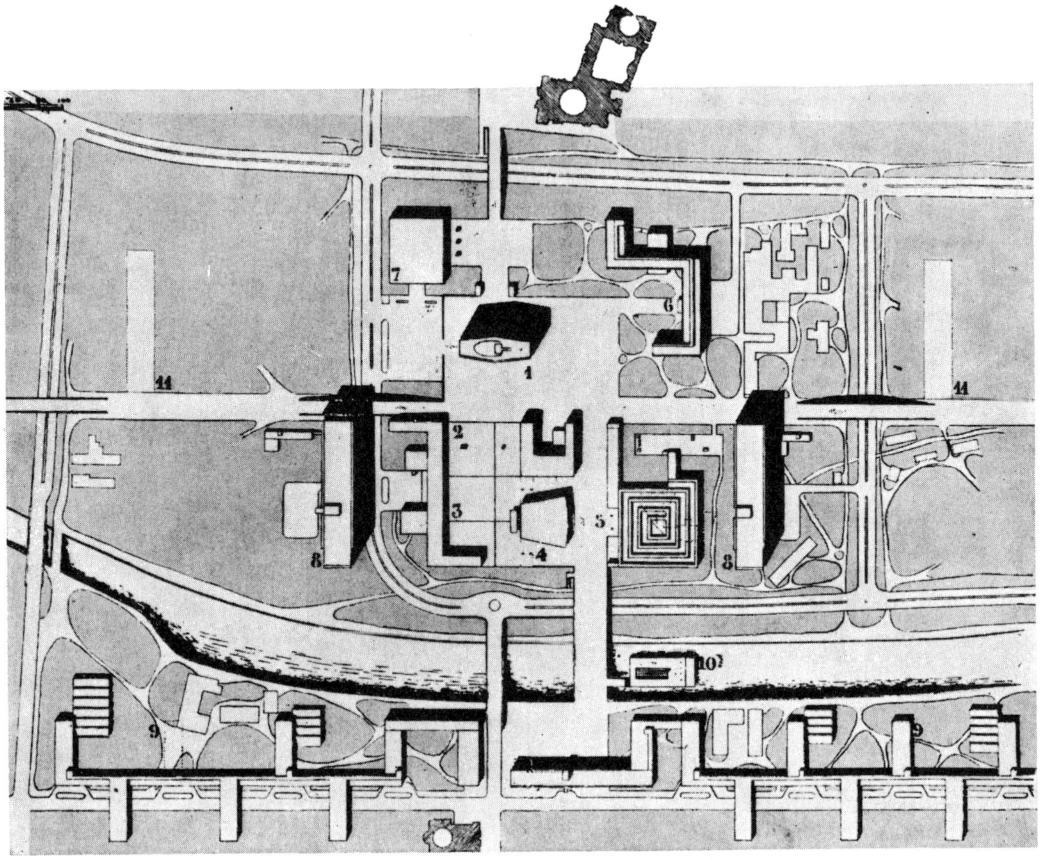

4.45 Le Corbusier. Stadtplan St. Dié. 1945.
Die Überzeichnung der Planung für das kriegszerstörte St. Dié von Le Corbusier zeigt anschaulich die Beziehungen von Figur und Grund.

4.46 Colin Rowe, Robert Slutzky und Bernhard Hoesli. Raumanalyse anhand der Figur-Grund-Beziehungen. Die zeichnerische Überarbeitung von Rowe, Slutzky und Hoesli vermittelt besser als das Original die Struktur raumbegrenzender und raumdifferenzierender Elemente dieser Komposition. Sie errichtet einen auf Achsen ausgerichteten Stadtraum und versucht eine Raumtiefe zu erzielen, die sich zwischen den Vogesen im Hintergrund, den beiden Brücken und den die Agora flankierenden Unités aufspannt.

»Tiefer Raum wird in Kulissenart ermöglicht: Die Fassade wird aufgeschnitten und Tiefe im entstehenden Schlitz eingefügt. Im idealisierten Raum der Schichten machen die Längsseiten der Unités die Tiefe des realen Raumes geltend.«[9]

Die morphologische Untersuchung städtischer Netzstrukturen zeigt, daß sie in ihrer Unverwechselbarkeit und Einmaligkeit mit Fingerabdrücken oder Physiognomien verglichen werden können. Man erkennt, daß die Netzstrukturen zweier Städte einander kaum entsprechen, sondern jede für sich einmalig ist. Die Netzstruktur ist eine von den Bewegungslinien der Verkehrsströme, von Straßen und Plätzen geschaffene Raumstruktur. Das lineare Geflecht läßt die dreidimensionale Räumlichkeit erahnen: variierte oder monotone Grundform, Raumdichte und Vielfalt. Die Physiognomie, die durch die abstrakte Aufzeichnung entsteht, ist markanter als in üblichen karthographischen Darstellungen des Stadtgrundrisses, denn in die Netzaufzeichnung gehen nur ausgesuchte Formen ein, die für den Stadtraum bedeutend sind.
Die morphologischen Untersuchungen zeigen die Raumstrukturen mehrerer europäischer und nordamerikanischer Städte. Für europäische Städte ist eine Formvielfalt signifikant, die sie frühen Gründungen, Traditionen und den stilgeschichtlichen Wandlungen verdanken. Die kleinräumliche Differenzierung ist oft eine Auswirkung der topographischen Situationen.
Strenge, einfach geregelte Ordnungsbeziehungen, geringere Individualität und wenig ausgeprägte räumliche Differenzierung im großmaßstäblichen Raum prägen die Struktur nordamerikanischer Städte. Die Untersuchung der Netzstruktur erlaubt Rückschlüsse auf den Raumcharakter und auf die Stadttypologie, die sowohl stadtkernbezogen als auch topographiebezogen sein kann oder einer Mehrfachkernbildung entspricht.

4.47 D. Engel, R. und V. Jagals. Netzstruktur einiger signifikanter europäischer und nordamerikanischer Städte.

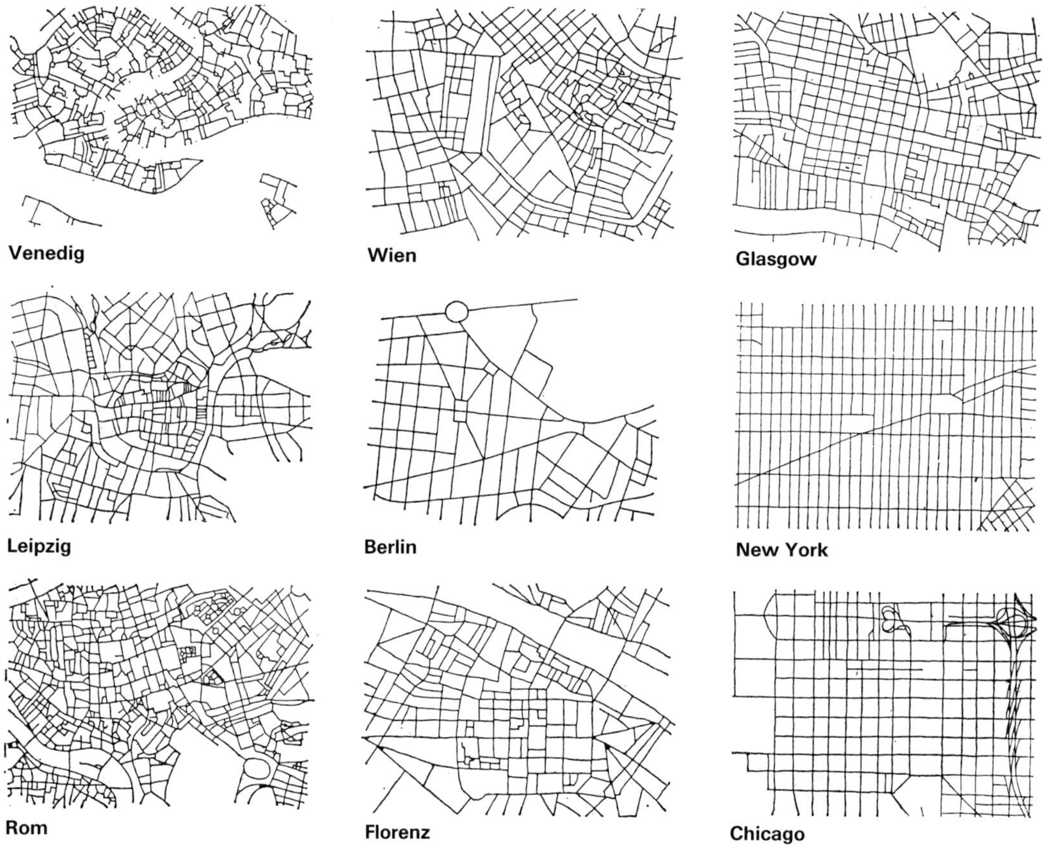

4.48 Das historische Straßennetz von Karlsruhe fügt sich in das heutige Straßennetz ein.

Die Darstellung historischer Stadtkerne

Lokale Signaturen geben Lage und Qualität von Objekten an, die nicht grundrißtreu oder grundrißähnlich darzustellen sind. Die Lage wird durch eine zentrierte Position, die Qualität durch eine Variation der Form mitgeteilt, die Quantität durch eine gestufte Größe mit eventuell variierter Füllung.
Der Versuch, die den Signaturen eigene Prägnanz für die Aufzeichnung der Lagebedingungen von Stadtkernen in ihrer Abhängigkeit vom Straßenverlauf einzusetzen und zu nutzen, ist in den folgenden Abbildungen in eine tabellarische Form gebracht. Position, Größe und Füllung der Punktsignaturen zeigen, wie die Lage der Verkehrswege, sei es durch die Verbindung historischer Baugruppen, mehrerer historischer Städte oder der historischen Stadtkerne im Vergleich zu den sie umgebenden neueren Stadtflächen, die Chancen zur Veränderung oder Entwicklung beeinflussen bzw. ihre Regenerationsfähigkeit gefährden oder zerstören. Nach dieser kartographischen Methode ist die Individualität historischer Baugruppen und Stadtzentren auf eine abstraktere und für diese Fallstudie allgemeinere Aussage gebracht. Das Zeichenmachen wird, mit Hegel gesprochen, »auf seine einfachen, wenigen Elemente reduziert«.[10]

Die Darstellung des Siedlungsgefüges

Die Urbanisierung des Stadtumfelds verändert die ursprüngliche Identität der Stadt, die sie einst als in sich geschlossener Ort hatte. Der Verstädterungsprozeß führt von der punktuellen Siedlung weg zu Ballungsräumen. Die Folgen zeigen sich in verkehrstechnischen Problemen, im sozialen Wandel, der Mobilität der Bevölkerung und der sich schnell wandelnden Physiognomie des Siedlungsgefüges.

Anmerkungen zum Stadtbegriff

Geographisch gesehen ist die Stadt eine Siedlung von höherer Bevölkerungsdichte als ein Dorf des gleichen Landschaftsraumes. Sie ist ein künstliches Gebilde, das das Umland sozio-ökonomisch und kulturell beherrscht.
Physiognomisch beurteilt, ist für die Stadt Voraussetzung: Geschlossenheit der Ortsform, eine gewisse Größe, städtisches Leben und ein Mindestmaß an Zentralität.[11] Das erste Kriterium, die formale Geschlossenheit, ist physiognomisch an der flächenmäßigen und dichten Überbauung des Geländes mit Gebäuden städtischer Prägung zu erkennen. Dieses Kriterium gilt zumindest gegenwärtig für die europäische Stadt eher als für die nordamerikanische, noch weniger für die Stadtsiedlungen der Dritten Welt, obgleich der Verstädterungsprozeß dieses Charakteristikum allmählich auflöst.
Das Maß der Gebäudeabstände und die Bebauungsdichte, die primär als Kriterium des geographischen Stadtgebietes herangezogen werden, unterliegen unterschiedlichen Definitionen. So werden in den USA bebaute Gebiete, in denen die Gebäude mit weniger als 70 m Abstand zusammenstehen oder die 500 und mehr Wohneinheiten je square mile (gleich etwa 2 Wohneinheiten je ha) aufweisen, zu den »urbanized areas« gerechnet; in Japan dagegen gilt eine landwirtschaftliche Nutzung von maximal 60% noch als städtisches Gebiet, was einer Mindestdichte von 15 Häusern/acre entspricht. In britische Bodennutzungskarten werden nur Gebiete als städtisch eingetragen, deren Gebäudeabstand dichter als ca. 12 Häuser/acre gleich 25 Häuser je ha ist, was einem mittleren Gebäudeabstand von höchstens ca. 20 m entspricht. In der BRD wird für eine städtisch bebaute Fläche eine Mindestdichte von 1000 E/km^2 vorausgesetzt, unter der Bedingung, daß die Fläche möglichst geschlossen und mit Bauten städtischer Nutzungen überbaut ist.[12]
Die Geschlossenheit der Ortsform ist dann eindeutig, wenn sich das Stadtgebiet schon aufgrund hoher Bebauungs- und Bevölkerungsdichte und scharf umrissen vom naturhaften Umland abhebt; für vorstädtische Siedlungen und die »Suburbs« als dünner bevölkerte Gebiete, eventuell jedoch mit höherem Industrie- oder Gewerbeanteil, wird diese Definition als Merkmal städtischen Areals kaum zutreffen, obwohl diese Gebiete administrativ meist zum Stadtumkreis gehören.
Dagegen gestattet die Größe des Ortes eine einfachere Kennzeichnung städtischer Verhältnisse: In der BRD werden Gemeinden unter 2000 E den ländlich besiedelten Gebieten zugerechnet, darüberliegende, bis etwa 20000 E den Kleinstädten, erst Städte mit 100000 bis zuweilen 200000 E gelten als Großstädte. In den USA zählen bereits Gemeinden von weniger als 25000 E im Umkreis größerer Städte zur »urbanized area«, wenn in ihnen örtliche Konzentrationen von 100 Wohneinheiten, das sind ca. 500 E, vorkommen.[13] Die Abgrenzung eines Stadtgebietes gegen das Umland erfolgt nach bevölkerungsökologischen, soziographischen Kriterien. Auch die physiognomische Beurteilung von Rand- und Wachstumszonen der Stadt, die immer öfter in Gesichts- und Strukturlosigkeit verfallen, wird angesichts einer Entwicklung zur Stadtauflösung, zu großflächigen Ballungsräumen hin immer schwieriger.

Die Darstellung der Stadtentwicklung

Die Darstellung des Stadtgrundrisses verfolgt zwei ähnliche Ziele: einmal die entwicklungsgeschichtliche Entstehung und Entfaltung der Stadt, soweit diese im Grundriß hervortritt, herauszuarbeiten, zum anderen in grundrißlichen Aufzeichnungen Form und Aufbau des Stadtgrundrisses in ihren Stufungen und Beziehungsregelungen zu analysieren. Die erste Bearbeitung führt zur genetischen Karte; ihr Thema ist das Werden, Entstehen und der Ursprung, auch die Entwicklung der Stadt, in langfristigen Veränderungen und großen Zeiträumen. Genetische Karten basieren kartentechnisch auf dem verfügbaren Kartenmaterial wie Stadtkarten, Flurkarten und topographischen Karten. Entsprechend unterschiedlich sind die daraus zu gewinnenden Daten und der Kartengrund. Sie werden jeweils so weit ausgeschaltet, wie es im Interesse eines visuell ausgewogenen Kartenbildes richtig erscheint, bzw. wie es die thematische Zielsetzung erfordert. So entsteht durch das Zurückdrängen allgemeiner topographischer Inhalte zugunsten thematischer Sachverhalte eine kombinierte topographisch-thematische Karte oder eine nur thematische Karte, wenn ausschließlich die Stadtentwicklung dargestellt wird.
Zur Kartenbehandlung stehen die üblichen graphischen Methoden und Mittel zur Verfügung. Meist reicht die flächige Behandlung der Siedlungsflächen oder die Konturzeichnung aus. Zur Kennzeichnung zeitlich verschiedener Entwicklungsstadien ist die Funktionskartierung vorteilhaft. Innerhalb einer Darstellung oder in Kartenauszügen werden relevante Zonen, Areale und Gebiete hervorgehoben, indem Konturzeichnung, vollflächige oder schraffierte Flächen gegeneinander abgesetzt, andere nur nach ihrem Grenzverlauf dargestellt sind, wie es die Veränderungen von Funktion, Gestalt, Gliederung usw. in Vergangenheit und Gegenwart erfordern.
Seltener sind die Überlagerungen mehrerer Zeitstufen über einem Grundriß. Die Überdeckungen zeitlich und inhaltlich vergleichbarer Entwicklungen können so in ihrem verzahnten Verlauf anschaulicher oder eindringlicher wirken. Man kann dabei nach der Methode der Helligkeitsstufung vorgehen, je älter, desto dunkler, u.ä.

**4.49 Alexander Papageorgou. Lagebeziehungen historischer Stadtkerne.
Verbindung der historischen Städte,
Verbindung der historischen Stadtviertel der Großstädte.**

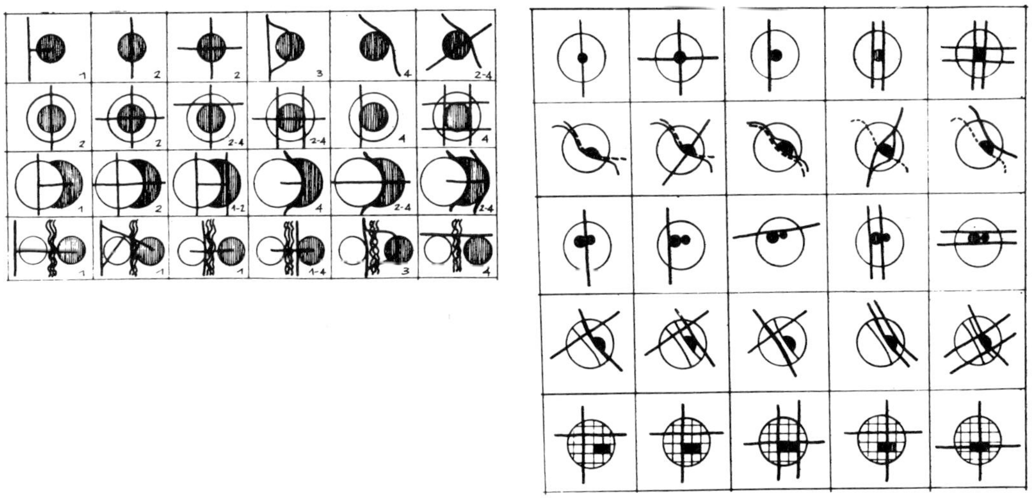

Kartenreihen

Kartenreihungen eignen sich nicht nur zur Darstellung der Stadtentwicklung. Dort, wo wesentliche genetische oder morphologische Unterscheidungen mit einem zeitlichen Intervall gekoppelt sind, etwa zur Verfolgung territorialer Entwicklungen, der Entwicklung von Bevölkerungen und ihrer räumlichen Verteilung, des Wachstums von Verkehrsnetzen oder Versorgungseinrichtungen, ist, in aufeinander bezogenen Karten oder Plänen, die zeitliche Veränderung grundrißlich darstellbar.

In den genetischen Karten wird die Stadtentwicklung, die Veränderung städtischer Funktionen, die Entfaltung der Stadt in Vergangenheit und Gegenwart deutlich. Sie werden über den Stadtkarten oder -plänen aufgebaut, wenn diese nicht verfügbar sind, über der topographischen Grundkarte, in die man die Werte der speziellen Untersuchungen einträgt.

4.50 Bern. Vier Entwicklungsstufen.

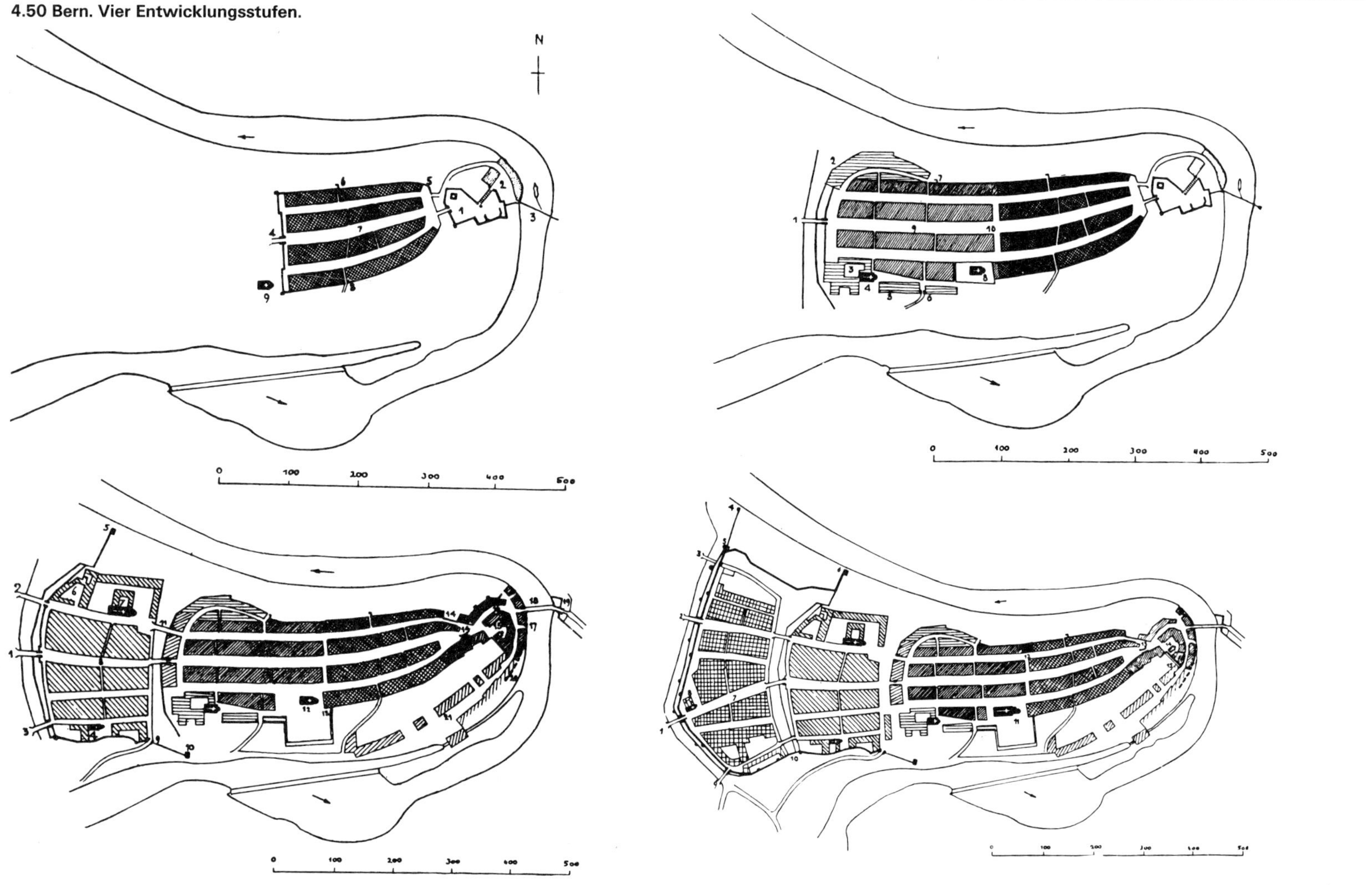

4.51 Jacques Bertin. Stadtentwicklung von Paris in zehn Jahrhunderten. Die stetige Ausbreitung der Stadtfläche vom Kern bis zur heutigen Peripherie einschließlich der Darstellung des inneren Gefüges wird an der Stadtentwicklung von Paris in zehn Jahrhunderten deutlich. Eine Reihe von stark generalisierten Stadtkarten zeigt die zunehmende Expansion der Stadt in Zeitintervallen von je einem Jahr.

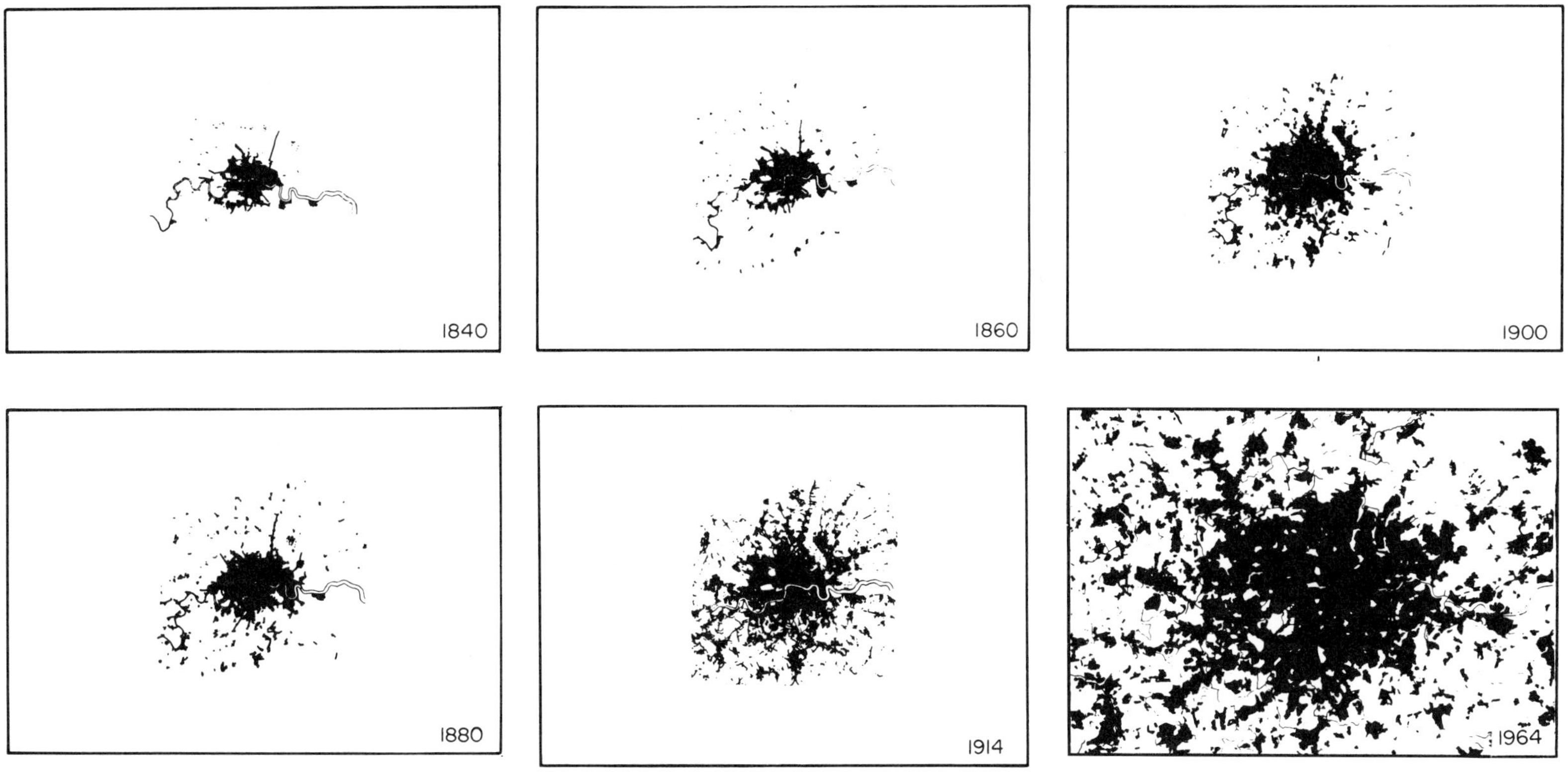

4.52 Rasmussen und Smailes. London von 1840–1964. Stadtentwicklung von London, dargestellt in sechs Entwicklungsstufen .

4.53 (1) Frampol. Planung.

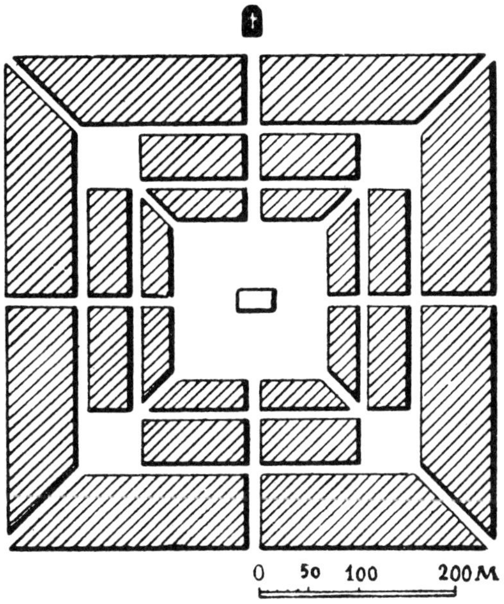

(2) Frampol. Ausführung. Eine seltene Gegenüberstellung des Stadtentwurfs und seiner ausgeführten Form zeigen die beiden Stadtpläne der kleinen polnischen Stadt Frampol, die im Jahr 1705 geplant und bis etwa 1738 erbaut wurde.

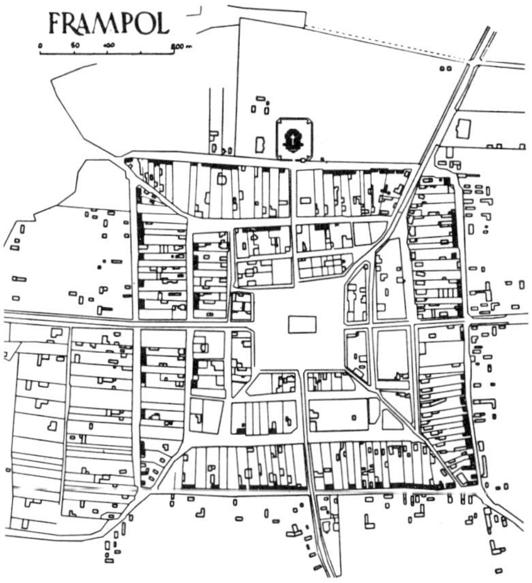

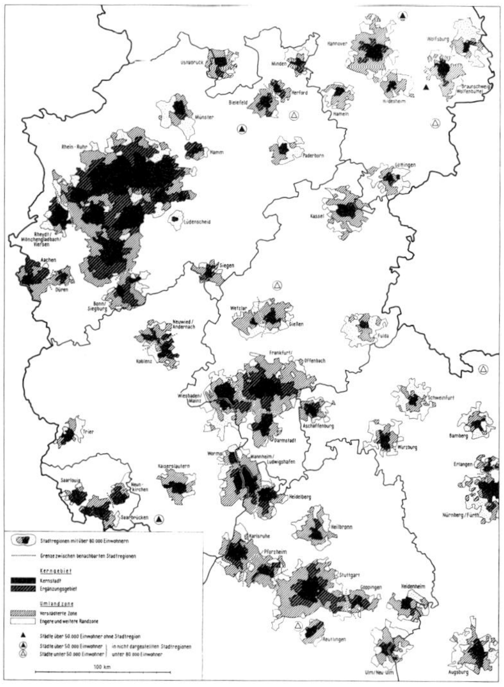

4.54 Stadtregionen in der Bundesrepublik Deutschland (Ausschnitt).

4.55 Die Stadtentwicklung von London in drei Stufen, 1814, 1864 und 1914.

Beeindruckender noch läßt sich diese Entwicklung in einem größeren Maßstab verfolgen. Man erkennt sowohl die morphologischen Veränderungen im Inneren des Stadtgefüges als auch die Annektion ehemals ländlicher Randgebiete durch die Stadt.

Farbige Karten
Untersuchungen über die Zuordnung von Farben, zu thematischen Sachverhalten und ihre Eignung zur qualitativen und quantitativen Kennzeichnung sind bisher nicht bekannt. Doch kann man erkennen, daß die Farbgestaltung subjektiven Kriterien unterlag.
Thema- und Farbgestaltung sollten nach Leit- oder Symbolfarben geordnet in einem assoziativen Verhältnis stehen. Bei der Wahl symbolischer Farben ist eine naturähnliche Wirkung zu erreichen, wenn sie sich orientiert an den Oberflächenfarben von Wasserflächen, Fels und Wüste oder an Vegetationsfarben von Wald, Wiese und Äckern. Gerade in topographischen Karten, in denen die Darstellung von Vegetation und Geländeform im Vordergrund steht, sind polychrome Differenzierungen vorteilhaft. Trotz aller unterschiedlichen Farbabstufungen für die Flächen der Wald- und Forstwirtschaft gibt es übereinstimmend eine grüne Kennzeichnung; ebenso besteht eine Bindung blauer Farbtöne an Meere, Seen, Flüsse, Bäche und sonstige Wasserflächen und eine weiße oder weiß-blaue für Gletscher. Das physische Bild der Erde unter Berücksichtigung klimaökologischer Grundsätze wurde beispielsweise im *Atlas* von *K. + F., Kümmerly + Frey, Bern 1970* für Erd- und Erdteilkarten im Sinne einer thematischen Assoziation berücksichtigt. Diese naturnahe Farbcodierung kann ausgedehnt werden auf großmaßstäbliche Karten und Pläne, hier besonders unter Berücksichtigung der Pflanzenbedeckung. Für die Darstellung grundlegend ist die Einteilung in fünf Klimazonen von den Polarregionen bis zum Äquator, die sich von den kalten polaren zu den warmen äquatorialen Farben hin erstrecken, wobei jede Zone in fruchtbare und unfruchtbare Gebiete unterteilt ist:

Polare, boreale und Hochgebirgsklimate:	
Grau:	Unproduktiv
Grüngrau:	Tundra
Blaugrün, hell:	Heide und Gebirgswälder
Blaugrün:	Nadelwälder
Gemäßigte Klimate:	
Gelb:	Vorwiegend Getreidebau
Gelbgrün, hell:	Grassteppen
Gelbgrün, mittel:	Vorwiegend Wiesen, Kunstfutter-, Hackfutter- und Gemüsebau
Grün:	Vorwiegend Mischwald
Warme und sommertrockene Klimate:	
Gelbbraun:	Vorwiegend offenes, unbewässertes Kulturland
Olivbraun, hell:	Trockenweiden
Olivbraun, grünlich:	Bewässertes Kulturland
Olivgrün:	Wälder und Macchien
Trockene Klimate der heißen Zone:	
Orange, stumpf:	Vegetationslose Wüste
Siena:	Steppen aller Art
Olivgrün, licht:	Trockenwälder
Olivgrün, mittel:	Feuchtsavanne
Regenklimate der heißen Zone:	
Rosa:	Offenes Land mit vorwiegender Sekundärvegetation
Braun, bläulich:	Bewässertes Kulturland
Grün, stumpf:	Laubabwerfender Monsunwald
Grün, schwer:	Immergrüner äquatorialer Regenwald, Sumpfwald, Mangrovensäume[14]

Diese konventionellen Bindungen von Farbe und thematischem Sachverhalt lassen sich in Darstellungen der Stadt- und Regionalplanung verwenden. So haben etwa landwirtschaftlich genutzte Flächen eine Leitfarbe, die nach der Helligkeit gestuft wird. Braun wird für den Ackerbau verwendet, Grün für die Weidewirtschaft, ein dunkleres Grün für Forstflächen, auch als farbig bestimmtes Streifenmuster, Raster o.ä.
Ästhetische Regeln, beispielsweise harmonische Farbskalen, die auf dem Farbkreis, der Farbkugel oder dem Farbwürfel aufbauen, sind vom Prinzip der harmonisch aufeinander abgestimmten Farbstufen bestimmt. Einander gegenüberliegende Farben des Farbkreises bilden einen starken Farbkontrast. Als farbharmonisch gelten Farbreihen aus jenen Farben, die im Farbkreis nebeneinander liegen, beispielsweise Blau, Blaugrün, Grün usw. Harmonische Helligkeitsfolgen ergeben sich durch gestufte Helligkeitswerte einer Farbe.
Der Quantitätskontrast resultiert aus der Flächengröße und der Farbsättigung; je reiner und gesättigter die Farbe, desto kleiner ist ihr notwendiger Flächenanteil, je entsättigter die Farbe, desto größer muß ihr Flächenanteil zur Erzielung gleicher Farbintensität sein. An der Farbsättigung zeigt sich, daß die reinen Farbtöne auffallend sind und keiner großflächigen Ausdehnung bedürfen. Die mit Weiß oder Schwarz ausgemischten, getrübten Farben eignen sich hingegen besser für großflächige Darstellungen oder als Kartengrund. Den reinen, gesättigten Farben sollten die wichtigen visuellen Mitteilungen vorbehalten sein.
Gegenüber den thematischen Karten, die eine große Variantbreite der Farbwahl zur thematischen Charakterisierung benötigen, sind es bei der topographischen Karte durchschnittlich sechs bis acht Farben, die für farbige Karten eingesetzt werden: Schwarz ist für wichtige Signaturen und für die typographischen Elemente, für Einrahmungen und das Kartennetz gebräuchlich, Blau ist dem Gewässernetz und den Wasserflächen vorbehalten. Rot dient für wichtige lineare Signaturen und wichtige Bandierungen, Gelb ist meist schlecht sichtbar und wird nur selten für lineare Signaturen eingesetzt; gelbe Flächen, besonders in reinem Farbton, treten stark hervor und werden eher als Kartengrundfarbe verwendet. Darüber hinaus dienen sie der Kennzeichnung von Bodenarten oder in Verbindung mit Braun der Geländedarstellung, hier besonders der Aufhellung schattenplastischer Reliefzonen. Grün wird fast immer als Vegetationsfarbe, für lineare Signaturen und Flächenraster verwendet.

Die räumliche Darstellung von Landschaft und Stadt

Kartenverwandte Darstellungen

Geologische Profile sind senkrechte Geländeschnitte, und ihre rechtwinklige, hintereinander gestaffelte Reihung gibt eine zwar lückenhafte, jedoch anschauliche Darstellung der Geländeformen; ihre dichte Reihung an einer Achse entlang führt zum Blockbild. Das Blockbild liefert ein von Schnitten begrenztes Vogelschauschrägbild, in dem meist aus größerer Entfernung stark vereinfachte geomorphologische Merkmale, Bewuchs- und Bebauungsformen dargestellt sind. Konstruktiv basiert die Blockbildkonstruktion auf horizontalen Schichtungen oder vertikalen Reihungen paralleler Profile. Bei dichter Reihung ist die Berücksichtigung der Gelände- und Fallinien, der Silhouetten und Überschneidungen möglich.

Das Blockbild
Der Ausschnitt einer geomorphologischen Karte, die zur besseren Anschaulichkeit im Kartenmaßstab in der vertikalen Achse räumlich ergänzt ist, führt zur Konstruktion eines Blockbildes. Der vertikal begrenzte und horizontal nach unten geschnittene, blockhafte Erdausschnitt gibt ein anschauliches Bild des Geländereliefs oder erklärt den geomorphologischen Aufbau der oberen Erdschichten an den Schnittflächen selbst. Somit ist das Blockbild ein vom blockhaften Geländeausschnitt begrenztes Vogelschauschrägbild, das geomorphologische und geotektonische Eigenschaften vereinfacht darstellt.

Die Konstruktion des Blockbildes
Von jeder Karte, die Isolinien und Koten enthält, lassen sich Blockbilder konstruieren. Man setzt in ein xyz-Koordinatensystem in der xy-Ebene ein rechtwinkliges Netz ein und ergänzt dieses durch den kotierten Grundriß des Geländes. Jeder Grundriß läßt sich in der kotierten Projektion durch maßstäbliches Antragen der durch die Koten und die Einheitsstrecke gegebenen Höhen von den Grundrißpunkten aus zu Isolinien verbinden. In der kotierten Projektion ist ein Raumpunkt P durch seinen Grundriß P' in einer Grundebene π und der z-Koordinate, Kote genannt, und durch seinen Maßstab eindeutig bestimmt. Es ist mitunter sinnvoll, darüber hinaus die Höhen in zugeordneten Seitenrissen anzutragen und diese mit den Grundrißpunkten parallel zur z-Achse zu verbinden; in der Folge entsteht der Umriß des Geländes als Einhüllende aller Isolinien. Die Verbindung des Netzes der xy-Ebene mit denen der xz-Ebenen zum Gitter erleichtert die räumliche Vorstellung durch die Lagebestimmung der kotierten Geländepunkte. Bei flachem Gelände empfiehlt es sich, die im Seitenriß angetragenen Höhen mit einem festen Faktor zur maßstäblichen Überhöhung zu multiplizieren, damit die Höhenverhältnisse deutlicher hervortreten. Je nach Lage der Punkte P oberhalb oder unterhalb der Grundebene π sind ihre Höhen positiv oder negativ zu errechnen.
Die zur Grundebene parallelen Ebenen heißen Schichtenebenen und werden nach ihren Koten fortlaufend numerisch gekennzeichnet.
Der Grundriß einer Kurve mit den Schichtenpunkten wird graduierter Grundriß genannt, und die Schnittkurven einer Fläche, die Schichten- oder Isolinien, bilden den Isolinienplan. Die visuelle Wirkung eines Blockbildes hängt von der Richtung der Projektionsachse ab sowie von der bodennahen oder bodenfernen Lage der Projektionsrichtungen.
Die hintere Blockbildzone erscheint oft nicht entfernter, sondern eher größer, näher und mit dem Vordergrund konkurrierend. Der axonometrischen Eigenart nach scheinen parallele Linien nach hinten anzusteigen und auseinanderzulaufen. Die Entfernungseinschätzung ist wegen des fehlenden Horizontes erschwert. Die Projektionsrichtung sollte von der thematischen Zielsetzung bestimmt sein: Bei flachem Gelände kann sie hoch, bei hügeligen Gelände- und Gebirgsformen niedriger gewählt sein, um der zu starken Verflachung des Geländereliefs entgegenzuwirken; Darstellungen von Stadtlandschaften erfordern je nach Kartenschnitt und Bebauungshöhe flache oder hoch gelegene Positionen.

4.56 Konstruktion eines Blockbildes.

Vernetzung des topographischen Reliefs.

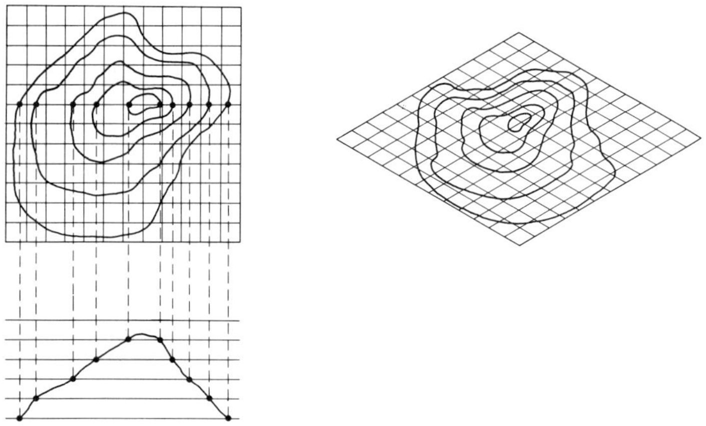

Methode der äquidistanten Horizontalschnitte.

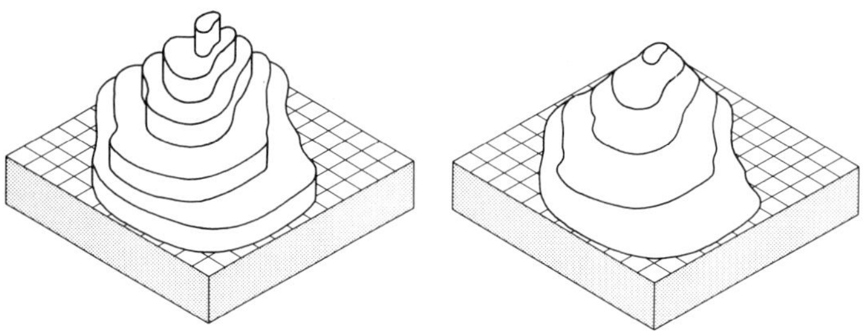

Methode der äquidistanten Vertikalschnitte.

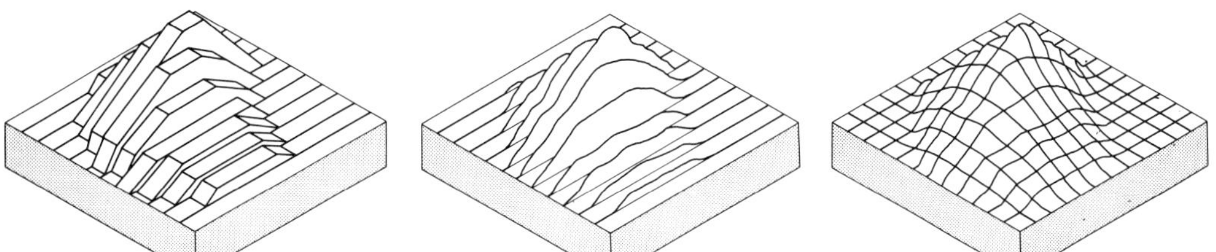

Die Vogelschaukarte

Historische Karten waren trotz einer gewissen Unbeholfenheit von hoher Anschaulichkeit, die mit der orthogonalen Grundrißprojektion nicht mehr zu leisten ist. Ausnahmen stellen jene Projektionen dar, die grundrißtreue und schrägsichtige Elemente kombinieren. In historischen Geländedarstellungen und Stadtbildern waren die dreidimensionalen Elemente – das Geländerelief, die Gebäude, die Vegetation – zunächst noch im Seitenriß, später, mit Kenntnis der Perspektive, in Schrägsicht von oben dargestellt. Parallel zu den verbesserten kartographischen Methoden wurden die projektiv kombinierten Darstellungen seltener.

Die Terminologie ist uneinheitlich; oft wird von Blockbild, Bildkarte, perspektivischer Karte, Schaubild, Panorama, Raumbild und Vogelschaubild gesprochen.

Vogelschaukarten werden jene bildhaften Darstellungen genannt, die auf dem orthogonalen Grundriß der Karte bzw. des Planes die dreidimensionalen Elemente in grundrißtreuer Lage – Gelände, Gebäude, Vegetation – in Schrägsicht von oben als Parallelprojektion wiedergegeben. Die Methode für die gesuchte Anschaulichkeit der Vogelschaukarte bei Grundrißtreue ist die Axonometrie; das Vogelschaubild sucht dagegen die realistische Bildwirkung und bedient sich daher der Perspektive.

Die Bildkarte ist ein früher Versuch, Gelände und Gebäude ohne perspektivische Tiefenstellung zwar nicht grundriß- jedoch aufrißgetreu darzustellen. Die Bildelemente sind willkürlich übereinandergestaffelt. Wichtig ist vor allem der bildnerische Ausdruck, weniger die objektiv genaue Zeichnung. Aus dem 17. und 18. Jahrhundert sind von den größeren europäischen Städten Schrägansichten überliefert, die jedoch wegen ihres Bemühens um eine perspektivische Tiefenstaffelung nicht den Vogelschaukarten zugeordnet werden können, denn die Vogelschaukarte ist nicht wie die Perspektive konstruiert, sondern grundrißtreu über dem Kartengrundriß errichtet. Die Methode der Vogelschaukarte wurde vermutlich im 19. Jahrhundert entwickelt. Ihre Konstruktion basiert im allgemeinen auf Katasterplänen großer Maßstäbe, die man durch Gebäudeaufrisse und Luftphotos ergänzt. Prinzipiell basieren Vogelschaukarten immer auf orthogonalen Kartengrundrissen, von denen die dreidimensionalen Elemente unter günstiger Lage der Projektionsachsen hochgelotet werden.

4.57 Stich des Monogrammisten PP. Der Schweizer Krieg von 1499. Ausschnitt.

4.58 Blockbilder in fünf Entfernungen dargestellt.

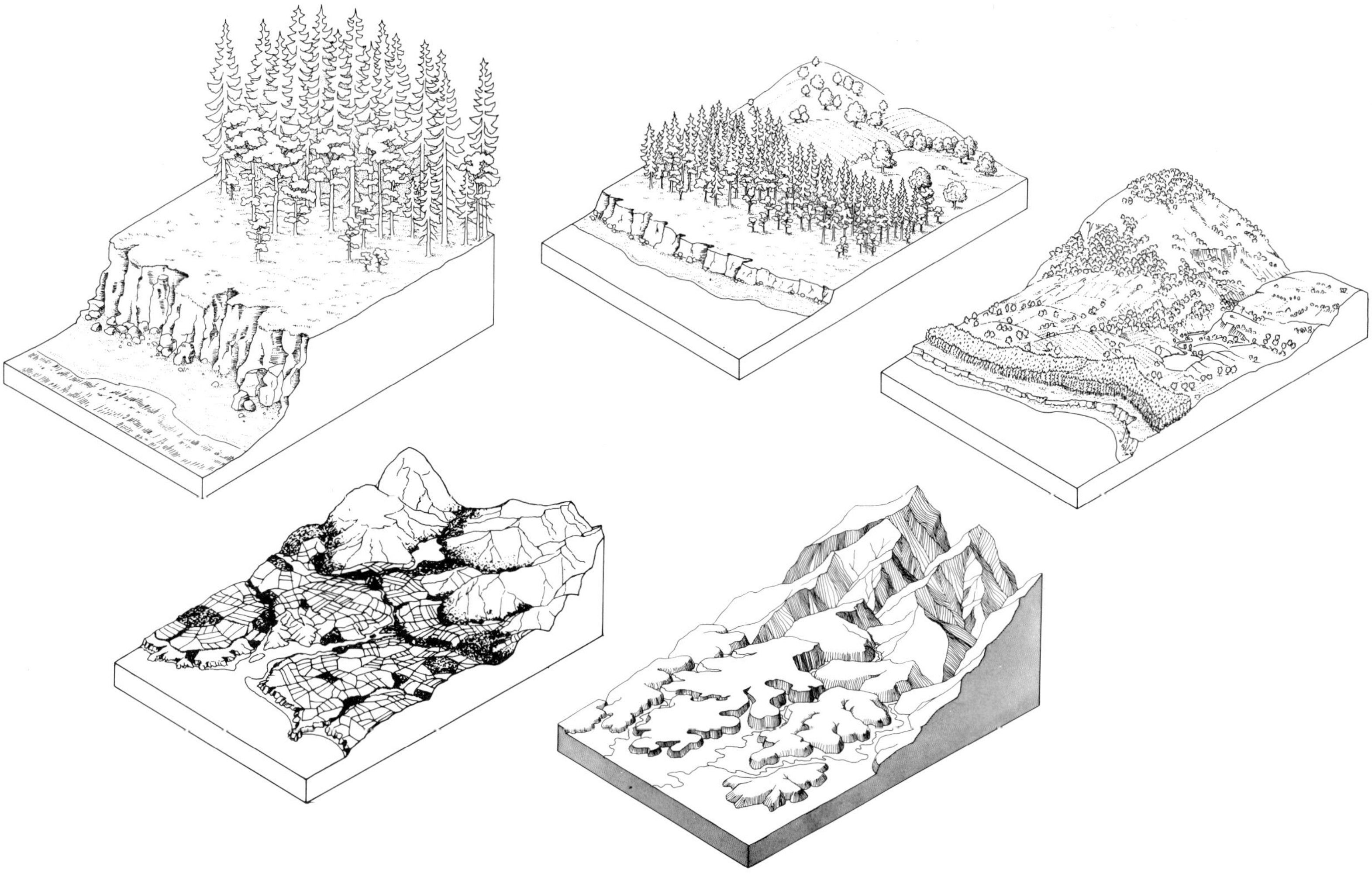

Zusammenstellung von Darstellungsmethoden in schematisierter Stellung der Bildebene und den daraus folgenden bildnerischen Wirkungen.
Vogelschaukarten von großer Genauigkeit und Detailtreue stammen von Hermann Bollmann, der sie zunächst von deutschen Städten anfertigte. Doch am deutlichsten lassen sich die Vorzüge dieser Methode an seiner Vogelschaukarte von New York erkennen. Sie wurde von Bollmann auf der Grundlage von über 67000 Photos, davon ca. 17000 aus der Luft, gefertigt und nach einem von ihm entwickelten Verfahren mit eigens dafür konstruierter Kamera graphisch weiterbearbeitet.
Die Darstellung des Wallraf-Richartz-Museums stellt eine Generalisierung eigener Art dar, die über die bekannten Methoden der Gebäudecharakterisierung hinaus die Ikonographie des Gebäudes und des Stadtraumes erfaßt: In einer schrägen Steilaufsicht des Wettbewerbsgebietes in der Kölner Innenstadt vermittelt die Darstellung Einsicht in die Stadtsituation, die vom Rheinufer, von der Brücke, dem Hauptbahnhof und vom Dom geprägt ist. Mit einer derartig abstrahierenden Darstellung gelingt es, das heute übliche visuelle Chaos der städtischen Szene auszublenden, um mehr auf die Einfügung des Entwurfes hinzuweisen. Konturzeichnungen, die auch die linearen Bündelungen des gotischen Domes zum piktogrammhaften Umriß, die Gleisanlage wie den Bahnhof zu einer großen Kurve reduzieren, die nur die signifikanten Merkmale wiedergeben, und die sich graphisch davon abhebende feinere und dichtere Gliederung der geplanten Museumsgebäude, erklären die kühle Sprache des Entwurfes von Oswald Mathias Ungers.
Ähnliches wurde mit der Zeichnung für den Roosevelt-Island-Wettbewerb erzielt: bei der es sich ebenfalls um eine minimalisierte Konturzeichnung der dem Planungsgebiet benachbarten Objekte handelt. Wegen der Detailfülle erscheint das Wettbewerbsobjekt vergleichsweise kontrastierend.

In metaphorischen und allegorischen Erzählungen über ein alternatives und in dieser architektonischen Fassung faszinierendes »Leben in der Großstadt«, genauer: zum Thema »Manhattanism« hat die Gruppe OMA – The Office for Metropolitan Architecture mit Rem Koolhaas, Madelon Vriesendorp, Elia und Zoe Zenghelis – Bilder einer stimulierenden Urbanität: Über dem leer gehaltenen Rechtecknetz von Manhattan, das weitgehend von seiner Bebauung befreit ist, sind Versatzstücke aus der neueren Architekturgeschichte und gerade entworfene Gebäude zu einer surrealen und idealistischen Szene montiert, die in »objektiv-zufälliger Art, absichtsvolle Konflikte schafft« (Koolhaas). Die Farbwirkung ist geeignet, die Surrealität der städtischen Szene zu steigern, sie noch stärker von der Wirklichkeit abzusetzen. Darüber hinaus ist sie ein Mittel, die Poesie des Bildes zu verstärken. Trotz des außerordentlich synthetischen Charakters dieser Projekte zeichnet sich eine einheitliche Darstellungsmethode ab: die schräge Parallelprojektion auf die Grundebene, durch die alle am Objekt in waagerechter Ebene liegenden Figuren im Bild unverzerrt und in gleicher Höhe wiedergegeben werden, ergänzt von den subtilen graphischen Effekten der Texturwirkungen.

4.59 Waagerechte Position der Bildebene und Parallelprojektion projizieren eine kartenmäßige Abbildung des Geländereliefs und der Bebauungsstruktur. Das Geländerelief ist durch Isolinien charakterisiert, die Bebauungsstruktur von ihren senkrecht projizierten Konturen.

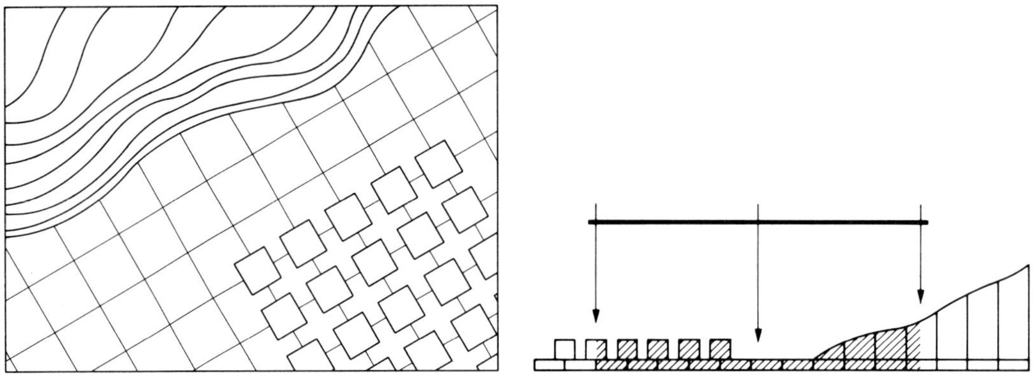

4.60 Die senkrechte Stellung der Bildebene und die Parallelprojektion ergeben eine reine Aufrißzeichnung von Geländekontur und Gebäudekontur in einem wählbaren Maßstab und ohne räumliche Wirkung. Diese Aufrißzeichnung ist wie jede Planimetrie vermeßbar und dort sinnvoll, wo die Kombination Gebäude–Landschaft, d. h. die landschaftliche Höhe und Formgliederung mit den Konturen von Gebäuden zu beurteilen ist.

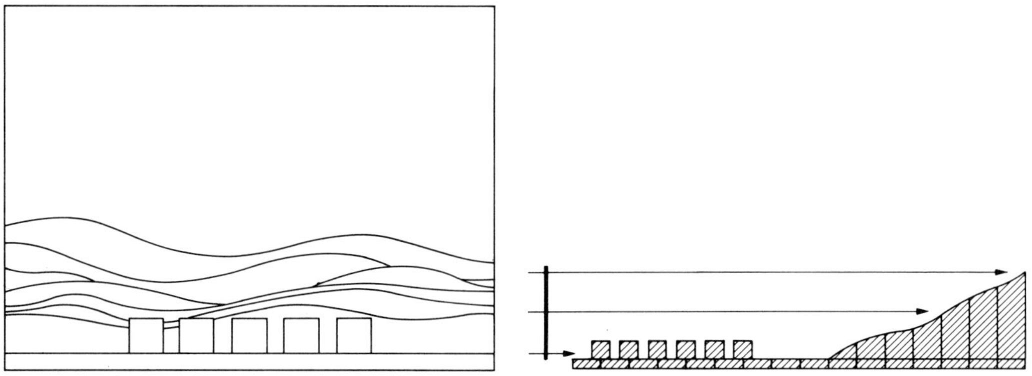

4.61 Schräge Position der Bildebene bei parallelem Strahlenverlauf. Der gewählte Koordinatenwinkel ergibt eine Isometrie, die bei geringstem Arbeitsaufwand zu zeichnen ist.

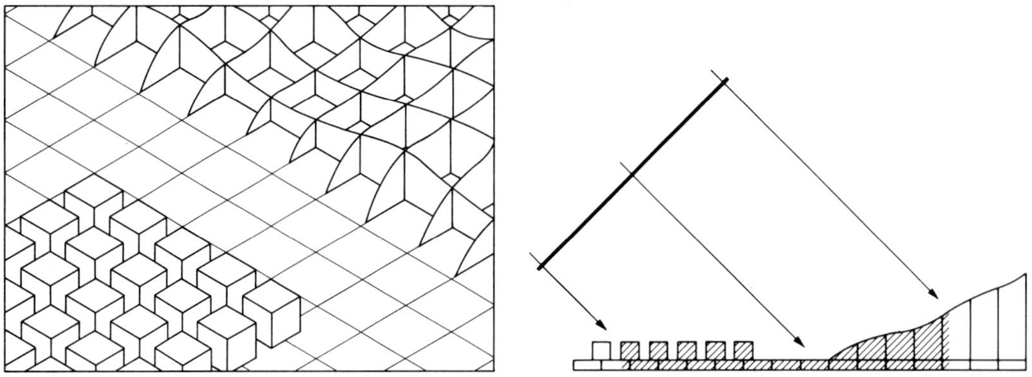

4.62 Hermann Bollmann. Vogelschaukarte New York. Ausschnitt aus der Gesamtkarte.

4.63 Le Corbusier und Pierre Jeanneret. Plan für eine Dreimillionenstadt. 1922.

Über dem Grundriß des 1922 von Le Corbusier und Pierre Jeanneret vorgelegten Projekts für eine Dreimillionenstadt ist die Vogelschaukarte konstruiert, die steil von oben herab den gigantischen Maßstab dieser Planung erklärt.

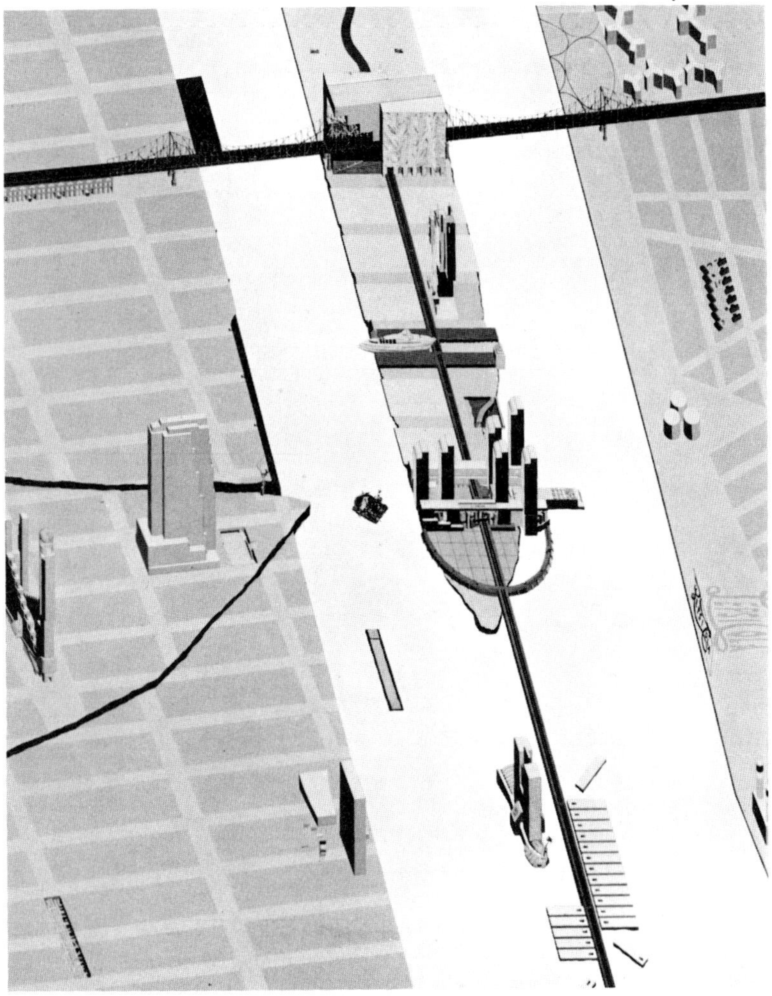

4.64 OMA (The Office of Metropolitan Architecture). The Egg of Columbus Center. 1973.

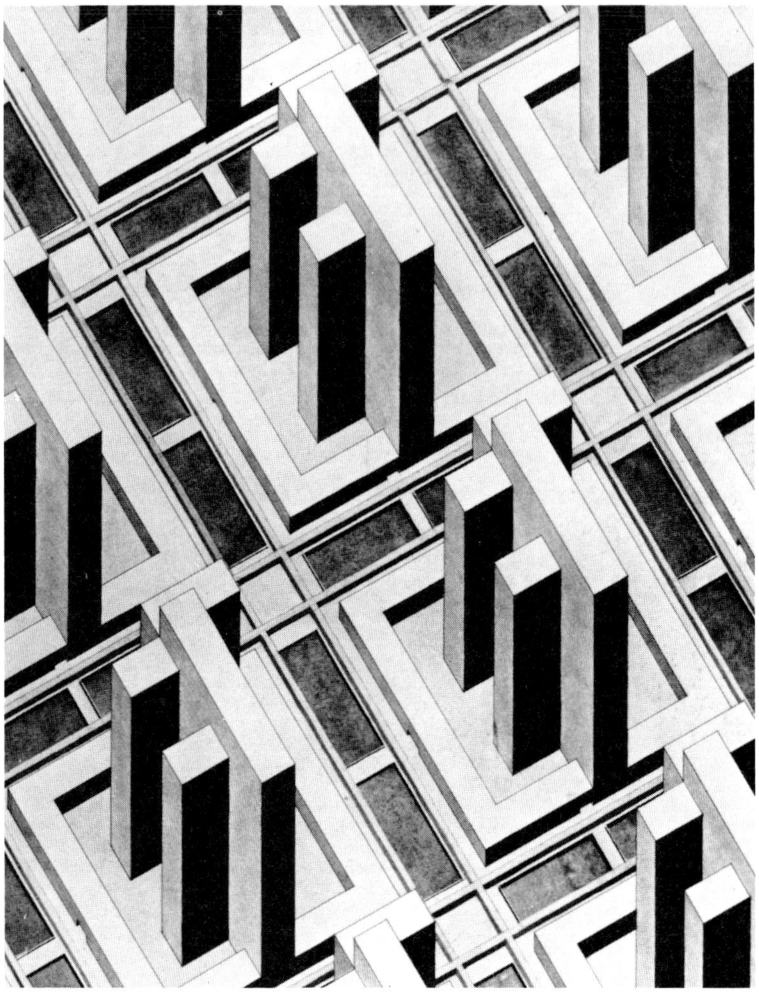

4.65 Cornelis van Esteren. Bebauungs- und Verkehrsschema für ein Geschäftsviertel einer Großstadt. 1926.

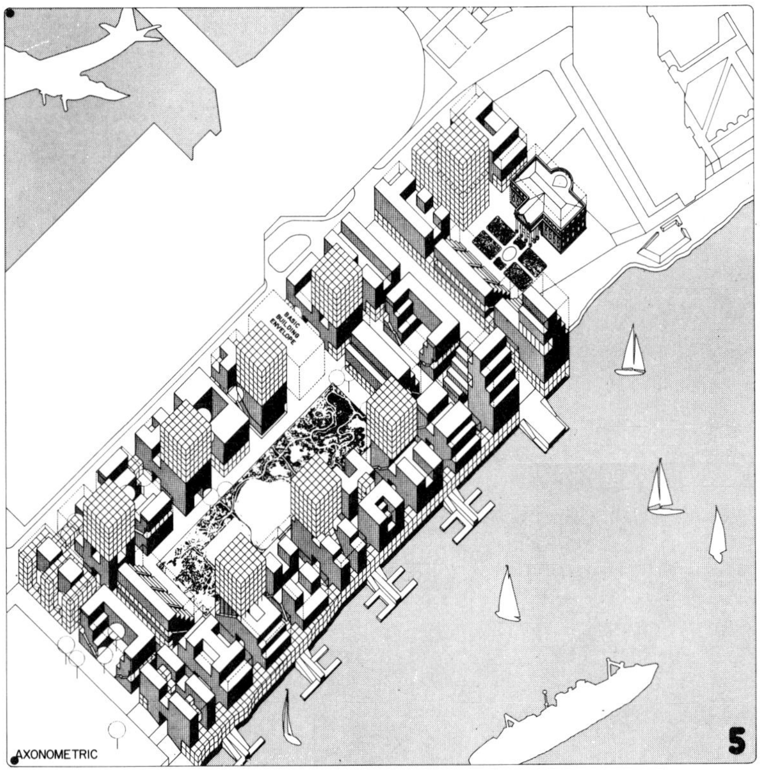

4.66 Oswald Mathias Ungers. Roosevelt Island Housing Competition. Projekt.

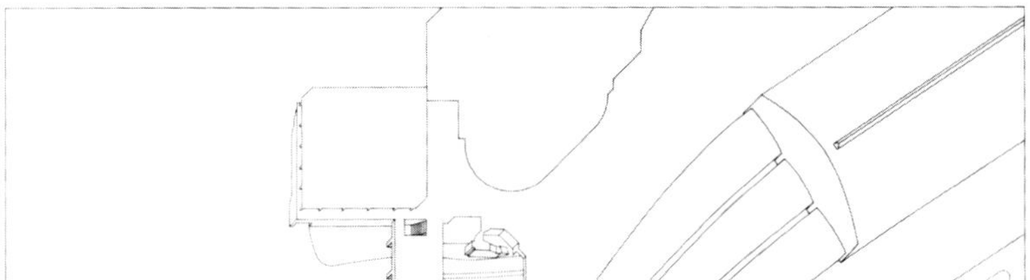

4.67 Oswald Mathias Ungers. Wallraf-Richartz-Museum. Köln. 1975. Projekt.

Das Vogelschaubild

Vogelschaubilder sind im Gegensatz zu Vogelschaukarten unmaßstäbliche Stadt- bzw. Geländedarstellungen, die ausschnitthaft, perspektivisch verkürzt, von schräg oben gezeichnet sind. Sie unterscheiden sich methodisch von historischen Darstellungen ähnlichen Aussehens, denn diese sind meist echte Karten mit eingezeichneten Schräganssichten. Die heute geläufige bildnerische Wirkung des Vogelschaubildes wurde mit zunehmender Beherrschung der Perspektive erzielt.

Als eine der ersten perspektivisch ergänzten Karten gilt die Karte der Toscana von Leonardo da Vinci aus dem Jahr 1502. Die Reliefformen sind individuell, doch zusammenhängend dargestellt; der Inhalt beschränkt sich auf primäre Reliefformen, die mit einigen Fallinien und Schattenschraffuren plastisch verbessert wurden.

Die Entwicklung der graphischen Technik vom groben Holzschnitt zur Feinheit des Kupferstiches ließ Verdichtungen und inhaltliche Verbesserungen des Kartendruckes zu. Daß diese den Charakter der Karten vom 15. Jahrhundert an grundlegend veränderten, zeigt der 1477 in Bologna erstmals in Kupfer gedruckte *Ptolemäusatlas*.

Für das Vogelschaubild gelten die üblichen perspektivischen Regeln, nach denen sich Gegenstände mit zunehmender Entfernung in ihrer Größe, in Helligkeit, Muster und Form stetig verändern. Die Wirkung eines Vogelschaubildes ist von der Neigung der Bildebene zur Horizontalen bestimmt. Diese erstreckt sich vom schrägen Flachbild bis zum steilen Schrägbild, so daß die Winkel 70° bis 20° zur Horizontalebene geneigt anzunehmen sind; die Breitenausdehnung des Bildes sollte nicht größer gewählt werden, als es dem Öffnungswinkel des Gesichtsfeldes von 35° bis 45° entspricht. Das Feld der scharfen Wahrnehmung ist geringer als das gesamte Sehfeld, das bei parallelen Achsen einen horizontalen Bogen von ca. 180° und in der Vertikalen einen Bogen von ca. 120° ausmacht.

Die Sehschärfe ist bei einem Sehwinkel von 1° bei unbeweglichem Auge am größten und nimmt dann kontinuierlich mit der Ausdehnung des Sehfeldes ab. Beträgt die Raumtiefe 100 m, ist das scharf wahrzunehmende Sehfeld maximal 60 m; bei 25 m Abstand sind es ca. 15 m; bei 200 m etwa 120 m.

Lage und Richtung der Projektionsachse beeinflussen auch die perspektivischen Verzerrungen; bei schräger Bildebene und hoch liegendem Projektionszentrum bekommen die lotrechten Linien die Tendenz, nach unten zusammenzulaufen; außerdem ist bei hohem Augpunkt der Horizont meist aus der Bildebene gerückt. Es sei denn, ein weiträumiger Ausschnitt ist abgebildet, der jedoch geeignete konstruktive Maßnahmen gegen die Verfälschung der Tiefenwirkung großer Landschaftsausschnitte erfordert.

Vogelschaubilder sind leichter zu konstruieren, wenn man photographische Luftaufnahmen bzw. Modellphotos bei der Auswahl des Bildausschnitts, der Neigung der Bildebene usw. heranziehen kann. Je höher das Projektionszentrum, desto größer die Übersicht, und sie gewährt Einblick in Grundrißverhältnisse, bis die Beurteilung des Bildeindrucks bei annähernd senkrechter Projektion schwieriger wird. Eine nahezu horizontale Position der Bildebene eliminiert und verflacht die Höhenentwicklung des Geländereliefs und der Bebauung.

Flaches, wenig gegliedertes Gelände mit weit entferntem Horizont ist bis zu einer Entfernung von ca. 400 bis 500 m gut zu überblicken, die in dieser Distanz gelegenen Objekte sind nach ihren Entfernungen noch sicher einzuschätzen. Entfernteres Gelände drängt sich bald zu einer Linie zusammen, und die zwischen Einbuchtungen und Berghängen liegenden Distanzen lassen sich wegen dieser räumlichen Komprimierung nur noch ungenau einschätzen. Der Grund besteht darin, daß Umrißformen, die sich bei flachem Bildaufbau scharf von der Umgebung abheben, sich mit den Geländeformen vermischen, die selbst wiederum geneigt, also verkürzt sind.

4.68 Leonardo da Vinci. Karte der Toscana. 1502.

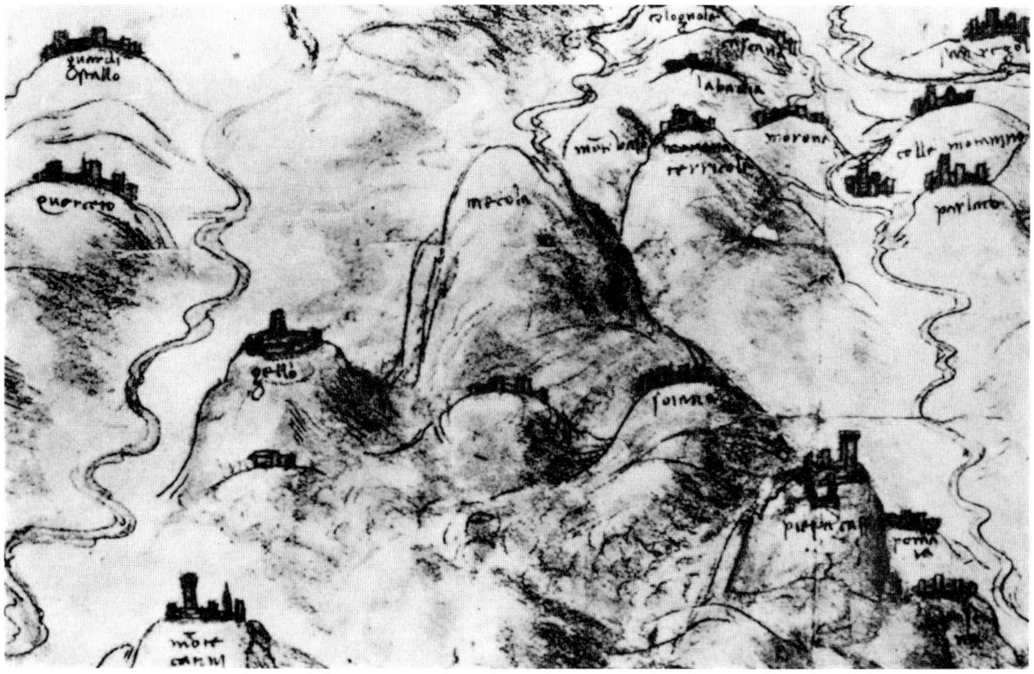

4.69 Robert Owen. Village of Unity. 1820.

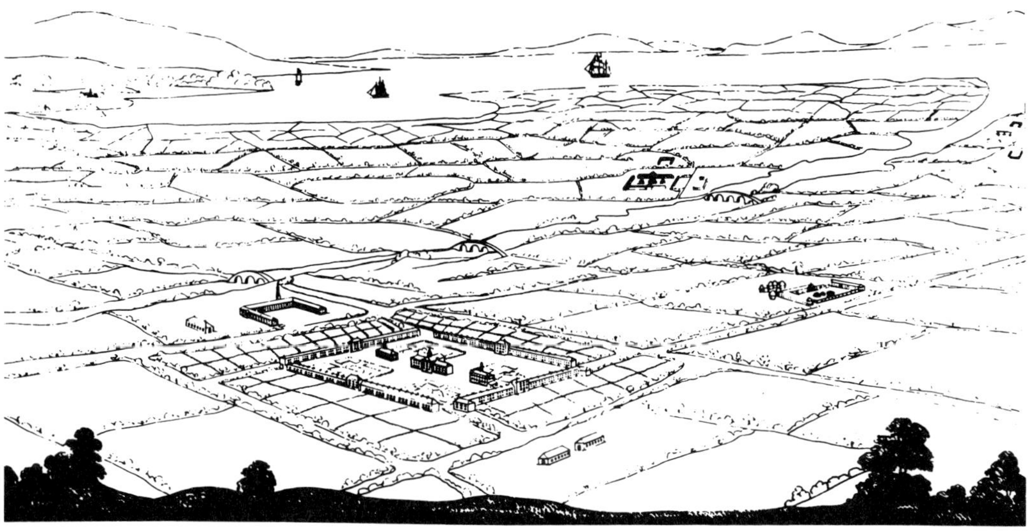

Die folgenden Abbildungen zeigen eine Zusammenstellung von Darstellungsmethoden in jeweils schematisierter Stellung der horizontalen, vertikalen oder schrägen Bildebene und den daraus folgenden bildnerischen Wirkungen, eine Methodik, auf die bereits Eduard Imhof[15] hinwies.
Bei den üblichen Perspektivkonstruktionen entsteht der Eindruck einer nach hinten ansteigenden Landschaft, denn die Erdkrümmung senkt ferne Punkte um den Winkel e; dieser wächst mit dem Quadrat der Entfernung. Die Winkelsumme wird durch die Refraktion reduziert. Die ungleiche Dichte der Luftschichten bewirkt eine Krümmung der Lichtstrahlen. Entfernt liegende Erscheinungen wirken dadurch niedriger. Imhof[16] nennt hierfür folgende angenäherte Erfahrungswerte:

Entfernung in km	Erdkrümmung in m e	Refraktion in m r	beide Einflüsse zusammen e–r
1	0,1	0,0	0,1
5	2,0	0,3	1,7
10	7,8	1,0	6,8
20	31,3	4,1	27,2
50	196,0	25,0	171,0
100	784,0	102,0	682,0

Für die Konstruktion der progressiven Perspektive gelten keine eigentlichen Regeln. Der progressive Verlauf für die bildnerische Problematik ist mit der Entfernung und der Form des Geländereliefs abzustimmen. Diese Korrektur ist unbedenklich, denn perspektivische Zeichnungen sind ohnehin ungenau, und eine Rekonstruktion des abgebildeten Geländes ist nicht beabsichtigt.
Aus historischen Landschaftsbildern großer räumlicher Distanz sind kombinierte progressive Perspektiven bekannt. Bildnerisch bedeutsame Zonen sind hier unmaßstäblich herausgearbeitet, entbehrliche in der Tiefen- und Höhenentwicklung zum Schema reduziert. Schwieriger sind Darstellungen noch größerer räumlicher Distanzen, denn die Vertikalen neigen sich zum Erdmittelpunkt, die Horizontalen sind von den elliptischen Meridianen verzerrt.

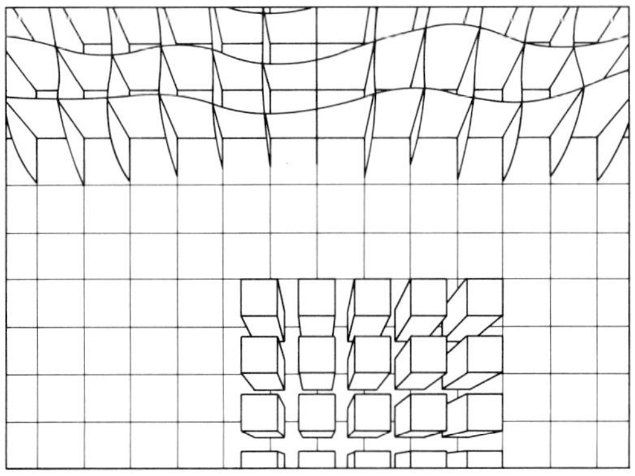

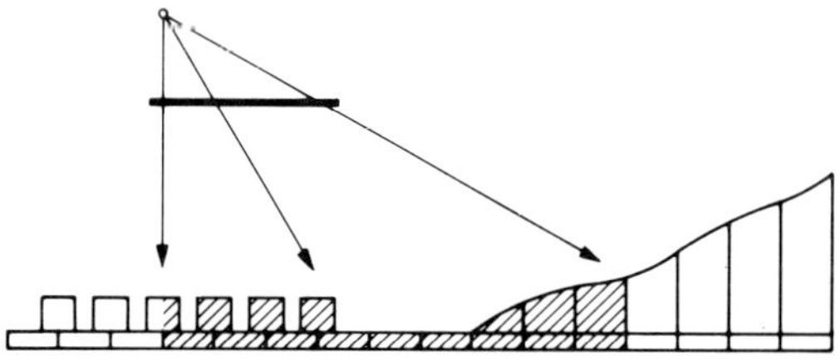

4.70 Zentralperspektive bei waagerechter Bildebene und mittlerer Distanz.
Diese bildnerische Wirkung ist von Luftphotos her bekannt, mit dem zunächst verfremdet anmutenden Aufblick auf die Baustruktur, die außerdem peripher stark verzerrt wird. Die horizontale Bildebene führt den Blick in die bei schrägerer Bildebene toten Sichträume der Geländemulden und Täler. Der Blickwinkel ist absichtlich groß gewählt.

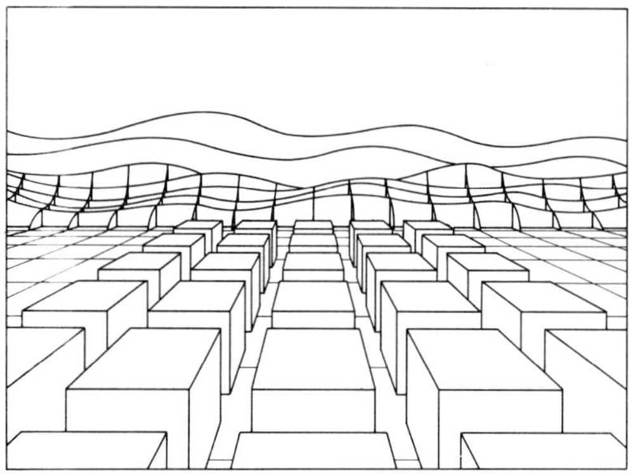

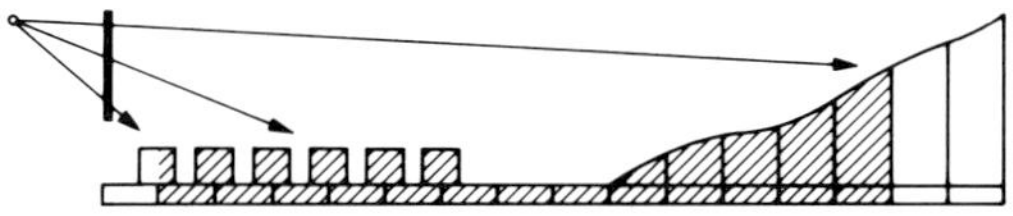

4.71 Zentralperspektive auf senkrechter Bildebene, die knapp über und vor der Baustruktur steht, und mit einem etwas knapper gewählten Blickwinkel als zuvor und niedrig angeordneter Position, die zu einem günstigen Bildeindruck führt, denn die Baustruktur als auch das Geländerelief bieten sich dem Blick in vertrauter Stellung.

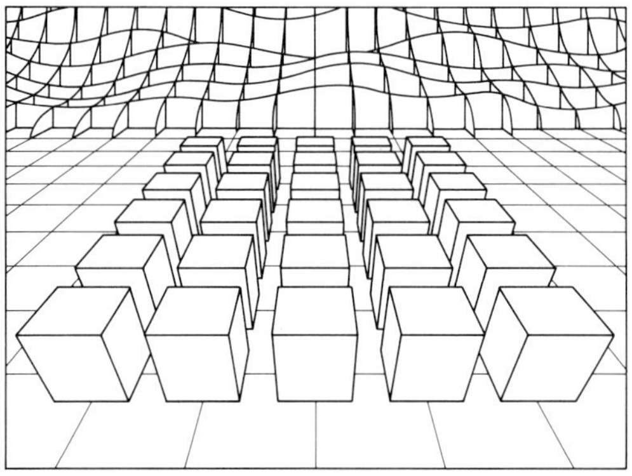

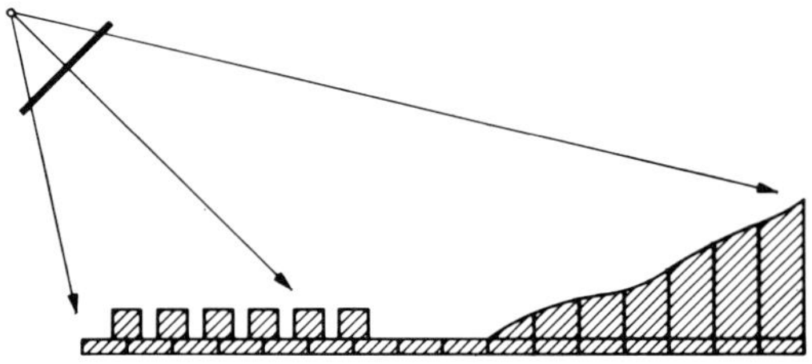

4.72 Zentralperspektive auf schräger, hochliegender Bildebene, die einen guten Überblick bietet.
Die steile Position bietet Einblick in sonst verdeckte Geländemulden. Dieser Konstruktion ist die Verzerrung aller Senkrechten eigen, die um so mehr auftritt, je weiter sie vom Lotpunkt entfernt sind, was jedoch zeichnerisch zu korrigieren ist. Bei größerer Höhe des Projektionszentrums nehmen diese Verzerrungen ab; ebenso wird auch die Abbildungsgröße und der Bildausschnitt bei gleichem Sehwinkel größer.

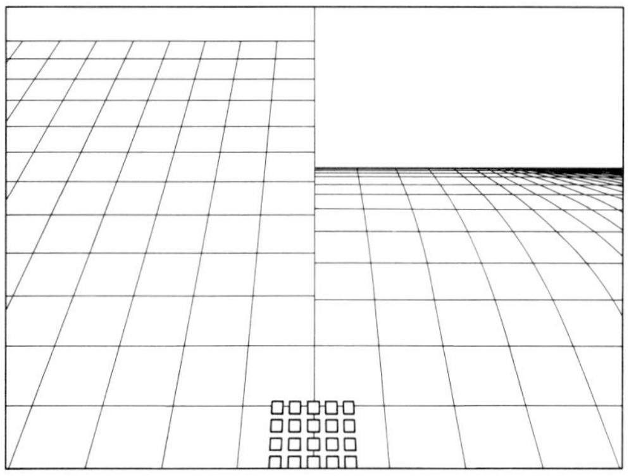

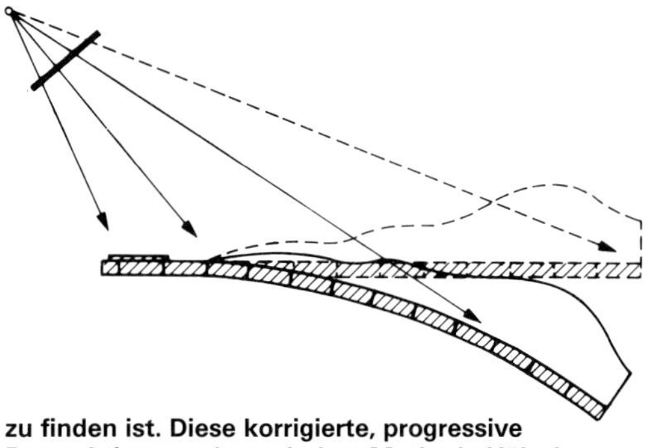

4.73 Das normale Perspektivnetz läßt bei großer räumlicher Ausdehnung unvermeidlich den Eindruck eines nach hinten ansteigenden Geländes entstehen; rechts ist das Netz unter der Annahme einer zeichnerisch nach unten gebogenen Erdoberfläche zum bildnerisch meist günstigeren Ergebnis geführt, das weitgehend der Seherfahrung entspricht und bereits in älteren Landschaftsbildern zu finden ist. Diese korrigierte, progressive Perspektive wurde nach der »Methode Hölzel« gezeichnet. Sie umgeht den bekannten Nachteil, weil sie die Fluchtpunkte nach hinten hin progressiv nach unten verschiebt; diese folgen, derart verformt, ungefähr der Erdkrümmung. Die Konstruktion des Vogelschaubildes großer Distanz erfordert diese Korrektur der Tiefenausdehnung, wegen des hohen Horizontes und wegen der in großer Distanz bereits bemerkbaren Erdkrümmung.

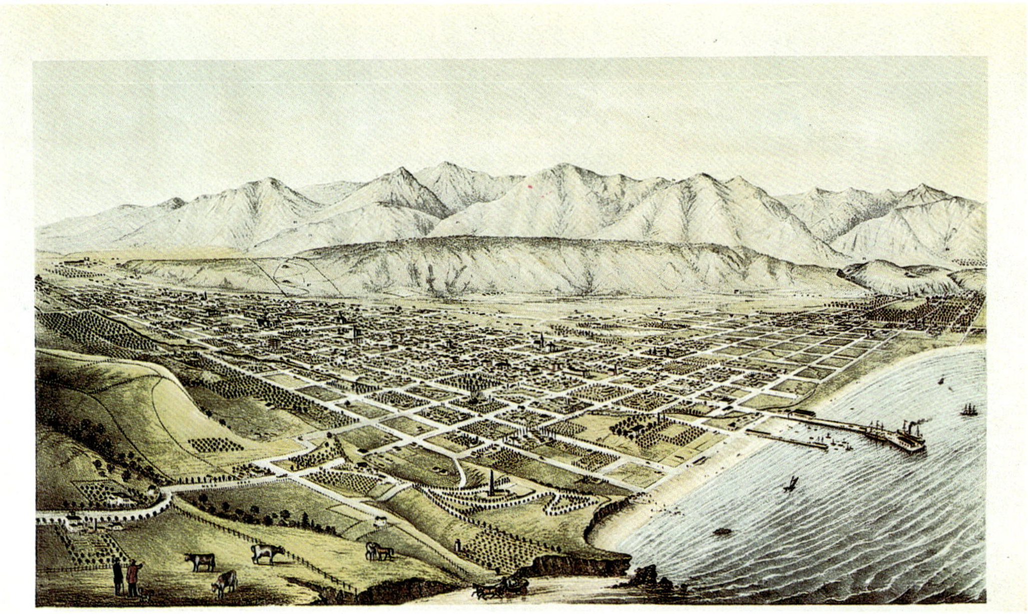

4.74 Eli S. Glover. Santa Barbara. Kalifornien. 1887. Farblithographie.

4.75 George Henry Goddard. San Francisco und Umgebung. 1868. Farblithographie.

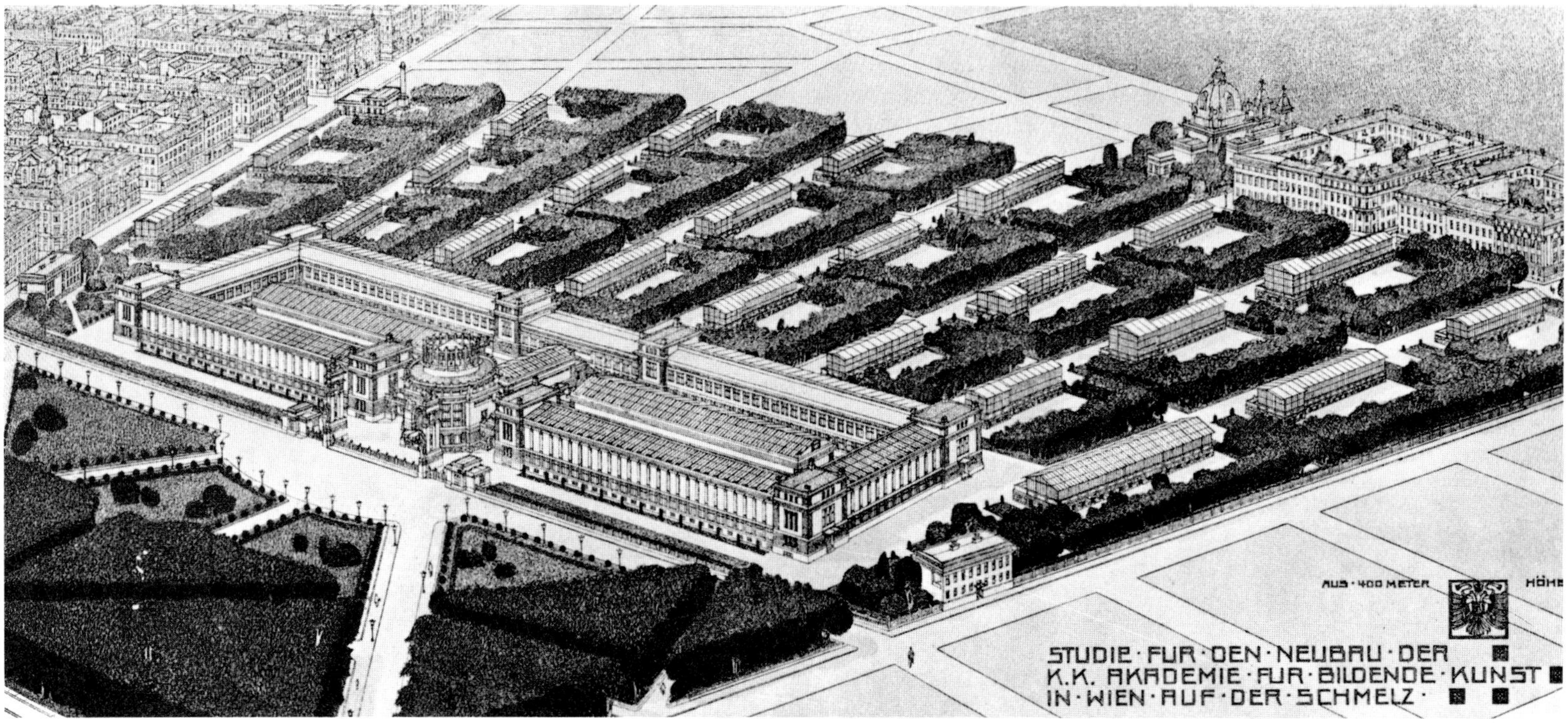

4.76 Otto Wagner. Akademie der Bildenden Künste.
Wien. 1910. Entwurf.

4.77 Tony Garnier. Cité Industrielle mit Blick auf die Fabriken. 1901–1904. Projekt.

Für die Stadt- und Regionalplanung ist das gezeichnete Vogelschaubild dem Luftphoto vorzuziehen, besonders wenn man auf der Grundlage von Luftphotos, Aussagen in generalisierender Darstellung zusammenzufaßt.

1922 wandten sich Le Corbusier und Pierre Jeanneret an das Publikum des »Salon d'automne«, um ihr Projekt zur Erneuerung von Paris vorzustellen. Der »Plan voisin« besteht aus einer Folge von Vogel schaubildern. Auf lotrechter Bildebene wird mit annähernd waagerechtem oberen Sehstrahl die Silhouette des »neuen Paris« vorgestellt. Die Wahl der Bildebene führte zu einer eigenartigen Wirkung der gleichförmigen Hochhäuser, die in die ferne Horizontlinie übergehen. Obwohl sich Le Cobusier zur Ortserkundung nicht des Flugzeugs bediente, verstand er es, auf dem Ortseindruck und auf Stadtplänen aufbauend, die Raum- und Bildsprache des Vogelschaubildes skizzierend einzusetzen. Stadt und Landschaft, ihre stereometrischen und topographischen Formen werden im »Planungsvorspiel« skizzenhaft dargestellt.

Auch durch ein kombiniertes zeichnerisch-photographisches Verfahren erhält man perspektivisch korrekte Bilder. Die Grundrißzeichnung wird von einem gewählten Augpunkt aus photographiert. Der maßstäbliche Photoabzug dient als perspektivischer Grundriß, von dem aus man bei Bedarf Standort, Horizont und Bildebene errichtet und Höhenmaße einträgt.

4.78 Le Corbusier und Pierre Jeanneret. Plan voisin de Paris. 1922. Projekt.

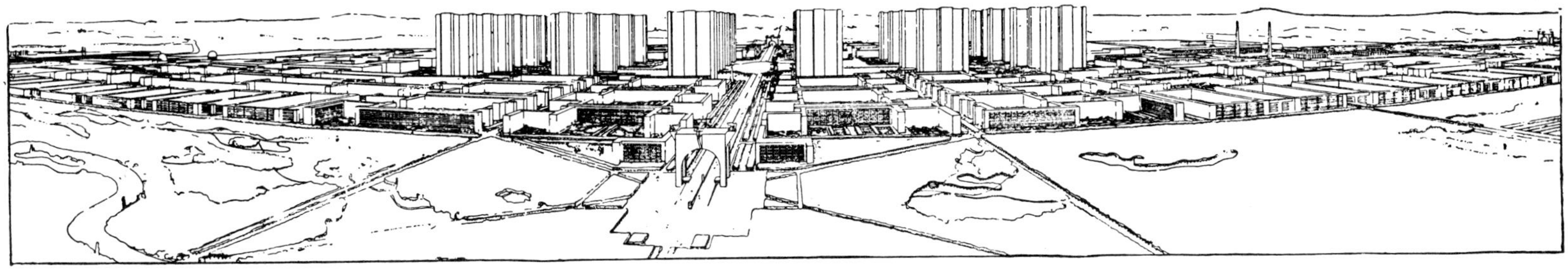

4.79 Studienprojekt am Illinois Institute of Technology. Leitung Ludwig Hilberseimer. Steile Aufsicht aus großer Höhe auf eine geplante Geschäfts- und Wohnsiedlung, die von der graphisch leichten Behandlung der Vegetation einen atmosphärischen Reiz erhält.

Das Vogelschaubild von Leon Krier führt den Blick steil nach unten auf Landschaft und Stadt, dann flacher in die Weite der Landschaft bis zur Horizontlinie. Diese trifft sich in schöner Übereinstimmung mit der Umschnürung eines Fesselballons, der bei Windstille, wie die lotrechte Schnur anzeigt, über dem Fluß aufgestiegen ist. Der Ballon markiert, in welcher Höhe der Betrachter sich befindet, und daß er sich vielleicht selbst als Insasse eines solchen Ballons oder eines jener kurvenden Sportflugzeuge begreifen soll.
Im Gegensatz zur Vogelschaukarte zeigt das Vogelschaubild hohe Realitätstreue im Vordergrund, die mit zunehmender Entfernung abnimmt, so daß schließlich nur noch einige Vegetationsgrenzen zu erkennen sind. Damit folgt der Zeichnungsaufbau in allen Bildschichten den Gesetzmäßigkeiten der Luftperspektive und des räumlichen Sehens.

4.80 Leon Krier. Lycée Classique. Echternach. 1970. Projekt.

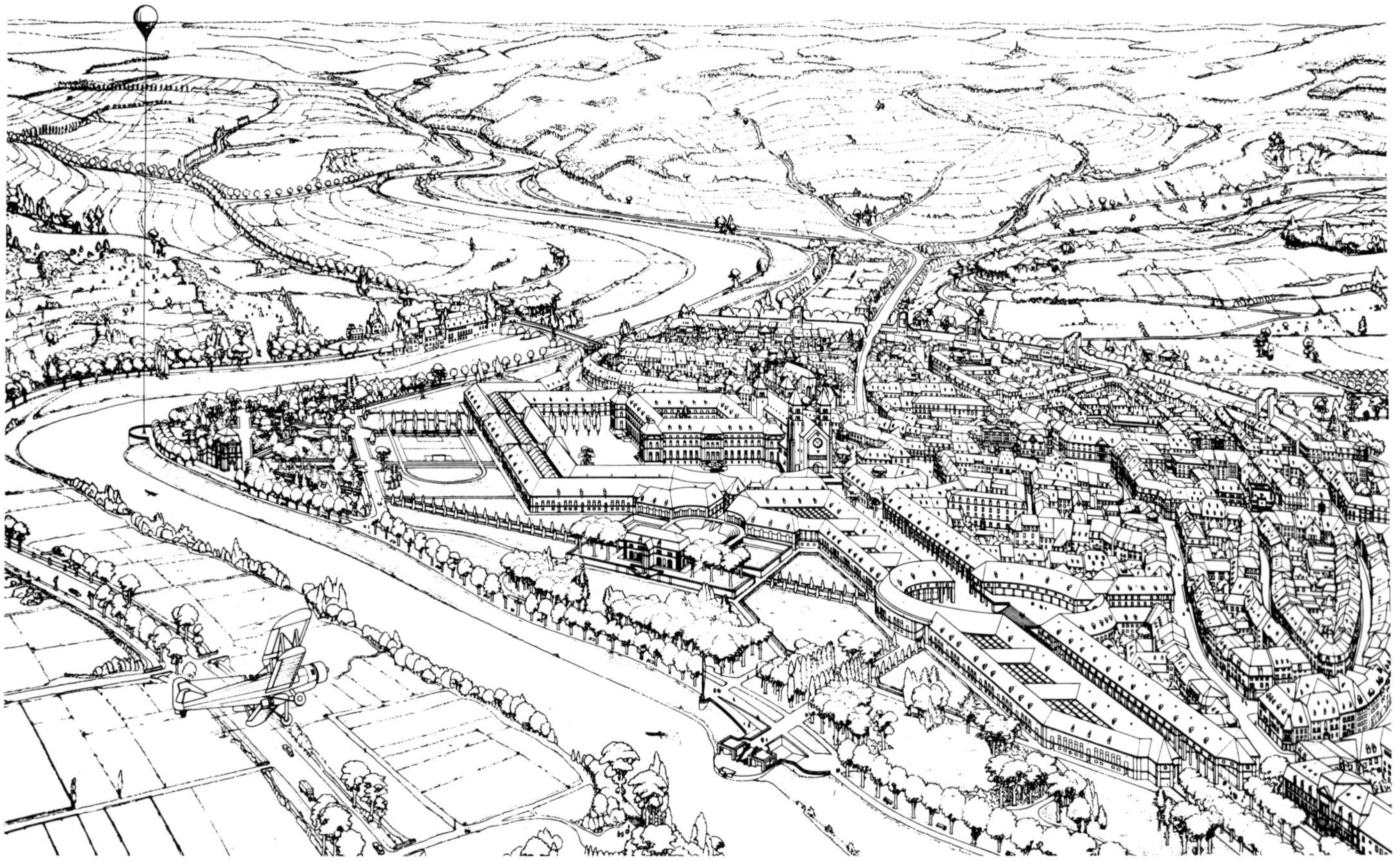

4.81 Vittorio Gregotti, G. Stoppino und P. Privio. Universität Palermo. 1970–1972. Konturdarstellung des Gebäudekomplexes, der Umgebung und der Vegetation.

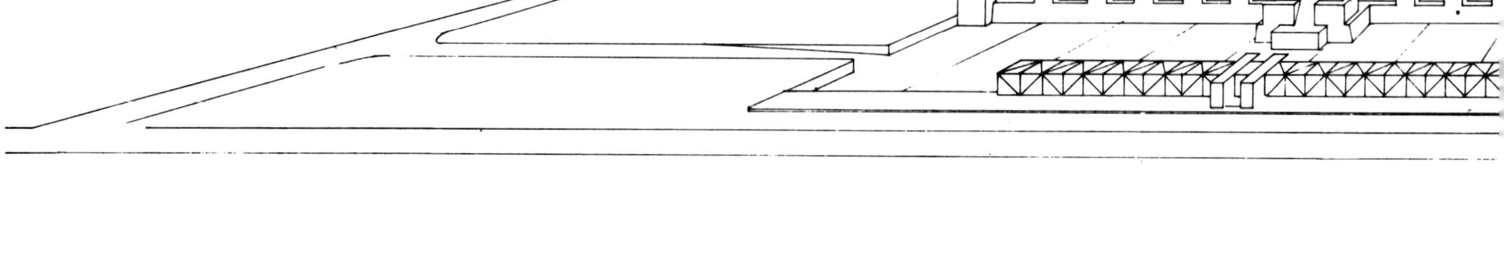

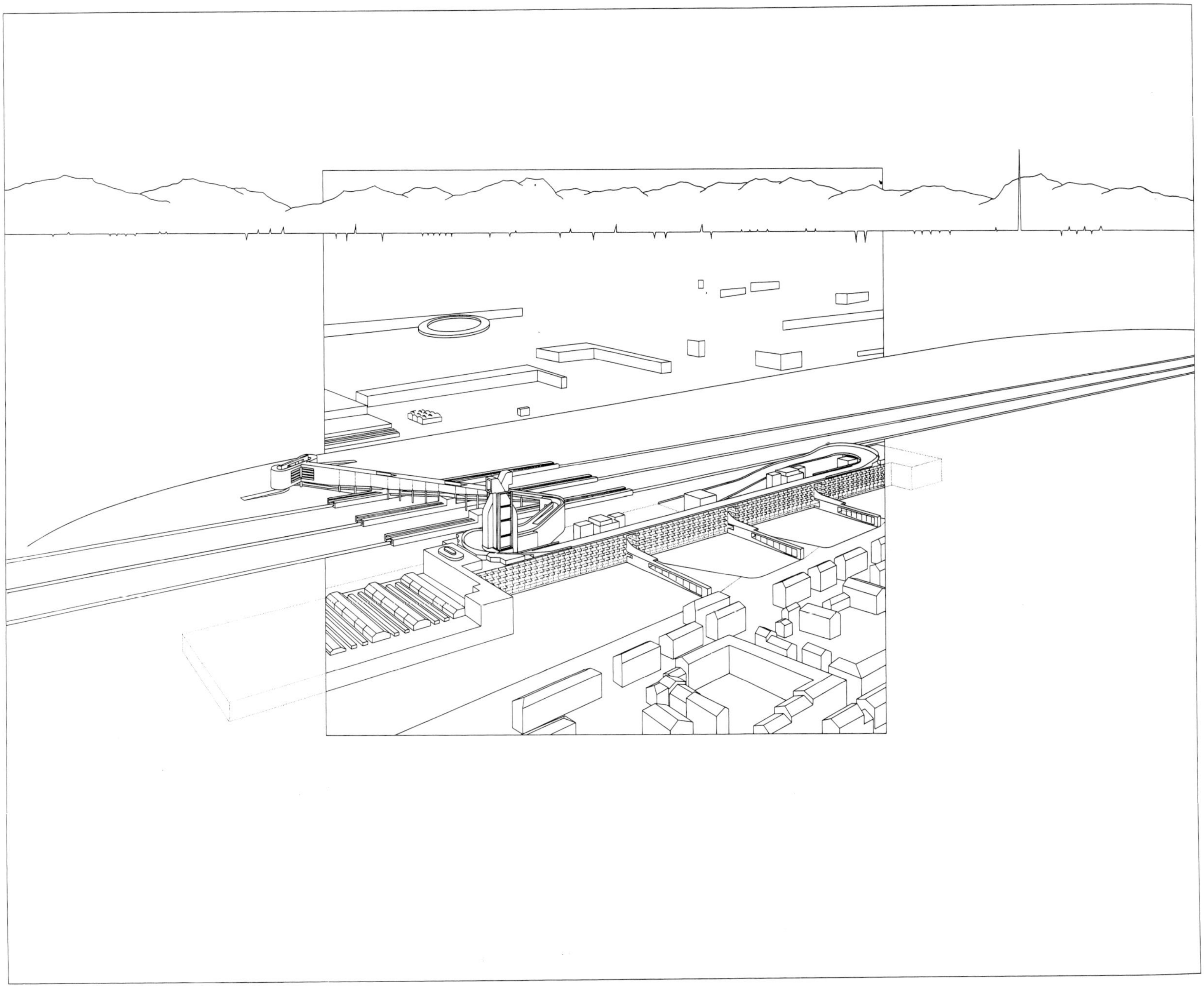

4.82 Richard Meier. Umgestaltung der FIAT-Fabrik Lingotto. Turin. 1985. Projekt.

Richard Meiers Vogelschaubild besticht durch ökonomische Darstellungstechnik und Prägnanz in der Aussage. Vom mittigen Bildausschnitt ist die Stadtlandschaft Turins ausgeblendet, es bleiben die signifikanten Gebäude der näheren Planungsumgebung, die Verkehrseinrichtungen, die benachbarte Wohnbebauung und schließlich die FIAT-Produktionsanlagen.

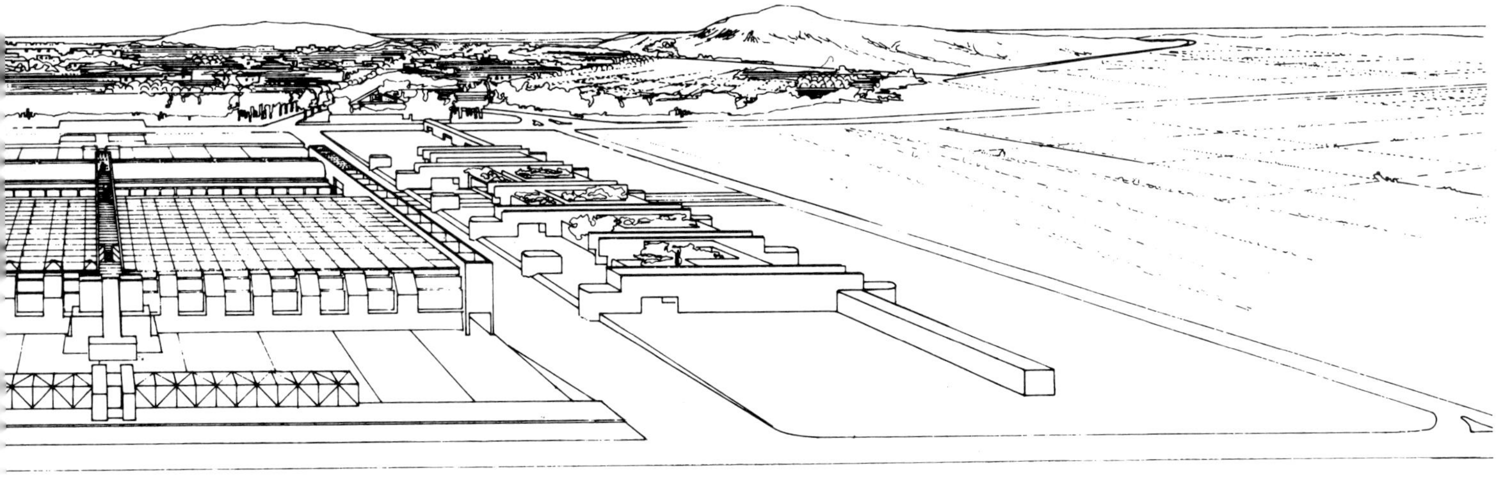

4.83 Roland Knauer. Tiergartenviertel Berlin. 1969. Projekt.

Der stadtplanerische Entwurf berücksichtigt die Bebauungsverhältnisse des Jahres 1969. Der steile Blick ist von Süden leicht nach Nordnordost gerichtet und überstreicht im Vordergrund neuere Stadtstrukturen, die geplante bauliche Anlage und dahinter das Waldareal des Tiergartens. In generalisierter Form erscheinen die Konturen der Bauwerke ohne Detailgliederung; zeichnerisch etwas reichhaltiger die geplante bauliche Anlage selbst. Unbebaute Flächen sind hell, fast unbehandelt, und die an sich vielfältigen Formen des Waldgebietes sind auf Konturen und Formverlauf reduziert. Die Perspektivkonstruktion basiert auf einer Vogelperspektive ohne stürzende Senkrechte, die über Teilpunkte konstruiert ist. Die Flucht- und Teilpunkte sind über dem Grundriß nach Katasterplänen des Maßstabes 1 : 4000 ermittelt.

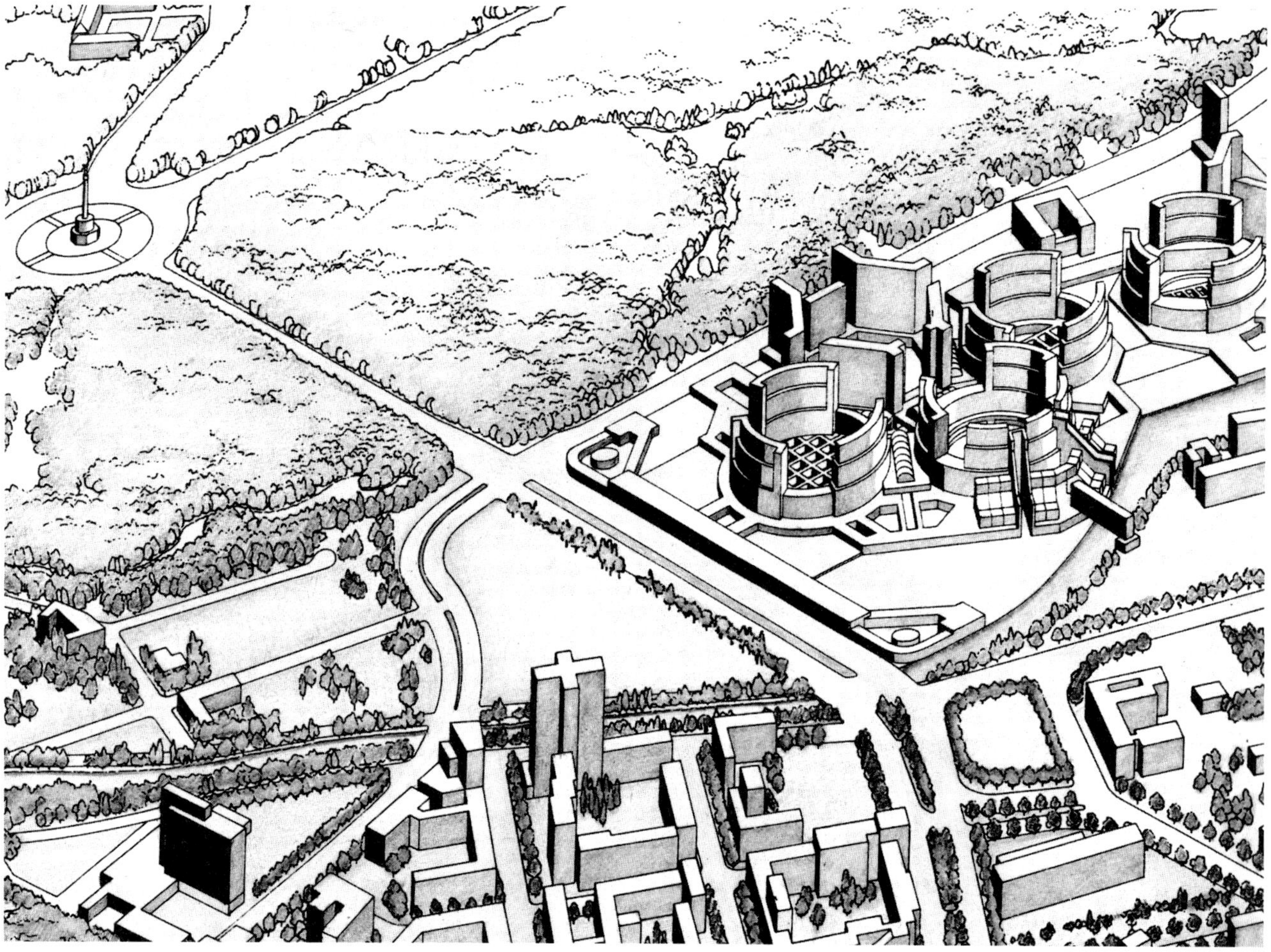

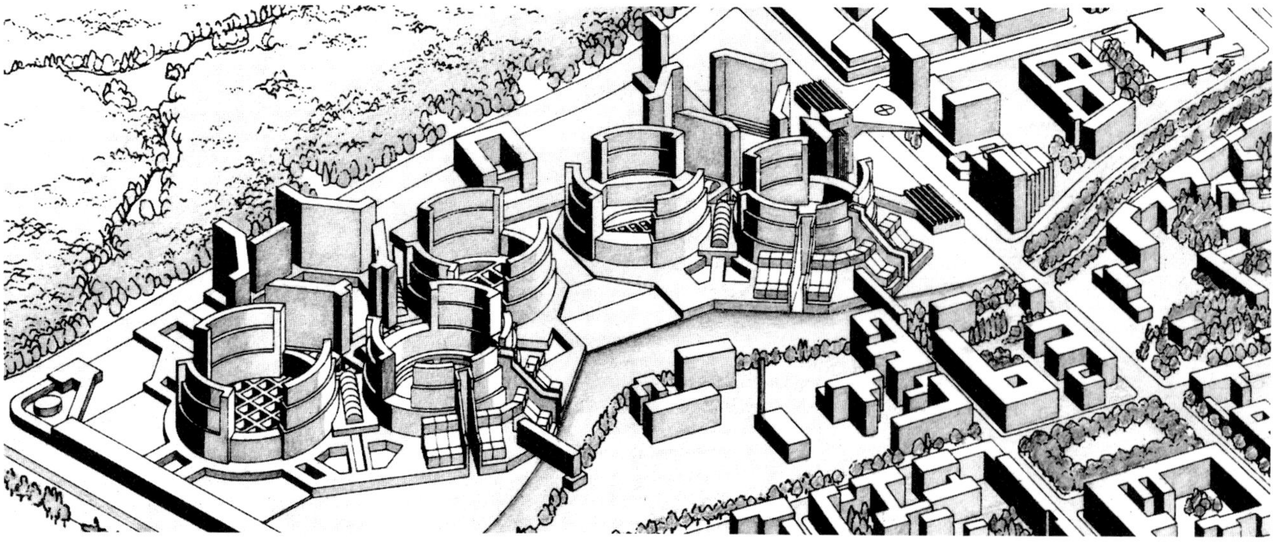

Der städtebauliche Rahmenplan

Zielsetzung

Die Absicht, die Zielsetzungen der Stadtplanung spezifischer, inhaltlich konkreter und zeitlich langfristiger in zeichnerischer Form niederzulegen, hat den städtebaulichen Rahmenplan entstehen lassen. Bis dahin war die Stadtplanung auf die Aussageebene der Flächennutzungs- und Bebauungspläne angewiesen. Der Rahmenplan ergänzt bei Entwicklungs- als auch bei Sanierungsvorhaben den Planungsvorgang. Der Stadtentwicklung, deren Ziele sich über planerisch weite Zeiträume erstrecken, kann er die gesuchte Flexibilität sichern. Er avanciert zum eigentlichen Instrument der Planungspolitik, wenn er zur Zusammenfassung gestreuter Planungsziele eingesetzt wird. Der Flächennutzungsplan hat als Planungsinstrument auf die Stadtentwicklung nur eine unzureichende Wirkung; auch der rechtsverbindliche Bauleitplan, an zahlreiche Einzelaussagen und Festsetzungen gebunden, ist seiner Natur nach zu starr, um den sich wandelnden Bedingungen zu folgen. So bietet der Rahmenplan dem Planer und den Gemeinden die Möglichkeit der zeitlich abgestimmten Planungsschritte und -abschnitte, bis die verbindlichen Bauleitpläne aufgestellt werden können. Die nutzungsmäßigen und wohl auch gestalterischen Zielsetzungen erscheinen so der Öffentlichkeit transparenter, was ihre Neigung fördert, sich beizeiten und direkter mit den Planungsauswirkungen auseinanderzusetzen. Dem Planungsträger gibt er die Chance, die Planung über mehrere zeitliche Abschnitte zu lenken, und zwar ohne vorzeitig gesetzlich wirksame Planungsmaßnahmen. Obwohl der Rahmen- und Strukturplan noch ohne Rechtsgrundlage ist, kann er sich seiner Eigenart nach gerade dort bewähren, wo im Flächennutzungsplan wenig differenzierende Aussagen getroffen wurden. Der Rahmenplan wird auch dort verwendet, wo es um verschiedenartige Planungsziele geht, die getrennt bearbeitet werden, sobald sie Bestandteil einer größeren Gesamtplanung geworden sind.

Der Darstellungsmodus

Alle jene strengen Planzeichen und Darstellungsregeln, wie sie von den Flächennutzungs- und den Bebauungsplänen her bekannt sind und der allgemeineren Verständlichkeit der Darstellung dienen, gelten nicht. Als eigene Planungsstufe bedarf der Rahmenplan eines spezifischen Zeichensystems. In diese Richtung geht die Entwicklung; sie konnte angesichts der neuartigen Problematik noch nicht zur Verflechtung von realanschaulicher wie planerisch-konkreter Zeichenqualität führen. Das Hineinwirken angrenzender Gebiete wie Gestaltpsychologie und Kommunikationstheorie wird sicherlich hilfreich sein und den heutigen skizzenhaften Versuchsformen dieser Notation zu jener Qualität zu verhelfen, die der Größe der Aufgabe entspricht. Vor allem mangelt es noch an sicheren Kategorien zur rationalen Erfassung ästhetischer, semiotischer und funktioneller Zeichenqualitäten der Notation wie auch der Stadt- und architektonischen Gestalt selbst. Die abgesicherte Beurteilung derartiger Merkmale wäre das Fundament eines visuellen Zeichensystems, das in zeichnerischer Fixierung als Metasprache den stadtplanerischen Vorstellungen und ihrer Diskussion dienen würde. Gegenwärtig sind die Inhalte und noch mehr der Darstellungsmodus des Rahmenplans erst grob umrissen. Die rationale Codierung planerischer Vorstellungen mittels Linien, Flächen, Signaturen, Figuren und Farben in Notierungen von ikonischen und symbolischen Zeichenklassen und ihre für den Perzeptienten sinnfällige Verflechtung mit den Kontexten von Nutzung, Form und Gestalt, ihre logische Komplexbildung ihre anschließende Dekomposition bis zur Realpräsenz des Bebauungsplans zwingt diesen Darstellungsvorgang – besser Darstellungsversuch – auf den langen Weg des Experiments. Gefordert sind Zeichen von hoher semantischer und syntaktischer Qualität und ihre logische Verknüpfung, sie sollen es einmal ermöglichen, den Komplex Stadt semiotisch in graphische Zeichenklassen für die analysierende, konstruktive und interpretierende Arbeit aufzulösen, zu dekomponieren.

Inhalte

Das Nutzungskonzept soll Angaben über Art, Zusammensetzung und Maß der künftigen baulichen Nutzung enthalten, ebenso Standortangaben über Einrichtungen des Gemeinbedarfs, des öffentlichen oder privaten Eigentums sowie der Grün- und Verkehrsflächen. Das räumliche Konzept soll die räumlichen und gestalterischen Elemente beinhalten, wie die der Festlegung von Bebauungsformen, die Höhenentwicklung der Baumassen der zu erhaltenden Gebäude und Plätze und andere räumliche Beziehungen, differenziert nach raumbegrenzenden Elementen, Baufluchten, topographischen Situationen u. a.

Das Verkehrskonzept soll die Verflechtung des örtlichen mit dem überörtlichen Verkehrsnetz zum Inhalt haben, differenziert nach der Linienführung der Verkehrsmittel und ihren Flächen, den Flächen für den ruhenden Verkehr und dem Fußwegnetz mit den wichtigsten Einbindungen.

Der Rahmenplan schafft neuartige Darstellungsprobleme. Er muß die Eigenarten in der Auffassung des Architektonischen wie die schwer faßbare Einheit des städtischen Raums außerhalb geläufiger Methoden wiedergeben. Wo andere Darstellungen der stadtplanerischen Praxis quantitative und qualitative Aussagen bevorzugen, gibt der Rahmenplan dem Strukturellen, den räumlichen, funktionellen und formalen Beziehungen den Vorrang.

Vier unterschiedliche Notationen.

Die folgenden Projekte weichen in ihrer planerischen Zielsetzung und ihrer graphischen Fassung von konventionellen stadtplanerischen Aufzeichnungen ab. Zunächst sind in den Darstellungen der »Freien Planungsgruppe« die flächendeckenden Signaturen von der Bauleitplanung her bekannt und sichern ihnen gute Verständlichkeit. In der Sequenzplanung von Michael Trieb wurde versucht, den Gestaltqualitäten von Straßenzügen eine indexikalische Zeichenqualität von elementarer Beschaffenheit zu geben, bei großer Offenheit für die weitere interpretierende objektsprachliche Bearbeitung.

Im Rahmenplan »Stadt in der Stadt« der Gruppe Oswald Mathias Ungers sind es wieder indexikalische Zeichenqualitäten. Vom Stadtbild ausgehend wurden »Stadtinseln« von herausragender bildhafter und sozialer Qualität aufgefunden und als Basiseinheiten für weitere stadtplanerische Ziele weiterverfolgt. In der nachfolgenden Bearbeitung von Peter C. Riemann ist der Stadtausschnitt, einmal planimetrisch, dann axonometrisch gezeichnet. Er ist in Baublöcke, Straßenzüge, Bezirke und Straßenlandschaften eingeteilt, die Riemann »urbane Kaleidoskop-Collagen« nennt und synthetisch zur Gewinnung von Rahmenplänen mit »fremden« Stadtausschnitten von ausgesucht verwandter – struktureller oder gestalterischer – Ähnlichkeit konfrontiert.

Die Konzeption des Verfassers zum Rahmenplan für Ratingen sieht auf der instrumentell-operativen Ebene eine Folge von Zeichenverknüpfungen zur Schaffung einer Aura vor, die weitere Bilder der Stadt hervorbringt, wenn Analogien, Differenzierungen, Abstraktionen nach den Zeichen/Funktions- bzw. Konnotations- und Denotations-Schemata in Phasen zunehmender Konkretisierung folgen.

Die Darstellungen der »Freien Planungsgruppe« Berlin wurden sowohl bei kommunalen Gremien als auch bei fachlich weniger ausgewiesenen Gruppen eingesetzt; ähnliche Notationen wurden mehrfach bei städtebaulichen Wettbewerben angewandt und haben darüber hinaus in variierter Form bei anderen Planern bereits eine gewisse Verbreitung gefunden. Der städtebauliche Ideenwettbewerb für München-Perlach zeigt den zeitlich frühen Versuch, im Planungskonzept einer Notation, die leichtverständliche Planzeichen verwendet, alle charakteristischen Merkmale von Gebäuden und Gebäudegruppen, Räumen und Plätzen zu berücksichtigen, jedoch ohne Bindungen an bestimmte objektsprachliche Formen und Ausprägungen. Die Zielsetzungen sind in vier Planschichten aufgespalten:

Das Verkehrskonzept enthält die Darstellungen des Erschließungssystems und des ruhenden Verkehrs.

Das Nutzungskonzept enthält differenzierte Darstellungen der Nutzungen und ihrer Standorte.

Das Organisationskonzept umfaßt die Festlegung in Bau- und Investitionsstufen.

Das räumliche Konzept umfaßt die Maßnahmen zur Sicherung des räumlich-gestalterischen Gesamtplans mit allgemeinen gestalterischen Klassifizierungen ohne vorzeitige Festlegung auf architektonisch bestimmte Aussagen.

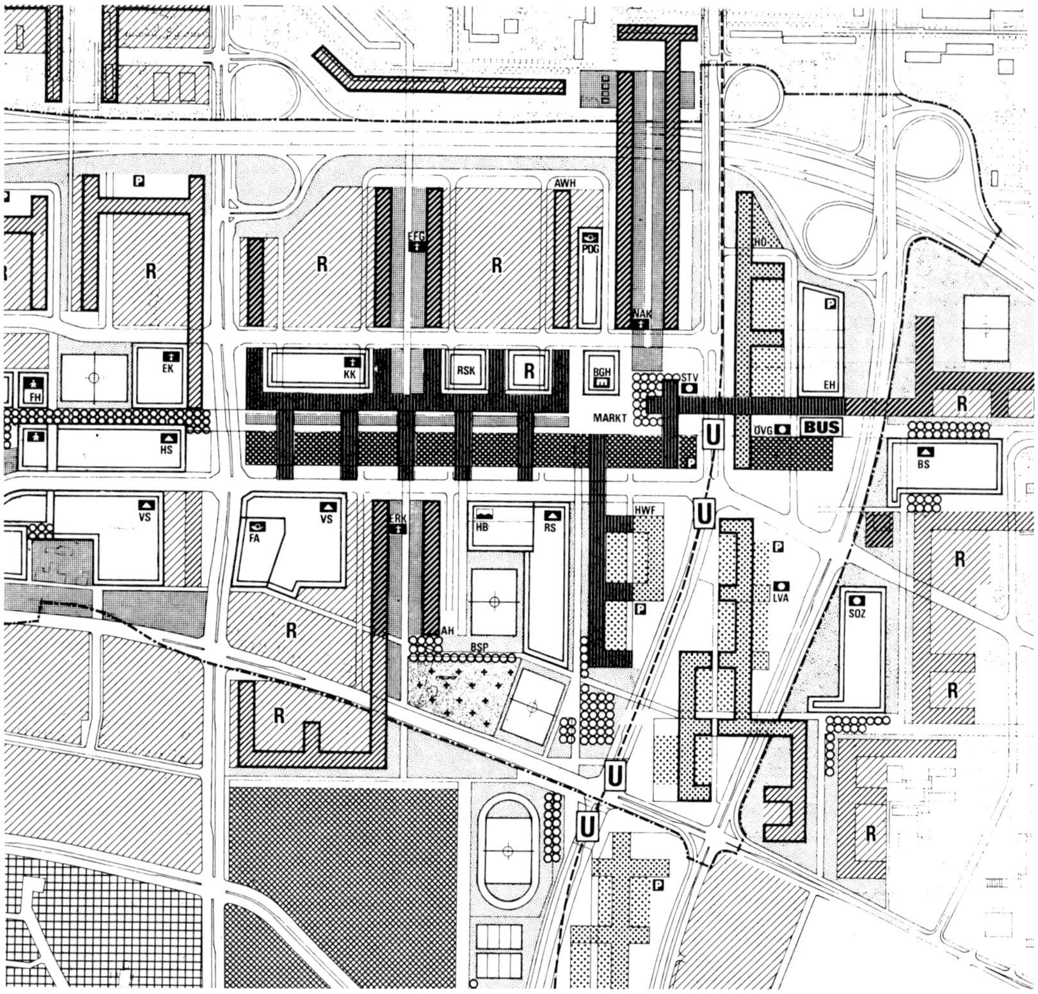

4.84 Freie Planungsgruppe Berlin. Entwurf für München-Perlach.

► **Strukturkonzept: Nutzung**
Maßstab 1 : 10 000

DARGESTELLT SIND ÜBERBAUBARE GRUNDSTÜCKSFLÄCHEN NACH DER ART IHRER NUTZUNG GESCHOSSWEISE DIFFERENZIERT

RANGFOLGE DER FLÄCHENINANSPRUCHNAHME

	BEBAUUNG VORRANGIG
	BEBAUUNG OHNE ZEITLICHE BINDUNG
R	RESERVEFLÄCHEN FÜR ZUKÜNFTIGE VERDICHTUNG

WOHN- UND ARBEITSSTÄTTEN

	EG – 1.OG	2.OG – 4.OG	5.OG – 8.OG	ÜBER 8.OG
	RESERVE	WOHNEN	WOHNEN	WOHNEN
	HANDEL GEMEINBEDARF	DIENSTLEISTUNG GEMEINBEDARF	WOHNEN	
	HANDEL GEMEINBEDARF	WOHNEN DIENSTLEISTUNG	WOHNEN	
	HANDEL GEMEINBEDARF	PKW STELLFLÄCHEN		
	EINZELHANDEL KLEINGEWERBE	WOHNEN		
	WOHNEN	WOHNEN		
	DIENSTLEISTUNG GEMEINBEDARF	DIENSTLEISTUNG	DIENSTLEISTUNG	DIENSTLEISTUNG
	GEWERBE HANDWERK	WOHNEN		
	INDUSTRIE GEWERBE			

FREIFLÄCHEN

	ALLGEMEINE ÖFFENTLICHE GRÜNFLÄCHEN
	SPORTFLÄCHEN
	BESONDERE ÖFFENTLICHE GRÜNFLÄCHEN
	FRIEDHOF
P	PKW STELLFLÄCHEN

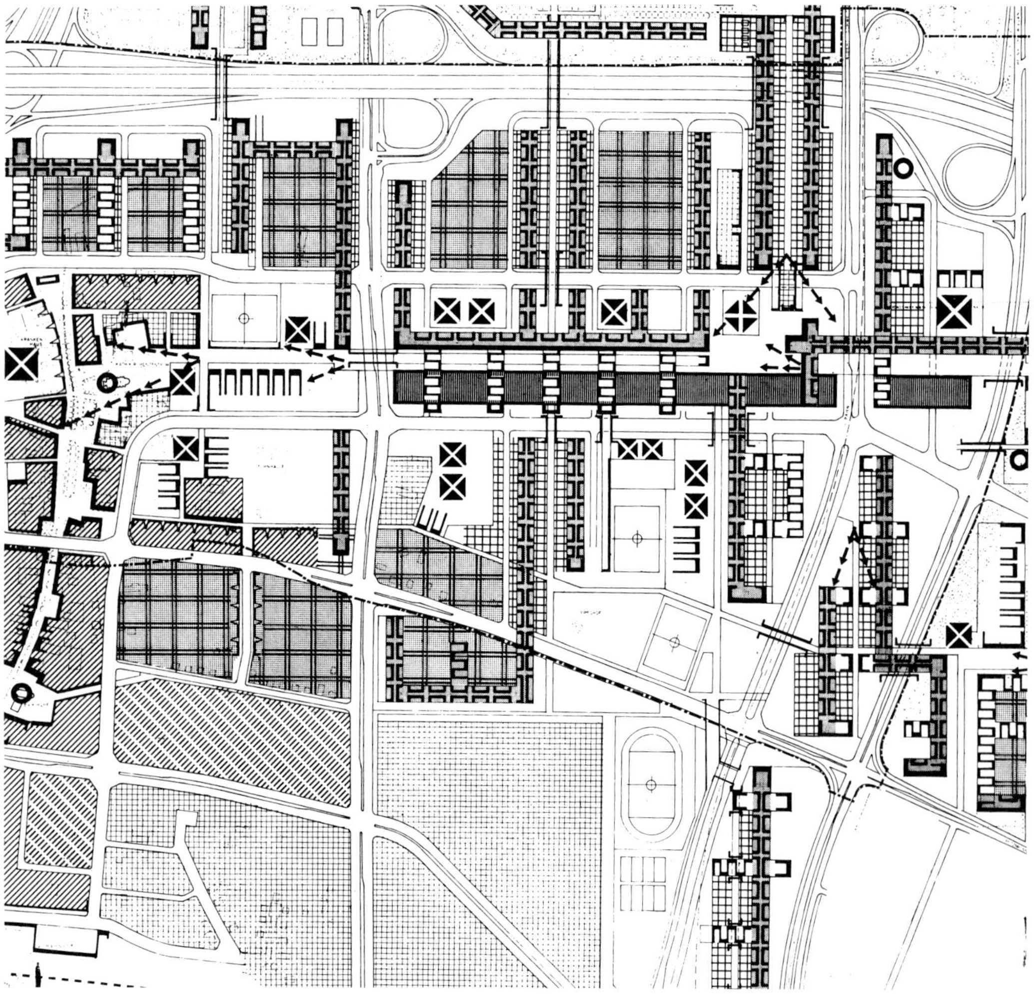

► **Strukturkonzept**
Räumliche Ordnung
Maßstab 1 : 10 000

DARGESTELLT SIND DIE FÜR DIE ÜBERBAUBAREN GRUNDSTÜCKSFLÄCHEN CHARAKTERISTISCHEN RÄUMLICHEN MERKMALE DER GEBÄUDE

	BAUFLÄCHEN FÜR	GZ
	RAUMBESTIMMENDE GROSSBAUTEN	8 - 15
	RAUMBESTIMMENDE GROSSBAUTEN UNTERBROCHEN	4 - 8
	MITTELHOCHBAU - HOHE DICHTE	2 - 4
	EIN- UND ZWEIFAMILIENHÄUSER + KLEINGEWERBE GESCHLOSSENE BAUWEISE	1 - 3
	EIN- UND ZWEIFAMILIENHÄUSER OFFENE BAUWEISE	1 - 2
	GEBÄUDETEILE UND EINBAUTEN IM EG + 1.OG DER GESCHOSSBAUTEN	1 - 2
	GROSSFLÄCHIGE BAUKÖRPER	3 - 5
	GROSSFLÄCHIGE BAUKÖRPER EINZELGEBÄUDE OFFENE BAUWEISE	1 - 3

RAUMBILDENDE ELEMENTE

	BAUKANTE GESCHLOSSEN / TOR, ECKE
	BAUKANTEN TEILWEISE UNTERBROCHEN
	BESONDERE SICHTMARKE (TURM ETC)
	FREISTEHENDER PLASTISCHER BAUKÖRPER
	BAUKÖRPERZEILE GERICHTET
	BRÜCKE
	SICHTBEREICH

Im Strukturkonzept »Nutzung« sind erstens in einer Rangfolge der Bauabschnitte, zweitens in einer nach Stockwerken differenzierten Darstellung die Nutzung und Standorte angegeben.

Das Strukturkonzept »räumliche Ordnung« umfaßt in zwei Klassifikationen die Planzeichen als Flächensignaturen für Bauflächen und Bebauungsarten, ergänzt von punkthaften und linearen Signaturen für Begrenzungen, Standorte und Sichtbeziehungen.

Ein zur Aufzeichnung stadträumlicher Beziehungs- und Gestaltungsqualitäten geeignetes Notationssystem hat Michael Trieb[17] entwickelt. Dem Planenden steht ein Instrumentarium zur Verfügung, das aus zwei Zeichenklassen besteht. Es sind indexikalische Zeichen, lineare Signaturen, die von ikonischen Zeichen, in axonometrischer Projektion gezeichnet, ergänzt werden. Diese Notation eröffnet bei geringem graphischem Aufwand die Chance, Raum- und Baukörperformen entlang von Straßen für die allgemeinen gestalterischen Festsetzungen zeichnerisch zu fixieren. Anstelle einer gewissermaßen einschichtigen, vorzeitig architektonisch gebundenen Planungsaussage mit entsprechend subjektiven, von den Handschriften der Architekten formal geprägten Darstellungen hat eine derartige Sequenzplanung folgende Vorzüge: in ihrer Reihenfolge auswechselbare und kombinierbare Zeichen, die mit geringem Zeichenaufwand zu erstellen sind; gegenüber den Darstellungsverfahren in Bauleitplänen konkretere Aussagen über Gestaltungsbedingungen und Gestaltungsregeln des Stadtraumes; offene, wahrscheinlich meist ausreichende Fixierung des Raumkonzepts ohne vorzeitige Festsetzungen und damit langfristig gültige Notierung des stadtgestalterischen Rahmenplans. Aus der kaum übersehbaren Gestaltungsvarianz hat M. Trieb sechs Fälle herausgegriffen und indexikalisch notiert:

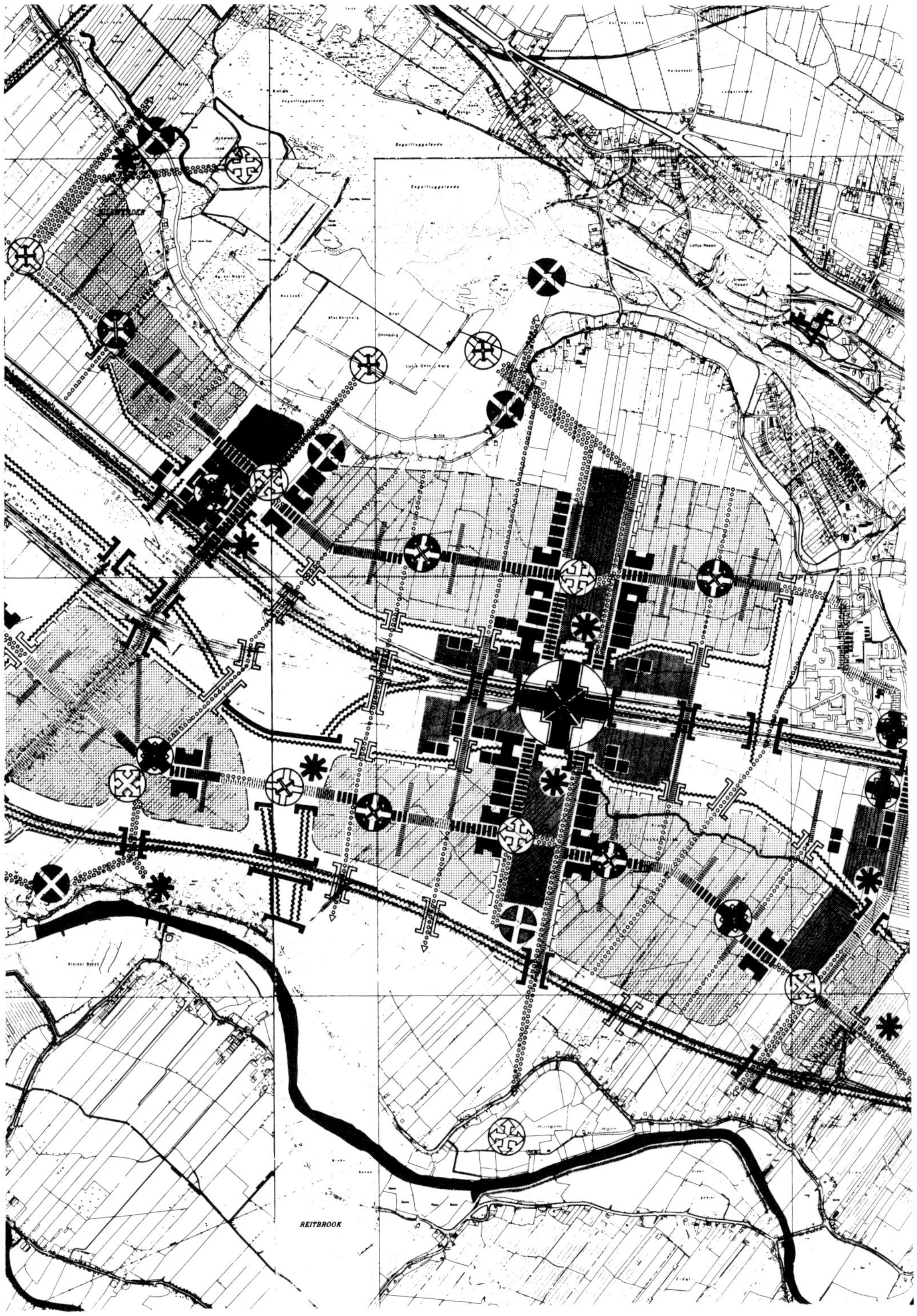

4.85 Freie Planungsgruppe Berlin. Hamburg-Allermöhe. Notation für Stadtbildkonzepte. 1968. Entwurf.

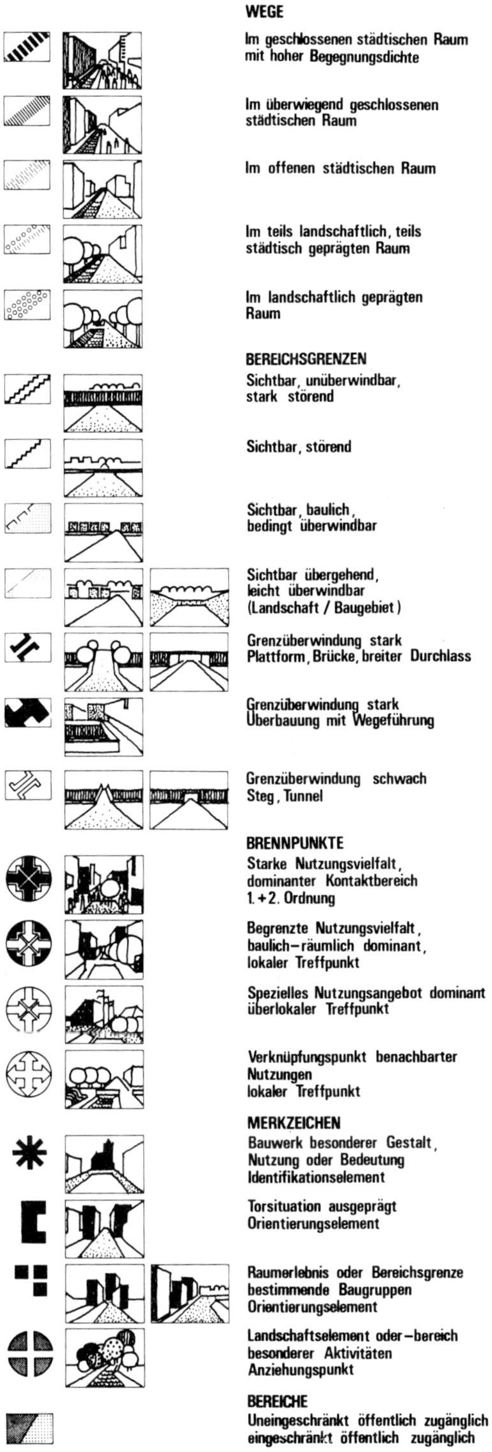

4.86 Michael Trieb. Sequenzdarstellungen.

Vorzugslage. Besonderheit eines Standortes wegen räumlicher und gestalterischer Merkmale oder wegen der für Stadtbewohner günstigen psychischen Eigenschaften.

Hervorhebung mittels visueller Betonung einer Raumsituation.

Hemmung. Eine Barriere als gestalterisches Mittel eingesetzt.

Verengung eines Straßenzuges, die mehr oder weniger abschließend wirkt.

Umschließung eines Standortes als Zeichen für Platz.

Weiterführung, auf einen Richtungswechsel folgend.

4.87 Michael Trieb. Notation identischer Sequenzelemente, variierte Raumformen.

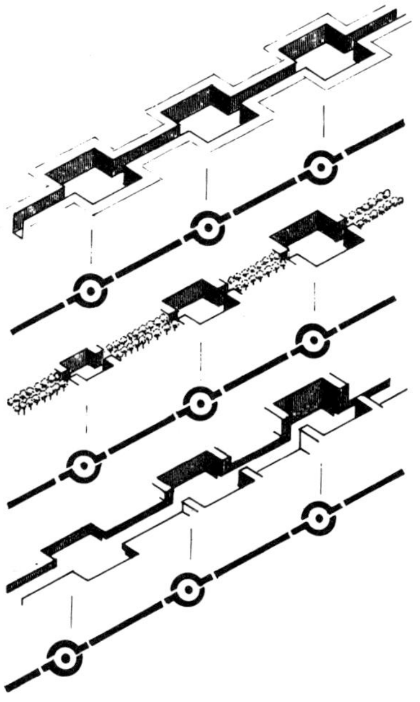

4.88 Identische Sequenzelemente. Variierte Abstände und Verknüpfung.

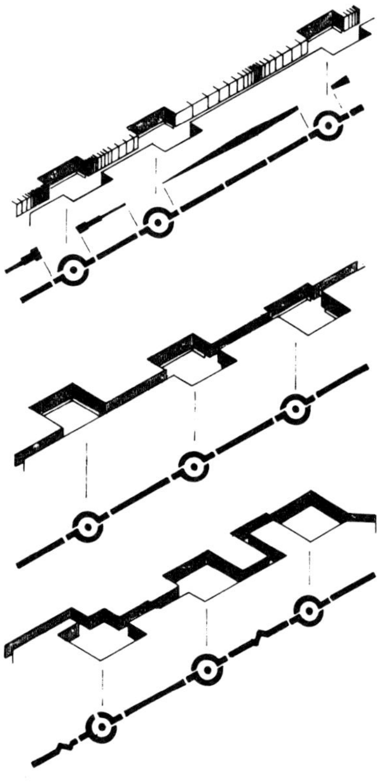

4.89 Kombinationen unterschiedlicher Sequenzelemente, variierte Raumformen.

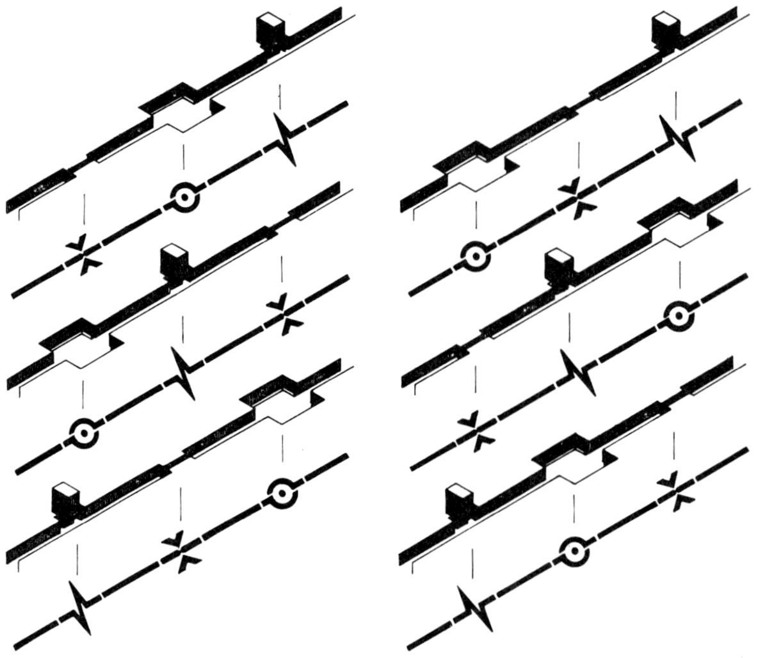

Mit der Addition dieser Zeichen entlang der Straßenachse gelangt Michael Trieb zu Sequenzen des Straßenraumes, denen in axonometrischer Notierung die Varianten der aus diesen Zeichen zu gewinnenden Raum- und Gestaltungsformen folgen: gleichabständige Folge des gleichen Sequenzelementes; Kombination mehrerer unterschiedlicher Sequenzelemente, die zu abwechselnder Folge von Baumreihen und Fassaden führen; weiterhin die Variation durch eine Folge von Elementen in Höhenlage usw.

Die Abbildungen zeigen nur wenige der an sich möglichen Sequenzvariationen. Sie umfassen lediglich einen Ausschnitt aus der Fülle weiterer möglicher Varianten und bleiben vorläufig noch auf dieses einfache Beispiel des gerichteten Straßenverlaufs beschränkt. Weitere Versuche zur Zeichenbildung und ihren Verknüpfungen liegen nahe.

Eine konzeptionell andere Methode zur Aufstellung und Notierung eines stadträumlichen Rahmenplans für die »Entwicklung« West-Berlins haben Oswald Mathias Ungers, Rem Koolhaas und Peter Riemann gefunden. Die darin formulierte Theorie von der »Stadt in der Stadt« darf als Antithese zur verbreiteten Auffassung gelten, nach der ausschließlich von einem einheitlichen und sich ständig vergrößernden, anstelle eines sich auch verkleinernden Stadtgebiets auszugehen ist. Doch im Gegensatz hierzu können sich auch Großstädte und Metropolen nach Bevölkerungszahl und urbaner Stadtfläche zumindest vorübergehend in einem Schrumpfungsvorgang befinden, der schon ganze Wohngebiete verschwinden ließ. An ihrer Stelle wurden »urban farms« errichtet, eine Maßnahme noch unterhalb des »town design«. Dieser Rückgang war weder erkannt noch geplant. Er ist nicht mit den üblichen Hilfsmitteln der Stadtreparatur zu beheben. Denn gerade diese setzt sich mit positivistischen Methoden – Reparatur oder auch Erneuerung genannt – über die Ursache und die Gründe des Stadtverfalls hinweg, vergrößert und erneuert die gerade verfallende Struktur und überdeckt für eine kurze Zeitspanne die reale Situation und die Gründe des urbanen Niedergangs. Dieses auf einer dialektischen Grundlage zwischen Architektur und Stadt und ihrem Austausch kommunikativer Werte basierende Konzept eines Rahmenplans gibt sich nicht mit den Mitteln der Stadtreparatur zufrieden. Im Sinn einer Reorganisation in der »Form einer selektiven Reduktion« soll die kontrollierte Reduzierung städtischer Dichte planerisch aufgefangen werden, ohne daß damit gleichzeitig die Qualität der städtischen Szene gemindert wird. Diese Operationen bilden sich schrittweise durch ein Vorgehen heraus, das das städtische Environment hinsichtlich seiner räumlichen und formalen Qualität untersucht. Funktionen und Zeichen werden selektiert und die sich so auszeichnenden Gebäude und Gebäudegruppen als Orte primärer Bedeutung aus ihrer städtischen Verflechtung zur kurzfristigen Isolation mit zeichnerischen Mitteln herausgelöst. Es folgen Überarbeitungen zur Verbesserung von Prägnanz und Form, von »Physiognomie, auch von Identität, von Geschichte, sozialer Struktur und räumlicher Qualität«. Nach Analyse und Selektion der so gewonnenen »Stadtinseln« folgt der Versuch der Typisierung. Die historischen Qualitäten als Fundus formaler Möglichkeiten für den Stadtentwurf erweitern sich mit Versuchen zu Analogie- und Metaphernbildungen: Ordnungs- und Identifikationsmuster im vorgefundenen Gestaltrepertoire werden mit denen anderer Städte konfrontiert. So etwa, wenn typologisch der auf einen schmalen linearen Verlauf reduzierte Bereich »Unter den Eichen« dem linearen Stadtentwurf Iwan Leonidows für Magnitogorsk operational gegenübergestellt, wenn ein Bahnhofsareal nach Dimension und Form mit dem Central Park in New York verglichen wird und sich daraus das Konzept für einen Kreuzberger Park ergibt.

4.90 Karte der Gebäudestrukturen von Berlin.

4.91 Inseln, Wasser, Objekte und Straßen, aufgefunden in der Gebäudestruktur von Berlin.

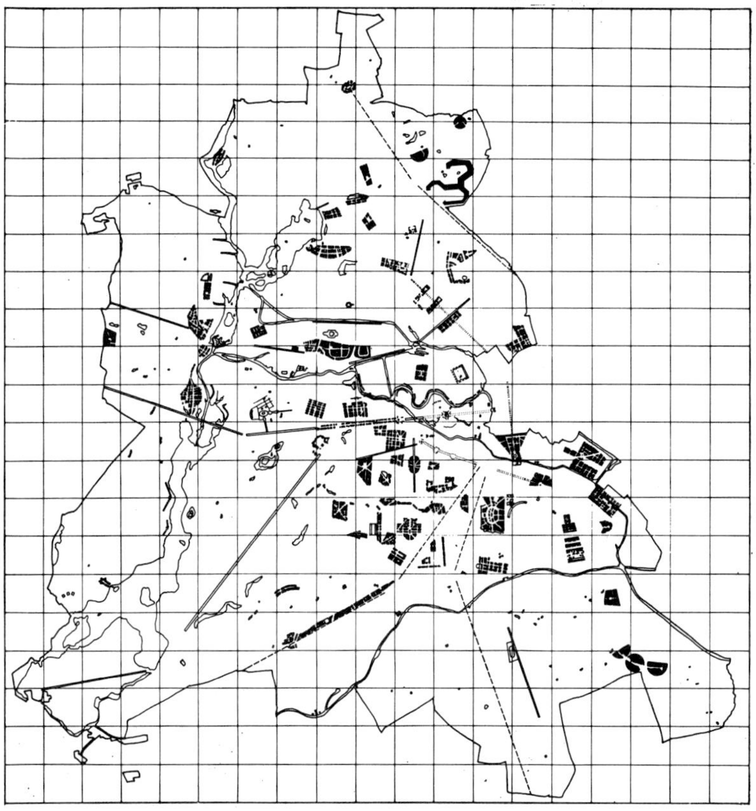

Die Grundlage zur Aufstellung des Rahmenplans bilden Stadtkarten. Sie sind so überarbeitet, daß ausschließlich die grundrißliche Gliederung des Stadtgebiets von West-Berlin als Mosaikbild sichtbar ist. Die Selektion prägnanter Stadtgebiete, der »Stadtinseln«, reduziert den Karteninhalt nochmals, indem nur noch diese für die Absteckung des Rahmenplans hervorragenden Stadtgebiete auf der Karte mitgeführt werden.

Durch mehrere Generalisierungsmaßnahmen wie Vereinfachen, Verbreitern, Verdrängen, Betonen, verschwinden kleinteilige Objekte; andere werden zugunsten signifikanter grundrißlicher Bilder zu größeren Einheiten zusammengefaßt.

Eine Generalisierung eigener Art tritt in der nächsten Phase hinzu. Grundrißliche Flächen sind zeichnerisch zu stereometrischen Gebäudegruppen verdichtet und zu typologischen Figurationen präzisiert.

Der stadträumliche Strukturvergleich anhand des grundrißlichen Gefüges von Städten ist die nachfolgende Phase. Sie dient der Analogie- und Metaphernbildung, d. h. historische Modelle und Bilder bilden den Fundus für fortwährende Transformationen.

Die historisch-soziale Materie erfährt in der weiteren Bearbeitung von Peter Riemann eine andere Deutung: Die Polyfunktionalität, die Widersprüche der Stadt sind im Konzept einer »urbanen Kaleidoskop-Collage« einer hier durchaus rationalen, konstruktivistischen Methode nutzbar gemacht. Das Postulat jeglicher funktionaler und semantischer Einheit des Stadtdesign ist aufgehoben und zum bildnerischen Dialog, zur spekulativen Grundlage der Stadtgestaltung umgeformt.

Die aus ihrem Kontext herausgelösten Stadtausschnitte sowie ihre unerwartete, ja teilweise gegensätzliche Anordnung mittels der Montagetechnik schaffen neue Bilder der Phantasie, gewonnen durch den Formungsprozeß der Metamorphose, in welchem die reproduzierten, maßstäblich abgestimmten Stadtpläne in eine neue Stadtwirklichkeit

4.92 Inselplan für Berlin (»City in the City«).

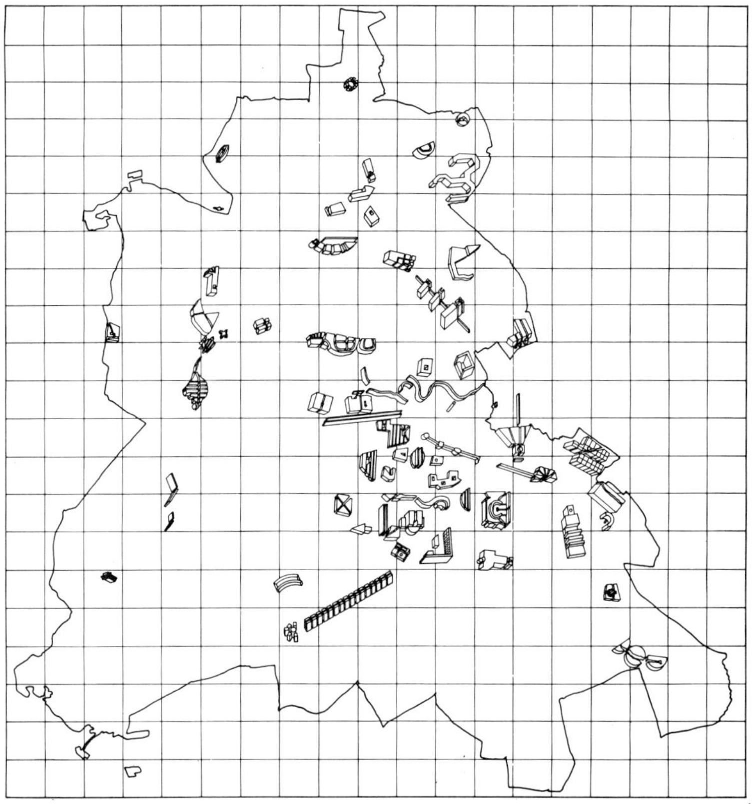

4.93 Metaphorische Inselbildung.

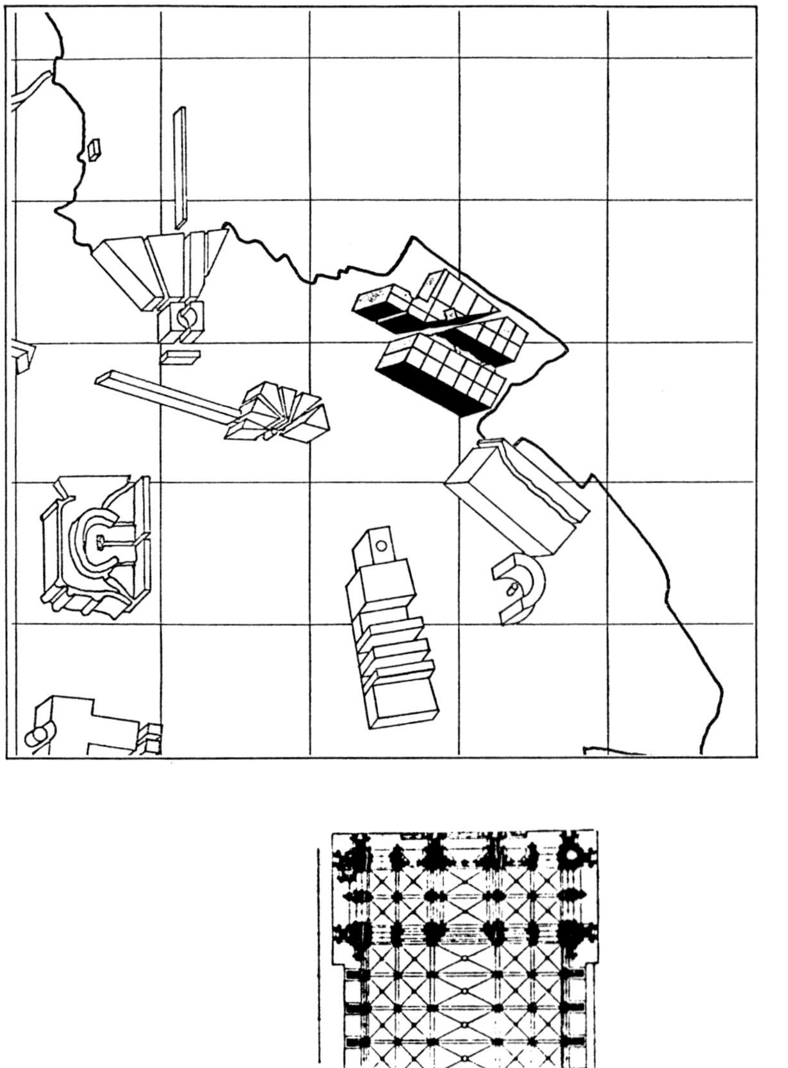

4.94 Stadtplan von Berlin-Friedenau.

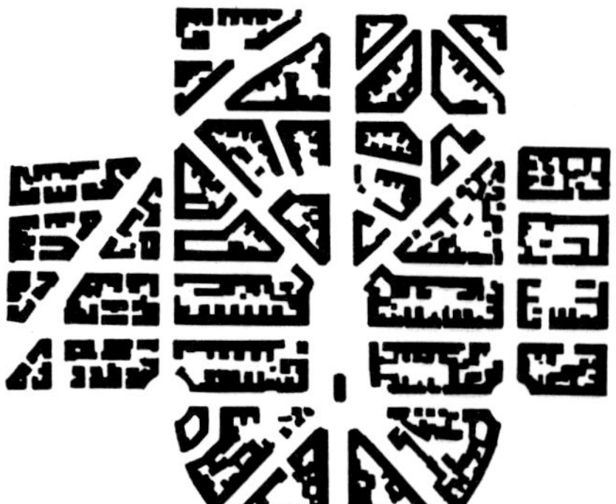

4.95 Analogiebildung: Transformation zur Gebäudestruktur.

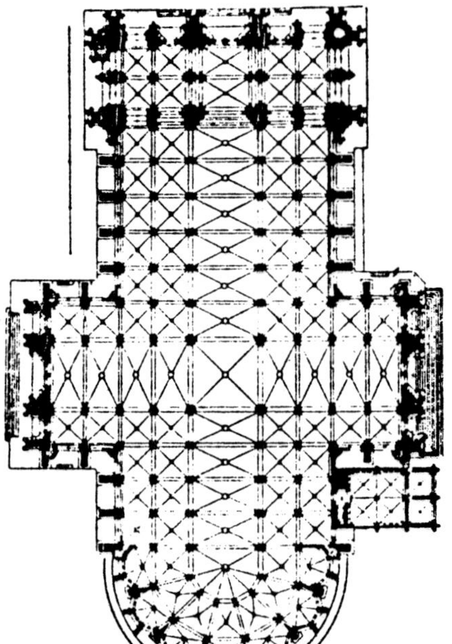

4.96 Analogiebildung: Der Kölner Dom als Kleinstadt.

transplantiert werden und in ihrer Vitalität unerwartet aufeinandertreffen. In dieser schon von den Surrealisten erprobten Kombinatorik wirkt Disparates aufeinander. Durch das Zusammentreffen bildnerischer Elemente aus sonst weit voneinander entfernten Bereichen eröffnet sich eine neue Sichtweise der Realität. Der Verdacht des Sprunghaften und Aperçuhaften dieses Vorgehens wäre daher nur ein oberflächlicher Eindruck eines Entwerfens, das sich inhaltsindifferenter Bausteine bedient – das gilt für die Themen der Collage und ihrer Techniken. So beabsichtigt diese Methode aus tiefer Skepsis letztlich das Durchbrechen der rationalen Kontinuität und wirkt im abrupten Konversionswechsel wie eine neuentdeckte romantische Ästhetik; inkongruente Inhalte als Wirklichkeitsfragmente werden zu neuer Form geführt.

Um mit den Worten Novalis zu sprechen: »Kommen die fremdesten Dinge durch einen Ort, eine Zeit, eine seltsame Ähnlichkeit zusammen, so entstehen wunderliche Einheiten und eigentümliche Verknüpfungen«,[18] und Pierre Reverdy schreibt 1918 zu Nord-Süd: »Das Bild kann nicht aus einem Vergleich entstehen, vielmehr aus der Annäherung von zwei mehr oder weniger voneinander entfernten Wirklichkeiten. Je entfernter und je genauer die Beziehungen der einander angenäherten Wirklichkeiten sind, um so stärker ist das Bild – um so mehr emotionale Wirkung und poetische Realität besitzt es.«[19]

Das Konzept einer städtebaulichen Rahmenplanung und die ihr entsprechende Notation hat der Verfasser anläßlich eines städtebaulichen Ideenwettbewerbes zur Stadterweiterung von Ratingen bei Düsseldorf im Jahr 1966 entwickelt. Auf zunächst noch subjektiven Intentionen beruhend, überwiegt in den Darstellungen eine Syntax, die die Wirkung gegensätzlichster Formen in einer streng konturierten Großform bewußt limitiert. Die Darstellungen gelten dem synthetischen Versuch, ein generatives Zeichensystem und seine Notierung auf der Ebene der Stadtgestaltung aufzustellen, das ein Konzept

4.97 Central Park, New York. Stadträumlicher Strukturvergleich.

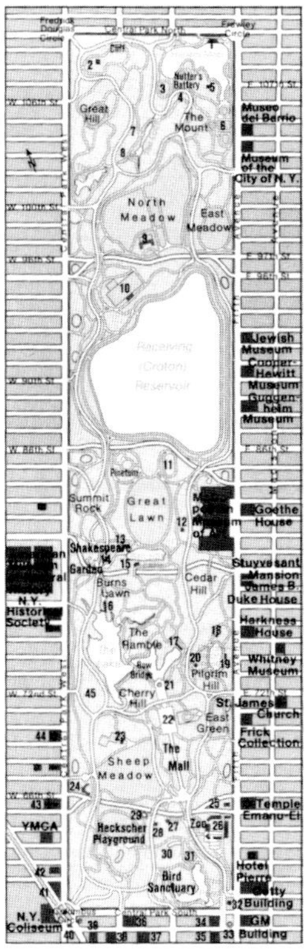

4.98 Lageplan Berlin-Kreuzberg. Stadträumlicher Strukturvergleich.

4.99 Stadträumlicher Strukturvergleich. Stadtinsel Berlin-Kreuzberg.

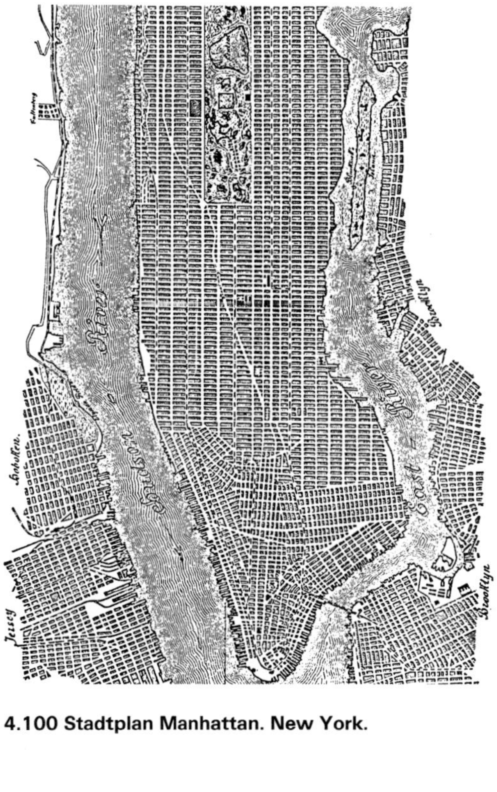

4.100 Stadtplan Manhattan. New York.

der Bildhaftigkeit, ein »Vorstellungsbild« liefert. Diese Methode, die in der weiteren Verfolgung zur stadtplanerischen Entwurfsmethode wird, verschiebt die planerische Tätigkeit: Statt der Verwendung vorgefertigter Raster, Symbole und Signaturen, denen oft wiederum ähnlich »gerasterte« Planungsentscheidungen folgen, wird ein ästhetisch programmiertes System »sprechender Zeichen« eingesetzt, die Informationen über Anordnungen, Verteilungen und Verknüpfungen und Aussagen über Abgrenzungen unterschiedlicher Gebiete und Nutzungen geben. Den praktizierten schematischen Darstellungsmethoden der Bauleitplanung – funktionstüchtig, komplexitätsreduzierend –, der Formlosigkeit schematisierter Planungsverfahren also, ist ein Zeichensystem, ein visueller Rahmenplan gegenübergestellt, der die künftige Physiognomie der Stadtlandschaft absteckt.

Wenn es die wesentliche Funktion der Architektur ist, eine durch Zeichen vermittelte Sprache zu sein, so ist mit diesem »Zeichensystem für einen städtebaulichen Rahmenplan« der Versuch unternommen, dem »Zeichensystem Architektur« ein stadtplanerisches Zeichensystem als Planungsinstrument voranzustellen. Es ist offensichtlich, daß weder das vorliegende Zeichenrepertoire noch der Umfang seiner möglichen Verknüpfungen die unmittelbare Anwendung nahelegt; eher ist dem Planen und Entwerfen ein Konzept beigegeben, mit dem Ziel, zwischen »Welt und Bewußtsein« zu vermitteln.

Ambivalenz und Diversifikation von Zeichen und Zeichenfunktionen können das informative Potential der städtischen Szene verändern. Ambivalenz beinhaltet Mischung, Vielschichtigkeit, Mehrdeutigkeit – eine Offenheit von Nutzung und Form; erst sie läßt ein größeres Zeichenrepertoire zu, ohne das aus der gebauten Umwelt kein Kommunikationssystem werden kann.

Die Schwierigkeit bei der Entwicklung eines generativen Zeichensystems besteht in der Programmierung praktikabler Zeichen von hoher semantischer Kapazität, die bei jeder Anordnung und Kombination den Aussagen benennbare Funktionen verleihen. Es ist entscheidend, inwieweit sich die Vorstellungen des Planers über die künftige Stadtgestalt – Abgrenzungen der Nutzungsgebiete, gestalterische Elemente und Regeln für Bau- und Freiflächen usw. – konkret wiederfinden in den ihnen zugeordneten Zeichen. Die Planung, ihre Vermittlung durch Zeichen wird nur soweit brauchbar sein können, wie es gelingt, an gewußte, »verständliche« Beziehungen zwischen Zeichen und Bedeutung anzuknüpfen.

Auf diese Problematik richten sich die Versuche, in aufeinanderfolgenden Planschichten eine Zeichenfolge aufzustellen, die eine »Genese von Bildern«, mit kräftigen Wirkungen, hervorrufen. Wenn auch einzelne Zeichen den später möglichen Objektformen nahekommen, so sind sie doch keine Abbildungen architektonischer Objekte und ihrer Verknüpfungen zu Arealen, keine konkreten Festsetzungen, sondern Grundzüge der Planung auf der Ebene der Stadtgestalt. Es ist zu erwarten, daß das Zeichenrepertoire wiederum unterschiedliche Reaktionen und planerische Aktionen beim Empfänger auslöst, d. h. bei dem mit den anschließenden Planungsschritten Beauftragten, was auch beabsichtigt ist. Ein Motiv könnte bei der weiteren Planung auf eine Weise benutzt werden, die von der späteren, bzw. früheren Ausdeutung völlig verschieden ist.

Das Problem des Rahmen- und Strukturplans besteht in der Schaffung der für die ästhetische Kommunikation erforderlichen Zeichensystematik, die den Planungsbedingungen zu entsprechen vermag; sie muß es ermöglichen, die aus den verschiedenen Strukturebenen der Planung resultierenden Probleme in ein System determinierter Vorgaben einzubringen, damit ihre potentiellen Zeichenoperationen nicht in der Beliebigkeit des »guten Geschmacks« steckenbleiben, sondern sich in folgerichtigen Ausdeutungen, Reaktionen und Handlungen der weiteren Planungsschritte fortsetzen.

Die systematische Entwicklung einer generativen Entwurfs- und Notationsmethode, die sich nicht ausschließlich in funktional determinierten Schemata (Zonungen, Mischungen, Art der baulichen Nutzungen u. a.) bewegt, sondern zunächst im Visuellen, in der stimulierenden Reizwelt der Zeichensysteme gründet, könnte langfristig zu Notationen führen, die entschiedener als die gegenwärtig gebräuchlichen Darstellungsmethoden das Bild der Stadt selbst zum Gegenstand von Entwurf und Darstellung haben.

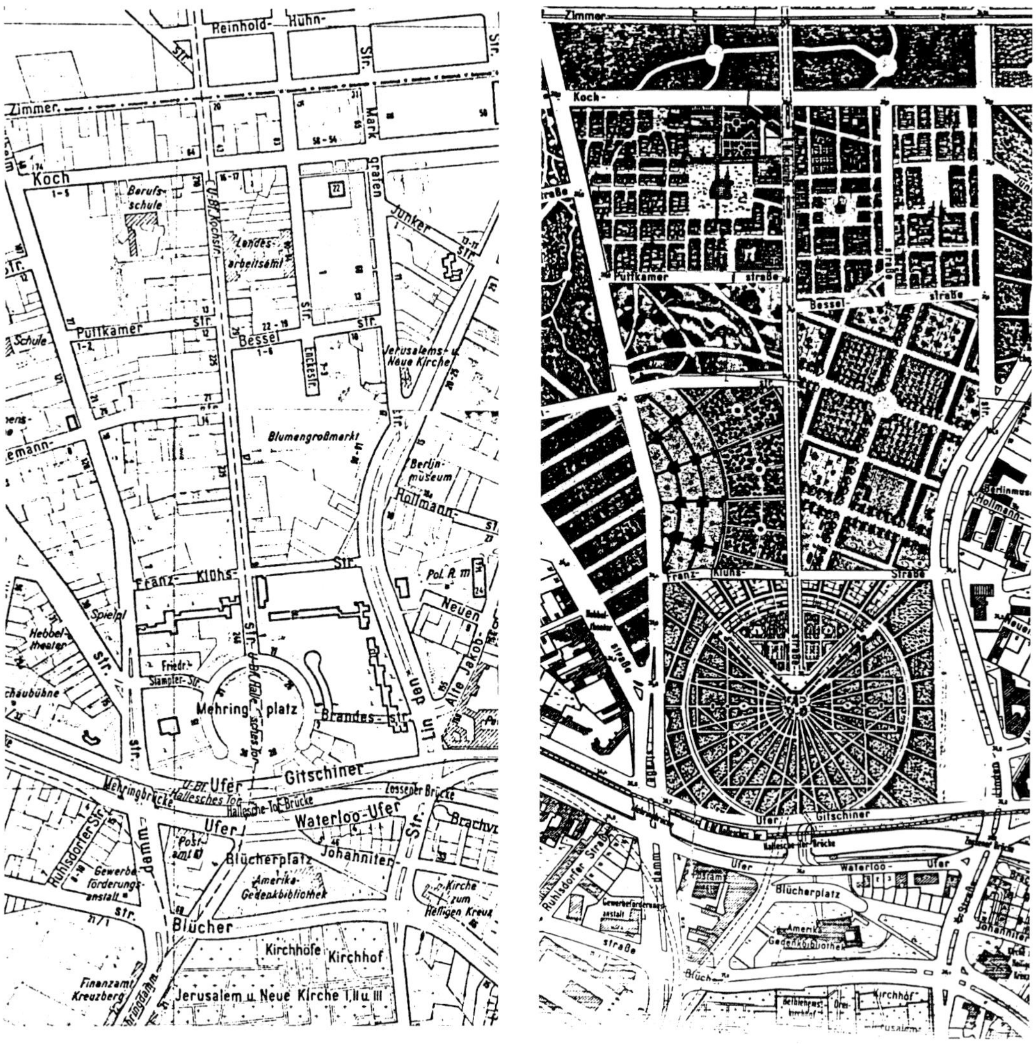

4.101 Urbane Kaleidoskop-Collage.

4.102 Roland Knauer. Rahmenplan für Ratingen. 1966. Projekt.

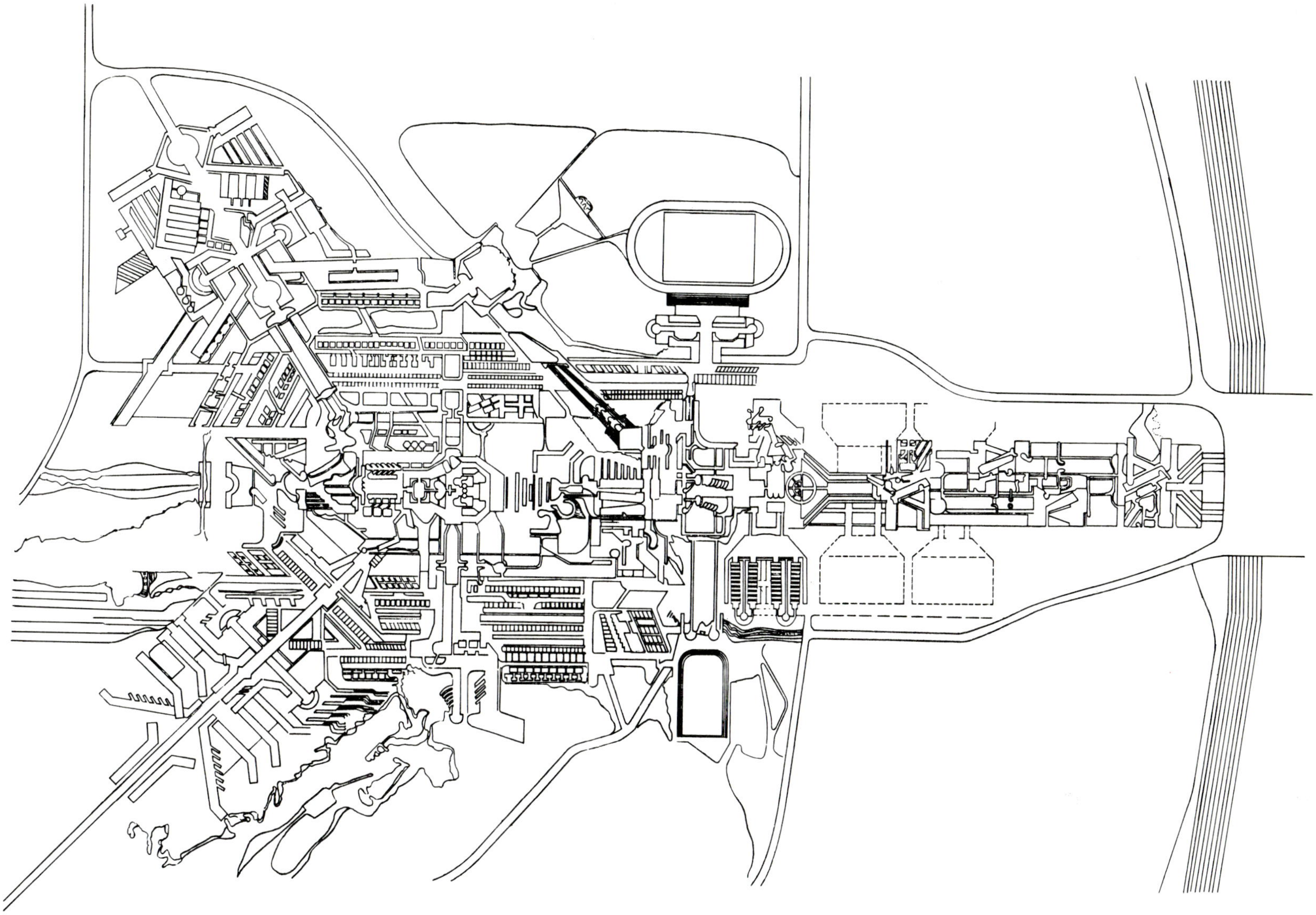

4.103 Flächennutzung.

- Zentrum
- Dienstleistungen
- Wohnen
- Gewerbe/Industrie
- Grünflächen
- Freie Landschaft

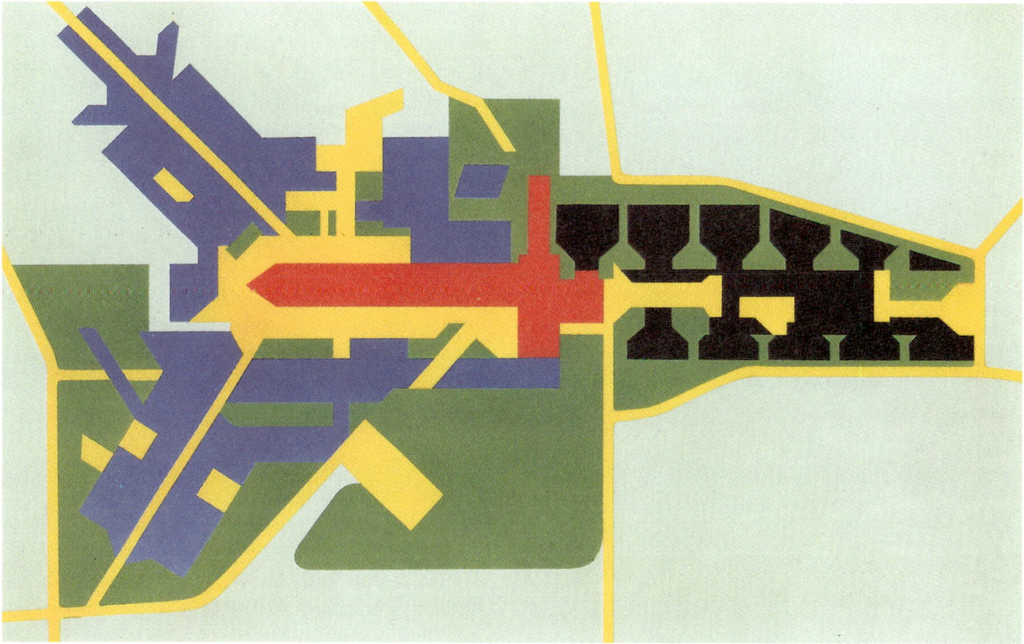

Der Lageplan

Der Lageplan zeigt das vermessene, ausschnitthafte und meist vereinfachte Grundrißbild der topographischen Oberfläche des Planungsgebietes mit den bebauten Flächen und dem Entwurfsprojekt. Im allgemeinen liegt dem Lageplan ein Auszug aus dem Liegenschaftskataster zugrunde. Dieser enthält in Übereinstimmung mit der geltenden Bauleitplanung die zur baurechtlichen, stadt- und gebäudeplanerischen Beurteilung von Vorentwurf und Entwurf oder des Baugesuchs notwendigen Merkmale des Bauprojekts in graphischen Darstellungen und schriftlichen Eintragungen. Für die Darstellung und die Inhalte eines für das Baugesuch erforderlichen Lageplans gelten Forderungen, die sich aus den baurechtlichen Vorschriften ergeben. Dagegen ist der Darstellungsmodus des Lageplans für die Vorentwurfsphase und den Wettbewerbseinsatz frei von amtlichen Verfügungen. Die Darstellung des Lageplans wird daher so unterschiedlich gehandhabt wie andere Architekturdarstellungen. Die Auswahl von Darstellungsmethoden und -techniken erfolgt so, wie sie dem Darstellenden für die Präsentation der Entwurfsidee jeweils angemessen erscheint.

Der Lageplan für Vorentwurf und Wettbewerbseinsatz enthält in orthogonaler Projektion in wesentlichen Umrissen die geplante bauliche Anlage (eventuell als Schattenplan dargestellt), die Nachbarschaftsbebauung, das Gelände der näheren Umgebung, die Erschließung durch Verkehrswege und -mittel sowie in wesentlichen Zügen die Ziele der Grünplanung.

Lagepläne werden im allgemeinen im Maßstab 1:500 oder im Maßstab 1:200 gezeichnet. Lagepläne für den Bauantrag werden oft nach den Angaben des Architekten vom Vermessungsingenieur, der auch die Geländevermessung oder den Katasterauszug vornimmt, hergestellt. Dieser amtliche Lageplan enthält alle für das Prüfverfahren und die Baugenehmigung erforderlichen Maße und Eintragungen. Die nachfolgend genannten Merkmale nennen für Lagepläne die wichtigsten Eintragungen; über ihre Relevanz ist nach den Bedingungen der Bauordnung und der gegebenen Situation zu entscheiden.

– Gelände: Grundrißliche Projektion der Erdoberfläche und des Geländereliefs; Darstellung der linien- und flächenhaften Erscheinungen wie Wasserflächen, Küstenumrisse u. a.; bei bewegtem Gelände Isolinien mit Höhenangaben, die von Profilschnitten ergänzt werden können; eventuell gestufte Grauwertskala zur plastisch wirkenden Darstellung der topographischen Höhenentwicklung.

– Vegetation: Darstellung der Vegetationsdecke und der Bewuchsformen, entweder in realistisch wirkenden Darstellungstechniken oder durch linien- und flächenhafte Signaturen. Eintragung des Geländereliefs und seiner Oberflächenbeschaffenheit, wie Wald, Wiese, Moore, Düne, Wüste u. a., auch spezifische Merkmale des Geländes, wie Damm, Böschung, Aufschüttung, Lärmschutzwall, Wasserflächen und -läufe, Versickerungsstellen, Brunnen. Bei bewegtem Gelände ist die Eintragung von Vermessungsfestpunkten zweckmäßig. Gestaltung und Gliederung der Grünflächen mit Eintragung der Pflanzgruppen, wie Buschwerk, Gehölzkanten, Einzelbaum, Baumgruppen.

– Bauliche Anlagen: Draufsicht der geplanten baulichen Anlage; eventuell Eintragung der wichtigsten Außenmaße und der Geschoßzahlen, Grenzabstände, Gebäudeabstände eventuell mit Maßangabe, der Firstrichtung bei Sattel- und Walmdachformen bzw. Bewuchsflächen oder Nutzungsangabe bei Flachdächern; Gliederung des Baukörpers sowie dessen Höhenentwicklung, Dachaufbauten, Auskragungen, Staffelungen der Geschosse; eventuell Eintragung der Höhenlage des Erdgeschoßfußbodens über NN; gebaute Eingrenzungen und Einfriedungen; Kennzeichnung von Eingang, Durchgang, Ein- und Ausfahrt, Überbrückungen durch Pfeilhinweise oder schriftliche Eintragung.

– Baubestand: Draufsicht auf die Grundstücke der näheren Planungsumgebung mit vorhandenen Anlagen, eventuell mit Angabe der Nutzungsart, Geschoßzahl, Dachform, Bauart, Baudenkmale, jeweils so weit, wie dies für die Beurteilung der städtebaulichen, gebäudeplanerischen und gestalterischen Merkmale des Projekts erforderlich erscheint. Die differenzierende Darstellung der projektierten und der vorhandenen Gebäude und bebauten Flächen kann vorteilhaft sein, eventuell auch die Betonung historisch bedeutsamer Objekte, die sich im Sicht- oder Einzugsbereich befinden bzw. im Interesse der Stadt- und Denkmalspflege zu berücksichtigen sind.

– Verkehrsflächen und Flächen für den ruhenden Verkehr: Vorhandene/geplante Straßen, Plätze, Einmündungen, Zufahrten für Feuerwehr/Sanitätsfahrzeuge; Garagen und Stellplätze mit Zugängen, Radfahrwege, öffentliche und private Gehwege, Bürgersteige, Fußgängerüberwege, Haltestellen öffentlicher Verkehrsmittel; Überwege; Klassifizierung der Straßenart eventuell mit schriftlicher Eintragung, Verkehrsrichtung (Pfeile), Anschluß an vorhandene, Verkehrsflächen, Verkehrsgrün, Straßenbegleitgrün, Höhenlage der Verkehrsfläche im unmittelbaren Geltungsbereich, Straßengefälle, Straßenquergefälle, Gleisanlagen, Haupt- und Nebenlinien, Verlauf und Anzahl der Geleise, Eintragung der Spurbreite, Brücken, Tunnels usw., Eintragung von Geh- und Fahrrechten.

– Versorgungseinrichtungen: Anlagen und Einrichtungen zur Lagerung/Beseitigung fester/flüssiger Abfallstoffe; Gemeinschaftseinrichtungen, beispielsweise Waschplätze; Be- und Entwässerungsanlagen mit Angabe der Entfernung und Lage zur öffentlichen Kanalisation, Lage/Art der privaten Kläranlage, Vorfluter, Regenwasserableitung/Rückhaltebecken, unterirdische, außerhalb von Gebäuden gelegene Öltanks mit Angabe des Fassungsvermögens; ober- und unterirdisch geführte Leitungen und Kanäle, Hochspannungsleitungen, Erdöl- und Gasleitungen.

– Abgrenzung der Nutzung, eventuell Angabe der Flächenbelastungen aus anderen Nutzungen.

– Grundstücksbezeichnung entsprechend der Grundbucheintragung und des Liegenschaftskatasters, Eintragung des Grundstückseigentümers.

– Grundstücksgrenzen, Grundstücksnummern, eventuell Position von Grenzsteinen nach dem Liegenschaftskataster, eventuell flächige Ausweisung des Grundstücks.

– Straßen- und Baufluchtlinien nach dem Bebauungsplan mit Maßangabe, Eintragung von Vermessungsfestpunkten, Eintragung weiterer Grenzlinien, die Besitzverhältnisse oder planungsrechtliche Vorbehalte anzeigen.

– Nordpfeil, Maßstab, Beschriftung.

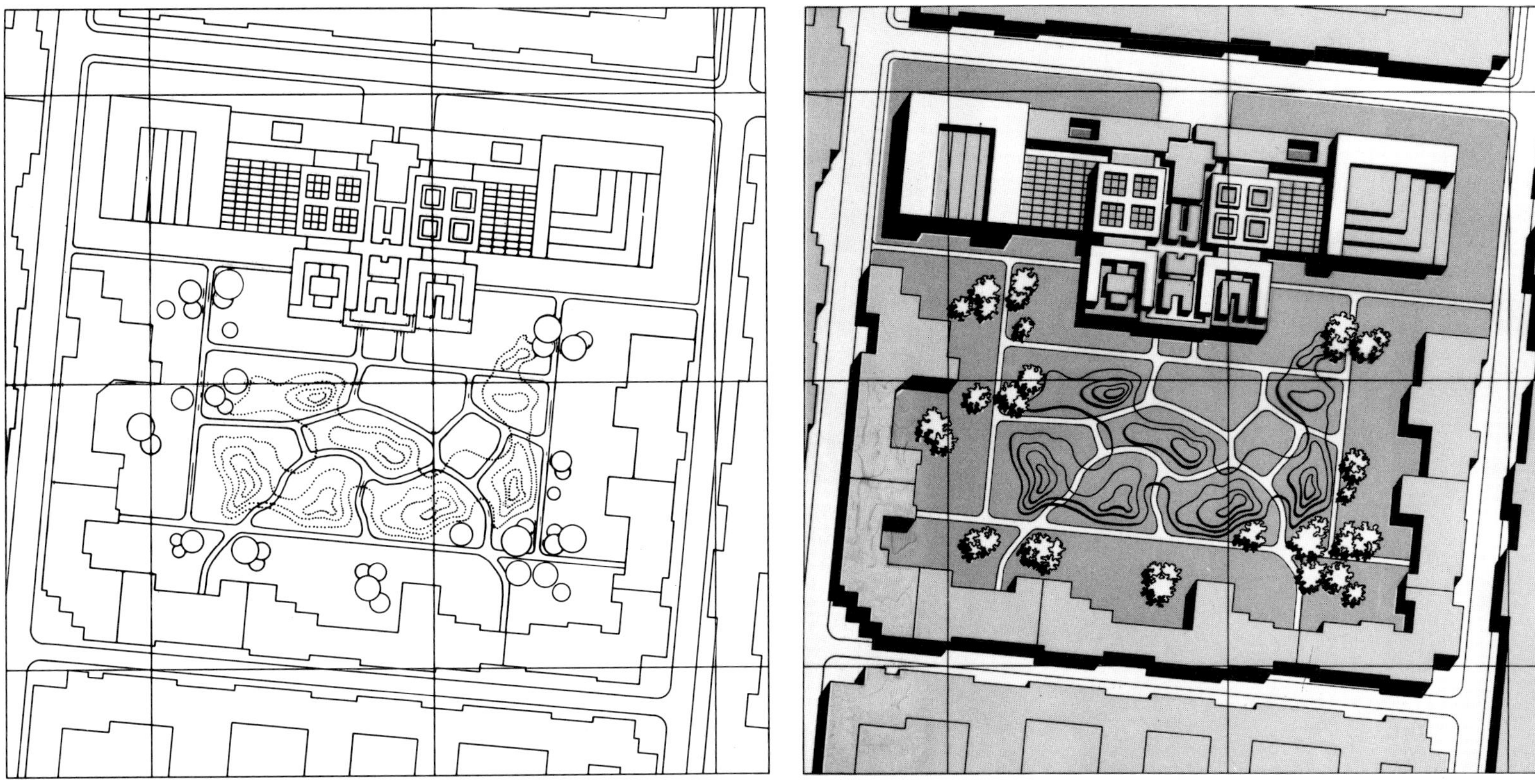

5.1 Der Lageplan ist als Konturzeichnung und als Schattenplan ausgeführt. Ohne Linienstärkeabstufung sind gezeichnet: die bauliche Anlage, nachbarschaftliche Bebauung, Grünflächen, Straßen und Wegenetz. Ausgenommen davon sind die Isolinien der Topographie, die zur deutlichen visuellen Trennung in Punktlinien ausgeführt sind.

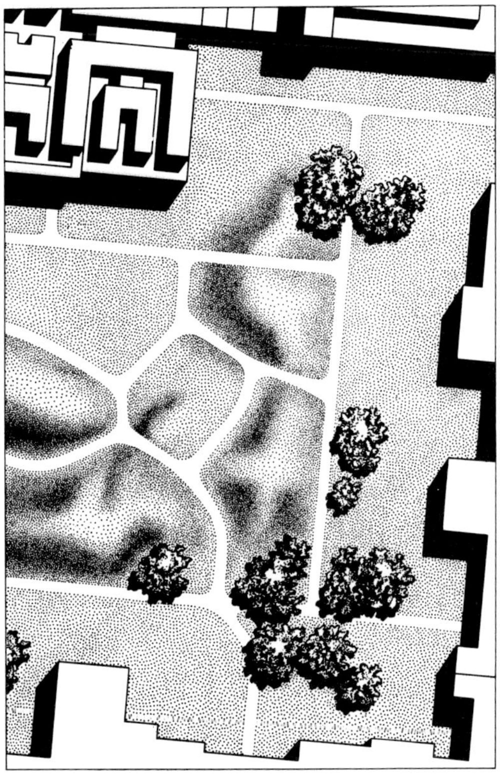

5.2 Die schattenplastische Darstellungsmethode, in Bleistift ausgeführt, läßt die Topographie anschaulich hervortreten.

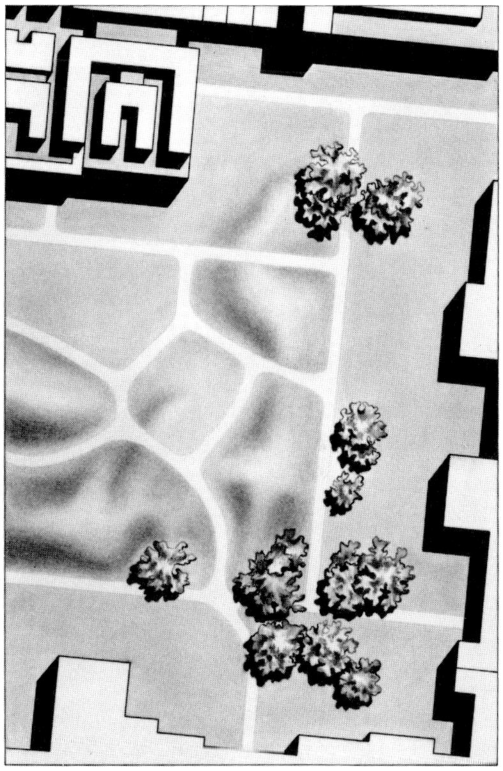

5.3 Dieselbe Aussage ist mit der Punktetechnik erreicht, doch bei größerem Zeitaufwand und größeren technischen Anforderungen. Die ebene Fläche fordert die weitgehend gleichabständige Punktierung, die lichtabgewandten Flächen die Verdichtung, die zur Hügelkuppe gleichmäßig abnimmt.

Der Darstellungsmodus

Zur besseren Kennzeichnung des Grundstücks bzw. des Planungsgebiets wird oft über die lineare Darstellung der Grundstücksgrenzen hinaus eine schwarzweiße oder farbige Darstellungsweise gewählt. Diese kann sich auch auf den Ausschnitt des Planungsgebiets beschränken. Der Darstellungsmodus wird im allgemeinen nicht von amtlichen Auflagen eingeschränkt. Legt man jedoch eine Planzeichenverordnung zugrunde, so ergibt sich – in Anlehnung an die Planzeichenverordnung der Bundesrepublik Deutschland – folgende Codierung:

Grundstücksgrenzen:	in Schwarzweißdarstellung: breite, durchbrochene Linie; in Farbe: breite, blaue Linie
Straßenverkehrsflächen:	durchlaufende Linie, punkthafte Signatur für Flächenbelegung; in Farbe: Goldocker
Grünflächen:	Differenzierung nach öffentlichen und privaten Grünflächen; punkthafte Signatur, Abgrenzung mittels durchlaufender Linie und schriftlicher Eintragung; in Farbe: Zinnobergrün
Vorhandene bauliche Anlagen:	durchlaufende Linie; in Farbe: Grau
Geplante bauliche Anlagen:	durchlaufende Linie; in Farbe: Rot
Abzureißende bauliche Anlagen:	durchbrochene Linie; in Farbe: Gelb

Der Schattenplan

Der Schattenplan hat ähnlich wie der Lageplan die Aufgabe, die dreidimensionale Gliederung des Gebäudes und die Höhenentwicklung der baulichen Anlage zu verdeutlichen. Man erreicht dadurch jene Lagegenauigkeit und Anschaulichkeit, die bei Präsentationen erwünscht ist. Manchmal erfordert es die graphische Einheitlichkeit, daß auch andere Objekte, etwa Bäume mit Schatten dargestellt werden.

Die Ausführung des Schattenplans entspricht technisch einer Axonometrie nach unten. Von der lagetreuen Aufsicht des Objekts wird nach unten der Schatten in wahrer oder reduzierter Größe der Gebäudehöhe angetragen. Die Aufsicht gibt die lage- und winkeltreue Abbildung; der Schatten gibt den Eindruck der Höhe.

Einige Lagepläne für Vorentwurf, Wettbewerb und Präsentation

In einer stark industrialisierten Umgebung fügte Alvar Aalto reich gegliederte Baukörper zum räumlich bewegten, naturhaften Ensemble zusammen. Es scheint ganz aus den Elementen des Orts und dem lichten Baumbestand hervorgegangen zu sein, ebenso aus den Bewegungslinien des Geländereliefs und dem Charakter der finnischen Landschaft. Die Wirkungen der Naturkräfte aufspürend, komponierte Aalto so den geometrisch unbestimmt abgegrenzten, romantischen Ort der Kirche.

Diese vorgefundenen Faktoren sind im Lageplan zum architektonisch »lebendigen« Gebilde verdichtet. Interne Bezüge des Bauprogramms und externe Wirkungen von Lage und Landschaft verschränken sich zum Bild einer pluralistischen Architektur, die nach außen das Bild der finnischen Landschaft aufnimmt und am Ort des Übergangs, den expressiven Kirchenraum in gewellter Wand spannungsreich fortsetzt. In einer biologischen Analogie folgt das pflanzliche Geflecht der Wege den Figuren des gebauten Ortes und der Topographie der Landschaft. Erst dieses Liniengeflecht vermittelt eine präzise Vorstellung von der Topographie: Aus vorgefundener Wirklichkeit und heiterer Phantasie entsteht neue Realität. Sie konkretisiert sich im Lageplan nicht weniger als in den dreidimensionalen Formen der Baukörper. So steht hier die realistische Wahrnehmung der inneren Welt gegenüber, denn, so Novalis: »die äußere Wirklichkeit wirft nur Schatten in die einzig wahre und wirkliche Welt unserer Träu-

5.4 Alvar Aalto. Vuoksenniska-Kirche. Imatra. 1956–1959.

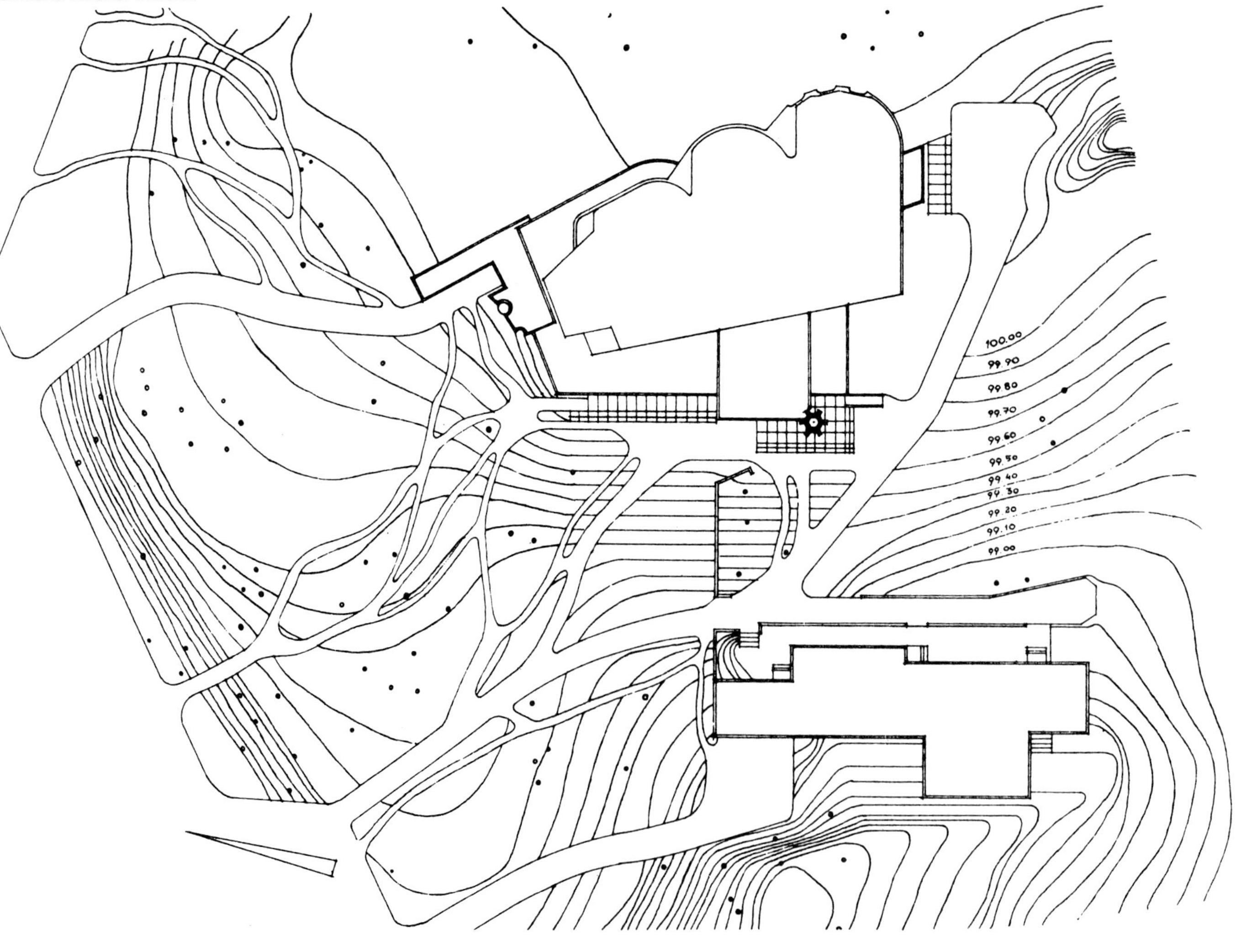

me«.[1] Dem, was vorgegeben, ist mit reicher Phantasie beigefügt, was romantische Kunst- und Lebensvorstellung in sich trägt.

Auch in der städtischen Umgebung von Essen sind es mehr als bloße formale Abwandlungen, die den felsartig geformten Baukörper hervorbringen. Aus konflikthaften Gegensätzen und Spannungen der disperaten urbanen Szene ist das Volumen, der Standort und der Formverlauf des Gebäudes synthetisiert. Die Asymmetrie ist aus vorgefundenen Bindungen gestaltet. Der auch in der Höhenentwicklung plastisch gestaltete Baukörper ist hervorgegangen aus dem Vereinigen und Ausgleichen von Formen und Bindungen aus der Stadtlandschaft: gestaltete Ordnung ohne geometrische Regelhaftigkeit, aber auch selbständige Erscheinung plastischer Gestaltung, die den vorgefundenen Charakter der Umgebung in wohlüberlegte Beziehungen von Straßenverlauf und Baufluchten setzt.

Aufeinander verweisende formale Repertoires sind bei Aalto in einen leicht und geglättet wirkenden, einheitlichen graphischen Duktus zusammengefaßt. Geringe Strichstärkenvariationen genügen ihm, um die Konturen von Straßen, Wegen und Gebäuden subtil aufzuzeichnen.

So scheinen gegensätzliche vielfältige Tendenzen der zusammenfassenden und vereinfachenden graphischen Darstellung zu bedürfen. Sie drohen den visuellen Zusammenhang zu verlieren, wenn die Dichte und Vielfalt der Konfiguration von verschiedenen graphischen Mitteln und Techniken aufgebrochen würde und diese selbst zu eigenem und aktivem Ausdruck gelangten.

Die graphische Struktur der Lagepläne vermittelt eine einheitliche Wirkung. Alles Vor- und Zurücktreten von Gestaltelementen wurde vermieden, die Erscheinungsweise ist zu einem konstanten Helligkeitswert vereinheitlicht. Das nicht mit dem Erkennen von Helligkeitsstufen beschäftigte Auge kann so leicht die formalen Grundzüge entdecken und dem Konturverlauf folgen, unter der Voraussetzung, daß die Beziehungen des linearen graphischen Systems inhaltlich bekannt und damit verständlich sind. In der Genauigkeit und linearen Schärfe liegt der Vorzug dieser Einheitlichkeit; der Nachteil besteht aber darin, daß eine sichere Informationsspeicherung derartiger graphischer Bilder schwerlich gelingt, denn eine Information verstehen heißt, sie im Gedächtnis speichern. Wenn aber die Komplexität graphisch auf nur eine Ebene transformiert ist, so ist eine mehrdeutige Lesbarkeit nicht auszuschließen, weil die inhaltliche Komplexität derartiger Lagepläne eine entsprechende graphische Bearbeitung nach den Regeln der Lesbarkeit erfordern würde. Die richtige Informationsaufnahme setzt hier den ordnenden Sachverhalt voraus, da das graphische Bild selbst keine Wertgliederungen enthält. Die Prägnanz begünstigt das schnelle Erkennen und die Weiterverarbeitung durch das Weglassen einzelner Formen und Beziehungen. Doch das Lesen solcher Zeichnungen ist an das Erkennen von Ordnungsbeziehungen gebunden. Das kann aber nur gelingen, wenn die Codes des graphischen Systems den gegliederten Beziehungen der Zeichnungsinhalte folgen, wenn etwa die bauliche Anlage vom Baubestand der Nachbarschaft, die Verkehrsflächen von den Grünflächen visuell getrennt sind. Dann ist die Darstellung in mehreren Stufen zu erfassen, ohne daß die Gesamtfigur und ihre einzelnen Beziehungen vernachlässigt werden müssen.

Le Corbusier hatte in Berlin-Charlottenburg wohl noch eingeschränkter als sonst eine Wohneinheit zu realisieren. Die im Lageplan eingezeichnete Ordnung sah einen Raumcharakter vor, der nicht ausschließlich von der Masse des großen Baukörpers geprägt sein sollte. Niedrige – aber dann nicht ausgeführte – Bauten für den Sport sollten die Rhythmik des hügeligen Geländes weiter gliedern. Die weichen, organhaften Formen des Gestaltungsrepertoires für Buschwerk und Gehölz, für Grünflächen und die Art der Wegeführung verweisen auf die Bedeutung der Rückgewinnung und Unversehrtheit der näheren Umgebung als zwangsläufiger und erwünschter Folge dieses Bebauungskonzeptes und der Gestaltung der von Bebauung freigehaltenen Grünflächen. Sie bilden mit einer Ästhetik, die aus dem malerisch-skulpturalen Œuvre Le Corbusiers stammt, den für seine Entwürfe typischen Kontrast zwischen der tektonischen Regelhaftigkeit und der strengen Logik der vom Boden abgesetzten, der Gemeinschaft vorbehaltenen Baukörper und dem grünen Umfeld. Die geometrischen und topographischen Ordnungen sollen als abgelöste, selbständige »städtische« Einheiten organisiert werden.

5.5 Alvar Aalto. Opernhaus Essen. 1961–1964. Projekt, posthum realisiert.

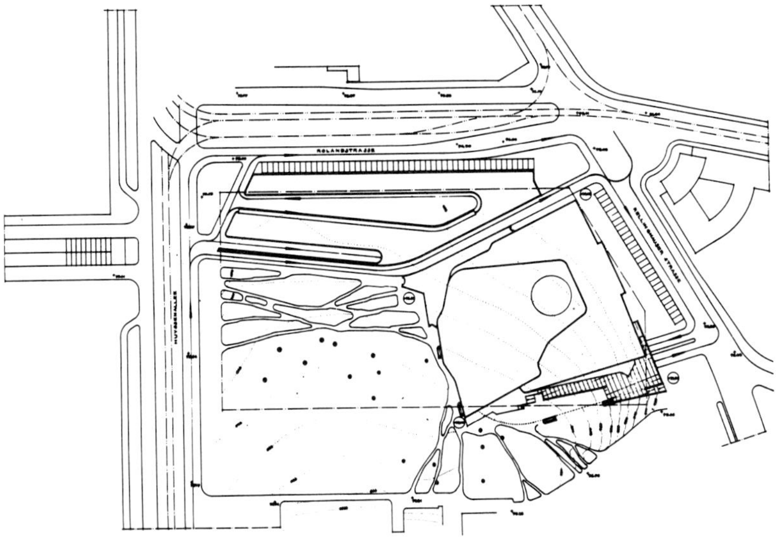

5.6 Alvar Aalto. Skandinavian House. Reykjavik. 1962/1963.

5.7 Alvar Aalto. Theater in Wolfsburg. 1966. Projekt.

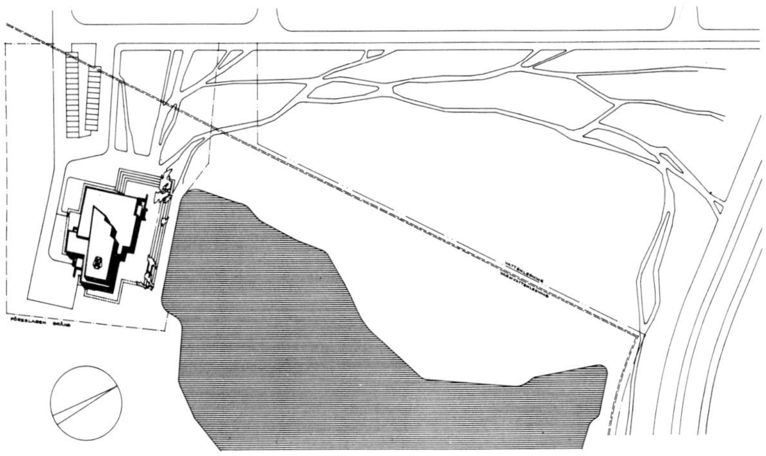

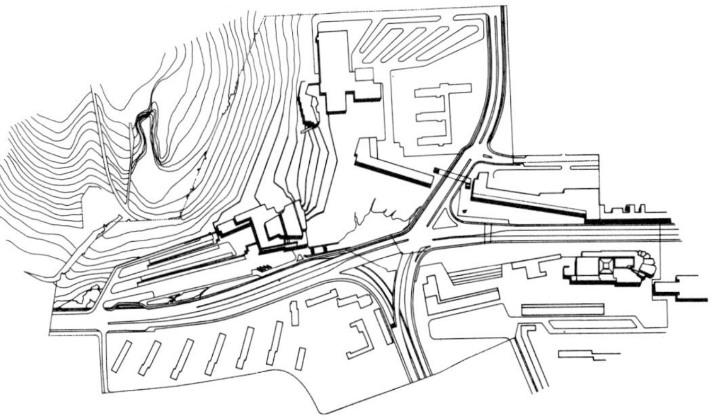

Die Unité d'Habitation ist deklarierter Bestandteil der früh aufgestellten Hypothesen zur modernen Urbanistik; diese besteht nicht zuletzt darin, das Repertoire zur Rückgewinnung und Gestaltung des Stadtraumes unabhängig vom Ort zu deklinieren. Denn weniger der städtische Kontext kann sich bei Le Corbusier wandeln als die Zusammensetzung von Gebautem und dessen Stellung zu den Grünflächen. Diese bleiben in Nutzung und Gestaltung ähnlich, ob in der Planung für Marseille, Meaux oder für Berlin.

5.8 Le Corbusier. Unité d'Habitation. Berlin-Charlottenburg. 1955.

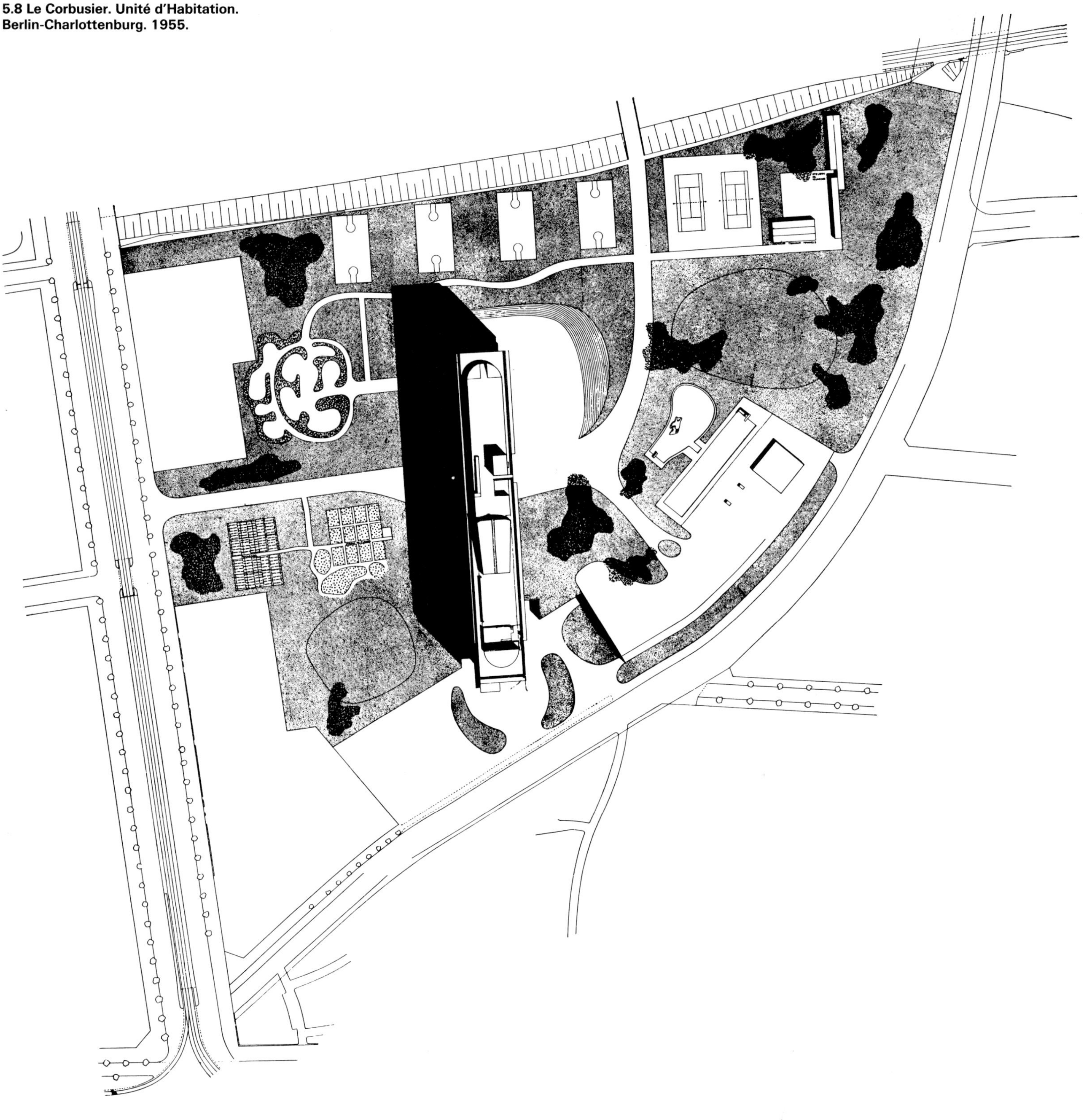

5.9 Le Corbusier. Palast des Obersten Sowjet. Moskau. 1931. Projekt.

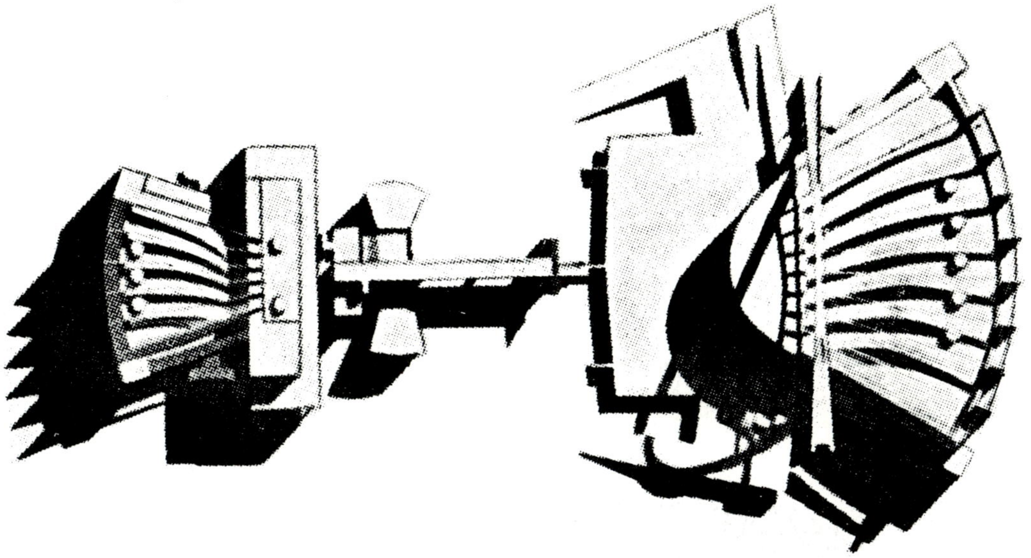

Plastisch anschaulich im Schattenplan, die »Machtarchitektur«, der Palast des Obersten Sowjet. Die örtlich vorgefundenen Bindungen sind weggelassen ; es dominiert die Darstellung der architektonischen Konzeption.

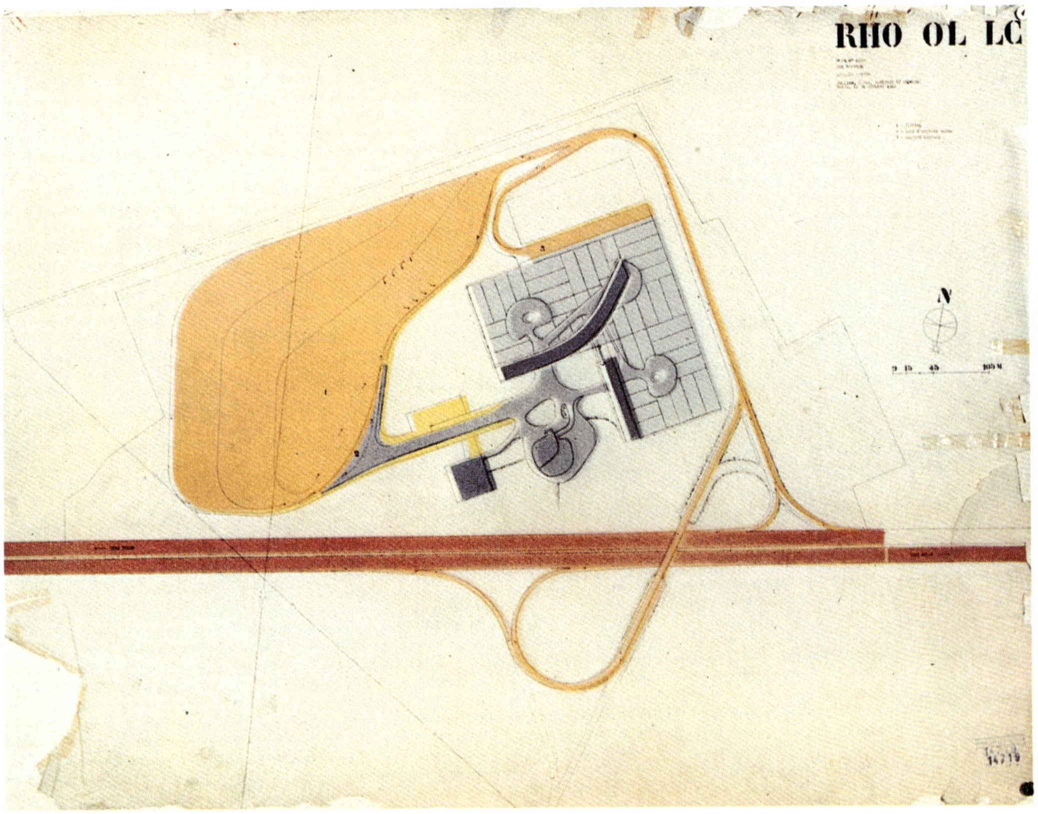

5.10 Le Corbusier. Olivetti-Zentrum. Rho. 1963. Projekt.
Organhafte und geometrische Formen finden eine selbst für das Werk Le Corbusiers neuartige Symbiose im Entwurf für das Olivetti-Zentrum in Rho, das leider Projekt geblieben ist.

Eine sich über die gesamte Bodenfläche des Campus der Yale-Universität erstreckende enge Diagonalschraffur, wovon nur das projektierte Gebäude hell ausgespart bleibt, eine ergänzende Schraffur/Punkte-Signatur für die Grünflächen und nach ihrer Größe gestufte naturalistische Umrisse der Bäume und Schlagschatten – diese intensive graphische Behandlung führt zum anschaulich-plastisch wirkenden Bild des Lageplans. Derartige graphische Techniken sind bei Paul Rudolph nicht selten, und es gab Gründe, diesen Lageplan zur Darlegung von Projekt und Umgebung sorgfältig auszuarbeiten. Unter anderem forderten die Planungsauflagen die Rücksichtnahme auf das Eckgrundstück, und die Beziehungen des neuen Gebäudes und seine Zugehörigkeit zur Universität sollten auch nach außen hin deutlich werden.

Louis Kahns Lageplan zur Kunstschule in Philadelphia gleicht eher einer Kompositionsstudie, denn die technische Rationalität der Planung, ihre näheren Bedingungen, auch der urbane Kontext fehlen in diesem knappen Ausschnitt. Die schwarz-weiße Figuration ist eher geeignet, die visuelle Ordnung nach dem Schema von Figur und Grund, d. h. Baukörpern (schwarz) und Raum (weiß) zu beurteilen, um auch in dieser Art etwas über den Wert derartig prägnanter Anordnungen zu klären, ohne von Zweck und Bedeutung der baulichen Anlage abzusehen; denn umgekehrt macht eine nur funktionalistische Sicht blind für die Signifikanz architektonischer Formen. So gilt das Interesse in dieser Zeichnung kaum den am Ort vorgefundenen Dingen; sie beschränkt sich auf die Gliederungen der Baukörper mit treppenartigen Stufungen – ein Entwurf mit ikonischen und symbolischen Zeichenbezügen.

Zunächst scheinen die Lagepläne von Aldo Rossi in ihrer prägnant-kontrastierenden graphischen Behandlung ausschließlich den Studien der archetypischen Form zu gelten. Doch die Lektüre zeigt, daß das Repertoire geometrischer Grundkörper ohne die Eigenarten und Bedingungen des Ortes nicht formuliert werden konnte, und auch, daß die Ge-

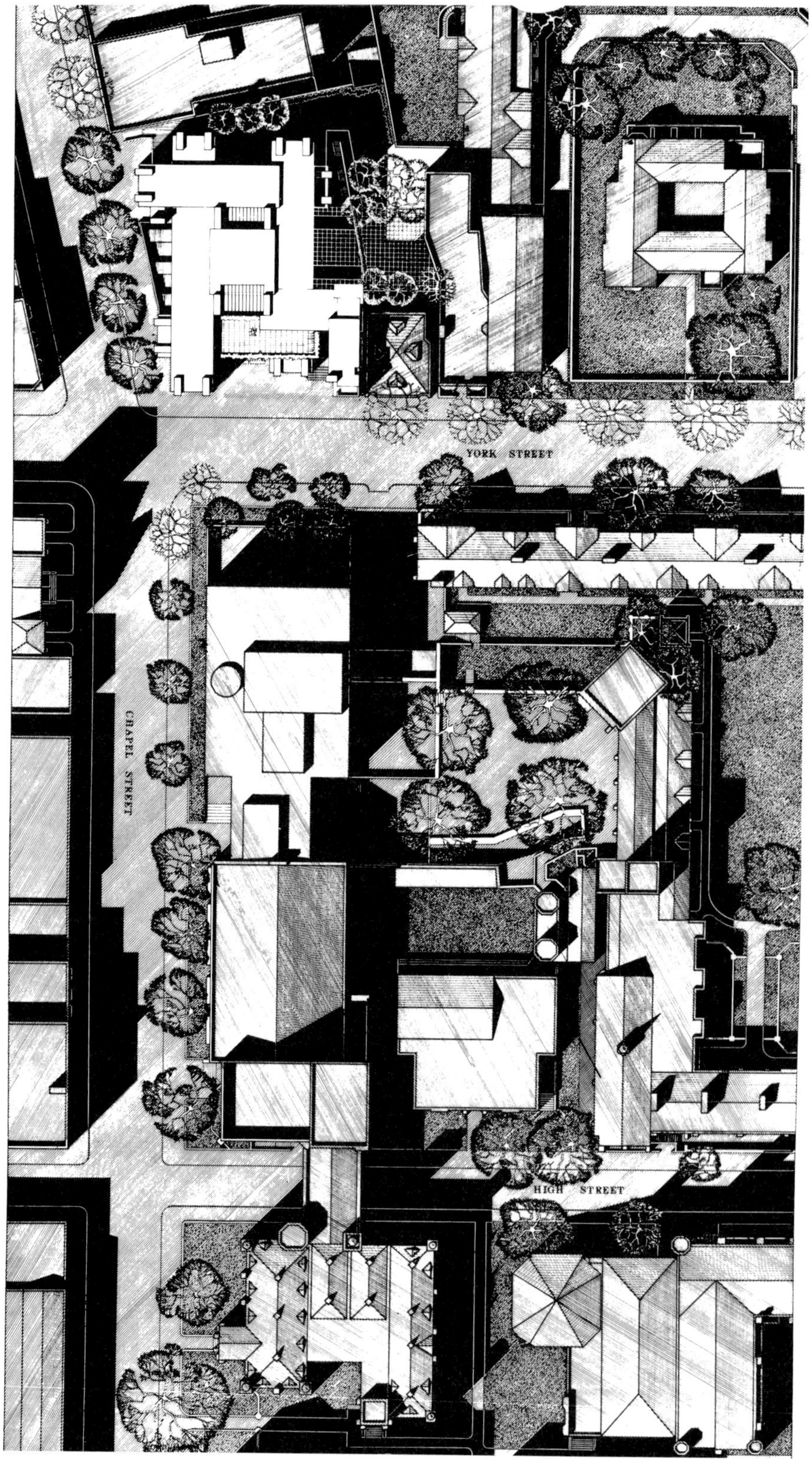

5.11 Paul Rudolph. Kunst- und Architekturgebäude der Yale University. New Haven. Connecticut. 1958–1964.

schichtlichkeit, auf deren Grund sich diese Architektur spiegelt, auf die Vitalität vieler Orte verweist. Die Suche nach dem Archetypischen, das man vielleicht auch als ein Spiel des Vergessens und Wiederentdeckens bezeichnen kann, führt zur Gewinnung symbolischer und figurativer Bezüge und zwingt Rossi zu ständiger Vereinfachung und Vereinheitlichung des Typus, auch wenn äußere Umstände und Anlässe hierfür stets andere sind.
Die Verflechtung von Grundstück, Lage, Form und Ausrichtung der Baukörper taucht Rossi zur Beschreibung immer wieder in die dramatische Geste von heller Figur auf dunklem Grund; ihre figurative Präsenz ist in ihrer Intensität von Hinweisen zur Geländegliederung nur wenig gemildert, und diese durch grobe Spritztechnik erzielten Modulationen fließen mitunter übergangslos in das Schwarz der Schattenflächen. Rossi fand eine signifikante graphische Behandlung seiner Entwürfe, die vielleicht geeignet ist, auf die metaphysische Komponente seines Werkes hinzuweisen und die sicherlich den monumentalen Aufbau seiner Entwürfe nachhaltig unterstützt.

5.12 Louis Kahn. Kunstschule in Philadelphia. 1964–1967. Projekt.

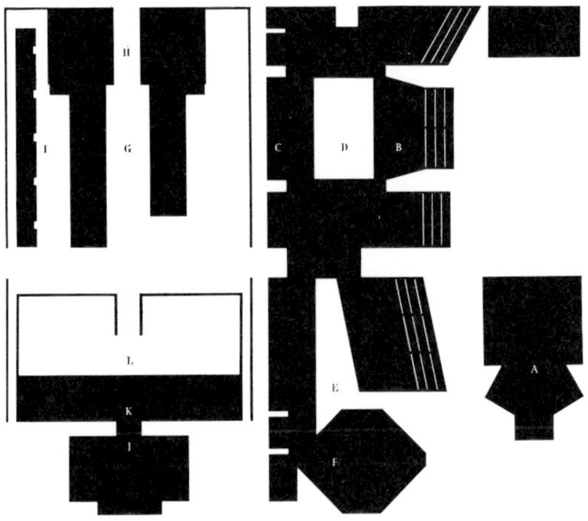

5.13 Aldo Rossi. Freizeiteinrichtung in Abbiategrasso. 1964. Projekt.

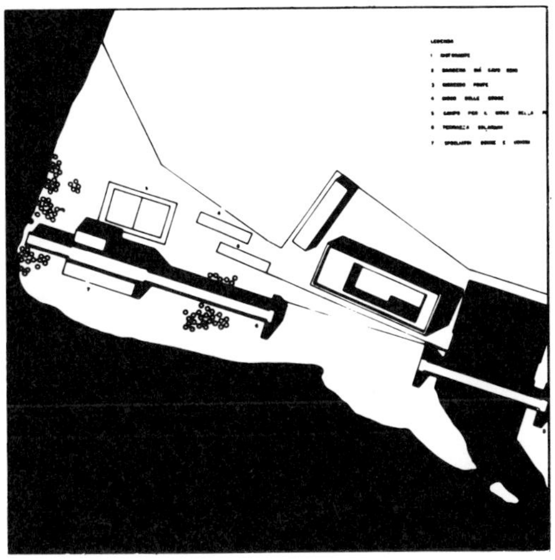

5.14 Aldo Rossi. Plan für Fagnano Olona. 1973.

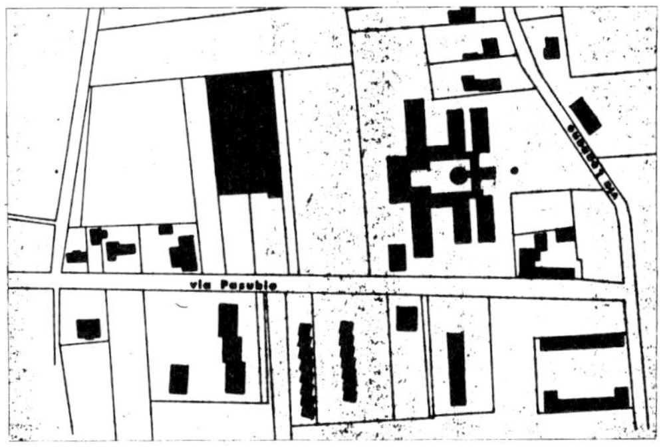

5.15 Aldo Rossi. Studentenheim in Triest. 1974. Projekt.

Die Darstellungen Paolo Soleris zu seinen »Arcologies« sind den Dimensionen und dem Grad der Ausarbeitung nach den Bebauungsplänen zuzurechnen; hier sind sie dem Lageplan zugeordnet, denn in diesem Rahmen steht die graphische Behandlung, die Artikulation im Medium der Zeichnung mehr im Vordergrund als die avantgardistische Poetik dieser Entwürfe oder die theoretisch weit entwickelte Dialektik zwischen Regeneration und Neugründung von Städten, wie sie Soleri vorschlägt.

Das Konzept ist utopisch. Starke Wirkungen wären nicht nur von der kompakten Organisation dieses Stadttypus zu erwarten, sondern auch von dem gewählten Standort. Die kantigen und spitzwinkligen, sandigen Flächen der Wüstenlandschaft sind als Sichtflächen der Bewohner Teil der expressiven Gestaltung. Sie sind graphisch aufwendig, in Punkttechnik, ausgeführt. Helle Flächen sind der Sonne zugewandt, dunkle liegen im Schatten – eine an sich bewährte Methode der Licht- und Schattenverteilung, die aber bei gewissen Verhältnissen des Geländereliefs die Gefahr der Mehrdeutigkeit, der Inversion birgt. Es bleibt dann offen, welche Flächen vorn bzw. oben und welche hinten bzw. tiefer liegen. Erfahrene Betrachter entscheiden jedoch schnell nach den wahrscheinlicheren Verhältnissen, andere unterliegen länger der Umkehrtäuschung, wenn nicht doch Hinweise zur Entfernungseinschätzung oder zu den Konvex-Konkav-Verhältnissen gegeben sind.

5.16 Paolo Soleri. Arcology. Projekt.

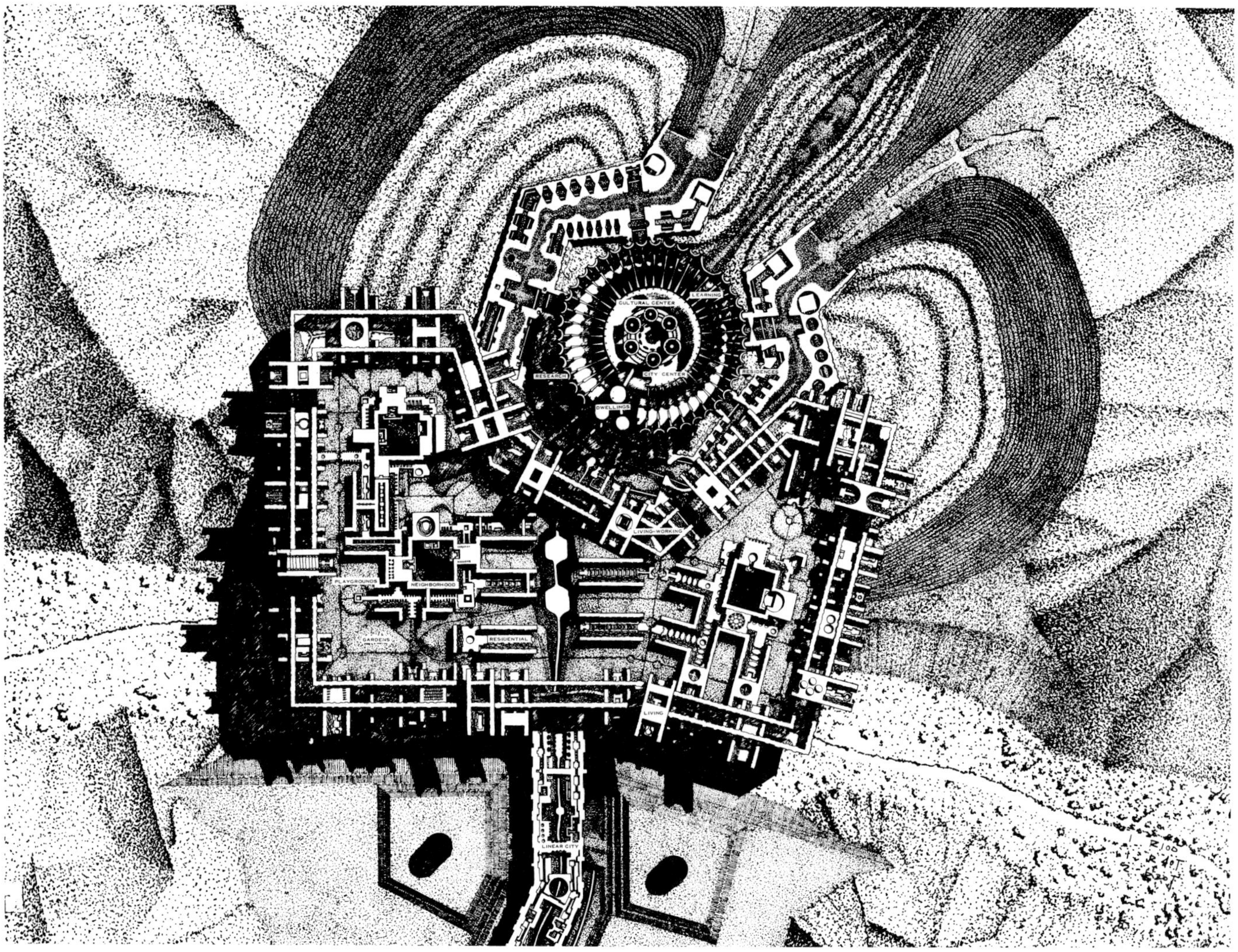

5.17 Gert Lejeune-Dirichlet und Roland Knauer. Wohnbebauung im Tiergartenviertel Berlin. 1980. Projekt

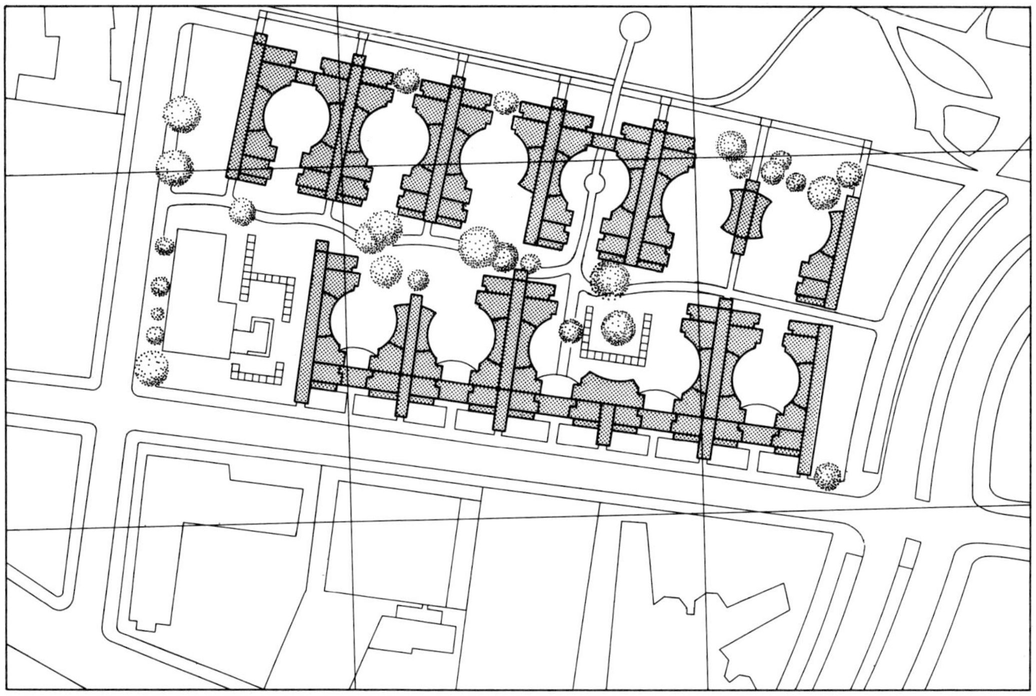

5.18 Richard Meier. Museum für Kunsthandwerk Frankfurt/M. 1979–85.

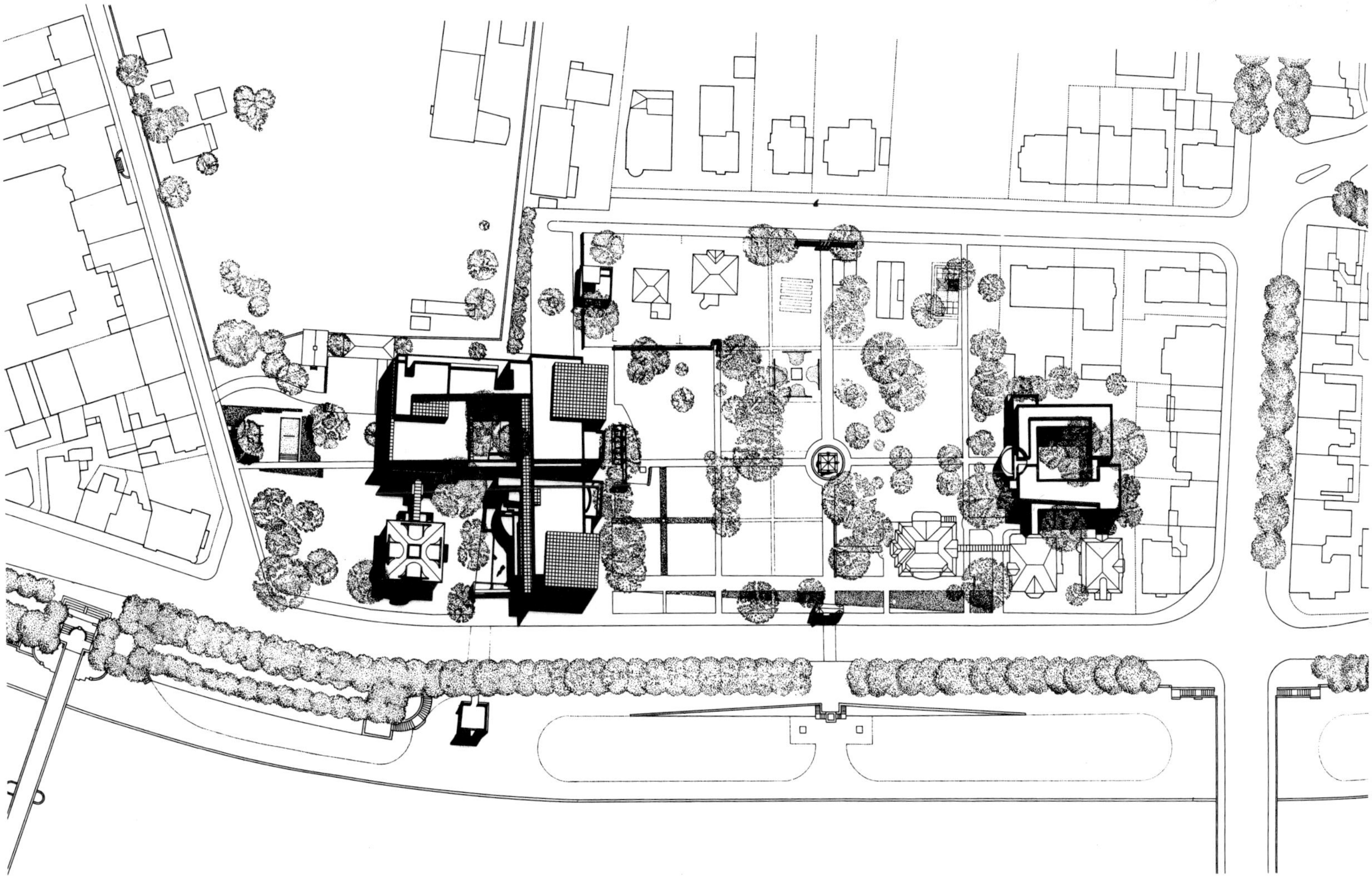

Grundrisse

Grundrisse sind das Produkt der senkrechten Projektion eines Objektes auf eine waagerechte Zeichenebene. Hierzu wird das Objekt im allgemeinen in 1/3 der Geschoßhöhe oder in Höhe einer anderen, für das Verständnis wichtigen Ebene waagerecht geschnitten, die geschnittenen Teile werden graphisch hervorgehoben, die nicht geschnittenen als Aufsicht gezeichnet.
Grundrisse zeigen somit unverzerrt das Flächenausmaß des Bauobjekts in wahrer Höhe.
Dazu Le Corbusier:
»Der Grundriß enthält in sich einen ganz bestimmten Grundrhythmus: nach seinen Vorschriften entwickelt sich das Werk in Umfang und Höhe und wächst nach demselben Gesetz vom Einfachsten ins Vielfältigste. Die Einheit des Gesetzes ist oberstes Gebot für einen guten Grundriß: ein einfaches, ins Unendliche abwandelbares Gesetz... Im Grundriß ist das Wesentliche der Wirkung auf die Sinne enthalten. Der Grundriß wirkt sich auf das gesamte Baugefüge aus: seine geometrischen Gesetze und ihre wechselnden Verbindungen entfalten sich in allen Teilen.«[2]
Und weiter: »Einen Grundriß machen heißt genau sein, heißt Vorstellungen fixieren, heißt Vorstellungen haben. Heißt Vorstellungen so zu ordnen, daß sie verständlich und ausführbar werden und vermittelt werden können. Deshalb muß man eine eindeutige Absicht, eine Vorstellung haben, um eine Absicht ausdrücken zu können. Ein Grundriß ist gewissermaßen eine letzte Zusammenfassung, eine Art gliederndes Inhaltsverzeichnis. In einer derart konzentrierten Form, daß er einem Kristall, einer geometrischen Figur gleicht, enthält der Grundriß eine ungeheure Menge von Vorstellungen und dazu eine treibende Absicht.«[3]
Doch hat die Grundrißzeichnung – zumindest seit Piranesi – noch eine andere Funktion als nur die, der Vorbereitung und der Realisation zu dienen. Sie kann ebenso nur Reflexion über Architektonisches sein, also Übungsstück, Improvisation und Erfindung. Ernst Bloch bemerkte: »Nicht überall muß gleich der Fuß hingesetzt werden. Wie schön sieht eine entworfene Treppe aus, klein eingezeichnet. Immer schon wurde ein eigener Reiz der Pläne und Aufrisse bemerkt. Das meiste davon geht ins fertige Haus ein, und doch war das Geschöpf auf dem Papier, das zart ausgewogene, ein anderes.«[4]

Der Darstellungsmodus

Grundrißliche Darstellungen, Schnitte und Ansichtszeichnungen, die nicht vorwiegend technischen Zwecken dienen, werden oft graphisch anspruchsvoller ausgeführt.
Visuelle Variablen:
Helligkeit – Prozentanteile von weiß und schwarz; Helligkeitswerte von Farben:
Muster – Flecken auf einer Einheitsfläche bei konstantem Helligkeitswert;
Richtung – beispielsweise Linien zu unterschiedlichen Rastern oder Schraffuren;
Farbe – Differenzierung nach Helligkeit, Sättigung;
Form – Variation der Form bei konstantem Flächeninhalt, z. B. Muster;
Größe – Variation der formalen Elemente;
ferner:
variierte Strichstärken, Raster, Schraffuren, Farbe zur Trennung von geschnittenen/nichtgeschnittenen Bauteilen, wichtiger/geringerer Informationen, geplanter/vorhandener Teile, bebauter Flächen/Grünflächen;
Raster, nach Helligkeit, Muster, Größe, Farbe zur Flächenbelegung variiert.
– Darstellung von Materialkanten, beispielsweise: Plattenbeläge;
– Darstellung in Codes, die Texturen anzeigen, beispielsweise: hart, weich; glänzend, stumpf, rauh, glatt usw.;
– Darstellung nach funktionalen Bereichen, beispielsweise: Verkehrszone, Laborzone, Bauabschnitte usw.;
– Darstellung dreidimensionaler Wirkungen; Ergänzung der grundrißlichen Zeichnung mittels Körperschatten und Schlagschatten von Wänden und Bauteilen;
– Darstellung des dreidimensionalen Gefüges (in horizontaler Schnittlage):
Grundrißperspektive (Perspektive nach unten); Grundriß-Axonometrie des nach oben oder unten offenen und geschnittenen Raumes mit Darstellung des grundrißlichen Gefüges.

5.19 Alphanumerische Bereichskennzeichnung.

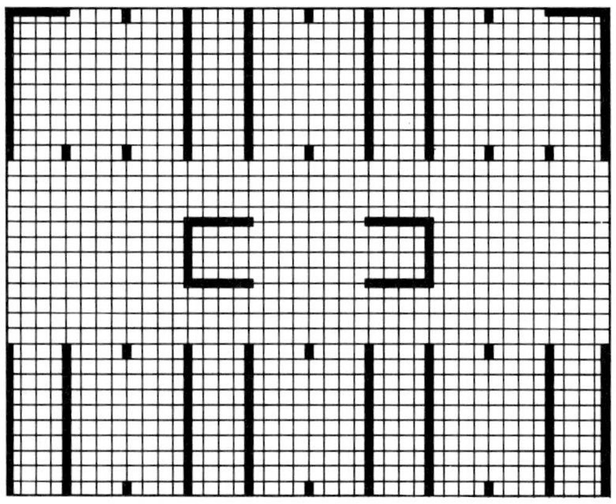

5.20 Darstellung funktionaler Bereiche.

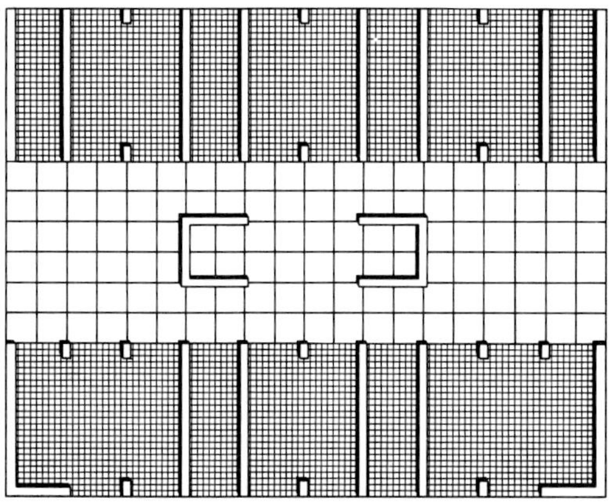

5.21 Darstellung dreidimensionaler Wirkungen.

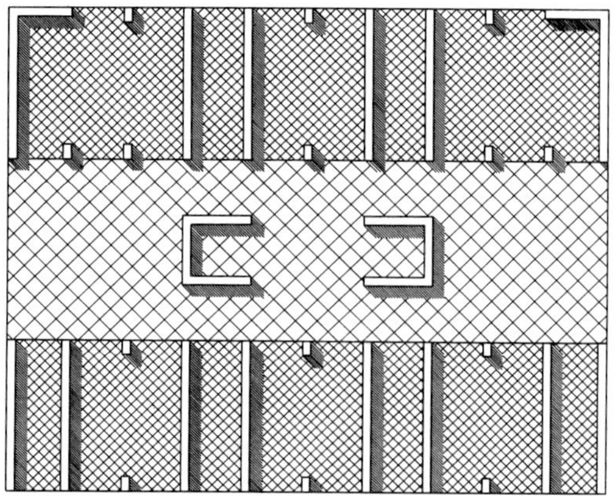

5.22 Grundrißperspektive.

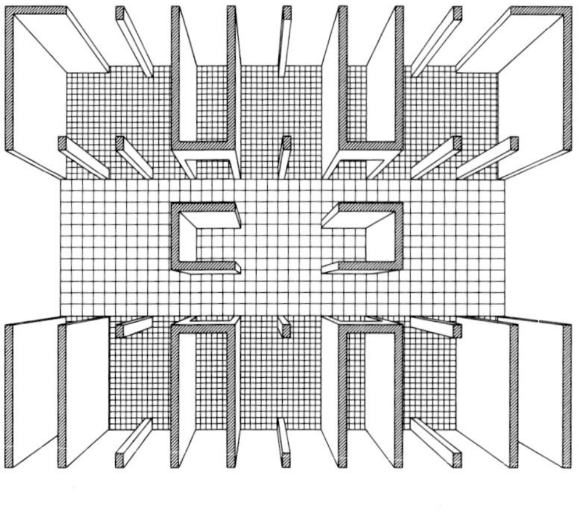

5.23 Grundriß-Axonometrie.

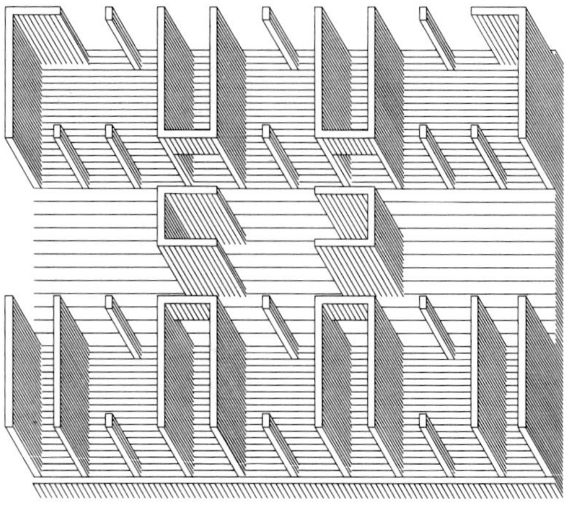

Inhalte

– Grundrisse:
für Vorentwurfs- und Entwurfszeichnungen, allgemein im Maßstab 1:500 und 1:200 dargestellt, enthalten die Lösung, die Aussagen zur Entwurfsaufgabe mit angenäherten Abmessungen von Räumen und Bauteilen.
– Vorentwurf:
Darstellung der entwerferischen Lösung in wesentlichen Zügen. Die Darstellung soll unter anderem geeignet sein, mit Behörden über die Genehmigungsfähigkeit zu verhandeln.
– Entwurf:
Endgültige zeichnerische Darstellung in angemessener Genauigkeit und Ausführlichkeit, so daß die weiteren Ausführungsphasen ohne grundsätzliche Änderungen erfolgen können.
– Baugesuch, Maßstab 1:200, 1:1000:
Notwendige Eintragungen:
– äußere Gesamtmaße;
– lichte Raummaße;
– Wandmaße, im allgemeinen Rohbau-Wanddikken; bei Fertigbauweise werden Fertigmaße angegeben.
– Bauteilmaße, etwa bei Stützen;
– lichte Tür- und Fenstermaße;
– Treppen mit Stufen und Steigungsverhältnis;
– Schornsteinmaße;
– Aufzugsschächte, Abluft-, Zuluftschächte;
– Flächengröße der Räume in m²;
– Bezeichnung der Raumnutzung, evtl. Möblierung.
Werkzeichnung, Maßstab 1:50:
Die Werkzeichnung enthält sämtliche Maße und Angaben zur Bauausführung:
– lichte Raummaße; im allgemeinen Rohbaumaße;
– äußere Gesamtmaße;
– Achsmaße;
– Wandmaße, Pfeiler-, Schornsteinmaße;
– lichte Fenster- und Türmaße; Türhöhe von OK Bodenbelag bis UK Sturz, bzw. lichtes Zargenmaß;
– Aufschlagsrichtung aller Türen;
– Treppen mit Stufen, Steigungsverhältnis, Gehlinie;
– Brüstungshöhen, bezogen auf OK Rohdecke;
– Schornsteinmaße und Maße von Lüftungsöffnungen;
– Aufzug- und Abfallschächte;
– Rohfußboden und Fertigfußboden, bezogen auf Fußboden in Erdgeschoß auf ± 0;
– Lage und Bemaßung von Wand- und Deckendurchbrüchen;
– sanitäre und technische Einrichtungen und Einbauten;
– heizungstechnische Einrichtungen mit den wichtigsten Angaben;
– Materialangaben der Wände, der tragenden und nichttragenden Bauteile und Kennzeichnung durch Schraffur, Linienstärke, Farbe oder Legende;
– Raumgröße in m²; im allgemeinen in Rohbaumaßen;
– Raumnummern, evtl. mit ergänzender Legende;
– Funktionsbezeichnung der Räume, evtl. Eintragung wichtiger Einrichtungsobjekte;
– Eintragung der Schnittachsen und Schnittblickrichtung.

Bereichskennzeichnung in Grundrissen und Schnittzeichnungen

Das Auffinden der im Grundriß eingetragenen Informationen ist einfacher, wenn Abszisse und Koordinate alphabetisch oder numerisch, im allgemeinen alphanumerisch, benannt sind. Ein Netz gleichabständiger Linien gliedert den Grundriß in Bereiche, die von zwei sich schneidenden Achsen gekennzeichnet sind. Diese Kennzeichnung ist in Werkzeichnungen und bei Entwurfszeichnungen unvorteilhaft, besonders dann, wenn es sich um große Projekte handelt. Bei Wettbewerbsarbeiten verwenden einige Architekten diese Achsen und ihre Bezeichnungen auch in Aufrißzeichnungen.

Die Zeichnungsanordnung

Ebenso wie eine Zeichnung als abgeschlossene Einheit gelten kann, ist die Reihung ein Mittel, bereits im Layout das Zusammenwirken mehrerer aufeinander bezogener zeichnerischer Lösungen anzulegen. Reihungen oder Hierarchisierungen können im Layout der Zeichnung ihre sinngemäße Ordnung erfahren. Reihend und gereiht, zum durchgängigen Layout geordnet, so setzt beispielsweise Oswald Mathias Ungers die Zeichnungen eines Projekts zusammen. Die horizontale/vertikale Reihung wäre oft konventionell oder spannungslos in der Anmutung, gäbe es nicht das durchgängige Layout von Grundriß und Axonometrie. Die Grundrisse sind auch in dieser Anordnung genordet, und die Richtung gibt den Winkel für die Axonometrie der Baukörper. In ihrer rationalen Ordnung sind die Zeichnungen Ungers seit längerem ein Synonym für eine Architekturschule, die eine streng durchgeplante Vorstellung von allen Ebenen des Baukörpers hat. Sie sind Ergebnisse eines programmatisch durchgehaltenen Denk- und Arbeitsstils. Dieser führt zu einer weit gespannten Mannigfaltigkeit der Motive von Grundrißformen, Raumtypen, Verbindungen und Übergängen. Gerade in der Variation der Motive ist erst der Grund gelegt für den »Stil« des Architekten. Die Ausführlichkeit, mit der die Architekturmotive mit fast mechanistisch anmutender Geduld bis zur endgültigen Klärung der funktionellen und architektonischen Vorstellungen ausgebreitet sind, zeigt, daß sich die Phantasie selbst in spröden Darstellungen finden läßt.

5.24 Oswald Mathias Ungers. Layout aus Grundrissen und Schnitten. 1974.

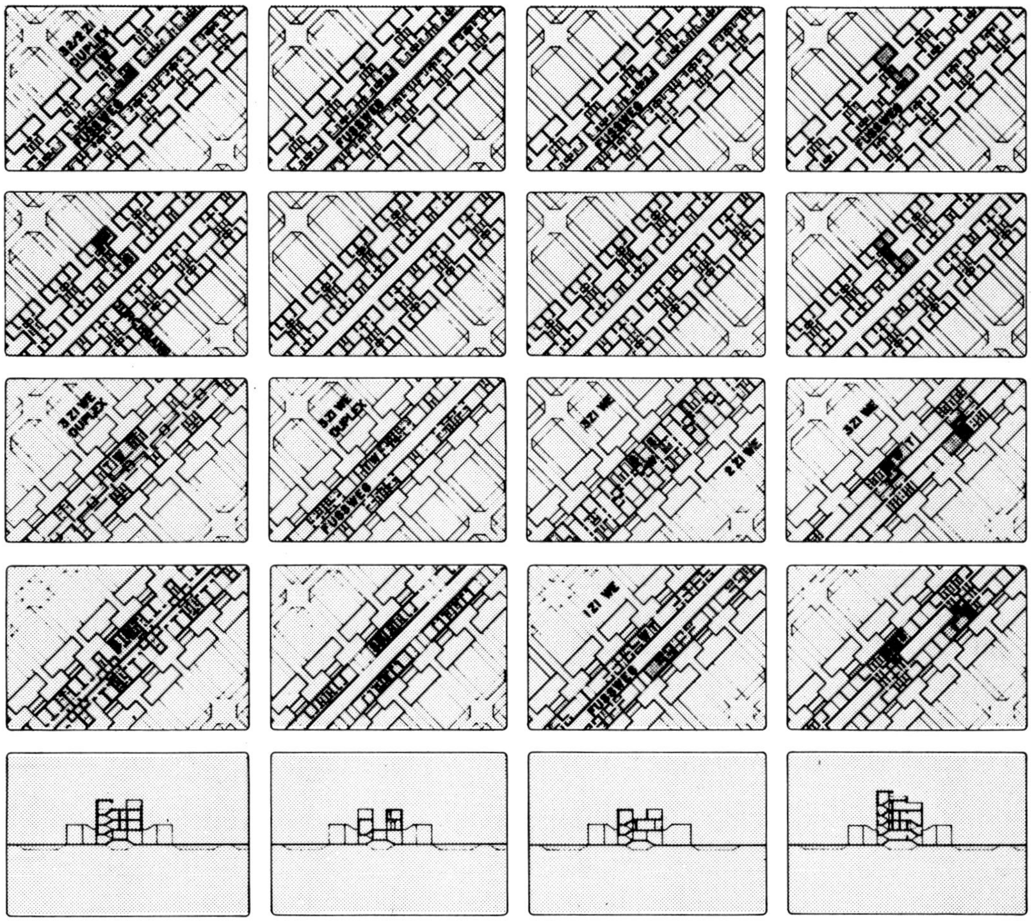

Zeichnungsnormen

Zeichnungsbezogene Normen für zeichnerische Darstellungen, Bemaßung, Oberflächenzeichen für Schriften und Schriftfelder, Zeichnungsformate für Sinnbilder und Vereinfachungen werden im Geltungsbereich von DIN Normen geregelt.

Zeichnungen für Bauvorlagen: Vorentwurfs-, Entwurfs- und Detailpläne, DIN 1356;

Ausführungspläne, Abdichtungen, Dämmung, DIN 4122; Sinnbilder für Ausstattung und Einrichtung, DIN 1986, 40717;

Sinnbilder für Be- und Entwässerung, DIN 1986

Baustoffe, DIN 1353;

Elektro-Installation, DIN 40717 u. a.

Zeichnungsmaßstäbe für Veröffentlichungen

Veröffentlichungen in Fachzeitschriften und Fachbüchern zwingen zu starken Verkleinerungen der Originalzeichnungen. Verkleinerte Strichzeichnungen wirken visuell leichter, da sich die Linienstärke im gleichen Maßstab wie die Zeichnung verringert. Linienstärken bis zu 0,1 mm können drucktechnisch wiedergegeben werden.

	Verkleinerung			
Linienstärke	1/2	1/3	1/4	1/5
1,0	0,5	0,33	0,25	0,2
0,5	0,25	0,17	0,12	0,1

Grundrisse – eine Anthologie

Bei der Auseinandersetzung mit signifikanten Grundrissen wird deutlich, in welchem Maße die Umsetzung von Ideen und die graphische Sprache von der historischen Entwicklung abhängig sind. Die Grundrißzeichnung ist mehr als die unmittelbare Aufzeichnung einer Idee; sie dient der Proportionierung, der Organisation der Formen; somit ist nicht nur der Tätigkeit nach das Auftragen des Grundrisses die grundlegende Arbeit des Architekten: Das Bauwerk wird mit dem Grundriß vorbereitet. Die Arbeit am Grundriß ist keine Sache des Darstellens, weil es um das Objektive und nicht um

5.25 Donato Bramante. St. Peter. Rom. Grundriß.

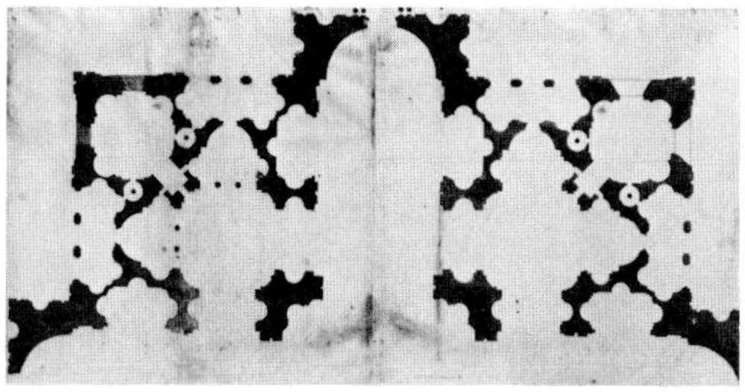

5.27 Rekonstruktion des Grundrisses von Bramante.

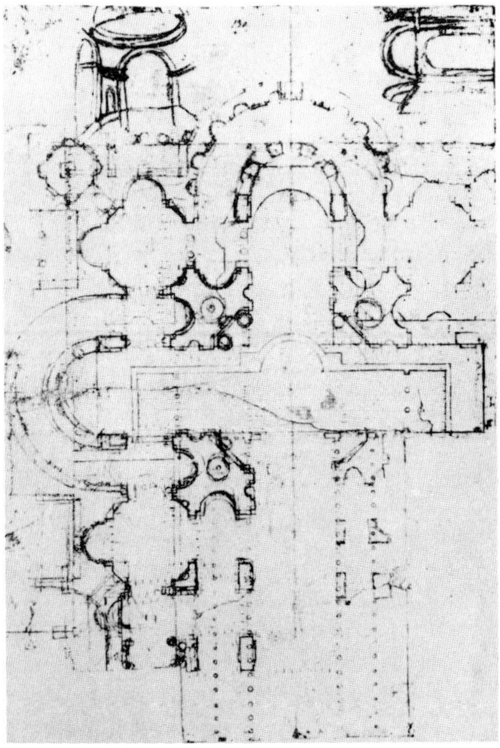

Die frühere Fassung mußte Bramante wegen fortwährender statischer Schwierigkeiten überarbeiten, da es sich zeigte, daß die zuvor bestimmten Pfeiler nicht ausreichten, eine Kuppel dieser Größe zu tragen.

5.26 Donato Bramante. St. Peter. Rom. Grundriß. Rekonstruktion.

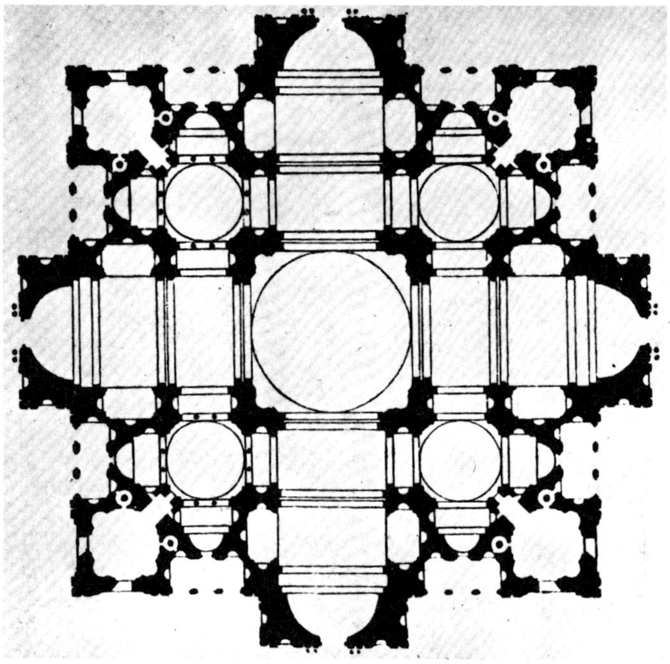

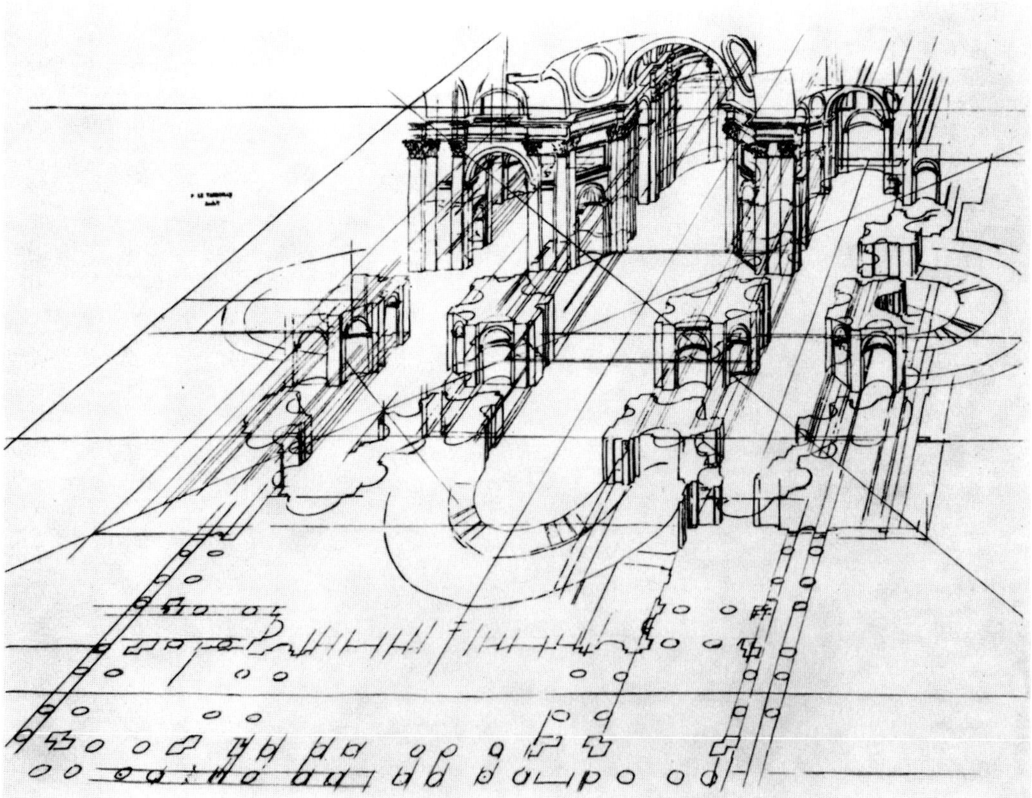

5.28 Donato Bramante. St. Peter. Rom. Perspektivische Studie von P. Le Tarouilly.

die Wirkungen geht. Von allen Zeichnungstypen ist der Grundriß am allerwenigsten bildnerisch; der Grundriß ist Raumorganisation, ist Ordnung und Proportion der Architekturformen, ist flächige Komposition dessen, was sich einmal räumlich erstrecken soll.

Die axonometrischen und perspektivischen Ergänzungen der Grundrisse sind manchmal geeignet, den angestrebten Raumcharakter zu verdeutlichen.

In den Zeichnungen von Antonio da Sangallo und später bei Michelangelo sind die Pfeiler den verbesserten statischen Kenntnissen entsprechend dimensioniert.

Die Skizzen Bramantes zeigen das Bemühen, den symbolischen Gehalt der geometrischen Figuren in Einklang mit mathematischen Harmoniegesetzen zu bringen. Die perspektivische Skizze Baldassare Peruzzis verdeutlicht am Grundriß Bramantes das Zusammenwirken der geometrischen Elemente und die Übergänge der Pfeiler zur Wölbung.

Palladios Grundriß der Villa Emo enthält nur geringe Maßeintragungen in vicentinischen Fuß. Wie Nachmessungen vor einiger Zeit ergaben, enspricht jedoch die Ausführung bis auf etwa 10 cm Palladios Maßangaben. Diese geringe Toleranz ergibt sich schon aus der Umrechnung in die metrische Ordnung.

5.29 Andrea Palladio. Villa Rotonda. Vicenza. 1550.

5.30 Andrea Palladio. Villa Emo. Fanzolo. 1564.

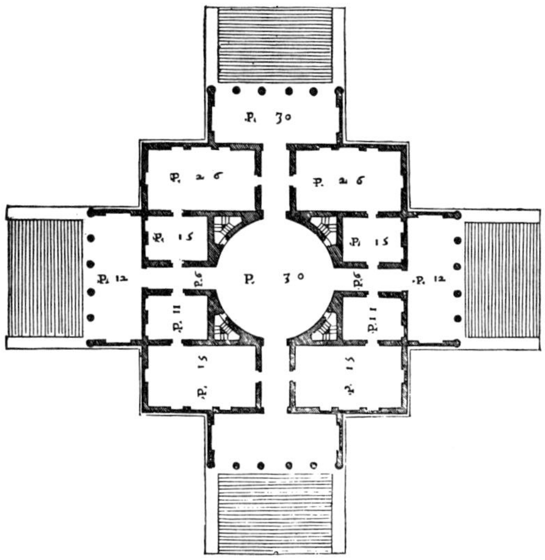

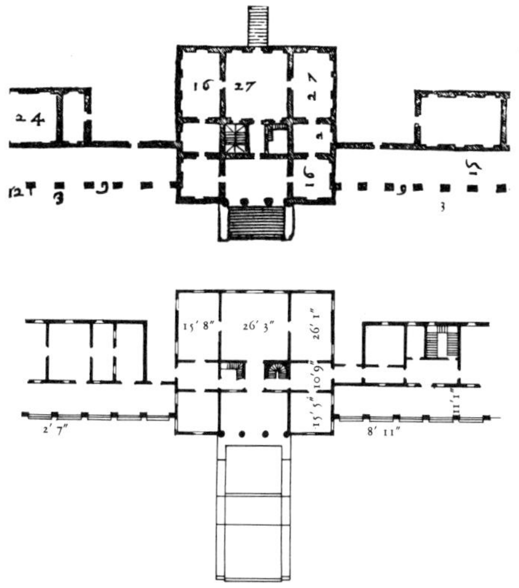

5.31 Balthasar Neumann. Wallfahrtskirche Vierzehnheiligen.

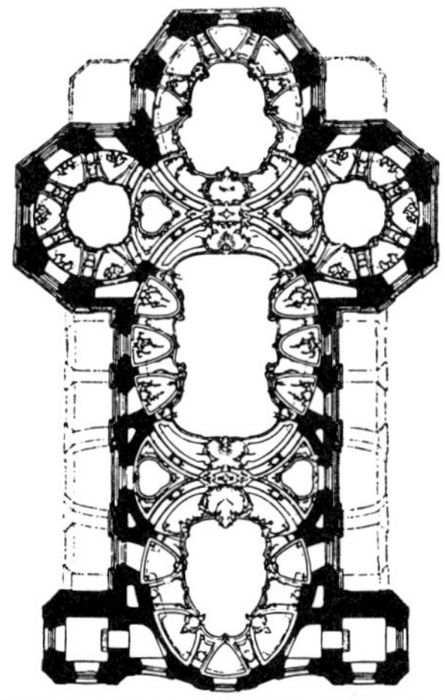

5.32 Jean-Nicolas Louis Durand. Prix de Rome. 1780. Projekt.

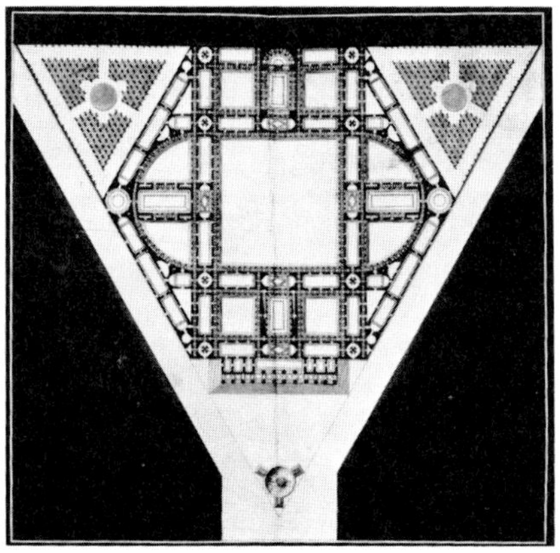

5.33 Louis-Alexandre Trouard. Prix de Rome. 1780. Projekt.

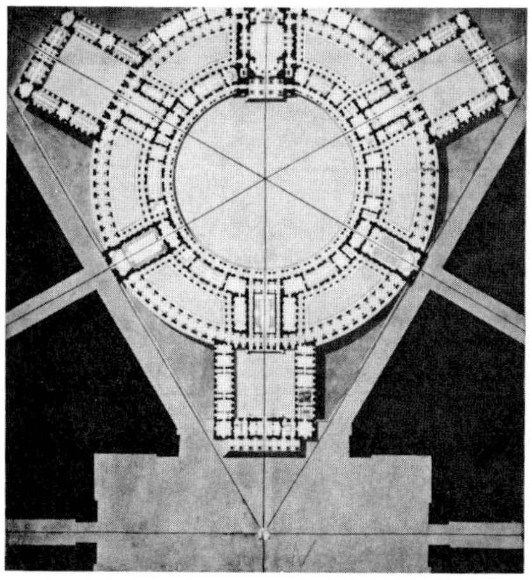

5.34 Friedrich Weinbrenner. Markgräfliches Palais. Karlsruhe. 1810.

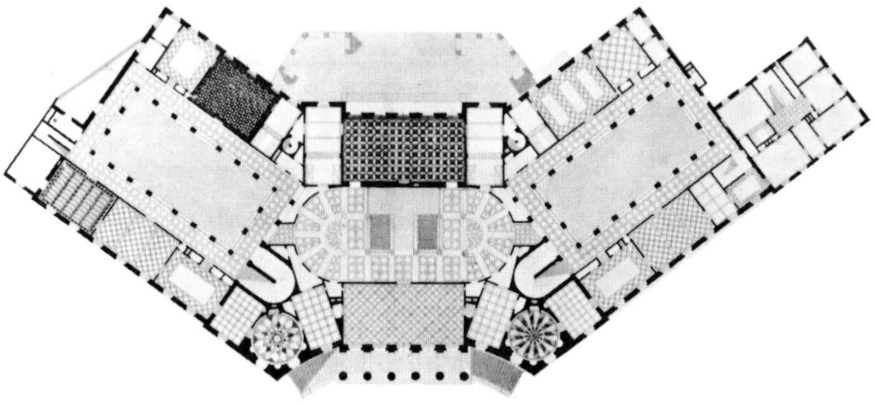

5.35 Leo von Klenze. Grundrißstudie.

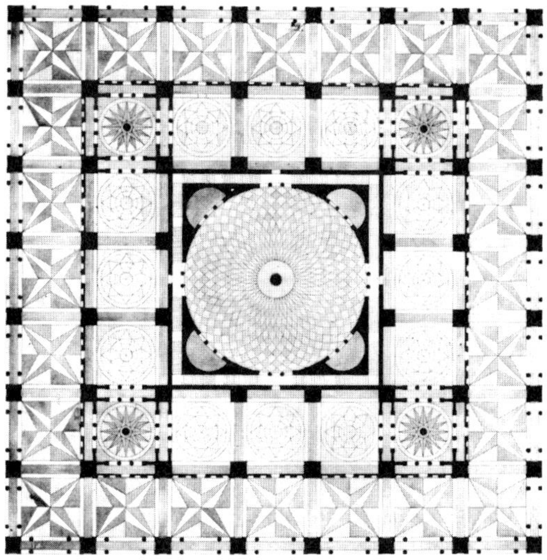

Das Schöpferische gründet bei Hermann Finsterlin in der natürlichen Gestaltenwelt; so findet er zu biomorphen Formen, denen alles Kristallograph-Feine und Geordnete von Maß und Regel fehlt. Finsterlin versuchte, die Abstammungslehre der Kunst als eine parallele Entwicklung zur Naturgeschichte nachzuweisen. Seine meist in Aquarell oderTusche ausgeführten Darstellungen vermitteln den Eindruck biomorpher Geschöpfe und Gestalten, die sich nicht in Grundriß und Schnitt zerlegen lassen und auch nicht den Beziehungen des rechten Winkels oder sonstigen geometrischen Qualitäten gehorchen. Um die Formen der Erde und ihrer Geschöpfe hervorzubringen, ist ihm der Pinsel gerade das richtige Werkzeug. Es gibt jedem spontanen Druck der Hand nach, läßt die Linie ab- und anschwellen, so daß letztlich selbst der Grundriß jenes Pathos des Formausdrucks aufweist, das für den deutschen Expressionismus trotz aller Unterschiede typisch ist.

Gegensätzliche Formen, aber letztlich doch gleichwertige Kombinationen aller Elemente, die nicht dem Repertoire der Natur entnommen, aber auch nicht den Regeln der Geometrie unterworfen sind, sondern nach den Worten Hugo Härings »dem Reich der organhaften Formungen« entstammen, haben das Gebäude der Berliner Philharmonie zum wohl kompliziertesten der Moderne werden lassen. Oft wurde dieser Raum von Hans Scharoun mit den Zeichnungen Piranesis verglichen. Er stellt jedoch eher eine mit ernsthaften und tiefsten Widersprüchen behafteten Variante des Funktionalismus dar, der nur vermeintlich in expressionistische Formen gekleidet ist. Daß diesen Zielen nicht lediglich mit »einem« Grundriß zu entsprechen war, ist evident. Tatsächlich sind hier die Grenzen und Möglichkeiten der Grundrißzeichnung erreicht, wenn nicht überschritten. Denn Serien von Zeichnungen unter Mithilfe von Geodäten hatten für Entwurf und Bauausführung nicht ausgereicht; nicht wenige Formen und Maße konnten erst unmittelbar am Bauwerk gefunden und erprobt werden. Diese Problematik tritt mit den dekonstruktivistischen Projekten erneut auf.

So entziehen sich viele Bauten Scharouns, besonders aber die Philharmonie, nicht nur dem ästhetischen Credo jener Zeit, sondern ebenso den Normen der technischen Zeichnung. Denn wessen Vorstellungskraft hätte einen derartigen Raum mit ingenieurmäßiger Genauigkeit in horizontale Scheiben zu zerlegen vermocht, ohne die Gefahr des Stückwerks zu provozieren? So kann hier der Grundriß nicht mehr »Ausdruck der Einheit des Gesetzes« sein, wie es Le Corbusier fordert. Danach soll sich das Werk in Umfang und Höhe entwickeln, aus dessen Notation der innere und äußere Aufbau folgerichtig erwächst. Bei Scharoun hingegen ist der Grundriß lediglich Abbreviatur, Abkürzung, die der vielfachen Ergänzung durch Schnitte, Ansichten, Modellerprobung und anderer Darstellungsversuche außerhalb der zeichnerischen Routine bedarf.

Selten stellt sich die Absolutheit einer Architekturform bereits im Grundriß so manifest dar wie bei der Crown Hall: Eine reduzierte Syntax, der nahezu ununterbrochene, gläsern begrenzte Raum in seiner unerbittlichen Symmetrie. Die sorgfältig abgestimmten Proportionen der Architekturformen finden ihre Entsprechungen in den sorgfältigen Zeichnungen. In ihnen zeigt sich die Kraft einer ideell-harmonischen Ordnung, die auch in der dritten Dimension jeder Architekturform nach ihrer tektonischen Zusammengehörigkeit einen Platz zu geben weiß, denn »... wir wollen jedem Ding das geben, was ihm zukommt, seinem Wesen nach.«

Die Wände als konstituierendes Element im Entwurf für ein Landhaus in Schreiben-, L- und T-Form bilden ein zunächst experimentelles, nach formalen Stilregeln und -prinzipien organisiertes Grundrißgefüge, das mit den ausgreifenden Mauern eine Abkehr von prismatisch geformten Gebäuden ankündigt. Die Zeichnung wurde 1964 überarbeitet und sorgfältiger als die erste Fassung mit Mauerwerksverband gezeichnet. Ludwig Mies van der Rohe bemerkte zur formalen Gliederung: »Der freie Grundriß ist eine neue Konzeption und hat, ganz wie eine neue Sprache, seine eigene Grammatik. Eine normale Ecke (zum Beispiel) vermittelt einen Eindruck von Massivität, der sich schwer mit dem freien Grundriß vereinbaren läßt. Viele glauben, der freie Grundriß bedeute absolute Freiheit. Das ist ein Mißverständnis. Der freie Grundriß verlangt genau so viel Disziplin und Einsicht vom Architekten wie der konventionelle Grundriß.«[5]

Etwa zu gleicher Zeit wie El Lissitzky hat Hannes Meyer im Wettbewerb mit Hans Wittwer Beispiele für eine technisch-konstruktivistisch geprägte Architektur gegeben, und zwar mit dem Entwurf für die Petersschule in Basel und für den Völkerbundpalast in Genf. Beide sind Projekte geblieben, aber so sorgfältig ausgearbeitet, als hätte die Realisierung unmittelbar bevorgestanden. Oder sollte man diese überaus perfekten und strengen Zeichnungen vielmehr als Dokumentationen einer Sehnsucht ansehen, die diese Entwürfe so großartig doch wenigstens auf dem Zeichenpapier entstehen ließ? Die Bedeutung, die Meyer der Technik zuweist, spricht unmittelbar aus seinen Zeichnungen. Sie zeigen ihn als Meister technischer Gebrauchsformen von geometrischer Strenge, ja rationaler Kälte; jedes Element ist bestimmt von der Logik der Funktion und der Ökonomie. »Architektur ist keine individuelle Affekt-Handlung eines Künstler-Architekten. Bauen ist eine kollektive Handlung«,[6] erklärte er einmal. Seine Haltung zu rationeller und wirtschaftlicher Bauproduktion und zur Einsparung von Zeit und Geld dokumentiert sich auch in seiner Aussage über die angemessene zeichnerische Darstellung:

»Ich bevorzuge die standardisierte Zeichnung. Deshalb verursacht mir die zeichnerische Darstellung eines Bauentwurfes gar kein Kopfzerbrechen. Seit 1916 lasse ich alle unter meiner Leitung entstehenden Bauentwürfe entsprechend den Vorschriften von DIN (Deutsche Industrie-Normen) oder von OCT (sowjetische Standarde) anfertigen. Wenn immer möglich, benütze ich somit deren Normenformate, die Normenschrift, die Normeneinteilung der Zeichnung und die Normendarstellung im Strich und Farbe. Die standardisierte Zeichnung gehört zum ABC des Rüstzeuges eines jeden Architekten. Sie ist jedermann verständlich und rationell im Verbrauch von Papier, Zeichenmaterial und Arbeitskraft. Sie erleichtert den Archivdienst und die Vergleichbarkeit der Entwürfe untereinander. Mein Lieblingsbuch eines knappen standardisiert-zeichnerischen Gedankenaustausches ist *F. Auerbach*: *Physik in grafischen Darstellungen*. Ich bevorzuge die konzentrierteste Darstellung des Bauentwurfs auf wenigen Blättern im gedrängtesten Format. Das Projekt der bekannten ADGB-Schule in Bernau war auf nur vier Normenblättern im Format 841 × 1189 mm und im Maßstab 1:200 dargestellt, aber mit einer Genauigkeit der Durcharbeitung aller Einzelheiten, wie sie gewöhnlich dem Maßstab 1:100 entspricht. Gerade dieser Bauentwurf ist ein Beweis, daß eine normierte Darstellung sehr wohl lebendig und künstlerisch wirken kann.

In der Regel bediene ich mich zur Darstellung der Gesamtanlage eines Bauentwurfes des axonometrisch gezeichneten Fliegerbildes. Da es in allen Teilen maßstäblich ist, zeigt es die räumliche Anordnung der Gesamtgruppe aller Bauelemente in meßbaren Dimensionen. Es verrät mit Unerbittlichkeit die Denkfehler der Gebäudegruppierung. Es scheint mir wichtig, daß Bauentwürfe möglichst wirklichkeitsgetreu dargestellt werden, damit sie von jedem Angehörigen der Masse sofort unmittelbar verstanden werden können. Deshalb bevorzuge ich zur Prüfung der Gebäudewirkung im Straßen- oder Platzbild die Eintragung des Entwurfes in photographische Vergrößerungen der Baustelle ...«[7]

Diese Aussagen verweisen auf die Darstellungsmöglichkeiten der eigenen Projekte. Die graphischen Mittel der feinen Linien, der angestrengten Präzision und der glatte, helle Zeichnungsaufbau, wo der weiße Zeichnungsgrund vorherrscht – ohne Textur, selten mit Kontextdarstellung – zeigen Meyers architektonisches Repertoire. Die standardisierten Zeichnungen reflektieren die rationale Arbeitsatmosphäre, die Meyer schuf. Dieser war ganz dem Impetus technisch-konstruktivistischer Architektur verpflichtet, und man darf ihn wohl als einen der ersten Rationalisten ansehen.

Über seine Arbeits- und Entwurfsmethodik sagt er:

»1. Ich projektiere nie allein. Alle meine Bauentwürfe sind von Anbeginn an aus der Zusammenarbeit mit Dritten entstanden. Deshalb halte ich die Auswahl geeigneter Mitarbeiter für den wichtigsten Akt der Vorbereitung einer schöpferischen Leistung in der Architektur. Je gegensätzlicher die Fähigkeiten der einzelnen Mitglieder einer Entwurfsbrigade, umso leistungsfähiger und schöpferischer ist sie ...«[8]

Die Anordnung von varianten und invarianten Zonen führte zu dem für das Centre Pompidou typische Grundriß: Peripher gereihte Technik und Verkehrseinrichtungen, die den weitgespannten Ausstellungsraum freihalten für die variable Nutzung.

5.36 Antonio Gaudí. Casa Milà. Barcelona. 1905–1910.

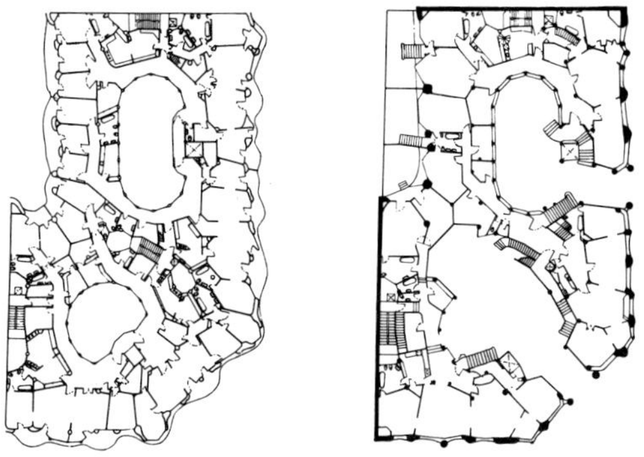

Ein von äußerstem Individualismus geprägter Formwille, der sich an der Natur orientierte, wird am Grundriß der Casa Mila von Antonio Gaudi deutlich. Rechtwinklige Ordnungen und ebene Flächen wurden weitgehend vermieden; die bewegt-plastische Form durchzieht ohne Methode die architektonische Struktur.

5.37 Hermann Finsterlin. Haus der Künste. 1919/20. Projekt.

5.38 Hans Scharoun. Philharmonie. Berlin. 1956–1963.

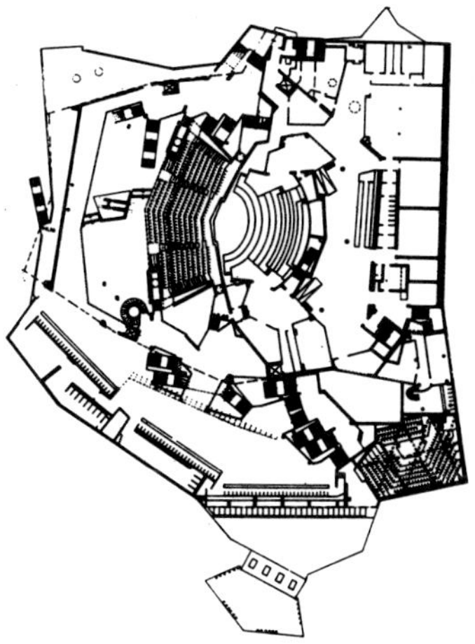

5.39 (1) Alvar Aalto. Apartmenthaus in Bremen. 1956–1963.

(2) Alvar Aalto. Kulturzentrum in Wolfsburg. 1958–1962.

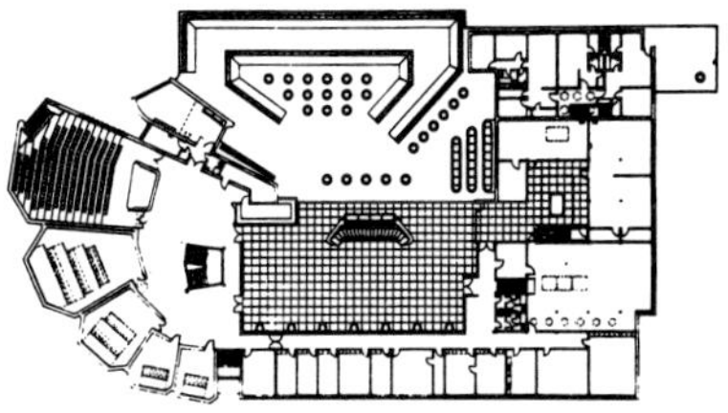

5.40 Le Corbusier. Wallfahrtskapelle Notre-Dame-du-Haut. Ronchamp. 1950–1955.

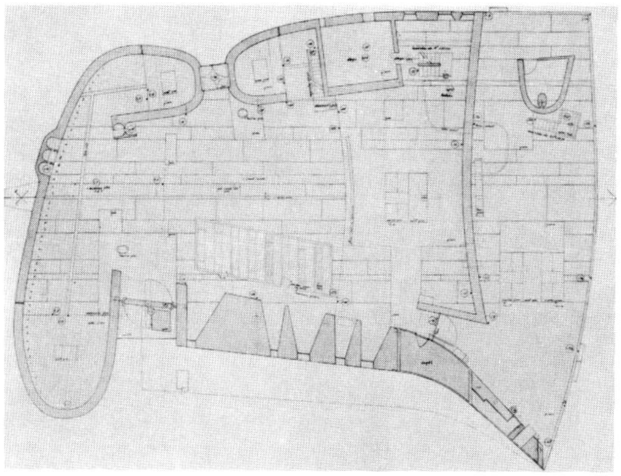

5.41 Ludwig Mies van der Rohe. Landhaus in Backstein. 1923. Projekt. Überarbeitete Zeichnung von 1964.

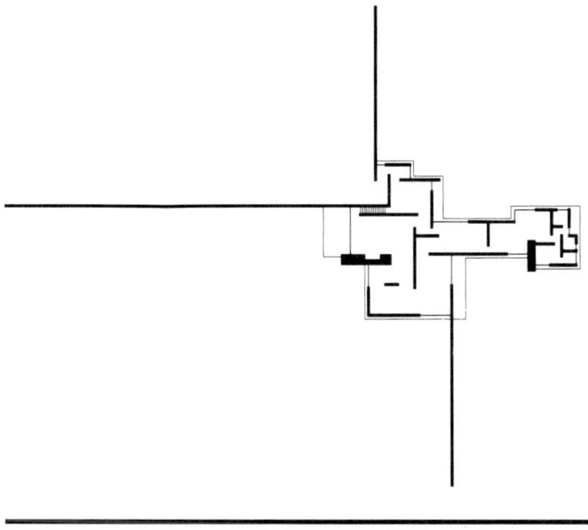

5.42 Ludwig Mies van der Rohe. Crown Hall, Illinois Institute of Technology. Chicago. 1950–1956.

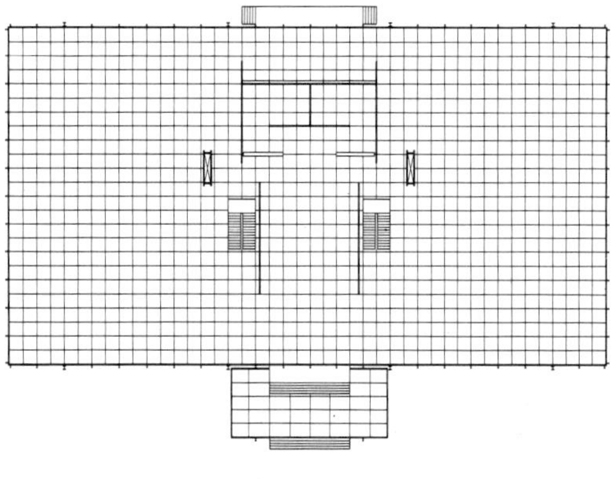

5.43 Ludwig Mies van der Rohe. Hofhausprojekt. Um 1930.

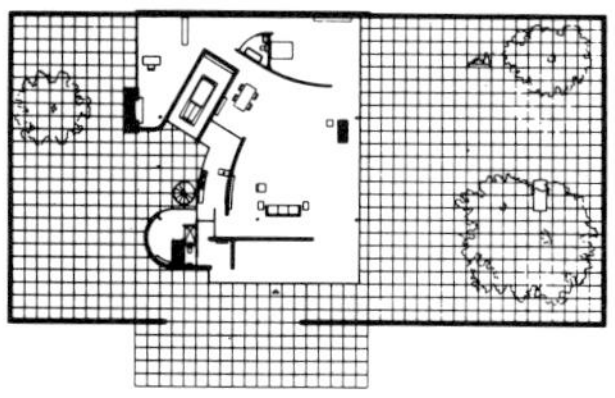

5.44 Ludwig Mies van der Rohe. Haus Tugendhat. Brünn. 1928–1930.

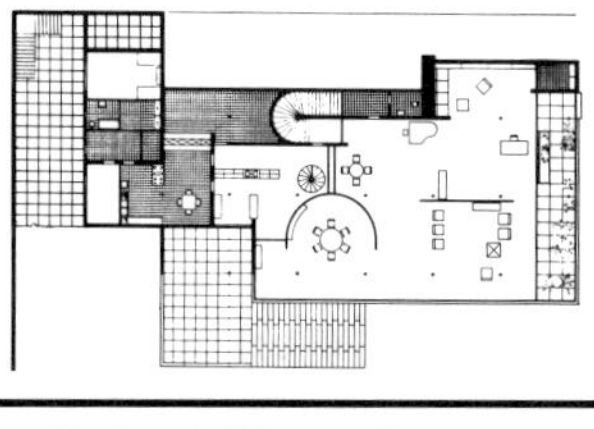

5.45 Hannes Meyer. Arbeiterbank. Basel. 1923. Projekt.

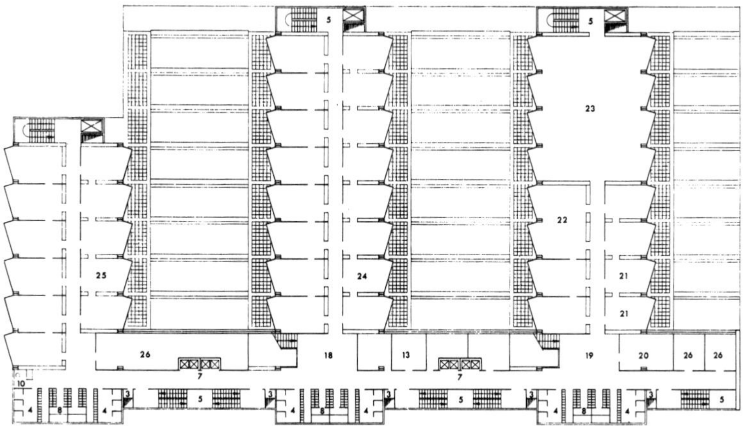

5.46 Piano and Rogers. Centre National d'Art et de Culture Georges Pompidou. Paris. 1971–1977.

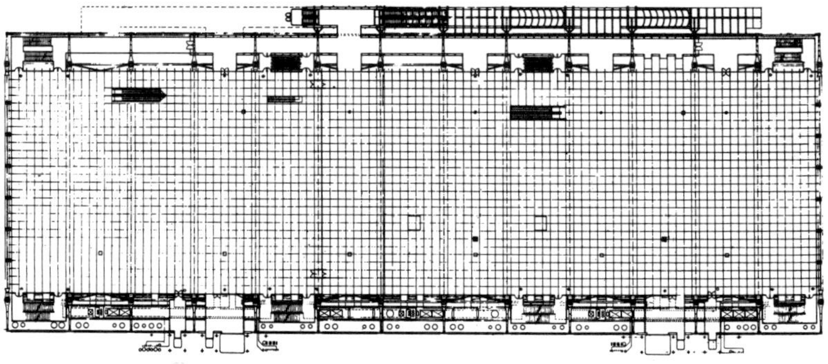

Im allgemeinen getrennte, weil als unvereinbar empfundene Gestaltungsprinzipien findet man im Grundriß des Studentenhauses von Otaniemi. Organhaft freie Elemente, die sich mit der felsigen Topographie des Ortes vermischen, sind zu einem architektonischen Plan gefügt. Er enthält seine signifikante Form von der geometrisch strengen Organisation der technischen Räume und der freigeformten Aufenthaltsräume. Das Resultat ist eine einzigartige Symbiose geometrischer und freier Formen. Sie enstanden aus dem Anspruch heraus, dem außergewöhnlichen Ort gerecht zu weden.

Grundrisse auf systemhaften, bzw. geometrischen Ordnungen basierend

Ein Beispiel für die Planung auf der Basis von Netzen und zur Geometrie des Sechsecks ist das Paul R. Hanna Haus, das von F. L. Wright 1937 in Coronado, Kalifornien, erbaut wurde.

Das Hexagonalnetz bietet ein – zumindest geometrisch – einfaches Bauprinzip zur Erzeugung prismatischer Volumen, da man sich im allgemeinen die Lage des unteren und oberen Netzes als dekkungsgleich vorstellt und die Punkte der Netze senkrecht miteinander verbindet. Hierzu Wright: »Es war die Absicht, das Haus nicht nur ökonomisch, sondern mit mehr menschlichem Rhythmus zu bauen. Alle Ecken sind offene Winkel wie bei der Bienenwabe und bieten eine natürlichere Grundlage für die Bewegung des Menschen. Die Innenräume sprechen mehr an und wirken beruhigend. Wenn auch der Plan im ersten Augenblick kompliziert erscheint, so wirkt seine praktische Einfachheit beim näheren Betrachten immer einleuchtender.«[9]

Die Beziehungen isometrischer Teile, die sich über das gesamte Gebäude erstrecken, erweisen sich als dominantes Ordnungsprinzip, das nur die formalen Beziehungen zuläßt, die dem System inhärent sind.

5.47 Reima und Raili Pietilä. Studentenhaus Dipoli. Otaniemi. 1967.

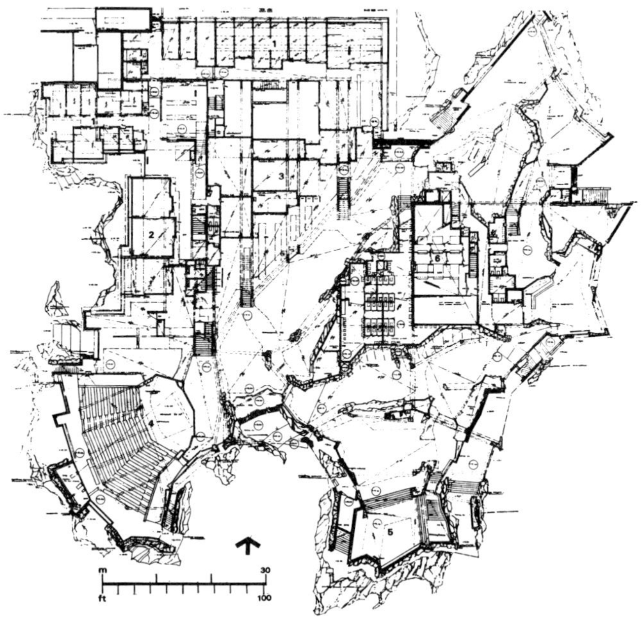

5.48 Frank Lloyd Wright. Paul R. Hanna House. Palo Alto. Kalifornien. 1937.

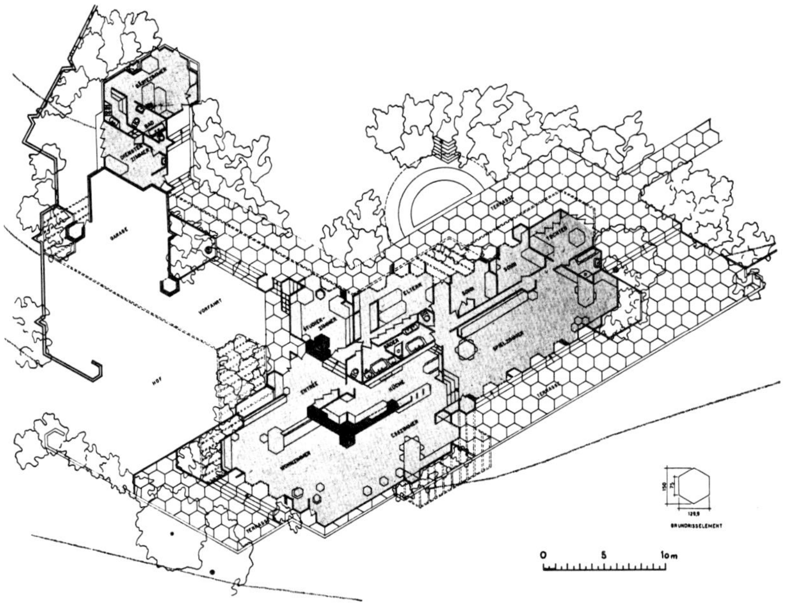

5.49 Ludwig Mies van der Rohe. Illinois Institute of Technology. Chicago. 1940.

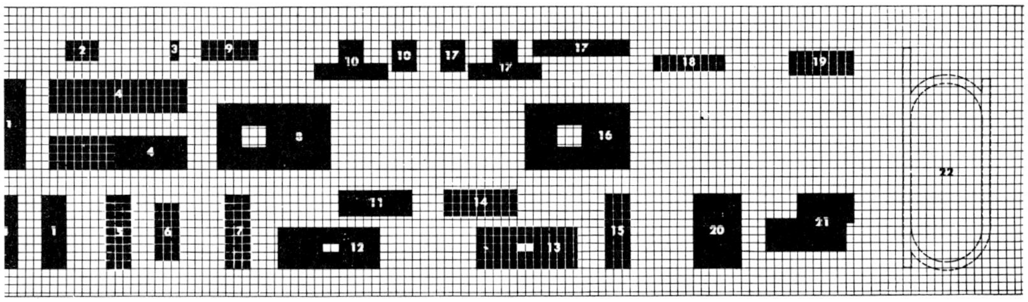

Auf einem Quadratnetz entwarf Mies van der Rohe das Illinois Institute of Technology in Chicago, und dieses Netz gab während jahrzehntelanger Bautätigkeit die Maß- und Ordnungsbeziehungen der strengen Komposition, die sowohl axsiale Gliederungen, bilaterale Symmetrien wie einfache Reihungen kennt und ganz der »universalen« Grammatik Miesscher Auffassung entspricht.

5.50 L. March and P. Steadman. Morphologische Analysen der geometrisch-symmetrischen Beziehungen an Grundrissen von Ledoux, Soane und Wright.

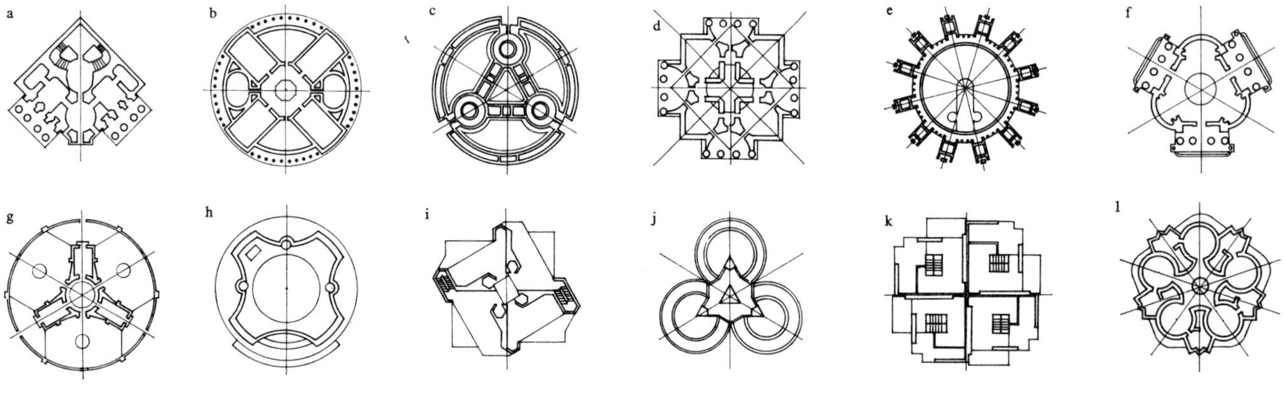

Daß sich seine Brauchbarkeit vielleicht doch erwies, ist eher dem Können Wrights zuzuschreiben als der funktionellen Eignung dieses Netzes für die Zwecke des Wohnungsbaus. Wright fügte diesem Gebäude der reinen Geometrie 1942 noch ein weiteres hinzu, das Haus für Vigo Sundt, Madison.
Ein großangelegtes Beispiel für die Planung auf Netzen ist Le Corbusiers Projekt La Ville Radieuse. Das »Viertel der Arbeit« besteht aus einer engen systemhaften Anordnung der im 45°-Winkel gedrehten Baukörper. Die Anordnung erstreckt sich in gleichabständigen Reihungen über achtundzwanzig Areale. Das »Stadtviertel des Wohnens«, von vergleichsweise offener geometrischer Struktur zeigt vielfältige räumliche Gliederungen der bandartigen, rechtwinklig geknickten Baukörper. Das »Büroviertel« wiederum basiert auf einem quadratischen Netz von 400 × 400 m Weite.
»Die Tatsache, daß Architektur auf der Basis eines geometrischen Codes beschreibbar ist, heißt nicht, daß die Architektur als solche auf dem geometrischen Code beruht.« (Umberto Eco)[10]

Die Eignung punkthafter, linearer Elemente in systemhafter Anordnung hat O. M. Ungers für eine Bebauungsplanung für Berlin 1967 untersucht, und zwar in Abhängigkeit vom Gebäudeabstand = h + h und der GFZ von 1,5.

Das Rathaus von Bat Yam kann als Beispiel einer geometrischen kristallographisch rein wirkenden Ästhetik gelten. Es ist aus gereihten und geschichteten Polyedern hervorgegangen. Von Alfred Neumann, Zvi Hecker und Eldor Sharon wurde es 1958 bis 1963 errichtet, wobei sie die Ausführung gegenüber den Zeichnungen modifizierten. Das Projekt stellt den einzigartigen Versuch dar, aus elementaren geometrischen Beziehungen jene ästhetische Wirkung zu erzielen, die den syntaktischen Übungen einer »Grundlehre« verwandt ist, jedoch nicht die dort notwendige semantische Leere aufweist.

5.51 Le Corbusier. La Ville Radieuse. Zeichnerische Analyse von March und Steadman.

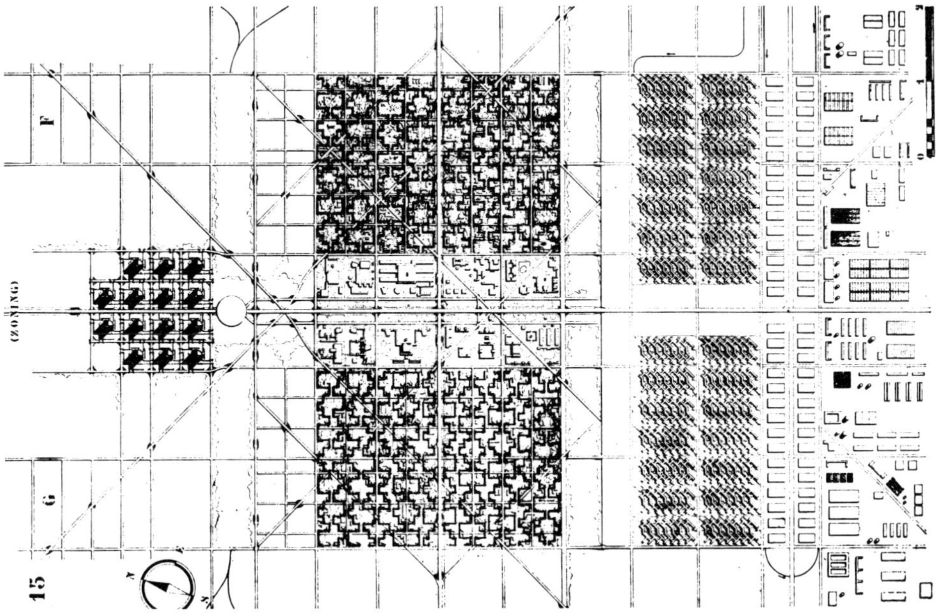

5.52 Oswald Mathias Ungers. Gutachten Ruhwaldpark. Berlin. 1967.

(1) Bebauungsschemata unter Verwendung von punkthaften, linear gefalteten und quadratischen Netzen.

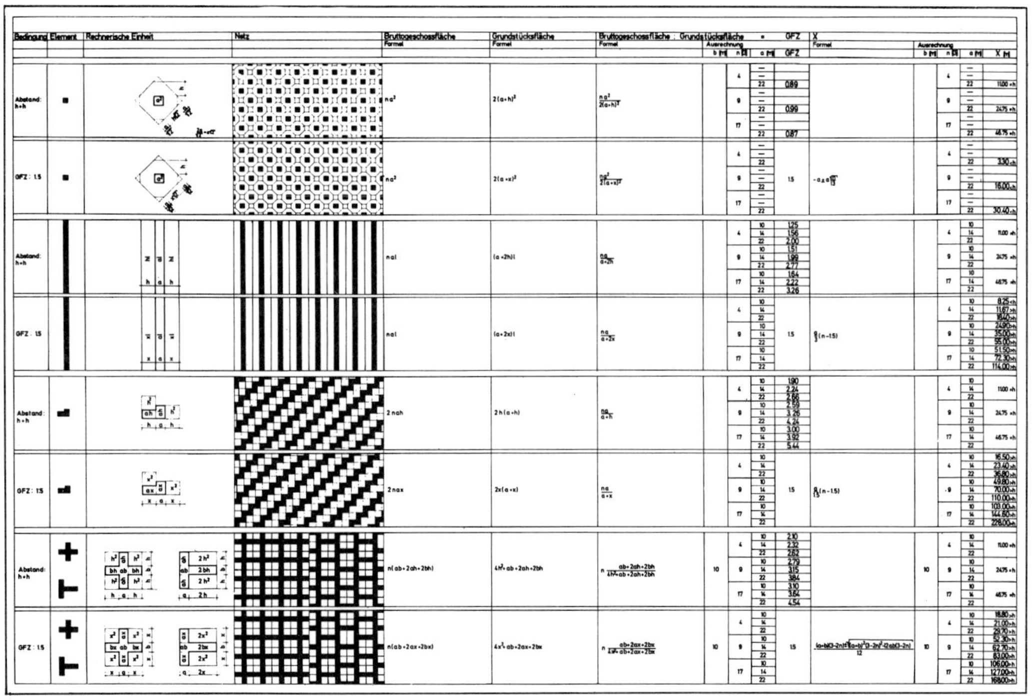

(2) Bebauungsvarianten unter Verwendung des T-förmigen Elements. Symmetrieoperationen: Translation und Spiegelung.

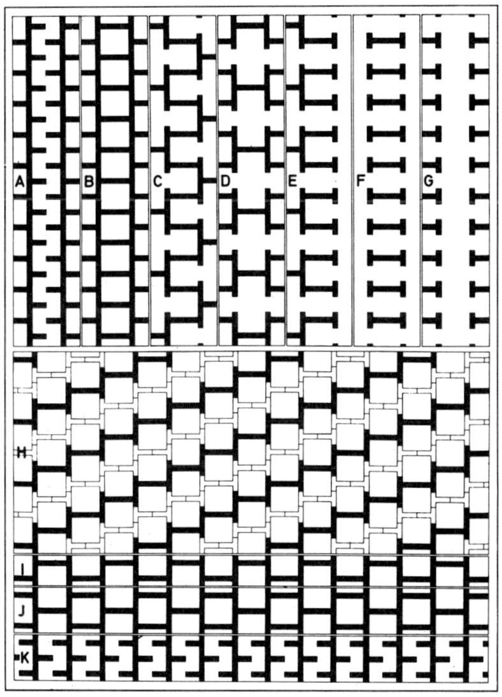

Das Repertoire besteht aus entstumpften Tetraedern; für Teile der Entlüftungsschächte wurden segmentierte Tetraeder verwendet. Im Grundriß wiederholt sich diese Ordnung, der Aufriß ähnelt einem umgekehrten Zikkurat, das Repertoireelement beherrscht bis zum Superzeichen als durchgängig geometrisch definiertes System die Form- und Raumbildung.

Das Projekt eines Studentenhauses für Drienerlo in Holland entspricht einer Agglutination gleichartiger Zellen, die über fünf Stockwerke in einem runden Patio in axialer Symmetrie angeordnet sind.

Auf einem quadratischen System von 9×9 m, die sich dazwischen befindenden Streifen dienen als Luftraum oder der partiellen Gliederung, entwickeln sich bis zu vier Bürogeschosse. Da der Stützenraster im Untergeschoß für die Stellplätze größer sein sollte als in den Obergeschossen, sind hier jeweils zwei Stützen der Büroebene zu einer Stütze zusammengefaßt; daraus ergibt sich eine Netzweite von 8,50 $\text{m} \times 8{,}50$ m. Das Netz ist dort um 45° abgewinkelt.

Für seine Bewohner stellt es ein hierarchisches System von halböffentlichen Höfen zur Verfügung.

Mit dem Grundriß des Verwaltungsgebäudes der Versicherungsgesellschaft Centraal Beheer wurde von Herman Hertzberger ein Rahmen gegeben, der nach den Theorien der »strukturalistischen Architektur«, die Hertzberger mitformulierte, von den Nutzern mit eigenen Aktivitäten ausgefüllt werden soll. Der clusterartige Grundriß des Bürogebäudes ist diagonal gekippt, die Verkehrszonen sind mit Punktraster belegt, sodann sind die Varianten für die Aufstellung der Arbeitsplätze eingetragen.

5.53 Alfred Neumann, Zvi Hecker und Eldor Sharon. Rathaus Bat Yam. 1958–1963.

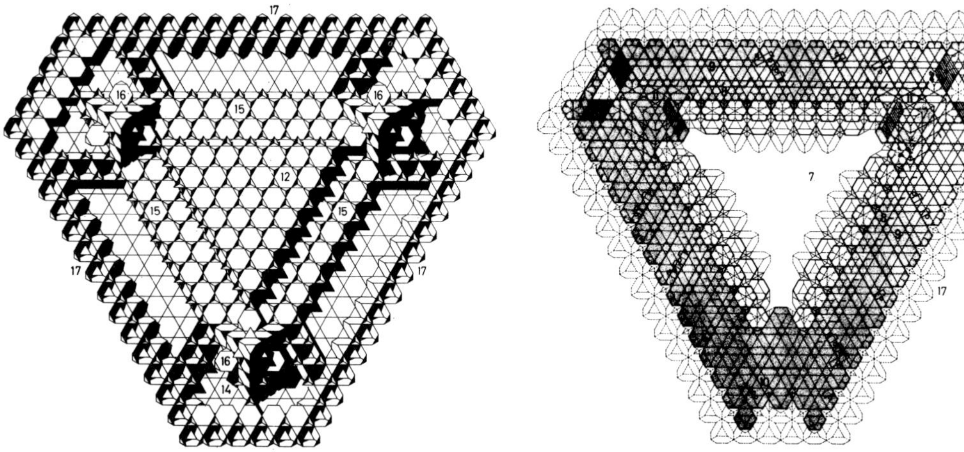

5.54 Jan Verhoeven. Studentenheim. Drienerlo. 1970. Projekt.

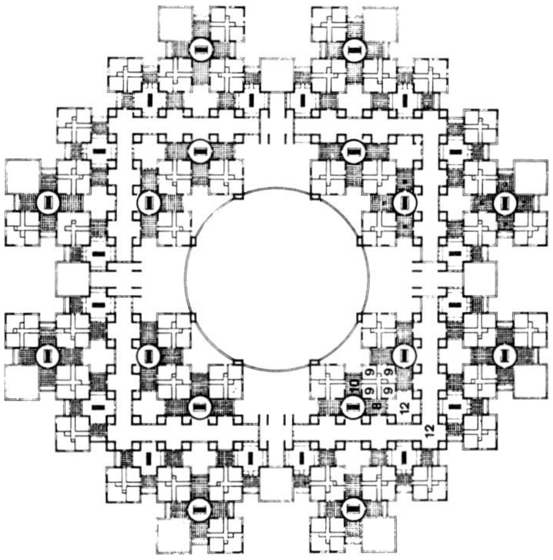

5.55 Herman Hertzberger. Bürogebäude der Versicherungsgesellschaft Centraal Beheer. Apeldoorn. 1970–1972.

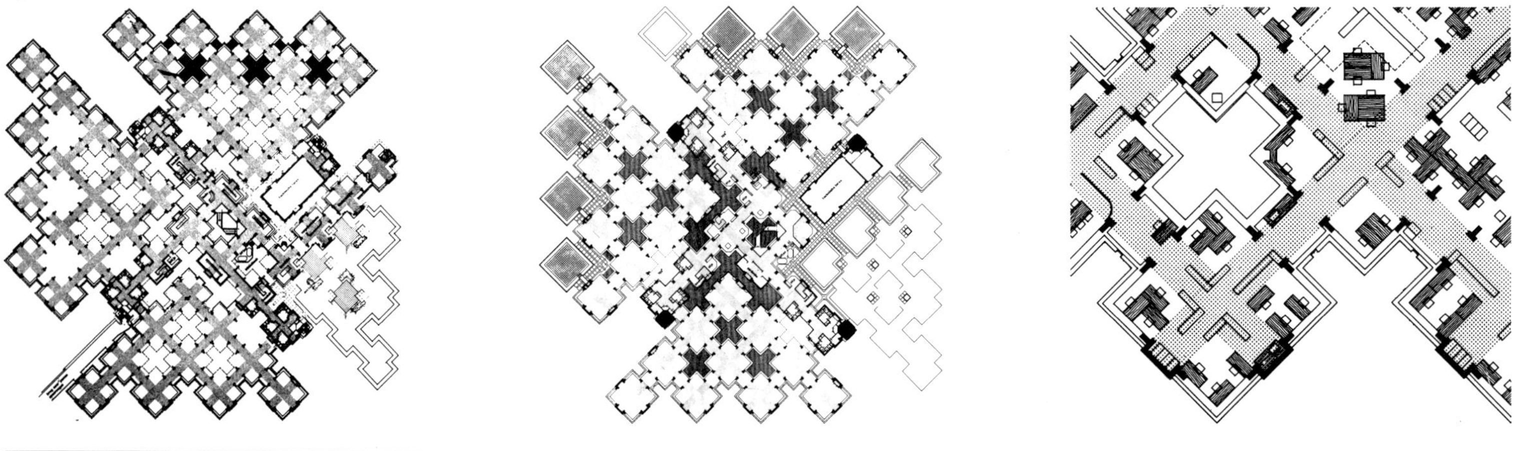

5.56 Taller de Arquitectura. Systematische Entwicklung der Großform. 1964–1966. Projekt.

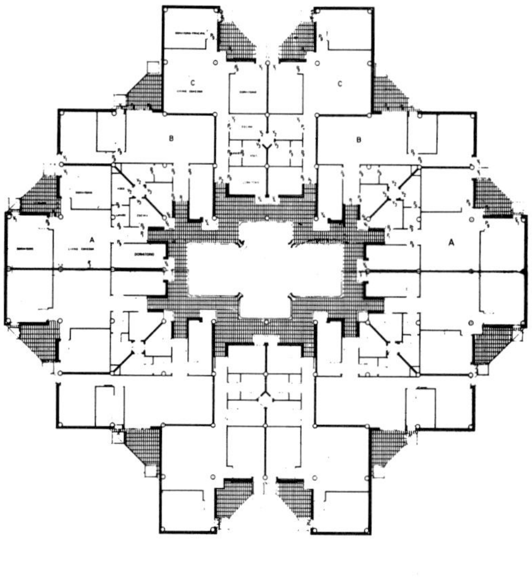

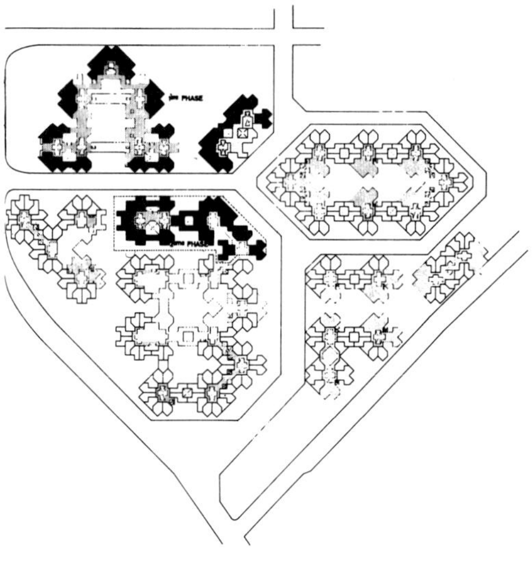

Taller de Arquitectura entwarf für frühere Projekte ein dichtes scharfkantiges Gewebe, das private und halböffentliche Zonen vorsieht. Der systemhafte Aufbau, auf kleinen Repertoireelementen basierend, bringt ohne konstruktive Ungereimtheiten oder Gefährdungen der totalen Planung, städtisch anmutende Agglomerationen hervor.

Die Abwendung vom »international style« zumindest des Chicagoer Büros von SOM unter Leitung von Walter Netsch ließ konsequent geometrisch-systemhaft konzipierte Projekte und Bauten entstehen. Sie stehen den Traditionen der Schule von Chicago nahe, jedoch nicht mehr den Auffassungen Mies van der Rohes. Die geometrischen Entwurfsoperationen – von Netsch ergänzend als »Feldtheorie«, einer analytischen Methode aus der Verhaltensforschung, untermauert – verweisen auf ein Vorgehen, wie es zuvor als homöomorphe Transformation beschrieben worden ist; es bedient sich der Translation, Spiegelung und Rotation. Aus den Kontextbedingungen, den nutzungstechnischen Forderungen usw. werden die Repertoireelemente und deren Zusammensetzungen entwickelt. Trotz der strengen geometrischen Bindungen entstanden vielfältige formale und konstruktive Lösungen, deren Richtigkeit sich in den nachfolgenden Entwurfsschritten erwies. Einige Beispiele:

Auch Louis Kahn fügte quadratische Bauteile zu additiven Konfigurationen zusammen. Er nutzte dabei die Erfahrungen, die er mit dem in Trenton realisierten Badehaus gemacht hatte.

5.57 Walter Netsch. Projektstudie.

Die Rotation zweier Quadratnetze um eine halbe Drehung führt zur Gewinnung des Netzmoduls. Aus ihm wird eine Einheit aus acht Büroeinheiten um einen achteckigen Sekretariats- und Empfangsraum gebildet.

Die Gesamtform bildet nun ein geschlossenes Feld um einen offenen zentralen Hof. Der größte Geschoßflächenanteil wird als zusammenhängende Bürofläche ausgewiesen. Für geringeren Geschoßflächenbedarf wird aus den Netzbeziehungen eine Achteckfläche als neues Modul ermittelt.

Räume gleicher und unterschiedlicher Niveau- und Deckenhöhe geben weitere Differenzierungen. Die Bodengliederung des Erdgeschosses setzt sich analog in der Topographie fort. Versorgungsräume, Installation, Aufzugschächte etc. sind aus der freien Geschoßfläche abgetrennt.

Die Empfangsräume sind jetzt mit einem Flur verbunden. Die zentrale, unbebaute Hoffläche ist mit der Eingangshalle verbunden. Die Fassadenausbildung folgt den vom Netz gegebenen Umrissen und bildet jetzt wieder eine dem Uhrzeigersinn entgegenlaufende symmetrische Rotationsform.

Die Variante zeigt eine zusammenhängende, ruhige Gesamtform. Außenliegende Zonen ergänzender Funktion treten hinzu: A) Aufenthaltsraum; B) Oberlicht über dem Hof; C) Schwimmbad; D) Eingang; E) äußerer Hof; F) Garten.

5.58 Louis Kahn. Schulgebäude Trenton. Projekt.

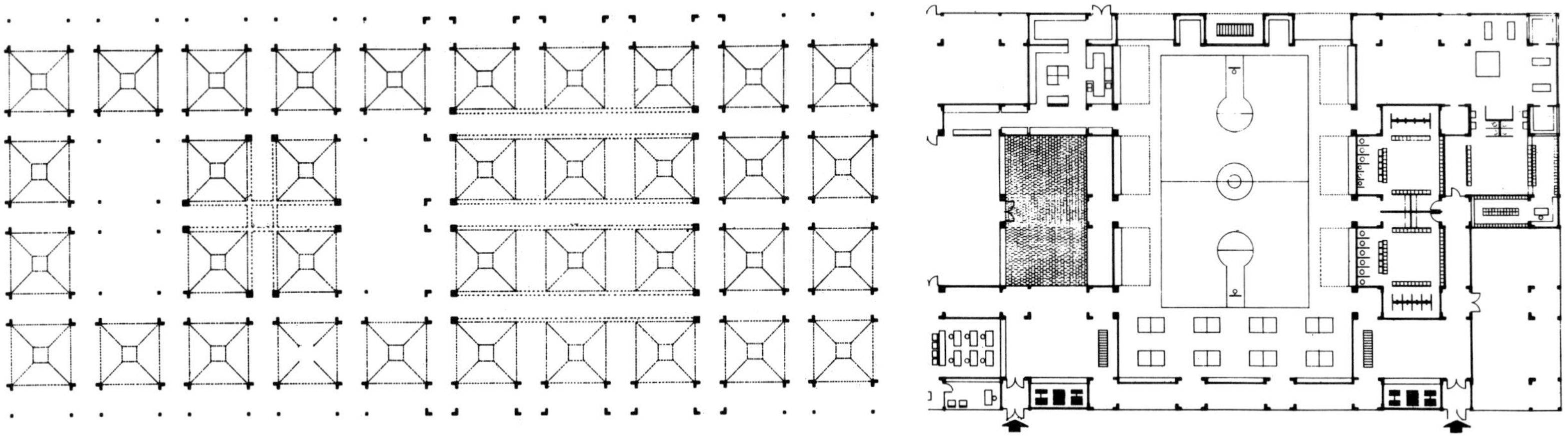

Das komplizierte Gefüge von Kreispackungen und -überdeckungen dient Paolo Portoghesi und Vittorio Gigliotti als Basis für Grundrisse – und ebenso für die Fortsetzung in die dritte Dimension. Diese Technik folgt in einer gewissen Art der barocken Architektur, vor allem der Borrominis. Doch unterliegen, beispielsweise dem Plan der Kirche S. Maria Mater Ecclesiae, Salerno, konkrete geometrische Bezüge, denn die Schnittpunkte eines Hexagonalnetzes bilden die Mittelpunkte konzentrisch wachsender Kreisfelder, deren größter Durchmesser wiederum die Mittelpunkte der benachbarten Kreisfelder schneidet, bis eine allseitige Kreisüberdeckung erreicht ist. Aus Kreislagen und Schnittpunkten bildet sich dann jene für Portoghesi typische Raumorganisation, die sich der allgemeinen Definition von Innen und Außen, von raumbildender und raumabschließender oder raumöffnender Wirkung – weil angeblich antipodisch – entzieht und zu einem wechselhaften Spiel von konvex/konkav gekrümmten Wandanordnungen und ineinandergreifenden Raummittelpunkten findet. In diesem syntaktisch-semantischen Spiel ist die Topographie nicht nur berücksichtigt, sie ist auch thematisch im Repertoire der Raumorganisation selbst enthalten.

Die reichhaltigen Möglichkeiten von Darstellungsmethoden und -techniken, die auch für Grundrisse gültig sind, finden ihre Anwendung in den Zeichnungen von Jørn Utzon. Durch modulierende Schatten entsteht beispielsweise eine Raumvorstellung von den Theaterräumen, die auf einer Landzunge als helle Figur vom dunklen Grund des Wassers umgeben sind.
In den Grundrissen des Theaterentwurfs für Zürich sind es Raster verschiedener Grauwerte, die Funktionsabstufungen anzeigen und vom Schattenplan ergänzt werden.

5.59 Paolo Portoghesi und Vittorio Gigliotti. Netzstruktur.

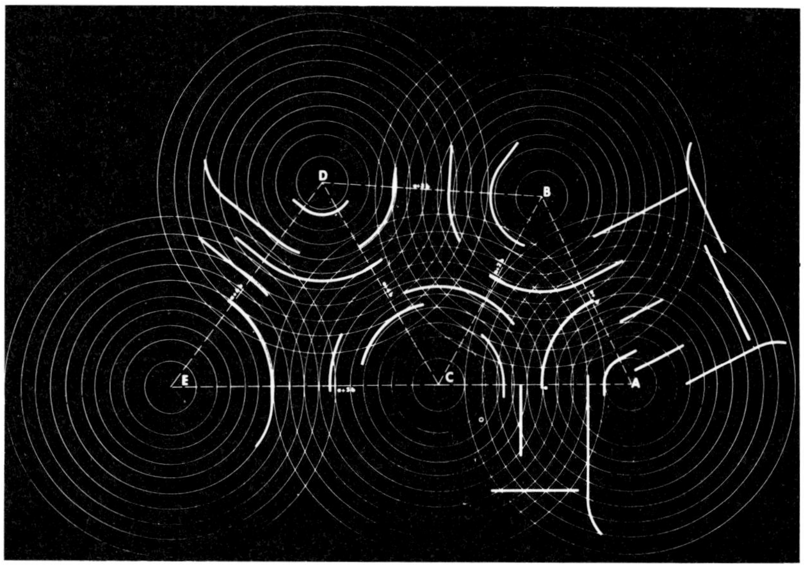

5.60 Paolo Portoghesi. Kirche der Sacra Famiglia. Salerno. 1968–1974.

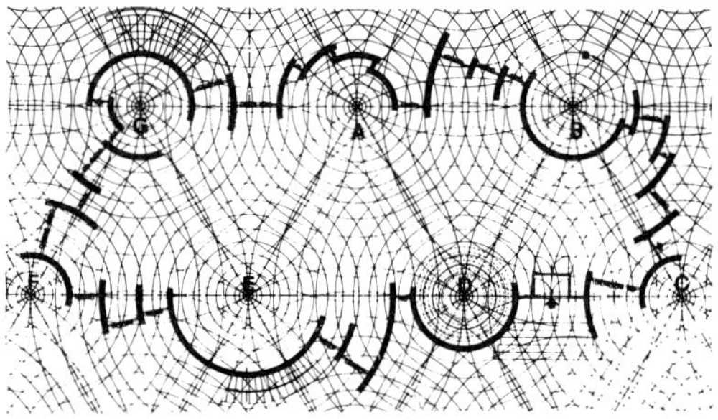

5.62 Paolo Portoghesi. Vittorio Gigliotti. Haus Papanice. Rom. 1967.

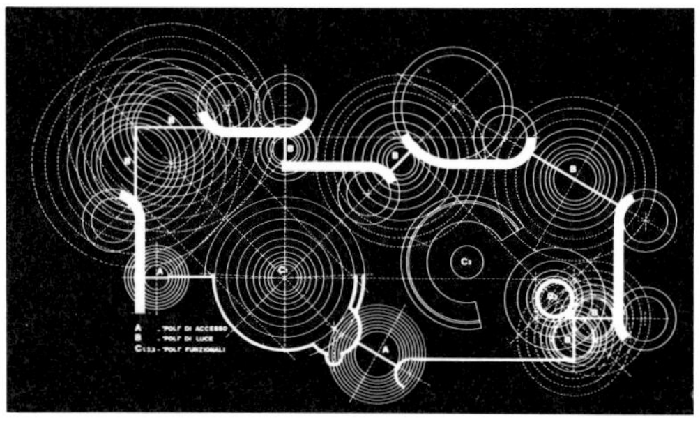

Diese Methode, das Entwerfen auf regulären Netzen, wenden Paolo Portoghesi und Vittorio Gigliotti zur Bildung von Grundrissen an, und das Ergebnis sind formal komplexe Gefüge konvex-konkaver Raumbegrenzungen ohne mechanische Wiederholungen und individuell geordnete Grenzflächen.

5.61 Paolo Portoghesi. Casa Baldi. Rom. 1959.

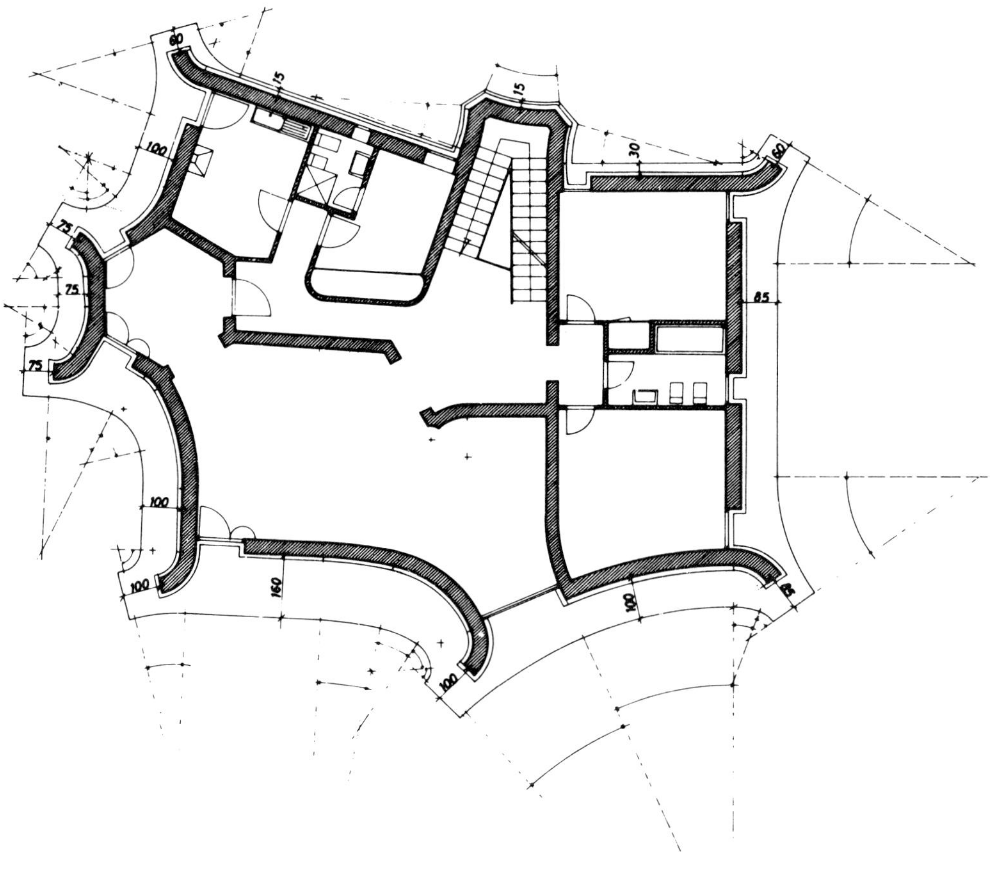

Einige räumlich ergänzte Grundrisse.

Für die XV. Triennale Mailand plante Aldo Rossi die Einrichtung einer Ausstellungshalle. Axonometrische Eintragungen der Wandelemente und Stelltafeln für Exponate geben eine klare Vorstellung von der Organisation des Raumes, der Führung des Publikums und den formalen Beziehungen der konstituierenden Elemente des Gebäudes. Die Darstellung ist zum »Raumbild« geworden, der sinnlichen Erfahrung nähergerückt.
Auch die Grundrißdarstellung des Scarborough College von John Andrew kommt der sinnlichen Erfahrung entgegen: Die planimetrische Strichdarstellung wird von axonometrisch eingetragenen Körperschatten der Wände ergänzt; im Außenbereich ist die Lage der Geschoßebenen von der Länge des nach unten angetragenen Schattens verdeutlicht.
Die von Fumihiko Maki entworfene Grundschule in Numazu bildet mit den Klassenzimmern und Höfen eine Einheit von quadratischem Umriß. Diese Zeichnung konkretisiert die Gliederung des Bauwerkes: Die überbauten Raumgruppen erscheinen als unbehandelte Flächen, die Höfe sind mit ihrer Pflasterung dargestellt, und das Grundstück hebt sich als dunkler Grund von der daraufstehenden »Figur« ab.
Wenn die Wandhöhen verkürzt aufgetragen werden, lassen sich meist Überschneidungen oder ungünstige bildnerische Verzerrungen vermeiden. Die Militärprojektion ergibt einen guten Einblick in die Räume und Ein- und Überblick auf die Gesamtanlage.
Nochmals der Eindruck eines Modells mit abgenommener Dachfläche. Doch es ist eine computergesteuerte immaterielle Simulation einer räumlichen Struktur mit eingetragenem Installationssystem. Diese Abbildung steht im Zusammenhang mit weiteren transformatorischen Studien unterschiedlicher Projektionen der räumlichen Struktur. Das computererzeugte Bild erlaubt ein relativ schnelles Studium alternativer Lösungen.

5.63 Jørn Utzon. Oberschule in Helsingør. 1958. Projekt.

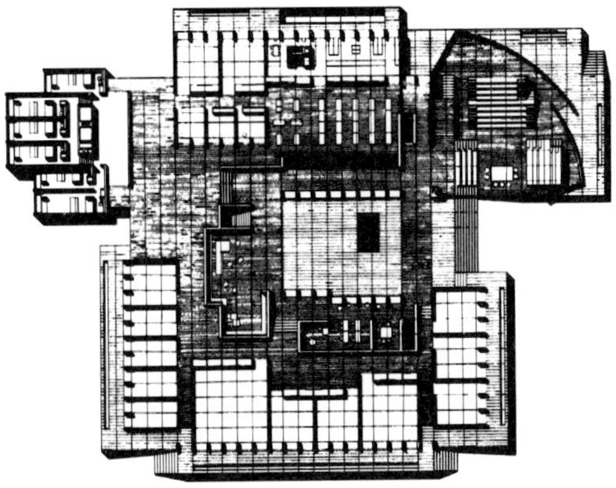

5.64 Jørn Utzon. Theater in Zürich. 1964. Projekt.

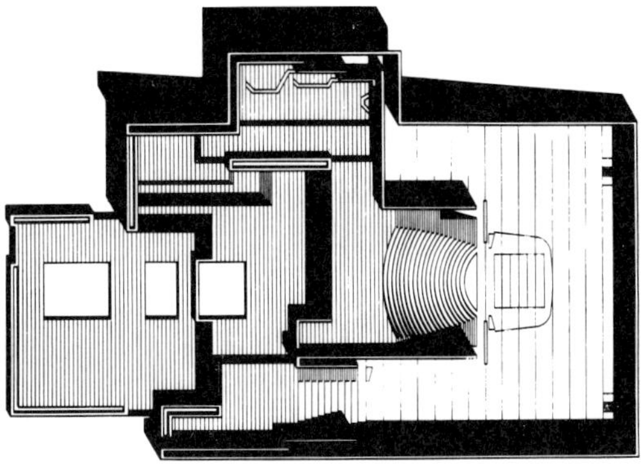

5.65 Aldo Rossi. Ausstellungsgestaltung. XV. Triennale Mailand. 1973.

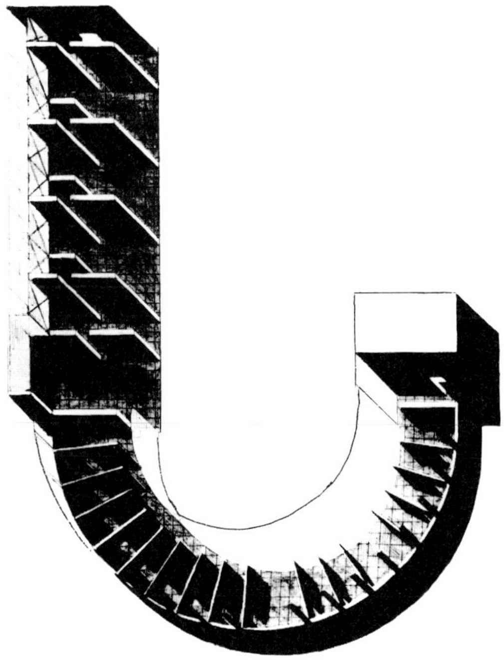

5.66 John Andrew. Scarborough College. Scarborough. Ontario, 1. Bauabschnitt. 1963.

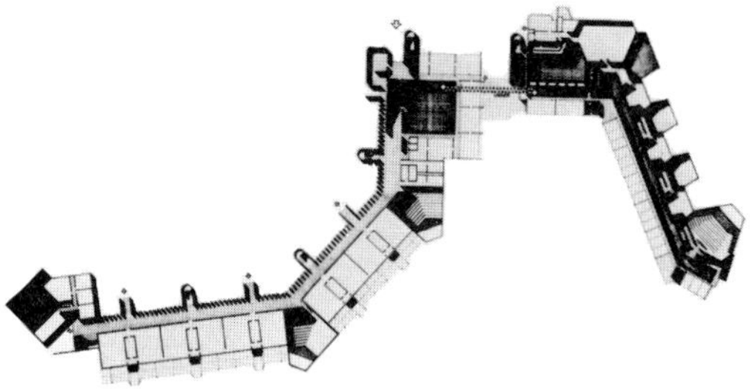

5.67 Fumihiko Maki. Grundschule in Numazu. Japan. 1972.

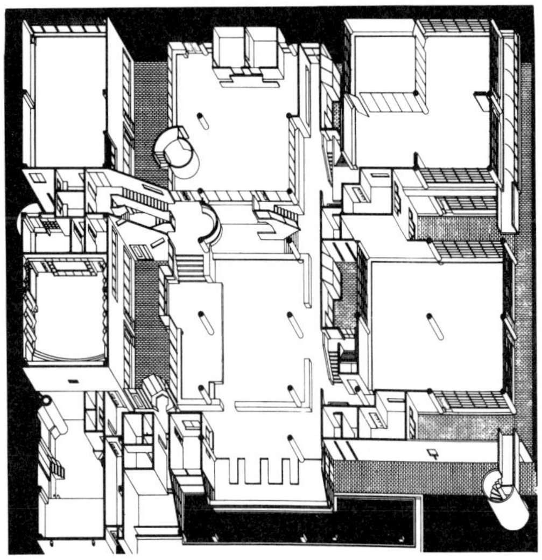

5.68 A. C. Martin and Associates. CAD-generierte Raumstruktur.

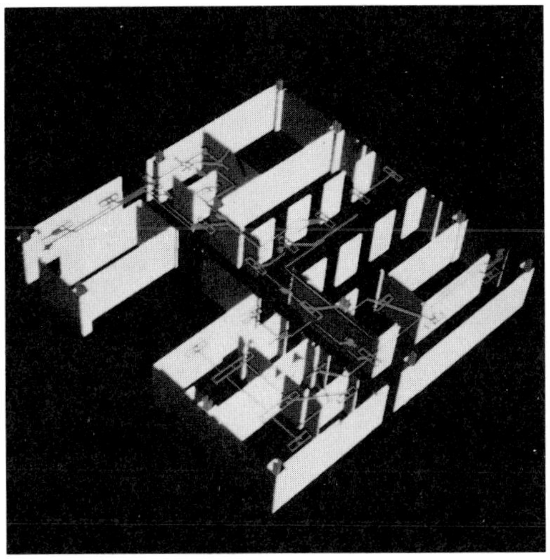

Man wird John Hejduk am ehesten gerecht, wenn man diese Zeichnungen Etüden nennt. Aus beispielsweise zwei diagonal zueinander stehenden Quadratnetzen gewinnt er Ordnungsbeziehungen für Wände und Stützen, für Raumbegrenzungen und -öffnungen. Der diagonal dazu verlaufende Gebäuderand provoziert die im Rauminnern aufgebaute Ordnung, so daß das Wirken der zwei Bezugssysteme, einem dialektischen Spiel gleicht, das stetige Neubewertung provoziert. Die Militärprojektion gibt in wahrer Größe und ohne Winkelverzerrung grundrißlich richtige Abbildungen, die eine unerwartete Wirkung erzielen, wenn das Objekt parallel zur Abbildungsrichtung gedreht wird.

Bei den Zeichnungen zum Projekt des »Halb-Hauses« wählte John Hejduk eine zweiachsige Axonometrie. Grundrißkanten und Projektionsstrahlen überdecken sich, das hat zur Folge, daß der Grundriß der Wände mit den vertikalen Höhenlinien identisch ist.

Die Gebäudestruktur ist von drei stereometrischen Formen bestimmt, die an der gemeinsamen Tangente, dem Erschließungsgang, zusammentreffen und dort zum komplizierten Gefüge der Innen- und Außenräumen verbunden sind.

In der axonometrischen Zeichnung von Richard Maier zum Entwurf des Hauses Saltzman ist die Projektionsrichtung bzw. das abzubildende Objekt so gelegt, daß sich die Gebäudekanten von Grundriß und Aufriß fluchtgleich überdecken. So scheinen der Grundriß und seine räumliche Projektion ineinander überzugehen; die im allgemeinen getrennten Aussagen Grundriß–Aufriß–Schnitt erscheinen als eine einzige; die Desuperisierung der an sich gedanklichen Einheit für den Entwurf des Bauwerkes mittels zeichnerischer Zerlegung und Aufteilung, ist hier aufgehoben, ist umgeschlagen in eine »innovative« Superisierung sonst getrennter Zeichenebenen. Die komplizierte Gebäudestruktur erscheint durch diese Darstellungsmethode synoptisch.

5.69 John Hejduk. Haus Diamond. Projekt.

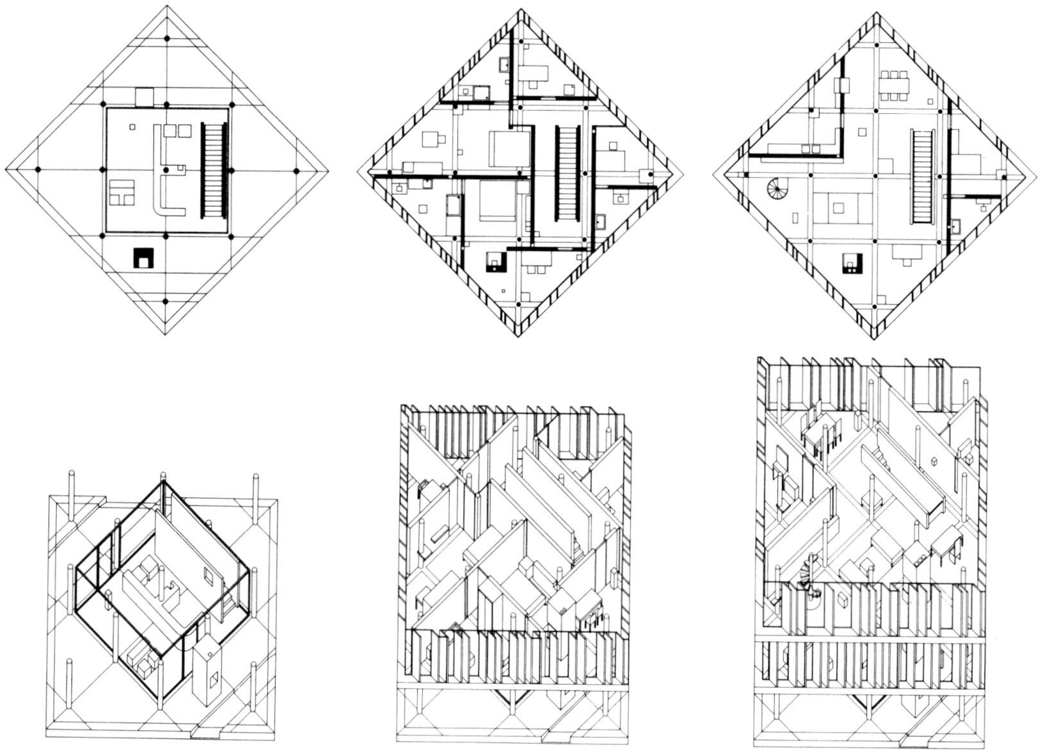

5.70 Richard Meier. Saltzman-Haus. East Hampton. New York. 1969.

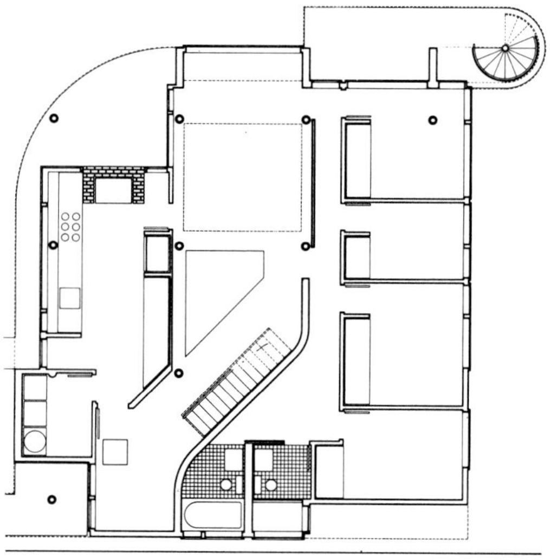

5.71 Richard Meier. Saltzman-Haus.

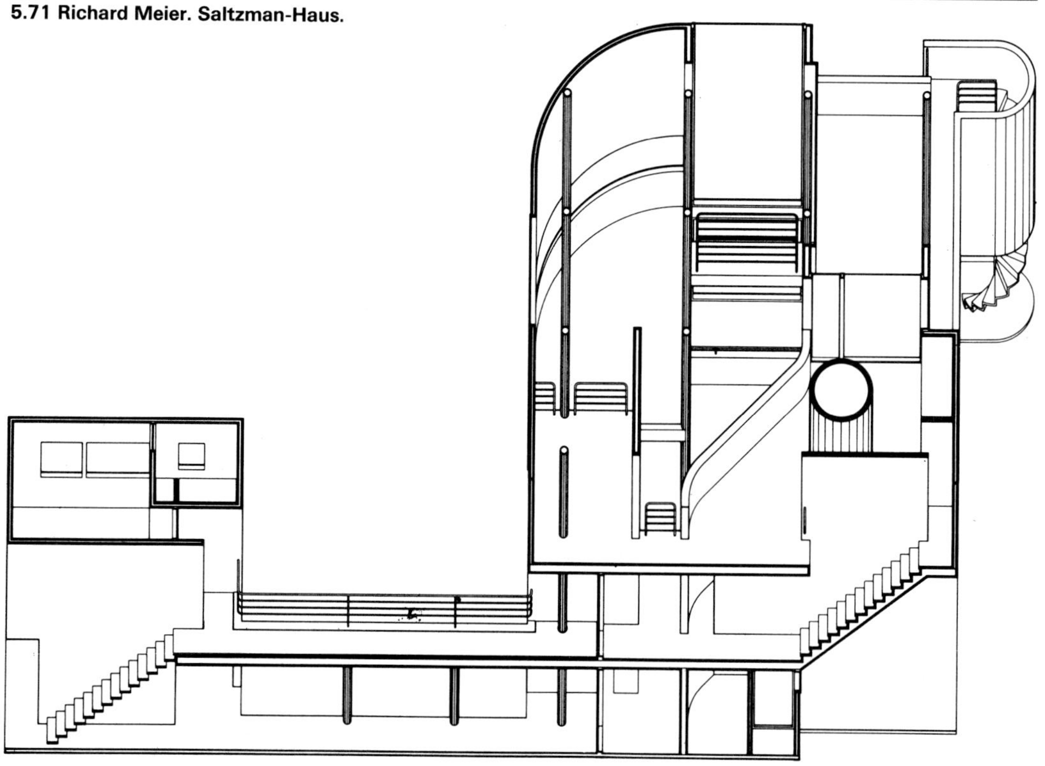

Der proxemische Code

Nicht wenige Zeichnungen von Archigram stehen dem Comic strip nahe und tragen in Grundrissen, Schnitten, Ansichten und Raumdarstellungen Sprechblasen mit ausrufartigen Informationen. Die Sprechblasen verdichten die kommunikativen Funktionen des Raums, indem sie auf Verhaltensweisen, Reaktionen und Handlungen hinweisen. Oder aber, sie sind in die Zeichnungen eingetragen, wohl weil man befürchtet, die standardisierten zeichnerischen Codes könnten das Kommunikationsgeschehen im Entworfenen nicht ausreichend verdeutlichen. Sicher ist, daß Zeichnungen mit Comic-Elementen die Expressivität bis ins Groteske steigern können. Sprechblasen, bestens bekannt von »Comic-Strips«, sind Ausdrucksformen des akustischen Raumes; sie sollen helfen, die räumliche Distanz zwischen den Dialogpartnern zu überbrücken. Die vielfältig variierten Sprechblasen sind nach Form, Größe, Richtung und ihrer Verknüpfung mit dem Geschehen selbst Teil dieser Gestaltung. Ikonisch gestaltete Gesten sind oft in gezackter, kreisender oder schleifenartiger Form ausgeführt; sie zeigen den Verlauf des Geschehens an, aber auch Erregung, Faszination und Katastrophe. Geschwindigkeitslinien demonstrieren räumliche Aktionen und schnelle Bewegungen. Geräuschblasen vermitteln die akustische Dimension des Geschehens. »Wumm!«, »Plop!«, »Quap!« ergänzen die Geräuschmalerei.
Auch triviale Geschehnisse werden vorzugsweise als zeiträumliche Geschehnisse visualisiert; es liegt nahe, filmische Mittel, wie die Totale, die Großaufnahme und Bildausschnitte einzusetzen. Sprechblasen enthalten Ausrufe, die über das Befinden informieren, oder wie bei Archigram – Hinweise zum Aufbau technischer Strukturen enthalten, und darüber, wie der Mensch sich in technoider Umwelt zu verhalten habe.

Diese dank des »Comic-Strip« internationale Bildgrammatik ist dem proxemischen Code zuzurechnen. Der Begriff »proximity«, den der Anthropologe Edward T. Hall begründete, bedeutet Nähe, »Proxemik« läßt sich mit Systembezogenheit übersetzen.[11] Als Verhaltenswissenschaft untersucht die Proxemik kulturspezifische Systeme des Raumbewußtseins und Raumverhaltens, besonders das Distanzverhalten von Menschen verschiedener Kulturen in alltäglichen Handlungen. Ein weiteres Gebiet ist die Raumorganisation von Gebäuden und des öffentlichen Raums.
Der proxemische Code unterliegt dem Zwang der Darstellungsökonomie, denn Gefühle wie Angst und Freude, zwischenmenschliche Beziehungen oder Alltagshandlungen wie Gehen, Sitzen, Warten können nur vereinfacht dargestellt werden.
Trotz ikonisch und graphisch unterschiedlicher Formen ist das Repertoire weitgehend standardisiert, die Reduktion auf elementare Äußerungen herrscht vor.

Die axonometrische Staffelung der Geschoßflächen

Die von der Ideenskizze zur Ausführungszeichnung fortschreitende Konkretisierung fordert immer wieder die Überprüfung eingegangener Verpflichtungen und auferlegter Ziele nach der Logik des entwerferischen Leitbildes. Das Programm, das sich im Entwurfsverlauf zu einer baulichen Organisation entwickelt, erfährt fortwährend Veränderungen und Korrekturen. Sobald die Beziehung von Programm und Entwurf, von Forderung und Ergebnis in Grundrissen, Schnitten, Ansichten niedergelegt ist, gilt der Entwurf als vorläufig abgeschlossen. Im Grundriß sind die Anforderungen zu einem System zusammengefügt und oft von Subsystemen wie Installation, Ausbau und Einrichtungen ergänzt. Ihre Ordnungen stehen auch meist geschoßübergreifend in einem funktionellen Zusammenhang. Es bestehen Bindungen und Funktionszusammenhänge zwischen den:
– geschichteten Geschoßflächen;
– den Subsystemen und dem Bausystem;
– den Subsystemen und den Nutzern;
– den Tätigkeiten der Nutzer.
Das Grundrißgefüge, seine Beziehungen und Nachbarschaften sind durch übereinander gestaffelte Geschoßflächen anschaulich und überprüfbar darzustellen.
Die Merkmale des Grundrißgefüges lassen sich auch abstrahiert, als eine Folge von Punkten, Strecken und Knoten abbilden, die man in einer Graphendarstellung vernetzt.
Durch die gestaffelte Anordnung von Grundrissen erhält man eine gute Übersicht über die geschoßübergreifenden funktionalen Zusammenhänge. Die Vernetzung der operativen Flächen werden in der grundrißlichen Gestaltung sichtbar.
Meist projiziert man Grundrisse axonometrisch, nicht wie bei der echten Explosionszeichnung räumlich, sondern soweit axial gedehnt, wie es eine gute Übersicht erfordert.

5.72 Archigram. Proxemische Aufzeichnung. 1966.

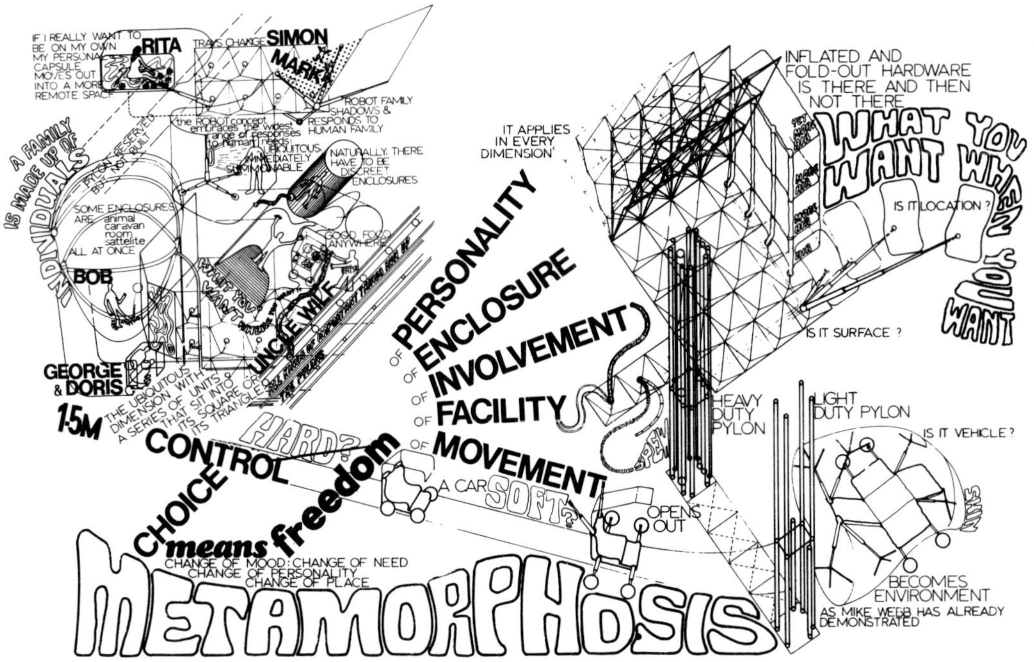

Das räumliche Gefüge der Geschoßebenen kann auch vollständig axonometrisch dargestellt werden. Verlauf und räumliches Zusammenwirken von Treppen, Installationen, Gebäudekanten usw. erhalten durch verschiedene Verbindungslinien oft zusätzliche Kennzeichnungen: fett, mager, durchlaufend, gepunktet usw.

Die Typisierung der Bausysteme zur Errichtung der Institutsbauten der Universität Bochum hatte das Ziel, möglichst viele Bereiche trotz verschiedener Konstruktions- und Nutzungsanforderungen zu standardisieren. So basiert die gesamte Gebäudestruktur auf einem Raster von 7,50 m × 7,50 m, der zu größeren Einheiten addiert, aber auch unterteilt werden kann, wie es der Ausbau zu Kleinachsmassen und Laborachsen erfordert. Eine Legende der Schraffuren und Helligkeitsstufen weist die Nutzungen aus. Die Geschoßebenen sind axonometrisch projiziert.

Für die Universität Oran basiert die Planung auf einer standardisierten Gebäudestruktur, die jeweils im Bereich der Versorgungstürme in Längs- und Querrichtung erweitert wird. Die Darstellungen zeigen verschiedene Staffelungen der Geschoßflächen.

Das Wohngebäude am St. James's Place in London hat großzügige Wohnungen; f einige davon sind in split-level ausgebildet. Die Militäraxonometrie behandelt in fünf Schichtungen die Gestaltung der oberen Geschosse.

5.73 Helmut Hentrich und Hubert Petschnigg. Ruhr-Universität in Bochum. 1961–1970. Axonometrische Staffelung der Geschoßflächen.

5.74 Fakultätsbauten der Universität Oran. 1972. Axonometrische Staffelung der Geschoßflächen.

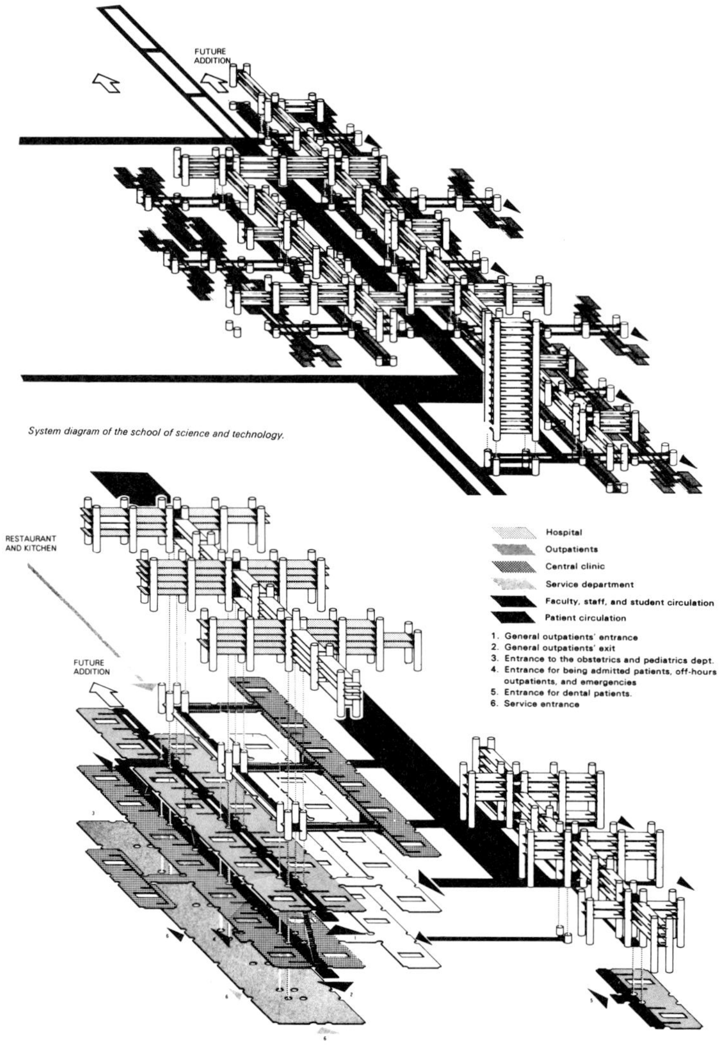

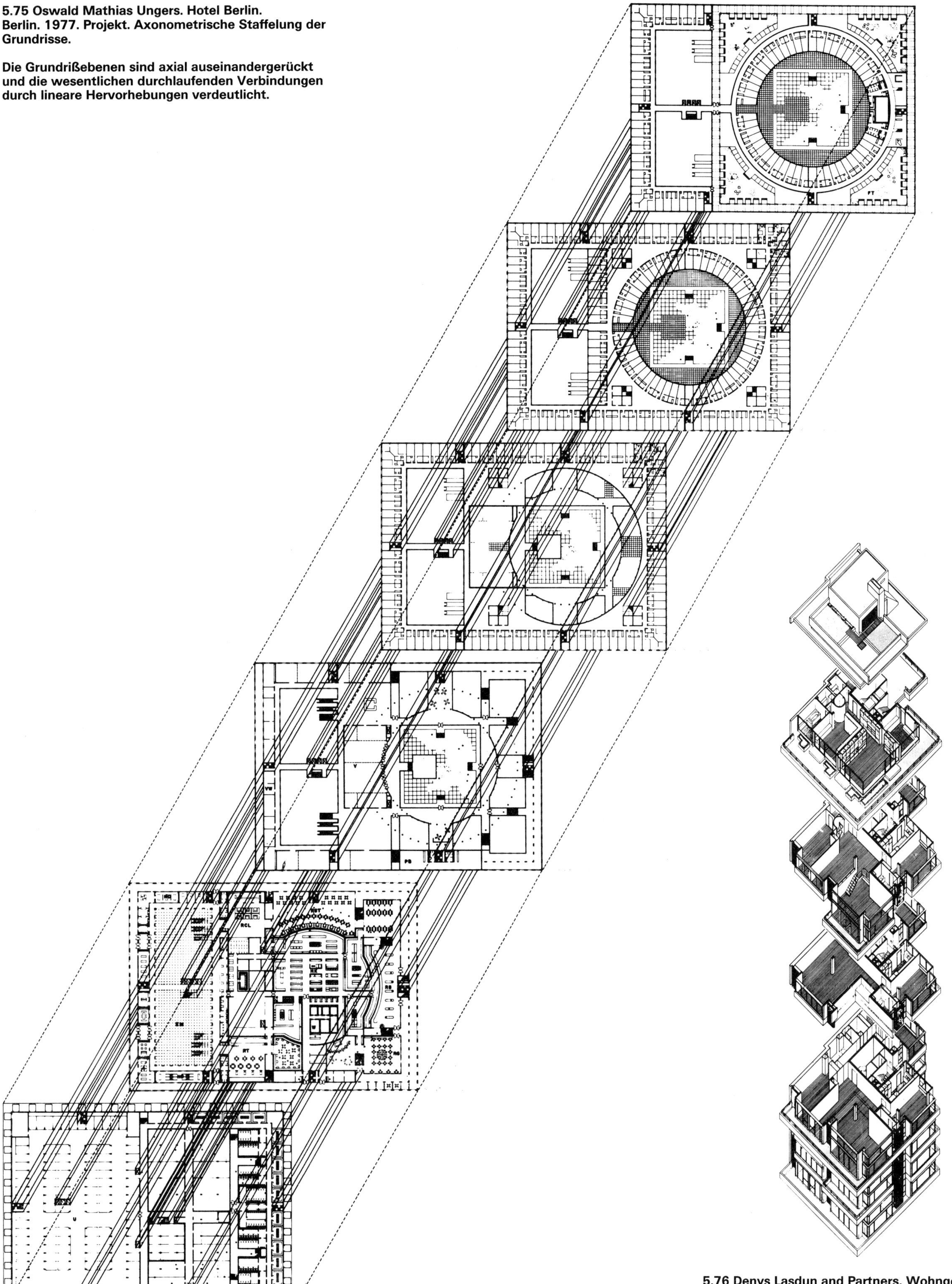

5.75 Oswald Mathias Ungers. Hotel Berlin. Berlin. 1977. Projekt. Axonometrische Staffelung der Grundrisse.

Die Grundrißebenen sind axial auseinandergerückt und die wesentlichen durchlaufenden Verbindungen durch lineare Hervorhebungen verdeutlicht.

5.76 Denys Lasdun and Partners. Wohngebäude am St. James's Place. London. 1959. Axonometrische Staffelung der Geschoßflächen.

Aus einer Anthologie signifikanter Grundrisse neueren Datums, denen sich analytische und zeichnerische Übungen anschlossen, gewannen Studenten eines Seminars über Muster und Farbe an der Cornell University Kenntnisse über Grundrißorganisation und Farbwirkung. Grundrißausschnitte, die wie »Fenster« in das Typische des Grundrisses blicken lassen, Farbton, -helligkeit und -verteilung schaffen visuelle Eindrücke, in denen sich Kompositorisches und Grundrißliches mischen.

5.77 Übungen zu Muster und Farbe auf der Basis ausgewählter Grundrisse. Cornell University. Ithaca. USA. 1978. Studienprojekt.

Schnitte

Planimetrische Schnitte

Grundrisse sind horizontale Schnitte. Dagegen zerlegen vertikale Schnitte das Objekt durch eine oder mehrere Schnittebenen senkrecht zur Schnittachse. Diese wird längs oder quer durch das Objekt gelegt. Schnittkanten, auf die man blickt, werden gezeichnet, während die vor der Schnittachse liegenden Objektteile nicht dargestellt werden. Je nach Schnittverlauf unterscheidet man Vollschnitte, Staffelschnitte und Winkelschnitte: Vollschnitte durchschneiden das Objekt ebenflächig von Außen- zu Außenkante; Staffelschnitte springen so, daß wichtige Objektteile von der Schnittebene betroffen sind; Winkelschnitte bevorzugt man meist bei rotationssymmetrischen Objekten, wobei der Schnittpunkt der zueinander rechtwinklig liegenden Schnittebenen im allgemeinen die Körperachse bildet. Der Schnittverlauf wird im Grundriß eingetragen, die Schnittachse alphabetisch benannt. Die Schnittflächen werden graphisch hervorgehoben; zur Materialkennzeichnung in größeren Maßstäben verwendet man die bei Werkplänen üblichen Codes. Die Darstellungen von kontextuellen Verhältnissen, wie die Nachbarschaft anderer Gebäude, Einrichtungen und Ausbaustufen, Bauteile, konstruktive Eigenschaften u. a. sind individuelle Entscheidungen, aber auch den verschiedenen Maßstäben vorbehalten.

5.78 Im planimetrischen Querschnitt sind die geschnittenen Bauteile schwarz gefärbt.

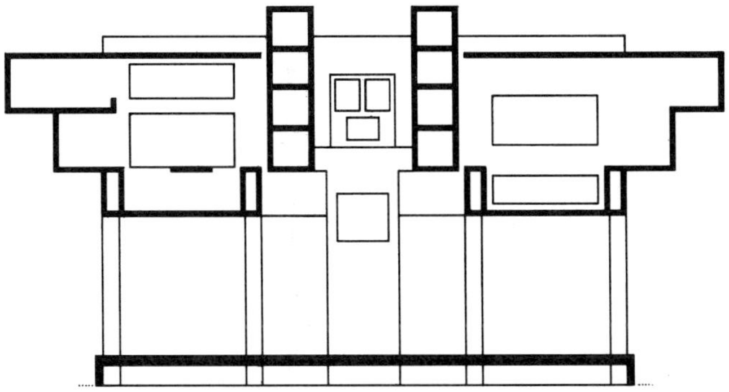

Mit Punktrastern in drei Helligkeitsstufen belegt, zeigt dieser Querschnitt besser die verschatteten Wandöffnungen und offene, weil nicht belegte Zonen an.

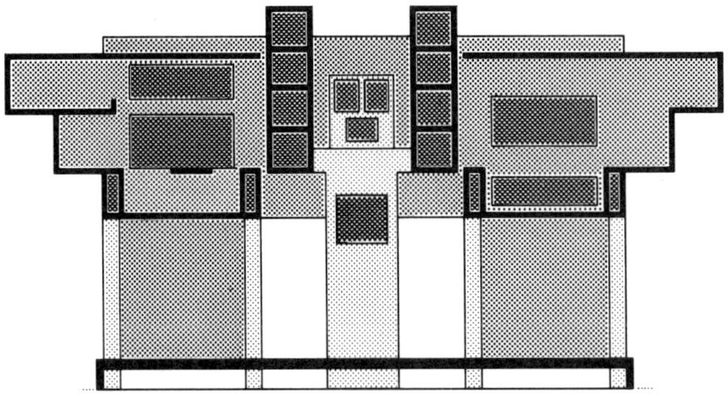

5.79 Guarino Guarini. Kuppel der Kirche San Lorenzo. Turin. 1668–1679. Schnitt.

Guarino Guarinis Schnitt durch Kuppel und Laterne von San Lorenzo gibt den Eindruck eines am Rande des konstruktiv Möglichen angesiedelten architektonischen Gestaltungswillens, der alle Schwerkraft zu überwinden trachtet. Über massiven Grundmauern spannen sich schneidende Gurtbögen, über denen sich der achteckige Stern erhebt, über dem scheinbar schwebend die Laterne ruht: Spätbarockes Raumgefühl schafft den Eindruck von schwereloser Unendlichkeit.

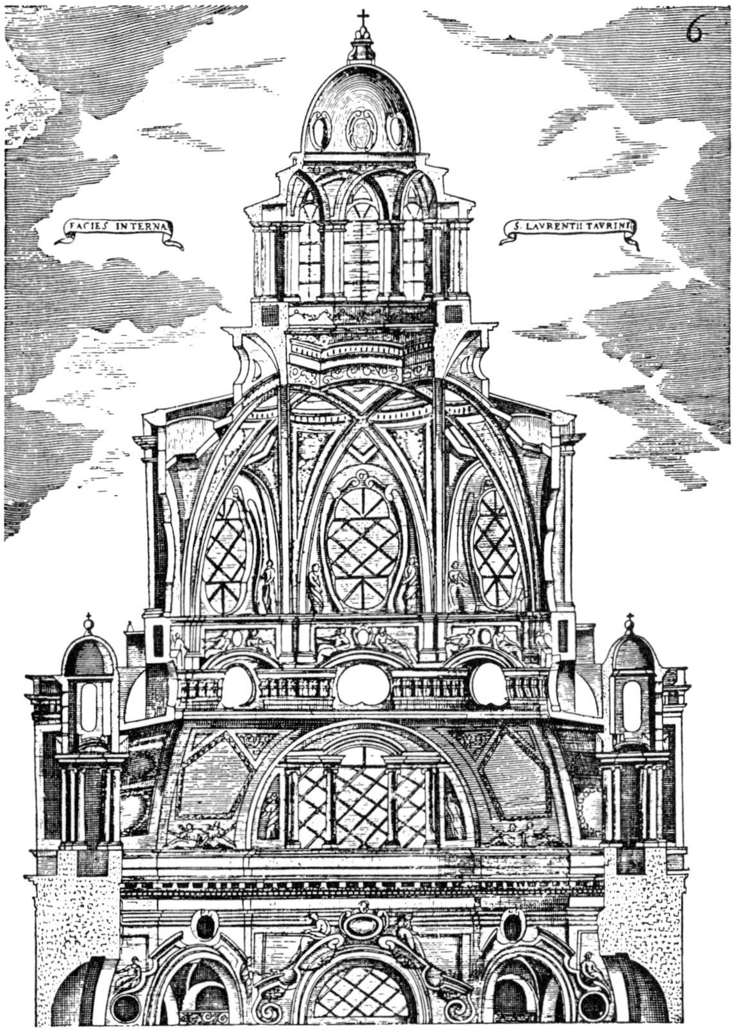

Hinsichtlich der technischen Anforderungen, die an Schnittzeichnungen gestellt werden, gilt sinngemäß das bereits für die Grundrißzeichnungen ausgeführte. Die im Zusammenhang mit der Grundrißzeichnung erläuterten technischen Anforderungen gelten auch für die Schnittzeichnung. Darüber hinaus enthalten Schnittzeichnungen der Maßstäbe 1:100 und 1:50 folgende Eintragungen:

- Lichte Raumhöhen;
- Geschoßhöhen; von OK Bodenbelag bis OK Bodenbelag;
- Koten aller Geschosse, bezogen auf Höhe des Erdgeschoßfußbodens;
- Höhenlage des Gebäudes über NN, bezogen auf OK Erdgeschoßfußboden;
- Treppenhausschnitte, Höhen der Podeste, in Roh- und Fertigmaßen;
- Treppenverlauf mit Steigungsverhältnis;
- Deckenstärke mit Unterzügen;
- Brüstungshöhe; von OK Bodenbelag bis UK Rohbau, Fensteröffnung;
- Geländeverlauf;
- Drainagen;
- Schnittbezeichnung.

5.80 Schule des David Gilly. Speichergebäude um 1800.

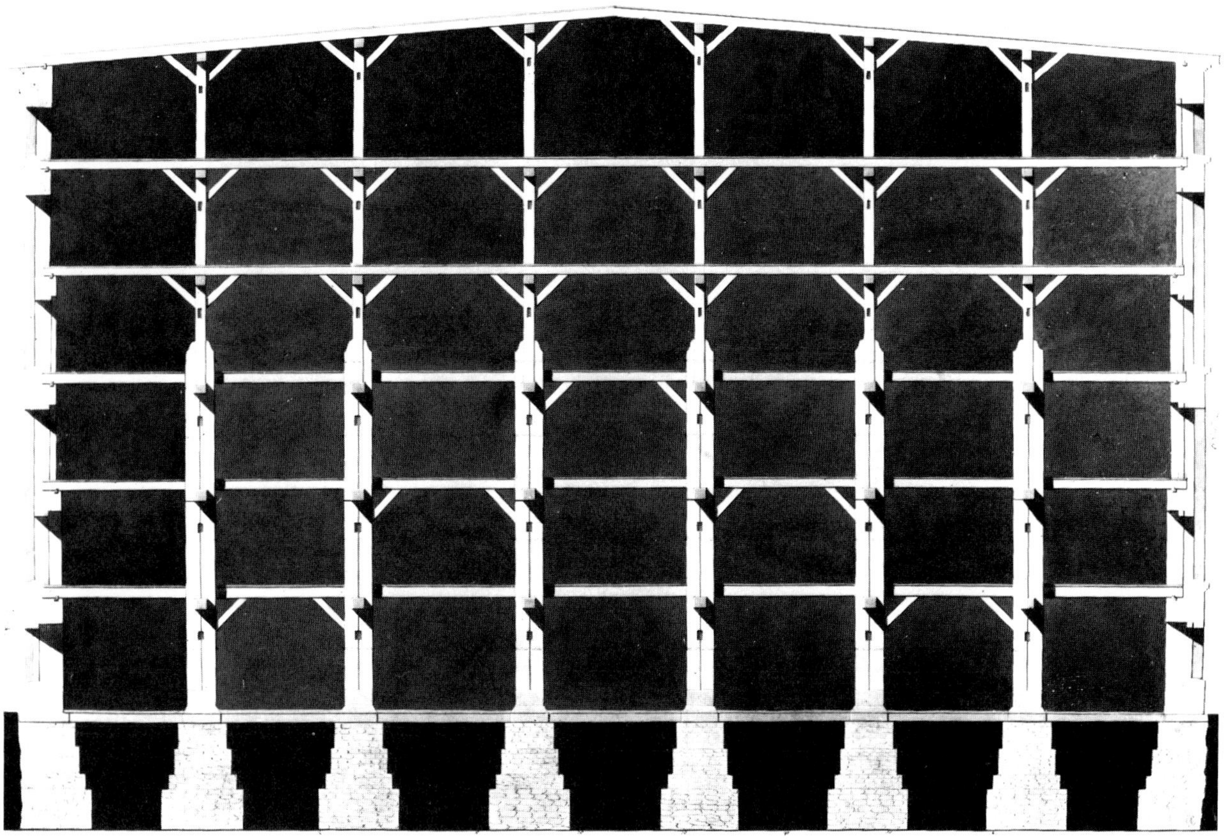

5.81 Friedrich Weinbrenner. Herrschaftliches Wohnhaus am Rondellplatz. Karlsruhe. 1803. Projekt.

Nicht nur die heutigen, sondern auch die zu Beginn des 19. Jahrhunderts üblichen zeichnerischen Qualitäten übertrifft die Darstellung von Karl von Fischer für ein Opernhaus in Wien. Vom großzügigen Eingangsbereich mit Prostylos und Freitreppe über den fein gegliederten Zuschauerraum zum Bühnenhaus mit Hinterbühne erstreckt sich der Längsschnitt, und über allem das dominierende Walmdach. Die vermutlich im Jahr 1803 mit dem Wiener Theatermaler und -architekten Joseph Platzer hergestellten Zeichnungen geben eine Anschaulichkeit, die einem Schnittmodell wenig nachsteht. Die in drei Farbtönen angelegte Zeichnung gliedert sich in räumlich gezonte Helligkeitsstufen mit leichten Verschattungen, die der beabsichtigten Raumwirkung des Entwurfs entsprechen. Mauerwerk, Holz und Holzverschalung sind farbig differenziert dargestellt.

Bei einem farbigen Querschnitt für das Olivetti-Zentrum in Rho ist die Farbe zunächst auf die Bereichskennzeichnung der Funktionen beschränkt: Büros sind blau, Werkstätten und Laboratorien sind rot, die Verkehrszonen gelb gehalten.

5.82 Karl von Fischer. Opernhaus in Wien. 1803. Projekt.

5.83 Le Corbusier. Olivetti-Zentrum. Rho. 1963. Projekt.

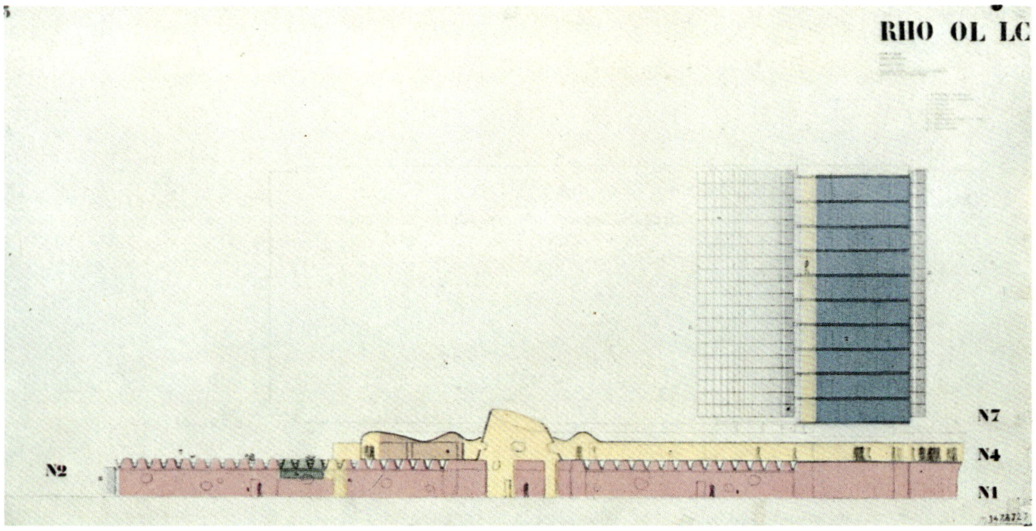

Axonometrische Schnittzeichnungen

Eine höhere räumliche Anschaulichkeit als den planimetrischen Schnitten, ist jenen Zeichnungen eigen, die ein axonometrisch bzw. perspektivisch projiziertes Objekt schneiden. Liegt die Schnittebene wie bei der Kavalieraxonometrie aufrißparallel, so vereinigen sich exakte Rißzeichnung und anschauliche Darstellung des Baukörpers; die Imaginationsfähigkeit des Perzeptienten ist nicht gefordert, bei geringem Aufwand ist die Aneignung jedem zumutbar. Die bereits angeführten Bedingungen gelten damit für Rißzeichnungen ebenso wie für axonometrische Darstellungen.

Gewisse Architekturformen und Raumsituationen fordern für eine anschauliche Präsentation die Darstellung in der Quer- und Längsachse; in einer weiteren Schnittvariante begrenzen horizontale Schnitte die Höhenentwicklung, vertikale Schnitte die Längsausdehnung.

Winkelschnitte

Paolo Soleris Megastruktur ist vorn winkelförmig aufgeschnitten. Sie öffnet das komplizierte Gefüge der im gigantischen Maßstab konzipierten Stadtanlage, die ca. eine Million Bewohner auf der Grundfläche von einer Quadratmeile vorsieht.

5.84 (1) Querschnitt und Axonometrie des Baukörpers; Kavalierprojektion, $x_0 = 30°$; Achsenverhältnis 1 : 2, Konturzeichnung.

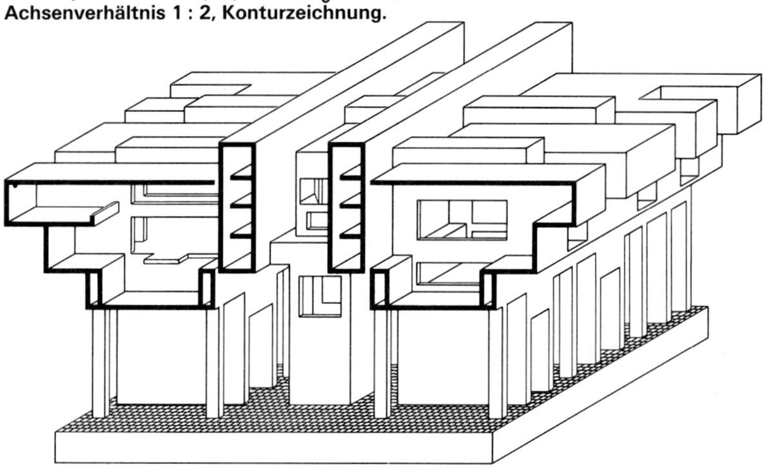

(2) Zeichnung mit Rasterfolien belegt.

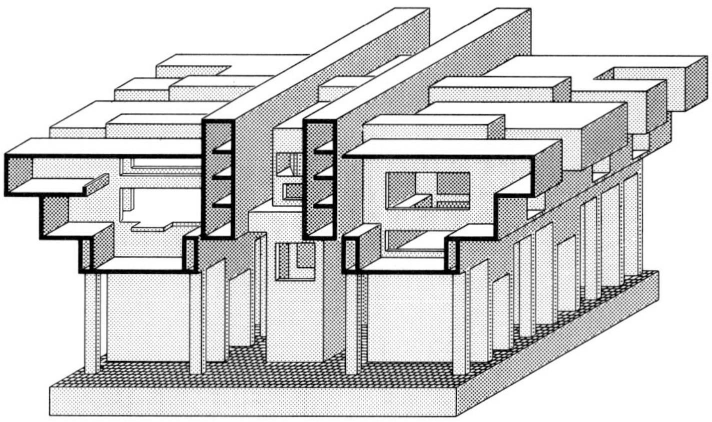

5.85 (1) Horizontaler Schnitt mit der Axonometrie des Baukörpers. Kavalierprojektion; $x_0 = 45°$, Achsenverhältnis 2 : 3. Konturzeichnung.

Das Objekt ist so projiziert, daß die Längsseite des Baukörpers, der horizontal geschnitten ist, über dem Grundriß schwebt.

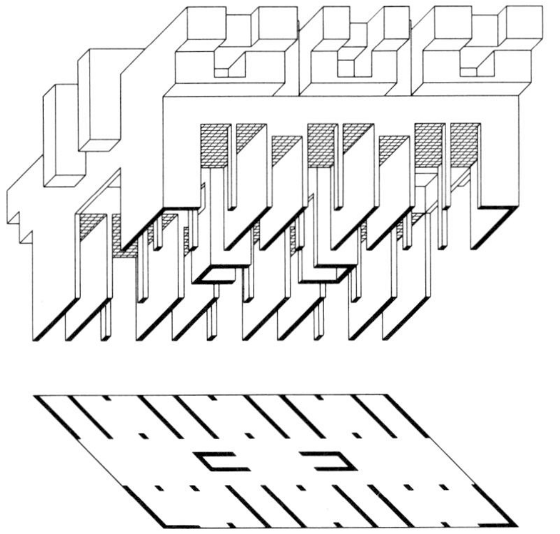

(2) Horizontaler Schnitt mit Baukörper in Militäraxonometrie $x_0 = 45°$, Achsenverhältnis 3 : 4 projiziert. Konturzeichnung mit Rasterfolien in zwei Stufungen.

Die Militäraxonometrie, im allgemeinen für den guten Überblick von oben projiziert, ist hier umgekehrt für den guten Einblick von unten eingesetzt.

5.86 Eldred Evans und David Shalev. Kinderheim. London. 1977. Isometrischer Schnitt.

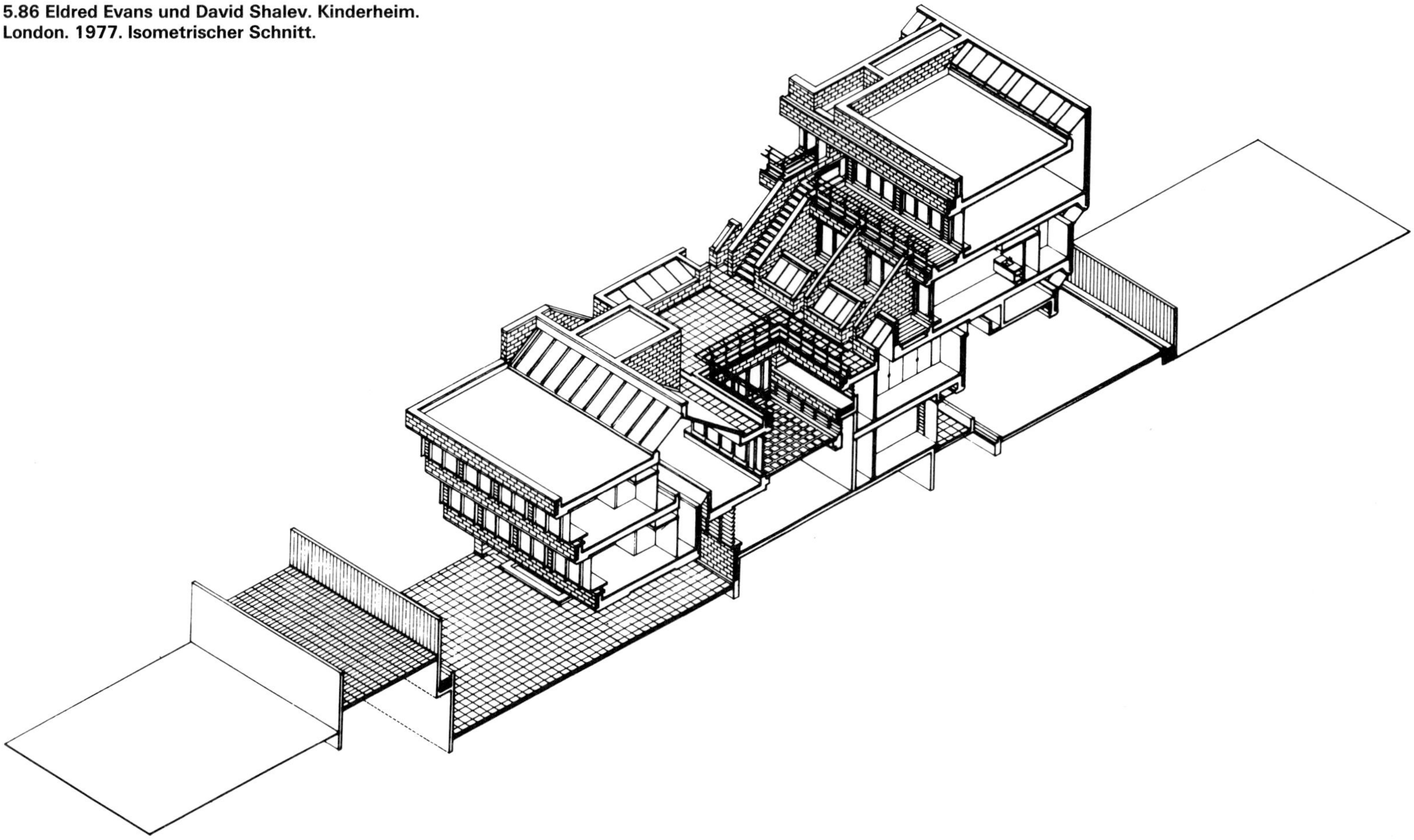

5.87 James Stirling. Wohnanlage in Preston. 1957. Axonometrischer Schnitt.

Eine geschnittene Militäraxonometrie zeigt ein frühes, dem Geist Le Corbusiers nahestehendes Wohnbauprojekt von James Stirling; mit geringem Zeichenaufwand ist bereits das Wichtigste erklärt.

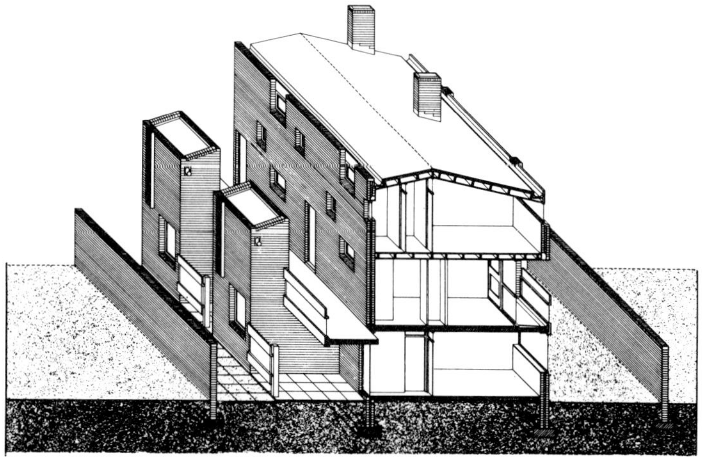

5.88 Paolo Soleri. 3-D-Jersey. (Jersey dreidimensional für eine Million Bewohner). Zeichnung: Junji Shirai. 1968–1970.

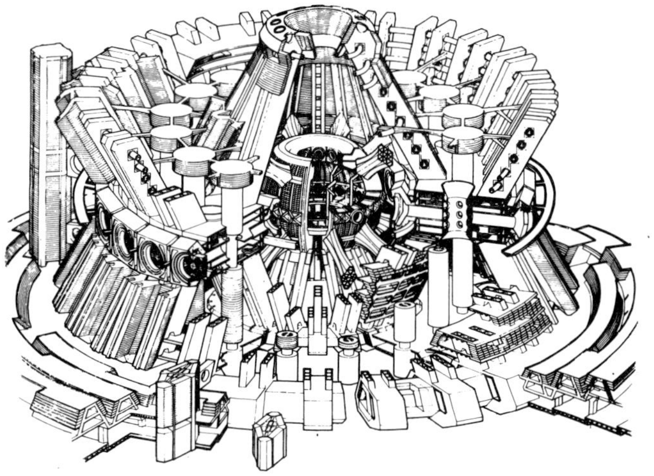

Perspektivische Schnittzeichnungen

Wie zuvor bei den axonometrischen Schnitten legt man meist die Schnittebene aufrißparallel und läßt sie nach hinten zentralperspektivisch fluchten. Damit sind kombiniert: aufrißexakter frontaler Schnitt mit Einsicht in die Räume des Gebäudes. Der objektive Charakter der Rißzeichnung mischt sich mit der geometrisch konstruierten Tiefenentwicklung des Raumes. Geschnittene Übereckstellungen des Gebäudes sind selten.
Den hinteren Abschluß eines Innenhofes der Sapienza bildet Sant'Ivo, jene hochbarocke Kirche, die Francesco Borromini für die jesuitische Universität erbaute und die, wie zu sehen ist, von Renaissancebauten flankiert wird. Der Schnitt zeigt die Bedeutung des neuen Gebäudes: eine dem Barock bis dahin unbekannte Raumbehandlung der Kuppel. In dem nahezu dunklen Kirchenraum ist die Lichtführung naturalistisch. Die Rippen aus gotischen und manieristischen Elementen schwingen sich bis zur Laterne hinauf.
Die leicht asymmetrische Zentralperspektive führt hinein in die verschachtelten Räume des Kunst- und Architekturgebäudes der Yale University in New Haven. Monumentale Stützen bzw. Wandscheiben durchbrechen die Oberlichtzone. Die gewählte Lage des Augpunktes und die zentrale Projektion gibt einen guten Einblick in die Raumkonzeption: Der Horizont schneidet alles, was in Aughöhe liegt; Oberes wird von unten gesehen, Unteres von oben. Die Schraffuren der in Bleistift und Tusche ausgeführten Zeichnung verweisen auf die vom Architekten gewünschte und auch ausgeführte rauhe Oberfläche der Betonwände.
Vergleichbare Raumvorstellungen und dieselben Darstellungsmittel leiteten Paul Rudolph auch beim Entwurf der Elementary School in Middletown, New York. Diese Darstellungen dienen der »Architekturanschauung« und dem Versuch, Grundeigenschaften der Architektur zu beschreiben. Paul Rudolphs Darstellungen vermitteln einen sehr sinnlichen Eindruck. Man verspürt den Wunsch, in das Gebäude hineinzugehen und sich darin aufzuhalten.
Zur stützenfreien Überspannung der Convention Hall in Chicago wählte Ludwig Mies van der Rohe ein räumliches Fachwerkgitter, das aus zwei kongruenten Quadratnetzen mit identischen Punkten gebildet ist. Der perspektivische Schnitt in leicht asymmetrischer Zentralprojektion läßt etwas von den gigantischen Raumdimensionen ahnen. Der tief, etwa in Tribünenebene gelegte Augpunkt, zeigt die Dominanz des Raumfachwerks in vielfältigen Überschneidungen.
Der perspektivische Schnitt stammt aus dem Seminar für visuelles Training der Architekturabteilung des Illinois Institute of Technology. Die Übungen dieses Seminars führen in grundlegende ästhetische Erfahrungen ein; geübt wird der Umgang mit Formen, Farben, Texturen, Darstellungen.
Auch reduzierte und somit ökonomische Darstellungstechniken können ausreichend sein, primäre architektonische Merkmale wie Proportionierung, Raumgliederung, die periphere und nichtperiphere Raumdichte, die Wandgliederung, die konstruktiven Verhältnisse u. ä. hervortreten zu lassen. Die Abbildungen sind einige frühe Beispiele aus der nahezu unübersehbaren Zahl von hervorragenden Einfamilienhäusern der Architektengruppe Moore, Lyndon, Turnbull und Whitacker.

5.89 Francesco Borromini. Sant'Ivo. Rom. 1642–1667. Perspektivischer Schnitt durch die Zentralachse.

5.90 (1) Paul Rudolph. Kunst- und Architekturgebäude der Yale University. New Haven. Connecticut. 1958. Perspektivischer Schnitt.

(2) Paul Rudolph. Elementary School. Middletown. New York. 1964–1969. Perspektivischer Schnitt.

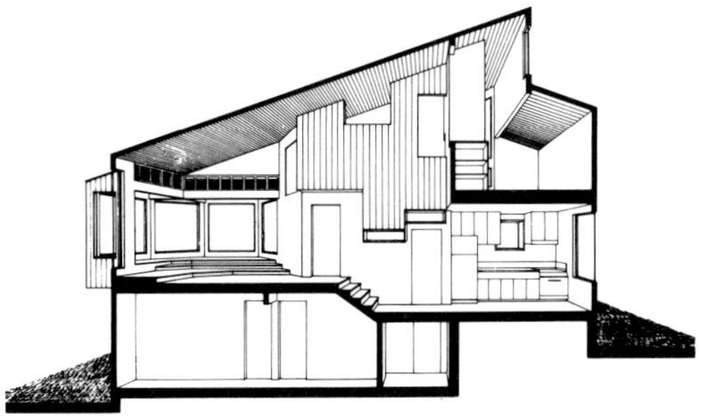

5.91 Moore. Turnbull and Whitacker.
Lawrence House. New Haven. Connecticut. 1966.

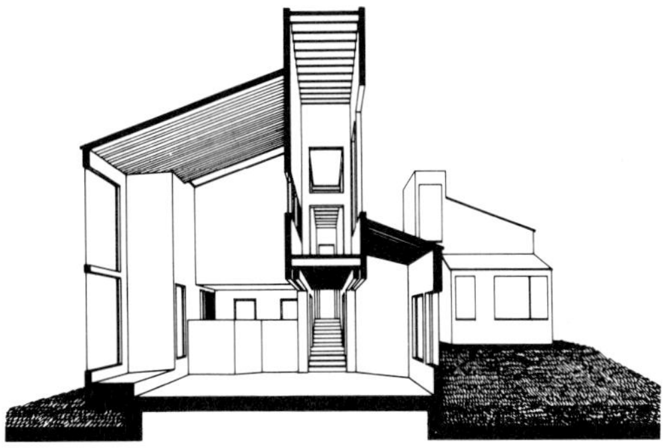

5.92 Moore. Turnbull and Whitacker. Hines House.
Sea Ranch. Kalifornien. 1967.

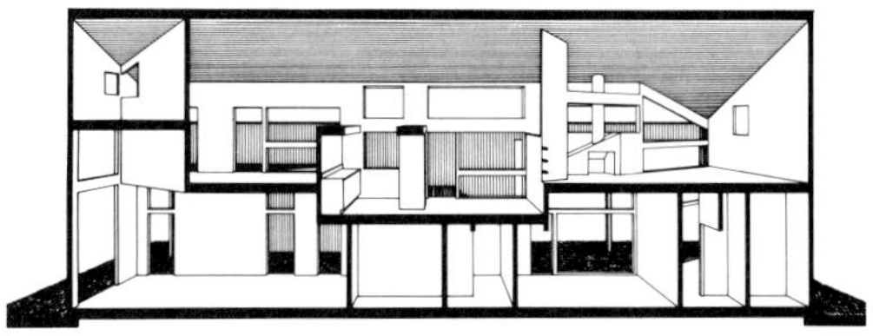

5.93 Moore. Turnbull and Whitacker. Wilson House.
Evanston. Illinois. 1974.

5.94 Perspektivischer Schnitt durch ein einfaches Wohnhaus. Studienprojekt an der Architekturabteilung des Illinois Institute of Technology. Chicago. Leitung: Walter Peterhans.

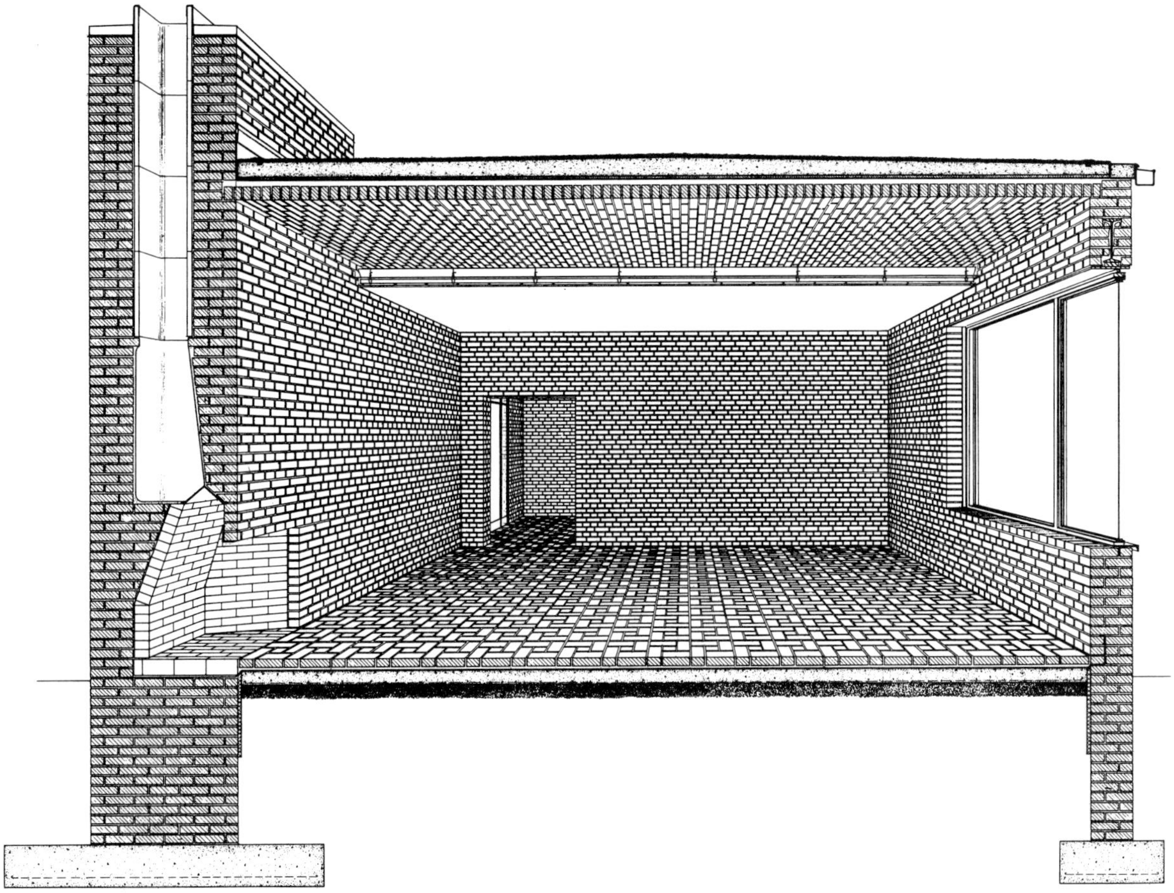

5.95 Ludwig Mies van der Rohe. Convention Hall.
Chicago. 1953. Projekt.

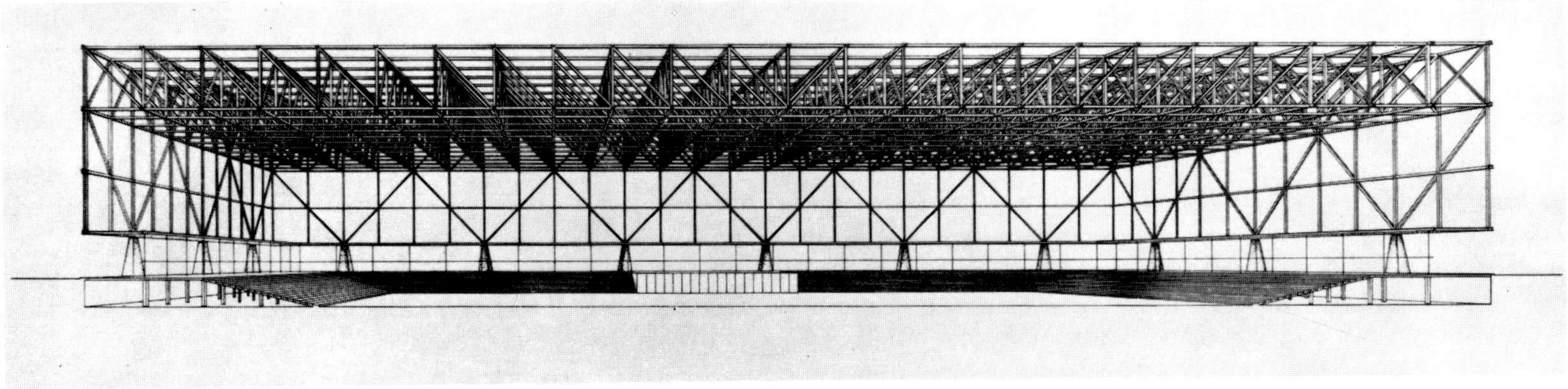

5.96 Michael Parler. Münster in Straßburg. Um 1385.

Ansichten

Der Aufriß

Grundriß und Aufriß sind die grundlegenden Typen der Architekturzeichnung. Daneben haben sich eigenständige Mischformen herausgebildet, die das architektonische Objekt in unterschiedlichen Gewichtungen der Darstellungsmethoden abbilden.
Der Grundriß bildet das tektonische Gefüge über den Vorgang der Gebäudezerlegung ab. Die Darstellung der Außenansicht, der Fassade eines Bauwerkes (lat. facies: Gesicht) erfolgt durch den Aufriß. Aufrißzeichnungen sind Parallelprojektionen bei senkrechter Bildebene. Ebene und lotrechte Elemente und Flächen werden maßstab- und winkeltreu gezeichnet, nichtparallele erscheinen verkürzt. Aufrißzeichnungen sind nicht bloß geometrisch-technische Zeichnungen; ihr Charakter ist ambivalent, ihr Übergang fließend: Sie sind einmal Entwurfs- und Präsentations-, dann Ausführungszeichnungen, wie man sie für die Entwicklung und Aufzeichnung der architektonischen Idee und ihrer Konkretion benötigt.
Die Projektion und das übliche zeichnerische Formmittel des exakten, dünnen Strichs läßt nur bei Eingeweihten eine sinnliche Vorstellung aufkommen; das graphisch dürre Liniengerüst ist eine rationalisierte Notiz oder geometrisch präzise und sachlich vollständige Information über die Silhouette der Körper und der Gliederungen der Flächen in ebenen Bildern. Der Aufriß hebt die plastischen oder räumlichen Merkmale der Gebäudeaußenseiten nicht hervor; in der strengen zeichnerischen Methodik sind sie so weit unterdrückt, daß sich die architektonischen Formen in ebene Figuren von geometrisch flächiger Rhythmik einfügen. Die zeichnerischen Mischtypen heben dies auf; in diesen sind die plastischen Ereignisse von Schatten hervorgehoben oder durch perspektivische Ergänzungen anschaulich gemacht. Mitunter genügt es, die plastische Qualität durch variierte Linienstärken zu betonen: Je stärker ein Element oder die Konturen von Flächen betont sind, desto näher erscheinen sie. In der Rißzeichnung dominiert stets dasjenige, was in Formen, Proportionen und Gliederungen, im Entwurf objektiv gegeben ist. Obwohl die Architekturepochen sich stets eigener graphischer Mittel bedienten und eigene Zeichenmethoden ausbildeten, läßt sich bis heute keine Veränderung der Zeichentechniken erkennen.

Daß die Darstellung der Fassaden sich ausschließlich auf die tektonische Ordnung beschränken sollte, fand schon Leone Battista Alberti, der die architektonischen Merkmale nicht im Aufriß, sondern nur im Grundriß gezeichnet sehen wollte, damit in den Aufrissen gerade nur die objektiven, meßbaren Werte, die Gliederungen und Proportionen enthalten seien: Alberti wußte um die mitunter deformierenden und unzuverlässigen Wirkungen der perspektivischen Zeichnung. Vermutlich brachte erst Sebastiano Serlio die perspektivische Methode in die Architekturdarstellung und als Theorie in die Lehre der Architektur ein. Bis dahin war sie ein der Malerei vorbehaltenes Rüstzeug für das bildnerische Gestalten und nicht zur Durcharbeitung des architektonischen Gefüges bestimmt. Albertis Vorbehalte gründen allerdings nicht nur in der Eigenart der Perspektive, sie rühren wohl noch mehr aus der Natur der klassischen Architektur selbst, wozu Heinrich Wölfflin bemerkt: »Natürlich hat man dem Auge nie verwehren können, auch eine klassische Architektur mehr oder weniger übereck anzusehen, allein sie verlangt nicht danach, wenn ein Reizzuwachs dabei eintritt, so ist es kein innerlich vorbereiteter, und die gerade Stirnansicht wird immer als die in der Natur der Sache liegende fühlbar bleiben.«[12] Bis heute sind im Aufriß die linearen Gliederungen und Konturen von Stäben, Flächen und Körpern vor anderen mitwirkenden Faktoren vorrangig, denn nicht das Darstellerische in der Zeichnung wird zum Bauwerk umgesetzt, sondern das zunächst Rationale und Objektive, in geometrischen Werten meßbar Gezeichnete. Der Aufriß läßt dem persönlichen, dem ausgesuchten zeichnerischen Ausdruck nur wenig Raum, denn Subjektives, Empfundenes tritt hier hinter die systematische und tektonisch korrekte Sachlichkeit zurück. Jede Rißzeichnung dient der exakten Vorbereitung des architektonischen Objekts. Für dieses Ziel enthält sie Informationen, die sich aus dem Maßstab und der Technik ergeben. Daß diese strenge Methode auch dann den Baukörper zur blassen Figur degradiert, wenn er dies seiner Natur nach nicht ist, zeigt sich an Antoni Gaudís Fassadenabwicklung der Casa Milá, an Jørn Utzons Opernhaus Sydney und an Günter Behnischs und Frei Ottos Olympiastadion in München, ebenso an Michael Parlers Aufriß des Münsters in Straßburg.
Zu Recht nennt man diese Zeichnungen Aufriß, weil außer dem Grundriß oder einer topographischen Karte kein anderer Zeichnungstyp so wenig »Darstellung« ist.

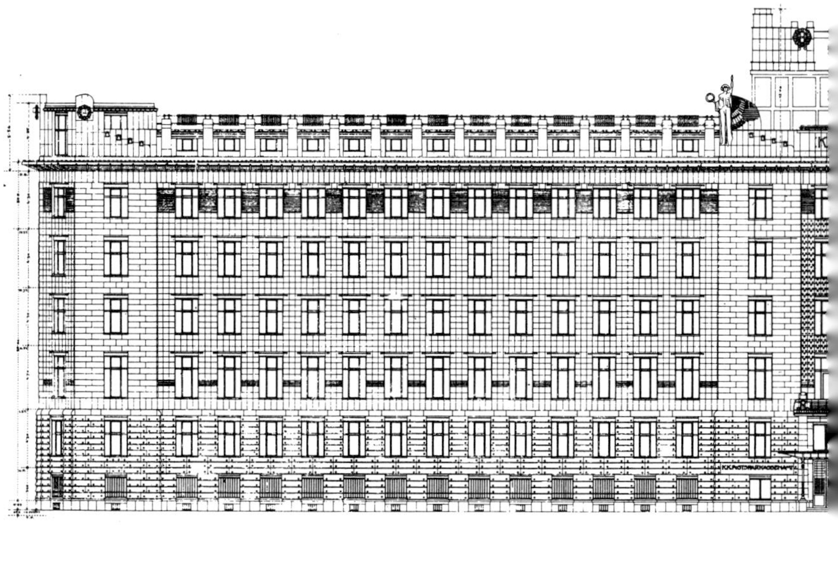

5.97 Otto Wagner. Postsparkassenamt in Wien. 1903.

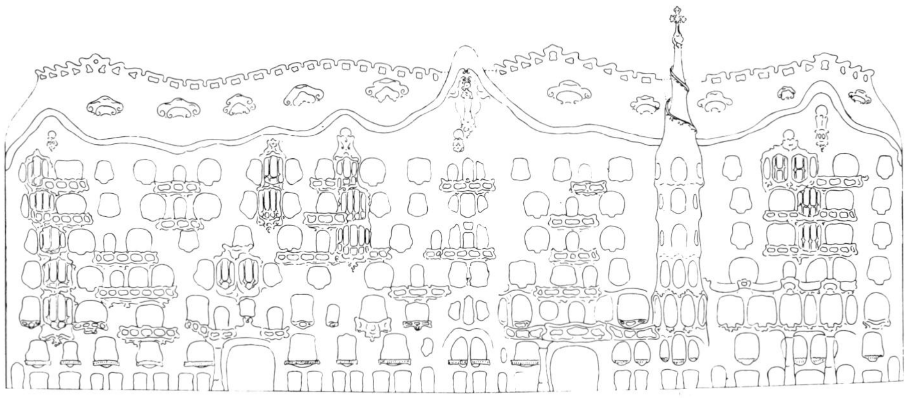

5.98 Antonio Gaudí. Casa Milà. Barcelona. 1906.

5.99 Otto Wagner. Akademie der bildenden Künste. Wien. 1910. Bildhaueratelier.

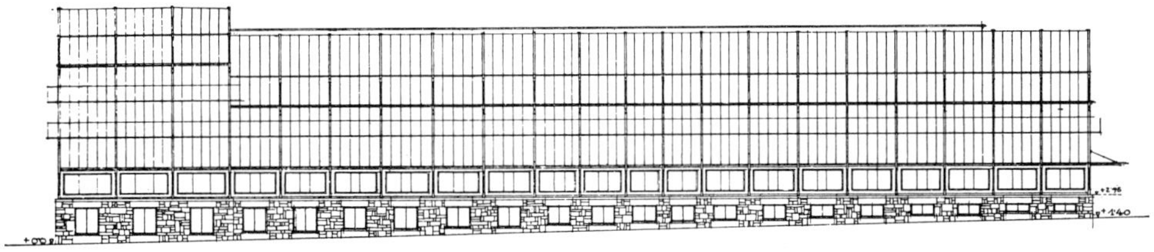

5.100 Hans Poelzig. Chemische Fabrik in Luban bei Posen. 1911/1912.

5.101 Hannes Meyer mit Hans Wittwer. Völkerbundpalast. Genf. 1926/1927. Projekt.

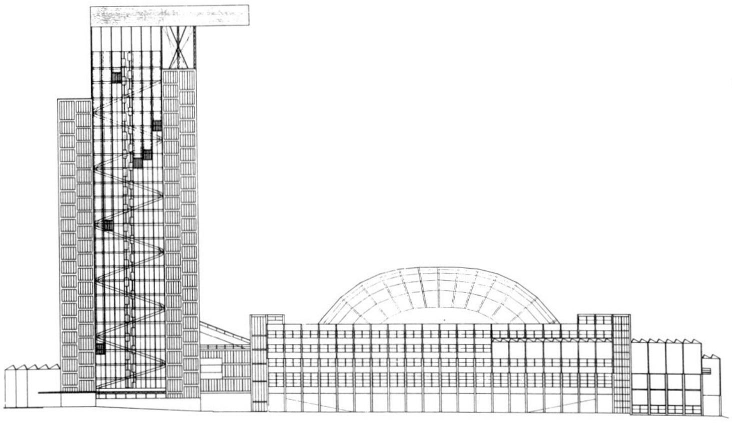

5.102 Behnisch und Partner. Olympiapark München. 1967–1972.

5.103 Jørn Utzon. Opernhaus in Sydney. 1956–1973.

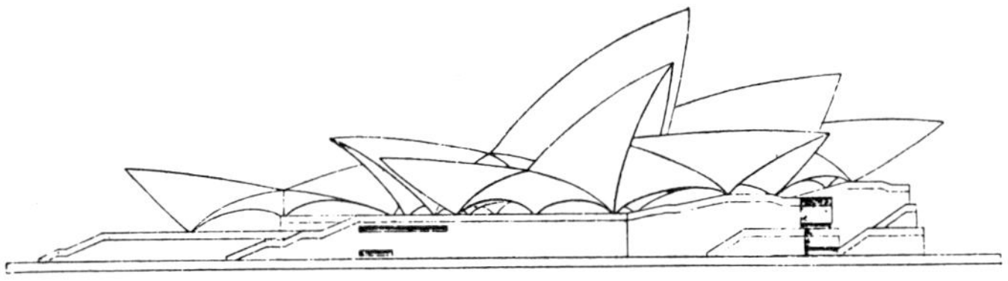

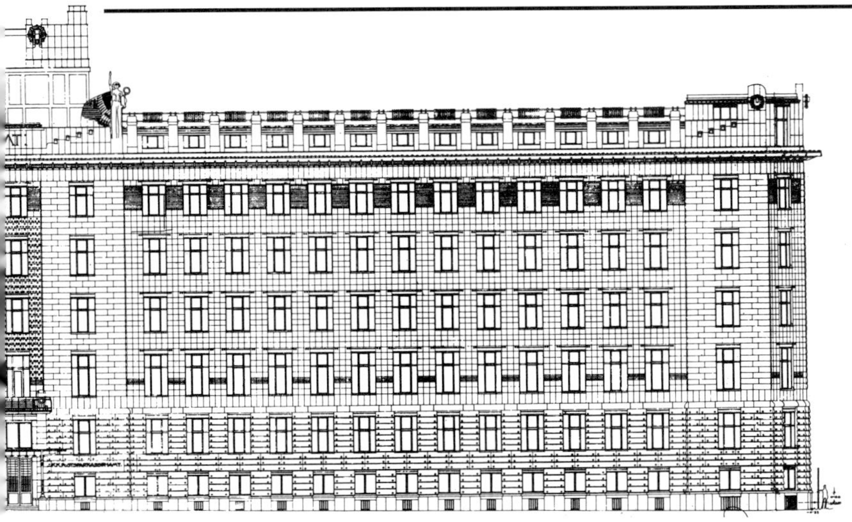

Die Aufrißzeichnung mit topographischem Bezug
Weniger präzise als Aufrisse bestimmt, sind die zeichnerischen Zuordnungen des Objekts zu den topographischen Verhältnissen, die selbst in kleinen Zeichnungsmaßstäben nicht wegfallen. Ist das Gelände bewegt oder von dichtem Bewuchs, kann die abstrahierende Aufrißzeichnung für den Betrachter sehr schwer nachvollziehbar sein, da dieser es nicht gewohnt ist, den gezeichneten Naturraum in Konturlinien auf senkrechter Bildebene wahrzunehmen.

Darstellungen dieser Art zeigen ebenso die Bedeutung der Topographie für die bauliche Anlage wie das Interesse oder die Fähigkeit des Entwerfers an dem Zusammenwirken von Topographie und Baukörper. Als Beispiele seien angeführt: Arne Jacobsens Rathaus für Rodøvre und das hierzu konträre Studentenhaus in Otaniemi von Reima und Raili Pietilä, ebenso Bruno Reichlins und Fabio Reinharts klassizistischer Entwurf für ein Wohnhaus am waldigen Hang.

Zeigt die Aufrißzeichnung auch den Landschaftsbezug, so ergibt sich eine eigenartige Dialektik zwischen real vermessenen und nachempfundenen Formen: Die geometrisch exakten Fassadenflächen treffen auf die meist unregelmäßige Gestalt der Topographie und ihres Bewuchses. Man hilft sich bei bewegtem Relief mit linearer Formabkürzung, beispielsweise mit zittrigbewegten Strichen. Daß sich darüber hinaus Einwirkungen auf die architektonische Ordnung ergeben, zeigen die Gebäude der weiteren Abbildungen, die in ihrer Geradlinigkeit wie selbstverständlich aus der großen Horizontalen der Topographie hervorzugehen scheinen.

Der räumlich ergänzte Aufriß
Die Mittel der reinen Aufrißzeichnung reichen für die Überprüfung und Wiedergabe der plastisch-räumlichen Merkmale einer stärker bewegten Fassade nicht aus; ausdruckssicher ist sie zur Aufzeichnung von Proportion und Rhythmik, aber kaum bei formalen Merkmalen, die erst sinnliche Eindrücke beim Beschauer hervorrufen, wenn über den abstrakten Riß hinaus die Tiefendimension sichtbar wird. Die Aufrißzeichnung zeigt auch im großen Maßstab nicht alles, und was sie zeigt, bietet sie nicht in anschaulicher Form, denn es fehlt die dritte Dimension, ebenso Licht und Schatten.
Die Eintragung von Schatten und die ausgewählte Distanz führen zur räumlich wirkenden Darstellung. Die Dreidimensionalität der Körperhülle, der Fassade ist das Ziel dieses Verfahrens. Bei Verwendung der Kavalieraxonometrie ist die damit gewonnene Anschaulichkeit ohne Verlust der Maß- und Winkeltreue zu erzielen.

Aldo Rossis Wohneinheit im Gallatarese-Viertel in Mailand mit dem hinter geometrisch glatter Fassade verlaufenden Laubengang über den Pilastern des Luftgeschosses ist von solch einer plastischen Kraft, daß nur eine axonometrische Darstellung die kräftige Durchbildung der Fassade anschaulich machen kann.
Die grobe Spritztechnik, von schweren Schatten dramaturgisch ergänzt, über Gebäude und Terrain gleichermaßen gelegt, ist für Rossis frühe graphische Vorliebe charakteristisch.

5.104 Arne Jacobsen. Rathaus in Rodøvre. 1955.

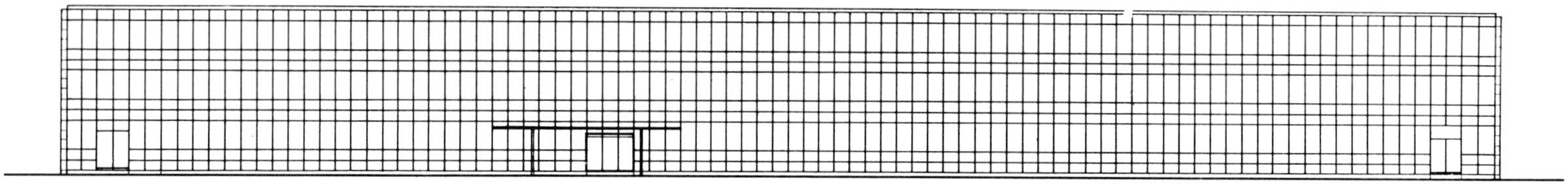

5.105 Hannes Meyer. Bundesschule des Allgemeinen Deutschen Gewerkschaftsbundes. Bernau bei Berlin. 1928–1930.

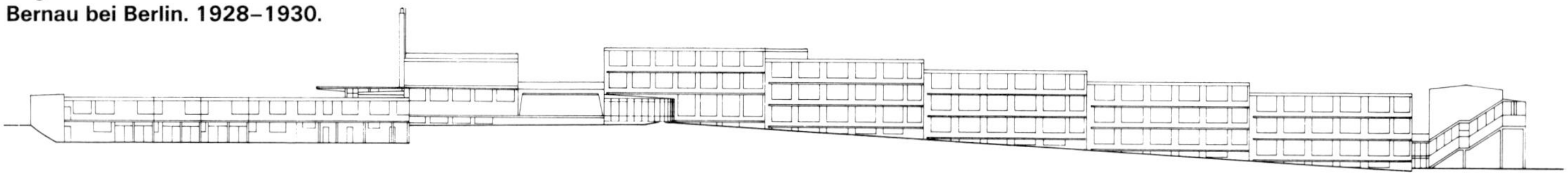

5.106 Reima und Raili Pietilä. Studentenhaus in Otaniemi. 1967.

5.107 Bruno Reichlin und Fabio Reinhart. Haus in Vezio. Tessin. 1975.

Die Fassadendarstellung
nach Hell-Dunkel-Werten gegliedert

Das Hauptinteresse gilt hier den plastisch-räumlichen Qualitäten der Fassade, indem man die Figur hell, den Hintergrund dunkel oder umgekehrt behandelt. Dunkle Flächen wirken räumlicher. Zuweilen sind die transparenten Flächen dunkel, meist aber hell gehalten. Man will mit diesen Darstellungen nicht die Textur zeigen, sonst müßte man die Flächen anders gliedern. Markant zeigen sich so die eigentlichen Fassadengliederungen.
Die Mittel der Darstellung drängen sich nach vorn; denn selten sind Fassaden in diesen harten Helligkeitskontrasten ausgeführt, und es ist zu bedenken, ob nicht die graphischen Mittel die architektonischen Werte verändern.
Eine Fassade der Villa Foscari, Malcontenta, aus den Quattro Libri, II, zeigt eine zur Veröffentlichung angefertigte Holzschnittdarstellung, die Palladio nach dem Vorbild von Sebastiano Serlio[13] und seinen Büchern zur Architektur angefertigt hatte.
Die strenge Ordnung, wie sie in der Fassade der Glyptothek von Leo von Klenze – einer frühen Entwurfsfassung – zum Ausdruck kommt, ist bestimmt von der räumlichen Spannung hell im Licht stehender und verschatteter, ebener und gekrümmter Wandflächen. Die konkaven Apsiden hätten der Fassade eine auch für den Klassizismus ungewöhnliche binäre Syntax verliehen. Die halbrunden, mit Halbkuppeln überdeckten Nischenräume, die an den flächenhaften Charakter französischer Revolutionsarchitektur erinnern, hätten den öffentlichen Bereich vor der Fassade stärker mit einbezogen und den Blick in die verschatteten Zonen der Apsiden gelenkt.
Klenze hatte Anlaß, sich bei dieser Konzeption nicht mit einer graphisch reinen Aufrißzeichnung zu begnügen.
Friedrich Weinbrenners Entwurf für ein Wohnhaus aus dem Jahr 1803 steckt voller Doppelungen der Syntaxmotive. Die Form des Baukörpers ging aus einer bilateralen Symmetrieoperation hervor. Vielleicht wollte Weinbrenner mit dieser Zeichnung die Symmetrie etwas dämpfen, indem er die Plastizität der Gebäudeform zu einem visuell gewichtigen Schattenwurf nutzte, der den rechten Gebäudeflügel abdunkelt.
Die zeichnerische Herausarbeitung der Plastizität wird zum operativ einsetzbaren Mittel, wenn es gilt, die Formordnungen der Entwurfsarbeit zu klären.

5.108–5.112 Fassade.
Aufrißzeichnung.

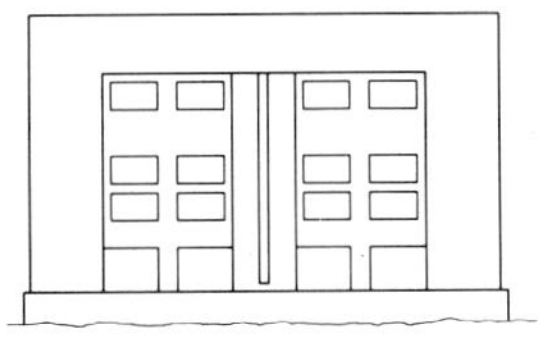

Planimetrisch.

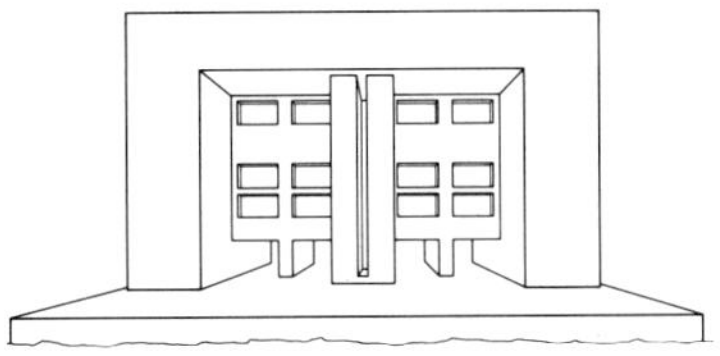

Zentralperspektive.

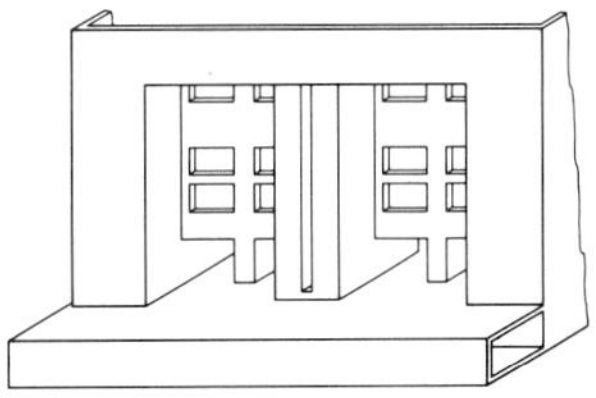

Kavalieraxonometrie.

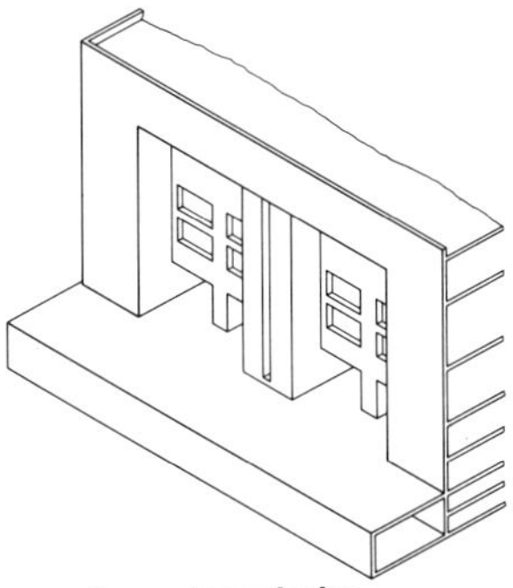

Fassadenschnitt.
Isometrie.

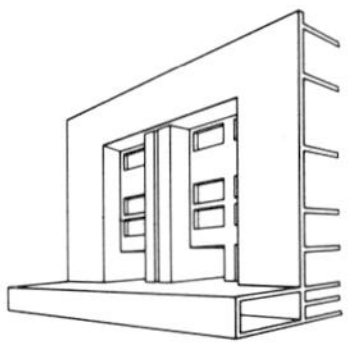

Fassadenschnitt.
Perspektive mit zwei Fluchtpunkturen.

5.113 Aldo Rossi.
Wohnquartier Gallatarese.
Mailand. 1970.

5.114 Andrea Palladio. Villa Foscari. Malcontenta.

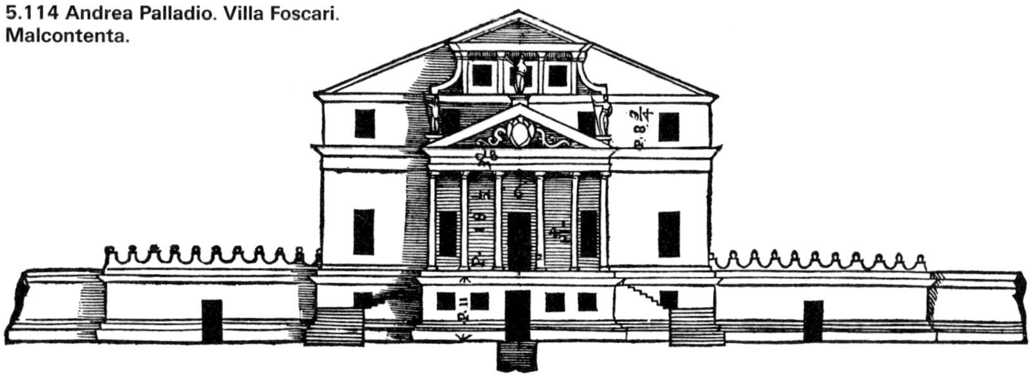

5.115 David Gilly. Gutshaus Klein Machnow. Vollendet 1803.

5.116 Karl von Fischer. Palais Asbeck. 1809.

5.117 Leo von Klenze. Glyptothek. München. 1816–1831. Erster Entwurf.

5.118 Friedrich Weinbrenner. Herrschaftliches Wohnhaus. 1803.

5.119 W. Krinski. Wolkenkratzer am Dserschinskiplatz. Moskau. Projekt.

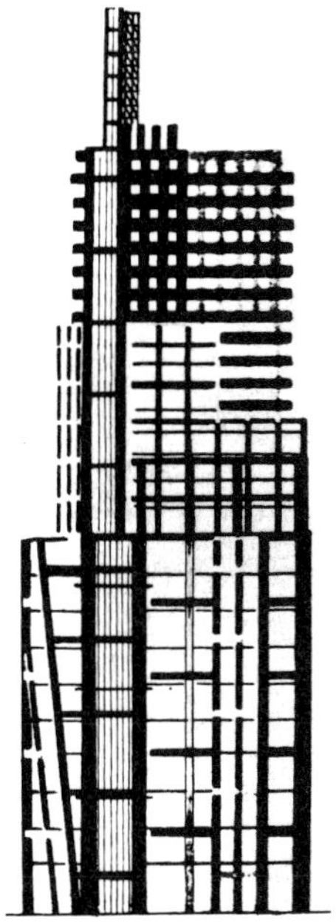

5.120 A., L. und W. Wesnin. Handelshaus Arcos. Moskau. 1924. Projekt.

5.121 W. Wesnin. Haus der Prawda. Leningrad. 1924. Projekt.

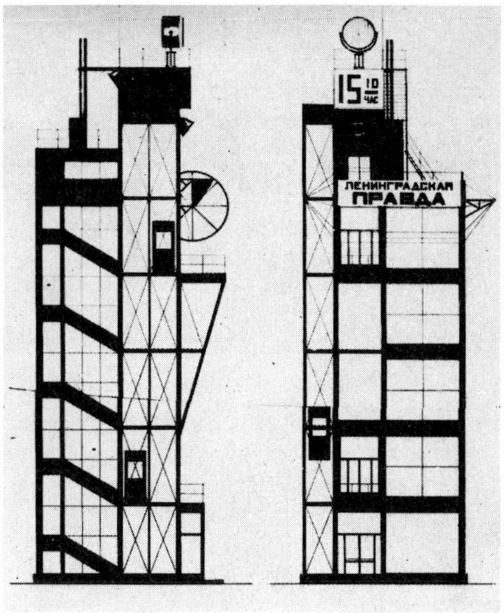

5.122 Le Corbusier. Palast des Obersten Sowjet. Moskau. 1931. Projekt.

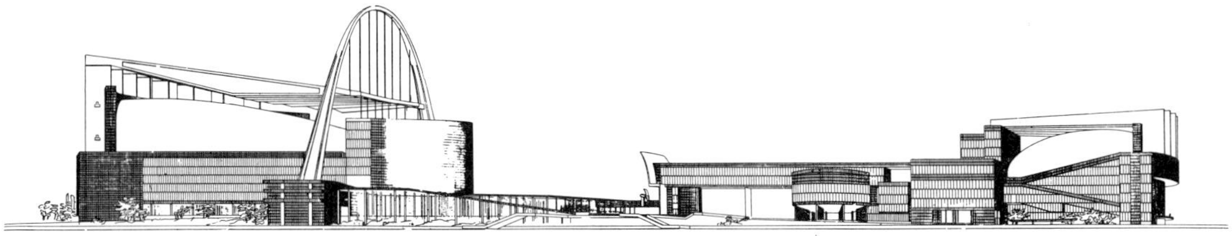

5.123 Archigram. Mike Webb. Seitlicher Aufriß des Furniture Manufactures Association Gebäudes. High Wycombe. 1959. Projekt.

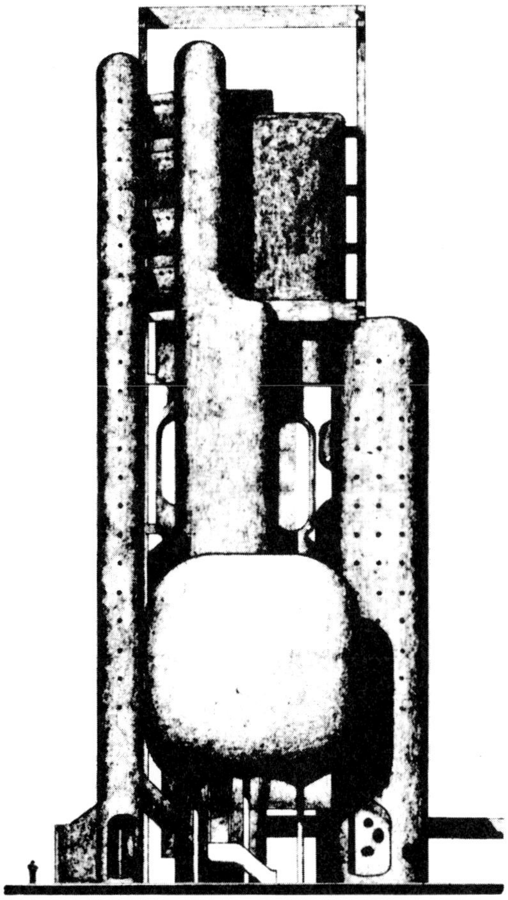

5.124 Kevin Roche, John Dinkeloo and Ass. Development Corporation. New York. 1969. Allein der prismatisch in schrägen Wänden aufgefalteten Gestaltung des Baukörpers wegen – eines Körpers, der mehr aufweist als nur Frontalität – vermag die reine Aufrißzeichnung eine Vorstellung der plastischen Verhältnisse der Fassade zu geben: Die verkürzten Linien der schrägen Wände wirken graphisch dunkler. Zum Vergleich ist die perspektivische Darstellung des Baukörpers mit der Lichtreflexion auf der mit Glas verkleideten Stahlkonstruktion beigefügt.

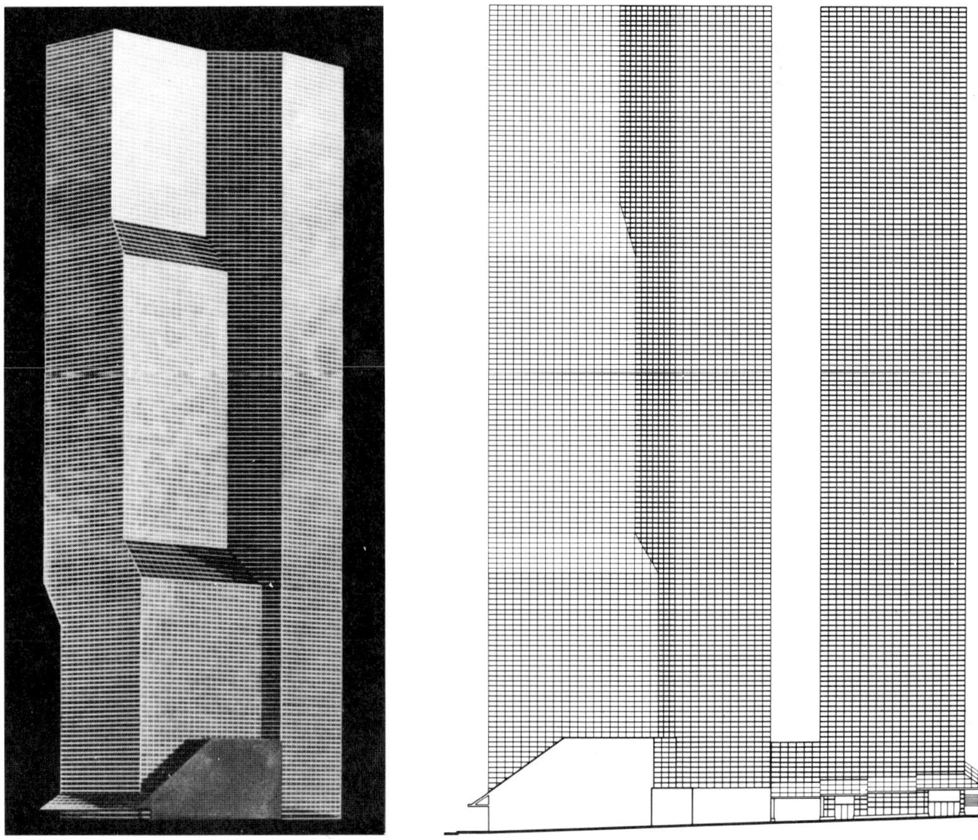

Der Hintergrund

Der Hintergrund ist selten ein großes Thema. Doch wo der architektonische Gegenstand die Wiedergabe der Gliederungen und Schatten vorsieht, kann auch der umgebende Raum mehr sein als nur Zeichengrund. Meist steht die Figur der Fassade auf hellem Grund. Auf dunklen Grund wirkt sie jedoch räumlicher und prägnanter.
In hoher Abstraktion vertritt der hell oder dunkel gehaltene Hintergrund alle Formen des Räumlichen; der Gegensatz von körperhafter Fülle des Objekts und der räumlichen Leere wird graphisch sinnfällig umgesetzt. Ausnahmen hiervon bilden die Versuche zur bildnerischen Tiefenstaffelung oder jene Hintergrundbehandlungen, die Formen des Atmosphärischen, etwa Wolken, enthalten.
Eine einfache Technik ist die Behandlung einer Konturzeichnung mit Folien verschiedener Graustufen. Man beginnt mit der Auswahl der Graustufen, die man im allgemeinen von hell nach dunkel fortschreitend aufbringt.
Mit der Spritztechnik ist hier eine ähnliche Wirkung zu erzielen. Sie bietet bei höherem Zeitaufwand die Möglichkeit, Flächen mit zu- bzw. abnehmenden Kontraststufen oder geringeren Kontrastsprüngen zu wählen.

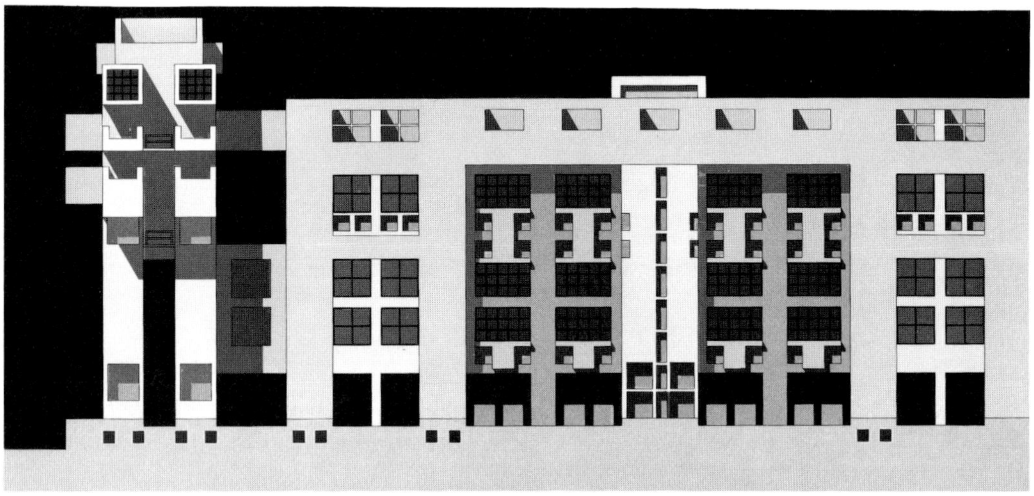

5.125 Aufriß, mit Folien belegt.

5.126 Louis Kahn. Adler House. 1954. Freihandschraffur für Hintergrund.

5.127 Moore, Lyndon, Turnbull and Whitacker (MLTW). Condominium. Sea Ranch. Kalifornien. Hintergrund mit Folie belegt.

Die Textur

Die Arbeiten Palladios, in seinen »*Quattro Libri*« publiziert, gelten als frühe Beispiele für die Darstellung der Gliederung des Mauerwerks, der Gesimse, Pilaster und des Fassadenschmucks. Sie zeigen darüber hinaus, wie Texturen mit den kargen Mitteln des Holzschnitts wiedergegeben werden konnten. Damit vergleichbar ist die um 1510 entstandene Darstellung von Donato Bramante und Raffael zum Wohnhaus Raffaels.

Die Gebäude Ludwig Mies van der Rohes sind nicht ohne die großen Glas- und Marmorflächen denkbar, die sich zwischen leichtem Sprossenwerk und Rahmen spannen. Bei der Zeichnung zum Hochhaus Friedrichstraße, Berlin, entsteht die ästhetische Wirkung durch die vom Material ausgehende visuelle Kraft. Sie wird verstärkt durch die damals noch ganz neuartigen tektonischen Beziehungen, die aus der Harmonie von Konstruktion und Material der Vorhangfassade hervorgehen. Die rauhen Kohleskizzen, in den frühen zwanziger Jahren gefertigt, hatten die Aufgabe, die Wirkungen des »Jahrhundertbaustoffs Glas«, wie er später genannt wurde, zu erkunden und Formbeziehungen und revolutionäre Materialwirkungen außerhalb tradierter Begriffe über die beobachtbaren Merkmale der Zeichnung zu klären. Die Zeichnungen lassen die kristalline Härte der gläsernen Flächen etwas vermissen, und es scheint, daß sie, zumindest in der Vorstellung des Zeichners, in trübes Licht getaucht sind. Sie sind Zeugnisse der Emanzipation ästhetischer Mittel, die bis dahin eine dienende Funktion hatten. Sie zeigen eine gewisse räumliche Tiefe der gefalteten Wände, doch sind sie von zu dichter Stofflichkeit, wie wir heute wissen.

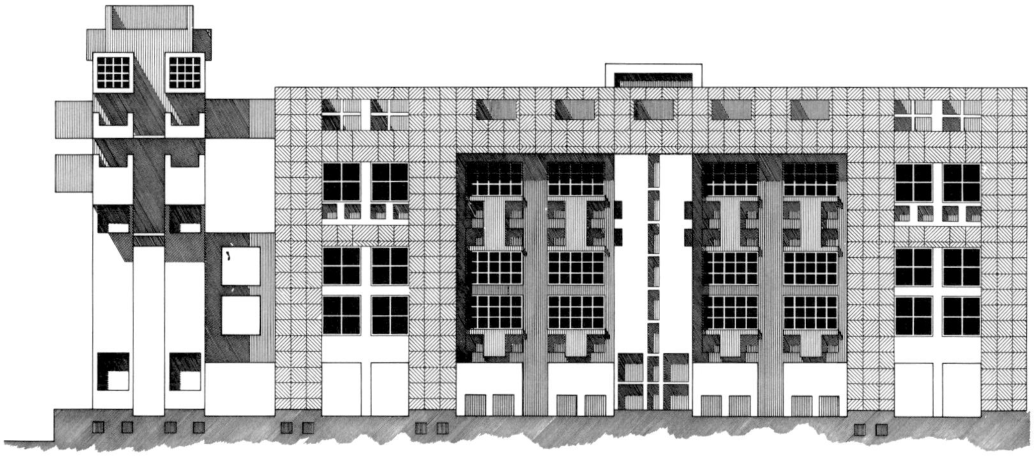

5.128 Aufriß, schraffiert.

5.129 Bramante und Raffael. Wohnhaus Raffael, nach 1510.

5.130 Sebastiano Serlio. Fassade für einen Palast in Venedig.

Wetterbeständiger Stahl für außenliegende Verteilungsschächte, Stützen und Deckenstreifen, dazwischen die großen Flächen des bronzefarben gefärbten Glases verleihen dem Annenberg Building von SOM ein dunkles, kühles Flair.
Das Gestaltungsprinzip der »visuell gleichwertigen Teile« läßt die Einteilung in nah und fern als ästhetisches Kriterium beiseite, denn die Materialien sind in Textur und Helligkeit einander angenähert. Das führt im Verbund mit dem dunkel belegten Glas zum Typus des gänzlich abgeschlossenen Bauwerks: eine »Architektur der Einheitlichkeit«, die trotz Materialwechsel zur visuell abgeschlossenen, undurchdringlichen Gesamtstimmung führt.

Mit seiner strengen Proportionalität folgt dieses Gebäude den ästhetischen Kriterien des modernen Stahl-Glas-Hochhauses. Nur noch en passant – auch hierin typisch – läßt es an die dünne Materialstärke der Fassade denken. Man könnte die U-förmigen Elemente, die Louis Kahn für die Fassade der Unitarierkirche in Rochester entwarf, als Neubewertung des architektonischen Zwischenraums ansehen. Die offenen und geschlossenen Elemente teilen die Fassade in vorn liegende und zurückgesetzte verglaste Zonen von hartem, synkopischem Layout. Die Bleistiftzeichnung gab vorzeitig einen Eindruck von Syntax und materialer Qualität, wie er sich am ausgeführten Bauwerk bestätigte.

Zu den selteneren Zeichnungen, die Texturen wie räumliche Qualitäten zeigen, zählen die von Franco Purini. Die Schraffuren mit Helligkeitsabstufungen und variierten Richtungen rufen der Eindruck plastischer und texturaler Vielfalt hellerer und dunklerer, glatter und rauher Oberflächen hervor.

**5.131 Ludwig Mies van der Rohe.
Hochhaus Friedrichstraße. Berlin. 1919–1921.
Projekt. Kohle auf rauhem Papier.**

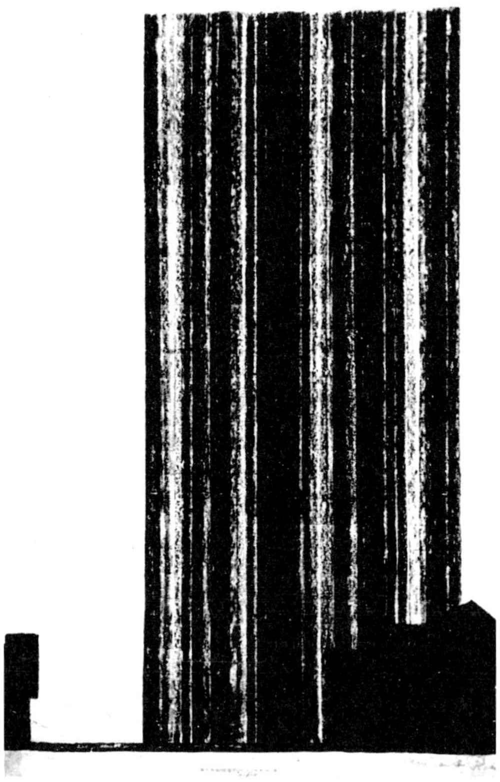

**5.132 Skidmore, Owings & Merrill.
Annenberg Building. Mount Sinai Medical Center.
New York. 1973.**

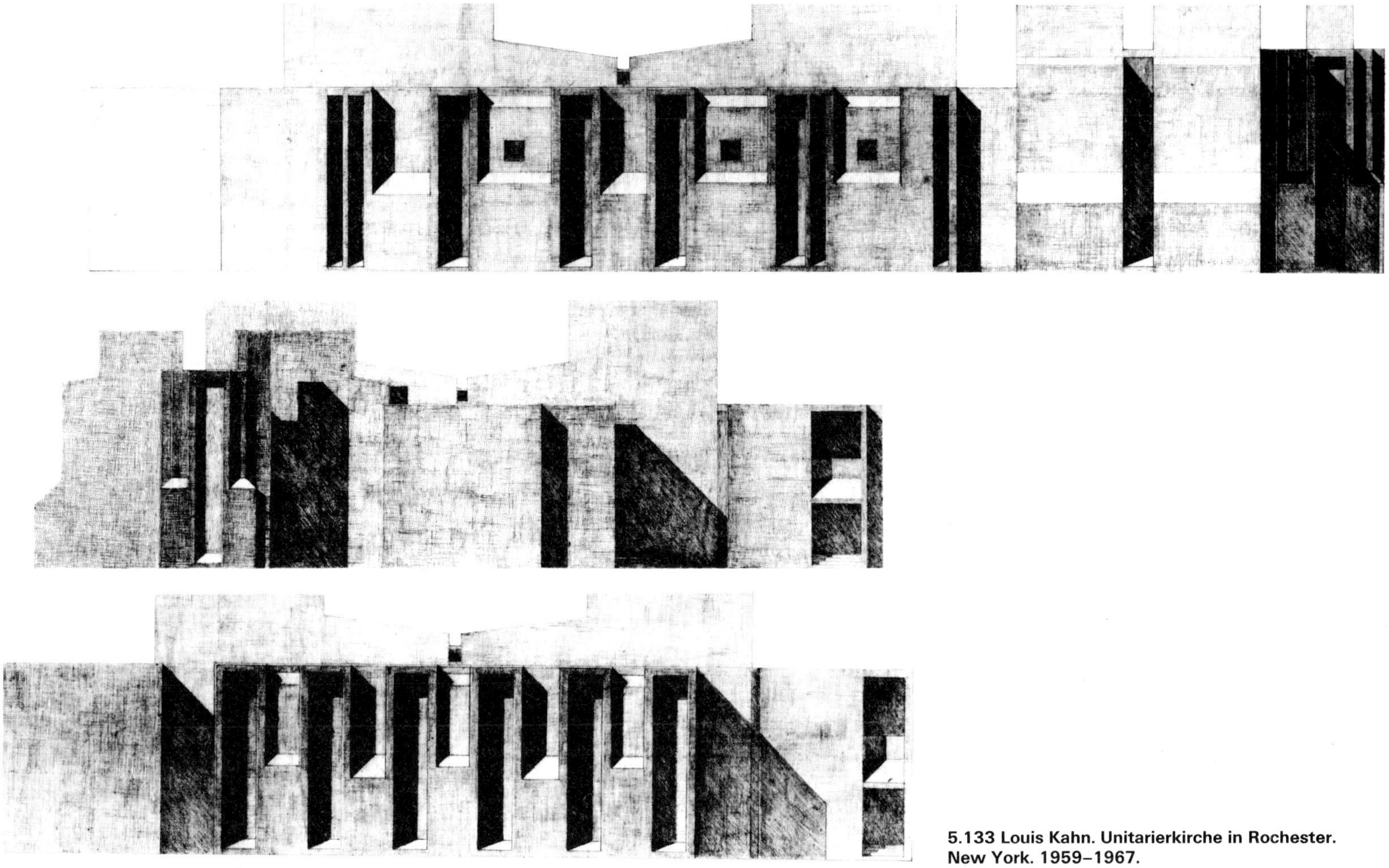

5.133 Louis Kahn. Unitarierkirche in Rochester. New York. 1959–1967.

5.135 Gottfried Böhm. Wohnhaus in Köln. 1966. Wohnhaus mit plastisch gefalteter Fassade, Erkern und Balkonen, die mit ihrer Betontextur heftig mit den helleren und flachen Glasflächen kontrastieren.

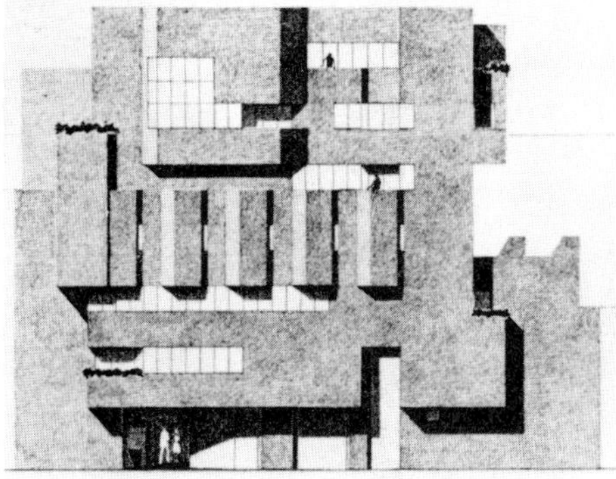

5.134 Franco Purini. Projekte aus den Jahren 1979 und 1980.

Einige farbige Fassadendarstellungen

Die Kombination der Aufrißzeichnung mit den angenähert naturalistischen Wirkungen von Texturen und von Licht und Schatten bildet eine darstellerische Zwischenzone. Geometrische Genauigkeit und bildhafter Ausdruck kommen der geplanten späteren Erscheinung des architektonischen Objekts nahe.

Charles Garnier verband mit der Studie der Hauptfassade der Opéra, Paris, zwei Aufgaben. Für die Präsentation sollte der wichtigste Teil der Fassade mit der Farbigkeit der großen Treppenhalle und der Dekoration abgestimmt werden; darüber hinaus diente die Farbstudie der Artikulation und Ausbildung der Plastizität der Fassade sowie der Beurteilung ihrer Wirkung aus größerer Distanz im Stadtraum.

Die Zeichnungsmaßstäbe

Die Inhalte und die Erscheinung der Aufrißzeichnung werden von den Zeichnungsmaßstäben geregelt. Ihre Einteilung von 1:500 bis 1:50 oder auch größer, wenn ausschnitthaft gearbeitet wird, entspricht den Bedingungen, die von Grundriß und Schnitten bekannt sind. Die Maßstäbe regeln die Zeichnungsinhalte wie den Einsatz.

5.136 Studie zur Farb- und Texturwirkung verschiedener Materialien. Spritztechnik.

5.137 Charles Garnier. Oper in Paris. 1861. Ausschnitt der Hauptfassade. Aufriß mit Schattenwurf, laviert.

5.138 Gerrit Rietveld. Haus Schröder. Utrecht. 1924.

Die De-Stijl-Bewegung bevorzugte die Primärfarben Rot, Blau, Gelb, ergänzt von den Nichtfarben. Das Haus Schröder in Utrecht, 1924 von Gerrit Rietveld errichtet, zeigt bereits jene Form- und Farbkompositionen, die für die De-Stijl-Bewegung typisch werden sollten.

5.139 Le Corbusier. Villa Stein. Garches. 1927. Farbstudie der Eingangsfassade.

Die Fassade der Villa Stein von Le Corbusier enthält in einer vorläufigen Farbstudie Fenster und Türen in abgetönten Rotstufen in einer cremefarben kolorierten Wand vor hellblauem Hintergrund

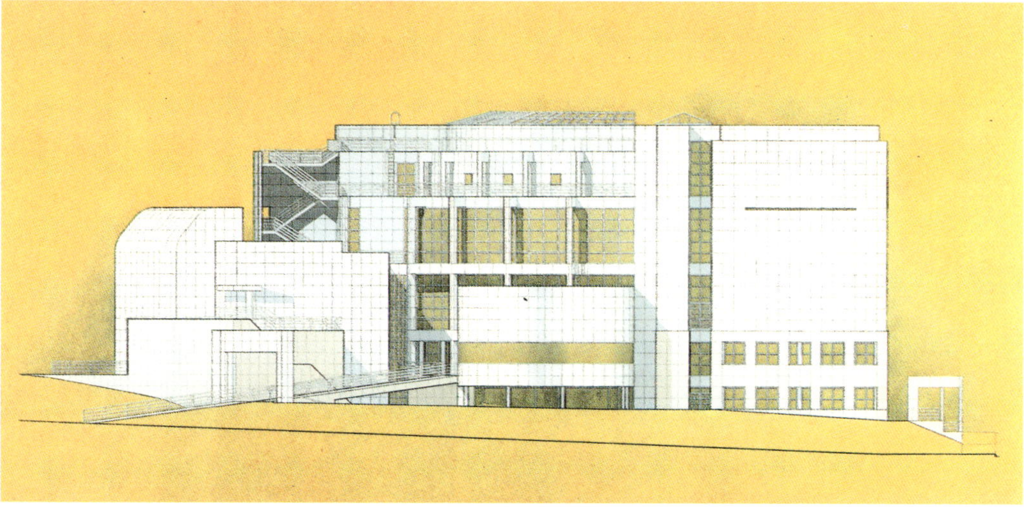

5.140 Richard Meier. High Museum of Art. Atlanta. Georgia. 1980–1983.
Richard Meier beschränkte die Farbigkeit in der Fassadendarstellung auf leichte blaue Schatten auf weißen Fassadenplatten. Der farbige Hintergrund vertritt lediglich den kontextuellen Bezug zur Umgebung.

Kleine Maßstäbe zwingen zur Formvereinfachung, zur Reduktion in der Darstellung: Dem kartographischen Vorgang der Generalisierung vergleichbar, fallen kleinere Elemente und Flächen, die entbehrlich sind, weg, bis, zugunsten des Ausdrucks, nur noch ausgewählte Formtypen und -gliederungen zurückbleiben. Zugleich nimmt die geometrische Ungenauigkeit zu. Doch der einem Maßstab entsprechende graphische Ausdruck wird nicht allein durch Weglassen erzielt; die Formen müssen nach Invarianten und Varianten vereinfacht werden. Nicht alles, was existiert, wird dargestellt. Wie bei der kartographischen Generalisierung gilt bei der Selektion: Aus der verfügbaren Informationsmenge werden die wichtigsten Merkmale herausgegriffen; kleinere, hierfür nicht charakteristische Einzelheiten entfallen; andere werden zur gemeinsamen Form zusammengefaßt. Die Reduktion von Gebäudevor- und -rücksprüngen, von Gebäudedetails, Wand- und Fenstergliederungen zugunsten einer einfachen Kontur ist bei der Anpassung von Zeichnungsinhalt und Maßstab immer wieder erforderlich.

Jeder Maßstabssprung führt zu einer inhaltlichen und graphischen Transformation, die je nach der Entwurfsstufe ein-mehrdeutig oder mehr-eindeutig verläuft.

Was einer Zeichnung des Maßstabes 1 : 200 an Informationsmenge angemessen ist, würde vergleichsweise bei einer Zeichnung des Maßstabes 1 : 50 als fehlende Qualität, als Informationsarmut gewertet. So hat der Zeichner von Maßstab zu Maßstab einen Wechsel des Repertoires zu erarbeiten.

Vergleicht man die Abbildungsgrößen eines Gebäudes von 50 m Länge und 20 m Breite, so ergeben sich daraus in den gebräuchlichsten Maßstäben die folgenden Flächengrößen:

5.141 Transformation von Aufrissen durch vier Maßstabssprünge. Gegenübergestellt sind: Konturzeichnung und plastisch wirkende Hell-Dunkel-Behandlung der Fassaden.

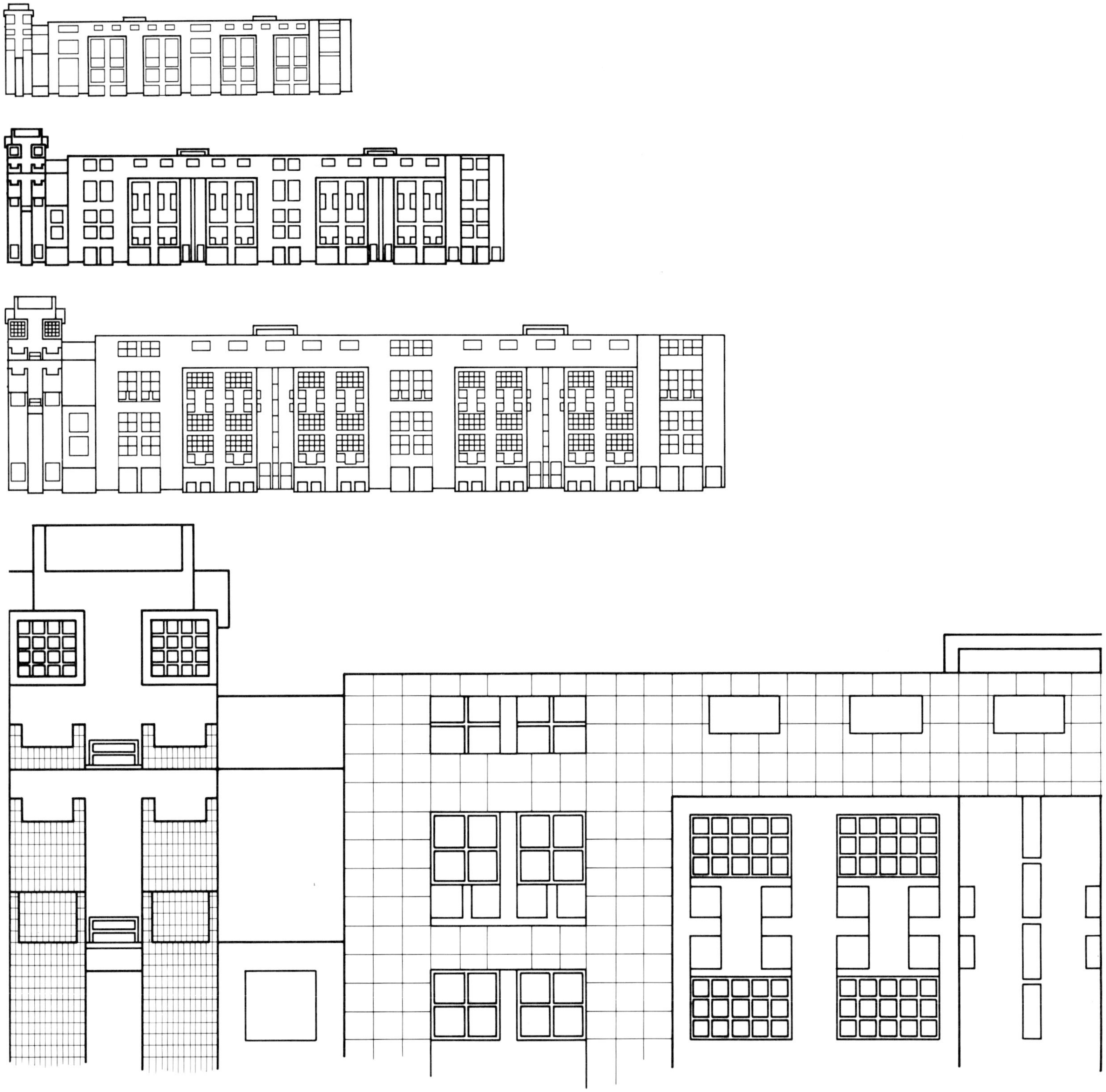

M 1:50	100 cm Länge	40 cm Höhe	4000 cm²
M 1:100	50 cm Länge	20 cm Höhe	1000 cm²
M 1:200	25 cm Länge	10 cm Höhe	250 cm²
M 1:500	10 cm Länge	4 cm Höhe	40 cm²
M 1:1000	5 cm Länge	2 cm Höhe	10 cm²
M 1:2500	2 cm Länge	0,75 cm Höhe	1,5 cm²

Vom Maßstab 1 : 2500 bis 1 : 50 ergibt sich somit ein Flächenzuwachs von 99,9 %.

Die Maßstäbe 1 : 200, 1 : 500, 1 : 1000 und 1 : 2500 führen bei den folgenden Abbbildungen zu einer Verkettung graphischer Transformationen. Diese werden in reiner Konturzeichnung ausgeführt und alternativ in grau belegten Flächen mit modulieren den Schatten. Die Zeichnungen der Transformationen von Aufrissen mußten den Reproduktionsbedingungen des Buchlayouts entsprechend verkleinert werden, dennoch kann man die maßstabsbezogene Transformation der Darstellungen, d. h. die kontinuierliche Zunahme bzw. Abnahme der Informationen verfolgen. Aus den gleichen technischen Gründen wurde auf einen Aufriß im Maßstab 1 : 100 verzichtet.

Die Ansichtszeichnung unterliegt ähnlichen technischen Anforderungen wie die Grundriß- und Schnittzeichnungen.

Ansichten in den Maßstäben 1 : 100 und 1 : 50 enthalten:

– Gliederungen des Baukörpers in allen wesentlichen Teilen:
Türen, Tore, Durchfahrten und -gänge, Fenster und alle Wandöffnungen, Stützen, Pfeiler, Balkone, Loggien, Vor- und Rücksprünge, Dachausbildungen, nach Form und Material;
– Dachrinnen und Fallrohre;
– Gliederungen durch Materialsprünge, Verkleidungen;
– Anschlüsse an Nachbarbebauung;
– den historischen Kontext der Nachbarschaft, evtl. mit Farbangabe;
– Straßen- und Geländeverlauf;
– Rampen, Treppen, Zufahrten, Abböschungen;
– Geschoßhöhen;
– Schornsteine, Zuluft- und Entlüftungsöffnungen;
– Bewuchsformen, vorhanden/geplant;
– Bäume, vorhanden/geplant;
– Straßenbäume;
– Fassadenbezeichnung nach Blickrichtung/Lage und Maßstab geordnet.

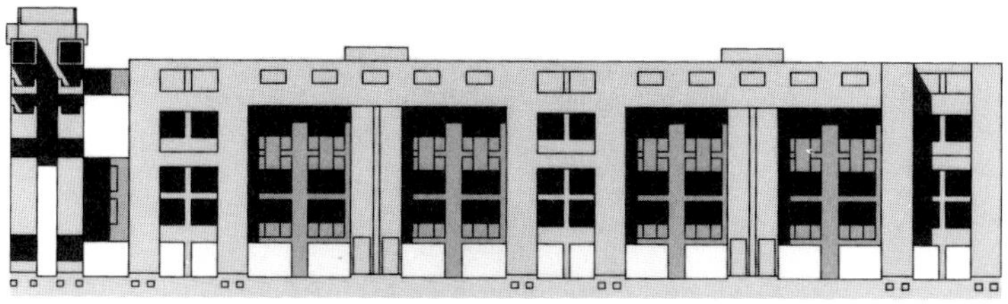

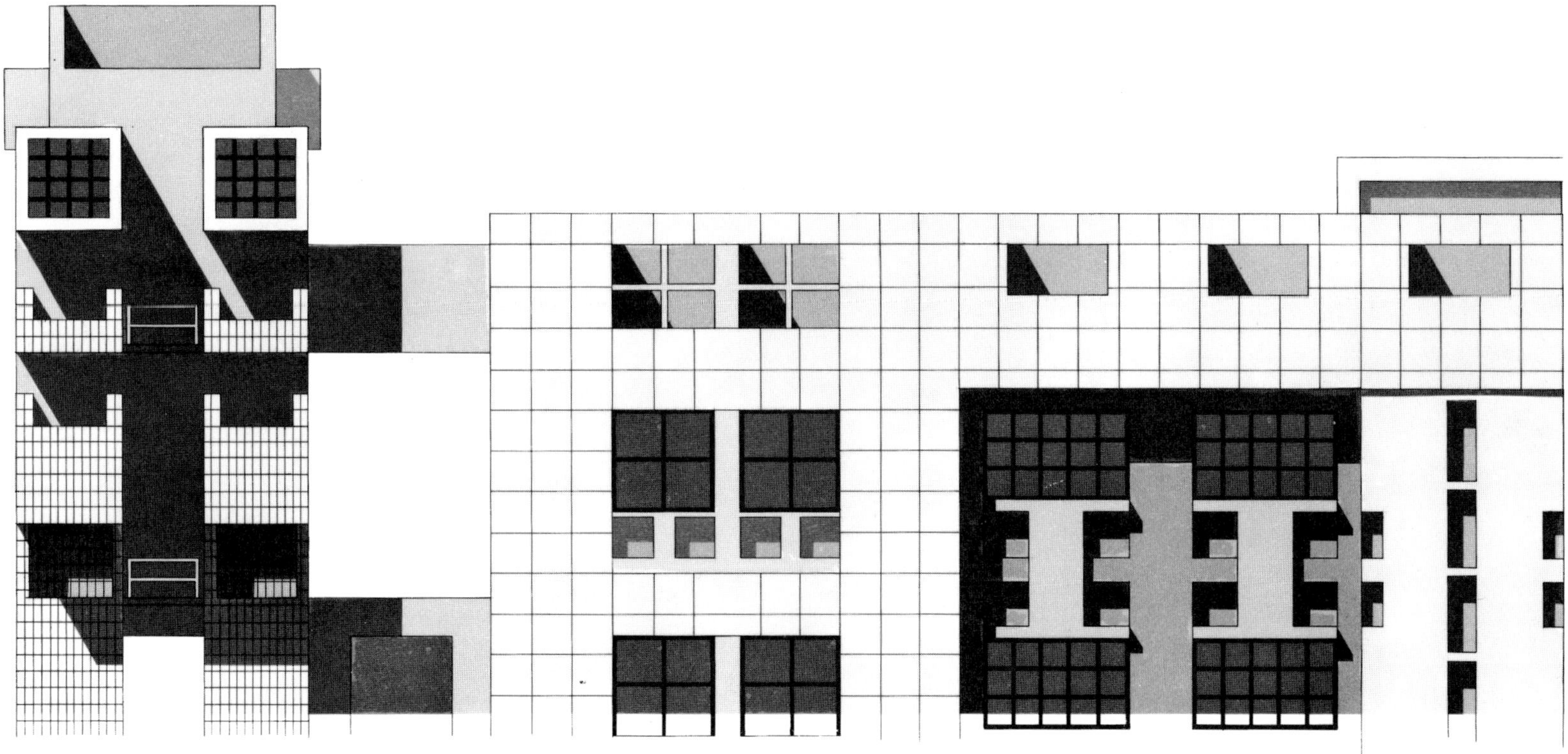

Der Baukörper

Die Motivation zur Darstellung liegt in der anschaulichen Präsentation des Entwurfs. Nach seiner Thematik, den Intentionen des Entwerfers und den Stimuli, die sich aus der Darstellungsfunktion ergeben, kann man »typisierende« und »objektivierende« Codierungen unterscheiden. Die typisierende Darstellung ist der Vorentwurfsphase zuzurechnen. Ebenso zählen dazu Erklärungen, die mit summativen Darstellungen die Grundzüge der Entwurfsabsichten erläutern.

Der typisierende Code

Die Funktion des typisierenden Codes liegt – über die Skizze hinausführend – in der knappen Kenntlichmachung charakteristischer Eigenschaften. Die Gliederung der baulichen Anlage kann dadurch deutlich gemacht werden, etwa indem man die Integrations- oder Kontrastqualitäten zum Umfeld hervorhebt, sowie diese das Entwurfsgeschehen als Parameter beeinflussen. Auf die gleiche Weise werden konzeptionelle Merkmale in einem Präzisionsgrad erfaßt, der es ermöglicht, Vergleiche und Beurteilungen zu treffen.
Peter Eisenmanns syntaktische und räumliche Transformationen sind als systemhaft zu klassifizieren, soweit es sich um Darstellungen eines logisch ablaufenden Transformationsprozesses vom kubischen Volumen zur »spätkubistischen« Gebäudestruktur handelt.
Seine Kompositionen führen über die elementare Stoffbehandlung einer systemhaften Raumartikulation hinaus. Sie erscheinen wie das späte Äquivalent zu den kubistisch-transparenten Raumschichtungen von Le Corbusier, von denen sie sich aber dennoch unterscheiden, und zwar in der manieristischen Doppeldeutigkeit der dichten und reichhaltigen Raumgliederungen, durch ungewohnte Belichtungsöffnungen, durchbrochene Wandfolgen, den

5.142 Roland Knauer. Eine abstrahierende Fassung der Primärgliederung des Baukörpers und seines modularen Aufbaus. Die Nachbarschaftsbebauung ist auf linear-transparente Umrisse reduziert.

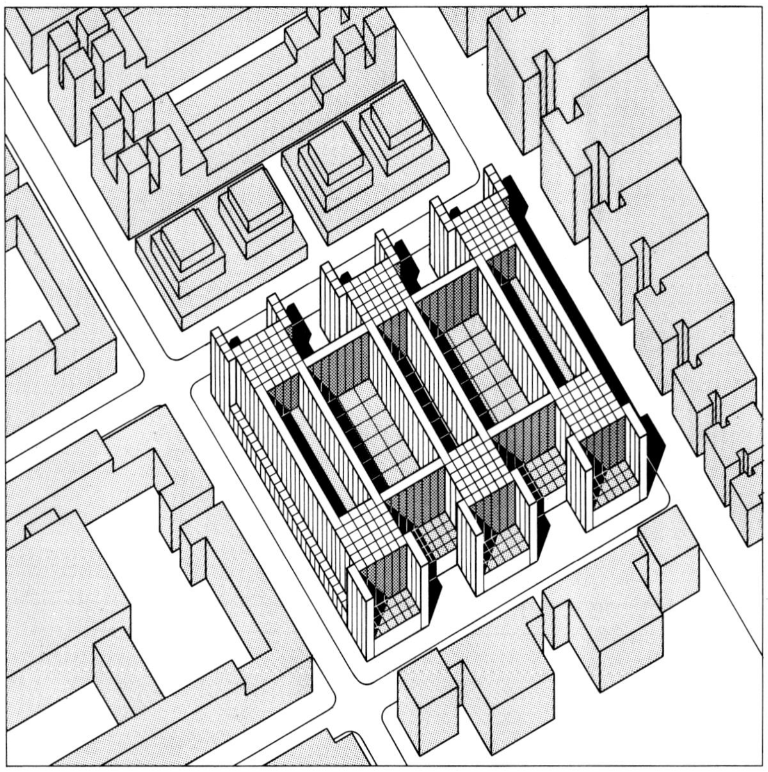

5.143 Roland Knauer, Peter Brüninghaus, Wolfgang Neumann und Heidi Störmer: Multifunktionales Gebäude mit integrierten Verkehrssystemen.

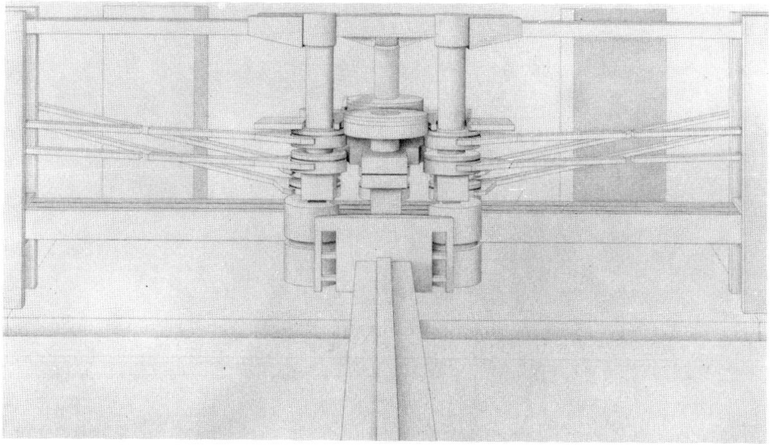

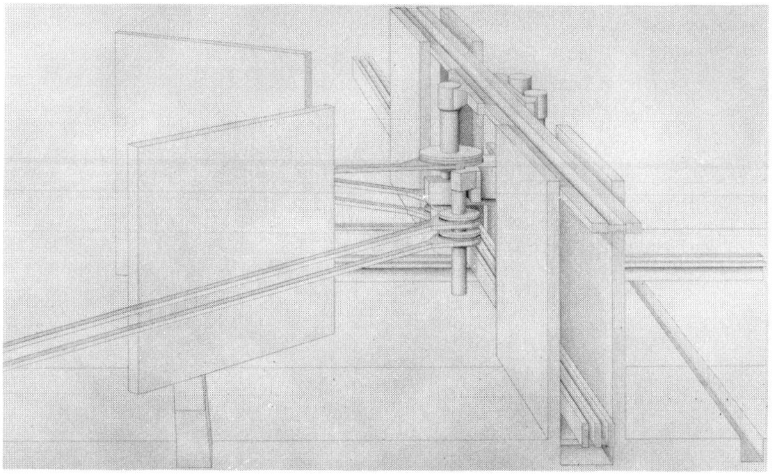

5.144 Franco Purini und Laura Thermes. Multifunktionales Gebäude.

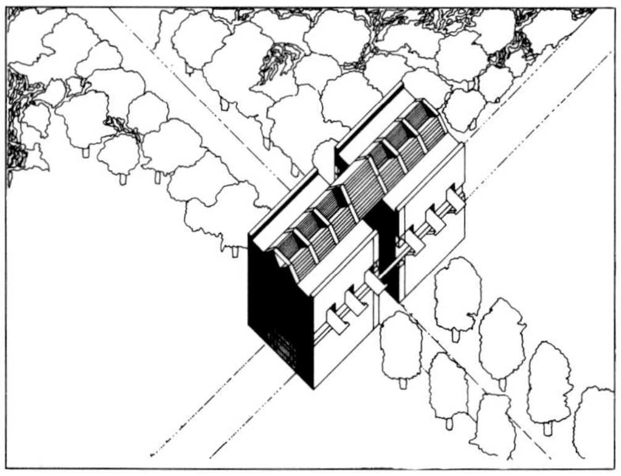

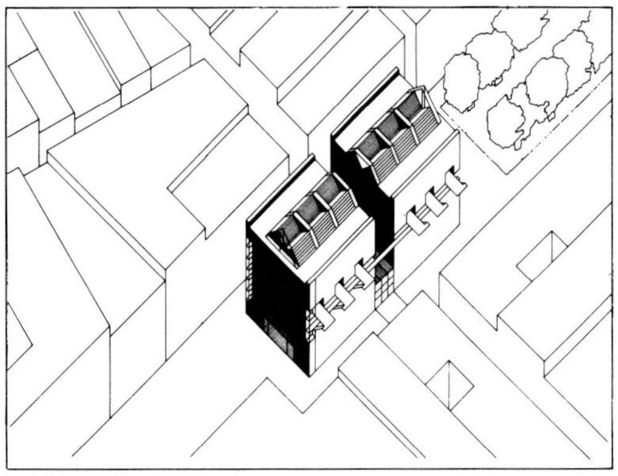

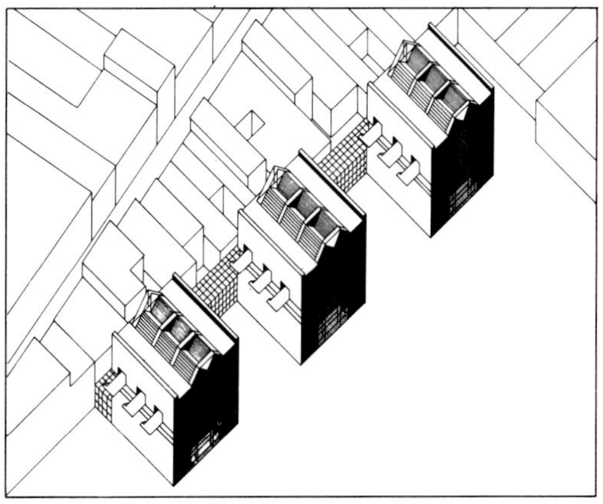

Raumüberschneidungen, durch 45°- oder 90°-Drehungen von Gebäudeteilen und durch die zurückgebliebenen Reste des kubischen Gitters, das den konzeptionellen Rahmen der Transformationsfolge bildete. Das kubische Koordinatensystem liefert die visuell und räumlich entscheidenden Bezugspunkte. Man ist geneigt, das Spiel der Variationen und Verwandlungen selbst fortzuführen, denn die Formen und Positionen der Elemente, die gegebenen wie die weggelassenen Diagonalen sind weder syntaktisch noch funktional endgültig bestimmt, und im guten Stil der Moderne ist jeder kontextuelle Bezug zugunsten eines vielgliedrigen Ausdrucks vermieden.

Der objektivierende Code

Der weitere Entwurfsverlauf führt zur genaueren und vollständigeren Ausarbeitung der im Konzept angelegten Eigenschaften. Mit zunehmender Konkretisierung wächst auch die Menge und die Präzision der gestalterischen Aussagen. Während bei der typisierenden Darstellung der Vorbereitungsphase bzw. des Vorentwurfs das Objekt in typischen Grundzügen umrissen wird und deshalb Interpretationsmöglichkeiten bietet, ist in dieser Entwurfs- und Darstellungsphase der Interpretationsspielraum bereits stark eingeschränkt.

5.145 Kamil Roškot. Ministerium in Prag. 1929–1930.

5.147 Franco Purini und Laura Thermes. Multifunktionales Gebäude.

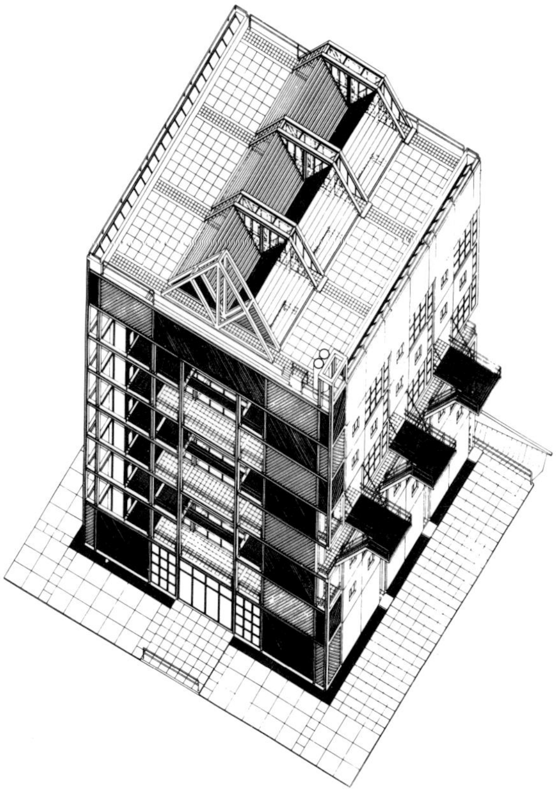

5.146 Peter Eisenman. Haus IV. Falls Village. Connecticut. 1971. Darstellung des Transformationsprozesses.

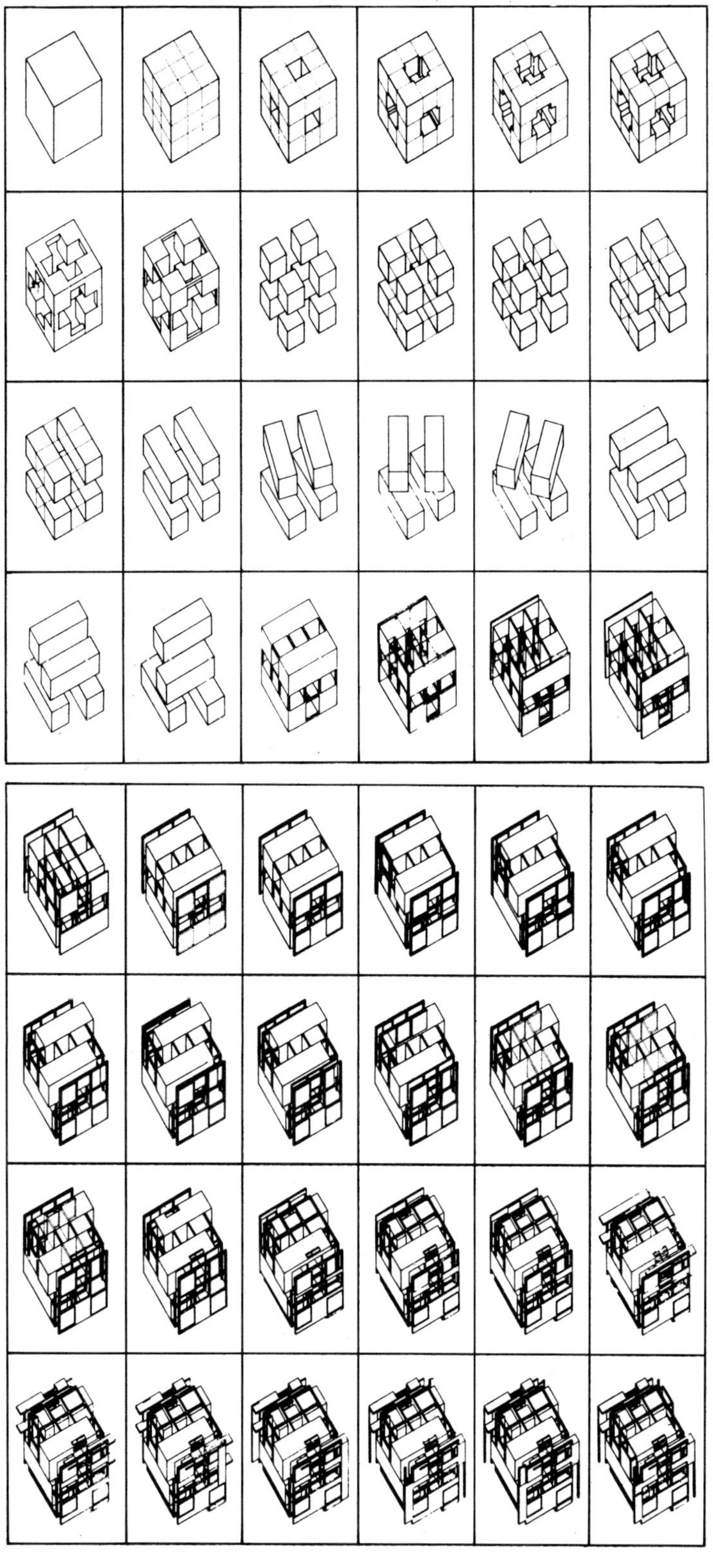

Einige gebräuchliche Darstellungstechniken

In aufeinanderfolgenden Darstellungen sind bei konstantem Zeichnungsaufbau – jeweils isometrischer Axonometrie – verschiedene Codierungen in Schwarz-Weiß und in Farbe gewählt. Der Überblick zeigt, wie verschiedene Darstellungstechniken und -mittel verschiedenartige Wirkungen des Baukörpers hervorrufen.
Ein präziser Farbauftrag ist durch die Spritztechnik möglich, vorausgesetzt, die zu behandelnden Flächen sind nicht zu groß. Man gewinnt scharf begrenzte Flächen, indem man die benachbarten Flächen mit zugeschnittenen Masken aus Klebefolie abdeckt. Die Spritztechnik erlaubt feine Kontraststufungen.
Zur Betonung der spezifischen Möglichkeiten der Spritztechnik wurden geringe Farb- und Helligkeitsstufungen gewählt. Die Spritztechnik setzt einen kalkulierten Darstellungsaufbau voraus, den man zuvor durch Skizzen erarbeiten sollte. Sprayfarben eignen sich gut; für feinere Darstellungen sind Spritzpistolen besser. Man kann dann Temperafarben, Retuschefarben, Eiweißlasurfarben und Wasserfarben verwenden.

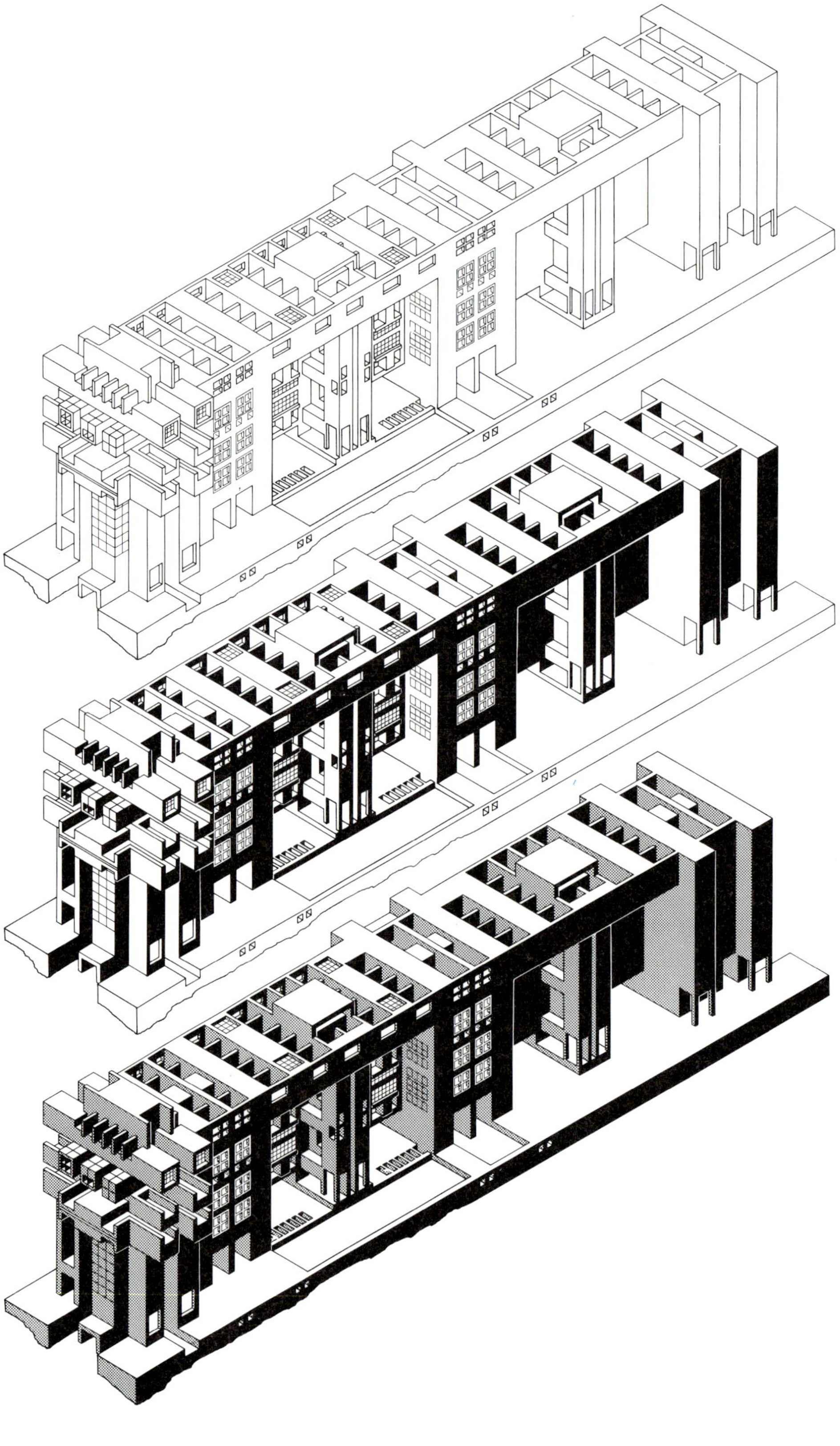

5.148 (1) Roland Knauer. Institutsgebäude. 1979. Konturzeichnung; graphisch leichte Wirkung, geringe Linienstärke ohne Helligkeitsdifferenzierung von Zeichengrund und Objekt. Alle Kanten und Flächen sind unabhängig von ihrer Lage visuell gleichwertig.

(2) Unter der Annahme einer Beleuchtungsquelle sind die von ihr abgewandten Flächen schwarz belegt.

(3) Konturzeichnung in drei Helligkeitsstufen, die besonders die Gliederung des Baukörpers hervorheben.

Die Konturzeichnung

Die Konturzeichnung abstrahiert von substantiellen Objektmerkmalen, von Texturen und Farben, von Licht und Schatten, von feineren ästhetischen Wirkungen. Es werden die Umrisse des Gegenstandes mit den Flächengliederungen und Ecken gegeben, die von Kanten ausgehen, sich also graphisch in Linien umsetzen lassen. Davon ausgenommen sind die physikalischen Einflüsse und Variationen des Lichts. Die Kontur umreißt den Gegenstand und schließt ihn als Fläche in sich ein; die Konturzeichnung wird von der Binnenzeichnung ergänzt. Die Linie stellt meist eine Grenze dar.

Dagegen gehört der Formstrich zur Kategorie der Krümmungsdarstellung, da er der plastischen Oberfläche des Gegenstandes folgt und dessen Körperhaftigkeit betont. Die Konturzeichnung ist weniger eine »Darstellung«, sondern mehr eine »Bezeichnung«. Der nahe Gegenstand ist immer mehr als die mit ihm in Beziehung gebrachten graphischen Zeichen, und die Konturzeichnung ist eine reduzierte gezeichnete Information. Die Abbildung der Realität mittels Zeichen schafft nur im metaphorischen Sinn eine Ähnlichkeit mit dem abgebildeten Objekt. Diese Ähnlichkeit ist für weite Bereiche des Entwerfens völlig ausreichend.

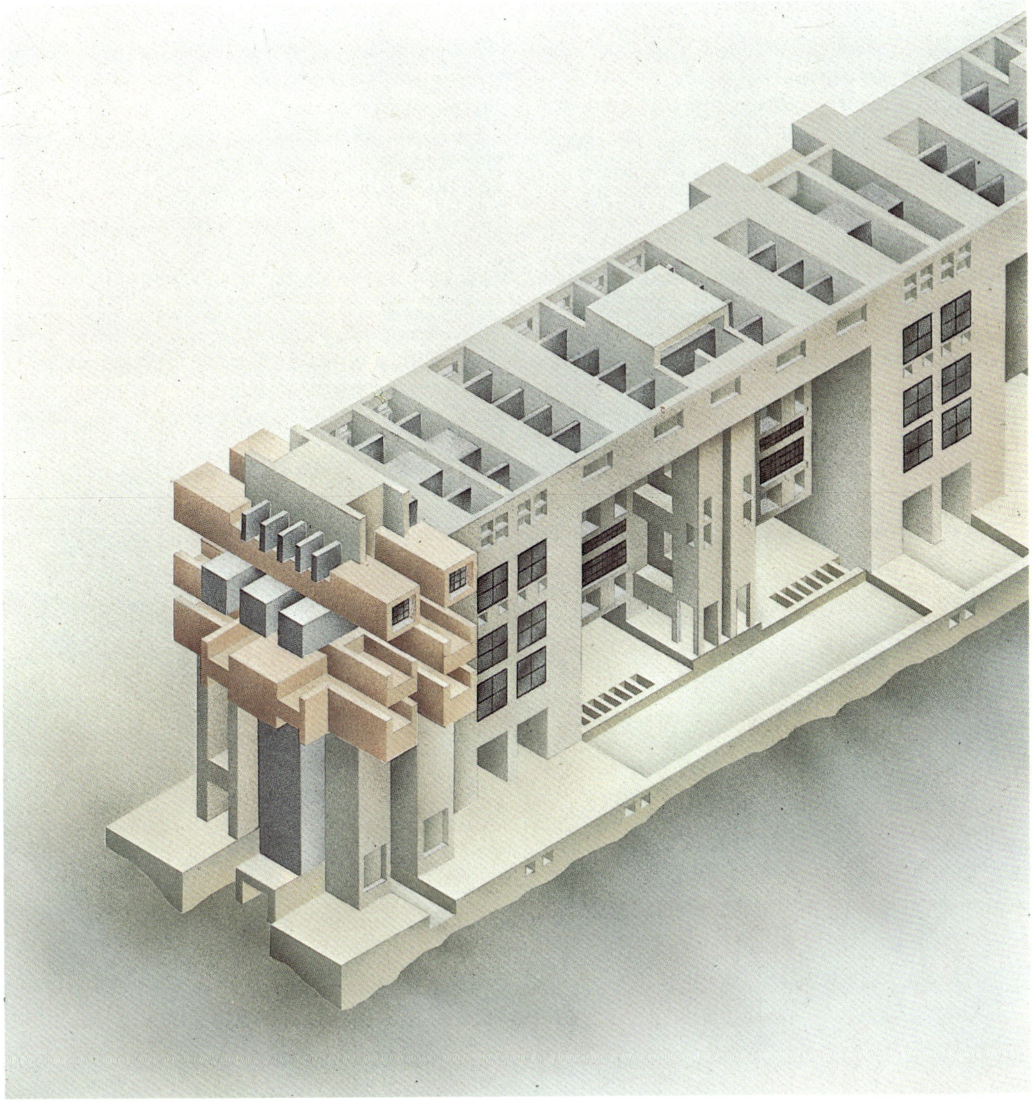

5.149 (1) Spritztechnik.

(2) Die Eigenfarbe des Zeichengrunds – gelbes Transparentpapier – ist konzeptionell einbezogen; der leichte Farbauftrag mit Farbstift läßt den Zeichengrund durchscheinen, der sich mit der aufgetragenen Farbe mischt. Hellere und dunklere Farbtöne sind auf technisch unproblematische Weise zu erzielen. Die Beschränkung auf eine Primärfarbe, dazu einige farbliche Ergänzungen ergeben zusammen mit der Eigenfarbe des Papiers eine Farbenwirkung, die in einem günstigen Verhältnis zum Arbeitsaufwand steht.

Die Methode steht besonders ästhetischen Phänomenen nahe, die überwiegend von elementaren Beziehungen, von Flächen und Volumen gegeben oder aus Einfachheit und Sparsamkeit der Mittel, aus Konkordanz und Rapport, gebildet werden. Die Konturzeichnung gehört zum Standard des graphischen Repertoires.
Die Methode, maßgetreue Aufrisse von Bauteil und Fassade anzufertigen, ist seit jeher unerläßlich. Das gesamte dreidimensionale Objekt nur in seinen wesentlichen Linien und Massen konturierend darzustellen, ist eine Eigenart der Moderne. Vielleicht handelt es sich dabei um eine Reaktion gegen den Historismus, der das Bedürfnis zugrunde liegt, die Ziele der Moderne – Flexibilität, Variabilität, Offenheit, Kontinuität, Dynamik – mit den ihnen angemessenen bzw. nahestehenden Methoden und Mitteln auszudrücken und mitzuteilen. Von der Konturzeichnung aus bauen sich die weiterführenden Darstellungstechniken auf: Konturzeichnung, ergänzt von Körper- und Schlagschatten; dann die Zeichnungen, die den Sinnesempfindungen von Licht und Farbe, der Textur, der Beleuchtung, der Reflexion und den atmosphärischen Einflüssen entsprechen.
Ein Mentor der knappen Zeichnung war Hannes Meyer. Nach seinen Ausführungen gehört die standardisierte Darstellung »... zum ABC des Rüstzeuges eines jeden Architekten«. Sie sei »jedermann verständlich und rationell im Verbrauch von Papier, Zeichenmaterial und Arbeitskraft«. Sie erleichtere »den Archivdienst und die Vergangenheit der Entwürfe untereinander«.[14]
Meyers Projekt für den Völkerbundpalast in Genf, 1926/1927, ist hierfür ein frühes und exemplarisches Beispiel, eine Deklaration: eine Konturzeichnung mit ergänzenden Schlagschatten ohne Zwischentöne in leichtester, technisch noch möglicher Linienstärke, die ganz im Dienst der funktionalen Sprache des Entwurfes steht, frei gehalten vom Kontext der Umgebung, im steilen Aufblick der Militäraxonometrie. Die Zweckdienlichkeit des Entwurfes selbst wird von Meyer kommentiert: »... Unser Völkerbundgebäude symbolisiert nichts. Seine Größe liegt zwangsläufig in den Abmessungen und Gegebenheiten des Bauprogramms ... Dieses Gebäude sucht keinen künstlichen Anschluß an die Parklandschaft seiner Umgebung. Als erdachtes Menschenwerk steht es im berechtigten Gegensatz zur Natur. Dieses Gebäude ist nicht schön und nicht häßlich. Es will als konstruktive Erfindung gewertet sein.«[15]
Die Methode der Konturdarstellung gewinnt weit über ihren Mentor hinaus die allgemeine Bedeutung eines Standards.
Kontinuität und Dynamik sind Kennzeichen der neuen Baukunst, die neue Zeichnung bestätigt sich in ihr.
Knappheit der Mittel und Präzision der Ausführung sind nicht nur Eigenarten industrieller Produkte, sondern nicht selten auch jener Zeichnungen, die diese Produktion vorbereiten oder derartige Industrieprodukte präsentieren.
Anstelle zahlloser Darstellungen, die seitdem entstanden sind und als Standard zum Handwerk gehören, sind auf der Seite 251 einige Zeichnungen aus dem früheren Œuvre von James Stirling aufgeführt, die ebenso wie Meyers Projekte im wesentlichen nur aus zwei Materialien bestehen: Mauerwerk bzw. seine Verkleidung mit Platten oder Fliesen und Glas.

Die Figur-Grund-Beziehungen

Die Darstellung eines Baukörpers auf die Figur-Grund-Beziehungen zu beschränken, dient weiterhin der Erörterung der Syntax, d.h. der Herausarbeitung der Silhouette, der Prägnanz, die Untersuchung der Wirkung der Grenzflächen, die sich derart bearbeitet scharf abheben, als helle Figur auf dunklem Grund oder umgekehrt. Die »gefüllten« Teile des Baukörpers treten zu den dunkel und »leer« gehaltenen Stellen und Flächen des Bildgrundes in eine gespannte Beziehung, die das Erfassen der Richtung, Lage, Dichte und Ausdehnung der Figur erleichtert.
Die Kontrastwirkung führt wegen der Irradiation zur Überschätzung der wirklich gegebenen Helligkeitswerte; zugleich erscheint die helle Figur auf dunklem Grund größer als dieselbe dunkle auf hellem Grund.
Die gestalterischen Eigenschaften sollte man in sukzessiven Folgen von Darstellungen klären, bis die Schichten des Entwurfs in analoger Gliederung aufgespalten sind. Auf weitere derartige Arbeitsmethoden wird unter »Darstellung struktureller Objektmerkmale« hingewiesen.

5.150 Hannes Meyer mit Hans Wittwer. Petersschule. Basel. 1926. Projekt.

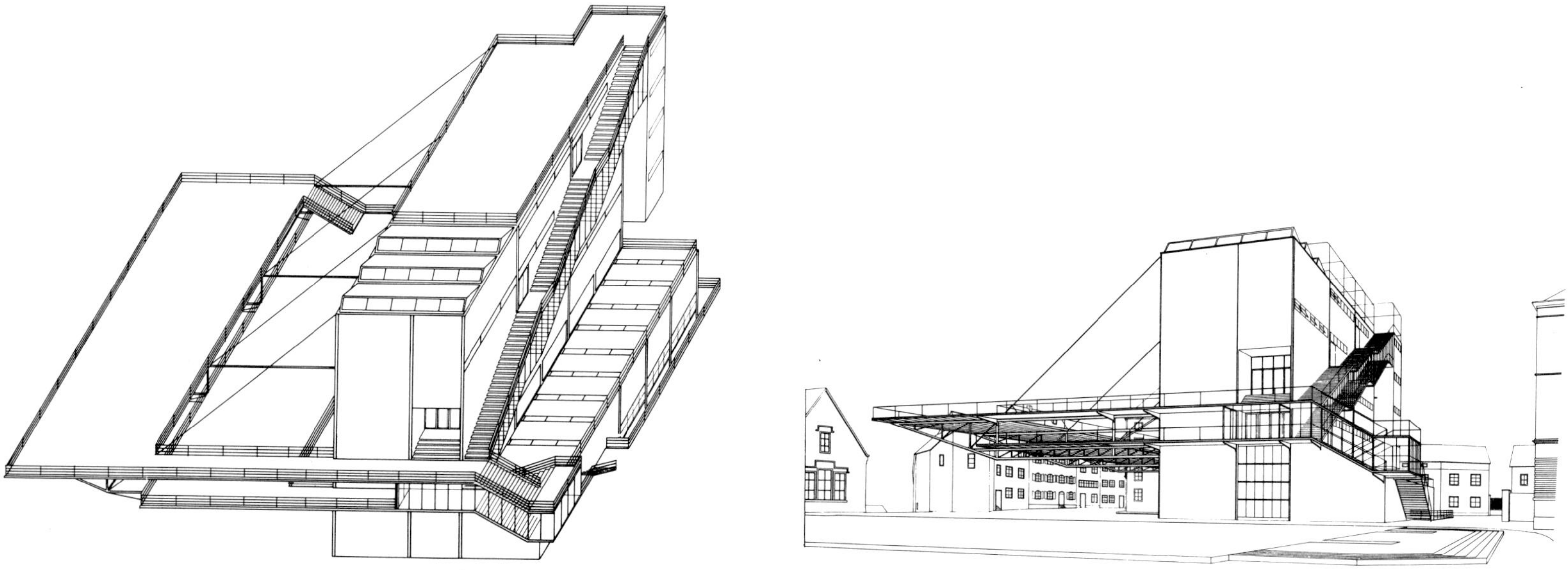

5.151 James Stirling. Gebäude der geschichtswissenschaftlichen Bibliothek der Universität Cambridge. 1964.

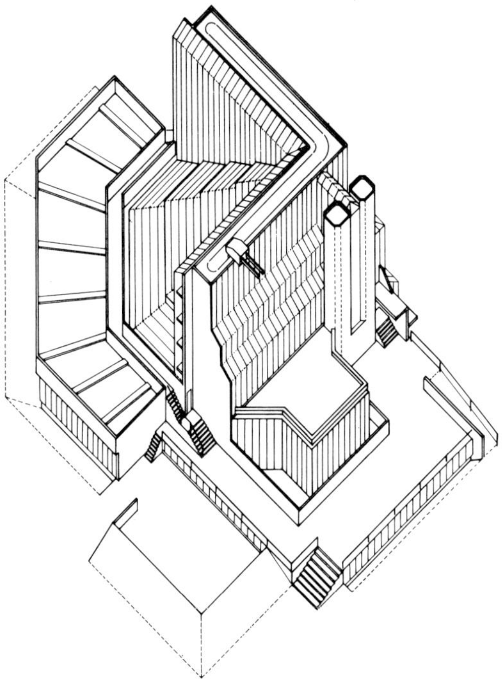

5.152 James Stirling. Gebäude der Ingenieurfakultät der Leicester University. 1959.

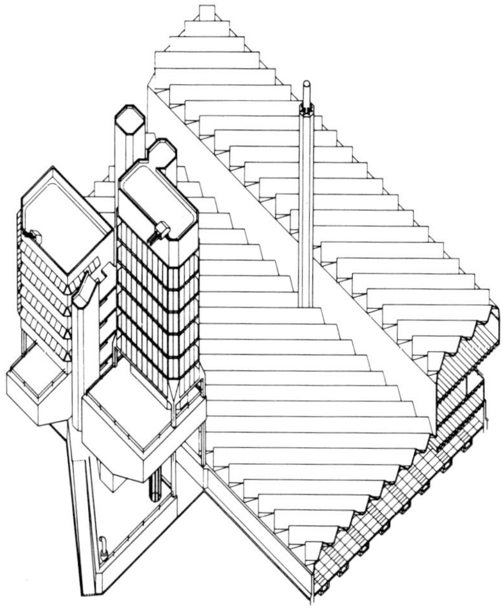

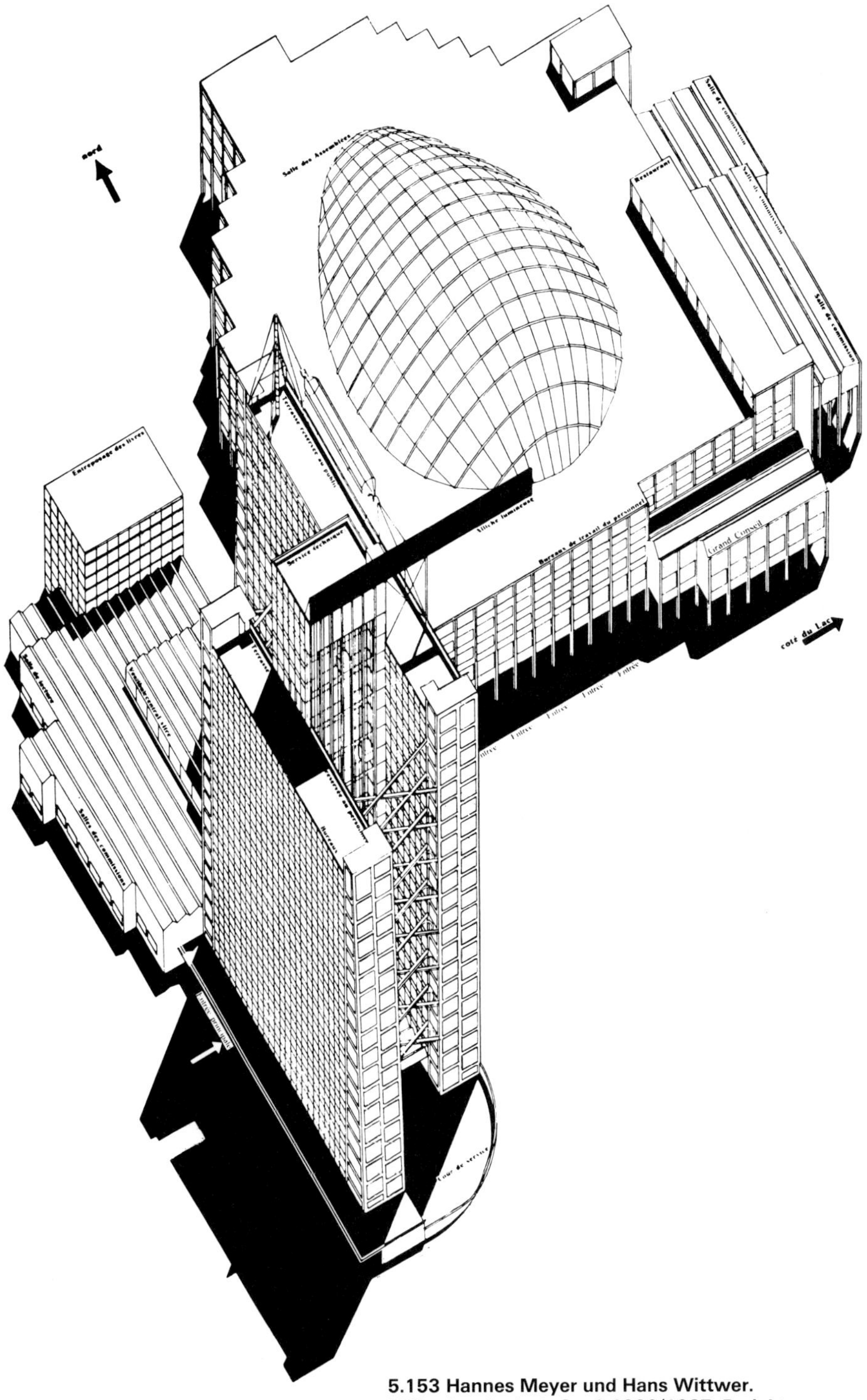

5.153 Hannes Meyer und Hans Wittwer. Völkerbundpalast. Genf. 1926/1927. Projekt.

5.154 Walter Gropius. Totaltheater, für Erwin Piscator entworfen. Berlin. 1926. Projekt.

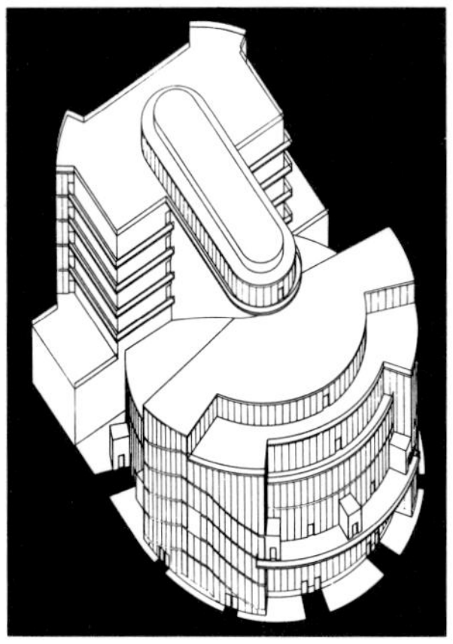

5.155 Marcel Breuer. Ukrainisches Staatstheater Charkow. 1930. Wettbewerbsprojekt.

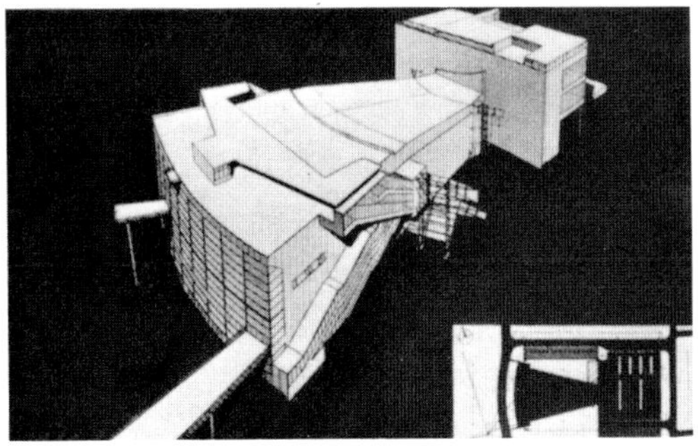

5.156 Henri Sauvage und Charles Sarazin. Abgestufter Wohnblock mit Garagen für 4000 Autos. 1928.

5.157 Petau. Stich des Klosters Saint-Riquier-Centula. 1612.

Die zeichnerisch-räumliche Tiefenwirkung

Daß einige Zeichnungen eben, andere dagegen räumlich erscheinen, ist auf die Eigenarten der visuellen Wahrnehmung zurückzuführen.

Räumlich wirken:

– Größenunterschiede, die zur Tiefe des Bildraumes abnehmen;
– Überschneidungen, die den Eindruck gestaffelter Anordnungen hervorrufen;
– Texturgradienten, die mit der Linearperspektive die angestrebten Raumverhältnisse anzeigen;
– die Luftperspektive, die mittels Unschärfe der Konturen den Tiefeneindruck verbessern;
– der Helligkeitsverlauf, der bei den meisten bildnerischen Verhältnissen den Eindruck der Raumtiefe hervorruft;
– Licht- und Schatteneinflüsse, die von der Wahrnehmung der realen Welt bereits als mit den räumlichen Verhältnissen korrespondierend bekannt sind;
– geordnete, den Tiefeneindruck begünstigende Positionen auf der Zeichnung.

Bei räumlich tief wirkenden Abbildungen sind es die Horizontlinie und die Fluchtlinien, die dem Betrachter helfen, die Entfernung der Gegenstände vom Vordergrund in die Bildtiefe hin nach der Größenveränderung von Kanten abzuschätzen. Fehlt die Horizontlinie, wie oft bei Perspektiven nach unten und nach oben, oder ist sie durch Gegenstände verstellt, so geht der Wahrnehmende von der Entfernungseinschätzung zwischen den Gegenständen aus. Von der vorderen Zeichnungsgrenze rücken diese mit zunehmender Entfernung nach oben; der höher angeordnete Gegenstand wird dann als weiter entfernt angenommen.

Von historischen, vorperspektivischen Darstellungen als auch von Kulturen, die die Linearperspektive nicht anwandten, ist die Methode bekannt, die nahen Gegenstände unten auf der Zeichenfläche, die ferner liegenden höher, die am fernsten liegenden oben anzuordnen. Diese Darstellungen bleiben ohne exakte räumliche Eigenschaften. Die Auswahl in der Anordnung der Gegenstände, in Schichtungen von unten nach oben bietet statt Genauigkeit die Möglichkeit, eine Darstellung aus der Mischung symbolisch-indexikalischer Zeichen von episch-erzählerischer Aussage zu erzielen. Statt genauer räumlicher Positionen füllen Szenen, nach Bedeutungen gestaffelt, den Bildraum. Die Entfernungseinschätzung gelingt anhand der Positionen der Gegenstände zueinander: Der überschneidende Gegenstand steht vorn, der überschnittene hinten. Die Vertauschung der Positionen würde zur Umkehrung der Raumwirkungen führen. Bemerkenswert ist diese Methode auch bei den Figur-Grund-Verhältnissen. Überschneiden sich Gegenstände, bildet eine Figur den Hintergrund für eine andere. Günstig wirkt sich die Möglichkeit aus, trotz größter Unterschiedlichkeit der Gegenstände, ihre Entfernung auch dann abzuschätzen, wenn größere Gegenstände weiter entfernt sind als kleinere, näher liegende. Das beweist, daß die Entfernungs- bzw. Größeneinschätzung nach einem für die visuellen Verhältnisse einheitlichen Größenmaßstab erfolgt.

5.158 Friedrich Weinbrenner. Stadtpfarrkirche St. Stephan in Karlsruhe.

Für die räumliche Wirkung der Zeichnung heißt das, daß man ohne Störung der Tiefenwirkung auch größere Gegenstände in der Tiefe des Bildraumes anordnen kann, was in der Praxis nicht ungewöhnlich ist; mit Kenntnis des Größenmaßstabes, aus dem Wissen der Zusammenhänge der visuellen Welt macht sich der Wahrnehmende das richtige Bild, wenn der Gesamtzusammenhang ihm dies nahelegt.

Mit den Texturgradienten ist eine bildnerisch-räumliche Tiefenwirkung sicher zu erzielen. Gradienten, seien es Textur-, Dichte-, Schatten- oder Bewegungsgradienten, rufen, wie die lineare Perspektive wegen ihrer kontinuierlichen Größenabnahme oder -zunahme und ihrer entsprechenden Veränderung der Flächenformen proportional zur Entfernung, einen starken Tiefeneindruck hervor. Zur graphischen Ausführung ist die günstige Abstimmung der Linienstärken oder Größenabstufung der Flächenelemente wichtig, da perspektivisch verlaufende Flächen nach hinten, in die Ferne hin, zum Zusammenfließen neigen, dann undeutlich und schwer wirken und dem Tiefeneindruck widersprechen.
Vernachlässigt wird oft die Erzeugung des Tiefeneindrucks nach den Erscheinungen der Luftperspektive. Sie basiert auf der Beobachtung, daß mit zunehmender Entfernung die Helligkeits- und Farbkontraste geringer, die Konturen unschärfer, die Farben insgesamt kälter und die Körperhaftigkeit flacher erscheinen. Der Eindruck der Luftperspektive ändert sich je nach den atmosphärischen Verhältnissen kurzfristig; doch bleibt auch unter klaren atmosphärischen Verhältnissen der Eindruck bestehen, als würde der Raum mit zunehmender Entfernung heller erscheinen.
Daneben sind es die Wirkungen von Licht und Schatten, die Entfernungs- und Tiefeneindrücke unterstützen. Schatten verstärken die räumliche Wirkung; außerdem wirken dunkle Bildzonen räumlicher als helle. Diese Tatsache war der Landschaftsmalerei seit langem bekannt, wenn bei einer Bildkomposition mit dem Vordergrund als dunkler Zone die ferneren, in den Hintergrund führenden Zonen hell ausgeführt wurden. Entwickelt sich der Zeichnungsaufbau nach diesem dunkel/vornhell/fern-Schema, so bilden sich die raumschaffenden Wirkungen des Helligkeitsverlaufs, denn es ist zu beobachten, daß auch in der realen Welt die näheren Gegenstände körperhafter und schwerer, die ferneren aber flacher und leichter erscheinen.
Dies gilt auch für die Darstellung des architektonischen Raums, wo der Ausdruckswert des Tiefeneindrucks – den großen Dimensionen vorbehalten – bedeutsam ist. Für die Wahrnehmung räumlicher Tiefe ist auch die Lage des Objekts zur Bildebene wichtig. Wie bereits im ersten Kapitel erwähnt, bedarf es der günstig ausgewählten Stellung des Körpers, um seine Körperhaftigkeit in der Darstellung zu erhalten.
Zeichnungen, denen eine deutliche Aussage der angestrebten Tiefenverhältnisse fehlt, mangelt es an Anschaulichkeit und somit auch an Eindeutigkeit. Der Betrachter neigt dann zur Auswahl der ihm als richtig erscheinenden Entfernungen.

5.159 Leo von Klenze. Glyptothek München. 1816–1831. 2. Entwurf.

Der Zeichengrund

Was Hintergrund ist bei der lotrechten Projektion auf die Fassade, wird bei gekippter Projektion, bei Schrägsicht auf den Baukörper zum Zeichengrund. Stellvertretend für weitere Darstellungen sei hier eine Zeichnung Le Corbusiers genannt, die sich durch eine intensive Bearbeitung des Zeichengrundes auszeichnet. Die Schrägsicht nach unten zeigt die Stadtfläche, die in einer ganz den Erfordernissen des modernen Verkehrs dienenden Art gegliedert ist.

In den dunklen Zeichengrund sind die Bewuchsformen der Grünanlagen, das Straßengeflecht, die Verkehrsbauwerke usw. prägnant eingetragen. Berücksichtigt man, daß Le Corbusier damit eine sorgfältig ausgearbeitete Sozialutopie zur Regeneration von Paris vorlegte, so stimmt die Zeichnung, wie sie hier in einem schmalen Ausschnitt gegeben ist, mit ihrem Zweck, suggestiv beeinflussend auf das Publikum zu wirken, völlig überein. Es ist zu vermuten, daß die Wirksamkeit geringer gewesen wäre, hätte Le Corbusier den revolutionären Inhalt in abstrahierende oder ungewohnte Darstellungen verpackt; so aber sind gerade die Grundmodalitäten des zu erwartenden städtischen Lebens anschaulich mitgeteilt.

5.160 Le Corbusier. Plan voisin de Paris. 1925. Projekt.

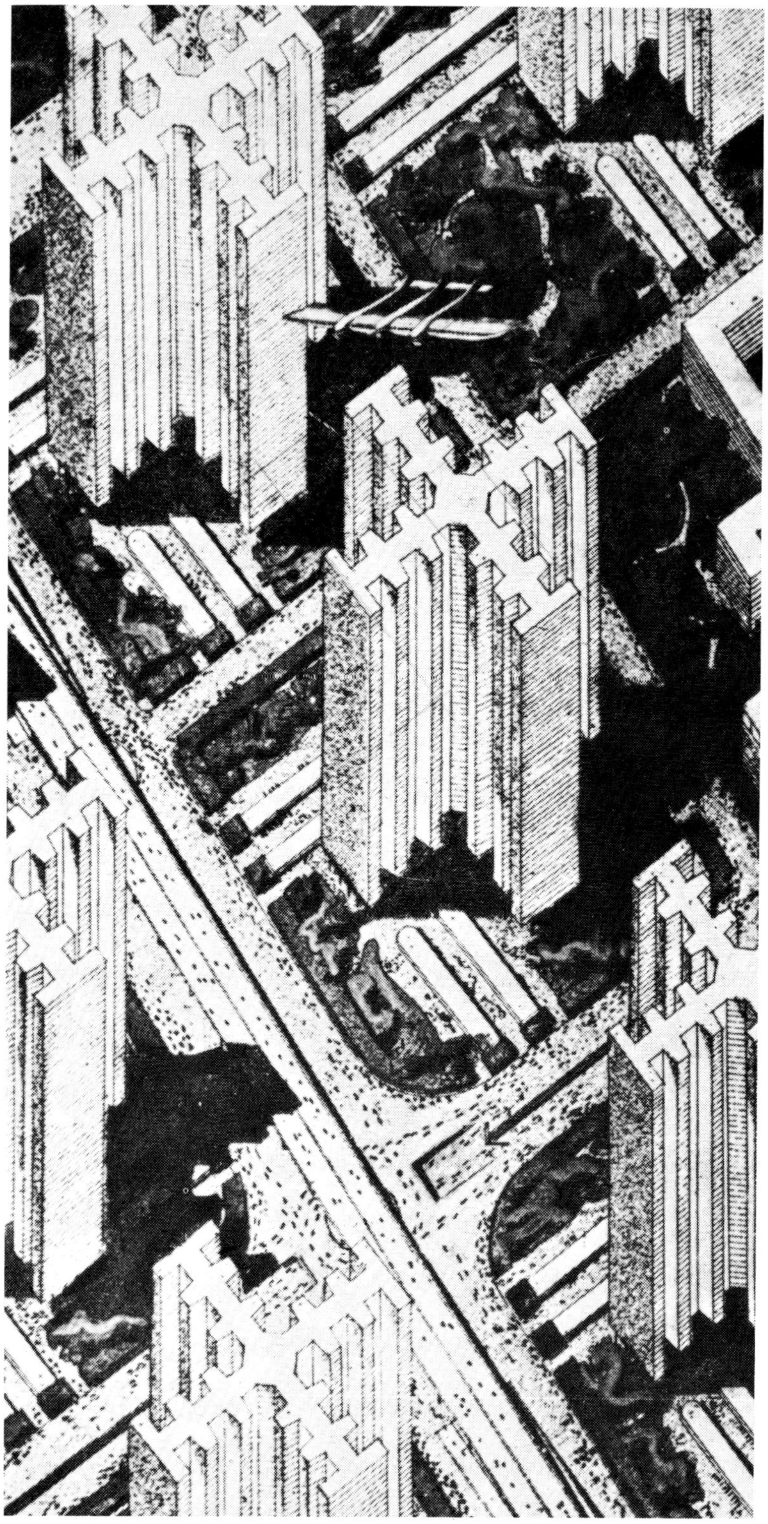

Der Hintergrund

In der heutigen Architektenzeichnung ist der Hintergrund meist aussagefrei gehalten oder mit Ergänzungen zur Umgebungsschilderung versehen. Darstellungsformen, die den perspektivisch projizierten Raum zusammen mit der baulichen Anlage oder dem Baukörper ausschnitthaft zeigen, sind seltener. Das war nicht immer so; entwicklungsgeschichtlich hat diese Darstellungsform mit der Vedute ihren traditionsreichen Vorläufer, der sich bis zum 18. Jahrhundert zum Höhepunkt entwickelte. Zunächst ging es um die naturgetreue Darstellung der Natur, weshalb die Schrägsicht, die den weitesten Überblick bot, dominierte. Wieweit diese Darstellungen der Landschaftsmalerei oder der frühen Architekturdarstellung zuzurechnen sind, hängt davon ab, ob die Naturtreue oder die Objekttreue in der Darstellung überwiegt. In einem gewissen Maße bietet die Vedute eine Architekturanschauung, wenn auch meist der maßstäbliche Bezug unsicher bleibt, da er nicht im Vordergrund des Interesses stand, sondern mehr der bildmäßige Eindruck, die Gesamtwirkung von Landschafts- oder Stadtausschnitt mit den Gebäuden.

Der Prospekt nimmt oft die illusionistischen Wirkungen der Bühnenmalerei hinzu. So ist er – trotz des Interesses an der Architektur – der anderen Zielsetzungen wegen der Theatermalerei näher als der Architekturdarstellung.

Eine Darstellung Le Corbusiers sei nochmals stellvertretend für zahlreiche andere erwähnt. Sie ist geeignet, auf geschichtliche Wurzeln hinzuweisen, und sie führt über das, was als Hintergrund zu gelten hat, weit hinaus. Ohne ihre Erörterung würde das Thema »Hintergrund« nur für Manuelles oder Perspektivisches gelten.

Le Corbusiers Projekt für den Genfer Völkerbundpalast 1927–1928 zeigt die Komposition der Baumassen, eingebettet zwischen dem Genfer See und dem Massiv der Alpenkette.

Ohne Kenntnis der eigentlichen, romantisch zu nennenden Quellen, genauer: den Beeinflussungen des Pittoresken, die auf die Entwicklung des Internationalen Stils schon früh eingewirkt haben – und neben anderem den Kompositionsprinzipien des 18. Jahrhunderts nahestehen –, läßt sich die romantische Stimmung dieser Darstellung – von einem der radikalsten Kämpfer für die Moderne stammend – nicht hinreichend erklären. Hinter der rationalen Fassadengestaltung wirkt eine Komposition der Baumassen, die von der natürlich anmutenden Einfügung der baulichen Anlage in die Umgebung getragen ist. Nur der ästhetische Purismus der Architektur kann über die gelungene Synthese dieser widersprüchlichen Gesinnungen täuschen, die hier ihre einheitliche Formulierung erhalten haben. Das »Pittoreske« ist keineswegs ein Stil, sondern eine für das 18. Jahrhundert neue Art des Sehens, die, aus Literatur und Malerei hergeleitet, die emotionale Grundlage für die phantasievolle Gruppierung von Formen in Architektur und Landschaft bildete. Abgesehen von der radikal-modernen Syntax des Baukörpers wird deutlich, daß sich hinter der rationalen Haltung Le Corbusiers das Pittoreske verbirgt, daß es zumindest nicht völlig verschwunden ist, sondern »eher als ein Kennzeichen der neuen Tradition zu werten ist und nicht etwa als ein fremdes Element, dessen Wiedereinführung zwangsläufig zu einem wurzellosen historischen Zwitter geführt hätte«.[16] Zu diesem Projekt für den Genfer Völkerbundpalast bemerkte Henry-Russell Hitchcock: »Uvedale Price, die große Autorität des Pittoresken, hätte sowohl die Terrassen als auch die Fensterbänder gebilligt. In gewissem Sinne empfahl er sie vor mehr als einem Jahrhundert, wenn er vorschlug, die Häuser ›malerisch‹ zu planen und so anzulegen, daß so weit wie möglich ein Ausblick nach allen Seiten gegeben sei.[17]

Wenn es der Naturbezug als emotional inspirierender Hintergrund war, so verwundert weder die Komposition des Baukörpers noch die Komposition seiner Abbildung: Die Betonung des naturhaften Rahmens, in den sich die bauliche Anlage einfügt, verweist auf die unter dieser Prämisse vorgenommene Gestaltung des Objekts, auf die natürliche Umgebung und darüber hinaus auf die romantischen Quellen der Moderne – auch bei Le Corbusier. Für ihn lag es somit nahe, den Aufbau der Darstellung – eine Fotocollage wahrscheinlich, in die die Zeichnung implantiert wurde – so zu wählen, daß der Jury, dem Publikum, die kulturellen Signale anschaulich übermittelt werden konnten.

Die sorgfältige Abstimmung der Gebäude auf die Umgebung mutet im malerischen Arrangement des Wettbewerbsprojekts von Poelzig weniger überraschend an, denn es steht dem romantischen Charakter des Expressionismus nahe.

Interessant ist der von Frank Lloyd Wright verfolgte Manierismus, innerhalb einer Zeichnung den Baukörper oder größere geplante Anlagen mit und ohne Hintergrund auszuführen. Nicht zufällig ist die Zone mit dunklem Hintergrund dort angelegt, wo sich nicht nur der Schwerpunkt der bildnerischen Aussage befindet, sondern auch eine Zwischenzone mit Baumgruppen sich einfügen läßt, die zwischen dem hellen Vordergrund und dem dunklen Hintergrund vermittelt. In anderen Darstellungen gelingt es Wright immer wieder, mit einer gut abgestimmten Behandlung des Zeichnungshintergrundes eine räumliche Tiefe und Weite zu erreichen.

In zwei Fassungen zum Entwurf der Crystal-Gebäudegruppe bringt Wright Merkmale seines Entwurfs in ein auch darstellerisch prägnantes Konzept. Die dunkel behandelte Zone der Baumgruppen und des Waldes bildet den Zeichnungsvordergrund in der Perspektive in Augenhöhe, aber auch den Zeichengrund in der Vogelschauperspektive.

Der Zeichnungsausschnitt folgt dem Grundstücksverlauf. Die einheitliche Behandlung von Vordergrund und Zeichengrund bringt beide Darstellungen in eine darstellerische Symbiose.

5.161 Der Platz am Opernhaus Berlin. Kupferstich um 1755.

5.162 Johann Bernhard Fischer von Erlach. Entwurf einer historischen Architektur. Kupferstich. 1721.

5.163 Le Corbusier. Völkerbundpalast. Genf. 1927/1928. Projekt.

5.164 Hans Poelzig. Völkerbundpalast. Genf. 1927/1928. Projekt.

5.165 Frank Lloyd Wright. Theater für Hartford. Connecticut. 1949. Projekt.

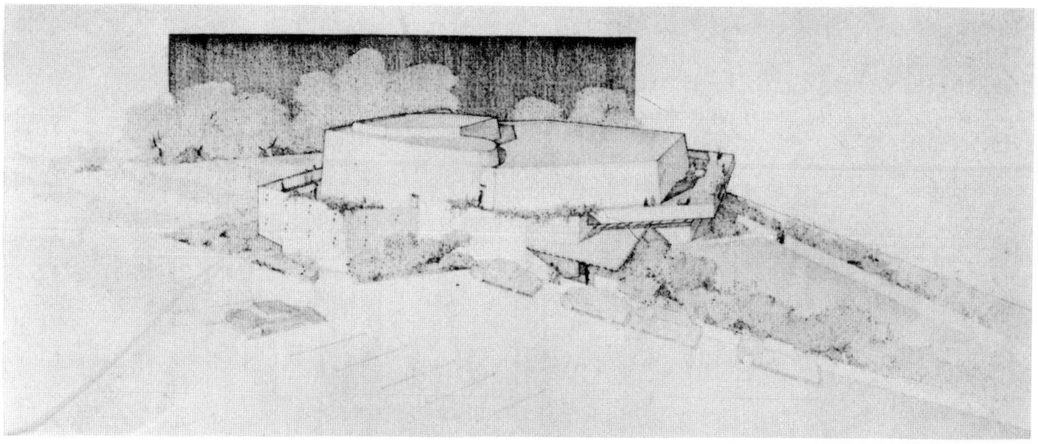

5.166 Frank Lloyd Wright. Crystal Heights Hotel. Washington. Connecticut. 1939. Projekt.

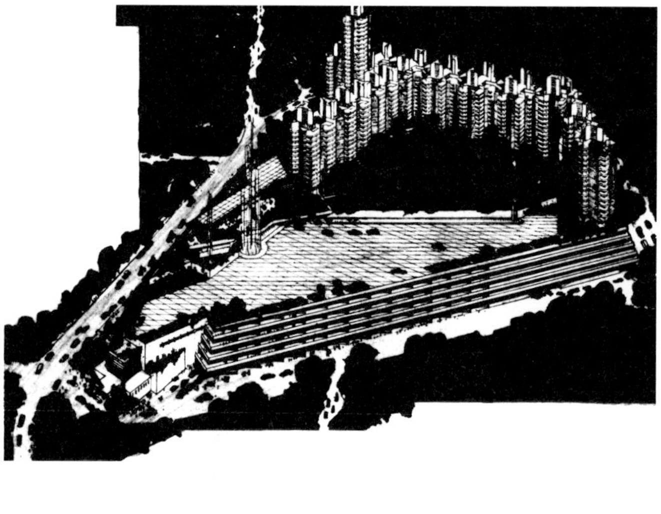

Die Darstellung in Ausschnitten

Eine ausschnittsweise Darstellung von Gebäuden ist in vielfältigen Absichten begründet, beispielsweise in der
– Betonung der thematischen Kontinuität oder des Gesamtplans. Mitunter ergibt sich eine serielle Folge, um die Entwicklung, die Konzeption oder die Variabilität aufzuzeigen.
– Abstimmung des Bildausschnitts von einem dimensional größeren Objekt, entsprechend der Wahrnehmung von einem oder mehreren Standorten aus. Legt man Blickrichtungen zugrunde, die der Betrachter selbst hätte, und beachtet dabei das Feld des scharfen Sehens – ohne Augen- oder Kopfbewegungen, so führt dies zu enger begrenzten Ausschnitten, dem Verhalten eines Betrachters ähnlich, der das Erkunden der Umwelt in mehreren sukzessiven Stufen abschreitet.
– Bei einer Linearperspektive sollte der Sehwinkel wegen der unvermeidlichen Verzerrungen beschränkt werden, denn sie sind um so größer, je weiter die Einzelheiten auf der Bildebene vom Durchgangspunkt des Hauptstrahls und vom Augpunkt entfernt sind. Die Verzerrung ist beim Hauptstrahldurchgangspunkt Null, erreicht aber beim Sehwinkel von 45° bereits 100 % (vgl. Kapitel Darstellungsmethoden). Beschränkt man den Blickwinkel auf das Feld der geringen Verzerrung, so folgt daraus ein für exakte Darstellungen oft zu großer Abstand; günstig sind für Baukörperdarstellungen ca. 30°. Mitunter ist es besser, eine geringere Abweichung vom Hauptstrahl zugrunde zu legen und daraus dann eine Folge günstig ausgewählter Bildausschnitte anzufertigen.
Der Prozeß der Wahrnehmung verläuft selektiv: Bestimmte Merkmale gewinnen eine größere, herausragende Bedeutung, andere werden nicht wahrgenommen. Es liegt daher nahe, derartige dem Aufnahmevermögen entsprechenden Bildausschnitte und Bildfolgen anstelle von Gesamtaussagen anzufertigen.

Die Ausschnittsbestimmung
Die Arbeitsmethodik:
– Segmentierung mittels Gliederung der Gesamtaussage zugunsten des isolierten Ausschnitts;
– Entwicklung einer Sequenz, die aus Darstellungen ausgewählter Objekteigenschaften aufgebaut ist.
Der architektonische Organismus kann noch einmal konzentriert oder aus der Nähe auf Qualität und Ausdruck hin untersucht werden. Der Vorgang gleicht der Markierung und Klärung von Brennpunkten des architektonischen Geschehens, wenn man die Beziehung der Teile untereinander und der Teile zum Ganzen untersucht.
Zur ausschnitthaften Präsentation des Baukörpers sind folgende thematische Aspekte zu nennen:
– Differenzierung nach Planungsabschnitten, Gebäudeabschnitten, Raumabschnitten u. ä.;
– reihende, aufzählende Darstellung der Gebäudemerkmale, beispielsweise Typen und ihre Gliederung und Anordnung im Gesamtplan; Untergliederung in Bereiche, die sich durch Art und Maß der Nutzung voneinander unterscheiden;
– Darstellung von gestalterischen Merkmalen, kontrastierende oder integrierende Bezüge zur Umgebung;
– qualitative Merkmale, die eine verbindende oder trennende Funktion haben und mittels Betonungen, Hervorhebungen, Isolierung gegenüber anderen thematischen Bezügen von Bedeutung sind, ein Mehr an Informationen geben und auf verschiedene Erlebnisqualitäten verweisen.

5.167 Heinz Schmidtke. Die Größe des Blickfeldes, die Größe des Umblickfeldes.

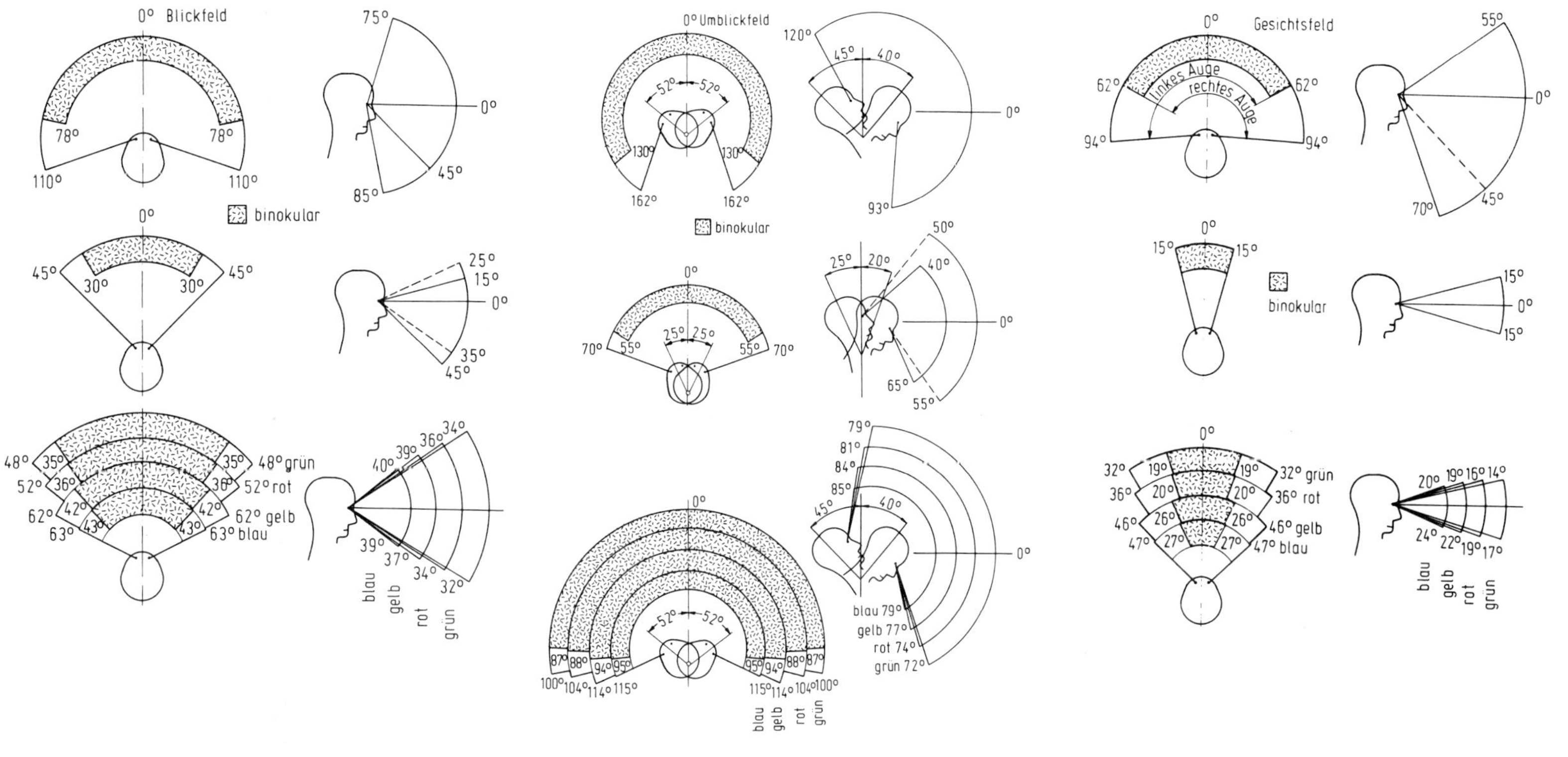

5.168 Le Corbusier. Völkerbundpalast. Genf. 1927/1928. Projekt.

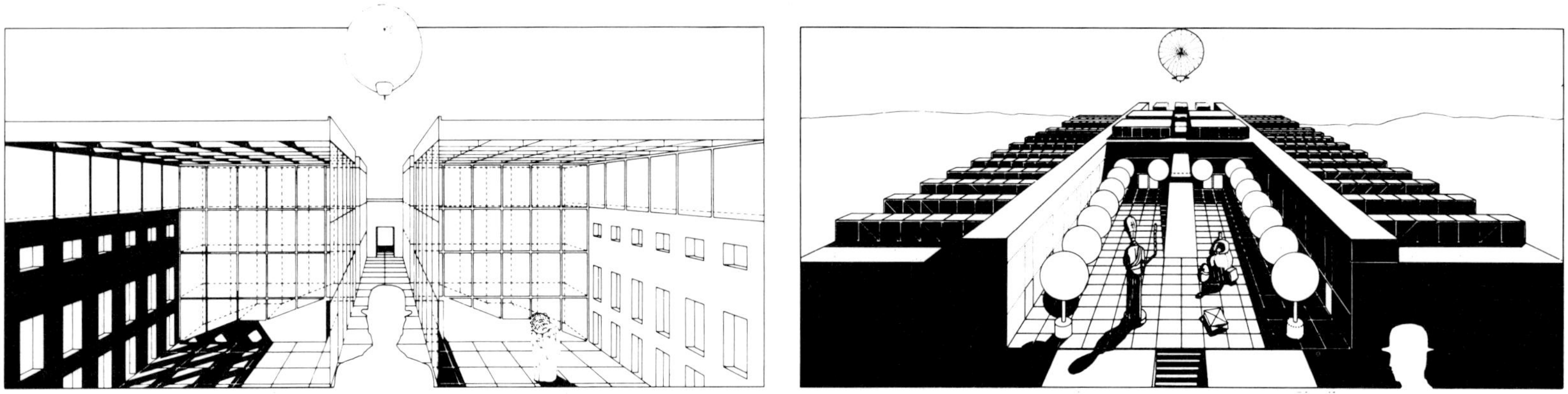

5.169 Oswald Mathias Ungers. Wallraf-Richartz-Museum. Köln. 1975. Projekt.

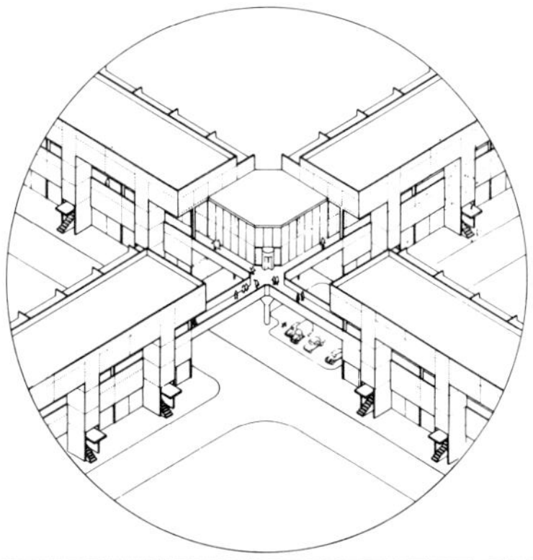

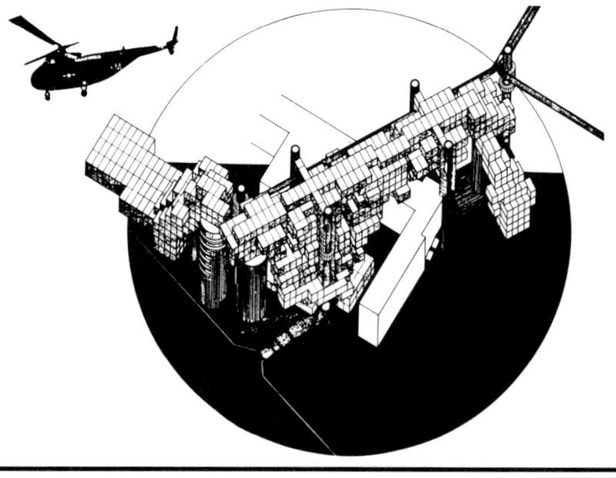

5.170 James Stirling und James Gowan. Wohnquartier in Runcorn New Town. 1967–1976. Projekt.

5.171 Georg Kohlmaier, Barna von Sartory und Stefan Polonyi. Erweiterung der Technischen Universität Berlin. Projekt.

5.172 Josef Paul Kleihues. Berliner Stadtreinigung. Berlin-Tempelhof. 1969–1973.

Die Skizzen Mendelsohns als Mittel des Entwurfs

Mitunter bereiten sich kühne Visionen in kleinen Skizzen vor, und Idee und Konzept sind darin manchmal ausdrucksvoller niedergelegt als in präsentablen Darstellungen. Mendelsohns Skizzen sind ein Beispiel dafür, wie sich das kommende Wirken in zahllosen kleinen Schritten ankündigt. Das umfangreiche zeichnerische Werk von Erich Mendelsohn (1887–1953), im wesentlichen nach seiner Münchener Studienzeit begonnen und während seiner Soldatenzeit, teilweise im Unterstand an der Front entstanden, zeigt chronologisch eine Entwicklung auf, die dem späten Jugendstil, dem Expressionismus und der Neuen Sachlichkeit nicht leicht zuzuordnen ist. Angefangen unter dem Einfluß des Jugendstils und des frühen Expressionismus – er ist Kenner der Bauten Henry van de Veldes und mehr noch der von Joseph Maria Olbrich – beginnt sich seine visionäre Kraft, die in seinen frühen Jahren den Zeichnungen Antonio Sant'Elias nicht unähnlich ist, in Architekturskizzen niederzuschlagen, deren Postulat sich mit Mendelsohns eigener Prägung »funktionelle Dynamik« umschreiben läßt. Die Skizzen sind vorzugsweise klein angelegt, die während der Kriegszeit entstandenen, oft nur briefmarkengroß, denn sie waren den Briefen an seine Frau beigelegt; wohl hatte er damals auch mit Papierknappheit zu kämpfen. 1919 überzeichnete und vergrößerte er diese Skizzen für eine Architekturausstellung in Berlin. Der technische und formale Charakter änderte sich jedoch nicht. Einige Skizzen sind farbig, die meisten sind jedoch als Schwarzweißreproduktionen bekannt geworden. Die graphischen Mittel sind Feder, schwarze Tusche, Graphit, aber auch blaue, gelbe, weiße Kreide und Farbstift jeweils auf Transparentpapier. Nach der Bedeutung, die diese Skizzen für sein Werk haben sollten, wie auch nach formalen Merkmalen geordnet, lassen sich drei Phasen ausmachen: Von 1914 bis 1919 dienen sie der Erkenntnis, der Suche nach der neuen Form, wenn sich auch einzelne Motive, die für Mendelsohn typisch geworden sind, durch sein gesamtes Schaffen ziehen. Zunächst ist die Gestaltung von kubischer, kristalliner Strenge. Sie weicht später kurvigen, schwingenden Formen, die nach seiner eigenen Beschreibung »in schwingendem Rhythmus, in Aktivität und Spannungsbewegtheit sind und zum Kräftespiel der neigenden, steigenden und überragenden Trakte« werden.

Nachdem er »eine Skizze gebaut hatte«, den Einsteinturm in Potsdam, wird seine Haltung zu den Skizzen – wohl unter dem Eindruck der Bauerfahrung, der schwierigen Realisierung – distanzierter, sie haben von nun an nur noch »begleitenden Charakter«, »er nimmt Abschied von den Skizzen«.[18]

Die dritte Funktion, die nunmehr seine Skizzen gewinnen: Die Entwürfe stehen nicht mehr im realistischen städtischen Kontext oder einer zu bezeichnenden Gebäudefunktion; ihre Funktion ist gespalten, syntaktisch wie semantisch. Sie sind wahrhaft phantasievoll und stehen in der geistigen Nachbarschaft Hermann Finsterlins und der Gläsernen Kette. Sie gelten weiterhin der Repertoirefindung, ihre Auswirkungen auf den Gebäudeentwurf sind indirekt, zeigen sich aber unter anderem an der Zurücknahme symmetrischer Beziehungen. Julius Posener sagte darüber: »... sie sehen so aus, als werde in ihnen nicht ein Gebäude entworfen, sondern eine Goldschmiedearbeit, ein Geschmeide ...«[19] Nicht nur bei diesen phantastischen Skizzen gilt der kreative Impuls zunächst der Form, dem Volumen, danach erst der Funktion. So fällt es mitunter schwer, die ihnen beigegebenen Titel wie »Bahnhof«, »Fabrik«, »Flughafen« usw. nicht als austauschbar, als semantisch offen zu empfinden. Dies gilt weniger für Mendelsohns frühe Darstellungen; die Skizzen zum Einsteinturm, 1917 entworfen, 1919–1921 erbaut, waren geeignet, Einsteins Umgebung für die Auftragsvergabe an Mendelsohn zu gewinnen, ein Beweis für die schöpferische Vorstellungsgabe, die Ansprüche und Erwartungen der Wissenschaftler – auch in funktionaler Hinsicht – vorweggenommen hatte.

Die Dynamik der kraftvoll gegliederten, monolithischen Baukörper wird von keiner Kontextbeziehung beeinträchtigt; die Baukörper sind in den Skizzen stets isoliert in einem graphischen Kürzel dargestellt; die Umwelt fließt nicht einmal in abstrahierter Form mit ein, obgleich das urbane Kommunikationsfaktum und das Ambiente gewahrt bleiben, wie seine Bauten später zeigen. Ein formales Leitmotiv sollte für Mendelsohn auch die Behandlung der Kontur werden, in den Darstellungen ebenso wie bei realisierten Gebäuden. In seinem für ihn charakteristischen »Käseschnitt« sind vertikale und horizontale Formteile in einer Ebene zusammengefügt, die sonst durch Vor- und Zurücksetzen der kubischen Blöcke gegliedert ist. Es dürfte nur wenige Skizzen von Mendelsohn geben, die nicht der von ihm – und vor ihm bereits von den Futuristen – bevorzugten Methode der »Perspektive nach oben« folgen, indem Bildhorizont und Gebäudebasis zusammenfallen und eine große, suggestive Horizontale bilden, die auf der Suche nach monumentaler Wirkung noch von der leicht schrägen bis diagonalen Stellung der Baukörper gesteigert wird. Eine andere Topographie tritt nicht ins Bild; sie wäre vielleicht konkurrierend zu den gestaffelten Baukörpern in Beziehung getreten. Wenn auch Mendelsohns Vorliebe für Eckbauten nicht zu übersehen ist, so kann man doch die Schrägstellung des abgebildeten Objekts als Versuch werten, die bei ihm lange vorherrschende Tendenz zur Symmetriebildung entlang einer langen zentralen Achse zu überspielen, zunächst mit zeichnerischen Mitteln, bis er sie im Zuge der Entwicklung hin zur Neuen Sachlichkeit auch dreidimensional zurücktreten läßt.

Mendelsohns zeichnerisches Werk zeigt – besonders in den frühen Jahren – das Mittel der Variation, die er so lange durchhält, wie das formale Thema für die vielen Fragestellungen ergiebig erscheint. Vorherrschend ist die Auseinandersetzung mit der Erscheinung, mit der Gestaltung der Baukörper und ihrer dynamisierenden Darstellung in zahllosen Perspektiven; seltener sind die Auseinandersetzungen mit dem architektonischen Raum. Die Gliederung wird so lange überarbeitet, bis ein bewegter, zusammenhängender Ausdruck mit beherrschender, prägnanter Kontur gebildet ist, oft gestaffelt, horizontal gelagert mit abwechselnden Mauerwerks- und Fensterbändern. Eine prägnante Figur ist immer da, so daß ihm wenige Striche genügen, den Charakter des Objekts in starken Wirkungen zu umreißen, die Formen schwungvoll oder geometrisch zu beschreiben, visionäre Vorstellungen auszudrücken. Die Skizzen sind ihm zunächst das Feld der Entwicklung, die durch ihre eigene Natur weitere Bilder aufsteigen läßt, dann Experimentierfeld für neue Formen und später, ein das Entwurfsgeschehen begleitendes Medium.

5.173 Erich Mendelsohn. Skizzen.

5.174 Erich Mendelsohn. Haus der Freundschaft. 1918. Projekt.

5.175 Erich Mendelsohn. Silo über einem Hafen. 1920. Projekt.

5.176 Erich Mendelsohn. Skizze. 1917.

Die Darstellung substantieller Merkmale des Baukörpers

Um Materialwirkungen und ihre Erprobung in Darstellungen geht es in den frühen Zeichnungen Ludwig Mies van der Rohes. Wie schon beim Entwurf eines Bürogebäudes in der Friedrichstraße ist für die Darstellung des Wohnhauses in Stahlbeton mit Zeichenkohle großflächig die Wirkung der Textur aufgetragen, wohl etwas grob, aber charakteristisch für Beton- oder Sichtmauerwerkflächen.

5.177 Ludwig Mies van der Rohe. Landhaus in Stahlbeton. 1923. Projekt.

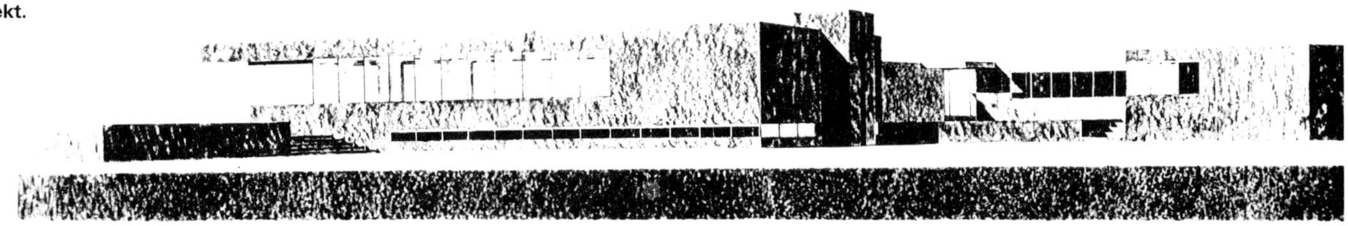

5.178 Ludwig Mies van der Rohe. Landhaus in Backstein. 1923/1924. Projekt.

5.179 Kevin Roche, John Dinkeloo and Ass. Bürokomplex der College Life Insurance Company of America. Indianapolis. 1968–1972. Der Entwurf sieht einen erweiterbaren Komplex vor, der einmal 9 Gebäude umfassen soll. Geschlossene periphere Zonen wechseln mit reflektierenden schräg geneigten Glasflächen und ergeben den Eindruck einer monumentalen Ordnung.

5.180 Hans Poelzig. Kaufmannshaus in Köln.
1922. Projekt.

5.181 Ludwig Mies van der Rohe. Gebäude an der Friedrichstraße. Berlin 1919. Projekt.
»Die Bedeutung eines Stahlhochhauses liegt in dem Spiel der Reflexe« (Mies van der Rohe).

5.182 Philip Johnson. Kline Tower. Yale University. New Haven. Connecticut. 1962–1974.
Die plastische Gestaltung der Baumasse, von der dunkelglänzenden Textur der Mauersteine unterstützt, bedeutet eine Abkehr von der Mies-Tradition und den Versuch der Integration des 14geschossigen Turmes in die Umgebung. Die integrierende Wirkung geht von Materialien aus, die in der eklektizistischen Nachbarbebauung seit langem vorherrschen.

Die Erscheinung des Baukörpers unter atmosphärischen Einflüssen

Im allgemeinen geht man davon aus, daß es genüge, die technische und ästhetische Beschaffenheit des gebauten Objekts in Konturen darzustellen, materiale Erscheinung in Texturen und farbliche Erscheinung durch die Materialfarben wiederzugeben.
Dabei wird von weiteren Eigenarten der visuellen Wahrnehmung abstrahiert und zugleich unterstellt, die Welt der sichtbaren Dinge sei in ein immerwährendes und konstant gleichartiges Licht getaucht, das die räumliche Zone des Entwurfs gleichmäßig erhellt. Das zeigt, wie stark die Raumvorstellungen von der Licht- und Schattenbildung eines hellen Tages geprägt sind. Wie die Raumvorstellungen, so sind die meisten Darstellungen auf die Erscheinung der Dinge im Tageslicht ausgerichtet. Doch während die im Tageslicht stehenden Dinge vertraut und natürlich erscheinen, verlieren sie ihre Konturen zunehmend in Nebel und Dunkelheit und wirken schließlich verfremdet.

Dunkelheit

Wenn die sichtbare Welt von Nebel oder Dunkelheit umgeben ist, werden die Konturen und Formen der Gegenstände unscharf. Texturen verlieren sich, Farben werden fahl oder grau, die Zusammensetzungen der sichtbaren Oberflächen und die Festigkeit der Materialien scheinen sich aufzuheben. Die Plastizität und das visuelle Gewicht der Gegenstände verändern sich augenfällig. Die Tiefe des Raums, bei Tag bis zum Horizont reichend, mindert sich bei aufkommender Dunkelheit oder bei Nebel bis auf eine kleine Nahzone; die Eigentümlichkeiten des Tages, die Helligkeits- und Farbkontraste, die Wirkungen von hart und weich, warm und kalt, die Körperlichkeit der Dinge verblassen und gehen für die visuelle Wahrnehmung mit der externen Abnahme der Beleuchtung in der Unsichtbarkeit der Nacht verloren.
Die Substanz der Dinge, die Organisation des Raums ist nicht mehr hinreichend erkennbar, denn in der Dunkelheit mangelt es an sicher wahrnehmbaren Abständen und Richtungen zwischen den Gegenständen. Die räumliche Tiefe ist aufgehoben, die gesamte visuelle Wahrnehmung ist auf die Nahsicht reduziert. Es ist unmöglich, die Dinge nach nah und fern zu ordnen.
Je nach der mentalen Gestimmtheit erscheint dem Menschen die Dunkelheit bedrohlich oder traulich, wenn die Natur die Ausdehnung, die Abstände und Grenzen zwischen den Dingen dem Schein nach aufhebt. Der Nachtraum hat dem Tagraum gegenüber nicht nur einen anderen visuellen Charakter, sondern auch einen anderen realen Wert. Der Tagraum ist der eigentliche Sozial- und Handlungsraum, er ist der Raum der Gemeinsamkeit, im Tagraum erscheint alles »klar, präzise, natürlich und unproblematisch«. Dagegen ist im Nachtraum kein zielgerichtetes Handeln möglich, die visuelle Wahrnehmung ist weitgehend ausgeschaltet, die Orientierung fast unmöglich; der Mensch ist dem Dunklen psychisch ausgeliefert. Die Dunkelheit ist kein absolutes Nichts, sie ist eine »Räumlichkeit ohne Dinge«.[20]
In der Nacht, auch in der Dämmerung, hat sich zwischen die Gegenstände und dem Menschen ein »Medium« geschoben, das die Sicht auf die Dinge verstellt, die Bewegungsfreiheit einengt; »alles ist dunkel und geheimnisvoll in dem schwarzen Raum«,[21] und der nächtliche Raum ist von der visuellen Wahrnehmung nicht zurückzugewinnen, was man durch Hören und Greifen ausgleichen möchte.
Die Stimmungs- und Handlungsmomente sind primär auf das Unbekannte gerichtet, aber die Dunkelheit hat auch etwas Positives an sich. »Sie ist kein absolutes Nichts, sie ist keineswegs die einfache Abwesenheit von Licht, sondern sie scheint stofflicher zu sein als der helle Raum»; sie »berührt mich direkt, hüllt mich ein, umgibt mich ...«[22]

Dämmerung und Nebel

Ist die Nacht als ein Zustand der Welt ohne Licht anzusehen, so ist die Welt der sichtbaren Dinge bei Nebel vom Licht getrennt; Nebelschwaden und

5.183 Ludwig Mies van der Rohe. Reichsbank. Berlin. 1933. Projekt.
In dieser späteren Arbeit ist das Spiel der Reflexe auf leichtes Streiflicht beschränkt.

aufsteigender Dunst mindern ebenso die Sicht, wie es die Dunkelheit tut, wenn auch die Weite des Raums eher fühlbar bleibt. Auch hier wie in der Dunkelheit ist der Raum auf die Nahzone beschränkt, wo die Dinge unvermutet auftauchen und ebenso schnell wieder zurücktreten in die watteartige Umhüllung des Nebels. Kann man die Dunkelheit der Nacht auch als eine schützende Umhüllung empfinden, so läßt der dichte Nebel beim Anblick der wesenlos erscheinenden Welt eher die Empfindung der Einsamkeit entstehen.

Wie die Dämmerung und der Nebel, so verhüllt auch starker Schneefall die Formen und Farben zu einer wesenlosen hellen Unwirklichkeit, die noch stärker als die Dunkelheit ängstigen kann. Unmöglich, etwas Bestimmtes im undurchdringlichen Weiß zu erkennen, weil die Festigkeit und die Formen des Stofflichen sich unter weißen Umhüllungen verbergen. Die Weite des naturhaften Raums verschwindet wie der Horizont, Orientierung und Bewegungsmöglichkeiten sind erschwert; der Mensch meint in einer entstofflichten Welt zu wandeln.

Die Nacht ist nicht die Umkehrung des Tages; sie gibt eine Räumlichkeit ohne Tiefe und Abstand, ohne Textur, ohne Farbe. Die Erscheinungen des Atmosphärischen sind mehr als nur ein ästhetischer Aspekt, und sie sind auch nicht nur subjektive Empfindungen des Wahrnehmenden, denn sie hängen nicht von den psychischen Stimmungen des Menschen ab; wohl kann er aber durch den Wechsel von Klarheit, Dämmerung und Dunkelheit, der ihm weiträumliche Sichtbarkeit oder einengende Dunkelheit gibt, in seinen Stimmungen beeinflußt werden. Beide zusammen, die Wirklichkeit des Raums und die psychische Struktur des Menschen, lassen die »Resonanz« entstehen: »Der Raum als aktual-seelische Wirklichkeit von sphärischer Eigenbedeutung erfüllt den ganzen Menschen mit einem bestimmten Zumutesein.«[23]

Konsequenzen für die Darstellung

Wie es der gebauten Umwelt oft an anmutendem Ausdruck mangelt, weil Forderungen nur mangelhaft in architektonische Codes transformiert wurden, so mangelt es mitunter Zeichnungen an Ausdruck, wenn allzuviele Stimmungswerte aus der Palette der Wahrnehmung der visuellen Welt ausgeklammert bleiben, wenn die Vielfalt der »externen« Welt nicht in der »internen« der Zeichnung sich wiederfindet. Werden die Erscheinungen des Atmosphärischen dargestellt, so ist damit nicht notwendigerweise ein neuer ästhetischer Aspekt zur Gewinnung »künstlerisch« wirkender Darstellungen oder eine romantische Bildrhetorik in der Architekturdarstellung verbunden. Es liegt nahe, die Stimmungen des Tages und der Jahreszeiten, das Licht und die Dunkelheit als »Gestimmtheit« für Gestaltung und Darstellung zu gewinnen.

Gegenüber abstrahierenden Darstellungen ergeben sich daraus einige Konsequenzen:

– Darstellung unter Berücksichtigung von Licht und Schatten, und der von Entfernung und Kontext abhängigen Helligkeiten, unter Beachtung von Lichtquellen und Lichtverhältnissen;

– Darstellung der Textur, wonach sich die Erscheinung von Oberflächen mit der Entfernung und nach ihrer räumlichen Lage stetig verändert;

– Darstellung der natürlichen und geplanten Farbigkeit der Gegenstände.

Im folgenden einige Darstellungen von Baukörpern unter atmosphärischen Einflüssen.

5.184 Baukörper und Landschaft in der Abendsonne. Farbstift und Retuschefarben gespritzt.

5.185 Baukörper. Farbstiftskizzen, die den Darstellungen vorausgingen.

Die spektrale Natur des Lichts ist grundlegend für jede differenzierte Farbgestaltung und für die Veränderungen, die mit der Tageszeit die Varianten der Beleuchtung auf Farbflächen – hier auf denen eines Baukörpers in der Abendsonne – bewirken. Schon Claude Monets Bilder zur Kathedrale von Rouen zeigen, wie die Farben eines Gebäudes unter der Einwirkung von Tageszeit und Beleuchtung nicht konstant, sondern durch den Einfluß des Lichts variiert erscheinen.
Das letzte, flach auftreffende Sonnenlicht von zunehmender Rotfärbung bewirkt die warmen Töne auf den gelben und roten Flächen des Gebäudes, die farblich intensiver und heller erscheinen, während die lichtabgewandten Flächen vergrauen. Die Lichtmenge ist für die Ausleuchtung und Durchzeichnung der verschatteten Teile noch ausreichend, und die sich im Abendrot bildenden grünlichen Schatten verleihen dem eigentlich ockerfarbigen Sandstein der Fassadenverkleidung auf der lichtabgewandten Seite eine stumpfe, kalte Farbigkeit. Am Horizont ist der wolkenlose Himmel vom Abendrot warm gefärbt und aufgehellt.

Wenn sich der sichtbare und vertraute Raum des Tages unter den atmosphärischen Verhältnissen ändert, so ist die Dämmerung hinsichtlich der visuell der Dämmerung bis zur Dunkelheit abnehmende Klarheit und Übersichtlichkeit der Formen und aller Modalitäten des Räumlichen. Die für die Beurteilung visueller Qualitäten wichtigen größeren und kleineren Dinge zählen nicht mehr, sie sind wie Texturen und Farben in der Dunkelheit versunken. Von der dunklen Umgebung sind sie nicht sicher auszusondern, denn die Helligkeitsunterschiede von gebauter Form und gewissermaßen stoffloser Umgebung sind für die Wahrnehmung von Grenzen und Konturen zu gering geworden. Die aufkommende Nacht bringt eigenartige Wirkungen hervor: Glasscheiben, die tags von außen gesehen opak und glänzend sind, erhalten vom durchfallenden Licht des erhellten Raums eine neue Qualität der Durchsichtigkeit mit der mitunter überraschenden Wirkung, daß ein von innen erleuchtetes Gebäude bei Dunkelheit mehr von den durchsichtigen als den undurchsichtigen Teilen strukturiert wird. Während das Tageslicht, besonders das Streulicht, ohne spezielle Information ist, heben die Beleuchtungsquellen im Gebäude die opaken von den transparenten Flächen ab; es ergibt sich eine Umkehrung der Figur-Grund-Verhältnisse.
Die visuelle Bedeutung besonders stark verglaster Gebäude, scheint gegenüber der des Tages gewachsen zu sein, weil die nicht transparenten Teile des Baukörpers sich nur wenig von ihrer Umgebung unterscheiden lassen.
Wie Umfragen unter Stadtbewohnern zeigen, ist der Anblick der nachterleuchteten Stadt vergleichsweise so beliebt wie die Fernsicht auf die Stadtlandschaft. Es ist faszinierend zu beobachten, wie die erleuchteten Gebäude, das Geflecht der Straßen zum beherrschenden Rhythmus werden. Manche Stadt scheint dann von einem aufregenden Fluidum umgeben zu sein, das ihr tagsüber fehlt.

Aufsteigender Nebel verschleiert den Blick auf Gebäude und Landschaft. Die Unschärfe von Kontur und Form geht parallel mit dem Verlust plastischer Wirkung. Das trübe, wenn auch helle und gleichmäßige Licht verhindert den Schattenwurf. Das verstärkt den Eindruck des schemenhaft Unwirklichen, denn die Gebäudesilhouette, die Einzeldinge, die Gliederung der größeren und kleineren Formen und Texturen verschwinden hinter dem Dunstschleier. Was noch sichtbar ist, reicht nicht aus, um auf die Gesamtheit der gebauten Gestalt zu schließen.

5.186 Baukörper in der Dämmerung. Farbstift und Retuschefarben gespritzt.

5.187 Baukörper und Landschaft in Nebel und Schnee. Farbstift und Retuschefarben gespritzt.

Mit der Unschärfe der Körperformen, die in eigentümlicher Weise zu schweben scheinen, geht eine Trübung der Farbqualitäten einher. Allgemein erfahren die Farben eine Veränderung zu kalten und aufgehellten Tönen. Die Vertrübung bewirkt eine Angleichung der Farben nach Helligkeit und Qualität, auch der Kontraste von Gebäude und Landschaft: Die räumliche Struktur, der ursächlich geordnete Zusammenhang des Anschauungsraums ist verwischt. Entrücktheit ist die vom Nebel verhüllte und verfremdete Gebäudegestalt, die in dieser Nebelstimmung ein Teil des naturhaften, verschneiten Raums geworden zu sein scheint.

Die Wirkung von Gebäuden in der Dunkelheit

Der Tag ist – weit mehr als die Dunkelheit und die Nacht – der Zeitraum der eigentlichen Aktivitäten und der klaren visuellen Wahrnehmung, denn die Weite und der Wirklichkeitswert des Lebens ist in der Dunkelheit eingeschränkt, die Ereignisse des hellen, übersichtlichen Tages haben an Gewicht verloren. In der Dämmerung und in der Nacht gehen von manchen Gebäuden erregende und beunruhigende Wirkungen aus, düstere, bedeutungsvolle, dumpfe und schwere: Das Licht beeinflußt auch während seiner Abwesenheit noch die Wirkung der Architektur.

Die Darstellung des Baukörpers
bei Louis-Etienne Boullée

Die rational-kühlen, aber nicht weniger romantische Stimmungen erzeugenden Architekturvisionen von Etienne-Louis Boullée (1728–1799) sind getragen von einem Verlangen nach überwältigender, gigantischer Größe, die sowohl wegen der Elemente als auch wegen der architektonischen Gestalt an römische Bauten der Kaiserzeit denken lassen. Ihre Wirkung verdanken sie dem romantisch-expressiven Charakter des Konzepts und ihren malerisch inspirierten Darstellungen. Die wichtigsten, in den Jahren 1780–1799 entworfenen, nehmen Vorstellungen einer späteren Gesellschaft vorweg, und erst das 19. Jahrhundert findet Verwendung zumindest für die Gebäudetypen Museum, Bibliothek usw. Daher mußten Boullées Entwürfe nicht nur aus technischen Gründen Utopie bleiben – das Newton-Denkmal mit der mehr als 150 m hohen Kugel wäre mit den technischen Mitteln seiner Zeit nicht zu bauen gewesen. Es scheint, daß einige dieser Projekte von vornherein als Prototypen konzipiert waren, nicht für die unmittelbare Gegenwart, sondern für eine kommende Gesellschaft, als vergegenständlichte Wunschbilder einer neuen Zukunft. So ist auch die Sorgfalt der lavierten großformatigen Zeichnungen zu erklären und das bewußte Einsetzen der darstellerischen Mittel. Heute sind Qualität wie Ziele dieser Darstellungen unumstritten: Es sind Bilder einer künstlerischen Utopie, die wesentliche Anregungen aus der naturwissenschaftlich-philosophischen Lektüre von Descartes, Newton und Leibniz beziehen und bei Boullée in Versuchen zu einer kosmisch-unermeßlichen Architektur enden. Sie bedurften naturgemäß der sorgfältigsten Behandlung, so daß ihr »sprechender«, visionärer wie dogmatischer Charakter nichts an rhetorischer Wirkung verliert, das Publikum für diese Schöpfungen empfänglich macht und es letztlich gewinnt. Boullée hatte eine Ausbildung als Maler erhalten, bevor er Architekt wurde, in ihm sind konträre Temperamente vereint: Er bringt einerseits erdachte Konstruktionen von ideeller Natur zur Errichtung einer kosmisch inspirierten Architektur hervor, andererseits künstlerisch imaginierte Konzepte, denen erst die elegische und romantische Stimmung unter schwerem Himmel, fahlem Mondlicht, düsterem Schatten jene Gestimmtheit verleiht, deren diese Monumente nach der Auffassung Boullées bedürfen. »Unsere öffentlichen Gebäude sollten in gewisser Hinsicht richtige Gedichte sein. Die Bilder, die sie unseren Sinnen anbieten, müßten in unseren Seelen ihrer Bestimmung entsprechende Gefühle auslösen.«[24]

Wenn sich Boullée selbst als Maler-Architekt verstand, so erscheint dies logisch, weil es malerischer Eindrücke, suggestiver Wirkungen bedurfte, um Ausdruck und Dimension seiner autonomen Architektur wie auch die naturwissenschaftlichen Argumente, auf die sie hinweist, bildnerisch glaubhaft zu machen. Die von Boullée verfolgte sakralkosmologische Architektur gründet auf den »uralten Ideen, den Weltenbau im Sakralbau zu spiegeln oder abzubilden«.[25]

Diese kosmologisch inspirierten Architekturen in ein ihnen verwandtes bildnerisches Medium des mythischen Hell-Dunkel zu tauchen liegt nahe, denn es handelt sich nicht um rationale Architektur. Es sind Gefühlsräume, die Boullée über die visuelle Wahrnehmung eröffnet. Wo das Gefühlsmäßige an die Einbildungskraft appelliert, beginnt mythisches Erleben. Die an den rationalen Aktivitäten des Tages orientierte Wahrnehmung steht gegen das Geheimnisvolle der Dunkelheit. Für Boullée lag es nahe, Naturphänomene zur kalkulierten Erzielung ausgewählter Stimmungen einzubeziehen, weil sie seinen Visionen zu Hilfe kamen und den Betrachter in ein psychisches Milieu versetzen, das ihn zum Erleben oder Deuten-Wollen der vor ihm ausgebreiteten Welt erst befähigt.

Zum Entwurf eines Friedhofs bemerkte Boullée: »Ich glaube, es gibt nichts Traurigeres als ein Monument, das aus einer glatten, nackten, entblößten Oberfläche aus lichtaufsaugender Materie ohne jedes Detail besteht und dessen Schmuck ein Schattenbild ist, das durch noch düsterere Schatten hervorgerufen wird.«[26]

Bedeutungsträchtige Stimmungen stehen im Dienste dieser Architektur; helle, am Mittagshimmel ziehende Wolken wären unpassend, sie würden in eine andere Stimmung führen, hinweg von diesen in stolz isolierter Lage und eigentümlicher Kahlheit verharrenden Anlagen. Ihre düstere Melancholie findet eine Entsprechung in der Natur.

In anderen, in sich widersprüchlich aufgebauten Entwürfen findet Boullée zu einer dialektischen Umkehrung von Hell und Dunkel, von »Positiv« und »Negativ«. Zum einen ist die kahle Fassade einer Totenkapelle in der umhüllenden Nacht hell erleuchtet; hingegen ist ein Grabmonument mit schwarz-dunkler Fassade ausgeführt, in der sich nur noch dunklere Schatten abzeichnen. Die Grundsätze der Logik haben ebenso wie wissenschaftliches Denken keine Bedeutung; das Ergebnis ist eine Umkehrung, die das Positive negiert, aber auch in sich aufgenommen hat, denn der höhere und reichere Zustand, die Negation, gründet letztlich in dem, was dem Menschen an Negativem mitgegeben ist: dem Tod, von Hegel die »ungeheure Macht des Negativen« genannt. Das Kriterium der Wahrheit wird im dialektischen Prinzip aus dem Negativen entwickelt und bringt erst das Positive in das Geistesleben; das dialektische Denken verwandelt durch seine antithetische Struktur das Negative zum Positiven und vermag durch Umkehrung und Widerspruch eine höhere Ebene des Seins zu betreten, um letztlich wie Friedrich Nietzsche zu erkennen, daß diese Welt »das Abbild eines ewigen Widerspruchs« sei.

Die mythischen, prälogischen, dem reflexiven Denken nicht mehr ausgesetzten Empfindungen geben dem gefühlsbetonten Erleben vorbewußter oder irrationaler Erfahrung Raum, in dem erst der Mensch sein Dasein als Einheit mit der Welt begreift.

Es ist daher mehr als nur künstlerisches Faktum, wenn Boullée seine von kosmologischen Ideen geprägten Bauwerke in kaltes Mondlicht stellt, das sich durch schweren, verhangenen Nachthimmel bricht, oder in anderen Darstellungen magisch wirkendes Hell-Dunkel wählt. Sein Verdienst ist, darstellungsmethodisch verstanden, auch darin zu sehen, daß er die Voraussetzungen zum Erleben seiner Architekturen zwar im einzelnen nicht nannte, aber aus seinem Wissen um die psychische Gestimmtheit das Zumutesein des Betrachters mit einbezog und in einer Mensch und Gebäude gleichermaßen erfassenden Aura zusammenfaßte.

Daß die geheimnisumgebenen Wirkungen die Magie dieser Darstellungen ihre Eigenart verlieren würden, wären sie rational – ohne Licht, Schatten, Textur – abgefaßt, vermag man sich leicht vorzustellen. Andererseits sind diese Darstellungen weit von jenem Kalkül entfernt, mit dem heutige »renderers« von jedem beliebigen Entwurf die schönsten Wirkungen hervorzuzaubern vermögen.

Die Boulléeschen Zeichnungen sind nicht aus der Kombination von Inhalt und Methode entstanden, ihre Wirkung ist nicht ästhetischer Natur; sie wären dann austauschbar. Die malerischen Wirkungen sind ihm mehr als stimmungsvolle Inszenierung; sie sind der Architektur selbst angehörende Metaphern: Der dunkle Himmel und die schweren Schatten verweisen auf die Herkunft seiner Visionen: auf den Kosmos.

Als einer der ersten seiner Zeit hat Le Corbusier die eigenartige und beunruhigende Wirkung erleuchteter Gebäude in der Nacht wahrgenommen und in einer frühen Skizze, Chartres bei Nacht, festgehalten.

Anmerkungen über die poetische Wirkung erleuchteter Gebäude in der Nacht sind auch in den expressionistischen Manifesten von Scheerbart, Taut und Finsterlin zu finden.

Frank Lloyd Wright hat eine euphorische Darstellung des Entwurfs der Beth Sholem Synagogue in Philadelphia angefertigt. Besser als zuvor kann man die Bedeutung des kristallartigen Glasdachs und seiner facettenartigen Gliederungen einschätzen. Die architektonische Ordnung des Bauwerks erhält wohl noch mehr als im Tageslicht ihren sinnfälligen Ausdruck, wenn das Licht des Gebetshauses die nächtliche Umgebung wie das Feuer eines Leuchtturms erhellt: die Synagoge im Dunkel der Nacht als strahlendes Symbol.

5.188 Etienne-Louis Boullée. Denkmal für Newton. 1784.

5.189 Etienne-Louis Boullée. Totenkapelle.

5.190 Etienne-Louis Boullée. Grabmonument.

5.191 (1) Etienne-Louis Boullée. Friedhofseingang.

(2) Etienne-Louis Boullée. Friedhofseingang. Ausschnitt.

5.192 Frank Lloyd Wright. Beth Sholem Synagogue. Elkins Park. Pennsylvania. 1958/1959.

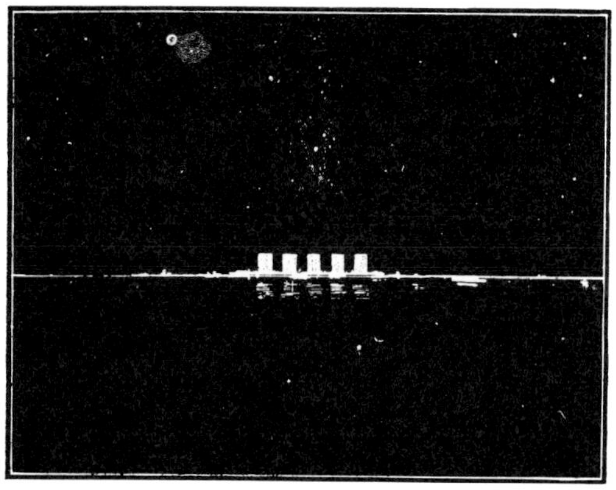

5.193 Le Corbusier. Buenos Aires vom Schiff aus bei Nacht.

5.194 Le Corbusier. Chartres bei Nacht.

Die Darstellung des Baukörpers bei Otto Wagner

Die Bauten und Projekte Otto Wagners, zunächst noch von historischem Zuschnitt, zeigen in den späteren Schaffensperioden bereits die radikalmoderne Gesinnung des Frührationalismus. Mit ihnen beginnt die moderne Architektur in Österreich.
Wagners zeichnerisches Œuvre zeugt von einer strengen Formauffassung und einer schrittweisen Umformung klassischer Vorstellungen. An den Zeichnungen waren stets mehrere Personen beteiligt, denn Wagner beschäftigte zeitweise bis zu siebzig Mitarbeiter. Es ist zu vermuten, daß alle Darstellungen durch die Hand Wagners gegangen sind, denn es gibt keine Abweichungen, die einen fremden Einfluß erkennen lassen. Auch Joseph Maria Olbrich hat dort das Zeichnen geübt, ehe er mit eigenen Arbeiten hervortrat, denen noch lange der Einfluß Wagners anhaftete, eine Prägung, die nicht nur bei diesem Wagner-Schüler auffällig ist. Die Darstellungen Wagners – er verwendete nahezu sämtliche Zeichnungstypen – zeigen alle ein für ihn unverzichtbares Merkmal: hohe Präzision verbunden mit bester Anschaulichkeit. Deshalb lassen sich die Zeichnungen anderer Architekten selten mit denen Wagners vergleichen, Karl Friedrich Schinkel ausgenommen, an dessen Berliner Bauakademie er kurz studierte. Zwar spricht aus ihnen die zeitgebundene Ästhetik der Jahrhundertwende, doch wirken sie noch heute, nach fast hundert Jahren, eindrucksvoll, und da sie ohne altmeisterliche Attitüde sind, wie Zeugnisse einer unmittelbar aktuellen Gegenwart. Manche Zeichnungen der Gegenwart werden von denen Wagners mit Leichtigkeit übertroffen: in der unmittelbaren Anschaulichkeit und der Authentizität des bildnerischen Ausdrucks, der ohne laute Sprache oder breit angelegte Rhetorik ist; im Beweis und in der sicheren Fixierung nach dem Prinzip der »vernunftgemäßen und funktionalen Gestaltung«, daraus sich folgerichtig das Schöne formt. Diese architektonische Bewältigung erstreckt sich von der substantiellen Behandlung des Details, den Einrichtungen des täglichen Lebens bis zur Vision der sich ausbreitenden Großstadt in den Vogelschaubildern der Wettbewerbsprojekte um die Jahrhundertwende: Schärfer im Ausdruck, besser – auch in der technischen Ausführung – ist bis heute nicht gezeichnet worden. Mit Recht hat man Otto Wagner einen wiederauferstandenen, geläuterten Piranesi genannt.
Der schmale Zeichnungsausschnitt aus Wagners bedeutendstem Gebäude, dem Postsparkassenamt, nennt in vollständiger Aufzählung alle architektonischen Merkmale: die horizontal gelagerten Marmorplatten der Fassade, die darin hart eingeschnittenen hohen Fenster, die in Aluminium ausgeführten Teile, das Vordach, die Akroterien und die wichtigsten konstruktiven Teile der Decken. Im sonst frei gehaltenen Vordergrund sind einige Personen maßstabsbildend eingesetzt; die obere Gebäudekante stößt scharf gegen das Schwarz des Bildhintergrundes.

5.195 Otto Wagner. Postsparkassenamt. Wien. 1904–1906. Perspektivischer Schnitt durch den Mittelrisalit.

5.196 Otto Wagner. Universitätsbibliothek in Wien. 1. Projekt. 1910.

5.197 Joseph Maria Olbrich. Hallenbad. 1905. Projekt.

5.198 Joseph Maria Olbrich. Ausstellungsgebäude auf der Mathildenhöhe. Darmstadt. 1907.

5.199 Joseph Maria Olbrich. Ausstellungsgebäude auf der Mathildenhöhe. Darmstadt. 1907.

Die Darstellung des Baukörpers bei Joseph Maria Olbrich

Noch von den stilistisch üppigen Wiener Jahren geprägt sind die Entwürfe Joseph Maria Olbrichs, und sie sind zugleich weniger an der klassischen Sprache orientiert als die Bauten seines Lehrers Otto Wagner.
Der Wettbewerbsentwurf eines Hallenschwimmbades ist wahrscheinlich weniger bemerkenswert als seine zeichnerische Fassung. Das Licht gibt den Materialien und Farben jene Stimmung, wie man sie von Wintertagen kennt. Sie sind Äußerungen eines melancholischen Charakters über eine als düster empfundene Welt.
Wie bei den schon beschriebenen Modalitäten des Tag- und Nachtraumes sind im gelebten Raum die Beziehungen zwischen Subjekt und Objekt, zwischen Welt und Bewußtsein nicht unveränderlich. Der gestimmte Raum besteht aus unzähligen Räumen, in denen wir leben und handeln. Er kann mit kalter Pracht zurückstoßen, als sakraler Raum zur Konzentration anhalten, doch er wandelt sich wie die Stimmungen der Personen, die in ihm leben. Stimmung und Gestimmtheit ist nach Heidegger der Befindlichkeit gleichzusetzen. Gestimmtheit überträgt sich auf den Raum und kann wiederum als eigentliche Anmutungsqualität des Raumes selbst erlebt werden. Das schließt nicht aus, daß die eigene Befindlichkeit Formen und Dimensionen des Raumes zurückdrängen kann, bis zur sinnleeren Staffage. Das Aufeinanderbezogensein von Raum und Raumerleben wird deutlich am wechselnden Ausdruck der Welt: »Je nach dem, wie mir zumute ist, ob es mir weit oder eng ums Herz ist …, ob es voll ist zum Überlaufen oder ausgebrannt und leer, ändert sich auch der Ausdruck der Welt.«[27] In ihrer intentionalen Gerichtetheit, in der der Entwurf in allen Einzelheiten »gegenständlich« bewußt wird, sind die Darstellungen Olbrichs einzigartig.
Eine gelassene, abendliche Ruhe ist in Olbrichs wichtigstem Entwurf, dem Ausstellungsgebäude auf der Mathildenhöhe in Darmstadt, festgehalten. Olbrich führte seine Blätter gewöhnlich in Bleistift aus und gestaltete sie farbig mit Farbstift oder Aquarell.

Die Darstellung des Baukörpers bei Charles Rennie Mackintosh

Eines der Landhäuser, die Charles Rennie Mackintosh in der Tradition des schottischen Landsitzes in der Umgebung von Glasgow errichtete, das Hill House, ist charakteristisch für seine Architektur und Darstellungsweise geworden. Die Silhouette des Baukörpers kontrastiert mit dem dunklen Grund. Dagegen verliert sich das in Jugendstilmanier ausgeführte Satteldach im Bildgrund, denn es besitzt denselben Helligkeitswert wie das atmosphärische Dunkel des Hintergrunds. Die Zeichnung skizziert mit relativ sparsamen graphischen Mitteln die Atmosphäre einer bürgerlichen Behaglichkeit.

Die Darstellung des Baukörpers bei Antonio Sant'Elia und Mario Chiattone

Die Manifeste und Entwürfe zur Zukunft der Stadt in der industrialisierten Zivilisation finden in den Zeichnungen von Antonio Sant'Elia (1888–1916) sowie denen von Mario Chiattone (1891–1957) ihren wahrhaft visionären Ausdruck. Die Reflexion über das technische Zeitalter erhält in den Entwürfen zur Architektur der Stadt eine bis dahin unbekannte visionäre und programmatische Gestaltung.
Etwa zeitlich parallel zum Expressionismus, der gegenüber der Ästhetik des industriellen Zeitalters eine ablehnende Haltung zeigte, nahm der Futurismus, die kommende industrialisierte Zivilisation enthusiastisch auf. Sant'Elia: »Wir müssen unsere Stadt der Moderne ex nuovo erfinden und aufbauen wie eine ungeheure, vor Erregung glühende Schiffswerft, aktiv, voller Bewegung und rundherum dynamisch, und jedes Bauwerk der Moderne muß wie eine gigantische Maschine sein.«[28]
Er hinterließ mehrere hundert Zeichnungen einer formal uneinheitlichen Architektur. Einige zeigen

5.200 Charles Rennie Mackintosh. Hill House. Helensburgh. 1902/1903.

5.201 Charles Rennie Mackintosh. Schule. Glasgow. 1904–1906.

5.202 Antonio Sant'Elia. Futuristische Stadt. 1914. Projekt.

5.203 Mario Chiattone. Moderne Metropole. 1914. Projekt.

Anklänge an den Jugendstil, andere, Rudimente historischer Formen. Die wichtigsten Zeichnungen aber vermitteln die Vision der Großstadt des kommenden industriellen Zeitalters; das Ausmaß des städtischen Verkehrs erhält darin eine hellsichtig ahnende, wenn auch romantisch überhöhte Bedeutung – eine Metapher auf die dynamische Bewegtheit und Rastlosigkeit des modernen Lebens. Abwechselnd durchdringen sich Türme mit horizontalen Verkehrsbändern und Brücken in einer Architektur der Bewegung, wie sie von Marinetti und Boccioni gefordert worden war. Im Gegensatz zu den klassischen Kompositionen fordert sie die Bewohner dazu auf, die Essenz der Architektur von wechselnden und vielen stets neuen Standorten zu erleben. In den Zeichnungen herrscht, nicht unähnlich zu Mendelsohns Manier, die Übereckperspektive von unten vor; sie verstärkt die monumentale Wucht der vertikalen Linien und die enormen Dimensionen der Großstadtarchitektur. So wie Mendelsohn während der Kriegszeit seine expressionistische Architektur schon in Skizzen vorbereitete, entwarf Sant'Elia zu gleicher Zeit und ebenfalls als Soldat futuristische Gebäude aus Schnee und Eis.[29] Die Entwürfe wurden jedoch nicht realisiert; es existiert kein Gebäude, das Zeugnis ablegen könnte über die innere Organisation, und es finden sich weder Grundrisse noch Schnitte, die einen Blick ins Innere gestatten und den architektonischen Raum erschließen. Stets bleibt man außen, blickt auf gewaltige elementar-geometrisch geformte Volumen, für deren Ausführung nur Beton angemessen gewesen wäre, auf Verkehrsbänder, Gleisanlagen, Fußgängerbrücken in puristischer Konstruktionsform, ganz ohne Ornamentik.

Wie schon bei Mendelsohn, dem Sant'Elia über die ideologischen Schranken hinweg in der graphischen Meisterschaft und in romantischer Expression nahesteht, bleibt es dem Betrachter überlassen, über das Pathos der bildnerischen Schöpfungen hinaus, die Zwecksetzungen der Gebäude zu erraten.

Technisch sind die Darstellungen meist Skizzen geblieben, ausgeführt in nervös-dramatischer Manier; über die Ecken ragen die oft zu lang gesetzten Linien, die die Dynamik der Formen ergänzen. Offenbar sind nur die Zeichnungen für die città nuova, eine Ausstellung, sorgfältiger geplant und ausgeführt worden.

Seine eigene Forderung, daß »jedes Bauwerk wie eine gigantische Maschine zu sein habe«, erfüllte Sant'Elia mehr als andere Futuristen. Insofern ist die Zeichnung für ein Elektrizitätswerk der Entwurf für ein vollkommenes Gebäude, das architektonisch auf das kommende industrielle Zeitalter vorbereitet.

Bei Mario Chiattone verläuft die gesamte Entwicklung ruhiger, langfristiger, vor allem, wenn man seine späteren, mehr akademischen Entwürfe hinzuzählt. Sie sind ohne die Vehemenz der Zeichnungen von Sant'Elia. Die Formen Chiattones wirken nicht nur harmonischer, sondern auch realistischer; sein Interesse gilt weniger den urbanistischen Studien als den Einzelbauwerken, obgleich diese in den futuristischen Manifesten besonders bekämpft wurden.

Stärker als bei Sant'Elia ist das visuelle Gleichgewicht der symmetrischen Achsenbildungen betont. In einigen Zeichnungen sind die Baukörper von dezenter und dabei doch eindrucksvoller Ästhetik und stehen darin der Pittura metafisica Giorgio de Chiricos nahe.

5.204 Antonio Sant'Elia. Futuristische Stadt. 1914. Projekt.

5.205 Antonio Sant'Elia. Elektrizitätswerk. 1914. Projekt.

Die Darstellung des Baukörpers bei Frank Lloyd Wright

Das fast unübersehbare Œuvre Frank Lloyd Wrights ist aus einer mehr als sechzigjährigen Tätigkeit hervorgegangen. Aus den zahllosen faszinierenden Zeichnungen wurden wenige ausgewählt. Sie zeigen die wichtigsten Tendenzen Wrights und lassen die Rolle und Funktion erkennen, die Zeichnungen für ihn hatten.

So stellt Larkin Building einen frühen Versuch dar, die geschlossene Schachtelform aufzulösen – »eine Attacke auf die Kiste« –, ohne dabei jedoch die Sprache der kubischen Massen zu zerstören. 1955 sagt Wright darüber: »Ich glaube, ich habe bewußt zum erstenmale versucht, die Kiste im Larkin Building zu überwinden – 1906. Ich fand den Weg der Befreiung, die ich suchte, als ich schließlich die Treppentürme aus den Ecken herausgestoßen habe, so daß sie freistehende, individuelle Bauteile wurden.«[30]

Diese freistehenden Bauteile sind in Wahrheit mächtige Ecktürme, vom Gebäude durch vertikale, verglaste Schlitze abgesetzt. Sie haben keine Ornamentik und keine Detailformen und sind damit von ganz neuartiger Schönheit. Wright hat sie in mehreren Fassungen gezeichnet und die Dramatik mit perspektivischen Mitteln kunstvoll gesteigert. Es sind Perspektiven nach oben. Wright stellt die Wände durch starke Hell-Dunkel-Kontraste dar und unterstreicht damit die neuartige Wirkung der monolithisch geschlossenen Mauern. Damit bringt er die vertikale Dynamik der Flächen und kubischen Massen zeichnerisch zum Ausdruck.

Ähnlich hat Wright die Verhältnisse bei der Unitarier-Kirche gestaltet: ein kubisches Kräftespiel horizontaler Wände zwischen vertikalen, nichttragenden Eckkörpern, die den Baukörper flankieren und von diesem durch schmale Fugen getrennt sind, zwischen die der kreuzförmige Raum der Kirche dringt.

Außer den Zeichnungen des Larkin Building und des Robie House sind wohl nur wenige Zeichnungen aus der Hand Wrights bekannt, die nicht auf den engen, intensiven Bezug zur Natur – Garten oder Landschaft – verweisen, und dies in meisterhafter Manier mit mehr oder weniger deutlicher Einwirkung des Impressionismus oder japanischer Einflüsse.

Die Zeichnungen Wrights zeigen, daß für die architektonische Form oft die Natur Inspiration war. Er selber sagt darüber: »Das Gesetz der organischen Wandlung ist das einzig fruchtbare und konkrete Prinzip, das die Menschheit kennen kann.«[31]

Der Garten ist stets Bestandteil des Hauses. Selbst im großen Maßstab gelingt ihm die Integration des Gebäudes in die Landschaft. Die Baukörper vollziehen meist in langen, horizontalen Gliederungen von abgewalmten oder wenig geneigten Dächern mit flachen Terrassen langsam den Übergang in die naturhafte Umgebung. Der Verlauf und die Formung der Wände zeigen, daß sie nicht nur der Raumabschließung dienen; ebenso sollen sie nach Wrights Worten »die Außenwelt ins Haus und das Hausinnere nach draußen bringen«. Die Ausführung der Wände macht eine weitere Prämisse deutlich, nämlich die, daß das Haus das Leben zu bergen und zu schützen hat. Es liegt daher nahe, die substantielle Natur und Beschaffenheit der Mauern, ihre grobe oder derbe, zuweilen auch kunsthandwerkliche Textur durch die Zeichnung vorzubereiten. Es ist ein weiterer Grundsatz Wrights, die Materialien stets so zu verwenden, wie es ihrer Eigenart und Verarbeitung entspricht, und dies gilt für das Gebäude in allen seinen Teilen, auch für den Ausbau und die Ausstattung. Ihre harmonische Abstimmung aufeinander entspricht der Idee der »Organischen Architektur«.

Wright pflegte im Geist zu entwerfen, um danach sein imaginäres Bild zeichnerisch schnell niederzulegen. Auf ähnlich direkte Art entstanden offenbar auch Zeichnungen, die er für Veröffentlichungen auswählte. Trotz verschiedener technischer Mittel – Bleistift, Farbstift, Tusche, Gouache, meist aber Bleistift und Farbstift – sind die Zeichnungen über die Jahrzehnte hinweg relativ einheitlich im bildnerischen Aufbau und der technischen Ausführung und lassen schon auf den ersten Blick den Duktus, die Poesie Wrights erkennen.

Sie haben von ihrer ruhigen, zuweilen malerischen Anschaulichkeit wenig verloren, die, wie Bruno Zevi bemerkte, etwa seit den dreißiger Jahren und bis heute Gegenstand ständiger Neuentdeckungen ist.

Die Zeichnungen Wrights sind nicht ohne die von ihm proklamierte organische Architektur denkbar, die ihren Ausdruck, ihre Orientierung vom Individuellen bezieht; sie beruht nicht zuletzt auf der Interaktion zwischen der geplanten und eigenen Wirklichkeit Wrights, der auf der Suche nach einer naturhaft motivierten Architektur, einer Architektur des Individuums, und ihrer Integration in die Landschaft, einer amerikanischen Tradition des 19. Jahrhunderts folgt. Diese Architektur soll das Gefühl der persönlichen Freiheit und der ungestörten Harmonie vermitteln.

Von wenigen Ausnahmen – Gebäuden in städtischer Umgebung – abgesehen, bevorzugt Wright die Perspektive. Der Standort des Betrachters ist oft ein Aussichtspunkt, von dem aus sich die bauliche Anlage in die weite Landschaft einfügt. Liegt das bauliche Objekt dagegen selbst auf einer Anhöhe, so ist es die »Perspektive nach oben« bei relativ flachem Verlauf der Sehstrahlen. Sie vermittelt den Eindruck, als sei man am Fußpunkt einer Böschung, während sich das betreffende Gebäude am Scheitelpunkt befindet.

Die Darstellungen zeigen die Bewuchsformen in flächig konturierter Technik. Sie sind selten körperhaft ausgeführt. Der Eindruck räumlicher Tiefe entsteht vielmehr durch das Mittel der überlappenden Staffelung, die von den abgestuften Kontrasten der Flächen unterstützt wird. Von Bildkanten angeschnittene Bäume mit hängenden Ästen im Vordergrund geben dem perspektivischen Ausschnitt rahmende Wirkung und größere Tiefe. Eine mittlere Distanz vom Standort zum Gebäude vermittelt den Eindruck einer weiten Landschaft, in die sich die Gebäude harmonisch einfügen.

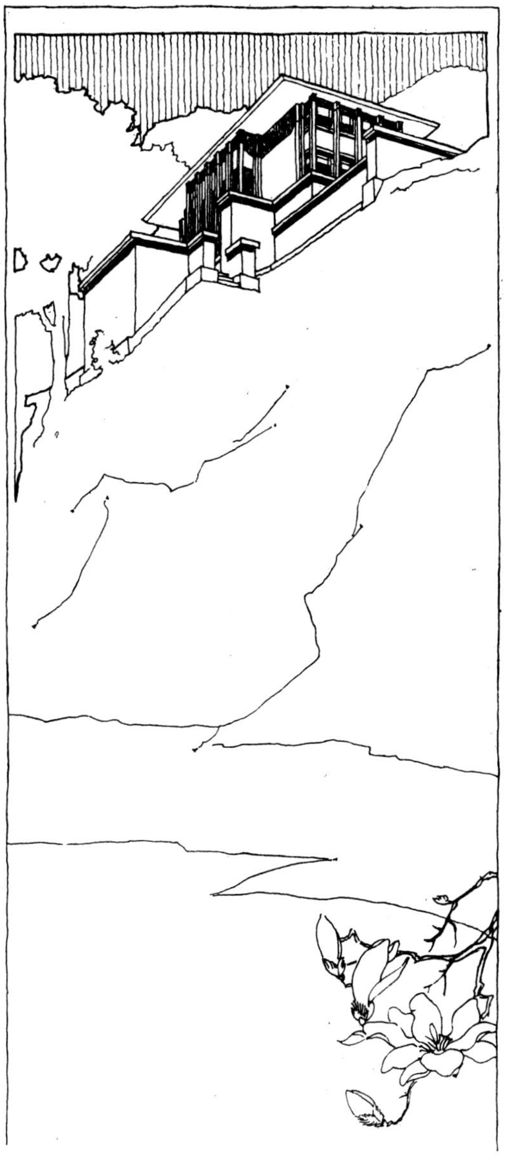

5.206 Frank Lloyd Wright. Hardy House. Racine. Wisconsin. Entwurfsskizze. Perspektive nach oben.

5.207 Frank Lloyd Wright. Larkin Building. Buffalo. New York. 1905. Braune Tusche.

5.208 Frank Lloyd Wright. Frederic C. Robie House. Chicago. 1909.

Die Rahmung der Darstellungen begrenzt die Weite der Himmel- und Wasserflächen. Sie läßt das Bild straffer erscheinen und stellt ein Mittel dar, das auch Mendelsohn gut einzusetzen wußte.
Helle, lichte Farben werden bevorzugt und nach den Erscheinungen der Luftperspektive in ihren Kontrasten abgestuft. So entsteht oft eine Farbpalette, die an impressionistische Darstellungen erinnert. Ausführlich ist die Erscheinung der baulichen Anlage behandelt; die Gliederung der Baukörper wie ihre substantielle Qualität, seien es Bruchstein, Ziegelsteine, Dachverschalungen usw., ist sicher herausgearbeitet. Kaum eine Zeichnung, die nicht das Spiel von Licht und Schatten berücksichtigt und das Bild selbstverständlich wirkender Behaglichkeit vertieft.
Ganz anders eine der bei Wright seltenen axonometrischen Zeichnungen, der Entwurf eines Hochhauses in Chicago. Er hatte sie Sullivan kurz vor dessen Tod gewidmet.
Innenliegende, tragende Bauteile gestatteten die Wände – weit mehr als je von Wright bekannt – zu entmaterialisieren, sie in Glas aufzulösen.
Frank Lloyd Wrights Vorstellungen zur Intensivierung des städtischen Wohnens führten 1956 zum Entwurf des 528geschossigen Mile-Hight-Illinois-Turms, »The Illinois«. In der kolorierten Darstellung steht der Baukörper im wechselnden Licht: Durchzeichnung der unteren Zone, dann eine die Wolken spiegelnde Zone, darüber texturierte Flächen, danach die höchsten Geschosse in etwas getrübter Ferne. Diese sind allerdings zur Erklärung des komplizierten Formverlaufs schwerer ausgearbeitet, als nach der Erfahrung der in der Zeichnung angedeuteten atmosphärischen Bedingungen in Wirklichkeit zu erwarten gewesen wäre: Objekte in dieser Entfernung werden im allgemeinen leichter, entstofflichter wahrgenommen. Wright hat aber diesen Aspekt offenbar zugunsten der Verständlichkeit seines Entwurfes zurückgestellt.

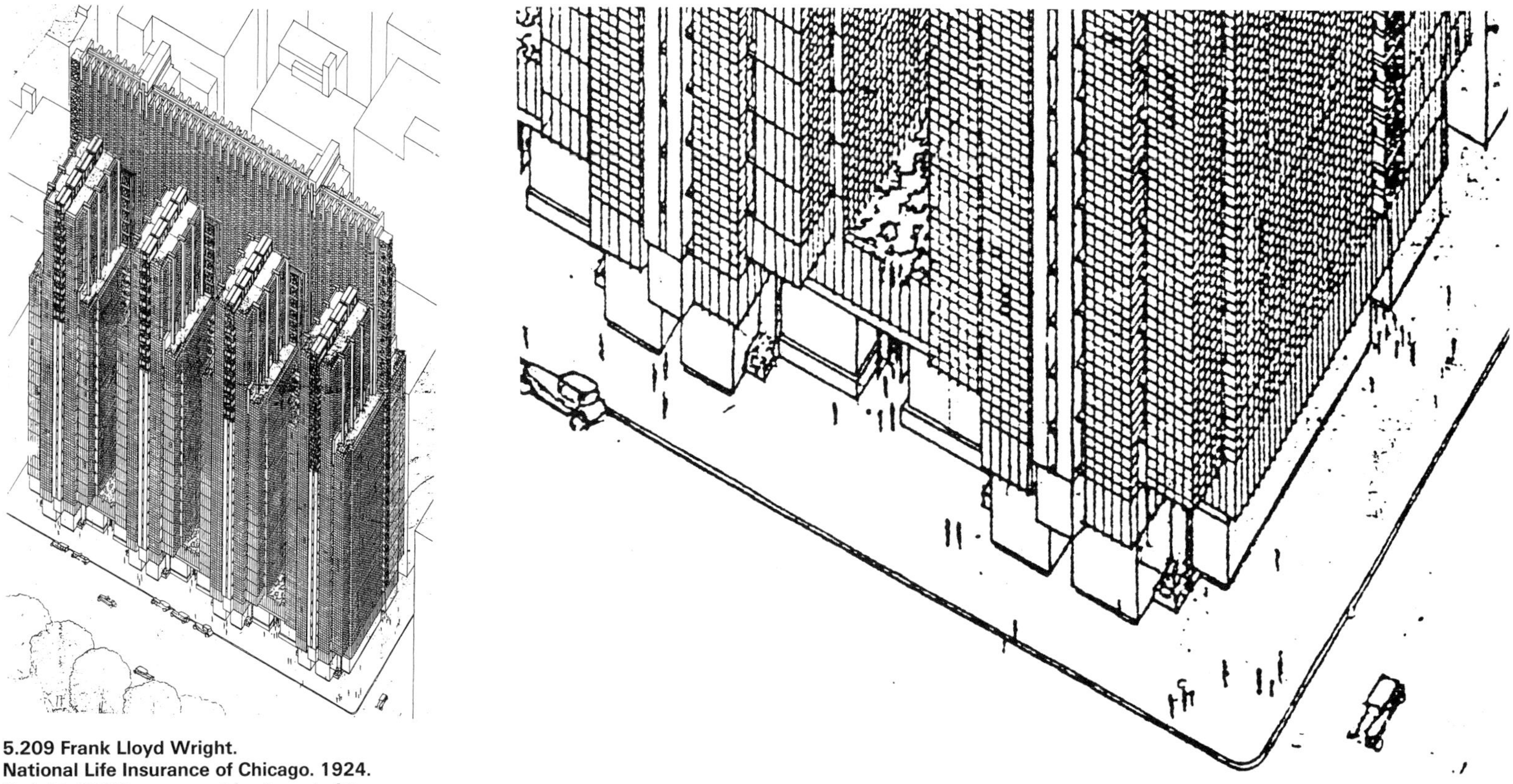

5.209 Frank Lloyd Wright. National Life Insurance of Chicago. 1924. Projekt. Militäraxonometrie. Ausschnitt.

5.210 Frank Lloyd Wright. Rose Panson House. Phoenix. Arizona. 1940.

5.211 Frank Lloyd Wright. Edgar Kaufmann jr. House. Bei Los Angeles. Kalifornien. 1951.

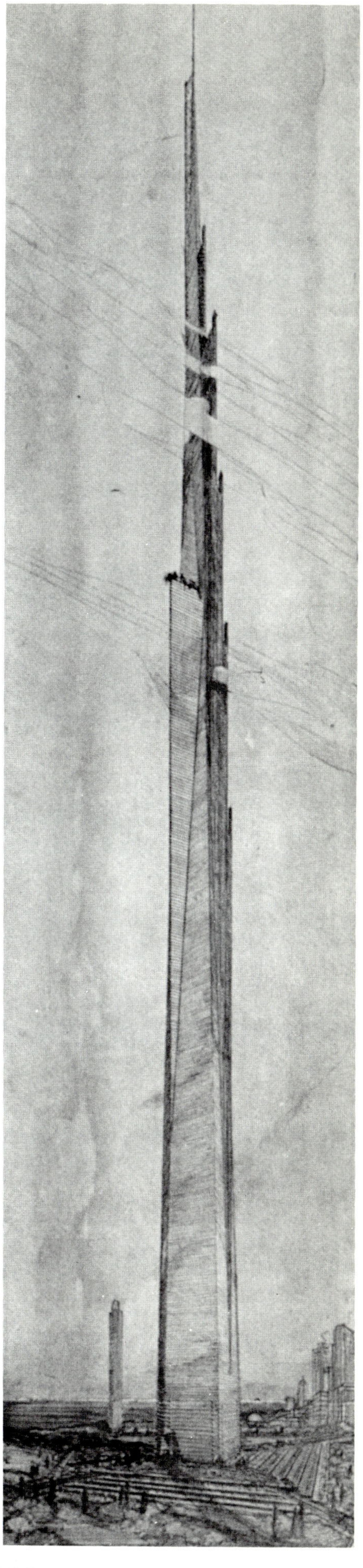

5.212 Frank Lloyd Wright. Mile-Hight-Illinois-Turm. 1956.

Die Darstellung des Baukörpers bei Heinrich Tessenow

Andere Architekten, die noch in der Tradition des englischen Landhauses bzw. der Gartenstadtbewegung standen, wie Hermann Muthesius und Heinrich Tessenow, bevorzugten die Darstellung des in helles Licht getauchten Baukörpers. Bei Heinrich Tessenow sind es Federzeichnungen mit den für ihn typischen Lichteffekten der graphisch leichten Kontraste. Es gelingt ihm damit, die lichterfüllte Stimmung sommerlicher Landnachmittage in Erinnerung zu rufen, das ländliche Leben gegenwärtig zu machen, den idyllischen Rückzug auf das Einfache, das Tessenow im folkloristisch-volkstümlichen Leben und Bauen erblickte, als ein erstrebenswertes Ziel erscheinen zu lassen. So erklärte er: »Es ist heute nur noch fast nötig, uns ausdrücklicher auf Handwerk und Kleinstadt einzustellen, und es ist so ziemlich alles in schönster Ordnung.«[32] In der Betonung des Handwerklichen und Kleingewerblichen schien die Verbindung zum Volk gesichert; es lag für ihn nahe, auch Kleinsthäuser und entsprechende Siedlungen neben Schulen, Landhäusern u. a. zu entwerfen. Immer stehen die Gebäude in naturhafter Umgebung, oder er läßt sie mit entsprechenden Außenanlagen, deren Gestaltung in seinen Zeichnungen breiten Raum einnehmen, entstehen: Lauben, Pergolen, Spalierwerk schaffen, reich von Pflanzen berankt, eine Zone zwischen Haus und Umgebung, hinter der die schlichten Gebäude ohne formalen Anspruch zurückbleiben.

Es sind nicht nur die einheimischen Kiefern und Birken, die er, ohne die Architektenphantasie zu bemühen, botanisch richtig zu zeichnen vermag; auch andere Bewuchsformen, Büsche, rankende Pflanzen, Beete und Gärten und der von Platten durchzogene Rasen gehören zum Ausstattungsfundus seiner Landidyllen.

Mehr als die architektonisch regressiven Zielsetzungen gefallen heute die mitunter karg, dann wieder lebensvoll ausgestatteten Federzeichnungen mit impressionistischem Akzent. Sie sind nicht ohne liebenswürdige Poesie. Aus ihnen spricht meist ein ungebrochener Glaube an die regenerierende Kraft des ländlichen Lebens in durchgrünten und besonnten Siedlungen, wo in schlichten, selbsterbauten Häusern jene leben, die die Rückkehr zu den Uranfängen vollzogen haben: »Unsere Kinder werden uns schließlich als Handwerker mit Kleinstädten in großer äußerer Bescheidenheit und doch mit höchstem Können eine Welt erbauen, so reich und großartig und wundervoll, daß nichts ist, was mit ihr verglichen werden könnte.«[33]

5.213 Heinrich Tessenow. Einfamilien-Reihenhäuser für die Gartenstadt-Genossenschaft Hohensalza.

5.214 Heinrich Tessenow. Wohnhofbebauung in Hohensalza. 1911.

5.215 Henrich Tessenow. Bürgerliches Wohnhaus. 1905. Projekt.

5.216 Heinrich Tessenow. Haus Freudenberg. Heidelberg. 1927.

Die Darstellung des Baukörpers bei Hans Poelzig

Wenn auch der Sakralbau den expressionistischen Ideen und dem Können von Hans Poelzig eher entgegenkam, zählen doch die Entwürfe für einen Wirtschaftskonzern und für den Rundfunk zu seinen größten Bauaufgaben. Sie sind von jener monumentalen Sachlichkeit, die für Poelzig typisch geworden ist. Der 1911 in Posen entstandene Wasserturm ist ein frühes Beispiel eines technisch-inspirierten Expressionismus.

Poelzig zeichnete viel, nicht nur Architekturen. Auf dem Höhepunkt seines Schaffens begann er zu malen. Die Bauten, die mitunter aus nur wenigen Architekturelementen zusammengefügt sind – seine Raumskizzen verweisen oft auf nur ein Architekturelement –, beziehen ihre Wirkung primär aus der Konstruktion und dem Material. Er verwendet Formsteine und plastisch gewellte Fassadenelemente. Derartige materielle Wirkungen sind ästhetische Merkmale der Zeichnungen und der ausgeführten Bauten.

Die Zeichnungen sind groß angelegt, denn sie sind in weichen Materialien, Bleistift oder Kohle, ausgeführt. Sie wirken in stark verkleinerten Reproduktionen fast wie photographische Abbilder ausgeführter Bauten. Poelzig empfand das Entwerfen als ein Modellieren mit Ton (vgl. Filmstadt von Poezig zum Film »Der Golem« mit Paul Wegener). Beim Anblick der Baumassen spürt man – wo Glätte und spröde Eckigkeit selten sind und die plastische Bewegung, das in Licht und Schatten getauchte Relief den Baukörper prägt – das Substantielle ist stets gegenwärtig.

Die ästhetischen Wirkungen, die Poelzig dem Material abgewinnt, bestehen nicht aus Materialapplikationen und Umkleidungen; sie sind von Formvorstellungen getragen, die in der Struktur der Formidee gründen und von dort in freien Bewegungen nach außen treten. Stahl wollte Poelzig nur im industriellen oder wirtschaftlichen Bereich verwenden; im Wohnbereich schien er ihm unverträglich.

Vor Poelzig hatte bereits Peter Behrens ähnlich materiale Wirkungen erzielt. Er verwendete verschiedenfarbige gebrannte Klinkersorten. Diese setzte er in Beziehung zu kontrastierend feinen Texturen, ein Prinzip, nach dem später auch Poelzig arbeitete.

Der reine Steinbau schien Poelzig für alle Zwecke geeignet, wenn er von feineren und leichteren stofflichen Überzügen ergänzt wurde. Die Mischungen von Materialien, wie sie bei größeren Bauten selten zu umgehen sind, hielt er jedoch für problematisch, »da die Einheit des Materials und seiner Grundbedingungen für alle rein stilistischen Schöpfungen

5.217 Hans Poelzig. Hochhaus am Bahnhof Friedrichstraße. Berlin. 1922. Projekt.

5.218 Hans Poelzig. Bankgebäude in Dresden. 1921. Projekt.

5.219 Hugh Ferriss. Hochhausentwurf dem New Yorker Bauzonengesetz entsprechend. Vor 1926.

Voraussetzung sein muß. Es sei denn, daß es gelänge, eine klare Rhythmik der aus verschiedenen Materialien geformten Bauglieder durchzuführen oder eine gute Synthese als Maßstab zwischen den Baustoffen zu finden.«[34]

Die Fähigkeit Poelzigs, Substantielles in Bauformen zu bringen, rauhe oder gewellte Flächen zu gestalten, bestätigte sich auch beim Wettbewerbsprojekt »Kaufmannshaus« (Seite 262). Das Relief ist nicht wie sonst oft aus verschiedenen Materialien geformt. Projekt und historische Umgebung erscheinen in dieser pastosen Darstellung, als sei alles von einer Haut überzogen worden – Architektur als geschichtsbewußte Inszenierung.

Die Darstellung des Baukörpers bei Hugh Ferriss

Nach einem von der Stadt New York erlassenen Gesetz, der »zoning resolution«, sollten zur Verbesserung der innerstädtischen Lichtverhältnisse die Gebäude nicht als Quader, sondern als terrassiertes, nach oben sich verjüngendes Volumen gebaut werden. Hugh Ferriss entwarf mehrere prismatisch aufgefaltete und terrassierte Gebäude, die ihre Gestalt jenem Gesetz verdanken. Seine Darstellungen erklären die Entwürfe dieser Gebäudeformen unter den Prämissen von Gebäudehöhe, Straßenbreite und Grundstücksausnutzung.

Die expressionistischen Darstellungen stellen die Gebäude wie in einen scharfen Lichtkegel einer künstlichen Belichtungsquelle. Auf den gegliederten Fassaden entfaltet sich ein dramatisches Spiel von Licht und Schatten – eine Demonstration der Gestaltungsfähigkeit des Architekten. Sie wird noch von der Wirkung der Illustration übertroffen, die wie selten sonst, die gestaltende und modulierende Kraft des Lichts deutlich macht.

Seine 1929 erschienenen Illustrationen mit dem Titel »The Metropolis of Tomorrow« zeigen die Wirkung des Lichts in harten, pathetischen Hell-Dunkel-Kontrasten. In den Farbdarstellungen gelingen ihm einige Folgen feiner, impressionistisch empfundener Stimmungsbilder. Wie in den Zeichnungen des Rockefeller Center, 1932, zeugen sie von seiner Meisterschaft, den aus den atmosphärischen Veränderungen hervorgehenden Stimmungen Ausdruck zu verleihen.

Die Abbildung zeigt das Gebäude im frühen Morgenlicht, die Fassade in strahlendem Gelb erleuchtet. Der Schärfeverlauf und der Bildaufbau folgen den Eigenarten der visuellen Wahrnehmung: Das Objekt ist in Bildmitte mit scharfer Durchzeichnung der Details hervorgehoben, die nähere Umgebung auf die Wiedergabe der Konturen und Kontraste reduziert.

Aus diesen Darstellungen spricht der ungebrochene Zukunftsglaube an die Kraft der Metropole.

5.220 Todd Reinhard and Hofmeister. Zeichnung Hugh Ferriss. Rockefeller Center. New York. 1929.

Die Darstellung des Baukörpers bei Arata Isozaki

Das Werk von Arata Isozaki ist von früh an von einem ungewöhnlichem Einsatz elementarer Formen geprägt worden, wie es Le Corbusier als ästhetische Grundlage für die Moderne Architektur gefordert hatte. Das bedeutet jedoch nicht, daß seine Architekturauffassung sich ausschließlich aus westlichen Theorien zusammensetzt. Streng geordnete Formen schaffen eine Aura, die man gleichermaßen als poetisch und literarisch empfinden kann. Die Gliederungen der Baukörper zeigen die Absicht, miteinander zu konkurrieren und zu kontrastieren. Das führt zur Betonung einzelner Formen, die auch große Baumassen signifikant gliedern, so daß der Baukörper als sorgfältig komponierte Figur erscheint. Oft gelingt es Isozaki, den Räumen eine eigene Identität zu geben. Bei der Gestaltung großer Baumassen tritt eine andere Fähigkeit Isozakis hervor, den geometrisch strengen Formen sprechende Texturen zu verleihen. So wird die Eingangshalle des Museums Takasaki bei Tokio von einer nahezu erstarrten Eleganz der Wände und Treppen beherrscht, die mit Marmor belegt sind. Bei einem späteren Gebäude, dem Museum of Contemporary Art, Los Angeles, bestich die Schönheit bruchrauher Steinplatten, mit denen die äußeren Wände belegt sind, geben dem Gebäude in jener Stadtlandschaft eine monumentale Ruhe. Die Zeichnungen Isozakis wirken präzise, als seien sie mit Hilfe eines Computers entstanden. Es liegt nahe, bei derartig graphischen Zielsetzungen Farbpapiere zu verwenden, die auf ökonomische Weise die Präzision des flächigen Schnittes und die Homogenität der Farben garantieren. Für gekrümmte Flächen ist, wie schon erwähnt, die Spritztechnik geeigneter.

Die Zeichnungen unterstreichen die formale Exklusivität seiner Gebäudeentwürfe, indem sie jeden grundlegenden städtebaulichen Zusammenhalt zur Umgebung ausschließen. Statt dessen präsentieren sie einen zur Baukörperfigur farbharmonischen Grund.

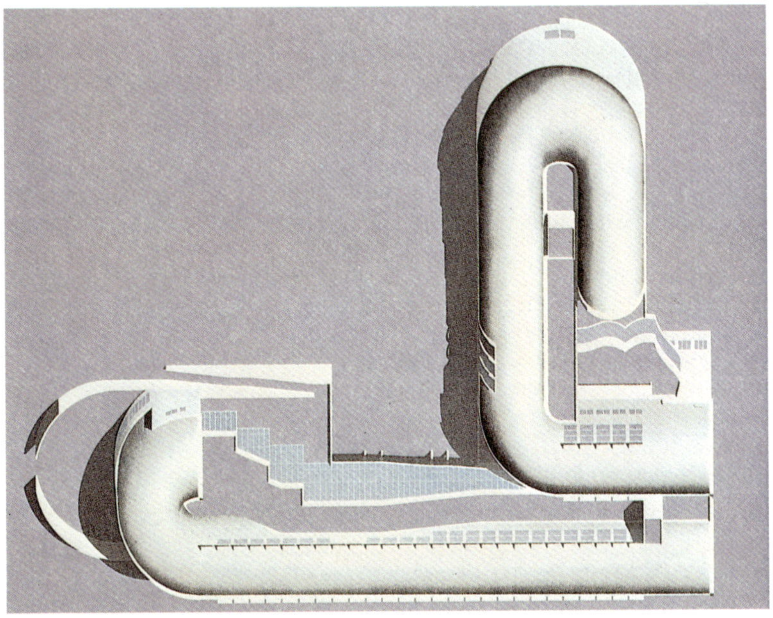

5.221 Arata Isozaki. Lecture-Hall. 1982

5.222 Arata Isozaki. Club House. 1983.

5.223 Arata Isozaki. Museum for Contemporary Art. Los Angeles. 1983.

5.224 Arata Isozaki. Museum for Contemporary Art. Los Angeles. 1983.

Die Darstellung des Baukörpers bei Bernard Tschumi

Die Planung für den Parc de la Villette, 1983 von Bernard Tschumi begonnen, kommentierte dieser mit dem Hinweis, daß dies das größte diskontinuierliche Gebäude der Welt sein werde. Tatsächlich handelt es sich um eine größere Anzahl von Gebäuden, deren Organisation sich nach einem architektonischen Plan richtet. Ihre Konzeption basiert nicht mehr auf der Übereinstimmung von Form und Funktion, Programm und Entscheidung, Struktur und Bedeutung. Die Arbeitsgrundlage bildet ein geometrisches Netz, über das die Ordnungsbeziehungen gelegt und mit den Elementen Punkt, Linie und Fläche verknüpft sind. Die ermittelte Gesamtfläche wird durch die Methode der »Explosion« in Fragmente zerlegt und zu einer »Dekonstruktion« geführt. Anschließend werden Bau- und Umgebungsflächen auf einen »gemeinsamen Nenner« gebracht und an den Schnittpunkten des Netzes stationiert. Diese Serie von Gebäuden, vom Entwerfer lapidar »Folie« genannt, entspricht der konventionellen Vorstellung von Form und Inhalt so wenig, wie die Art und Methode der Anordnung den Regeln einer städtebaulichen Komposition. Dieser Entwurf, der ohne festgelegte inhaltliche Bindungen auskommt, findet zu dem faszinierenden Bild einer autonomen Architektur, die sich von Alltagsaufforderungen, Handlungsroutine und konventionellen Wahrnehmungen ebenso freihält, wie sie eine architektonische Gestaltung meidet, die sich eng an die Kontexte der räumlichen, kulturellen und geschichtlichen Umgebung anschließt. Dies erfolgt in der Gewißheit, daß sich die städtische Lebenswelt durch gestaltbare Systemzusammenhänge weder hinreichend organisieren noch resignativ in eine Stilfrage umdefinieren läßt. So fließt in die jeweils variierte Gestaltung der Baukörper, die nicht ohne formale Durchgängigkeit ist, und die Bezugnahme zu konventionellen semantischen Mustern meidet, auch die Erfahrung einer mobilen Gesellschaft und ihrer Vorstellung von Aktualität und Zeit und eines längst diskontinuierlich verlaufenden Alltags ein. Es liegt nahe zu vermuten, daß weder die Anordnung noch die Ausformung der Baukörper dem traditionellen Bedürfnis nach Sinnzusammenhang entsprechen können, wie oft bei einem architektonischen Plan, der aus Raumfragmenten oder -moduln hergeleitet ist. Die prinzipielle Offenheit der Bauprogramme, auch die realisierten Gebäude lassen ein sicheres kulturelles Interpretationsmuster oder ein überliefertes Bezugssystem zur Artikulation von Erwartungen und Bedürfnissen nicht zu. Auf die Sprachtheorie bezogen, heißt das nach de Saussure, daß zwischen den Zeichen und den Inhalten, auf die sie verweisen, kein »naturnotwendig« gegebener Zusammenhang besteht, vielmehr sind sie innerhalb eines Systems differentieller Beziehungen willkürlich zu Wörtern, zu Bedeutungsträgern geworden. Dennoch ist die Gestaltung der Baukörper, die auf dem Plan lediglich als fortlaufende alphanumerische Codierung bezeichnet werden, mehr als eine einfache Umhüllung der Stereonomie oder der skelettartigen Gerüste, und sie sind stets mehr als die Repräsentation einer Fassade, besonders jene, die mit raumgreifenden Elementen versehen sind. Das Konzept Bernard Tschumis führt zu einer Folge abstrakt-prägnanter Konfigurationen, die nach dem Prinzip der Arbitrarität zur weiteren Verfügung stehen. Hochragende Gerüste, breite Rampen dienen der Orientierung. Diese Balance zwischen Rationalität und Irrationalität basiert auf der Möglichkeit, die Zeichen in einer bestimmten Situation mit einer gewissen Bedeutung zu versehen, und aus den endlosen kombinatorischen Möglichkeiten der Interpretation jene auszuwählen, die sich mit der Gesamtbedeutung des Objekts am besten zu decken scheinen. Diese Diversität artikuliert sich in der Art der Instrumentierung; die suggestive Sprache der einheitlich roten Gebäude legt es nahe, den pluralistischen Zielen Bernard Tschumis zu folgen.

Die Darstellungen zum Projekt La Villette sind geeignet, die Entwurfschritte anschaulich zu vermitteln, unterstützt von jenen Darstellungen, in denen die Brechungen, Oppositionen und Differenzen selbst zum Thema werden. Substantiellere Darstellungen sind den Baukörpern gewidmet, die in ihrer Gestaltung wie ein nicht allzu fernes Echo auf Tschernikows »101 architektonische Fiktionen« anmuten.

5.225 Bernard Tschumi. Überlagerung der Ordnungsbeziehungen durch Operationen von Punkt, Linien und Flächen auf der Basis eines Netzes.

5.226 Bernard Tschumi. Parc de la Villette. Paris. 1983.Wettbewerbsprojekt. Programmatische Dekonstruktion in drei Stufen.

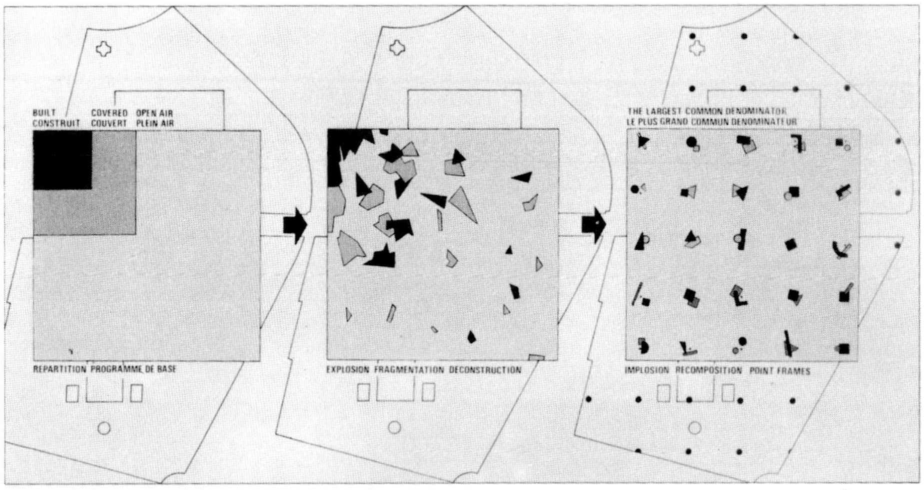

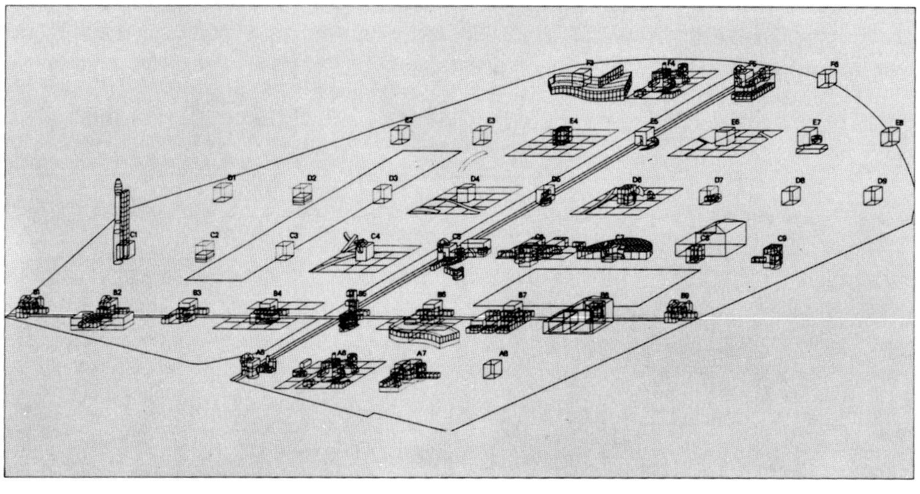

5.227 Bernard Tschumi. Verteilung der Gebäudemasse.

Das Innere des Baukörpers

Grundzüge der Raumproduktion

Im allgemeinen erfolgt die Raumproduktion nach der von Le Corbusier vorgegebenen Art, die Gliederung eines Objektes als eine Folge der Anordnung von Funktionen von Räumen vorzunehmen. Die Funktions- und Raumaspekte stehen naturgemäß dieser Art des Gebäudeentwurfs am nächsten, denn die angemessene Lösung eines funktionalen Problems steht im Vordergrund.

Die Alternative hierzu stellt das Planen und Entwerfen auf der Basis von Netzen dar, dem ein möglichst fein abgestimmtes Modul für darauf aufbauende räumliche Operationen folgt. Die Ausdrucksbreite dieser Bemühungen ist meist von einer geometrischen Regelmäßigkeit gekennzeichnet; Ergebnisse dieser Arbeitsweise sind als »Methoden zur Erzeugung systemhafter Ordnungen« beschrieben.

In der Regel geht der architektonische Raum aus einer dieser Methoden hervor. Die folgende zeichnerische Raumproduktion ist ohne diese methodischen Implikationen. Ihre Konfigurationen gehen aus den kombinatorischen Verknüpfungen von linienhaften, flächigen, körperhaften Elementen hervor; die daraus folgenden Mischungen sind potentiell unendlich. In der Folge entstehen auf die Ebene der Syntax beschränkt formal differenzierte Räume. Im Gegensatz zu der logisch-funktionalen Raumproduktion sind sie eher nach der strukturellen Qualität oder nach der kombinatorischen Logik zu beurteilen. Sie sind Raumfragmente, da sie syntaktisch die Raumphysiognomie vorbereiten. Sie enthalten grundlegende Eigenschaften, wie etwa Geschlossenheit und Offenheit, die periphere und nichtperiphere Gliederung und die für den gebauten Raum bedeutenden Eigenschaften wie nahe und fern, oben und unten, gerade, gekrümmt u. dergl.

5.228 Grundzüge der Raumproduktion.

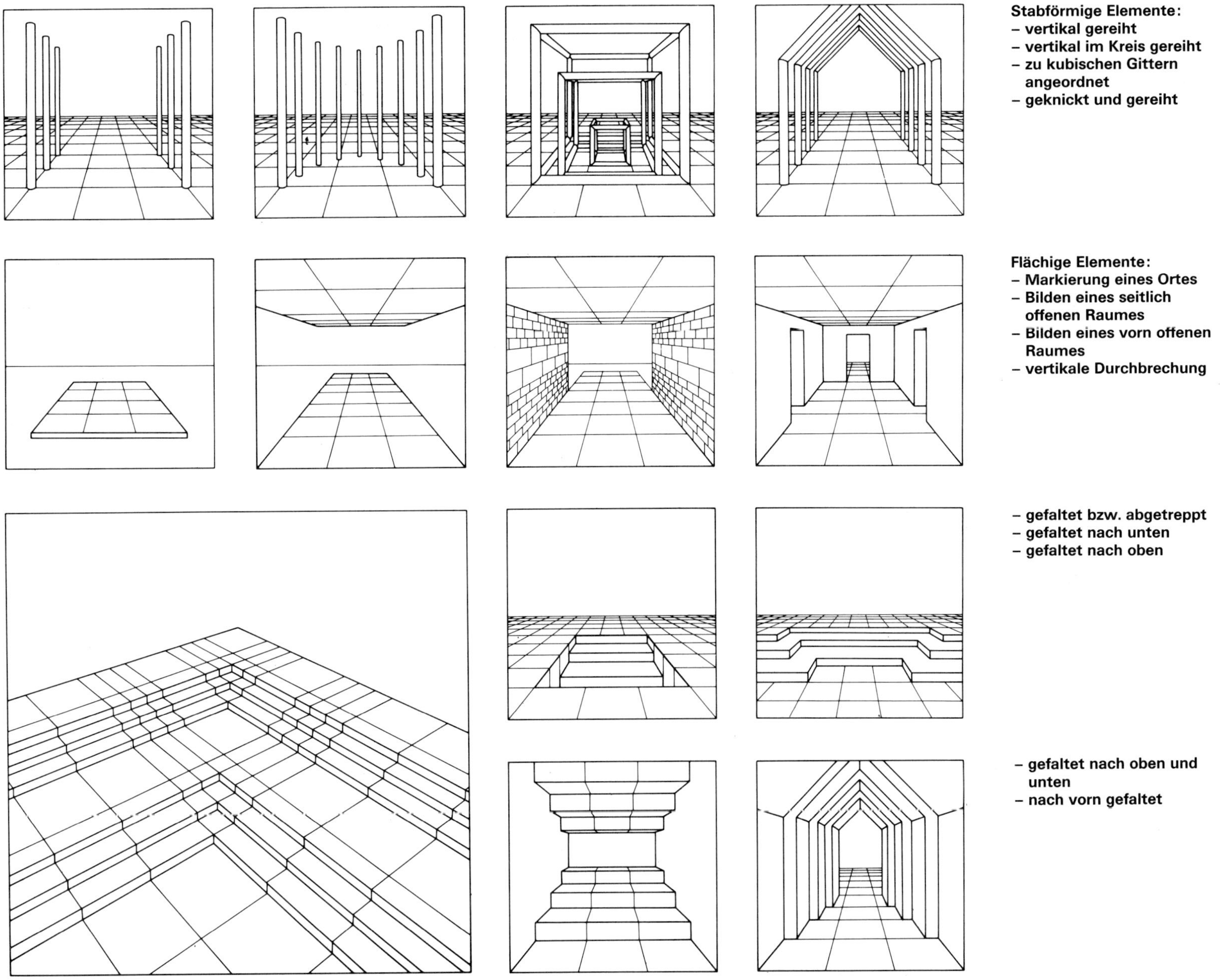

In den folgenden Abbildungen ist die schematisierte Raumproduktion aus stab- und flächenförmigen Elementen in ebenfalls schematisierter Darstellung aufgezeichnet. Die Parameter des Raumaufbaus sind:

- Form der Elemente – Stäbe und Flächen, eben, gefaltet, gekrümmt;
- Lage der Elemente – horizontal, vertikal, konvex, konkav;
- Anordnung der Elemente – linear, auf Netzen basierend;
- Anzahl der Elemente;
- Material der Elemente – opak, transparent;
- Kombinationen.

Die variantenreiche Wirkung der Perspektivzeichnung wird in der zeichnerisch konstruktiven, nicht räumlich variierten Folge von Raumdarstellungen deutlich. Als übliche Methode der Raumdarstellung schaffen Ein- und Zweifluchtperspektiven mit ausgewählten Boden-, Decken- und Eckausschnitten acht unterschiedliche Bildwirkungen.

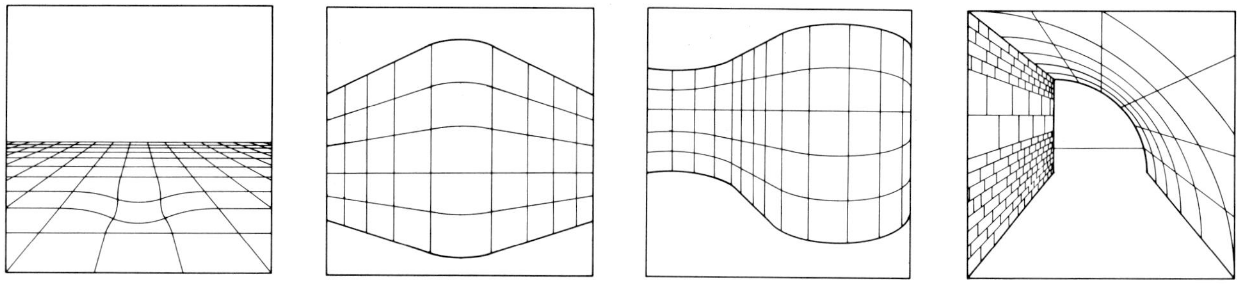

Flächige Elemente:

– Markierung eines Ortes
– gekrümmt
– konvex-konkav gekrümmt
– einfach gekrümmt

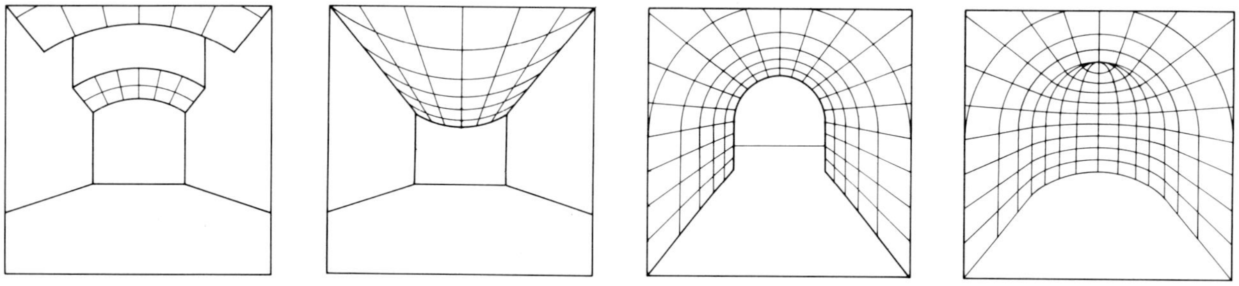

– konvex
– konkav
– Überdecken des Raumes
– Schließen des Raumes

5.229 Die visuellen Wirkungen der Raumperspektive:

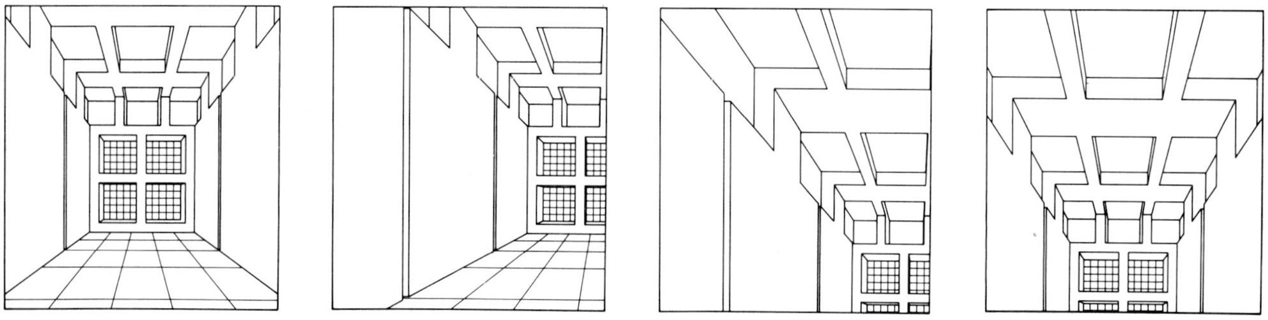

– Zentralperspektive
– Perspektive nach links
– Perspektive nach oben links
– Perspektive nach oben

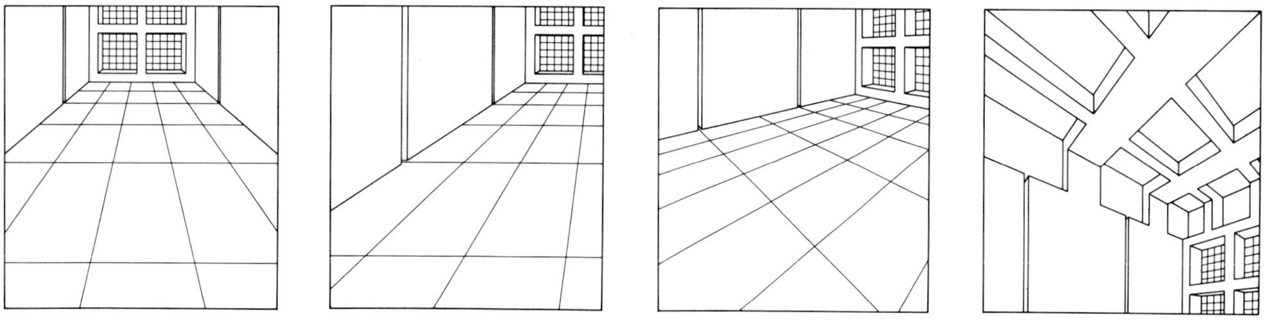

– Perspektive nach unten
– Perspektive nach unten links
– Eckperspektive
– Eckperspektive

5.230 Abstrahierte Schattendarstellung mit plakativer Wirkung infolge harter Hell-Dunkel-Kontraste.

5.231 Die Tuschezeichnung, von Graupapier ergänzt, bringt eine ruhige Raumwirkung hervor.

5.232 Farbdarstellung mit den dem Raumentwurf zugrundeliegenden Materialien.
Rote Wandfliesen, Beton und Glas; im hinteren Raum: Travertin, Beton und Glas. Der Raum ist unter der Wirkung weichen Lichtes dargestellt. Daher finden sich weder harte Schatten noch Schlagschatten. Die Fliesen reflektieren einen gewissen Lichtanteil und geben dem Beton einen warmen Farbton. Bei Formverhältnissen wie hier und steiler Sicht nach oben zeigt die Deckenverglasung lediglich den Durchblick ohne Eigenfarbe. Technik: Spritztechnik, Fugen in Bleistift.

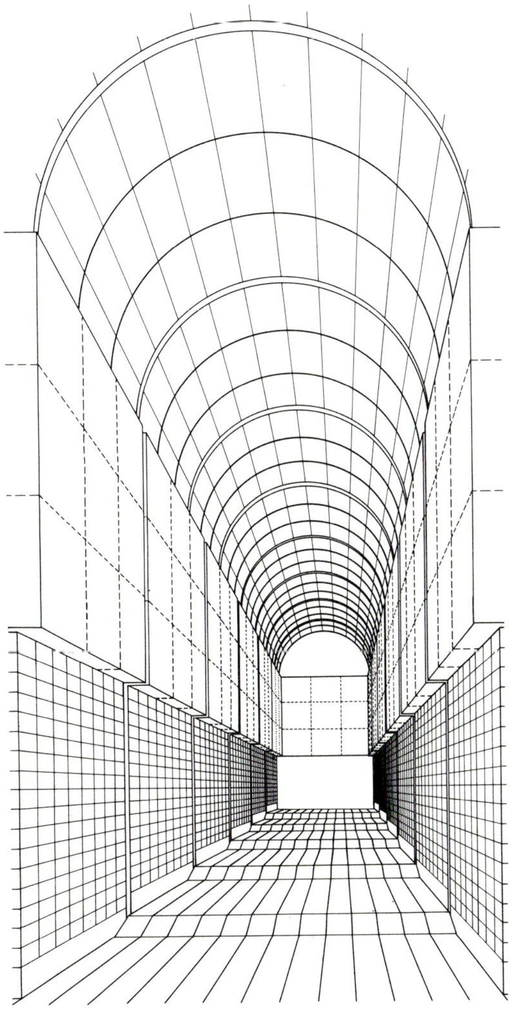

5.233 Konturzeichnung.

5.234 Harte Kontraste – Körperschatten, graphisch auf zwei Stufen beschränkt.

Die Konturzeichnung des gebauten Raumes

Die Konturzeichnung – in Planimetrie, Axonometrie, Linearperspektive – ist die Grundform für Zeichnungen, die den Raum wiedergeben. Aber sie sagt nichts über die Qualität der materiellen Oberflächen, ihre stoffliche Individualität, aus. Form und Proportion der Bauteile und aller Dinge sind von ihren visuellen Flächenmerkmalen isoliert, und das führt gerade dort, wo der Formaufbau weniges an Gradienten bietet, zum Eindruck des Unbehandelten der Leere, weil dann der helle, von Linien freie Zeichnungsgrund formbildend mitwirkt.
Im allgemeinen bleibt die Konturzeichnung in ihrer eigentümlichen Helligkeit etwas im Körper- und Gewichtslosen. Die Eigenart des Raumes ist lediglich durch die graphische Strenge der Linien vertreten. Dadurch entsteht ein qualitativer Unterschied, denn das Lineament isoliert oder schneidet die Teile – eine in Helligkeitsstufen abgetönte Darstellung dagegen fügt sie zusammen. Die Konturzeichnung des gebauten Raumes ist eine vorbereitende objektive Aufzeichnung: Sie ist keine bildmäßige Darstellung. Die Helligkeitskonstanz der Linearperspektive erleichtert zunächst das Urteil über die Formbeziehungen der Elemente, die den Raum bilden. Befinden sich in einer Raumzone viele und kleine Bauteile, so nimmt die Helligkeit der Zeichnung dort ab. In den großen unbehandelten Zonen wird wieder die Helligkeit des Zeichengrundes erreicht. Hell und Dunkel sind in diesem Fall Darstellungsformen, das Resultat von Gradienten auf den Flächen. Das artikuliert, hebt hervor und belebt zwar, ist aber für den Raumcharakter nicht immer zutreffend. Schinkel vermochte in nahezu reiner Konturzeichnung, stimmungsvoll den Raum darzustellen. An wenigen Stellen treten leichte Materialandeutungen hinzu. Die Darstellungen des neuen Museums in Berlin ragen mit ihrer suggestiven Räumlichkeit und sicher gemeisterten Perspektive selbst aus dem Œuvre Schinkels hervor. Seine Forderungen zur architektonischen Qualität haben ihren großartigen Niederschlag gefunden: »In der Architektur muß alles wahr sein, jedes Maskieren, Verstecken der Konstruktion ist ein Fehler. Die eigentliche Aufgabe ist hier, jeden Teil der Konstruktion in seinem Charakter schön auszubilden.«[35]
Die Vermutung liegt nahe, daß Schinkel zu diesen und anderen Blättern, zu denen er vermutlich die Vorzeichnungen fertigte, nicht ohne die Auseinandersetzung mit Dürers Druckgraphik gelangt ist, denn er kopierte Dürers Graphiken und Holzschnitte. Unter der Anleitung Friedrich Gillys konnte er 1799 seine Zeichentechnik verfeinern und auf einer Reise durch Italien 1803/1804 weiter vertiefen.
Ohne stoffliche Individualität, ganz auf die Formzeichnung gerichtet, doch in ihrer Mischung von rationaler Strenge und von einer bemerkenswerten Festigkeit im architektonischen Ausdruck ist Wagners Zeichnung des in den Jahren 1883/84 erbauten Schaltersaales der Länderbank in Wien. Die feine Gliederung macht den Boden in der Zeichnung dunkler, als er ist. Erst im Vergleich zur frei abgehängten Glasdecke, die wiederum an sich zu dunkel wirkt, doch zu den peripheren Dekorationen relativ hell erscheint, ist der Gesamteindruck aller graphischen Durchbildungen der Flächenhelligkeiten von Wagner sicher getroffen.
Hell und Dunkel ist nicht an die Darstellung von Licht und Schatten gebunden. Hier sind es die Helligkeitsstufen der Baumaterialien und der Einrichtung oder des Reliefs an einigen Gegenständen, die ergänzend, doch für den Raumcharakter signifikant, die Linearperspektive unterstützen.
Beim Grauen Haus von Joseph Maria Olbrich wirkt die Einrichtung des Speisezimmers gewichts- und körperlos. Das liegt weniger an den beschwingten Jugendstilformen, eher an der knappen Konturzeichnung, die ohne Binnenzeichnung ist. Man sieht sich in den hellsten Raum versetzt, schwebend leicht die Stühle, schwer das Tischtuch; ungegliederte Flächen, wie der Fußboden, geben den Eindruck großer Helligkeit; es erscheint fraglich, ob eine derartige helle und leichte Zeichnung ein zutreffendes Raumabbild geben kann.
In seiner Illustration »Unendliche Perspektive« erhält Viollet-le-Duc den Eindruck der Raumtiefe nicht durch das endliche Zusammentreffen der Gradienten, sondern durch ein leichtes Auslaufen der Flächenkanten. Dies gibt der Illustration aus den »Entretiens sur l'architecture« eine romantische Stimmung, obgleich es Viollet-le-Duc um die Erklärung rationaler Bauweisen ging.
Wie der zeichnerisch unbehandelte Boden bei Olbrich die Gegenstände scheinbar schweben läßt, so verfremdet die obere, fehlende Raumbegrenzung den Raumeindruck der Halle des Sowjetpalastes von Le Corbusier. Lediglich aus dem weiteren Entwurfszusammenhang läßt sich auf ihre geplante,

5.235 Karl Friedrich Schinkel. Altes Museum. Berlin. Perspektivische Ansicht von der Galerie der Haupttreppe des Museums durch den Porticus auf den Lustgarten und seine Umgebungen. 1831.

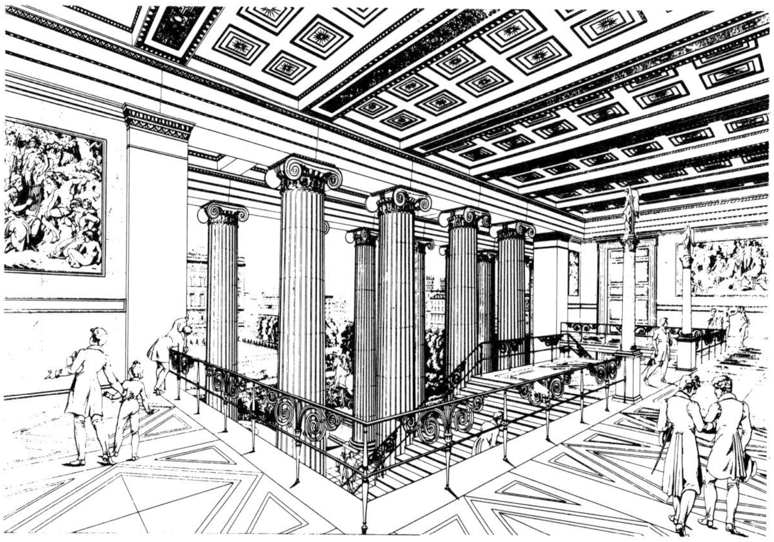

5.238 Otto Wagner. Schalterhalle der Länderbank in Wien. 1883/1884. Projekt.

5.236 Joseph Maria Olbrich. Speisezimmer aus dem Grauen Haus. 1904.

5.237 Otto Wagner. Zimmer im Hotel Wien. Wien. 1910. Projekt.

aber nicht gezeichnete Existenz schließen. So ist es der Fußboden, der mit konvergierenden Gradienten und konvexem Knick in weich hängenden Kurven den Blick in die Tiefe des Raumes lenkt. Die Decke ist mit diesen graphischen Mitteln nicht darstellbar, was ihr Fehlen in dieser Zeichnung erklärt. Der Boden mit graduierten Linien entspricht den Regeln der Linearperspektive und gibt Hinweise zur Form und Tiefe des Raumes, während der Höheneindruck durch die Länge der Stützen entsteht.

Die Frage, Perspektive oder Axonometrie, ist in den folgenden Zeichnungen von Erich Mendelsohn und Aldo Rossi unkonventionell beantwortet.
Wie der Raumausschnitt des Rudolf-Mosse-Hauses zeigt, haben die Horizontalen und die Vertikalen eine ästhetisch beherrschende Rolle. Sie sind so zueinander geordnet, daß Profillinien und Winkel in der Schrägansicht besser zu beurteilen sind als in einer vollständigen Zentralperspektive.
In der Mitte vertikal geschnitten und aufgeklappt, entwickelt die axonometrische Zeichnung den kubischen Raum und die Schnittflächen des Baukörpers: Von außen und von innen zu betrachten ist der fast abgeschlossene kleine Raum hinter dicksten Mauern, die man durchschreiten muß, ehe man in den Raum gelangt – in der Zeichnung aber sind beide zugegen.

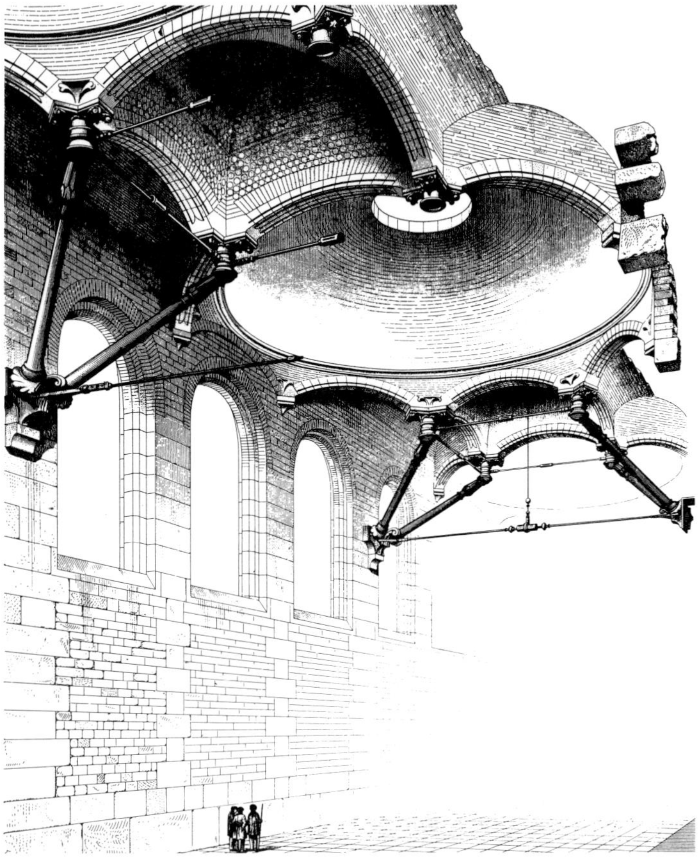

5.239 Viollet-le-Duc. Mauerwerk. »Unendliche Perspektive«.

5.240 Le Corbusier. Halle im Sowjetpalast. Moskau. 1931.

5.241 Erich Mendelsohn, Richard J. Neutra und P.R. Henning. Rudolf-Mosse-Haus. Berlin. 1921–1923. Raumausschnitt.

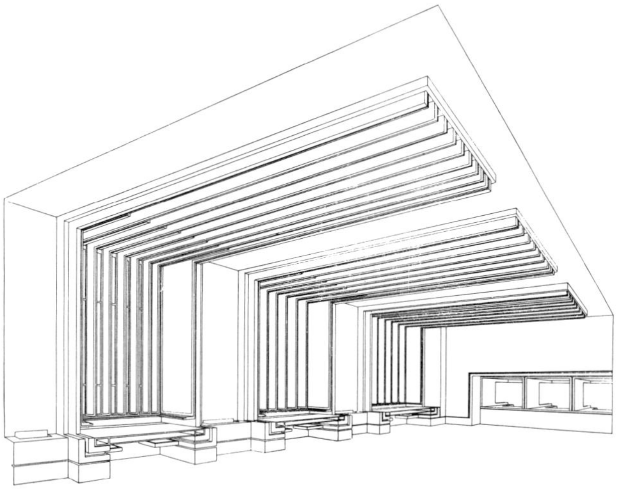

5.242 Aldo Rossi. Denkmal für die Resistenza in Cuneo. 1962. Raumschnitt, aufgeklappt.

Die Binnengliederung der Raumflächen

Im allgemeinen gibt die Konturzeichnung die Flächenbegrenzung an. Mit Darstellungstechniken lassen sich zeichnerisch Information vermitteln, etwa über ihre Binnenform – eben, geknickt, gekrümmt – und ihre Mischungen. Die Texturzeichnung gibt über die Oberflächenqualität Aufschluß. Auch die Schattierung einer Fläche läßt Rückschlüsse auf die Flächenverhältnisse zu (vgl. Kapitel »Die Darstellung gekrümmter Flächen«). Für die Darstellung von Flächen und ihren Formen sind Formstriche nicht immer geeignet. Besser sind jene, die in geometrischer Verwandtschaft zur Form, systematisch die Knickungen und Wölbungen angeben.

Darüber hinaus treten unzählige Linien und Muster auf Flächen auf, die weder mit ihren Formverhältnissen – geknickt, gekrümmt – noch mit den Flächenbegrenzungen – gerade, geknickt, gekrümmt – übereinstimmen. In der Folge bilden sich bei einer räumlichen Anordnung von Flächen die verschiedensten Form- und Tiefeneindrücke, die bis zum illusionären Tiefeneindruck führen. Bei jeweils konstantem Flächen- und Formaufbau werden sie allein durch die Lage, die Form und die Anzahl der Binnenlinien hervorgerufen. Wie verhalten sich die Linienorganisation zur Kontur?: parallel, stehend, liegend, gekreuzt, diagonal, eng, weit usw. Die Oberflächenlinien eines unabhängigen graphischen Musters sind für den Tiefen- und Raumeindruck wichtig. Mit gewissen Linienorganisationen sind Formstörungen, illusionäre Raumtiefen und raumverflachende Eindrücke zu erzielen. Die Binnengliederung der raumkonstituierenden Flächen ist für den Entwurf wie für die Darstellung relevant: Sollen die Fugen des Bodenbelags längs oder quer zur Stirnwand verlaufen? Die Raumerscheinung ist nicht unabhängig von den Linien, Fugen und Kanten der kleineren Flächen. Diese können die großen Flächen des Raumes durch ihre Binnenformen feiner oder gröber gliedern oder aber zerstückeln.

5.243 Binnengliederung von Raumflächen durch Linien: Nicht allein die Konturzeichnung ist für den Raumeindruck bestimmend.

Die längsgerichtete oder räumliche Texturdarstellung

In der Linearperspektive, die eine Sicht auf die Flächen gibt, verhält sich die Textur der Geometrie der Zeichnung konform: Nahe Flächen sind groß und entsprechend texturiert, ferne Flächen klein und lediglich durch eine typische Helligkeitsstufe zeichnerisch zu charakterisieren, denn die Texturgradienten sind hier dicht zusammengedrängt und zu einem uncharakteristisch feinen Muster aufgelöst. Obwohl die Verteilung heller und dunkler Anteile auf der Oberfläche beständig ist, scheinen sie sich mit dem Entfernungsdruck zu verändern. Denn eine Textur, die aus dem Leseabstand wahrgenommen wird, ist mit der, die sich bei großer Entfernung einstellt, nicht gleichzusetzen. Von der Textur bleibt lediglich eine gewisse materialtypische Helligkeitsstufe bzw. Farbe, denn die charakteristischen Flecken oder Maserungen sind in eine für das betreffende Material spezifische Helligkeitsstufe übergegangen. Die Abstände der Texturgradienten sind zu klein, man kann sie einzeln nicht mehr erkennen. Was aus der Wahrnehmung der visuellen Welt bekannt ist, gilt ebenso für die räumliche Texturdarstellung, zumal die Unschärfe in die Tiefe des gezeichneten Raumes ein Entfernungs- und auch Gütekriterium ist. Auffällig ist auch, daß die materielle Welt beim Zurückweichen in größere Entfernung weder dunkler noch heller wird, wohl aber visuell dichter. Ist eine Helligkeitszunahme nach hinten zugunsten des Entfernungseindrucks zu bemerken, so ist dies die Folge der Luftperspektive.
Die Texturen von Oberflächen verhalten sich in geometrischer Hinsicht wie die Konturen und Formen des gezeichneten Gegenstandes. Texturen sind im Nahbereich groß und deutlich und verlaufen, kleiner werdend, auf der Zeichenfläche entsprechend den perspektivischen Linien. Bei größeren Raumtiefen hat der stets sich verändernde Texturgradient die Aufgabe, sowohl die deutliche Textur des Vordergrundes wie die einzeln nicht mehr darstellbaren Texturen, die Flächen ohne Muster, in größerer Entfernung, der Seherfahrung folgend, anzuzeigen. In Raumdarstellungen versucht man oft mit schnell und dramatisch wechselnden Helligkeitsänderungen den Tiefeneindruck zu verbessern. Dieser Kunstgriff kommt aus der Malerei und hat dort eine andere Bedeutung. Die Beobachtung der visuellen Welt zeigt, daß mit einer veränderten Helligkeit immer auch eine Lageveränderung der betreffenden Fläche zur Beleuchtungsquelle oder eine Formveränderung – von eben zu geknickt oder gekrümmt – einhergeht.
Zeigt eine Raumdarstellung dennoch eine dunklere oder eine hellere Behandlung entfernter Raumzonen, so ist der Grund in der ungenügenden Anpassung der Texturgradienten an den perspektivischen Entfernungseindruck zu suchen. Daraus folgt, daß etwa in einer Konturzeichnung die Linienstärke zur Behandlung hinten liegender Teile eine geringere sein muß als für mittlere und vorne liegende Zonen.
Daneben gibt es Holzarten, die sich auch aus der Nähe nicht ausreichend charakterisieren lassen; ihr Oberflächenmuster von »Formzeichnung und Grund« ist nur gering durchgebildet; so zeigt etwa Eiche oder Ahorn mehr »Grund« als Muster. Meist genügt es, sich für die charakteristische Holzmusterung zu entscheiden; wenn nicht, so steht noch neben dem Muster als nächste visuelle Variable die Farbe zur Verfügung.

Mit der Zeichnung eines Holzbodens in technischer Hinsicht vergleichbar ist der perspektivische Verlauf auch anderer Texturen, denn ihre sichtbare Verteilung auf der Oberfläche läßt sich meist in Hell-Dunkel-Verteilungen erreichen.
Zur Klärung der Frage, inwieweit ein bestimmter Sichtwinkel die Erscheinungsweise einer Textur beeinflußt, genügt meist als grobes Hilfsmittel die perspektivische Erprobung. Aus der frontalen Ausrichtung ist Form und Verteilung der Textur schon bekannt. Die Verteilung läßt sich auf eine perspektivische Ebene projizieren, die man mit einem Netz versehen kann. Die Längenverkürzung des Netzes entspricht dann der des Texturmusters.
Eine Oberfläche kann nur bei ausreichender Beleuchtung voll sichtbar sein. Der visuelle Reiz der Textur ist bei einer intensiven Beleuchtung ein anderer als bei schwachem Licht. Legt man einer Raumdarstellung eine günstig wirkende Raumbeleuchtung zugrunde, herrscht bereits eine Helligkeit, die bei den üblichen Baustoffen Licht und Schatten, Glanz und Reflexe und nicht selten Spiegelungen hervorruft. Somit führt die Absicht, über die Wirkungen der Linearperspektive hinaus auch die Textur, Licht und Schatten darzustellen, folgerichtig zur Farbdarstellung. Eine Oberfläche ist weiß, wenn sie alle Lichtstrahlen zurückwirft; sie ist farbig, wenn sie nur bestimmte Lichtwellen reflektiert und andere absorbiert, was bei den meisten Baustoffen der Fall ist.
Bei der Texturdarstellung kann die Farbe die Arbeit erleichtern. Die Stoffart in der originalen Farbigkeit festzuhalten, fällt leichter, als die Unterschiede von Farbton und Helligkeiten eines Stoffes in ein schwarz-weißes, abstrahierendes Muster zu transportieren. Dies ist bei Materialien wie Holz auffallend. Diese haben nicht nur ein verschieden starkes und über den Grundton hervortretendes Texturmuster, sondern auch einen für viele Holzarten ebenso typischen Farbton. Wegen der prägnanten Durchzeichnung des – in der nichtfarbigen Darstellung – schwarz-weißen Oberflächenmusters muß öfter der Grundton wegfallen, was eine unnötig kontrastreiche Zeichnung ergibt, wo eine feinere Helligkeitsabstufung besser wäre. Hier ist die Farbdarstellung vorteilhaft, denn sie bietet für eine bestimmte Helligkeit mehrere Farbtonwerte.

5.244 Holzverschalter Raum: Bleistift.

5.245 Holzboden. Tusche.

5.246 Klinker, Travertin, Granit. Starker Lichteinfall von oben links und vorn bei allgemein großer Helligkeit. Der Boden reflektiert in großen, unscharf berandeten Feldern das von oben und von vorn auftretende Licht. Zusätzlich Streiflicht an den Wänden vorn. Das Rot der Klinker erscheint im direkten Sonnenlicht weißlich, auf lichtabgewandten und verschatteten Flächen aber warm vergraut. Spritztechnik, Fugen Bleistift und Pinsel.

5.247 Rauhputz. Spritztechnik mit Bleistift.

5.248 Travertin mit Betonstütze. Tusche. Bleistift und Spritztechnik.

5.249 Marmor und Wasser. Leichte Reflexe, Lichtkanten und geringe Verschattungen bei insgesamt gedämpftem Licht. Zwei konträre, doch auch verwandte Erscheinungen: Beide erscheinen in der Zeichnung als glänzende und reflektierende Oberflächen. Spritztechnik, Pinsel und Tempera.

5.250 Sichtmauerwerk. Spritztechnik. Fugen Tempera.

5.251 Betonflächen. Bleistift.

Die Begrenzungen des gebauten Raumes

Den gebauten Raum erfährt man primär an seinen Abgrenzungen. Die Arten der Raumbegrenzungen machen seine Bestimmung, oft seine Bedeutung aus. Seine Begrenzungen geben gegenüber der unsicheren Existenz des allgemeinen Raumes visuell und haptisch erlebbare und klassifizierbare Beziehungen. Die Ausdehnungen, die Anordnungen und die Lage der raumbegrenzenden Elemente erlauben Aussagen über den Raum, über seine Gliederungen und Eigenarten auch über die Dinge und Gegenstände in ihm, und sie zeigen an, ob sie sich oben, unten, hinten oder vorn befinden. Die raumkonstituierenden Achsen geben die Dimension, die Elemente, die Dichte seiner Begrenzungen an und die ihm eigentümliche Dualität von Körper und Raum. Die von Alois Riegl[36] vertretene Unterteilung in Körperraum und Leerraum orientiert sich an der antiken Raumauffassung, die sich den Raum als Behälter vorstellte. Doch Riegl erkennt den Raum als den »zwischen den Dingen befindlichen«, was der von Jürgen Joedicke aufgestellten These entspricht, nach der der Raum »die Summe von visuell wahrnehmbaren Beziehungen von Orten« ist.

Raumbegrenzungen sind beispielsweise fest wie die abschließenden Mauern, leicht und temporär wie der Vorhang, durchlässig wie das Fenster, transparent wie Stützenreihungen. Sie geben dem Raum Ausdruck, und sie geben dem Gestalter Raumthema und Raummotiv. Zentrale, diagonale, additive Ordnungen im Raum geben nach innen oder nach außen fortwirkende Gliederungen. Axialität, Öffnung und Verbindung zu anderen Räumen, die Zonung als differenzierte Bereiche des Aufenthaltes oder der Nutzung kennzeichnen seine Beschaffenheit: Durchgangsraum, Aufenthaltsraum, Warteraum, Schalterraum u. a. Haupt- und Nebenraum, Halle und Vorhalle zeigen an, daß der Raum nicht für sich ist, sondern in einem Beziehungs- und Bedeutungsgeflecht mit anderen Räumen steht. Dem entsprechen die hierarchischen Bezeichnungen wie Diele, Flur und Zimmer, was möglich wurde, nachdem seit dem 18. Jahrhundert der Flur die Räume vom Durchgangsverkehr freihält.

Zur Klassifizierung der äußeren und inneren Raumdichte ist ein von Jürgen Joedicke aufgestelltes Beschreibungsmodell geeignet. Danach sind die Relationen der peripheren (äußeren) und nichtperipheren (inneren) Raumbegrenzungen zunächst nicht nach Form oder Anordnung, sondern primär nach ihrer Dichte klassifiziert. Die Raumbegrenzungen werden als »die Summe von visuell wahrnehmbaren Beziehungen von Orten« behandelt.[37] Als grundlegend gilt die Raumdefinition, die bei der Raumbegrenzung zwischen unendlich geringer und unendlich großer Dichte unterscheidet, wobei diese modellhaften Dichterelationen als Grenzfälle des ge- bauten Raumes gelten. Rückt man nach diesem Denkmodell die Raumbegrenzungen – gleichgültig welcher Beschaffenheit – so weit auseinander, daß sie keine sichtbare, also wahrnehmbare Begrenzung bilden, so kann nicht mehr vom gebauten Raum gesprochen werden, denn seine Dichte ist unendlich klein. Sind dagegen die körperhaften Elemente dicht gepackt, so ist der Raum ganz von Körpern angefüllt und von Körpern verdrängt; seine Raumdichte ist unendlich groß. Dieses Phänomen ist eine Körperpackung bzw. ein Körper, und der Raum ist infolgedessen von Körpern verdrängt.

Die nächsthöhere periphere Dichte ist eine Raumkonstellation geringerer Dichte, die der Wahrnehmung nur wenig an Abgrenzungen bietet. Setzt sich die periphere Dichte so weit fort, daß sich die Elemente zur dichten Raumbegrenzung schließen, so ist eine nach der geläufigen Vorstellung dichte und geschlossene Umhüllung des Raumes gegeben, was jedoch für den architektonischen Raum nur selten zutrifft, denn er hat Fenster, Türen, Öffnungen, oder vorgelagerte Flächen wie Balkone, Vordächer usw.

Verläuft auch die nichtperiphere Dichte analog, also zur dichten Anordnung der Raumbegrenzungen hin, so ergibt sich auch dort eine dichte Körperpackung, eine Verdrängung des Raumes. Gebaute Räume bestehen aus einem weniger eindeutigen, somit komplexeren und freieren Verhältnis der raumbegrenzenden und raumgliedernden Bauelemente.

5.252 Aufzeichnung der peripheren und nichtperipheren Raumdichte in neun Stufen nach einem Modell von Jürgen Joedicke.

Hohe periphere Raumdichte ; nichtperiphere Raumdichte gleich 0.

Hohe periphere Raumdichte, mittlere nicht-periphere Raumdichte.

Hohe periphere Raumdichte, hohe nicht-periphere Raumdichte.

Mittlere nicht-periphere Raumdichte, nicht-periphere Raumdichte gleich 0.

Mittlere periphere Raumdichte, mittlere nicht-periphere Raumdichte.

Mittlere periphere Raumdichte, hohe nicht-periphere Raumdichte.

Geringe periphere Raumdichte, geringe nicht-periphere Raumdichte.

Geringe periphere Raumdichte, mittlere nicht-periphere Raumdichte.

Geringe periphere Raumdichte, hohe nicht-periphere Raumdichte.

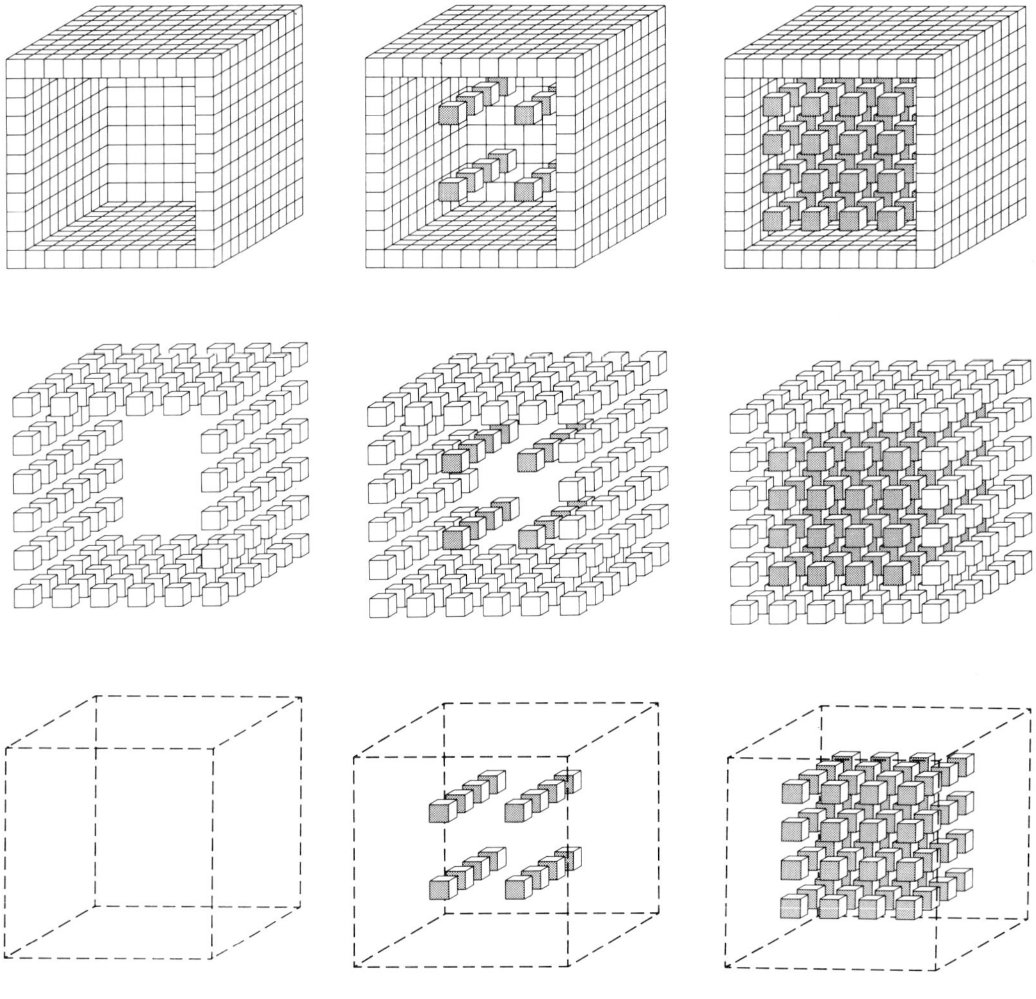

In der Modelldarstellung der Dichterelationen stehen die Einheitswürfel stellvertretend für die vielfältigen Formen der Raumbegrenzungen. Sie erstrecken sich von offenen und linearen, gitterartigen Begrenzungen, erbaut aus leichten Elementen, über Mischformen linearer und flächiger Bauelemente bis zu massiven Raumgrenzen. Diese Dichteverhältnisse, dicht, offen oder licht, gibt es nochmals im Inneren des Raumes, seien es Wände zur Raumgliederung oder Stützen, Balken, Unterzüge, Treppen usw.
Das Dichtemodell ist geeignet, um auf zunächst abstrakter Ebene die äußere und innere Gliederung der Raumgrenzen begrifflich faßbar zu machen, um die Merkmale des gebauten Raumes in einer Arbeitshypothese klären zu können. Sie könnte in einer weiterführenden Arbeit den Rahmen für eine Typologie gebauter Räume auf syntaktischer Grundlage bilden. Die Dichteanalyse verschiedener Räume zeigt, daß der Raum in einem eigentümlichen Verhältnis der Raumbegrenzungen, der Wände und Stützen und ihrem jeweiligen Dichteverhältnis steht. Für eine Klassifizierung der Raumcharaktere und der Raumsprache ergibt dies eine zumindest abstrakte Beziehungsstruktur, die im weiteren die Bedingungen der Raumproduktion aufzuhellen vermag.

5.253 Zeustempel. Olympia. Ca. 470 v. Chr. Innere Raumdichte.

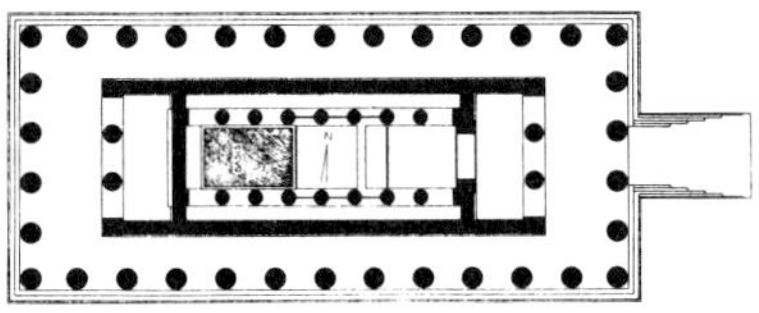

5.254 Gianlorenzo Bernini. S. Andrea al Quirinale. Rom. 1668–1678. Äußere Raumdichte.

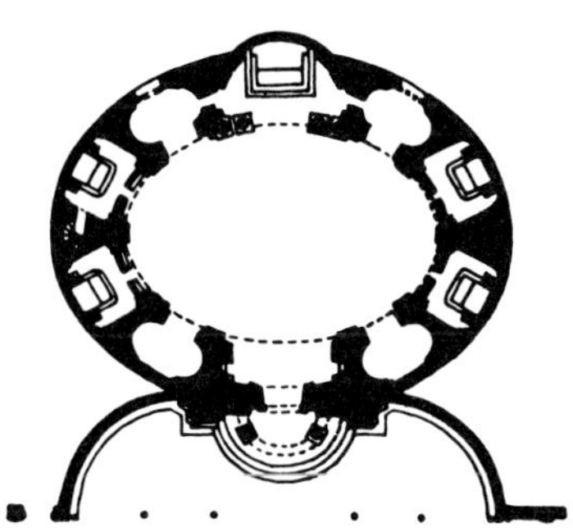

5.256 Teatro Marittimo der Villa Hadriana. Tivoli. Innere Raumdichte.

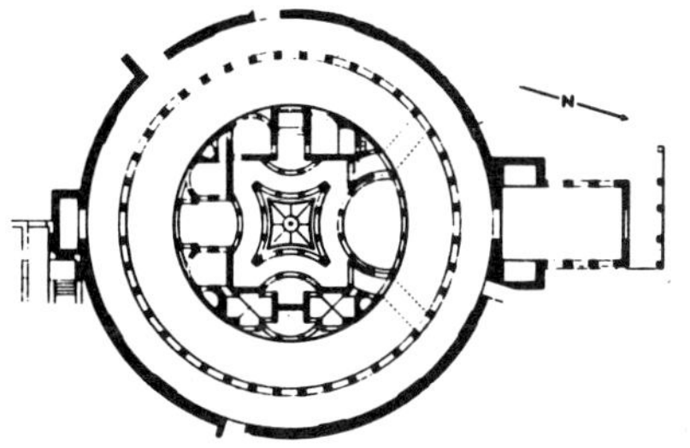

5.255 Kapelle in Fresnès. Äußere Raumdichte.

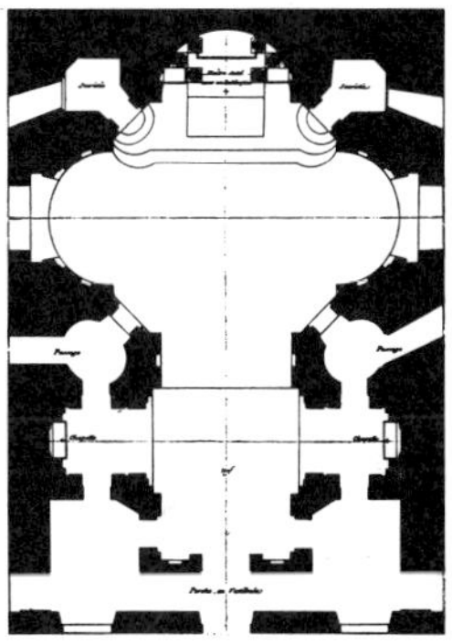

5.257 Schottische Schlösser. Äußere Raumdichte.

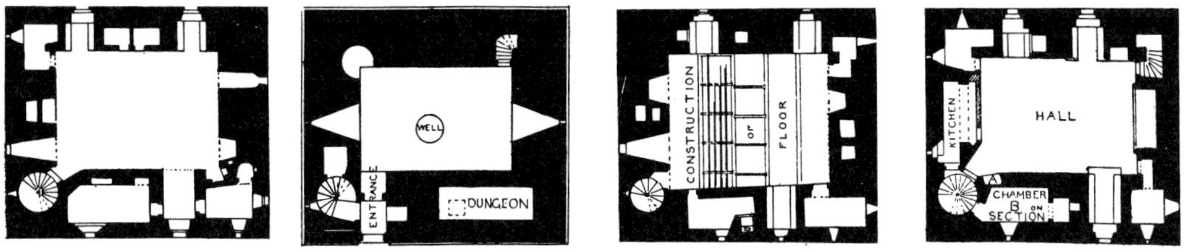

5.258 Tadsch Mahal. Agra. 1632–1652. Ausgeglichenes Verhältnis von äußerer und innerer Raumdichte.

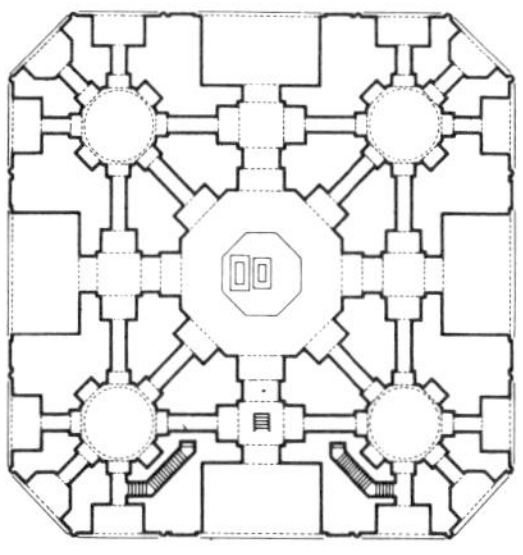

5.259 Äthiopische Felsenkirchen. Aus dem 5. Jahrhundert ein Beispiel einer subtraktiven Raumproduktion. Äußere Raumdichte.

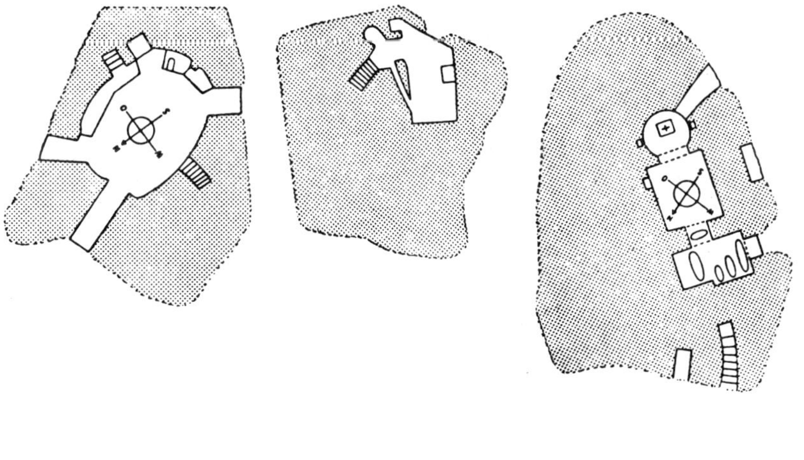

5.260 Kiyonori Kikutake. Miyakonojo Civic Hall. 1966. Geringe Raumdichte.

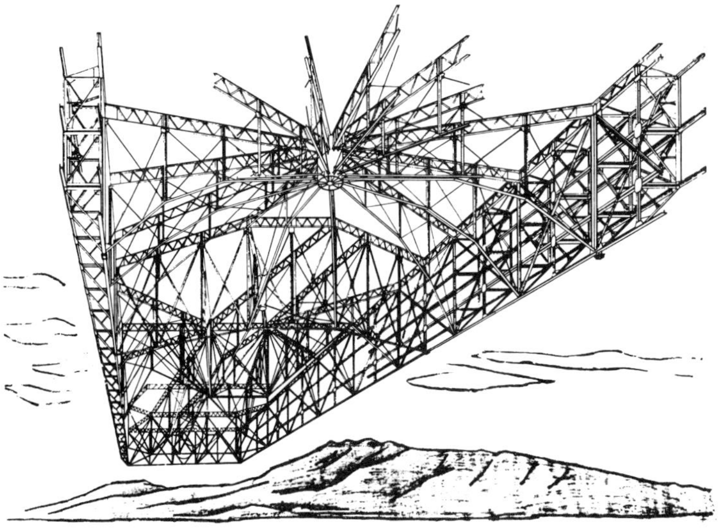

Das Licht im gebauten Raum

Das Licht ist keine Eigenschaft des Raumes und keine seiner Voraussetzungen. Aber erst durch das Licht wird der gebaute Raum visuell wahrnehmbar. Eine Theorie über die Lichtwirkungen im Raum würde die Wechselbeziehung von Licht und Raum deutlich machen.

»Es ist die Konstruktion, die uns das Licht bringt. Wenn ich eine Wand habe, kann ich eine Öffnung aussparen: Die Konstruktion ist die Wand. Das Licht kommt von dort herein, wo keine Konstruktion ist«.[38] Nach dieser Begrenzung und Öffnung ist es ein stumpfes, stimmungsloses oder ein strahlendes Licht, das sich im Raum ausbreitet. Seit langem gilt das Licht als eigentliches Medium der Kontiguität. In den Licht- und Schattenräumen trägt es unsere Empfindungen weiter fort, als die plastische Form allein es könnte.

In den von Kerzen erleuchteten Räumen der frühen Gotik erlebte man »das Licht als kultische Macht«. So nahe uns die Formen der architektonischen Codes sind, so schwer scheint man mit ihnen in jene geistigen Dimensionen des durch Licht dramaturgisch inszenierten Raumes einzudringen, wo sich architektonische Codes auf noch wenig erfaßte Weise denotieren. Man denke nur an die kryptenhaft dunklen Räume der Romanik, an das aus diaphaner Wandstruktur in die gotischen Räume flutende Licht. Heutige Auffassungen halten sich das gesamte Spektrum der Lichtführungen offen. Von längs- und quergestellten, ebenen und gekrümmten, weiten und engen Wänden wird das Licht in den Raum geführt.

Nach der griechisch-stoischen Vorstellung ist der Raum seiner Herkunft nach mit dem Licht identisch und wie dieses selbst immateriell; danach ist das Licht die eigentlich raumschaffende Kraft.

Das Wesen des Raumes geht aus der Art hervor, wie er dem »Außenraum« gegenüber begrenzt ist, und es ist entscheidend, wie die durchlässigen und die undurchlässigen Raumbegrenzungen das Licht in den Raum hineinlassen. Daher ist die Feststellung »Die Aura eines Raumes ist vom Charakter seines Lichts geprägt«, nicht übertrieben. Louis Kahn bemerkt über den »Geist« eines Raumes: »In einem kleinen Zimmer sagt man nicht dasselbe wie in einem großen – man kann es nicht. Die Dimension ist abhängig vom Licht, von der Tages- und Jahreszeit, und dies ist wirklich etwas Geheimnisvolles ...«[39]

Der Raum ist ein jeweils anderer, wenn seine Begrenzungen gemauert oder verglast, die Öffnungen regelmäßig, hoch oder tief liegend, an der Breit- oder Stirnseite einfallend sind; dicke Mauern können noch an der Leibung entlang das Licht formen. Oft zerstreut das Licht die Formen, anstatt sie zu modulieren, und eine günstige Lichtwirkung wird selten zu einer der Architektur immanenten Tugend. Boullée kannte die Gefahr der Idealisierung und des falschen Pathos, die seinen dramaturgischen Schöpfungen durch eine zu große Lichtfülle drohte: »Bei der Verwendung malerischer Elemente mußte ich mich davor hüten, theatralisch zu werden, oder von jener Reinheit abzuweichen, welche die Architektur verlangt.«[40] Ledoux war sich der für seine geometrische Flächenarchitektur unerläßlichen, gliedernden und belebenden Wirkung von Licht und Schatten bewußt, wenn er äußerte, daß man schlechte Architektur daran erkenne, »daß sie mit entschiedenen Schatten ... geizt.«[41] Die lautlose Macht des Lichts kommt nicht weniger in Le Corbusiers Kunstapotheose zum Ausdruck: »Architektur ist das wissende Spiel der Volumen unter dem Licht.«[42]

Im allgemeinen gilt das Licht als ein vom Raum ziemlich unabhängiges Medium, das diesen – nach Besonnungsdiagrammen ermittelt und als Parameter funktionaler Planung – für den Arbeits- und Tagesablauf günstig erhellt und danach beurteilt, welche Lichtmenge in das Innere gelangt. Hinter dieser technisch-funktionalen Qualität stehen heute die semantischen Qualitäten des Raummilieus oft zurück. Als feste Bestandteile des Bauwerkes gelten die Raumgrenzen. Dagegen ist das unstete, flüchtige Licht nicht greifbar, dennoch wirkt es mittels der »Lichthaltigkeit« an der Raumgestaltung mit.

Nach Qualität und Intensität war das Licht für verschiedene Stilrichtungen bestimmend. Man könnte die Architektur deshalb auch in »Lichtstile« unterteilen, wie es Hans Jantzen anregte. Das Licht ist noch weniger als der Raum einer planvoll sicheren Wirkung zu unterwerfen. Es ist nicht von einer errechneten »Wahrheit«, die unter bestimmten Bedingungen, wie im Experiment, immer wieder erscheint.[43]

Ohne Licht verliert der Raum seine Übersichtlichkeit. »Die Sprache der Kunst spricht nicht die Sprache der Spekulation, die sinnliches Licht und geistiges Licht unterscheiden kann, sondern sie hat für ›Licht‹ nur ein Wort.« In einem Raum ohne sichtbare Dinge ist alles nur noch vorsichtig zu ertasten.

Das Licht im Raum ist an den Schatten gebunden; der Schatten ist Teil des Lichts. Wie die Luft selbst in verschiedener Weise beleuchtet sein kann, so ist auch der Schatten von verschiedener Intensität, Helligkeit und Farbe. Formen scheinen sich im allgemeinen zu hellem Licht hin aufzulösen; erst die Schatten modulieren die plastische Form. Ob eine Fläche im Raum beleuchtet oder verschattet ist, hängt allein von ihrer Lage zur Lichtquelle ab.

Der gebaute Raum ist primär der Raum der visuellen Wahrnehmung, weniger der auditiven und haptischen Erfahrung. Erst im Licht entfalten sich die architektonischen Eigenschaften des Raumes, ebenso die Farben und Texturen. Am Abend erscheint der Raum im verdämmernden Licht unscharf. Obgleich er in der Dunkelheit existiert, ist er als Wahrnehmung-, Handlungs-, und Erlebnisraum ursächlich an das Licht gebunden.

Bei Dunkelheit wirkt das künstliche Licht im Raum; es ist ein installiertes, in den Raum hineingesetztes Licht, kein eigentliches »Raumlicht«, trotz seiner Bedeutung als funktional-räumliche Kategorie. Das Gebiet der künstlichen Beleuchtung steht nicht in diesem direkten Zusammenhang mit dem Raum.

Belichtung und Beleuchtung zeigen auch begrifflich die unterschiedlichen Signifikate an. Die Beleuchtung durch künstliche Lichtquellen ist Teil der Raumeinrichtung, sie verhilft zur Simulation sonst nicht existenter Raumqualitäten, oder dient der Raumnutzung.

Beleuchtung wird mit Beleuchtungskörpern erreicht; Belichtung mit architektonischen Mitteln, die ihre Ursache und Wirkung im Wesen des Raumes haben.

Vielleicht sollte die Schattenlehre, nahezu allein den Übungen der Darstellenden Geometrie überlassen, aus ihrer Isolierung heraus und in den Begriff des Raumes hineingenommen werden, um als Teil einer Grund- oder Entwurfslehre zu wirken.

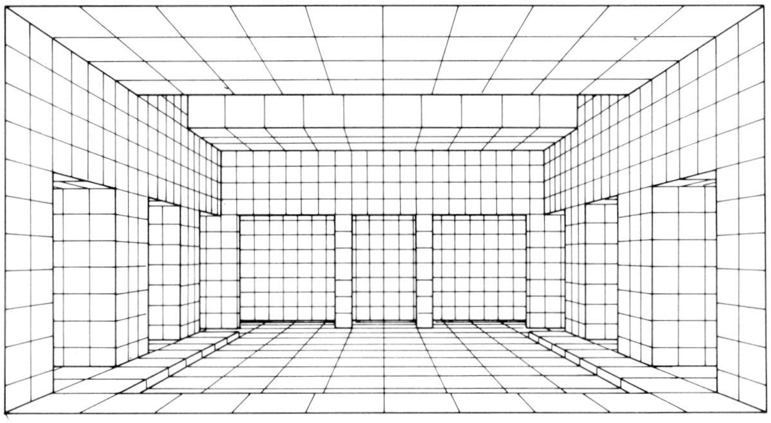

5.261 Der architektonische Raum unter der Wirkung des Lichts, dargestellt in sechs Zuständen. Konturzeichnung.

Frontales Licht von vorn; starke Reflexion an Wänden, Decke und Boden.

Lichteinfall von vorn seitlich.

Flacher Lichteinfall von vorn seitlich.

Symmetrischer Lichteinfall von einer Deckenöffnung.

Streiflicht von der Seite vorn.

Gleichmäßige, künstliche Raumbeleuchtung Spritztechnik.

5.262 Henry Moore. Shelterzeichnung. 1941.

5.263 Erich Mendelsohn. Berliner Untergrundbahn.

Die Stimmung im Raum

Die Form und die Dichte der Raumbegrenzungen beeinflussen die Raumqualität. Doch die Stimmung im Raum wird nicht nur durch das Gegenständliche erzielt. Der gebaute Raum erhält durch seine Gliederungen und Begrenzungen eine anschauliche Gestalt, zugleich ist er nicht restlos auf jene Relationen zu beschränken, die ihn hervorbringen; das Raumerlebnis ist demzufolge nicht nur das Resultat, das sich aus den Gliederungen der Raumhülle ergibt. Unter dem Einfluß des Lichts ändern sich für die Wahrnehmung die Dimensionen und Formen des Gebauten. Gegenüber der mathematisch-zeichnerischen Erfassung des Bauwerks, die seit dem 19. Jahrhundert auch die kompliziertesten Raumverhältnisse beherrscht, ist die zeichnerische Erfassung des Geplanten noch beschränkt. Was die Zeichnung festzuhalten vermag, ist selten ein gestalterischer Endzustand.
Unterirdische Räume üben oft eine besonders starke Wirkung auf die Psyche aus, weil man sich dort der Tiefe und Abgeschlossenheit bewußt wird. Dies wird auch deutlich in den zeichnerischen Fassungen von zwei gegensätzlichen Raummilieus.
So führen beispielsweise die Skizzen Mendelsohns zum Entwurf der Berliner Untergrundbahn hinein in das Milieu der abgeschlossenen Schachträume. Für Entwurf und Realisation von Verkehrsräumen angefertigt, werden sie anders als die zunächst ähnlichen Zeichnungen Henry Moores von einem praktischen und werkgerechten Zweck bestimmt. Bei Moore wirken die Räume düster und beklemmend. Es sind Bilder aus der Kriegszeit, wo die Verzweiflung der in den Schächten der Untergrundbahn Schutz Suchenden den Raum füllt, im »Bergenden« der starken Mauern die Angst ihren Geisterkrieg führt. Moore legt die Betonung ohne ästhetische Distanz auf dieses Raummilieu; die kunstlose Alltäglichkeit des abgeschlossenen Verkehrsraumes ist transformiert zur Überlebensmetapher; bei Mendelsohn dagegen ist Entwurf und Darstellung für den effektiven Gebrauch bestimmt und die Ausdrucksleistung der Zeichnung auf die Funktion der Formen, auf die »gute Botschaft« gerichtet.

Hingegen ist in Piranesis Carceri-Radierungen eine geheimnisvolle, erfundene, mit Versatzstücken aus dem imperialen Rom zusammengesetzte Gigantomanie ausgebreitet, in Räumlichkeiten von beunruhigendem und zugleich großartigem Ausdruck. Es sind Bilder seines »Weltmodells«, wo Vernunft und Wirklichkeit ohne ihre gewohnte Bedeutung sind. Ihre planvollen Veränderungen sind das Thema dieser Architekturen: Piranesis Kenntnisse und die historischen Erfahrungen von Bestandsaufnahmen römischer Vergangenheit haben nicht zur Projektion und Deutung der drängenden Wünsche seiner Zeit geführt, obgleich er selbst einräumte: »Wenn man mich mit dem Plan eines neuen Universums beauftragte, ich wäre verrückt genug, ihn in Angriff zu nehmen.«[44] Die »Carceri«-Blätter führen suggestiv hinein in eine endlose, faszinierende Düsternis, von unwirklichem Licht durchfurcht; ausweglose Räume, schwerste Mauern, drohende Gerätschaften und verloren kleine Menschen; die Welt – ein Kerker; der Raum – eine das Leben untergrabende Gewalt. Räume ohne Nachkommenschaft, die doch höchste Bejahung und Wissen um das Wesen des architektonischen Raumes ausdrücken, in dem gegen die »Vernünftigkeit« ein Übermaß an Kraft gesetzt ist.
Das Werk Otto Wagners ist der Behaglichkeit, der Eleganz und der physischen und psychischen Wohlgeratenheit zugewandt. In seinen Werken deutet sich der Aufbruch in die Moderne an, deren Wegbereiter er in Österreich war. Wagner verstand es, das räumliche und konstruktive Zusammenwirken der Elemente und der Materialien zu betonen, die Komposition des Ganzen aus verhältnismäßig selbständigen Teilen, die Tatsachen ohne allzuviel Verlangen nach Verständnis gut zusammenzufügen. »Jede Bauform ist aus der Konstruktion entstanden und sukzessive zur Kunstform geworden«,[45] bemerkte Wagner; es ist aber nur dem Architekten überlassen, jene Konstruktion zu wählen und zu vervollkommnen, »welche sich am natürlichsten in das von ihm zu schaffende Bild einzufügen imstande ist und sich am besten zur werdenden Kunstform eignet«.[46] Die Konstruktion ist hier ein selbständiges Gebilde, mit dem sich größere und kleinere Räume zu Raumfolgen fügen und transparent unterteilen lassen, was schon vom Vestibül aus zu sehen ist, wie die Perspektive von abgestufter Helligkeit in toniger Darstellung zeigt.

Raumbegrenzung und Lichtwirkung

Bei Le Corbusiers Wallfahrtskapelle und Arne Jacobsens Rathaus in Kopenhagen-Rødovre werden in der Wandausbildung und an der Lichtführung zwei oppositionelle Positionen deutlich. Die skulpturartige Wandausbildung in Ronchamp läßt ein spannungs- und erlebnisreiches Spiel von Volumen und Licht entstehen. Schräge Schächte weisen dem Licht den Weg. Es dringt durch die größeren und kleineren Öffnungen der Wand, als flute es schräg gerichtet durch sie hindurch. Die Wandform ist ein Komplex, der die Raumform erst dramatisch steigert, wenn das Licht die plastischen Formen umspielt und starke Kontraste bildet.

Im Gleichmaß, über die ganze Breite des Gebäudes, ohne besondere Raumzonen hervorzuheben, fällt das Licht in die Räume des Rathauses in Rødovre. So einheitlich wie die Wände und der innere Aufbau, so gleichförmig ist die Lichtwirkung; die Einheitlichkeit der architektonischen Formen ist von keinem Licht- und Schattenspiel beeinträchtigt. Hier ist es das der Bürotätigkeit angemessene Gleichmaß des hellen freundlichen Lichts; in Ronchamp dagegen eine Dramaturgie des Lichts, das aus vielen Quellen hereinströmt. Beide Raumtypen entsprechen funktional den dortigen Tätigkeiten: es bildet sich ein nicht austauschbarer Ort mit eigenem Schauspiel, ein für sich bestehender Raum.

Kunstvoll ist von Boullée der kosmische Raum ins Innere des Kenotaphs für Newton verpflanzt. Nach der Art türkischer Bäder ist die Kugelschale, dem Sternbild folgend, durchbrochen, und illusionierend kommt das Licht in den dunklen Raum. Es wird zum Ereignis: als Illumination des gestirnten Himmels, als Mitternachtstraum schon während des Tages und als spärliche Erhellung des Kugelraums mit seiner gigantischen Tiefe und Größe. Ohne Gradienten würde er sich der visuellen Wahrnehmung und der vernunftgemäßen Erklärung entziehen, zumindest nach den im täglichen Erleben gewonnenen Erklärungsmöglichkeiten der visuellen Wahrnehmung. Es ist eine künstliche Welt der Abstraktion, vor der das Wissen des Alltags kapitulieren muß. Boullée erklärte: »Ich wollte Newton in den Himmel heben.«[47]

Ein strahlendes Lichtmonument, von einer kugelförmigen Lampe erhellt, strahlt des Nachts aus dem räumlichen Mittelpunkt. Eine Architektur, die noch entschiedener und extremer, noch mangelhafter an Vernunft erscheint, ist kaum denkbar – aber was liegt an aller Vernunft! Boullées Architektur ist hier mehr noch als bei anderen Projekten eine Manifestation des Lichts im Raum.

5.264 Arne Jacobsen. Rathaus in Rødovre. 1955/1956.

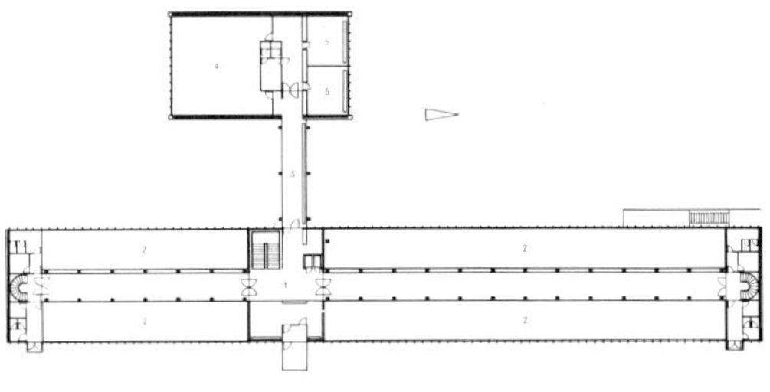

5.265 Le Corbusier. Wallfahrtskirche in Ronchamp. 1950–1954.

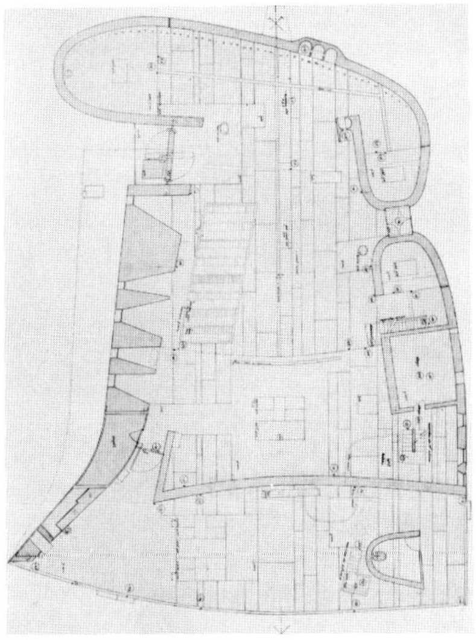

5.266 Giovanni Batista Piranesi. Le Carceri. 1744.

5.267 Otto Wagner. Kaiser-Franz-Joseph-Stadtmuseum auf der Schmelz. Vestibül mit Figurengruppe von Raphael Donners Providentia-Brunnen.

Zeitlich parallel zu Boullée zeichnete Weinbrenner während seiner Studienjahre in Rom Architekturen und Idealentwürfe. Es sind Blätter mit »zugespitztem Lichtcharakter«, Rekonstruktionen antiker Gebäude und auch eigene Arbeiten. Sie führen in Räume von malerischem Hell-Dunkel, das Architektonische ist dramatisch gesteigert. Der wechselnde Tageslichteinfall wird gestalterisch zu expressionistischen Formenspielen verdichtet. Wie die Brennflächen einer Linse zeichnen sich die lichten Flächen in die dunkleren Zonen des Raumes.
Anders als bei Boullées kostbar lavierten Zeichnungen sind es bei dem frühverstorbenen Friedrich Gilly scheinbar flüchtige Skizzen, die seine schwermütigen Gedanken wiedergeben. Strenge und schwere, geometrisch geformte Körpermassen, führen in die düstere Traumwelt des Todes, in eine Zeit ohne Ziel – fern des Lebens.
Erst einer seiner Nachfolger konnte – noch unter der Anleitung Gillys – dies alles in einzigartiger Meisterschaft der Zeichenkunst – und nicht nur darin – fortführen und vollenden: Karl Friedrich Schinkel.
Pathetischen Vorstellungen zur feierlichen Überhöhung des Ortes ist Peter Behrens' Haupthalle im Verwaltungsgebäude der IG Farben verpflichtet. Der Raum ist nicht breit, aber hoch. Von oben fällt das Licht über rauhe Wandpfeiler steil herab. Pilaster und Wanddurchbrüche betonen die Vertikalität des Ausdrucks und die malerische Monumentalität, die Raum- und Lichtvorstellungen zur Prägung eines Bürogebäudes, gemischt aus Vernunft, Sinnlichkeit und gutem Glauben, einsetzt.
Die knappe Breite, die fehlende Weite erst macht auf die gewaltige Höhe des Raumes und die Ferne des Lichts aufmerksam; man fühlt sich an Otto Wagners Anmerkungen über das Verhalten der Besucher der Peterskirche in Rom erinnert, welche »mit Spiegeln in den Händen die Decke des Raumes zu besichtigen bestrebt sind«.[48]
Dieselbe Raumstruktur, der gleiche Instinkt, die gestalterisch gleichartige Methode ist dreißig Jahre später wiederzufinden, in Erich Mendelsohns kommunalem Zentrum, in St. Paul, Minnesota. Es ist ein sakraler Raum im Kirchengebäude – die alte Liebesheirat von Glaubensstätte und Licht, das von oben kommt.
Eines der Hauptmotive Hans Poelzigs wird bei seinen Theaterentwürfen deutlich. Das Verhältnis von Signifikat und Signifikant ist hier noch ausgeprägter, und es zeigt sich, daß eine nur ästhetische Artikulation des »nützlichen« Raumes seiner vehementen Phantasie nicht genügen konnte. So zeichnete er für Salzburg, den Erfahrungen mit dem Großen Schauspielhaus in Berlin folgend, wiederum einen Theaterraum – nach Poelzigs Auffassung als »Rokoko« zu empfinden –, in welchem auch schon, ohne schauspielerische Handlung, eine Theaterstimmung herrscht, weil die architektonischen Codes wohl nicht nur »Theater« denotieren. Das aufwendig inszenierte Licht, das über eine doppelte Schale von oben hinein und über rauheste Flächen in malerisch welligen Linien herabrieselt, komplettiert diesen an sich etwas düsteren Raum expressionistischer Phantastik zur »Sternenhalle« von übersteigertem emotionalem Ausdruck. Für die künstlerische Gemeinde stellt er eine stimmungsvoll aufgeladene Kunst-Theatralik her.
Le Corbusier untersuchte in einer frühen Skizze die räumliche Organisation der Hadriansvilla. Sie ist das Gegenteil einer zweidimensionalen Planung, weil Raum und Licht nicht als Getrenntes in diesem Bauwerk leben. In dieser reichen, völlig eigenen Komposition steht das Licht im Dienst der Raumform – wie später in Le Corbusiers eigenem Kirchenraum.

5.268 Etienne-Louis Boullée. Kenotaph für Isaac Newton. 1784.

5.269 Friedrich Gilly. Rotunde. 1797.

Von den Nischen des Serapeums des Hadrianspalastes sichtlich beeinflußt, sind vierzig Jahre später die Seitenkapellen von Ronchamp. Wiederum sind es senkrecht gefaltete Schalen, von wo aus das Licht sich ausbreitet und ein in der Moderne einzigartiges Raumgefühl entstehen läßt.
Licht und Schatten müssen nicht immer so großartig dargestellt werden, wie bei Boullée und Weinbrenner. Die elementare Kraft des Lichts erscheint weniger pathetisch, weniger gezwungen in den fast flüchtigen Kohlezeichnungen von Louis Kahn. Die Zeichnungen ermöglichen es dem entwerfenden Architekten, die unter den geplanten Wirkungen des Lichts stehenden Formen in unterschiedlichen Helligkeitsstufen zu erfassen: das wechselnde Licht als Katalysator der Formen. Kahn hat sich als einer der wenigen in poetischen Bildern zu Fragen von Raum und Licht geäußert: »Die unveränderlichen Anforderungen an einen Plan stellt der Raum selbst und der Charakter seines Lichts, weil alles auf der Bedeutung eines Raumes aufbaut.«[49] Kahns Suche galt einer Architektur, die vom Licht inspiriert ist: »Structure is the Maker of Light« und er fand die elementaren Mittel hierfür: große, ruhige Flächen. Seine Vorstellung über Architektur: »materialisiertes Licht«.
Skizzenhaft ist auch die Darstellung des Everson Museums of Art, New York. Das Hauptmotiv dieser Zeichnung eines Museumsraumes ist die erscheinungsmäßige Veränderung der Flächen unter dem Lichtfluß. Dieser festigt die Formen, schaltet andere aus oder nimmt sie zurück, schafft unmittelbare Gegensätze im Nebeneinander von Hell und Dunkel, die als Komplemente sich noch steigern. Man sollte die richtungslose Schraffur nicht zu den Texturdarstellungen zählen, denn dafür ist sie zu indifferent, obgleich sie eine rauhe Oberfläche suggeriert.

5.270 Friedrich Weinbrenner. Evangelische Stadtkirche Karlsruhe.

5.271 Peter Behrens. Verwaltungsgebäude der IG Farben. Frankfurt-Höchst. 1920–1924. Haupthalle.

5.272 Le Corbusier. Hadriansvilla. Tivoli. 1910. Skizzen.

5.273 Walter Förderer. Skizze zu einem Kirchenraum. Um 1959.

5.274 Louis Kahn. Mikveh-Israel-Synagogue. Philadelphia. 1961–1970. Projekt.

5.275 Louis Kahn. Mikveh-Israel-Synagogue. Philadelphia. 1961–1970. Projekt.

5.276 Hans Poelzig. Festspielhaus Salzburg. 1920–1922. Projekt. Dritte Fassung.

5.277 J.M. Pei & Partner. Everson Museum of Art. Syracuse. New York. 1968. Zeichnung: Henderson.

Die Dialektik des gebauten Raumes: Innen und Außen

Nicht alle Werke der Architektur lassen sich unter dieser Opposition betrachten, auch nicht die der Moderne, denn hier ist das Äußere das Resultat einer meist einfachen inneren Ordnung, die sich planvoll von innen nach außen entfaltet. Der visuellen Wahrnehmung indessen erscheint das Innere und das Äußere einer Form ganz verschieden. Es ist ein Unterschied, ob man sich im Innern einer Form, oder außen davor, befindet. Vergleichbares ist durch die Umkehrung der Positiv- und Negativform eines Raumes zu erzielen: Bildet man diesen modellhaft als festes Volumen ab, so hat sich in Anschauung und ästhetischer Wirkung dieser Körper gegenüber jenem Raum ganz verändert, und bei einander durchdringenden Formen vermag auch ein gutes Vorstellungsvermögen die durch die Vertauschung von Positiv- und Negativformen eintretende Wirkung nicht sicher nachzuvollziehen.

Im allgemeinen entspricht die innere Fügung der äußeren Raumbegrenzung, und die äußere Hülle korrespondiert mit der inneren Raumorganisation. Winklige, verschwiegene Räume lassen sich mit diesem Streben, alles zu zeigen, dem Blick viel und schnell zu erklären, selten vereinbaren. Meist fehlt es an räumlicher Dichte und Komplexität, die sich im Widerspruch zur Fassadenerscheinung entfalten könnte. Auch was sich in der grundrißlichen Raumdisposition ordnet, teilt sich meist aufrißgenau am Baukörper mit: Im allgemeinen sind es senkrechte Wände, die den Raum formen. Geknickte, gekrümmte Flächen mit synkopierten Durchdringungen, dem Barock noch ein unerschöpfliches Thema, sind für das moderne Bauen selten. Noch seltener sind innere Raumgliederungen, die sich von der äußeren Form ganz unterscheiden.

Selten sind Grund- und Deckfläche zueinander nichtkongruent. Le Corbusier entwirft derartige Raumkonzepte in seinen späteren Arbeiten.

Mit ihrem ganz abweichenden Raumbewußtsein hebt sich Hans Scharouns Berliner Philharmonie von der Raumökonomie und der Erscheinung der »Kiste« ab.

Zwei Arten der Raumproduktion sind für die Moderne typisch geworden: die Raumentwicklung von innen nach außen, und seltener, die Raumentwicklung, die auf traditionelle festgefügte Grenzen zwischen innen und außen verzichtet, indem sie den fließenden, kontinuierlichen Raum errichtet. Die erstere kann als eine Reaktion auf die »falsche Fassade« gelten und führte zur Bevorzugung der inneren Raumordnung auf Kosten der äußeren, beispielsweise dem Stadtraum zugeordneten Erscheinung. Die Raumfolge wechselt von großen zu kleineren Räumen, nicht aber der Charakter dieser Räume, die den fließenden Raum hervorbringen, bei dem das Innere vom Äußeren weniger scharf abgegrenzt ist. Abgeschlossene und verschwiegene Räume, in die nicht zu jeder Stunde die Sonne hereinbricht, sind selten. Die Identität des Rauminnern mit dem Raumäußeren ist das Ende des architektonisch selbständigen »Innenraumes«; der »Außenraum« dringt nicht mehr durch Öffnungen, sondern wandbreit ein, die traditionelle Grenze zwischen »Innenraum« und »Außenraum« besteht oft nur aus einer physikalischen Klimagrenze.

Derart gefügte, fließende Raumbildungen des Mentors, Mies van der Rohe, überraschende und virtuos komponierte Raumfolgen hinter und zwischen gläsernen Fassaden, leuchten früh und unvermittelt auf im Blitz der Intuition. Von erlesenem Geschmack geformt und klassischem Materialgefühl geprägt, sind sie Meisterwerke einer auf die reine Form bedachten Architektur.

Seinem Doppelcharakter nach lebt der gebaute Raum aus der Wechselbeziehung von Innen und Außen. Das zeigt sich in der Durchdringung des Inneren mit dem Äußeren, hervorgegangen aus dem dialektischen Prinzip, das Gegensatz und Widerspruch zu einer höheren Einheit bindet.

5.278 St. Maria Magdalena. Karlsbad. 1733–1736. Grundriß und Diagramm, nach Christian Norberg-Schulz.

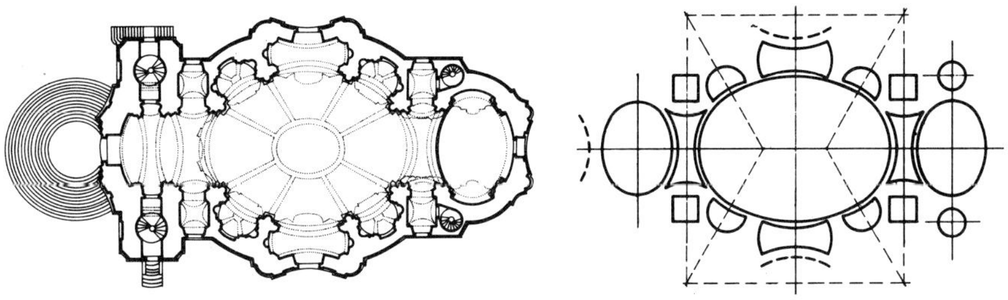

5.284 Germain Boffrand. Hotel Amelot. Grundriß des Erdgeschosses. Paris. 1710–1713.

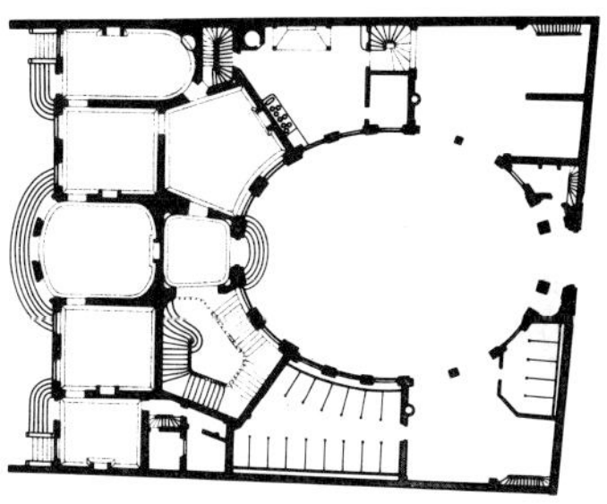

5.280 Le Corbusier. Palais des Baumwollspinnereiverbandes in Ahmedahad. 1954.

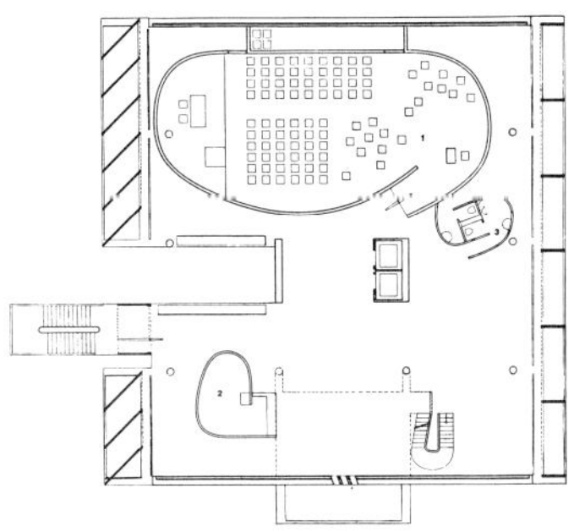

5.281 Hans Scharoun. Philharmonie. Berlin. 1963.

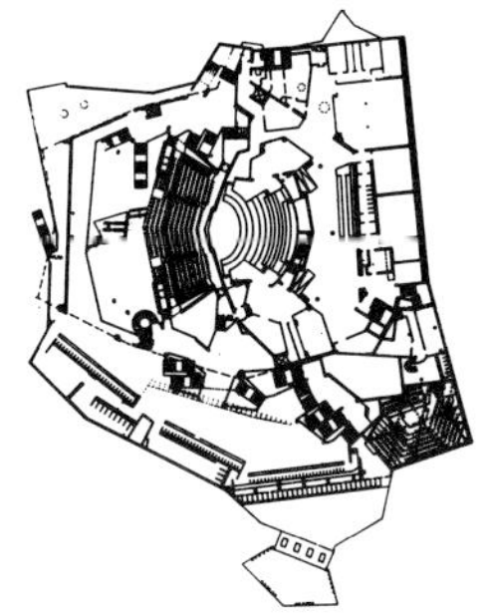

5.282 Ludwig Mies van der Rohe. Barcelona-Pavillon. 1929.

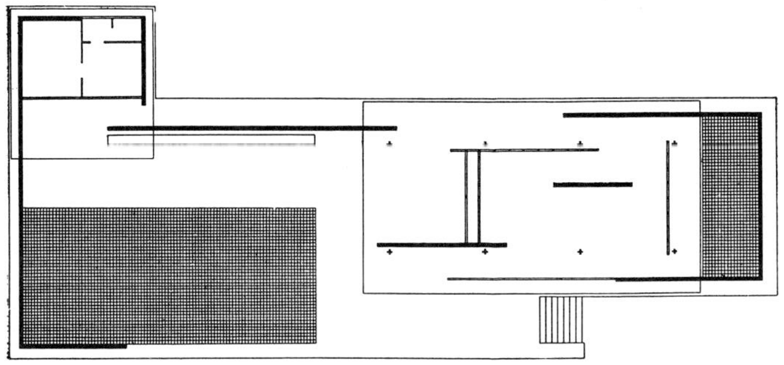

5.283 Mies van der Rohe. Haus mit drei Höfen. 1934. Projekt.

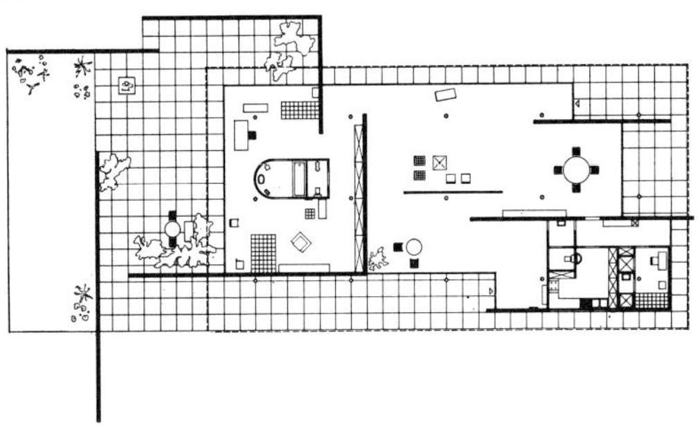

5.279 Le Corbusier. Philips Pavillon. Weltausstellung Brüssel. 1958. Zeichnung Curt Siegel.

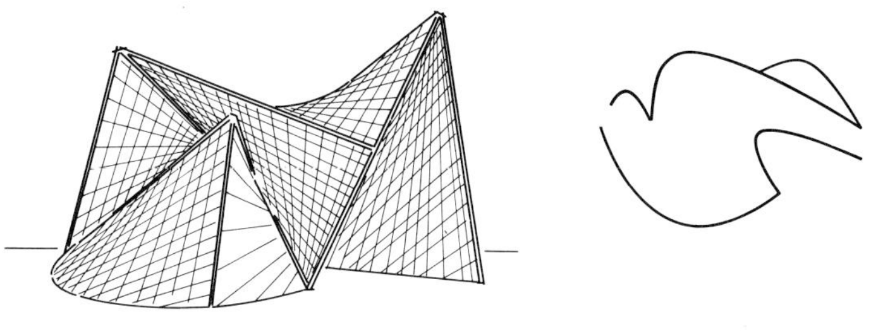

5.285 Leon Battista Alberti. Ausblick.

Die klassische Moderne brachte eine eindrucksvolle Sammlung großartiger, jedoch autarker, im Stadtraum isolierter Objekte hervor; wenige haben aus dem Geflecht stadträumlicher Bezüge Konzept und Form erhalten.

Jene Projekte und Darstellungen machen die Verbindung von Innen- und Außenwelt deutlich. Sie leiten den Blick in das Innere des gebauten Raumes. Zugleich dringt der Naturraum, der den gebauten Raum umgibt, in das Bewußtsein des Betrachters. Es kann eine der Haupteigenschaften der Architekturzeichnung sein, auf die Verflechtung des gebauten mit dem allgemeinen Raum hinzuweisen. Es gibt keinen für sich bestehenden Raum und die Raumbegrenzung, d. h. die periphere Raumdichte ist keine vollständige: »Raum ist die Folge der Lagebeziehung von Körpern«.[50] Diese sind nicht dicht an dicht geordnet, sie geben Platz für Tür und Fenster; von dort dringt das Licht in den Raum. Der Blick geht hinaus zu Orten, die außerhalb des Hauses liegen.

Die Wirkungsqualitäten des Raumes aufzuzeigen, heißt auch physisches Raumempfinden und die Abgrenzung zur Außenwelt deutlich zu machen. Daß es sich immer um eine gute, nicht feindselige Außenwelt handelt, hat besonders die Moderne betont oder gutgläubig vorausgesetzt, indem sie programmatisch Glas verwendete. Den Jahrhundertbaustoff Glas hat sie für »Bauten, die eine bessere Welt abbilden«,[51] in denen Heiteres, Helles oder gar Strahlendes vorherrschen sollte, stets für nötig erachtet. Die dunklen Abkapselungen wichen dem hellen, offenen Raum, der sich nach draußen orientiert. Bloch greift dieses Problem auf, indem er bemerkt: »Das breite Fenster voll lauter Außenwelt braucht ein Draußen voll anziehender Fremdlinge, nicht voll Nazis; die Glastür bis zum Boden setzt wirklich Sonnenschein voraus, der hereinblickt und eindringt, keine Gestapo.«[52]

Zwischen dem bergenden Innenraum und dem Draußen der Außenwelt liegt das Territorium. Oft ist es mit Wegen, Gärten oder vorgelagerten Gebäuden in die bauliche Anlage integriert. Über das Territorium hinaus verweisen die vom Architekten angelegten Sichtbeziehungen in die Weite und Ferne der Landschaft.

Schon Alberti wußte den erwartungsvoll prüfenden Blick durch Säulenarkaden hindurch auf ein weites Meer zu führen.

Josef Paul Kleihues rückte in einem Entwurf ein Ateliergebäude so an einen einzelnen Baum heran, daß dieser wie schon immer dort, sozusagen »natürlich«, am Ende jener Achse steht und so die Formthematik anzeigt, die in der beabsichtigten Verbindung zwischen Innen- und Außenraum liegt, sinnfällig noch von hinauslaufenden niedrigen Mauern eingegrenzt: Der Baum schafft den Ort, der mit dem Inneren korrespondiert; beide Darstellungen zeigen den engen Zusammenhang von Gebäude- und »Natur«beziehung im kleinen Maßstab: abgetrennt und doch beisammen.

Die anderen Abbildungen zeigen Vergleichbares: Mit der Fokussierung von innen nach außen, zugleich auf Näheres und Ferneres gerichtet, überstreicht der Blick das Territorium. Es ist der Ausschnitt aus dem Teilraum, in welchem sich Wohnen oder Arbeiten mit weiteren Interaktionsprozessen von Mensch und Umwelt mischen, wo sich der gebaute Raum mit dem allgemeinen Raum verbindet. Umgekehrt führt der Raum der Außenwelt die Orientierung von kollektiven äußeren Bereichen zum Ort des »heimatlichen« Hauses zurück.

Diese Zeichnungen geben die Raumvorstellungen weniger beliebig in den Standortrücksichten wieder, als es sonst oft bei Perspektiven der Fall ist, die mehr auf das »Bild« hin berechnet sind. Sie orientieren sich an den Erwartungen der Bewohner oder der dort Arbeitenden und zeigen die Durchgliederung des Territoriums nicht an beliebigen, sondern an ästhetisch oder funktional bedeutsamen Stellen des »Innen- und Außenraumes«.

5.286 Paul Rudolph. Siedlung Fort Lincoln. Washington. 1968. Oben: Blick aus einer Maisonettewohnung über die unteren Gartenhöfe und obenliegenden auskragenden Schlafbereiche. Die Fenstererker schützen die Schlafzimmer vor Einsicht. Rechts: Innerer Erschließungsweg der Hauszeilen aus dem Niveau der Gartenhöfe gesehen.

5.287 Josef Paul Kleihues. Kleines Ateliergebäude. Berlin-Schlachtensee. 1972–1974. Perspektive und Axonometrie.

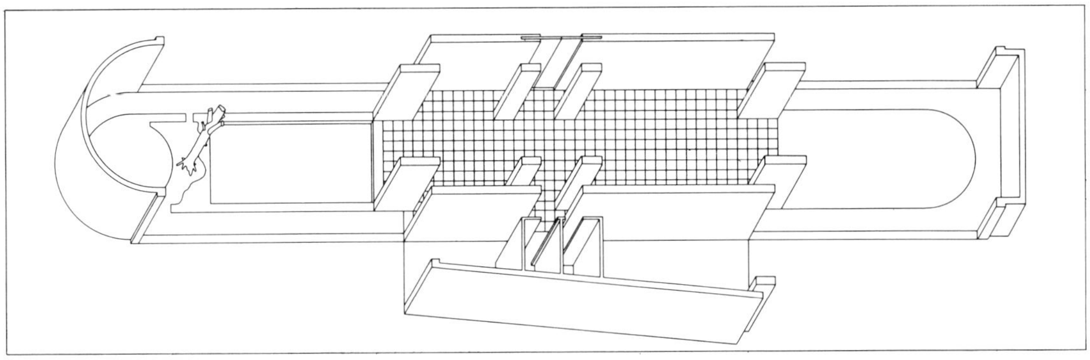

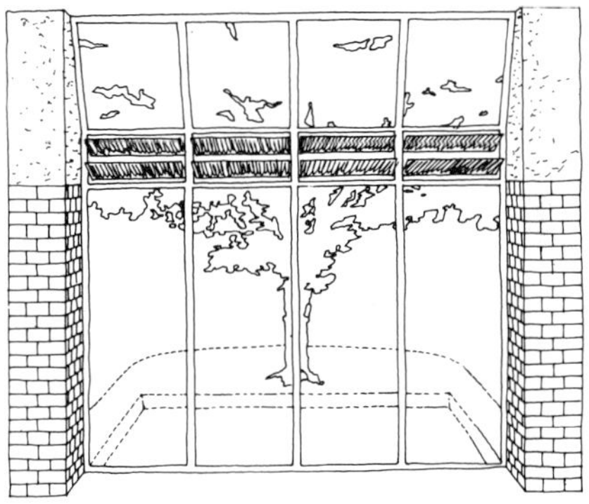

5.288 Charles Goodman and Ass. River Park Cooperative Homes. Washington, D. C. Zeichnung: Helmut Jacobi.

5.289 Richard Meier. Studentenheim. Cornell University. Ithaca. New York. 1974. Blick in den Hof.

5.290 Rob Krier. Morphologische Sammlung von Platzräumen:
Platzräume mit eingeschobenen Baukörpern.

Der Raum zwischen Baukörpern

Die tektonische Ordnung entwickelt sich wiederum aus dem Raum; das Interesse bezieht sich primär nicht auf die Architekturelemente, die den gebauten Raum umschließen. Der zusammenfassende Raum ist zwischen den Baukörpern. Er bildet geschlossene oder offene Figuren in strengen oder freien Kompositionen: Es ist der Raum, der in einer nur ihm eigenen Fähigkeit die Baukörper zur visuell erlebbaren Ganzheit werden läßt.

Drei raumschaffende und -gliedernde Erscheinungsformen sind grundlegend: die in der axialen Komposition gebundene Ordnung; sie ist ein Grundmuster des städtischen Platzes, wie ihn Rob Krier aufzeichnete und wie er auch bei Gebäudeensembles rhetorischer Artikulationen anzutreffen ist. Die tektonischen Verhältnisse, die im gebauten Raum durch Wandgliederungen und -begrenzungen gegeben sind, bilden sich analog im Gebäudeensemble. Sie prägen die räumliche Struktur und die architektonischen Körper. Der Raum zwischen den Baukörpern spielt dabei eine geringere Rolle.

Dem steht die ältere Methode des Hinzufügens von Gebäuden bzw. Gebäudeteilen gegenüber. Was zunächst wie eine eklektizistische Methode zur Ausschaltung der ordnenden Geometrie wirkt, ist – zumindest in ihren Frühformen in griechischen Anlagen, in Camiros, der Akropolis von Pergamon u. a. – aus dem wissenden Umgang mit Baukörpern im Raum hervorgegangen. Diese Kompositionsform bezieht den Faktor Zeit mit ein. Aus später folgenden Abschnitten sind die einzelnen Teile der baulichen Komposition arrangiert. Ihre Ordnung ist nicht ohne geometrische Struktur, wenn auch oft verdeckt. Die Anordnung der Gebäude folgt zwar keinem formal-strengen Prinzip, aber sie ist keineswegs zufällig.

Auch zeitgenössische Raumkompositionen stehen in dieser Tradition. Der Raumcharakter ist nicht vom Impuls einer geometrisch gebauten Raumflucht bestimmt und auch nicht vom Gegenteil einer artistischen und spielfreudigen Stilistik. Räumliche Überschneidungen und Brechungen wechselnd eingesetzt, schaffen mit der Gestaltung des »Raumes zwischen Baukörpern« ein wichtiges Kapitel der Morphologie von Geschlossenheit und Leere. Dieser Raumbildung ist die Komposition aus der perspektivischen Ordnung heraus kein befriedigendes Motiv, weil sie nur von wenigen und ausgewählten Orten aus wirken kann. Sie ist gewissermaßen räumlich kommensurabel, denn von ihren Standorten aus ist sie mit gleichem Maß meßbar, erlebbar. Sie bietet: Frontales, Orthographisches und exakt-perspektivische Fluchten, Raster und Achsen; ihr Höchstes: der reine Frontalanblick. Es stehen einander entgegen: lineare Ordnung zu Vielfalt; Kalkül zu Konflikt.

Hier gilt die Tiefenwirkung nicht nur für einen Standort, sondern für eine Folge wechselnder Bilder, Figuren und Varianten. Der aperspektivische Raum wird akzeptiert. Er ist von vornherein pluralistisch. Das berechnende Vorgehen der perspektivischen Raumgliederung, in dem sich die Einzel-

5.291 Camiros. Griechenland. Ausschnitt.

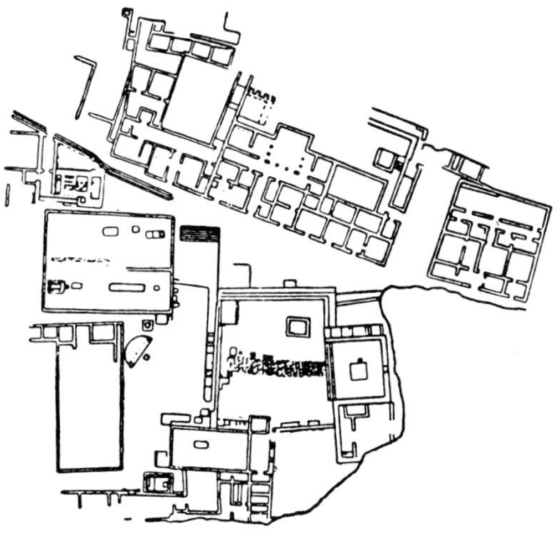

5.292 Akropolis von Pergamon.

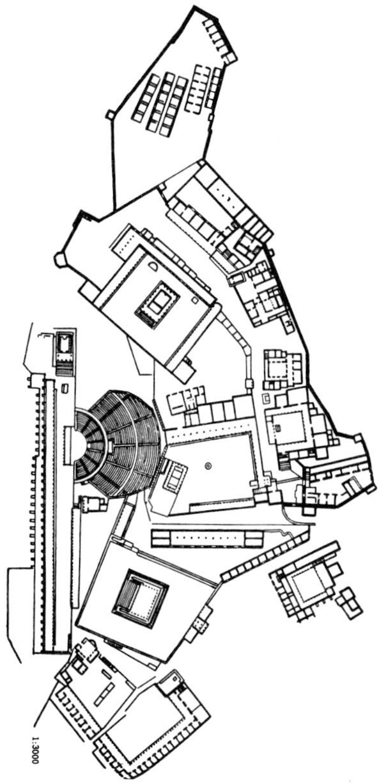

5.293 Hadriansvilla. Tivoli. 118–134 v. Chr.

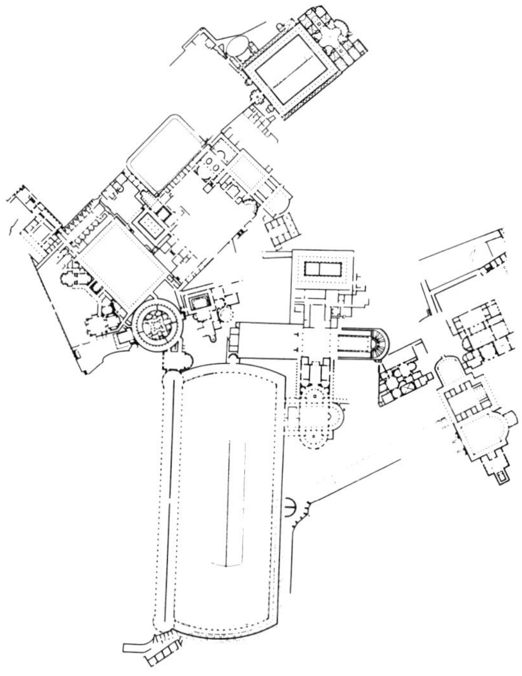

dinge auflösen, weil sie sich unterordnen, steht gegen Hervorhebung und Intuition, die sich räumliche Spannung durch die Ambivalenz der Weite und der Enge des Raumes schafft; der inhomogene Raum, der »Nichtkörper«, ist das Bindeglied der Baukörper.

Die räumliche Verkettung zueinander komplex gesetzter Baukörper ist an zwei Voraussetzungen geknüpft: an ein Bauprogramm, das die Zerlegung bzw. Bildung kleinerer Gebäudeeinheiten zuläßt, und an Artikulationsmöglichkeiten, die in Richtung eines intensiv geformten urbanen Geflechts von spannungsreichen Bezügen verlaufen, wo die Bedingungen und Wirkungen der inneren Ordnung mit der externen in Einklang zu bringen sind. Das bedeutet, daß einzelne Gebäude relativ unabhängig von der städtischen Ordnung ihren eigenen Ausdruck haben. Günstig ist ein Bauprogramm, wo die Konditionierung der Benutzer zum Milieu von Arbeit oder Wohnen beitragen kann. Das ist möglich, wenn die Verteilung von Figur und Grund, von Masse und Leere nicht zum Reiz-Reaktions-Schema herabgesunken ist, und nicht nur als attraktive Collage dient.

Eine Mischung, die beide Arten der Raumorganisation aufnimmt, enthält der Entwurf des Studentenwohnheims von Oswald Mathias Ungers und der der Universität von Kalifornien in Santa Cruz von Charles Moore und William Turnbull, auch der Entwurf von Hans Scharoun für das Theater in Wolfsburg: die architektonische, die den Raum von innen nach außen formt, die urbane, die umgekehrt von außen nach innen arbeitet, den Druck des »Außenraumes« an das Gebäude weitergibt, und schließlich die axiale und zusammengesetzte Ordnung. Das axiale Prinzip arbeitet mit Haupt- und Nebenachsen, an die gleichartige Elemente gereiht sind. Sie leiten zu formal komplexen Formen anderer Baukörper über. Dazwischen befinden sich Räume als kompositorisches Bindeglied, aber auch als konzeptionell übriggebliebene Reste des Grundes. Charles Jencks[53] verweist darauf, daß diese Raumgliederungen, die typisch »postmoderne« Argumente vertreten, sich auf die Grundrisse der Hadriansvilla, Tivoli, zurückführen lassen. Und das Bemühen, Gebäude und urbanes Geflecht wieder in ein ausgewogenes Verhältnis zu bringen, nennt er den »Schlüssel zur kontextualistischen Betrachtung des urbanen Raumes«.

Während sich bei Oswald Mathias Ungers' Studentenheim die Primärordnung über schneidenden Achsen aufbaut, ist es bei Charles Moore die Idee des geschlungenen Weges, von dem sie – dem urbanen Raum zwischen den Körpern folgend – das rhythmisch komplizierte, mit Überraschungen aufwartende Raumerlebnis herleitet. Hans Scharoun hat diese Auffassung – des geschlungenen Weges, der Orte verbindet – wenn auch mit anderen Motiven, für die Raumbildung des Theaters in Wolfsburg nahezu gleichzeitig verfolgt.

5.294 Oswald Mathias Ungers. Studentenwohnheim in Enschede. 1964. Wettbewerbsentwurf.

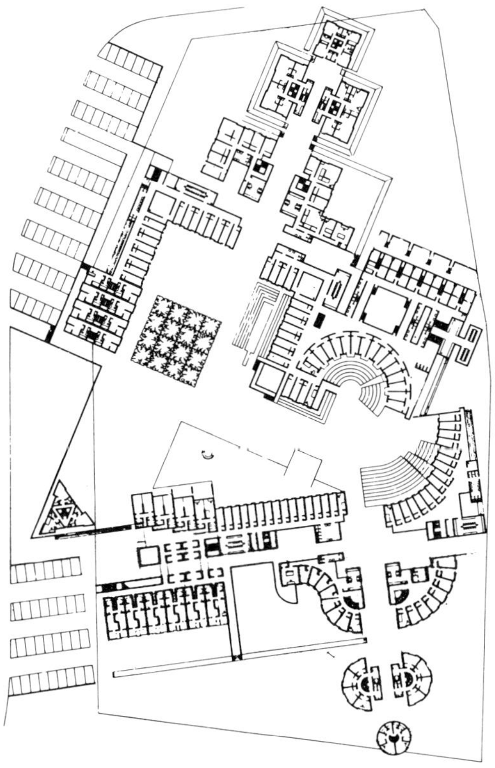

5.295 Charles Moore and William Turnbull. Kresge College. Universität von Kalifornien. Santa Cruz. 1972–1974.

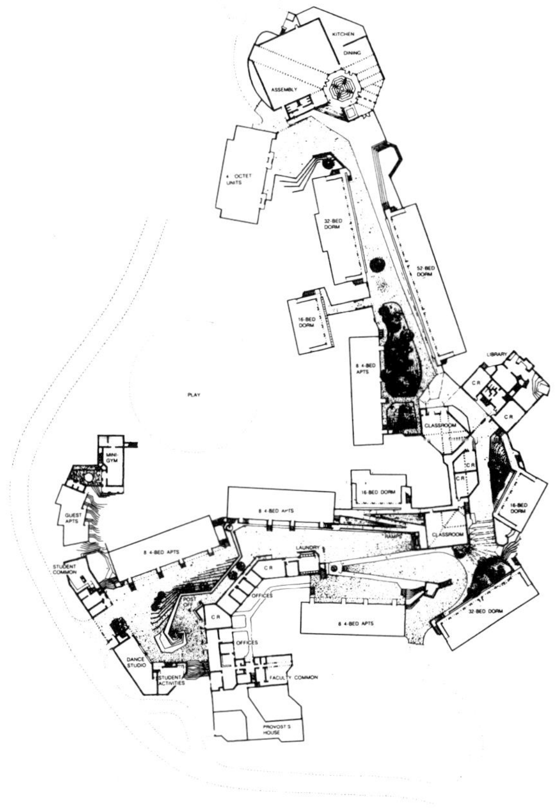

Die Durchsichts- oder Phantomzeichnung

Architektenzeichnungen müssen verständlicher sein als solche aus technischen Disziplinen, die sich an einen vergleichsweise eingeschränkten Kreis von Adressaten wenden. Welche Beziehungen zum Gegenstand zu gewinnen sind, hängt von der Fähigkeit des Objekts ab, Funktionen zu denotieren und sie innerhalb gewisser kultureller Bindungen zu konnotieren; ferner davon, wie dieses Objekt im projektierten Zustand verständlich, nahegebracht werden kann.

Die Durchsichtszeichnung macht die für das Gesamtverständnis wichtigen Zusammenhänge zwischen außen und innen deutlich. Störende Objektteile, die den Blick ins Innere verstellen, werden zeichnerisch abgetrennt oder als durchsichtig angenommen. Die partielle Auflösung der Konsistenz der Stoffe soll vorübergehend, nicht als objekt-, sondern als darstellungsbedingt in der Zeichnung akzeptiert werden. Von diesem Verfahren stammt der Name; er ist treffender als die ebenfalls gebräuchliche Bezeichnung »Phantomzeichnung«, die auch für die von Polizeizeichnern nach Zeugenaussagen erstellten Porträts Gesuchter gilt. Was in der zeichnerischen Behandlung undurchsichtig bleibt, was durchsichtig oder was weggeschnitten wird, hängt vom Zweck der Zeichnung ab und macht ihre ästhetische Eigenart aus. Bei jenen Produkt- oder Bauformen, deren Inneres nicht von außen erkennbar ist, liegt es nahe, in einer Zeichnung die funktionalen Zusammenhänge von Aufbau und Gliederung synoptisch zu verknüpfen. Mit zunehmender Komplexität bedürfen so die Signifikate einer Erläuterung, die die Selektion der Zeichen und ihre Zusammensetzung verdeutlicht. Bei Produkten des Industrial Design ist oft die Dualität von umhüllender, harmonisch gestalteter Außenform und technischer Komplexität des Inneren darzustellen. So entsteht oftmals auf zeichnerischem Weg ein erster Beitrag zur Produktanalyse, sei es zur Erklärung der strukturellen, funktionellen oder formalen Beschaffenheit. Bei Bauobjekten sind es vorzugsweise jene Bauelemente, die transparent oder formal besonders gestaltet, von der Außenerfahrung des Baukörpers in die nach innen weisenden Bedingungen des Aufenthalts zeigen und die differenzierten Beziehungen im Doppelcharakter des gebauten Raumes verdeutlichen. Durch dieses Verfahren entstehen bei Gerät und Gebäude visuelle Wirkungen, die Röntgenbildern nicht unähnlich sind.

Die bei Gebäuden dieser Größenordnung ungewohnten räumlichen Gliederungen von Innen- und Außenbeziehungen der Projekte von Moore, Turnbull und Whitacker legen es nahe, gerade diese ästhetischen und kommunikativen Eigenschaften durchleuchtet in »durchsichtigen« Zeichnungen zu präsentieren. Die auf Umrisse reduzierte Behandlung der Außenflächen richtet die Aufmerksamkeit auf die komplizierten Raumgliederungen und Lichtführungen. Dabei treten Einzelheiten zurück, die Rahmenkonzeption ist über die Ausführung gestellt, und wo entbehrlich, sind Wände, Treppen und andere Bauteile lediglich grundrißlich eingetragen. Der Darstellungsanspruch reicht so weit, wie Zusammenhänge zwischen Baukörper und gebautem Raum konzeptionell bedeutsam sind. Diesen Darstellungen ist eine Lesbarkeit eigen, die kaum ein anderes Darstellungsverfahren erreicht.

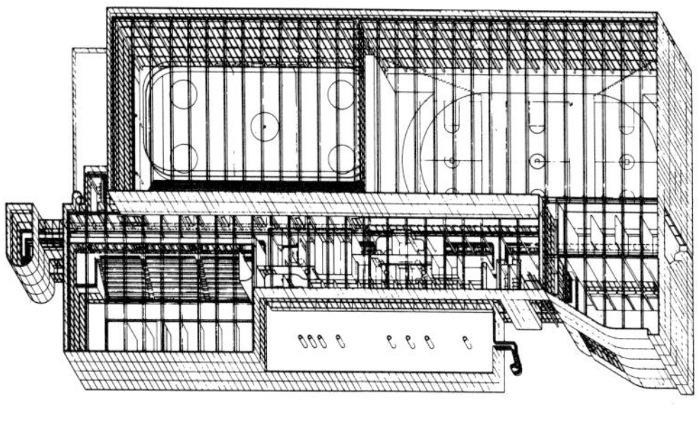

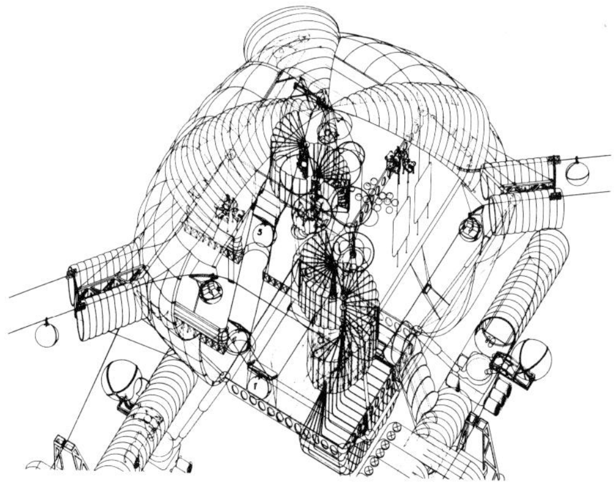

5.296 Richard Meier. Sporthalle des State University College. Fredonia. New York. 1972.
Die Durchsichtzeichnung ist eine Militäraxonometrie mit durchsichtiger Decke und somit unverzerrt wiedergegebener Position grundrißlicher Elemente. Sie vermittelt einen visuellen Eindruck, der einem dreidimensionalen Modell mit abgenommenem Deckel ähnelt.

5.297 Missing Link.
Transportable Leichtbaustruktur.
Der Entwurf eines »transportablen Vielzweckgerätes zur Veränderung der Nachbarschaft« verspricht einen schnellen Auf- und Abbau und die relativ große semantische Offenheit der Baustruktur, die leicht veränderbare Raumgliederung geringe Schwellenangst bei Besuchern.

5.298 Erholungskapsel.
Eine industriell produzierte »Erholungskapsel«, die alles an Funktionen und Geräten zur Erholung enthalten soll. Die Aufstandsfläche ist mit rauher Schattenfläche hervorgehoben, die Texturqualitäten der Flächen sind angedeutet.

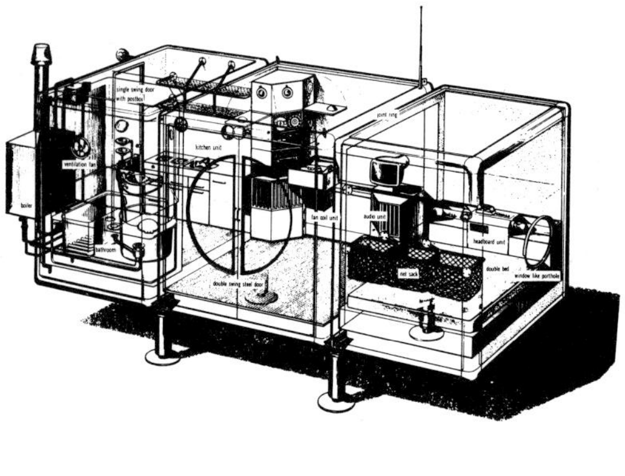

5.299 Sony Corporation. TV-, Kassetten- und Radiodeck.
Aus der Unterhaltungsbranche eine Durchsichtszeichnung, von der Firma Sony anläßlich eine Produktpräsentation vorgestellt. Technisch eindrucksvoll zeigen sich Erscheinung, Gegenstandfunktion, Objekteigenschaften und feinste technische Einzelheiten, von denen einige zur besseren Lektüre, explosiv abgehoben sind.

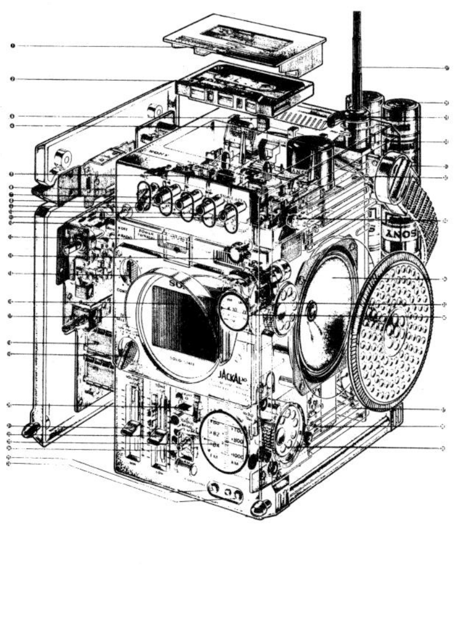

5.300 (1) Moore, Lyndon, Turnbull and Whitacker (MLTW). Projekte aus den Jahren 1962–1969.

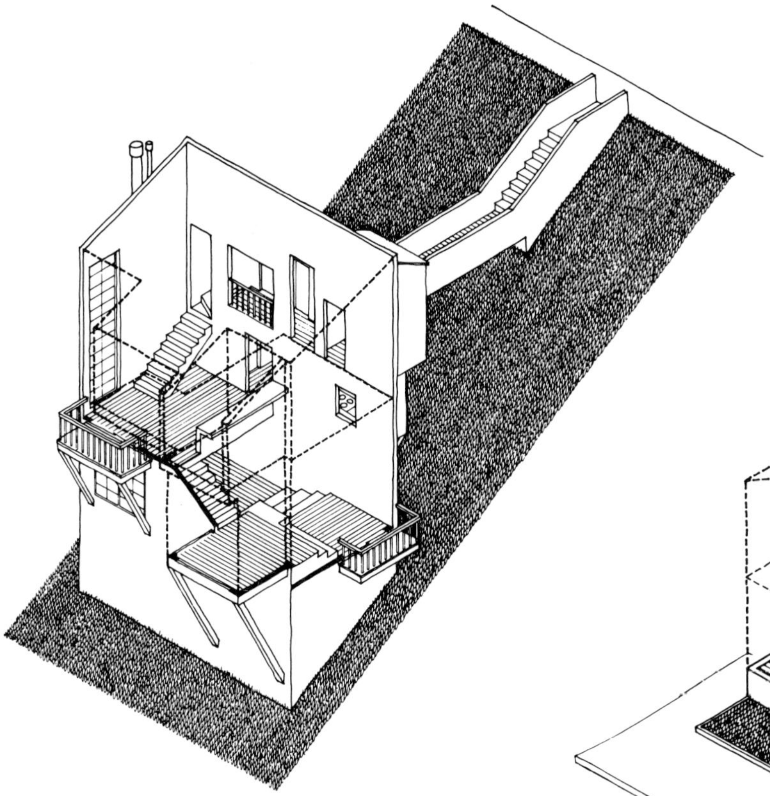

(2) Moore-Haus. New Haven. 1966.

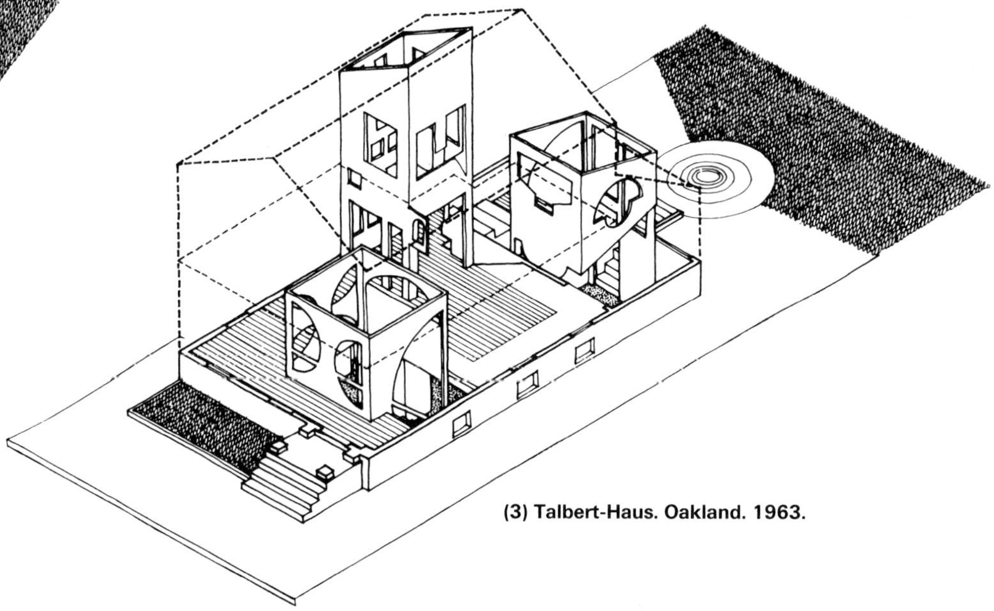

(3) Talbert-Haus. Oakland. 1963.

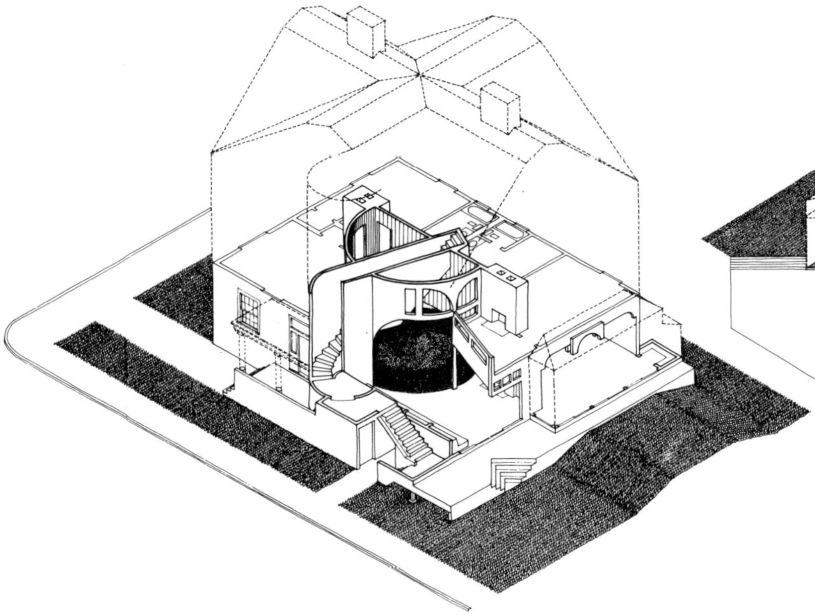

(4) Murray-Haus. Cambridge. Massachusetts. 1969.

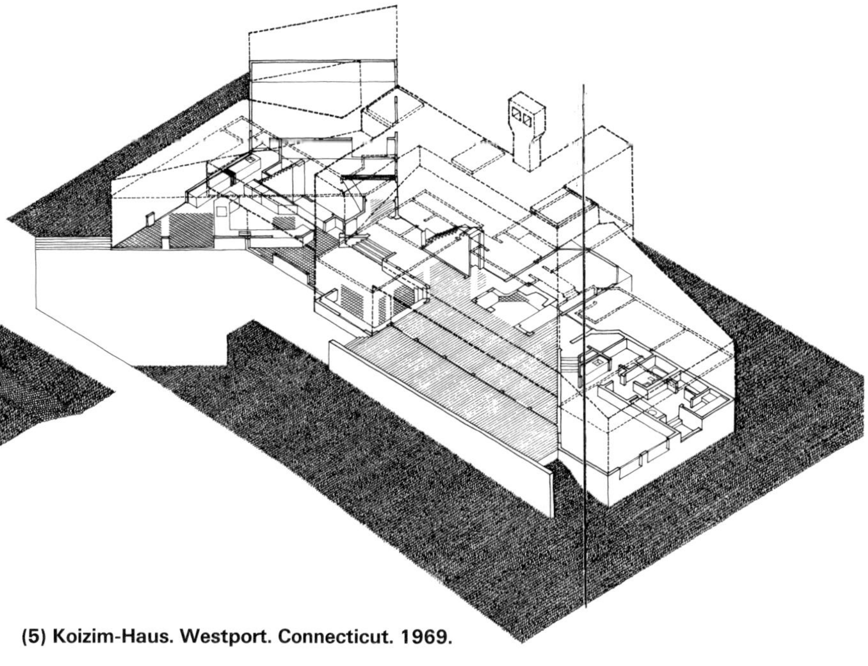

(5) Koizim-Haus. Westport. Connecticut. 1969.

Die Darstellungen von St. Abraham haben mit der Methode der Durchsichtszeichnung nur das Verfahren des Ab- und Aufschneidens, das Transparentmachen gemeinsam. Die durchsichtige Zeichnung ist hier nur noch stilistisches Mittel zur Erzielung eines manieristischen Effektes, der ruinenähnlichen Gestaltung des Gebäudes. Mauerteile sind abgeschnitten und herausgebrochen, scharfe Mauerkanten zerbröckeln. Rätselhaft und irregulär erscheint die tektonische Rhythmik, und an ihre destruktive Schattenseite gekoppelt, verfallen gewissermaßen vorzeitig Mauern und Dächer zu torsohaften, verlassenen Ruinen. Dem Mythos des Irregulären folgend, im Ganzen wohlberechnet, sind die Wirkungen scharfer Konturen räumlicher Schnitte neben verfallenden Mauern; es sind Architekturkompositionen im Zustand der Entstellung und des Verfalls; leere Gehäuse wie Larven, eine Physiognomie von Ruinen im neu Errichteten. Konstruktion und Deformation halten sich – durchaus im manieristischen Sinn – die Waage. Dem Manierismus eigentümlich, erscheinen diese Formen antinaturalistisch, willkürlich deformiert, gewaltsam verändert. Schon immer hat manieristische Kunst die Grenzen von Raum und Zeit, die Widerstände der Materie zu überwinden versucht, sei es in der Malerei oder der Choreographie, selten allerdings in der Architektur, wo St. Abraham seine Ästhetik zu einer Propädeutik des Anomalen mit intellektuellen Mitteln anwachsen läßt, gestaltet nach dem Erzeugungsgesetz des Rätselhaften: Baukörper sind aufgebrochen, Steinmauern verwandeln sich in baufälliges Gerippe, schönste Kompositionen kämpfen gegen Unordnung und Verfall.

5.301 St. Abraham. Verschiedene Projekte.

Die Explosionszeichnung

Mit der Explosionszeichnung lassen sich Aufbau und Gefüge eines Gegenstandes anschaulich darstellen. Der Gegenstand wird in die wichtigsten Bestandteile zerlegt und in auseinandergezogenen »schwebenden« Positionen zeichnerisch festgehalten. Mitunter werden damit, über die allgemeine Anschauung hinausgehend, strukturelle Klassifikationen verbunden. Die zeichnerische Darlegung erklärt das Objekt als systemhaftes Gefüge, dessen Elemente in notwendiger, bestimmter Lage, Menge, Form, Material, Farbe und Funktionalität zueinander stehen.
Der dem Zeichnen vorausgehende Arbeitsaufwand besteht darin, die den Gegenstand und seine Funktionalität begründenden Faktoren wie die für seine Verwendung wichtigen Zusammenhänge, etwa vom Standpunkt der Nutzung, der Bedienung, der Montage usw. so weit zu analysieren, wie dies die Anschaulichkeit erfordert.

Die Ordnungsgrundlage der Zeichnung
In der Explosionszeichnung werden entgegen dieser geläufigen, doch nicht wörtlich zutreffenden Bezeichnung, die Elemente, Komponenten oder Gruppen des Gegenstandes anschaulich wiedergegeben. Die Darstellung erfolgt jedoch nicht beliebig explodierend, sondern von ihrer wahren, funktionsgerechten Lage gerade so weit auseinandergerückt, wie es die unverdeckte Einsicht in die oft umfangreiche und komplizierte Anatomie des Gegenstandes erfordert. Der Betrachter hat es leichter, wenn auch die Strecken oder die Achsen, an denen entlang die Elemente auseinandergeschoben wurden, ebenfalls eingetragen sind. Das verbessert sowohl die Einsicht in die Lagebeziehungen selbst als auch die gedankliche Rückführung aller Teile zum wiederum geschlossenen Gegenstand.

5.302 Mazery Valode. Analogie: Industrieprodukt Auto; Industrieprodukt Wohnung.

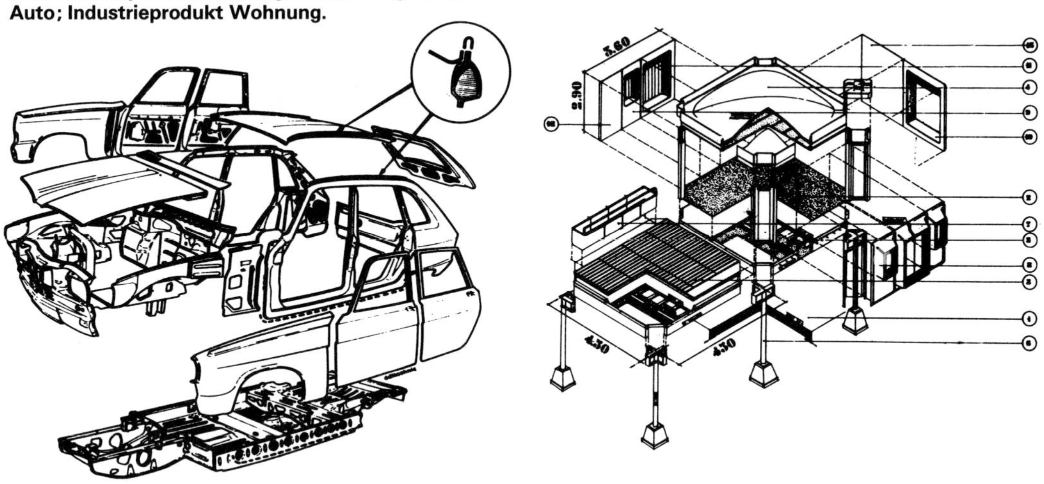

Das systemhafte Ineinandergreifen der Elemente eines technischen Systems ist bei der Automobilproduktion so unumgänglich wie bei einem auf Vorfabrikation der Elemente beruhenden Bausystem. Die technischen Bedingungen, von der seriellen Produktion bedingt, sind als Analogie zwischen beiden Produktformen in zwei Explosionszeichnungen der räumlichen Beziehungen hervorgehoben.

5.303 Osamu Ishiyama. Phantasie-Villa. Tokio. 1978.

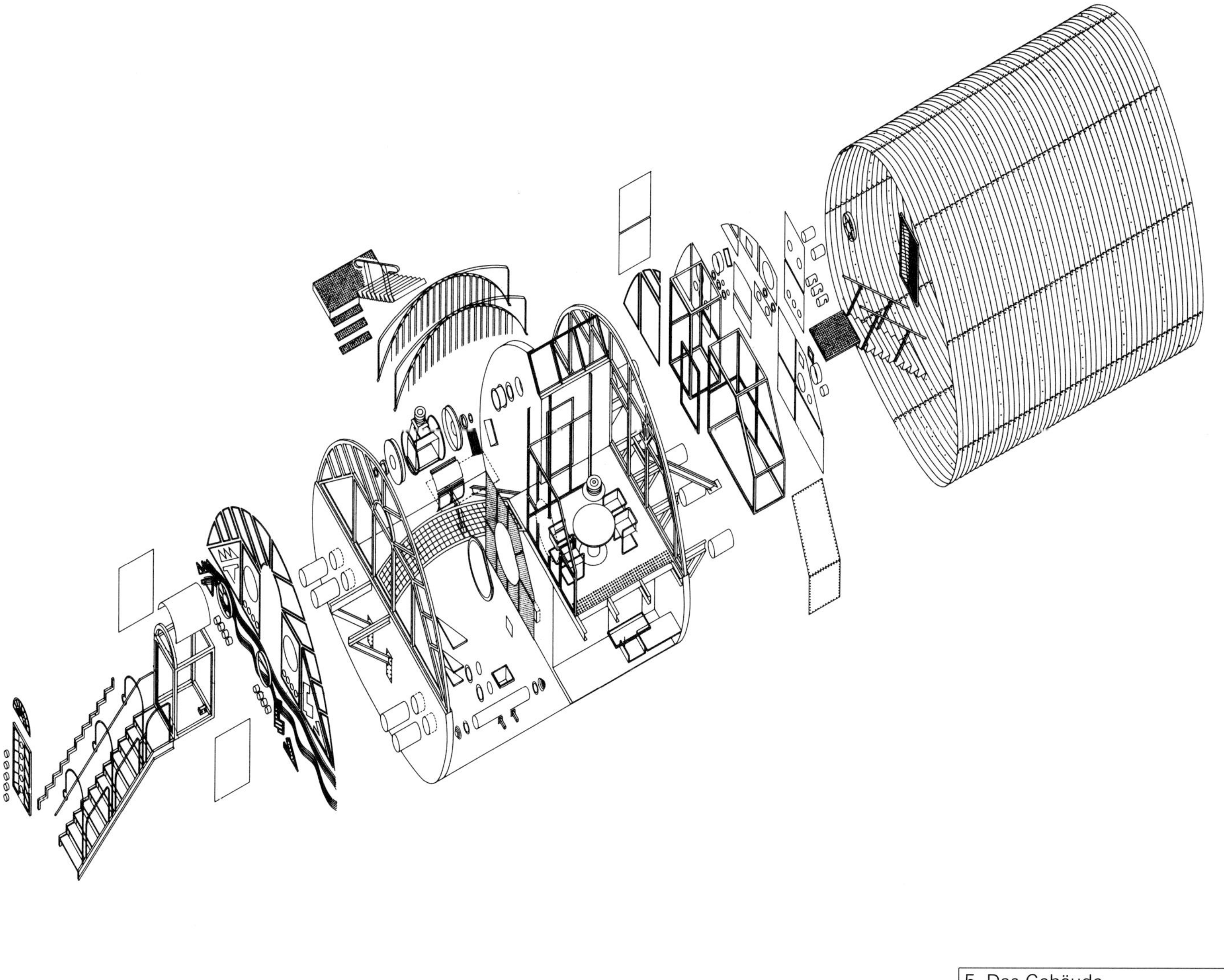

In den Zeichnungen von Zaha M. Hadid, die man unter anderem auch als Explosionszeichnungen klassifizieren kann, werden die architektonischen Gegenstände in ihre Bestandteile zerlegt. Ähnliches geschieht mit den strukturellen Beziehungen. Nicht etwa eine nur ungewöhnliche Anwendung der Darstellungsmethode oder ein nur ungewöhnliches zeichnerisches Talent führte zu diesen Aussagen. Die zeichnerische Methode ist hier auch Dekompositionsmethode: Sie dient der Darstellung, oft noch mehr der Erforschung der architektonischen Form und der Schilderung der Konzeption. In späteren Projekten steht nicht so sehr die Analyse im Vordergrund, die die Objekte in ihre Bestandteile zerlegt, so daß sie sich in einem eigentümlich schwebenden Zustand befinden. Die architektonischen Vorstellungen Zaha M. Hadids werden von der schwerelosen Form beherrscht. In ihren Projekten wird das Schwebende und Schwerelose als gestalterisch Neuartiges in die Architektur eingebracht. Einige Zeichnungen scheinen den Betrachter aufzufordern, die schwebenden Architekturstücke selbst wieder zusammenzufügen. Bei anderen bleibt die Herkunft ungewiß. Wegen ihrer mobilen Beschaffenheit wurden sie als fließende Formen im Raum der Landschaft geschaffen und sind, wie im Wettbewerbsprojekt La Villette, Paris, zu endlosen Permutationen fähig.

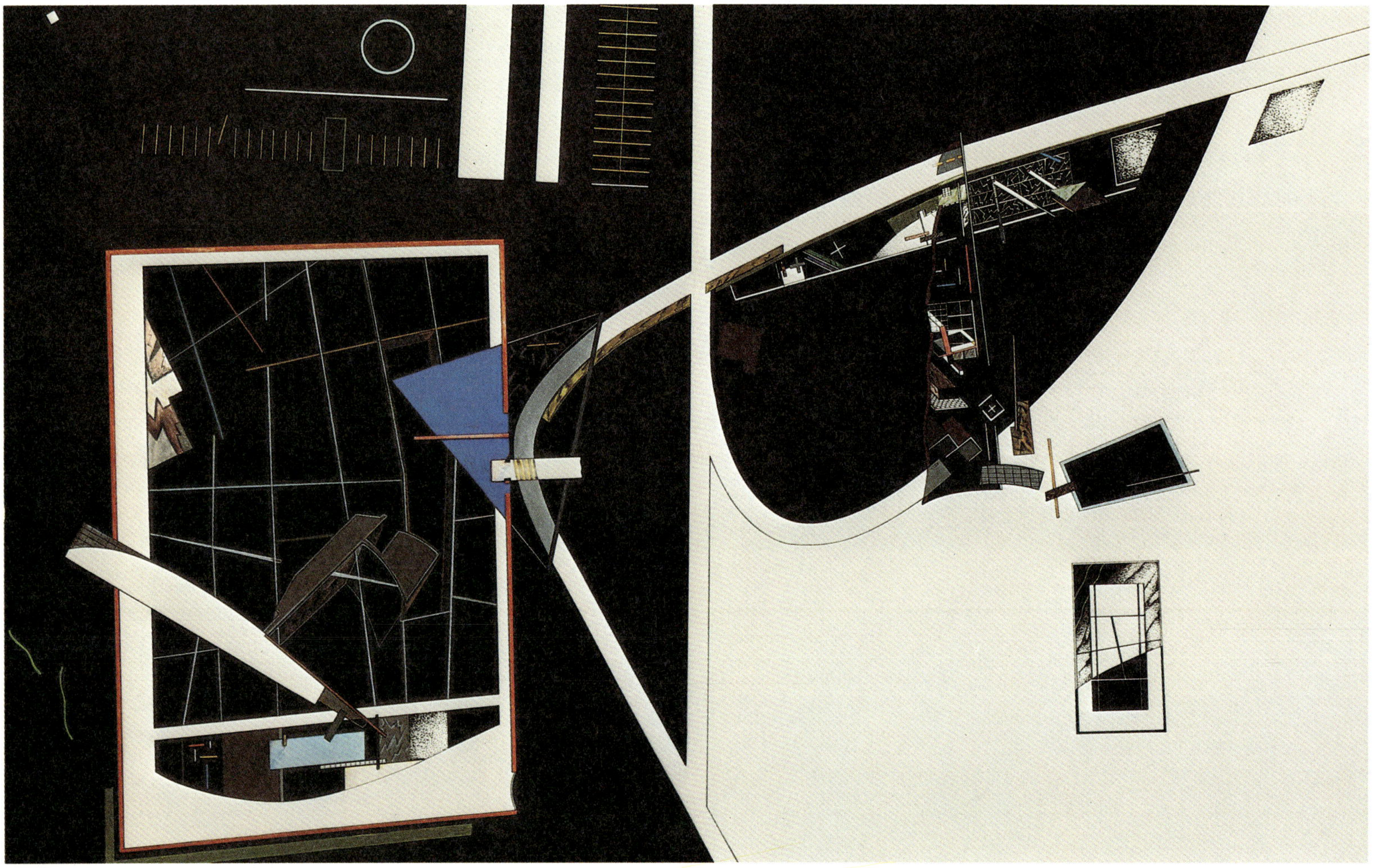

5.304 Zaha M. Hadid. Residenz des irischen Premierministers. Dublin. 1979/1980. Projekt.

5.305 Zaha M. Hadid. Parc de la Villette. Paris. 1982/1983. Projekt.

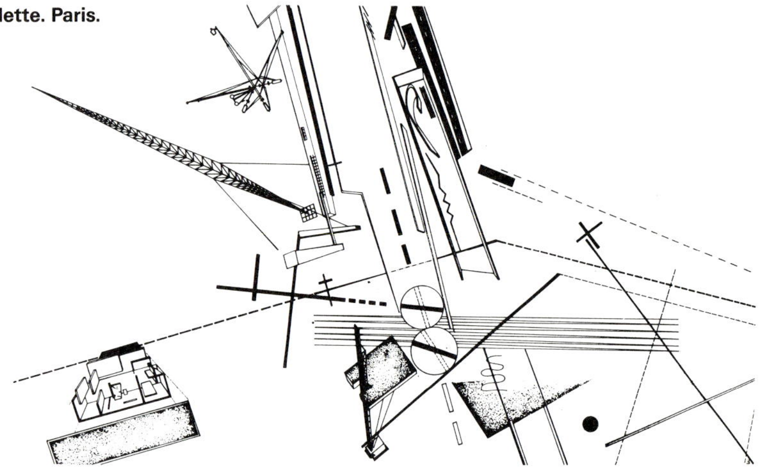

Die synoptische Darstellung

Die Synopse als Denkprozeß

Es ist nahezu selbstverständlich, den Entwurf eines Objekts, eines Gebäudes in Grundrisse, Schnitte, Ansichten zerlegt, zu präsentieren. Was mittels dieser Methode, die aus dem Technischen Zeichnen kommt, erreicht wird, kann nicht mehr sein als ein ungefähres Abbild, eine gezeichnete Vorwegnahme der geplanten Wirkung. Das reale Objekt wird durch eine Zeichnung dargestellt und ist damit lediglich ein abstraktes Abbild. Es bleibt bei noch so großer Ähnlichkeit doch immer metaphorisch. Außerdem sind längst nicht alle Adressaten und Empfänger, denen man nach diesem Zerlegungsverfahren angefertigte Zeichnungen in die Hand gibt, spontan dazu in der Lage, das eigentlich dreidimensionale, doch nun in isolierte Teilaussagen zerlegte Objekt gedanklich wieder zu einer Ganzheit zusammenzufügen. Der Betrachter muß sich bei diesen Darstellungen mit zwei Abstraktionen auseinandersetzen. Das Objekt der Vorstellung erscheint als Abbild, und es ist durch technisch-räumliche Operationen in Einzelteile zerlegt. Darüber hinaus fehlt die für das Verständnis wichtigste räumliche Dimension. Diese geht zumindest vorübergehend verloren, wenn der Zeichnungsempfänger sich aus Schnittebenen, Linienstärken, Schraffuren und anderen Lagekennzeichnungen die planparallelen Figuren zu einem Gesamtbild formen muß.

Der Entwurfsvorgang durchläuft eine sukzessive Entwicklung von der zunächst ungewissen hypothetischen Formulierung bis zum klar ausformulierten Endstadium. Formen gehen aus einer Grammatik, aus formalen Elementen und ihren Verknüpfungsregeln hervor, und die Erfahrung des Entwerfers zeigt an, ob diese oder jene Formen geeigneter sind, die Probleme und deren Entwurfslösungen hinreichend genau zu codieren. Der Entwerfer hat demzufolge das Problem, ein gut strukturiertes System von Ideen und Vorstellungsbildern zu schaffen und sie in einen ebenso gut strukturierten Code einzufügen.

Die visuellen Elemente vermitteln eine Vorstellung der gedanklichen Ordnung und Klarheit. Der Baugedanke geht durch verschiedene Stadien, deren Ergebnisse sich linear aneinander reihen lassen. Die Prozesse stützen sich auf benennbare Einzelheiten, die schrittweise als Erkenntnisse, als Teillösungen festgehalten werden.

Dagegen sucht die andere, konträre Art des Denkens sich in freier Wechselwirkung die Komponenten. Das Denken läßt sich von einer übergeordneten Vision, von einer Leitidee führen. Dieses Umstrukturieren sinnlicher Gegebenheiten wurde als »synoptisches Denken«[54] bezeichnet, weil es von einer Idee geleitet, Bilder findet, die miteinander in Wechselwirkung stehen. Das synoptische Denken sucht das Konzept, das das Zusammengehörende der Gegensätze und Einzelfakten enthält. Das Entwerfen ist hier ein zunächst intuitiver, dann auch intellektueller Vorgang, denn es besteht keine innere Notwendigkeit zum längeren Durchhalten getrennter Denkweisen, obgleich eine gewisse Gegensätzlichkeit herrscht. Das intuitive, anschauliche, die Zusammenhänge aufspürende Denken ist weniger als das intellektuelle auf das Sammeln oder auf Erfahrungswissen ausgerichtet. Vielmehr hebt es Einschränkungen auf und zeichnet eine Dialektik in der Vermehrung auch widersprüchlicher Möglichkeiten und Vorstellungen.

Intellektuelles Denken handelt nach logischen Sätzen und Algorithmen und verkettet Erkenntnisse zu beweisbaren Sätzen. Die intuitive Denkweise sucht den ständigen Wechsel der Wahrnehmungen, sie versucht Widersprüche zu ordnen statt auszuschließen, und gerade die unwahrscheinlichen Zusammenhänge sind dieser Denkvorstellung nahe. Im synoptischen Denken (gr.-lat.: Zusammenschau) führt die Denkvorstellung nicht zu einer Kette, sondern zu einer Ganzheit, zum Netzwerk, zum übergeordneten Prinzip – zur Synopse. Es liegt nahe, dieses Netzwerk nicht vorzeitig, im Augenblick der zeichnerischen Niederlegung in eine Liste von Bildteilen, in Teilaussagen zu zerlegen, sondern vielmehr die gedankliche Einheit homolog in ein adäquates graphisches Modell zu überführen.

5.306 Kinderzeichnungen.
5.307 György Képes. Überzeichnung nach einem Bild von Ozenfant.

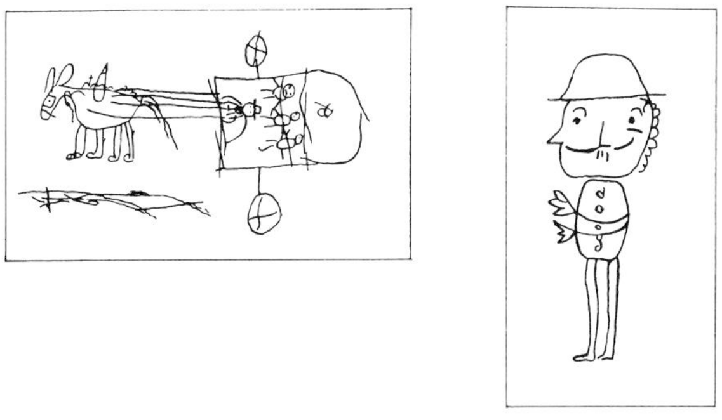

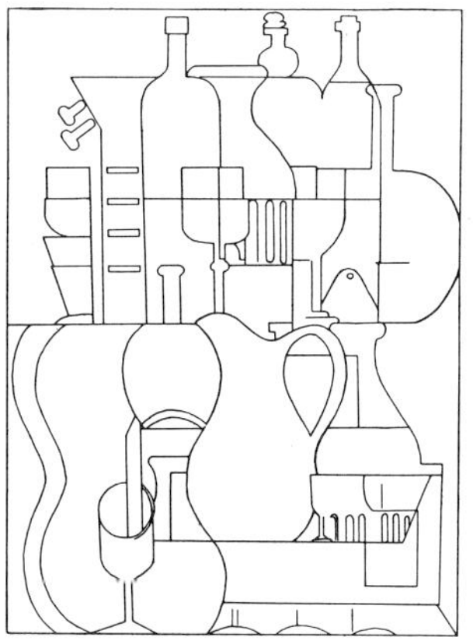

5.308 Syntaxübung zur Entwicklung einer räumlichen Gitterstruktur und ihrer synoptischen Darstellung. Ausschnitt aus einem Studienprojekt. Fachhochschule für Gestaltung Schwäbisch Gmünd. Philip Teufel. Leitung: Roland Knauer.

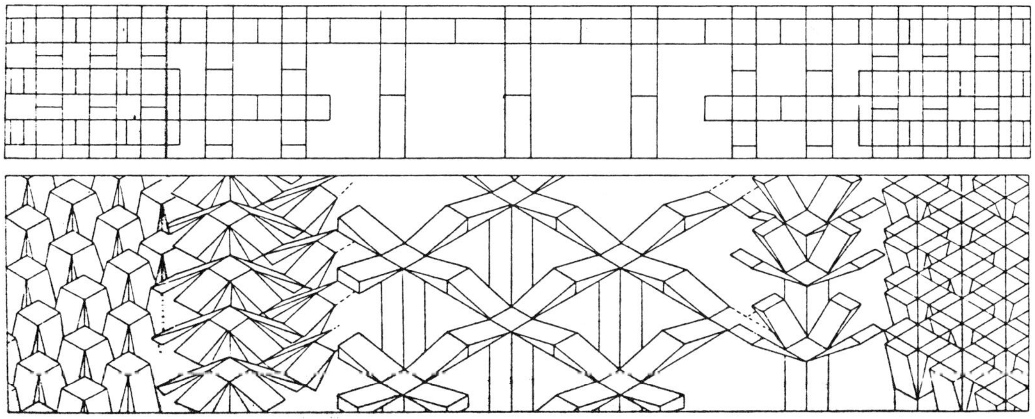

Das Hauptinteresse der synoptischen Darstellung gilt der konzeptionellen Seite, sie stellt den Zusammenhang und die morphologischen Verknüpfungen der Einzelheiten dar; sie zeigt die Organisation der Formen und die für den Entwurf entscheidenden Erkenntnisse. Die Wahl der Darstellungsmethode richtet sich nach dem Inhalt der Zeichnung.
In der synoptischen Darstellung leuchtet noch einmal der Blitz der Intuition auf, wenn in dem nicht vorrangig begrifflich organisierten Entwerfen auch das Darstellen eine sinnliche Evidenz erreicht. Dem entgegen steht die diskursiv begründete Zeichenart, in der Individuelles kaum eine Rolle spielt. Die Synopse dient damit weniger der Beweiskraft oder der technischen Präzision, sondern ist vielmehr ein konzeptionelles Instrument in der Aufklärung der Zusammenhänge, wenn sie die Quellen des Entwurfs und seiner avisierten Wirkungen aufzeigt. Das graphische Modell des Synopse ist dem der Kubisten ähnlich, bei dem die Spannung sich aus dem Kompositionellen und durch ein bewußtes Einfügen des Zeitfaktors in den Bildaufbau ergibt. Was der direkten Erfahrung ein zeitliches Nacheinander ist, ist im kubistischen Bild ein simultanes Erleben. Räumliches, Körperhaftes liegt aufgeklappt nebeneinander, Getrenntes ist vereint. Zugleich bezeichnen sich Formen und Farben gegenseitig, zeigen ihre Verknüpfungen auf, und sonst isolierte oder verdeckte Merkmale sind entfaltet, vom Einzelnen zum Allgemeinen transformiert. Willkommen sind die ungewohnten, »unmöglichen« Figurationen, wie etwa die Kombination von Profil und Ansicht von vorne, die man von Kinderzeichnungen kennt. Dort wie hier vermittelt die Synopse die gegenüber der traditionellen Zeichnung getrennten Wirklichkeiten in einer visuellen Einheit.
Gerade diese bildnerische Transformation kommt dem bildhaften Begreifen entgegen, wenn Inneres und Äußeres, Vorderes und Hinteres, oder zeitlich voneinander Getrenntes, Vages und Konkretes, als ursächlich Zusammenhängendes dargestellt werden.
Im folgenden einige Beispiele synoptischer Zeichnungen. Sie präsentieren Eigenarten und Vorstellungen überschaubar und zusammenhängend.

Die Darstellung eines Büro- und Appartementhauses in Neapel von Aldo Loris Rossi gibt auf einen Blick Aufschluß über Struktur und Erscheinung des Baukörpers. Die Militäraxonometrie ist zwischen zwei Grundrisse gespannt, die, soweit von der Axonometrie abgerückt, den Basisgrundriß des Gebäudes und in der oberen Lage den Installationsgrundriß zeigt.

Obgleich man die Konstruktion einer Übereckperspektive nach Möglichkeit über einem Grundriß aufbaut, ist dieser im allgemeinen lediglich Teil der Konstruktion, nicht Teil der Abbildung. Steht einmal die Konstruktion, läßt man ihn beiseite. Die Abbildung der Residence d'été Ponta del Este in Uruguay verweist synoptisch darauf, daß gerade wesentliche Momente für das Verständnis der räumlichen Disposition erst aus der gleichzeitigen Anwesenheit des Grundrisses, der Sehstrahlen, der Lage der Bildebene, der Durchstoßpunkte und der Lage des Horizonts hervorgehen können. Die Zeichnung von Diana Agrest und Mario Gandelsonas vermittelt alle diese sonst zurückgehaltenen Informationen des Zeichnungsaufbaus in dreistufiger synoptischer Folge. Nicht nur, daß der Betrachter aufgefordert ist, dem korrekten Zusammenwirken der Konstruktion zu folgen; es ist ihm darüber hinaus Gelegenheit gegeben, die Lagebeziehungen aller Elemente zu überprüfen, und die sonst kaum mögliche geometrische Rekonstruktion der Perspektive unmittelbar in der Zeichnung selbst vorzunehmen. Man darf vermuten, daß die sonst gegenüber der perspektivischen Zeichnung oft zu beobachtende Skepsis geringer wäre, hätte der Betrachter öfter Gelegenheit, über die zugrunde liegenden und sonst immer zurückbehaltenen Konstruktionsmerkmale selbst zu urteilen.
Eine Wohnbebauung im Märkischen Viertel in Berlin von Oswald Mathias Ungers gibt in einer Synopse alle wesentlichen Zusammenhänge vom Terrain bis zum Dach: Der Baumraster von 6 × 6 m soll, wenn die Bäume hoch und dicht gewachsen sind, die Parkflächen, die Zu- und Abfahrtsstraßen, die Fußgängerwege, die Spiel- und Freiflächen lückenlos überziehen. Mit diesem Grünraster korrespondieren die Maßbeziehungen des Grundrisses und daraus die des Baukörpers. Erst die Technik des Schneidens und Weglassens vermittelt die konkreten Zusammenhänge von grundrißlichem Gefüge, Fassade und Baukörper.

5.309 Aldo Loris Rossi. Büro- und Appartementhaus in Neapel. 1968.

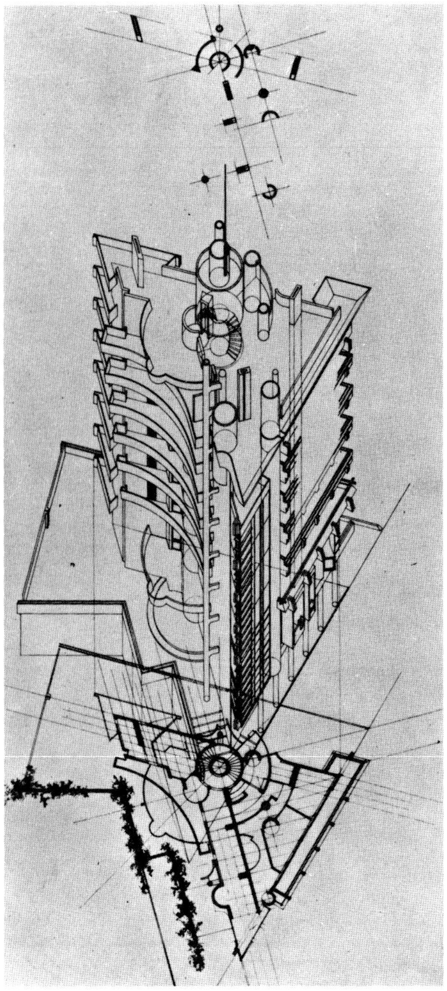

5.310 Diana Agrest und Mario Gandelsonas. Ponta del Este. Uruguay.

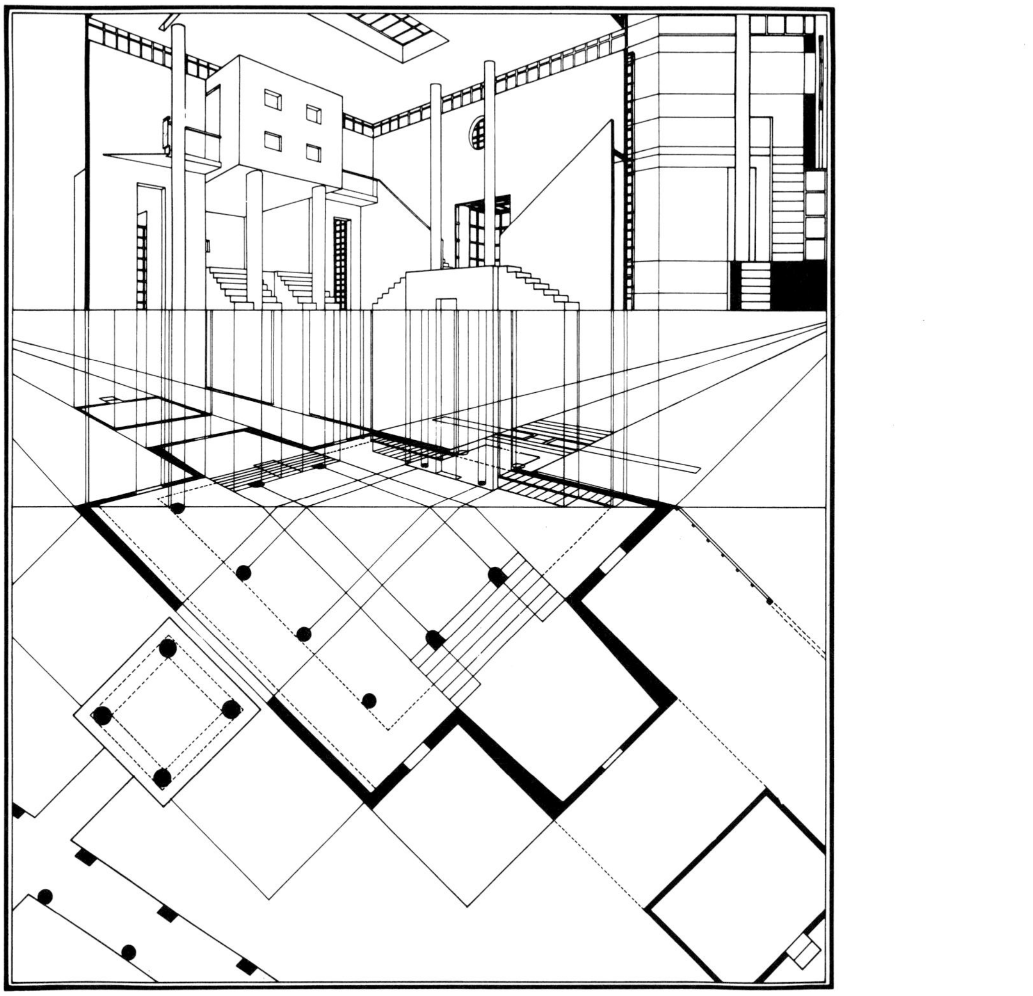

Das Projekt eines Studentenwohnheimes der Universität St. Andrews zeichnete James Stirling ausschnittsweise im Zustand der Montage: Vorgefertigte Unterzüge, Platten für Decken und Wände werden von der Fundamentierung fortlaufend in diagonaler Folge bis zu den Obergeschossen und dem fertigen Gebäude gefügt. Die Idee der Vorfabrikation und der Montagefolge findet ihre logische zeichnerische Formulierung. Der Zeichnungsaufbau bringt in einer großen Diagonalen den Montagevorgang sinnfällig zum Ausdruck. Es ist möglich, vom Fundament bis zum Dach den gesamten Rohbauhergang in einer Darstellung synoptisch zusammenzufassen.

»Wir versuchen nicht, Häuser wie Autos, Städte wie Ölraffinerien zu bauen, auch wenn es anscheinend so aussieht, ... gleichwohl halten wir es für notwendig, uns in solchen Disziplinen auszubreiten, die unserer gegenwärtigen Situation entspricht«,[55] erklärte Warren Chalk für die Gruppe Archigram in den sechziger Jahren. Dennoch scheinen die Projekte der Gruppe Archigram Sciencefiction-Phantasien zu entstammen. Die traditionelle Gebäudeform ist von all den technischen Beschränkungen der Vergangenheit befreit. Losgelöst von der sozialen Dialektik folgt sie den damals gerade in diesem Team vorherrschenden Interesse an den noch unverbrauchten emotionalen Werten technisch geprägter Formen. An die Stelle der endgültigen Gebäudeform tritt die für schnellwechselnde Nutzung montierte Großstruktur, in die man auswechselbare Zellen einsetzt. Die »Plug-in«- oder »Clip-on«-Stadt ist ein utopisches Konzept. Die Gebäude und die Stadt selbst sind Teile eines umfassenden Dienstleistungssystems. Mobilität, Verkehr und Technologie erhalten in diesen fiktiven und supertechnologischen Bildern eine primäre Bedeutung. Der Menschheit verhilft eine hypertrophe Technologie zu ihrem Glück. Zwischen 1960 und 1970 wurden von Archigram Konzepte verschiedener Programme, von unverwechselbarem Charakter vorgestellt – schnell wechselnde visuelle Bilder – die den technologischen Images verpflichtet waren. Die Konzepte erstrecken sich von relativ traditionell-modernem technischem Design bis zu nahezu anarchisch ungeordneten und offenen Großstrukturen technoider Gestaltung.

Ebenso unterliegen auch die von Archigram eingesetzten Darstellungsmethoden und -techniken dem schnellen, spontanen Wechsel, und nicht weniger als die Gebäude, die sie präsentieren, wenden sie sich ab von der traditionellen Art der Architektenzeichnung. In collageartigen Folgen – sonst eher in der Werbegraphik verwendet – Pop-art-images – sind selbst konträre Gebäudeformen – in unterschiedlichen Projektionen gezeichnet – zu einem schillernd-faszinierenden Bild verkettet: Grundrisse wechseln abrupt mit Aufrißzeichnungen ab, Lagepläne und Axonometrien gehen anscheinend stufenlos in planimetrische Gebäudeschnitte über und so fort. Nichtkonventionell sind auch die Zeichnungsformate: Das nebeneinander und voneinander Getrennte der üblichen Präsentationen wird vom Zusammenwirken der Projekte abgelöst. Es folgt dem morphologischen Entwurfsdenken. Auch dem Zeichnungsgrund kommen ausgesuchte Qualitäten zu; die graphische Palette reicht von dunklem Hintergrund über abgestufte, in weichen Konturen abgesetzte Graustufen, zu Rasterfolien wechselnder Punktgrößen bis zum unbehandelten Zeichengrund. Auch die Bildwirkung erstreckt sich von spröder, dann auch anschaulich-realistischer bis zur plakativen Inszenierung.

Die Gleichzeitigkeit des Vorderen, Hinteren und Seitlichen, erreicht Rob Krier mit vier Isometrien, gezeichnet von vier Seiten. Die räumliche Einheit, die Korrespondenz der Formen tritt deutlicher als in getrennten Darstellungen zutage; dem Entwerfenden ist Gelegenheit gegeben, mit dieser Anordnung die Regeln zu überprüfen. Es ist eine Darstellung, die sich ganz auf den Gegenstand und die Relationen seines Aufbaus bezieht; sie bestätigt das Konzept, sie kann wohl kaum als Präsentationszeichnung einem Betrachter als eine Lektüre dienen, die ihm die spätere Wirkung des Entwurfs vermittelt. Ihre funktionale Ästhetik dient zunächst der Kommunikation des Entwerfers mit seinem entworfenen Objekt.

5.311 James Stirling. Studentenwohnheim der Universität St. Andrews. 1964–1968.

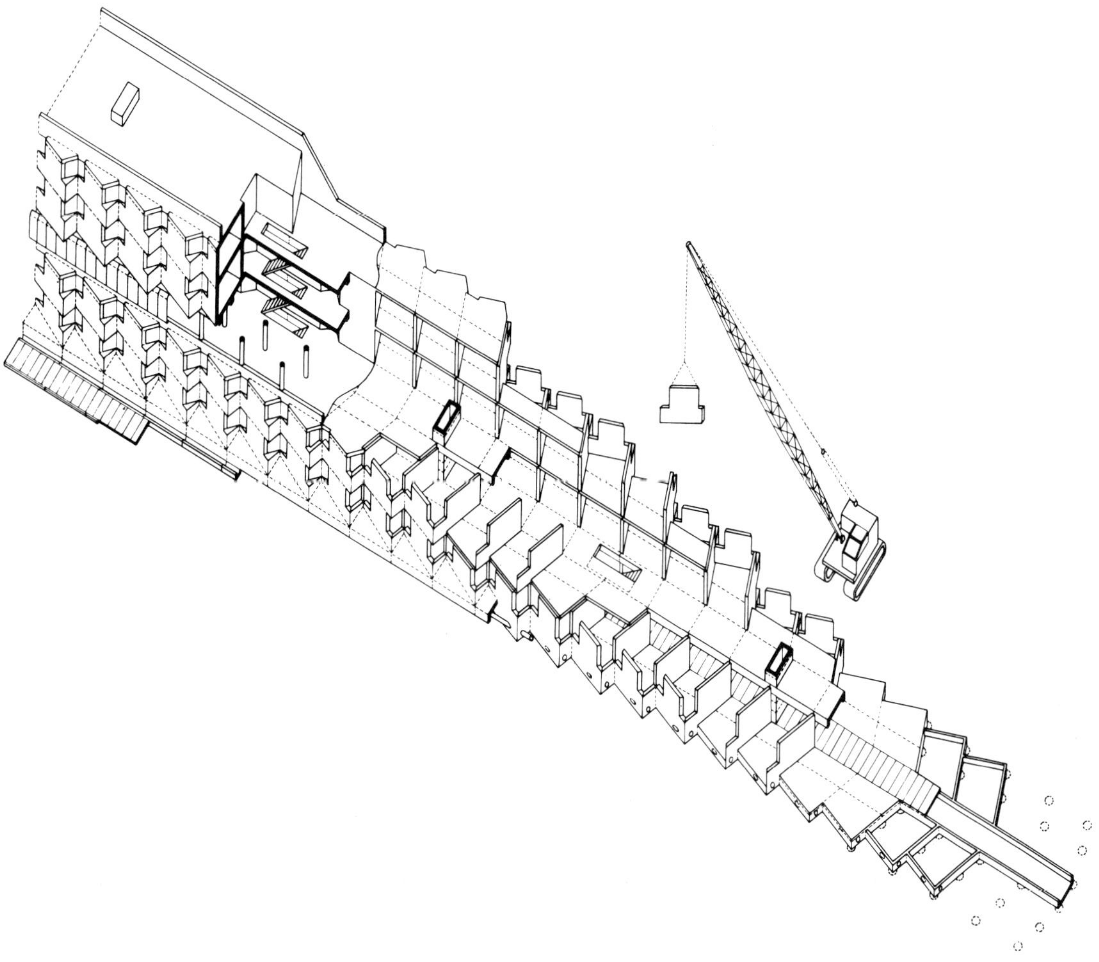

5.312 Oswald Mathias Ungers. Wohnbebauung. Märkisches Viertel. Berlin. 1962–1966.

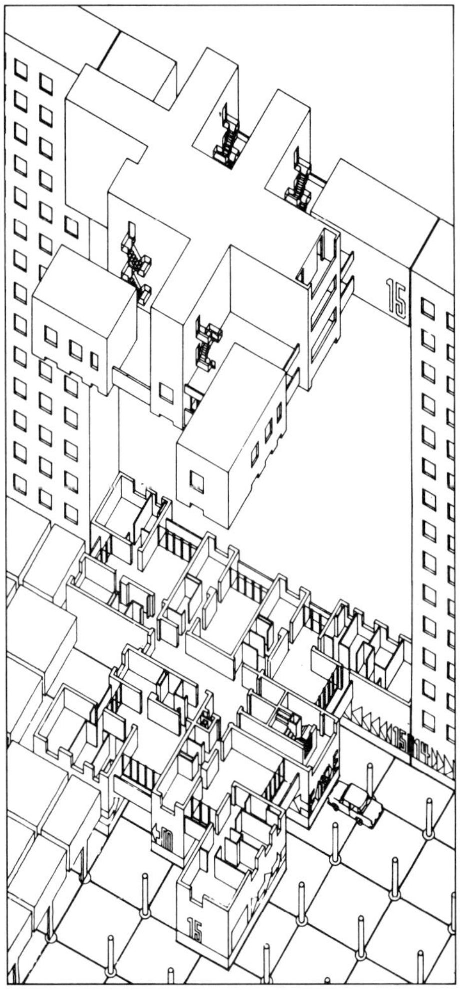

Anläßlich der Restaurierung des Castel Grande in Bellinzona fanden Bruno Reichlin und Fabio Reinhart zu einer erzählerischen Form der Synopsis. Der lokale Kontext – Bruchsteinmauer der Werkzeichnung und Photographie eines historischen Raumes – wie die technoiden Formen der neuen Bauteile, sind ohne Aufhebung der Gegensätze zu einer Montage geformt, die dialektisch auf das Zusammenwirken von Alt und Neu eingeht. Weder die verschiedenen Maßstäbe noch die unterschiedlichen Techniken – Blaupause, Photographie, farbige Axonometrie mit gespritzten Flächen – lösen die bildnerische Einheit auf. Die Synopse gibt einen Einblick in die interpretative Ebene. Sie zeigt, wie sich im Aufsuchen der gegebenen historischen Bauformen Ansätze für gestalt- und raumbildende Funktionen für das Neue ableiten lassen. Die morphologische Analyse vorgefundener Situationen ist an sich nicht neu; aber daß sich diese Ansätze mit den aus ihnen folgenden architektonischen Mitteln in einer einzigen Zeichnung wiederfinden, vermag in dieser eindringlichen Form wohl nur eine Synopse zu leisten.

In der synoptischen Darstellung besteht das Problem darin, die formal verschiedenen Elemente nicht nur zu registrieren, sondern sie harmonisch miteinander zu vereinen. Wo Verschiedenes zusammengefügt ist, beginnt das Vergleichen von Unterschieden, wie auch das Erkennen der gemeinsamen Wurzel.

Aldo Rossi hat wiederholt, gerade in Anmerkungen zu Boullée, dem Rationalismus der Funktionalisten einen anderen Rationalismus, eine Theorie der architektonischen Komposition gegenübergestellt. Danach ist die Typologie das grundlegende Prinzip der Architektur. Sie führte Rossi zu einer geschichtlich geprägten Untersuchung über die wahre Natur des Architektonischen. Im Entwurf für den Friedhof von Modena ist eine Typologie von Denkmälern zur »rationalen« Komposition gefügt. Es sind geometrische Körper wie Zylinder, Kubus, Konus und schwere Wände, mit klein eingeschnit-

5.313 Archigram. Verschiedene Projekte.

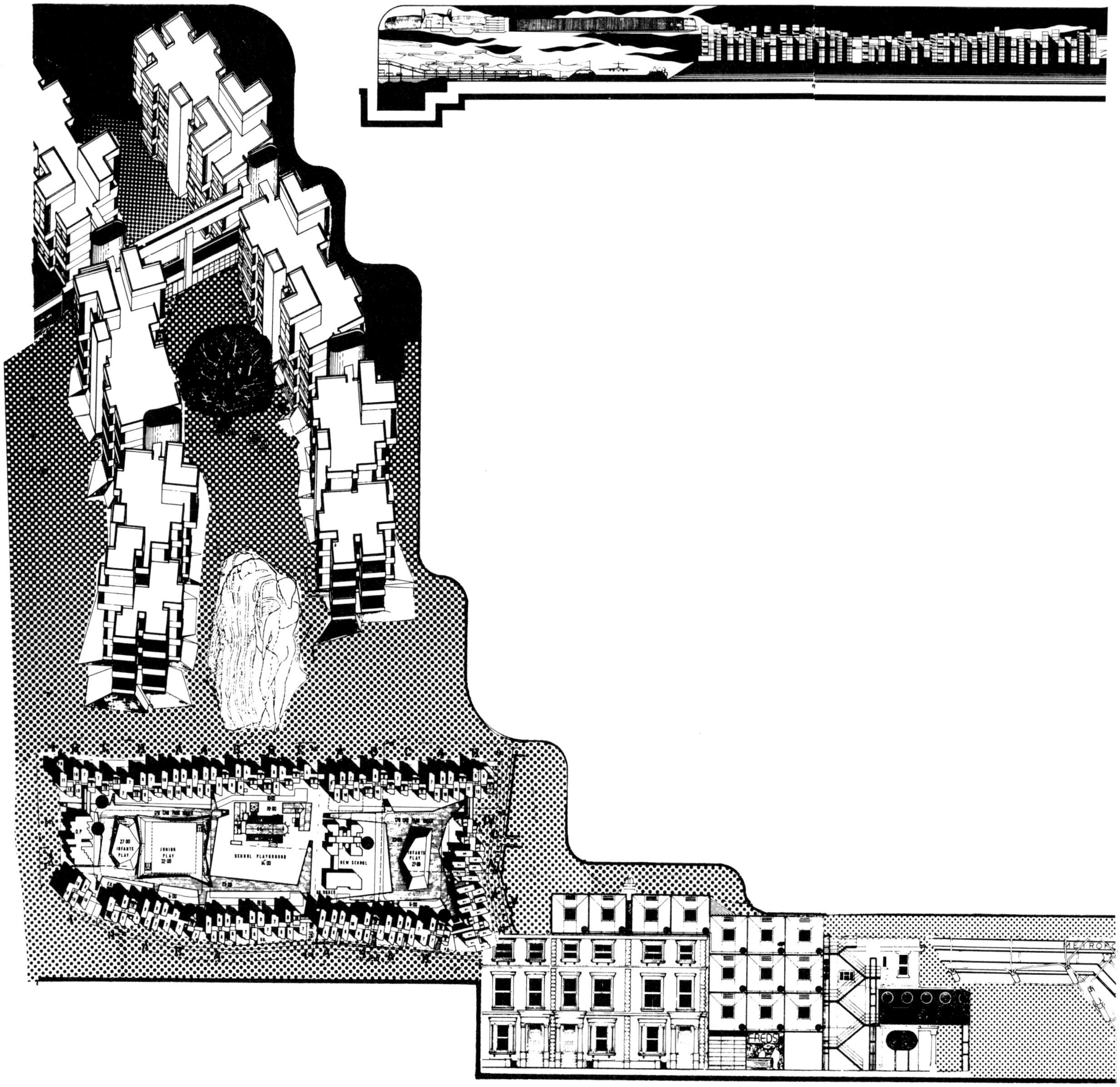

tenen Öffnungen. Der Konus – Boullée nennt ihn »Cenotaphe conique«, Rossi spricht vom Schlot einer Fabrik, in der die Arbeit abrupt unterbrochen wurde –, ist ein großer ausgehöhlter Würfel, die Metapher eines verlassenen oder nicht vollendeten Hauses mit leeren Fenstern. Diese »kollektiven« Gebäude sind in monumentaler Geste von Urnenhallen umrahmt, und axial führen weitere Urnenhallen zum aufragenden Konus hin. Das Repertoire, die Elemente und die Anordnungsregeln des Entwurfes fügen sich wie Wörter eines Satzes zusammen. Die Gebäudeteile, aus der Komposition herausgelöst, gehen in dieser »Offenlegung« der Geschichte des Entwurfes nach; der Entwurf und die Elemente, die ihn hervorbringen, sind bildhaft zusammengefaßt und morphologisch als Typen analysiert. Nach Rossi sind sie »die nicht weiter reduzierbaren Elemente der Architektur, auf die sich alle weiteren architektonischen Formen aufbauen«. Denn, obgleich »kein Typus mit einer Form identisch ist, geht er trotz seiner Determiniertheit eine dialektische Beziehung zur Technik, den Funktionen, dem Stil, dem Kollektivcharakter und dem individuellen Moment eines architektonischen Faktums ein«.[56]

Sicherlich ist dieses düstere Bild einer Architektur des Schweigens ein Beitrag zur Wiedergewinnung der Symbolkraft der Architektur.

Einer Existenz, die auf das technische Bewußtsein hin orientiert ist, ja aus der technischen Welt hervorgeht, mangelt es an Intentionalem, das nicht selbst aus der technischen Sphäre kommt und nicht auf sie beschränkt ist. Es fehlt darüber hinaus an »intentionalen« Gegenständen, an so beschaffenen Objekten, die zwischen der Intentionalität dieses Denkens und den vitalen und spirituellen Erfahrungen vermitteln können.

Lange war vergessen, was Bauen, das die nur physische Notwendigkeit hinter sich läßt, bedeutet. Vielleicht aus diesem Grund sind Objekte selten, die aus einem Bewußtsein hervorgehen, das sich nicht allein an der Wirklichkeit der technischen

5.314 Rob Krier. Haus Dickes. Luxemburg. 1974.

5.315 Bruno Reichlin und Fabio Reinhart. Restaurierung des Castelgrande. Bellinzona. 1974. Projekt.

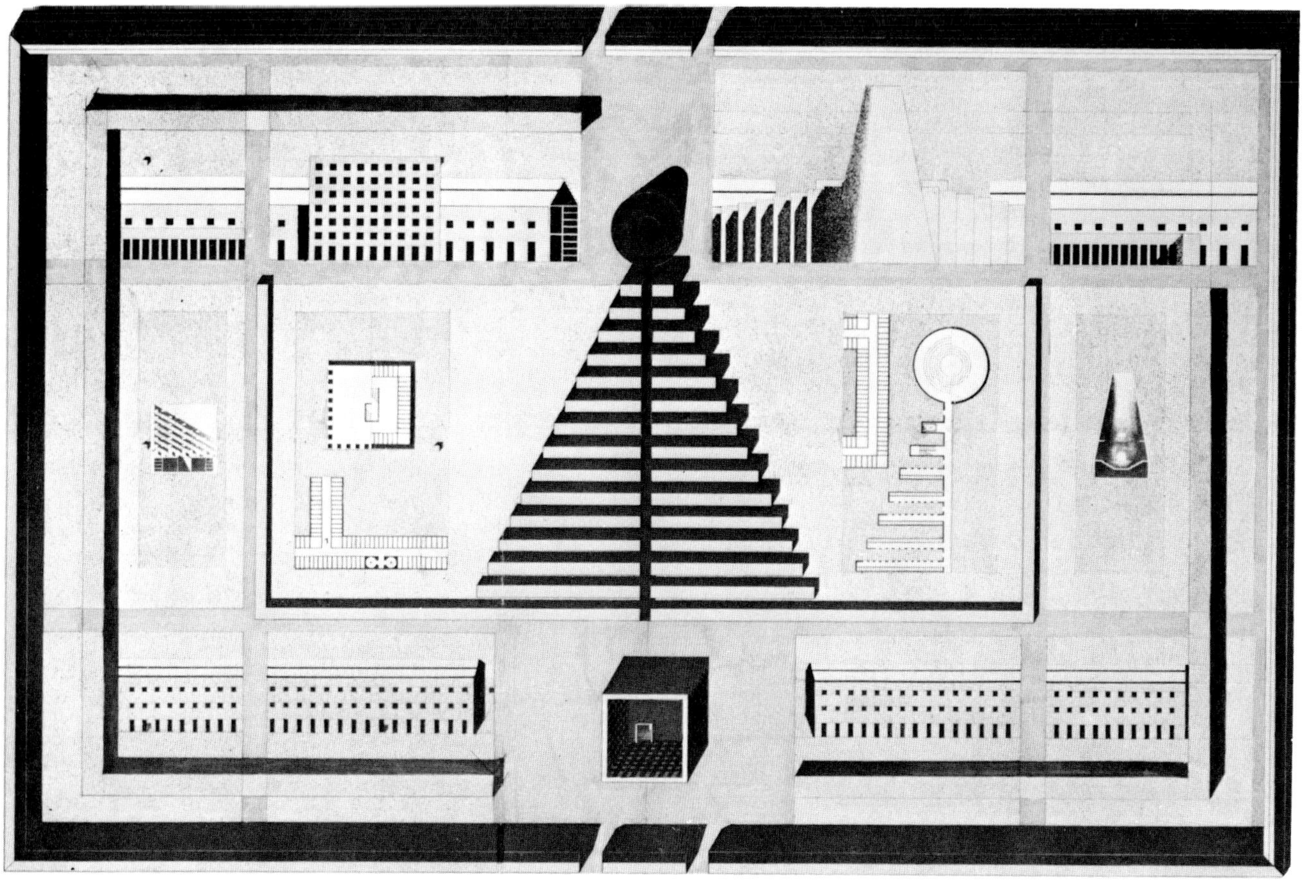

5.316 Aldo Rossi. Entwurf für den neuen Friedhof in Modena. 1971.

5.317 Roland Knauer. Kenotaph. Feierhallen und Krematorium. 1967. Projekt.

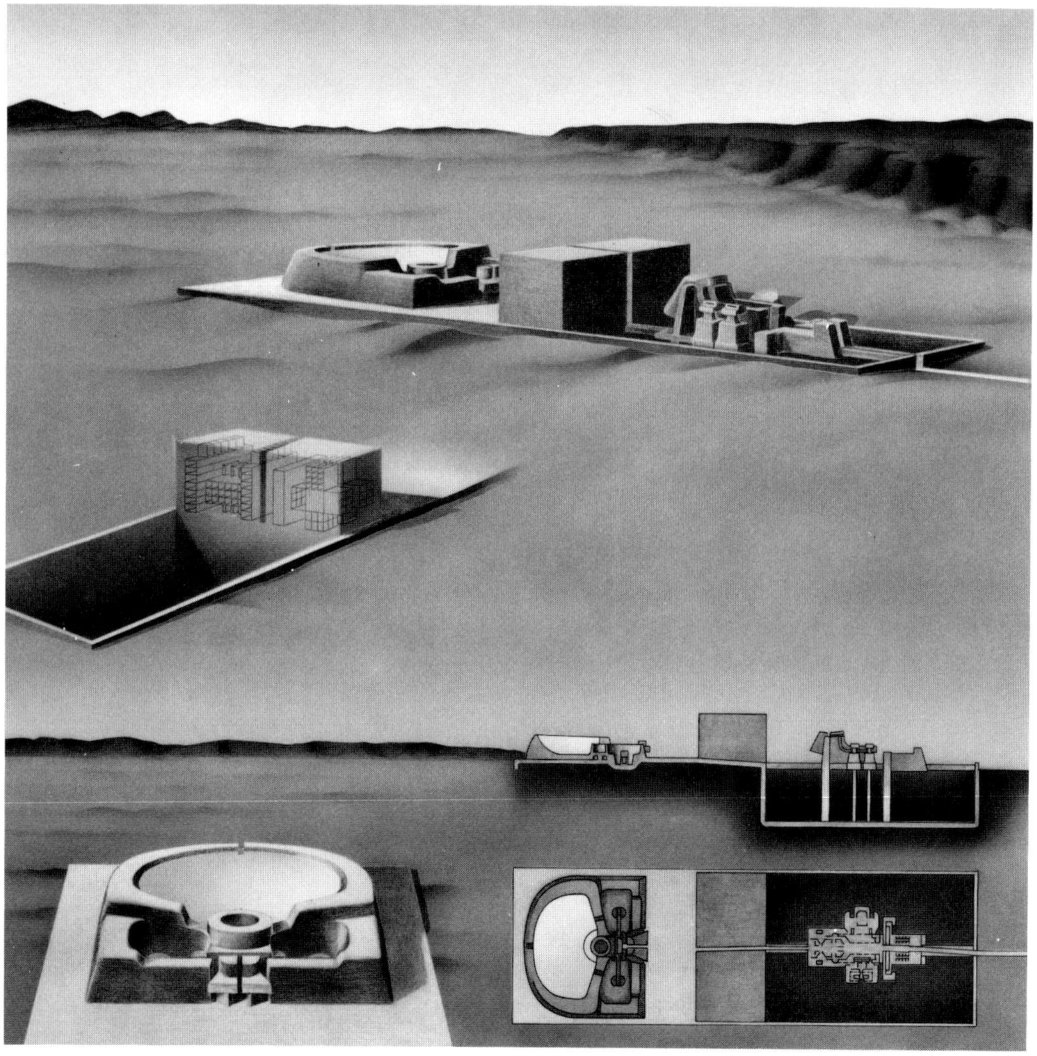

Welt orientiert. Ohne Zweifel schließen radikale Änderungen des formalen Repertoires allein noch keine futuristische Dimension auf, weder mit maskierten Traditionalismen noch mit nach vorn verweisenden modernen Tendenzen.
Der Verfasser hat für den Entwurf von Feierhallen und eines Krematoriums über das technisch Notwendige einer derartigen Anlage hinaus psychoenergetische Ausdrucksmöglichkeiten für die Geschehnisse an einem derartigen Ort gesucht. Die gewählten nichtkonventionellen Zeichen sollten gemeinsame Aspekte von Signifikant und den Signifikaten aufweisen; die sonst immer trennenden – kommerziellen oder technischen – Zwänge sollten ihre ikonische und symbolische Qualität und ihre Mitteilungsfähigkeit nicht beeinträchtigen; die Architektur sollte »sprechen«.
Hierfür wurde die archetypische Form des Kenotaph vorgeschlagen, eine monumental anmutende Axialität und Formen, die der Phantasie das Sakrale in einer Welt des Säkularen zurückgeben sollen. In die Bildsprache des Mythos führen der zur Umgebung distanzschaffende Kenotaph, ein »Leergrab«, unerreichbar für den Besucher. Es besteht aus kubischen Formen, wovon sich die expressiv bewegten Formen der Feierhallen absetzen. Der Prozessionsweg, der auf festem Grund vor dem Kenotaph beginnt, führt durch die Anlage und durchschneidet am Ende der Achse die mächtigen Kuben. Kuben sind, nach Hugo Häring, »Gestaltbilder der Geometrie und als solche Bilder der Erde unter ihrem Aspekt des Todes«. Sie umhüllen die technischen Räume des Krematoriums. Der Weg führt zu einer Schalenform, die das Licht in einem Spiegel reflektiert und den Besucher in einem visuell unendlichen Raum des Lichts erwartet, der ohne Horizont ist.
Die kompositorische Geschlossenheit der baulichen Anlage ist vorübergehend zerlegt, um wichtige Bauformen von verschiedenen Seiten und in wechselnder Zusammensetzung, dann wieder im Zusammenwirken mit der großen Gesamtform darstellerisch zu bearbeiten. Ihre Gemeinsamkeit besteht im durchgehaltenen Duktus von Farbstift und Spritztechnik, im Kontext der großen, leeren Landschaft.
Es liegt nahe, daß sich die Gruppe Morphosis der synoptischen Mischung der Zeichnungstypen bedient: So werden in Schnittzeichnungen Grundrisse eingeblendet oder axonometrische Darstellungen besonders komplizierter Details und wichtiger Gebäudezonen. Zeichnerisch virtuose Wirkungen entstehen durch das unvermittelte und neuartige Zusammentreffen und durch die Mischung von sonst getrennten Zeichnungstypen. Dies hat jedoch bei der Gruppe Morphosis mit ihrer nicht immer leicht zu rezipierenden neokonstruktivistischen Architekturauffassung durchaus die angenehme Funktion, einiges über die angestrebten architektonischen Wirkungen zu erfahren. Die Voraussetzung ist allerdings, daß nicht zu viele zeichnerische Hinweise gegeben werden, denn das würde der beabsichtigten Aufklärung entgegenwirken.

5.318 Morphosis. Street Residence. Santa Monica. Los Angeles. 1988. Projekt.

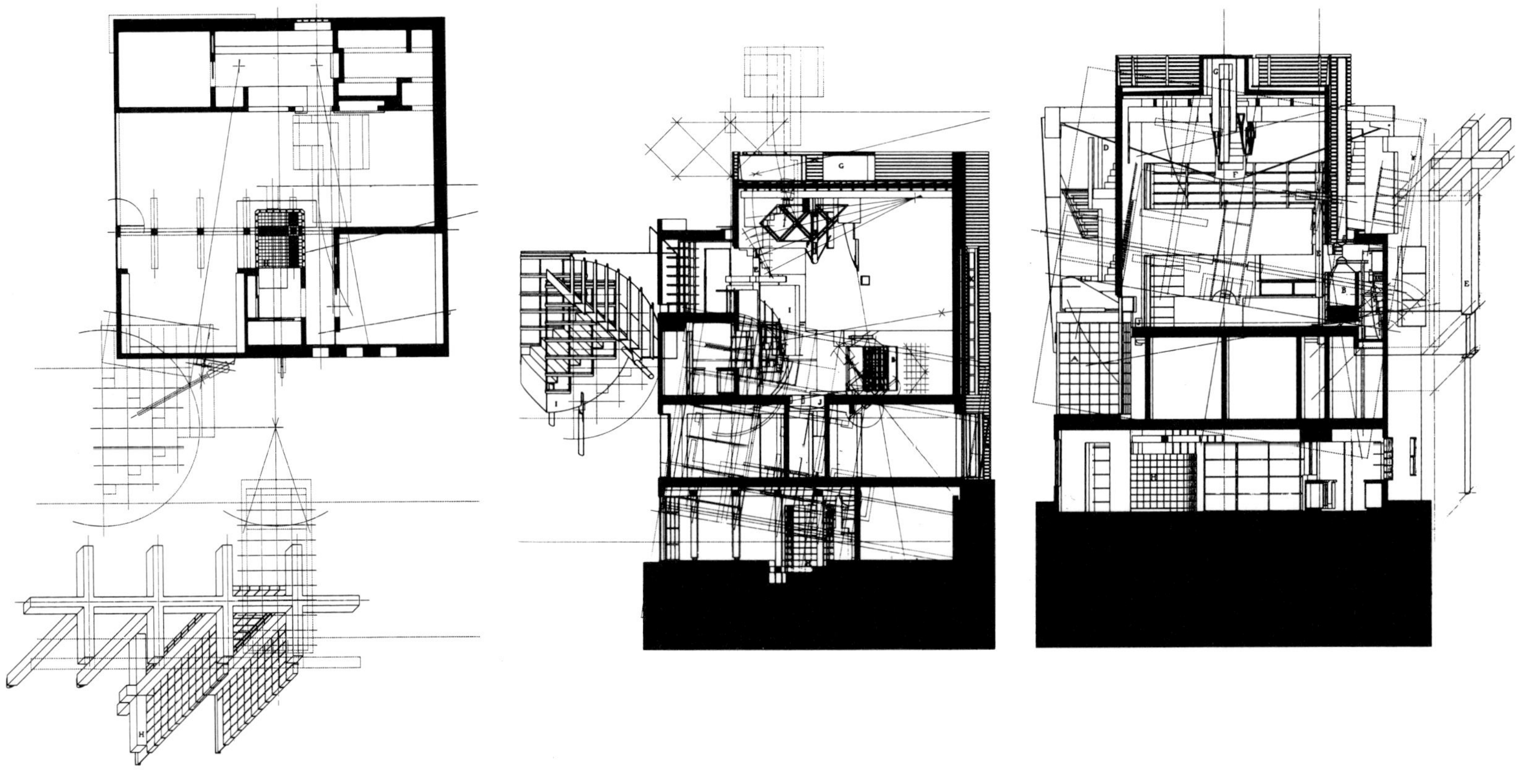

Die Darstellung struktureller Objektmerkmale

Das Ziel der Strukturanalyse

Die strukturelle Untersuchung architektonischer Objekte verfolgt das Ziel, die Ordnungen und das Zusammenwirken syntaktischer, semantischer und pragmatischer Zeichenbeziehungen – nach strukturalistischer Auffassung: den Sprachcharakter des Objekts – aufzudecken. Im allgemeinen von der äußeren Erscheinung des Objekts ausgehend, wird der Aufbau, die Form, die Organisation des Objekts erforscht. Die graphische Aufzeichnung ist das Mittel, das Instrument. Die Strukturanalyse legt, wie bei jeder strukturalistischen Untersuchung, die Grundmuster formaler und funktionaler Beziehungen oder die übergreifenden Kontexte soziokultureller Zusammenhänge offen. Ob es dabei um eine ästhetische Entschlüsselung, um die geschichtliche Entwicklung um funktionale, symbolische oder merkantile Bedeutungen geht, das bestimmt der Untersuchungsgegenstand.
Ein architektonisches Objekt ist als organisiertes Phänomen ein Signifikant, ein Träger der Bedeutungen, der Signifikate. Ihre Realisierung ist an die materielle Substanz gebunden, doch sie entfalten sich immateriell, sie tun nichts, sie teilen etwas mit. Mit dem aus der Linguistik bekannten Prinzip, daß die Beziehungen zwischen Zeichen und Bezeichnetem, zwischen Signifikant und Signifikat, konventionell, aber nicht willkürlich sind, bietet die Strukturanalyse die Möglichkeit, das Kommunikationsgeschehen der gebauten Umwelt zu systhematisieren.
Danach gelten für die Analyse von Architekturobjekten die gleichen Bedingungen wie für andere Kulturphänomene, nämlich daß diese Objekte eine eigene Sprachfähigkeit und somit Zeichencharakter besitzen. Die Voraussetzung ist, daß auch der Perzeptient die vom Objekt auf ihn einwirkende Botschaft aufzunehmen und, wenn nötig, in eine pragmatisch sinnvolle Haltung umzusetzen vermag. Eine Strukturanalyse, die mehr als nur konstruktive Merkmale oder morphologische Formmuster untersucht, muß von der Hypothese ausgehen, daß auch gebaute Objekte wie andere gesellschaftlich eingebundene, ästhetisch gemachte Gegenstände »funktionieren«, indem sie etwas über ihre Beschaffenheit mitteilen: »erstens ... inwieweit sich Funktionen auch unter dem Aspekt der Kommunikation interpretieren lassen; zweitens, inwiefern die Betrachtung der Funktionen unter dem Aspekt der Kommunikation diese besser zu verstehen und gerade als Funktionen zu definieren erlaubt und andere Arten der Funktionalität zu entdecken hilft ...«[57]
Dies kann auch pragmatische Folgen haben, da das Bauwerk oder dessen Einrichtungsgegenstände dem Benutzer mitteilen, wie er sich verhalten soll: »Gehe geradeaus; setze dich.« Im Vordergrund der Strukturanalyse steht meist der kommunikative, assoziative, ästhetische Bedeutungsaspekt, der stellvertretend auf Eigenschaften hinweist; es geht weniger um konkrete Reaktionen und Handlungen oder um begriffliche Artikulationen, sieht man von Analysen des Konstruktiven ab, dessen Entschlüsselung – oder umgekehrt dessen Beweisführung – analytisch weniger Schwierigkeiten bereitet.
Wenn über die Funktionen, Eigenschaften und Merkmale des architektonischen Objekts oder des städtischen Environments durch strukturanalytische Untersuchungen Aufschluß gegeben werden soll, so ist damit die Frage nach den Funktionen der Architektur aufgeworfen. Interessant ist in diesem Zusammenhang auch, wie die infolge der Analyse freigelegten Funktionen in geeignete Darstellungscodes transportiert werden können.
Nach Levi-Strauss besteht das Ziel der strukturalistischen Tätigkeit darin, »die scheinbar willkürlichen Fakten auf eine Ordnung zurückzuführen, um ein Niveau zu erreichen, auf dem sich die Notwendigkeit enthüllt, die den Illusionen der Freiheit innewohnt«. Das wirft die Frage nach den Entstehungsbedingungen eines architektonischen Objekts auf, nach den Zielsetzungen des Programms und nach den Funktionen der Architektur.

Der Darstellungsmodus

Für die Aufzeichnung der Analyse sind die allgemeinen Zeichnungstypen einsetzbar, ferner die Notationen für zeiträumliche Ereignisse und die Graphendarstellung zur Funktionsanalyse.

Die Funktionalität der Architektur

Nach dem Modell von Jan Mukarovsky[58] sind die Funktionen der Architektur umfangreicher als oft vermutet. Die Strukturanalyse hätte danach die Aufgabe, zu prüfen, wieweit die Funktionen und ihre Verknüpfungen im jeweiligen Objekt der Analyse vorhanden sind.
Nach Mukarovsky ist die Multifunktionalität der Architektur in fünf Funktionen gegeben:
1. Die unmittelbare Funktion des Gebrauchs, des Zwecks und der Leistung, die bei der funktionalistischen Theorie stets im Vordergrund war.
2. Die historische Funktion, die in den geschichtlichen Bindungen zu finden ist, aus der sich eine für Zeitabschnitte jeweils typische Verantwortlichkeit entwickelt, die mit neuen Hoffnungen und gleichzeitig mit kritischen Abgrenzungen verbunden ist und daraus das Konstrukt der zeitgenössischen Architektur formuliert.
3. Die individuelle Funktion, die dem Entwerfenden eine wählbare Rolle hinsichtlich der Entscheidung von Übernahme oder Ablehnung geltender Normen schafft oder ihm die Veränderungen geltender Maximen nahelegt.
4. Die soziale Funktion, in der die private und öffentliche Alltagswelt – die Rolle der Benutzer von Gebäuden und des öffentlichen Raums – eine ihr Verhalten prägende Ausbildung erfährt, das Interface von Objekt und Nutzer reguliert und derart die soziale Position des Entwerfers ebenso deutlich macht wie den kulturellen Stellenwert des Gebauten.
5. Die ästhetische Funktion, die sich auf die Wirkung und Erscheinung des Gebauten erstreckt, sich auf die potentiell unendliche Ausbildung des architektonischen Codes bezieht und den Charakter des Gebauten unter ästhetischen Aspekten formuliert.
Es ist die Entscheidung des Entwerfers, die Gewichtung der Funktionen abzustimmen – sie ausgewogen zu verteilen oder sie auf wenige Funktionen zu konzentrieren. Gegenüber den technischen Objekten der Maschinenwelt, deren definierte Funktionen ihre – nach Bense – notwendige Mitrealität ausmachen, stehen Gebäude zwischen der zufälligen Mitrealität des Kunstschönen und der notwendigen Mitrealität der technischen Gebilde. Somit leistet die strukturanalytische Arbeit gerade jene Aufklärung, die zur Bewertung der Funktionalität des Gebauten hilfreich ist. Die Analyse zeigt auf, wie Funktionen umgesetzt werden und in welchen Verknüpfungen sie anzutreffen sind.

Die Analyse

Die Methode des Destrukturierens, des Zerlegens eines Sachverhalts, eines Zeichenverbands in verschiedene Problemebenen führt zu den Feststellungen, worin die eingegangenen Bindungen bestehen und unter welchen Gesetzmäßigkeiten sie verknüpft sind. Den meisten Analysen geht es vorrangig um die Notierung des Sichtbaren, weniger um das kommunikativ Wirksame, und dies geschieht meist unter Vernachlässigung wichtiger semiotischer Beziehungen. Die Untersuchungen erfassen meist die syntaktischen Formmuster, die bautypologischen und konstruktiven Eigenschaften, dann den Kontext und die Nachbarschaftsbeziehungen der gegebenen Bausituation, ferner die kreativen Aspekte des Entwurfsprozesses selbst und wie diese zu einem generativen Regelsystem der architektonischen Grammatik entwickelt sind. Auch die grundlegenden Entwurfsoperationen – etwa die Schichtungen, Stapelungen, Reihungen, die Gliederungen von Fassade, Baukörper und Raum mit den konstruktiven und raumbildenden Elementen – sind oft Gegenstand der Analyse; seltener sind es die raumzeitlichen Ereignisse, die Interaktionen der Benutzer, die sozio-psychologischen Aspekte der Wohn- und Arbeitswelt. Die strukturanalytische Arbeit hat darüber hinaus ihren Wert auch in den Feststellungen, die das Polyfunktionale des Architektonischen, die Polyvalenz der Interpretation aufzeigen, soweit diese in die Darstellungen eingebracht werden. Die Analyse klärt auf, was als Träger einer Botschaft dienen kann, was wohl die voraussehbaren Wirkungen auslösen wird, was den Gebrauch des Objekts, die historischen Bedingungen seiner Entstehung erklärt und wie diese als eigentümliche Verschachtelung mehrerer Bedeutungen zum Vorschein kommt. Denn der Portikus ist nicht nur Regenschutz, er ist ebenso ein Würdezeichen, das gesellschaftlichen Anspruch repräsentiert. Die »Sprachfähigkeit« des Gegenstands, die denotative Funktion, tritt hervor, wenn gewisse Inhalte wie Schule, Krankenhaus, Wohnhaus repräsentiert werden. Die in der Analyse zutage tretenden Zeichenstrukturen sollen die Zuordnung von Zeichen und Bedeutung erklären und aussagen, welche Codes die Funktionen des Objekts denotieren. Der architektonische Code besteht aus dem Zusammenwirken der Syntaktik, der Semantik und der Pragmatik, und es macht die Qualität der Analyse aus, diese Ebenen vorübergehend zu isolieren. Der syntaktische Code besteht aus den syntaktischen Elementen und den Regeln ihrer Verknüpfung. Die grundlegenden Operationen sind:
– die Adjunktion, die Zeichen durch ihre Verknüpfungen zu Reihungen, zu summativen Ergebnissen führt;

– die Iteration, die aus Zeichenteilmengen vollständige Operationen systematisch entfaltet und Axiome und Regeln zu vollständigen und abgeschlossenen Zusammenhängen führt;
– die Superisation, die Zeichen zu größeren hierarchischen Verbänden zusammenführt. Dabei werden einzelne Zeichen durch andere überlagert und zu komplexen Gesamtzeichen aufgebaut und gestaltet.
Die syntaktischen Elemente sind Punkt, Linien, Flächen, Körper, Volumen, Räume, die zu Netzen, Gittern, Flächen- und Raumgliederungen usw. aufgebaut werden. Hierzu zählen weiterhin die Elemente wie Farbe, Textur und Lichtwirkungen.
Die Semantik untersucht die allgemeinen Beziehungen zwischen Zeichen und Bedeutungen. Die semantischen Codes umfassen typologische Klassifikationen, wie Schule, Wohnhaus, Krankenhaus sowie Elemente, die ihre Bedeutungen als Dach, Treppe, Tür, Fenster usw. denotieren. Der typologische Code schließt die funktionellen Bindungen ein, die Wohnraum, Eßraum, Räume des Aufenthalts oder des Verkehrs denotieren und eine bestimmte Verhaltensweise zulassen.
Die semantische Funktion kann den Zeichen auch mehrere Bedeutungen zuordnen: Fenster ist nicht gleich Fenster, Dach nicht gleich Dach. Zeichen leben auch von ihren Oppositionen zur Umgebung, sie unterliegen der Veränderung durch Wiederholung, Dimension und Binnenstruktur. Die Öffnung in einer Fläche wächst infolge funktioneller Forderungen zur weiten Skala der Gestaltung; sie reicht vom Einzelfenster zum Fensterband, zur Fensterwand. Auch das Zeichen »Dach« ist für zahllose Variationen offen, die einmal abschließende Ordnung, dazu auch »Zuhause, Heimat« denotieren und bei anderen Anwendungen, etwa bei Zeltkonstruktionen, ihrer strukturellen Logik zufolge zum Signifikanten des Signifikats »Flexibilität« werden. Die Rhetorik der Architektur liegt gerade in der Interpretation der Bedürfnisse, mit entsprechenden Zeichensystemen, sei es in der volkstümlichen Trivialsprache oder in der Kunstsprache der Architektur, Lebens- und Verhaltensweisen zu provozieren; sie hat aber auch durch gewisse Codierungen eine Appellfunktion und stellt so ein Teilsystem im Gesamtkomplex der Zeichenwelt dar, die auf Kommunikation verweist.
Die strukturanalytische Untersuchung architektonischer Projekte bringt somit nicht eine zufällige, sondern die funktionell determinierte Zusammensetzung und Codierung der Elemente zum Vorschein, die nach ihren Relationen Systeme und Subsysteme bilden. »Form folgt Funktion« besagt in diesem Zusammenhang, daß die Struktur architektonischer Objekte für ihr planvolles Funktionieren die zufällige Anordnung der Elemente nicht gestattet. Doch im Vergleich zu technischen Produkten ist dem Entwerfer ein großer Spielraum gegeben.

5.319 Karl Friedrich Schinkel. Steinkonstruktion für Maueröffnungen. 1839/1840.

Die architektonische Transparenz als Resultat einer räumlichen Ordnung haben Colin Rowe, Robert Slutzky und Bernhard Hoesli an Projekten von Le Corbusier analysiert. Von der bildnerischen Analyse kubistischer Bilder mit ihren spezifisch komponierten Bildschichten als mutmaßliche Quelle unserer Transparenzauffassung ausgehend, gewinnen die Autoren Einsichten in eine Raumwirkung, die transparente räumliche Beziehungen und ihre entsprechenden strukturellen Objekteigenschaften voraussetzt. Nicht der geläufige, am »Durchscheinen« orientierte Transparenzbegriff schafft die Transparenz des Räumlichen. Diese ergibt sich aus der Durchdringung mehrerer Raumschichten als Folge einer »Dialektik von tiefen und untiefen Räumen«. Die räumliche Transparenz ist dort, wo verschiedene Lagen und Schichten des Raums gleichzeitig wahrzunehmen sind, also dem Betrachter die Möglichkeit geben, neben den einzelnen Elementen die Ganzheit des Raums, seine einheitliche Tiefenkomposition zu erleben.

Die Analyse eines kubistischen Bildes von Le Corbusier zeigt die bildnerische Transparenz des Aufbaus; aber es ist unmöglich, die Lageanordnung aller Bildelemente eindeutig zu bestimmen, denn für die bildnerische wie für die architektonische Transparenz gilt, daß »die Lage einzelner Formen im Raum mehrdeutig ist«.

Die anschließende Analyse architektonischer Objekte zeigt einige sonst unbemerkte strukturelle Eigenschaften: die räumliche Koordination, die Lage der konstituierenden Elemente, die Mittel der Raumbildung. Sie werden in ihrer Bedeutung für die Transparenz und ihre Raumwirkung untersucht. Die zeichnerische Darstellung der Raumschichtung des Maison Turque läßt diese in vier vertikalen Abschnitten über dem kreuzförmigen Grundriß hervortreten.

In der Villa Garches ist eine bereits hochentwickelte Formordnung von tief und untief wirkenden Räumen zu finden. Körperlichkeit und Räumlichkeit, Transparenz und Masse lassen eine Vielfalt möglicher visueller Beziehungen zu, die den Betrachter dazu zwingen, immer wieder den Gegensätzlichkeiten der räumlichen Wirkungen nachzugehen.

Die Darstellungen zeigen die räumlich bedeutsamen Formordnungen der analysierten Objekte deutlich. Ebenso könnten andere räumliche, formale, konstruktive Merkmale Gegenstand der Analyse sein, wenn bestehende Fixierungen aufgegeben werden, um die Lektüre architektonischer Codes evident werden zu lassen.

Die Übertragung der De-Stijl-Theorien und des Neoplastizismus auf die Architektur hatte eine kubische Gestaltung in Einfachheit und Strenge zur Folge, in der nur rechte Winkel, ebene Flächen und Primärfarben zugelassen waren. Der architektonische Raum galt als Teil des unendlichen Außenraums, und der formale Ausdruck ging von komplizierten Körper- und Raumdurchdringungen aus; die konstituierenden Wände setzten sich – der Idee nach – im Außenraum fort.

Die Dekomposition der strengen Form am Beispiel des »Maison particulière«, 1920 von Theo van Doesburg selbst unternommen, zeigt die vom De Stijl vertretenen Gestaltungsgrundsätze in der Analyse ohne den Masseeffekt des Baukörpers: In der Axonometrie sind die Schichtungen der Wände und Körper so erfaßt, daß die räumlichen Beziehungen in schöne Einzelstücke zerlegt sind und sich die elementaren Mittel des De Stijl auch in der Zeichnung nochmals zur gestalterischen Einheit verknüpfen. Zu den Prinzipien des De Stijl erklärten van Doesburg und van Eesteren: »Um eine neue Sache aufbauen zu können, brauchen wir eine Methode, d. h. ein objektives System. Wenn man in verschiedenen Dingen dieselbe Qualität entdeckt, hat man einen objektiven Maßstab gefunden. Zu den fundamentalen und festen Gesetzen gehört es zum Beispiel, daß der moderne Konstrukteur (durch das jeweilige Ausdrucksmittel seines Fachs) die Beziehung dieser Qualitäten sichtbar macht und nicht die Beziehung der Dinge an sich ...«[59]

Der Abkehr von konventioneller Typologie verdankt das Bürogebäude Centraal Beheer von Herman Hertzberger Organisation und räumliche Gliederung. Den Wünschen der Mitarbeiter ist mit einem typologischen System entsprochen, das auf einheitlichem Konstruktionsraster selbständige, abgegrenzte Arbeitszonen, die Territorien, im Gesamtraum des Gebäudes zuläßt. Die axonometrische Darstellung, die parallel zum Raumaufbau durch zwei rechtwinklige Schnittebenen den Raumeinblick eröffnet, zeigt die Verkettung der Arbeits- und Handlungsabläufe. Das widerlegt die Vermutung, die modulare Gliederung sei lediglich konstruktiv definiert.

5.320 Colin Rowe, Robert Slutzky und Bernhard Hoesli. Analyse der Villa Stein. Garches.

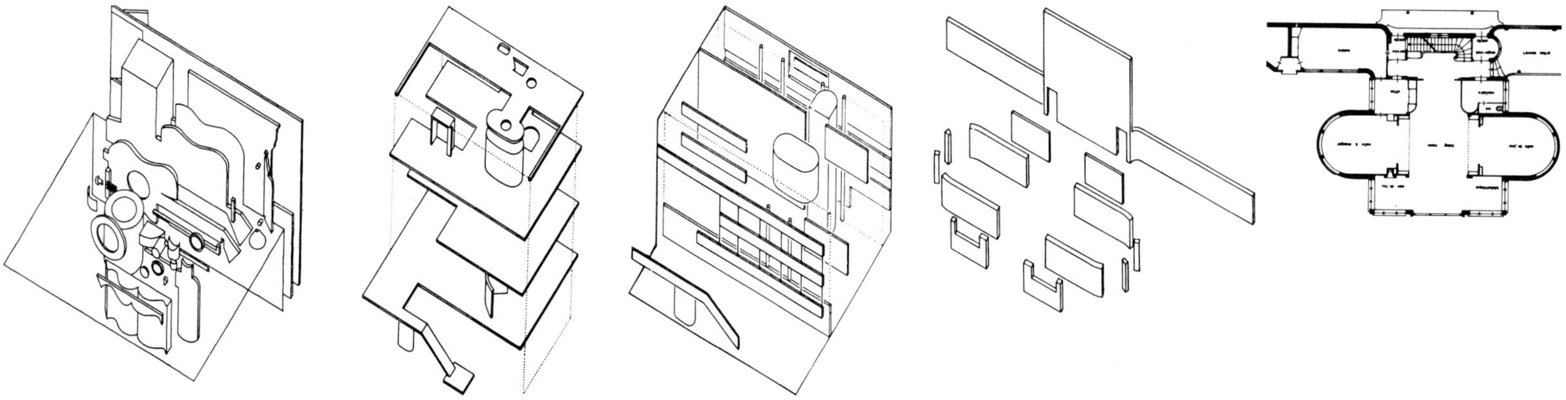

5.321 Theo van Doesburg. Maison particulière. Dekomposition.

Die strukturellen Darstellungen zum Museumsentwurf in Takasaki, Japan, von Arata Isozaki, zeigen ein Primärsystem, das von einem korrespondierenden, kleineren Sekundärsystem ergänzt wird. Die Axonometrie vermittelt die Entwurfsoperationen mit den noch bedeutungsneutralen kubischen Elementarzellen. Sie sind linear zum einlagigen Gitter gereiht, zwei Einheiten sind in die zweite Lage gepackt, zwei aus dem orthogonalen Raster gedreht. Damit ist eine architektonische Ordnung aufgestellt, die dem Programm vermutlich wenig angepaßt ist. Diese Grammatik erfährt in der zweiten Entwurfsphase Verfremdungen; ein kleinerer Modul kommt ergänzend dazu. Hierdurch werden die Elemente der ersten Ordnung, die Syntax und baukonstruktive Elemente zugleich sind, mit den Elementen der zweiten Ordnung zu einer architektonischen Konfiguration. Die Darstellungen zeigen, wie sich ein architektonisch-typologischer Charakter für die Vorstellung eines Museums entwickelt und dann, von einem zweiten, korrelierenden Entwurfsprinzip ergänzt, zum Museum verdichtet wird.

5.322 Herman Hertzberger. Verwaltungsgebäude Centraal Beheer. Apeldoorn. 1970–1972.

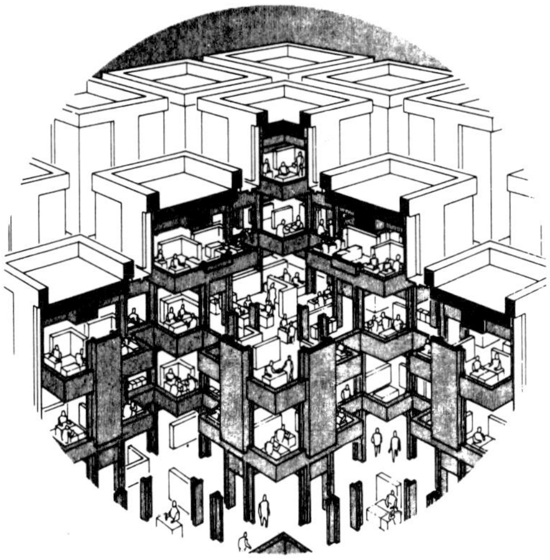

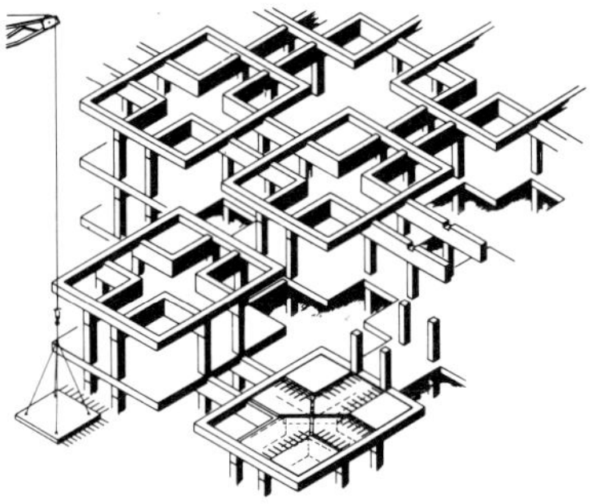

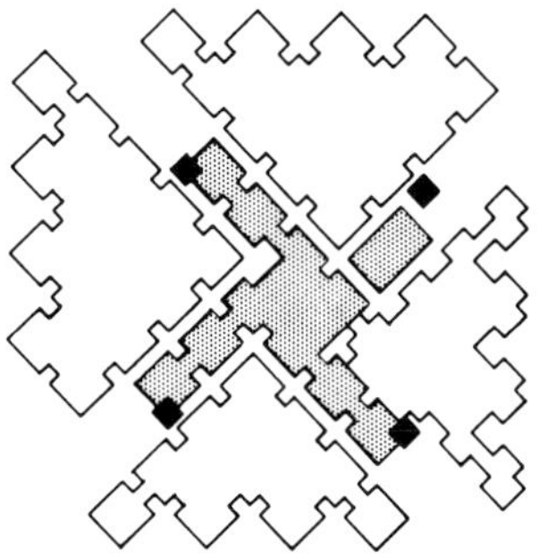

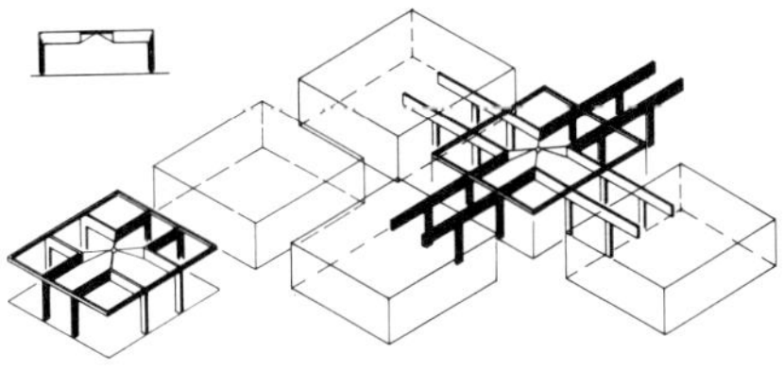

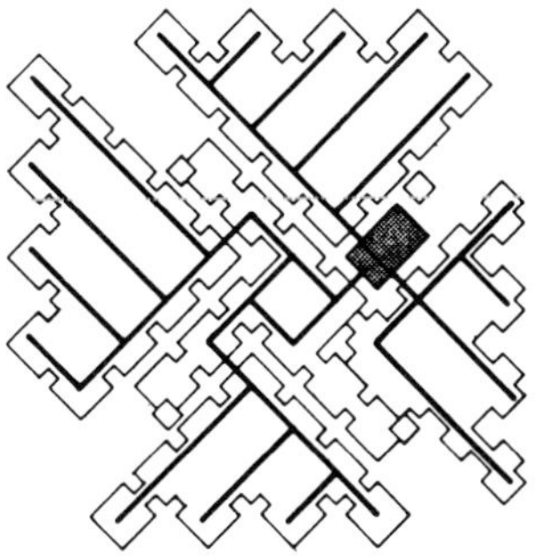

5.323 Arata Isozaki. Gunma Prefectural Museum of Fine Arts. Takasaki. Japan. 1971–1974. Axonometrie des Primär- und Sekundärsystems. Positiv-Negativformen im Freilichtmuseum.

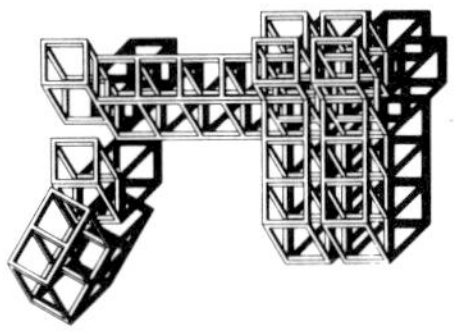

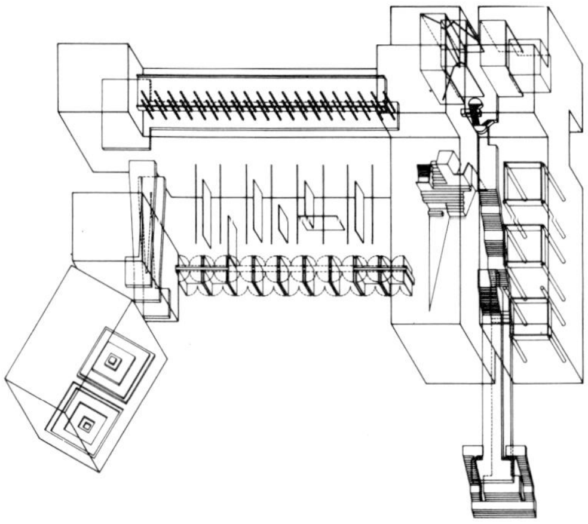

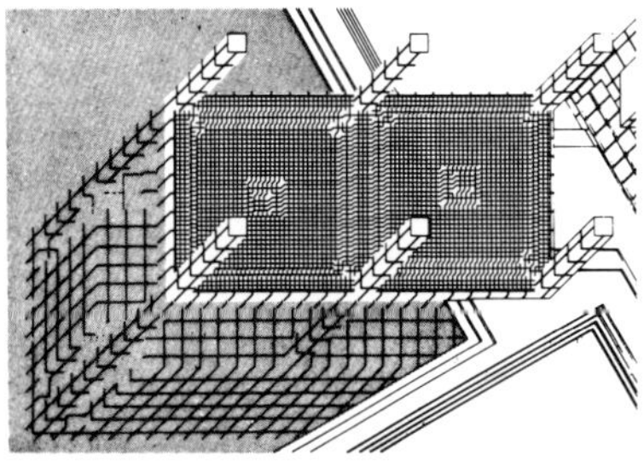

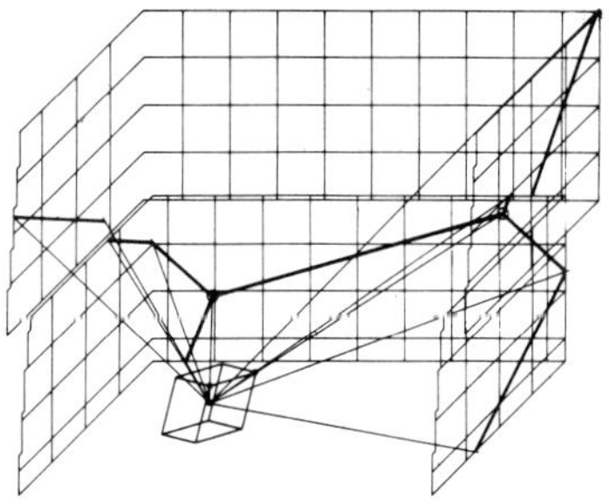

Louis Kahn fand in späteren Projekten eine Ordnung, die jedem architektonischen Element – als Teil eines hierarchischen Prinzips – seinen ihm angemessenen Platz im Gesamtkonzept zuweist. Das Konzept der »dienenden und bedienten Räume« basiert auf der schlüssigen Einordnung von Funktionsgruppen und auf der Bestimmung und Bewertung der Raumbeziehungen. Dieses Credo führte zu einer Neudefinition räumlicher Ordnungen, was sich im Syntaktischen wie im Konstruktiven auswirkte, wie beispielsweise die vertikalen Installationsschächte des Medizinischen Forschungslabors der Universität in Philadelphia und die Installationsräume in den Deckenkonstruktionen des Salk-Instituts in San Diego zeigen. Beim Jüdischen Gemeindezentrum in Trenton, New Jersey, hatte Kahn dieses Prinzip zum ersten Mal angewandt, und in dem realisierten Gebäudeteil, dem Badehaus, wird dies bereits im Grundriß deutlich: Vier räumlich abschließende Elemente wurden um einen Hof gruppiert, die Ecken sind von den »dienenden Räumen« gebildet und diese sind zugleich konstruktive, das Dach stützende Bauteile.

Weitere Strukturanalysen, von Romaldo Giurgola und Jaimini Mehta anhand von Grundrissen gefertigt,[60] erklären dieses Entwurfsprinzip: Im Haus Adler sind die »dienenden Räume« – in der Darstellung dunkle Zonen – in die Hohlräume der Installationen gelegt, im Haus Fisher sind sie an die Peripherie verlegt.

Beim Gebäude des Medizinischen Forschungslabors in Philadelphia erreichte Kahn eine einzigartige Integration von architektonischer Ordnung, Konstruktion und Installation. Die Grundrißanalyse zeigt, daß auch dort das Prinzip der »dienenden und bedienten Räume« die Organisation und den formalen Ausdruck des Gebäudes bestimmt.

5.324 Der Grundriß als Instrument der Strukturanalyse. Projekte von Louis Kahn:

(1) Esherich-Haus;

(2) Fischer-Haus;

(3) Adler-Haus.

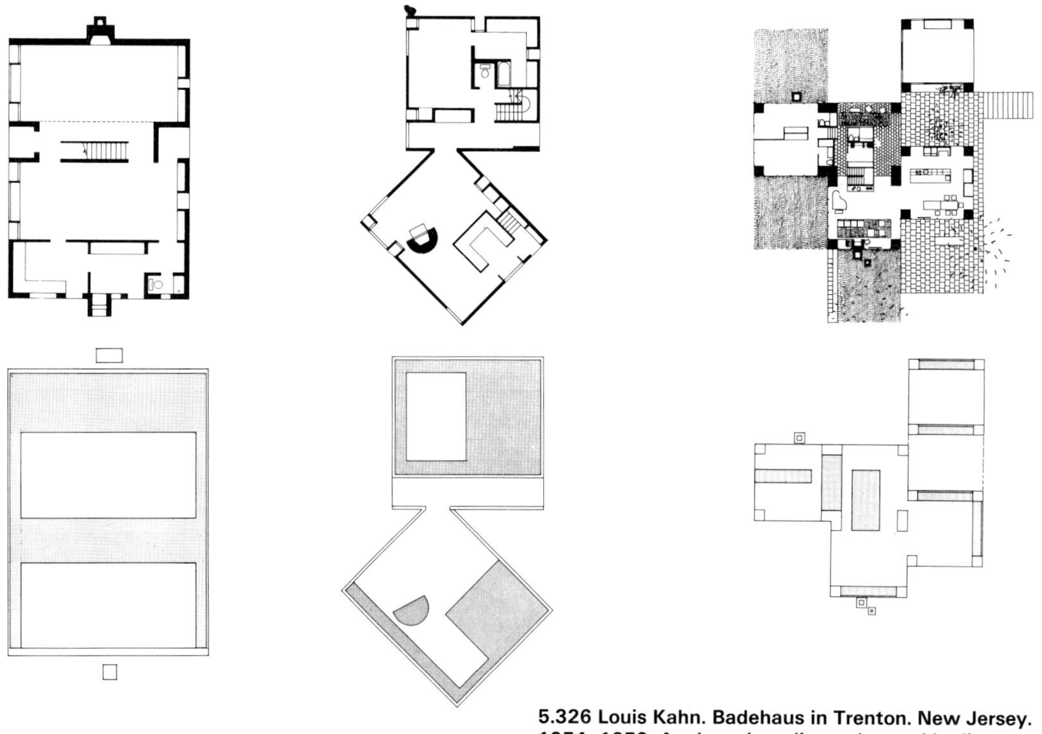

5.325 Louis Kahn. Richards Medical Research Building der University of Pennsylvania. Philadelphia. 1957–1964. Analyse der »dienenden und bedienten Räume«.

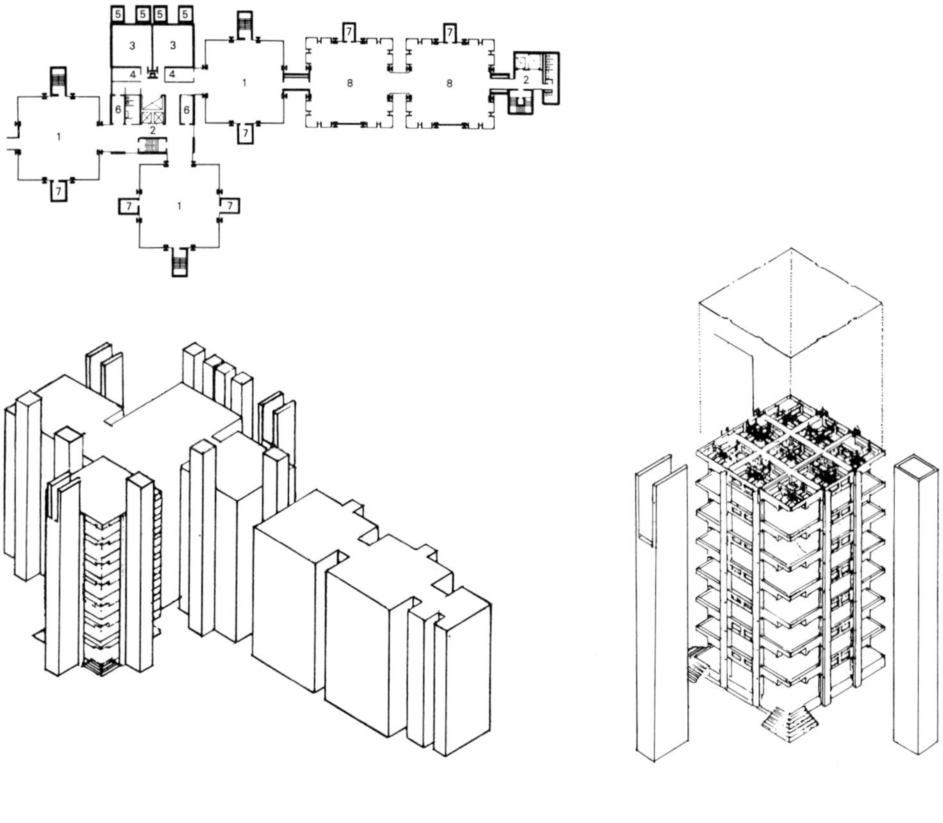

5.326 Louis Kahn. Badehaus in Trenton. New Jersey. 1954–1959. Analyse der »dienenden und bedienten Räume«.

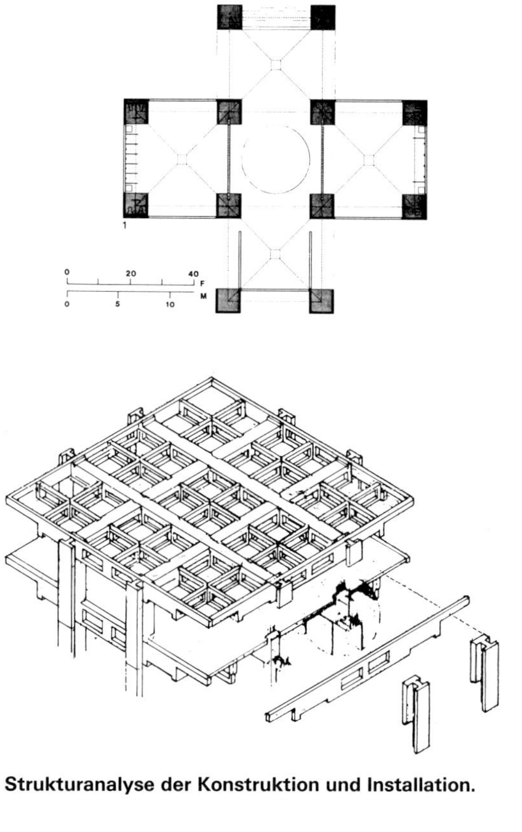

Strukturanalyse der Konstruktion und Installation.

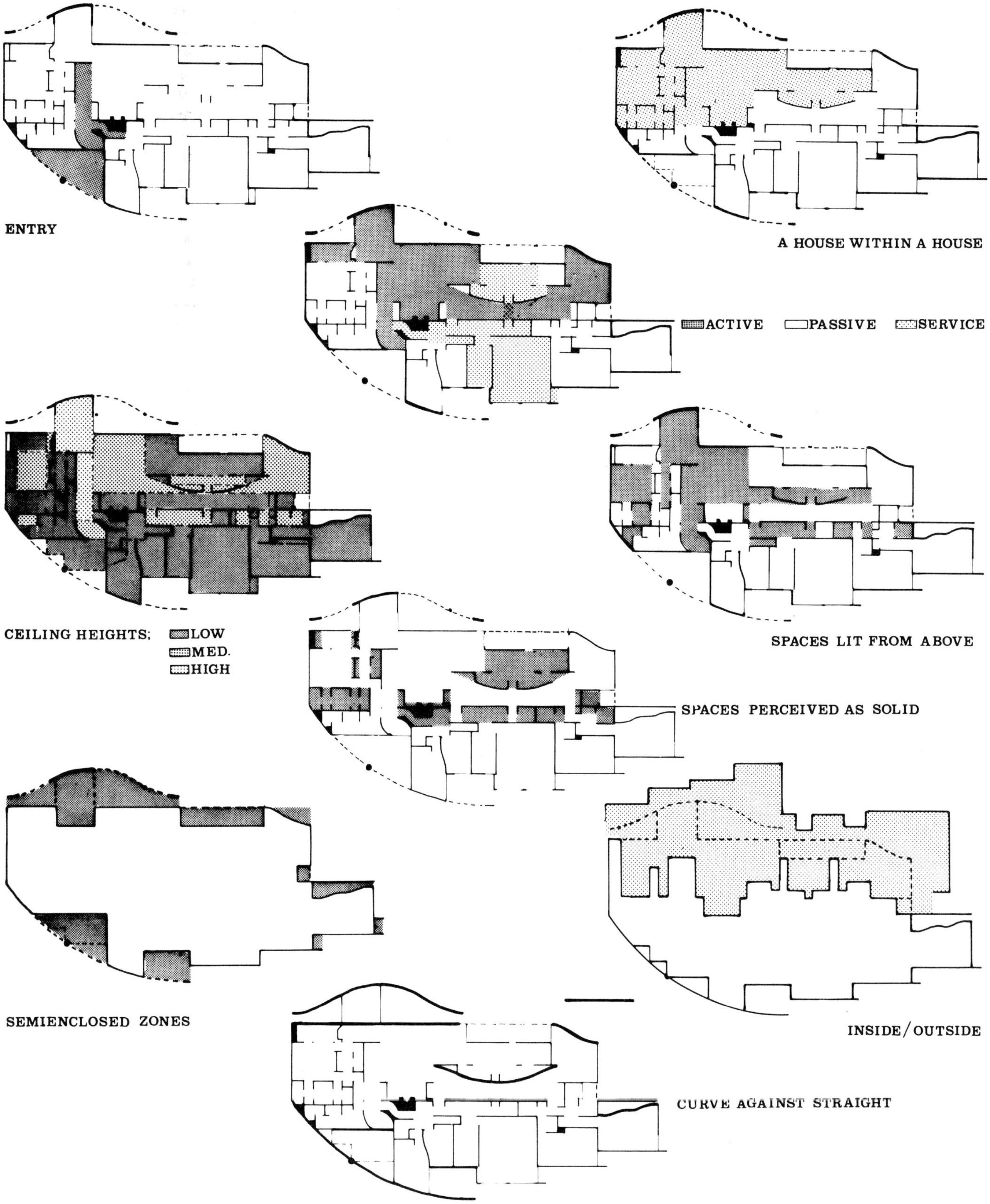

5.327 Robert Stern and John Hagman. Ehrman House. Armonk. New York. 1975. Analyse der Raumgliederung und Zonung.

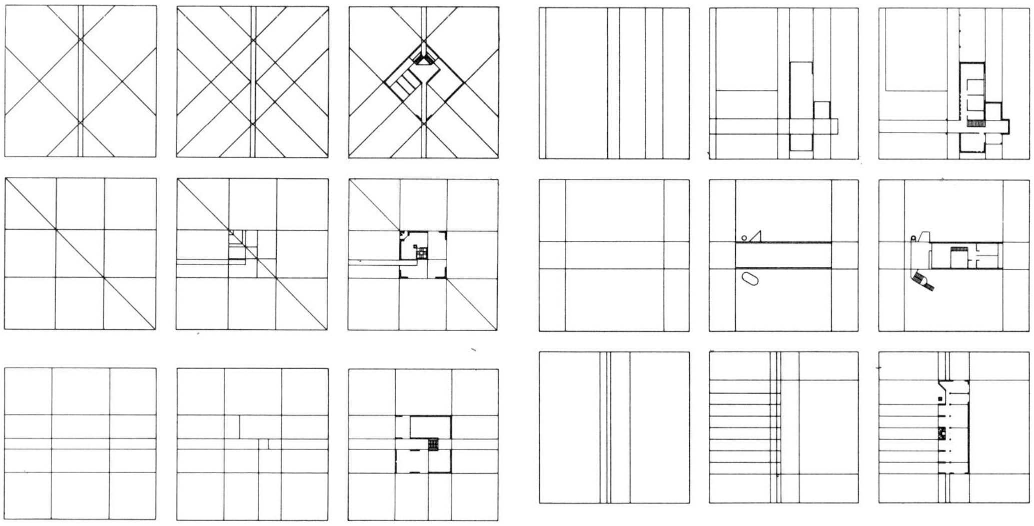

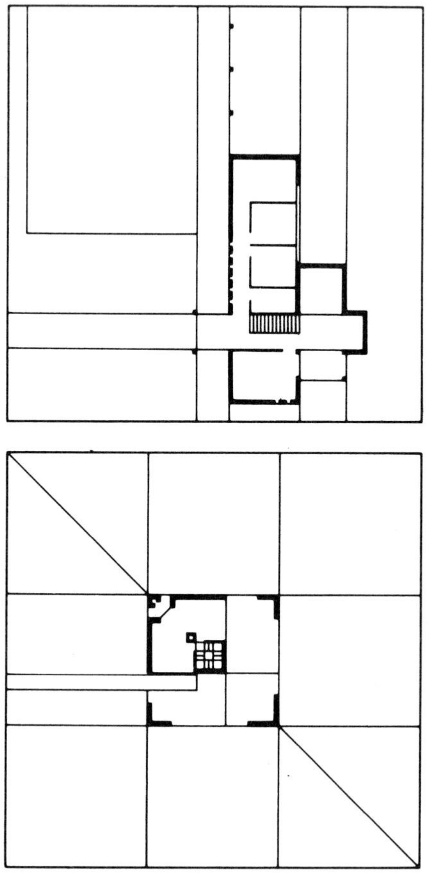

5.328 Mario Botta. Die Entwicklung der architektonischen Struktur für zwölf Einfamilienhäuser, dargestellt in jeweils drei Entwicklungsphasen.

5.329 Tadao Ando. Haus Manabe. Abeno. Osaka. 1976/1977. Raumanalyse.

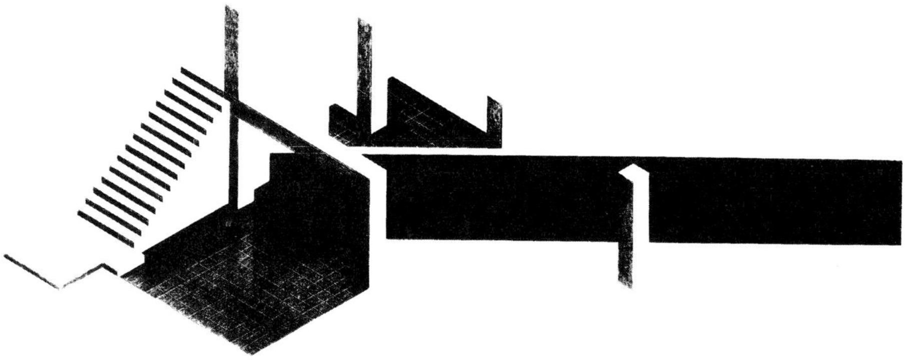

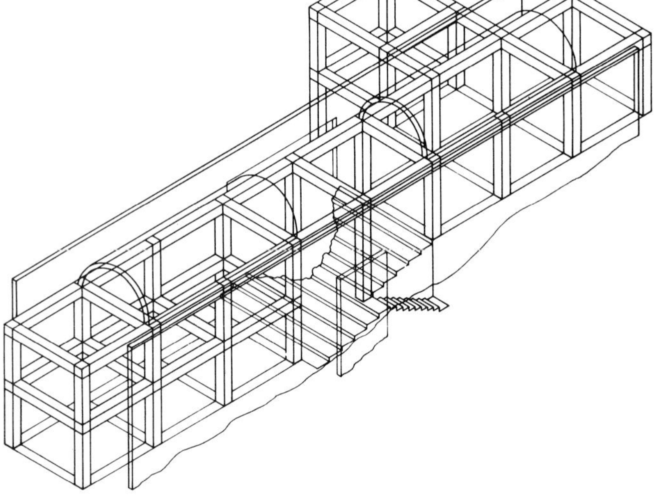

5.330 Tadao Ando. Haus Matsumoto. Ashija. Hyogo. 1977. Konstruktive Struktur.

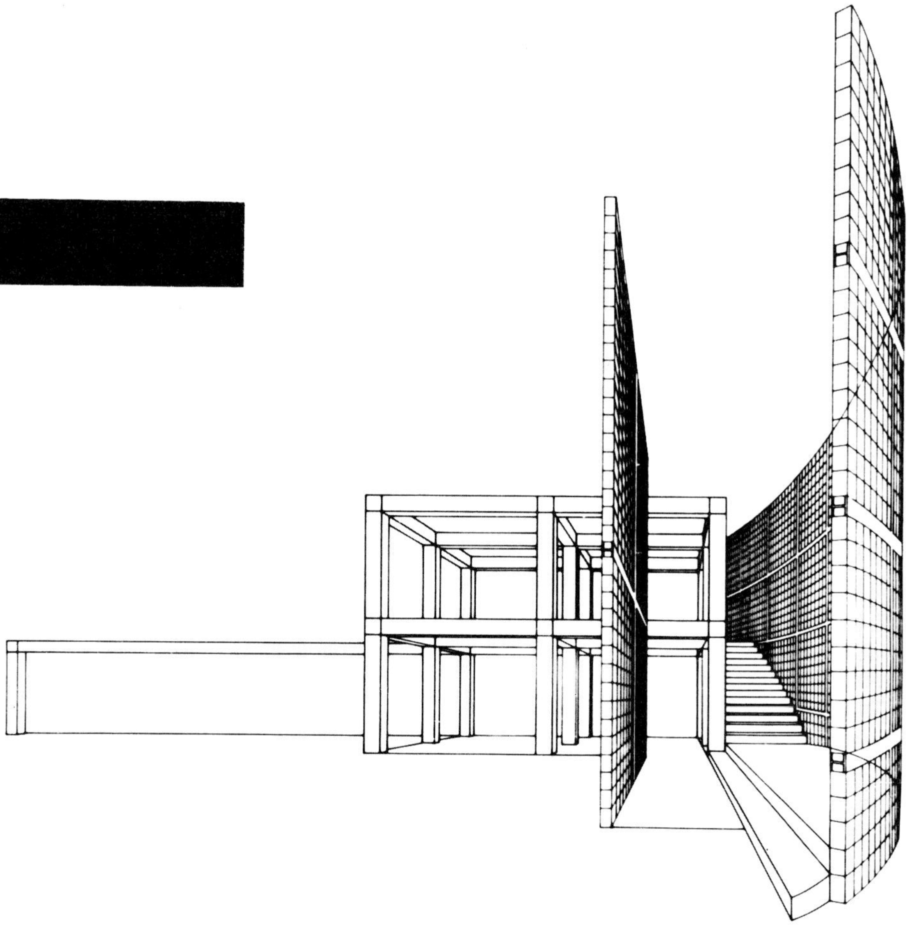

5.331 Tadao Ando. Haus Fuku. Wakayama. 1980. Raumanalyse.

Eine Untersuchung von fünf Projekten von Richard Meier gibt in einer Motivreihe, tabellarisch geordnet, einen Überblick über gestalterische Merkmale und ihre tektonische Wirkung bei Projekten verschiedener Umgebungsbedingungen und Aufgaben. Von der baulichen Ganzheit abstrahiert sind grundrißlich jene strukturellen Merkmale, die, vom Repertoire des Entwerfers bekannt, durch die Gegebenheiten der Bausituationen wie auch infolge sich wandelnder Wertschätzungen abgeleitet und variiert immer wiederkehren. Der architektonische Code verweist auf die von Meier erzielte Stufung bei streng durchgehaltener interner Perspektivik, und es zeigen sich Einzeleigenschaften in abstrakter, vom Gesamtobjekt abgelöster Reinheit. Im Ganzen: Regel und Lockerung der Regel, doch ohne Entspannung der tektonischen Strenge; Anpassung an lokale Situation und Topographie, wie es die Klarheit der architektonischen Form jeweils erfordert.

5.332 Richard Meier. Museum für Kunsthandwerk. Frankfurt/M. 1980.
(1) Analyse der Erschließung
(2) Analyse der äußeren Raumgliederung

Richard Meier. Analyse nach: Raumprogramm; konstruktive Primärstruktur; Eingangssituation; Verkehrserschließung; Prinzip der offenen und geschlossenen Raumbegrenzung.

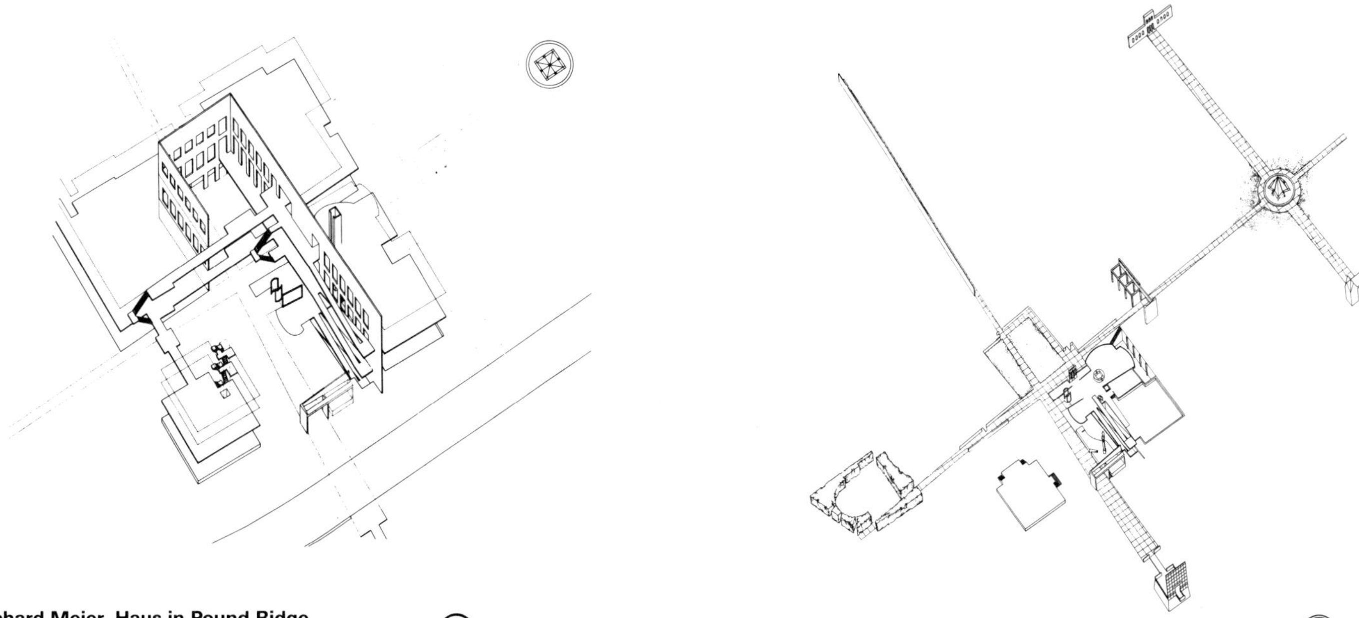

5.333 Richard Meier. Haus in Pound Ridge. New York. 1969.

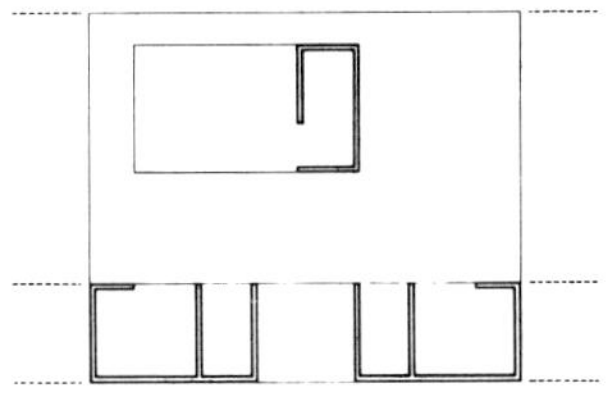
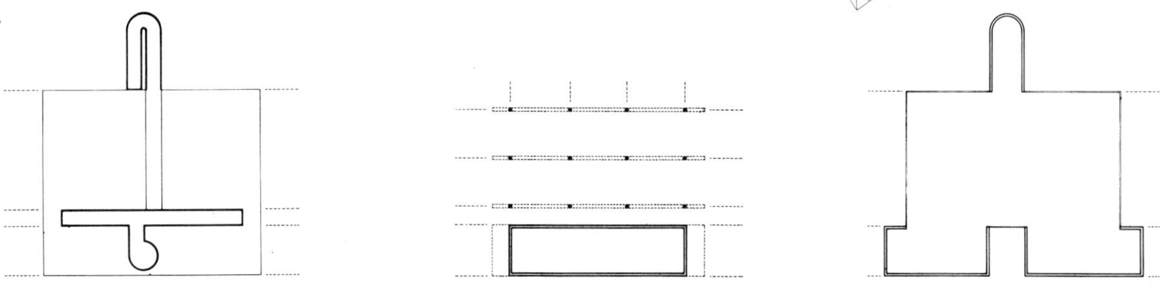

5.334 Richard Meier. Prototyp für Niederlassungsbüros der Firma Olivetti in den USA. 1971.

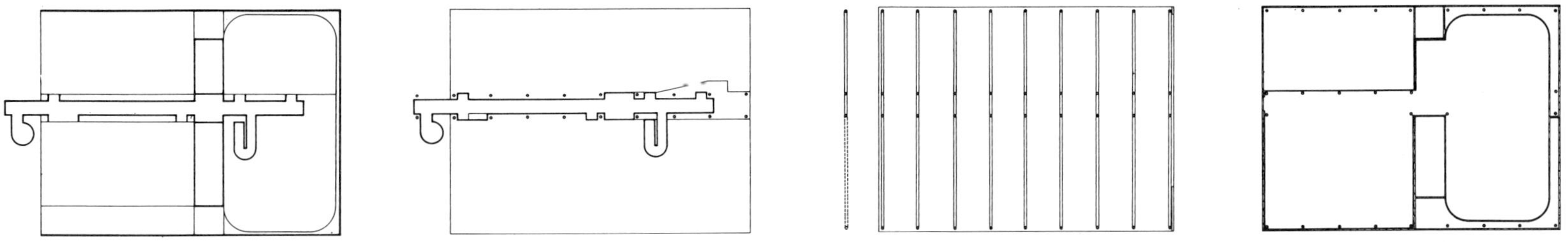

5.335 Richard Meier. Wohnheim für das Olivetti-Trainingszentrum. Tarrytown. New York. 1971.

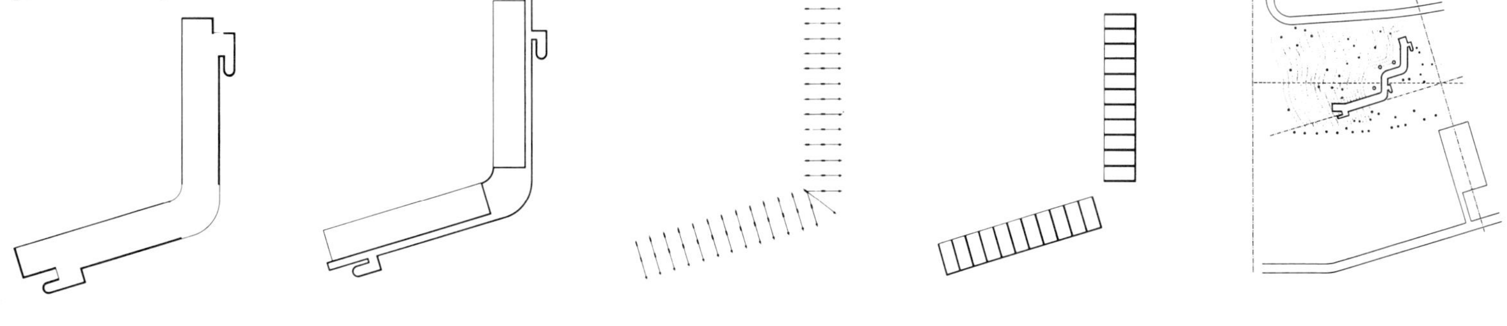

Exkurs:
Die gekrümmte Fläche als konstituierendes Entwurfselement

Anmerkungen über den Wert gekrümmter Flächen

Das ästhetische und weitgehend puristisch eingefärbte Ideal der Moderne basiert auf dem aus ebenen Flächen zusammengefügten orthonormierten Raumgebilde. Der Stellenwert anderer, nicht orthogonaler Raumstrukturen wird weniger beachtet. Innerhalb der Architektur(form) hat die Konstruktions(form) meist eine geringere Bedeutung. Derartig beschaffenen Bauten haftet oft etwas Nurtechnisches an. Eine weitere Auffassung vertraut dem axiomatischen Denken und rückt allein das Konstruktive in den Mittelpunkt, ohne daß die Integration im Gesamtvorgang des Entwurfs erreicht wird. Die gekrümmte Fläche sollte als ein bedeutungsoffenes, manchmal auch konstituierendes Element verstanden werden, ohne einen bestimmten Zusammenhang von Zeichen und Inhalt, Form und Funktion vorauszusetzen.

Eine Anthologie
Der Holzschnitt aus einem von Sebastiano Serlios Büchern über Architektur, die seit 1537 erschienen, ist die einzig erhaltene Darstellung der Kuppel von St. Peter in Rom. Es handelt sich um einen Entwurf Bramantes, der jedoch nicht eigenhändig von ihm angefertigt wurde. Antonio Gaudí ist eine frühe Anwendung einer Regelfläche zu verdanken, die er als Dachkonstruktion der Pfarrschule der Sagrada Familie 1909 aus Holzbalken mit Ziegelsteinplatten errichtete. Die konoide Regelfläche ist so zueinander versetzt, daß in der Form einer Sinuslinie jeweils Hoch- und Tiefpunkte der Längsränder einander gegenüberliegen.

5.336 Sebastiano Serlio. Kuppel St. Peter. Rom. Nach dem Entwurf Bramantes.

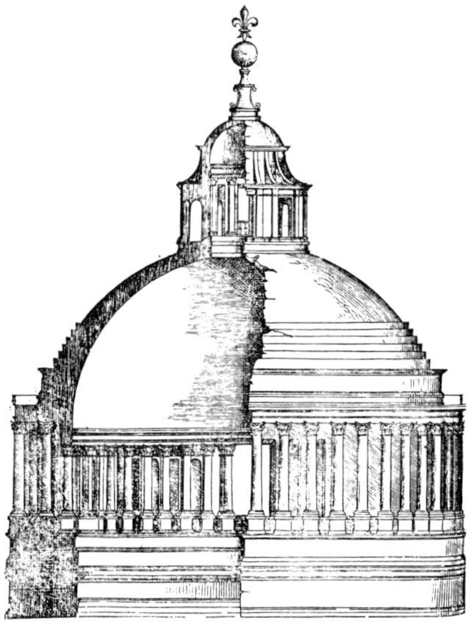

Im Schnitt sind gleichzeitig die äußere konvexe und die innere konkave Halbkugel dargestellt, die sich über dem Zylinder des Tambours erhebt. Von leichter Schraffur mit Ansätzen von Formstrichen wird die Flächenkrümmung angezeigt, doch ohne wesentliche plastische Wirkung.

5.337 Andrew Weininger. Kugeltheater. 1925/1926. Projekt.

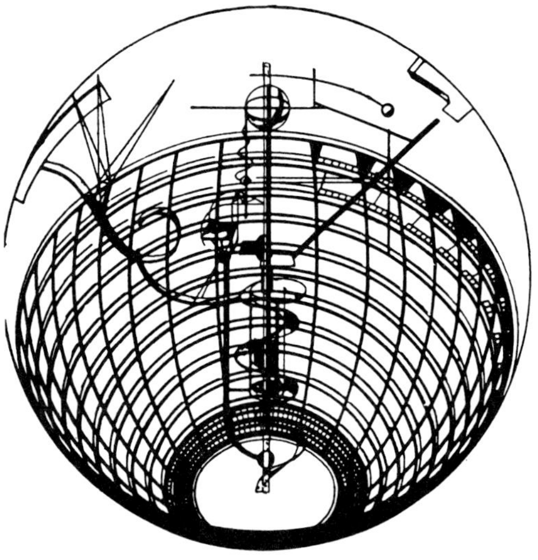

Theaterprojekt mit drehbarer Zentralbühne. In konkaven Wänden sind Publikumsnischen eingelassen. Die senkrechte Drehachse sollte als Schnürboden und den Akteuren als Zugang zur Bühne dienen.

5.338 Venturi und Rauch. Dixwell Feuerwehrstation. New Haven. Connecticut. 1970.

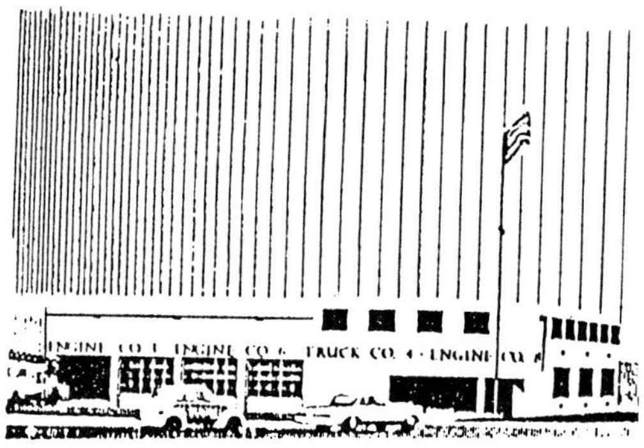

Senkrechte Gerade verdeutlichen den zylindrischen Krümmungsverlauf der Wand.

5.339 Antonio Gaudí. Dachkonstruktion der Pfarrschule der Sagrada Familia. Barcelona. 1909.

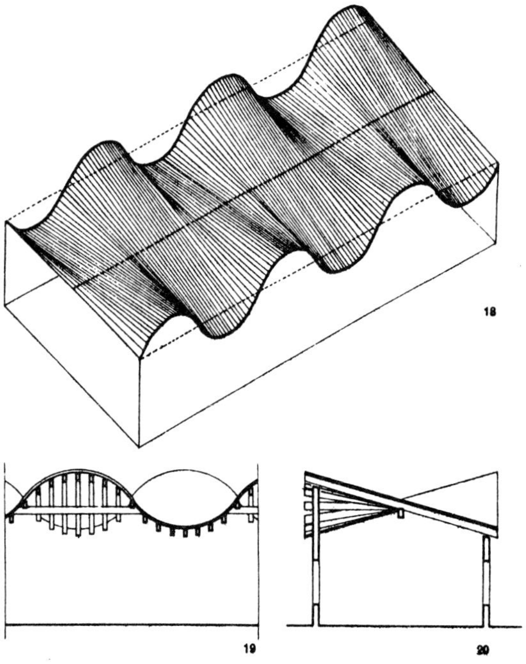

5.340 Eduardo Catalano. Kombinationen von hyperbolischen paraboloiden Flächen zur Schirmform.

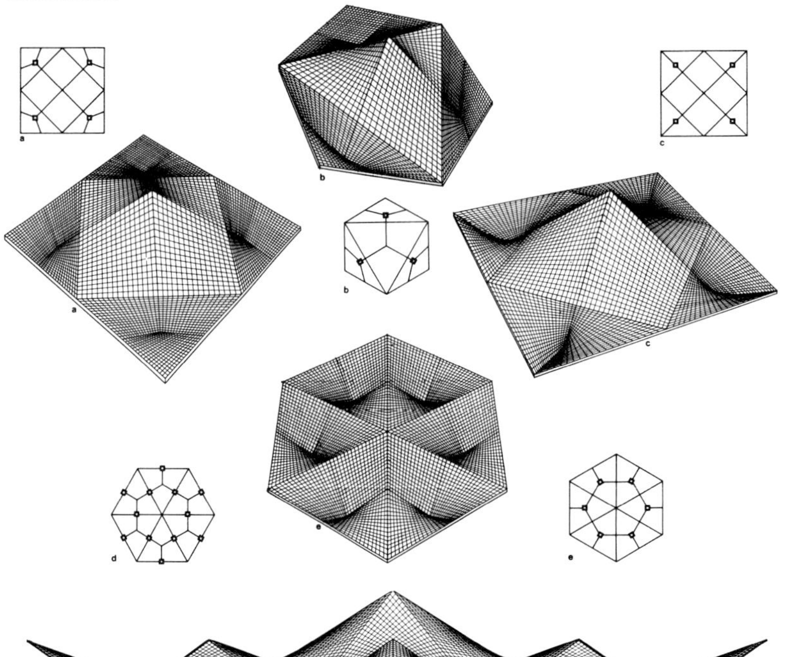

Eduardo Catalano, der frühzeitig Erfahrung in der Gestaltung mit doppelt gekrümmten Flächen beim Bau seines Hauses sammeln konnte, fügte in einem spektakulären Projekt 18 hyperbolische Paraboloide zu einer weit gespannten Dachkonstruktion zusammen.
Stellvertretend für die unübersehbare Fülle, die Frei Otto zum Thema zugbeanspruchter Konstruktionen erarbeitete, seien hier zwei Skizzen erwähnt. Die erste behandelt Kombinationen von Membranen und Seilnetzen mit verschiedensten Randausbildungen und -befestigungen. Die zweite Skizze zeigt Kombinationen von Membranflächen über einem quadratischen Netz.

Die Maxime der Moderne, das Innere eines Gebäudes habe seinem Äußeren zu entsprechen, wurde beim Entwurf des Opernhauses in Sydney ignoriert. Jørn Utzon plante eine Gruppe von Schalen über einem großen Plateau. Alle Kurven dieser Schalen sind durch Kreise bestimmt, denn sie liegen auf der Kugeloberfläche, und jede Schnittkurve einer Kugel mit einer Ebene ist ein Kreis, wenn dessen Achse durch die Kugelmitte geht. Durch die Aufteilung der Kugeloberfläche sind vier Kugelsektoren gewonnen, deren Schnitte vom Pol aus durch Großkreise und deren Breitenkreise in verschiedenen Winkeln gewählt sind. Es entstehen daraus vier sphärische Dreiecke verschiedener Scheitel und Winkel. Die vom Pol ausgehenden Kurven sind nicht nur für die Darstellungen, sondern auch für die Ausführung der Fertigelemente grundlegend. Die Kugelschalen sind spiegelsymmetrisch angeordnet, und ihre Ränder haben Gratbögen, die Biegemomente aufnehmen. Ähnlich kompliziert verlief die Entwicklung der frei, eher kontrapunktisch geformten, von den Gewölben abgehängten hölzernen Faltdecken aus einem System von Polygonen mit zahllosen Graten und Kehlen. Der für die Entwicklung der Profile zugrunde gelegte Körper ist der Zylinder; Kreisscharen schneiden sich mit den Strahlen, die vom Auflagerpunkt der betreffenden Gewölbeschalen ausgehen.

5.341 (1) Frei Otto. Kombinationen von Membranen und Seilnetzen verschiedener Randbefestigungen.

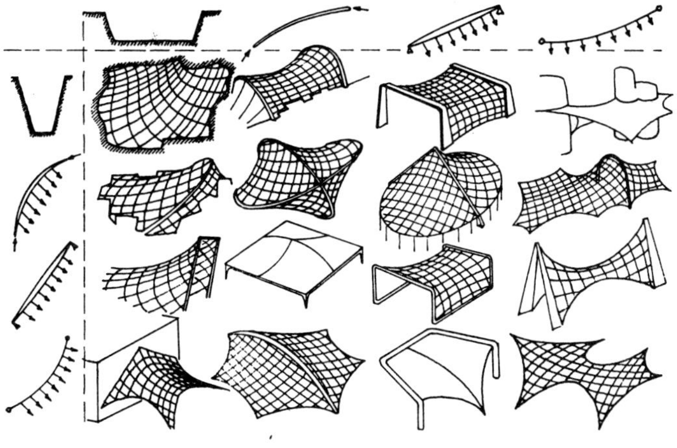

(2) Die zweite Skizze zeigt Kombinationen von Membranflächen über einem quadratischen Netz.

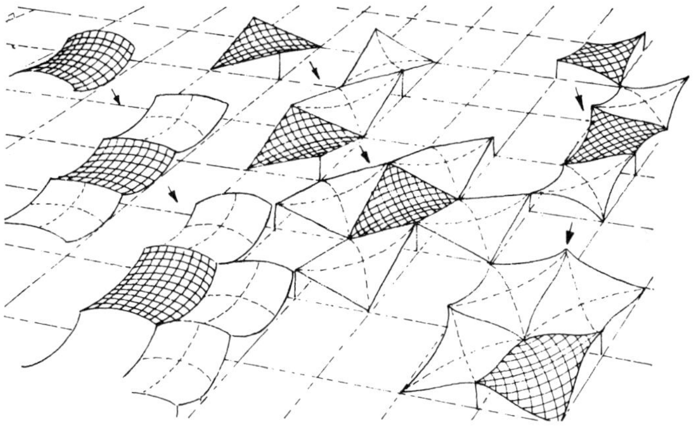

5.342 Jørn Utzon. Geometrische Entwicklung der Gewölbeschalen durch Meridiankreise der Kugel.

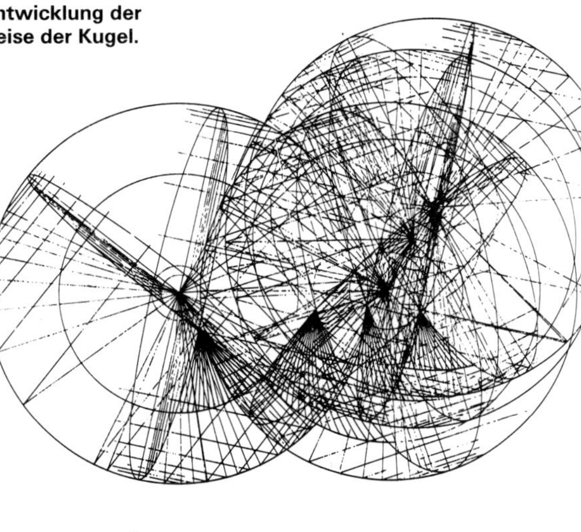

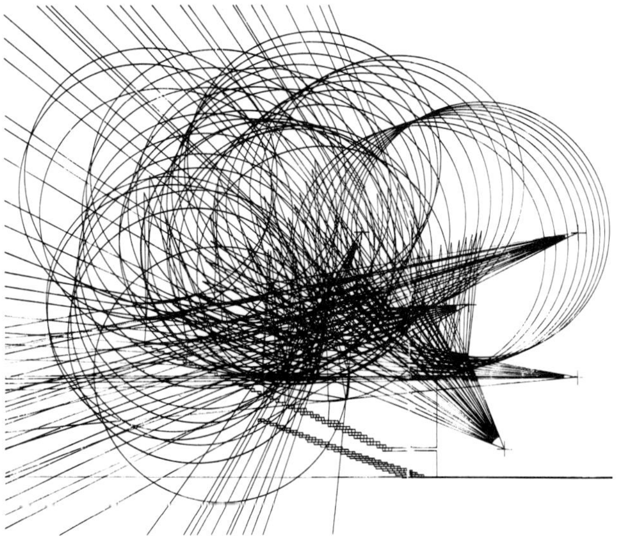

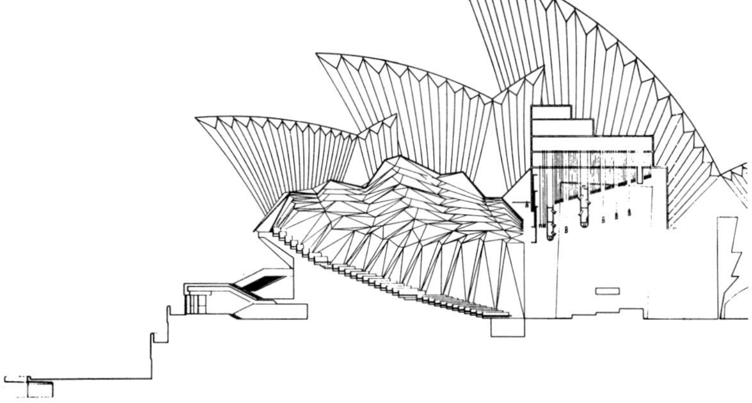

5.343 Jørn Utzon. Opernhaus in Sydney. 1956–1973. Längsschnitt durch den kleinen Saal und das Bühnenhaus.

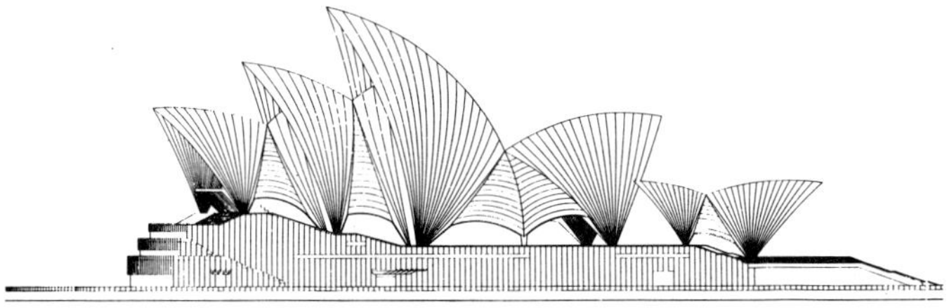

5.344 Jørn Utzon. Opernhaus in Sydney. 1956–1973. Seitenansicht.

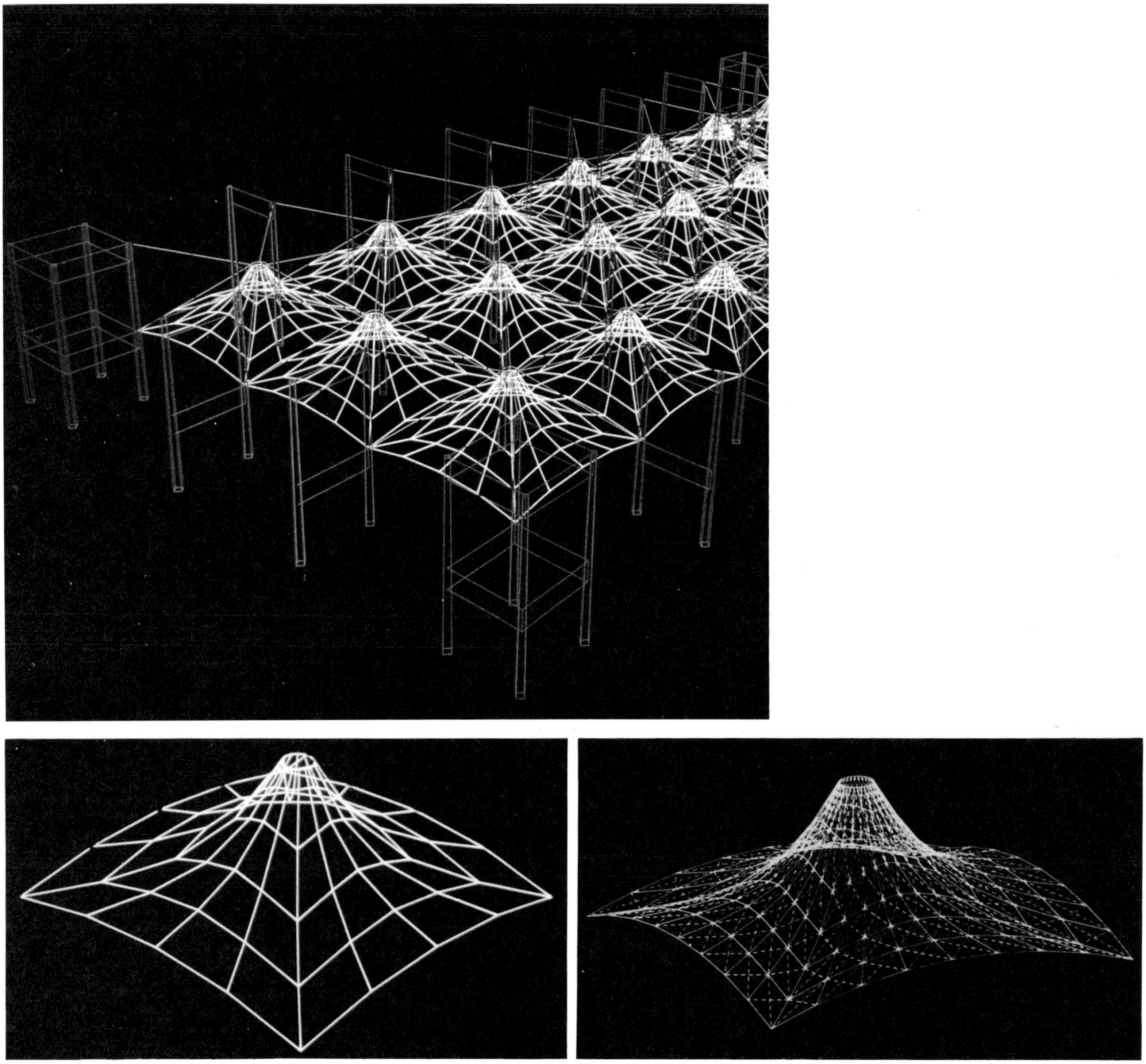

5.345 Skidmore, Owings & Merrill.
Flughafenempfangsgebäude in Jedda,
Saudi-Arabien.
Für den Flughafen in Jedda wurde das Dach, das aus zweifach gekrümmten Flächen besteht, bei Skidmore, Owings and Merrill über die eigene, extrem leistungsfähige Computeranlage entwickelt. Die Simulation erlaubt das Studium des optimalen Krümmungsverlaufs, aus der die endgültige Form und die Dimensionierung resultieren.

Zeichnungen und Projekte von Felix Candela

Die gekrümmte Fläche als Substrat und Akkumulation – bei Felix Candela findet diese Möglichkeit ihren sinnfälligen Ausdruck in der Identität von Form und Konstruktion. Das konstruktiv und formal schwierig zu beherrschende, an geometrische und statische Gesetze gebundene Bauen mit gekrümmten Flächen bewirkte, daß nur wenige sich der Formfindung unter strukturellen Bindungen zuwandten.
Die doppelt gekrümmte Fläche ist für die gespannte Membrane des Zeltbaus nach den Verfahren Frei Ottos Voraussetzung; für die Stahlbetonausführung ist sie ideal, da sich zumindest in der symmetrischen und geradlinig begrenzten Grundform eines hyperbolischen Paraboloides die Zug- und Druckkräfte zueinander ausgewogen verhalten und die Schale tangential zur Krümmung Zug- und Druckkräfte aufnehmen kann. Die hyperbolischen Paraboloide sind, geradlinig begrenzt, ebenso zu einem größeren Verband zu addieren wie kurvig begrenzte; im Werk Candelas finden sich beide Formen.
Die Zeichnungen Candelas, in seinem Büro von Francisco Fuentes und Fernando Mata bearbeitet, führen hinein in die Suche nach zunächst expressionistisch anmutenden, jedoch strukturell begründeten Konstruktionsformen. Sie sind aus der Analyse der Bauaufgabe hervorgegangen und richten sich nach den natürlichen Gesetzen des Gleichgewichts und der Ökonomie der Mittel. Die meist unter Verwendung von hyperbolischen Paraboloiden zusammengesetzten Formen lassen sich leichter rechnen als andere gekrümmte Flächen. Sie sollten nicht mit den Arbeiten anderer, etwa Eero Saarinens Flughafengebäude oder Jørn Utzons Opernhaus in Sydney verglichen werden. Diese waren weder unter der Prämisse der ingenieurmäßigen Konstruktionsform noch aus dem Wissen um die Leistungsfähigkeit einer Schale hervorgegangen. Diese Konstruktionsform muß aus dem Kräftefluß heraus gestaltet werden, um systematisch, schnell und wirtschaftlich gebaut werden zu können.
Über dem Hauptschiff der Kirche San Antonio de la Huerta spannen sich drei Schalen. Sie sind aus Segmenten des hyperbolischen Paraboloides zusammengesetzt. Die von Verstärkungen oder Randbalken freien Ränder werden von nichttragenden, aus formalen Gründen hinzugefügten Parabelbögen begleitet, zwischen denen – wie auch zwischen den drei Schalen selbst – die Oberlichtverglasungen eingefügt sind. Die in der axonometrischen Zeichnung aufgeschnittenen Schalen des oberen Kirchenraumes führen den Blick in die Krypta, die dem erwünschten Charakter nach mit ganz flachen Segmenten, wiederum aus HP-Schalen gewonnen, überdeckt ist. Darüber befindet sich die Fußbodenkonstruktion des Hauptschiffs.
Die Schale des Ausflugrestaurants in Xochimilco ist aus acht identischen Segmenten des hyperbolischen Paraboloids zusammengesetzt und kreuzgewölbeartig um das Zentrum angeordnet, so daß die Segmente mit den seitlichen Parabelbögen dicht zusammenstoßen und als Grundrißfigur ein regelmäßiges Achteck bilden. Die ebenfalls parabelförmigen Kehlen leiten den Kräftefluß in die Fundamente ab. Der kurvig begrenzte äußere Schalenrand ist ohne Randbalken ausgeführt. Die Zeichnung erläutert die Geometrie der Schalen. Sie zeigt darüber hinaus, wie die Segmentform aus dem hyperbolischen Paraboloid geschnitten und zur symmetrischen Form über einem achteckigen Grundriß zusammengesetzt wurde.

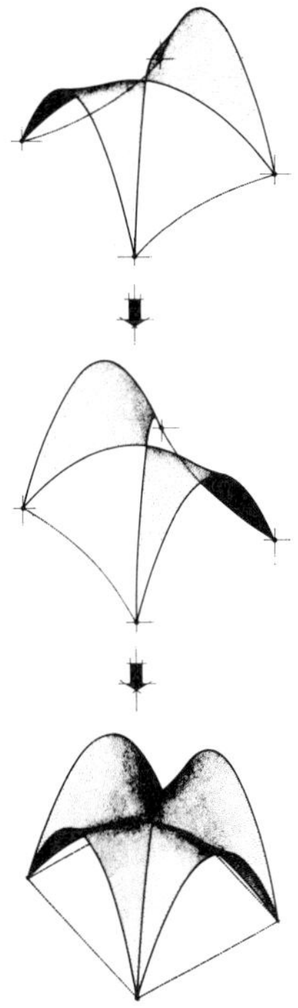

5.346 Felix Candela und Alejandro Prieto. Ciba Laboratorien. Calzada Tlalpam. Churubusco. Mexico-Stadt. 1954.

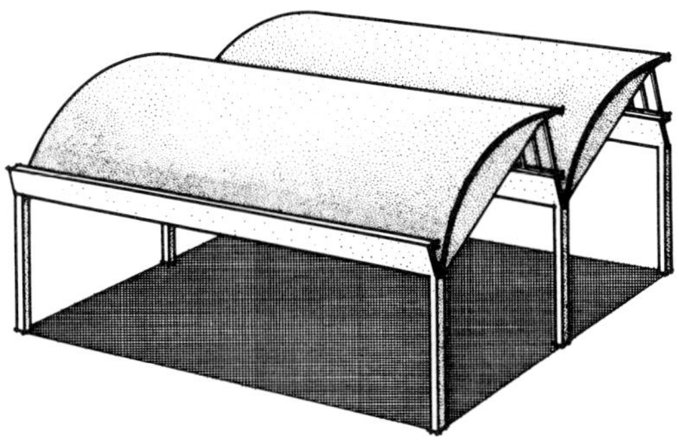

5.347 Felix Candela. Brennerei Bacardi. La Galarza. 1955.

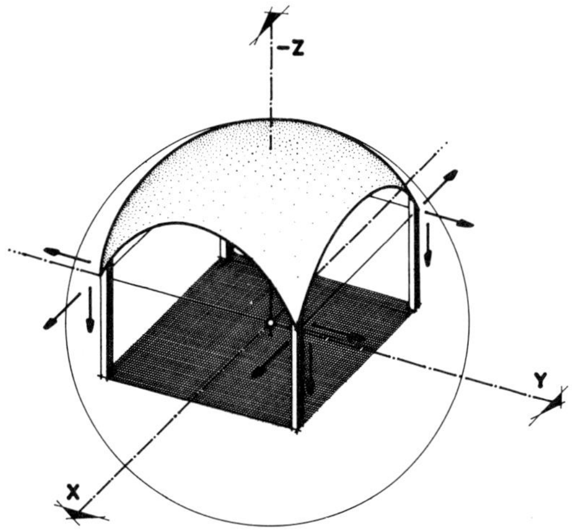

5.348 Felix Candela, Enrique de la Mora und Fernando Lopez Carmona. Hauptsaal der Börse. Calle Uruguay. Mexico-Stadt. 1955.
Zwei Grundformen des hyperbolischen Paraboloides, die erstmals mit freiem Rand realisiert wurden. Zeichnung: Durchdringung zweier Paraboloide.

5.349 Felix Candela. Kapelle Sankt Vincenz von Paul. Coyoacan. 1959–1960.

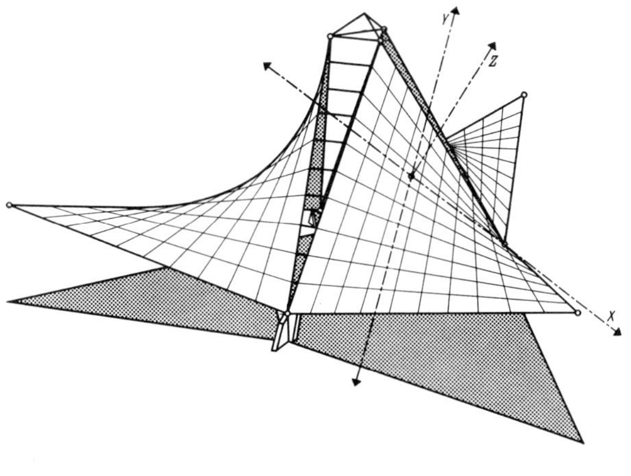

5.350 Felix Candela und Raul Fernandez. Fernandez-Fabrik. San Bartolo. Mexico. 1950.
Perspektive der Halle. Schematische Darstellung der Geometrie des Konoids und konstruktiver Schnitt. Konoidschalen, die jeweils eine Spannweite von 15 m × 6 m überdecken, sind zu einer Sheddachhalle angeordnet. Die Leitkurve des Konoids ist eine spannungsgleiche Kettenlinie, die Erzeugenden sind Gerade, die Zwischenzonen zwischen Zugband und oberem Schalenrand sind schräg verglast. Ihre Schatten kontrastieren in der lebhaften und räumlich anschaulichen Darstellung mit den hellen Schalenflächen.

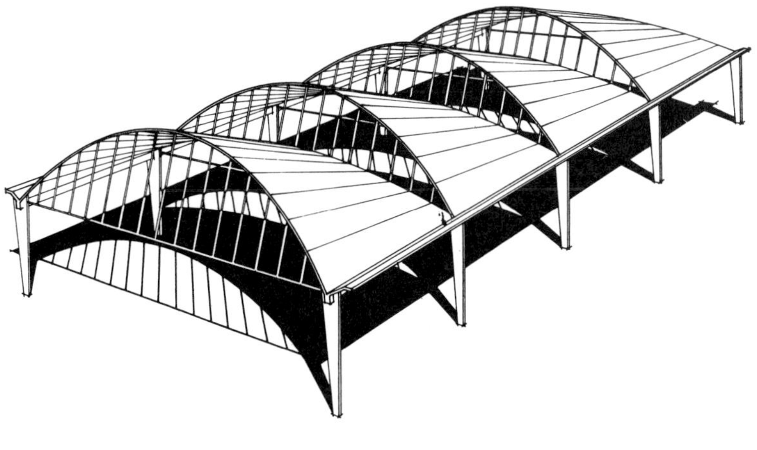

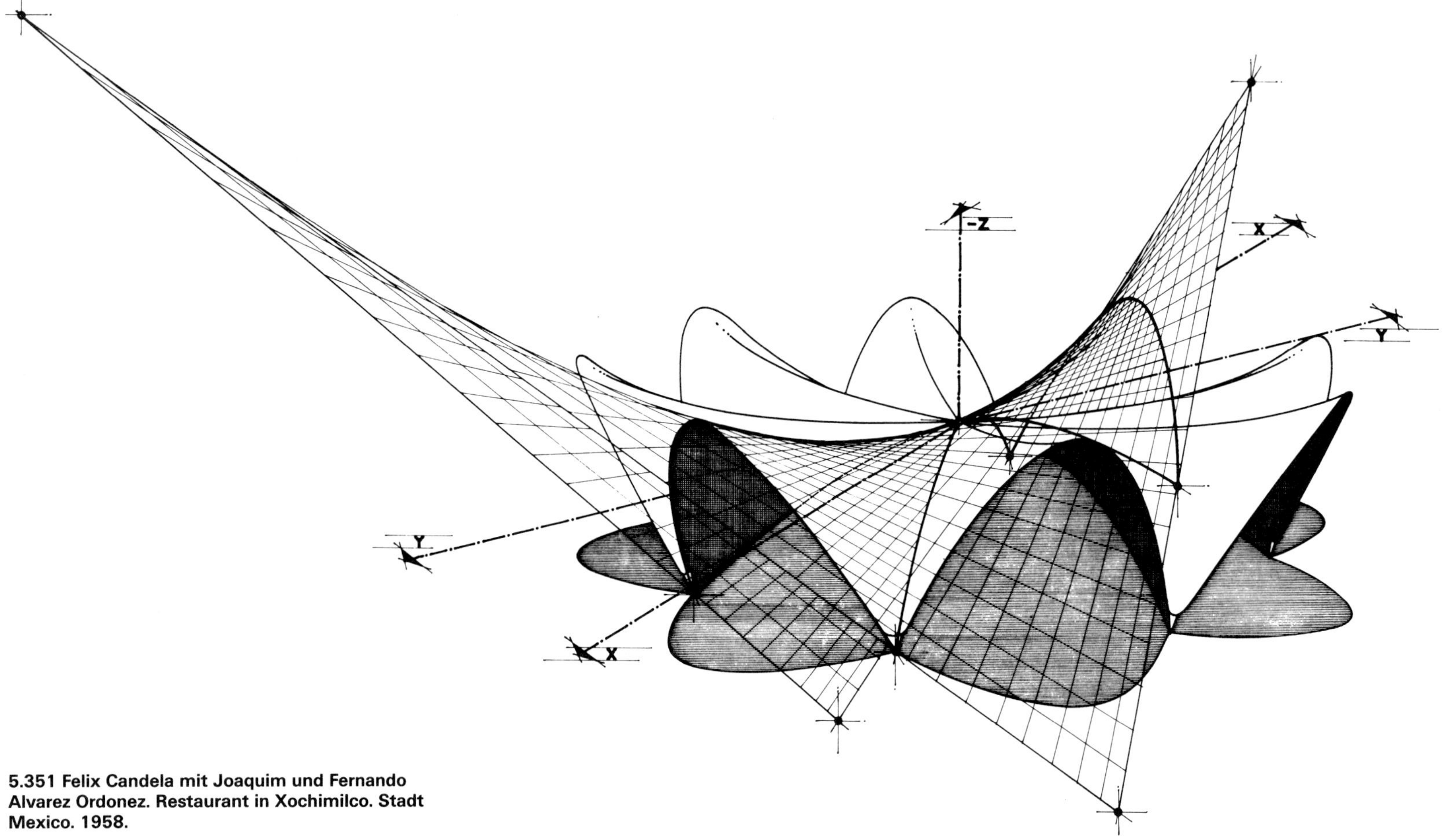

5.351 Felix Candela mit Joaquim und Fernando Alvarez Ordonez. Restaurant in Xochimilco. Stadt Mexico. 1958.

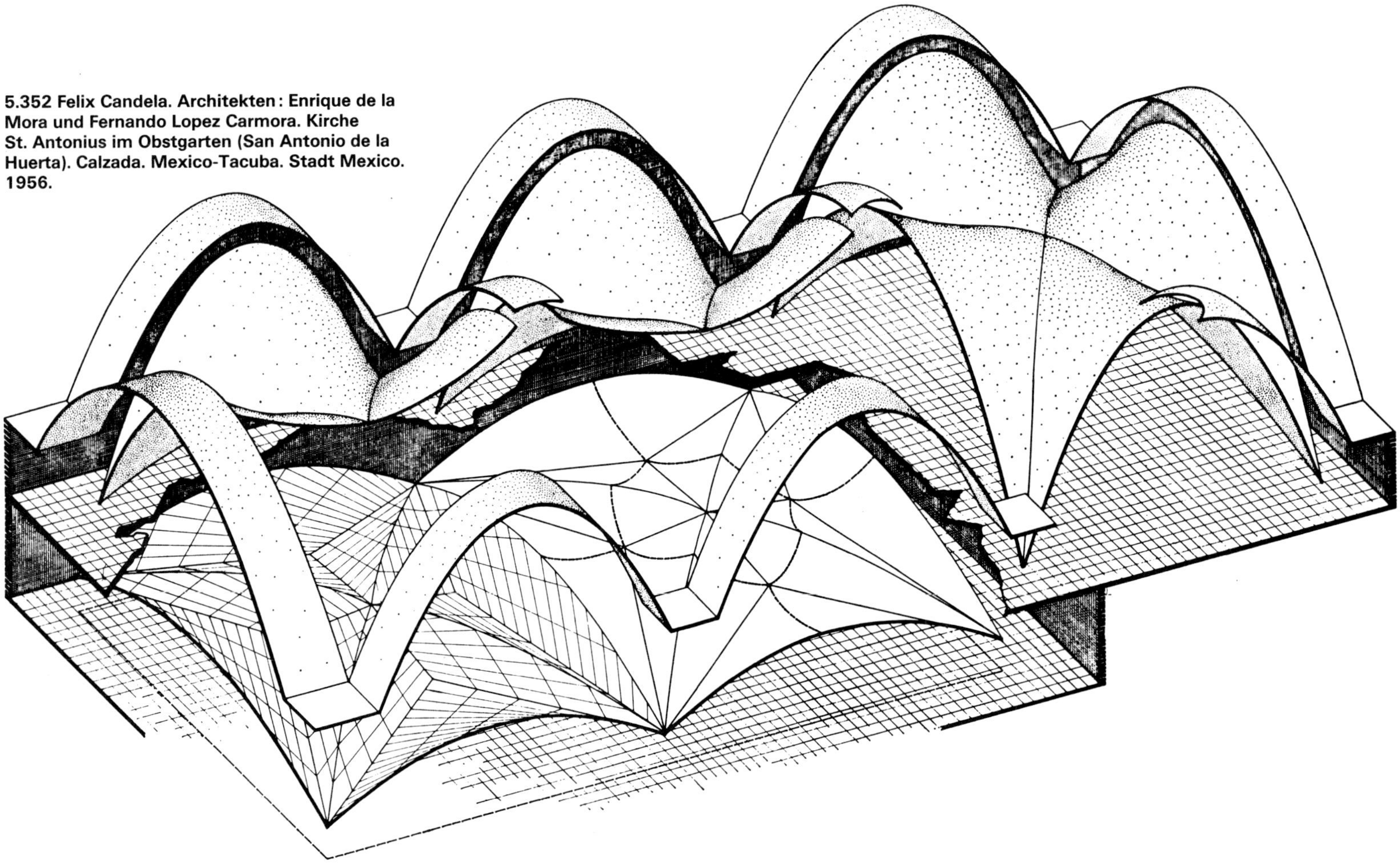

5.352 Felix Candela. Architekten: Enrique de la Mora und Fernando Lopez Carmora. Kirche St. Antonius im Obstgarten (San Antonio de la Huerta). Calzada. Mexico-Tacuba. Stadt Mexico. 1956.

Die gekrümmten Flächen der Fahrbahnen

Eine Straße ist ein gerades oder gekurvtes Flächenband, das von den beiden Straßenrändern begrenzt und in der Mitte von der Straßenachse geführt wird. Die Straßenachse kann eine Gerade, eine ebene Kurve oder eine Raumkurve sein; entsprechend ist die Straßenfläche eben oder gekrümmt. Ist die Straßenachse eine Gerade, so wird die Straßenfläche vorwiegend von einer Ebene gebildet; verläuft die Achse in einer nicht horizontalen Kurve oder als Raumkurve, so ist die Straßenfläche eine gekrümmte Fläche, aufgespannt zwischen verschiedenen Raumkurven, die in Längsrichtung steigen oder fallen. In der Höhenliniendarstellung kommt die Beschaffenheit der Straßenfläche als Funktion der Neigung und des Längsgefälles zum Ausdruck. Sie erst verdeutlicht konstruktive, ferner gestalterische Merkmale und vermittelt bereits einen Eindruck der dynamischen Eigenschaften der Straße, wie man ihn später beim Befahren hat. Schematisch eingeteilt ergeben sich aus der räumlichen Lage der Straßenfläche folgende Höhenlinien:
Bei Längsgefälle verlaufen die Höhenlinien quer zur Fahrbahn; bei Querneigung verlaufen sie parallel zur Fahrbahn; Längs- und Quergefälle zusammen ergeben schräge Höhenlinien.

5.353 Hans Lorenz. Fahrbahnhöhenlinien.

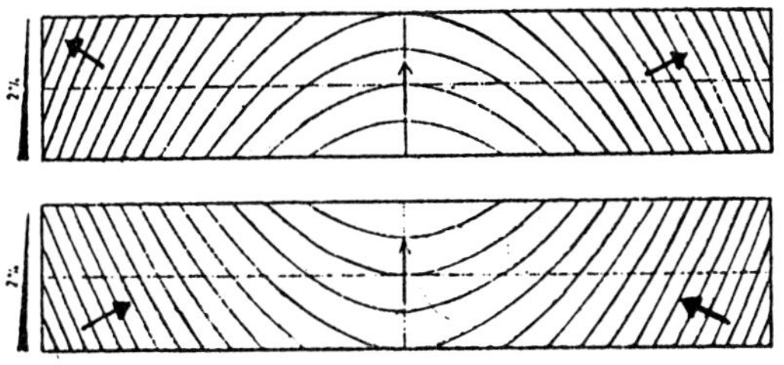

5.354 Hans Lorenz. Kurve auf einer Kuppe mit Querneigung.
Kurve in einer Wanne mit Querneigung.

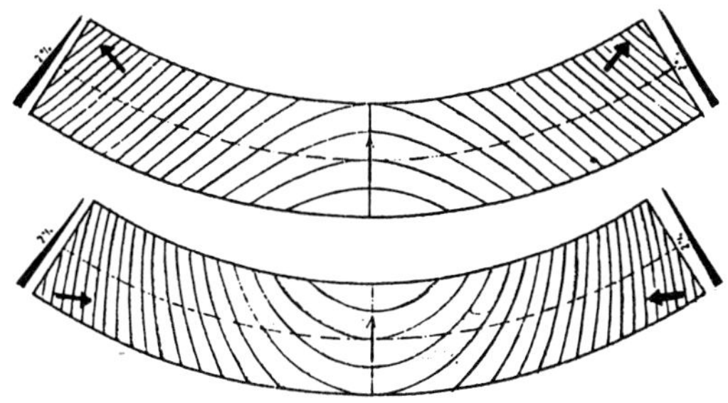

5.355 Hans Lorenz. Kuppe. Die Pfeile geben die Abflußrichtung des Wassers an.

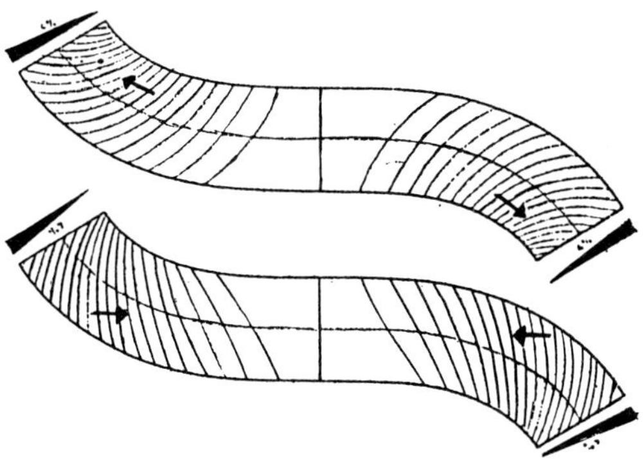

5.356 Übergang von einer Geraden mit Querneigung zur Kurvenquerneigung.
Übergang von einer Geraden mit Einseitneigung zur vollen Kurvenquerneigung.

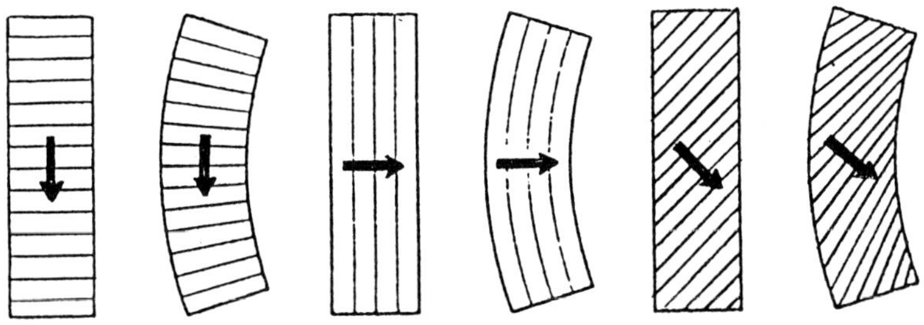

5.357 Übergang von einer Geraden mit entgegengesetzter Einseitneigung zur Kurvenquerneigung.

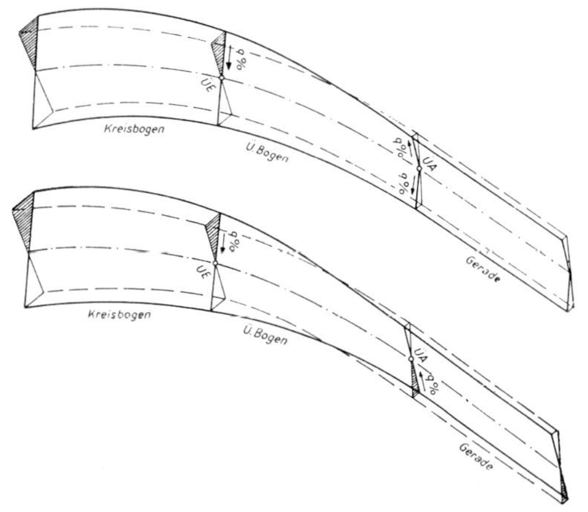

5.358 Fahrbahnhöhenlinien an einem Knoten.

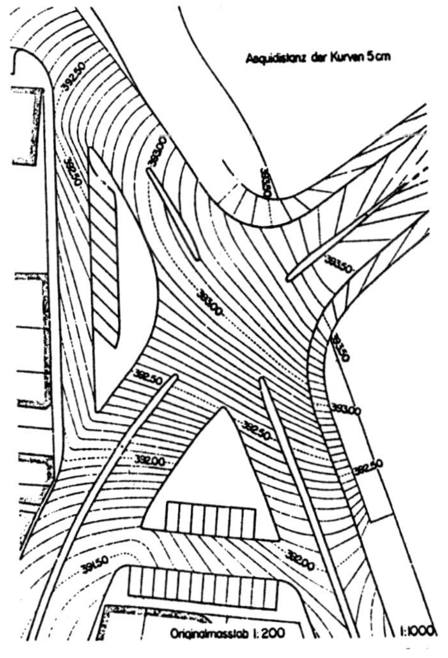

5.359 Wendelung in eine S-Kurve.

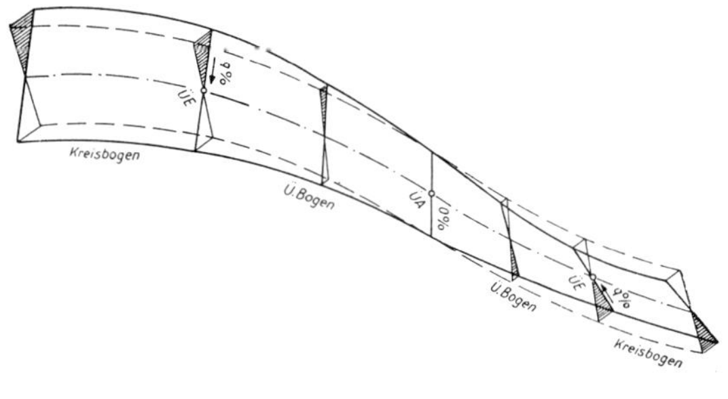

Die Darstellung funktionaler Beziehungen

Die graphische Gestaltung von Zahlenmaterial

Diagramme

Diagramme sind graphische Darstellungsformen zur Veranschaulichung von zeitlichen Entwicklungen oder sachlichen Gliederungen von sonst unübersichtlichem oder schwer einprägsamem Zahlenmaterial. Sie sind übersichtlicher, verständlicher, jedoch weniger genau als Zahlentabellen. Das ist unerheblich, wenn sie neben konkreten Texten und Daten stehen.
Zahlentabellen werden gelesen, Diagramme dagegen mit einem Blick erfaßt. Die oft anstelle von Diagramm gebräuchliche Bezeichnung »Schaubild« weist darauf hin.
Das Diagramm tritt in nahezu identischer Form ebenso im Kartogramm auf. Das statistische Zahlenmaterial ist dort nicht mehr losgelöst vom Raum, sondern entsprechend seiner Herkunft auf einer Karte lokalisiert. Im folgenden seien in der hier gebotenen Kürze die sechs gebräuchlichsten Diagrammformen und einige Darstellungsregeln umrissen:
– Das Diagramm soll das Zahlenmaterial anschaulicher machen, die räumliche Lokalisierung tritt zurück; sie ist dem Kartogramm vorbehalten.
– Die Auswahl der graphischen Mittel und die Präsentationsform sollte die anzusprechende Zielgruppe berücksichtigen.
– Im Vordergrund steht die Aufgabe, die Wert- und Mengeninhalte und ihre Beziehungen anschaulich zu erklären; hierzu eine Regel von O. Neurath: »Vereinfachte Mengenbilder sich merken ist besser, als genaue Zahlen vergessen.«[1]
– Diagramme sollen ohne weitere Textbeifügungen verständlich sein; Werte- und Mengenbezug sind in der Legende zu erklären; die kurze Titelangabe dient der thematischen Erläuterung.
– Zweidimensionale Signaturen sind hinsichtlich der Mengeneinschätzung zuverlässiger als dreidimensionale, auch sind sie leichter darzustellen.
– Dreidimensionale Signaturen sind bei großen Wertunterschieden vorteilhaft und sollten nur dort eingesetzt werden. Beispiel: Würfel und Würfelpackungen sind so zu behandeln, daß sich ihre Erscheinung visuell günstig in den bildnerischen Kontext einfügt. Bei Diagrammen verhalten sich zu den vergleichenden Zahlenwerten jeweils proportional: die Längen bzw. die Höhen bei Kurven-, Stab- und Flächendiagrammen, d. h. an der Stabhöhe wird der Wertverlauf deutlich; die Flächeninhalte, Quadrate, Kreise etc., bei Flächendiagrammen; das Volumen von Würfeln, Kugeln etc. bei Diagrammen mit körperhaften Signaturen.
Kurvendiagramme sind mit Ausnahme der logarithmischen Darstellungen leicht anzufertigen und jedem unmittelbar verständlich. Stab- und Flächendiagramme sind zur Gliederung nach Sachgruppen günstig; körperhafte Diagrammfiguren sind es bei großen Wertunterschieden; zur Darstellung verschiedener Mengenwerte ist die Wechselgeldmethode besonders geeignet. Gelten die Werte für einen geographisch bestimmten Ort, so kommt hierfür das Kartodiagramm zur Anwendung. Das Kartodiagramm zeigt die Werte für einen territorialen Bereich mit deutlicher Darstellung der Grenzen, aber nicht ihre flächenmäßige Verteilung. Über die flächenhafte Verteilung von statistischen Erscheinungen gibt erst das Kartogramm Auskunft.

Kurvendiagramme

Kurvendiagramme – auch vereinfachend Lineardiagramme genannt – entstehen mittels der einfachsten bildstatistischen Methode, die für Darstellungen absoluter und relativer Zahlenwerte wie auch für Verhältniswerte geeignet ist, so etwa für die Darstellung der Bevölkerungsentwicklung oder anderer statistischer Größen in einer zeitlichen Veränderung.
Auf einem rechtwinkligen Koordinatensystem veranschaulichen Kurven – dünne, dicke, farbige, durchgehende und gestrichelte Linien – den Verlauf einer meist zeitlichen Entwicklung. Sind nicht stetig verlaufende Werte gegeben, so entstehen nicht Kurven, sondern Polygonzüge. Der Verlauf, die Verhältnisse der Größenwerte sind bei Kurvendiagrammen gut zu beurteilen, da der Kurvenverlauf zu den vergleichenden Werten proportional ist. Die Eintragung der Zeitabstände ist auf der Abszisse üblich, während man auf der Ordinate mit arithmetischer Skala, Indexskala oder logarithmischer Skala die Zahlenwerte aufträgt. Diese Arbeit kann man sich durch Verwendung von Millimeterpapier oder logarithmischem Papier erleichtern. Halblogarithmische Diagramme weisen arithmetische und logarithmische Skalen auf; sie machen die progressive Tendenz einer Entwicklung deutlicher als reine arithmetische Gliederungen. Indexzahlen sind Verhältniszahlen, Prozentwerte etwa, die angeben, um wieviel Prozent die Mieten, die Baupreise usw. insgesamt gestiegen sind. Allgemein sind die Indexzahlen zur Darstellung absoluter Zahlenwerte günstig; bei relativen Veränderungen sind logarithmische Diagramme besser geeignet. Unsichere, prognostische Kurven sollte man gegenüber anderen Kurven etwa durch Strichlinien markieren. Die synchrone Überlagerung mehrerer Kurven ist anschaulicher als mehrere isolierte Darstellungen. Zur Beurteilung der Verhältnisse ist allein die Relation der zwei Werteinheiten auf den Koordinaten entscheidend, die günstigste Kurvencharakteristik ohne allzu steilen oder flachen Verlauf läßt sich erproben, wenn man mehrere Werteinheiten durchspielt.

Flächendiagramme

Flächendiagramme lassen verschiedene geometrische Figuren zu: Quadrat, Rechteck, Kreis. Unregelmäßige geometrische Figuren sind nicht gebräuchlich. Verbreitet ist ein Flächendiagramm, das durch graphische Flächenbehandlung der zwischen Abszisse und Kurvenbegrenzung umrissenen Fläche entsteht. Der Vorteil des Flächendiagramms gegenüber dem Lineardiagramm ist das langsamere Wachstum des Flächeninhalts im Gegensatz zu eindimensionalen Linien- und Stabdiagrammen. Der Flächeninhalt des Diagramms wird zur darzustellenden Menge proportional gesetzt. Das Flächendiagramm bringt besonders die Entwicklung verschiedener Komponenten einer Gattung zum Ausdruck. Der dann schichtenartige Aufbau fordert eine ausgewogene graphische Behandlung; so sollten beispielsweise dunklere Schraffuren oder Farben den unteren Schichten vorbehalten sein. Das vermeidet einen visuell »lastenden« Ausdruck.

Kreisdiagramme

Kreisdiagramme sind einfach zu zeichnen. Sektoren werden durch Schraffuren oder Farben getrennt, Halbkreise und Viertelkreise einander gegenübergestellt, unterschiedliche Kreissegmente aufeinander bezogen, große und kleine Kreisflächen gereiht, Kreisringe freigelassen usw. Die verbreitetste Diagrammform benutzt die sektorale Gliederung. Sie zeigt die absolute oder prozentuale Gliederung der Gesamtmenge. Die Vertexteilung beginnt man am höchsten Punkt, von dort geht es im Uhrzeigersinn weiter. Ein zu kleiner Flächeninhalt oder die sachliche Gliederung erfordern es manchmal, einen Kreisring unbehandelt zu lassen. Das macht oft Hinweise darüber nötig, welche Werte ausgedrückt oder zu vergleichen sind.

Stabdiagramme, Balkendiagramme

Auch Stabdiagramme sind einfach zu zeichnen und leicht zu lesen. Sie eignen sich für die Darstellung von verschiedenen Gattungen, wie auch für absolute und relative Werte. Die Höhe der Stäbe ist proportional der darzustellenden Menge, d. h. das Stabdiagramm sollte in Stabverteilung, Stabbreite und den Proportionen, in der Wahl der Ordinate und Abszisse und den Anordnungen der Werterklärungen so aufgebaut sein, daß seine eigentliche Aussage, nämlich die Höhenentwicklung der Stäbe, gut verfolgt werden kann.
Das Stabdiagramm ist im allgemeinen nur vertikal aufgebaut, alle Stäbe beginnen bei der Nullinie, und alle Stäbe eines Diagramms haben dieselbe Breite. Die Stäbe werden gleichabständig auf der Abszisse aufgetragen; der Längenmaßstab ist für alle Stäbe auf einhundert Prozent bezogen. Eine zu große Höhenentwicklung läßt sich durch einen anderen Wertmaßstab korrigieren; eine horizontale Durchbrechung der Stäbe, wie in technischen Zeichnungen üblich, führt zu Fehleinschätzungen.
Die horizontale Anordnung der Stäbe kann vorteilhaft sein für den Vergleich von Größenordnungen. Man nennt diese Diagrammform auch Balkendiagramm. Das doppelte Balkendiagramm eignet sich für die symmetrische Gegenüberstellung zweier verschiedener, jedoch aufeinander bezogener Mengen oder Entwicklungen. Die Positiv-Negativ-Einteilung der Wertskala bzw. des Diagrammfeldes ist dann naheliegend, wenn die statistischen Größen selbst diesen Verlauf haben. Die Ordinate muß dann deutlich positiv und negativ gegliedert sein; geeignet ist auch die kontrastierende Behandlung der Felder. Das Gruppenstabdiagramm zeigt die zu vergleichenden Gruppen direkt gereiht ohne Stababstand oder zur Hervorhebung der Gruppenbildung auch in gestaffelter Überschneidung der Stäbe. Graphisch verschiedenartige Stabfüllungen verbessern die Unterscheidung bzw. zeigen die Gruppensignatur. Das Komponentenstabdiagramm zeigt die proportionale Unterteilung in Teilmengen anhand der horizontalen Gliederung der Stäbe. Dabei ist es günstig, wenn die Helligkeit der Stäbe nach oben hin zunimmt. Balkendiagramme sind methodisch wie Stabdiagramme aufgebaut, ihr Vorzug ist der unmittelbare Vergleich zweier Wertgruppen. Beide Diagrammpaare müssen denselben Wertmaßstab haben.

Diagramme mit dreidimensional projizierten Figuren

Diagramme, die anstelle flacher, unräumlicher Figuren dreidimensional projizierte Körper einsetzen, haben zweifellos den Vorzug größerer bildnerischer Wirkung, doch besteht die Gefahr, daß anstatt der Flächendimensionen bzw. der linearen Entwicklung das Volumen dieser Figuren zu sehr beachtet wird. Wenn wiederum Volumina zu den statistischen Werten in Beziehung gesetzt sind, so ist es schwer, ihre Inhalte und Veränderungen richtig abzuschätzen. So ist es bei der Kugel ähnlich schwierig, sie zu konstruieren, wie sie nachher visuell einzuschätzen. Bei der räumlichen Anordnung von Stäben auf schief projizierter Fläche steht man wie bei der Axonometrie immer vor der Entscheidung, zwischen guter Übersicht, doch gedrängter Vertikale, oder umgekehrt guter frontaler Ansicht bei verdeckter Tiefenstaffelung zu wählen. Untersuchungen haben gezeigt, wie bei Inhaltsschätzungen dreidimensional projizierter Körper auch bei geübten Testpersonen erhebliche Unsicherheit entstand, so daß man nicht ohne guten Grund die flächige Figur durch Körper ersetzen sollte.

Jeder Diagrammform – Flächen-, Stab-, Kreisdiagramm – sollten die entsprechenden dreidimensionalen Figuren als Legende mit Erklärung des Wertmaßstabs beigegeben werden.

6.1 Ulrich Schwarz. Datengraphische Systematik.

Mengendarstellungen

Stabdiagramme
Baukastenmethode
Zählbilder mit Pictogrammen
Kleingeldmethode

Zahleninhalte
Mengen mit jeweils
3 Teilmengen im Vergleich

Positive und negative
Mengen im Vergleich

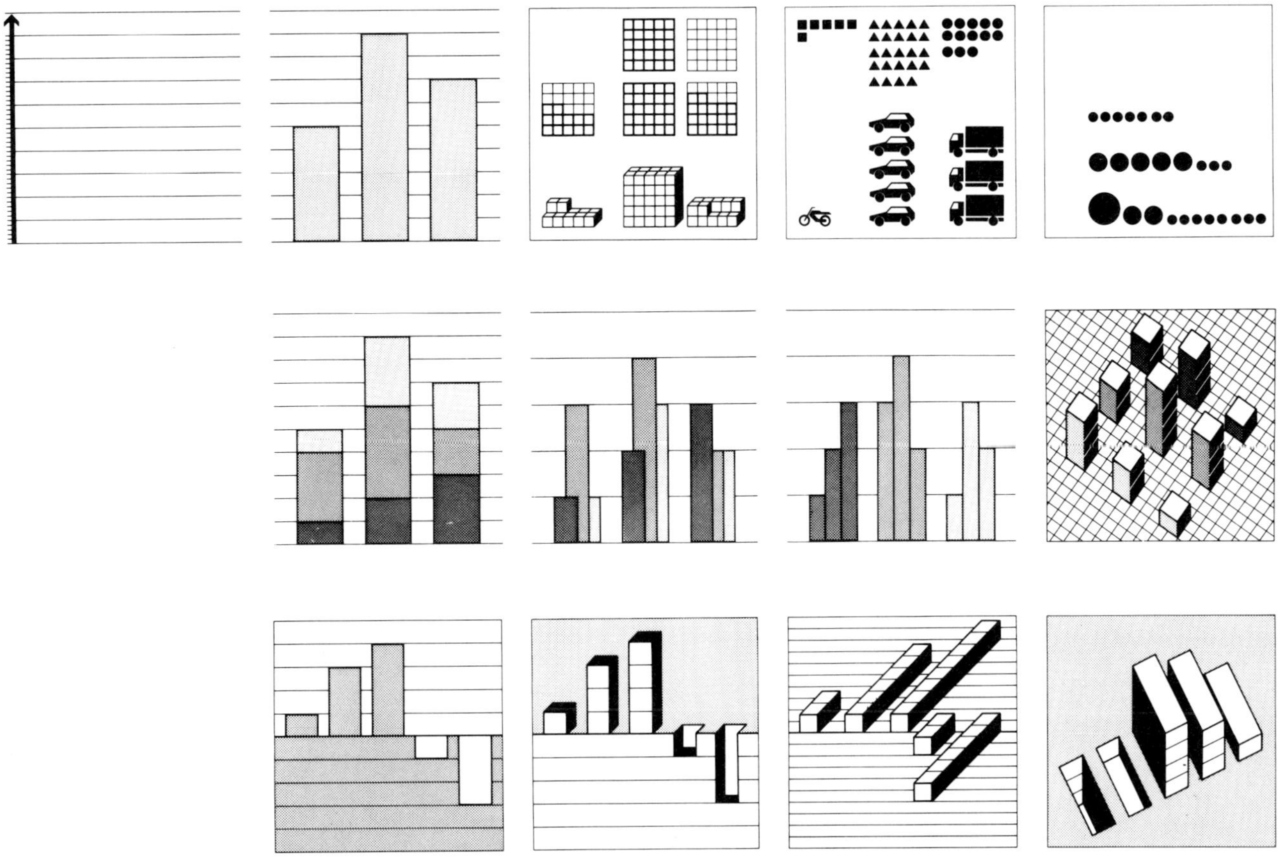

Die Matrixdarstellung

Die Matrixdarstellung erlaubt es, komplizierte Zusammenhänge zwischen zwei Mengen bzw. Elementen von Mengen, zwischen denen Beziehungen bestehen, übersichtlich zu behandeln.
Eine Matrix, die aus nur einer Spalte besteht, heißt Zeilenvektor. Im rechteckigen Schema gelten die horizontalen Anordnungen als Zeilen, die vertikalen als Spalten. Eine Matrix mit m Zeilen und n Spalten hat die Ordnung (m, n). Eine Matrix mit einer Zeile und einer Spalte heißt Skalar. Eine Matrix, bei der der Zeilenindex mit dem Spaltenindex übereinstimmt, heißt quadratisch, und ihre Elemente sind Diagonalelemente dieser quadratischen Matrix. Sind die Beziehungen symmetrisch, so kann auf die volle Ausfüllung der Matrixkästen verzichtet werden.
In der Bauplanung wird oft das einfache Schema der dreieckigen Zuordnungsmatrix zur Klärung funktionaler Beziehungen gewählt, um das Maß der Verflechtungen oder die Qualität der Nachbarschaften in ihren Abhängigkeiten zu überprüfen, beispielsweise 1 enge Beziehung, 2 normale Beziehung, 3 untergeordnete Beziehung. Wenn keine Beziehung vorliegt, bleiben die Kästen leer.

Die Graphendarstellung

In einer Graphendarstellung sind die Funktionsbeziehungen in Punktmengen dargestellt und mit Strecken oder Kurven verbunden. Eine Konfiguration aus Knoten, Kanten oder Maschen heißt Netz. Jedes wissenschaftliche Gedankengefüge sollte sich in einem graphischen Netz darstellen lassen.[2]
Zum Zwecke der Grundrißanalyse, zur Darlegung funktionaler Beziehungen wie enger oder weiter entfernt liegender Nachbarschaften kann man das Netz direkt in die Grundrißzeichnung eintragen.
Bei der Graphendarstellung interessiert lediglich die Funktionsbeziehung, nicht die Größe oder die

6.2 Kurvendiagramme.

Meßpunkte
Polygonzug
Kurve
Flächendiagramm

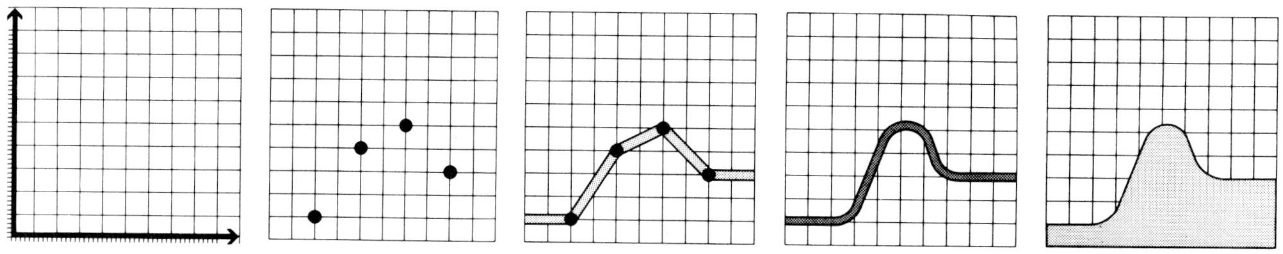

Gemischte Funktionen.

Linienstärke
Helligkeit
Muster
Räumlich wirkend

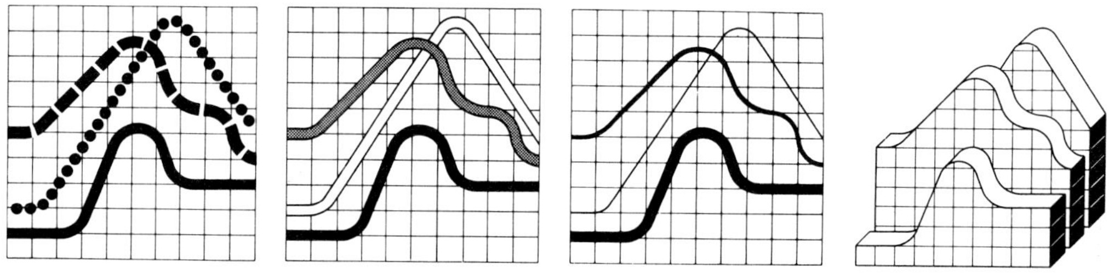

6.3 Darstellung der Relation.

Zuordnungsmatrix.

Gleicher Inhalt in unterschiedlicher Darstellung

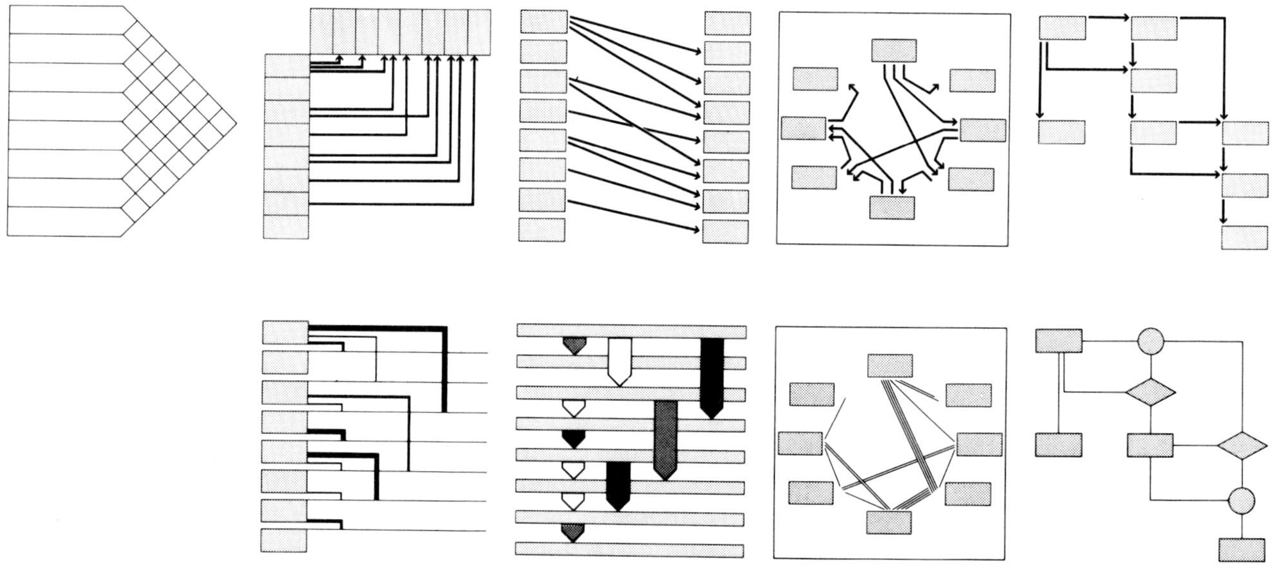

Kreisflächendiagramm mit sektoraler Gliederung und dreidimesioanler Projektion

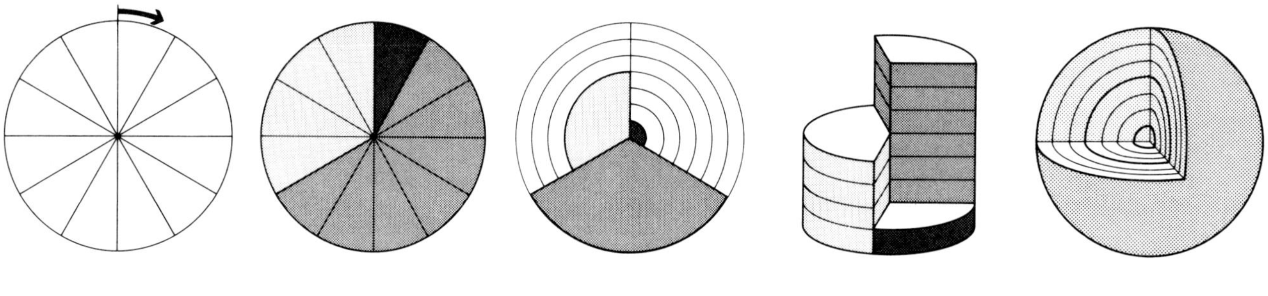

Form der Räume. Graphen sind unterteilt in: Netz, Halbverband, Baum.

Als Netz gilt eine Struktur, bei der jeder Punkt mit jedem anderen verbunden ist. Als Halbverband gilt eine Menge, wenn zwei sich überschneidende Mengen zur Ansammlung gehören und dann auch die beiden als gemeinsame Menge von Elementen zur Ansammlung gehören.

Als ein Baum gilt eine Menge, wenn von jeder der beliebigen zwei Mengen der Ansammlung entweder die eine vollständig in der anderen enthalten ist oder beide gänzlich getrennt sind.[3]

Das Erzeugen, Vergröbern, Verfeinern und Umwandeln von Netzen erfolgt mit Schriftzeichen für Bedeutungen nach planaren, baum- und netzartigen Schließen. Es ist davon abhängig, wie das Netz die Beziehungen zwischen den Elementen in enger oder weiterer Nachbarschaft bezeichnen kann.

Kartogramme

Diagramme veranschaulichen statistisches Zahlenmaterial innerhalb des raumunabhängigen Koordinatensystems von Ordinate und Abszisse. Dient jedoch eine Karte als Zeichengrund – topographische Karte, administrative Karte u. a. – und setzt man die Diagrammfiguren in graphisch bestimmte Orte oder Areale ein, so treten an die Stelle des Koordinatennetzes geographische Komponenten. Die Position, Größe, Proportion und Zusammensetzung der Diagrammfiguren sollte aus den Bedingungen des Kartenmaterials entwickelt werden; ihre größere oder geringere Raum- oder Lagetreue wird vom

6.4 Christopher Alexander. Darstellung eines Netzes, eines Halbverbandes, einer Baumstruktur.

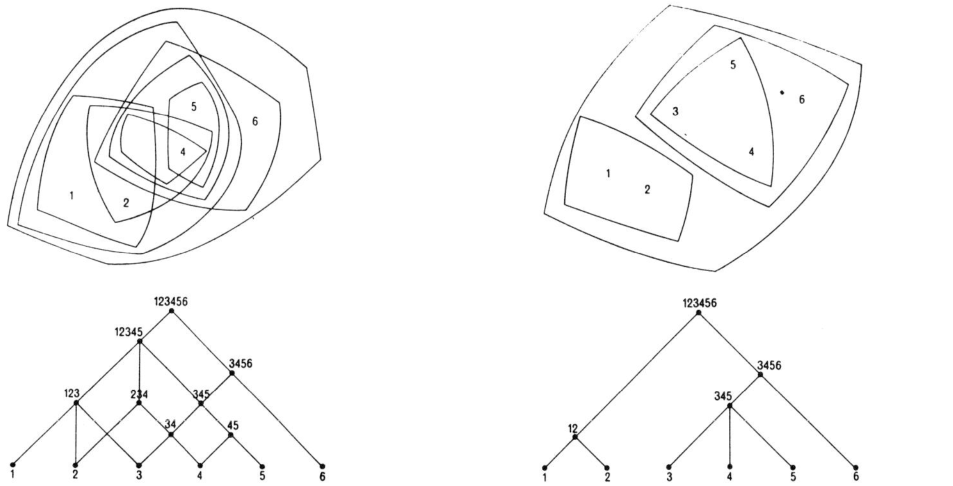

6.5 L. March and P. Steadman. Transformation einer Grundrißdarstellung. Drei Grundrisse und deren gemeinsame Graphendarstellung.

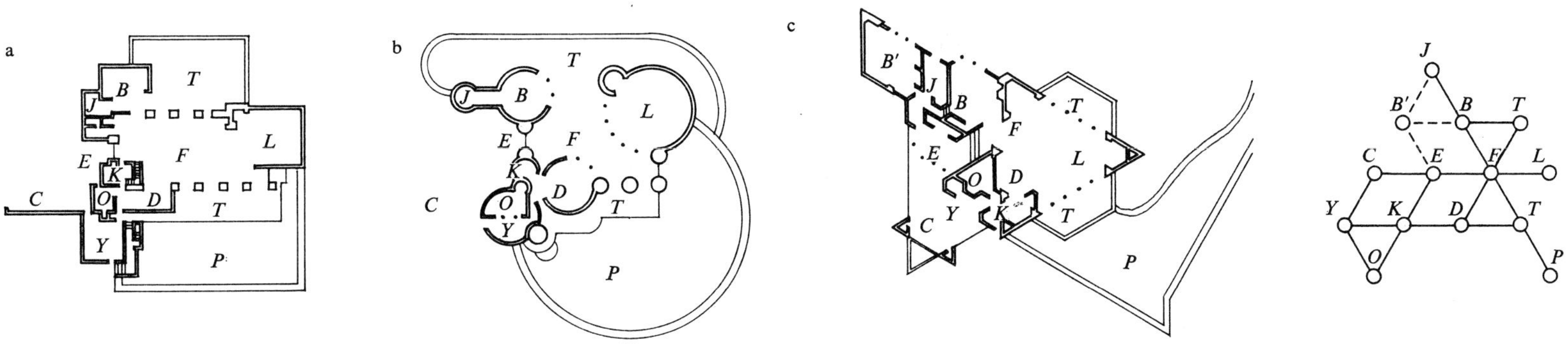

6.6 Frank Lloyd Wright. Graphendarstellung der Nachbarschaftsbeziehungen am Beispiel von Grundrissen.

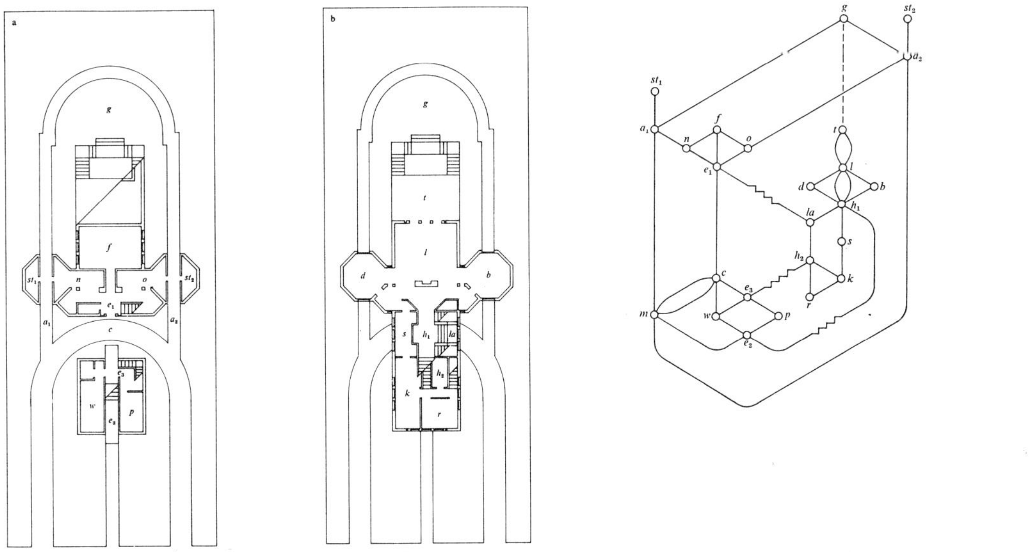

Gewicht des mehr thematischen oder mehr geographischen Bezugs bestimmt.
Das Kartogramm definiert E. Meynen als eine »kartographische Darstellung der Statistik mittels Hineinstellen von Größenzeichen und bildlichen Darstellungen in topographische und schematisierte Grundkarten«.[4] Von E. Arnberger wird das Kartogramm definiert als »eine kartographische Ausdrucksform, in welcher auf einer meist vereinfachten Grundrißdarstellung entweder durch Farb- und Rasterstufenwerte relative Aussagen auf einen über das tatsächliche Objektverbreitungsgebiet hinausgehenden Raum bezogen werden oder durch geeignete Figuren und Zeichen Absolutwerte nicht unbedingt lagerichtig, aber in geographischer Orientierung zum Ausdruck kommen«.[5]
Gerade die Kombination der statistischen Wertdarstellung mit der geographischen Komponente verbessert die Anschaulichkeit; daher die Zuordnung der thematischen Aussage mit ihrer geographisch-räumlichen Herkunft zur bildstatistischen Darstellung in Kartenlage. Die als Kartenunterlage dienenden topographischen Grund- oder Stadtkarten werden zu diesem Zweck stark generalisiert und auch inhaltlich reduziert; sie enthalten nur die notwendigen Merkmale wie Ortslage, Grenzverlauf der Areale, Wasserläufe und Verkehrswege. Weitere topographische Details würden die Karte überlasten. Man spricht daher auch von der »stummen Karte«.
Der graphischen Ausgestaltung des Kartogramms sind enge Grenzen gesetzt; die Raumknappheit gestattet meist nur die Verwendung geometrischer Zeichen oder anderer schematisierter Bildzeichen für menschliche Figuren, Autos, Tiere usw. Die geometrischen Zeichen sind wie in den Diagrammen wiederum geometrische Figuren, Quadrate, Kreise, Stäbe, Buchstaben u. a., ferner auch dreidimensionale Figuren wie Würfel, Kugeln u. a., seltener jedoch Bildzeichen. Im allgemeinen sind Kartogramme raumtreu, aber nicht lagetreu, weshalb E. Imhof Ortsdiagramme und Gebietsdiagramme unterscheidet. Ortsdiagramme sind danach lagetreu, indem jeder Wertfigur, jedem Diagramm ein bestimmter Ort, eine Punktlage zugeteilt ist. Dagegen gilt die Aussage in den Gebietsdiagrammen jeweils für das mit Grenzlinien genau umrissene Gebiet, beispielsweise Bezirk, Gemeinde, Region; sie ist lediglich raumtreu.

Gebietskartogramme

Zählrahmenmethode
Genormte geometrische oder bildhafte Wertsignaturen werden zu leicht lesbaren Gruppen, etwa Fünfer- oder Zehnergruppen, zusammengefaßt und auf der Karte so angeordnet, daß sie unmittelbar neben oder über dem Ortspositionszeichen stehen. Dies gelingt, wenn die Signaturgruppe nicht allzu groß ist; die Figurengröße sollte man daher nach dem Gesichtspunkt der gut zentrierbaren Ortslage wählen. Im allgemeinen benötigt die Zählrahmenmethode eine große Kartenfläche. Die Lagetreue ist meist gering, es sei denn, eine Zusatzsignatur verbessert den Ortsbezug, beispielsweise eine Basislinie unterhalb der Signaturen.

Gegliederte Zählrahmenmethode
Besser als geometrische Figuren, denen es an thematischem Bezug fehlt, sind schematisierte, von den Gegenständen selbst abgeleitete Zeichen. Sie repräsentieren die bildstatistischen Merkmale. Seit im Jahre 1930 in Wien vom Gesellschafts- und Wirtschaftsmuseum für soziale Aufklärung diese vereinheitlichte Bildsprache entwickelt wurde, hat sie wegen der Unmittelbarkeit der Darstellungen weite Verbreitung gefunden; sie wird seither als »Wiener Methode der Bildstatistik« bezeichnet.[6] Denn bildhafte Zeichen sind besser als geometrische Zeichen für den reihenden Vergleich geeignet. Für sie ist allerdings die waagerechte Anordnung gegenüber der vertikalen Richtung oder der Blockanordnung vorzuziehen, die mehr den geometrischen Signaturen entsprechen. Ihre Anordnung in Leserichtung, in natürlicher Lage erleichtert die sichere und schnelle Mengenbeurteilung. So sollten senkrechte Anordnungen den Ausnahmen vorbehalten sein, wenn sich anders keine sinnvolle Aussage erzielen läßt. Als weiterer Grundsatz soll nach O. Neurath gelten, daß »zwischen zwei Zeichen einer Reihe ein wesentlich kleinerer Abstand sein muß als zwischen zwei aufeinanderfolgenden Reihen, damit die Horizontalen, nicht die Vertikalen betont werden«.[7]

6.7 Gegenständliche Bildzeichen nach der Wiener Methode der Bildstatistik. Gesetz der Nähe.

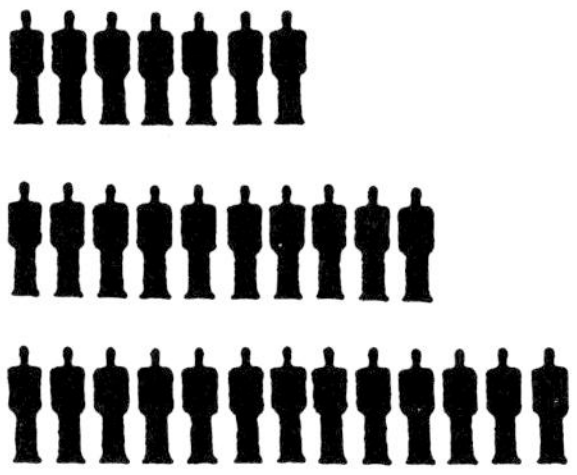

6.8 Gesetz der Gleichheit.

Sind Bildzeichen aus qualitativ unterschiedlichen Bildzeichen aufgebaut, so tritt neben das »Gesetz der Nähe« noch das »Gesetz der Gleichheit«. Daraus folgt, daß die Wahrnehmung sich primär auf das Erkennen gleicher Bildzeichen konzentriert, andere Konstellationen dagegen relativ unbedeutend bleiben.

6.9 Kreisflächenkartogramm.

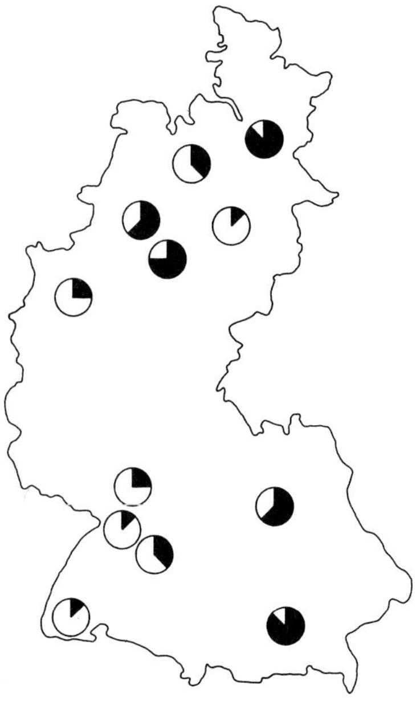

6.10 Kreiskartogramm mit kombinierten Wertgruppen.

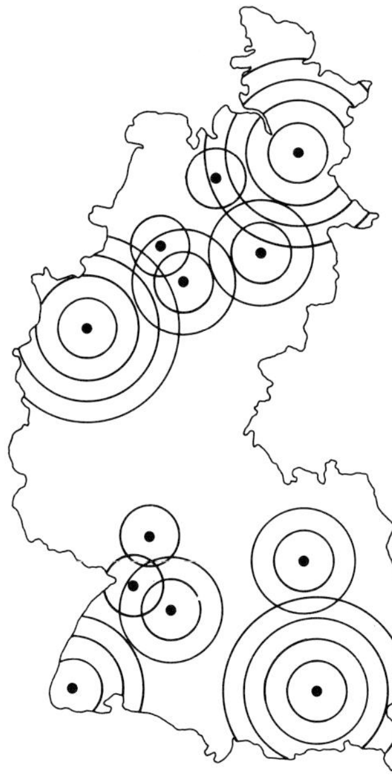

6.11 Punktekartogramm.

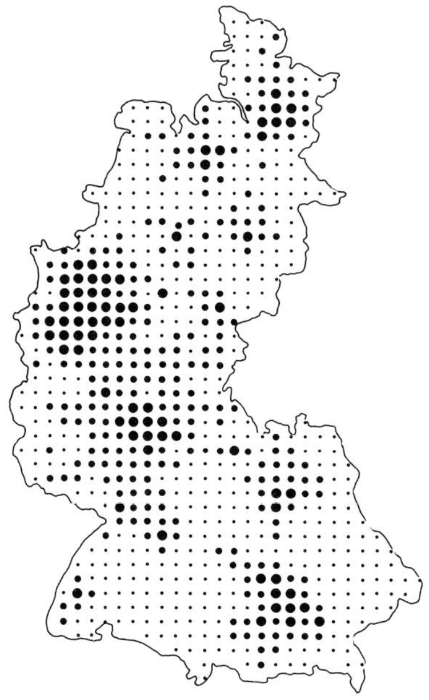

6.12 Stabkartogramm.

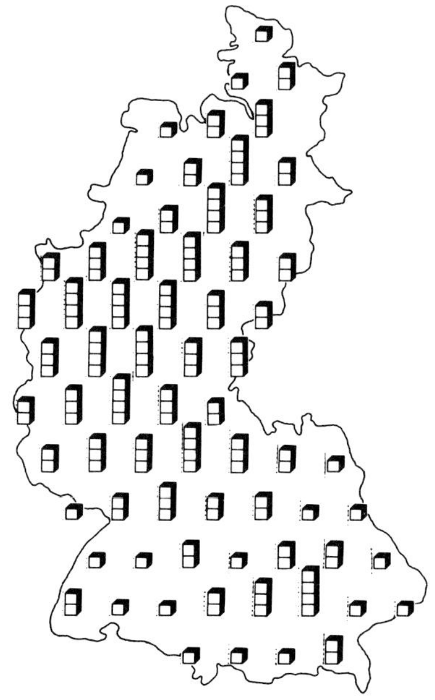

Gegliedertes Zählrahmendiagramm
Gegenüber der einfachen Zählrahmenmethode mit einer durchgehenden Zeichenklasse treten entsprechend den unterschiedlichen Objektgattungen des zur Darstellung gelangenden Problems verschiedene Bildzeichen auf, geometrische oder bildhafte, variiert nach Zeichenklasse, Größe der Kontraste, Binnengliederung und Farbe. Ein Nachteil der bildstatistischen Methode ist der hohe Flächenverbrauch, der bei Wiedergabe hoher Quantitäten meist große Teile des Kartengrundes überdeckt. Oder aber es sind, um dies zu vermeiden, die Signaturen wegen der Flächengröße nicht annähernd geographisch richtig einzuordnen, was zu Verständnisschwierigkeiten führt.
Bei Darstellungen mit großem Signaturbedarf sollte man daher auf andere bildstatistische Methoden geringeren Flächenbedarfs zurückgreifen, wie etwa die Kleingeld- oder Würfelmethode.
Eine Variante der Zählrahmenmethode mit dem Vorzug einfacher technischer Ausführung ist mit geometrischen Figuren gegeben, die, zu Netzen addiert, zu Darstellungen hoher Abstraktion führen; die graphisch leicht erscheinenden Netzfiguren erfordern einen zurückhaltenden, stark vereinfachten Kartengrund.

Kleingeldmethode
Nach der Art größerer und kleinerer Geldstücke und ihrer entsprechend leichten Addition verfügt man hier über eine Diagrammmethode mit geringem Flächenbedarfs, doch auch eingeschränkter Anschaulichkeit der Summenbilder. Große und kleine Figuren, im allgemeinen Quadrate und Kreisflächen, fügt man großen und kleinen Werten entsprechend wie Geldstücke zu Summenbildern zusammen. Wichtig ist eine Legende zur Erklärung der Summenbildung, da dieser Methode die unmittelbare Wertanschaulichkeit fehlt. Die Summe der Kreisflächen entspricht den qualitativen oder quantitativen Werten.

Stabmethode
Rechteckflächen mit Einheitswert werden hier zu Stäben in vertikaler, seltener in horizontaler Stellung zusammengefügt.
Die Stabhöhe entspricht dem statistischen Wert. Die graphische Unterteilung der Stäbe nach der Menge der Werteinheiten verbessert die Anschaulichkeit. Die Verwendung dreidimensional projizierter Stäbe bringt zwar wegen der Volumina eine Kartenentlastung, erschwert aber die Mengeneinschätzung.

Würfelmethode
Diese Methode, auch Baukastenmethode genannt, hat den Vorzug der leichten Abzählbarkeit und Übersichtlichkeit auch bei großen Wertstreuungen. Der Arbeitsaufwand ist gering; die Zentrierbarkeit der Wertsignaturen auf der Karte ist leichter als bei nahezu jeder anderen dreidimensionalen Wertsignatur. Würfel gleicher Größe fügt man, dem Wertzuwachs folgend, zu variablen kubischen Packungen, zu Mengenbildern, zusammen. Die Summe der Kuben entspricht den Werten.

Das Punktekartogramm
Die Punktmethode, auch Punktekanten- oder Objektstreuungskanten- oder Punktstreuungskantenmethode genannt, gestattet die mengen- und lagerichtige Darstellung von Dichteverhältnissen über grundrißlich ausgewiesenen Bezugsflächen. Dargestellt wird die Verteilung abgezählter Mengen entweder in Punkten konstanter oder variierter Größe oder durch Farbwechsel. Je kleiner der Mengenwert eines Punktes, desto differenzierter ist die Mengenwiedergabe; bei großer Punkteanzahl, wie etwa in Ballungsgebieten, ist es mitunter nötig, die Punkte zu Werteinheiten zusammenzuziehen, um die Überlastung der Karte zu vermeiden. Es liegt nahe, daß nur bei exakter Punkteeintragung die Objektstreuung lagetreu zu vermitteln ist. Durch Abzählen erhält man die Objektanzahl. Für die Qualität des Kartogramms ist die Entscheidung über die Größe der Werteinheiten ausschlaggebend, wenn sie auch weitgehend subjektiv ist; zu große Punkte täuschen hohe Dichteverhältnisse vor, sie wirken oft ungenau und schwer und ergeben schnell das Bild einer Punkteagglomeration. Dagegen wirken zu kleine Punkte diffus, erschweren das Auszählen und suggerieren eine geringe Dichte. In den meisten Punktekartogrammen sind Punkte stets in gleicher Größe eingesetzt, und sie gelten auch dann als Punkte, wenn sie zu Quadrat- und Kreisflächen angewachsen sind. Als kartographisch und visuell kleinste Punkte gelten solche von 0,3 mm Durchmesser. Gestufte Größenzeichen sowie die Mischungen mehrerer Gattungen verbessern die Anschaulichkeit von Mengen bzw. Werten, obgleich Punktekartogramme meist nur einen einzigen thematischen Bezug haben.
Die auf der nächsten Seite folgenden Abbildungen stellen Punktekartogramme dar. Vier verschiedene Punktsignaturen geben die räumliche Verteilung von Bevölkerungsschichten an sowie die Bevölkerungsbewegungen, die Bodenbeschaffenheit und die Nutzung. Die Punktesignaturen sind in rasterartiger Anordnung und sachbezogener Gliederung auf der Bezugsfläche eingetragen. Die den Darstellungen zugrunde liegenden Werte errechnen sich aus dem Verhältnis statistischer Daten zu bestimmten Flächeneinheiten. Diese Methode wurde zur Aufzeichnung statistischer Werte von über 48 amerikanischen Städten angewandt; die Karten sind im Maßstab 1:48000 gezeichnet.

6.13 Straßennetz.

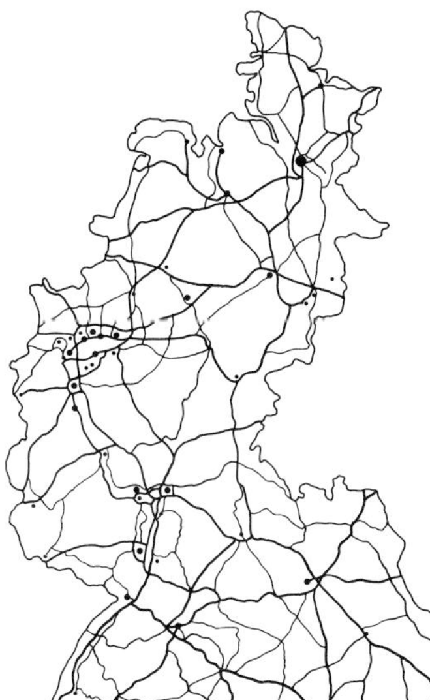

6.14 Generalisiertes Straßennetz.

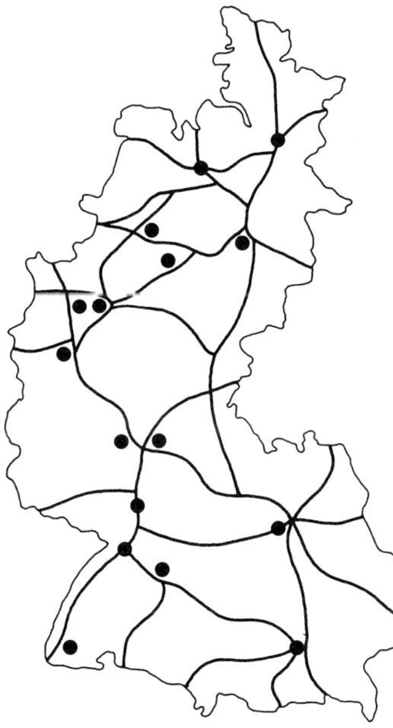

6.15 Stark generalisiertes Straßennetz.

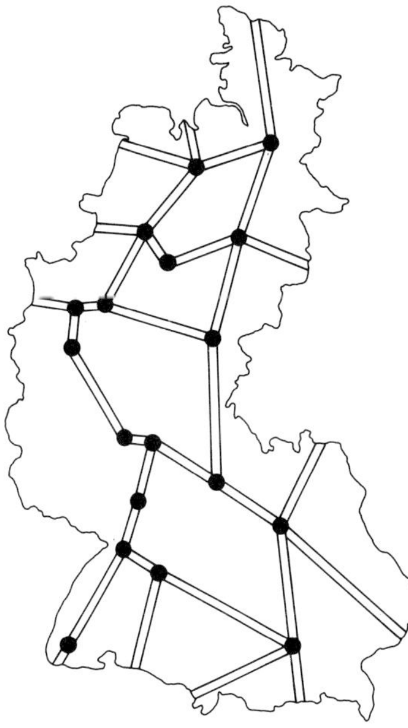

6.16 Lineares Mengenflußdiagramm.

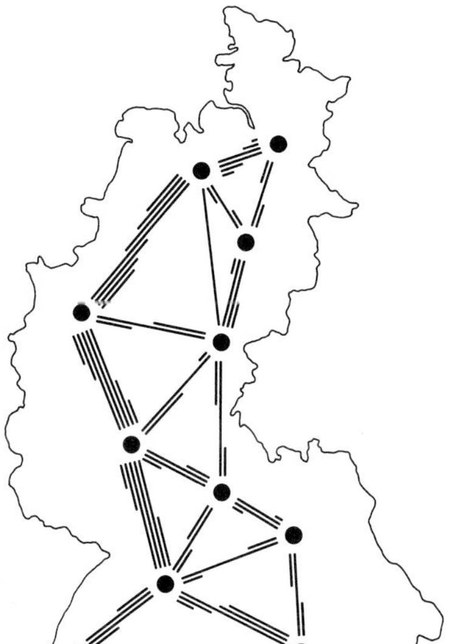

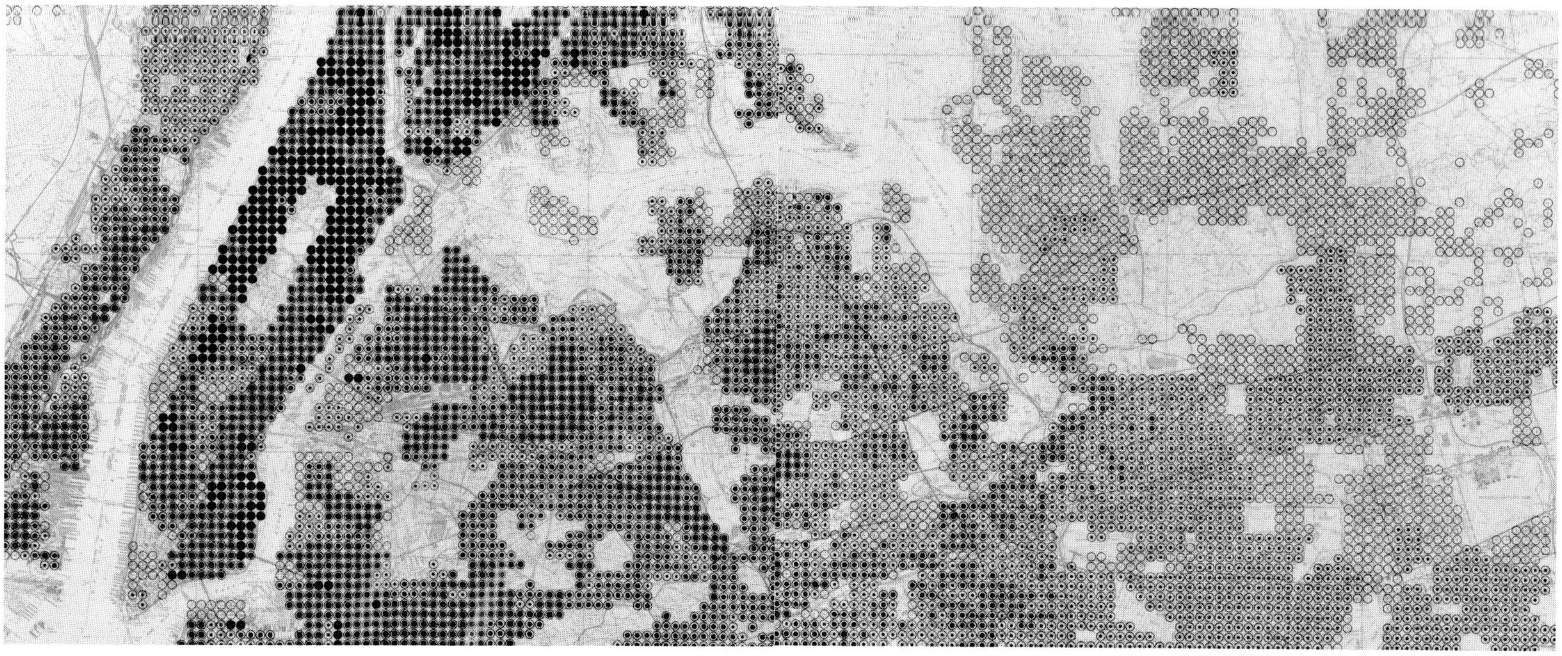

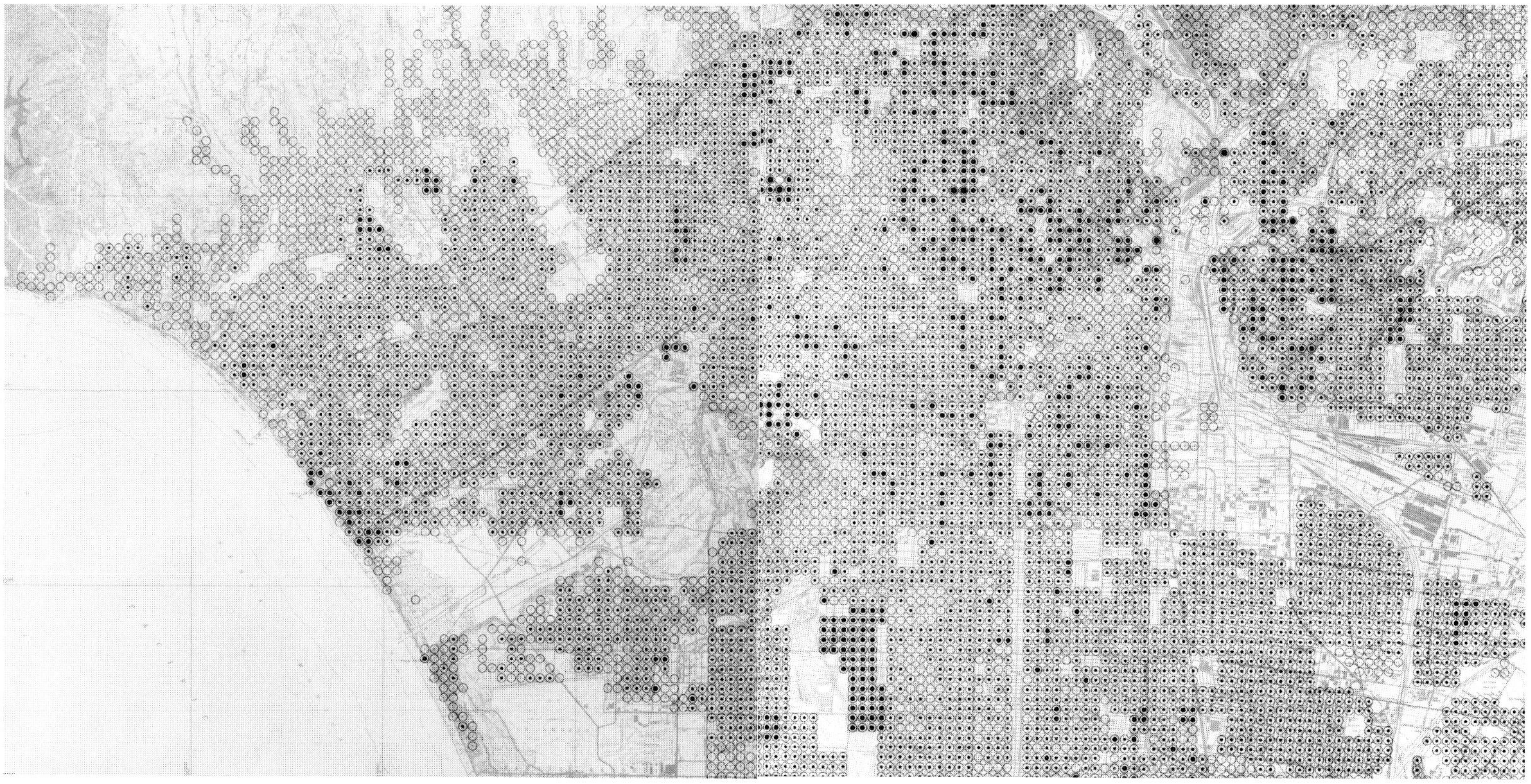

6.17 Punktekartogramme von New York und Los Angeles. Darstellung der Bevölkerungsdirchte.

Die Darstellung von Bewegungsabläufen

Die kinematische Darstellung beschäftigt sich vor allem mit den Bewegungen von Personen in Gebäuden, in Gebäudeteilen oder von in Gebäuden installierten Maschinen und Geräten. Im allgemeinen kann den darzustellenden Objekten eine Zeitlosigkeit unterstellt werden. Die physische Abnutzung muß nicht berücksichtigt werden. Während es sonst um die Darstellung unbeweglicher oder unveränderbarer Objekte geht, ist es hier die Aufeinanderfolge von Veränderungen und Ereignissen, die von Menschen und Fahrzeugen, die sich bewegen, ausgelöst wird. Die von der Bewegung ausgelöste oder erfahrbar gemachte Relation von Raum und Zeit macht das Messen von Zeit möglich. Die Bewegungen beschreiben einen Weg, der innerhalb einer Zeit im Raum zurückgelegt wird.
Durch kurzfristige Manipulation können Gebäudeelemente, wie Fenster, Türen, verschiebbare Wände etc., in ihrer Lage verändert werden.

Die Darstellungscodes
Darstellungscodes werden im allgemeinen aus dem Sachverhalt abgeleitet; die meisten Verkehrsdarstellungen folgen dem Prinzip des fließenden Verkehrs; sie sind ihm analog.
Das graphische System hat die Aufgabe, die Merkmale und Eigenschaften von Bewegungen durch visuelle Variablen zu repräsentieren. Obwohl selbst zeitlich invariabel und unbeweglich, sollen sie die bewegten Objekte und Ereignisse visuell anschaulich vertreten.
Die Darstellungsziele
Verkehrsdarstellungen für die Gebäude- und Stadtplanung sind neben den qualitativen Wegführungen in geographischen Karten nach der Art des Bewegungsablaufes grob in folgende Kategorien einzuteilen:
– Grundrißliche oder anschaulich projizierte Darstellungen, die sich dem Verkehrsverlauf in Verkehrsbauwerken wie Parkhausbauten, Flughäfen usw. widmen.
– Qualitative Darstellungen, die Verkehrsströme aller Gattungen, den Verkehrsverlauf wie die Wegführung im Zusammenhang ihrer städtebaulichen Projektierung veranschaulichen. Sie werden sowohl grundrißlich als auch räumlich anschaulich projiziert.
– Diagramme, die quantitative Aussagen über Transportstränge enthalten und in meist stark generalisierter Form der Verkehrsströme den Transport, die Anzahl der transportierten Einheiten, wiedergeben.
– Darstellungen, die sich dem Verkehr in den Gebäuden selbst zuwenden und dort die Wirkungsweise einzelner oder das Zusammenwirken mehrerer Verkehrseinrichtungen wie Fahrstühlen usw. aufzeigen oder die Planung von Installationen, der Führung flüssiger, gasförmiger Medien u. ä. behandeln.
– Darstellungen, die Ereignisse in raumzeitlicher Staffelung in diagrammartiger Notierung veranschaulichen, wie Montagepläne, Aufbaufolgen kurzlebiger Bauten usw.
– Darstellungen, die in zeitlich gestufter Folge die Veränderungsfähigkeit von Bauwerken, Raumzonen oder Bauteilen klären bzw. Anweisungen zu ihrer geplanten Veränderung geben.
– Kartographische Darstellungen von Bewegungen, die den Verkehr zu Land, zu Wasser und in der Luft mittels Vektoren, Stromlinien und Pfeilen thematisieren.
– Darstellungen, die räumlich komplizierte Wirkungsweisen von Verkehrsvorgängen wie Flugschneisen, Flugkorridore usw. thematisieren und wegen dieser Ereignisse mehrschichtige Höhenlagen in der Zeichnung benötigen.

Die Wahrnehmung von Bewegungen

Jede Veränderung eines Zustandes, eines materiellen, physikalischen oder geistigen unterliegt der Zeit. Die Zeit gibt die Dimension der Veränderung eines Zustandes oder eines Sachverhaltes an, und man kann die Welt in bewegte und ruhende Dinge unterteilen, in diejenigen, die in der Dimension der Zeit eine meßbare, sichtbare Veränderung erfahren, und in diejenigen, die von der Zeit nicht abhängig sind. Vorgänge, die der zeitlichen Veränderung nicht direkt unterliegen, sind jene, die sich ereigneten oder deren Merkmale erst durch einen höheren empirischen Aufwand wahrzunehmen sind. Bewegung bezieht sich allgemein auf Dynamik. Dynamik ist die Kraft, die auf ein Objekt oder ein Geschehnis einwirkt.
In diesem Rahmen sind lediglich reale, wahrnehmbare Veränderungen bedeutsam, die der visuellen Wahrnehmung unmittelbar zugänglich sind; denn physikalisch gesehen ist alle Materie in Bewegung.
Die Zeit ist eine Komponente der Wahrnehmung und auch der Veränderung. Zeitpunkt meint die Lage, in der sich die Veränderung ergibt, etwa die Ankunft eines Zuges; der Zeitraum zeigt die Lage in der Zeit an.
Bewegungen sind zeitlich nach Dauer und Verlauf klassifizierbar. Bewegungen können zur Ortsveränderung führen, zu einer Veränderung des Zusammenhangs: Ein Autofahrer erlebt die visuell wechselnde Umgebung des Straßenraumes anders als ein Fußgänger.
Der Betrachter neigt dazu, den bewegten Objekten gegenüber den unbewegten eine größere visuelle Wirkung einzuräumen. Überschreitet die Geschwindigkeit der Bewegung eine gewisse visuell wahrnehmbare Grenze, ist das Interesse am visuellen Geschehen geringer.
Das Bewußtsein von den Erscheinungen der Dingwelt ist auch hier von der visuellen Wahrnehmung bestimmt: Bewegungen beurteilt man oft in Relation zur eigenen Position: Der Wahrnehmende befindet sich in Bewegung, das Objekt in Ruhe und umgekehrt. Wenn ein Objekt seine Gestalt oder Größe ändert und das andere konstant bleibt, so wird das sich verändernde Objekt in Bewegung gesehen; vgl.: Bewegungsgradienten.
Bewegung ist eine Alternative zur Ruhe; Bewegungen spielen sich in der Zeit ab. Aristoteles verstand die Zeit als die Zahl der Bewegungen in bezug auf Früheres und Späteres.
Der Betrachter kann sich auf ein bestimmtes Objekt fixieren, und dieses übernimmt die Bewegung. Wenn er auf einer Brükke steht und auf das fließende Wasser blickt, ist eine Wahrnehmung »richtig«; sobald er die Brücke fixiert, scheinen er und die Brücke sich über den Fluß zu bewegen. Das fixierte Objekt nimmt den Charakter der »Figur«, der übrige Teil des Sehbereiches den des »Grundes« an. Im allgemeinen neigt die Figur zur Bewegung, der Grund zur Ruhe. »Wenn sich in einem Zimmer eine Anzahl Personen geschäftig bewegen, kann die Bewegung dieser Gruppe ausreichen, um einer in der Mitte sitzenden Person den Eindruck großer Ruhe zu verleihen.«[8]
Die Art der visuellen Bewegungswahrnehmung ist von räumlichen Verhältnissen wie von zeitlichen Umständen abhängig. Von einem Fahrzeug aus erlebt ein Reisender die schnell vorbeiziehende Landschaft durch die Augenbewegungen, mit denen er sie verfolgt.
Geschwindigkeitsveränderungen des wahrgenommenen Objektes führen gegenüber dem Tempo, das der Betrachter gewohnt ist, zu Ausdrucksveränderungen. Schnellere Bewegungsabfolgen werden als aggressiv, langsamere als weicher empfunden. Diskontinuierlich verlaufende Bewegungen haben eine visuell stärkere Wirkung als kontinuierlich ablaufende.
Bewegungen, Vorgänge – als koordinierte Handlungen – ereignen sich in einem gewissen Zeitraum und einer visuell wahrnehmbaren Ordnung, die meist nicht umkehrbar ist. Sie ereignen sich oft in unzähligen Wiederholungen; eine Treppe ist für die Höhenüberwindungen errichtet, ein Flur dient vorwiegend dem Verkehr. Ereignisse, Bewegungen, bestimmte Handlungen von Nutzern können auch die Zusammensetzung von Elementen eines Bausystems betreffen, wie sie in jüngerer Vergangenheit, z. B. mit den Megastrukturen vorgestellt wurden, die auf der konsequenten Trennung von Traggerüst und eingesetzten Wohneinheiten basieren und die als flexible oder variable Baustruktur zumindest theoretisch einer extremen zeitlichen Veränderung unterworfen werden. Bewegungsabläufe innerhalb ortsfester Gebäude erfolgen meist durch genau festgelegte funktionale Veränderungen der Bausubstanz, wie auch die Verkehrsbewegungen von Personen in den dafür vorgesehenen Verkehrsräumen oder Bewegungszonen verlaufen. Zumindest seit der Erfindung des Flures können die angrenzenden Räume von diesen Abläufen freigehalten werden.

Die Darstellung von Bewegungsabläufen in Gebäuden

Um den Verkehrsfluß in bandartigen Diagrammen zeichnerisch zu erfassen, muß dieser eben verlaufen. Wichtig für den Bewegungsablauf ist, wie die räumlichen Beziehungen geregelt sind und in welcher Weise die verschiedenen Verkehrseinrichtungen zusammenwirken.

Ebener Verkehr

In den Entwurf und die Dimensionierung von Gebäuden sind die Bewegungen von Menschenmengen, die Organisation dieser Bewegungen und der fließende Personenstrom in den Verkehrszonen der Gebäude oft miteinbezogen. Die Gesetzmäßigkeiten dieser Bewegungsabläufe können durch Beobachtungen des Bewegungsverhaltens entsprechender Personenmengen simuliert und mit den Methoden der mathematischen Statistik oder analytisch-graphisch dargestellt werden.

Für die Organisation von Massenbewegungen, der schnellen, gleichzeitigen und gerichteten Ortsveränderung einer Menschenmenge, ist die Analyse der Bewegungsarten interessant, etwa anhand der Darstellung der mutmaßlichen Bewegung einer Menschenmenge von den Orten der Verkehrsentstehung zu ihren Zielen. Vor allem von Räumen, deren Hauptfunktion die Bewegung, nicht der Aufenthalt von Menschen ist, wie Flure, Treppen, Foyers, Wandelgänge, Fahrstuhlanlagen. Die graphische Darstellung von Bewegungsabläufen in Verkehrsräumen zu Verkehrsspitzenzeiten macht deutlich, in welchen Gebäudezonen der Verkehrsstrom gehemmt werden könnte. Bewegungsstockungen beim Verlassen von Gebäuden, Gedränge, Stauungen durch aufschlagende Türen, Raumverengungen, Raumknickungen und vorstehende Gebäudeteile sind bei Evakuierungen problematisch.

Eine Rechenmethode

Personen bewegen sich in Gebäuden gehend; bei Panik entsteht schnell ein Übergang vom Gehen zum Laufen. Die Bewegungsgeschwindigkeit hängt von der Dichte der Menschenmenge ab; je höher die Dichte, desto langsamer die Bewegungen. Die obere Grenze der erträglichen Verdichtung einer Menschenmenge in einem bestimmten Verkehrsraum wird mit ca. 7 Personen pro m^2 angenommen; Gefahrensituationen und andere negative Einwirkungen führen zu noch höheren Konzentrationen. Die gleichzeitige Bewegung einer Menschenmenge in einer Richtung bildet einen Personenstrom mit der Länge l_{Strom} und der Breite b, die Menschenmenge wird mit P, die Dichte des Personenstroms mit D, die Geschwindigkeit der Personenbewegung mit v bezeichnet. Die Durchlaßfähigkeit Q gibt die Menschenmenge an, die in einer Zeiteinheit den Wegquerschnitt in ebener Fläche durchläuft. Einengungen des Wegquerschnittes werden mit $b_{Eng.}$ in Metern angegeben. Als Fläche eines Menschen wird in vertikaler Projektion eine Ellipse angenommen, deren größere Achse der Breite eines Menschen entspricht.

Gerichtete Bewegungen

Gerichtete Bewegungen einzelner Personen verlaufen in bestimmten Richtungen, etwa zum Ausgang, zum Treppenhaus. Die Eindeutigkeit des Bewegungsablaufes legt die Raumform nahe. Ungerichtete Bewegungen verlaufen in Räumen, die zu dieser Funktion oder auch zur Größe der Menschenmenge ungerichtet, neutral sind: Foyers, Eingangshallen, Vorräume und freie Plätze in der Stadt. Diese Raumform gibt für den einzelnen keine und für Menschenmengen erst bei großer Dichte Bewegungseinschränkungen ab, so daß dann gerichtete Bewegungen erfolgen.

Die Geschwindigkeit des Bewegungsablaufes resultiert aus der Dichte der Menschenmenge und der Art des Weges. Gleichartige Bewegungsabläufe großer Menschenmengen sind weder ziellose noch freie Bewegungen, denn gleiche oder ähnliche Schrittlängen, gleiche Wegrichtung sind die Voraussetzungen zielgerichteter Bewegungen: Aufmärsche, Prozessionen, Proteste. Die entschiedene Richtungsänderung von Verkehrsräumen, etwa von Fluren, hat zur Folge, daß der Personenfluß bei relativ großer Dichtigkeit eine kreisartige Kurve beschreibt. Er folgt dem Verlauf des Raumes nicht rechtwinklig, sondern biegt fließend um die Ecke, wobei der Kurvenradius vom Eckpunkt o zunehmend größer wird. Vom Wendepunkt aus verschiebt sich die Dichtigkeit zur Peripherie hin, die Bewegungstrajektorien, in denen sich Personen bewegen, werden in radialer Richtung verformt.

Die Richtungsänderung von Verkehrswegen in Gebäuden ergibt demzufolge unter Gefahrenbedingungen eine ungünstige, wenn auch nur kurz währende Neuverteilung der Personenzusammensetzung. Der gerichtete Bewegungsablauf einer größeren Menschenmenge in Gebäuden – in Foyer, Halle, Flur – hat im allgemeinen eine langgestreckte, zigarrenähnliche Form. Die Verteilung ist unregelmäßig, denn die Entfernung der Personen voneinander verändert sich ständig; je geringer jedoch die Bewegungsfreiheit, desto größer die Personendichte. Bei Bewegungen auf breiten Wegen von begrenzter Länge, von Einengungen wie Durchgängen, Türen u. ä. unterbrochen, bilden sich drei Bewegungszonen: eine, in der sich das Feld der Bewegungen verbreitert, eine zweite Zone von konstanter Breite, eine dritte, in der sich die Bewegung zur Breite des Durchganges verengt. Die Bewegungsabfolgen durch Öffnungen, die gegenüber der freien, gerichteten Bewegung als Engpaß wirken, haben oft Stauungen zur Folge.

Der Glaube an eine schönere, kybernetisch regulierbare Zukunft leitete die Gruppe Archigram, wie ihre Zeichnung Living 1990 zeigt. Die Mobilität des Lebens ist allumfassend, sie hat die inneren Lebenskreise, Mobiliar und Wohnumwelt erreicht.

6.18 Einige Arten von Verkehrsströmen in Gebäuden nach Predtetschenski-Milinski.

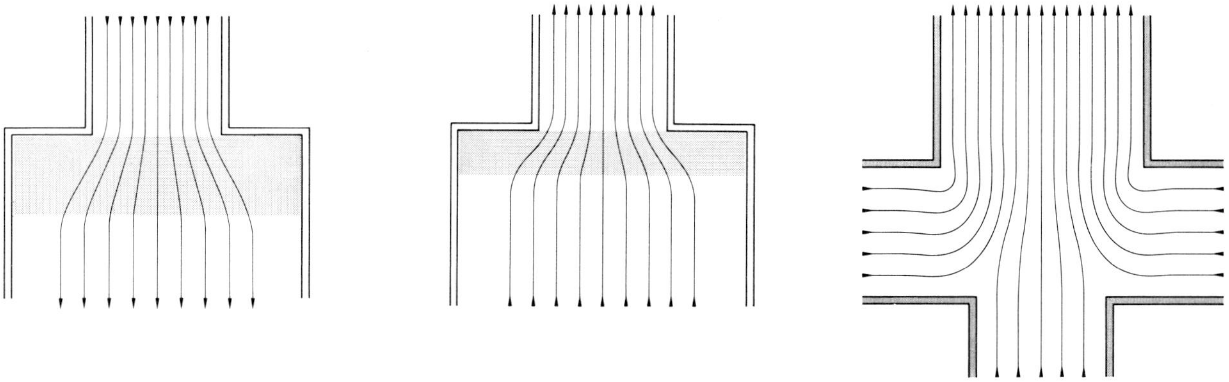

6.19 Richtungsänderung bei Bewegungsabläufen.

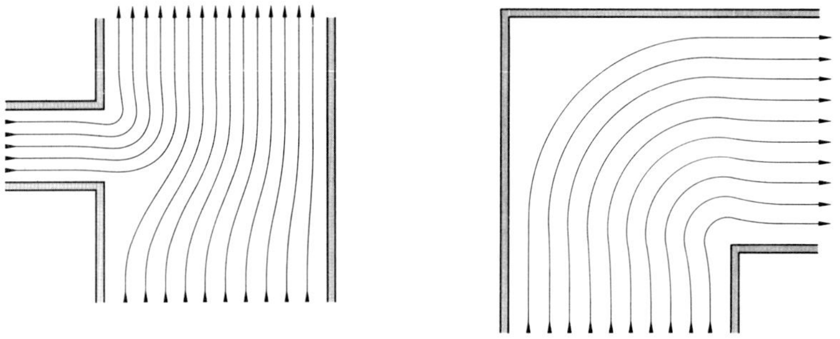

Die Raumbegrenzungen sind leicht und motorisch zu verändern. Die Vorrichtungen für Entspannung und Schlaf sowie für die Unterhaltungsgeräte fügen sich den angeblich schnell wechselnden Bedürfnissen der Bewohner durch Knopfdruck. Die Skizzierung »künftiger« Wohnverhältnisse gleicht kaum üblichen Wohnungsgrundrissen, denn alles technisch Verfügbare zieht, dem Tagesablauf folgend, seine bewegten Bahnen auf der Wohnungsfläche.

Räumlich koordinierter Verkehrsfluß

In die transparent gehaltenen Gebäudekonturen setzte James Stirling die Verkehrsorganisation des Ingenieurgebäudes.
Ein schnelles Aufzugssystem für verschiedene Transportmengen mit dem komplizierten Geflecht der Umsteigestationen bildet das konzeptionelle Rückgrat des gleichnamigen Projekts von Robin Lee Hodgekinson.

6.20 Archigram. Living 1990. Grundrißliche Aufzeichnung der sich im Tagesablauf ereignenden Positionen einer Wohneinrichtung.

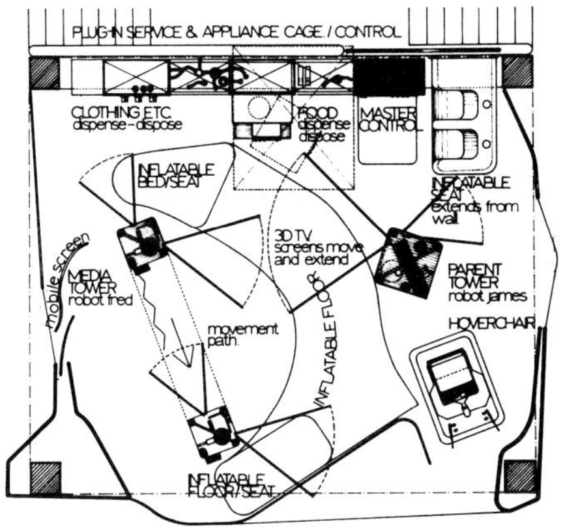

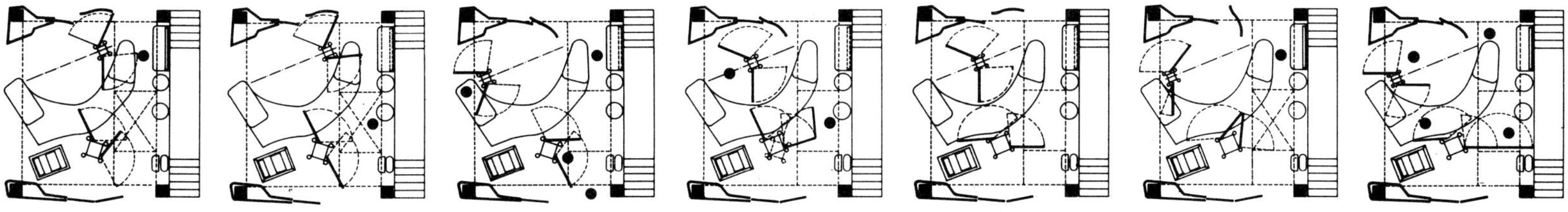

6.21 Herbert Muck. Notation der Wegstrecken in Metern zweier Raumsequenzen bei unterschiedlicher Begehung eines Gebäudes.
P_1, P_2: Zwei Besuchergruppen und ihre unterschiedlichen Wege.
A, B: Unterschiedliche Zugangsrichtung von der Straße her.

Zwei verschiedene Raumsequenzen, von zwei Besuchern durchschritten, und deren unterschiedliches Verhalten sind mittels der Notation erfaßt. Die Wegstrecken bieten räumliche Ereignisse wie Weglänge, Raumfolgen, Einengungen, Wendungen und Schwellen. Ein Proband, der Besucher P_1, hielt sich vorwiegend an Orten, die einen räumlichen Überblick ermöglichen, auf, der andere Proband, P_2, bevorzugte Orte mit dynamischem Umfeld. Die untere Notation verweist auf die unterschiedlichen Wegzeiten der beiden Raumsequenzen und das von ihnen ausgelöste Interesse.

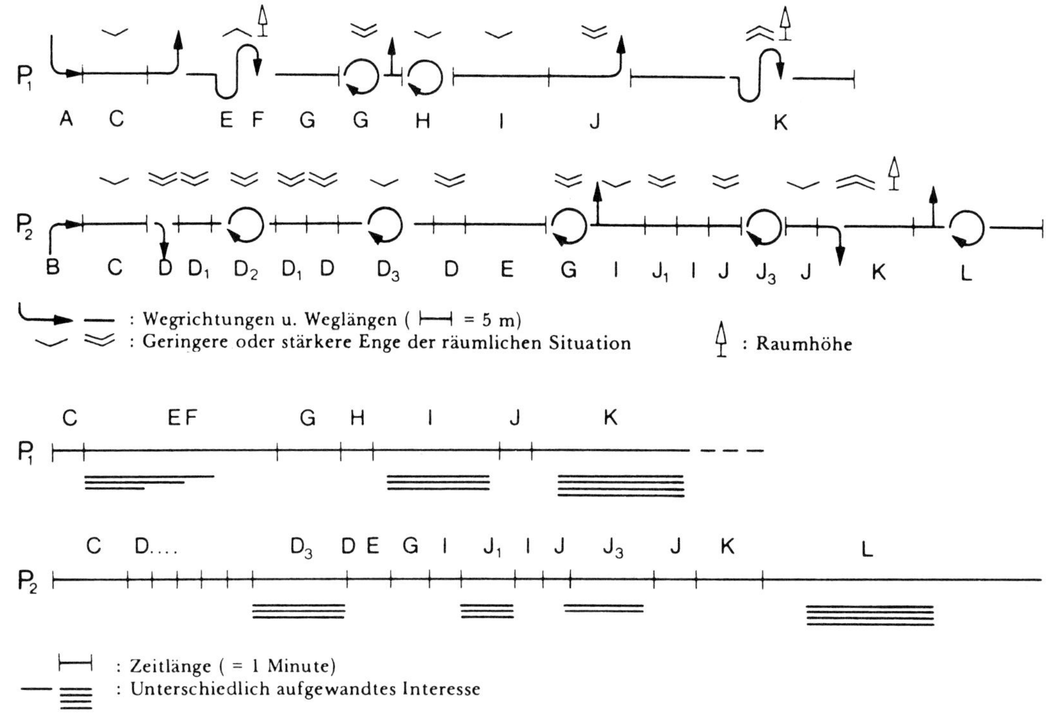

6.22 Robin Lee Hodgekinson.
Ultra-High-Rise Concrete Bürogebäude. Projekt.

6.23 James Stirling. Diagramm des horizontalen und vertikalen Verkehrsflusses. Engineering Department. University of Leicester. 1963

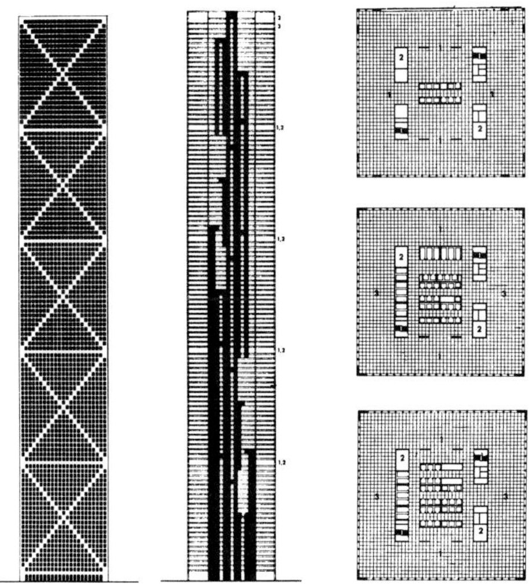

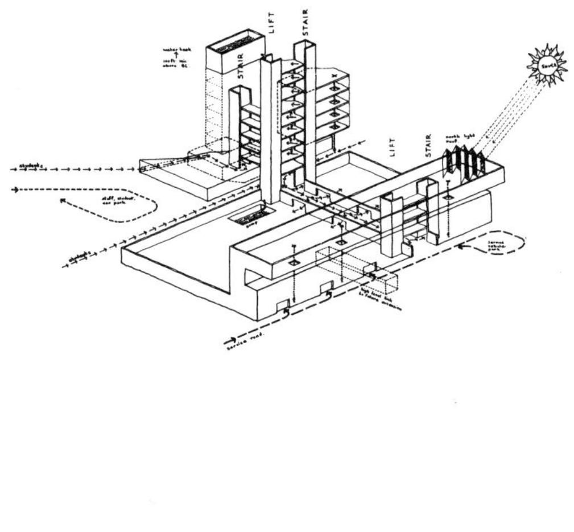

Darstellungen von Manipulationen
und Veränderungen der Baustruktur

Die auf Flexibilität und Variabilität orientierte Gebäudeplanung versucht derart, die langfristige Funktionstauglichkeit zu erreichen. Die Anpassung an zeitliche Veränderungen der Funktionszusammensetzung fordert die Abschaffung endgültiger Formen, wie es beispielsweise die Darstellung Living 1990 in radikaler Manier aufzeigt. Sie duldet außer den Kernzonen autarke, feste Bauelemente allenfalls im Außenbereich, als raumabschließende Teile.

Einer so, als »offen« verstandenen Gebäudezonung muß die Bezeichnung derjenigen Zonen folgen, die im primären Nutzungszustand Verkehrsräume sind, um sie in späteren Zuständen durch Nutzungsverdrängung oder -veränderung anderen Funktionsgruppen zuzuordnen. Primär- oder Schwerpunktnutzungen erlauben eine Typologie von möglichen bzw. notwendigen Anordnungen von Verkehrswegen und Raumgruppen, um künftige Nutzungen durch bautechnische Festlegungen nicht zu behindern. Derartige Entwurfskonzeptionen fordern die Korrelation von Raum, Ereignis und Veränderung, um die wahrscheinlichen, benennbaren und noch ungewissen Ereignisse als Parameter einzubeziehen.

Notationen für zeiträumliche Aktionen

Entwürfe für »Aktionsräume«, die dem Happening nahestehen, setzen die Möglichkeiten der Volumenvergrößerungen und -veränderungen auf radikale und neuartige Weise ein. Die Veränderungen der Raumqualität durch Eingriffe des Publikums und die Veränderungen der Raumquantität durch baukastenartige oder modulare Systeme, die schnelle Änderungen im Aufbau zulassen, werden zum Bestandteil oder selbst zur Handlung. Sie sind derartig in Szene gesetzt, daß sie das Verhalten des Publikums und die Ereignisse bestimmen. Aktionsräume sollen eine Synthese von Raum, Handlung und Publikum herstellen. Sie versuchen eine Wiederaufwertung der alten Formen, der Feste und Prozessionen, um die Trennung von Zuschauer und Akteur aufzuheben. Die Raumbegrenzungen enstehen erst im zeitlichen Ablauf als Folge der Handlungen oder werden in der Absicht komplettiert, mit einer Basishandlung Eingriffe des Publikums in den Raum zu provozieren, der in seiner materialen Zusammensetzung darauf abgestimmt ist: Leichtbaumethoden erlauben den direkten Zugriff des Publikums, nicht in aggressiven, sondern in spielerischen, angeregten oder spontanen Aktionen des Mitmachens. Der Umraum soll im Ablauf dramaturgischer Handlungen als veränderbar erlebt, als neuartiges kollektives Erlebnis erfahren werden. Der Baustoff wird hier zum Stoff der Handlung: ein Publikum erlebt sich in Größe und Zusammensetzung, in bestimmten dramaturgischen Abläufen, als Akteur einer sich zeitlich verändernden, architektonischen Szene; Betrachter werden Mitspieler; von der Rezeption zur Partizipation. Simultanität, Vielfalt der Ereignisse – visuelle, akustisch, haptische, theatralische – setzt Offenheit des Standortes und der Baustruktur voraus, ohne materiale Abriegelungen, ohne Exklusivität. Die Zeichnung ist Erkenntnisvermittler für beide: der entwerfenden Architekturauffassung und in einer gewissen Beschränkung auch dem Publikum für Anlässe und Eigenarten der Inszenierung.

Vielleicht darf man von einem Idealplan sprechen, in dem vollkommene Bauten zwar nicht zutage treten, jedoch eine architektonische Vorstellung zeichnerisch umgesetzt wird, die den architektonischen Raum und die möglichen Ereignisse in ihm eingrenzt und sichtbar macht. In einem höchst variablen, weitgespannten Plan werden sie architektonisch vorbereitet. Die technische Ausführung ist festgelegt, die Ausformung wird jedoch der Inszenierung überlassen. Notationen für architektonisch gebundene zeiträumliche Aktionen charakterisieren eine Raumkonzeption, die den Akteuren eine Minimalfassung des Raumes vorstellt und vielleicht noch eine Aufzeichnung, eine Partitur zur Weiterentwicklung der architektonischen Motive dazugibt.

Weg-Zeit-Diagramme

Bei einer gewissen Größe und Menge ist der einfache Transport zerlegter Teile und die einfache und schnelle Montage von Spielraumkästen möglich. Die technisch und zeitlich koordinierte Folge von Auf- und Abbau werden derart geregelt und ihre Phasen in Weg-Zeit-Diagrammen erfaßt. Der Zusammenbau der Flächenelemente oder Volumen wird mit Hilfe von Positionsplänen kontrolliert.

In einer Studie von Rassem Badran sind die An- und Abfahrten der Container auf einem Raster in einem Zeit-Weg-Diagramm dargestellt. Die Bauelemente der von ihm entworfenen Spielbaukästen sind mit Lochkarten erfaßt und die Veränderungen der Bauelemente von entsprechenden Programmen gesteuert, in denen die dramaturgischen Ziele, die Einflüsse des Standorts u. a. eingegeben sind.

Spielpartituren

Der Entwurf eines Spielraumbaukastens von Wilfried Turk sollte nicht als funktionsneutraler Mehrzweckraum dienen, in dem Spiele im immer gleichen Milieu ablaufen; aus den Bauelementen können handlungsspezifische Räume kombiniert werden; ein Computer soll dabei behilflich sein. Die veränderungsfähigen Raumqualitäten sollen Teile der Inszenierung werden. Die Darstellungen erfolgen durch Zeichenketten, welche die Handlungen der Akteure im dramaturgischen Ablauf zum Raum vorgeben. Dadurch soll der Raum zum Spielraum für die Bewegungen werden. Die prinzipielle Offenheit für Ereignisse musikalischer und dramaturgischer Art läßt den völlig strukturierten, geordneten Raum nicht zu. Spielräume erfordern einen freieren Plan, und die – wenn auch nur kurzzeitige – Affinität von Raum und Ereignis wird erst im Verlauf der Aktion und durch sie hergestellt. Die Notation ist eine »Bauzeichnung« zur Handhabung des Spielraumbaukastens wie auch die Partitur für den zeitlichen Ablauf und für szenische Vorgaben. Sie ist als Versuch zu werten, Raum- und Spielgeschehnisse verständlich zu umreißen. Eine Szene aus Mauricio Kagels »pas de cinq« ist in einer symbolhaften Schreibweise in Grundrisse und Schnitte der Baustruktur eingetragen.

Diese Prinzipien sind immer wieder Grundlage bei ähnlichen Vorhaben, wenn die physikalische Struktur auf eine Minimaldefinition aus Wandelementen,

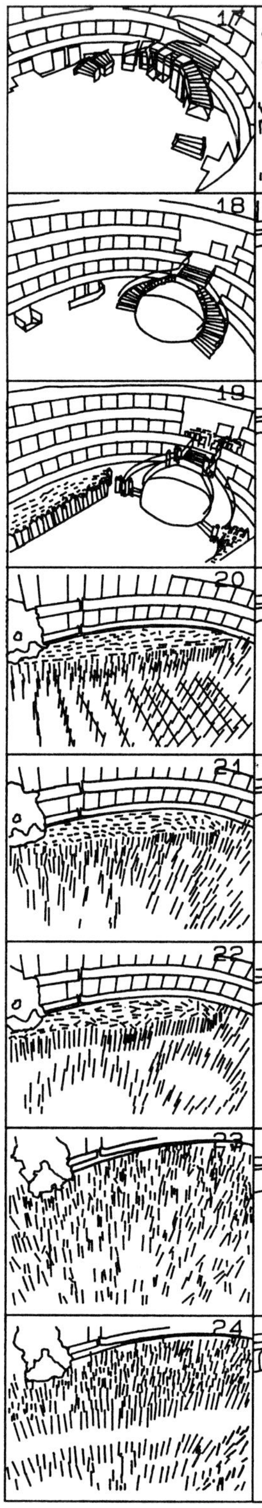

6.24 Siegfried Hermann. Wiener Opernball. 1976. Analyse des Aufbaus, der Nutzung und des Abbaus anhand der graphischen Auswertung von Zeitrafferaufnahmen.

Boxen für Geräte und Requisiten reduziert wird. Oft ist der Aufbau zur Raumhülle als architekturale Handlung inszeniert, die von Gesten- und Kontaktspielen ersetzt werden kann. Das Publikum soll dann den Hinweisen der Partitur folgen, die thematische Daten und jene für zusätzliche Abläufe enthält. Der kurzfristig errichtete Raum soll mit Requisiten und Dekorationen eingerichtet, von Reaktionen und Handlungen erfüllt, erleb- und greifbar gemacht werden.

Dem Publikum ist oft die Chance gegeben, die Erscheinung des Aktionsraumes, seine Materialisation zu beeinflussen, die Partizipation in einer sich entwickelnden Dramaturgie zu bestimmen. Die Bewegungen einer großen Menschenmenge, von Prozessionen, Umzügen und Demonstrationen her bekannt, verschaffen dem öffentlichen Raum für die Dauer derartiger Aktionen eine sonst nicht wahrgenommene Raumqualität. Der für den Verkehr von Fahrzeugen reservierte Straßenraum gewinnt eine neue gesellschaftliche Dimension, wenn er für kurzzeitige Ereignisse zum Schauplatz, zum Austragungsort für religiöse oder politische Aktionen wird: Politik wird dann Straßensache. Die Straßenszene, sonst oft Quelle psychischen Unbehagens und physischer Belastungen, wird zum Territorium menschlichen Engagements. Der sonst anonyme Verkehrsteilnehmer wird zum Akteur, der den Stadtraum für die Zwecke der Inszenierung erobert: Die Aktion macht einen pathetischen Gebrauch vom neu gewonnenen Umraum, von Straßen und Plätzen. Und die Inszenierung der Demonstration folgt den alten Regeln: Sammlung, Formierung, Umzug, Handlungen an bedeutsamen Orten des Weges, und danach ihre Auflösung. Die Straßenszene und die Plätze werden der heute ungewohnten Probe einer anders verstandenen Funktionstauglichkeit unterworfen. So entsteht, wenn auch nur für kurze Zeit, ein faszinierendes Bild der Affinität von Handlung und Architektur.

6.25 Wilfried Turk. Notation zum Aufbau eines Spielraumbaukastens.

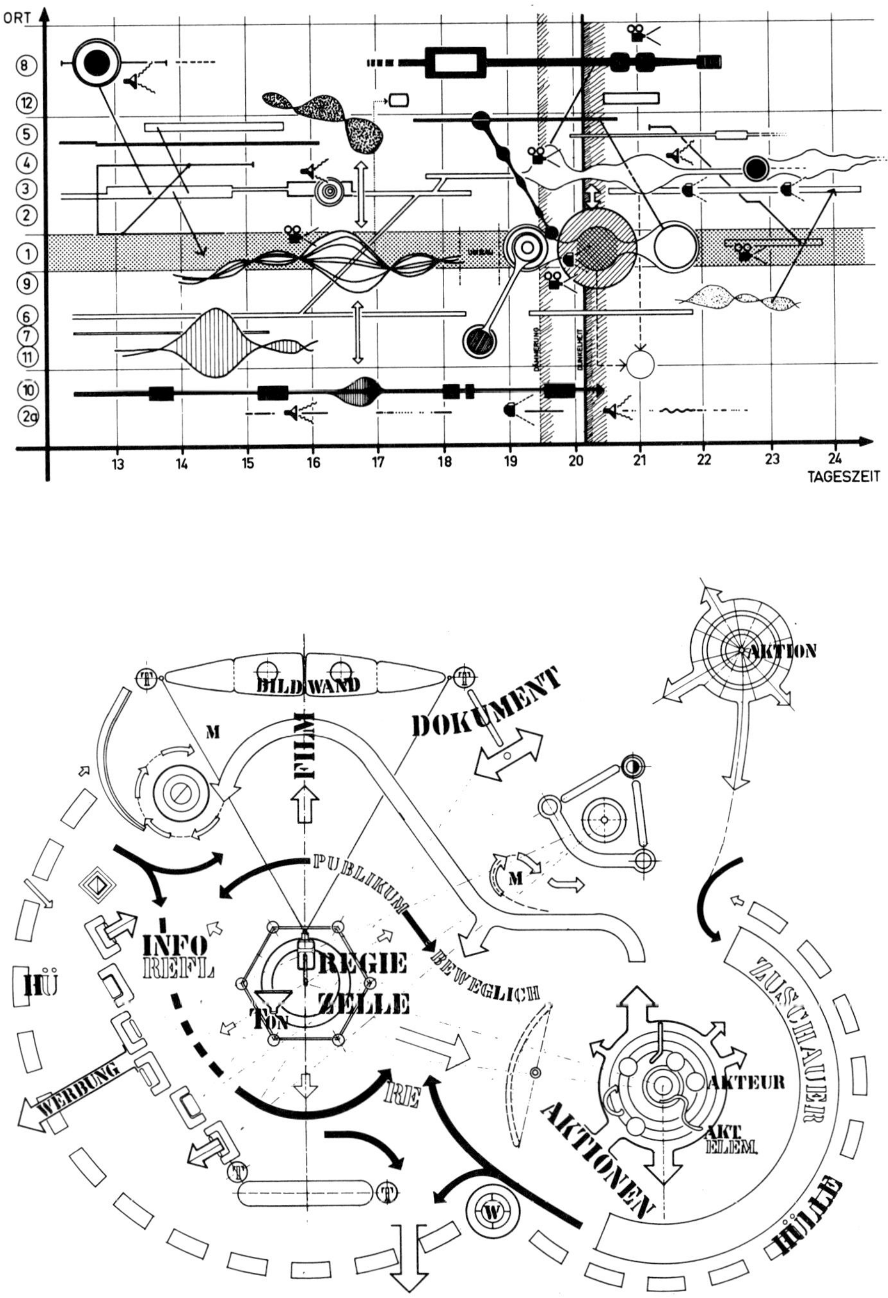

6.26 Rassem Badram. Zeit-Weg-Diagramm zum Aufbau eines Spielraumkastens.

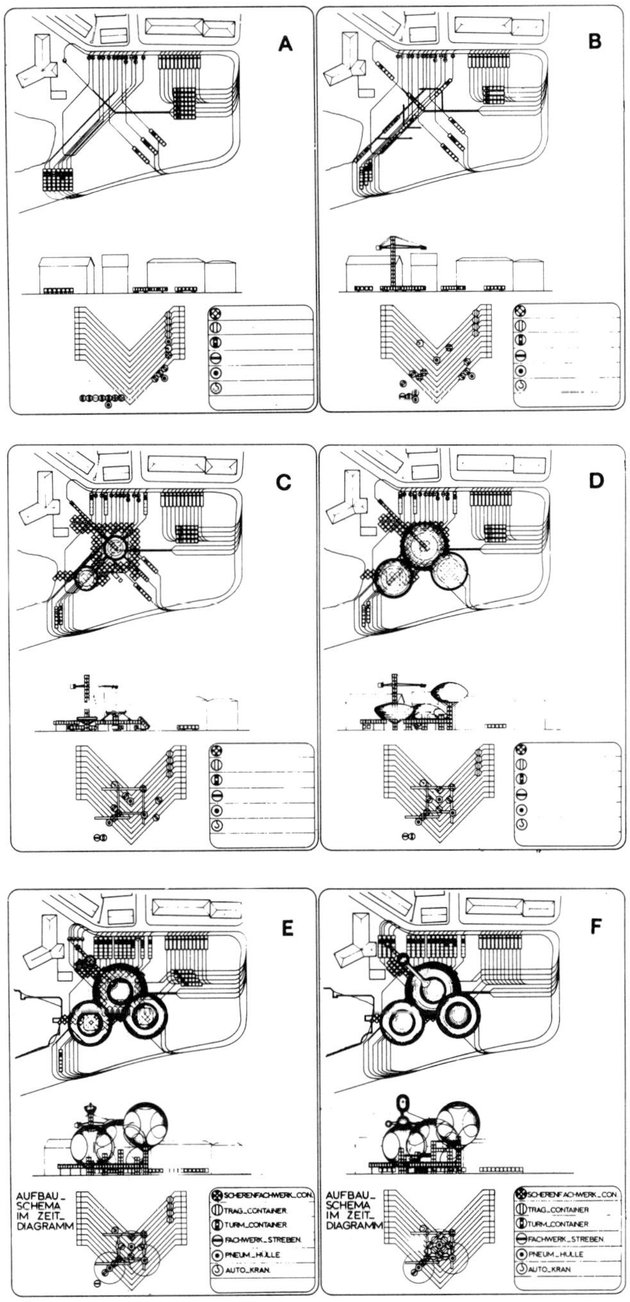

6.27 Verkehrsarten.

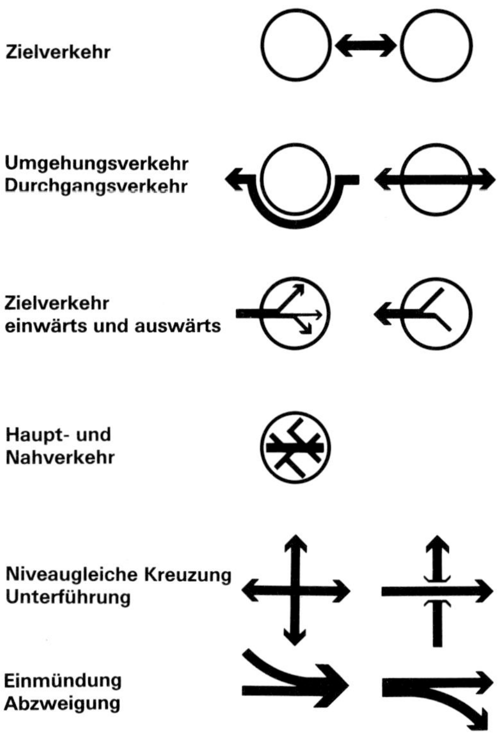

Darstellungen von Bewegungsabläufen im Stadtraum

In der Stadtplanung sind Bewegungen und Ortsveränderungen von Personen, Fahrzeugen und Gütern die Konsequenz von miteinander verflochtenen Tätigkeiten, die sich vorwiegend in Gebäuden abspielen, denn die Bewegungen von Fahrzeugen und Gütern haben ihren Ursprung und ihr Ziel in irgendwelchen Gebäuden. Der Verkehr bewegt sich von Gebäude zu Gebäude, und das Verkehrsnetz ist auf das engste mit der Lage und Anordnung von Gebäuden verknüpft, die von der häufigen Zu- und Abfahrt der Fahrzeuge abhängig sind: »Verkehr hat seinen Ursprung in Gebäuden.«[9] Verkehr ist eine Funktion menschlicher Tätigkeiten. Er konzentriert sich in Städten, weil sich dort Tätigkeiten konzentrieren. Die heutige Stadtszene wird vom täglich neu entstehenden Verkehrschaos beherrscht. Der Verkehr wird zum Verkehrsfluß, die Verkehrsbewegungen erfolgen aus der stetigen Zunahme der Verkehrsbedürfnisse und -ansprüche der Wirtschaft, des Berufs- und des Freizeitverkehrs.

Aufzeichnungen von Verkehrsbewegungen innerhalb von Gebäuden, im Stadt- oder im Luftraum haben weitgehend analogen Charakter zu den zeitlichen Prozessen; die Notationssysteme sind Diagrammformen, die mittels visueller Variablen die kinetischen Ereignisse notieren, meist unter Auslassung der Skala von Geschwindigkeitsveränderung. Die lineare Wirkungsweise der Verkehrssysteme erleichtert die Entwicklung eines Zeichenrepertoires zur Darstellung von Bewegungsabläufen, mit denen die Funktionsweise des Verkehrsgeschehens auch Dritten oder der Öffentlichkeit vorgestellt werden kann.

Der Verkehrsablauf
Das Zusammentreffen der Verkehrsbewegungen am Verkehrsknoten führt zu den elementaren Verkehrsvorgängen: Kreuzen, Einscheren, Ausscheren, Verflechten, Überholen. Dabei beschleunigen oder verlangsamen sich die Verkehrsbewegungen. Verzögerungs- oder Beschleunigungsspuren bzw. Haupt- und Nebenspur verbessern den Verkehrsfluß durch besseres Angleichen der Verkehrsgeschwindigkeiten in einen Strom gleicher Richtung.

Die Kanalisierung der Verkehrsströme am Verkehrsknoten ordnet parallel geführte und sich kreuzende Fahrspuren, am häufigsten an der rechtwinkligen Kreuzung. Ist sie signalgesteuert, so ist die Verkehrsführung vom System der Phasenfolge bestimmt.

6.28 I. W. Korte. Signalgesteuerte Kreuzung bei Anordnung zweier Einbahnstraßenpaare.

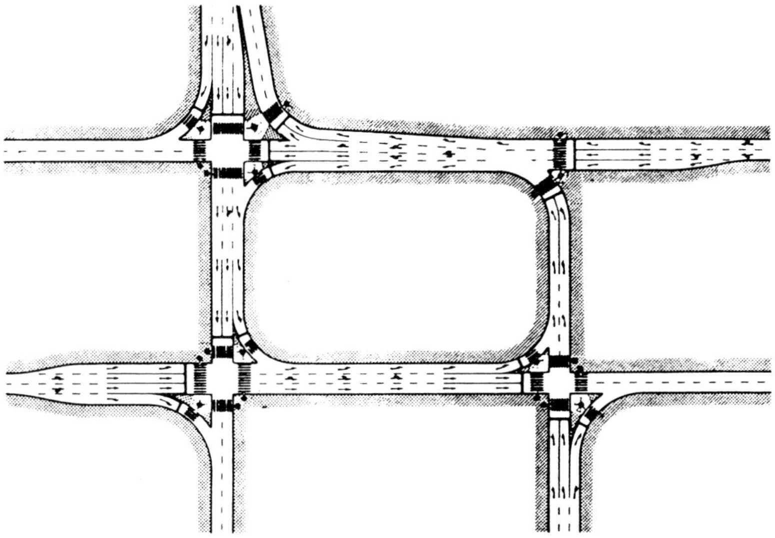

6.29 I. W. Korte. Kreisplatz mit bevorzugter Hauptrichtung. Signalgesteuert.

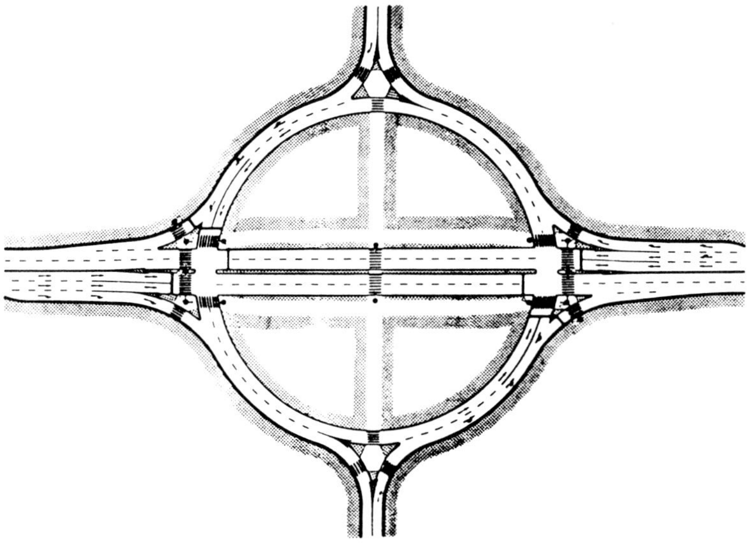

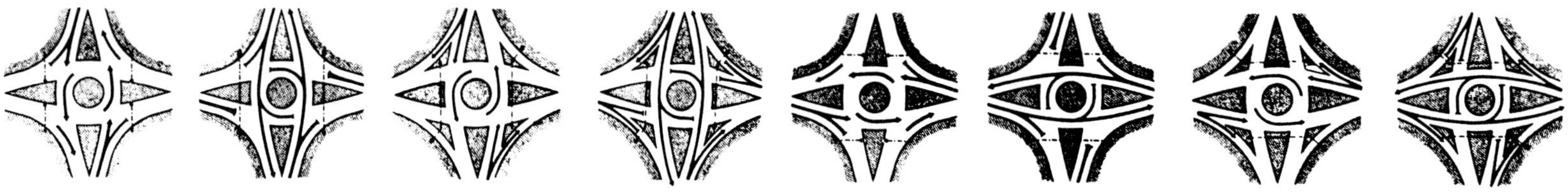

6.30 I. W. Korte. Phasenablaufpläne für ausgeweitete Kreuzungen:
mit Stauraum für Rechtsabbieger
mit Standspur für Rechtsabbieger.

Die kartographische Darstellung von Bewegungen

Die kartographische Darstellung von Bewegungen versucht in zeichnerischer Fixierung festzuhalten, was sich wie bewegt: Bewegungen von Personenfahrzeugen auf Straßen oder Schienen, zu Wasser und in der Luft, Bewegungen von Gütertransporten, Pendler- und Wanderbewegungen. Zur kartographischen Darstellung dieser Bewegungslinien stehen Bewegungssignaturen – Bänder, Vektoren, Pfeile – zur Verfügung.

Die grundrißliche Darstellung räumlicher Veränderungen, die von sich bewegenden Objekten ausgelöst werden, wirkt gegenüber der Dynamik der Ereignisse und angesichts der statischen Natur dieses Mediums relativ unbeholfen und bereitet meist technische Schwierigkeiten in der zeitlichen Abgrenzung des dynamischen Vorgangs innerhalb eines Zeitraums. Die Klassifikation unterscheidet nach konstanter oder variabler Geschwindigkeit und nach linearer, streckenhafter und flächiger Ausdehnung der sich bewegenden Objekte bzw. der sich verändernden Sachverhalte.

Grenzfälle sind Bildreihungen, etwa nach Zeitstufen für Veränderungen innerhalb zeitlich extrem gedehnter Zeiträume, wie sie für die grundrißliche Darstellung der Stadtentwicklung eingesetzt werden.

Mit Bewegungssignaturen lassen sich die Lageveränderungen von Objekten und ihre qualitativen und quantitativen Wirkungen innerhalb eines Zeitraumes darstellen. Doch auch graphisch gute Darstellungen können nur mittelbar die Dynamik von Bewegungsabläufen erfassen; lediglich zeitlich dicht gedrängte Darstellungen suggerieren Richtung und Größe des Bewegungsablaufes.

Am häufigsten zu entwerfen bzw. darzustellen sind gerichtete, linear verlaufende Bewegungen. Zu ihrer Visualisierung stehen zur Verfügung: Vektoren, Stromlinien und Pfeile. Pfeile sind unterteilt in Richtungs- und Bewegungspfeile und in diejenigen von zusammengesetzter Anordnung für flächige Ereignisse. Da Karten im allgemeinen die Verkehrswege ohne Aussage über Richtungen, Intensität oder Arten der Bewegungen anzeigen, ist mit den pfeilartigen Bewegungssignaturen ein Mittel gegeben, Arten, Richtung und das Anwachsen der Geschwindigkeit und die Menge der Bewegungen darzustellen.

Das graphische Repertoire der Pfeilformen erstreckt sich vom einfachen Strichpfeil bis zum Pfeil mit breiten, auch perspektivisch oder sonstwie im Bewegungsverlauf verformten Bändern. Mehrpfeilige, flächige Formen eignen sich für die Darstellung von Massenbewegungen. Bewegungssignaturen bedürfen in jedem Fall der Legende, die Zeiteinheit, Geschwindigkeit, zeitliche Staffelung usw. nennt.

Kartenmäßige Bewegungsdarstellungen können somit die Spur und die Richtung der Bewegung erfassen, indem Punkte zur Linie und zum Pfeil anwachsen. Sie suggerieren einen stetigen, gleichbleibenden Bewegungsablauf. Ist der Darstellung auch eine Zeitaussage beigegeben, so informiert sie in einem bestimmten zeitlichen Rahmen über den Bewegungsverlauf innerhalb des von der Karte umrissenen Gebietes, etwa über die Darstellung von Verkehrsaufkommen und Wanderbewegungen.

Oft ist die Grundlage der Straßenplanung die quantitative Verkehrslinienkarte, die, dem Verkehrsaufkommen folgend, in Bandbreiten gestaffelt entlang der Verkehrswege aufgezeichnet wird.

6.31 Ulrich Schwarz. Systematik der Pfeilformen.

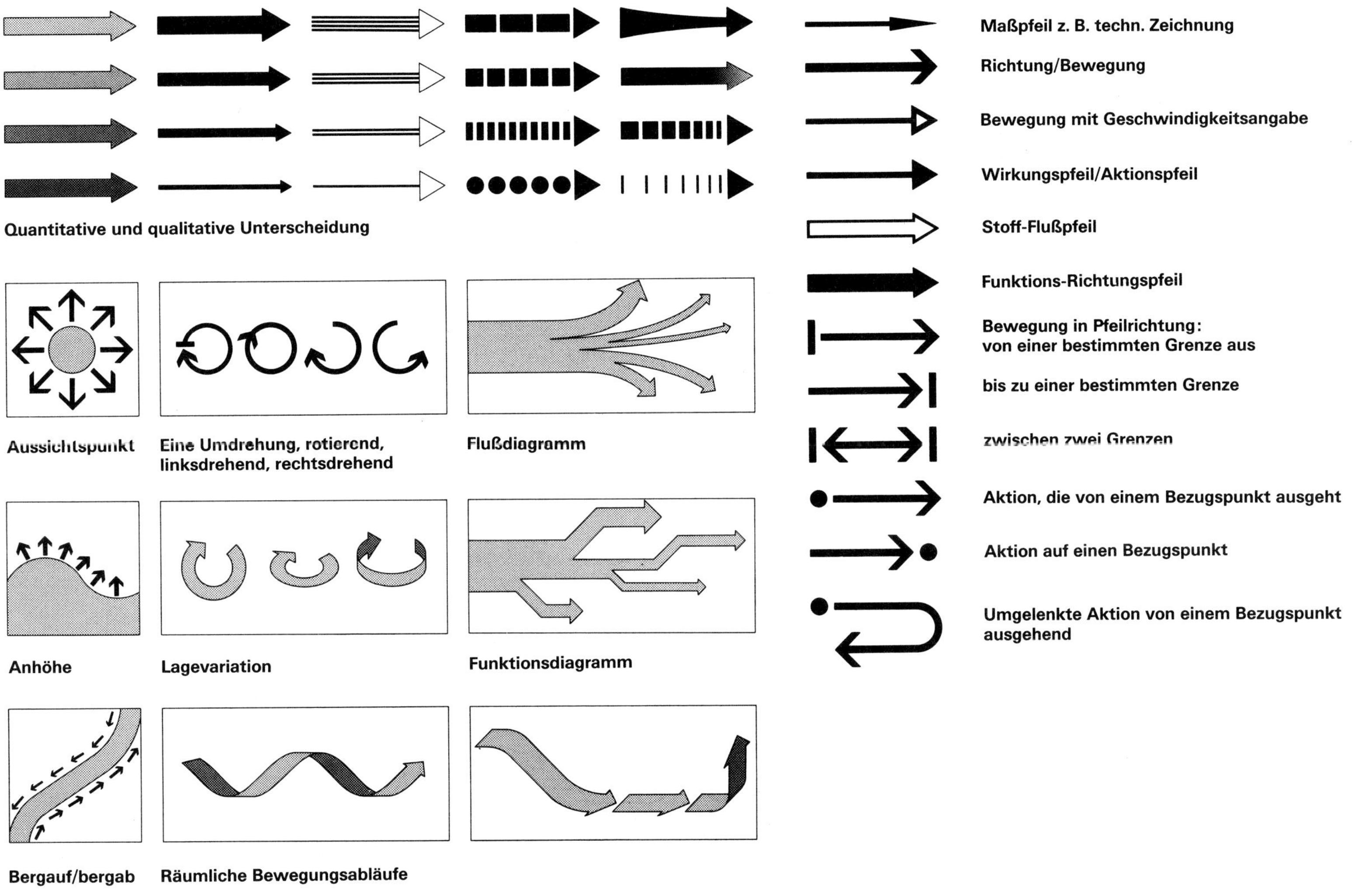

Verkehrskarten

Verkehrskarten sind inhaltlich eine Mischung aus topographischer und thematischer Karte. Sie enthalten qualitative Aussagen über Verkehrswege und in der Form der Verkehrskartogramme quantitative und qualitative Aussagen über Verkehrsaufkommen, Verkehrsleistungen, die oft mit Aussagen über Bevölkerung, Siedlung, Handel und Wirtschaft kombiniert sind.
Verkehrskarten enthalten die Netze der Verkehrsarten, die Straßen verschiedener Ordnungen.

Straßenkarten

Straßenplanungskarten sind dem graphischen Gefüge nach qualitative Liniendarstellungen, die kartographisch weitgehend einheitlich behandelt und durch Legenden ausgewiesen werden.
Im allgemeinen werden Verkehrsdarstellungen in lagetreuer Abbildung des Verkehrsnetzes Verkehrskarten genannt. Darstellungen, die in schematisierter, bzw. stark generalisierter Form die Verkehrsnetze enthalten, sind Verkehrskartogramme.

Verkehrsdichtekarten

Verkehrsdichtekarten sind quantitative Darstellungen und enthalten somit nicht vorrangig die Verkehrswege, sondern die Bewegungen und Mengen von Objekten, die sich auf den Verkehrsnetzen ereignen. Verkehrsdichtekarten zeigen in zeichnerischer Fixierung die Ergebnisse von Verkehrszählungen; sie enthalten Aussagen über Verkehrsaufkommen, beispielsweise über den Verkehrsumfang pro Netzeinheit. Die Belastung der Verkehrswege in Transportmengen-Diagrammen wird durch die Anzahl der auf ihnen verkehrenden Fahrzeuge oder Personen pro Zeiteinheit mittels Bändern in verschiedenen Breiten, Signaturen oder Farben kombiniert bzw. nach Wirkung und Verlauf der Verkehrslinien wiedergegeben.
Darstellungen der Verkehrsbeziehungen enthalten vor allem die räumlichen Beziehungen des Verkehrs oder die Verbundwirkungen mehrerer Verkehrssysteme.
Bewegungs-, Handels- und Verkehrsströme veranschaulichen die quantitativen Gliederungen der Transportwege. Dies ist unentbehrlich für die Planung von Verkehrssystemen. Dennoch zählen sie gewissermaßen zu den »statischen« Darstellungen, da man nicht das bewegte Objekt, sondern dessen Wirkungslinien in der Ebene oder im Raum kartographisch aufzeichnet.
Zu unterscheiden sind grundriß- und lagetreue Darstellungen qualitativer Signaturen, die Auszügen topographischer Karten entstammen, gegenüber den nur quantitativen Darstellungen, die auf Grund ihrer höheren Abstraktion nicht den topographisch richtigen Verlauf, sondern – in größerer oder geringerer Generalisierung – Ausgangs- und Zielorte in gerichteter oder ungerichteter Beziehung, in direkter oder gerader Strecke verbinden. Interessiert weniger der genaue Streckenverlauf als vielmehr die Menge oder eine sonstige Transportleistung, so veranschaulichen quantitative Banddiagramme, unter Verzicht auf die lagetreue Wiedergabe der Trasse oder anderer Verkehrsflächen, die Verkehrsbelastung.
Verkehrsdichtekarten zeigen die Intensität, die Art und die Menge der Verkehrsleistung entlang der Verkehrswege durch Verbreiterung der Verkehrslinien zu Bändern. Die Anzahl der gebündelten Verkehrslinien quantitativ gestufter Strichbreiten zeigt die Verkehrsbelastung. Die lineare Bewegung von Gütern oder Personen, die in der Form von Transportmengenbändern proportional zur Bandbreite anwächst, ist die sinnvoller Fortsetzung der qualitativen Linienkarte zur kombinierten Darstellung von Linienführung und Verkehrsmenge, also zur quantitativen Verkehrslinienkarte.
Die Methode der quantitativ gestuften Linienbreiten, von E. Tiessen zur »Einheitslinienmethode« entwickelt, führt zu Verkehrsdarstellungen von guter Anschaulichkeit. Die Einheitslinienmethode beruht auf der Wahl einer Linienstärke bzw. von Balken bestimmter Breite für eine ausgewählte Mengeneinheit.
Andere Verkehrsnetzdarstellungen beschränken sich auf die Netzverknotungen eines Streckennetzes, wie sie für anschauliche Darstellungen des Netzes öffentlicher Verkehrsmittel oft erwünscht sind. Die Funktionalität dieser Verkehrsdarstellungen, nämlich das Erkennen der Streckenbeziehungen »auf einen Blick«, führt zur Reduktion: Das Streckennetz ist begradigt und gestreckt, der Verlauf auf horizontale, vertikale, diagonale Maschen und ihre Verknüpfungen reduziert, denn hohe Anschaulichkeit ist wichtiger als grundrißtreue Wiedergabe. Netze sind Darstellungen linearer Beziehungen in der Ebene mit geringer geographi-

6.32 Louis Kahn.
Verkehrsdiagramme für Philadelphia.

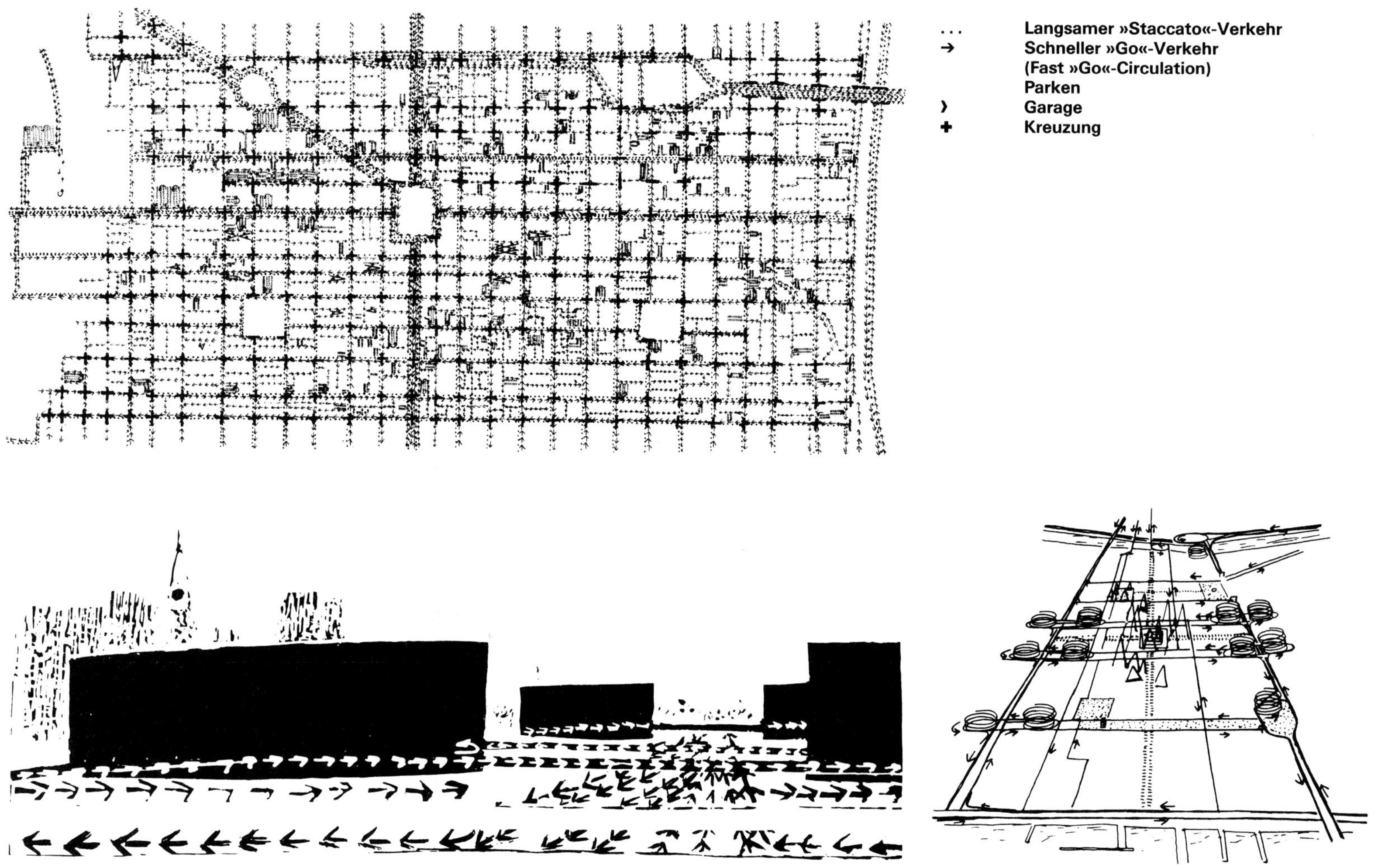

scher Genauigkeit, jedoch von großer Prägnanz. Die Generalisierungsmaßnahmen erstrecken sich von relativ hohem lagetreuem Verlauf über begradigte und maßstäblich verzerrte Darstellungen bis zu geometrisch regelmäßigen Netzen, wie sie von Darstellungen der städtischen Verkehrssysteme bekannt sind. Diese Darstellungen zählen zu den Kartogrammen.

Louis Kahn war der Meinung, daß Straßen und ihr Verkehr als Flüsse aufzufassen seien und diese Flüsse Docks, Kais und Landplätze haben sollten. In seinem Verkehrsplan für die City von Philadelphia sind Zonen des Haltens, des ruhenden Verkehrs und der Docks ausgewiesen, die Schnellstraßen werden von Parkhochhäusern ergänzt, gewisse Straßen sind als »go« für den langsamen, als »staccato« für den schnellen Verkehr bestimmt. Der Verkehr ist auf mehrere Ebenen verteilt. Die oberste Ebene ist autofrei und den Fußgängern vorbehalten. Die Bedürfnisse des mechanischen und des Fußgängerverkehrs sind neuartig organisiert, was jedoch den Verkehr nicht zu einem bloßen Transportsystem reduziert. Es ist das Modell einer großen Ordnung, das die Stadt zu einer Stadt für Fußgänger machen soll und doch die Bedürfnisse des Fahrzeugverkehrs berücksichtigt; die Straßen sind die Basis für umfassende architektonische und organisatorische Veränderungen. Die Notation folgt der Vorstellung Kahns, die Straßen als Flüsse aufzufassen. Einem kanalisierten System gleich sind die Verkehrsbewegungen gebündelt und gespalten in spiralförmige Parkhäuser geleitet, die zu monumentalen Bildern einer Architektur des Haltens werden.

Fritz Haller veröffentlichte 1967 eine radikale Neuformulierung einer Stadtstruktur. Darin bildet der Wohnblock die kleinste Einheit, die zu immer größeren Verbänden und zu einer städtischen Anlage von 5 km^2 verknüpft werden sollte. Die Planungen sehen Größenordnungen von 3 Millionen bis 7,5 Millionen vor. Mit diesem Stadtentwurf ist weniger die begrenzte, dicht bebaute Stadtform, vielmehr

6.33 Los Angeles. Stadtplan für Autofahrer. 1952.

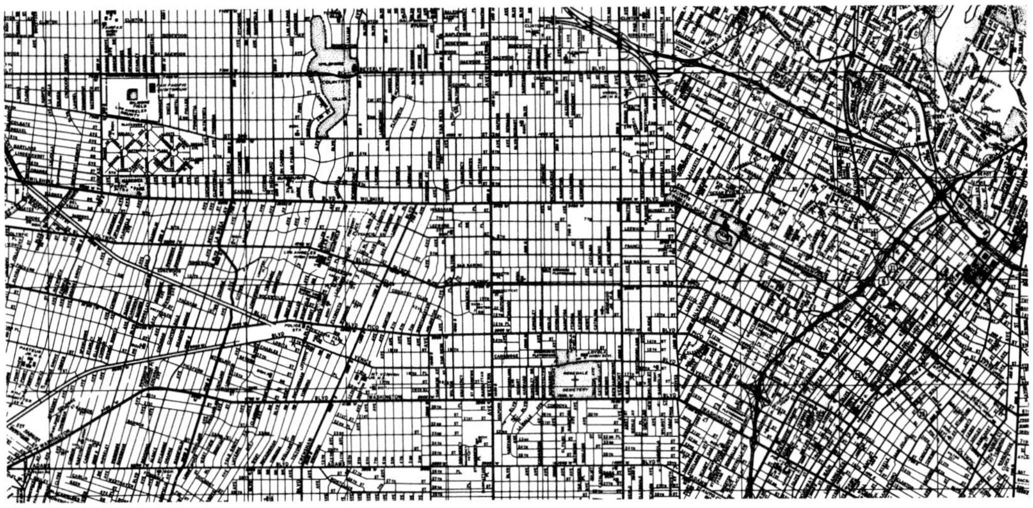

6.34 Verkehrsdiagramm. Berlin. Untergrund- und S-Bahn.

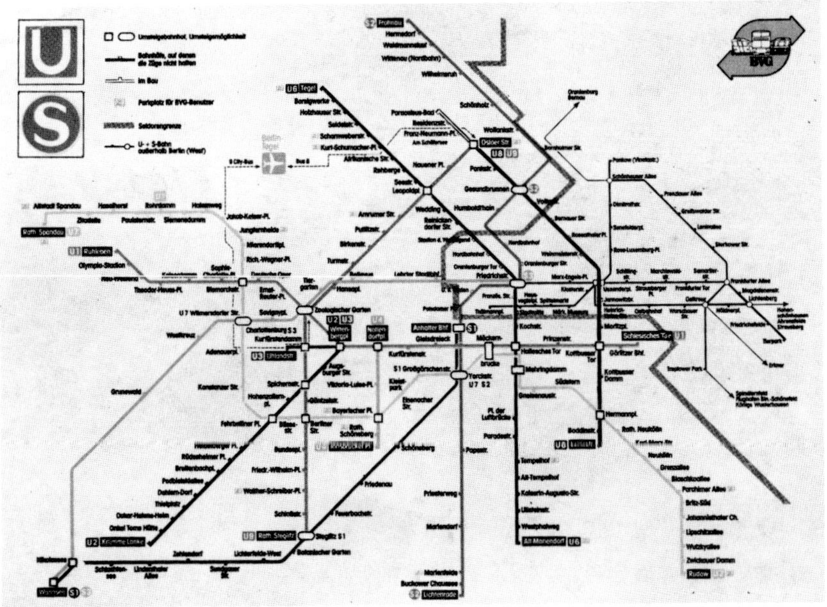

6.35 Planungsamt Stadt Stuttgart. Quantitative Verkehrsdarstellung nach der Einheitslinienmethode. Zukünftiger Kraftfahrzeugverkehr in der Innenstadt.

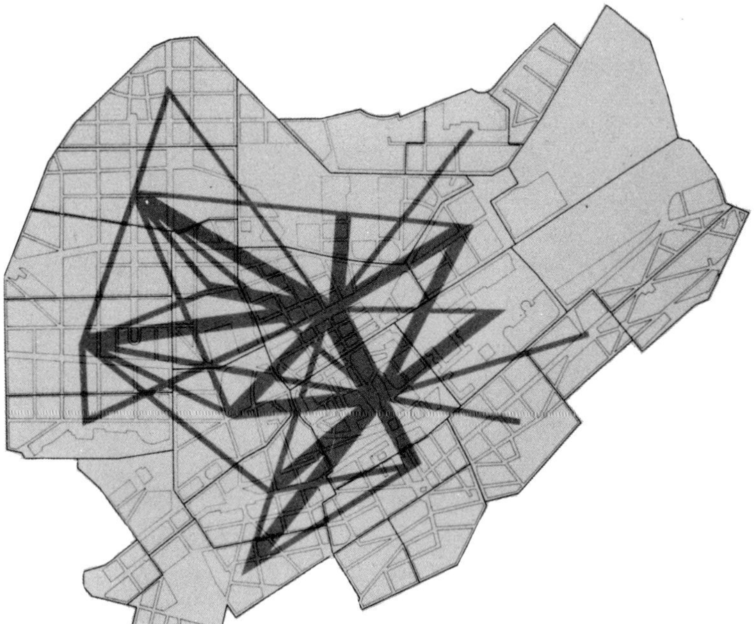

kalkulierter Lebensraum im weitesten Sinn geplant. Die Voraussetzung besteht darin, Arbeits- und Bewegungsabläufe automatisierten Regelsystemen zu überlassen, die unsere Vorstellungen über das städtische Leben in noch unbekanntem Maß verändern würden. Ein programmiertes Verkehrssystem bildet die geometrische Grundlage des Stadtsystems.

Elektronisch gesteuerte Elektrofahrzeuge mit Raum für vier Personen verkehren in einem mehrgeschossigen System von Fahrspuren. Jedes Fahrzeug erreicht ohne Fahrtunterbrechung mit Lochkartensteuerung sein Ziel. Die Fahrt beginnt bei den Aufzügen, dort stehen Fahrzeuge in Warteposition. Die Kabinen starten in kurzen Zeitintervallen und schwenken nach dem Anlauf in die gemeinsame Bahn, wo sie einen losen Kabinenzug bilden. Die Fahrzeuge kehren auf den Gegenspuren zur Parkstation zurück. Die Darstellung der automatisierten Bewegungen der Fahrzeuge beim Umspuren erfolgt in analoger Codierung, die den Transportast mit den Bündelungen der Fahrspuren und den Weg der Fahrzeuge mit Ziffern belegt. Die Fahrzeuge wechseln die Fahrspur, um die gewählte Spur in mehreren Etappen zu belegen. Nach dem Zusammentreffen mit anderen Spurenbündeln werden die vorsortierten Fahrzeuge in einem festen Umspurablauf entflochten, so daß jedes Fahrzeug rechtzeitig seine dem Fahrtziel entsprechende Außenspur erreicht. Beim Umspuren sucht jedes automatisierte Fahrzeug die reservierte Spur oder, wenn diese belegt ist, die nächstliegende.

Dennis Crompton legte die magische Ambivalenz von Undurchdringlichkeit und Durchsichtigkeit eines computergesteuerten Netzwerkes dem Entwurf der Computer City zugrunde. Es ist ein Gerüst, das sich durch Interaktionen der Bewohner den Verkehr rückkoppelnd anzupassen vermag.

6.36 Fritz Haller. Entwurf eines neuen Stadsystems.

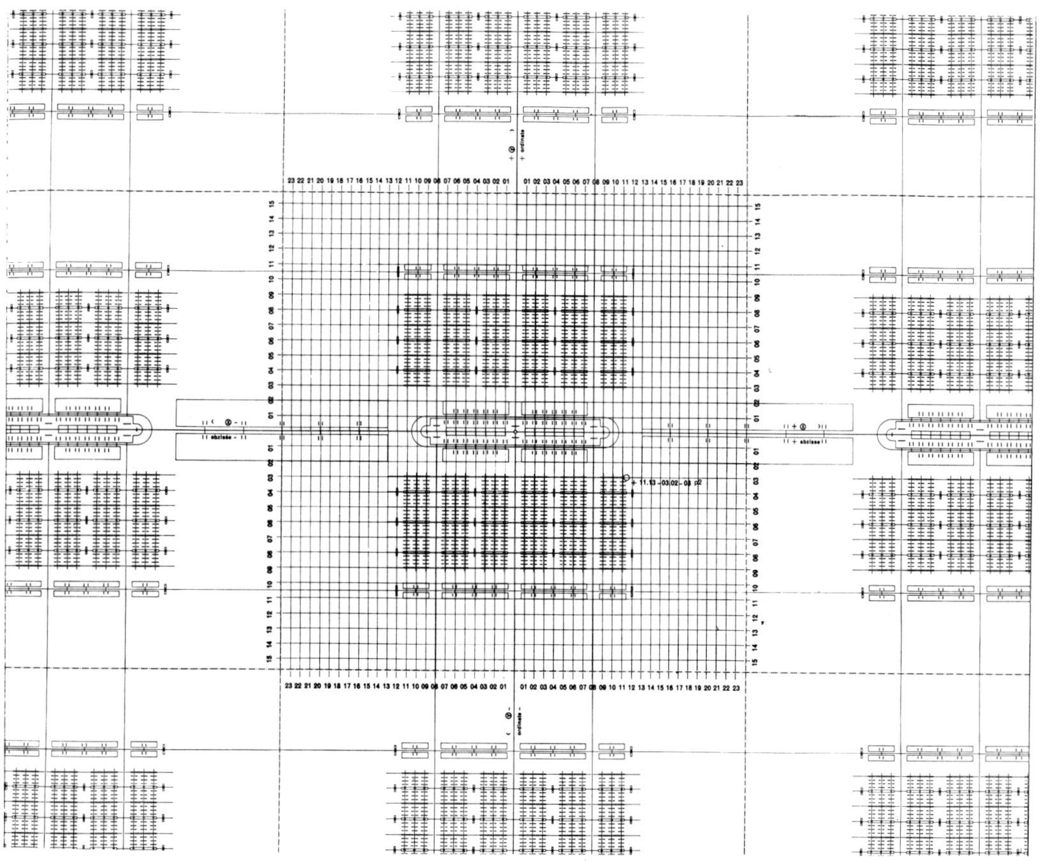

Städtische Organisationseinheit mit Koordinatennetz zur Orientierung und Programmierung. Ausschnitt.

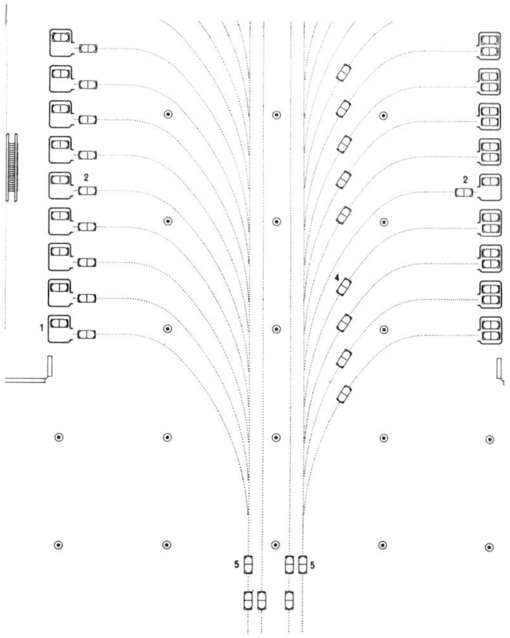

6.37 Fritz Haller. Verkehrsstation.

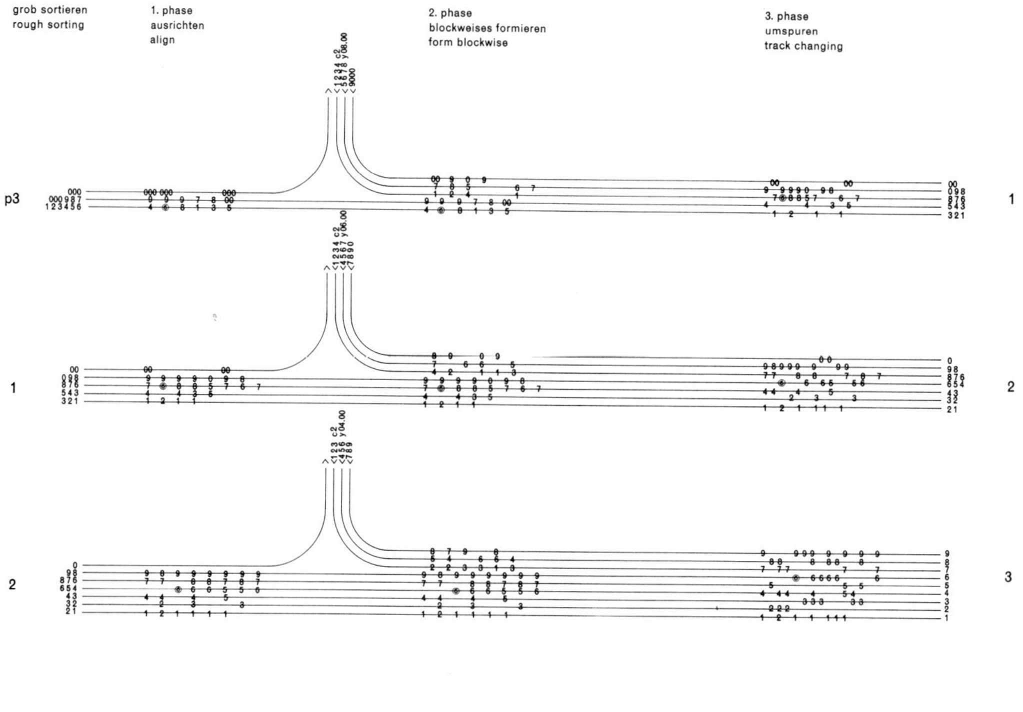

6.38 Fritz Haller. Umspurphasen.
Transportsysteme der Einheit dritter Ordnung, deren Zentrum mit dem Zentrum und der Peripherie der Einheit zweiter Ordnung durch Automatenbahnen verbunden ist.

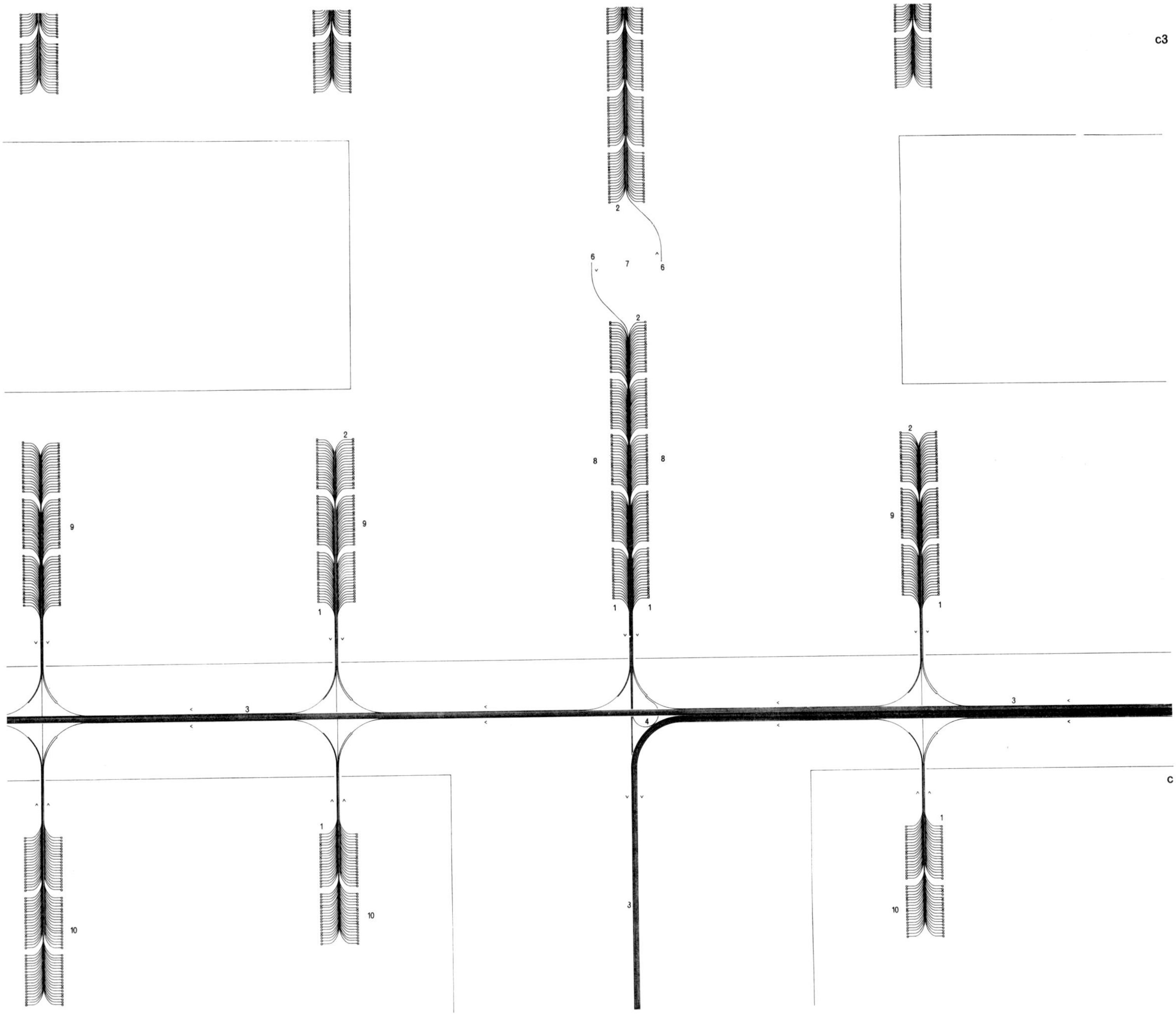

6.39 Fritz Haller. Fahrspurennetze.

6.40 Dennis Crompton. Computer City.

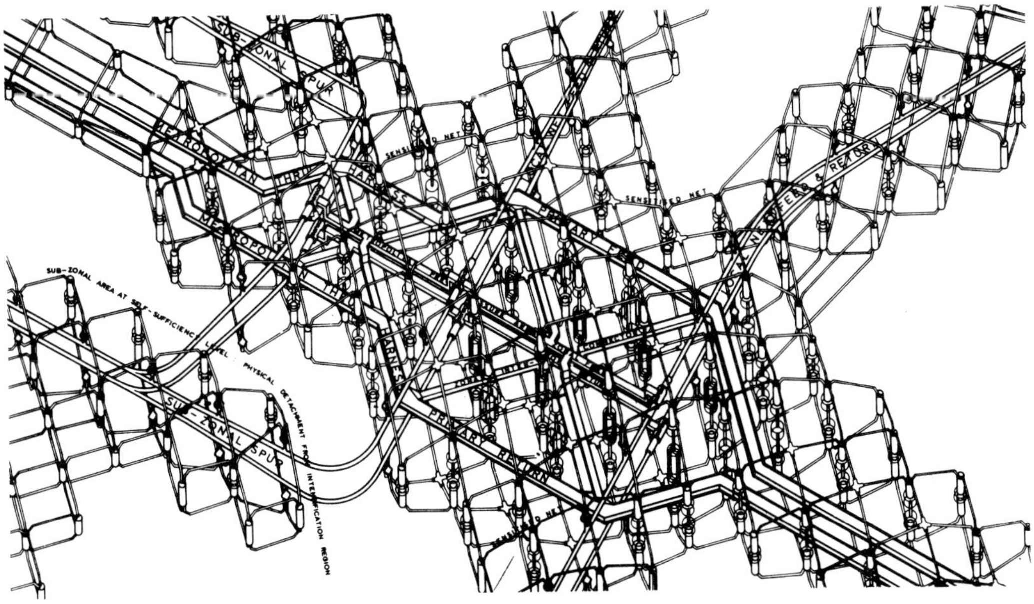

Sie geben Auskunft über Bewegungsabläufe, die sich über mehrere Raumschichten erstrecken. Trotz dieser Besonderheit orientieren sich die Bewegungsvorgänge wie die Darstellungen an der Erdoberfläche, an topographischen Karten, meist stark generalisiert. Bei grundrißlicher Darstellung können Höhenentwicklung, Positionen, Markierungen oder Zeitstufen eingetragen werden; bei räumlicher Projektion ist meist die generalisierte Erdoberfläche visueller Bezug. Dabei kann es sich um räumlich oder zeitlich abgetrennte oder auch in der Zeichnung zusammenhängende Raumschichten handeln. Flugzeugbewegungen setzen sich zusammen aus den ebenen Bewegungsabläufen der gebäudenahen Bodenführung, den räumlichen Bewegungen auf den Start- und Landebahnen, dem hochorganisierten Anflugverfahren als technisch und fliegerisch schwierigster Phase und den räumlich koordinierten Bewegungen in verschiedenen Höhen und Verkehrszonen, beispielsweise innerhalb der Flugkorridore.

Die vom Flugzeug im Anflugverfahren beschriebene Raumkurve ist das Produkt zweier Kurven, des Krümmungs- und des Windungskreises, gewonnen aus den Orts- und Höhenpositionen. Die Nutzung des Luftraumes fordert Organisation, Kontrolle und Beschränkungen der Verkehrsbewegungen; das sind vor allem die Anflugkontrollzonen und die Warteräume in bereits flughafennahen Kontrollräumen. Weitere Einschränkungen fordern bebaute Gebiete und Hochhäuser; nicht geringer sind die Einschränkungen, die sich aus der Forderung nach Lärmschutzmaßnahmen etwa bei bestimmten Windverhältnissen ergeben. Größere Flugzeugtypen, die in Höhen bis ca. 15000 m verkehren, machen zusätzlich die vertikale Kontrolle der Bewegungen notwendig. Für konventionelle Flugzeugtypen, die in Höhen zwischen 3000 und 10500 m fliegen, reichen horizontale Kontrollen aus.

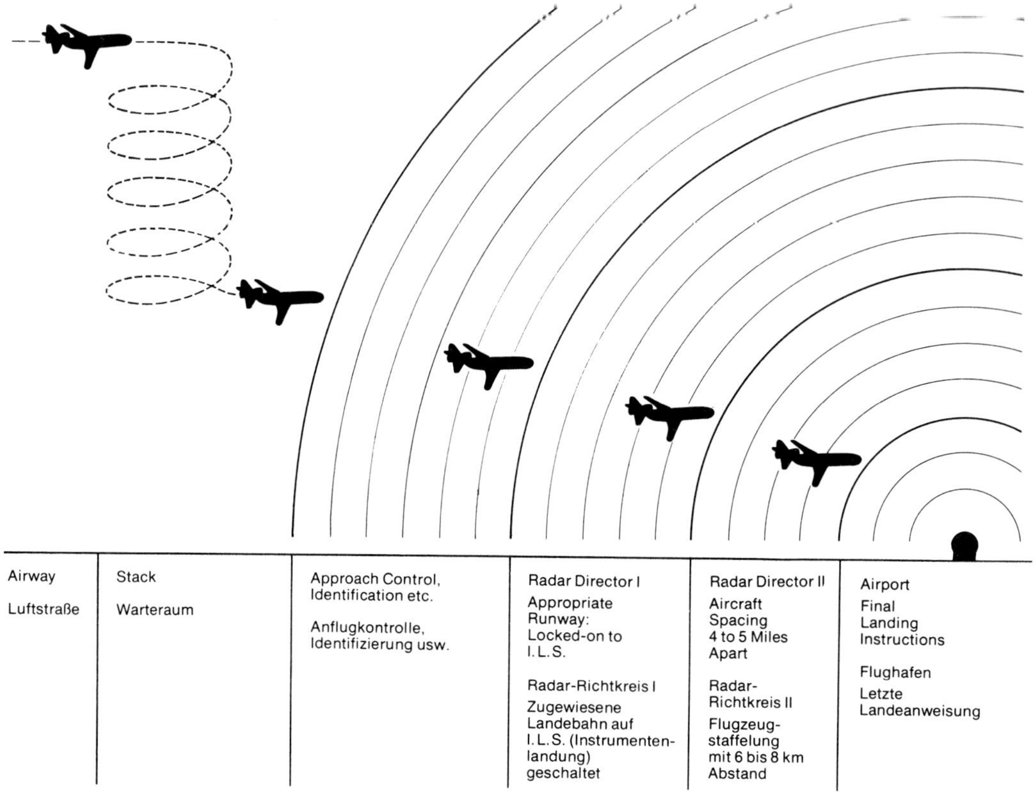

6.41 Edward G. Blankenship. Die verschiedenen Phasen des Anfluges innerhalb der Flughafenkontrollzone.

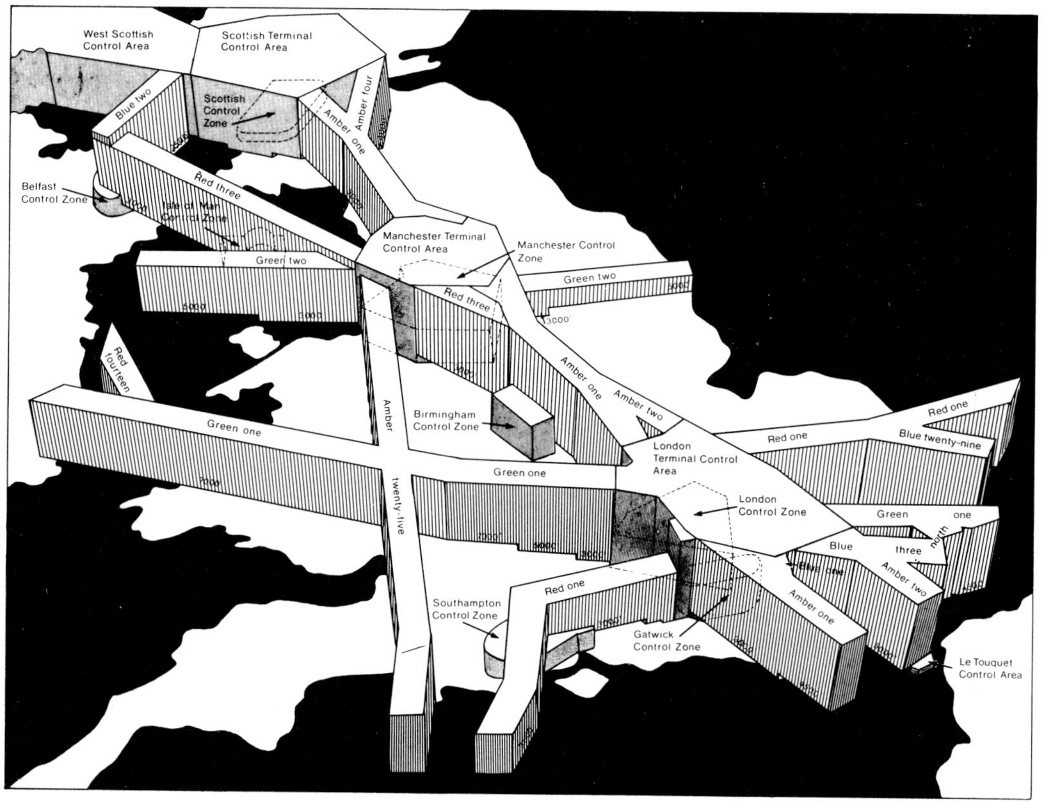

6.42 Edward G. Blankenship. Perspektivische Darstellung der Flugkorridore in verschiedenen Höhenlagen und der Kontrollzonen über der Karte von Großbritannien. Die Darstellung gibt anschauliche Informationen über die Verflechtungen im Luftraum.

Anmerkungen

Anmerkungen zum Kommunikations- und Wahrnehmungsprozeß

1 Siegfried Maser, *Grundlagen der allgemeinen Kommunukationstheorie*, Stuttgart 1973
2 Vgl. Siegfried Maser, a. a. O.
3 Vgl. Charles S. Peirce, *Studies in Logic*, Cambridge 1958
4 Vgl. Max Bense, *Aesthetica*, Baden-Baden 1967
5 Charles S. Peirce, a. a. O.
6 Vgl. Max Bense, a. a. O.
7 Ebd.
8 Vgl. Charles S. Peirce, a. a. O.
9 Ebd.
10 Elisabeth Walter, Abriß der Semiotik, *Arch +*, Heft 8, 2. Jg. 1969
11 Vgl. ebd.
12 Vgl. ebd.
13 Charles S. Peirce, a. a. O.
14 Georg Klaus, *Wörterbuch der Kybernetik*, Frankfurt 1969
15 Vgl. Charles S. Peirce, a. a. O.
16 Vgl. Horst Höfer, *Problem-Darstellung und Problemdarstellung in der Bauplanung*, Diss. Stuttgart o. J.
17 Vgl. Max Bense, a. a. O.
18 Georg Klaus, a. a. O.
19 Vgl. Max Bense, a. a. O.
20 Ferdinand Weinhandel (Hrsg.), *Gestalthaftes Sehen*, Darmstadt 1967
21 Wolfgang Metzger, *Gesetze des Sehens*, Frankfurt 1957
22 Vgl. Wolfgang Metzger, a. a. O.
23 Johann Wolfgang von Goethe, *Farbenlehre, Historischer Teil.* Band 4–5, hrsg. v. Gertrud Ott, Gerhard Ott und Heinrich Proskauer, Stuttgart 1988, 4. Auflage
24 Vgl. Wolfgang Metzger, a. a. O.
25 Vgl. James J. Gibson, *Die Wahrnehmung der visuellen Welt*, Weinheim/Basel 1973
26 Ebd.
27 Zit. nach James J. Gibson, a. a. O.
28 Ebd.
29 Jaques Bertin, *Graphische Semiologie*, Berlin 1974
30 Ebd.
31 Vgl. Karl Lothar Wolf und Robert Wolff, *Symmetrie*, Münster/Köln 1956

Architekturtheoretische Grundlagen

1 Vgl. Adolf Zeising, *Neue Lehre von den Proportionen des menschlichen Körpers*, Leipzig 1854
2 Erwin Panofsky, *Sinn und Deutung in der bildenden Kunst*, Köln 1975
3 Zit. nach Hans von Steuben, *Der Kanon des Polyklet*, Tübingen 1973
4 Ebd.
5 Vgl. ebd.
6 Vgl. ebd.
7 Marcus Vitruvius Pollio, *Zehn Bücher über Architektur*, Baden-Baden 1959
8 Vgl. Johannes Kepler, Harmonica Mundi, in: Brückner, *Viel Ecke und viel Fläche, Theorie und Geschichte*, Leipzig 1900
9 Vgl. R. Wittkower, *Grundlagen der Architektur im Zeitalter des Humanismus*, München 1969
10 Albrecht Dürer, *Vier Bücher von menschlicher Proportion*, Nürnberg 1529
11 Ebd.
12 Leon B. Alberti, *Zehn Bücher über die Baukunst*, Stuttgart 1988 (Nachdruck)
13 Zit. nach: R. Wittkower, a.a.O.
14 Ebd.
15 Ebd.
16 Ebd.
17 Vgl. Le Corbusier, *Modulor 1*, Paris 1948. *Modulor* 2, Paris 1955
18 Le Corbusier, *Feststellungen zu Architektur und Städtebau*, Berlin/Frankfurt/Wien 1964
19 Vgl. Adolf Zeising, a. a. O.
20 Vgl. Ernst Neuffert, *Bauentwurfslehre*, Braunschweig 1982
21 Adolf Zeising, a. a. O.
22 Le Corbusier, a. a. O.
23 Albert Einstein, Vorwort zu Max Jammer, *Das Problem des Raumes*, Darmstadt 1960
24 Leon Battista Alberti, *De re aedificiatoria*, Florenz 1485, Zit. nach: Christian Norberg-Schulz, *Vom Sinn des Bauens*, Stuttgart 1979
25 Peter Riemann, Casa Tragica – Citta Comica, *Der Architekt* 12/1987
26 Vgl. Peter Riemann, a. a. O.
27 Vgl. Kevin Lynch, *The Image of the City*, Cambridge 1960
28 Vgl. Jürgen Joedecke, Vorbemerkungen zu einer Theorie des Architektonischen, zugleich Versuch einer Standortbestimmung der Architektur, *Bauen und Wohnen* 8/1968
29 Louis Kahn, *Werk* 7/1974
30 Hugo Häring, *Anmerkungen zur Zeit vom neuen Bauen. Über das Geheimnis der Gestalt*, Berlin 1957
31 El Lissitzky, *Maler, Architekt, Typograf, Fotograf*, Dresden 1976
32 Vgl. *Tessiner Architekten*, hrsg. v. Thomas Bogor, Zürich 1986
33 Martin Heidegger, *Bauen, Wohnen, Denken. Vorträge und Aufsätze*, Pfuhlingen 1954
34 Martin Heidegger, a. a. O.
35 Zit. nach: Max Jammer, *Das Problem des Raumes*, Darmstadt 1960
36 Max Jammer, a. a. O.
37 Otto Bollnow, *Mensch und Raum*, Stuttgart 1963
38 Martin Heidegger, a. a. O.
39 Christian Norberg-Schulz, *genius loci, Landschaft, Lebensraum, Baukunst*, Mailand 1979
40 Martin Heidegger, a. a. O.
41 Ebd.
42 Vgl. Jean Jacques Rousseau, *Zurück zur Natur*, Paris 1762
43 Charles de Montesquieu, Essai sur le gôut dans les choses de la nature et de l'art, in: *Œuvres complete*, Band 2, Paris 1958
44 Hermann von Pückler-Muskau, *Andeutungen über Landschaftsgärtnerei*, Stuttgart 1977
45 Zit. nach Ebenezer Howard, *Garden Cities of Tomorrow*, London 1902
46 Norm DIN 18000, Mai 1984
47 Phythagoras, Die Goldenen Verse des Phythagoras zur Meditation, Heilbronn 1988
48 Lionel March/Philip Steadman, *The Geometry of Environment*, London 1971
49 Siegfried Maser, a. a. O.
50 D'Arcy Thomson, *Über Wachstum und Form*, Basel 1973
51 Albrecht Dürer, *Proportionslehre*, Bamberg 1969
52 D'Arcy Thomson, a. a. O.

Methoden und Techniken der Architekturdarstellung

1 Zit. nach Oswald Giering, *Konstruktive Ingenieurgeometrie*, München 1976
2 Erwin Panofsky, *Aufsätze zu Grundfragen der Kunstwissenschaft*, Berlin 1964
3 El Lissitzky, *Maler, Architekt, Typograf, Fotograf*, Dresden 1976
4 Theo van Doesburg, *Grundbegriffe der neuen gestaltenden Kunst*, Mainz 1966
5 Vgl. Theo van Doesburg, a. a. O.
6 El Lissitzky, a. a. O.
7 Ebd.
8 Ebd.
9 Ebd.
10 Ebd.
11 Ebd.
12 Auguste Choisy, *Histoire de l'Architecture*, Paris 1899
13 Colqueonn, Rational Architecture, in: *Architectural Design*, Juni 1975
14 Leon B. Alberti, *Zehn Bücher über die Baukunst*, Stuttgart 1988 (Nachdruck)
15 El Lissitzky, a. a. O.
16 Vgl. Richard Buckminster Fuller, *Synergetics*, New York 1975
17 Vgl. Stuart, On the orderly subdivision of spheres, in: *Student Publications*, School of Design, Raleigh, Volume 5/1
18 Vgl. Walter Wunderlich, *Darstellende Geometrie*, Band 2, Mannheim 1967; vgl. W. Meyer von Capellen, *Nomographie*, Berlin 1953
19 Jacob von Uexküll, *Kompositionslehre der Natur*, München 1956
20 M.A. Langier, *Essai sur l'Architecture*, Paris 1793
21 Vgl. Julius Posener, Vorlesungen zur Geschichte der Neuen Architektur, in: *Arch +*, 10/1980
22 Zit. nach Julius Posener, a. a. O.
23 Ebd.
24 Heinrich Tessenow, *Hausbau und dergleichen*, München o. J.

Landschaft und Stadt

1 Vgl. Jaques Bertin, *Graphische Semiologie*, Berlin, New York 1974
2 Vgl. a. a. O
3 Vgl. E. Arnberger, *Thematische Kartographie*, Braunschweig 1977
4 Vgl. Eduard Imhof, *Kartographische Geländedarstellung*, Zürich 1968
5 Ebd.
6 Erik Arnberger und Ingrid Kretschmer, *Aufgaben der Kartographie – Topographische Karte*, 2 Tle, Wien 1975
7 Benoid Mandelbrot, *Die fraktale Geometrie der Natur*, Stuttgart 1987
8 Jaques Bertin, a. a. O.
9 Rowe, Slutzky, Hoesli: *Transparenz, Le Corbusier, Studien 1*, Basel 1974
10 Georg F.W. Hegel: *Werke, Enzyklopädie der philosophischen Wissenschaften III*, Frankfurt am Main 1976
11 Vgl. H. Bobeck, Grundfragen der Stadtgeographie, in: *Geographischer Anzeiger* 1927
12 Vgl. R. Köpper, *Der geographische Stadtbegriff*, Darmstadt 1963

13 Vgl. O. Bonstedt, Neue Wege der regionalen Gliederung in den USA, in: *Allgemeines Statistisches Archiv*, 34/1850
14 Vgl. Erik Arnberger und Ingrid Kretschmer, a.a.O.
15 Vgl. Eduard Imhof, a.a.O.
16 Ebd.
17 Vgl. Michael Trieb, *Stadtplanung, Theorie und Praxis*, Braunschweig 1977
18 Zit. nach Uwe M. Schneede, *René Magritte*, Köln 1973
19 Ebd.

Das Gebäude

1 Zit. nach Uwe M. Schneede, a.a.O.
2 Le Corbusier, *Feststellungen zu Architektur und Städtebau*, Berlin/Frankfurt/Wien 1964
3 Ebd.
4 Ernst Bloch, *Das Prinzip Hoffnung*, Frankfurt am Main 1985
5 Zit. nach Kenneth Frampton, *Die Architektur der Moderne*, Stuttgart 1983
6 Zit nach Claude Schnaidt, Hannes Meyer, *Bauten, Projekte und Schriften*, Teufen 1965
7 Ebd.
8 Ebd.
9 Frank Lloyd Wright, *An American Architect*, New York 1955
10 Umberto Eco, *Einführung in die Semiotik*, München 1971
11 Vgl. Edward T. Hall, *Die Sprache des Raumes*, Düsseldorf 1976
12 Heinrich Wolffin, *Kunstgeschichtliche Grundbegriffe*, Basel/Stuttgart 1960
13 Serlio, Vignola und das späte 16. Jahrhundert, in: Peter Murray, *Die Architektur der Renaissance in Italien*, Stuttgart 1980
14 Vgl. Claude Schnaidt, a.a.O.
15 Ebd.
16 Zit. nach John Jacobus, *Die Architektur unserer Zeit. Zwischen Revolution und Tradition*, Stuttgart 1966
17 Vgl. Sir Uvedale Price, *An Essay on the Picturesque*, London 1794
18 Julius Posener, Vorlesungen zur Geschichte der neuen Architektur, in: *Arch +*, Dezember 1979, Sondernummer zum 75. Geburtstag von Julius Posener
19 a.a.O.
20 E. Minkowsky, *Die gelebte Zeit*, Bd. 1, Salzburg 1971
21 Karlfried von Dürckheim, Untersuchungen zum gelebten Raum, *Neue Psychische Studien*, Band 5, München 1932
22 E. Minkowski, a.a.O.
23 Ebd.
24 Zit. nach: Günter Metken, in: Revolutionsarchitektur, Boulleé, Ledoux, Lequeu, *Ausstellungskatalog der Akademie der Künste*, Berlin 1871
25 a.a.O.
26 Ebd.
27 L. Binswenger, *Grundformen und Erkenntnis menschlichen Daseins*, Zürich 1842
28 Zit. nach Wolfgang Pehnt, *Die Architektur des Expressionismus*, Stuttgart 1973
29 Vgl. Wolfgang Pehnt, a.a.O.
30 Frank Lloyd Wright, *An American Architect*, New York 1955
31 *The Natural House*, New York 1963
32 Zit. nach Gerda Wangerin und Gerhard Weiß, *Heinrich Tessenow – Leben, Lehre, Werk*, Essen 1976
33 Heinrich Tessenow, Handwerk und Kleinstadt, in: *Das hohe Ufer*, Jg. 1/1919
34 Zit. nach Julius Posener (Hrsg.), *Hans Poelzig, Gesammelte Schriften und Bauten*, Berlin 1970
35 Karl Friedrich Schinkel, Architektur, Malerei, Kunstgewerbe, *Ausstellungskatalog*, Berlin 1981
36 Vgl. Alois Riegl, *Die spätromanische Kunstindustrie*, Wien 1901
37 Vgl. Jürgen Joedicke, Vorbemerkungen zu einer Theorie des architektonischen Raumes, zugleich Versuch einer Standortbestimmung, in: *Bauen und Wohnen* 8/68
38 R. Kramer, Ein Gespräch mit Louis Kahn, in: *Werk/Œuvre* 7/74
39 R. Kramer, a.a.O.
40 Revolutionsarchitektur, a.a.O.
41 Ebd.
42 Le Corbusier, *Feststellungen zu Architektur und Städtebau*, Berlin/Frankfurt/Wien 1964
43 Vgl. Hans Jantzen, *Kunst der Gotik*, Hamburg 1957
44 Zit. nach Nicolaus Pevsner, *Europäische Architektur*, München 1957
45 Otto Wagner, *Die Baukunst unserer Zeit*, Wien 1914
46 Otto Wagner, a.a.O.
47 Revolutionsarchitektur, a.a.O.
48 Otto Wagner, a.a.O.
49 R. Kramer, a.a.O.
50 Zit. nach Sigfried Giedion, *Raum, Zeit, Architektur*, Zürich/München 1976
51 Otto Wagner, *Einige Skizzen, Projekte und ausgeführte Bauwerke*, München 1957
52 R. Kramer, a.a.O.
53 Charles Jencks, *Die Sprache der postmodernen Architektur*, Stuttgart 1978
54 Vgl. Rudolf Arnheim, *Anschauliches Denken*, Köln 1972
55 Warren Chalk, *Archigram*, London 1972
56 Aldo Rossi, *Die Architektur der Stadt*, Düsseldorf 1973
57 Umberto Eco, a.a.O.
58 Vgl. Jan Mukarovsky, On the Problems of Functions in Architecture, in: Ders., *Structure, Sign and Function*, New Haven 1978
59 *De Stijl*, Jg. 12 H. 6/8, Leiden 1924
60 Vgl. Romaldo Giurgola und Mekka Jaimini, *Louis Kahn*, Zürich und München 1975

Die Darstellung funktionaler Beziehungen

1 O. Neurath, Darstellungsmethoden des Gesellschafts- und Wirtschaftsmuseums, in: *Österreichische Gemeindezeitung* 2/1925
2 O. Neurath, a.a.O.
3 O. Neurath, a.a.O.
4 E. Meynen, Erläuterungen zu kartographischen Begriffen, *Geographisches Taschenbuch* 1951/1952
5 E. Arnberger, *Handbuch der thematischen Kartographie*, Wien 1966
6 O. Neurath, a.a.O.
7 O. Neurath, *Bildstatistik nach der Wiener Methode in der Schule*, Wien/Leipzig 1933
8 M. Predtetschinski und I. Milinski, *Personenströme in Gebäuden*, Köln 1971

Abbildungsnachweis

Alvar Aalto, London 1975: 5.4; 5.5; 5.6; 5.7
St. Abraham, mit freundlicher Genehmigung von Herrn Peter Siemann, Bonn: 5.301
James Ackermann, Palladio, Stuttgart 1980: 5.30; 5.114
Kyrill N. Alfanasjew, Ideen–Projekte–Bauten, Dresden 1973: 5.119
Leon Battista Alberti, Ten Books on Architecture, London 1965: 2.89; 5.285
Die alte deutsche Stadt, Stuttgart 1961: 4.57
Tadao Ando, minimalisme, Paris 1982: 5.329; 5.330; 5.331
Archigram, London 1972: 4.22; 5.72; 5.123; 5.313; 6.20
architectural design 12/1966: 5.47; 5.54; 5.106
architectural design 2/1977: 5.46
architectural design 5/1977: 4.64
architectural design, 1/1978: 5.327
architectural design, 8–9/1979: 2.76; 5.235
L'architecture d'aujourd'hui 174, 1974: 5.302
L'architecture d'aujourd'hui; 3–4/1975: 5.220
L'architecture d'aujourd'hui 182, 11–12/1975: 5.56
L'architecture d'aujourd'hui 200, 12/1978: 5.310
L'architecture et art, 1966: 5.135
The Architecture of the Ecole des Beaux-Arts, New York 1977: 5.32; 5.33; 5.44; 5.131
Architecture ou Art de bien bastir de Marc Vitruve Pollion Autheur, Ridge Wood 1964: 2.10
Architektur der Welt, Frühes Mittelalter, Bern/Freiburg 1971: 3.52; 5.157
Archithese 4–80, 7–8/1980: 5.239
E. Arnberger/J. Kretschmer, Wesen der Kartographie, Wien 1975: 2.88; 4.1; 4.2; 4.13; 4.14; 4.22; 4.25; 4.33; 4.34
Ausgeführte Bauten und Entwürfe von Frank Lloyd Wright, Tübingen 1986: 5.206
a + u, 1/1973: 5.275
a + u, 10/1989: 5.318
Edmund N. Bacon, Design of Cities, London 1974 (2. überarb. Auflage): 4.40; 4.43; 5.291; 5.292
Reyner Banham, The Age of the Masters, Tonbridge 1975 (2. Aufl.): 5.138
Bau, 2/1967: 5.52
Bauen + Wohnen, 1967: 6.4
Bauen + Wohnen, 10/1974: 5.57
Bauen + Wohnen, 1/1976: 5.55
Baumeister, 11/1967: 2.111
Bauwelt, 34/1968: 4.84; 4.85
Leonardo Benevolo, Die Geschichte der Stadt, Frankfurt/New York 1984 (2. Aufl.): 3.57; 4.38; 4.39; 4.48; 4.53; 4.55
Jaques Bertin, Graphologische Semiologie, Berlin 1974: 4.6; 4.17; 4.51
La Biennale di Venezia, Ausstellungskatalog, Venedig 1980: 5.107; 5.134; 5.172
Edward G. Blankenship, Der Flughafen, Stuttgart 1974: 6.41; 6.42
Werner Blaser, Mies van der Rohe. Lehre und Schule, Basel/Stuttgart 1977: 4.79; 5.41; 5.42; 5.94
W. Boesiger/H. Girsberger, Le Corbusier 1910–65, Zürich 1967: 3.142; 3.143; 4.63; 5.9; 5.122; 5.160; 5.163; 5.168
Franziska Bollerey, Architekturkonzeption der utopischen Sozialisten, München 1977: 4.69
Hermann Bollmann, Vogelschaukarte New York: 4.62
Mario Botta, Architettura e progetti negli anni '70, Mailand 1979:3.46; 5.328
Richard Buckminster-Fuller, Synergetics, New York 1975: 2.84; 3.75; 3.76
James Burns, Jam: Projekte der Anthropoden zur Gestaltung der Zukunft, Köln 1971: 5.297
Casabella 392–393, 1974: 2.78
Casabella 425, 5/1977: 4.81; 5.144; 5.147
Casabella 429, 10/1977: 5.27; 5.28; 5.96
Casabella 430, 11/1977: 5.315
Eduardo Catalo, buildings and projects, Rom 1978: 5.340
Selim Chan-Magomedow, Pioniere der sowjetischen Architektur, Dresden 1983: 5.120; 5.121
Auguste Choisy, Histoire d'Architecture, Paris 1899: 3.35; 3.36; 3.37; 3.38
Derik Clifford, Geschichte der Gartenkunst, Reutlingen 1966: 2.79; 2.80; 2.81; 2.82; 2.83
Ulrich Conrads/Hans G. Sperlich, Phantastische Architektur, Stuttgart 1960: 2.105; 5.337
Controspazio, 9–10/1969: 5.309
Peter Cook, Architecture: action and plan, London 1967: 3.27; 3.28; 3.30; 3.101
Keith Critchlow, Order in Space, London 1969: 3.81
Alberto Cuomo, Alberto Sartoris, Rom 1978: 3.33; 3.34
Justus Dahinden, Stadtstrukturen für morgen, Stuttgart 1971: 3.131; 5.171
Daidalos, 1/1981: 2.74
Datengrafik, Projektarbeit, 4. Semester Grafik Design, Schwäbisch Gmünd 1977: 6.7; 6.8; 6.35
Joseph Deken,Computerbilder, Basel/Boston/Stuttgart 1984: 2.41; 5.68; 5.345
Pierre Descargues, Perspective, New York 1976: 3.53; 3.54
Design als Postulat am Beispiel Italien, Ausstellungskatalog, Berlin (DDR) 1973: 3.105; 3.106
DIN Norm 18000, Mai 1984: 2.113
Dokumente der modernen Architektur, Bd. 2, Stuttgart 1962: 3.79
domus 561, 1976: 3.44
domus 576, 1977: 5.86; 5.299
domus 588, 1978: 3.145
Dortmunder Architekturausstellung, Dortmund 1976: 3.43; 3.66; 3.67; 5.13; 5.15; 5.65; 5.242; 5.287; 5.338
Dortmunder Architekturausstellung, Dortmund 1977: 3.133; 5.35; 5.80; 5.81; 5.115; 5.117; 5.118; 5.158; 5.269; 5.270; 5.319
Die dreißiger Jahre, München 1977: 3.107
Philip Drew, Die dritte Generation, Stuttgart 1972: 3.103; 3.129; 3.141; 5.63; 5.64; 5.66; 5.179; 5.192; 5.260; 5.342; 5.344
Arthur Drexler, Ludwig Mies van der Rohe, New York 1960: 5.49; 5.95
Albrecht Dürer, Proportionslehre, Bamberg 1969: 2.17; 2.18; 2.19; 2.20; 2.21; 2.22; 2.23; 2.24; 2.25
100 Jahre Architektur in Chicago, München 1973: 3.116; 3.147; 6.22
Ernst Egli, Geschichte des Städtebaues, Bd. 2, Erlenbach-Zürich/Stuttgart 1962: 4.50
Peter Eisenmann, Housex, New York 1982: 3.49
Bruno Ernst, The Magic Mirror of M. Ascher, New York 1976: 2.67; 2.127; 2.128; 2.130
Colin Faber, Candela/The Shell Builder, New York 1963: 5.346; 5.347; 5.348; 5.350; 5.351
Tobias Faber, Arne Jacobsen, Stuttgart 1964: 5.104; 5.264
Johann Bernhard Fischer von Erlach, Entwurff einer historischen Architektur in Abbildungen, Leipzig 1721: 5.162
Five Architects NY, Ausstellungskatalog, Rom 1976: 5.71; 5.146; 5.289; 5.296
Gilbert Frey, The Modern Chair: 1850 to today, Niederteufen 1970: 3.102
Walter M. Förderer, Kirchenbau von heute – für morgen? Würzburg 1964: 5.273
GA Architect, Zaha M. Hadid, Tokio 1986: 5.304; 5.305
Tony Garnier, Étude pour la construction des villes, Paris 1917: 4.77
Heinz Geretsegger/Max Peintner, Otto Wagner 1841–1981, Salzburg/Wien 1983: 5.97; 5.99; 5.195; 5.196; 5.236; 5.238; 5.267
Sigfried Giedion, Raum, Zeit, Architektur, Ravensburg 1965: 2.56; 5.31; 5.79; 5.89; 5.343
Romaldo Giurgola/Jaimini Mehta, Louis I. Kahn, Zürich 1975: 3.51; 5.133; 5.274; 5.322; 5.324; 5.326; 6.32
Walter Gropius, Die neue Architektur und das Bauhaus, Mainz 1965: 3.100
Walter Gropius, Bauten und Projekte 1906 bis 1969, Zürich 1977 (3. Aufl.): 3.29
Walter Gropius, Bologna 1987: 5.154
Enrico Guidoni, Die europäische Stadt, Stuttgart 1980: 3.47; 3.48
Fritz Haller, totale stadt, Olten 1968: 6.37; 6.38; 6.39
John Hejduk, Ausstellungskatalog, Zürich 1973: 5.59
Karl Hennig, Japanische Gartenkunst, Köln 1980: 2.85; 2.86; 2.87
Hermann Hertzberger, Bauten und Projekte, 1959–1986, Den Haag 1987: 5.55; 5.322
Gustav René Hocke, Die Welt als Labyrinth, Hamburg 1957: 2.26
IGMA Dissertation 3: Horst Höfler, Problem-Darstellung und Problemlösung in der Bauplanung, Stuttgart 1972: 2.119
IGMA Dissertation 8: Thomas F. Hansen, Der Architekturraum als Erlebnisraum, Stuttgart 1977: 3.70
Eduard Imhof, Cartographic Relief Presentation, New York 1982: 4.15; 4.16; 4.20; 4.21; 4.23; 4.24; 4.27; 4.68
The International Review of Architecture, 7–10/1966: 5.325
The International Review of Architecture, 1/1967: 3.39; 3.40; 3.41; 5.12
Arata Isozaki, Ausstellungskatalog, Tokio 1983: 5.221; 5.222; 5.223; 5.224
Alberto Izzo/Camillo Gubitosi, Frank Lloyd Wright. Drawings. 1887–1959, London 1976: 3.134; 3.135; 3.136; 3.137; 5.207; 5.208
Helmut Jacoby, Architekturdarstellung, Stuttgart 1971: 5.277; 5.286
John Jacobus, Die Architektur unserer Zeit, Stuttgart 1966: 5.182; 5.272
Japan Architect, 10/1972: 5.298
Japan Architect, 8–9/1976: 5.74
Japan – Tradition und Probleme der Gegenwartsarchitektur, Stuttgart 1975: 2.47; 5.67; 5.323
Japanische Architektur. Geschichte und Gegenwart, Stuttgart 1983: 5.303
Charles Jencks, Die Sprache der postmodernen Architektur, Stuttgart 1978 (2. Aufl.): 5.293; 5.294; 5.295
Jens Christian Jensen, Aquarelle der deutschen Romantik, Köln 1978: 3.108
Jürgen Joedicke, Schalenbau, Stuttgart 1962: 5.52; 5.349
Philip C. Johnson, Mies van der Rohe, Ausstellungskatalog, New York 1978: 5.131; 5.282; 5.283

James Johnson Sweeney/Joseph Lluis Sert, Antoni Gaudi, Stuttgart 1960: 5.36
Gyorgy Kepes: Sprache des Sehens, Mainz/Berlin 1970: 5.306; 5.307
Klassizismus in Bayern, Schwaben und Franken, Architekturzeichnungen 1775–1825, Ausstellungskatalog, München 1980: 5.82; 5.116; 5.159
Rob Krier, Stadtraum, Stuttgart 1975: 2.59; 5.290
Udo Kultermann, Die Architektur im 20. Jahrhundert, Köln 1977: 4.77
Vittorio Magnago Lampugnani, Architektur und Städtebau des 20. Jahrhunderts, Stuttgart 1980: 2.72
A Language and a Theme, The Architecture of Denys Lasdun & Partners, London 1976: 5.76
Le Corbusier, Drawings, Rom 1978: 5.10; 5.83; 5.139; 5.240
Le Corbusier, Modulor II, Stuttgart 1958: 2.28; 2.29; 2.31
Le Corbusier, Mein Werk, Stuttgart 1960: 2.68; 2.75; 4.78; 5.194
Le Corbusier, Feststellungen zu Architektur und Städtebau, Berlin/Frankfurt 1964: 5.193; 5.194
Le Corbusier, Der Modulor, Stuttgart 1978: 2.30
Le Corbusier, Oevre complète 1952–1957, Zürich 1957 (3. Aufl.): 5.8; 5.40; 5.265; 5.280
Lehrbuch der Ergonomie, Wien 1981: 5.167
Lexikon der Architektur des 20. Jahrhunderts, Stuttgart 1983: 3.58
Lexikon der Weltarchitektur, Reinbek 1976: 5.102; 5.103; 5.253; 5.258
El Lissitzky, Dresden 1976: 3.26; 3.31; 3.32
Hans Lorenz, Trassierung und Gestaltung von Straßen und Autobahnen, Wiesbaden 1971: 5.353; 5.354; 5.355; 5.356; 5.357; 5.358; 5.359
Lotus international 11, 1/1976: 4.80; 5.314
Lotus international 20, 3/1978: 5.145
Kevin Lynch, Das Bild der Stadt, Berlin 1965: 2.60
Charles Rennie Mackintosh, 1868–1929, Mailand 1988: 5.200; 5.201
Lionel March/Philip Steadman, The Geometry of Environment, London 1971: 2.120; 2.122; 2.123; 2.124; 2.125; 5.50; 5.51; 6.5; 6.6
Etienne Jules Marey, La photographie de mouvement, Paris 1977: 2.40
Richard Meier Architect, New York 1984: 4.82; 5.18; 5.70; 5.140; 5.333; 5.334; 5.335
Erich Mendelsohn, Ausstellungskatalog, Berlin 1968: 5.241
Ludwig Mies van der Rohe, Mies Reconsidered, Ausstellungskatalog, Chicago 1986: 3.65; 5.177; 5.178; 5.183
Mobiler Spielraum – Theater der Zukunft, Frankfurt/M. 1970: 6.25; 6.26
Moore, Lyndon, Turnball & Withaker, Bd. 1 1959–75, Tokio 1975: 5.91; 5.92; 5.93; 5.127; 5.300
Heinz Moos, Der vermessene Mensch, München 1973: 2.2; 2.3; 2.4; 2.5; 2.8; 2.9; 2.11; 2.13; 2.14; 2.15; 2.16; 2.27
Werner M. Moser, Frank Lloyd Wright, Winterthur/München 1952: 5.48; 5.165; 5.166
Herbert Muck, Der Raum, Wien 1986: 6.21; 6.24
Peter Murray, Die Architektur der Renaissance in Italien, Stuttgart 1980: 5.25
Christian Norberg-Schulz, Alla ricerca dell'architettura perduta, Rom 1975: 5.59; 5.60; 5.61; 5.62
Christian Norberg-Schulz, Architektur des Spätbarock und Rokoko, Stuttgart 1975: 5.278
Christian Norberg-Schulz, Vom Sinn des Bauens, Stuttgart 1979: 5.284
Georg Ness, Von der Ordnung zum Chaos: 1.11
Ernst Neuffert, Bauordnungslehre, Frankfurt 1961: 2.115; 2.116
Ernst Neuffert; Bauentwurfslehre, Gütersloh 1973: 2.32
Balthasar Neumann in Baden-Württemberg, Stuttgart 1975: 3.56
Joseph Maria Olbrich, Ausstellungskatalog, Berlin 1972: 5.197; 5.198; 5.199; 5.237
Frei Otto, Zugbeanspruchende Konstruktionen, Bd. 2, Berlin 1960: 5.341
Andrea Palladio, Die vier Bücher zur Architektur, Zürich/München 1984 (2. Aufl.): 5.29
Erwin Panofsky, Aufsätze zu Grundfragen der Kunstwissenschaft, Berlin 1980: 3.50;
Erwin Panofsky, Sinn und Deutung in der bildenden Kunst, Köln 1975: 2.12
Andreas Papadakis, Dekonstruktivismus, London 1989: 5.225; 5.226; 5.227
Alexander Papageorgou, Stadtkerne im Konflikt, Berlin 1973: 4.49
Joseph Passoneau/Richard Saul Wurman, Urban Atlas: 20 American Cities, o.O. 1966: 6.17
Wolfgang Pehnt, Die Architektur des Expressionismus, Stuttgart 1973: 5.37; 5.98; 5.100; 5.174; 5.175; 5.176; 5.181; 5.202; 5.203; 5.219; 5.271
Giovanni Batista Piranesi, The Prisons, New York 1973: 5.266
Hans Poelzig, Berlin 1970: 5.164; 5.180; 5.217; 5.218; 5.276
Progressive Architectur, 1/1976: 2.46
Melvin L. Prueitt, Computer Graphics, New York 1975: 3.85
Hermann Fürst von Pückler-Muskau, Andeutungen über Landschaftsgärtnerei, Stuttgart 1977: 2.48; 3.126; 3.127; 3.128
John W. Reps, Cities on Stone, Ausstellungskatalog, Fort Worth 1976: 4.74; 4.75
Revolutionsarchitektur, Ausstellungskatalog, Berlin 1971: 5.188; 5.189; 5.190; 5.191; 5.268
Brian Richards, New Movement in Cities, London 1966: 6.40
Kevin Roche, John Dinkeloo and Associates 1962–1975, Stuttgart 1975: 3.146; 5.124
Aldo Rossi, Ausstellungskatalog, Zürich 1973: 5.14; 5.15; 5.113; 5.316
Colin Rowe/Fred Koetter, Collage City, Basel/Boston/Stuttgart 1984: 2.58; 4.37; 4.44; 6.33
Colin Rowe/Robert Slutzky/Bernhard Hoesli, Transparenz, Basel/Stuttgart 1974: 4.45; 4.46; 5.168; 5.320
Bernhard Rudofsky, Architecture without Architects, Ausstellungskatalog, New York 1964: 5.259
Paul Rudolph, Bauten und Projekte, Stuttgart 1970: 3.130; 3.144; 4.18; 5.11; 5.90; 5.286
Antonio Sant'Elia, Ausstellungskatalog, Como 1962: 5.204; 5.205
Georg Schaarwächter, Perspektive für Architekten, Stuttgart 1964: 3.68
Karl Friedrich Schinkel, Architektur, Malerei, Kunstgewerbe, Ausstellungskatalog, Berlin 1981: 2.91
Claude Schnaidt, Hannes Meyer, Teufen 1965: 5.45; 5.101; 5.105; 5.150; 5.153
Staatliche Museen zu Berlin: 3.132
Vincent Scully, Louis I. Kahn, Architektur von heute, New York 1962: 3.42; 5.58; 5.126
Vincent Scully jr., Louis I. Kahn, Ravensburg 1963: 5.257
H. Seeger/J. Gallitzendörfer, Zeichentechniken, Ravensburg 1967: 3.82
Senatsverwaltung für Bau- und Wohnungswesen, Berlin: 4.90; 4.91; 4.92; 4.93; 4.94; 6.34
Curt Siegel, Strukturformen der modernen Architektur, München 1960: 5.279
The Sketchbook of Villard de Honnecourt, Bloomington (Indiana), New York 1959: 2.16; 2.17
Alison Sky/Michelle Stone, Unbuild America, New York 1976: 5.88
Paolo Soleri, Arcology, London 1969: 5.16
SOM, Architektur von Skidmore, Owings & Merrill, 1963–1973, Stuttgart 1974: 5.132
Spatial Organzation: The Geographer's View of the World, Englewood Cliffs 1971: 4.52
Sport and Design, Ausstellungskatalog, Baden-Baden 1981: 2.42
Stadtbauwelt, 12/1966: 4.47
Stadtverkehr gestern, heute und morgen, Berlin/Göttingen/Heidelberg 1959: 6.28
James Stirling, Bauten und Projekte 1950–1974, Stuttgart 1975: 2.73; 5.87; 5.151; 5.152; 5.170; 5.311; 6.23
Tendenzen der zwanziger Jahre, Ausstellungskatalog, Berlin 1977: 2.58; 2.66; 4.65; 5.155; 5.156; 5.321
Heinrich Tessenow, Hausbau und dergleichen, München o.J. (3. Aufl.): 5.213; 5.214; 5.215; 5.216
D'Arcy Thompson, On Growth and Form, Cambridge, 1971: 2.129
Friedrich Töpfer, Karthographische Generalisierung, Gotha/Leipzig 1974: 4.26
Michael Trieb, Stadtgestaltung, Braunschweig 1977: 3.69; 4.86; 4.87; 4.88; 4.89
Oswald Mathias Ungers 1951–1984, Bauten und Projekte, Braunschweig/Wiesbaden 1985: 4.66; 4.67; 5.24; 5.169; 5.312
Oswald Mathias Ungers/Rem Kohlhaas/Peter Riemann, City in the Cities, unveröffentlichte Arbeit: 4.90; 4.91; 4.92; 4.93; 4.95; 4.96; 4.101
Die Universität Bochum, Stuttgart/Bern 1965: 5.73
Urban Precedents, o. O. 1974: 4.41; 4.42
Robert Venturi, Complexity and Contradiction in Architecture, New York 1966: 5.38; 5.39; 5.43; 5.254; 5.255; 5.256; 5.281
Otto Wagner, Unbegrenzte Großstadt, Salzburg 1964: 4.76
Gerda Wangerin/Gerhard Weiss, Heinrich Tessenow, Essen 1976: 3.138; 3.139; 3.140; 5.215
Friedrich Weinbrenner 1766–1826, Ausstellungskatalog, Karlsruhe 1977: 2.71; 5.34
Arnold Whittick, Eric Mendelsohn, London 1956 (2. Aufl.): 5.173
Alan G. Wilkinson, The Drawings of Henry Moore, Ausstellungskatalog, London 1977: 5.262
Werner Witt, Thematische Karthographie, Hannover 1970: 4.4; 4.36; 4.54
Rudolf Wittkower, Grundlagen der Architektur im Zeitalter des Humanismus, München 1969: 2.14; 5.26; 5.129; 5.130; 5.336
Frank Lloyd Wright, Zürich 1952: 5.165
Frank Lloyd Wright, Drawings 1887–1959, Ausstellungskatalog, Neapel 1977: 5.210; 5.211; 5.212
Frank Lloyd Wright in his Rendrings, Tokio 1984: 5.209
Württembergischer Kunstverein, Ausstellungskatalog Stuttgart: 2.90
Bruno Zevi, Erich Mendelsohn, Opera Completa, Mailand 1970: 5.263
Zodiac 16, 1966: 5.53